Marita Bromberg
Dirk Kruse-Etzbach

USA-Südwesten

IWANOWSKI'S REISEBUCHVERLAG

Im Internet:

www.iwanowski.de

Hier finden Sie aktuelle Infos zu allen Titeln, interessante Links – und vieles mehr!

Einfach anklicken!

Schreiben Sie uns, wenn sich etwas verändert hat. Wir sind bei der Aktualisierung unserer Bücher auf Ihre Mithilfe angewiesen: **info@iwanowski.de**

USA-Südwesten
11., vollständig überarbeitete Auflage 2017

Salm-Reifferscheidt-Allee 37 • 41540 Dormagen
Telefon 0 21 33/26 03 11 • Fax 0 21 33/26 03 34
info@iwanowski.de
www.iwanowski.de

Titelfoto: Blick auf den Spider Rock im Canyon de Chelly, Arizona
© huber-images.de / Fichtl
Alle anderen Farbabbildungen: s. Bildnachweis S. 642
Layout: Ulrike Jans, Krummhörn
Karten: Klaus-Peter Lawall, Unterensingen
Titelgestaltung: Point of Media, www.pom-online.de
Redaktionelles Copyright, Konzeption und deren ständige Überarbeitung: Michael Iwanowski

Gesamtherstellung: Werbedruck GmbH Horst Schreckhase, Spangenberg
Printed in Germany

ISBN: 978-3-86197-178-8

Inhalt

7. DIE ROCKIES: VON SALT LAKE CITY ÜBER DENVER NACH SANTA FE 516

Interessantes

Außerdem weiterführende Informationen ...

Karten und Grafiken:

Umschlagkarten:

Legende

- Interstate Highway
- US Highway
- State/Country Highway
- sonstige Straße (teilw. unbef.), Pass
- Trail, Wandern
- Straßenbahn (Streetcar)
- Metro Rail/Light Rail (mit Station)
- empfohlene Reiseroute
- Hauptstadt eines Bundesstaates
- Flughafen/Flugplatz
- Fähre
- Hafen, Anlegestelle/Bahnhof
- Post
- Krankenhaus
- Kirche, Kathedrale
- Sehenswürdigkeit
- Information
- Museum/Theater
- wichtiges Gebäude
- Markt/Einkaufen
- Campingplatz
- Ranger-Station
- Picknickplatz
- Aussichtspunkt
- Strand
- Golfplatz
- Leuchtturm
- Höhle
- Übernachtungsmöglichkeit (außerhalb der Städte)
- Übernachten/Essen (in Städten)

Alle Karten zum Gratis-Download – so funktioniert's

In diesem Reisehandbuch sind alle Detailpläne mit sogenannten QR-Codes versehen, die vor der Reise per Smartphone oder Tablet-PC gescannt und bei einer bestehenden Internet-Verbindung auf das eigene Gerät geladen werden können. Alle Karten sind im PDF-Format angelegt, das nahezu jedes Gerät darstellen kann. Für den Stadtbummel oder die Besichtigung unterwegs hat man so die Karte mit besuchenswerten Zielen und Restaurants auf dem Telefon, Tablet-PC, Reader oder als praktischen DIN-A-4-Ausdruck dabei.

Mit anderen Worten – der „gewichtige" Reiseführer kann im Auto oder im Hotel bleiben und die Basis-Infos sind immer und überall ohne Roaming-Gebühren abrufbar.

Sollten wider Erwarten Probleme beim Karten-Download auftreten, wenden Sie sich bitte direkt an den Verlag. Unter info@iwanowski.de erhalten Sie die entsprechende Linkliste zum Herunterladen der Karten.

EINLEITUNG

Vorwort

Landschaften mit unendlicher Weite, Canyons, Gesteinsformationen, Steppen, Berge und reißende Flüsse: Wer an den Südwesten denkt, der denkt in erster Linie an die landschaftlichen Erlebnisse. Vor allem in New Mexico, Arizona und Utah überwältigen die „Wunder der Natur": Carlsbad Cavern's NP, White Sands NM, Canyon de Chelly NM, Petrified Forest NM, Monument Valley, Zion NP, Bryce Canyon NP, Arches NP und natürlich der Grand Canyon sind nur einige der Höhepunkte. Colorado, der Rocky-Mountain-Staat, ist ein Paradies für Outdooraktivitäten.

Kulturell stehen die Indianer-Nationen im Vordergrund. Um vor Ort einen ersten Eindruck zu erhalten, bietet sich z. B. ein Besuch des Indian Pueblo Cultural Center Museum in Albuquerque an. In Salt Lake City wiederum trifft man auf eine ganz andere Kultur: die der Mormonen.

Aber auch die Städte haben etwas zu bieten. Dallas und Houston sind die größten Metropolen im Südwesten und vermitteln einen Eindruck der Geschäftigkeit des pulsierenden Amerika. San Antonio dagegen ist eine verschlafene Millionenstadt, die aber eine Reihe von touristischen Höhepunkten und einen Einblick in die Geschichte von Texas bietet.

Der Südwesten ist für die „regenverwöhnten" Mitteleuropäer ein Wetterparadies mit meist angenehmer, trockener Luft. An Aktivitäten mangelt es nicht: Wandern, Schlauchboot fahren, Golfen, Mountainbiking, Skilaufen, Bergsteigen u.v.m. Begeistern werden den Besucher die Gastfreundschaft der Menschen, die man z. B. in einer kleinen Western-Bar erleben kann. Cowboyhut, Jeans und Westernstiefel gehören hier zum normalen Outfit.

Noch ein Hinweis auf die kulinarischen Genüsse des Südwestens. Neben den beliebten Steaks und Burgern hat besonders die mexikanische Küche ihren Einfluss geltend gemacht. Und es gibt mehr deutsche, österreichische und schweizerische Restaurants, als man erwarten würde. Wir haben uns bemüht, besonders Restaurants aufzuführen, die regional Typisches bieten oder die neben einer guten Küche auch ein ansprechendes bzw. historisches Ambiente aufweisen.

Ziel dieses Reisehandbuches ist es, Ideen und Tipps für eine Reise in den Südwesten zu vermitteln. Die Angaben beruhen auf unseren persönlichen Erfahrungen und können somit nicht als „Enzyklopädie des Südwestens" bewertet werden, sondern stellen oft eine subjektive Meinung dar. Wir hoffen, dass unsere Erläuterungen und Beschreibungen, gespickt mit dem einen oder anderen Geheimtipp, bei der Planung zu Hause und auf der Reise einen nützlichen Dienst erweisen werden.

Ein Tipp vorab: Man sollte sich nicht zu viel vornehmen. Alleine New Mexico ist fast so groß wie die gesamte Bundesrepublik. Daher gilt: „Mut zur Lücke". Wer das gesamte Gebiet bereisen möchte, sollte sich vorher für bestimmte Parks und Städte entscheiden. Zudem gibt es eine Reihe kleinerer Sehenswürdigkeiten an den Strecken, die zwar in diesem Buch nicht alle aufgeführt werden, aber durchaus Interesse wecken könnten. Plant man kürzere Strecken, hat man den nötigen Freiraum für spontane Stopps und Umwege.

Abschließend möchten wir all denen unseren herzlichsten Dank aussprechen, die uns bei unserer Arbeit unterstützt und tatkräftig zur Seite gestanden haben. Zunächst Herrn Ulrich Quack für die nette Zusammenarbeit am Abschnitt über das „Death Valley". Auch sind wir Frau Stefanie Drengenberg und Herrn Sönke Beiß dankbar für die ausgezeichnete Begleitung bei den ersten Rechercheréisen sowie den Angestellten der einzelnen Fremdenverkehrsämter in den USA, die uns bei unseren Recherchen vor Ort immer Hilfe und gute Tipps zukommen ließen.

Marita Bromberg und Dirk Kruse-Etzbach

Saguaro-Kakteen sind die Staatspflanze Arizonas

Die USA auf einen Blick

Fläche	9.826.630 km2, inkl. Alaska, Hawaii und Wasserflächen (Weltrang: 3)
Einwohner	ca. 325 Mio., ca. 35 Einw./km² (ungleichmäßige Verteilung); 80 % der Amerikaner leben in städtischen Ballungsgebieten
Bevölkerung	62 % Weiße (Caucasians), 16 % Hispanics, 13 % Afroamerikaner (African Americans), 5,4 % Asiaten, 1,5 % Indianer (Native Americans), Inuit, Hawaiianer, 2,1 % Angehörige mehrerer ethnischer Gruppen
Staatssprache	keine offizielle Amtssprache, de facto: Englisch; lokal auch Spanisch
Hauptstadt	Washington D.C. (670.000 Einwohner)
Religionen	46,5 % Protestanten (Baptisten, Methodisten, Presbyterianer, Lutheraner, etc.), 21 % Katholiken, 2 % Juden, 1,7 % Orthodoxe und andere Christen, 1,6 % Mormonen, 1 % Muslime, 0,7 % Buddhisten, 0,7 % Hindu, andere 2 %, 22,8 % keine/keine Angaben
Flagge	13 waagerechte, abwechselnd rote und weiße Streifen für die 13 Gründerstaaten, im blauen oberen Eck 50 weiße Sterne, welche die Bundesstaaten repräsentieren
Nationalfeiertag	4. Juli (Tag der Unterzeichnung der Unabhängigkeitserklärung)
Staats- und Regierungsform	Präsidialrepublik mit einer bundesstaatlichen Verfassung, Zwei-Kammer-Parlament: Senat und Repräsentantenhaus, Verwaltungsstruktur: Bundesstaat mit Bundes- (*federal*), Landes- (*state*), Kreis- (*county*) und Gemeinde/Stadtverwaltung.
Städte)	New York: 8,6 Mio. (19,5 Mio.), Los Angeles: 3,93 Mio. (13,1 Mio.), Chicago: 2,72 Mio. (9,52 Mio.), Houston: 2,25 Mio. (6,6 Mio.), Philadelphia: 1,56 Mio. (6,05 Mio.), Dallas 1,3 Mio. (7,1 Mio.), San Antonio 1,44 Mio. (Einwohnerzahlen innerhalb der offiziellen Stadtgrenzen; in Klammern Einwohner im Großraum/Metropolitan Area)
Wirtschaft	Import größer als Export. Das Handelsbilanzdefizit liegt seit Jahren deutlich über $ 700 Mrd. Regional sehr unterschiedliche Wirtschaftsstruktur. Dienstleistungssektor 74 %, Industrie 23,8 %, Landwirtschaft 2,2 %. Bruttoinlandsprodukt (BIP): rund $ 18 Billionen (2016). Wichtigste Exportgüter: Flugzeuge, Stahl, Waffen, elektronische Geräte (Computer), chemische und pharmazeutische Produkte, Nahrungsmittel und Agrarprodukte. Wichtigste Handelspartner: Kanada, Mexiko, Japan, China, Deutschland, Großbritannien. Arbeitslosenrate: um 5 %

Daten und Ereignisse

30000-10000 v. Chr. Einwanderung von asiatischen Völkern über eine Kontinentalverbindung im Bereich der Beringstraße.

5000 v. Chr. Anfänge von Ackerbau.

700 v. Chr. - 1300 n. Chr. Hohokamkultur.

500 v. Chr. - 600 n. Chr. Korbmacherkultur.

300 v. Chr. - 1300 n. Chr. Mogollonkultur.

600-1200 n. Chr. Pueblokultur.

Ca. 1400 Wanderungsbewegung der Apachen und Navajos in das Gebiet der Pueblokultur.

1492 „Entdeckung" Amerikas durch *Christoph Kolumbus* und Gründung eines spanischen Kolonialreichs.

1680 Die Indianer des Rio-Grande-Gebietes setzen sich gegen die Missionsbemühungen der span. Kolonialherren zur Wehr.

1773 Bei der „Boston Tea Party" versenken Bewohner der englischen Kolonien drei Schiffsladungen Tee im Hafen von Boston, um gegen die Zölle des Mutterlandes zu protestieren.

1776-1783 Unabhängigkeitskrieg der 13 nordöstlichen Kolonien, der zur Gründung der Vereinigten Staaten führt.

1803 Die Vereinigten Staaten kaufen den Franzosen die Kolonie „Louisiane" ab. Somit kommt ein großer Teil des heutigen Landes in den Herrschaftsbereich der USA.

1823 Die Monroe-Doktrin setzt langfristige Grundzüge der amerikanischen Außenpolitik fest. Betont werden die Unabhängigkeit der Vereinigten Staaten von Europa und das Prinzip der Nichteinmischung in europäische Konflikte. Europäische Länder werden davor gewarnt, sich in amerikanische Angelegenheiten einzumischen.

1846-1848 Mexikanisch-Amerikanischer Krieg.

1848 Mexiko tritt im Frieden von Guadalupe-Hidalgo die Gebiete Kalifornien, Utah, New Mexico, Arizona, und Nevada an die Vereinigten Staaten ab.

1861-1865 Amerikanischer Bürgerkrieg. Die nördlichen Unionstruppen kämpfen gegen die Konföderierten im Süden.

1869 Erste transkontinentale Eisenbahnlinie wird fertig gestellt.

1886/1887 Die Gefangennahme des Apachenhäuptlings *Geronimo* beendet die Auseinandersetzung mit den Indianern im Südwesten, eine neue Gesetzgebung schränkt den Freiraum der Indianer weiter ein.

1901 Die Vereinigten Staaten erhalten den Zuschlag für den Bau des Panama-Kanals und kontrollieren das Gebiet um diesen Kanal.

1917 Die Vereinigten Staaten treten in den 1. Weltkrieg ein.

1929 Der Zusammenbruch der New Yorker Börse am „Schwarzen Freitag" ruft eine schwere Wirtschaftskrise hervor.

1941 Der japanische Angriff auf Pearl Harbor hat den Eintritt der Vereinigten Staaten in den 2. Weltkrieg zur Folge.

1945 Die Abwürfe von amerikanischen Atombomben über Hiroshima und Nagasaki beenden den 2. Weltkrieg.

1947 Mit der Truman-Doktrin wird die Grundlage für amerikanische Eingriffe in die Angelegenheiten anderer Länder bei Bedrohung der Freiheit der Bürger gelegt.

1950-1953 Die Vereinigten Staaten kämpfen auf südkoreanischer Seite im Koreakrieg.

1962 Die Kubakrise bringt die Welt an den Rand eines dritten Weltkrieges.

1964-1973 Amerikanische Truppen kämpfen in Vietnam auf südvietnamesischer Seite.

1972 Mit einem Vertrag über Rüstungsbeschränkungen mit der UdSSR wird die Entspannungsphase zwischen dem Ost- und Westblock eingeleitet.

1974 Präsident *Nixon* muss wegen des Watergate-Skandals sein Amt niederlegen.

1977 Der Panama-Vertrag wird von Präsident *Jimmy Carter* unterzeichnet

1987 Unterzeichnung des INF-Vertrages, der die Abrüstung von Kurz- und Mittelstreckenraketen der UdSSR und der USA regelt.

1992 Die USA nehmen als führende Nation am Golfkrieg teil.

1995	Aufnahme diplomatischer Beziehungen mit Vietnam.
1995/96	Die Affäre Präsident *Clintons* mit einer Praktikantin setzt eine beispiellose Medienkampagne in Gang.
1998	Annäherung an die Volksrepublik China.
2000	Lockerung des Kuba-Embargos.
2000/01	Nach einer mehr als knappen Wahl setzt sich *George W. Bush* als Präsidentschaftskandidat gegen den ehemaligen Vizepräsidenten *Al Gore* durch und wird US-Präsident.
2001	Am 11. September werden Flugzeuganschläge auf die beiden Türme des World Trade Center in New York sowie auf das Pentagon verübt. Die Türme stürzen ein und mehr als 3.000 Menschen sterben bei den Anschlägen.
Herbst 2001	Die USA bombardieren Afghanistan.
2003	Beim zweiten Absturz einer amerikanischen Raumfähre sterben alle 7 Besatzungsmitglieder.
März 2003	Die USA begründen den Einmarsch in den Irak mit dem angeblichen Vorhandensein von *weapons of mass destruction.* Im Sommer wird der Staatschef *Saddam Hussein* entmachtet und der Demokratisierungsprozess im Irak beginnt.
2005	Hurrikan „Katrina" überflutet weite Teile von New Orleans, Louisiana und Mississippi.
2007	Amerikanische Truppen sind weiterhin im Irak stationiert, um Bemühungen um Frieden im Land zu unterstützen und um befürchteten weiteren Terrorismus zu bekämpfen.
2008/09	Der nicht endende Konflikt im Irak, die prekäre Marktlage und unsichere wirtschaftliche Zukunft der USA auf dem Weltmarkt führen zu größerer Unsicherheit in der Bevölkerung. Die Wahl des ersten Afro-amerikanischen Präsidenten *Barack Obama* soll eine Veränderung herbeiführen. Die Auswirkungen der Wirtschaftskrise, die seit Ende 2008 die gesamte Welt erschüttert, sind weitreichend spürbar.
2010	Im April explodiert im Golf von Mexiko die Bohrinsel „Deepwater Horizon", aus dem Leck in rund 1.500 m Tiefe strömen bis Anfang Juni über 150 Millionen Liter Rohöl. Die ökologischen und ökonomischen Folgen für das Meer sowie die Küstengegenden von Louisiana, Mississippi, Alabama und Florida sind verheerend.
2011	Präsident *Obama* setzt gegen massive Widerstände seine Gesundheitsreform im Kongress durch, die allen Amerikanern Zugang zu einer Krankenversicherung ermöglichen soll.
2012	Das von Präsident *Obama* ins Leben gerufene gigantische Konjunkturpaket zeigt erste positive Auswirkungen.
2015/16	Die Wirtschaftssanktionen gegen den Iran werden deutlich gelockert und die diplomatischen Beziehungen mit Kuba werden wieder aufgenommen.
2016	Im November wird *Donald J. Trump* (Republikaner) zum 45. Präsidenten der USA gewählt.

Präsidenten der Vereinigten Staaten von Amerika

Nr.	Name	Amtszeit	Partei
1	George Washington (1732-1799)	1789-1797	Föd.
2	John Adams (1735-1826)	1797-1801	Föd.
3	Thomas Jefferson (1743-1826)	1801-1809	Dem.-Rep.
4	James Madison (1751-1836)	1809-1817	Dem.-Rep.
5	James Monroe (1758-1831)	1817-1825	Dem.-Rep.
6	John Quincy Adams (1767-1848)	1825-1829	Dem-Rep.
7	Andrew Jackson (1767-1845)	1829-1837	Dem.
8	Martin van Buren (1782-1862)	1837-1841	Dem.
9	William Henry Harrison (1773-1841)	1841-1841	Whig
10	John Tyler (1790-1862)	1841-1845	Whig
11	James Knox Polk (1795-1849)	1845-1849	Dem.
12	Zachary Taylor (1784-1850)	1849-1850*	Whig
13	Millard Fillmore (1800-1874)	1850-1853	Whig
14	Franklin Pierce (1804-1869)	1853-1857	Dem.
15	James Buchanan (1791-1868)	1857-1861	Dem.
16	Abraham Lincoln (1809-1865)	1861-1865**	Rep.
17	Andrew Johnson (1808-1875)	1865-1869	Dem.
18	Ulysses Simpson Grant (1822-1885)	1869-1877	Rep.
19	Rutherford Birchard Hayes (1822-1893)	1877-1881	Rep.
20	James Abram Garfield (1831-1881)	1881-1881*	Rep.
21	Chester Alan Arthur (1830-1886)	1881-1885	Rep.
22	Stephen Grover Cleveland (1837-1908)	1885-1889	Dem.
23	Benjamin Harrison (1833-1901)	1889-1893	Rep.
24	Stephen Grover Cleveland (1837-1908)	1893-1897	Dem.
25	William McKinley (1843-1901)	1897-1901**	Rep.
26	Theodore Roosevelt (1856-1919)	1901-1909	Rep.
27	William Howard Taft (1857-1930)	1909-1913	Rep.
28	Thomas Woodrow Wilson (1856-1924)	1913-1921	Dem.
29	Warren Gamaliel Harding (1865-1923)	1921-1923*	Rep.
30	Calvin Coolidge (1872-1933)	1923-1929	Rep.
31	Herbert Clark Hoover (1874-1964)	1929-1933	Rep.
32	Franklin Delano Roosevelt (1882-1945)	1933-1945	Dem.
33	Harry S. Truman (1884-1972)	1945-1953	Dem.
34	Dwight David Eisenhower (1890-1969)	1953-1961	Rep.
35	John Fitzgerald Kennedy (1917-1963)	1961-1963**	Dem.
36	Lyndon Baines Johnson (1908-1973)	1963-1969	Dem.
37	Richard Milhous Nixon (1913-1994)	1969-1974	Rep.
38	Gerald Rudolph Ford (1913-2006)	1974-1977	Rep.
39	James Earl Carter (1925-)	1977-1981	Dem.
40	Ronald Wilson Reagan (1911-2004)	1981-1989	Rep.
41	George Bush (1924-)	1989-1993	Rep.
42	Bill Clinton (1946-)	1993-2001	Dem.
43	George W. Bush (1946-)	2001-2009	Rep.
44	Barack Obama (1961-)	2009-2017	Dem.
45	Donald J. Trump (1946-)	2017-	Rep.

** im Amt verstorben, ** während der Amtszeit ermordet*

Föd. = Föderalisten; Dem.-Rep. = Demokratische Republikaner, Dem. = Demokraten; Rep. = Republikaner; Whig = gegr. von Gegnern des Demokraten Andrew Jackson

I. DER SÜDWESTEN DER USA: LAND UND LEUTE

Geschichtlicher Überblick

Überall im Südwesten der USA sind Zeugnisse der Geschichte zu finden: von den Jahrtausende alten indianischen Kulturen über die „wilden" Zeiten der Besiedlung bis hin zur explosionsartigen Wirtschaftsentwicklung in der zweiten Hälfte des 19. Jh. In diesem Kapitel soll ein kurzer historischer Überblick der USA im Allgemeinen und des Reisegebietes im Besonderen gegeben werden.

Die ersten Bewohner Amerikas: die Indianer

Hinter dem Wort „Indianer" verbirgt sich heute ein Sammelbegriff für Menschen unterschiedlichsten Aussehens, unterschiedlichster Kultur und unterschiedlicher Sprachen. Man denke nur an die Bewohner des peruanischen Hochlandes oder die für lange Zeit als Nomaden lebenden Stämme der nordamerikanischen Wüstengebiete.

Gemeinsam haben die Indianer ihren **asiatischen Ursprung**. Vor mehr als 10.000 Jahren setzte eine Wanderbewegung von Asien ein. Sie führte über die – aufgrund des niedrigeren Meeresspiegels – damals bestehende Kontinentalverbindung zwischen Asien und Amerika (im Bereich der Beringstraße). Die Völkerwanderung setzte sich von Alaska aus entlang der Rocky Mountains in Nordamerika über Mittel- bis zur Spitze Südamerikas fort. Sie vollzog sich über viele Jahrtausende hin, in Schüben z.T. mit jahrhundertelangen Pausen.

Steinbruch der frühen Indianer

Man schätzt, dass es zur Zeit von *Christoph Kolumbus* etwa 15 bis 20 Millionen Indianer auf dem amerikanischen Kontinent gab. Davon bewohnte allerdings nur ein geringer Anteil die Gebiete der heutigen USA. Schätzungen gehen von ungefähr 850.000–1.000.000 Indianern aus. Heute ist der Anteil der Indianer (auch *American Indians* oder *Native Americans* genannt) an der Gesamtbevölkerung der USA gerade einmal 1 %.

Sammler und Jäger

Archäologische Funde lassen darauf schließen, dass die ersten Indianer – allgemein als Paläo-Indianer bezeichnet – Jäger waren, denn es wurden Speer- und Pfeilspitzen aus Stein sowie Steinmesser zum Häuten und Zerlegen der erlegten Tiere gefunden. Zu den ältesten Funden zählen die Speerspitzen von Sandia Cave bei Albuquerque in New Mexico, deren Alter auf ca. 20.000 Jahre geschätzt wird. Anfänge des Ackerbaus sind in der Zeit von ca. 5000 v. Chr. anzusiedeln. Im Südwesten der USA gab es vier unterschiedliche kulturelle Gruppen von Indianern:

Die Plains-Kultur

Die Plains-Indianer (Oklahoma, Texas, Kansas) sind zwar zahlenmäßig nie bedeutend gewesen, repräsentieren aber doch für Europäer den „typischen" Indianer. Als Nomaden lebten sie vorwiegend von der Büffeljagd. Sie zogen mit ihren mit Büffelhäuten bespannten Zelten umher und trugen Lederkleidung. Die Pferde, mit denen sie ihre Büffeljagd effizienter machten, stammten nicht vom amerikanischen Kontinent, sondern wurden erst von den Spaniern importiert. Die Stämme der Plains-Indianer (dazu zählen u.a. die Sioux, Comanchen, Crow und Blackfeet) lebten relativ autonom.

Archäologisch gut erschlossen: die Southwest-Kultur

Die Southwest-Kulturen (Arizona, New Mexico, West-Texas) zählten zu einer der größten Gruppen von Indianern und von deren Bedeutung zeugen zahlreiche **archäologische Funde** wie die Speerspitzen und Knochenreste von Sandia und Folsom und natürlich die Felsenhäuser (Cliff Dwellings). Sie lebten hauptsächlich von der Landwirtschaft. Aufgrund der Größe dieser Kultur wird sie in weitere Kulturstufen unterteilt, die sich aus unterschiedlichen Merkmalen in der Lebensweise und dem Zeitraum ihrer Existenz ergeben.

Die Hohokam-Kultur

Hochstehende Kulturen im Südwesten

Die Hohokams („Die, die verschwunden sind") sind als Nachfolger der ersten Indianer aus dem Gilabecken hervorgegangen, deren Blütezeit zwischen 700 v. Chr. und 1100 n. Chr. anzusetzen ist. Sie erbauten bereits um Christi Geburt landwirtschaftliche Siedlungen in der Nähe der heutigen Stadt Phoenix. Die Hohokams pflanzten Mais und Baumwolle an, pflückten Bohnen und Kaktusfrüchte, entwickelten verschiedene Arten der Töpferei und rauchten bei Zeremonien Zigaretten. Diese Eigenschaften rücken sie in die Nähe der mexikanischen Indianer, jedoch waren sie im Gegensatz zu diesen sehr friedliebend und entwickelten ein fast schon demokratisch zu nennendes Sozialsystem. Es wird angenommen, dass die Hohokam-Kultur ein Bewässerungssystem zur Versorgung der Felder entwickelte, was auf eine hohe Organisationsebene der Gesellschaft schließen lässt. Als Nachfolgestämme der Hohokams sind die Pima- und Papagostämme zu sehen, die sich dann vornehmlich in den fruchtbareren Flusstälern (bes. Rio-Grande-Tal in New Mexico) niederließen.

Die Mogollon-Kultur

Über die Mogollon-Kultur ist relativ wenig bekannt. Es wird angenommen, dass diese Kultur, wie die der Hohokams, ihren Ursprung in der Chosie-Wüstenkultur hat. Die Indianer der Mogollon-Kultur lebten nahe der heutigen mexikanischen Grenze (Arizona und New Mexico). An Funden sind besonders die Schwarz-auf-Weiß-Töpfereien aus dem 11. und 12. Jh. n. Chr. erwähnenswert.

Die Korbmacher-Kultur

Die Korbmacher-Indianer sind nach ihren kunstvoll geflochtenen Werken benannt. Ihre Techniken waren von großer Bedeutung, da sie von anderen Stämmen auch in der Töpferei übernommen wurden. Die Korbmacher lebten in Höhlen oder einfachen Häusern, bauten Gemüse, Mais und Kürbis an und hielten Haustiere wie Hunde oder Truthähne. Sie sind zeitlich vor den Pueblo-Kulturen anzusiedeln (ca. 500 v. Chr.–600 n. Chr.)

und werden mit letztgenannten zu den Anasazi zusammengefasst, was in der Sprache der Navajos „die Alten" bedeutet.

Die Pueblo-Kultur

Durch ihre spezielle Art zu wohnen erhielt die Pueblo-Kultur ihren Namen, der vom spanischen Wort für Stadt/Siedlung abgeleitet ist. Ihren Höhepunkt erreichte diese Kultur im 11. und 12. Jh. n. Chr. In der Nähe ihrer Behausungen, die auch spezielle Vorratsräume enthielten, legten sie ihre Felder an. Bekannte Pueblo-Siedlungen sind **Mesa Verde** (Südwest-Colorado) und **Chaco Canyon** (Nordwest-New Mexico). Jede Pueblo-Siedlung hatte den Status einer unabhängigen „Stadt", und mit Ausnahme der Revolte gegen die Spanier 1680 gab es keine politische Verbindung zwischen den einzelnen Siedlungen. Die Bewohner der Pueblos galten als friedlich, was auch in dem Namen einer ihrer Stämme, der Hopi („die Friedlichen"), zum Ausdruck kommt. Die östlichen Siedlungen wurden aus Ziegeln, die westlichen aus mit Lehm verbundenen Natursteinen gebaut. Häufig bestieg man die einzelnen Räume nicht durch eine Tür, sondern mittels einer Leiter durch das Dach.

Friedliche „Städter"

Infolge von Dürreperioden und Wanderungsbewegungen der Vorfahren von Apachen und Navajos starben diese Pueblo-Kulturen Ende des 13. bzw. Anfang des 14. Jh. aus.

Apachen und Navajos

Die Apachen- und Navajostämme (auch *Navaho* geschrieben) lebten ursprünglich im Nordwesten Kanadas und zogen zwischen 900 und 1200 n. Chr. in südlicher Richtung nach New Mexico und Arizona, wo ihre Nachfahren auch heute noch leben. Beide Stämme lebten ursprünglich als Nomaden und Jäger. Sie galten als besonders kriegerisch, und erst 1886 wurden die Apachen von den Regierungstruppen der Vereinigten Staaten endgültig geschlagen. Der letzte Kampf der Navajos fand 1864 statt (gegen *Kit Carson* und seine Truppen). Sie sind heute der größte Stamm in Nordamerika, wobei die Angaben der Mitglieder schwanken.

Größter Indianerstamm

Karge Lebensbedingungen: Great-Basin-Kultur

Diese Kultur (Nevada, Utah, West-Colorado) zeichnete sich durch kleine Stämme aus, die zu Fuß durch die karge Umgebung wanderten und alles zu ihrer Ernährung nutzten, was sie vorfanden. Aufgrund der ungünstigen Bedingungen ihres Lebensraumes in der Wüste, im Gebirge der Rocky Mountains oder auf den relativ unfruchtbaren Ebenen konnten sie den Boden nicht landwirtschaftlich nutzen und sesshaft werden. Sie ernährten sich zu einem großen Teil von Wurzeln, die sie mit einem Stock ausgruben. Ebenso wie diese Form der Ernährung ergab sich ihre Fertigkeit, wasserdichte Körbe herzustellen, aus der Notwendigkeit, sich den harten Lebensbedingungen anzupassen. Zu einem gewissen Reichtum kamen sie erst, nachdem sie um 1700 durch die Weißen zu Pferden kamen und damit auch größeres Wild jagen konnten.

Optimale Lebensbedingungen: Southeast-Kultur

Im Gegensatz zu den Great-Basin-Kulturen hatten die Southeast-Kulturen (Ost-Texas, Südost-Oklahoma) geradezu paradiesische Voraussetzungen für den Anbau von landwirtschaftlichen Produkten. Außer der Kultivierung von Mais und Sonnenblumen war

Organisiertes Dorfleben

der Anbau von Tabak weit verbreitet. Entsprechend waren diese Kulturen sesshaft und entwickelten ein gut organisiertes Dorfleben. Die Stämme schlossen sich sogar zu Gemeinschaften untereinander zusammen. Sowohl die Tatsache, dass sie als einzige Kultur auf dem nordamerikanischen Kontinent ein Gesellschaftssystem mit einem absoluten Herrscher entwickelten, als auch der Umstand, dass ein Teil der Stämme Tempel auf Hügel baute, lässt darauf schließen, dass diese Kultur mittelamerikanisch beeinflusst war. Ihren Höhepunkt erreichte sie um 1300 n. Chr. Die Städte umfassten häufig eine Anzahl von 1.000 Behausungen, die um einen Platz in ihrer Mitte, auf dem häufig auch ein Tempel stand, zentriert waren.

Entdeckung Amerikas und Kolonisierung

Fast 500 Jahre vor *Kolumbus* waren bereits seetüchtige Wikinger an die Ostküste des amerikanischen Kontinents gesegelt. Nachdem dann *Christoph Kolumbus* (1451–1506) amerikanischen Boden betrat, rangen mehrere europäische Mächte fast drei Jahrhunderte um die Vormachtstellung in den eroberten Gebieten der Neuen Welt, unter ihnen Spanier, Franzosen, Engländer und Portugiesen. Im 16. Jh. dominierten Spanien und Portugal durch eine expansive Siedlungspolitik; gegen Ende des Jahrhunderts verloren die Spanier langsam ihre Vormachtstellung und sowohl Engländer als auch Franzosen siedelten sich in der Nähe der reichen spanischen Siedlungen an. Die Franzosen gründeten ihre ersten profitablen Kolonien auf den Karibischen Inseln, wohingegen der Einfluss Portugals unwesentlich blieb. Die Engländer etablierten größere Niederlassungen in der Nähe des heutigen New York. New York hieß übrigens bis 1664 noch Nieuw Amsterdam und war ursprünglich eine niederländische Siedlung. Die Niederländer spielten allerdings bei der Kolonisation Amerikas eine eher untergeordnete Rolle, die sich weitgehend auf das 17. Jh. und die Gegend des heutigen New York und New Jersey beschränkte.

Kolumbus' erste Landung in Amerika

Sklaven

Eine Folge der Kolonisation war der **Sklavenhandel**. Da immer mehr billige Arbeitskräfte in den Kolonien benötigt wurden, begannen die Portugiesen im 16. Jh. von ihren Besitzungen an der westafrikanischen Küste aus, schwarze Sklaven in Richtung Amerika zu verschiffen. Ebenfalls am Sklavenhandel beteiligt waren die Spanier, und auch die Engländer stiegen 1560 ein. Während die Sklaven zunächst auf die Inseln vor Mittelamerika und in den Norden Südamerikas gebracht wurden, kamen später auch viele auf den nordamerikanischen Kontinent. 1619 erreichten die ersten Sklaven die Kolonie Virginia; 150 Jahre später lebten dort fast eine halbe Million Sklaven. Ein Verbot des Sklavenhandels setzte sich erst zu Beginn des 19. Jh. durch.

Die Spanier als Herren der ersten Stunde

Während des 16. Jh. dominierten Spanier und Portugiesen die Kolonisation der Neuen Welt und betrieben dort eine expansive Siedlungspolitik. Um 1575 gab es bereits etwa 200 Siedlungen in Amerika. Die Eroberer (Konquistadoren) machten sich bei der Ausbeutung der Bodenschätze die Arbeitskraft der einheimischen Indianer zunutze und versuchten durch Erforschung immer neuer Gebiete ihren Einflussbereich zu erweitern. Ihr Hauptinteresse galt Bodenschätzen wie Gold und Silber sowie tropischen Agrarprodukten. Nachdem man zuvor hauptsächlich die Inseln der Karibischen See und des Golfes von Mexiko besegelt hatte, konzentrierte sich in der Zeit von 1513–1519 die Erforschung auf das Festland. 1513 entdeckte *Vasco Nuñez* nach einer Durchwanderung der Landenge des heutigen Panama den Pazifischen Ozean. Florida wurde im gleichen Jahr von *Ponce de Leon* erkundet. Einer der bekanntesten Konquistadoren ist *Hernando Cortéz* (1485–1547), der Mexiko eroberte und das dortige **Aztekenreich** vernichtete. *Hernando de Soto* (1500–1542) erschloss den südöstlichen Teil des nordamerikanischen Kontinents.

Spanische Konquistadoren

Die Sage vom heute noch legendären „**El Dorado**", wo man riesige Mengen Gold vermutete, trieb die ersten Konquistadoren in die Gebiete nördlich von Mexiko. **Francisco Vásquez Coronado** (1510–1544) startete 1540 eine Reise in den heutigen Südwesten der Vereinigten Staaten und erforschte dort das „Neue Mexiko", das ab 1606 von der Hauptstadt „Villa Real de la Santa Fe de San Francisco" (Santa Fe) aus verwaltet wurde. Die dortigen Indianer wurden christianisiert und zur Zwangsarbeit herangezogen.

Französische Aktivitäten in Nord und Süd

Frankreich begann sich erst nach 1530 ernsthaft für Eroberungen in der Neuen Welt zu interessieren. Zwar erforschte der Italiener **Giovanni da Varrazano** (1480–1527) mit einer französischen Crew bereits 1524 die Hudson-Mündung und segelte an der nordamerikanischen Küste bis Maine entlang, aber die Gründung von Niederlassungen wurde zu diesem Zeitpunkt noch nicht in Erwagung gezogen. Erst unter der Regierung von *Heinrich IV.* wurden Anstrengungen unternommen, wirtschaftlichen Nutzen aus der Neuen Welt zu ziehen Zunächst wurden nur hugenottische Handelskompanien aktiv und gründeten die ersten französischen Niederlassungen. Unter der Führung von **Samuel de Champlain** entstanden Siedlungen in Kanada (z. B. Québec 1608). Wichtige Wirtschaftsfaktoren waren für die Franzosen vor allem die Fischerei und der Pelzhandel.

Franzosen in der Neuen Welt

Die zweite Kolonisationsperiode begann 1664, als **Jean Baptiste Colbert** (1619–1683) die Französisch-Westindische-Handelskompanie gründete, die das Monopol für den französischen Amerikahandel erhielt. Von 1673 an beanspruchten die Franzosen die gesamten Gebiete entlang des Mississippi, des St.-Lorenz-Stroms sowie das Land um die großen Seen. Entscheidend beteiligt waren an diesen Gebietsansprüchen **Jacques Marquette** (1687–1675) und **Louis Joliet** (1645–1700). Das Flussbecken der Mississippimündung erreichte 1682 **Robert Cavelier de la Salle** (1643–1687), der es nach dem französischen Souverän Ludwig XIV. „La Louisiane" nannte. Hier gründete **Jean Baptiste le Moyne** (1680–1768) im Jahre 1718 „La Nouvelle Orléans", das heutige New Orleans, dem auch heute noch ein französisches Flair anhängt.

Englischer Machtgewinn

Die Engländer setzten sich schon relativ früh im Nordosten Amerikas fest. Sie beanspruchten nicht nur weite Teile des heutigen Kanadas für sich, sondern brachten auch Gebiete der heutigen Bundesstaaten Washington, Oregon, Idaho, Montana und Wyoming unter ihren Herrschaftsbereich. Aufgrund der Nähe zu den französischen Niederlassungen, vor allen Dingen der Kolonie Louisiane, die damals auch Teile von Wyoming, Montana und Colorado umfasste, kam es zu Streitigkeiten. Die Auseinandersetzungen kulminierten im **Siebenjährigen Krieg** (1756–1763), bei dem die Engländer ihren Einflussbereich bis zum Mississippi ausdehnen konnten. Indianer kämpften bei diesem Konflikt hauptsächlich auf Seiten der Franzosen.

Die Engländer hatten sich ebenso wie die Franzosen im späten 15. und im beginnenden 16. Jh. kaum engagiert. *Heinrich VII.* von England verpasste die Chance, die Entdeckungsfahrt von Kolumbus auszurüsten, da ihm seine Pläne undurchführbar schienen. Kolumbus wandte sich daraufhin an den spanischen König, in dessen Auftrag er dann die Neue Welt entdeckte. Erst Königin *Elizabeth I.* (1533–1603) drängte auf eine Kolonisierung der Neuen Welt, nachdem sie durch den englischen Sieg über die spanische Armada (1588) die entsprechende machtpolitische Stellung in Europa errungen hatte. Unter dem Kommando von **Sir Francis Drake** (1540–1596) und Sir *John Hawkins* (1532–1595) griffen die Engländer spanische Niederlassungen und Schiffe an. In diesem Zusammenhang gelang es auch, das spanisch-portugiesische Monopol im einträglichen Sklavenhandel zu brechen.

Jamestown – erste europäische Siedlung in Amerika

Als erste feste Siedlung gilt Jamestown in Virginia, das 1607 im Auftrag der Londoner Virginia-Kompanie gegründet wurde. Die durch die „Industrialisierung" beginnende Arbeitslosigkeit führte dazu, dass es genug Leute gab, die bereit waren, als Siedler in der Neuen Welt einen neuen Anfang zu wagen. Darüber hinaus war man an der Erschließung neuer Rohstoffquellen interessiert. Auch religiöse und politische Gründe trieben Menschen damals nach Amerika. Die **„Pilgrim Fathers"** landeten 1620 an der amerikanischen Küste und bauten dort ein eigenes Gemeinwesen nach ihren Vorstellungen auf. Dem Einbringen ihrer ersten Ernte verdanken die Amerikaner den „Thanksgiving Day", der heute am 4. Donnerstag im November zu den wichtigsten Feiertagen zählt.

Die Glaubensgemeinschaft der **Quäker** gründete 1681 Pennsylvania, dessen Name auf ihren Gründer *William Penn* zurückgeht. Zwei Jahre später siedelten sich hier auch viele Deutsche an, anfangs vorwiegend Mennoniten aus dem Rheinland und der Pfalz. Weitere Siedlungsgebiete deutschsprachiger Einwanderer waren Philadelphia, New York, Maine und Georgia.

Bedeutende Wirtschaftsfaktoren waren damals Fischerei, Holzverarbeitung, Pelzhandel und Bergbau im Nordosten sowie der Anbau von Baumwolle, Zuckerrohr, Tabak und Reis im Süden.

Der Kampf um die Unabhängigkeit

In ihrem Unabhängigkeitskrieg gegen das englische Mutterland (1775–1783) erstritten die 13 Ostkolonien die staatliche Autonomie. Seinen Höhepunkt fand dieser Krieg durch die **Unabhängigkeitserklärung des Kongresses am 4. Juli 1776**, der bis heute der Nationalfeiertag der Vereinigten Staaten ist. Auch die 13 Querstreifen der amerikanischen Flagge, die die 13 Gründerstaaten symbolisieren, erinnern an diesen Tag.

Die Ursachen für die Freiheitsbestrebungen der Siedler lagen allerdings schon Jahrzehnte zurück. Beschränkungen, die das Königreich England zum Schutz der eigenen Wirtschaft erlassen hatte, beschnitten die Rechte der Kolonien empfindlich: Siedlungsverbote westlich der Appalachen, Handelsbeschränkungen sowie Erhebung von direkten Steuern ließen bei den Siedlern den Drang nach Unabhängigkeit immer größer werden. Abgesehen von dem Einfuhrverbot amerikanischer Textilwaren in das Königreich durften ab 1750 auch keine Erzeugnisse der Eisenverarbeitung mehr von den Oststaaten nach England exportiert werden **(Iron-Act)**. 1764 wurde die Gesetzgebung dahingehend verschärft, dass in den Kolonien kein eigenes Geld aufgelegt werden durfte **(Currency-Act)**.

Ein Jahr später wurde das Stempelgesetz **(Stamp-Act)** eingeführt, in dem verfügt wurde, dass alle Druckerzeugnisse mit einer Gebührenmarke beklebt werden mussten. Im gleichen Jahr wurde ebenfalls verfügt, dass die Kolonien britische Soldaten zu beherbergen und zu versorgen hätten **(Quartering-Act)**. Die gesetzgebende Macht über die Kolonien hatte sich das Mutterland bereits 1707 durch einen Parlamentsbeschluss gesichert. Als dann 1767 auch noch Einfuhrzölle für Waren wie Glas, Tee oder Papier erhoben wurden **(Townshend Act)**, führte das zu großem Unmut gegenüber den Regierenden in London.

The Seal of the State of Washington, 1889

Einige Jahre später führten diese Zölle zur ersten bedeutsamen Aktion der Amerikaner: Sie versenkten 1773 drei Schiffsladungen Tee im Bostoner Hafen. Unter dem Begriff „**Boston Tea Party**" ist dieser Protest gegen die Ausbeutung der Kolonien durch das Mutterland in die Geschichte eingegangen. Die englische Krone reagierte mit der Sperrung des Hafens und der Verhängung des Ausnahmezustands. Ein Jahr später trat der **erste Kontinentalkongress** mit Delegierten aus allen 13 Neuenglandstaaten zusammen, der die Wiederherstellung der Rechtslage von vor 1763 beschloss. Die 13 Staaten waren Massachusetts, New Jersey, New York, Rhode Island, Connecticut, New Hampshire, Pennsylvania, Delaware, Virginia, Maryland, North Carolina, South Carolina und Georgia.

Die Amerikaner emanzipieren sich

Die bewaffneten Auseinandersetzungen begannen ein Jahr später am 18. April 1775 mit dem ersten Zusammenstoß zwischen amerikanischer Miliz und britischen Truppen. Der **zweite Kontinentalkongress** im gleichen Jahr ernannte **George Washington** zum Oberbefehlshaber der amerikanischen Truppen, die den britischen Kolonialtruppen und einigen mit den Engländern verbündeten Indianerstämmen gegenüberstanden. North Carolina stellte sich als einziger Bundesstaat auf die Seite der Engländer. Organisiert wurde die amerikanische Armee von dem preußischen General **Baron von Steuben** (1730–1794). Auch andere bekannte Europäer wie der französische **Marquis de la Fayette** (1757–1834) und der Pole **Kosciuszko** (1746–1817) kämpften auf amerikanischer Seite.

Nach dem Krieg die Unabhängigkeit

Auch die Niederlande (1780) und Spanien (1781) traten gegen England in den Krieg ein. 1881 mussten die Engländer dann nach der Niederlage bei Yorktown kapitulieren, was 1783 die Anerkennung der **Unabhängigkeit der Vereinigten Staaten** im **Frieden von Paris** zur Folge hatte.

Die Errichtung des Staatssystems und die Erweiterung des Staatsgebietes

Auf die Unabhängigkeitserklärung folgte die Verabschiedung einer Verfassung am 17. September 1787 in Philadelphia durch die „Constitutional Convention". Sie ist im Kern bis heute gültig, wurde lediglich nach und nach durch Verfassungsänderungen („amendments") ergänzt. Die Verfassung trat am 4. März 1789 nach der Ratifizierung aller 13 Gründungsstaaten in Kraft und beruht auf dem Prinzip eines Bundesstaates mit großer Zentralgewalt sowie der strengen Trennung von Executive, Legislative und Jurisdiktion. **George Washington** wurde einstimmig zum **ersten Präsidenten der USA** gewählt.

Mit der Einführung der Gewaltentrennung ist die amerikanische Verfassung Grundlage der modernen Demokratie. Darüber hinaus führte sie die Trennung von Kirche und Staat und die Volkssouveränität ein, die durch die demokratischen Grundrechte **(Bill of Rights)**, an deren Formulierung **Thomas Jefferson** (1743–1826) federführend beteiligt war, gewährleistet wird.

Thomas Jefferson

Die 1793 gegründete Hauptstadt Washington D.C. (District of Columbia) wurde 1800 zum Sitz der Regierung und des Parlaments. Der Präsident residiert seitdem im Weißen Haus, und der Kongress hat seinen Sitz im Capitol. **George Washington** (1732–1799) war der erste Präsident der Vereinigten Staaten (1789–1797). Sein Nachfolger **John Adams** (Präsident von 1797–1801) ist heute nicht mehr so bekannt wie der dritte Präsident **Thomas Jefferson** (1743–1826), der vor allem als Autor der Unabhängigkeitserklärung in die Geschichte Amerikas einging. Unter Jeffersons Regierung (Präsident 1801–1809) verdoppelten die Vereinigten Staaten ihr Staatsgebiet durch Ankauf von Land. Das damalige Louisiane wurde 1803 Napoleon für den Betrag von 15 Mio. Dollar abgekauft („Louisiana Purchase"). Das Gebiet, das wesentlich größer war als der heutige Staat mit ähnlichem Namen, ermöglichte freie Schifffahrt auf dem Mississippi sowie sei-

info

Die politischen Staatsorgane

Regierung und Präsident (Executive)
Der Präsident ist sowohl Staatspräsident als auch Ministerpräsident, was im deutschen System dem Bundespräsidenten bzw. dem Bundeskanzler entspricht. Der Präsident wird für vier Jahre gewählt, nicht direkt vom Volk, sondern indirekt über Wahlmänner, die wiederum in jedem Bundesstaat in direkter Wahl bestimmt werden. Ihre Zahl pro Bundesland ist entsprechend der jeweiligen Einwohnerzahl festgelegt. Nach einer Wahl ist es Aufgabe des Präsidenten, eine Regierung zusammenzustellen, die auch aus Mitgliedern anderer Parteien oder parteilosen Politikern bestehen kann. Kontrolliert wird der Präsident im verfassungsrechtlichen Sinne über den Obersten Gerichtshof und auf parlamentarischer Ebene über den Kongress.

Der Kongress (Legislative)
Der Kongress setzt sich aus zwei Kammern zusammen: dem Senat (*Senate*) und dem Repräsentantenhaus (*House of Representatives*). Die Mitglieder des Repräsentantenhauses werden auf zwei Jahre direkt gewählt. Jeder Bundesstaat entsendet eine seiner Einwohnerzahl entsprechende Anzahl gewählter Kandidaten, die dann die Interessen dieses Bundesstaates vertreten sollen. Das Repräsentantenhaus hat heute 435 Sitze.
Auch die Senatoren werden direkt vom Volke gewählt, allerdings für sechs Jahre. Jeder Bundesstaat entsendet zwei Senatoren in den Senat, der somit eine Mitgliederzahl von 100 aufweist. Da der Präsident nur mit einer Zweidrittelmehrheit dieser Kammer internationale Verträge abschließen kann, hat sie großen Einfluss auf die Außenpolitik.

Oberster Gerichtshof (Jurisdiktion)
Die neun Richter des Obersten Gerichtshofes (*Supreme* Court) werden vom Präsidenten ernannt und benötigen die Bestätigung des Senats. Sie werden auf Lebenszeit berufen. Der Oberste Gerichtshof hat die Aufgabe, die Gesetzgebung und andere politische Entscheidungen auf ihre verfassungsrechtliche Korrektheit hin zu überprüfen, wenn dieses beantragt wird. Insofern fungieren sie als Kontrollinstanz des Präsidenten und des Kongresses.

nen Nebenflüssen und förderte somit eine weitere Besiedlung des Kontinents. In den Nordwest- und Mississippi-Territorien wurden nach Kentucky (1792) und Tennessee (1796) die folgenden Bundesstaaten gegründet: Ohio 1803, Louisiana 1812, Indiana 1816, Mississippi 1817, Illinois 1818 und Alabama 1819.

Vergrößerung des Staatsgebiets

Man muss sich in diesem Zusammenhang vergegenwärtigen, dass die Bevölkerungszahl der Vereinigten Staaten allein von 1790 bis 1810 um 3,3 Millionen stieg – von 3,9 Millionen auf 7,2 Millionen Einwohner. Um die Besiedlung westlich des ursprünglichen Staatsgebietes voran zu treiben, hatte die Regierung die Möglichkeit geschaffen, für einen gesetzlich festgelegten Mindestpreis von ca. einem Dollar pro Morgen neu besiedeltes Land in Besitz zu nehmen. Das lockte natürlich auch viele Menschen aus Europa an, die auf dem amerikanischen Kontinent ihr Glück versuchen wollten.

Die Amerikaner bekamen große wirtschaftliche Schwierigkeiten, als sie aufgrund der europäischen Auseinandersetzungen – der Kontinentalsperren (1806) und der Gegenreaktionen der Engländer ein Jahr später – wichtige Häfen in Europa nicht mehr anlaufen konnten. Es kam **zu kriegerischen Auseinandersetzungen mit England**

(1812–1814), als die Vereinigten Staaten versuchten, Kanada in ihr Staatsgebiet einzugliedern. Washington wurde während dieses Krieges zerstört, jedoch konnten sich die amerikanischen Truppen bei New Orleans durchsetzen. Im Frieden von Gent 1814 wurde – auch mit Rücksicht auf die Lage in Europa – der Vorkriegszustand wieder hergestellt.

„The Winning of the West"

Mit der Überquerung der Appalachen in westlicher Richtung durch die ersten Siedler begann Ende des 18. Jh. die Ära der amerikanischen Geschichte, die die Besiedlung des gesamten nordamerikanischen Kontinents nach sich zog. Die **„frontier"** genannte Grenze zwischen Wildnis und Zivilisation verschob sich immer weiter nach Westen. Die Menschen waren von Pioniergeist getrieben und führten ein hartes Leben, um der wilden Natur ihren Lebensunterhalt abzuringen. Der sogenannte „Wilde Westen" trägt nicht umsonst seinen Namen.

Der „Wilde Westen"

Bevor jedoch Farmer das Land urbar machten und dieses durch den Bau von Befestigungsanlagen für die Verteidigung (Forts) gesichert wurde, hatten sich in der Regel Jäger und Fallensteller, die Trapper, in die entsprechende Region vorgewagt. Sie erkundeten das Territorium und fristeten ihr Leben von den Erträgen ihrer Jagd. Ihnen folgten Händler, Holzfäller, Landvermesser und Bergleute. Siedler kamen nicht nur aus den nordöstlichen US-Staaten, sondern vor allem auch aus Europa. Die Siedlungsbewegung Richtung Westen verdrängte die Indianer aus ihren angestammten Gebieten, was zunehmend zu Konflikten führte.

Die Erschließung des Westens führte zur Bildung neuer „territories", die dann nach und nach zu Bundesstaaten wurden. Ein großer Teil der Gebiete fiel nach dem **Frieden von Guadalupe Hidalgo**, der den Amerikanisch-Mexikanischen Krieg beendete, an die Vereinigten Staaten. Bereits 1846 war im Oregon-Vertrag der 49. Breitengrad als Nordgrenze der Vereinigten Staaten zu Kanada festgelegt worden.

Als man 1848/49 in Kalifornien Gold fand, zogen viele in Richtung Westen, um dort ihr Glück zu versuchen. Im Rahmen dieser Entwicklung entstanden „trails" (Wegstrecken), auf denen die großen Menschenmassen von Osten nach Westen zogen. Im Jahre 1869 war dann die erste Eisenbahnstrecke – die *Pacific Railroad* – fertiggestellt, sodass man schneller und bequemer nach Westen kommen konnte. Darüber hinaus eröffnete diese Eisenbahnstrecke bessere Voraussetzungen für den Handel und damit für die gesamte Wirtschaft der angrenzenden Gebiete. Außer Gold fand man auch andere Mineralien und große Kohlevorkommen. Die Verabschiedung des Heimstättengesetzes 1862 ermöglichte die freie Landnahme, sodass viele mittellose Menschen versuchten, in der Landwirtschaft ein Auskommen zu finden.

Der Bürgerkrieg

Der amerikanische Bürgerkrieg (*Civil War*), auch als **Sezessionskrieg** bezeichnet, war die größte kriegerische Auseinandersetzung auf nordamerikanischem Boden. Dieser

Nord gegen Süd

Krieg, der von 1861 bis 1865 dauerte, wurde zwischen den Nordstaaten (American Union) und den elf Südstaaten, die sich zu den Konföderierten Staaten (Confederate States of America) zusammenschlossen, ausgetragen. Das Ziel der Nordstaatler (Yankees) war nicht nur die offiziell im Vordergrund stehende Abschaffung der Sklaverei, sondern auch die Erhaltung der Union aller nordamerikanischen Bundesstaaten sowie die Festigung der wirtschaftlichen Vormachtstellung des Nordens auf politischer Ebene. Der entsprechende Machtkampf zwischen den z.T. hoch industrialisierten nördlichen Staaten und dem agrarisch strukturierten Süden war schon zwei Jahrzehnte vor Beginn des Bürgerkrieges nur durch Kompromisslösungen auf einer friedlichen politischen Ebene zu halten gewesen. Aus Sicht der Südstaatler, deren wirtschaftliche Macht auf dem Baumwollmonopol beruhte und von Plantagenwirtschaft und unentgeltlicher Sklavenarbeit abhängig war, handelte es sich auch nicht um einen Bürger-, sondern um einen Unabhängigkeitskrieg.

Abraham Lincoln

Im Jahre 1860, nach dem Wahlsieg der Republikanischen Partei, die erst 1854 aufgrund der Differenzen über die Sklavenfrage gegründet worden war und die Abschaffung der Sklaverei (*Abolition*) zum Ziel hatte, erklärte South Carolina seinen Austritt aus der Union. Der republikanische Präsidentschaftskandidat *Abraham Lincoln* (1809-1865) war für den sklavenhaltenden Süden als Staatsoberhaupt nicht tragbar. Im Winter 1860/61 folgten die Bundesstaaten Mississippi, Florida, Alabama, Georgia, Louisiana und Texas dem Beispiel South Carolinas. Diese Staaten gründeten am 4. Februar 1861 die „Confederate States of America" und setzten *Jefferson Davis* (1808–1889) als Präsidenten ein.

Im April 1860 griffen die Südstaatler Fort Sumter bei Charleston an, weil die Unionstruppen das offiziell in ihrem Besitz stehende Fort nicht kampflos übergeben wollten. Auf diesen Angriff hin befahl Präsident *Lincoln* die Mobilmachung der Truppen aller in der Union verbliebenen Nordstaaten und die Blockade der südlichen Küstenlinie. Vier der acht zu diesem Zeitpunkt noch sklavenhaltenden Nordstaaten verweigerten den Gehorsam und traten den Konföderierten Staaten bei. Außer Virginia, dessen Hauptstadt Richmond im Mai 1861 auch Hauptstadt der Südstaaten wurde, waren noch Arkansas, Tennessee und North Carolina unter den Abtrünnigen.

Die Überlegenheit der nördlichen Staaten (Union) sowie die Verhinderung von Nachschublieferungen an die Südstaaten aus Europa führten 1865 zur bedingungslosen Kapitulation der Konföderierten. Präsident *Lincoln* wurde wenig später von einem fanatischen Südstaatler im Ford-Theater in Washington erschossen. Offiziell proklamiert wurde die **Abschaffung der Sklaverei 1863**, sodass nach dem Sieg der Nordstaaten die Südstaaten gezwungen waren, die Sklaverei abzuschaffen. Da etwas mehr als ein Drittel (ca. 3.500.000) der gesamten Südstaatenbevölkerung (ca. 9.000.000) afrikanischer Herkunft waren, hatte das für den wirtschaftlich durch den Krieg ohnehin ruinierten Süden katastrophale Folgen. Das Land war zum Teil völlig verwüstet, und die Plantagenbesitzer hatten kein Geld, um die benötigten Arbeitskräfte zu bezahlen.

Indianerkriege

Bedingt durch die immer weiter nach Westen fortschreitende Besiedlung durch Weiße und die Vergrößerung des Territoriums der Vereinigten Staaten nach dem **Amerikanisch-Mexikanischen Krieg** (1846–1848) kam es immer wieder zu Konflikten mit den Indianern, die nie völlig beigelegt werden konnten. In Texas kam es wiederholt zu erbitterten Kämpfen zwischen Kiowas, Comanchen und Apachen auf der einen und texanischen sowie US-Truppen auf der anderen Seite. Dieser Krieg konnte erst 1867 beendet werden, nachdem die Kiowas und Comanchen dazu „überredet" werden konnten, nach Alabama überzusiedeln, das damals als Indianerterritorium galt. Aber auch dort wurden sie von den Weißen nicht in Ruhe gelassen, sodass es unter dem berühmten Comanchenhäuptling **Quanah Parker** erneut zu kriegerischen Auseinandersetzungen kam.

Vordringen der Weißen

Im Gebiet zwischen den Rio-Grande-Pueblos und Kalifornien waren es hauptsächlich die Navajos und Apachen, die sich gegen die weißen Siedler zur Wehr setzten. **Colonel Kit Carson** besiegte in einem Krieg von 1863–1864 die Navajos, verwüstete Felder und Behausungen und vertrieb das Volk nach New Mexico. Vier Jahre später bekamen sie dann ein Reservat im Norden Arizonas, woher sie ursprünglich auch gekommen waren. Die Apachen leisteten am längsten Widerstand gegen die Siedler, mit denen sie anfangs gute Beziehungen hatten, da diese Feinde der Spanier und Mexikaner waren, gegen die auch die Apachen vor dem Amerikanisch-Mexikanischen Krieg gekämpft hatten. 1862 brach jedoch ein Krieg aus, der bis 1871 andauerte. Zu jenem Zeitpunkt übernahm **General George Crook** das Kommando über die Truppen in Arizona. Die Apachen wurden von ihm in ein Reservat verdrängt, jedoch konnte ihr Widerstand bis 1886 nicht vollständig gebrochen werden, da sie unter der Führung des **Häuptlings Geronimo** eine rege Guerillatätigkeit organisierten. Erst nach Geronimos Gefangennahme und Deportation nach Florida gaben die Apachen auf.

Die Schlacht bei Little Big Horn

Die bekanntesten Schlachten der Indianerkriege des 19. Jh. fanden jedoch nördlich des Südwestens statt. Zu nennen sind hier Little Bighorn, der Ort, an dem 1876 Sioux, Cheyennes und Arapaos unter **Sitting Bull**, Häuptling der Oglala-Sioux, und **Crazy Horse**, dem Häuptling der Hunkpapas-Sioux, den weißen **General Custer** und seine Truppen schlugen. Diese Schlacht – von weißer Seite als Massaker bezeichnet – schockierte die Nation und führte zu verstärkten militärischen Aktionen gegen die Indianer. Was Weiße den Indianern angetan hatten, wurde dabei völlig außer Acht gelassen. Die letzte entscheidende „Schlacht" fand 1890 am Wounded Knee statt. Hier wurden die Sioux, unter der Führung von Häuptling **Big Foot**, vernichtend geschlagen, wobei in diesem Fall wirklich von einem Massaker an den Indianern gesprochen werden muss.

Legenden-umwobene Gestalten

Geronimo

info

Einer der bedeutendsten Männer während der Indianerkriege war im Südwesten der Apachenhäuptling und Medizinmann **Geronimo** (ca. 1830–1909). Sein indianischer Name war Goyathlay („einer, der gähnt"). Er gehörte einem Chiricahuastamm an und wurde im No-doyohn-Canyon (New Mexico) geboren. Seine ganze Familie wurde von Mexikanern ausgerottet, was ihn zu einem fanatischen Feind der Weißen machte.

Indianerhäuptling Geronimo

Als sein Stamm 1876 von der mexikanischen Grenze in das White Mountain Reservat nach Arizona umgesiedelt wurde, floh er mit anderen Stammesgenossen zurück zum alten Stammesgebiet. Dort führten die Apachen eine Art Guerillakrieg gegen weiße Siedler. Sie mussten nach einer groß angelegten Militäraktion unter der Leitung von General *George H. Crook* 1883 eine empfindliche Niederlage einstecken, gaben jedoch nicht auf bis sie 1886 den Truppen von General *Nelson A. Miles* unterlagen. Bei dieser entscheidenden Schlacht, die den Widerstand der Apachen endgültig brach, wurden *Geronimo* und seine Krieger gefangen genommen und als Kriegsgefangene nach Florida deportiert. *Geronimo* starb 1909 in Fort Sill (Oklahoma).

Die frühe Geschichte der einzelnen Bundesstaaten

Die Staaten des Südwestens entwickelten sich während und nach dem Bürgerkrieg, der Indianerkriege und der Bildung der Vereinigten Staaten in unterschiedlicher Weise. Hier ein kurzer Abriss, in alphabetischer Reihenfolge.

Arizona

Ein Teil von Arizona wurde 1848 nach Beendigung des Krieges gegen Mexiko Territorium der Vereinigten Staaten, den Rest mussten die Mexikaner 1854 im *Gadsden Purchase* abtreten. Hauptinteresse der USA waren die Minen und die Schaffung eines guten Landzugangs nach Kalifornien, wo 1848/49 Gold gefunden worden war. Zu Beginn des Bürgerkrieges befand sich Arizona unter der Verwaltung der Südstaaten, da ein großer Teil der Siedler aus dem Süden stammte. Hier fand 1862 am Picacho-Pass auch die westlichste Schlacht des Bürgerkrieges statt. Mit der Eroberung Tucsons durch die Unionstruppen im gleichen Jahr fiel Arizona an die Nordstaaten.

In Arizona gab es immer wieder Auseinandersetzungen zwischen den amerikanischen und mexikanischen Siedlern und den Indianern. Die Regierung startete 1872–1874 eine große Kampagne, in der die Indianer dazu gebracht werden konnten, an einem Friedensrat teilzunehmen. Aber der Frieden währte nicht lange, und viele Apachen flohen aus dem ihnen zugedachten San-Carlos-Reservat. Unter Führung des Apachenhäuptlings *Geronimo* setzten sich die Indianer weiter zur Wehr. Erst 1886 gelang es General *Nelson A. Miles* (1839–1925), die Indianer entscheidend zu schlagen und durch die Gefangennahme Geronimos die Indianerkriege in Arizona zu beenden.

Apachenkriege

Arizona wurde erst 1912 zum 48. Bundesstaat der Vereinigten Staaten, da es vorher nicht die für die Anerkennung als Bundesstaat erforderlichen 60.000 Einwohner nachweisen konnte. Das extrem heiße Klima machte die Gegend für die Landwirtschaft recht ungeeignet, deshalb konnten nur wenige Siedler angelockt werden. Es kamen aber zahlreiche Gold- und Silberschürfer in die Sonora-Wüste. Sie suchten ihr Glück alleine oder auch in großen Minen, an denen sie sich mit jeweils geringen Anteilen einkauften und auf zugewiesenen Parzellen gruben. Städte wie Tombstone, Bisbee, Silver City und Mogollon wurden über Nacht zu bedeutenden Punkten auf der Landkarte, verschwanden aber genauso schnell wieder.

Colorado

Die Spanier waren die ersten Europäer, die Colorado ihr Eigen nannten, mussten das Gebiet aber zu Beginn des 18. Jh. an die Franzosen abtreten. Danach wechselte der Besitz des Landes mehrmals zwischen diesen zwei Völkern, bis die Franzosen im Jahre 1803 schließlich Colorado als Teil ihrer Kolonie Louisiane an die Vereinigten Staaten verkauften. 1858 wurde in der Region um Denver Gold gefunden, und allein im darauf folgenden Jahr kamen 50.000 Siedler dorthin. Während des Bürgerkrieges kam es immer wieder zu Auseinandersetzungen zwischen Indianern und Weißen.

Die erste friedliche Periode begann erst, als größere Truppenkontingente zum Ende des Bürgerkrieges nach Colorado entsandt wurden. 1876 bekam Colorado als 38. Staat den Status eines vollwertigen Bundesstaates. Der Anteil der weißen Bevölkerung stieg in den 1870er und 1880er Jahren enorm, da die Gold- und Silberminen eine gute Ausbeute gewährleisteten. Siedlungsbewegungen in Richtung der westlichen Berge sorgten jedoch für heftige Auseinandersetzungen mit den Ute-Indianern, die nach dem White-River-Massaker den Staat 1879 verließen.

Gold in Colorado

Nevada

Das Gebiet von Nevada war einer der zuletzt erforschten Landstriche Nordamerikas. 1821 wurde Nevada mexikanisches Gebiet. 1826 erforschte der amerikanische Trapper

Jedediah Smith den Colorado River. Die ersten Siedler durchquerten Nevada 1841 auf der so genannten *Humboldt River Route*, die später auch für die Eisenbahn genutzt wurde.

Nach dem Amerikanisch-Mexikanischen Krieg annektierten die Vereinigten Staaten 1848 das Gebiet, durch das nach dem Goldfund in Kalifornien 1849 unzählige Siedler zogen. Ein großer Teil Nevadas war 1850 Bestandteil des zu diesem Zeitpunkt konstituierten Utah-Territoriums, nur die Südspitze gehörte zum New-Mexico-Territorium. Da die Siedler Schwierigkeiten mit der Regierung Utahs hatten, forderten sie eine eigene Regierung. Dieser Forderung wurde 1861 vom Kongress entsprochen und das Gebiet 1862, 1866 und 1867 schrittweise bis auf die Größe des heutigen Bundesstaates erweitert.

Nach der Entdeckung der Comstock Lode (1859) sowie anderer Minen wurde Nevada zu einem wichtigen Wirtschaftsfaktor. Da Nevada zur Zeit des Bürgerkrieges auf der Seite der Union stand und Präsident *Lincoln* für sein Wiederaufbauprogramm nach dem Krieg Stimmen benötigte, wurde Nevada im Jahre 1864 zum 36. Bundesstaat der Vereinigten Staaten, obwohl die Bevölkerungszahl dafür nicht ausreichend war. Der Wohlstand Nevadas gründete sich vor allem auf die Edelmetalle Gold und Silber. Die Schließung vieler Minen in den 1880er Jahren führte zum wirtschaftlichen Niedergang. Eine Serie harter Winter schädigte zur gleichen Zeit die Landwirtschaft, und es kam zur Abwanderung eines großen Teils der Bevölkerung.

Schließung vieler Minen

New Mexico

Im Gebiet von New Mexico widersetzten sich die Indianer den europäischen Eindringlingen schon sehr früh: 1680 begann die Pueblo-Revolte, die sich gegen die schlechten Arbeitsbedingungen der Indianer und die Ausbeutung ihres Landes richtete. Die Indianer besetzten Santa Fe, und erst 1692/93 gelang es den Spaniern unter *Don Diego de Vargas*, Santa Fe zurückzuerobern. Obwohl es zwischen Weißen und Indianern Handel gab, kam es erst 1780 zu einem ersten Friedensabkommen zwischen den Navajos, Utes und Comanchen auf der einen und den Spaniern auf der anderen Seite. Die Apachen kämpften sogar bis 1887 um ihr Land und waren in den Indianerkriegen des 19. Jh. die treibende Kraft.

Bis zur Unabhängigkeit Mexikos vom spanischen Mutterland 1821 gab es keine nennenswerten Kontakte zu Regionen nördlich von New Mexico. Ein Jahr später eröffnete Captain *William Becknell* den Santa Fe Trail, der weitreichende Handelsverbindungen New Mexicos mit dem nördlichen Amerika eröffnete. Viehzucht wurde nach dem Bürgerkrieg zu einem der wichtigsten Wirtschaftsfaktoren in New Mexico, der sogar zu kriegerischen Auseinandersetzungen zwischen der Lokalregierung und den Rinderbaronen führte und 1878–1880 in einen regulären Krieg ausartete („Lincoln County Cattle War"). Der Edelmetall- und Kohleabbau sowie die Entdeckung von Öl führten gegen Ende des 19. Jh. zu einem schnellen Wachstum der Region. Zum Bundesstaat (47. Staat) wurde New Mexico allerdings erst 1912.

Santa Fe Trail

Texas

Um den französischen Einfluss zu verhindern bauten die Spanier als ursprüngliche Kolonialherren Missionen, die die Indianer dieser Region christianisieren und auf die Sei-

Die sechs Flaggen von Texas

te der Spanier bringen sollten. Diese Missionsbewegung, die 1690 begann, wurde jedoch von feindlichen Indianerstämmen bekämpft, sodass ein Jahrhundert später nur noch die Missionen am San Antonio River übrig blieben.

Stephen Fuller Austin (1793–1836) gründete mit Erlaubnis der Regierung des 1821 unabhängig gewordenen Mexiko am unteren Brazos eine Siedlung, womit angloamerikanische Interessen in diese Region kamen. Zwischen 1825 und 1832 kamen 8.000 Siedler ins Land, die von der mexikanischen Regierung für den Ausbruch der texanischen Revolution verantwortlich gemacht wurden. Nach der Schlacht von San Jacinto wurde Texas 1836 unabhängig.

Die Republik Texas existierte als unabhängiger Staat bis 1845, wurde von Mexiko jedoch nie anerkannt. Aufgrund der ständig drohenden Invasion durch Mexiko, der wirtschaftlichen Schwierigkeiten und der Probleme mit den Indianern sprachen sich zunehmend mehr Texaner für eine Annexion von Texas durch die Vereinigten Staaten aus. So wurde Texas durch Kongressbeschluss 1845 zum 28. Staat der USA. Diese Angliederung verursachte den Mexikanisch-Amerikanischen Krieg, der 1848 durch den Guadalupe-Hidalgo-Vertrag beendet wurde, in dem Texas den Vereinigten Staaten zugesprochen wurde.

Utah

Ursprünglich in spanischem Besitz, ging Utah 1821 an die Mexikaner über. Von 1811 an wanderten viele Trapper in dieses Gebiet ein, um an den begehrten Pelz des Bibers zu kommen. In den 1840er Jahren kamen auch viele Siedler nach Utah, die auf der Durchreise nach Kalifornien waren. Die erste Besiedlung in großem Stil erfolgte 1847 durch die Mormonen, die von New York über Ohio, Missouri und Illinois nach Utah weiterzogen. Sie wanderten aus religiösen Gründen nach Westen, da sich ihre Vorstellungen von Gemeinschaft nicht mit den eher individualistischen Vorstellungen der übrigen Bürger vereinbaren ließen.

Zug der Mormonen

Unter ihrem Führer *Brigham Young* (1801–1877) gründeten die Mormonen eine Gemeinde am großen Salzsee. Im Umland entstanden Tochtergemeinden, die abgesehen von der religiösen Einheit autonom waren. Mit dem Vertrag von Guadalupe-Hidalgo ging Utah an die Vereinigten Staaten, jedoch dauerte die Anerkennung als Bundesstaat noch bis 1896 (45. Staat), da die Gesetze der Mormonengemeinden sich nicht mit der Gesetzgebung der USA vereinbaren ließen. So widersprachen die bei den Mormonen erlaubte Polygamie, aber auch die Vorstellungen vom Gemeingut der allgemeinen Auffassung von Privatbesitz. Trotz der friedlichen Einstellung der Mormonen gegenüber den Indianern kam es zu Konflikten, von denen besonders der *Walker War* (1853–1854) und der *Black Hawk War* (1865–1868) hervorzuheben sind.

Wirtschaftlicher Aufschwung und Industrialisierung („Gilded Age“)

Auf den Wiederaufbau nach dem Bürgerkrieg (*Reconstruction*) folgte eine Blütezeit der Wirtschaft, die besonders im industriellen Bereich sichtbar wurde. Eine Intensivierung des Tabakanbaus sowie ein Aufschwung in der Textilindustrie, der eine stetig wachsende Nachfrage nach Baumwolle zur Folge hatte, brachte den Süden der Vereinigten Staaten wirtschaftlich wieder auf die Beine und verringerte die durch den Bürgerkrieg entstandene wirtschaftliche Diskrepanz zwischen Norden und Süden. Entscheidend für den wirtschaftlichen Aufschwung waren jedoch nicht zuletzt auch bahnbrechende technische Erfindungen, die die Industrialisierung vorantrieben. Hierzu gehören der Telegraf und der Telefonapparat, die völlig neue Formen der Kommunikation eröffneten. Für uns heute ebenso nicht mehr wegzudenken: das Auto, dessen erster Prototyp 1892 vorgestellt wurde. Namen wie *Samuel Morse, Alexander Graham Bell, Thomas Edison* und *Henry Ford* stehen für diese revolutionären Erfindungen der Technik.

Technische Erfindungen

Darüber hinaus konnten die Vereinigten Staaten durch eine gute infrastrukturelle Erschließung des Westens in der zweiten Hälfte des 19. Jh. die dortigen Rohstoffvorkommen nutzen. An Arbeitskräften bestand kein Mangel, da viele Einwanderer kamen, die in Europa für sich keine Chancen sahen und vor Armut und Arbeitslosigkeit flohen. Zwischen 1860 und 1914 wuchs die Bevölkerung der USA von 31,3 Mio. auf 91,9 Mio. In diesem Zeitabschnitt wurden allein 21 Mio. Einwanderer registriert.

Da es in der freien Marktwirtschaft der Staaten keine wirtschaftlichen Begrenzungen gab, entstanden mächtige Trusts. Zwar hoben die Massengüter, die man nun produzieren konnte, den allgemeinen Wohlstand, aber der Umstand, dass 2 % der Amerikaner 60 % des Einkommens verdienten, führte zu Spannungen. Dieser Entwicklung sollte durch die **Anti-Trust Gesetze** entgegengewirkt werden. Ab 1913 wurden dann progressive Steuern eingeführt und die Schutzzölle gesenkt. Als Arbeitnehmerorganisationen wurde 1886 ein Dachverband für alle Gewerkschaften, die *Federation of Labor*, gegründet, die sich für kürzere Arbeitszeiten und ein Verbot der Kinderarbeit einsetzte.

Die wirtschaftliche Dominanz ließ die USA auch auf internationaler Ebene aktiver werden. Während im 19. Jh. die **Monroe-Doktrin**, benannt nach einer Rede des amerikanischen Präsidenten im Jahre 1823, die Außenpolitik maßgebend bestimmte, begann die aufstrebende Wirtschaftsmacht gegen Ende des 19. Jh. damit, ihre Machtansprüche auf andere Länder auszudehnen und ihre wirtschaftlichen Interessen in zunehmendem Maße auch militärisch durchzusetzen. Laut der Monroe-Doktrin verzichteten die USA auf Einmischung in europäische Angelegenheiten. Gebrochen wurde diese Doktrin mit der Kriegserklärung an Spanien 1898 nach der Versenkung eines amerikanischen Schiffes im Hafen von Havanna. Spanien verzichtete im gleichen Jahr auf Kuba, Puerto Rico und Guam (Friede von Paris). Puerto Rico wurde ebenso wie die Hawaii-Inseln im gleichen Jahr annektiert, und Guam sowie die Philippinen wurden als Stützpunkte angegliedert. Auch spielten die USA ihre wirtschaftlichen Machtansprüche bei der Gründung Panamas aus, um Einfluss auf den Bau des Panamakanals geltend machen zu können.

Die USA stecken ihre Interessen ab

Wirtschaftliche Interessen in den lateinamerikanischen Ländern bewegten Präsident **Theodore Roosevelt** 1904 auch zu der Erklärung, dass die Vereinigten Staaten sich in die Angelegenheiten dieser Staaten einmischen würden, um Übergriffe von europäischen Staaten zu unterbinden. Infolge dieses Bekenntnisses zu einer aggressiven Außenpolitik kam es zur Besetzung der Dominikanischen Republik (1914–1924) und zu Interventionen in Mexiko (1914/17), Guatemala (1921), Honduras (1911, 1913, 1924/25) und Nicaragua (1912/1925). Auch im asiatischen Bereich engagierten sich die USA bei der Niederwerfung des chinesischen Boxeraufstandes (1900).

Innenpolitisch gesehen verschlechterten sich die Zustände in diesem Zeitraum, da Arbeitslosigkeit, ein ungenügendes Sozialsystem und die uneingeschränkten Wettbewerbsbedingungen innerhalb des Wirtschaftssystems zu erheblichen sozialen Spannungen und Fehlentwicklungen führten. Die Landwirtschaft hatte ihre Expansionsmöglichkeiten ausgeschöpft und war dem anhaltenden Einwandererdruck nicht mehr gewachsen. Menschen drängten in die Städte, die aus allen Nähten zu platzen drohten und Arbeitslosigkeit, Wohnungsnot und Armut nahmen ungeahnte Dimensionen an.

Das 20. Jahrhundert

Erster Weltkrieg

Amerikanische Soldaten auf Seite der Alliierten

Von 1914–1917 sympathisierten die Vereinigten Staaten zwar mit den Alliierten, blieben jedoch vorerst neutral und versuchten unter Präsident *Wilson*, zwischen den kriegsführenden Parteien zu vermitteln. Dieses änderte sich 1917 nach der Versenkung mehrerer amerikanischer Schiffe durch deutsche U-Boote. Im Februar 1917 brachen die Staaten die diplomatischen Beziehungen zu Deutschland ab und traten am 6. April 1917 in den Krieg ein. Unter dem Befehl von General *John Joseph Pershing* (1860–1948) kämpften etwa 2 Millionen amerikanische Soldaten auf der Seite der Alliierten, von denen 120.000 auf den Schlachtfeldern Europas fielen. Für die Zivilbevölkerung hatte der 1. Weltkrieg die Rationierung von Lebensmitteln und Kraftstoff zur Folge.

Präsident *Woodrow Wilson* entwickelte 1918 ein 14-Punkte-Programm für die Umgestaltung der politischen und wirtschaftlichen Verhältnisse in dem durch den Krieg zerrütteten Europa. Unter anderem forderte er in seinem Programm die Abschaffung der Geheimdiplomatie, die Freiheit der Meere, freie Marktwirtschaft im Welthandel, multilaterale Rüstungsbeschränkungen, neue Festlegung von Grenzen und Zugang zum Meer in einigen europäischen Staaten und die Gründung eines Völkerbundes. Diesem traten die Vereinigten Staaten nicht bei, da der Senat seine Zustimmung hierfür verweigerte und der Versailler Vertrag von den Vereinigten Staaten nicht ratifiziert werden konnte. 1921 schlossen die Vereinigten Staaten einen Separatfrieden mit dem Deutschen Reich, in dem weder die Völkerbundsatzung noch der Kriegsschuldartikel aufgenommen waren.

„The Roaring Twenties“

Die sogenannten „Goldenen Zwanziger“ waren von außenpolitischer und wirtschaftlicher Isolation, sozialen Spannungen und uneingeschränkter Konkurrenz im wirtschaftlichen Bereich. Der Multimillionär *Andrew W. Mellon* war von 1921–1932 Finanzminister und für ihn stand das „Big Business“ im Vordergrund. Er bewirkte entsprechend eine Wirtschaftspolitik: Senkung der Steuern für Großverdiener sowie eine teilweise Aufhebung der Antimonopol-Gesetze. Die Bildung großer Gesellschaften wurde wieder möglich und das Kapital konzentrierte sich in wenigen Händen.

Die Verschärfung der Zollgesetze (hohe Schutzzölle auf ausländische Waren) schirmte die amerikanische Industrie vor ausländischer Konkurrenz ab. Durch enorme Produktionssteigerung, die nicht zuletzt durch die Einführung des Fließbandes und der daraus resultierenden Massenproduktion bedingt war, prosperierte die Industrie. Von 1921 1929 verdoppelte sich die Industrieproduktion. Hier gaben vor allen Dingen Konsumgüter und Autos (1929 wurden 26 Millionen Fahrzeuge produziert) den Ausschlag. Ein weiterer wichtiger Faktor war die Baubranche.

Krasse Gegensätze

Eine Verarmung der Farmer, bedingt durch ein Überangebot an Agrarerzeugnissen auf dem Markt und Erosionsschäden aufgrund zu intensiver Nutzung des Bodens, führte zu einem starken Rückgang der Agrarproduktion. Ebenso wie durch diesen Umstand ein Konflikt zwischen Stadt- und Landbevölkerung entstand, sind die krassen Gegensätze zwischen Armen und Reichen im Allgemeinen nicht mehr zu übersehen. 36.000 der reichsten Familien verdienten den gleichen Anteil am Volkseinkommen wie 12 Millionen Familien, deren Einkommen unter dem Existenzminimum lagen, nämlich jeweils 42 %.

Auf dem Weg in die Roaring Twenties

Die Einwanderungsmöglichkeiten wurden durch entsprechende Gesetze 1921 und 1924 beschränkt, sodass das Land der unbegrenzten Möglichkeiten auch nicht mehr für jeden zugänglich war. Der **National Origins Act** (1924) regulierte die Anzahl der Einwanderungsgenehmigung und richtete sich offensichtlich gegen die Einwandererströme aus Süd- und Osteuropa. Chinesen und Japaner wurden von der Einwanderung ausgeschlossen. Interessanterweise erhielten die Indianer im gleichen Jahr (1924) die amerikanische Staatsbürgerschaft.

Minderheiten im eigenen Land wurden in den Jahren von 1924–1926 vor allem im Süden und Mittelwesten durch den 1915 neu gegründeten Ku-Klux-Klan verstärkt terrorisiert. 1924 hat diese Organisation ungefähr 5 Millionen Mitglieder, die ihre Aktionen jedoch nicht nur gegen Schwarze, sondern auch gegen Juden, Katholiken und Intellektuelle richtete, die ein Leben wider die engen Moralvorstellungen der Anhänger dieser Organisation führten.

Prohibition

Die Prohibition währte von 1920–1933 und hatte die Verkehrung ins Gegenteil der angestrebten Richtung zur Folge. Schmuggel im großen Stil, Schwarzbrennerei und die Bildung von Gangsterbanden sowie die Ausbildung einer entsprechenden Kriminalität führten die Prohibitionsgesetze ad absurdum. Allein in den Jahren 1924–1925 wurden 20.000.000 Gallonen Alkohol beschlagnahmt und 77.000 Personen aufgrund eines Verstoßes gegen das Prohibitionsgesetz verhaftet.

Der „Schwarze Freitag“ und seine Folgen

Bedingt durch Unverhältnismäßigkeiten auf dem Kreditmarkt und einer Übersättigung des amerikanischen Binnenmarktes fielen 1929 die Aktienkurse. Der Tag des Zusammenbruchs der New Yorker Börse (24.10.1929) ging als **„Schwarzer Freitag“** in die Geschichte ein. Die Geschehnisse dieses Tages leiteten eine schwere Wirtschaftskrise („depression“) ein, die sich auch auf Europa ausweitete.

Die industrielle Produktion, Motor der amerikanischen Wirtschaft, fiel in den drei Jahren nach dem Börsen-Crash um mehr als die Hälfte. In dieser Zeit gab es bis zu **15 Millionen Arbeitslose** in den USA, von denen der größte Teil finanziell in keiner Weise abgesichert war. Dieser Umstand führte dazu, dass Bürger des modernsten Industrielandes sogar verhungerten oder erfroren, obwohl die Vorräte an Getreide und Baumwolle wuchsen.

Franklin D. Roosevelt

Den Weg aus der Krise fand **Franklin D. Roosevelt** (1882–1945), nachdem er sich 1932 als Präsidentschaftskandidat gegen *Herbert Hoover* durchsetzen konnte. Er entschloss sich dazu, mit seinem **New Deal Program** als erster Präsident der Vereinigten Staaten die Wirtschaft durch weitreichende staatliche Eingriffe zu beeinflussen. In zwei Phasen (1933–1935 und 1935–1939) verfügte dieses Programm u. a. über Schuldentlastungen, Umstrukturierung des Bankenwesens, Abwertung des Dollars, Reformen für Landwirtschaft und Bauwesen, Produktionsbeschränkungen, Maximalarbeitszeiten und Mindestlöhne sowie verbesserte Sozialgesetzgebungen. Trotz starker Anfeindungen durch politische Gegner, die *Roosevelt* als Vertreter einer dirigistischen Wirtschaftspolitik diffamierten und aus dem Amt zu drängen versuchten, setzte *Roosevelt* sich durch und wurde zweimal zum Präsidenten wiedergewählt. Sein New Deal Program hat die amerikanische Wirtschaft schließlich wieder auf die Beine gebracht.

Zweiter Weltkrieg

Die Vereinigten Staaten erklärten zwar 1939 ihre Neutralität in Bezug auf den europäischen Kriegsschauplatz, gaben diese jedoch 1941 auf, nachdem die deutschen Truppen auch in Dänemark, Norwegen, die Niederlande und Frankreich eingefallen waren und mit Japan und Italien den Drei-Mächte-Pakt geschlossen hatten. 1941 erklärte Präsident *Roosevelt* in seiner Neujahrsansprache, dass die Vereinigten Staaten als Garant der „Vier Freiheiten“ (der Rede- und Meinungsäußerung, der Religionsausübung, der Freiheit vor Hunger und der vor Not und Furcht) ihre Neutralität aufgeben müssen. Der „Lend-Lease Act“ ermöglichte eine Versorgung der Alliierten mit kriegswichtigem Material ohne Bezahlung.

Angriff in Pearl Harbor

Am 7. Dezember 1941 griffen die Japaner überraschend den Navy-Stützpunkt in Pearl Harbor auf Hawaii an, bei dem der Großteil der dort stationierten amerikanischen Marine-Schiffe zerstört wurde. Einen Tag später erklärten die USA den Japanern den Krieg und einige Tage darauf erfolgte die Kriegserklärung an Deutschland und Italien. Um den Krieg möglichst effektiv durchführen zu können, wurde die allgemeine Wehrpflicht eingeführt und die Produktion von zivilen Gütern zugunsten der von militärischen verringert. Es kam zu einer Lebensmittelrationalisierung, und 1942 wurde eine staatlich gelenkte Preisbindung eingeführt. Darüber hinaus wurde eine Nachrichtenzensur verhängt.

Zwischen 1941 und 1943 stimmten die Vereinigten Staaten ihre Kriegshandlungen mit den anderen Alliierten ab. Auf der **1. Washington-Konferenz** (1941–1942) beschlossen *Churchill* und *Roosevelt* eine defensive Vorgehensweise gegenüber Japan und eine Landung alliierter Truppen in Nordafrika. Der Washington-Pakt beinhaltete eine Erklärung von 26 Ländern, die gegen die Achsenmächte Krieg führten, keinen Separatfrieden zu schließen. Dieser Pakt legte den Grundstein für die Vereinten Nationen. In der **2. Washington-Konferenz** Mitte 1942 wurden die Errichtung einer zweiten Front in Europa und der Ausbau der Atomforschung beschlossen. Russland wurde über die beschlossenen Maßnahmen unterrichtet und die gemeinsame Planung der Vorgehensweise gegen Deutschland begann. 1943 wurde dann in der **Casablanca-Konferenz** die Landung auf Sizilien beschlossen und die Forderung nach der bedingungslosen Kapitulation Deutschlands gestellt. Auf der **Kairo-Konferenz** beriet man über die Vorgehensweise bezüglich Japans und Südostasiens. Im gleichen Jahr wurde auf der **Teheran-Konferenz** die Landung in Nordfrankreich beschlossen.

USA und die Alliierten

Seit 1943 operierten die Alliierten Streitkräfte unter dem Oberbefehl von General *Eisenhower*. Am 6. Juni 1944 landeten die Alliierten in der Normandie, am 7. Mai 1945 kapitulierte das Deutsche Reich bedingungslos. Inzwischen war dem im April verstorbenen Präsidenten *Roosevelt* sein Vizepräsident *Harry S. Truman* gefolgt.

Bereits auf der **Jalta-Konferenz** im Februar 1945 wurden von *Roosevelt*, *Churchill* und *Stalin* konkrete Überlegungen angestellt, wie mit Deutschland nach der Kapitulation zu verfahren sei. So wurden die Aufteilung Deutschlands in Besatzungszonen, die Festlegung der zukünftigen Grenzen, Demontage- und Reparationsfragen sowie die Bildung eines Kontrollrates zur Wahrnehmung der Regierungsgeschäfte des besetzten Gebietes beschlossen. Die Unterschrift unter den **Morgentau-Plan**, der eine Zerstückelung Deutschlands und die Verwandlung in einen reinen Agrarstaat vorsah, zog Roosevelt jedoch wieder zurück. Die definitive Aufteilung Deutschlands erfolgte auf der **Potsdamer Konferenz** im Juli/August 1945. Zwischenzeitlich gingen die Kämpfe auf den japanischen Schauplätzen weiter. Um den Widerstand der Japaner zu brechen, warfen die USA **Atombomben** auf **Hiroshima** und **Nagasaki**, bei denen über 270.000 Tote zu verzeichnen waren. Am 2.9.1945 kapitulierten die Japaner. Der Zweite Weltkrieg war endgültig vorbei.

Konferenz von Jalta: Churchill, Roosevelt und Stalin

Neuordnung der Welt

Bestimmend für die amerikanische Außenpolitik in der Nachkriegszeit wurde die **Truman-Doktrin** (1947), die allen Ländern zur Bewahrung ihrer nationalen Unabhängigkeit militärische und wirtschaftliche Hilfe von Seiten der USA zusagte. Die Vereinigten Staaten wichen mit dieser Doktrin von ihrem Isolationismus ab und schafften die Grundlage für ein Eingreifen in die Angelegenheiten anderer Staaten im Sinne einer Ordnungsmacht.

Der „Kalte Krieg"

Der politische Gegensatz zwischen den Vereinigten Staaten und der den Osten Europas beherrschenden Sowjetunion führte zum sogenannten **„Kalten Krieg"** und der daraus resultierenden Aufrüstung auf beiden Seiten. 1949 gründeten die USA zusammen mit 10 europäischen Staaten die NATO (North Atlantic Treaty Organization), der 1954 auch die Bundesrepublik Deutschland beitrat.

Der Wettstreit zwischen den Führungsmächten der beiden Blöcke beschränkte sich nicht auf ein Wettrüsten in großem Stil, sondern setzte sich auch auf dem technologischen Sektor fort. Besonders spektakulär gestaltete er sich auf dem Gebiet der Raumfahrt. Der UdSSR gelang es 1957, den ersten Satelliten ins Weltall zu schicken („Sputnik I"), dem ein Jahr später der amerikanische „Explorer I" folgte. Auch in der bemannten Raumfahrt war der Ostblock den USA um einen Monat voraus. *Juri Gagarin* erreichte am 12. April 1961 als erster Mensch das Weltall, während der Amerikaner *Alan B. Shepard* am 5. Mai folgte. 1969 gelang es jedoch den Vereinigten Staaten, den ersten bemannten Raumflug zum Mond durchzuführen.

2. Hälfte des 20. Jahrhunderts

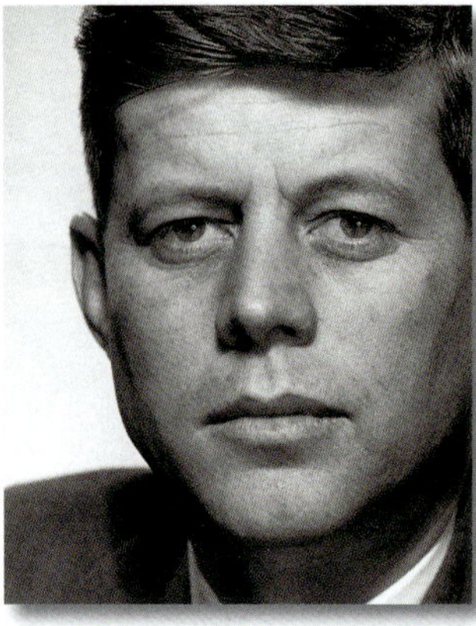

John F. Kennedy

Der „**Kalte Krieg**" prägte die Jahrzehnte nach dem 2.Weltkrieg. Der **Koreakrieg** (1950–1953) war ebenso eine Folge der politischen Gegensätze und Spannungen zwischen den USA und der Sowjetunion wie die **Kubakrise** 1962, die beinahe zu einem erneuten Krieg geführt hätte und von *John F. Kennedy* und *Nikita Chruschtschow* erst im letzten Moment beigelegt wurde. Kurz darauf, am 22. November 1963, wurde Präsident *Kennedy* in Dallas ermordet.

Der **Vietnamkrieg** gehört zu den einschneidenden Ereignissen der amerikanischen Außenpolitik des 20. Jh. 1964 griffen die Vereinigten Staaten in den Konflikt zwischen Nord- und Südvietnam militärisch ein, um eine Ausbreitung des Kommunismus in Indochina zu verhindern. Nach verlustreichen Kriegsjahren und innenpolitischen Protestaktionen kündigte Präsident *Nixon* 1969 den Abzug des amerikanischen Militärs an. Nach dem Waffenstillstandsabkommen von 1973 wurden die letzten amerikanischen Truppen abgezogen. Zwei Jahre später kapitulierte Südvietnam bedingungslos. Die Befugnisse des amerikanischen Präsidenten, einen Einsatzbefehl für amerikanische Truppen zu geben, wurden aufgrund der Erfahrungen im Vietnamkrieg mit dem **War Powers Act** (1973) erheblich eingeschränkt und sind seitdem in größerem Maße von der Zustimmung des Kongresses abhängig.

Innenpolitisch standen die 1960er Jahre im Zeichen des **Civil Rights Movement**. Zwar hatte bereits 1954 das Oberste Bundesgericht entschieden, dass Rassentrennung (z. B. in Schulen oder öffentlichen Verkehrsmitteln) gegen den Gleichheitsgrundsatz verstieß, aber dieses Urteil wurde vor allen Dingen im Süden der USA von den Weißen boykottiert. Zu ersten folgenschweren Ausschreitungen kam es 1957 in Little Rock (Arkansas). Im gleichen Jahr wurde das Gesetz zum Schutz des Wahlrechts der Schwarzen verabschiedet. **Martin Luther King** gehörte zu den schwarzen Bürgerrechtlern, die auf friedliche Weise versuchten, eine Gleichbehandlung von Schwarz und Weiß zu erreichen. Er organisierte Protestmärsche und versuchte die Menschen in seinen Reden von seiner Sache zu überzeugen. 1968 wurde er in Memphis (Tennessee) erschossen.

Denkmal am Civil Rights Memorial Center

Die **Watergate-Affäre**, bei der 1972 enge Mitarbeiter Präsident *Nixons* und seines Wahlkomitees in das Wahlkampfhauptquartier der Demokraten einbrachen, erschütterte die Nation und das Vertrauen der Bürger in ihre Regierung. Obwohl *Nixon* seine Unschuld und sein Unwissen beteuerte, wurde er durch die Beteiligten schwer belastet und trat 1974 von seinem Amt zurück.

Seit dem Ende des „Kalten Krieges“, der zunehmenden Entschärfung des Ost-West-Konflikts und der demokratischen Entwicklungen in Osteuropa suchten die USA nach neuen Formen der Außenpolitik und kooperierten mit UN-Truppen, so z. B. im ersten Golfkrieg oder im Jugoslawienkonflikt. In den 1990er Jahren kam es zu einem **Wirtschaftsboom**, der insbesondere der florierenden Hightech-Branche zu verdanken war. Er machte vor allem viele reiche Amerikaner noch reicher. Das Land erlebte eine Blütezeit und die Staatsverschuldung sank. Die liberale Wirtschaftspolitik setzte sich durch, das Nordamerikanische Freihandelsabkommen (North American Free Trade Agreement, NAFTA) führte dazu, den Handel zwischen den *NAFTA* nordamerikanischen Staaten zu verstärken. Auch der Handel mit ostasiatischen Ländern nahm zu.

Die USA im 21. Jahrhundert

Am 11. September 2001, der in die Geschichte als **Nine Eleven** eingegangen ist, wurde Amerika das Opfer des größten Terroranschlages seit Bestehen der Nation. *„Nine Eleven“* Zwei Flugzeuge, von islamischen Terroristen entführt und gesteuert, flogen in die beiden Türme des World Trade Center in New York City und brachten sie zum Einsturz. Ein weiterer Jet stürzte wenig später in einen Flügel des Pentagons in Washington. Nahezu zeitgleich stürzte ein viertes Flugzeug nach einem Kampf zwischen Entführern und Passagieren bei Pittsburgh ab. Bei diesen Anschlägen kamen mehr als 3.000 Menschen ums Leben. Die Grausamkeit, die Zahl der Opfer und die Tatsache, dass die Selbstmordattentäter das Herz der westlichen Welt getroffen hatten, erschütterte die gesamte Welt.

Präsident *George W. Bush* reagierte nach einer Trauerphase mit dem Aufruf zum Krieg gegen den Terrorismus und begann Aktionen gegen das Taliban-Regime in Afghanistan. Mit der Begründung, Massenvernichtungswaffen eliminieren zu müssen, griffen die USA mit Hilfe der Briten und gegen die Kritik der Weltöffentlichkeit und vieler Amerikaner im März 2003 den Irak an. Kurze Zeit später war Iraks Präsident *Saddam Hussein* entmachtet und der offizielle Krieg gewonnen. Die Bemühungen um Frieden und Demokratisierung im Irak und in Afghanistan erwiesen sich jedoch als sehr schwierig. Kritik gegen die fortlaufende Stationierung von immer mehr Militär in diesen Gebieten und Stimmen für den Abzug aller Truppen wurden immer lauter.

Finanz- und Bankenkrise

Die verlustreichen Kriege, der Eingriff in uramerikanische Bürgerrechte und schließlich eine schwere Finanzkrise brachten viele Amerikaner in Rage. Die Konflikte im Mittleren Osten, die immensen Energie- und Rohstoffpreise sowie riskante Immobilienkredite stürzten die USA und mit ihnen die ganze Welt Ende 2008 in eine schwere **Finanz- und Bankenkrise**, die sogar den sonst so kapitalistischen Staat zum Eingreifen und zur Bereitstellung von Milliarden Dollar für Industrie und Bankwesen zwang. Im Januar 2009 verließ George W. Bush das Weiße Haus. Die Begeisterung für den ersten afroamerikanischen Präsidenten **Barack Obama** war mindestens ebenso riesig wie die zu bewältigenden Probleme des Landes. 2013 wurde Obama für eine zweite Amtsperiode gewählt.

Leicht hatte es Obama nicht. 2010 konnte er gegen den geballten Widerstand der Republikaner ein Programm für eine gesetzliche Krankenversicherung für alle Amerikaner im Kongress durchsetzen, die 2014 als „Affordable Care Act" (Obamacare) in Kraft trat. Doch der Umsetzung des Programms stellten sich immer wieder Hürden in den Weg. Eines der zentralen Wahlkampfversprechen von Donald Trump war die Abschaffung dieser Krankenversicherung. Der Abzug der Truppen aus dem Irak verzögerte sich, der Verteidigungsetat stieg in bisher nie dagewesene Dimensionen. Aus den kriegerischen Handlungen in Syrien und Libyen wollte sich Obama eigentlich heraushalten, doch auch das gelang nicht. 2015/16 kam es zu zwei historischen Wendungen. Zum einen erklärte sich der Iran bereit, auf weitere Entwicklungen von Atomwaffen zu verzichten, was zu einer Lockerung der Wirtschaftssanktionen führte. Zum anderen nahmen die USA und Kuba die diplomatischen Beziehungen wieder auf.

Doch das Land ist politisch und gesellschaftlich tief gespalten. 2016 schaffte es Donald J. Trump (Republikaner) entgegen aller Vorhersagen und auch gegen massiven Widerstand aus der eigenen Partei, sich in einem beispiellosen Wahlkampf gegen die Demokratin Hillary Clinton als 45. Präsident der USA durchzusetzen. Es bleibt abzuwarten, ob sich das Land in der Zukunft wieder auf einen Nenner vereinen lässt.

Geografischer Überblick

Begrenzt werden die USA (Alaska und Hawaii ausgenommen) im Norden durch Kanada, im Süden durch Mexiko, im Osten und Südosten durch den Atlantischen Ozean und im Westen durch den Pazifischen Ozean. Die größte Ost-West-Ausdehnung beträgt 4.500 km, was etwa der Entfernung vom Nordkap bis Kairo entspricht. Von Norden nach Süden erstreckt sich das Land auf bis zu 2.600 km.

Einige geografische Daten zu den USA im Überblick:	
Durchschnittliche Höhe über dem Meeresspiegel	750 m
Höchster Punkt: Denali (ehem. Mt. McKinley) (Alaska)	6.200 m
Niedrigster Punkt: Death Valley (Nevada)	- 85 m
Der längste Fluss: Mississippi (zus. mit dem Missouri)	6.420 km
Staatsland	31,9 % im Besitz des Staates
Land in Nationalparks	340.600 km² (inkl. Wasserflächen und histor. Grundstücken)
Jährliche Bodenerosion	3.101.200.000 t

Ungleichmäßige Einwohnerdichte

Die USA sind mit 9.826.000 km² das drittgrößte Land der Erde. Mit rund 325 Mio. Einwohnern bedeutet das eine Einwohnerdichte von 35 Einwohnern pro km², diese ist allerdings regional extrem unterschiedlich. In den Küstenstaaten beträgt die Zahl zwischen 100 und 300 E./km², während sie in den Präriestaaten nur bei etwa 20 E./km² liegt und in den Wüstenstaaten des Südwestens teilweise unter 10 rutscht.

Geografische Regionen

Man kann die USA in **acht markante geografische Regionen** gliedern:

- die **Atlantische Küstenebene**, die sich vom Cape Cod im Nordosten bis Florida im Südosten zieht, erreicht kaum Höhen über 100 m. Der Norden weist ein Moränenrelief auf, während sich weiter im Süden Lagunen und Ästuarien finden. Dieser geschützte Bereich wird als Intercoastal Waterway genutzt. Die Sümpfe auf der Halbinsel Floridas haben sich hauptsächlich aufgrund mangelnder Entwässerung gebildet.
- das **Appalachengebirge**, das sich parallel zur atlantischen Küstenebene von Kanada im Nordosten bis Alabama im Süden über 4.000 km erstreckt. Es ist untergliedert in mehrere verschieden hohe Gebirgszüge, die im Norden nur Höhen von 750 m erreichen. Das eigentliche Appalachengebirge liegt westlich dieser Linie und hat hier Höhen von bis zu 2.000 m.
- das **Zentrale Tiefland/Lower Plains**, das sich um die Großen Seen herum erstreckt und im Süden und Westen unmerklich in die Tiefebene des Mississippitals über-

Schöne Aussichten im Rocky Mountain NP

geht, an das sich wiederum die Golfküstenlandschaft anschließt. Im Osten ist das zentrale Tiefland begrenzt durch die Appalachen. Dieses auf der Karte auffällige Gebiet ist durch die verschiedenen Eiszeiten geformt worden. Die Gletscher sind die „Former" der Großen Seen und haben den Landschaftscharakter dahingehend bestimmt, dass es hier fast keine Berge gibt. Geblieben sind nur abgeschliffene Hügel und eine Vielzahl an Seen. Man bezeichnet diesen Landtyp auch als kuppiges Moränenflachland.

- die **Golfküstenebene/Coastal Plains** ist ein relativ kleines Gebiet, das dem Mississippital folgt und im Norden am Zusammenfluss von Missouri und Mississippi beginnt. Das Mississippital ist etwa 800 km lang und zwischen 40 und 200 km breit. Hier hat sich der Untergrund gesenkt, und die großen Flüsse haben das Becken mit Sedimenten bedeckt. Die weiteste Stelle der Golfküstenebene befindet sich am Golf von Mexiko, wo sie sich von der mexikanischen Küste bis hin nach Florida erstreckt.
- die **Prärien und die Great Plains** erstrecken sich westlich des Mississippi und sind durch eine nur leicht hügelige Landschaft gekennzeichnet. Das Gebiet steigt vom Osten her langsam von 400 m auf 1.500 m unterhalb der westlich angrenzenden Rocky Mountains an. Im nördlichen Schichtstufenland haben während der letzten Jahrtausende heftige Regen und eine vegetationsarme Landoberfläche zu einer starken Erosionstätigkeit geführt. Monokulturanbau auf riesigen Feldern seit Anfang des 19. Jh. hat das Übrige besorgt und die Formung eines z.T. kargen Landschaftsbildes mit sich gebracht. Die Amerikaner bezeichnen weite Teile dieser Gegenden daher als „Badlands", wobei der Ursprung dieses Wortes bereits auf die Indianer und die ersten Franzosen („Mauvaises Terres") zurückgeht. die dieses Gebiet bereits vor der eigentlichen Besiedlung als minderwertig angesehen haben.
- die **Rocky Mountains**, die den Ostteil der nordamerikanischen Kordilleren einnehmen, Höhen von bis zu 4.400 m (Mt. Elbert) aufweisen und sich auf amerikanischer Seite ca. 2.250 km von NNW nach SSO ziehen. Wie die Alpen sind die „Rockies" verhältnismäßig jungen Ursprungs. Man nimmt an, dass sie vor etwa 100 Mio. Jahren entstanden sind. Tertiäre Hebungen und Aufwölbungen sowie Brüche und Aufschiebungen haben sie geformt. Flüsse, wie z. B. der Colorado, haben sich in das Gestein geschnitten und tiefe Schluchten gebildet.
- die **„intermontanen Becken"/Great Basins** liegen zwischen den Rocky Mountains und dem pazifischen Gebirgssystem. Diese Beckenlandschaft ist nahezu abflusslos, und Flüsse, die sie durchqueren, trocknen fast ganz aus („Fremdlingsflüsse": z. B. der Colorado). In diesem Becken gibt es auch eine Reihe von Salztonebenen, die davon zeugen, dass es hier früher Seen gegeben hat, die mittlerweile gänzlich ausgetrocknet sind. Dieses Schicksal droht auch dem Great Salt Lake.
- das **pazifische Gebirgssystem**, welches sich in zwei Hauptketten gliedert: die inländischen Gebirgszügen Cascade Range und Sierra Nevada (höchste Erhebung: Mt. Whitney mit 4.418 m) und den Küstengebirgszug Coastal Range (höchste Erhebung: Thompson Peak mit 2.744 m). Zwischen diesen Gebirgsketten erstreckt sich das kalifornische Längstal, das sich im Norden im Williamette-Tal und dem Puget-Sund fortsetzt.

Im Südwesten findet sich alles

Bei einer Reise durch den Südwesten der USA erlebt man ein breites Spektrum **an verschiedensten Landschaftstypen** und geografischen Besonderheiten. Von der Golfküste, den weiten Ebenen der Plains und Prärien, über die endlose Halbwüste und beeindruckende Canyonlandschaft bis hin zu der atemberaubenden Gebirgslandschaft der Rocky Mountains findet sich hier alles.

Vegetation

Die Vegetation der Landschaften der USA wird im Wesentlichen von Klima und Bodenbedingungen beeinflusst. Sie lässt Rückschlüsse auf die Höhe der Niederschläge und Temperaturen ziehen, denn dort, wo die Niederschläge üppig und die Temperaturen angenehm sind, kann sich die Fauna voll entfalten. In Gegenden mit Wassermangel sind besondere Anpassungsstrategien notwendig.

An der Ostküste hat es zur Zeit der ersten Siedler noch große **Waldbestände** gegeben, die sich bis hin zu den Prärien zogen. Im Laufe der folgenden Jahrhunderte wurden diese Baumregionen – im Norden boreale Nadelwälder, weiter südlich Misch- und Laubwälder – jedoch immer weiter ausgeschlagen. Der Landhunger, besonders im zuerst entdeckten Osten, kannte keine Gnade. Nur in den unzugänglicheren Appalachen konnten sich noch weite Gebiete sommergrüner Laubwälder halten. Auch die weiten Grasflächen der Prärien mussten den Menschen weichen, und auf riesigen Feldern wurde Getreide angebaut. In trockeneren Gebieten wurde Vieh gehalten. Dieses geschah in einem so großen Ausmaß, dass die Farmer hier heute über starke Bodenerosion klagen. Kein Wunder bei offenen Feldern von mehreren hundert Hektar Größe.

Schutzgebiete notwendig

Im südwestlichen Texas und im „intermontanen Becken“, wo die Niederschläge nur noch sehr gering sind, herrscht eine Halbwüstenvegetation mit Dornensträuchern und vereinzelten Zwergsträuchern vor. Ein großer Anpassungskünstler ist das „tumble weed“. Der oberirdische Teil der Pflanze bricht im Herbst ab, wird vom Wind über den Boden gerollt und dabei können die Samen über große Flächen verteilt werden. Die **Rocky Mountains** sind vorwiegend mit Laubmischwäldern besetzt, die größtenteils erhalten blieben, da diese Region wegen mangelnder Infrastruktur erst sehr spät und damit auch sehr dünn besiedelt wurde. Durch Gesetze und die Anlage vieler Nationalparks und verschiedenster Schutzgebiete hat der Staat mittlerweile dafür Sorge getragen, dass diese Gebiete auch in Zukunft geschont werden.

In den **pazifischen Gebirgszügen** reicht das Spektrum von borealem Nadelwald (Sitkafichte und Douglasie) im Norden bis hin zu Mischwäldern im Süden, wobei besonders im Küstenraum Koniferenarten gehäuft auftreten. Charakteristisch für die Sierra Nevada ist übrigens der Mammutbaum. Er ist, wie einige andere Arten der kalifornischen Bäume, ein widerstandsfähiges Hartholzgewächs. Das kalifornische Längstal ist heute maßgeblich landwirtschaftlich bewirtschaftet, sodass man kaum noch etwas von den ursprünglichen Baumbeständen erahnen kann. Florida und die Südküste bis Louisiana sind durch hohe Niederschläge mit subtropischen Pflanzen bestanden. Hier finden sich Farne, Lianengewächse, Zypressen und Mangroven. Die

Kaktus

beeindruckende Canyonlandschaft und atemberaubende Gebirge bieten weitere Höhepunkte.

Bezüglich der Natur erwarten den Besucher des Südwestens im Besonderen die weiten, kargen und trockenen Ebenen, die oft nur von Kakteenansammlungen oder niedrigen Sträuchern unterbrochen sind. Und auch die Wälder der Rockies bieten, besonders im Indian Summer, ein farbenprächtiges Spiel.

Tierwelt

Die Tierwelt ist in vielen Regionen Amerikas dem Menschen zum Opfer gefallen. Die Verbreitung von Land- und Herdenwirtschaft mit entsprechender Abholzung großer Waldflächen sowie die Expansion von Städten schränkten den Lebensraum vieler Arten drastisch ein. Außerdem führte die systematische Verfolgung von Tieren dazu, dass einige Arten vom Aussterben bedroht sind, wie z. B. der Büffel (buffalo) oder der Wolf.

Obwohl es auch im Südwesten der USA eine große Artenvielfalt gibt, bekommt man die meisten Arten nur selten zu sehen. Tiere in der Wildnis gehen, soweit es noch möglich ist, dem Menschen aus dem Weg und viele ziehen sich vor der Hitze des Tages zurück. Die besten Chancen, Tiere zu sehen, gibt es auf Wanderungen abseits der touristischen Pfade, früh morgens oder in den kühleren Abendstunden.

Hinweis

Nicht füttern!

Beachten sollten Sie auf jeden Fall die Warnungen und Anweisungen „Do not feed the wildlife - keep our wildlife wild". Nur so tragen Sie zum aktiven Schutz wild lebender Tiere bei. Selbst die niedlichen, kleinen Nager, die in vielen Gegenden allgegenwärtig sind, sollten nicht gefüttert werden.

Diese Nager werden Ihnen häufig begegnen

Streifenhörnchen/chipmunk und Eichhörnchen/squirrel

Das Streifenhörnchen ist kleiner als ein Eichhörnchen und ist von der Spitze des Schwanzes bis zur Nasenspitze mit abwechselnd dunklen und hellen Streifen gezeichnet. Den Schwanz hält es meist senkrecht, im Gegensatz zum Eichhörnchen, das eher aussieht, als ob es den Schwanz horizontal hinter seinem Körper herzieht. Im Südwesten begegnet man hauptsächlich *rock squirrels*, die bis zu 30 cm lang werden können und deren buschiger Schwanz fast so lang wie ihr Körper ist. Das Fell der *rock squirrels* ist grau-braun gefleckt, wobei die Unterseite eher ins Braun-Schwarze übergeht. Die Nager haben einen hellen Ring um ihre Augen und sehr spitze Ohren und wenn sie Gefahr wittern, pfeifen sie in einem kurzen, schrillen Ton.

Rock squirrels, wie auch *chipmunks*, leben in trockenen Gefilden, meist in steinigen Klippen oder Steinformationen. Zu sehen sind sie fast im gesamten Reisegebiet. Beide Tiere werden ohne Skrupel versuchen, Ihnen etwas zu essen abzubetteln. Geben Sie nicht nach!

Präriehund/prairie dog

Eng verwandt mit den oben beschriebenen Nagern ist der Präriehund, der allerdings robuster und fetter aussieht. Der Kopf ist breit und rund, das Fell ist gelblich-grau, die Beine sind kurz. Die Ohren des Präriehundes sind sehr klein und liegen fast gänzlich versteckt im dichten Fell. Die Augen des *prairie dog* an der Seite des Kopfes scheinen darauf ausgerichtet zu sein, die kleinste Bewegung in einem großen Umfeld zu entdecken. Wenn Gefahr droht, hört man einen lauten, scharfen Warnton und man sieht Präriehunde aufgeregt hoch- und runterschaukeln.
Präriehunde haben ein sehr ausgeprägtes Sozialsystem. Sie graben unterirdische Höhlen, die durch ein gut konstruiertes System von Deichen vor starken Regenfluten geschützt sind und deren Erhebungen man vor allem in den weiten Flächen der Prärien sehen kann. Die Höhlen haben mehrere Seitenzimmer für die Aufbewahrung von Nahrung, die Aufzucht der Jungen und um Fluchtwege zu gewährleisten.

Kojote/coyote und Wolf/wolf

Kojoten sind früher enge Begleiter der Bisonherden gewesen, weil sie sich von altersschwachen und kranken Tieren ernährt haben. Heute werden Kojoten meist nur als Plage angesehen, da sie immer näher an besiedelte Gebiete ziehen und in Städten, auf Park- und Campingplätzen die Müllcontainer plundern. Die *coyotes*, die in der flachen Halbwüste, den Mesas und dem offenen Grasland leben, sind kleiner und leichter als ihre Artgenossen in den Bergen. Sie sind hellgrau bis beige und haben eine schwarze Schwanzspitze. Kojoten in den höheren Lagen haben ein Fell, das dichter, dunkler und länger ist und das deswegen früher bei Trappern sehr begehrt war.
Kojoten haben einen ausgeprägten Geruchssinn und auch sehr gute Augen und Ohren. Sie sind sehr aufmerksam, aber auch ausweichend und vorsichtig. So können sie sowohl in der Wildnis als auch in der Nähe von Siedlungen überleben. Der Kojote nimmt in der Mythologie der Indianer eine besondere Rolle ein. Seine Abenteuer und Lebensweisheiten teilt der als Schlitzohr und „Trickster" beschriebene Kojote in vielen Geschichten der Menschheit mit. Verwandt mit dem Kojoten sind der Wolf und der Fuchs, die man ebenso, wenn überhaupt, nur mit sehr viel Glück zu Gesicht bekommt.

Der Kojote in der Mythologie

Bären/bears

Bekannt sind in Nordamerika der *Grizzly*, eine Unterart des Braunbären und der *Black Bear*, den man in diesem Reisegebiet, wenn auch sehr selten, zu sehen bekommt.

Hinweis

Camper und Wanderer sollten auf jeden Fall folgende Verhaltensregeln beachten:
- *Bären niemals füttern!*
- *Alle Nahrungsmittel und Toilettenartikel (geruchs)sicher und außer Reichweite aufbewahren!*
- *Campingplätze peinlich sauber halten! In den Naturschutzparks gibt es bärensichere Abfalleimer.*

Schwarzbären sind auch außerhalb der Schutzgebiete anzutreffen, sie sind in der Regel dem Menschen jedoch nicht gefährlich, solange man ihnen nicht zu nahe kommt oder sie bedroht. Der Grizzly wird bis zu 2,30 m groß und 400 kg schwer, der Schwarzbär ist kleiner und leichter, wobei die Männchen auch bis zu 200 kg auf die Waage bringen können. Der Kopf des Schwarzbären ist schmaler und die Schnauze spitzer, der Pelz dunkelbraun bis schwarz.

Im Frühjahr halten die Bären sich vorzugsweise an Flüssen und Seen auf, im Sommer leben sie in den Wäldern und im Winter ziehen sie sich zum Winterschlaf in ihr Lager zurück. Bären sind Allesfresser, ernähren sich aber vorwiegend von Pflanzen, Blättern und Beeren. Sie sind ständig auf Nahrungssuche und lassen sich dabei vor allem von ihrem starken Geruchssinn leiten. Wenn Menschen Nahrungsmittel nicht richtig aufbewahren oder Abfälle nicht ordnungsgemäß entsorgen, locken sie damit Bären an, die sehr schnell gelernt haben, dass es in der Nähe von Menschen Nahrung gibt.

Hirsch und Elch/elk and moose

Elche sind die größten und wohl auffälligsten der heute noch lebenden Hirsche. Der Elch ist in Amerika als *moose* (Alces americanus) bekannt, während mit dem englischen Wort *elk* der Wapitihirsch bezeichnet wird. Den *elk* wird man hauptsächlich im westlichen Utah und Colorado antreffen; *moose* sind selten in den Südweststaaten.

Moose werden etwa pferdegroß, wiegen bis zu 800 kg und tragen ein wie eine Schaufel verbreitertes Geweih, das mehr als 20 kg wiegen kann. Wapitis sind kleiner und das Geweih ist ähnlich wie das eines Hirsches. Elche ernähren sich vorwiegend von saftrindigen Ästen, Sumpf- und Wasserpflanzen, Gräsern, Moor- und Heidekräutern. Das Lebensalter der Elche beträgt 20–25 Jahre. Sie sind sehr gute Schwimmer; sie ziehen in ihrem weiten Einstandsgebiet unregelmäßig herum und machen, vor allem in der Brunftzeit, oft Wanderungen von mehreren hundert Kilometern.

Weite Wanderungen

Die beste Jahreszeit, um Elche zu sehen, ist der Frühsommer. Dann halten sie sich manchmal sogar in der Nähe von Straßen auf, wo sie das leicht salzige Wasser in den Gräben entdeckt haben. Etwa bis Ende Juni sind sie dann äsend auf Lichtungen, an seichten Plätzen oder kleinen Weihern zu beobachten, während sie sich im Hochsommer in den Wäldern aufhalten. Ende September/Anfang Oktober, zur Zeit des Indian Summer, beginnt die Brunftzeit der Elche, die dann weite Strecken auf der Suche nach einer Elchkuh zurücklegen und dann wieder häufiger beobachtet werden können.

! Warnung!

Elche können aggressiv werden, besonders wenn Jungtiere in der Nähe sind. Gehen Sie nicht zu dicht an sie heran, sie benehmen sich nicht so friedlich wie unsere Rehe und Hirsche.

Reptilien

Echsen (z. B.: *lizards, geckos*) trifft man überall an und bis auf die Gila Echse (*gila monster*) sind alle harmlos und ungiftig. Das ein oder andere Mal wird einem vielleicht auch eine Landschildkröte (*tortoise*) begegnen.

Schlangen gibt es zwar relativ häufig, man sieht sie allerdings nur selten, weil sie menschenscheu und vorwiegend nachtaktiv sind. Fast alle Schlangenarten in den USA sind für den Menschen harmlos, giftig sind die Klapperschlange (*rattlesnake*), die Korallen-

schlange (*coral snake*) und der Kupferkopf (*copperhead*), letztere Schlange trifft man eher im Osten Texas und dem Südosten der USA an.
Zu den bekanntesten Klapperschlangen in diesem Reisegebiet gehören der *Sidewinder* (Wüstenregionen), die *Western Rattlesnake* und der *Western Diamondback* (Colorado River Region). Die Klapperschlange macht zum Glück durch ihr Rasseln auf sich aufmerksam und die meisten Unfälle mit Klapperschlangen können vermieden werden, wenn man ihnen nicht zu nahe kommt und ihnen die Flucht ermöglicht. Vorsicht ist geboten beim Wandern und Klettern in felsigem Gelände, wenn Hände zum Einsatz kommen und die nächste Bewegung nicht vorausschaubar ist. Tödlich ist der Biss der Klapperschlange in der Hälfte der Fälle nicht, da sie mit ihrem Gift sparsam umgeht und meist nur wenig oder gar kein Gift injiziert.

Vögel

sind im Südwesten der USA vor allen Dingen in der Nähe von Wasser bzw. Feuchtgebieten gut zu beobachten, so z. B. der Reiher (*heron*). Selten sieht man einen Kolibri, es sei denn Menschen haben Behälter mit Zuckerwasser aufgehängt. In den trockenen Gegenden und den Canyons sind vorwiegend Raben, Habichte und andere Greifvögel, aber auch der eine oder andere *Roadrunner* zu beobachten. In der Nähe von Kakteen wird man auch *cactus wrens*, ein dem Zaunkönig ähnelndem Vogel zu sehen bekommen. *Vogelvielfalt*

Klima

Generell können die USA in **sechs Klimazonen** eingeteilt werden:

- Der Nordosten, der im Sommer warm und sehr niederschlagsreich und im Winter kalt. An den großen Seen muss man mit strengen Wintern mit Schnee und Frost rechnen.
- Südlich schließt sich eine subtropische, feuchte Zone an, die bis an die westliche Grenze von Oklahoma und im Süden bis an den Golf von Mexiko reicht. Im Sommer ist es hier warm und regnerisch, die jahreszeitlichen Unterschiede sind jedoch nicht so groß und die Winter werden nicht so kalt.
- Im Nordwesten, entlang der Binnen- und Hochebenen westlich der Rocky Mountains ist es wesentlich niederschlagsärmer. Die Sommer sind warm, die Winter kühl und trocken.
- In der Hochlage der Rocky Mountains und den Gebirgszügen an der Pazifikküste sind die Temperaturen grundsätzlich niedriger als in Gebieten auf dem gleichen Breitengrad in Tallage.
- In der weiten Tiefebene zwischen den Rocky Mountains und den Erhebungen an der Ostküste, die sich südlich bis an die mexikanische Grenze erstreckt, herrscht Wüstenklima. Es ist im Sommer recht warm, im Winter kühl. Es fallen das ganze Jahr über kaum Niederschläge.
- Am Küstenstreifen des Pazifiks mit dem kalifornischen Längstal des Sacramento River herrscht sehr gemäßigtes Klima. Die Sommer sind warm, im Süden heiß, und die Winter sind im Norden kühl und im Süden mild. Die meisten Niederschläge fallen im Winter. *Unregelmäßige Niederschläge*

Klimatabellen

Monat	Temperatur in °C		Niederschlag in mm		mittl. tägl. Sonnenscheindauer in Stunden
	mittl. tägliches Maximum	mittl. tägliches Minimum	mittl. Monatsmenge	mittl. Anzahl der Niederschlagstage	
Houston					
Januar	16,6	7,6	99	10	4,5
Februar	18,8	9,7	93	10	5,1
März	21,7	12,2	71	9	5,9
April	25,6	16,1	85	8	6,9
Mai	29,1	19,5	109	8	8,1
Juni	32,1	23,2	90	8	10,2
Juli	33,4	24,0	102	10	9,2
August	33,8	24,1	102	8	9,0
September	31,5	21,9	103	8	7,8
Oktober	27,8	17,2	95	6	7,7
November	21,7	11,6	99	8	6,0
Dezember	17,9	8,5	115	9	5,0
Jan.-Dez.	**25,8**	**16,3**	**1.163**	**102**	**7,1/2.592**
Phoenix					
Januar	17,8	1,8	19	4	6,8
Februar	20,1	3,8	22	4	8,8
März	23,9	6,1	17	3	9,7
April	28,8	10,2	8	2	11,5
Mai	33,8	13,9	3	1	12,4
Juni	38,7	18,6	2	1	13,5
Juli	40,3	23,9	20	4	11,3
August	38,7	23,0	28	5	11,5
September	36,8	19,8	19	3	10,8
Oktober	30,4	12,6	12	3	9,7
November	23,2	5,8	12	2	8,9
Dezember	18,9	2,8	22	4	7,3
Jan.-Dez.	**29,3**	**11,8**	**183**	**35**	**10,2/3.723**
Denver					
Januar	5,7	- 9,5	14	6	6,3
Februar	7,0	- 7,7	18	6	8,0
März	9,9	- 5,1	31	8	8,3
April	15,9	0,2	54	9	8,5
Mai	21,4	5,5	69	10	9,0
Juni	27,8	10,6	37	9	10,3
Juli	31,3	14,1	39	9	10,0
August	30,5	13,4	33	8	9,5
September	26,1	8,3	29	6	9,5
Oktober	19,2	2,3	26	5	7,8
November	10,9	- 4,7	18	5	6,4
Dezember	7,3	- 7,8	12	5	5,9
Jan.-Dez.	**17,7**	**1,6**	**380**	**86**	**8,3/3.030**

In der Regel hat man im **Reisegebiet Südwesten** bestes Urlaubswetter, wobei man sich in den Sommermonaten vor der zum Teil sehr großen Hitze schützen sollte. Das Klima ist wesentlich von den von Norden nach Süden ausgerichteten Gebirgszügen bestimmt. Sie halten, besonders in Kalifornien, die Regenwolken zurück, sodass der gesamte westliche Teil ungenügend Regen erhält. In den Halbwüsten Nevadas fallen gerade einmal 120 mm/Jahr. In diesen Gebieten ist Landwirtschaft kaum oder nur mit künstlicher Bewässerung möglich. Die **Temperaturen** werden auch maßgeblich von den Gebirgen bestimmt, besonders im Bereich der Rocky Mountains, die die Temperatur durch ihre Höhen (und teilweise auch der Winde) senken. Daher bieten sich hier während des Sommerhalbjahres angenehme Reisetemperaturen. Im Januar dagegen liegt die durchschnittliche Nullgradgrenze auf der Höhe von Albuquerque. In Denver liegt das mittlere tägliche Minimum im Januar bei -9,5 °C. Von Campingtouren ab November in diesen Regionen ist abzuraten. In den Sommermonaten können an der Küste von Texas **tropische Wirbelstürme** (Hurrikans) vorkommen. Diese Wirbelstürme sind tropischen Ursprungs, entstehen zumeist im karibischen Tiefdruckgebiet und ziehen nordwestwärts in Richtung Florida sowie der Golfstaaten, manchmal aber auch bis Virginia. Sobald sie in den Bereich der Westwindzone gelangen, drehen sie dann nach Osten auf den offenen Atlantik ab.

Wirtschaftlicher Überblick

Das Prinzip „Freie Marktwirtschaft“

Das Wirtschaftssystem der USA basiert auf dem Prinzip der freien Marktwirtschaft und bis in das 20. Jh. hinein herrschte das Motto „Laissez-faire“ in allen Bereichen der Wirtschaft. Entscheidungen über Produktion und Preisgestaltung wurde von Herstellern und Verbrauchern bestimmt, was auch auf den Idealen der Amerikaner von persönlicher Freiheit, politischem Pluralismus und Ablehnung übermäßiger Machtkonzentration basiert. Erst seit der Weltwirtschaftskrise Anfang der 1930er Jahre mischte sich auch in den USA der Staat, wie bereits in Europa, mehr in die Geschehnisse der Wirtschaft ein.

Lange galten die USA als die wirtschaftliche Großmacht der Erde und bestimmte Tendenzen in der übrigen Welt. Nicht nur große Industrieunternehmen zeichnen sich dafür mit ihren Ideen zur **Produktivitätsmaximierung** (Fließband etc.) verantwortlich, sondern besonders auch eine Reihe von **Erfindern**, die der Welt immer neue Dinge vorführten, wie z. B. die Glühlampe und den Mo-

Rivercenter Mall in San Antonio: Trotz schwieriger Wirtschaftslage ist der Konsum hoch

torflug. Auch in neueren Zeiten sind die Vereinigten Staaten eine führende Nation in vielen Bereichen der Forschung und Entwicklung neuer Technik.

Die Wirtschaft der USA bildet (immer noch), nach der EU, den zweitgrößten Binnenmarkt der Welt. Ein Vorteil z. B. gegenüber Japan und Deutschland ist eine mehr auf **Konsum eingestellte und mobile Gesellschaft**.

Immenses Haushaltsdefizit

Bedingt durch die Außenpolitik sowie die militärischen Aktionen von Präsident *George W. Bush* nach dem 11. September 2001, wurde das Haushaltsdefizit, das unter Präsident *Bill Clinton* fast abgebaut worden war, in fast astronomische Höhe getrieben. Wenn auch das immense Konjunkturpaket vom ehemaligen Präsidenten *Barack Obama* nach seinem Amtsantritt 2009 eine langsame Erholung der Wirtschaft zur Folge hatte, sind Themen wie Arbeitslosigkeit, Immobilienkrise und Rezession noch heute aktuell. Die Angst der weißen Arbeiter- und Mittelschicht vor dem wirtschaftlichen Abstieg war einer der Gründe, die Donald J. Trump 2016 zum Wahlsieg verholfen haben. Er hat eine Abkehr vom Freihandel und liberaler Wirtschaftspolitik versprochen und plant, die Wirtschaft in den USA u. a. durch Abschottung nach Außen wieder anzukurbeln.

Natürliche Ressourcen und Industrialisierung

Schon die Siedler vor 200–300 Jahren fanden ein vielversprechendes Land vor. Die natürlichen Grundlagen für Landwirtschaft waren vorhanden: **gute Böden**, besonders im Mittelwesten, die geeignet waren für den Getreideanbau, ausreichende Regenfälle in den östlichen und südlichen Landesteilen, Bodenschätze, aber vor allem Platz, um Ackerbau zu betreiben und später auch die Industrialisierung zu gewährleisten. Die **ersten Einwanderergenerationen** verbanden ein hohes Sendungsbewusstsein mit einer grundsoliden Arbeitshaltung (Fleiß, Disziplin und Enthaltsamkeit). Ein sich rasch vergrößernder Binnenmarkt durch viele Einwanderer erhöhte den Bedarf an leistungsfähiger Infrastruktur (Häfen, Eisenbahnen, Brücken, Straßen) und den Bau von Wohn- und Geschäftsräumen. Dadurch waren der Industrie über Jahrzehnte hin volle Auftragsbücher gesichert. Hinzu kamen ausreichende **Rohstoffvorkommen**, um industrielle Aktivitäten wachsen zu lassen, ebenso wie zahlreiche **Erfindungen**, die für wirtschaftliche Impulse sorgten. Somit waren die Grundvoraussetzungen gegeben, diesen Kontinent zu einem leistungsfähigen Wirtschaftsgebiet aufzubauen. Schon früh begann man damit, Waren nach Europa zu exportieren, da mehr produziert wurde, als man in der Neuen Welt verbrauchen konnte. Im Laufe des 19. Jh. entwickelte sich das Land auf diese Weise immer weiter vom kolonialen Agrarstaat zum modernen Industriestaat.

Wirtschaftsgeschichte

Mit der Erschließung von bedeutenden **Bodenschätzen**, wie Kohle (und später Erdöl), aber auch Eisenerz und anderer Metalle, begann das Zeitalter der Schwerindustrie. Kein Land der Erde verfügte Ende des 19. Jh. über eine so große Spannbreite an eigenen (bekannten) Rohstoffen. Dieses ermöglichte der Industrie für einige Jahrzehnte ein **grenzenloses Wachstum**, dem die Industrienationen in Europa nur neidisch zusehen konnten. Kurz vor dem 1. Weltkrieg waren die USA der **größte Produzent** vieler wichtiger Bergbauerzeugnisse wie Kohle, Kupfer Schwefel, Blei und Zink. Die Gunstfaktoren zogen immer mehr Facharbeiter aus Europa ab, was in vielen Regionen der Alten Welt zu einem Kahlschlag führte, wie z. B. in Irland.

Mit Ende des 1. Weltkrieges waren die USA anerkanntermaßen die größte Weltwirtschaftsmacht, was nicht zuletzt auf die Mengen an Kriegsmaterial zurückzuführen ist, die die Amerikaner an die Front schicken konnten. Die darauf folgenden Jahre, auch die „Golden Twenties" genannt, brachten den vom Krieg relativ wenig gebeutelten Amerikanern weitere Boomjahre, wobei sich in dieser Zeit die Zweiklassengesellschaft immer deutlicher herauskristallisierte. Erst der **Börsenkrach 1929** und die **Weltwirtschaftskrise** weckte auch die erfolgsverwöhnte amerikanische Wirtschaft. Hohe Arbeitslosenquoten, lange Schlangen vor den Suppenküchen und unzählige Firmenzusammenbrüche bewegten nun auch die Arbeitgeber zum Umdenken. Ihnen wurde klar, dass nicht nur ein Teil der Bevölkerung „einfach arm" ist, sondern dass ihnen nun auch ein großer Teil der Konsumenten ihrer Produkte verloren ging. In den 1930er Jahren begann man deshalb mit der Einführung von umfangreichen Sozialmaßnahmen. Gleichzeitig lehrten diese Ereignisse sowie die Zeit nach dem 2. Weltkrieg, dass die amerikanische Wirtschaft nicht unverwundbar war. Die Industrie war mittlerweile so stark gewachsen, dass bestimmte Bodenschätze knapp wurden. Um den immensen Bedarf weiterhin zu decken, wurde Erdöl in immer größerem Umfang importiert, besonders aus der (arabischen) Golfregion, und spezielle, hochwertige Metalle (z. B. Vanadium) wurden u. a. aus Südafrika eingeführt.

Landwirtschaft

Ernten für den Getreideüberschuss

Die USA haben als reines Agrarland begonnen und konnten sich bereits früh **selbst versorgen**. Diese Tatsache beruhte in frühen Jahren darauf, dass mangelnde Verkehrsverbindungen die Siedler dazu zwangen, zuerst genügend für den Eigenbedarf, später dann zumindest genügend für die Region zu erzeugen. Erst danach wurde mit marktorientierter Produktion im großen Stil begonnen. Im Wirtschaftsgeschehen der heutigen USA spielt die Landwirtschaft nur noch eine untergeordnete Rolle. Von der Kolonialzeit bis 1920 wurde zur Schaffung von Agrarflächen etwa **130 Mio. ha Wald gerodet** (mehr als die dreieinhalb-fache Fläche Deutschlands). Seither sorgt ein staatliches Konservierungsprogramm dafür, dass nicht mehr Land gerodet und so weitere Erosion verhindert wird.

Nach dem 2. Weltkrieg wurde die Landwirtschaft **kapitalintensiver**, und die Zahl der Betriebe nahm kontinuierlich ab. In den 1930er Jahren gab es über 6,5 Mio. landwirtschaftliche Betriebe mit durchschnittlich 65 ha, heute gibt es nur noch rund 2 Mio. Betriebe mit durchschnittlich ca. 180 ha. Gravierender ist jedoch die Abnahme der Zahl der Beschäftigten, von 12,5 Mio. auf 1,2 Mio. Diese Tendenz liegt an den sinkenden Weltmarktpreisen, die überschuldete Farmer oder Farmen mit schlechten Böden zur Aufgabe zwangen. Hinzu kommt, dass mit der Gründung der Handelsgemeinschaft **NAF-**

Sinkende Weltmarktpreise

TA (USA, Kanada und Mexiko) zollfreie Produkte aus den Nachbarstaaten ins Land gelangen dürfen. Zudem herrscht auf dem Weltmarkt ein Überangebot bestimmter Nahrungsmittel.

Im **Süden** der USA, dem ehemaligen Cotton Belt (Baumwollgürtel), wird heute hauptsächlich Grünlandwirtschaft betrieben. Direkt an der Küste zwischen Texas und Florida nehmen mittlerweile auch Zitrusfrüchte, Zuckerrohr (Mississippidelta) und Reis (Küstenebene von Texas) einen höheren Stellenwert ein. Im **Südwesten** überwiegt die Mastviehhaltung und in besser beregneten Gegenden vor allem der Getreideanbau, der hier in riesigen Monokulturen betrieben wird, was starke Erosionsschäden hervorruft.

Ausblick

Schon seit Anfang des 20. Jh. hat sich die Struktur des Arbeitsmarkts grundlegend geändert. Der produzierende Sektor nimmt ab und der Dienstleistungsbereich wächst stetig. 1993 entfielen nur noch 32 % des Bruttoinlandsprodukts auf den produzierenden Bereich, während die **Dienstleistungsunternehmen** 66 % erwirtschafteten. Heute sind die Zahlen mit 20 % und 74 % noch drastischer. Bereits seit 1981 arbeiten mehr Menschen in Dienstleistungsbetrieben als in der Industrie und diese postindustrielle Tendenz nimmt weiterhin zu.

Auch spielen soziale Stabilität und Demokratie in anderen Ländern sowie Wohlstand, Rechtsstaatlichkeit und Frieden im Rahmen der internationalen Beziehungen eine größere Rolle. Ölkrisen, die Sicherung der Transportwege nach Amerika und Wirtschaftsembargos wurden zu Schlüsselthemen der amerikanischen Außenpolitik, besonders um den eigenen Rohstoffbedarf zu decken bzw. zu sichern. So musste sich das Land immer mehr für die Weltwirtschaft öffnen, die neben Rohstoffen auch Fertigwaren in die USA liefern konnte. Auf diese Weise entstand bereits in den 1970er Jahren ein **Handelsdefizit**, das sich seitdem immer weiter vergrößert hat. Ende 2015 lag es bei geschätzten 800 Mrd. Dollar.

Import größer als Export

Seit der Jahrtausendwende, mit den Folgen des 11. September 2001, dem Zweiten Golfkrieg, den Krisen im Nahen und Mittleren Osten, dem rasanten Wachstum der chinesischen Wirtschaft und der Finanz- und Immobilienkrise ab 2008 ist die amerikanische Wirtschaft mit neuen Problemen konfrontiert: die **Rohstoffpreise** steigen aufgrund des hohen Bedarfs in China; asiatische Länder, allen voran China, exportieren deutlich mehr in die USA, als diese ihnen liefern; Kosten für die Staatssicherung und die Kriegs- und Nachkriegshandlungen im Mittleren Osten reißen ein tiefes Loch in die amerikanische Staatskasse; die Banken- und Immobilienkrise hat die amerikanischen Konsumenten verunsichert. Langsam verlieren die USA ihren Status und Einfluss auf dem Weltmarkt.

Hightech-branche

Zukunftsweisende Industrie und immer noch die große Hoffnung der amerikanischen Wirtschaft ist u. a. der **Hightech-Bereich**. Kein Land hat die Computer und Softwarebranche mehr beeinflusst. Microsoft, Apple, Google, Facebook und viele andere Unternehmen konnten sich nur in einem wirtschaftlich liberalen Umfeld entwickeln, wie es die USA bieten. Diese Branchen wiesen bisher jedes Jahr eine positive Handelsbilanz auf. Die alten Industrien befinden sich zurzeit in einer Phase des Umbruchs.

Die Wirtschaft im Südwesten der USA

Abgesehen von Texas ist der Südwesten eher ein industrielles Stiefkind der USA. Die Rocky-Mountains-Staaten liegen schon alleine verkehrstechnisch zu weit von den großen Verbrauchermärkten entfernt, und die dünne Besiedlung lässt große Fabrikanlagen nur bedingt zu. In Texas, besonders in den Ballungsgebieten Dallas und Houston, finden sich schon eher größere Industrieanlagen, in den anderen Staaten des Südwestens sind es eher kleinere Anlagen. Häufig sind diese nur auf die Weiterverarbeitung von Rohprodukten oder Teilen spezialisiert.

Texas verfügt über große Erdölvorkommen, das hier gefördert und zum Teil verarbeitet wird. Computerfirmen wie z. B. Dell und der HP-Ableger Compaq haben hier ihren Sitz. Es gibt einige Einrichtungen des Militärs und der Weltraumforschung und Anlagen um die Entwicklung und Produktion von Flugzeugen, Waffen und Raumschiffen. Ansonsten steht vor allem die Land- und Viehwirtschaft (Baumwolle, Getreide, Rinder) im Vordergrund.

New Mexico verfügt vor allem über Bodenschätze (Gold, Silber, Steinkohle, Uran, Kupfer) und über Öl und Gas fördernde Anlagen. Für die Landwirtschaft ist das Land nur bedingt nutzbar. Die Böden sind in der Regel schlecht, und die geringen Niederschläge müssen mit künstlicher Bewässerung ausgeglichen werden. Industrie gibt es nur in kleinem Umfang, staatliche Gelder fließen über die Militär- und Übungsanlagen (z. B. Los Alamos) in den Staat.

Der Südwesten als Rohstofflieferant

In **Arizona** steht zum einen der Bergbau wirtschaftlich im Mittelpunkt, mit Vorkommen von Gold, Silber und verschiedenen Metallen. Die Landwirtschaft besteht, wie in New Mexico, aus Bewässerungskulturen und dreht sich hauptsächlich um Baumwolle und Gemüse. Daneben stehen der Tourismus und ein paar Manufakturen, die vor allem Teile von Elektronik und Flugzeugen weiterverarbeiten, im Vordergrund.

Nevada verfügt über Gold- und Silbervorkommen, die hier abgebaut werden. Die Landwirtschaft zentriert sich um Alfalfa, Heu und Rinder. Ansonsten steht der Tourismus im Vordergrund (vor allen Dingen Las Vegas und Reno). So ist das Verhältnis von Hotelzimmern zu Einwohnern in Nevada größer als in allen anderen US-Staaten.

Utah lebt vom Bergbau. Neben Gold, Silber, Blei und Eisenerzen ist vor allem der Uranabbau von Bedeutung. Auch hier kann nur mit Bewässerung Ackerbau betrieben werden. Der Hightech-Sektor hat sich rund um Salt Lake City etabliert. Der Tourismus ist ganzjährig eine große wirtschaftliche Einnahmequelle.

In **Colorado** werden Gold, Silber, Blei und Uran abgebaut, bedeutende Industrien gibt es hier nicht. In den letzten Jahren sind staatliche Gelder in wissenschaftliche Forschungszentren und Hightech-Anlagen geflossen. Die Landwirtschaft beschränkt sich hauptsächlich auf Weidewirtschaft.

Gesellschaftlicher Überblick

Bevölkerung

In den USA leben 325 Mio. Menschen. Die größte Bevölkerungsgruppe stellen die **Weißen** mit ca. 62 % der Gesamtbevölkerung. Die drei Hauptgruppen sind englischer, deutscher und irischer Herkunft, hinzu kommen Amerikaner osteuropäischer, skandinavischer und italienischer Abstammung. Die zweitgrößte Bevölkerungsgruppe (17,4 % der Bevölkerung) bezeichnet sich als **Hispanics** und hat ihre Wurzeln im spanischsprachigen Raum. Man geht davon aus, dass der lateinamerikanische Bevölkerungsanteil weiterhin überproportional steigen wird. Vor allem aus Mexiko und Mittelamerika hat schon seit vielen Jahren eine Wanderungsbewegung in die Vereinigten Staaten eingesetzt. Besonders im Westen und Südwesten ist diese Entwicklung deutlich sichtbar, da sich dort die meisten der zum großen Teil illegal über die Grenze gekommenen Einwanderer ansiedeln. **Afroamerikaner** (African-Americans) machen ca. 13 % der Bevölkerung aus. Neben diesen drei Gruppen gehören etwa 6% der Bevölkerung der Gruppe der Asiaten sowie der Bewohner der Pazifikinseln (u. a. Hawaii) an. Die verbleibenden etwa 3% sind Native Americans (Indianer, Inuit, Aleuten) bzw. gehören anderen ethnischen Gruppen an.

Unterschiedliche Besiedlung der USA

Die **Besiedlungsdichte** der Vereinigten Staaten ist sehr unterschiedlich. Während in den Nordoststaaten, die ungefähr 20 % der Gesamtfläche ausmachen, etwa 50 % der Bevölkerung wohnen, ist der Südwesten als „menschenleer" zu bezeichnen. Auch Staaten wie Alaska und Wyoming sind sehr dünn besiedelt. Anders dann wieder an der Küste: Bevölkerungsreichster Bundesstaat ist Kalifornien mit fast 40 Millionen Einwohnern. 80 % aller Amerikaner leben in Städten oder städtischen Metropolregionen.

Ethnische Gruppen

Afroamerikaner (African-Americans)

In den USA wird die schwarze Bevölkerung mit dem politisch korrekten Ausdruck **African-Americans** bezeichnet. Sie sind mit etwa 13 % Bevölkerungsanteil immer noch eine große Minderheit in den USA, doch trotz gleicher Rechte vor dem Gesetz haben sie durchschnittlich nicht die gleichen Chancen wie hellhäutige Bürger. Zwar wurde als Folge der ab 1955 aktiven **Bürgerrechtsbewegung** mit den Civil Rights Acts von 1964, 1965 und 1968 eine Gleichheit vor dem Gesetz festgelegt bzw. Ungleichheiten beseitigt, aber der Traum („I have a dream") des bekanntesten Vertreters dieser Bürgerrechtsbewegung, *Martin Luther King, Jr.* ist, was die realen Verhältnisse betrifft, noch nicht in Erfüllung gegangen. Inzwischen gibt es zwar eine afroamerikanische Mittelschicht, und einige Afroamerikaner schafften den Sprung auch in die oberste Gesellschaftsschicht, aber was den Durchschnittsafroamerikaner betrifft, so haben Quotenregelungen und Bildungsförderungsprogramme wenig geändert. Viele leben in Gegenden mit hoher Arbeitslosigkeit und Kriminalitätsrate.

Nach der Abschaffung der Sklaverei 1863 in den Unionsstaaten unter Präsident *Lincoln*, die von den Südstaaten infolge des Ausgangs des Amerikanischen Bürgerkrieges 1865 übernommen wurde, erhielten 1867 die Afroamerikaner die Bürgerrechte. Diese wurden durch Sondergesetze der einzelnen Bundesstaaten insbesondere im Süden und durch die Handhabung in der Praxis unterlaufen. Darüber hinaus wurden Afroamerikaner durch Schikanen von Geheimorganisationen, wie dem **Ku Klux Klan**, unter Druck gesetzt. In den 1870er Jahren war dann die erste Abwanderungswelle von Afroamerikanern vom Süden in den industrialisierten Norden zu beobachten. Die Betroffenen tauschten jedoch ihr Schicksal als Landarbeiter gegen eine Existenz als schlecht bezahlte Industriearbeiter ein, wenn auch die Lebensbedingungen im Norden nicht so hart waren.

Bürgerrechtsbewegung

1883 hob der Supreme Court das Bürgerrechtsgesetz von 1875 auf und etablierte eine Politik von „**separate but equal**" (getrennt, aber gleich). Afroamerikaner hatten somit zwar theoretisch die gleichen Rechte wie die Weißen, konnten sie aber nur innerhalb ihrer „Gesellschaft" ausüben. Im Süden der Vereinigten Staaten wurden zu Beginn des 20. Jh. sogar Bundesstaatengesetze verabschiedet, die den Afroamerikanern das Wahlrecht absprachen.

Mit dem von **Martin Luther King, Jr.** initiierten **Bus-Boykott** in Montgomery (Alabama) 1956 wurde im Kampf um Gleichberechtigung eine neue Ära eingeläutet. *Martin Luther King, Jr.* und seine Anhänger vertraten den Standpunkt, dass mit passivem Widerstand in geballter Form eine Verbesserung der Lebensbedingungen der Afroamerikaner in den Vereinigten Staaten zu erreichen sei und initiierten eine Bewegung, die mit Boykottierung von Geschäften und öffentlichen Einrichtungen durch Afroamerikaner öffentliches Aufsehen erregte. Die landesweite „Freedom Rider Bewegung" versuchte, gleiche Rechte in der Beförderung in öffentlichen Verkehrsmitteln durchzusetzen und in weiteren Aktionen des **friedlichen Widerstandes** wurden ab 1962 große Aufmärsche organisiert. Die erste dieser Versammlungen, die in die Geschichte einging, fand 1962 in Albany (Georgia) statt. Es folgten friedliche Demonstrationen in Birmingham (Alabama) und Washington D.C.

Zu diesem Zeitpunkt formierten sich auch die **Black Muslims**, die der Auffassung waren, ihre Rechte nur mit Gewalt durchsetzen zu können. Der Anführer einer Splittergruppe dieser Bewegung wurde unter dem Namen **Malcolm X** international bekannt. Obwohl die amerikanische Regierung den Afroamerikanern 1964 zusätzliche Bürgerrechtsgesetze einräumte, waren die realen Veränderungen zu wenig spürbar und der gewaltsame Flügel der Bürgerrechtsbewegung, die **Black Panther Party**, rückte immer mehr in den Vordergrund des Geschehens. Im Sommer 1965 kam es in Los Angeles zum sogenannten Watts-Aufstand, der 34 Todesopfer und über 1.000 Verletzte forderte. 1967 gab es in Newark und Detroit gewaltsame Auseinandersetzungen, die ebenfalls viele Opfer forderten. Ein Jahr später löste das Attentat auf *Martin Luther King, Jr.* Protestaktionen im ganzen Land aus.

Ist die Kluft überwunden?

Auch wenn es inzwischen Berichte und Statistiken von mehr Gleichberechtigung am Arbeitsplatz und im gesellschaftlichen Leben gibt, sehen die realen Verhältnisse anders aus. Der Anteil von Afroamerikanern in Gefängnissen liegt drastisch über dem anderer Bevölkerungsgruppen. Arbeitslosigkeit, Isolation, Armut, Rassismus und Diskriminierung ist weiter weit verbreitet.. In den letzten Jahren kam es wegen vermeintlich willkürlicher Maßnahmen weißer Polizisten gegenüber schwarzer Bürger, oft mit Todesfolge, zu Protestaktionen im ganzen Land und zur Gründung der Bewegung „Black Lives Matter", die sich gegen Gewalt gegen Schwarze engagiert.

Lateinamerikaner (Hispanics)

Von den geschätzten 51 Millionen Menschen lateinamerikanischen Ursprungs, *Hispanics* genannt, die in den Vereinigten Staaten leben, sind fast die Hälfte mexikanischen Ursprungs (der einst abwertende Begriff *Chicanos* für Mexikaner wird heute zunehmend von ihnen selbst als Bezeichnung der amerikanisch-mexikanischen Kultur verwendet). Sie leben hauptsächlich im Westen und Südwesten der USA, während sich die übrigen Lateinamerikaner (*Latinos*), angeführt von den Puerto Ricanern, eher im Osten angesiedelt haben. Bedingt durch die schlechten wirtschaftlichen Verhältnisse in Mexiko sehen viele Mexikaner in einem illegalen Grenzübertritt über die relativ lange Grenze (über 3.000 km) in die USA eine Chance, ihre Lebensqualität zu verbessern. Jährlich werden mehr als 600.000 illegale Grenzgänger auf dem Weg von Mexiko in die USA von der Grenzpolizei erwischt und wieder zurückgeschickt, und nicht wenige kommen auf der Tour durch die Wüste ums Leben. Es wird geschätzt, dass weitaus mehr Mexikanern der Grenzübertritt gelingt und diese versuchen bei Landsleuten am Stadtrand von Los Angeles, San Diego, Tucson, Santa Fe oder Phoenix Unterschlupf zu finden, um sich dann eine (eher schlecht bezahlte) Arbeit zu suchen.

Wirtschaftsflüchtlinge

Da der Strom dieser Wirtschaftsflüchtlinge aus Mexiko und Lateinamerika in absehbarer Zeit nicht abreißen wird und die Geburtenrate über dem amerikanischen Durchschnitt liegt, wird die spanisch sprechende Minderheit in den USA auch weiterhin anwachsen. Sicher ist auch, dass die Landwirtschaft, besonders in den Pazifikstaaten und während der Erntezeit, auf die Arbeit der Mexikaner nicht verzichten kann.

Indianer (Native Americans oder American Indians)

Die Angaben darüber, wie viele Indianer es in den Vereinigten Staaten heute gibt, variieren stark. Die jeweils angegebene Zahl ist davon abhängig, wer als Native American gezählt wird. Eng gefasste Definitionen berücksichtigen nur diejenigen als Indianer, die als Nation in Reservationen und indianischen Lebensgemeinschaften leben. Fasst man die Bürger zusammen, die sich selbst als Native American bezeichnen und entsprechende Angaben bei den Behörden gemacht haben, so sind etwa 1,5 % der Gesamtbevölkerung der Vereinigten Staaten Indianer. Diese Zahl schließt die Inuit, wie sich die Ureinwohner Alaskas nennen, ein.

Wie viele Indianer es vor den Vernichtungsaktionen durch die Weißen ursprünglich einmal auf dem nordamerikanischen Kontinent gegeben hat, gab Anlass zu vielen Spekulationen. Schätzungen zwischen 1 und 2 Millionen sind in der Literatur am häufigsten zu finden. Heute sind über **260 Stämme** offiziell als Nationen von der Bundesregierung anerkannt, die Anzahl der offiziell anerkannten Stämme in Nordamerika liegt bei über

560. Ungefähr die Hälfte der Indianer lebt in etwas über 300 Reservationen, die zum Teil autonom verwaltet werden und dem „Bureau of Indian Affairs“ unterstehen.

Die größten Reservationen sind die Navajo Reservation (**Navajo Nation**), die sich über Gebiete der Bundesstaaten Arizona, New Mexico und Utah erstreckt, sowie die Papago- und die Hopi Reservationen, die beide in Arizona liegen. Da diese Reservationen in der Regel weder landwirtschaftlich noch industriell in großem Stil genutzt werden können (ungeeigneter Boden, schlechte Infrastruktur, unzureichende Bodenschätze), müssen die Bewohner auf andere Wirtschaftszweige, wie z. B. den Tourismus ausweichen, um ihren Lebensunterhalt zu sichern. Darüber hinaus werden die Indian Reservations mit staatlichen Mitteln gefördert. Nachdem 1988 durch ein Gesetz (Indian Gaming Regulatory Act) die Eröffnung von **Spielkasinos** legalisiert wurde, versuchten viele indianische Gemeinschaften, diese Geldquelle zu nutzen. Heute gibt es in nahezu jeder Reservation ein Kasino. Ob diese Geldquelle jedoch die Situation der Indianer im Allgemeinen verbessert hat, ist von Reservation zu Reservation unterschiedlich. Immer noch weisen Arbeitslosigkeit, Alkoholismus, eine hohe Selbstmordrate sowie Diabetes und eine hohe Säuglingssterblichkeit auf eine prekäre wirtschaftliche, soziale und gesundheitliche Lage hin.

Indianerreservate

Asiaten (Asians)

Amerikaner asiatischer Herkunft (dazu zählen auch die Bewohner der Pazifikinseln) stellen einen Bevölkerungsanteil von über 6 %, sie leben hauptsächlich an der Westküste der Vereinigten Staaten oder auf Hawaii. Aber auch in großen Städten des Ostens, wie z. B. in New York, gibt es beachtliche Enklaven von der asiatischen Bevölkerung. Die größte Gruppe unter den Asiaten bilden die **Chinesen**, die auch die älteste Einwanderungsgruppe sind. Bereits im 19. Jh. kamen die ersten Chinesen auf Goldsuche oder zum Eisenbahnbau in die USA. Eine weitere Einwanderungswelle von Chinesen gab es nach dem Zweiten Weltkrieg, nachdem die Einwanderungsbeschränkungen für Asiaten aufgehoben wurden. Zu der Zeit wanderten auch viele **Japaner** in die Vereinigten Staaten ein, bzw. blieben als ehemalige Kriegsgefangene hier. Die zweitgrößte asiatische Gruppe in den USA bilden jedoch die **Filipinos** mit einer Anzahl ca. 2 Millionen. Als Folge der Kriege, an denen die USA im Fernen Osten beteiligt waren, kamen ebenfalls viele **Koreaner** und **Vietnamesen** nach Amerika.

Enger Zusammenschluss

Typisch für die meisten asiatischen Einwanderer ist der enge Zusammenschluss mit Landsleuten. Auch heute noch gibt es in amerikanischen Großstädten ganze Wohnviertel, in denen fast ausschließlich Asiaten wohnen und arbeiten. Die Bezeichnung „Chinatown“ für solche Viertel ist zu einem festen Begriff geworden. Hier bekommt man als Tourist das Gefühl, in einer anderen Welt zu sein, da die asiatischen Lebensgewohnheiten mit nach Amerika „importiert“ wurden. Dieser Umstand zeugt von einer starken kulturellen Eigenständigkeit der Asiaten in den USA, der sich auch auf sprachlichem Gebiet beobachten lässt. Obwohl der Integrationsgrad der Asiaten auf kulturellem Gebiet weit geringer ist als der anderer Minderheiten, sind bei ihnen die wenigsten Probleme im beruflich-wirtschaftlichen Bereich zu konstatieren.

Soziale Verhältnisse

Persönlicher Einsatz

Die Einstellung der Amerikaner zu ihrem sozialen System ist auch heute noch geprägt von den Lebensbedingungen der Pioniere, die den nordamerikanischen Kontinent erschlossen haben. Für Generationen von Siedlern und Pionieren waren Eigeninitiative, Ehrgeiz, Beharrlichkeit und Selbstverantwortung die Eigenschaften, die geschätzt wurden, um den harten Lebensbedingungen standzuhalten. Vielen Amerikanern ist der Gedanke immer noch fremd, auf Hilfe vom Staat zu bauen, eher verlässt man sich auf persönlichen Einsatz und erwartet dasselbe von seinen Mitmenschen. Wesentlich größer ist der Anteil der **Kirchen und gemeinnützigen Organisationen** mit unzähligen Freiwilligen an der „Sozialarbeit" und Unterstützung in Notlagen. Noch heute sorgt ein Netz von Spenden, Hilfsorganisationen und Öffentlichkeitsarbeit dafür, dass die, die es am Nötigsten haben, unterstützt werden. Die Gesamtsituation von Menschen in sozialer Not verändert diese Hilfe jedoch leider nicht, so effektiv sie im Einzelfall auch sein mag.

Krankenversicherung

Gesundheitsreform

Da in den USA bis 2010 keine Versicherungspflicht bestand und viele Arbeitnehmer und Arbeitgeber (besonders kleine und mittlere Betriebe) die hohen Versicherungskosten nicht tragen konnten, war ein großer Teil der amerikanischen Bevölkerung ohne Absicherung im Krankheitsfall. Ein Gesetzentwurf von Barack Obama wurde 2010 nach heftigen Diskussionen im Kongress angenommen. Er sieht seit 2014 eine allgemeine Versicherungspflicht vor (40 Millionen Amerikaner waren bis dahin unversichert). Ob und wie „Obamacare" unter Präsident Trump weitergeführt wird, ist offen. Viele Berufstätige sind über Beiträge in eine betriebliche Krankenversicherung versorgt, bei der es sich meistens um Gruppenverträge mit Versicherungsgesellschaften handelt, für die entweder Arbeitgeber und Arbeitnehmer oder nur der Arbeitnehmer Beiträge bezahlt. Die Absicherung ist jedoch in vielen Fällen nur in größeren Firmen oder für Staats- oder Stadtbedienstete gewährleistet.

Seit Jahren umstritten: Krankenversicherung in den USA

Für die medizinische Versorgung von Mittellosen, Rentnern und Behinderten sind 1965 zwei soziale Programme eingerichtet worden. Die medizinische Versorgung von Armen wird durch **Medicaid** finanziert, ein vom Bund und von den einzelnen Staaten getragenes Programm. Für Rentner und Behinderte wurde **Medicare** eingerichtet, ein Programm, das durch Beiträge der Versicherten, Sozialversicherungsabgaben und staatlichen Zuschüssen finanziert wird.

Rentenversicherung

Unter *Franklyn D. Roosevelt* wurde 1935 mit dem **Social Security Act** eine staatliche Rentenversicherung eingeführt. Die Renten werden in den Vereinigten Staaten durch die Social-Security-Steuer finanziert, die wie bei Medicare zu gleichen Teilen von den Arbeitnehmern und Arbeitgebern zu entrichten ist. Selbstständige haben die Möglichkeit, durch Zahlung der Social-Security-Steuer im Alter ebenfalls in den Genuss einer entsprechenden Rente zu gelangen. Bei entsprechender Zahlungsdauer werden etwas weniger als die Hälfte des letzten Nettoeinkommens als Rente ausgezahlt. Generell ist das Rentenalter auf 65 Jahre angesetzt, wobei es auch Ausnahmen gibt, allerdings meist nur bei Verzicht auf einen gewissen Prozentsatz. Diejenigen Arbeitnehmer, die es sich finanziell leisten können, schließen darüber hinaus noch eine private Rentenversicherung ab, um im Alter ihren Lebensstandard halten zu können.

Arbeitslosenversicherung

Die Höhe der Arbeitslosenversicherung ist abhängig von dem Bundesstaat, in dem sie ausgezahlt wird und auch der Prozentsatz differiert erheblich. So werden entsprechend dem Wohnort zwischen 30 und 50 % des letzten Arbeitslohns ausgezahlt. Die Zahlungen werden bis zu 39 Wochen nach dem Zeitpunkt der Kündigung geleistet. Obwohl diese Leistungen sich in Deutschland inzwischen auch schon geändert haben, so wird deutlich, dass die Situation der Arbeitslosen in den Vereinigten Staaten immer noch schlechter ist als hierzulande. Diese Tatsache ist insofern nicht verwunderlich, als die Finanzierung der Arbeitslosenunterstützung auf einer Steuer basiert, die allein vom Arbeitgeber zu entrichten ist.

Sozialhilfe

Sozialhilfe (***welfare***) wird Bürgern gewahrt, deren Einkommen unter der offiziell festgelegten Armutsgrenze liegt. Die Leistungen werden nicht für unbegrenzte Zeit gewährleistet und es gibt Auflagen, besonders für arbeitsfähige Erwachsene. Nach zwei Jahren müssen die Empfänger von Sozialhilfe zumindest eine Teilzeitarbeit annehmen, was Betroffene oft in schlecht bezahlte Jobs zwingt. Immerhin ist in den USA ein landesweiter Mindestlohn gesetzlich festgelegt, aber auch für dieses Gesetz gibt es Ausnahmen. Fast ein Drittel der Afro-Amerikaner und ein Viertel der Lateinamerikaner sind auf Sozialhilfe angewiesen.

Soziale Verelendung

Durch Leistungen wie Medicaid, Mietzuschüsse und die Ausgabe von Lebensmittelmarken können die sozial bedingten Missstände nicht behoben und der Teufelskreis sozialer Verelendung nicht durchbrochen werden. Schlechte Schulbildung, Arbeitslosigkeit oder schlecht bezahlte Jobs wiederholen sich und die Kluft zwischen Arm und Reich wird immer größer.

Einem Prozent der Haushalte gehören mittlerweile 42 % des amerikanischen Reichtums. Die Zahl der Milliardäre wuchs seit 1982 von 13 auf über 400. Gleichzeitig ist das (inflationsbereinigte) Einkommen nur geringfügig gestiegen. Das Durchschnittseinkommen der ärmsten Haushalte ist sogar gesunken und ca. 15 % der Amerikaner leben unterhalb der Armutsgrenze, wozu auch Geringverdiener gehören.

Bildungswesen

In den USA ist der Bildungsweg in mehrere Abschnitte gegliedert. Schulpflicht besteht ab dem 6. Lebensjahr. Von der 1. bis zur 8. Klasse (amerik.: *grade*) besuchen Schüler eine Elementary School, an die meist ab der 6. oder 7. Klasse eine Middle School oder Junior High School angegliedert ist. In großen Städten sind die Junior High Schools oft separate Schulen. In der Regel besuchen amerikanische Schüler dann von der 9. bis zur 12. Klasse die High School.

Qualitätsunterschiede

Die Zuständigkeit für das Schulwesen liegt bei den Bundesstaaten und ihren Schuldistrikten. Die öffentlichen Schulen werden in erster Linie über die Grundstückssteuer finanziert, was zur Folge hat, dass Schulen in „reichen" Orten und Vierteln wesentlich besser ausgestattet sind als die in ärmeren Gemeinden. Die Bemühungen der Politik, durch Bildungsgesetze das Leistungsniveau zu erhöhen, haben bisher zu keinem befriedigenden Ergebnis geführt, weshalb private Schulen immer gefragter werden.

Nach dem High-School-Abschluss folgt für viele Schüler das College, das meist einer Universität angeschlossen ist. Das College gleicht eher einem Grundstudium, höhere Abschlüsse sind hier nicht möglich. Nach dem Abschluss des College mit einem *Bachelor's* oder *Baccalaureate Degree* haben die Studenten die Wahl, an eine Universität zu gehen um ihre akademische Ausbildung mit einem *Master's Degree* abzuschließen. Der College-Abschluss vergrößert die Chancen auf eine Arbeitsstelle und ist für viele Berufe sogar Voraussetzung. Eine „Lehre" im deutschen Sinne existiert in den USA nicht. Man lernt einen Beruf durch Mitarbeit in der jeweiligen Branche, eventuell besucht man berufsbegleitende Kurse. Da es in den USA neben den öffentlichen Schulen und Universitäten auch viele private Einrichtungen gibt, die durch Schulgeld oder Studiengebühren (und Spenden „Ehemaliger") finanziert werden, ist die Spanne des Bildungsniveaus in Amerika sehr breit gefächert.

Kunst der Indianer

Viele Kulturdenkmäler

Die vier Hauptkulturen indianischer Abstammung im Südwesten der USA sind die Plains-Indianer (Oklahoma, Texas, Kansas), die Southwest-Indianer (Arizona, New Mexico, West-Texas), die Great-Basin-Indianer (Utah, Nevada, West-Colorado) und die Southeast-Indianer (Ost-Texas, Südost-Oklahoma). Archäologisch gut erschlossen ist besonders die Southwest-Kultur, von der **viele Kulturdenkmäler** auch heute noch zu bewundern sind.

Die Kunst der indianischen Völker ist unter anderem im Institute of American Indian Art in Santa Fe, im Museum of Fine Arts in Dallas oder Houston (Texas) und ebenso im Indian Pueblo Cultural Center in Albuquerque (New Mexico) zu bewundern. Neben zum Teil sehr kunstvollen Töpfereierzeugnissen und Schmuckwaren sticht besonders die Architektur hervor. Als historische Zeugnisse sind zudem Felsenbilder, Textilien, Holzschnitzerzeugnisse und kunstvolles Flechtwerk zu erwähnen.

Flechtwerk

Die Tradition des Flechtens besteht bei Stämmen des Südwestens bereits seit Jahrtausenden, Historiker setzen die Existenz der Korbmacher-Kultur von 500 v. Chr. bis etwa 600 n. Chr. an. Aus den unterschiedlichsten Materialien wie Schilf, Weidenzweigen und Gräsern fertigten sie Gegenstände sowohl für den täglichen Gebrauch als auch für kultische Zwecke. Auch heute noch spielt die Produktion von Flechtwerk eine Rolle im indianischen Kunsthandwerk, zu nennen sind im Besonderen die Korbschalen der Hopi-Indianer.

Architektur

Die **Pueblos** sind sicher die bekanntesten Bauwerke indianischer Architektur. Das Wort Pueblo ist vom spanischen Wort für Dorf/Siedlung abgeleitet. Ursprünglich wurden die Bauten als Speicher verwendet, später auch als Wohnhäuser genutzt und im Zuge der Entstehung von Wohngemeinschaften vergrößert. Zu dieser Zeit entstanden auch die „kivas", Bauten nach dem Prinzip eines Grubenhauses (pit house), die durch ein Rauchloch in der Decke über eine Leiter zu betreten waren und als Versammlungsort dienten. Die östlichen Pueblos sind aus Ziegeln, die westlichen aus mit Lehm verbundenen Steinen gebaut. Viele der Pueblos wurden in Felsnischen angelegt, die als Schutz vor Feinden und Wetter dienten und allgemein als „**Cliff Dwellings**" bezeichnet werden. Von besonderer Bedeutung sind die Pueblos in Mesa Verde (Colorado) und dem Chaco Canyon (New Mexico). Die Bewohner der Pueblos galten als sehr friedlich, was einem Teil von Ihnen

„Cliff Dwellings"

den Namen Hopis, „die Friedlichen", einbrachte. In wenigen Fällen existieren noch heute bewohnte Pueblos (z. B. Taos Pueblo, New Mexico).

Textilien

Die Pueblo-Kultur trat nicht nur durch ihre architektonischen Leistungen hervor, sondern auch durch die Fertigung bunter Baumwolltextilien und kunstvoller Federkleidung, die sich in eine typische Tradition der Textilherstellung entwickelte. Die Navajo-Indianer, die um 1000 n.Chr. in das Gebiet der Korbmacher- und der Pueblo-Indianer einwanderten, bezeichneten diese als „Anasazi" (*The Ancient Ones*, „Die Alten"), und übernahmen zum Teil deren Gebräuche. Neben den Navajos sind die Hopis große Meister in der Kreation **kunstvoller Muster**. Heute bildet diese Meisterschaft eine wichtige Einnahmequelle der Stämme. Zum Verkauf an Touristen werden nicht nur Kleidungsstücke, sondern auch Decken und Teppiche gefertigt. Als Grundlage dienen nicht nur Baumwolle, sondern auch pflanzliche Produkte wie Bast oder Tierhaare. Typisch ist die Verzierung von Stoffen und Lederwaren mit aufgestickten Perlen oder Borsten.

Schmuckwaren

Türkisschmuck

Der in europäischen Ländern als Indianerschmuck bekannt gewordene **Türkisschmuck** mit Silbereinfassung stammt ebenfalls zu einem großen Teil aus dem Südwesten der Vereinigten Staaten. Die Navajos und Hopis entwickelten große Kunstfertigkeit bei seiner Herstellung, und er ist eine der Hauptattraktionen des Touristengeschäfts. Ursprünglich wurde Indianerschmuck aus Naturmaterialien wie Steinen und Muscheln gefertigt und Inspirationen kamen aus asiatischen Kulturen wie auch der Korbflechterei. Mit der Eroberung des nordamerikanischen Kontinents durch die Weißen ging man zur Verarbeitung von Metallen, hauptsächlich Silber, über. Überall findet man Schmuck, Gürtelschnallen und auch andere Gebrauchsgegenstände mit interessanten Mustern, die durch Originalität und Einfallsreichtum bestechen.

Holzschnitzereien

Totempfähle

Die Holzschnitzkunst hat bei den Stämmen des Südwestens eine lange Tradition. Anfangs benutzte man Knochen- und Steinwerkzeuge, um das Holz zu bearbeiten. Nachdem Europäer Metallwerkzeuge einführten, arbeiteten die Indianer ebenfalls mit Messern, Beilen und Meißeln. Neben kultischen Gegenständen, z. B. den **Totempfählen oder Masken**, wurden vielerlei Gegenstände des täglichen Gebrauchs, wie Löffel oder Truhen, produziert. Zu erwähnen sind auch die Kachina-Figuren, die ursprünglich für den kultischen Bereich geschnitzt wurden. Sie sollten einen Verstorbenen symbolisieren, der in einer eher abstrakten Form dargestellt wurde.

Töpferwaren

Die Töpferei, die bereits bei alten Kulturen wie den Korbmachern eine Rolle spielte, wurde von den Pueblo-Kulturen weitergeführt und verfeinert. Die Töpferei ist bereits seit etwa 4.000 Jahren bekannt, auch wenn die ältesten Funde, die Verzierungen aufweisen, weit später anzusiedeln sind. Auch heute findet man noch viele Töpferwaren, die auf traditionelle Weise hergestellt und mit **alten Mustern** verziert sind. Zu finden sind aber auch Töpferwaren, die sehr kreativ sind und unzählige Variationen in ihrer Herstellung aufweisen.

Bildkunst

Die ältesten Zeugnisse indianischer Bildkunst sind bis zu 5.000 Jahre alt und können als **Felsenmalerei** auch heute noch bestaunt werden. Sie sind entweder in den Felsen eingeritzt und dann mit dunkler Farbe versehen oder mit Farbe direkt aufgetragen. Häufig ist die Bedeutung der Zeichnungen nicht eindeutig, aber Jagd- und Kriegssymbole sind relativ einfach zu interpretieren. Man geht davon aus, dass diese Bilder nicht nur rein darstellenden Charakter haben, sondern auch kultischen Zwecken dienten, wie z. B. dem Jagdzauber. In den kultischen Bereich fallen wahrscheinlich auch die Darstellungen von Fantasiekreaturen, wie z. B. Mensch und Tier in einem Wesen. Auch Rückschlüsse über die Einführung spezieller Waffen lassen sich über die Felsenmalereien ziehen. So ist z. B. die erste Darstellung von Pfeil und Bogen etwa 2.000 Jahre alt.

Eine seltene Form der Bildkunst geht auf Traditionen der Navajo-Indianer zurück. Diese fertigten zu zeremoniellen Anlässen Bilder aus gefärbtem Sand an, die nach Beendigung der jeweiligen Zeremonie wieder zerstört wurden. Sie glaubten, dass von diesen Bildern übernatürliche Kräfte ausgingen.

Tänze, Gesänge und Rituale

In Form von Gesangstexten sind bruchstückhaft auch Dichtungen der indianischen Kultur erhalten. Da die Indianer Nordamerikas **keine Schriftkultur** entwickelten, ist man auf mündliche Überlieferungen angewiesen. Einen gewissen Bekanntheitsgrad haben die Jagdgesänge erreicht, die auf Versammlungen und heute auch auf folkloristischen Veranstaltungen für die Touristen gesungen werden. Die Versammlungen der Indianer werden **Pow Wow** genannt, was sich auch im amerikanischen Englisch als Wort für bestimmte Versammlungen eingebürgert hat.

„Pow Wows“

Auf Pow Wows wird nicht nur gesungen, sondern auch getanzt. Die entsprechenden Tänze hatten ursprünglich eine rituelle Bedeutung. So gibt es Bären- und Büffeltänze, die im Zusammenhang mit der Jagd standen. Als Attraktion gilt der Regentanz der Hopis, der traditionell im August stattfindet. Außer Tänzen werden zu bestimmten Gelegenheiten auch zeremonielle Wettkämpfe aufgeführt. Bei Stämmen wie den Apachen, Zunis, Hopis oder Navajos sind auch heute noch entsprechende Zeremonien zu bestaunen. Auf Pow Wows in Albuquerque, Phoenix, Santa Fe und anderen Städten, die fast das ganze Jahr über stattfinden, kann man einen guten Eindruck von rituellen indianischen Gesängen und Tänzen gewinnen.

Etwas Allgemeines über den Glauben von Indianern zu schreiben ist fast unmöglich, da die Vielfalt der Stämme und Stammesgruppen mit ihren unterschiedlichen Vorstellungen zu groß ist. Man kann jedoch sagen, dass die Indianer sich immer bemüht haben, im Einklang mit der Natur zu leben, die sie als beseelt ansehen. Die Erde gilt als Spenderin allen Lebens und wird entsprechend verehrt. Noch heute gibt es Indianer, die sich weigern, Landwirtschaft im modernen Sinne zu betreiben, da ihrer Vorstellung nach das Pflügen mit einem Metallpflug die Erde verletzt.

Geister und Dämonen

Indianer glauben, in Kontakt mit **Geistern und Dämonen** treten zu können, die sich häufig in Dingen der Natur verbergen. Auch die Seele von Toten kann auf Gegenstände oder Naturerscheinungen übergehen. Die Vorstellung von den sogenannten „ewigen Jagdgründen" ist eher von den Vorstellungen der Europäer geprägt und nicht typisch für indianisches Gedankengut, ebenso wenig, wie der große „Manitou" als oberster Gott aller Indianer zu sehen ist. Er verkörpert eher eine alles beherrschende Macht, ist aber nicht mit dem Gott einer monotheistischen Religion zu vergleichen.

Wie viele Indianer heute noch an den traditionellen Vorstellungen ihrer Vorfahren festhalten, ist schwer zu sagen. Es ist jedoch sehr interessant, sich einmal mit einer anderen Auffassung von Leben und Natur auseinander zu setzen und die entsprechenden Indian Nations oder Museen zu besuchen.

The American Way of Life

Die amerikanische Lebensweise gilt immer noch in vielen Aspekten als fortschrittlich, aber auch in unzähligen Punkten als **konservativer** als unsere. Das Klischee vom typischen Amerikaner existiert im Großen und Ganzen nicht und es ist eher die enorme Vielfalt des Landes, die den Reisenden beeindruckt. Wenn sich auch im Laufe der Geschichte der USA einige **Eigenarten der Gesellschaft** herauskristallisiert haben, die sich von der mitteleuropäischen Kultur unterscheiden, so sind sie im Zug der Globalisierung inzwischen weniger auffällig geworden.

Individualismus

Grundgedanke der amerikanischen Lebensweise ist das Recht des einzelnen. **Individualismus** spielt in der Gesellschaft eine herausragende Rolle, aber nur soweit es ums Geschäft geht. Die Wurzeln hierfür findet man in der Zeit der ersten Siedler, die, ganz auf sich alleine gestellt, das Land urbar gemacht haben. Auf der Suche nach einem besseren Leben haben die ersten Generationen sich diesem Ziel ganz hingegeben. Damit war der Grundpfeiler für das ausgeprägte Konkurrenzdenken und die Überschätzung alles Materiellen, aber auch die **Hilfsbereitschaft und Freundlichkeit** Fremden gegenüber gesetzt.

Die Einstellung der Amerikaner zu deutschen Besuchern ist meist positiv. Viele Amerikaner haben deutsche Vorfahren, es wird von Werten wie Fleiß, Disziplin und Wissensdrang sowie deutschen Autobahnen, Autos, vom deutschen Bier und vom Oktoberfest geschwärmt. **Schweizer Staatsbürger** werden als „Bewohner eines Musterstaates" gesehen, in dem Fleiß und stete politische Unabhängigkeit zu einem bemerkenswerten „Puppenhaus" geführt haben. **Österreicher** haben es etwas schwerer, weil sie eher mit verschnörkelten Häusern aus dem letzten Jahrhundert und Walzermusik in Verbindung gebracht werden. Erst mit *Arnold Schwarzenegger* ist das moderne Österreich den Amerikanern näher gebracht worden

Begrüßung und Einladung

Schnelles Duzen

Nur **selten schüttelt man die Hand bei der Begrüßung** und wenn, dann meist nur bei der ersten Begegnung. Das europäische „Sie" existiert in der englischen Sprache nicht und oft spricht man sich mit Vornamen an. Dies hat allerdings nichts mit „Vertraulichkeit" zu tun. Auch die Tatsache, dass bereits beim ersten Gespräch über persönliche Dinge, wie z. B. Beruf und Familie geredet wird, hat keine weit reichenden Konsequenzen. Auch wenn es nach einer kürzeren Unterhaltung zu einer Einladung auf einen Besuch kommt, vergewissern Sie sich lieber genau, wie ernst diese Einladung gemeint ist. Lehnen Sie ggfs. dankend ab oder entschuldigen Sie sich mit zeitlichen Problemen. Das nimmt Ihnen keiner übel.

Sport und Sportlichkeit

„Fitness-nation"

Auch wenn es in Amerika mehr dickleibige Menschen gibt als in Europa, haben die meisten Amerikaner einen **Hang zur sportlichen Betätigung.** Nicht ohne Grund finden viele Outdoorsportarten und vor allem fast alle Arten der Fitnesswelle ihren Ursprung hier. Sah man gestern noch die halbe Nation früh morgens durch den Stadtpark joggen, nimmt der Trend, sportliche Aktivitäten „indoor" zu verlegen, immer mehr zu. Überall findet man Fitness Studios („gyms"), die ein z.T. reichhaltiges Angebot, von Gerätetraining, über Yoga und Pilates, zu Tai Chi und Body Building, vorweisen können. Während der Schulzeit betätigen sich die meisten amerikanischen Kinder und Jugendliche in einer Sportart und im Urlaub gehört für die ganze Familie ein Sportprogramm dazu, so z. B. eine längere Wandertour, Kajaken oder Reiten.

Sport spielt im Alltag der Amerikaner ebenfalls eine wesentliche Rolle, obwohl es meist in einer passiven Rolle geschieht. Jede Stadt, Region und Universität wird von lokalen Anhängern in entsprechender Kleidung unterstützt und die großen Sportarten Baseball, Basketball, American Football und Eishockey werden während des ganzen Jahres auf lokaler und nationaler Ebene verfolgt.

Sport wird großgeschrieben

2. REISETIPPS

Allgemeine Reisetipps A–Z

Benutzerhinweis

In den Gelben Seiten finden Sie - alphabetisch geordnet - viele praktische Hinweise und Tipps für die Vorbereitung Ihrer Reise und Ihren Aufenthalt in den USA. Die Reisepraktischen Informationen mit detaillierter Auskunft über Informationsbüros, Unterbringungsmöglichkeiten, Restaurants, Einkaufen etc. finden Sie ab S. 132 im Anschluss an die jeweiligen Ortsbeschreibungen.

Abkürzungen

Hier sind die wesentlichen Abkürzungen aufgeführt, auf die Sie auf einer Reise durch die USA immer wieder treffen werden (z. B. Karten, Straßenschilder oder auch in diesem Buch):

Ave.	Avenue	NF oder Nat. For.	National Forest/Wald
Bldg.	Building/Gebäude	NHS	National Historic Site/ Nationale Gedenkstätte
Blvd.	Boulevard	NM	National Monument/ Nationaldenkmal
CVB	Convention and Visitors Bureau/ Fremdenverkehrsamt	NP	National Park/Nationalpark
Dept.	Department/ im Amerik.: Behörde	NS	National Seashore/ Nation. Küstenschutzgebiet
Dr.	Drive	NWR	National Wildlife Refuge/ Naturschutzgebiet
Fwy.	Freeway	Pkwy.	Parkway
Ft.	Fort	Pl.	Place/Platz
HM	Historical Monument/ Historisches Denkmal	Rd.	Road
HP	Historical Park/Historischer Park	Res.	Reservation oder Reservoir/ Reservat oder Stausee
Hts.	Heights/Höhen	RV	Recreational Vehicle/ Campingmobil
Hwy.	Highway	Spr., Sprs.	Spring, Springs/Quelle, Quellen
I	Interstate	Sq.	Square
Ind. Res. (auch I.R.)	Indian Reservation/ Indianerreservat	St.	State oder Street/Staat oder Straße
Int.	International	SP	State Park
Ln.	Lane	VC	Visitor Center/ Besucherinformation
mph	miles per hour (1 mi=1,6 km)	**Abkürzungen der Staaten im Südwesten der USA:**	
Mt., Mtn.	Mount, Mountain/Berg		
Mun.	Municipal/städtisch	AZ = Arizona CO = Colorado NV = Nevada NM = New Mexico TX = Texas UT = Utah	
Nat.	National		
NB	National Battlefield/ Nationales Schlachtfeld		
Nat'l Rec. A. (NRA)	National Recreational Area/ Erholungsgebiet		

Alkohol

Bier und leichte Alkoholika, manchmal auch Wein, kann man in den meisten Staaten in Supermärkten und kleineren Geschäften kaufen. Eine größere Auswahl an Wein und alle Spirituosen erhält man dagegen nur in speziellen „Liquor Stores". In Cafés und Rasthäusern entlang der Highways gibt es fast nie Alkohol, und auch nicht alle Restaurants haben eine volle Alkohollizenz (die auch für harte Alkoholika gilt). Letztere sind als „Fully Licensed" gekennzeichnet.

Besonderheiten

▶ In einigen Bundesstaaten bzw. speziellen Counties gelten besondere Alkoholgesetze, so z. B. in Utah. In einigen Staaten gibt es zahlreiche „Dry Counties": Es kann auch vorkommen, dass man am Wochenende oder am Sonntag vor 12 Uhr mittags keinen Alkohol erhält, auch nicht in Geschäften.

▶ In den Indian Reservations darf überhaupt kein Alkohol ausgeschenkt werden.

▶ Für den Erwerb und Ausschank von Alkohol ist das Mindestalter 21 angesetzt. Dieses wird streng kontrolliert („Picture I.D., please!"). Also immer einen Ausweis (Pass) mitführen!

Anreise

Mit dem Flugzeug: Das Angebot an Flügen in die USA wird immer größer und damit auch unübersichtlicher (zu den Airlines s. Stichpunkt „Flüge"). Am besten informiert man sich im Internet (z. B. www.flug.de, www.billigfluege.de, www.opodo.de, www.momondo.de) bzw. im Reisebüro nach den aktuellen Preisen. Lohnend ist auf jeden Fall ein Preisvergleich, z. B. mit einem der Billigfluganbieter. Die **Internetanbieter** sind oft billiger als die Reisebüros, jedoch nicht zwangsläufig. Oft sind die günstigeren Internetflüge auch nicht mehr **umbuchbar**. Auch auf den Internetseiten der Airlines selbst findet man oft ein Schnäppchen und kann mit Hilfe eines Kalenders einen besonders günstigen Tag auswählen.

Möchte man Anschlussflüge, Mietwagen und Hotels schon in Europa buchen, kann man auf ein renommiertes **Reisebüro** zurückgreifen. Man erhält auf diese Weise mehr Informationen, wird grundsätzlich besser beraten und das Angebot an Zusatzleistungen (z. B. Inneramerikanische Anschlussflüge, günstigere Mietwagen, Versicherungen etc.) ist oft deutlich größer. Wichtig ist auch, früh zu buchen, besonders für Reisen in den Sommermonaten (Hochsaison). Schnell sind die günstigen Tickets verkauft und man zahlt erheblich mehr.

Die größten Flughäfen im Südwesten sind **Dallas** und **Denver**, die u. a. als Drehscheibe für die hier ansässigen Airlines gelten. Weitere große Flughäfen, die an das internationale Netz angeschlossen sind: Las Vegas, Houston, Albuquerque, Phoenix und Salt Lake City. Weniger bedeutend sind San Antonio, El Paso und Tucson. Grundsätzlich gilt: Ist man bereit zu einem Stopover (Umstieg) z. B. in New York oder Atlanta, kann man von dort ohne Probleme zu jedem Flugplatz im Südwesten weiterreisen. Lassen Sie sich bei der Flugbuchung also nicht von den Namen der großen Metropolen blenden. Ein gezielter Anflug zu einer kleineren Stadt kann so manchen unnützen Mietwagenkilometer ersparen.

Mit dem Schiff: Schiffsreisen (auch Frachtschiffreisen) sind viel teurer als Fliegen, bieten aber auch etwas Besonderes. Von Hamburg oder Bremerhaven aus gibt es immer noch einen Schiffsdienst nach New York, der aber nicht regelmäßig bedient wird. Nähere Auskünfte im Reisebüro. Eine **Alternative** wäre die Anreise mit einem Frachtschiff. Dabei stehen Touristen ein paar Kabinen auf einem Frachter zur Verfügung, und man lebt und isst zusammen mit dem Personal. Die Kabinen sind in der Regel sehr komfortabel. Frachtschiffe laufen aber nicht immer die großen Städte an, sodass man sich rechtzeitig um einen Weitertransport kümmern sollte. Nähere Auskünfte über Frachtschiffreisen bei: **Frachtschiff-Touristik**, Kapitän Zylmann, Mühlenstr. 2, 24376 Kappeln, ✆ 04642/96550, www.zylmann.de.

Autofahren und besondere Verkehrsregeln

Langsames Fahren prägt das Fahrverhalten der Amerikaner und es ist bei weitem weniger hektisch als das der Europäer. Man bewegt sich gemächlich vorwärts, es wird in der Regel der Tempomat („cruise control") eingeschaltet und dann seelenruhig über das Asphaltband dahingeglitten. Auch wenn einem dieses Tempo etwas langsam vorkommt, das Fahren ist angenehmer und entspannter.

Amerikanische Autos haben selten ein Schaltgetriebe und Mietwagen haben fast alle ein **Automatikgetriebe**. Die Gänge sind:
P = Parken. Das Getriebe ist geblockt; nur in diesem Gang startet der Wagen und können Sie den Zündschlüssel abziehen!
N = Neutral. Leerlauf.
R = Reverse. Rückwärtsgang.
D = Drive. In diesem Gang fahren Sie auf normalen Straßen und in der Ebene; beim Beschleunigen müssen Sie schnell das Gaspedal ganz herunter treten, dann schaltet das Getriebe automatisch in den nächstunteren Gang.
2 = Der 2. Gang: In diesen müssen Sie bei mittleren Steigungen schalten; auch bei abschüssigen Strecken sollten Sie zur Schonung der Bremsen (könnten heißlaufen) diesen Gang wählen.
1 = Der 1. Gang für steile Streckenabschnitte.

Das Tanken in den USA ist immer noch billiger als bei uns. Gemessen wird das Benzin in Gallonen (3,785 l), das Motorenöl in Quarts (ca. 1 l).

In den USA gelten auf den Highways der meisten Bundesstaaten unterschiedliche Höchstgeschwindigkeiten, die zwischen 60 mph (96 km/h) und 75 mph (120 km/h) liegen, letztere aber nur auf den 4-spurigen Interstates. Die zulässigen Höchstgeschwindigkeiten sind i.d.R. gut ausgeschildert. Überhöhte Geschwindigkeit zahlt sich nicht aus! Es wird streng kontrolliert, und die Strafen sind nicht ohne (zahlbar an Ort und Stelle in bar).

Hinweis

Häufig kommen Verkehrszeichen in Schrift- statt Symbolform vor, z. B.:
- **Yield** - Vorfahrt achten
- **Speed Limit/Maximum Speed** - Höchstgeschwindigkeit
- **Merge** - Einfädeln, die Spuren laufen zusammen
- **No Passing/Do not pass** - Überholverbot
- **Road Construction** oder **Men working** - Baustelle
- **Railroad X-ing (crossing)** - Bahnübergang
- **Stop** - Anhalten
- **Dead End** - Sackgasse
- **No U-Turn** - Wenden verboten
- **Detour** - Umleitung
- **Alt Route** - Alternate Route/Umleitungsstrecke
- **Ped X-ing (crossing)** - Fußgängerüberweg

Einige wichtige Regeln:

- Es gilt **rechts vor links**. Eine Besonderheit ist der 4-Way-Stop, wo an einer Kreuzung an jeder Straße ein Stoppschild steht, und derjenige zuerst fahren darf, der an der Haltelinie seiner Straße zuerst zum Stehen gekommen ist.

▶ Das **Rechtsabbiegen an roten Ampeln** ist in den meisten Staaten erlaubt. Nur an wenigen Ampeln gilt diese Regel nicht, wird dann aber besonders angezeigt („right turn only on green arrow" oder „no right turn on red"). Beim Abbiegen muss man aber trotzdem auf die Vorfahrt der anderen und Fußgänger achten.

▶ Auf mehrspurigen Straßen **darf rechts überholt** werden.

▶ In der **Nähe von Schulen** sind die Höchstgeschwindigkeiten herabgesetzt. Dieses wird durch ein Schild angezeigt und streng kontrolliert. Meistens gelten diese deutlich herabgesetzten Geschwindigkeiten aber nur, wenn gleichzeitig ein gelbes Blinklicht aufleuchtet.

Auch außergewöhnlichen Schildern begegnet man

▶ **Schulbusse** (gelb) dürfen nicht überholt werden, solange sie den Blinker gesetzt haben. Auch hier geht es sehr streng zu, weil Kinder involviert sind. Wenn Sie einen blinkenden, stehenden Schulbus sehen, gehen Sie auf Nummer sicher und halten Sie hinter dem Bus an.

▶ Das Anlegen von **Sicherheitsgurten ist Pflicht**.

▶ **Falsch Parken** endet häufig mit einem abgeschleppten Fahrzeug. Achten Sie also darauf, nicht neben einem roten bzw. blauen Kantstein zu parken oder direkt vor einem Hydranten für die Feuerwehr und auch nicht unter einem „No Stopping or Standing"- Schild.

▶ Falls Sie im Rückspiegel ein **Polizeifahrzeug mit eingeschaltetem Blinklicht** sehen, halten Sie sofort am Straßenrand an, bleiben im Fahrzeug sitzen und machen keine hektischen Bewegungen.

▶ Nachts müssen Sie mit **Wildwechsel** rechnen.

Autokauf in den USA

Wer einen längeren Aufenthalt in den USA plant, sollte sich überlegen, ein Fahrzeug zu kaufen, da Autos (inklusive Gebrauchtwagen) in den USA billiger sind. Für den Kauf und Verkauf eines Fahrzeuges sollte man jeweils eine Woche einplanen.

Kfz-Steuern sind **niedriger** als bei uns, aber leider ist es schwieriger und teurer, eine Versicherung in den USA abzuschließen, wenn man keinen amerikanischen Führerschein besitzt. Alternativ können Sie sich eine Blankoversicherung in Deutschland ausstellen lassen, in die Sie dann alle Daten eintragen. Alle in Frage kommenden Fahrer müssen in die Versicherungspolice aufgenommen werden. Folgendes Unternehmen in Deutschland hat sich auf US-Autoversicherungen für Europäer spezialisiert:

Tour Insure GmbH, Herrengraben 5, 20459 Hamburg, ✆ (040) 251 72150, www.tourinsure.de

Auch wenn es etwas teurer wird empfiehlt es sich, ein Fahrzeug bei einem Händler zu kaufen. Hier ist die Chance auf ein besseres Auto größer, und Sie haben in der Regel auch ein Rückgaberecht während der ersten Tage. Ein Händler kann Ihnen auch einigen Papierkram abnehmen, z. B. die Anmeldung und die Beschaffung der Nummernschilder. Handeln ist im Übrigen auch bei Händlern üblich.

Eine weitere **Kaufvariante** wäre die gesamte Abwicklung über eine Firma. So hat sich z. B. die Firma **Transatlantic RV** auf den Kauf und Rückkauf sowie das Leasing verschiedener Fahrzeuge spezialisiert.

Transatlantic RV, Ernst Muller, 1245 Park Street, Peekskill, NY 10566, USA, ✆ +1 914 739 8314, www.transatlantic-rv.com. Niederlassung **in der Schweiz**: Paul Müller, Rotenstein 3, CH-9056 Gais, Schweiz, ✆ +41 (0) 71 999 3038, transatlantic@bluewin.ch.

Was benötigt man für einen Autokauf und danach?

- Die Title Card weist Sie als Fahrzeughalter aus und wird beim staatlichen „Department of Motor Vehicle" (DMV) unter Vorlage des Kaufvertrags ausgestellt. Sie müssen sich die Title Card an eine verlässliche Stelle nachschicken lassen (z. B. ein Hotel), da die Ausstellung mehrere Wochen dauert.
- Die Nummernschilder (license plates) erhalten Sie sofort nach Vorlage der Versicherungspolice.
- Die Entrichtung der Steuern an o. g. Behörde.
- Abschluss einer Versicherung (teuer für Nichtamerikaner).
- Ein Abgas- und Fahrtüchtigkeitstest muss häufig beim Besitzerwechsel vorgenommen werden. Diese Verordnung variiert von Staat zu Staat.

Automobilclub

Der größte amerikanische Automobilclub ist die **American Automobile Association** (abgekürzt AAA; gesprochen: Triple A). Im Falle einer Panne hilft er ausländischen Touristen kostenlos, wenn man Mitglied in einem assoziierten heimischen Automobilclub (z. B. ADAC, ÖAMTC oder TCS) ist. Im Falle einer Panne werden Sie über die Nummer 1-800-222-4357 zur nächstgelegenen Pannenhilfe durch Vertragswerkstätten weitergeleitet.

Sollten Sie in einen Unfall verwickelt sein, verständigen Sie besser auch den **Notruf** unter **911**. Bitte beachten Sie, dass Sie im Falle einer Panne oder eines Unfalls mit einem Mietwagen auch die Mietwagenfirma informieren müssen.

Informationen über die nächstgelegenen Niederlassungen des AAA gibt es in den örtlichen Telefonbüchern oder über die Auskunft unter 411. Auf der Webseite des AAA (www.aaa.com) findet man unter Angabe der Postleitzahl (zip code) den nächsten Standort. In den örtlichen Büros erhalten Sie ebenfalls Informationsmaterial (Campingführer, Tourbooks, Motelverzeichnisse, Karten etc.) und weitere Auskünfte zu regionalen AAA-Stellen. Informationsmaterial wird aber **nicht** nach Europa verschickt.

Bei allen größeren ADAC-Stellen in Deutschland (Touristikabteilung) gibt es allgemeines Informationsmaterial für Autoreisen in den USA. Mitglieder des AAA erhalten in vielen Hotels und auch bei der Eisenbahn ermäßigte Raten, wenn es sich auch nicht immer um viel Geld handelt. Diese Rabatte gelten auch für Mitglieder assoziierter Automobilclubs. Doch ist dieses nicht an allen Rezeptionen und Schaltern bekannt. Versuchen Sie es und verweisen Sie dabei auf das blau-weiß-rote Emblem (ARC Europe) auf der Mitgliedskarte.

Autoverleih (Mietwagen)

Das Reisen mit einem Mietwagen in den USA ist unbedingt den öffentlichen Verkehrsmitteln vorzuziehen. Amerika ist ein Autofahrerland, und es ist kaum möglich, von Überlandbusstationen einen Weitertransport in die Nationalparks bzw. zu den einzelnen Sehenswürdigkeiten zu finden. Auch ist das städtische Nahverkehrssystem sehr rudimentär und man hat kaum eine Chance, mit einem öffentlichen Verkehrsmittel zu einem touristischen Ziel zu gelangen. Sparen lohnt sich hier also kaum. Am Ende wird es ohne Auto ebenso teuer, oder man muss eine Reihe interessanter Punkte auslassen.

Mit dem Motorrad auf der Route 66

Ein Mietwagen sollte bereits in Europa, evtl. in Verbindung mit dem Flugticket, gebucht werden. Zum einen erhält man dabei in der Regel günstigere Tarife, da in Europa die Versicherungspauschale im Preis schon inbegriffen ist, zum anderen hat man keine großen Laufereien bei der Ankunft. Abgesehen von den überregionalen großen Anbietern wie Hertz, Avis, Budget, Alamo und National gibt es Mietwagen-Broker, die oft günstige Konditionen anbieten. Informationen unter www.adac.de/autovermietung, www.holidayautos.de, www.sunnycars.de, www.driveFTI.de oder im Reisebüro, z. B. bei Faszination Fernweh (www.faszination-fernweh.de).

Die oben genannten Verleihfirmen sind den etwas günstigeren lokalen Anbietern vorzuziehen, da sie dafür sorgen, dass man im Falle einer Panne überall einen Ersatzwagen gestellt bekommt. Wer aber nur im Umkreis einer Stadt reisen möchte, kann sich anhand der Gelben Seiten (Yellow Pages) im Telefonbuch über andere/regionale Firmen erkundigen. Wer noch mehr Geld sparen möchte, kann sich ein „Wrack" leihen. Die Firmen bezeichnen sich als „Rent a wreck" *(www.rentawreck.com)*, doch die Autos sind keine Wracks. Sie haben meist nur schon mehr Kilometer gefahren, und es handelt sich oft um weniger attraktive Modelle.

Fahrzeugtypen

Motorradfans sollten in Erwägung ziehen, die Reise auf einem Motorrad zu unternehmen, was sich besonders auf historischen (z. B. Route 66) und den endlos langen Straßen des Südwestens und Kaliforniens großer Popularität erfreut. Ein Campmobil hat z. B. den Vorteil der Unabhängigkeit, ist aber unter dem Strich um einiges teurer als ein Mittelklassewagen, inkl. günstiger Hotelübernachtungen. Denn ein Campmobil ist teurer in der Miete und verbraucht mit Sicherheit das Doppelte an Benzin. Außerdem darf man nicht „wild" campieren, und die Campingplätze mit den nötigen Anschlüssen für ein solches Fahrzeug sind auch nicht ganz billig. Wer nicht zu tief in die Tasche greifen möchte, sollte sich ein Fahrzeug der unteren Klassen mieten **(Economy, Compact)**. Hierbei handelt es sich um Fahrzeuge in der Größenordnung eines VW-Golfs. Wer es etwas komfortabler möchte, nimmt die Klasse **Intermediate**. Diese haben nützliche Ausstattungen wie z. B. „cruise control" (Tempomat). Die **beste Alternative** ist u. A. ein kaum teurerer **Midsize SUV**, denn in diesem sitzt man höher, hat Platz und mit etwas Glück erwischt man sogar ein 4x4-Modell (bei Abholung nochmals anfragen), der besonders in Nationalparks das Befahren einiger zusätzlicher Strecken ermöglicht. Ein **Standard SUV** ist kaum teurer, dafür aber immer geländetauglich (4x4). Am meisten Platz bieten Limousinen **(Fullsize-Car)**, **Station Wagon** (Kombi, selten zu mieten) und natürlich die Kleinbusse **(Mini-Van)**, die für große Familie am geeignetsten sind. Die Preise für alle Mietwagen variieren mit der Reisezeit, wo das Auto gemietet wird und ob Extraleistungen (z. B. ein anderer Abgabeort) eingeplant werden müssen.

Bei der Anmietung muss man unbedingt mit angeben, ob man das Auto am selben Ort wieder abgibt. Die Fahrzeuge werden wieder zurückgebracht zu ihrem Ursprungsstandort, und das kostet Geld, je nach Distanz auch nicht wenig. Ebenfalls angeben sollte man, ob man vorhat, z. B. nach Mexiko zu fahren. Häufig bekommt man dafür eine entsprechende Versicherungsklassifikation und muss eine Zusatzversicherung abschließen.

Mietwagenversicherung

Man sollte sich schon bei der Buchung erkundigen, welche Versicherungen bereits beim Anmieten eingeschlossen sind und ob eine Zusatzversicherung überhaupt nötig ist. Leicht versichert man sich doppelt. Viele Kreditkarten beinhalten auch einige Versicherungen für Mietwagen, in der Regel müssen Sie den Wagen aber auch mit dieser Kreditkarte bezahlen. Oft gibt es Konfusion über zusätzliche Gebühren für Mietwagen. Diese Zusatzversicherungen werden in der Regel erst am Schalter der Mietwagenfirma angeboten, und dann steht man ratlos vor dem Angebot und weiß nicht, was die einzelnen Abkürzungen beinhalten und ob sie sinnvoll sind. Vergewissern Sie sich genau über den Versicherungsschutz, um unnötige Zusatzleistungen zu vermeiden.

Wichtig ist weiterhin:

- Ohne gängige Kreditkarte (Mastercard, Visa, American Express, Diners) ist das Anmieten eines Wagens nicht möglich.
- In vielen Staaten muss der Mieter mind. 25 Jahre alt und der Fahrer mind. 21 Jahre alt sein, häufig sogar 25. Für Fahrer unter 25 wird oft ein Zuschlag berechnet. Beim Buchen unbedingt das Alter des Mieters angeben und bei der Abholung die Führerscheine aller möglichen Fahrer vorlegen.

Die gängigen Versicherungen/Steuern und Abkürzungen:

CDW (Collision Damage Waiver) und **LDW** (Loss Damage Waiver) – Vollkasko mit Haftungsbefreiung für Schäden am Mietwagen und Diebstahl.
ALI (Additional Liability Insurance) – pauschale Erhöhung der Haftpflicht-Deckungssumme auf einen 7-stelligen Betrag und ebenfalls sinnvoll.
LIS (Liability Insurance Supplement) – Analog zu ALI mit zusätzlichem Schutz für Personenschäden bei unversicherten Unfallgegnern.
UMP (Uninsured Motorist Protection) Zusatzversicherung bei Unfall, Verletzung oder Tod von unversicherten/flüchtigen Unfallgegnern.
PAI (Personal Accident Insurance) – Insassenversicherung bei Verletzung oder Tod.
PEP (Personal Effects Protection), **PEC** (Personal Effects Coverage) – Gepäckversicherung. Die Höchstsumme ist für das gesamte Fahrzeug begrenzt, also nachfragen. Nur im Zusammenhang mit PAI buchbar. Alle Schäden unterliegen in der Regel einer Selbstbeteiligung.
PERSPRO/CCP (Carefree Personal Protection) – Personen- und Gepäckversicherung, nur USA, Schutz für Mieter und Mitfahrende, sowie beim Ein- und Aussteigen, zudem Deckung für einige Notfalldienste. Lohnt meist nicht, da o. g. Versicherungen oder zu Hause abgeschlossene Auslandskranken- und Gepäckversicherungen diese Fälle abdecken.
VLF (Vehicle License Fee) – Obligatorische Zusatzversicherung für Mietwagen, die in Kalifornien übernommen werden. Deutsche Veranstalter versprechen aber, diese Gebühr im Mietpreis bereits mit einzuschließen.

▶ Geben Sie das Auto nur mit vollem Tank wieder ab, ansonsten berechnet die Mietwagenfirma fürs Auffüllen einen deutlich erhöhten Benzinpreis. Oft ist aber die Tankfüllung inbegriffen. Dann heißt es, möglichst leer abgeben. Unbedingt vor Ort anfragen!
▶ Wenn Sie erst vor Ort mieten, achten Sie auf Sondertarife, wie z. B. Wochenendrabatte.
▶ Inspizieren Sie bei der Abholung das gewählte Fahrzeug und notieren Sie alle Schäden, auch noch so kleine, auf dem meist vorgegebenen Zettel.
▶ Auf ein **Navigationsgerät** (engl. GPS) sollte man nicht verzichten. Teilweise sind sie inbegriffen, zumeist aber muss man sie für zusätzliche Kosten mieten. Dann rentiert es sich eventuell, ein Gerät vor Ort zu kaufen bzw. eines von zuhause mitzubringen.

Abholung des Mietwagens

Die Mietwagenfirmen haben ihre Fahrzeuge meist nicht direkt am Flughafengebäude. Dafür hat jede größere Firma einen Shuttleservice mit einem Bus eingerichtet, der Sie vom Ankunftsgebäude kostenlos zum Depot bringt und am Ende der Reise vom Depot zur Abflughalle zurückfährt. Bei der Abholung muss man auf jeden Fall den Voucher, die Führerscheine aller Fahrer und eine Kreditkarte zur Hand haben.

Die wichtigsten Autovermietungen (zentrale Reservierungen - gebührenfreie Telefonnummern innerhalb der USA):	
Alamo: 877-222-9075, www.alamo.com	**Hertz**: 800-654-3131, www.hertz.com
Avis: 800-331-1212, www.avis.com	**National**: 877-222-9058, www.nationalcar.com
Budget: 800-218-7992, www.budget.com	**Thrifty**: 800-847-4389, www.thrifty.com
Dollar: 800-800-4000, www.dollarcar.com	**Rent-A-Wreck**: 877-877-0700, www.rentawreck.com

Banken

In der Regel sind die Banken in den USA von 9–14 (15) Uhr geöffnet, selten nachmittags bis 16 Uhr. In den Großstädten gelten häufig längere Öffnungszeiten und manche Banken sind auch am Samstagvormittag geöffnet. Die meisten Banken, besonders in ländlichen Regionen, wechseln kein Bargeld. Dafür gibt es in den größeren Städten Wechselstuben. Sie können sich aber in jeder Bank problemlos mit einer gängigen Kreditkarte Geld auszahlen lassen. Fragen Sie aber vorher nach den Gebühren und haben Sie den Reisepass dabei. Die einfachste Methode, Geld zu besorgen, ist aber eine Bankcard (ec-Karte). Sie wird an fast jedem Geldautomaten (ATM = Automated Teller Machine) akzeptiert. Aber auch hier entstehen Gebühren.

Behinderte

In den gesamten USA gibt es besondere Einrichtungen für Behinderte (disabled persons): Rollstühle an den Flughäfen, extra ausgewiesene Parkplätze, Toiletten, Auffahrrampen zu Gebäuden, Telefonzellen etc. Weil es umfangreiche Gesetze für den Schutz und die Eingliederung Behinderter gibt, kann man wirklich sagen, dass hier bislang mehr unternommen worden ist als in Europa. Überall tritt man den Behinderten freundlich und hilfsbereit gegenüber.

Benzin

Es gibt in den USA drei Sorten Benzin, die in unterschiedlichen Staaten und Tankstellen unterschiedlich genannt werden und sich nur in der Oktanzahl unterscheiden. Meistens ist von „Regular" (Normal), „Premium" (Super) und „Ultra" die Rede und sie sind alle bleifrei. Diesel wird nicht an allen Tankstellen geführt. Das Handbuch zum Auto gibt Hinweise auf das angeratene Benzin. Bezahlt werden kann bar oder mit Kreditkarte. Große Tankstellen haben sowohl Selbstbedienung als auch Service („Full Service"), wobei der Service meist extra kostet. Achten Sie also darauf, an welche Säule Sie fahren. Bei der Selbstbedienungssäule („Self Service") müssen Sie häufig vor dem Tanken wählen, auf welche Weise Sie bezahlen wollen. Abends wird an vielen Tankstellen aus Sicherheitsgründen nur die Kreditkarte akzeptiert bzw. muss man vor dem Einfüllen bezahlen/Geld hinterlegen. Ein Preisvergleich lohnt sich. Anders als bei uns, können diese bei unterschiedlichen Tankstellen um einiges variieren.

Botschaften und Konsulate

Amerikanische Botschaften und Konsulate/Konsularabteilungen

(Informationen unter www.usembassy.gov)

▶ **Deutschland**

- **Amerikanische Botschaft**: Pariser Platz 2, 10117 Berlin, ✆ (030) 238 5174, https://de.usembassy.gov/de/; Konsularabteilung: Clayallee 170, 14195 Berlin, ✆ (030) 8305-1200
- **Generalkonsulat Frankfurt/Main**: Gießener Str. 30, 60435 Frankfurt/Main, ✆ (069) 7535-0

- **Generalkonsulat Hamburg**: Alsterufer 27/28, 20354 Hamburg, ✆ (040) 411 71-100
- **Generalkonsulat Düsseldorf**: Willi-Becker-Allee 10, 40227 Düsseldorf, ✆ (0211) 788-8927,
- **Generalkonsulat Leipzig**: Wilhelm-Seyfferth-Str. 4, 04107 Leipzig, ✆ (0341) 213-840
- **Generalkonsulat München**: Königinstr. 5, 80539 München, ✆ (089) 2888-0

▶ **Osterreich**
- **Amerikanische Botschaft**: Boltzmanngasse 16, 1090 Wien, ✆ (01) 313390, http://austria.usembassy.gov; Konsularabteilung: Parkring 12a, 1010 Wien, Fax (01) 512-5835

▶ **Schweiz**
- **Amerikanische Botschaft**: Sulgeneckstr. 19, 3007 Bern, ✆ (031) 357-7011, http://bern.usembassy.gov/; Konsularabteilung: Rue François Versonnex 7, 1207 Genf, ✆ (022) 840-5160; Konsularagentur: Dufourstr. 101, 8008 Zürich, ✆ (043) 499 2960

Ausländische Botschaften in den USA

(Informationen: www.auswaertiges-amt.de, www.bmeia.gv.at und www.eda.admin.ch)

▶ **Deutsche Botschaft**: 4645 Reservoir Rd. N.W., Washington D.C. 20007, ✆ (202) 298-4000, www.germany.info

▶ **Österreichische Botschaft**: 3524 International Court, N.W., Washington D.C. 20008, ✆ (202) 895-6700, www.austria.org

▶ **Schweizer Botschaft**: 2900 Cathedral Ave., N.W., Washington D.C. 20008, ✆ (202) 745-7900, www.swissemb.org

Konsularische Vertretungen im Südwesten der USA

▶ **Deutschland**
- Generalkonsulat, 1330 Post Oak Blvd., Suite 1850, **Houston**, TX 77056, ✆ (713) 627-7770, www.houston.diplo.de. Zuständig betreffs dieser Reiseregion für Texas und New Mexico.
- Generalkonsulat, 6222 Wilshire Blvd., Suite 500, **Los Angeles**, CA 90048-5193, ✆ (323) 930-2703, www.losangeles.diplo.de. Zuständig betreffs dieser Reiseregion für Arizona, Utah, Nevada, Kalifornien und Colorado.
- Honorarkonsulat, 6565 America's Parkway NE, Suite 200, **Albuquerque**, NM 87110, ✆ (505) 239-0008
- Honorarkonsulat, Petrow Law Group, PLLC, 4416 Ramsgate, Suite 203, B, **San Antonio**, TX 78230, ✆ (210) 854-4616
- Honorarkonsulat, c/o Coan, Payton and Payne, LLC 999 18th St., South Tower, Suite S1500, **Denver**, CO 80202, ✆ (720) 381-1319
- Honorarkonsulat, c/o Morris Law Group, 300 South Fouth St., Suite 900, **Las Vegas**, NV 89101, ✆ (702) 759-8303
- Honorarkonsulat, Phoenix-Tempe Gateway, 4600 East Washington Street, Suite 300, **Phoenix**, AZ 85034, ✆ (602) 772-3986
- Honorarkonsulat, 1800 Eagle Gate Tower, 60 East South Temple, Suite 1800, **Salt Lake City**, UT 84111, ✆ (801) 350-7608

▶ **Österreich**
- Honorarkonsulat, 100 Fillmore St., 5th Floor, **Denver**, CO 80206, ✆ (303) 385-8540
- Honorarkonsulat, 11000 Brittmoore Park Drive, **Houston**, TX 77041, ✆ (713) 647-6667
- Honorarkonsulat, 8215 S. Eastern Ave., Suite 205, **Las Vegas**, NV 89123, ✆ (702) 706-5180

- Honorarkonsulat, 240 Edison Street, **Salt Lake City**, UT 84111, ✆ (801) 244-1772
- Honorarkonsulat, 13265 N. 71st Drive, **Peoria**, AZ 85381-6060, ✆ (480) 502-8510

▶ **Schweiz**
- Generalkonsulat, PIER 17, Suite 600, **San Francisco**, CA 94111, ✆ (415) 788-2272. Zuständig u. a. für CA, NV, UT, CO, AZ und NM
- Konsulat, 2501 N. Harwood, Suite 1400, **Dallas**, TX 75201, ✆ (214) 965-1025
- Generalkonsulat, 1349 W Peachtree St. NW, Suite 1000, **Atlanta**, GA 30309, ✆ (404) 870-2000. Zuständig für Texas

Busse

Während in vielen Städten das Bussystem zu wünschen übrig lässt, ist das überregionale Bussystem gut ausgebaut. Dieses Busnetz berührt alle Städte und die meisten Orte der USA. Es bietet eine Alternative zum Fliegen (nicht unbedingt günstiger) und ist gut geeignet, um eine Strecke von einer Großstadt zur nächsten zurückzulegen, aber nicht, um touristische Sehenswürdigkeiten „anzusteuern". Steigt man einmal irgendwo in einem kleinen Nest aus, wo es vielleicht etwas für ein paar Stunden anzusehen gibt, kommt der nächste Bus häufig erst am nächsten Tag. In den großen Städten wiederum liegen die Busterminals nicht unbedingt in der Nähe der gewünschten Unterkunft, und man muss dann z. B. per Taxi dort hinkommen.

Die Busse sind alle klimatisiert, z.T. mit Wifi. Verpflegung gibt es aber nur an den Haltestellen. Je nach Distanz werden mehrere, auch längere Pausen eingelegt. Fotografieren aus dem Busfenster ist kaum möglich, da die Scheiben als Sonnenschutz stark gefärbt sind. Größter Anbieter ist **Greyhound** (www.greyhound.com). Die legendären Pässe, mit denen man über einen bestimmten Zeitraum nach Belieben reisen konnte, gibt es nicht mehr. Über das Internet lassen sich aber ggf. günstige Fahrten buchen.

Camper

Das Reisen mit einem Campmobil ist in Amerika sehr populär, eine rechtzeitige Buchung (mindestens 3 Monate im Voraus) ist essentiell. Einen Camper sollte man nach Möglichkeit bereits von zu Hause aus buchen. Infos im Reisebüro oder z. B. unter www.cruiseamerica.com, www.elmonterv.com oder www.roadbearrv.com.

Die Vor- und Nachteile einer Reise mit dem Camper sollten abgewogen werden, die Entscheidung ist letztendlich eine persönlicher Präferenzen.

Vorteile:

▶ Größere Unabhängigkeit bezüglich Zeiteinteilung, Verpflegung und Pausen.

▶ Mehr Stauraum für Gepäck.

▶ Die Koffer müssen nicht jeden Tag gepackt und geschleppt werden.

Nachteile:

▶ Das Reisen ist teurer als mit einem Mietwagen, inkl. Hotelübernachtungen, da höhere Kosten für die Anmietung und für Benzin entstehen. Hinzu kommen die Kosten für nicht ganz billige Campingplätze sowie eine Grundausstattung für den Abwasch und das Saubermachen.

▶ Sie reisen langsamer und haben oft Parkplatzprobleme, besonders im Stadtbereich. Außerdem ist das Fahren mit einem großen, beladenen Camper nicht immer einfach.
▶ Höherer Zeitaufwand für die Pflege (reinigen, Wassertank füllen, Abwasser ablassen etc.).

Weiterhin wissenswert:
▶ Die Preisgestaltung der verschiedenen Anbieter variiert sehr. Vergleichen Sie also und machen Sie sich vorher einen Plan, wie viele Kilometer Sie voraussichtlich fahren werden. Unterschätzen Sie die Entfernungen nicht und die oft vergessenen Zusatzkilometer, z. B. für Umwege, Stadtrundfahrten etc. Eventuell ist ein Komplettpaket (Miete + freie Km + Teilkasko) um einiges billiger als die einzeln abgerechneten Posten.
▶ Nicht alle Vermieter bringen Sie vom Flughafen zum Standort des Fahrzeugs (meist im Vorstadtbereich). Zudem sind Campmobilvermieterfirmen nur zu den normalen Zeiten geöffnet (Mo–Sa 9–17 Uhr, So. geschlossen). Flüge aus Europa kommen meist aber in den Abendstunden an. Somit müssen Sie mit einer Übernachtung rechnen.
▶ Während der Hauptreisezeit werden die Fahrzeuge oft erst ab 13 Uhr ausgehändigt, da sie am gleichen Tag vom Vormieter bis 11 Uhr abgegeben werden und dann noch gesäubert werden müssen. Fragen Sie also vorher nach der Abholzeit. Verspätete Abgaben schlagen ordentlich zu Buche und werden oft pro Stunde berechnet.
▶ Kontrollieren Sie das gesamte Fahrzeug und machen Sie auf versteckte Schäden, so klein sie auch sein mögen, aufmerksam. Das gilt auch für verschmutzte Partien.
▶ Lassen Sie sich alles am Fahrzeug genau erklären, besonders wie die Tanks gereinigt und entleert werden.
▶ Besorgen Sie sich einen Campingführer, der auf Versorgungsanlagen für Campmobile hinweist (zur Wasserentsorgung, Strom etc.)
▶ Bei der Übernahme müssen Sie ein Ausrüstungspaket (convenience kit) bezahlen, welches Geschirr und Kochutensilien beinhaltet und Sie müssen für die Grundreinigung und Koch-

Populär in Amerika: Reisen im Camper

gasfüllung bezahlen. Zudem ist eine relativ hohe Kaution zu hinterlegen, meist auf der Kreditkarte.

Folgende Camper/Motorhome Typen werden angeboten:

- **Van Conversion**: größer als der VW Camper und stärker motorisiert.
- **Pick-up-Camper**: 8–10 ft lang. Das Wohnteil ist auf die Ladefläche eines Kleinlastwagens aufgebaut.
- **Mini-Motorhomes**: 17 ft lang, Stehhöhe 1,80–1,90 m, Durchgang zur Fahrerkabine.
- **Motorhome**: 19–21 ft lang, komfortabel ausgestattet mit Dusche, Toilette, Waschraum. Starker Motor, aber hoher Benzinverbrauch.
- **Full-Size Motorhome**: 23–40 ft lang, riesiges Gefährt, mit allem Komfort ausgestattet (Toilette, Waschraum, Dusche, Backofen etc.), sehr hoher Benzinverbrauch.

Camping

Campen ist amerikanischer Volkssport und entsprechend gibt es unzählige Campingplätze, die aber in den Sommermonaten recht voll sein können. Dafür sind die meisten relativ großzügig angelegt, sodass das „Sardinengefühl" europäischer Plätze nicht aufkommt. Neben einer Reihe kommunaler und staatlicher (in den Nationalparks) Campingplätzen gibt es vor allem viele private Plätze, die zu einem großen Teil Franchise-Ketten angeschlossen sind. Der größte Anbieter ist **KOA** (Kampgrounds of America, www.koa.com). Den kostenlosen Campingführer können Sie über das Internet bestellen, dort einsehen oder als Datei herunterladen. Weitere hilfreiche Campingführer sind die *AAA CampBooks* für die verschiedenen Regionen, der *Rand McNally Campground & Trailer Guide*, und die *Campground Directory* unter www.camping-usa.com.

Tipp

Reservierungen in den National Parks und den National Forests sind ratsam, da die Plätze sehr beliebt sind. Reservierungen können Sie unter telefonisch unter ✆ 1-877-444-6777 oder unter www.recreation.gov vornehmen. Die Campingausrüstung kann man gut in den USA kaufen, da man auf diese Weise Fluggepäck einspart und da Camping-Equipment dort billiger ist.

Einkaufen

Es gibt genügend interessante Dinge, die man aus den USA mitbringen kann. Hier ein paar Tipps:

- Verlockend sind die z.T. sehr niedrigen Preise bei Elektrogeräten, Computern und Zubehör oder Fotoapparaten. Denken Sie aber daran, dass die Geräte auf 110 V eingestellt sind bzw. ein 110 V-Akku-Ladegerät haben. Ein Adapter ist in besser sortierten Elektrogeräteläden erhältlich. Zu Hause müssen Sie dann nur noch den Stecker ändern. Ein Umpolen der erworbenen Geräte durch einen Fachmann lohnt finanziell nicht.
- Vergleichen Sie die Preise und achten besonders auf Sonderangebote in den Zeitungen.
- Schmuck, der als echte Silberarbeit verkauft wird, besteht häufig nur aus billigem Eisenmaterial und wird z.T. in Fernost und nicht mehr von den Indianern hergestellt. Um wirklich gute Ware zu bekommen, lohnt sich die Mehrausgabe und Fachberatung in den Juweliergeschäften.
- Beachten Sie die Zollvorschriften (s. S. 118).

Textilien lohnen fast immer und wirkliche Schnäppchen lassen sich in den so genannten **Factory Outlet Malls** erzielen. Sie liegen meistens zwischen zwei großen Städten bzw. weit außerhalb einer Stadt an einem Interstate oder einem viel frequentierten Highway. Die größten Betreiber dieser Malls sind *Premium Outlets* (www.premiumoutlets.com), *The Mills* (www.simon.com), *Tanger* (www.tangeroutlet.com) und *VF* (www.vfoutlet.com). Hier gibt es dann zwischen 50 und 100 Geschäfte aller Art, unter anderem auch Levis, Nike und Ralph Lauren. Ein Tipp ist der sich immer weiter ausbreitende *Bass-Shop*, der sich von einem Anglerausrüster zu einem Eldorado für Outdoor-Freunde (Kleidung, Zelte und Campingausrüstung, Kanus) entwickelt hat (www.basspro.com). In den Outlet Malls ist Kleidung besonders günstig, aber achten Sie auf Mängel.

Eine Mall bietet für jeden etwas

Hinweis
Unter www.outletbound.com können Sie die auf der Reiseroute gelegenen Malls erkunden.

Einreise

s. a. Stichwort „Zoll"

Für die visumfreie Einreise in die USA *(**Visa Waiver Program**)* muss spätestens 72 Stunden vor der Abreise die **Electronic System for Travel Authorization** (**ESTA**) beantragt werden. Deutsche, schweizerische und österreichische Staatsangehörige, deren Aufenthalt im Rahmen eines Besuchs erfolgt und 90 Tage nicht überschreitet, benötigen diese Genehmigung für die Einreise in die USA über das elektronische Reisegenehmigungssystem. Die Genehmigung muss für jeden Reisenden, auch allein- oder mitreisende Kinder, beantragt werden. Dafür müssen sich Reisende über das webbasierte ESTA einloggen und online einen Antrag mit ihren persönlichen Daten ausfüllen (https://esta.cbp.dhs.gov/esta/). Mit dem Antrag ist eine Art Einreisegebühr von **$ 14** fällig, die nur über Kreditkarte entrichtet werden kann. Eine erteilte Genehmigung gilt für zwei Jahre.

Hinweis
Aufgrund der wechselnden Einreisebestimmungen in die USA sollte man sich vor der Abreise im Internet über die aktuellen Bestimmungen erkundigen. US-Botschaft in Deutschland: https://de.usembassy.gov/de; in Österreich: http://austria.usembassy.gov/; in der Schweiz: http://bern.usembassy.gov. Infos auch beim Auswärtigen Amt (www.auswaertiges-amt.de), bei den Konsulaten oder im Reisebüro.

Jeder Reisende muss ein gültiges Rückflugticket besitzen. Der elektronische Reisepass (mit Chip) muss noch mindestens bis zum Ende der Reise gültig sein. Vorläufige Pässe werden nicht akzeptiert. **Achtung:** Auch Kinder unter 12 Jahren benötigen einen maschinenlesbaren Reisepass; ein Kinderpass oder ein Eintrag bei den Eltern wird unter keinen Umständen akzeptiert.

Jeder Passagier muss der Fluggesellschaft vor dem Abflug eine Adresse in Amerika angeben, oft wird danach schon bei der Buchung des Tickets gefragt. Daher sollte man sich die Adresse der ersten Unterkunft (inklusive Postleitzahl) notieren.

Über die Einreise und Aufenthaltsdauer wird endgültig erst bei Ankunft am Flughafen entschieden. Bei Ablehnung muss der Rückflug umgehend auf eigene Kosten erfolgen. Es gibt eine Reihe von Ablehnungsgründen, wie z. B. politisch unerwünschte Personen, gesundheitliche Gründe oder „unzureichende finanzielle Mittel". Jeder Reisende muss sich bei einem *Immigration Officer* anstellen, Familien können das auch gemeinsam machen. Der Reisepass jedes Reisenden wird eingescannt, ein digitaler Abdruck aller 10 Finger wird gemacht und ein digitales Porträtfoto erstellt. Außerdem müssen ein paar Fragen, meist zum Zweck und zur Länge des Aufenthalts, beantwortet werden. An immer mehr Flughäfen sind mittlerweile „Kioske" aufgestellt, wo man seinen Reisepass vorscannen kann und auch die Fotos/Fingerabdrücke bereits eingegeben werden. Hinterher muss man aber trotzdem nochmal kurz zum Immigration Officer.

Ein- und Ausfuhr von fremden Währungen und der US-Währung sind unbeschränkt möglich. Allerdings müssen bei der Ein- und Ausreise alle Zahlungsmittel (Bargeld, Schecks u.Ä.), die einen Gegenwert von mehr als 10.000 US$ haben, deklariert werden.

Eisenbahn

Das Eisenbahnnetz in den Vereinigten Staaten ist relativ dünn, und die Züge brauchen meist länger als die Busse. Dafür reist man aber ausgesprochen komfortabel und inzwischen ist diese bequeme Art, lange Strecken zurückzulegen, wiederentdeckt worden.

AMTRAK (www.amtrak.com) bietet verschiedene Langstreckenverbindungen an und offeriert auch spezielle Angebote. Für europäische Touristen ist z. B. der **USA Rail Pass** interessant. Den Pass gibt es für 15 (8 Abschnitte), 30 (12 Abschnitte) oder 45 Tage (18 Abschnitte) und er kostet zwischen $ 500 und $ 1.000. Mit dem *USA Rail Pass* können Sie, mit bestimmten Einschränkungen, alle AMTRAK Züge nutzen. Man benötigt für die gewünschte Route ein Ticket und eine Reservierung. Während der Hauptreisezeit ist eine rechtzeitige Reservierung dringend notwendig.

Interessante **Zugverbindungen** im Südwesten und Westen sind:

- **California Zephyr**: Chicago, Denver, Salt Lake City, Emeryville (San Francisco)
- **Southwest Chief**: Los Angeles, Albuquerque, Chicago
- **Sunset Limited**: New Orleans, San Antonio, Los Angeles
- **Texas Eagle**: Chicago, St. Louis, Dallas, San Antonio

Informationen und Verkauf des *USA Rail Pass* unter www.amtrak.com, im Reisebüro oder bei

- **CRD International**, Stilwerk Hamburg, Gr. Elbstr. 68, 22767 Hamburg, ✆ (040) 300 616 70, www.crd.de
- **MESO Amerika – Kanada Reisen**, Wilmersdorfer Str. 94, 10629 Berlin, ✆ (030) 212-341923, www.meso-berlin.de.

Eine Fahrt mit einer historischen Eisenbahn sollte man sich nicht entgehen lassen

Essen gehen/Restaurants

s. a. Stichwort „Küche und Getränke" und Kulinarische Sprachhilfe (S. 634)

Essen, besonders essen gehen, ist in den USA vor allem eine Geldfrage, denn die Preisdifferenzen können gewaltig sein. Während man sich in einem Fast-Food-Imbiss für unter $ 10 satt essen kann, legt man in einem feinen Restaurant dafür mindestens $ 25 pro Person auf den Tisch (plus Trinkgeld).

Neben Fast-Food-Ketten wie *McDonald's*, *Burger King*, *Wendy's*, aber auch *Pizza Hut*, *Popeye's*, *KFC* und *Taco Bell* erfreuen sich auch Restaurantketten wie *Denny's*, *Applebee's* und *International House of Pancakes* (IHOP) immer noch großer Beliebtheit. Diese empfehlen sich durchaus für das Mittag- oder Abendessen, man darf jedoch keine Wunder erwarten. Viele bieten inzwischen Salatbars an und es gibt auch Ketten mit mexikanischen Spezialitäten. Häufig gibt es noch die oft alteingesessenen, aber zum Teil auch neu eröffnete *Diner*, die einen Besuch auf jeden Fall Wert sind.

Der folgende Überblick soll eine kleine Orientierung geben, bevor Sie in die kulinarische Welt Amerikas eintauchen:

Frühstück
Frühstückszeit ist zwischen 7 und 10 Uhr (oft auch 9 Uhr). Wer in der Stadt oder einem größeren Hotel übernachtet, ist häufig besser beraten mit einem Frühstück in einer nahen Cafeteria oder einem besseren Fastfood-Laden. Das ist billiger, und man entgeht der faden Auswahl von Continental oder American Breakfast. Ausnahme sind die üppigen Frühstücksbuffets, die einige größere Hotels anbieten.

- Das **Continental Breakfast** besteht meist nur aus Muffins bzw. Croissants, Marmelade, Saft, Früchten und Kaffee/Tee.
- **American Breakfast**: Eine Kalorienbombe – Eier, Schinken, Speck, Cornflakes, Saft, Kaffee/Tee und häufig auch noch Kuchen oder Waffeln mit Sirup. Davon wird man mehr als satt, kämpft aber noch Stunden mit dem überladenen Magen.
- **Mexican Breakfast**: Eine durchaus lohnenswerte Abwechslung. Typisch ist hier das Gericht „Huevos Rancheros" – Eier auf Tortillas und dazu eine – meist scharfe – Sauce. Alternativ kann man auch ein Steak zum Frühstück ordern.

Brunch

In der Zeit zwischen 11 und 14 Uhr servieren größere Hotels und Restaurants Brunch, zumeist an Sonn- und Feiertagen, meist als Buffet angerichtet.

Lunch

Das Mittagessen hat in den USA weniger Bedeutung. Wer aber gerne gut zu Mittag isst, bekommt in den besseren Restaurants zu dieser Zeit Mahlzeiten zu deutlich günstigeren Preisen geboten („Lunch specials" bzw. „Daily specials").

Dinner

Das Dinner (manchmal auch „Supper" genannt) bildet die zweite große Mahlzeit für die Amerikaner. Es besteht meist aus Vorspeise, Hauptgericht und Nachspeise. Da das üppige Frühstück bereits eine ganze Weile zurückliegt, wird früh zu Abend gegessen. Die Restaurants öffnen um 18, und in der Regel ab 21 Uhr kann es passieren, dass die Küche kalt ist. Wer gerne später essen möchte, erkundigt sich lieber vorher über die Küchenzeiten.

Einiges Wissenswertes:

- Anders als in Europa **verweilt man nicht ewig** im Restaurant.
- Beim Eintritt in ein Restaurant wartet man meist, bis man **einen Platz zugewiesen bekommt** (*wait to be seated*).

Tipp

Sie werden schnell feststellen, dass Essen gehen in den USA sehr hektisch werden kann. Kaum sitzt man, geht es bereits los: „Was möchten Sie trinken", dabei wird die Speisekarte gereicht, und der Kellner wartet ungeduldig auf die Bestellung. Zwischen den Gerichten geht es ebenso rasant zu. Nichts mit 10 Minuten „Verdauungspause" dazwischen. Und kaum, dass der letzte Bissen im Mund verschwindet, wird auch schon der Teller abgeräumt und die Rechnung serviert. In Amerika bedeutet guter Service „schneller Service", und Essengehen wird nur als kurzes Vergnügen angesehen. Zum Reden und Trinken geht man nach dem Essen in eine Bar. Entsprechend werden aber auch reservierte Restaurantplätze ausgegeben. 1 bis maximal 2 Stunden – letzteres nur in Top-Restaurants – ist alles, was Ihnen zugestanden wird. Danach ist der Tisch bereits weitergegeben. Der Tipp für Gäste, die es gerne etwas geruhsamer zugehen lassen möchten, ist daher:

- *Lassen Sie sich dem **„Second Seating"** (in der Regel 20.30 Uhr) zuweisen. Danach folgen Ihnen keine weiteren Gäste mehr.*
- *Sagen Sie bereits bei der Reservierung, dass **Sie gerne länger und in Ruhe speisen möchten**, und*
- *haben Sie den Mut, einer allzu eifrigen Bedienung zu sagen, wenn Sie etwas **mehr Zeit haben möchten**. Dafür hat man Verständnis. Falls Sie dieses nicht tun, dann denkt die Bedienung halt, es muss alles flott gehen.*

- Die Amerikaner essen zwar auch mit Messer und Gabel, legen aber meist nach jedem Schnitt das Messer ab, nehmen die Gabel in die rechte Hand und essen dann nur mit der Gabel weiter.
- **Kaffee** wird oft kostenlos nachgeschenkt.
- Das **Trinkgeld** ist wichtig, auch in Pubs. **15–20** % werden erwartet, da die Bezahlung der Kellner sehr niedrig ist und es grundsätzlich erwartet wird, dass man Trinkgeld gibt. Zahlen Sie mit einer Kreditkarte, befindet sich eine Extraspalte für das Trinkgeld auf dem Kreditkartenbeleg, in den Sie die von Ihnen gewählte Summe eintragen. In Restaurants, in denen Sie am Ausgang an der Kasse zahlen, lassen Sie das Trinkgeld für den Kellner gesondert auf dem Tisch liegen. Achtung: In manchen Restaurants wird eine „service charge" gleich mit auf die Rechnung gesetzt. Schauen Sie sich Ihre Rechnung genau an und hinterlassen Sie nur dann Trinkgeld, wenn die „service charge" nicht aufgeführt ist.
- Die **Portionen sind häufig sehr groß**. Achten Sie am besten beim Betreten des Restaurants schon darauf, ansonsten sind Sie bereits beim Auftischen satt.
- **„Early Bird Specials"** werden häufig zwischen 16 und 18 Uhr, manchmal auch bis 19 Uhr angeboten. Dabei essen Sie z.T. zum halben Preis.

Fahrrad fahren

Fahrradfahren wird in den USA immer populärer, und so manch einer verbringt den gesamten Urlaub auf dem Sattel eines Drahtesels. Doch die Steigungen sind nicht immer ganz ohne und vor allen Dingen sollte die Hitze in diesem Reisegebiet nicht unterschätzt werden.

Es gibt in den USA mittlerweile eine Reihe von Organisationen, Clubs und Vereinen zum Thema „biking", die jedoch meist als Lobbyisten für Fahrradfahrer und Fußgänger auftreten, Städte und Gemeinden beim Ausbau von Fahrradwegen beraten, oder lokale Veranstaltungen organisieren. Wer nur mal einen Tag herumfahren möchte, bekommt Fahrräder über spezielle Vermieter in fast jedem Ort oder auch mal in Hotels. Gut sortiert und informiert zum Thema „Fahrrad fahren" sind zudem die lokalen sowie staatlichen Touristenämter, über die es eigene Broschüren mit Routenvorschlägen gibt und auch in den Nationalparks gibt es zahlreiche Radwanderwege.

Feiertage

Die **gesetzlichen Feiertage** (*public holidays*) in den **USA** (es gibt dazu noch einige regionale Feiertage)	
1. Januar	New Year's Day (Neujahr)
3. Montag im Januar	Martin Luther King Jr. Day
3. Montag im Februar	President's Day
Letzter Montag im Mai	Memorial Day (Gedenktag für alle Gefallenen)
4. Juli	Independence Day (Unabhängigkeitstag) – Nationalfeiertag
1. Montag im September	Labor Day (Tag der Arbeit)
2. Montag im Oktober	Columbus Day (Erinnerung an die Entdeckung Amerikas)
11. November	Veterans' Day (Gedenktag für alle Veteranen)
4. Donnerstag im November	Thanksgiving Day (Erntedankfest)
25. Dezember	Christmas Day (Weihnachten)

Mit wenigen Ausnahmen (Neujahr, 4th of July und Weihnachten) sind Feiertage in den USA in ein Wochenende integriert. Anders als hierzulande ist an Feiertagen in Amerika nicht alles geschlossen, Supermärkte und Restaurants sind meist auf. Erkundigen Sie sich jedoch sicherheitshalber im Voraus nach Öffnungszeiten von Museen etc.

Fernsehen

Millionen von Fernsehern flimmern täglich in den Wohnstuben, Bars, selbst in Restaurants. Tausende von verschiedenen Fernsehstationen werden fast jedem (amerikanischen) Bedürfnis gerecht, und große Firmen bzw. Hotelketten bieten obendrein noch interne Programme. Fernsehen hat aber einen **anderen Stellenwert** als bei uns. Häufig dient es nur als Geräuschkulisse, und sollten Sie einmal bei einer Familie zu Besuch zu sein, bewerten Sie es nicht als unhöflich, wenn der Fernseher weiter läuft und die Gastgeber gelegentlich mal hinschauen.

Es gibt in den USA neben den kommerziellen und den Bildungssendern unzählige andere Sender, die sich z. B. religiösen oder anders-sprachigen Themen widmen oder sich nur auf das Einkaufen oder das Wetter konzentrieren. Meistens handelt es sich aber um Berieselungsprogramme, gespickt mit Unmengen von Werbespots. Die großen, überregionalen Sender sind: **ABC**, **CBS** und **NBC**. Weitere überregionale Sender sind **FOX** und **UPN**. Daneben bietet **PBS** (Public Broadcasting Service) auch anspruchsvollere Sendungen, kann aber nicht überall empfangen werden. Der Nachrichtensender **CNN** bietet zwar Informationen rund um die Uhr, meist überwiegen jedoch die letzten Nachrichten über Stars aus Film und Musik in diesen Sendungen. Größere Hotels sind auch an ein Kabelnetz angeschlossen, bei dem Sie gegen eine Gebühr einen Spielfilm Ihrer Wahl (ohne Werbung) sehen können. Sie programmieren Ihren Fernseher im Zimmer nur mit dem entsprechenden Code ein und zahlen zusammen mit Ihrer Hotelrechnung. Spielfilme ohne Werbung bietet auch der Sender HBO, den eine Vielzahl von Hotels kostenlos anbietet.

Flüge und Fluggesellschaften

s. auch Stichwort „Anreise“

Inzwischen sind die Anzahl und die Angebote der Reiseveranstalter und Fluggesellschaften, die Ziele in den USA ansteuern, doch recht groß und z.T. verwirrend geworden. Dazu kommen die unterschiedlichen Saisonzeiten, Abflugorte, Sonderpreise, Internetangebote und verschiedene Routen. Deshalb ist es sinnvoll, sich vor der Buchung Informationen über mögliche Routen, Flüge, Preise, Bedingungen und besondere Reisewünsche einzuholen. Das kann im Internet, anhand von Reisekatalogen oder in Reisebüros erfolgen. Zu überlegen ist besonders, ob Sie, trotz eines Mehrpreises, einen Gabelflug buchen wollen. Dieses bietet die Möglichkeit, Ihre Route flexibler planen zu können und Sie müssen am Ende der Reise keine Zeit damit verbringen, das Auto an den Anmietort zurückzufahren. Die **Hauptflughäfen** in diesem Reisegebiet sind **Dallas/Fort Worth**, **Las Vegas**, **Denver**, und **Houston**, gefolgt von **Phoenix**, **Salt Lake City**, **San Antonio**, **Tucson**, **El Paso** und **Albuquerque**. Zu einigen dieser Flughäfen gibt es von Deutschland aus Direktflüge, in den meisten Fällen müssen Sie mindestens einmal umsteigen, um Ihr Ziel zu erreichen.

Die wichtigsten Fluggesellschaften (mit gebührenfreien Telefonnummern in den USA und der Webseite)	
Air France: 1-800-237-2747, www.airfrance.com	KLM: 1-800-374-7747, www.klm.com
Alitalia: 1-800-223-5730, www.alitalia.com	Lufthansa: 1-800-645-3880, www.lufthansa.com
American Airlines: 1-800-433-7300, www.aa.com	SAS/Scandinavian Airlines: 1-800-221-2350, www.flysas.com
Austrian Airlines: 1-800-843-0002, www.aua.com	Southwest: 1-800-435-9792, www.southwest.com
British Airways: 1-800-247-9297, www.britishairways.com	Swiss: 1-877 359 7947, www.swiss.com
Delta: 1-800-221-1212, www.delta.com	United Airlines: 1-800-538-2929, www.united.com

Hinweis

- *Auch wenn es keine Pflicht mehr ist, sollte man die Flugzeit des Rückfluges mindestens 2 Tage vor Abflug checken. Das können Sie über die gebührenfreie Nummer der Fluggesellschaft oder über das Internet machen.*
- *Sollten Sie noch keinen festen Sitzplatz gebucht haben, sollten Sie dieses in dem von der Airline dafür freigegebenen Zeitfenster (meist ab 24 Stunden vorher) tun.*
- *Am Abflugtag sollten Sie rechtzeitig (mindestens 2–3 Stunden vorher) am Flughafen sein. Es gibt oft Verzögerungen mit Gepäck (Vorsicht vor Übergewicht!) und Sicherheitsvorkehrungen und Sie wollen Ihre Reise nicht im Stress enden lassen.*
- *Beachten Sie die Beschränkungen bei der Mitnahme von Flüssigkeiten. Diese dürfen in nicht mehr als 100 ml großen Behältern und nur in durchsichtigen Plastiktüten mitgetragen werden. Auch gibt es verschiedene Bestimmungen, was Feuerzeuge und Streichhölzer anbelangt. Erkundigen Sie sich vorher.*

Fotografieren

Nicht vergessen sollte man das Aufladegerät (mit Adapter!), eine zusätzliche Speicherkarte und/oder das Überspielkabel für die Digitalkamera. Viele Copyshops und Fotoläden kopieren auch digitale Bilder auf einen USB-Stick oder eine Speicherkarte. Neue Speicherkarten oder USB-Sticks kann man in Fotoläden und Elektronikshops, manchmal auch in den Fotoabteilungen von Drugstores und Supermärkten kaufen.

Kameras und Zubehör sind in den USA oft preiswerter als bei uns, deshalb sollte man sich überlegen, den Neukauf in den USA vorzunehmen. Dabei sollte man aber auf eine weltweite Garantie achten, denn es ist oft schwierig, einen defekten Apparat in Europa zu reklamieren oder reparieren zu lassen.

Hinweis

In manchen Museen und Sehenswürdigkeiten sowie im Umkreis militärischer Anlagen ist das Fotografieren verboten, bzw. nur ohne Blitz erlaubt. Bei Personenaufnahmen ist Respekt oberstes Gebot und Sie sollten gegebenenfalls um Erlaubnis fragen. Besonders bei der indianischen Bevölkerung sollten Sie sehr respektvoll sein, einige Stämme bitten darum, nicht fotografiert zu werden.

Fremdenverkehrsämter

Ein amerikanisches Fremdenverkehrsamt gibt es nicht, auf der offiziellen Seite **www.visit theusa.de** kann man sich über alle Ziele informieren. Einen Blick lohnt auch der Internetauftritt vom **Visit USA Committee** (www.vusa.travel), einem Zusammenschluss von Fachleuten und Veranstaltern der Touristikbranche. Hier erhält man weitreichende Informationen zu Reisen in die USA.

Hinweise zu den einzelnen Bundesstaaten/Städten geben folgende Adressen und Webseiten:

Arizona: Kaus Media Services, Sophienstr. 6, 30159 Hannover, ✆ (051) 8998902, www.visitarizona.com

Colorado: Get It Across Marketing & PR, Neumarkt 33, 50667 Köln, ✆ (0221) 47671213, www.colorado.com/Deutsch

Kalifornien: Marketing Services International GmbH, Frankfurter Str. 175, 63263 Neu-Isenburg, ✆ (06102) 88479130, www.visitcalifornia.de

Las Vegas und Nevada: AVIAREPS Tourism GmbH, Josephspitalstr. 15, 80331 München, ✆ (089) 552533823, www.VisitLasVegas.de und www.travelnevada.de.

New Mexico: New Mexico Dept of Tourism, 491 Old Santa Fe Trail, Santa, Fe, NM 87503, ✆ (505) 827-7400, gebührenfrei 1-800-733-6396, www.newmexico.org. Keine Vertretung in Europa.

Texas: Texas Tourism, Bavariaring 38, 80336 München, ✆ (089) 689063848, www.traveltex.com/de

Utah: Harwardt PR & Marketing, Landwehrstraße 68, 30519 Hannover, ✆ (0511) 6741-0345, www.visitutah.com/de

Weitere hilfreiche Infoadressen und Tipps bei den jeweiligen Ortsbeschreibungen in den einzelnen Reisekapiteln.

Hinweis

Die einzelnen Bundesstaaten verfügen an allen wesentlichen Einfallstraßen (Interstates und US-Highways) – meist kurz hinter der Bundesstaatsgrenze – über gesonderte Besucher- oder Informationszentren (Visitors Center), die in der Regel bis 17 Uhr geöffnet sind. Hier erhalten Sie Karten, haufenweise Prospektmaterial, individuelle Anregungen und auch Couponheftchen, mit denen Sie in einigen Hotels und Motels günstiger übernachten können.

Führerschein

In der Regel genügt in den USA der nationale Führerschein (EU-Führerschein-Plastikkarte), selten wird nach dem internationalen (grauen Papier-) Führerschein verlangt. Der internationale Führerschein alleine reicht aber nicht, besonders nicht zum Mieten von Fahrzeugen.

Geld/Zahlungsmittel

Auch wenn man inzwischen fast alle Zahlungen bargeldlos machen kann, ist es wichtig, einen bestimmten Barbetrag mitzuführen. Bargeldscheine sollten nicht größer als $ 20 sein, da größere Scheine ungern angenommen werden aufgrund der Gefahr gefälschter Scheine und da oft nicht genügend Wechselgeld zur Verfügung steht. Zusätzlich sind kleine Beträge in Münzen und eine Anzahl von Dollarscheinen hilfreich, z. B. für die Zeitung, den Gepäckträger, den Getränkeautomaten oder auch für das Trinkgeld.

1 Dollar ($) = 100 Cent (c.)
Münzen: 1 c. = Penny, 5 c. = Nickel, 10 c. = Dime, 25 c. = Quarter
(Weniger im Umlauf sind 50 c. (Half Dollar) und Dollarmünzen).
Scheine: $ 1, $5, $10, $20, $50, $ 100; auch $ 500 und $ 1000 Noten gibt es, sind aber allgemein nicht im Umlauf.
Alte Scheine sind gleich groß und grün („greenbacks") und unterscheiden sich nur im Wertaufdruck und dem abgebildeten Staatsmann. Achten Sie also darauf, den richtigen Schein wegzugeben. Neue Scheine unterscheiden sich etwas mehr und sind auch häufiger im Umlauf. Scheine über $ 20 sind vielen Amerikanern suspekt, deshalb sollten Sie es vermeiden, mit größeren Geldscheinen zu bezahlen.

Obwohl Reiseschecks immer noch angeboten werden, sind der Aufwand und die Kosten der Bestellung und Einlösung inzwischen nur noch selten rentabel. Üblich ist es, mit Kreditkarte zu bezahlen. Beträge ab ca. $ 15 werden fast ausschließlich mit Plastikgeld bezahlt. Auch die Debitcard (die hiesige BankCard) wird von Amerikanern immer häufiger benutzt, auch für kleinere Beträge.

Ohne Kreditkarte geht es in den USA nicht! Hotels und Mietwagenfirmen nehmen sehr selten oder gar kein Bargeld. Die fast überall akzeptierten Kreditkarten sind Mastercard, Visa, American Express und Diners, wobei die letzten beiden seltener genommen werden. Besonders American Express wird von einigen Ladenbesitzern aufgrund der hohen Gebühren nicht akzeptiert. Bei Verlust der Kreditkarte siehe Notrufnummern unter „Kreditkarten".

Wer mit der Kreditkarte an Automaten (z. B. beim Tanken, für Bustickets) bezahlen möchte, wird oft nach dem ZIP-Code gefragt. Dabei handelt es sich um die Postleitzahl, zu dessen Adresse die Kreditkartenabrechnung geschickt wird (meist die Heimatadresse). Geben Sie also Ihre europäische Postleitzahl ein. Oft, doch nicht immer funktioniert eine ausländische Postleitzahl. Dann heißt es am Schalter/Kasse vorweg zu bezahlen.

Mit einer Kreditkarte kann man sich an den meisten Bankschaltern auch Geld auszahlen lassen. Einfacher ist es jedoch, mit der BankCard (oder auch Kreditkarte) an einen **Geldautomaten** (ATM = *Automated Teller Machine*) zu gehen und mit Hilfe der PIN-Nummer Bargeld abzuheben. Voraussetzung bei der BankCard ist, dass sowohl der Automat als auch die BankCard das Maestro-Zeichen aufweist (V-Pay geht nicht!). Bei der Frage, ob es sich um einen *checking* oder *savings account* handelt, ist es meist egal, welche Taste man drückt. Man sollte sich vorher bei seiner Bank erkundigen, wie hoch die Gebühren für eine Abhebung sind. Nahezu alle europäischen Banken verlangen zudem eine Freischaltung der BankCard, bevor sie in den USA benutzt werden kann.

Ratsam für eine Aufteilung der Reisekasse wäre es somit, etwas amerikanisches Bargeld für die ersten Tage mitzunehmen (auch etliche 1-$-Scheine zwecks Trinkgeld), die BankCard und eine, besser zwei Kreditkarten dabeizuhaben.

Geschäfte

Es gibt kein Ladenschlussgesetz in den USA. Viele Geschäfte sind an Wochentagen von 9 bis ca. 20 Uhr, vielfach auch bis 22 Uhr geöffnet. Auch an Sonntagen hat eine Reihe von Geschäften geöffnet, besonders in den vorörtlichen Shopping Malls. Diese Shopping Malls bieten neben großen Supermarktketten auch Friseursalons, Boutiquen, Coffee Shops, Freizeitkleidungsgeschäfte etc. an und das alles unter einem Dach und mit ausreichender Parkfläche. Damit eignen sich solche Malls gut für den Provianteinkauf vor der großen Tour.

Gesundheit

Reisende sind in den USA keinen besonderen Gesundheitsrisiken ausgesetzt. Ernährungs- und klimabedingte Umstellungsprobleme sind selten und **Impfungen** sind für die Einreise in die USA nicht vorgeschrieben. Trotzdem sollten Sie sich über folgende Punkte im Klaren sein:

- Der **Zeitunterschied** kann einem doch zu schaffen machen, gehen Sie die Umgewöhnung langsam an. Bedenken Sie den Zeitunterschied vor allem dann, wenn Sie regelmäßig Medizin einnehmen müssen.
- **Das Klima ist z.T. schwül-heiß und die Sonne brennt**, vor allen Dingen in der Halbwüste Arizonas und New Mexicos. Denken Sie also an die Sonnenschutzcreme (die Sie natürlich auch in den USA erhalten können) und vergessen Sie auch nicht, einen Hut aufzusetzen und genügend zu trinken.
- **Mücken** gibt es in den Seengebieten von Texas und Colorado und an ruhigen Flussläufen. **Malaria** gibt es nicht. Borreliose-übertragende Zecken („ticks") sind selten in diesem Reisegebiet. Insektenschutzmittel können Sie problemlos vor Ort kaufen.
- **Arzt- und Krankenhausbesuche** sind in den USA nicht ganz billig und müssen Vorort bezahlt werden. Schließen Sie vorher eine Reisekrankenversicherung ab. Darin sollte eine Rücktransportversicherung eingeschlossen und die gesamte Dauer des Aufenthaltes abgedeckt sein.
- Rezeptpflichtige Medikamente gibt es in der **Apotheke** („Pharmacy"), die sich meist in einem Drugstore befindet. In den Drugstores erhält man auch problemlos „over-the-counter" Medikamente ohne Rezept, z. B. Schmerzmittel.
- Die **Rezeptpflicht** wird sehr streng gehandhabt. Medikamente am besten von zu Hause mitnehmen. Für die Einfuhr benötigen Sie aber eine ärztliche Verordnung in englischer Sprache. Diese kann auch helfen bei evtl. Arztbesuchen.

Im **Notfall** ruft man die Ambulanz (911) oder fährt zur Notaufnahme (*emergency room*) eines Krankenhauses

Leitungswasser kann überall bedenkenlos getrunken werden.

Ghost Towns/Geisterstädte

Immer beliebter wird das Aufstöbern verlassener Minenstädte, den sog. Ghost Towns. Davon gibt es im Südwesten viele und die interessantesten sind im Reiseteil erwähnt. In Amerika hat sich inzwischen eine Art „Ghost Town Tourismus" entwickelt und viele Orte (z. B. Jerome und Tombstone) sind auf diese Weise wieder zum Leben erwacht. Die Internetseiten www.legendsofamerica.com/ghosttowns.html und www.ghosttowngallery.com bieten eine Fülle von Informationen und Tipps. Wer sich für dieses Thema interessiert, sollte sich bereits zu Hause vorbereiten und sich in Amerika entsprechende Literatur, von der es genügend gibt, zulegen.

Indianer

Im Südwesten sind die meisten Indianer (American Indian, auch Native Americans) angesiedelt, hier gibt es auch die meisten Indian Reservations der USA, von denen die Navajo Nation das größte ist. In dieser Region können Sie sich viele Sehenswürdigkeiten und auch eine Reihe kultureller Veranstaltungen (Pow Wows, Tänze, Musik) ansehen. Überall finden Sie auch Kunsthandwerksstände und Geschäfte, die unter anderem Schmuck- Töpfer- Web- und Korbwaren anbieten.

Nähere Informationen und einen Einblick in die Kultur, Veranstaltungen und Sehenswürdigkeiten bieten folgende Webseiten:

Indian Pueblo Cultural Center Museum, www.indianpueblo.org, hauptsächlich Stämme in New Mexico
Navajo Tourism, www.discovernavajo.com, www.explorenavajo.com, www.500nations.com, vorwiegend Adressen zu Pow Wows, Stämmen, Sehenswürdigkeiten
Grand Canyon West, www.grandcanyonwest.com, das von den Hualapai betriebene Unternehmen bietet eine Lodge und Exkursionen (Rafting) in den Grand Canyon, es verwaltet auch den Sky Walk.

Der Besuch in einem Pueblo lohnt sich, z. B. das North Pueblo in Taos

Weitere Informationen erhalten Sie von den staatlichen Touristenämtern, siehe auch „Fremdenverkehrsämter".

Wenn Sie eine Siedlung, eine Reservation/Nation oder eine Veranstaltung besuchen, bitte Folgendes beachten:

- *In den Pueblos und den Reservationen dürfen keine alkoholischen Getränke ausgeschenkt oder mitgenommen werden.*
- *Holen Sie sich eine Genehmigung für das Fotografieren und Filmen und fragen Sie jeden um Erlaubnis, bevor Sie ihn/sie ablichten. Oft ist das Fotografieren von Personen nicht erlaubt.*
- *Zeigen Sie Respekt für die Zeremonien und Gewohnheiten der Indianer und seien Sie eher zurückhaltend mit Fragen und Kommentaren.*

Internet

Viele Hotels, Copyshops und sogar manche Waschsalons bieten Zugang zum Internet, doch es gibt auch immer noch Internetcafés. Dort stehen Computer bereit, allerdings sind die Kosten, die Wartezeiten und/oder der Aufwand sehr unterschiedlich. Wer einen Laptop, Tablet oder Smartphone dabei hat, kann vielerorts problemlos ins Netz. Hotels bieten oft kostenlos drahtlose Netzverbindungen an, man muss nur nach dem Passwort fragen. „WiFi-Hotspots" gibt es an vielen öffentlichen Plätzen und in Restaurants, vor allem aber in Cafés.

Wer sein Smartphone benutzt, sollte sich bei seinem Handyanbieter genau über Zugang, Kosten und Möglichkeiten erkundigen und unbedingt die Option „Mobile Daten" deaktivieren. Alternativ kann man in Amerika eine Prepaid-Karte mit Datentarif für das Smartphone oder einen mobilen Datenstick für den Computer kaufen. Siehe auch „Telefonieren", S. 111.

Kanu-, Kajak-, Floßfahrten

Outdoor-Aktivitäten sind in den USA sehr beliebt, und so verwundert es kaum, dass an jedem erdenklichen Gewässer Boote, Floße, Kanus, Autoreifenschläuche etc. bereitliegen. Das Angebot ist riesig und für jede Alters- und Geschmacksrichtung ist etwas dabei. Beliebt ist vor allem Whitewater Rafting (Wildwasser-Schlauchbootfahrten). Infos zu organisierten Kanuwandertouren gibt es z. B. unter www.crd.de. Auch wenn es ein wenig umständlich ist, sich als Gast anzumelden, können über die American Canoe Association (www.americancanoe.org) Routen und Kontakte in den einzelnen Bundesstaaten gefunden werden. Aktuelle Infos gibt es natürlich auch bei den lokalen Touristenbüros

Ein Abenteurer auf dem Wasser…

Auf folgende interessante Gegenden möchten wir hinweisen:

- **Moab, UT**: Von hier wird der Colorado River erkundet. Sie können auf eine halbe oder ganze Tagestour gehen oder auch mehrere Tage den Fluss erkunden. Informationen unter http://discovermoab.com/.
- **Green River, UT**: Start ist in der Nähe von Vernal, UT und auch hier können Sie verschiedene Touren aller Längen und Schwierigkeitsgrade machen. Infos unter www.utah.com.
- **Salida und Buena Vista, CO**: Verschiedene Anbieter für „Whitewater Rafting" und Kanutouren auf dem Arkansas River im Südwesten Colorados stehen zur Verfügung. Unter www.croa.org erhalten Sie Informationen über eine Anzahl von Anbietern in Colorado.
- **Big Bend NP, TX**: Auf dem Rio Grande, in einen der zahlreichen Canyons; auch hier gibt es zahlreiche Angebote verschiedener Schwierigkeitsgrade.
- **Grand Canyon**: Sie können den oberen, den unteren oder den gesamten Grand Canyon auf dem Colorado River erleben. Die meisten Touren sind allerdings mehrtägig.

Für die eintägige Tour sollten Sie nicht vergessen:
- *Feste Sandalen oder Sportschuhe, die nass werden können;*
- *Badezeug;*
- *wasserfestes Sonnenschutzmittel mit hohem Lichtschutzfaktor;*
- *das Band, um die Brille nicht zu verlieren.*

Kartenmaterial

Neben der diesem Buch beigefügten Karte empfehlen wir für die gesamten USA die **Rand McNally**-Atlanten, die in verschiedenen Versionen (einfacher Straßenatlas, Atlas mit Adressen für Touristen etc.) erscheinen. Die **Straßenkarte USA/West von Marco Polo** ist ebenfalls recht nützlich. Karten der einzelnen Staaten werden in den **Visitors Centers** der jeweiligen Staaten ausgegeben. In den örtlichen Büros der American Automobil Association (siehe „Automobilclub") sind neben Straßenkarten und Stadtplänen auch TourBooks und CampBooks kostenlos erhältlich.

Es gibt einige zuverlässige Internetseiten, um Adressen und Straßen zu ermitteln, Pläne auszudrucken oder Streckenbeschreibungen zu erhalten. **Mapquest** (www.mapquest.com) und **RandMcNally** (www.randmcnally.com) sind nur zwei Beispiele. Vergleichbar mit den Gelben Seiten im Internet, aber mit einem größeren Serviceangebot, sind die **Superpages**, www.superpages.com, **Yellow Pages**, www.yellowpages.com und natürlich **Google Maps**. Wer ein wenig Lust auf Spielerei hat, sollte die Internetseite http://nationalmap.gov/ besuchen. Die Seite ist nicht sehr übersichtlich, gibt jedoch die eine oder andere Anregung und man findet auch historische Karten.

Kinder

Die USA sind ein kinderfreundliches Land. Das erkennt man bereits an den vielen Spielplätzen und den Kindermenus auf den Speisekarten (Kleinkinder dürfen bei den Großen kostenlos mitessen). Aber auch im didaktischen Bereich wird mehr für die Kinder geboten als bei uns. In vielen Museen gibt es eigens für Kinder organisierte Touren, Aktivitäten oder Videovorträge.

Und noch etwas macht eine USA-Reise für die Kleinen zum besonderen Erlebnis: Die Kultur der unzähligen Freizeitparks. Dem einen oder anderen Erwachsenen mag dieses zwar nicht sehr behagen, aber diese Parks bieten unzählige Attraktionen für die Kleinen.

Kleidung

Das Klima in den **Sommermonaten** kann in diesem Reisegebiet **sehr heiß** werden und besonders in New Mexico, Arizona und Utah ist es dann sehr trocken. Die Tagestemperaturen von über 30 °C mögen das eine oder andere Urlauberherz höher schlagen lassen, unterschätzen Sie aber die Hitze nicht. Für tagsüber **lockere, luftige Kleidung** mitnehmen, am besten aus Baumwolle oder Leinen. Und besonders wichtig ist der Hut gegen die Sonne. Wer wandern möchte, darf natürlich seine **Wanderschuhe** (auch für kleine Strecken ist gutes Schuhwerk wichtig!) nicht vergessen, in den Rockies sollten Sie aber auch an einen **Regenschutz** denken.
Nachts können die klimatischen Verhältnisse sehr unterschiedlich sein. In einigen Regionen kann es auch nachts nur unwesentlich abkühlen, in anderen, vor allen Dingen den Bergen und der Wüste, fallen die Temperaturen auch schon mal unter 10 Grad Celsius. Richten Sie sich also darauf ein, einen Pullover oder besser eine **Allzweckjacke** (am besten eine, aus der man das Futter herausnehmen kann und die natürlich auch dem Regen standhält) mitzunehmen. Das Prinzip der „Multiple Layers", mehrere Lagen von Kleidung, die man immer wieder an und ausziehen kann, bewährt sich auch in diesen Gebieten. Grundsätzlich sollten Sie überlegen, ob Sie einiges an Kleidungsstücken in den USA kaufen. In den größeren Städten gibt es Spezialgeschäfte, und die Preise sind, bei guter Qualität, z.T. günstiger als bei uns.
Geschäftsleuten oder Reisenden, die auch einmal „repräsentieren" müssen, sei noch ein Tipp mit auf den Weg gegeben: auch wenn die Amerikaner oft hemdsärmelig herumlaufen, selbst in besseren Hotels, und wenn sie auch hier und da sogar zum Abendessen in Shorts erscheinen, bei einem offiziellen Treffen, oder einem Geschäftsgespräch, ist ein **Anzug**, am besten ein dunkler (mit Schlips u. Kragen!), ein Muss. Und auch wenn vorher der „dress code" als informell angekündigt wurde, sind Jeans und Pullover nicht angebracht. Ein Jackett oder Hemd und Krawatte und eine Stoffhose sollten es schon sein.

Kreditkarten

siehe auch Stichwort „Geld/Zahlungsmittel".

Für den Fall, dass es Probleme mit der Kreditkarte geben sollte ist es ratsam, eine Kopie Ihrer Kreditkarte (vorne und hinten) zu machen und sich die Service- und/oder Notfallnummer des ausstellenden Kreditinstituts zu notieren. Die großen Kreditkartenunternehmen bieten auch für den Notfall einen kostenlosen 24-Stunden-Service an, diese Telefonnummern gelten allerdings nur in den USA und können Ihnen auch nur bedingt helfen.

American Express: ✆ 800-528-4800, www.americanexpress.com
Master Card: ✆ 800-627-8372, www.mastercard.com
Visa: ✆ 800-847-2911, www.visa.com
Diners Club: ✆ 800-234 6377, www.dinersclub.com
Maestro: ✆ +49-1805 021 021 (gebührenpflichtig aus dem Ausland, für diesen Anruf benötigt man die Kontonummer/Bankleitzahl bzw. die IBAN-Nummer/BIC)

Bei Kartenverlust oder Diebstahl gibt es zudem für beinahe alle Arten von Karten (einschließlich Kredit- und Bank/EC-Card) in Deutschland eine einheitliche Sperrnummer: 116116. Aus dem Ausland rufen Sie unter +49 116116 oder +49 30 4050 4050 an. Im Internet: www.sperrnotruf.de, www.kartensicherheit.de.
Die Notrufnummern der Karten von nicht angeschlossenen Kreditinstituten und für österreichische und Schweizer Karten entnehmen Sie bitte den für diese Karten gültigen Merkblättern oder fragen Sie die Bank.

Kriminalität

Wenn auch deutlich niedriger als vor Jahren, ist die Kriminalitätsrate in den USA immer noch relativ hoch. Die Kriminalität verteilt sich jedoch sehr unterschiedlich auf Stadt und Land. Auch wenn die USA nicht gefährlicher sind als andere Regionen, ist Vorsicht natürlich geboten. Einige Vorsichtsmaßnahmen:

- **Tragen Sie niemals zu viel Geld bei sich** und verteilen Sie dieses im Portemonnaie, in Kleidungsstücken, und in einem nicht sichtbaren Geldgürtel. Nehmen Sie nur eine Kreditkarte mit, von der Sie aber die entsprechende Telefonnummer der Kreditkartenfirma bei sich haben, sodass Sie sofort nach dem Diebstahl deren Verlust melden können und diese unverzüglich gesperrt werden kann.
- Führen Sie **nur Kopien Ihrer Papiere** bzw. den Personalausweis mit. Das Original und/oder den Pass mit Ihrem Einreisestempel an einem sicheren Ort verwahren.
- Nutzen Sie die **Hotelsafes**, von denen es in vielen besseren Hotels sogar welche im Zimmer gibt.
- Achten Sie bei dem Mietauto auf einen geschlossenen Kofferraum und lassen Sie auffällige Dinge wie Kameras, Handtaschen, etc. nicht offen im Auto liegen.
- Es ist schwierig, **„den Urlauber zu verbergen"**. Ein Dieb erkennt Sie meist als solchen, und Sie sind damit bereits als potentielles Opfer ausgewählt. Aber machen Sie es den Dieben nicht zu leicht: Bauchgürteltaschen und Handtaschen mögen bequem sein, doch sehen diese nun wirklich nach einem interessanten Inhalt aus und letztere sind leicht aus der Hand zu reißen. Lassen Sie diese, besonders abends, im Hotelzimmer oder packen Sie wenig hinein. Tragen Sie Bauchgürtel versteckt oder andere „unauffällige" Taschen.
- **Erkundigen Sie sich** besonders in großen Städten im Touristenbüro oder an der Hotelrezeption danach, wohin Sie besser nicht gehen („No-Go-Areas") oder ob Sie dort eher mit einem Taxi hinfahren sollten. Das wird Sie schon vor einigen Überraschungen bewahren.
- Lassen Sie Ihren Schmuck besser zu Hause, damit können Sie sowieso nicht viel anfangen auf der Reise.
- Wenn Sie einmal wirklich Probleme haben sollten, lautet die **Notrufnummer** der Polizei (gilt auch für Feuerwehr und Krankenwagen) in den USA und in Kanada **911**.

Küche und Getränke

siehe auch Stichwort „Essen gehen/Restaurants" und Kulinarische Sprachhilfe im Anhang S. 634.

Neben den obligatorischen Hamburgern, dem Barbecue und den allgemein verbreiteten Küchen (Italiener, Chinese, Pizza) sollten Sie auch das eine oder andere ethnische Restaurants ausprobieren. Z.B. gibt es in vielen Gegenden Amerikas jüdische, polnische, vietnamesische, brasilianische, polynesische und und und … Restaurants. Die Vielfalt ist immer gut für eine gelungene Überraschung.

Auch die folgenden Dinge sollten Sie sich nicht entgehen lassen:

- Ein gutes **saftiges Steak**. Diese, besonders die T-Bone-Steaks, sind um einiges größer als bei uns. Nach den besten Steaks am Ort fragen Sie am besten die Einheimischen.
- Am Meer oder an den Seen darf natürlich ein **Fischgericht** nicht fehlen. Neben den gängigsten, wie Forelle („Trout") oder „Catfish" (ein Flussfisch der Gattung Wels) sollten Sie sich einmal vom „catch of the day" inspirieren lassen.
- Die **Cajun-Küche** (auch Creolische Küche genannt) aus Louisiana. Besonders die Vielfalt an Gewürzen geben dem Essen eine sehr schmackhafte Note, z.T. ungeahnt scharfe Variante. Übrigens stammt der Tabasco aus Louisiana – also Achtung!
- Die **mexikanische** Küche wird meist in verschiedenen Schärfegraden angeboten und bietet vor allem viel Gemüse (welches nicht so verkocht ist!). Serviert als Tacos, Enchiladas, Burritos, oder mit Tortillas sind diese Gerichte, je nach Gebiet, auch in der „Tex-Mex" oder „Sonoran" Variante bekannt.

In den letzten zwei Jahrzehnten hat die Küche in Amerika an Format gewonnen. Die Amerikaner haben mittlerweile den Genuss eines „Dinner-Happenings" erkannt und mit Fusionen verschiedenster Küchen und Themen wie „Sushi in der Wüste" hat die Küche deutlich an Raffinesse gewonnen.

Getränke

Kaffee: Die Amerikaner trinken gerne Kaffee, oft ist er jedoch schwach. Positiv ist, dass der Kaffee in vielen Restaurants kostenlos nachgeschenkt wird. Sehr verbreitet ist auch der entkoffeinierte Kaffee („Decaf"), der jedoch das „Ziel" für europäische Gaumen in vielen Punkten verfehlt.

Tee: Es wird fast nur Beutel-Tee gereicht. Gut und erfrischend ist der „Iced Tea", der mit Zitrone, Zucker und Eis serviert wird.

Das sollten Sie sich nicht entgehen lassen

Soft Drinks: Amerika ist bekannt für seine Softdrinks, und die Angebotspalette ist fast unerschöpflich. Wenn Sie Pepsi oder Coca Cola Fan sind, werden Sie umgehend darauf aufmerksam gemacht, welcher der beiden Konkurrenten im Sortiment ist. Viele Softdrinks gibt es in mehr und mehr Variationen und Geschmacksrichtungen. Es gibt zu den uns bekannten Limonadensorten auch noch Ungewöhnliches, wie z. B. Root Beer (Wurzelbier – kein Alkohol) oder Ginger Ale (Ingwerbier – auch kein Alkohol). Softdrinks werden in Kneipen und Restaurants mit sehr viel Eis serviert, trinkt man nicht schnell genug, bleibt nur gefärbtes Wasser übrig. Möchten Sie lieber weniger oder kein Eis, geben Sie das schon bei der Bestellung an.
Milchshakes: Milchshakes sind in den USA besonders bei den Kindern beliebt. In verschiedenen Geschmacksrichtungen und unterschiedlicher Dickflüssigkeit kann der „double thick milkshake" eher einem Softeis ähneln als einem Getränk.
Säfte: Es gibt eine Reihe guter Säfte, leider steht einem in den Restaurants nur eine kleine Auswahl zur Verfügung. Achten Sie darauf, dass Sie einen „fresh juice" bestellen, der ist dann zwar auch nicht unbedingt frisch gepresst, kommt dem aber schon bedeutend näher. Gute Säfte gibt es ansonsten nur in den Supermärkten.
Bier: Trotz des schlechten Rufs ist das amerikanische Bier doch ganz trinkbar. Es ist schwächer und kohlensäurehaltiger als das europäische und eine Krone ist vollkommen unbekannt. Viele Biersorten tragen deutsche Namen (z. B. „Löwenbräu"), doch gehören die Brauereien amerikanischen Firmen. Häufig erhält man auch mexikanisches Bier („Corona" oder „Dos Equis"), das etwas stärker schmeckt. Größere „Microbrauereien", wie z. B. „Samuel Adams" aus Boston, brauen gutes Bier, das etwa so stark ist wie das europäische Bier, geschmacklich aber anders ist. Europäisches Bier gibt es in Flaschen, die auch immer häufiger in Lokalen zu haben sind. Schmackhaft ist das Bier in den lokalen Microbreweries, die mittlerweile in fast jeder Stadt anzutreffen sind. In diesen kleinen Brauereien, die nur für den Ausschank im eigenen Lokal bzw. der Lokale in der Umgebung produzieren, werden verschiedene Sorten gebraut, die stärker als das herkömmliche amerikanische Bier sind. Einige dieser Brauereien produzieren auch für ei-

Eine Auswahl an Weinen:	
Rotweine:	
Zinfandel:	klassischer amerikanischer Wein, schmeckt würzig nach Pfeffer und ein bisschen Frucht.
Cabernet Sauvignon:	dunkelrot, aromatisch und trocken, schmeckt nach Johannesbeere und einem Hauch Eiche (vom Fass).
Shiraz:	auch Syrah genannt, gerbstoffreich, von süßlich bis trocken, Geschmack nach Brombeere, Pflaume und Pfeffer.
Pinot Noir:	in verschiedenen Rottönen, schmeckt ein wenig erdig und nach Vanille.
Merlot	nicht für die lange Lagerung geeignet, enthält weniger Tannin, fruchtiger Geschmack.
Weißweine:	
Pinot Blanc:	fruchtig-trockener Wein mit leichtem Nussgeschmack, gut zu trinken im Sommer.
Chenin Blanc:	halbtrockener, etwas herber Wein, schmeckt ein wenig nach Apfel und Birne.
Chardonnay:	der bekannteste Weißwein, trocken und duftend mit herrlichem Traubengeschmack und einem Hauch Zitrus.
Riesling:	fruchtiger, herber Wein.
Sauvignon Blanc:	trockener, erdig-fruchtiger Wein, säurehaltig.
Pinot Grigio	auch Pinot Gris genannt, der kalifornische ist kräftiger als der italienische, Zitrusgeschmack.

nen größeren Markt. Dieses *Craft-Beer* erhält man mittlerweile in vielen Pubs und Kneipen. Es ist üblich, dass Sie erst einmal probieren dürfen, bevor Sie sich für ein bestimmtes Bier entscheiden.

Wein: Der Wein, zumeist in Kalifornien angebaut, ist in der Regel von guter Qualität. Wundern Sie sich nicht, wenn der trockenste Wein im Lokal nicht so trocken ist, wie man es gewohnt ist. Es gibt keine Weinklassifikationen, als Qualitätsgarant halten die Namen der Winzer her. Wein ist etwas teurer als bei uns, besonders in Restaurants.

Spirituosen und Cocktails: Whisky und Brandy sind die beliebtesten harten Getränke der Amerikaner und werden in der Regel mit Cola oder viel Eis getrunken. Ansonsten werden „harte" Alkoholika eher in Cocktails verwendet. Die „Cocktailkultur" hat besonders in der „happy hour" ihren Einzug gehalten. Nach der Arbeit, zumeist zwischen 16.30 und 19 Uhr, füllen sich die Bars und die verschiedensten (Mix-) Getränke (aber auch die Biere) werden zum halben Preis serviert. Beliebt sind „Pina Colada" (Rum, Kokosnusscreme, Ananassaft und Sahne) und „Margarita" (Tequila mit Limettensaft, mit oder ohne Salz, „straight" oder „on the rocks").

Literatur

In den europäischen Buchläden erhält man mit Sicherheit die neuesten Reisebücher und Karten. Falls man sich mit der amerikanischen Literatur oder speziellen Themen zur amerikanischen Geschichte beschäftigen möchte, hilft das Internet.

Eine Möglichkeit, sich Bücher auszuleihen, bieten die **amerikanischen Kulturinstitute** (DAI oder Amerika-Haus), unter anderem in:

- **Köln: Amerika-Haus**: Apostelnkloster 14–18, 50667 Köln, ✆ (0211) 16 92 63 50, www.amerikahaus-nrw.de
- **Kiel: Kennedy Infozentrum**, Ohlshausenstr. 10, 24118 Kiel, ✆ (0431) 586 999 3, www.amerika-gesellschaft.de
- **München: Amerika-Haus**, Karolinenplatz 3, 80333 München, ✆ (089) 55 25 37-0, www.amerikahaus.de
- **Carl-Schurz-Haus Freiburg**, Eisenbahnstr. 62, 79098 Freiburg, ✆ (0761) 556527-0, www.carl-schurz-haus.de
- **Amerikazentrum Hamburg**, Am Sandtorkai 48, 20457 Hamburg, ✆ (040) 70 38 36 88, www.amerikazentrum.de
- **DAI Heidelberg**, Sophienstr. 12, 69115 Heidelberg, ✆ (06221) 60 73 15, http://dai-heidelberg.de
- **DAI Nürnberg**, Gleißbühlstr. 9, 90402 Nürnberg, ✆ (0911) 23 069-0, www.dai-nuernberg.de
- **DAI Saarbrücken**, Talstr. 14, 66119 Saarbrücken, ✆ (0681) 31 160, www.dai-sb.de
- **James-F. Byrnes-Institut e.V.**, Charlottenplatz 17, 70173 Stuttgart, ✆ (0711) 22 81 80, www.daz.org
- **DAI Tübingen**, Karlstr. 3, 72072 Tübingen, ✆ (07071) 79 52 60, www.dai-tuebingen.de

In Österreich:

- **Amerika-Institut** (Austro-American Institute of Education), Operngasse 4, A 1010 Wien, 1. Bezirk, ✆ (01) 512 77 20, www.amerika-institut.at

Maßeinheiten

Hohlmaße
1 fluid ounce = 29,57 ml
1 pint = 16 fl. oz. = 0,47 l
1 quart = 2 pints = 0,95 l
1 gallon = 4 quarts = 3,79 l
1 barrel = 42 gallons = 158,97 l

Flächen
1 square inch (sq.in.) = 6,45 qcm
1 sq.ft. = 929 qcm
1 sq.yd. = 0,84 qm
1 acre = 4840 squ.yd. = 4046,8 qm oder 0,405 ha
1 sq.mi. = 640 acres = 2,59 qkm

Längen
1 inch (in.) = 2,54 cm
1 foot (ft.) = 12 in. = 30,48 cm
1 yard (yd.) = 3 ft. = 0,91 m
1 mile = 1760 yd. = 1,61 km

Gewichte
1 ounce = 28,35 g
1 pound (lb.) = 16 oz. = 453,59 g
1 ton = 2000 lb = 907 kg

Temperaturen
Umrechnung: (Grad F - 32) x 0,56 = Grad C

23 °F	-5 °C	32 °F	0 °C	41 °F	5 °C	50 °F	10 °C
59 °F	15 °C	68 °F	20 °C	77 °F	25 °C	86 °F	30 °C
95 °F	35 °C	104 °F	40 °C				

Größentabelle

Herrenbekleidung:
Deutsche Größe (z.B. 50) minus 10
ergibt amerikanische Größe (40)

Herrenhemden:

D	36	37	38	39	40/41	42	43
USA	14	14,5	15	15,5	16	16,5	17

Herrenschuhe:

D	39	40	41	42	43	44	45
USA	6,5	7,5	8,5	9	10	10,5	11

Damenbekleidung:

D	36	38	40	42	44	46
USA	6	8	10	12	14	16

Damenschuhe:

D	36	37	38	39	40	41	42
USA	5,5	6	7	7,5	8,5	9	9,5

Kinderbekleidung:

D	98	104	110	116	122
USA	3	4	5	6	6x

Nationalparks

Das amerikanische National Park System umfasst neben den 59 Nationalparks hunderte von National Monuments, Battelfields, Recreation Areas, Historic Sites und andere geschützte Gebiete, von denen allein in diesem Reisegebiet 15 National Parks und unzählige andere Areale liegen.

Allgemeine Informationen und Unterkunftsverzeichnisse der einzelnen Parks sind erhältlich beim United States Department of the Interior, National Park Service Headquarters, 1849 C Street NW, Washington, D.C. 20240, ✆ 202-208-3818, www.nps.gov. Unter www.recreation.gov findet man hilfreiche Beschreibungen und Informationen nicht nur zu Nationalparks, sondern auch zu den Historic Sites, National Monuments und staatlichen Erholungseinrichtungen. Auf der Seite können auch die Campingplätze gebucht werden.

Für den Fall, dass man mehrere Nationalparks und National Monuments besuchen möchte, empfehlen wir die **Jahreseintrittskarte**. Den *America The Beautiful National Parks and Federal Recreation Lands - Annual Pass* gibt es an den Eingangstoren bzw. den Visitor Centers in den Parks. Er ist für ein Fahrzeug mit allen Insassen bzw. für den Inhaber und bis zu drei weitere Personen gültig und kostet $ 80.

Wandern, hier im Bryce National Park

Hinweise für den Besuch der Nationalparks:

▶ **Parkeingang:** Bezahlung des Eintritts, man erhält Informationsmaterial, inkl. einer detaillierten Karte.

▶ **Besucherzentrum/Visitor Center:** Hier gibt es ausführliches Informationsmaterial, und es stehen Ranger oder andere Parkangestellte für Fragen zur Verfügung. Ein kleines Museum, meist eine Filmvorführung, Erfrischungen, Souvenirs, Literatur und WCs gibt es hier auch.

▶ **Übernachtung:** Zu empfehlen sind die Unterkünfte in den Parks, aber sie sind meistens in der Zahl begrenzt, in der Regel einfach und relativ teuer. Dafür erspart man sich lange Anfahrtswege. Alternativ gibt es vor den Toren bzw. im Umkreis von ca. 30 Meilen Motels bzw. Rasthäuser und Hotels. Besonders während der **Hauptferienzeit** (Juli/August) ist es nötig, die Zimmer **vorher zu buchen**! Die (Haupt-) Campingplätze in den Parks sind mit dem Notwendigsten ausgestattet, jeder bekommt einen nummerierten Stellplatz zugewiesen. Einige kann man nicht vorbuchen (*first come, first served*), und bereits mittags sind sie während der Ferienzeit häufig vergeben – also früh kommen. Die kleineren Campingplätze sowie die Backcountry-Plätze sind einfach gehalten und zumeist nicht mit einem Fahrzeug zu erreichen.

▶ **Wandern:** Es gibt unzählige, gut markierte Wanderwege (trails). Beim Ranger kann man sich über den Schwierigkeitsgrad der Strecke erkundigen und man muss sich hier für schwierige und längere Trails registrieren lassen. Außerdem wird er/sie Ihnen einige nützliche Tipps mitgeben können. An den Ausgangspunkten der einzelnen Wege sind dann auch spezielle Broschüren zu erhalten. Wanderschuhe oder zumindest festes Schuhwerk, ein paar Knabbereien und vor allen Dingen ausreichend Wasser (**4 Liter Minimum pro Person für eine Tagestour in den Sommermonaten**) müssen dabei sein. Mehrtägige Touren sollte man nicht alleine unternehmen. Wegen der hohen Temperaturen, aber auch der vielen Besucher zu späteren Zeiten, sollte man seine Wanderung früh beginnen (vor 9 Uhr).

▶ Die **Hauptstraßen in den Parks** sind gut und mit allen Fahrzeugen (Ausnahmen gelten z.T. für größere Camper) ohne Probleme zu befahren. Besonders in diesem Reisegebiet gibt es aber eine Vielzahl an Nebenstrecken in den Parks, für die ein geländegängiges Fahrzeug erforderlich ist. Für die Benutzung dieser Jeep Trails muss man sich beim Ranger anmelden.

▶ **Weitere Aktivitäten in den Parks:**

- **Veranstaltungen**: Von der Parkverwaltung werden verschiedenste Kurse, Diskussionen, Filmvorführungen etc. angeboten. Dabei kann man einiges hinzulernen, was Geschichte und Natur des Parks angehen. Infos hierzu in den Visitor Centers.
- **Angeln**: Eine „fishing license" ist dafür erforderlich. Erhältlich bei der Parkverwaltung.
- **Reiten**: Die Pferde bzw. Maulesel sind sehr zahm und auch weniger Geübten bietet sich hier eine Gelegenheit. Eine Jeans und feste Schuhe sollte man aber schon dabeihaben.
- **Radfahren/Mountainbiking:** Wird immer populärer, und mittlerweile haben private Anbieter in vielen umliegenden Gemeinden auch Fahrräder zum Ausleihen.

Notfall/Unfall/Notruf

Im Notfall, egal welcher Art, wenden Sie sich an einen Polizisten, das nächste Polizeirevier oder wählen Sie die gebührenfreie **Notrufnummer (Emergency Number) 911**. Bei Diebstahl oder Verbrechen sollte man sofort auf dem nächsten Polizeirevier Anzeige erstatten, da Versicherungen nur bei Vorlage eines Polizeiprotokolls den Verlust ersetzen. Bei schweren Erkrankungen, Unfall oder schwerwiegenden Verbrechen sind außerdem der Notfallservice der Versicherung sowie ggf. Konsulate oder Botschaften zu informieren. Diese stellen auch ein Ersatzdokument aus, falls der Pass verloren gegangen oder gestohlen worden ist. Es ist hilfreich, in diesem Fall seine Identität nachweisen zu können (z. B. durch den Personalausweis).

Bei Verlust oder Diebstahl der Bank- oder Kreditkarte kontaktieren Sie die einheitliche Sperrnummer +49-116 116, aus dem Ausland zusätzlich +49 (30) 4050-4050, im Internet www.sperr-notruf.de.

Outdoor

Eine Reihe von Outdoor-Aktivitäten sind in diesem Reisegebiet möglich und leicht zugängig. Neben den klassischen Aktivitäten wie Wandern, Mountainbiking und Canoeing/Kajaken/Rafting, bieten sich auch Reiten, Angeln, Skifahren und Snowboarding an. Aber auch z. B. Fallschirmspringen und Bergsteigen sind möglich. Nützliche Informationen für die Planung gibt es bei den entsprechenden Fremdenverkehrsämter/Tourist Offices, auch auf den Webseiten der einzelnen Staaten. Unter www.recreation.gov, www.outdooradventurefinder.com und www.adventurefinder.com kann man sich über viele Arten von Aktivität in den jeweiligen Bundesstaaten informieren.

Vor Ort ist es am besten, sich an die Fremdenverkehrsbüros zu wenden oder die Visitor Center zu besuchen. In den größeren Städten oder nahe von attraktiven Outdoor-Gebieten finden Sie zudem zahlreiche „Outfitter". Diese vermieten nicht nur Ausrüstung und verkaufen alles Notwendige, sondern organisieren bzw. leiten auch Touren.

Post

Obwohl sich die amerikanische Post (United States Postal Service, USPS) in den letzten Jahren sehr um besseren Service bemüht hat, muss man immer noch damit rechnen, an langen Schlangen anstehen zu müssen. Postämter sind nicht immer einfach zu finden und haben in der Regel werktags von 9 bis 17 Uhr geöffnet. Briefkästen (mail boxes) in den USA sind blau.

Einfache Sendungen sind immer noch relativ günstig und seit einiger Zeit kann man auch über das Internet Briefmarken kaufen und Sendungen abwickeln (www.usps.com). Briefmarken erhält man auch in einigen Hotels, Geschäften, an Flughäfen und Busbahnhöfen. Hier werden Sie aber mit Aufschlägen rechnen müssen. Für den Kauf von Briefmarken und das Verschicken von Ansichtskarten eignen sich die Postschalter in den großen Nationalparks besonders gut.

Die Post hat seit ein paar Jahren den Schiffs- oder Landweg (surface mail) für Pakete eingestellt; d. h. nach Europa geht alles nur noch per Luftpost. Und das ist bei Paketen dann nicht mehr billig.

Neben dem USPS gibt es noch private Firmen. Auch Kurierdienste wie „DHL", „FedEx" und „UPS" sind in Städten vertreten, manchmal kann man auch Sendungen direkt am Hotelschalter abwickeln.

Einige postalische Begriffe:

first class mail: normale Briefpost
air mail: Luftpost
registered (certified) mail: Einschreiben
c/o general delivery: postlagernd
zip code: Postleitzahl (steht immer hinter dem Ortsnamen und Staat, z. B. Albuquerque, NM 87106); Postleitzahlen können Sie auch über die Internetseite des USPS suchen

Preisnachlässe

In den USA trifft man fast überall auf Preisnachlässe und Rabattangebote. Wer sich damit beschäftigt, kann viel Geld sparen. Kaum jemand bezahlt z. B. für eine Hotelunterkunft den vollen Preis.

Hier ein paar Anregungen und Empfehlungen:

- Schüler, Studenten, Rentner u. Behinderte sollten einen internationalen Ausweis mitnehmen. Damit gibt es häufig Ermäßigungen, aber auch nicht überall, denn oft gelten die Ermäßigungen dann nur für amerikanische Bürger.
- Kinder zahlen fast durchweg weniger.

▶ Fragen Sie in einem Hotel nach Sonderpreisen (*special offers*). Es gibt sie fast immer, sie werden aber natürlich nicht immer beim Einchecken von selbst angeboten; z. B. Weekendraten in den Städten.

▶ In den Touristenbüros, aber auch an Autobahn-Tankstellen, liegen unzählige Broschüren aus, in denen Sie eine Reihe von Coupons finden, mit denen man billiger übernachten kann oder Rabatte bei Einkäufen oder in Restaurants erhält. Tipp: Sammeln Sie diese Coupons gleich in den Touristenzentren/Visitor Centers hinter den einzelnen Staatsgrenzen auf den Highways oder Interstates.

▶ Airlines bieten, in Verbindung mit den Flugtickets, häufig günstige Eintritte zu Vergnügungsparks und verbilligte Hotelunterkünfte am Zielort.

▶ Mitglieder des AAA-Automobilclubs erhalten in manchen Hotels Sonderpreise oder Preisnachlässe. Weitere Informationen unter „Automobilclub".

Rauchen

Rauchen ist in den meisten Staaten der USA in allen geschlossenen öffentlichen Gebäuden, inklusive Restaurants und Bars, nicht gestattet. Ausnahmen gibt es in den Casinos, Privatclubs oder designierten „Cigar Bars" einiger Staaten. Die Gesetze sind zum Teil von Staat zu Staat, manchmal auch von Ort zu Ort unterschiedlich.

Auch Flughafengebäude sind rauchfreie Zonen, wer nach oder vor einem langen Flug rauchen möchte, muss vor die Tür. Also: Erst rauchen, dann durch die Kontrolle.

Hotels, Motels und B&Bs sind überwiegend rauchfrei, wobei es (selten) noch ein kleines Kontingent an „Smoking-Rooms" gibt. Raucht man im „Non-Smoking Room", wird bei bzw. nach der Abreise die Reinigung und Desinfizierung in Rechnung gestellt, und das ist nicht billig. Auch in Mietwagen ist Rauchen nicht gestattet. Pfeifen- und Zigarrenraucher sollten sich vor dem Anzünden vergewissern, ob ihr Qualm selbst in den Raucherzonen gestattet ist. Oft hängt hier ein Schild: „no pipes – no cigars". Dem passionierten Raucher bleiben meist nur die Natur (aber Achtung: Brandgefahr!) und einige wenige Bars.

Recycling

Das Klischee der amerikanischen Wegwerfgesellschaft scheint durch die unzähligen Aluminiumdosen, Papp- und Styroporbecher und Plastiktüten bestätigt. Und ihr prozentualer Anteil an Energieverbrauch (Wasser, Strom, Benzin, etc.) und Kohlendioxid- und Treibgasausstoß ist immer noch um einiges höher als in Europa.

Trotz alledem hat ein Umdenken eingesetzt. In mittleren und größeren Städten sowie den Nationalparks gibt es inzwischen zahlreiche Recyclingprogramme. In den Nationalparks stehen an den Visitor Centers und an den meisten Campingplätzen getrennte Mülltonnen bereit. In größeren Orten fragen Sie beim Visitor Center, den Touristenbüros oder der Stadtverwaltung nach Recycling-Plätzen für Trennmüll. Nach dem nächstgelegenen kann man mittels Angabe der Postleitzahl im Internet unter www.earth911.com oder unter der kostenlosen Telefonnummer (nur USA) 1-800-CLEANUP suchen.

Reisezeit

Für Mitteleuropäer, die hauptsächlich das Landesinnere bereisen wollen, eignet sich vor allem die Zeit Mai/Juni bzw. September/Oktober. Dann ist es nicht so heiß wie im Sommer, der einen ziemlich ins Schwitzen kommen lässt. Außerdem vermeidet man die volle und teure Ferienzeit der Amerikaner. Wer einen ausgedehnten Badeurlaub an der Küste Texas einlegen möchte, sollte entweder die Reise im August dort anfangen und anschließend in die Wüstengegenden fahren oder aber die Reise am Strand im Juli beenden.
Von November bis März ist es, besonders in den Rocky Mountains, sehr kalt, und viele Straßen sind dann wegen Schneefalls geschlossen. In Utah und den höheren Lagen Colorados kann es auch im Mai noch zu Schneefällen kommen. Diese Zeit ist letztendlich nur für Skiurlauber geeignet, die mit einer ausgezeichneten Schneedecke belohnt werden. Darauf achten, dass das Mietauto für Schnee- und Eisbedingungen entsprechend ausgerüstet ist.

Restaurants

Siehe Stichwörter „Essen gehen/Restaurants" und „Küche und Getränke", außerdem Kulinarische Sprachhilfe (Anhang S. 634).

Rundfunk

An die 10.000 Rundfunksender gibt es in den USA, wie beim Fernsehen mit nationalen und regionalen Sendungen. Auch hier gibt es viel Werbung, die nach spätestens drei Titeln eingeblendet wird. Von Vorteil ist aber, dass sich viele Sender auf eine bestimmte Musikrichtung eingestellt haben. Hat man also einmal Lust auf Oldies oder Country Music, stellt man sich den entsprechenden Sender ein. Reklameplakate an den Highways geben nähere Auskünfte über einzelne Sender. Interessante Berichte und Sendungen wird es aber nur in Gegenden geben, in denen man National Public Radio (NPR) oder den BBC empfangen kann.

Sport

Siehe auch Stichwörter „Outdoor" und „Kanu-, Kajak-, Floßfahrten"

Das Reisegebiet Südwesten ist ideal für Outdoor-Aktivitäten geeignet (Wandern, Kanufahren/Rafting, Fahrradfahren, Reiten, Skifahren). Golffreunde werden in jeder kleineren Stadt Golfplätze vorfinden und die Anzahl der Golfresorts nimmt ständig zu. Größere Hotels haben in der Regel einen Fitnessraum, ein Schwimmbad und häufig auch einen eigenen Tennisplatz.

Reiter kommen im Südwesten auf ihre Kosten. Viele Orte und Unterkünfte, vor allen Dingen nahe der Nationalparks, bieten Ausflüge zu Pferd. Es gibt Programme für Anfänger wie Fortgeschrittene, und einmal einen Canyon oder einen Park im Sattel zu erkunden ist sicherlich ein Highlight für Pferdenarren. Infos unter: www.pferdreiter.de, www.reiterreisen.com, www.argusreisen.de.

Zum Skilaufen (Abfahrt und Langlauf) und Snowboarden bieten sich vor allen Dingen die Rockies im Norden Utahs und in Colorado an. Weitere Informationen geben die Webseiten der entsprechenden Staaten oder www.coloradoski.com, www.skiutah.com.

Sport ansehen

Man sollte versuchen, ein sportliches Ereignis live anzusehen. Besonders Sportarten wie Baseball, Basketball, Football und Eishockey bieten bei größeren Spielen ein echtes Erlebnis. Jede dieser Sportarten hat ihre Saison und so ist das ganze Jahr über was dabei.

Falls gerade kein Stadion in der Nähe sein sollte, versuchen Sie es einmal in einem „Sport-Pub", der oft schon von außen mit der Liveübertragung von Spielen wirbt (in jeder Ecke steht oder hängt ein Fernseher). Stimmung kommt hier immer auf. Häufigste Football-Tage sind Sonntag und Montag.

Fahrradfahren ist Sport, auch bergab

Sprache

Die amerikanische Sprache hat sich in vielen Punkten von der englischen Muttersprache entfernt, wenn auch die Grammatik relativ gleich geblieben ist. Dazu kommen, wie in jedem Land, regionale Unterschiede in der Aussprache, an die man sich gewöhnen muss.

In der Schreibweise fällt vor allen Dingen auf, dass Substantive, die im Britischen auf -re enden, im Amerikanischen mit -er geschrieben werden, z. B. *theatre-theater, centre-center*. Auch wird das Britische -ou im Amerikanischen zu -o, z. B. *colour-color, harbour-harbor*. Die Amerikaner neigen auch dazu, bestimmte Worte zu schreiben, wie sie sie sprechen (*nite* für *night*) oder ganz neue Wortschöpfungen zu bilden (*u* für *you*, *r* für *are*, *4sale* für *for sale* etc.).

Im Folgenden sind einige amerikanische Worte aufgeführt, die sich vom britischen Englisch unterscheiden:

Amerikanisch	Britisch	Deutsch
aisle	gangway	Durchgang
apartment	flat	Wohnung
baggage	luggage	Gepäck
to call	to ring up	anrufen

Amerikanisch	Britisch	Deutsch
can	tin	Dose
check	bill	Rechnung
cookies	biscuits	Plätzchen, Kekse
cop	policeman	Polizist
corn	maize	Mais
elevator	lift	Fahrstuhl
fall	autumn	Herbst
first floor	ground floor	Erdgeschoss
flashlight	torch	Taschenlampe
french fries	chips	Pommes Frites
gas (gasoline)	petrol	Benzin
refrigerator	icebox	Kühlschrank
movie	cinema	Kino
pants	trousers	Hose
vacation	holiday	Ferien, Urlaub
zip code	postal code	Postleitzahl

Sterne beobachten (Stargazing)

In den dünn besiedelten Regionen des Südwestens bieten viele Orte und vor allem die Nationalparks „Stargazing-Programme“ an. Zu den dafür am besten geeigneten Parks zählen: Big Bend, Guadalupe Mountains, Mesa Verde, Canyonlands, Capitol Reef, Death Valley sowie das Natural Bridges und das Chaco Culture National Monument. Als Ort hat sich Sedona, AZ damit einen Namen gemacht.

Strände

Strände finden sich entlang der Küste von Texas (Golf von Mexiko), wobei die schönsten, aber auch meistbesuchten Strände im Süden zwischen Corpus Christi und South Padre Island liegen. Aufgrund des hier endenden südlichen Äquatorstroms ist das Wasser angenehm warm.

Strom

In den USA herrscht 110V Wechselspannung (60 Hz). Für die Steckdose benötigt man einen Adapter (erhältlich in Elektrogeschäften in Europa und den USA).

Taxi

Taxis („cabs“) kann man **telefonisch** bestellen oder man steht an der Straße und **winkt eines herbei**. Häufig stehen sie bereits an den großen Hotels oder werden vom „Doorman“ herbeigerufen. Da es weniger öffentliche Verkehrsmittel gibt, ist es in den USA üblich, auch kürzere Strecken mit dem Taxi zurückzulegen. Bezahlen muss man eine Grundgebühr, danach zählt der

Taxameter die Kilometer, wobei ein Zeitfaktor auch einberechnet wird (z. B. bei Staus). Nachts zahlt man einen kleinen Zuschlag. Preise sind am/im Taxi angeschlagen. Ein Trinkgeld von mindestens 15 % ist auch für die Taxifahrt nötig. In kleineren Orten sind Taxis oft Privatunternehmen und werden „car service" genannt. Auch haben sie meist keine Taxameter, der Preis ist abhängig von der Entfernung und der Anzahl der Personen. Fragen Sie vor der Fahrt nach dem Preis.

Hat man das Gefühl, beim Preis übervorteilt worden zu sein, oder der Taxifahrer ist einen großen Umweg gefahren, kann man bei der Taxizentrale oder der Stadtverwaltung anrufen, um Beschwerde einzulegen. Dafür muss man die Nummer des Taxis und des Unternehmens angeben. Diese Nummern stehen alle (irgendwo) im Taxi angeschlagen und sind auch dann nützlich, wenn man z. B. etwas im Taxi liegengelassen hat.

Zentrale Telefonnummer, mit der man von überall die nächste Taxizentrale erreichen kann: 1-800-USA-TAXI.
Fahrdienste, wie z. B. **Uber** (www.uber.com) sind in allen amerikanischen Städten vertreten. Dafür muss man sich aber anmelden.

Telefonieren

Vorwahlnummern von den USA
nach Deutschland: 01149, Vorwahl (ohne 0), Rufnummer
nach Österreich: 01143, Vorwahl (ohne 0), Rufnummer
in die Schweiz: 01141, Vorwahl (ohne 0), Rufnummer

Vorwahlnummer von Europa in die USA
001, Vorwahl/area code (3-stellig), Rufnummer/telephone number (7-stellig)

Generell wird zwischen *local calls* (Ortsgespräche), *regional calls* (regionale Gespräche) und *long distance calls* unterschieden. Bei allen Telefonaten innerhalb der USA muss zunächst eine „1" und dann die Vorwahl gewählt werden, auch innerhalb eines Vorwahlbereichs!
Gebührenfrei *(toll free)* innerhalb der USA sind Rufnummern, die mit 1-800, 1-888, 1-877 oder 1-866 beginnen.

Öffentliche Telefone (selten sind es Zellen) gibt es immer weniger. Sie funktionieren mit Münzen (viel Kleingeld notwendig) oder mit einer Kreditkarte. Dazu muss man vorweg einen Code wählen, der auf dem Telefon aufgedruckt ist. Diese Telefonate sind allerdings sehr teuer, ebenso wie Gespräche aus dem Hotelzimmer. Anrufe von Europa in die USA sind meist günstiger als andersrum.

Telefonkarten gibt es in verschiedenen Varianten und jede hat unterschiedliche Bedingungen, Vorteile und Kosten. Wichtig ist, dass man sich über seine „Telefonbedürfnisse" im Klaren ist und sich dann entsprechend entscheidet. Das Angebot an Telefonkarten, manchmal unterschieden in *calling cards* und *prepaid* oder *phone cards*, ist immens, neben den großen Anbietern (ATT, Sprint, MCI) gibt es unzählige andere. Mit einer PIN-Nummer kann man dann über eine Einwählnummer (meist 1-800...) von jedem Apparat telefonieren. Prepaid bzw. Phone Cards sind mit einem festen Guthaben beladen, das aber jederzeit nachgeladen werden kann. Über günstige Tarife kann man sich informieren bei *www.callingcards.com, www.comfi.com, www.fonecards.de*

oder *www.zaptel.com*. Eine günstige Alternative sind verschiedene Telefonkarten, die man in den USA im Zeitungsladen, in der Drogerie und in vielen anderen Geschäften kaufen kann. Die Karte gibt es meist in Werten zu $ 5, $ 10 und darüber. Dabei sollte man darauf achten, in welchem Bundesstaat die Karte gültig ist (falls die Reise noch woanders hingeht) und dem Verkäufer das Land nennen, in das man hauptsächlich telefonieren will. Das Telefonieren ist auf diese Weise zwar etwas umständlich, dafür aber günstig.

Handys (engl. **cell phones**) bzw. **Smartphones** funktionieren in den USA, wenn sie über ein Tri-Band oder ein Quad-Band verfügen. Im Ausland Telefonate zu führen und zu empfangen ist allerdings nicht ganz billig. Für das Roaming (Nutzung eines fremden Mobilfunknetzes) berechnen alle Mobilfunkanbieter einen stolzen Minutenpreis. Außerdem entstehen zusätzliche Kosten bei Anrufen von Europa, da die Rufweiterleitung in die USA immer auf Kosten des Angerufenen geht. Also vorher bei seinem Handyanbieter genau über Zugang, Kosten und Möglichkeiten erkundigen. Man sollte auf jeden Fall die Rufumleitung auf die Mailbox und die **mobile Datenübertragung deaktivieren** und nur mit WiFi ins Internet gehen. Die hohen Roamingkosten können mit einer amerikanischen SIM-Karte vermieden werden, die in das eigene Handy eingesetzt werden kann. Eine USA-SIM-Karte gibt es bei allen Telefonanbietern (Empfehlung wegen des besten Netz: AT&T od. T-Mobile) in Form einer Prepaid-Karte, die i.d.R. 30 Tage gilt. Man kann diese auch schon vor dem Urlaub bestellen (z. B. über Amazon), doch gibt es dann oft Probleme mit der Aktivierung in Deutschland. Infos über die ständig wechselnden Möglichkeiten und Gebühren: *http://tourisim.de/*

Hinweis

311 - Die Nummer für (fast) Alles: Grundsätzlich hilft bei der Suche nach verloren gegangenen Sachen immer ein Anruf unter 311, der Nummer für alle Fragen betreffs öffentlicher Einrichtungen, außer im Falle eines Notfalls. Hier erhält man Auskunft und wird durchgestellt zu der richtigen Abteilung.

Trinkgeld

Das Trinkgeld (*tip, gratuity*) wird in Amerika für fast alle Service-Leistungen gegeben. Es ist die Haupteinnahmequelle des Personals in Restaurants und Kneipen und muss sogar in vielen Fällen von der Bedienung pauschal versteuert werden, egal wie viel er/sie wirklich bekommen hat. Daher ist das Trinkgeld „pflichtmäßiger" Anteil der Bezahlung (Ausnahme: Fast-Food-Restaurants, Selbstbedienungsläden, ausgesprochen miserabler Service). In der Regel gibt man mindestens 15, eher an die 20 % im Restaurant, am Tresen einer Kneipe wird häufig auch mehr gegeben (Anhaltspunkt: mindestens $ 1 für die ersten zwei, unkomplizierten Getränke (z. B. 2 Bier), die Regel ist aber eher $ 1 pro Getränk). Ein Gepäckträger erwartet $ 1-2 pro Gepäckstück, je nach Größe der Koffer. Einem Zimmermädchen gibt man $ 2-3 pro Übernach-

Woher kommt der Begriff „Tip"? In früheren Zeiten, als die Bars noch überlaufen und der Umgangston dort rauer war, stand auf dem Tresen ein großes Glas, in das die Kunden Geld eingeworfen haben, um bevorzugt bzw. schneller an das ersehnte Getränk zu gelangen. Der Barkeeper gab einem Gast schneller ein Bier, wenn der Gast halt Geld in dieses Glas geworfen hatte. Bei dem Gedrängel am Tresen ein üblicher Vorgang. Auf diesem Glas prangte ein Schild, auf dem ganz einfach stand: „To Improve Promptness", was später dann in „TIP" abgekürzt wurde.

tungstag. Auch Taxifahrer erwarten Trinkgeld, 15 % des Fahrpreises sind üblich. Wichtig: Ein Trinkgeld in Münzen auszuzahlen gilt als unhöflich. Ein Dollar ist also das Mindestmaß.

Achtung! Oft wird das Trinkgeld bereits bei der Endrechnung im Restaurant draufgeschlagen. Dieses wird dann zwar auf der Rechnung notiert (*service charge/ gratuity included*), ist aber oft kaum wahrnehmbar. Achten Sie also darauf, sonst zahlen Sie das Tip doppelt.

Trinkwasser

Das Wasser kann überall bedenkenlos getrunken werden (gilt nicht für Wasser aus Flüssen oder Seen!).

Unterkünfte

An Unterkünften verschiedenster Komfortklassen mangelt es in den USA nicht, selbst während der Hochsaison werden Sie immer noch irgendwo ein Zimmer bekommen, wenn auch nur in einem alten Motel am Highway. Ausnahmen bilden die Nationalparks, Wochenenden und Zeiten, wenn spezielle Festivitäten in der Region abgehalten werden. Dann ist eine Reservierung selbst in der Nebensaison dringend zu empfehlen, am besten schon von Europa aus. Wenn Sie telefonisch im Voraus ein Zimmer reservieren möchten, halten Sie eine Kreditkarte bereit, denn meistens wird eine Reservierung nur mit Kreditkartennummer angenommen. Falls Sie dann die Reservierung nicht in Anspruch nehmen, wird das Zimmer dennoch abgerechnet. Geben Sie auf jeden Fall immer an, wenn Sie erst am Nachmittag ankommen und vor allen Dingen, wenn es nach 18 Uhr wird (**„late arrival"**). Die Zimmerpreise liegen bei einfacher oder doppelter Belegung fast gleich, und meistens kann man auch ohne besonderen Aufpreis ein Kind mitnehmen. In den Zimmern stehen ein oder zwei Betten (Double oder Queen Size) zur Verfügung. Wer zu zweit reist und mehr Platz benötigt, sollte auf jeden Fall nach einem Zimmer mit zwei Betten fragen.

Vor der Buchung sollte man sich nach einem **Sondertarif** erkundigen, der besonders an Wochenenden in den Städten, mit einer AAA-Karte (siehe unter „Preisnachlässe) oder in der Nebensaison oft gewährt wird. Wer nicht gerade in der absoluten Hochsaison reist, kann auch versuchen, vor Ort direkt noch ein Schnäppchen zu machen. Ist das Hotel nämlich an dem Tag nicht ausgebucht und handelt man etwas, kann der Preis schon mal auf die Hälfte fallen!

Bad/Dusche, Klimaanlage, Telefon und Fernseher gehören mittlerweile zum Standard, selbst bei den billigeren Hotels bzw. Motels, wobei die Bed&Breakfast-Unterkünfte diese nicht immer im eigenen Zimmer anbieten. Ein Schild **„Vacancy"** bedeutet, dass es noch freie Zimmer gibt, **„Sorry"** oder **„No Vacancy"** signalisiert, dass alles belegt ist.

Frühstück ist normalerweise nicht im Preis inbegriffen, wird aber in Hotels in einem angeschlossenen Restaurant geboten, wobei in größeren Hotels oft die Coffee Shops eine größere Auswahl zu einem geringeren Preis bieten. Motels haben nicht alle einen Frühstücksraum. Dafür sind meist Fastfood-Restaurants und Diner oder Coffee Shops ganz in der Nähe.

Beim Einchecken muss man

- ein Anmeldeformular ausfüllen
- die Kreditkarte vorlegen oder den Zimmerpreis im Voraus bezahlen (häufig zzgl. einer Garantiesumme)
- in Stadthotels das Fahrzeug in eine Garage stellen lassen (kostet etwa 15–40 $ pro Tag), wofür Sie ein spezielles Ticket erhalten.

Tipp

Das Auto selbst in die Garage zu bringen, erspart die „Valet"-Gebühr, d. h. den Fahrer des Hotels. Sie müssen aber gleich beim Gepäckausladen darauf bestehen, das Auto selbst parken zu wollen, da die Fahrer sich natürlich gerne ein Trinkgeld verdienen möchten und es eher üblich ist, das Auto wegfahren zu lassen.

Einige Infos zu den einzelnen Unterkunftstypen:

Hotel: Hier reicht die Skala von ganz einfach bis zum absoluten Luxus. Sie sind meist teurer als andere Unterkunftstypen, da sie eine Reihe von zusätzlichen Serviceleistungen bieten (Kofferträger, spezielles Restaurant, Business-Center etc.) und in der Regel im Stadtbereich sehr zentral liegen.

Motels: Sie liegen meist an den Hauptausfallstraßen und sind kaum zu verfehlen. Die an Ketten (z. B. Motel 6, Super 8, Comfort Inn etc.) angeschlossenen Häuser sind etwas teurer als private Motelbetreiber, aber auch etwas besser. Private Motels sind teilweise sehr einfach, aber für eine Nacht durchaus akzeptabel. Nicht mehr bei allen Motels kann man sein Auto direkt vor der Tür parken, obwohl das meistens noch der Fall ist.

Inn: In der eigentlichen Bedeutung ein „Gasthaus", heute oft ein Haus der gehobenen Ansprüche.

Lodge: Liegt meist in der Natur und ist rustikal eingerichtet.

Resort: Hierbei handelt es sich um ausgesprochene Ferienanlagen, die ruhig liegen und vor allem Sportprogramme (Golf, Tennis etc.) und andere Freizeitaktivitäten bieten.

In einem Golfresort

Country Club: Häuser mit zumeist hohem Standard, oft einem Golfplatz/-club angeschlossen.

Family Ranches: Ehemalige Ranches wurden umfunktioniert zu Unterkünften, die viele Freizeitaktivitäten (Reiten, Wandern etc.) anbieten. Oft durch Konferenzen ausgebucht, daher ist eine rechtzeitige Buchung wichtig. Der Mindestaufenthalt beträgt in der Regel 4–7 Tage, selten auch mal 2 Tage.

Dude Ranches: Diese Ranches sind luxuriöser eingerichtet, und sie haben sich z. T. dem Verband „Dude Ranchers' Association" angeschlossen. Sie sind so teuer wie ein Luxushotel, bieten dafür aber auch eine Reihe von inklusiven Leistungen, wie Mahlzeiten und Freizeitaktivitäten. „Echtes" Farmleben ist hier aber selten anzutreffen. Unter www.duderanch.com findet man eine Liste, nach Bundesstaaten sortiert, von Dude Ranches.

Bed & Breakfast: Bei den B&B-Häusern handelt es sich in der überwiegenden Zahl um luxuriöse Unterkünfte, die einen nostalgischen Touch haben und persönliche Betreuung einschließen. Die B&Bs sind häufig recht teuer (www.bedandbreakfast.com).
Jugendherbergen: Meist teurer als in Europa, aber gut ausgestattet. Es gibt auch eine Reihe von privaten Jugendherbergen, die etwas günstiger sind. Einen Jugendherbergsausweis bekommt man über den DJH, www.jugendherberge.de. Weitere Infos: www.hius.org. Auch unter www.hostelworld.com, www.hostels.com und www.hihostels.com gibt es Informationen zu Hostels weltweit.
Camping: siehe Stichwort „Camping"

Buchungs- und Infoadressen:

YMCA's/YWCA's: YMCA of the USA, 101 North Wacker Drive, Chicago, IL 60606, ✆ (800) 872-9622, www.ymca.net bzw. YWCA, 2025 M St. NW, Suite 550, Washington, DC 20036, www.ywca.org

Hostelling International USA, 8401 Colesville Rd., Suite 600, Silver Springs,, MD 20910, ✆ (301) 495-1240, www.hiusa.org

Weitere Informationen zu Hostels weltweit unter www.hostelworld.com, www.hihostels.com und hostels.com.

Hinweis

Über folgende Broker kann man mitunter günstiger von zu Hause aus eine Unterkunft in einer größeren Stadt reservieren:
www.hotels.com, www.usareisen.de/hotels, www.hoteltravel.com, www.booking.com.
Und wer einmal anders unterkommen möchte, der kann über folgende Webseiten günstige, private Unterkünfte buchen: www.AirBnB.com, www.wimdu.de.

Hotelketten
(Die kostenlosen Telefonnummern gelten nur vom nordamerikanischen Telefonnetz aus.)

America's Best Value Inn: 888-315-2378, www.americasbestvalueinn.com	niedrig
Best Western: 800-780-7234, www.bestwestern.com	mittel
Budget Host: 800-BUD-HOST, www.budgethost.com	niedrig
Clarion Hotels: 877-424-6423, www.clarionhotel.com	mittel
Comfort Inns: 877-424-6423, www.comfortinn.com	mittel
Courtyard by Mariott: 888-236-2427, www.marriott.com/courtyard	hoch
Crowne Plaza: 877-2CROWNE, www.crowneplaza.com	mittel
Days Inn: 800-225-3297, www.daysinn.com	mittel
Doubletree: 800-610-TREE www.doubletree3.hilton.com	hoch
Econo Lodges of America: 877-424-6423, www.econolodge.com	niedrig
Embassy Suites: 800-EMBASSY, www.embassysuites3.hilton.com	mittel/hoch
Fairmont Hotels: 800-257-7544, www.fairmont.com	mittel
Four Seasons Hotels: 800-819-5053, www.fourseasons.com	hoch
Hampton Inn: 800-HAMPTON, www.hamptoninn3.hilton.com	mittel
Hilton Hotels: 800-HILTONS, www.hilton.com	teuer
Holiday Inns: 888-HOLIDAY, www.holidayinn.com	mittel/hoch
Howard Johnson: 800-221-5801, www.hojo.com	niedrig/mittel
Hyatt Hotels & Resorts: 800-591-1234, www.hyatt.com	hoch
Intercontinental Hotels: 800-181-6068, www.ihg.com	hoch
La Quinta Inns & Suites: 800-SLEEP-LQ, www.lq.com	niedrig/mittel

Le Meridien: 800-543-4300,www.starwoodhotels.com/lemeridien	mittel/hoch
Marriott Hotels: 888-382-7299, www.marriott.com	hoch
Motel 6: 800-4-MOTEL-6, www.motel6.com	niedrig
Omni Hotels: 800-THE-OMNI, www.omnihotels.com	hoch
Quality Inns: 877-424-6423, www.qualityinn.com	mittel
Radisson Hotel: 800-967-9033, www.radisson.com	mittel/hoch
Ramada Inns: 800-854-9517, www.ramada.com	mittel
Red Roof Inns: 800-RED-ROOF, www.redroof.com	niedrig/mittel
Renaissance: 888-236-2427, www.marriott.com/renaissance-hotels	hoch
Residence Inns by Mariotts: 888-236-2427, www.marriott.com/residence-inn	hoch
Ritz-Carlton: 800-542-8680, www.ritzcarlton.com	hoch
Rodeway Inns: 877-424-6423, www.rodeway.com	niedrig/mittel
Sheraton Hotels & Inns: 800-325-3535, www.starwood.com/sheraton	hoch
Sleep Inn: 877-424-6423, www.sleepinn.com	niedrig
Super 8 Motels: 800-454-3213,www.super8.com	niedrig
Travelodge: 800-578-7878, www.travelodge.com	niedrig/mittel
Vagabond Inn: 800-522-1555, www.vagabondinn.com	niedrig
Westin Hotels & Resorts: 800-937-8461, www.starwood.com/westin	hoch
Wyndham Hotels & Resorts: 877-999-3223, www.wyndham.com	hoch

Versicherung

Es ist auf jeden Fall sinnvoll, eine **Reisekranken**- und **Unfallversicherung** abzuschließen. Entsprechende Policen kann man bei fast jeder Versicherung erhalten. Da diese in der Regel auf 31 Tage beschränkt sind, ist bei einem längeren Aufenthalt eine Jahresversicherung oftmals günstiger. Achten Sie beim Abschluss einer Kranken- und Unfallversicherung darauf, dass diese eine Rücktransportversicherung enthält. Auch Versicherungspakete, die die Versicherung touristischer Beistandsleistungen (z. B. Rechtsanwalt) und Rücktransportkosten, eine Reisekranken- und Unfallversicherung, eine Haftpflicht- und Reisegepäckversicherung beinhalten, kann man schon, für den Leistungsumfang, recht preiswert erhalten. Bei Buchung einer Pauschalreise ist der Abschluss einer Reiserücktrittsversicherung ratsam.

Hinweis

Auch wenn man glaubt, dass die Versicherungen, die über die Kreditkarten laufen, alle Eventualitäten abdecken, sollte man sich trotzdem vor der Reise noch einmal über die Bedingungen informieren. Oft zahlen die Kreditkartenunternehmen bei einem Unfall nur dann, wenn die Reise bzw. der Mietwagen mit dieser Kreditkarte bezahlt wurde. Auch sollte man sicherstellen, dass der gesamte Zeitraum des Urlaubs abgedeckt ist.

Visum

s. a. Stichwort „Einreise“

Visumpflicht für die USA besteht für deutsche, Schweizer und österreichische Staatsbürger nicht, solange ihr Aufenthalt rein touristisch ist und nicht länger als 90 Tage dauert. Wer länger bleiben möchte, muss ein Visum bei den diplomatischen Vertretungen im Heimatland beantragen.

Wäsche waschen

In den meisten größeren Hotels steht ein Wäschedienst zur Verfügung („laundry service" bzw. „valet service"). Selbst kleinere Häuser waschen Ihre Wäsche, hier sollte man aber damit rechnen, die Wäsche erst am übernächsten Tag zurückzuerhalten, denn es wird oft außer Haus gewaschen.

Selbstversorger können auch auf die Waschautomaten-Shops zurückgreifen („laundromat", „coin laundry"). Hierbei handelt es sich meistens um Geschäfte, in denen an die 30 Wasch- und Trockenmaschinen stehen, die man mit Quarters (25c-Stücke) füttern muss. Waschmittel können Sie hier auch erhalten. Diese Waschsalons liegen am ehesten im Stadtzentrum und auch in einer Reihe von Shopping Malls in den Vorstädten. Motels, besonders die der Franchiseketten, haben meistens auch einen Münzwaschautomaten.

Zeit und Zeitzonen

Der Zeitabstand zu Mitteleuropa ist im Großen und Ganzen der gleiche, da während unserer Sommerzeit in den USA auch die Sommerzeit (daylight saving time) gilt. Allerdings werden die Uhren in den USA im Frühling wie auch im Herbst an anderen Daten als in Europa umgestellt, nämlich am zweiten Sonntag im März und am ersten Sonntag im November.

In den USA werden die Zeiten in „ante meridiem" (= vormittags, abgekürzt a.m.) und „post meridiem" (= nachmittags, abgekürzt p.m.) eingeteilt. So entspricht 6 a.m. unserer Morgenzeit 6 Uhr, dagegen 6 p.m. unserer Abendzeit 18 Uhr.

Im Südwesten gibt es folgende Zeitzonen:

Central Time: MEZ -7 Std. Gilt für Texas, außer der El Paso Region.

Mountain Time: MEZ -8 Std. Gilt für die El Paso (Texas) Region, New Mexico, Arizona, Utah und Colorado.
Achtung! In Arizona gibt es keine Umstellung auf „daylight saving time". Allerdings stellt die Navajo Nation ihre Uhren um, da ihr Gebiet in mehreren Staaten liegt.

Pacific Time: MEZ -9 Std. Gilt für alle westlichen Staaten, d. h. für dieses Reisegebiet in Nevada (Las Vegas).

Hinweis

12 p.m. ist 12 Uhr mittags, meist „12 noon" genannt, um Verwechslungen zu vermeiden. Was bei uns 0.00 Uhr heißt, wird in den USA als „midnight" bezeichnet.

Zeitungen

Überall erhältlich ist die bunte Tageszeitung „USA Today", die vor allem Landesthemen behandelt und eine gute Wetterseite aufweist, aber dabei im politischen Bereich oberflächlich bleibt. Die renommiertesten Tageszeitungen sind „New York Times" sowie „Washington Post", die man nur in größeren Städten erhält.
Wer etwas mehr über den wirtschaftlichen Bereich wissen möchte, der kommt nicht um das ebenfalls international renommierte „Wall Street Journal" herum. Als überregionale Wochenzeitschriften empfehlen sich vor allem „Newsweek" und „Time Magazine" für politische Berichte und „Forbes" und „Business Week" für den Wirtschaftsbereich. Ausländische, besonders deutschsprachige Zeitungen, gibt es nur vereinzelt. In jedem größeren Ort gibt es meist eine Tageszeitung, die über das Wesentliche an lokalen und überregionalen Neuigkeiten, inklusive Veranstaltungen, informiert.

Zoll

Einreise in die USA:
Zollfrei sind alle Gegenstände des persönlichen Bedarfs. Außerdem **dürfen zollfrei eingeführt werden**: 200 Zigaretten oder 2 kg Tabak oder 50 Zigarren, 1 l alkoholische Getränke (nur Personen ab 21 Jahre), Geschenke im Wert von $ 100.
Zahlungsmittel im Wert von über 10.000 US$ müssen in den USA deklariert werden.
Lebensmittel, besonders Frischwaren/Obst, sowie Pflanzen dürfen nicht eingeführt werden. Für eine größere Menge benötigter Arzneimittel sollten Sie auf jeden Fall ein ärztliches Attest (auf Englisch) dabei haben.

Wiedereinreise in Europa:
Zollfrei sind alle Gegenstände des persönlichen Bedarfs. Außerdem dürfen bei der **Wiedereinreise nach Deutschland** und **Österreich zollfrei** eingeführt werden:
200 Zigaretten oder 100 Zigarillos oder 50 Zigarren oder 250 g Tabak (nur Personen über 17 Jahre), 1 l Spirituosen über 22 % oder 2 l Wein (nur Personen über 17 Jahre), 500 g Kaffee oder 200 g Kaffeeauszüge (nur Personen über 15 Jahre), 50 g Parfüm und 0,25 l Eau de Toilette, sonstige Waren im Gegenwert von 430 Euro (für Personen unter 15 Jahren: 175 Euro). Nur für den persönlichen Gebrauch oder als Geschenk.

Bei der Wiedereinreise in die **Schweiz** dürfen **zollfrei** eingeführt werden:
1 l Alkohol über 15 % Vol. und 2 l Alkohol bis 15 % Vol., 200 Zigaretten oder 50 Zigarren oder 250 g Schnitttabak, sonstige Privatwaren im Gegenwert von 300 Schweizer Franken.

Einfuhrbeschränkungen bestehen in ganz Europa für Drogen, Arzneimittel, Waffen, Lebensmittel, Feuerwerkskörper, Lebensmittel und Fleisch.

Weitere und aktuelle Informationen unter:

Deutschland: www.zoll.de — Österreich: www.bmf.gv.at
Schweiz: www.ezv.admin.ch — USA: www.cbp.gov

Das kostet Sie das Reisen im Südwesten der USA

– Stand: März 2017 –

Auf den Grünen Seiten werden Preisbeispiele für einen Urlaub im Südwesten der USA gegeben, damit man sich ein realistisches Bild über die Kosten einer Reise und eines Aufenthaltes machen kann. Natürlich sollten die Preise nur als **Richtschnur** aufgefasst werden. Bei einigen Produkten/Leistungen ist eine Preisspanne angegeben.

Kurs: 1 US$ = 0,93 €, 1 € = 1,07 US$ (Stand März 2017)

Beförderungskosten

Flüge

Das Angebot an Transatlantikflügen ist nahezu unüberschaubar geworden. Als Richtlinie für die **Hochsaison (Sommerferien)**: Die Preise zu den großen Airports (Dallas, Houston, Denver, Las Vegas, Phoenix) variieren zwischen € 950 und 1.250, nach El Paso, Albuquerque bzw. Salt Lake City zwischen € 1.000 und 1.250. Während der **Zwischensaison (Mai/Juni, September)** und besonders in der **Nebensaison** liegen die Preise zwischen € 650 und 950. Gabelflüge sind € 50–100 teurer. Empfehlenswert ist mitunter eine kombinierte Buchung Flug/Mietwagen über einen Spezialveranstalter. Der Flugpreis kann in dem einen oder anderen Fall evtl. etwas höher liegen, der Gewinn beim Mietwagen macht dieses in der Regel aber mehr als wett. Preisvergleiche in alle Richtungen machen sich immer bezahlt. Achten Sie dabei besonders auf die Zusatzleistungen. Z.T. gibt es mit einem bestimmten und etwas teureren Airline-Ticket nicht nur vergünstigte Mietwagen, sondern auch Rabatte in Hotelketten.

Tipp: Reiseroute genau planen. Spätere Umschreibungen des Flugtickets kosten zwischen € 50 und 200 für veränderte Abflugdaten und erweisen sich bei der Änderung des Abflugortes als kaum durchführbar. In der günstigsten Buchungsklasse kann man oft gar nicht umbuchen. Unbedingt die Bedingungen genau prüfen, speziell, wenn es um Flüge geht, die über Internetportale gebucht werden. Die Airlines sind in diesem Punkt knallhart.

Hinweis: Es wird beim Abflug genau auf das Gewicht und die Anzahl der Gepäckstücke geachtet. Bei normalen Economy-Class-Flügen kann nur noch ein Gepäckstück mit einem Gesamtgewicht 21 kg kostenfrei eingecheckt werden!

Inlandsflüge

Auch hier gilt es, besondere Tarife zu beachten, die sich stündlich (!) ändern können. Wer z. B. spät bzw. erst in den USA bucht, kann z.T. zu weniger als dem halben Preis fliegen, geht aber das Risiko ein, keinen Platz mehr zu bekommen, wenn die Maschine bis zum Stichtag des günstigeren Tarifs voll sein sollte. Die Preisspannen sind enorm, doch wer Inlandsflüge in Verbindung mit Überseeflügen von Europa aus bucht, spart meistens auch schon.

Mietwagen

Die genannten Preise beinhalten in der Regel alle gefahrenen Kilometer – nur bei Campern wird oft ab einer bestimmten Kilometerleistung extra abgerechnet (s. u.). Alle größeren Mietwagenfirmen liegen in etwa auf dem gleichen Preisniveau. Oft ist es günstiger, **Flug und Mietwagen als Kombination** zu buchen. Ein kleiner Wagen der Economy-Klasse kostet ab € 160 pro Woche (NS), in der HS ab € 180. Doch sind diese Fahrzeuge eher zu klein für einen Urlaub mit dem nötigen Gepäck. Geeigneter ist ein Fahrzeug der Intermediate-Klasse (viertürig), das Platz und ausreichend Fahrkomfort bietet und gerade auf langen Strecken sehr angenehm ist. Diese Klasse kostet ab € 260 pro Woche. Familien mit Kindern sind am besten mit einem Mini Van bedient, der ab € 370 pro Woche kostet.

Tipp

Es macht sich oft bezahlt, einen Mietwagen „One way" zu mieten, d. h. man gibt ihn an einem anderen Ort als dem Ort der Anmietung ab. Dabei spart man ggf. mehr an Zeit, Mietwagen- und Hotelkosten, als die zusätzliche Rückführgebühr ($ 200–300 je nach Distanz) beträgt.

Camper

Die Preise variieren je nach Saison erheblich. In der Nebensaison kostet ein Camper der kleinsten Klasse ab € 600 (inkl. 60 Freimeilen pro Tag) pro Woche, während der Preis in der Hauptsaison mehr als das Doppelte betragen kann. Die größte Klasse kostet etwa ein Drittel mehr als die kleinste Klasse. Dazwischen siedeln sich die anderen Klassen an. Ermäßigungen von bis zu 10 % sind bei Langzeitmieten möglich und wer lange im Voraus bucht, spart ebenfalls. Man sollte beachten, dass 60 Freimeilen pro Tag bei den Entfernungen schnell verbraucht sind und jede zusätzliche Meile mit 30–40 Cent extra berechnet wird. Daher sollte man sich vorher überlegen, ob die Miete inklusive Freimeilen (ab € 100/Woche) evtl. günstiger kommt. Eine **kombinierte Buchung Flug/Camper** über ein Reisebüro ist auch hier ratsam, denn mit etwas Glück wird man vom Flughafen abgeholt oder das Fahrzeug wird dort bereitgestellt. Campmobile verbrauchen viel Kraftstoff, Campingplätze sind nicht immer billig und weitere Zusatzkosten (Reinigung, Bereitstellung etc.) können anfallen. Eine Kostenersparnis gegenüber einem normalen Mietwagen und Übernachtungen in Motels ergibt sich somit kaum.

Aufenthaltskosten

Diese Preisklassifizierungen können nur als **ganz grober Richtwert** angesehen werden, da die Preisgestaltung der einzelnen Hotels sich nach Zimmergröße, Wochentag, Saison u. a. richtet. Besonders in dem hier beschriebenen Reisegebiet liegen die Winterpreise häufig bei nur 40 % der Sommerpreise – ausgenommen sind natürlich die Skigebiete. Zudem werden sehr häufig Preisnachlässe und Discounts gewährt, die es aber auszuhandeln heißt.

Hotels/Lodges

Generell muss man als unterste Grenze ca. $ 50/Nacht im Doppelzimmer eines Franchise-Motels rechnen, wobei die Regel eher bei $ 60–80 liegt. Mittelklassehotels („Privat" oder z. B. Holiday Inns und andere bessere Franchise-Motels) verlangen zwischen $ 85 und 140 für ein Doppelzimmer, wobei besonders in größeren Städten die Wochenendtarife deutlich niedriger liegen können ($ 60–90). Luxushotels, besonders die mit historischem Ambiente (z. B. das „Broadmoor" in Colorado Springs) oder die, die zusätzliche Einrichtungen bieten (Golfplatz, Tennisplatz etc.), liegen eher (weit) über $ 200 pro Tag/DZ.

Frühstück ist im Hotelpreis meistens nicht enthalten. Und wenn es als „Continental Breakfast" doch inbegriffen ist, besteht dieses meist nur aus Kaffee, einfachem Orangensaft und Muffins oder Kuchenstückchen – alles in Form von Selbstbedienung in der Motellobby.

Lodges kosten ab $ 80/DZ, können bei entsprechendem Luxus oder „einziger Alternative" auch deutlich (weit) über $ 150 verlangen (z. B. am Grand Canyon).

Hotel-Preiskategorien für Doppelzimmer:			
$	bis $ 60	$$$$	$180-270
$$	$ 60-130	$$$$$	$ 270 und mehr
$$$	$ 130-180		

Bed & Breakfast
Wegen des speziellen Service sind diese Unterkünfte etwas teurer und kosten ab $ 50 pro Person (im Schnitt $ 60–80), beinhalten dafür aber auch ein gutes Frühstück.

Ranches
Hier ermittelt sich der Preis nach dem Angebot (Reiten, Ausflüge, Cowboyfrühstück etc.) und beginnt bei etwa $ 160 pro Person und Tag, kann aber auch das Doppelte kosten. Dafür sind aber alle Mahlzeiten und die „üblichen" Touren und Ranchprogramme in der Regel im Preis enthalten.

Nationalparks
Die Preise pro Fahrzeug mit 2 Insassen liegen zwischen 10 und 40 $. Ratsam für den Südwesten ist der **America the Beautiful – National Parks and Federal Recreational Lands Pass – Annual Pass** für $ 80, mit dem Sie für ein Fahrzeug mit allen Insassen bzw. der Inhaber und bis zu drei weitere Personen ein ganzes Jahr (beginnend am Verkaufstag) in allen Nationalparks der USA freien Eintritt haben. Der Pass gilt aber nicht für State Parks!
Den Pass kann man an fast allen Parks und Federal Recreation Areas erhalten. Eine Auflistung der Verkaufsstellen findet man unter: https://store.usgs.gov/pass/PassIssuanceList.pdf.
Vergünstigte Pässe für Rentner gibt es nicht. Diese „Senior Passes" gibt es nur für Amerikaner und Personen, die für die USA ein „Resident Permit" haben.

Lebensmittelpreise
Hier können Sie das eine oder andere Schnäppchen machen, wenn Sie den unzähligen **Sonderangeboten** folgen. In der Regel aber liegen die Preise etwas über dem europäischen Niveau. Käse ist meist teurer, Fertiggerichte (die Sie im Camper oder auch in dem einen oder anderen „Residence-Hotel" mit Küche selbst zubereiten können) sind gleich teuer oder auch billiger. Grundnahrungsmittel, wie z. B. Milch, Frischgemüse und Säfte sind teurer, dafür aber sind Fleisch- und Fischwaren (besonders Shrimps an der Küste) oft billiger. Früchte kosten, je nach Herkunftsland, etwa das gleiche wie bei uns. Bemerkbar macht sich aber, dass es wenig bis gar keine subventionierten Früchte und Agrarprodukte gibt. Daher sind z. B. Fruchtsäfte aus Florida ziemlich teuer.

Telefonate
Ein 3-Minuten-Ferngespräch Inland kostet je nach Anbieter zwischen $ 1,50 und 4,50. Nach Deutschland kosten 3 Minuten $ 5 (je länger, desto günstiger wird es). Günstiger wird es aber mit Telefonkarten, die es in vielen Supermärkten, Lebensmittelgeschäften und Tankstellen an den Kassen gibt.
Grundsätzlich verlangen Hotels für die Nutzung der Apparate auf den Zimmern ab $ 0,50 pro Telefonat, selbst wenn man eine 1-800-Nummer anruft oder die o. g. Telefonkarte nutzt.
Wer sein europäisches Handy in den USA nutzen möchte, sollte sich vor der Abreise über die Roaming-Preise erkundigen. Der normale Minutenpreis liegt bei ca. € 2,50, auch wenn man selbst angerufen wird, kann es teuer werden.

Flughafenbus-Transfers
Je nach Entfernung zwischen $ 24 (Phoenix), mind. $ 38 (Scottsdale) und ab $ 75 (Dallas) pro Person (vom/zum Innenstadtbereich).

Taxi
Als Richtlinie gilt: je nach Stadt ab $ 2,20 vor Beginn der Fahrt, ca. $ 3,50 pro gefahrener Meile und $ 0,50 pro zusätzlichem Insassen (Stadt). Staus und verzögerte Fahrten werden etwas höher berechnet. Eine Preisliste sowie die Nummer der Beschwerde-Hotline sind im oder am Taxi angebracht.

Benzin
Die Preise liegen zwischen $ 2 und 3 pro Gallone (3,78 l), also deutlich unter den Preisen in Deutschland.

Restaurants

Fast Food in entsprechenden Ketten ist um einiges billiger als in Europa, einen einfachen Hamburger gibt es manchmal schon für $ 1,50–2. Restaurants sind besonders abends teuer; zu beachten ist, dass man auf die angegebenen Preise noch die Steuer (5–8 %) und das Trinkgeld (15–20 %) hinzurechnen muss. Für ein normales Hauptgericht (in der Regel mit Salat oder Suppe) inkl. einem Getränk, zzgl. Tax und Trinkgeld, muss man mit mind. $ 25 pro Person rechnen, wobei gehobenere Restaurants um weitere $ 10–20 teurer sein können. Ein Rumpsteak (inkl. Suppe und *baked potato*) kostet ca. $ 25 (plus Tax und Trinkgeld), ist aber auch um einiges größer als in Europa.
Günstiger sind dagegen Hühnchengerichte sowie Mahlzeiten in (normalen) asiatischen Restaurants. Aber Achtung! Im Zeitalter von Sushi und Fusion-Cuisine haben sich zahlreiche teure asiatische Restaurants etabliert.

Gesamtkostenplanung

Die Kostenplanung soll mehr oder weniger alle anfallenden Reisekosten für eine Reise durch den Südwesten der USA umfassen. Eine Kostenplanung für eine 2-köpfige Familie (ohne Souvenirs) könnte also beispielsweise folgendermaßen aussehen, wenn Sie in der Regel in günstigeren Motels übernachten (alle Angaben in EURO und gerundet):

Art der Kosten	3 Wochen	5 Wochen
An- und Abfahrt zum europ. Flughafen	100	100
2 Flugtickets	1.800	1.800
Gepäck- und Krankenversicherung	100	130
Mietwagen (Intermediate)	700	1.170
Benzin (5.500 bzw. 8.000 km)	850	1.230
Übernachtung (à $ 70 für DZ)	1.280	2.160
amerik. Frühstück (à $ 13/Person)	470	800
Mittagessen (Fastfood, günst. Restaurant, à $ 15/Person)	545	930
Abendessen (à $ 22/Person)	800	1.360
Getränke zwischendurch ($ 6/Person/Tag)	220	370
Eintritte	260	400
Telefonate/Briefmarken etc.	60	90
Sonstiges (Kleidung, Reserve etc.)	400	550
gesamt	**7.585**	**11.110**
Für ein zusätzliches Kind im Alter von 15 Jahren kämen noch folgende Kosten hinzu (Übernachtung im gleichen Zimmer):		
Flugticket	800	800
Krankenversicherung	30	50
Übernachtung (zusätzlich $ 10/Tag)	200	340
Mahlzeiten (inkl. Zusatzgetränke)	1.000	1.700
Eintritte	100	150
Sonstiges	200	300
gesamt	**9.915**	**14.450**
Sondertarife für kleinere Kinder sind z. T. bei Flügen und Unterkünften möglich.		

Sparen können Sie vor allem beim Essen, bei den Übernachtungen nur teilweise. Geben Sie sich fast nur mit Fastfood- bzw. Familien-Restaurant-Ketten zufrieden, liegen die o. g. Essenskosten ca. 30 % niedriger. Sollten Sie dagegen nicht so sehr auf die Reisekasse achten müssen, können Sie mit guten Restaurants Ihre Essensausgaben um bis zu 150 % steigern, denn richtige Restaurants sind in den USA erheblich teurer.

3. REISEN IM SÜDWESTEN DER USA

Rundreisevorschläge, Zeitpläne und Routenskizzen

Überblick

Das Reisegebiet des Südwestens ist so groß, dass man es nicht während eines Urlaubes ganz bereisen kann. Auf einer Rundreise alle Sehenswürdigkeiten der Rocky Mountains, der Canyons und von Texas „abzuklappern“ geht nicht. Selbst bei einer gezielten Auswahl der Highlights im gesamten Reisegebiet würde man 2–3 Monate benötigen. Daher: „Mut zur Lücke“, und halten Sie sich dann an Ihren Plan. Werden Sie nicht schwach bei einem Hinweis auf eine bereits gestrichene Sehenswürdigkeit. Ein Urlaub kann dann schnell zum Stress werden.

▶ **Alternative 1:** Zu den hier vorgeschlagenen Autostrecken Abschnitte mit dem Flugzeug zurücklegen, und nicht vom selben Flughafen zurückfliegen, auf dem man angekommen ist (z. B. Hinflug nach Dallas und Rückflug ab Denver). Bedenken Sie aber die Mehrkosten für die Rückführung des Mietwagens.

▶ **Alternative 2:** Sie konzentrieren sich auf eine Region (z. B. Canyonlandschaften) und lassen sich dort ganz einfach treiben.

Es gibt unzählige Variationen wie man eine Reise durch den Südwesten gestalten könnte. Hier sind nur ein paar zusammengestellt, die wir für empfehlenswert halten:

- Die **Texasrundreise** und die **Rundreise durch die Gebiete um die Rocky Mountains** beruhen auf der Vorstellung, dass Sie zweimal in die USA reisen und dabei jeweils 3–4 Wochen Zeit haben. Besonders für die Rocky Mountains sind eher 4 Wochen realistisch.
- Für die **Rundreise durch den gesamten Südwesten** haben wir einen Routenplan erarbeitet, der sich im Wesentlichen an die Kapitelfolge des Buches hält und der Sie in ca. 7–10 Wochen zu den schönsten Punkten führt. Sie können diesen Vorschlag dazu nutzen, sich ein Teilstück davon „herauszupicken“. Diese Zusammenstellung beruht auf einer persönlichen Auswahl, die man nach seinen eigenen Vorlieben anpassen kann. „Mut zur Lücke“ ist auf dieser Strecke besonders angesagt.
- **Die Rundreise zu den absoluten Highlights in 2–3 Wochen** bietet schließlich wirklich nur das Wesentliche. Sie werden an vielen interessanten Punkten einfach vorbeifahren müssen. Konzentrieren Sie Ihre Reise auf die Besichtigung der angegebenen Punkte, und genießen Sie die Landschaft. Für große Wanderungen und Umwege bleibt aber keine Zeit.

Unterwegs im Südwesten

Reisen im Südwesten: „Weniger (Kilometer) ist mehr!"

Touristische Regionen und Höhepunkte:

- *Texas: die Großstädte, von denen San Antonio (Kultur) und Houston (Technisches) am interessantesten sind, die Golfküste mit ihren Strände sowie die Region um den Big Bend NP*
- *New Mexico/Arizona: Indianerkulturen und die Halbwüstenlandschaften*
- *Arizona/Utah: Canyon-Landschaften und die bizarren Felsformationen sind natürlich einer der **Höhepunkte** des Südwestens*
- *Nord-Utah/Colorado: Rocky Mountains mit wilden Schluchten und Tälern, grünen Wäldern, mondänen Skiorten und der Geschichte der Goldschürfer bzw. grundsätzlich der der Pioniere bilden den zweiten **Höhepunkt** der Region*

Wieso haben wir uns für die vorliegenden Buchrouten entschieden?

- *Die ersten Kapitel, die die **Großstädte und die Küste von Texas** betreffen, sollen Ihnen die Möglichkeit bieten, die „moderne" amerikanische Kultur kennen zu lernen und Strände zu erkunden. Anschließend passieren Sie drei sehenswerte Nationalparks und eine Landschaft, die besonders aufgrund ihrer Weite beeindruckt.*
- *Ab El Paso, der Stadt, die sich u. a. als **Startpunkt für die klassische Region Südwesten** anbietet, kommen Sie ins Land der Indianer. Folgen Sie der Route über Albuquerque (das sich als alternativer Startpunkt anbietet) und Gallup. So haben Sie genügend Gelegenheit, sich in Museen über die Geschichte der Indianer näher zu informieren.*
- *Die Routenführung über Tucson und Phoenix ist nicht wegen der beiden Städte gewählt, sondern um eine Gelegenheit zu bieten, den **Schmelztiegel aus Indianerkultur, Pioniertaten, mexikanischem Einfluss und echter Halbwüste** im Süden Arizonas zu erleben. Landschaftlich ist die Region schön, hat aber weniger atemberaubende Highlights.*
- *Ab Flagstaff kann man in Ruhe die **sagenhaften Canyon-Landschaft** genießen.*
- ***Las Vegas' einmalige Glitzerwelt** und den Kontrast zur umliegenden Landschaft (inkl. Abstecher zum Death Valley) dürfen Sie sich nicht entgehen lassen.*
- *Der Abstecher nach Salt Lake City und durch den Norden von Utah und Colorado gilt als „Ablenkung". **Mormonenkultur und eine schöne Landschaft**, die man einfach durchfahren und erleben kann, sind dafür gut geeignet. Wer gleich die nächsten Höhepunkte erfahren möchte, biegt in der Region um Moab nach Osten in die Rockies ab.*
- *Denver bietet eine „Verschnaufpause" von so viel Landschaft. Wer das **Großstadtflair** an diesem Punkt nicht vermisst, sollte gleich abzweigen in die südöstlichen Rockies.*
- *Die **Rocky Mountains**: Hier erfahren Sie vieles über die „technische" Eroberung des Kontinents durch die Bergbau-Pioniere, die durch ihre Funde der aufstrebenden Wirtschaft Amerikas deutliche Impulse gaben – Landschaft vom feinsten inklusive!*

Hinweis:
In den Bergen müssen Sie sich darauf einstellen, dass Sie weniger Tageskilometer schaffen als in den Hochebenen.

Die hier vorgeschlagene Streckenführung soll nur einen „Roten Faden" geben für die Reise durch die Wunderwelt des Südwestens. Eine weitere Idee: Fahren Sie zweimal in diese Region, und unterbrechen Sie Ihre Reise für ein oder zwei Jahre auf halber (Buch-) Strecke.

Vorschläge für „kürzere", geografisch begrenzte Aufenthalte im Südwesten

4–5 Wochen:

Tour 1 führt nach Kalifornien, die weitere nördliche Pazifikküste (im Reiseführer „USA/Nordwesten" beschrieben) und schließlich in die Canyon-Landschaft von Arizona und Utah. Für diese Reise benötigen Sie **4–5 Wochen**.

Tour 2: Bereisen Sie die Rocky Mountains und die Plains (bes. Texas). Auch für diese Tour benötigen Sie **4–5 Wochen**.

2–3 Wochen:

Entscheiden Sie sich für **voneinander unabhängige Reisen** zu den folgenden Gebieten:

Tour 1: Flug nach Salt Lake City, von dort in Richtung Süden zu den Canyon-Gebieten, Abreise ab Phoenix.

Tour 2: Flug nach Denver, dann über Aspen durch die Rocky Mountains bis nach Santa Fe. Rückflug ab Albuquerque/El Paso.

Tour 3: Rundreise durch Texas (Anflug nach Houston/Dallas). Konzentrieren Sie sich auf die südliche Küste, den Raum San Antonio/Austin, und fahren Sie dann entweder zum Big Bend NP oder zu den beiden Parks im Westen (Guadalupe Mountains und Carlsberg Caverns NP). Rückflug von El Paso.

Auch die Städte sind einen Besuch wert

Texasrundreise (3 Wochen)

Flug nach Dallas (2 Tage). Von dort – am besten entlang der osttexanischen Seen und Swamps – nach Houston (hier 2 Tage). Anschließend dicht an der Küste nach Süden. Entspannen Sie sich an den Stränden (insg. 3–4 Tage). Von hier aus nach San Antonio und Austin und statten Sie dem deutschen Siedlungsgebiet einen Besuch ab (insg. 3–4 Tage). Dann zum Big Bend NP fahren (1–2 Tage). Bleiben Sie dort 2 Tage. Von hier aus zum Guadalupe Mts. NP und zu den Carlsberg Caverns (insg. 3–4 Tage). Wenn Ihre Urlaubszeit sich nun zum Ende neigt, fahren Sie wieder zurück nach Dallas (1–2 Tage). Wenn Sie noch etwas Zeit haben sollten, machen Sie einen Abstecher in den Norden von Texas (Amarillo). Für diese Tour benötigen Sie dann weitere 4 Tage.

Rundreise durch die Rocky Mountains, zum Grand Canyon und durch die Halbwüsten des Südwestens (4–5 Wochen)

Flug nach Denver (dort 2 Tage). Danach über Aspen, den Black Canyon of the Gunnison NP, den Mesa Verde NP nach Santa Fe (insgesamt 6–7 Tage). Passieren Sie Albuquerque (hier nur das Indian Pueblo Cultural Center anschauen), und fahren Sie bis zum White Sands NM (insg. 2 Tage). Anschließend über El Paso nach Tucson (insg. 2–3 Tage).

3 Tage für Tucson, Phoenix und die umliegenden Gebiete. Von Phoenix zum Grand Canyon rechnen Sie mit 2 Tagen Anfahrt. Der Grand Canyon sollte Ihnen einen vollen Tag wert sein. Auf der Strecke nach Salt Lake City müssen Sie sich entscheiden für zwei bis drei Nationalparks bzw. andere Sehenswürdigkeiten. Vorschlag: Lake Powell (1–2 Tage), Bryce Canyon NP (mit Anfahrt 2 Tage) und Arches NP (mit Anfahrt 2 Tage). Dann noch 1 Tag für die Anfahrt nach Salt Lake City. Insgesamt für diesen Streckenabschnitt 6–8 Tage. Mit Abstecher nach Las Vegas: 8–11 Tage.

Eine abkürzende Alternative: In Albuquerque nach Westen abbiegen und nach Flagstaff fahren. Dabei würden Sie durch das zentrale Indianerland fahren und könnten sich alternativ den Chaco Culture Nat. Hist. Park, den Petrified Forest NP und/oder den Canyon de Chelly anschauen.

Bei allen Vorschlägen wiederum bedenken, dass die Rückführkosten eines Mietwagens von einem anderen Ort als dem Abhol-Ort zu Ihren Lasten geht.

Zeiteinteilung für eine Rundreise durch den gesamten Südwesten der USA

Hierbei handelt es sich um einen Vorschlag, der die meisten interessanten Gebiete einschließt.

Gebiet	Unternehmungen/ Ausflugsziele	Tage	ca. km	touristische Interessen
*Reisen Sie **Dallas** nur dann an, wenn Sie genügend Zeit haben. Als Stadt bietet Dallas eher weniger als Houston.*				
Houston	LBJ Space Center, Museen, San Jacinto Battleground State, Historical Park, Galveston	2	200	Großstadterlebnis, Golfküste
Houston – San Antonio	keine besondere Sehenswürdigkeiten	1	350	texanische Farmlandschaft
San Antonio/ Austin-Gebiet	San Antonio – Austin – deutsches Siedlungsgebiet	2-3	450	mexikanisch beeinflusste Großstadt, deutsch-amerikanische Siedlungen, Hauptstadt von Texas
San Antonio – Südküste von Texas	Corpus Christi – Rockport- Fulton – Kings Ranch – Laredo und das Grenzgebiet zu Mexiko	2-3	750	Strände, Flugzeugmuseen, mexikanische Kulturen
Südküste von Texas – Big Bend NP	Del Rio – Langtry – Rio Grande Valley	1-2	800	Geschichte, Landschaft
Big Bend NP	Naturerlebnisse – Wanderungen	1	100	Wanderungen, Pflanzenwelt
Big Bend NP – Carlsbad Caverns NP	Fort Davis Nat. Hist. Site – Guadelupe Mts. NP – Carlsbad Caverns NP	1-2	420	Naturwunder – Landschaft – Geschichte
Carlsbad Caverns NP – El Paso	keine besonderen Sehenswürdigkeiten (außer Höhlen natürlich)	1	240	Tropfsteinhöhlen
Falls Sie nur vier Wochen Zeit haben, sich aber lieber auf die Naturschönheiten der Rockies und der Canyons konzentrieren möchten, sollten Sie nach El Paso fliegen und auf den Rest von Texas verzichten. Ersparnis: ca. 3.200 km und 14 Tage				
Auf das folgende KERNSTÜCK der Reise von El Paso nach Denver sollten Sie bei Ihrer ersten Reise in den Südwesten der USA nicht verzichten:				
El Paso	El Paso – Umgebung	1-2	100	mexikanische Kultur in zwei Staaten, Missionen
El Paso – Albuquerque	White Sands NM – Bosquel del Apache NWR	1-2	400	Halbwüste, Indianerreservate, Natur, Raketentechnik
Albuquerque	Indian Cultural Museum – Indianerreservate der Umgebung	1	200	Stadt in der Halbwüste, Geschichte – Indianermuseen
Albuquerque – Indianerreservate – Petrified NP – Silver City	Indianerreservate – Pueblokulturbauten – Petrified Forest NP – Waldgebiete des Arizonahochlandes	2-4	800	Naturerlebnis, Wanderungen, Indianerkulturen
Silver City – Tucson – Phoenix	Ghost Towns – Tombstone – Saguaro NM – Tucson – Casa Grande Ruins	2	450 -700	Naturerlebnisse, Wilder Westen, Stadt in Wüste
Phoenix	Museen – Rawhide Western Town – Organ Pipe Cactus NM, Hotel-Resorts	1	200 -600	Großstadt, Cowboyleben, Naturerlebnis

Gebiet	Unternehmungen/ Ausflugsziele	Tage	ca. km	touristische Interessen
Phoenix – Grand Canyon	Montezuma Castle NM – Flagstaff – Verde Valley – Wupatki NM – Sunset Crater NM	1	350	Naturerlebnisse, Indianerkulturen
Grand Canyon	Größter Canyon der Welt	1-2		Naturerlebnis
Naturparks des Coloradotals (Las Vegas)	Glen Canyon NRA – Lake Powell – Canyonlands NP – Arches NP – Monument Valley – Capitol Reef NP – Abstecher nach Las Vegas	2-4	400-1.000	Naturerlebnisse, Glitzerwelt, Wandern, Rafting
***TIPP:** Bedenken Sie gerade in diesem Gebiet, dassdie Entfernungen in den USA sehr groß sind, und planen Sie Ihre Reiseroute gut – haben Sie eventuell „Mut zur Lücke". Besonders Eilige sollten die in diesem Kapitel beschriebenen Parks z.T. auslassen.*				
***ALTERNATIVE:** Wer Zeit einsparen möchte, kann vom Arches NP aus direkt in Richtung Rocky Mountains und Denver fahren. Dieses ist bei knapperer Urlaubsplanung oder einer Verzögerung der Reise bis zu diesem Punkt sicherlich der beste Moment, Zeit zu gewinnen. Salt Lake City mag interessant sein, aber mit Sicherheit sollte man für die Naturschönheiten des Südwestens die meiste Zeit einplanen. Ersparnis: ca. 1.200 km und 6 Tage*				
Grand Canyon – Salt Lake City	Bryce Canyon NP – Zion NP – Pipe Spring NM – St. George – Provo	3	1.000	Naturerlebnisse, Mormonenlandwirtschaft
Salt Lake City	Tempel der Mormonen – Großer Salzsee – Wasatch Mountains	1-2	100 -400	Mormonenkultur, Wüstenkultivierung, Wintersport
Salt Lake City – Denver	Dinosaur NM – Rocky Mountains NP	2-3	650 -900	Naturerlebnisse, Wintersport
Denver	zahlreiche Museen – Golden	1-2	200	Großstadt mit schöner Umgebung
Insgesamt		***29-43***	***7.910 -9.960***	
Hier wäre eine Möglichkeit für einen Rückflug nach gut vier Wochen (Texas inklusive)				
Denver – durch die Rockies nach Santa Fe	Vail – Aspen – Black Canyon of the Gunnison NM – Mesa Verde NP – Aztek Ruins NM – Great Sand Dunes NM – Taos – Los Alamos	5-7	950 -1.200	Wintersport, Naturerlebnisse, Pueblokulturen, Outdoor-Aktivitäten, historische Eisenbahnen
Santa Fe	Indianerkulturen – Museen	1-2	200	Herz der Pueblokultur, schöne Umgebung
Hier wäre eine Beendigung der Reise möglich, um von Albuquerque zurückfliegen zu können nach knapp 6 Wochen (inkl. Texas)				
Santa Fe – Colorado Springs	Capulin Mt. NM – Pueblo – Canon City, Royal Gorge Bridge, Colorado Springs	1-2	500 -700	Landschaft, Geschichte, Wintersport
Insgesamt		***34-52***	***9.560-12.060***	
Hier wäre eine erneute Möglichkeit gegeben für einen Rückflug von Denver aus nach gut 5 Wochen (Texas inklusive)				
Dallas	Museen – West End Hist. District – Southfork Ranch – Old City Park – Fort Worth	1-3	200	Geschichte, moderne amerikanische Großstadt
Dallas – Houston	Osttexanische Seen	1-2	450	Landschaft
Rückflug von Houston				
Insgesamt		***39-61***	***10.010 - 12.060***	

Rundreise zu den absoluten Highlights in 2–3 Wochen

Eine Fahrt zu den Highlights des Südwestens sollte die wesentlichen Indianer-Kulturen bzw. -Ruinen und natürlich die landschaftlichen Höhepunkte einbeziehen. Schwierig gestaltet sich dieses aber alleine wegen der „geografischen Dreiteilung" dieser Punkte (Indianerkulturen, Canyon-Landschaft und Rocky Mountains). Daher gilt auch hier: „Mut zur Lücke".

Der Übersichtlichkeit und Anschaulichkeit wegen erläutern wir das Programm in Worten und nicht anhand einer Grafik.

Tag 1: Anflug nach Albuquerque. Übernachtung in Albuquerque.

Tag 2: Albuquerque. Old Town und das Indian Pueblo Cultural Center. Abends auf den Sandia Peak hinauffahren.

Tag 3: Früh aufbrechen zur Acoma Sky City. Lunchpause in Grants oder Gallup. Dann über Window Rock bis zum Canyon de Chelly. Vergewissern Sie sich abends, ob Ihre Vorausbuchung für die Tour durch den Canyon de Chelly in Ordnung geht. Übernachtung: In bzw. um Chinle. Tageskilometer: ca. 370

Tag 4: Erste Halbtagestour durch den Canyon de Chelly unternehmen. Lunch in der Thunderbird Lodge. Danach zügig auf dem US 191 bis Moab fahren. Tageskilometer: ca. 360

Tag 5: Vormittags Arches NP. Lunchpause in Moab. Fahren Sie anschließend, südlich von Moab vom US 191 abzweigend, den UT 46, danach den CO 90 und schließlich den CO 145 bis Telluride. Tageskilometer: ca. 380

Tag 6: Von Telluride über Ridgway nach Silverton. Genießen Sie auf dieser Strecke die Rocky Mountains, und nutzen Sie die fabelhaften Ausblicke zwischen Ouray und Durango für Fotos. Lunchpause in Silverton. In Silverton könnten Sie dann, bis auf einen Fahrer, mit der historischen Eisenbahn nach Durango fahren. Übernachtung in Durango. Tageskilometer: ca. 200

Tag 7: Einen ganzen Tag im Mesa Verde NP. Lunch: Picknick oder im parkeigenen Restaurant. Übernachtung: Far View Lodge im Park oder in Cortez. Tageskilometer: ca. 240 (bis 300)

Tag 8: Von Cortez zum Monument Valley. Zuerst machen Sie hier eine Lunchpause. Nachmittags schauen Sie sich das Monument Valley an, und genießen Sie am Abend den Sonnenuntergang. Übernachtung: am Monument Valley. Tageskilometer: ca. 270

Tag 9: Über Hanksville (Lunchpause) nach Torrey fahren. Entscheiden Sie sich, ob Sie sich das Natural Bridge NM oder den Capitol Reef NP genauer anschauen möchten. Übernachtung in Torrey vorbuchen. Tageskilometer: ca. 340

Tag 10: Früh und zügig weiter über den Scenic Byway UT 12 zum Bryce Canyon NP, den Sie sich am Nachmittag anschauen können (inkl. Wanderung in den Canyon). Lunchpause im parkeigenen Restaurant. Übernachtung vorbuchen. Tageskilometer: ca. 170

Tag 11: Vom Bryce Canyon über den US 89 und die UT 9 zum Zion NP. Lunchpause: Picknick im Park oder im nahen Springdale. Nachmittags haben Sie dann Zeit zur Erkundung des Parks und für kürzere Wanderungen. Übernachtung in Springdale. Tageskilometer: ca. 140

Tag 12: Über St. George nach Las Vegas. Abends: Strip. Übernachtung vorbuchen. Tageskilometer: ca. 180

Tag 13: Ausschlafen! Ausflüge in die Umgebung. Abends eine Show in einem Casino-Hotel oder Downtown Las Vegas.

Tag 14: Früh starten zum Grand Canyon NP. Dabei den Hoover Dam anschauen. Lunchpause in Kingman oder Williams. Abends: Sonnenuntergang am Grand Canyon! Übernachtung vorbuchen. Tageskilometer: ca. 450

Tag 15: Grand Canyon ausgiebig genießen. Rundflug, Rundtour, kurze Wanderungen.

Tag 16: Vom Grand Canyon nach Phoenix. Auf dem Weg Montezuma Castle NM anschauen. Lunchpause in Arcosanti. Übernachten in Phoenix: Tageskilometer: 390 km

Tag 17: Besuch des Heard Museum und – mit Ausnahme der Besichtigung der Casa-Grande-Ruinen – gleich durchfahren nach Tucson. Lunchpause unterwegs an Highway-Tankstelle. Nachmittags Saguaro NP West, Desert Museum und/oder Old Tucson Studios anschauen. Übernachtung in Tucson. Abends: Carne Seca essen in Restaurant. Tageskilometer: ca. 210

Tag 18: Von Tucson nach Tombstone. Dort Lunch. Anschließend nach Silver City (a) oder Las Cruces (b). Tageskilometer: a) ca. 390; b) ca. 540

Tag 19: Zum White Sands NM. Lunchpause in Alamogordo. Danach weiter über den US 54 und den US 380 nach Socorro. Tageskilometer: a) ca. 525 b) ca. 365

Tag 20: Durchfahren bis Santa Fe und die Stadt genauer ansehen. Tageskilometer: ca. 240

Tag 21: Zurück nach Albuquerque und von dort Rückflug nach Europa. Tageskilometer: ca. 120

4. TEXAS: METROPOLEN, KÜSTE UND DER RIO GRANDE

Kleine Einführung

Texas ist so groß wie die Bundesrepublik und Polen zusammen und erstreckt sich von Norden nach Süden auf 1.300 km und von Westen nach Osten auf 1.250 km. Damit ist es nach Alaska der zweitgrößte Bundesstaat der USA. Texas beeindruckt neben seiner Größe auch durch seine Gegensätze. Doch die schnelllebigen Großstädte Dallas und Houston sind touristisch nur bedingt interessant. Anders dagegen die über 700 km lange Golfküste, deren südlichen Strände sich durchaus mit denen von Florida oder Kalifornien messen können. Für den Reisenden werden aber vor allem die ländlichen Gegenden von Interesse sein. Texas ist bekannt für seine großen Ranchen … Cowboy-Country pur. Hier werden Cowboyhut und Westernstiefel als alltägliche Kleidungsstücke angesehen und passen durchaus zu einem Anzug. Häufig sind die Stiefel bunt und aus verschiedensten Ledern gearbeitet. Der Hut dagegen muss die „zeitlose Eleganz" eines Schreibtisch-Cowboys verkörpern, weder auffällig noch banal. Amarillo im Nordwesten ist so eine echte Westernstadt. Hier gibt es die größten Steaks, imposante Viehauktionen und die bekannte Cadillac Ranch, wo alte Cadillacs in Reih und Glied die Nase in den Sand stecken. Weiterhin ist die Mischung aus amerikanischer und mexikanischer Kultur – kurz: TEX-MEX – nirgendwo ausgeprägter als in Texas.

Texas, Cowboy Country pur

Die Natur lässt sich in Texas auf eindrucksvolle Weise erleben. Am schönsten ist der Big Bend Nationalpark, der an einer großen Schleife des Rio Grande liegt. Ferner ist der Guadalupe Mountains National Park im Westen landschaftlich beeindruckend. Die hügeligen Flächen, die die größten Teile des Staates ausmachen, sind dagegen auf Dauer eher langweilig. Wirtschaftlich lebt Texas neben der Landwirtschaft vor allem von der Erdöl- und Erdgasförderung. Bereits 1866 entdeckte man die erste interessante Quelle, und seither wuchs die Zahl der Fördertürme stetig. Heute zählt man über 230.000 solcher Türme im gesamten Bundesstaat, einige davon auch offshore.

230.000 Ölfördertürme

Eigentlich bietet sich Texas für eine eigene Urlaubsreise an. Wenn Sie aber nicht so viel Zeit haben, konzentrieren Sie sich auf den Süden und planen nur kurze Aufenthalte in den Städten ein.

Texas-Telegramm

***Abkürzung**: TX; **Beiname**: The „Lone Star State"; **Namensherleitung**: Von „tejas", dem indianischen Wort für Freundschaft bzw. Verbündeter; **Staat seit**: 29. Dez. 1845 (28. Staat); **Fläche**: 695.600 km²; **Einwohner**: 27 Mio.; **Einwohnerdichte**: 37 E./km²; **Hauptstadt**: Austin (866.000 E., Großraum 1,93 Mio. E.); **weitere Städte**: Houston (2,25 Mio. E., Großraum 6,3 Mio. E.), Dallas (1,3 Mio. E., Großraum Dallas-Fort Worth-Arlington u. a. 6,9 Mio. E.), San Antonio (1,44 Mio. E., Großraum 2,33 Mio. E.), El Paso (680.000, amerik. Großraum: 840.000 E.), Fort Worth (810.000 E.); **wichtigste Wirtschaftszweige**: Erdölförderung- u. Verarbeitung; Maschinenbau; Agrarwirtschaft (hauptsächlich Weidewirtschaft, ansonsten Baumwolle, Weizen, Zitrusfrüchte); Hightech-Industrie, Tourismus*

Dallas

Entfernungen

Dallas – Houston: 245 Meilen/395 km
Dallas – Austin: 192 Meilen/309 km
Dallas – San Antonio: 252 Meilen/405 km
Dallas – El Paso: 617 Meilen/993 km

Überblick und Geschichte

Die **Geschichte** von Dallas ist schnell erzählt: in relativ kurzer Zeit wurde aus einer einfachen Hütte eine der modernsten Großstädte der Welt. 1841 (andere Zahlen sagen 1840 bzw. 1843) gründete *John Neely Bryan* hier einen kleinen Handelsposten. Kurze Zeit später folgten ihm ein paar Freunde, u.a. *Joe Dallas*, sein ehemaliger Nachbar aus Arkansas. Warum gerade an dieser Stelle, ist bis heute ungeklärt, denn der Standort bot keine geografischen Vorteile: Es gab weder eine bedeutende Flussfurt noch einen vielbenutzten Handelsweg, und die flache, exponierte Landschaft bot auch keinen Schutz vor möglichen Angriffen der Comanchen, die hier zu dieser Zeit nicht selten waren. 1855 versuchten 350 Kolonisten aus Frankreich, der Schweiz und Belgien hier eine Kulturhochburg aufzubauen – ein „Utopia", wie sie es nannten. Das schlug fehl, hinterließ aber einige Spuren. Anfang der 1870er Jahre – Dallas hatte damals nur 3.000 Einwohner – kam die Ei-

Ungünstige Startbedingungen

Imposant: die Skyline von Dallas

senbahn, und der Ort wurde Kreuzungspunkt. Das gab wirtschaftlichen Auftrieb, Handelsfirmen ließen sich nieder. Dallas wurde zu einem bedeutenden Umschlagplatz für Baumwolle, Getreide und vor allem Rinder. Die Ölfunde und Industrieunternehmen, die von den beiden Weltkriegen profitierten, sorgten endgültig für Wohlstand.

Nach dem 2. Weltkrieg kam die Computerindustrie, allen voran der Konzern *Texas Instruments*, der die ersten Taschenrechner in großen Stückzahlen produzierte. Übrigens war es auch in Dallas, wo der erste Mikrochip eingeführt wurde. Als wichtiger Standort der Computerbranche spricht man auch von *Silicon Prairie*. Negative Schlagzeilen machte Dallas am 22. November 1963, als auf der Elm Street Präsident *John F. Kennedy* einem Attentat zum Opfer fiel. Und das gerade auf einer Propagandatour, wo er dem stockkonservativen Texas seine progressive Politik näher bringen wollte. Dieses Attentat lag noch viele Jahre wie ein dunkler Schatten über der Stadt, die gerade zu Beginn der 1960er Jahre darum bemüht war, ihr Image als „Hochburg der Cowboys" abzustreifen. Bis heute sind die Hintergründe des Attentats noch nicht vollständig geklärt.

Silicon Prairie

Dallas heute

Auf einer Fahrt durch „Big D", wie sich Dallas selbst stolz bezeichnet, wird man aus dem Staunen nicht herauskommen. Dallas ist nicht die verschlafene Großstadt irgendwo in Texas, es ist eine hochmoderne Metropole, in der sich kaum einer an die Geschwindigkeitsbegrenzung hält, das Geld regiert und die Devise zu gelten scheint „Jeder ist sich selbst der Nächste" – nur nicht bei der abendlichen Footballübertragung in der Sportsbar, da stehen alle gemeinsam hinter ihrer Mannschaft, den Dallas Cowboys.

Dallas heißt vor allem Dollars – Big Business – und im Laufe der letzten Jahrzehnte hat die Stadt in vieler Hinsicht enorm zugelegt. Hier nur ein paar Superlative:

Stadt der Superlative

- Unter den Top 5 in den USA in den Bereichen Hightech, Telekommunikation und Computerspielentwicklung.
- Sitz von ExxonMobil, dem zweitgrößten Konzern der Welt (Irving)
- Mehr als 5 Mio. Reisende kommen jährlich hierher, davon 3 Mio. zum Besuch einer der nahezu 3.000 jährlich stattfindenden Messen und Tagungen.
- Es gibt mehr 5-Sterne-Restaurants in Big-D als in irgendeiner anderen Stadt der USA.
- Aber auch für den kleineren Geldbeutel ist gesorgt: Keine Stadt der USA hat so viele (Familien-)Restaurantplätze pro Einwohner.
- Alleine 35 Luxushotels bieten 50.000 exquisite Gästezimmer an.
- Keine Stadt der USA bietet so viel Einkaufsfläche pro Einwohner.
- „Dallas Metroplex" (Dallas, Fort Worth und eine Reihe von Midtowns) hat heute 6,9 Millionen Einwohner, aber trotzdem die geringste Bevölkerungsdichte einer Großstadt auf der Welt,
- Der Flughafen Dallas – Fort Worth, kurz DFW genannt, ist 72 km² groß (Frankfurt/Main: 14 km²) und damit größer als der Stadtteil Manhattan in New York.
- Welche andere Stadt hätte es sich leisten können, mitten in der Downtown, während der teuren Boomjahre, fast 30 Hektar freizumachen für ein Kulturzentrum? Großzügig gesponsert durch die Ölmagnaten natürlich, die gerne mal 8-stellige Summen „verschenken".

Was erwartet den Reisenden in Dallas? Zuerst einmal nicht allzu viele historische Bauten. Dallas ist jung, jünger auch als die meisten anderen amerikanischen Städte, und das, was als „historisch" gilt, ist entweder nachgebaut oder geht verloren zwischen den Hochhaustürmen der City, so z. B. die Log Cabin von *John Neely Bryan*. Interessant ist das 6th Floor Museum, das sich um die Aufarbeitung des Kennedy-Attentats bemüht. Gleich nördlich davon liegt das historische West End, ein alter Lagerhausdistrikt, aufgemöbelt zum abendlichen „Spielplatz" für Touristen und Geschäftsleute. Viele Pubs, Restaurants und Musikclubs laden hier zum Schlendern ein.

Kulturell bieten die 160 Museen, Galerien und Kunstzentren sicherlich für Jeden etwas, doch man sollte wissen, dass die z.T. spät etablierten Kunsttempel, gesponsert von den Reichen der Reichen, zwar einiges angehäuft haben, doch die klare Linie fehlt häufig.

Hinweis

In der Innenstadt (Mo–Sa 11–23.30 Uhr) verkehrt der kostenlose ***D-Link-Bus*** *(Route 722, www.dart.org/dlink/dlink.asp) von der Convention Center Station bis Uptown. Das* ***Dallas Streetcar*** *verbindet ebenfalls kostenlos Downtown (Station nahe der Union Station) und den Bishop Arts District. Zwischen Federal Street (Downtown, nahe St. Paul-Station) und Blackburn Street pendelt überwiegend entlang der McKinney Street der historische* ***McKinney-Trolley*** *(www.mata.org).*

Sehenswertes im Stadtbereich

Das Bussystem in Verbindung mit der Light Rail ist ausreichend für Erkundungen in und um die Innenstadt. Um die gesamte Stadt zu erkunden, benötigen Sie ein Auto. Beim Selbstfahren hat man am besten zwei Stadtpläne zur Hand: einen, der das gesamte Stadtgebiet überschaubar macht und einen, der alle Straßen zeigt.

Die folgenden Erläuterungen folgen einer Route, die Sie mit dem Auto abfahren können.

Dallas Arts District

Der **Arts District** wurde in den 1980er Jahren angelegt. Das **Dallas Museum of Art (1)** bezog 1984 das vornehmlich aus Spenden finanzierte Gebäude. Ausgestellt wird fast alles, es sind über 23.000 Kunstwerke aus aller Welt und einem Zeitraum von über 5.000 Jahren zu sehen, u.a. Gemälde von Picasso, Matisse, Gaugin und anderen bekannten Künstlern der Neuzeit. Außerdem gibt es Indianerkunstwerke, eine Children's Gallery und einen Sculpture Garden.
Dallas Museum of Art, *1717 N. Harwood St., ✆ (214) 922-1200, www.dma.org, Di–So 11–17 Uhr (Do bis 21 Uhr), frei, Sonderausstellungen $ 14.*

Direkt gegenüber dem Museum of Art liegt das **Nasher Sculpture Center & Garden** *(2001 Flora St., ✆ (214) 242-5100, www.nashersculpturecenter.org, Di–So 11–17 Uhr, $ 10)* mit Skulpturen bekannter Künstler wie z.B. Rodin, Matisse, Moore und Picasso sowie einem schönen Café und Shop. Die nebenan gelegene **Crow Collection of Asian Art** *(2010 Flora St., ✆ (214) 979-6430, www.crowcollection.org, Di–Do 10–21, Fr–Sa 10–18, So 12–18 Uhr, frei)* bietet sehenswerte Wanderausstellungen asiatischer Künste.

Redaktionstipps

- Übernachtung im klassischen, aber teuren **Adolphus** (S. 147) oder günstiger im **Boutique Hotel Belmont**. Empfehlenswert ist ein Tagesausflug nach Fort Worth, das erspart unnötiges Kofferpacken. Alternativ dazu ein Hotel zwischen den beiden Städten wählen.
- Ein Texas- „Pulled-Pork-Gericht" in einer der Filialen von **Sonny Bryan's Smokehouse** sollten Sie probieren. Die Tex-Mex-Küche im **Pappasito's** ist für die ganz Hungrigen zu empfehlen. Wer lieber schlendert, der versuche es entlang der **Greenville Avenue** oder in **Deep Ellum**.
- Bedeutendste Sehenswürdigkeiten: **6th Floor Museum** (S. 139), **Southfork Ranch** (S. 143), **West End Historic District** (S. 139), das **Museum of Art** (S. 137) und der Besuch des **Football-Stadions** der „Dallas Cowboys" (S. 150). **Shoppen** kann man hier getrost auch als Sehenswürdigkeit einstufen (S. 149).
- Essen und Livemusik im **Historic West End District** und ein Streifzug durch **Deep Ellum**. Tipp für den frühen Abend: **Bar Belmont** (S. 149). Fans der Countrymusik sollten im **Cowboys** das Tanzbein schwingen (S. 149)
- Versuchen Sie ein Ticket für das Rodeo in Mesquite zu bekommen. Es lohnt sich, alleine der Stimmung wegen!
- Zeiteinteilung: 1-2 Tage. Am ersten Tag auf die Innenstadt mit den Museen und dem West Ende Historic District konzentrieren. Den zweiten Tag für einen Besuch der Southfork Ranch, einer Shopping Mall (Tipp: Grapevine Mills) bzw./und des Football-Stadions nutzen.

Die moderne **Morton H. Meyerson Symphony Hall** *(2301 Flora St., www.mydso.com)* und das **AT&T Performing Arts Center (14)** *(Ecke Flora/Leonart Sts., www.attpac.org)* gehören zu dem einige Blocks weiter nördlich gelegenen Veranstaltungskomplex für Konzerte, Theater, Ballett etc. Die zwei etwas klobig wirkenden Kirchen in diesem Gebiet gehören zu der methodistischen bzw. baptistischen Religionsgemeinde und sind deren größte überhaupt.

Vom Museum of Art fährt der *McKinney Avenue Trolley* zur **McKinney Avenue (2)**. Hier finden sich ein paar Antiquitätenläden und Galerien, ansonsten in den Seitenstraßen ein paar ältere Wohnhäuser.

Familien mit Kindern und Technikinteressierte seien auf das nordwestlich des Arts District gelegene **Perot Museum of Nature and Science (15)** hingewiesen, dass in einem auffälligen, modernen Würfelbau beheimatet ist. Der Technikbereich überwiegt, aber es wird auch auf Dinosaurier und Mineralien eingegangen.
Perot Museum of Nature and Science, *2201 N Field St. (West End), ✆ (214) 428-5555, www.perotmuseum.org, Mo–Sa 10–17, So 12–17 Uhr, $ 19.*

Dallas – Downtown
Unterkunft
1 Rosewood Mansion on Turtle Creek
2 Hotel St. Germain
3 The Corinthian B&B
4 Belmont Hotel
Restaurants
1 Javier's
2 Nick & Sam's
3 Sonny Bryan's Smokehouse
4 Deep Sushi
5 Maracas Cocina Mexican
6 Kalachandji's
McKinney Ave. Trolley (Haltest.)
Dallas Streetcar
Sehenswürdigkeiten
1 Dallas Museum of Art, Nasher Sculpture Center & Crow Collection of Asian Art
2 McKinney Avenue
3 West End Historic District, Dallas World Aquarium
4 6th Floor Museum, Old Red Museum, John Neely Bryan Log Cabin
5 Union Station und Reunion Tower
6 Pioneer Plaza
7 Adolphus Hotel
8 Neiman-Marcus Kaufhaus
9 Deep Ellum
10 Farmer's Market
11 Old City Park
12 State Fair Park
13 Swiss Avenue
14 Morton H. Meyerson Symphony Hall und AT&T Performing Arts Center
15 Perot Museum of Nature & Science
Oak Lawn
Uptown
Arts District
West End
Downtown
nach Prosper
nach Sherman
zum Dallas-Fort Worth Int'l. Airport
nach Fort Worth, Arlington
nach San Antonio, Austin
Turtle Creek Park
R.E. Lee Park
Cole Park
Reverchon Park
Griggs Park
Exall Park
American Airlines Center
Plaza of the Americas Mall
Klyde Warren Park
Reunion Park
Trinity River Greenbelt
Bishop Arts District
Samuel Beaumont Park
Dallas North Tollway
Stemmons Fwy.
Woodall Rodgers Frwy.
N Central Expy.
Central Expwy
Tom Landry Fwy.
ERL Thornton Fwy.
Commerce St. Viaduct
McKinney Av.
Maple Ave.
Cedar Springs Rd.
Harry Hines Blvd.
Turtle Creek Blvd.
Lemmon Av.
Oak Grove
Pacific Av.
Ross Ave.
Elm St.
Main St.
Commerce St.
Pearl St.
Akard St.
Ervay St.
Swiss Av.
Trinity River

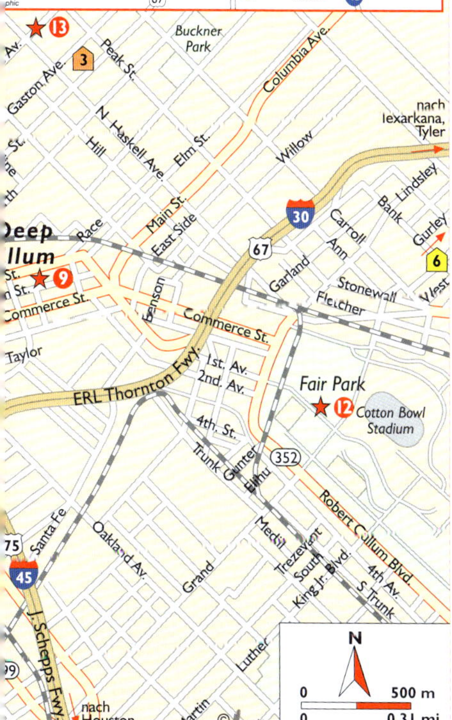

West End

Am südwestlichen Ende der Ross Street liegt der **West End Historic District (3)**, wo in alten, aufgemöbelten Lagerhäusern heute neben Büros vor allem Restaurants und Musikkneipen untergebracht sind. Eine gute Gelegenheit für einen Mittagssnack und die „Recherche" für das Abendprogramm. Wen es interessiert, der kann noch das **Dallas World Aquarium** besuchen. Neben Fischen aus aller Welt in verschiedenen Aquarien werden auch „Küstenbewohner" vorgestellt, wie z. B. Pinguine. Hauptattraktion ist das „Walk-Through-Shark-Aquarium".

Dallas World Aquarium, *1801 N. Griffin St., ✆ (214) 720-2224, www.dwazoo.com, tgl. 9–17 Uhr, $ 21 + tax.*

6th Floor Museum (4)

Das Museum ist untergebracht im 6. Stock der ehemaligen Texas School Book Depository. Hier, von wo aus 1963 höchstwahrscheinlich *John F. Kennedy* erschossen wurde, befindet sich heute das Museum, das an das Attentat erinnert und in dessen Ausstellung versucht wird, die Hintergrunde, die zu der Erschießung durch *Lee Harvey Oswald* geführt haben, darzustellen. Auch heute ist nicht eindeutig bewiesen, ob *Oswald* alleine gehandelt hat oder ob z. B. die Mafia, der CIA oder kubanische Exilanten dahinter gesteckt haben. Auch dem Besucher könnten nach dem Besuch so seine Zweifel kommen, und das Gesehene wird noch eine ganze Weile Diskussionsthema bleiben. Bestimmt das interessanteste Museum der Stadt und ein wichtiges Stück moderner Zeitgeschichte.

6th Floor Museum, *411 Elm Street, ✆ (214) 747-6660, www.jfk.org, tgl. 10–18, Mo ab 12 Uhr, $ 16.*

info

John F. Kennedy

John F. Kennedy wurde am 29. Mai 1917 in Brookline (Massachusetts) geboren. Er ging als Symbolfigur für den Fortschritt und eine Erneuerung der Politik im Sinne sozialer Verbesserungen und Gleichstellung der schwarzen Bevölkerung in die amerikanische Geschichte ein. Abgesehen von Steuersenkungen, die er jedoch bis zu seinem Tode nicht durchsetzen konnte, setzte er sich für eine engagierte Bildungspolitik und eine Verbesserung des Krankenversicherungssystems ein.

Da der Kongress jedoch konservativer gesinnt war als die Regierung und selbst einige Demokraten nicht hinter dem „New Frontier"-Programm ihres Präsidenten standen, hatte *Kennedy* einige Schwierigkeiten, seine Ideen in der Praxis zu verwirklichen. Im Rahmen der Außenpolitik setzte er sich für die Überwindung des Kalten Krieges ein, was sich aufgrund der Vorkommnisse während seiner Amtszeit (Mauerbau, Kubakrise) sehr schwierig gestaltete. Der deutschen Bevölkerung ist er durch seinen Ausspruch „Ich bin ein Berliner" im Gedächtnis geblieben, der die Solidarität mit einem westlich geprägten West-Berlin auf den Punkt brachte.

Auch in der Entwicklungspolitik wollte *Kennedy* neue Wege beschreiten und den Staaten der Dritten Welt die Möglichkeit eröffnen, in partnerschaftlicher Zusammenarbeit die wirtschaftlichen Probleme zu lösen. Die gemeinnützige Organisation „Peace Corps", vertreten in fast allen armen Ländern der Welt, beruht u. a. auf der Initiative *Kennedys.*

Als *John F. Kennedy* im November 1960 die Wahl zum 35. Präsidenten der Vereinigten Staaten gegen den republikanischen Kandidaten *Richard Nixon* gewann – übrigens mit nur 120.000 Stimmen Vorsprung – hatte er schon eine steile Karriere als Senator von Massachusetts (1953–60) hinter sich und war seit 14 Jahren Abgeordneter im Kongress. Sowohl seine beiden Großväter als auch sein Vater waren bereits in der Politik tätig gewesen. Am 22. November 1963 wurde *John F. Kennedys* in Dallas erschossen. Über die Hintergründe seiner Ermordung werden noch heute die unterschiedlichsten Vermutungen angestellt.

Von hier kamen die Schüsse auf John F. Kennedy

Einen Block entfernt vom 6th Floor Museum befindet sich am westlichen Ende der Main Street das **Dallas County House**, liebevoll auch **„Old Red"** genannt, 1891 im romanischen Stil erbaut. In ihm ist heute ein **Museum zur Geschichte von Dallas** *(100 S. Houston St., ✆ (214) 745-1100, www.oldred.org, tgl. 9–17 Uhr, $ 10)* untergebracht. Einen Block östlich davon auf dem Founders Square steht der Nachbau eines Blockhauses, der **John Neely Bryan Cabin**, die deutlich macht, was sich innerhalb von 170 Jahren so alles geändert hat. Gleich neben „Old Red" liegt der **Kennedy Memorial Plaza**, eine etwas gewöhnungsbedürftige Gedenkstätte bestehend aus einer viereckigen weißen Betonmauer. Das Attentat selbst fand einen Block nordöstlich an der Elm Street statt.

Etwa 400 m südlich der Elm Street liegt die **Union Station (5)**, ein stilvoller Bau von 1914, als die Eisenbahn noch das wichtigste Verkehrsmittel war. Im Gebäude findet man heute Restaurants und Geschäfte. Aber auch die Amtrak stoppt hier noch. Gleich dahinter ragen das gläserne Hyatt Regency Hotel und der **Reunion Tower** in den Himmel. Letzterer prägt mit seiner runden Kuppel schon von weitem das Stadtbild. Vom **GeO-Deck** im 55. Stockwerk hat man nicht nur eine gute Aussicht auf die Stadt, sondern kann dort auch im Cloud Nine Café oder Sixty Five (teuer!) essen und dabei den Ausblick genießen.

Aussicht auf die Stadt

Reunion Tower, *✆ (214) 741-5560, www.reuniontower.com, So–Do 10.30–21, Fr/Sa 10.30–22 Uhr, Restaurant öffnet später, $ 16.*

Downtown

Östlich schließt sich die Downtown an. Sehenswert ist hier die **Pioneer Plaza (6)** *(Young Street/Field Street)*, wo das weltgrößte Bronzemonument – **Cattle Drive** – in Form von 40 Longhorn-Stieren und drei Cowboys eine tolle Fotogelegenheit bietet (Skyline und Skulpturen). Weiter geht es zur Commerce Street. Bis auf wenige Geschäfte findet man in Downtown Dallas nur noch Banken und Versicherungen bzw. die Firmensitze der ganz großen Konzerne. Zu sehen gibt es wenig, sieht man einmal ab vom **Adolphus Hotel (7)** *(Commerce Street)*, dem ehemaligen Prachthotel der Stadt, das mit Ölgeldern wieder aufpoliert wurde – nur der Romantik wegen, nicht aus wirtschaftlichem Kalkül, wie man munkelt – und dem legendären **Neiman-Marcus Kaufhaus (8)** *(1618 Main Street)*, dem „Harrods von Dallas". Zum Einkaufen ist die City ansonsten uninteressant.

Östlich und südöstlich der Innenstadt

Gleich nachdem man die Brücke des Highway I-45 unterquert hat, kommt man nach **Deep Ellum (9)**, einen weiteren ehemaligen Lagerhaus-Distrikt, der heute an eine Mischung aus SoHo, Kreuzberg und East-London erinnert mit bemalten Wänden, Kneipen und Galerien – durchaus interessant und avantgardistisch. Südöstlich der Innenstadt, beiderseits des Pearl Expressway (zwischen South Harwood St. und Northcentral Freeway/US 75) befindet sich der **Farmer's Market (10)**, eine Institution, die bereits um 1900 von sich reden machte. Zu Beginn noch halbwegs illegal, von den Behörden aber stillschweigend geduldet, trotz mehrfacher Beschwerden seitens der vom Lärm belästigten Bevölkerung, war der Markt damals das Zentrum der Stadt. Durch spätere Ausbauten und Überdachungen bekam er 1941 seine offizielle Legitimation, und die Farmer kommen seither täglich hierher, um Früchte, Gemüse und auch Blumen zu verkaufen. Er zählt mittlerweile zu den größten in den USA *(www.dallasfarmersmarket.org, tgl. 8–18 Uhr)*.

Interessantes Viertel

Im **Old City Park/ Dallas Heritage Village (11)** wurden 38 historische Gebäude in restauriertem Zustand wieder aufgebaut, so wie sie zwischen 1840 und 1910 im östlichen Teil von Texas einmal ausgesehen haben. Neben Wohnhäusern gibt es eine Bank, eine Schmiede und andere Wirtschaftsgebäude. Oft werden alte Handwerkskünste vorgeführt.

Tummelplatz der Leute aus Dallas: Fair Park

Old City Park, *1717 Gano St. (1515 S. Harwood St.), ✆ (214) 421-5141, www.dallasheritagevillage.org, Di–Sa 10–16, So 12–16 Uhr (Jan. u. Aug. geschl.), $ 9.*

Im **(State) Fair Park (12)** (Messeareal) gut zwei Meilen östlich der Innenstadt lädt das **African-American Museum of Dallas** zu Ausstellungen über die Sklaverei und frühe sowie moderne afrikanische Kunstrichtungen ein (*✆ (214) 565-9026, Di–Sa 11–17 Uhr, www.aamdallas.org, frei*). In der **Hall of State** erzählen Wandmalereien die Geschichte von Texas (*www.hallofstate.com*). Hier steht auch das 92.000 Besucher fassende **Cotton Bowl Stadium**, welches aber nur zu bestimmten Anlässen für Matches von College Football Teams genutzt wird.

Die nordöstlich der Innenstadt verlaufende **Swiss Avenue (13)** lohnt eine Fahrt, wenn man die sehenswerten und vornehmen „Prairie-Style-Häuser" anschauen möchte. Weiter Richtung Osten, am White Rock Lake, liegt das **Dallas Arboretum & Botanical Garden**, das besonders zur Halloween- und Weihnachtszeit einen Abstecher lohnt (*8525 Garland Rd., www.dallasarboretum.org, tgl. 9–17 Uhr, $ 15 (+ Parkplatz $ 15)*).

Alternativ folgt man der **Greenville Avenue** nach Norden. Hier bieten sich genügend Gelegenheiten, einen erfrischenden Sundowner und einen kleinen Snack einzunehmen. Wer dann noch voller Elan sein sollte, kann einen Einkaufsbummel im **Northpark Shopping Center** oder der **Galleria** anschließen. Die Geschäfte sind in der Regel bis 21 Uhr geöffnet.

Außerhalb der Stadt

Nordöstlich der Innenstadt liegt der Campus der **Southern Methodist University**, einer privaten Universität mit rund 11.000 Studenten. Auf dem Gelände der Uni befindet sich das **George W. Bush Presidential Library & Museum** (*2943 SMU Blvd., Mo–Sa 9–17, So 12–17 Uhr, www.georgewbushlibrary.smu.edu, $ 16*). Hier erfährt man Einiges

Hier wohnten die Ewings: South Fork Ranch

über die Präsidialzeit des umstrittenen Politikers. Besonderer Wert wird gelegt auf die Erläuterung seiner Entscheidungen. Zudem findet sich hier das **Meadows Museum** (*5900 Bishop Blvd., Di–Sa 10–17, So 13–17 Uhr, www.meadowsmuseumdallas.org, $ 12*) mit einem Schwerpunkt auf spanischer Kunst und Skulpturen.

Southfork Ranch

Einige erinnern sich sicherlich an das „Dallas-Fieber" Anfang der 1980er Jahre. In 356 Episoden konnte man am Bildschirm miterleben, wie sich die reiche Ölfamilie *Ewing* durchs Leben schlug. Dallas blieb seitdem allen im Gedächtnis, und J.R. verkörpert für viele immer noch eine Mischung aus Ekelpaket und idealem Schwiegersohn. Heute kann man die Ranch und das Wohnhaus der Ewings besuchen, das nun auch für Konferenzen und Events genutzt wird. Zudem gibt es einen großen Souvenirladen.

Drehort von „Dallas"

Southfork Ranch, *3700 Hogge Road, Parker, ✆ (972) 442-7800, www.southforkranch.com. Anfahrt: I 75 nach Norden, abbiegen auf die Parker Rd., der man ca. 6 Meilen folgt bis zur versetzten Kreuzung mit FR 2551. Dort rechts abbiegen. Nach 200 m liegt die Ranch linker Hand. Touren: tgl. 10–17 Uhr (alle 30/45 Min.), $ 15 + tax.*

Six Flags Over Texas

Der Vergnügungspark ist der größte und wohl eindrucksvollste im Südwesten. Es gibt hier auf 80 Hektar mehr als 100 Karussells, Shows und dazu natürlich Unmengen an Fastfood-Buden. Höhepunkte sind: ein Fallschirmsprung, ein 90 Meter hoher Ölförderturm mit Aussicht auf die Skylines von Dallas und FW, ein „Freefall", eine Achterbahn mit Doppellooping und ein über 100km/h schneller Roller Coaster. Schräg gegenüber, auf der Nordseite des I-30, befindet sich **Six Flags Hurricane Harbor**, ein großer Wasserpark.

Six Flags Over Texas, *2201 Road to Six Flags (I-30/Hwy. 360), Arlington (auf dem I-30 und nach Passieren der Abfahrt Belt Line Rd. auf die Beschilderung achten), ✆ (817) 640-8900, www.sixflags.com. Öffnungszeiten variieren: Sommer: tgl. 10–20 Uhr, im Hochsommer bis 22 Uhr; Frühling/ Herbst: nur an Wochenenden. Zeiten unbedingt erfragen, ca. $ 70 (online günstiger).*

Dallas – Fort Worth Großraum
nach Oklahoma City
nach Decatur
Lake Grapevine Recreation Area
Grapevine Lake
Roanoke
Haslet
Westlake
Avondale
Southlake
Grapevine
Grapevine Mill Outlet Mall
Keller
Colleyville
North Richland Hills
Eagle Mtn. Lake
Eagle Mount
Blue Mound
Bedford
Euless
Saginaw
Ft. Worth Nature Center & Refuge
Lake Worth
Melody Hills
Haltom City
Richland Hills
Hurst
Sansom Pk.
River Oaks
Stockyards
FORT WORTH
White Settlement
Westworth Village
Fort Worth Downtown
Six Flags over Texas Park
Westover Hills
ARLINGTON
Global Life Park
AT&T Stadium
siehe Detailkarte
nach Abilene
Pantego
Lake Arlington
Dalworthington Gardens
Benbrook
Forest Hill
Kennedale
Webb
Benbrook Lake
Everman
Bisbee
St. Francis Village
Watsonville
Burleson
nach Cleburne
nach San Antonio/Austin
nach Mansfield, Midlothian
N
0 10 km
0 6,2 mi

Oklahoma City, Museum of American Railroad
nach McKinney
nach The Colony, Frisco
nach McKinney, Sherman, zur Southfork Ranch
Pres. George Bush Turnpike (Toll)
121 Tollway
Carrolton
Stemmons Freeway
Dallas North Tollway
Thweatt Rd.
Coppell
Bethel Rd.
Belt Line Rd.
North Lake
Farmers Branch
Galleria Shopping Mall
Central Expressway
Coit Rd.
Richardson
Garland
Plano Rd.
Forest Ln.
Lyndon B. Johnson Freeway
Royal Ln.
Webb Chapel Rd.
Walnut Hill Ln.
Marsh Ln.
Midway Rd.
Inwood Rd.
Preston Rd.
Greenville Av.
Abrams Rd.
Skillman St.
Centerville Rd.
Northwest Highway
Dallas-Fort Worth Int'l. Airport
Valley View
Greenview Hills
O'Connor Rd.
Airport Freeway
University Park
SMU Meadows Mus. & G.W. Bush Pres. Center
Lovers Ln.
Mockingbird Ln.
Dallas Love Field Airport
Botanical Garden
Garland Rd.
Buckner Blvd.
Ferguson Rd.
Highland Park
Hines Blvd.
Ross Av.
nach Texarkana
Irving
Irving Blvd.
Shady Grove Rd.
Shady Grove
Mac Arthur Blvd.
West Fork Trinity River
DALLAS
Dallas Downtown
siehe Detailkarte
Grand Av.
Thornton Freeway
nach Shreveport
Military Parkway
Scyene Rd.
GRAND PRAIRIE
Jefferson Blvd.
Lakeland Hights
Mountain Creek Lake
Cockrell Hill
Illinois Av.
Hampton Rd.
Polk St.
Westmoreland Rd.
Kiest Blvd.
Zoo
Ledbetter Dr.
Hawn Freeway
Lake June Rd.
St. Augustine Rd.
Peachtree Rd.
Balch Springs
Trinity River Audubon Center
Lemmon Lake
Florina Dr.
Ledbetter Hills
Florence Hill
Camp Wisdom Rd.
Houston School Rd.
Lancaster Rd.
Simpson Stuart Rd.
Duncanville
Hutchins
Bonnie View Rd.
Trout Rd.
Trinity River
Post Oak Rd.
Wintergreen Rd.
Danieldale Rd.
Joe Pool Lake
Cedar Hill State Park
Pleasant Run Rd.
Lancaster
De Soto
Wilmer
Belt Line Rd.
Cedar Hill
Glenn Heights
nach Midlothian, Cleburne
nach San Antonio/Austin
nach Houston

Reisepraktische Informationen Dallas, TX

VORWAHL: 214 (soweit nicht anders angegeben), 972 und 817

Information

Dallas Tourist Information Center, *im Old Red Courthouse, 100 S. Houston St., ✆ 571-1316, www.visitdallas.com, tgl. 9–17 Uhr. Hier gibt es u. a. den City Pass Dallas (www.citypass.com/dallas), der vergünstigte Eintritte zu verschiedensten Attraktionen (6th Floor Museum, Reunion Tower, Perot Museum u.v.m.) bietet. Er lohnt aber nur, wenn man wirklich viel sehen möchte in kurzer Zeit.*

Krankenhaus

Parkland: *5200 Harry Hines Blvd., Medical District, ✆ 590-8000*
Baylor University Center: *3500 Gaston Ave., East Dallas, ✆ 820-0111*
Methodist: *1441 N. Beckley Ave., Oak Cliff, ✆ 947-8181*

Unterkunft

In Dallas werden zahlreiche Messen und Kongresse abgehalten. Daher gibt es überproportional viele Hotelzimmer. Besonders an den Wochenenden macht sich diese Überkapazität positiv für die Reisekasse bemerkbar. Dann erhalten Sie ein ausgezeichnetes Zimmer für wenig Geld – vielleicht sogar in einem höheren Stockwerk mit Aussicht. Fragen lohnt sich! Die günstigeren Preisklassen sind in Downtownnähe nur begrenzt vorhanden. Möchten Sie gut und relativ preiswert wohnen, bieten sich die Vororte nördlich des I-635, allen voran Addison (Belt Line Rd.), und die Midtowns für eine Suche an. Letztere bieten zudem die Möglichkeit, auch Fort Worth von hier aus erkunden zu können. Zahlreiche **Bed-&-Breakfast-Unterkünfte** *in allen Preisklassen finden sich unter www.bedandbreakfast.com.*

Tipp

Obwohl die Hotels in der Nähe des DFW-Airports in der Regel zur gehobenen Mittelklasse gehören, bieten gerade sie günstige Wochenendtarife an, und sie liegen für den Besuch von Dallas und Fort Worth verkehrstechnisch günstig. Kostenloser Shuttle zum Flughafengebäude von allen Hotels. Empfehlungen: ***Holiday Inn Express $$–$$$*** *(Airport South, 4235 West Airport Freeway, Irving, ✆ (972) 659-1272, www.ihg.com) mit geräumigen Zimmern/Suiten, sowie das günstigere* ***La Quinta DFW-Irving $$–$$$*** *(4105 West Airport Freeway, Irving, ✆ (972) 252-6546 od. 1-800-753-3757, www.laquintairvingdfwairportsouth.com), ein ordentliches Mittelklassemotel.*

Motel 6 Galleria $$: *2660 Forest Lane (I-635, Exit 26), Dallas/ North, ✆ (972) 484-9111, www.motel6.com. Einfach und günstig.*
Studio 6 Grand Prairie $$: *406 E Palace Pkwy. I-30 at Beltline Rd., Exit 34, ✆ (972) 642-9424, www.staystudio6.com. Zwischen Dallas und Arlington gelegen.*
Belmont Hotel $$–$$$ (4): *901 Fort Worth Ave., Dallas/North Oak Cliff, ✆ 393-2300 od. 1-866-870-8010, www.belmontdallas.com. Boutique-Hotel seit 1946 (renoviert). Viele Musiker und Künstler nächtigen hier. Von einigen Zimmern schöne Aussicht auf die Downtown. Gutes Preis-Leistungsverhältnis. Der Tipp für Dallas.*
Embassy Suites Hotel Dallas Park Central $$$: *13131 N.Central Expressway (Kreuzung US-75/ I-635, nördlich der Innenstadt), Dallas/North, ✆ (972) 234-3300 od. 1-800-362-*

2779, www.embassysuites3.hilton.com. Großzügige Zimmer, zudem verkehrsgünstige Lage. Gut geeignet für Familien mit Kindern.

The Corinthian B&B $$–$$$$ (3): *4125 Junius Street (3 Meilen nordwestl. der Downtown), ✆ 818-0400 od. 1-866-598-9988, www.corinthianbandb.com. 5 Zimmer in einem Haus von 1905. Frühstück.*

The Westin Galleria Hotel $$$–$$$$: *13340 Dallas Parkway, Dallas/North, ✆ (972) 934-9494 od. 1-866-716-8137, www.thewestingalleriadallas.com. Direkt an der Einkaufsmall „Galleria" (s. Karte S. 145). Die meisten Zimmer sind angenehm groß. Gut geeignet für „Shopper".*

Rosewood Mansion on Turtle Creek $$$$–$$$$$ (1): *2821 Turtle Creek Blvd., Turtle Creek, ✆ 559-2100 od. 1-888-ROSEWOOD, www.rosewoodhotels.com/en/mansion-on-turtle-creek-dallas. Das Gebäude wurde einem italienischen Palazzo nachempfunden und stammt aus den 1920er Jahren. Große Zimmer. Wer sich ein Luxushotel leisten möchte, sollte dieses wählen (Hotelmotto: „Style & Sophistication"), aber bei der Buchung darauf bestehen, nicht ein Zimmer mit Blick auf das nebenstehende Apartmenthaus zu bekommen. Diese Adresse gehört zu den feinsten im Lande. Mehrfach ausgezeichnet. Ausgezeichnetes Restaurant im Hause.*

Adolphus $$$$–$$$$$ *(s. Nr. 7 der Sehenswürdigkeiten): 1321 Commerce Street, Downtown, ✆ 742-8200 od. 1-800-221 9083, www.hoteladolphus.com. Wirbt mit „europäischem Stil und texanischer Freundlichkeit". In reizvollem Gebäude von 1912. Der „Klassiker" von Dallas. Benannt nach dem Bierkönig Adolphus Busch.*

Hotel St. Germain $$$$–$$$$$ (2): *2516 Maple Ave. (in Oak Lawn), Uptown, ✆ 871-2516 od. 1-800-638-2516, www.hotelstgermain.com. Viktorianisches Haus von 1906, stilgerecht eingerichtet, einige Suiten sogar mit Jacuzzi. Gut gelegen zu vielen Restaurants. Dining auch im Hause möglich (Di–Sa, gut, aber teuer!)*

Camping

Nur die Campingplätze an den Seen bieten einigen Komfort, liegen dafür aber auch ziemlich abseits. Daher der Vorschlag: Wohnen Sie lieber in einem preisgünstigen Motel. Wer es trotzdem wagen möchte:

Traders Village RV Park: *2602 Mayfield Rd., Grand Prairie, ✆ (972) 647-8205, http://tradersvillagervpark.com/grand-prairie/. An Wochenenden wegen des Flohmarktes sehr voll! 15 Meilen zur Innenstadt. Zentral gelegen für den Besuch von Dallas, Fort Worth und den Midtowns. Nur RVs und Campmobile.*

Cedar Hill State Park: *FM 1382, 11 Meilen südwestl. von Dallas im gleichnamigen State Park, ✆ (972) 291-3900, https://tpwd.texas.gov/state-parks/cedar-hill. Großer Platz mit zahlreichen Plätzen am Wasser. Camping und RVs. Der schönste Platz für den Besuch von Dallas.*

Lake Lewisville: *25 Meilen nördl. von Dallas und 1/4 Meile östl. d. I-35 (Lewisville), Kingfisher Dr. Folgen Sie den Schildern „Lewisville Lake Park", ✆ (972) 219-3742, www.lake-lewisville.org/lake-park/. Am Lake Lewisville gibt es auch weitere RV- und Campingplätze.*

Restaurants

Javier's (1): *4912 Cole Ave., Oak Lawn, ✆ 521-4211, www.javiers.net. Mexikanische Leckereien und Ambiente. Gehobene Klasse. Cigar Bar!*

Nick & Sam's (2): *3008 Maple Ave., Uptown, ✆ 871-7444, www.nick-sams.com. Großes Angebot an Steaks. Seafood gibt es auch. Im Hintergrund: Piano-Musik. Teuer.*

French Room: *1321 Commerce St., im Adolphus Hotel (s.o.), ✆ 742-8200. Hier wird Spitzenküche geboten und nicht nur französische. I.d.R. gibt es ein festes, mehrgängiges Menü (ab $ 60, meist ab $ 80). Jackett erwünscht. Keine Jeans. Bis Mitte 2017 wg. Renovierung geschl.*

Maracas Cocina Mexicana (5): *2914 Main Street, Deep Ellum, ✆ 748-7140,*

XXL-Steaks in Texas

www.maracascocinamexicana.com. Gute und preiswerte mexikanische Gerichte.

Deep Sushi (4): *2624 Elm St., Deep Ellum, ✆ 651-1177. Relativ günstige und gute Sushi-Gerichte. Beliebt ist die aus verschiedenen Sushi-Rollen zusammengestellte Lunchbox (auch zum Mitnehmen fürs Picknick).*

Sonny Bryan's Smokehouse (3): *302 N. Market St., West End, ✆ 744-1610, www.sonnybryans.com. Gilt als eines der besten BBQ-Restaurants im Lande. Tradition seit 1910. Es gibt mehrere Lokale des mittlerweile als Kette etablierten Sonny Bryan's im Großraum Dallas. Das „Original" befindet sich im Medical District: 2202 Inwood Road, ✆ 357-7120.*

Pappasito's: *10433 Lombardy Lane (nahe W. Northwest Hwy./Stemmons Fwy., nordwestl. des Lovefield Airport), ✆ 350-1970. Die Tex-Mex-Kette aus Houston gilt auch hier als der Tipp für die besonders Hungrigen. Die Fajitas und Margaritas sind ungeschlagen. Es gibt drei weitere Pappasito's: 723 South Central Expressway (nahe US 75), Richardson (✆ (972) 480-8595), 321 West Rd., Arlington, (✆ (817) 795-3535) sowie eines am DFW-Int. Airport.*

Kalachandji's (6): *5430 Gurley Avenue, westl. der Innenstadt, nahe I-30/E. Grand Ave., ✆ 821-1048, www.kalachandjis.com. Günstige und gute indische Küche. Nur vegetarische Gerichte!*

Zodiac: *1618 Main St., im Kaufhaus Neiman Marcus (Top Floor), Innenstadt, ✆ 573-5800. Ein Klassiker. Oft werden Modenschauen abgehalten (für alle offen!). Salate, Kuchen, Snacks, Lunch. Kein Dinner!*

Empfehlenswert sind zudem u. a. folgende Gegenden für günstige bis mittelpreisige Restaurants:

Greenville Avenue: *Zw. Ross St. und Mockingbird Lane. Pubs und einfachere, aber gute Restaurants. Im Abschnitt nördl. der Mockingbird Lane geht es etwas gediegener zu.*

Deep Ellum: *Östlich der Innenstadt. Hier gibt es von allem etwas, auch Brewpubs.*

Addison, Belt Line Rd., Ecke Midway Rd.: *Chinesen, Italiener und was die internationale Küche sonst so zu bieten hat.*

West End District: *Nordwestl. Innenstadt. Hier finden Sie mittelpreisige Lokale, es lohnt aber ein vorheriger Blick auf die Karte. Einige Restaurants nehmen doch schon gesalzene Touristenpreise.*

Pubs/Livemusik/Nightlife

Grundsätzlich empfiehlt sich die Szene in **Deep Ellum** *(2700er Straßenblock: Elm St. u. Commerce St.), östl. der Downtown. Hier findet sich alles: von der Bar im Waschsalon bis hin zur Kneipe für moderne Künstler. Musik: meist Rock oder Blues. Wer einfach losziehen möchte, dem sei der historische* **West End District** *nordwestl. der Innenstadt empfohlen. Hier z. B.* **Dick's Last Resort** *(2211 N Lamar St., www.dickslastresort.com) oder in der 2304 Victory Park Lane das marokkanische Bar-Restaurant* **Medina Oven& Bar** *(www.medina dallas.com). Nicht zu vergessen in der 2200 N. Lamar St. das* **House of Blues** *mit nahezu täglicher Livemusik (Rock, Blues, moderne Musik, ✆ 978-2583, www.houseofblues.com/dallas/). Und auch fürs Abendprogramm muss die* **Greenville Avenue** *(s.o.) genannt werden.* **Terilli's Restaurant**: *2815 Greenville Ave., ✆ 827-3993, http://terillis.com. Italienisches Restaurant (späte Küche!) mit Jazz-Livemusik an 6 Tagen in der Woche.*

Andere Lokalitäten in Dallas sind z.B.: **Avenu Lounge** *(2912 McKinney Ave., www.avenulounge.com), ein angesagter Nachtclub (nur Fr und Sa);* **Cowboys Red River**, *das von sich behauptet, eines von Texas' größten Country-Clubs zu sein (10310 Technology Blvd. West, www.cowboysdancehall.com). Junge Leute werden die drei Nightclubs im* **Escapade 2009** *mögen (10707 Finnell, Dallas, www.escapadeclubs.com) mit u.a. Salsa und Hip-Hop. Meist nur Fr/Sa. Gemütlicher geht's dagegen zu auf dem Outdoor-Patio der* **BarBelmont** *(Belmont Hotel, 901 Ft. Worth Ave., Oak Cliff). Hier besticht vor allem die Aussicht auf die Skyline der Stadt.*

Einkaufen

Die beliebteste (exklusivste und teuerste) **Einkaufsmall** *mit bekannten Läden wie z.B. Tiffany, Macey und Brookes Brothers ist die* **Galleria** *in North-Dallas, LBJ. Freeway (I-635, etwa dort, wo der Dallas Tollway einmündet, www.galleriadallas.com). Eine weitere Luxusmall ist das* **North Park Center** *(Kreuzung I-75/ Northwest Freeway (Hwy. 12), www.northparkcenter.com). Ausgesuchte Outletstores gibt es in der riesigen* **Grapevine Mills Mall** *(u.a. Levi's, Nike, Bass Pro Shops Outdoor World) in Grapevine am Hwy. 121, 2 Meilen nördlich des DFW-Airport, www.simon.com/mall/grapevine-mills. Das Warenhaus* **Neiman Marcus** *(Innenstadt, Ecke Main/Ervay Street) ist in einem Gebäude von 1907 untergebracht. Gediegenes und gut organisiertes Angebot. Dallas ist der Hauptsitz des Nobelunternehmens und dieses Haus gilt immer noch als der „Flagship-Store".*

Antiquitäten: *Die Antiquitäten, die man in Texas bekommt, stammen meist aus der viktorianischen Zeit (seltener ist Art Déco). Daher finden Sie hauptsächlich englischen Stil. Übrigens gilt Dallas für den Süden als die Hauptstadt der Antiquitäten. Broschüren in der Tourist Information informieren über die einzelnen Geschäfte. Hier nur einige Tipps:* **Historic Downtown Plano** *(19 Meilen nördl. von Dallas-Downtown., US 75 Exit 29, East 15th St., www.visitdowntownplano.com) mit einer Reihe von Geschäften, in denen man neben Möbeln auch kleinere Sachen wie Puppen, Bilder oder Teeservices findet. An der* **North Henderson Avenue** *(zw. Capitol Ave. und US 75) gibt es ein paar Vintage-Läden. Ausgesprochen ausgewählte und z.T. sehr teure Antiquitäten finden Sie in den* **Snider Plaza Antique Shops** *(6929 Snider Plaza).*

Westernkleidung: **Cavender's Boot City** *(2833 LBJ Freeway, Josey, weitere Geschäfte der Kette über Texas verteilt. Infos: www.cavenders.com) hat eine riesige Auswahl an Westernstiefeln.* **Wild Bill's Western Store** *im Westend Hist. District (311 N Market St. # 101) hat alles: Stiefel, Texashüte, Kleidung usw. Versendung nach Übersee. Weitere Geschäfte: http://wildbillswestern.com.*

Markt: **Farmers Market**: *920 S. Harwood Street, tgl. 10–18 Uhr. Hier verkaufen die Farmer Früchte, Blumen und Gemüse.* **Flohmärkte** *in Amerika sind noch kommerzialisierter als bei uns, aber trotzdem einen Besuch wert. Der größte der Region ist* **Traders Village** *(2602 Mayfield Rd., Grand Prairie, www.tradersvillage.com). Samstag und Sonntag. Auch Handwerkliches sowie eine riesige Kirmes.*

Veranstaltungen (Auswahl)

Alle Festivals, auch die kleinen, die sich zum Beispiel um Würste, Food-Truck-Rennen und andere Dinge drehen, sind gelistet unter www.everfest.com/texas/dallas-festivals.

Januar: **Cotton Bowl Classic and Parade**. *Neujahrsparade durch die Innenstadt. Nachmittags findet dann ein professionelles Footballspiel in der Cotton Bowl (State Fair Park) statt. www.attcottonbowl.com.*

April–September: **Mesquite Championship Rodeo**: *in der Mesquite Arena in Mesquite. Zumeist Sa, www.mesquiterodeo.com.*

Juni–August: *verschiedene Kulturprogramme, u. a.* **Shakespeare-Festival** *(www.shakespearedallas.org, Aufführungsorte sind* **Samuell Grand Park**, *1500 Tenison Parkway;* **Addison Circle Park**, *4970 Addison Circle, Addison).*
Ende September/Anfang Oktober: **State Fair of Texas**. *State Fair Park. Größte Ausstellung des Landes. Rodeos, Stände, Musikveranstaltungen, Kulturveranstaltungen, Musicals etc. http://bigtex.com.*

Konzerte/Theater/Tanz

Tickets buchen kann man z. B. über www.ticketmaster.com. Nicht immer ist es einfach, Karten zu bekommen, daher früh buchen.
Dallas Theater Center: *2400 Flora St., ✆ 880-0202 od. 526-8210, www.dallastheatercenter.org. Verschiedenste Aufführungen in unterschiedlichen Gebäuden:* **Dallas Black Dance Theater**: *2627 Flora St., ✆ 871-2390 (nur Buchungsadresse!), www.dbdt.com. Klassische und Jazztänze, nur von Afro-Amerikanern dargeboten. Gilt als Sprungbrett für den Broadway.* **Winspear Opera House**: *www.dallasopera.org. Klassische Opernstücke aller Art.*
Morton H. Meyers Symphony Center: *2301 Flora Street (Ecke Pearl Street), ✆ 670-3600 (nur Buchungsadresse), www.mydso.com. Heimat des anerkannten Dallas Symphony Orchestra. Angeschlossen ist das* **Kalita Humphreys Theater** *(3636 Turtle Creek Blvd.)*
AT&T Center of Performing Arts: *✆ 880-0202, www.attpac.org. Unter dem Namen sind zahlreiche der o. g. Spielstätten zusammengefasst, Theater, Konzerte, Ballett etc.*
Dallas Summer Musicals, *Music Hall at Fair Park, www.dallassummermusicals.org.*

Sportveranstaltungen

American Football: *Die* **Dallas Cowboys** *spielen im AT&T Stadium in Arlington, erreichbar über I-30 bzw. Hwy. 360 (gut ausgeschildert), www.dallascowboys.com, Stadiontouren: Mo–Sa 10–18, So 10–16 Uhr, Reservierungen: 1-800-745-3000.*
Baseball: *Die* **Texas Rangers** *sind im Globe Life Park zuhause; 1000 Ballpark Way, Arlington, ✆ (972) 726-4377, http://texas.rangers.mlb.com. Auch hier werden Touren angeboten: ✆ (817) 273-5099.*
Basketball: *Die* **Dallas Mavericks**, *wo Dirk Nowitzki spielt, sind im American Airlines Center zu sehen, 2500 Victory Ave., Victory Park, ✆ (214) 222-3687, www.nba.com/mavericks oder www.mavs.com.*
Rodeo: **Mesquite Championship Rodeo**: *1818 Rodeo Dr., Mesquite (ca. 15 mi östl. der Innenstadt), Rodeo von April bis September Fr/Sa, ✆ (972) 285-8777, www.mesquiterodeo.com.*

Verkehrsmittel

Flugzeug

Dallas/Fort Worth Int. Airport, DWF: *✆ (972) 973-3112, www.dfwairport.com*
Love Field Airport: *✆ 670-5683, www.dallas-lovefield.com*

Anreise zum DFW-International Airport
Mit dem Auto: *Zuerst über den I-35 (Stemmons Freeway) in Richtung Norden. Dann abbiegen auf die 183 in Richtung Westen (Carpenter Freeway, geht über in den Airport Freeway). Nach ca. 8 Meilen auf dem Airport Freeway nach Norden abbiegen auf den International Parkway (97), der Sie zu den einzelnen Terminals bringt.*
Shuttle Bus: *Super Shuttle (✆ (972) 615-2410, www.supershuttle.com), die Kleinbusse verkehren regelmäßig zwischen den Flughäfen und den meisten Hotels. Größere Hotels bieten einen kostenlosen Shuttle zum/vom Flughafen an.*

Bahn: *Die* **Orange Line** *der Dart-Rail verkehrt direkt zum Terminal A am Flughafen. Der Trinity Railway Express pendelt zwischen* **CentrePort/DFW Airport Station** *und Dallas (Union Station) sowie Fort Worth (P&T Station). Von dieser Station gibt es dann Shuttle-Busse (Remote South Bus). Infos: ✆ 979-1111, www.trinityrailwayexpress.org. Verkehrt nicht an Sonn- und Feiertagen!*
Alle größeren **Mietwagenunternehmen** *haben Stützpunkte an beiden Flughäfen.*

Es gibt noch den kleineren **Dallas Love Field Airport**, *der nur für nationale Flüge genutzt wird und der Hub der Fluglinie Southwest Airlines ist. Hier gibt es auch Taxis, Mietwagen und Hotel-Shuttles. Mit dem eigenen Fahrzeug erreichen Sie diesen Flugplatz, indem Sie dem Stemmons Freeway (I-35-E) von der City aus ca. 5 Meilen nach Norden folgen. Der Flugplatz liegt dann rechter Hand. Mit öffentlichen Verkehrsmitteln: Der DART-Bus* **Love Link 524** *operiert zwischen dem Airport und der* **Inwood/Love Field Station** *(DART Rail* **Green Line** *und* **Orange Line**).

Öffentliche Verkehrsmittel
Amtrak: *Union Station, West End (400 South Houston St.), ✆ 653-1101 od. 1-800-872-7245*
Überlandbusse: *Bus-Terminal im Zentrum, Ecke Commerce/Lamar Street, ✆ 655-7727. Hier fahren auch die kleineren Busunternehmen ab.*
Stadtbusse/Light Rail: *„Dallas Area Rapid Transit" (DART). Busse halten an allen größeren Kreuzungen und Gebäuden, ✆ 979-1111, www.DART.org. Die* **Light Rail** *verkehrt auf mehreren Routen, die sich alle an der Union Station treffen:*
Green Line: *zwischen Carrolton im Norden und Buckner Station im Süden;* **Blue Line**: *zwischen Ledbetter im Süden, Union Station, Downtown und Downtown Garland/Rowlett im Osten;* **Red Line**: *im Norden bis Parker Road und im Süden bis Westmoreland.* **Orange Line**: *zwischen Dallas/Fort Worth Int. Airport und Parker Road Station. Der* **Trinity Railway Express** *(„TRE Line") verkehrt zwischen Fort Worth, dem Bahnhof südlich des DFW Int. Airport und Dallas (s.o.). Für alle Strecken gibt es eine günstige Tageskarte. Das Netz wird noch weiter ausgebaut.*
Eine nostalgische **Straßenbahn (McKinney Avenue Trolley**, *„M-Line Trolley") aus der Zeit des frühen 20. Jh. verkehrt zwischen dem Dallas Art District im Süden und der Cityplace Station im Norden, passiert dabei den McKinney Avenue District und das West Village. Eine Fahrt mit dem Trolley ist schon beinahe wie eine Sightseeingtour.*
Zudem gibt es noch das **Dallas Street Car**, *eine moderne Straßenbahn, die zwischen Union Station und dem Bishop Arts District im Süden pendelt.*

P **Park & Ride**
Wegen des hohen Verkehrsaufkommens hat man in Dallas ein Park&Ride-System eingerichtet: An zahlreichen Parkplätzen in der Peripherie können Sie Ihr Fahrzeug stehen lassen und von dort mit **öffentlichen Verkehrsmitteln der DART** *(s.o.) in die Innenstadt bzw. zu anderen interessanten Punkten fahren. Infos: www.DART.org. Am besten Sie besorgen sich in den Infocentern (der Stadt bzw. denen von Texas) einen Lageplan über die Lage der entsprechenden Parkplätze.*

Taxis
Yellow Cab: ✆ 426-6262
Cowboy Cab: ✆ 428-0202

Fort Worth

(s. Karten S. 144 u. 154)

Entfernungen

Fort Worth – Dallas: 30 Meilen/48 km
Fort Worth – Austin: 187 Meilen/302 km
Fort Worth – San Antonio: 228 Meilen/367 km
Fort Worth – Houston: 259 Meilen/417 km

Überblick und Geschichte

Eine Kneipe auf 30 Einwohner

Irgendwo zwischen Dallas und Fort Worth trennt eine imaginäre Grenze den Osten der USA vom Westen. Während Dallas schnelllebig, rastlos, modebewusst und versnobt wirkt, bleibt Fort Worth mit beiden Beinen auf dem Boden. Diese „Metropole des ländlichen Westen" ist einfach und offen. Gerne geht man hier abends tanzen oder in eine Kneipe – eine mutige Statistik behauptet sogar, dass hier ein Lokal auf 30 Einwohner komme, in Dallas dagegen nur eines auf 3.000. Nicht aber, dass es hier keine Wolkenkratzer und keine mehrspurigen Highways gäbe. Sie sind da, und hinter den Fassaden werden in Fort Worth große Konzerne gelenkt. Hier und in den Fabriken der Randbezirke wird mehr Geld verdient und umgesetzt als in den meisten anderen Städten des Südwestens.

Dabei begann Fort Worth Mitte des 19. Jh. als kleines Armeelager und wurde benannt nach einem General, der im Krieg gegen Mexiko zu Ehren kam. Ein Fort gab es zu keiner Zeit. Während der zweiten Hälfte des 19. Jh. war Fort Worth ein wichtiger Stopp für die Rindertrecks entlang dem legendären Chisholm Trail, der sich zwischen der texanischen Küste und Abilene (Kansas) erstreckte. Cowboys ließen ihr Geld in den zahlreichen Saloons der Stadt, und noch heute lautet einer von zwei Spitznamen für Fort Worth „Cowtown". Der andere ist „Panther City": Er entstand aufgrund eines Zeitungsartikels in Dallas. Spöttisch wurde darin behauptet, Fort Worth wäre so verträumt und langweilig, dass hier Panther nachts auf der Straße schlafen könnten. Das war 1873, als die Eisenbahngesellschaft entschied, die erste Eisenbahnlinie der Region 26 Meilen östlich von Fort Worth zu legen und somit ein Großteil der Bevölkerung abwanderte. Doch bereits drei Jahre später bauten die restlichen Anwohner eine eigene Eisenbahnroute. Damit begann die Stadt aufzublühen, und ihr *Stockyard* (Viehumschlagplatz) wurde zum zweitgrößten der Nation (nach Chicago).

Erdölfunde

Neben den „echten" Cowboys, die hier ziemlich „auf den Putz gehauen" haben, kamen nun auch die Westernhelden nach Fort Worth, unter ihnen *Wyatt Earp, Butch Cassidy* und *Sundance Kid*. Banken, das Opernhaus und kulturelle Institutionen, einschließlich mehrerer Spielsalons, schossen wie Pilze aus dem Boden. Nach dem 1. Weltkrieg fand man in der Umgebung zudem noch Erdöl. Mittlerweile zählt die Stadt 810.000 Einwohner.

Die Innenstadt von Fort Worth hat ihren eigenen Charme. Ganz anders als in den meisten anderen großen Städten der USA hat man hier darauf geachtet, alte Bürohäuser zu erhalten und nicht für Wolkenkratzer zu opfern. Somit hat sich Fort Worth eine Stadtarchitektur erhalten, in der alte Prunkbauten neben neuen Glastürmen stehen.

Für Reisende bietet sich mit Sicherheit ein Tagesprogramm in Fort Worth an, das man entweder vom Hotel in Dallas aus unternehmen oder mit einer Übernachtung in Fort Worth verbinden kann.

Redaktionstipps

▶ **Übernachten** Sie in bzw. um die Stockyards, alleine schon wegen des Abendprogramms. Tipp: Das historische **Stockyards Hotel** (S. 158).

▶ **Restaurants**: Nichts geht über die Fajitas im **Joe T. Garcia's** (plus Margarita). Alternativ dazu: Chopped Beef in **Angelo's Barbecue** (S. 158).

▶ Die bedeutendsten Sehenswürdigkeiten: Ohne Zweifel stehen die Stockyards oben auf der Liste (S. 154). Ansonsten: Sundance Square (S. 153) und der Cultural District (Kimbell Art Museum und Cowgirl Hall of Fame) (S. 156).

▶ **Abends** bietet es sich ebenfalls an, das Hauptaugenmerk auf die Stockyards zu legen: Erst ein Bier im **White Elephant Saloon**, dann zu Countrymusik tanzen im **Billy Bob's Texas** (S. 159).

Zeiteinteilung: 1 Tag: Morgens kurz die Innenstadt anschauen und dann zum Cultural District fahren. Dort ein Museum ansehen und den Rest des Tages zum Stockyards National Historic District.

Sehenswertes

Die Stadt lässt sich touristisch in vier voneinander getrennte Gebiete einteilen: die Downtown-Area mit der eleganten Mischung aus alter und neuer Architektur, die Stockyards, die ehemaligen Viehumschlagstätten, wo heute eine Reihe von alten Gebäuden, Unterhaltungsbetrieben und Souvenirgeschäften zu finden sind, das Kulturviertel mit einer Reihe von Museen, allen voran das Kimbell Art Museum und das Modern Art Museum, schließlich die Parks und der Zoo.

Innenstadt

Wer sich für Fort Worth einen ganzen Tag Zeit nehmen möchte, beginnt die Tour am besten in der Innenstadt. Am eindrucksvollsten ist der **Sundance Square (1)** *(zwischen Houston, Commerce, 2nd und 3rd St.)*, der seinen Namen von *Sundance Kid* erhalten hat, dem Weggefährten des legendären *Butch Cassidy*. Beide hielten sich vor 1900 in der Stadt auf und versteckten sich hier vor ihren Verfolgern. Es ist den reichen *Bass-Brüdern* (Finanzierungsgesellschaft) zu verdanken, dass man sich in FW früh für den Erhalt architektonisch interessanter Gebäude eingesetzt hat. Der **City-Center-Towers-Complex**, zwei riesige Glashochhäuser hinter dem Sundance Square, wurden vom Bass-Clan bewusst auf freiem Gelände errichtet. Im Gegenzug finanzierten sie den Erhalt des Platzes (inklusive der Seitenstraßen), wo heute neben einer Reihe von Boutiquen und anderen Geschäften zahlreiche nette Pubs und Restaurants zu finden sind, die besonders zum Lunch einladen. Ein monumentales **Wandbild** erinnert an die Cattle Drives entlang dem Chisholm Trail. Direkt am Platz steht die **Firestation No. 1** *(203 Commerce Street)* und nördlich des Platzes das **Tarrant County Courthouse** *(100 E. Weatherford St.)*, ein rotes Backsteingebäude im Stil der (amerikanischen) Spätrenaissance.

Das **Sid Richardson Museum (2)** stellt Ölgemälde von *Frederic Remington* und *Charles Russell* aus. Nicht unbedingt „Klassiker" der Malerei, aber diese Idealisierung des alten Westens gehört eher in das Programm einer Reise durch den Südwesten als berühmte europäische Kunstwerke des Mittelalters. Western Art

Sid Richardson Museum, *309 Main St., ✆ (817) 332-6554, www.sidrichardsonmuseum.org, Mo–Do 9–17, Fr–Sa 9–20, So 12–17 Uhr, frei.*

Südlich des FW Convention Center, Ecke 15th und Commerce St., beeindrucken die **Fort Worth Water Gardens (3)** mit Wasserspielen und Skulpturen.

Sehenswürdigkeiten
1 Sundance Square
2 Sid Richardson Museum
3 Fort Worth Water Gardens
4 Stockyards
5 Kimbell Art Museum
6 Will Rogers Memorial Center
7 Amon Carter Museum
8 Modern Art Museum
9 National Cowgirl Hall of Fame
10 Cattle Raisers Museum
11 Museum of Science & History

Restaurants
1 Joe T. Garcia's Mexican Restaurant
2 Cattleman's FW Steak House
3 Angelo's Barbecue

Unterkünfte
1 Hotel Texas
2 Miss Molly's B&B Hotel
3 Stockyards
4 Etta's Place
5 Renaissance Worthington Hotel

Stockyards (4)

Anfahrt: Nordwärts fahren entlang der Main Street (die Streckenführung geht um das Tarrant County House herum). Nach 2 ½ Meilen rechts abbiegen in die East Exchange Avenue. Die gesamte Strecke ist gut ausgeschildert.

Bis ins 20. Jh. hinein gehörten die Fort Worth Stockyards zu den größten und bedeutendsten der Welt, und jährlich wurden hier Hunderttausende von Rindern verkauft. Mit dem Einzug des Lastwagenverkehrs verloren sie aber immer mehr an Bedeutung, und um das Stadtgebiet vor dem endgültigen Verfall zu bewahren, entschloss sich die Regierung 1976, das gesamte Areal unter Denkmalschutz zu stellen und für den Tourismus zu erschließen. Die Gebäude wurden restauriert, und heute gibt es hier Restaurants, Saloons und Geschäfte. Auch der Viehhandel hat sich wieder eingefunden, und über

40 Viehauktionsfirmen haben hier ihren Sitz, um auf den wöchentlichen Auktionen präsent zu sein.

Beginnen Sie den Rundgang am besten am **Visitor Center** (direkt neben dem Stockyards Station). Hier gibt es Broschüren, einen Lageplan und ganz wichtig: Infos zu den zahlreichen Veranstaltungen, die hier stattfinden (Viehauktionen, Honky-Tonk, Musik, Pferdeshows etc.). Wandern Sie von hier einfach die East Exchange Avenue hinunter. Gleich nebenan beeindruckt der restaurierte **Bahnhof** mit seinen Geschäften und Restaurants.

Gegenüber dem Visitor Center steht der massige Bau des **Livestock Exchange Building**, der 1902 fertiggestellt wurde. Damals begann man damit, Fleisch bereits in Fort Worth zu verarbeiten und dann mittels Kühlwagen in den dichter besiedelten Osten zu verschiffen. Gründungsväter waren *Armour* und *Swift*, zwei Chicagoer Geschäftsmänner. Heute haben Auktionshändler, Rechtsanwälte und Architekten ihre Büros in dem Gebäude. Jeden Sonntag um 14 Uhr findet vor dem Gebäude ein kleines Western-Konzert statt.. Das kleine **Stockyards Museum** *(Mo–Sa 10–17, im Sommer auch So 12–17 Uhr, $ 2)* im Gebäude erinnert an die großen Tage der Stockyards. Auf der East Exchange Avenue wird übrigens täglich um 11.30 und 16 Uhr ein **Cattle Drive** (Viehtrieb) abgehalten.

Zahlreiche Veranstaltungen

Besuchenswert ist die **Cowboy Hall of Fame** *(128 E. Exchange Ave., ✆ (817) 626-7131, www.texascowboyhalloffame.com, Mo–Do 9–17, Fr u. Sa 10–19, So 11–17 Uhr, $ 6)*, die dem Leben bekannter Cowboys gewidmet ist. Daneben das **Cowtown Coliseum**, erbaut 1907–08, wo neben Rodeos Festivitäten und Konzerte abgehalten werden. Unter den Persönlichkeiten, die hier aufgetreten sind: *Theodore Roosevelt* (1911), *Enrico Caruso* (1920) und *Elvis Presley* (1956). Während des 2. Weltkriegs wurde die Arena dazu verwendet, Fall-

FWs Hauptattraktion: Stockyards

schirme zu falten. Gegenüber stehen die **Horse and Mule Barns**, von wo aus Pferde und Esel für den Weiterverkauf bzw. -transport vorbereitet wurden. Über 1 ½ Mio. Tiere sind hier durchgegangen. Weiter entlang der Straße kommen Sie an mehreren Geschäften vorbei, und der **White Elephant Saloon** auf der linken Seite bietet Gelegenheit für eine Verschnaufpause. Auf der anderen Straßenseite steht das **Stockyard Hotel**, einst **das** Hotel in Fort Worth, das u. a. namhafte Gäste wie *Bonnie* und *Clyde* beherbergte.

Verpassen sollten Sie schließlich nicht, einmal zu **Billy Bob's Texas** am Rodeo Plaza zu gehen. Vielleicht haben Sie Glück, und es findet am Abend eine Veranstaltung statt. Hier wäre es eigentlich ein Frevel, diese zu verpassen.

Historische Eisenbahnfahrt

Die historische **Grapevine Vintage Railroad** *(140 East Exchange Avenue, ✆ (817) 410-3185, www.grapevinetexasusa.com)* verkehrt an Wochenenden, ausgesuchten Feiertagen und auf Kurzstrecke im Sommer auch freitags. Startpunkt ist mittags der kleine Ort Grapevine nördlich der Stadt. Von dort dauert es 80 Minuten bis zur Stockyard Station, zurück geht es dann später am Nachmittag. Gezogen wird der Zug von einer Dampflok von 1896. Besonders für Kinder ist die Fahrt ein Spaß. Leider gibt es zzt. nur von Grapevine aus einen Roundtrip. Notfalls muss ein Fahrer die Zugreisenden in Grapevine abholen. Es wird aber nachmittags eine einstündige Fahrt von und zur Stockyards Station angeboten („Trinity Run").

Cultural District

Anfahrt: Abfahrt von der I-30 westlich der Innenstadt am Exit University Drive (Exit 12a). Diesem 1,5 Meilen in nördlicher Richtung folgen und dann nach links auf die Lancaster Avenue abbiegen.

Wie jede größere Stadt bietet natürlich auch Fort Worth einige Museen. Allen voran steht das **Kimbell Art Museum (5)**, finanziert durch die Hinterlassenschaften des Industriellen *Kay Kimbell*. Das Museum wurde 1972 eröffnet und zeigt Gemälde aller Zeit- und Stilrichtungen. Dank des hohen Budgets hängen hier Kunstwerke berühmter Maler, wie z. B. *Picasso, Van Dyck, El Greco* und *Rembrandt*. Unglücklicherweise leidet die Ausstellung ein wenig an der großen künstlerischen Spannbreite, die es kaum zulässt, sich gezielt einer Richtung zu widmen. Trotzdem ein Muss für jeden Kunstliebhaber. Das eindrucksvolle Gebäude wurde von dem Stararchitekten *Louis Kahn* entworfen.
Kimbell Art Museum, *3333 Camp Bowie Blvd., ✆ (817) 332-8451, www.kimbellart.org, Di–Do u. Sa 10–17, Fr 12–20, So 12–17 Uhr, frei.*

Das auffällige Gebäude gegenüber dem Kimbell Art Museum ist das **Will Rogers Memorial Center (6)** mit dem **Pioneer Tower**. Hier finden Shows statt. Eine Art historischer Freizeitpark und Aufführungsstätten für Veranstaltungen (u. a. Pferdeshows) sind angeschlossen.

Weitere Museen im Kulturdistrikt:

Amon Carter Museum (7)

Amerikanische Kunst. Viele Werke von *Russell* und *Remington*, von denen man auch einige Werke in der Sid Richardson Collection in der Innenstadt bewundern kann. Beides

Gut bestückt: das Kimball Art Museum

sind Künstler der idealisierten „Western-Art". Interessant ist auch die große Fotosammlung.
Amon Carter Museum, *3501 Camp Bowie Blvd., ✆ (817) 738-1933, www.cartermuseum.org, Di–Sa 10–17, Do–20, So 12–17 Uhr, frei.*

Modern Art Museum (8)

Zählt zu den bekanntesten Kunstmuseen Amerikas. Vornehmlich moderne Kunst Amerikas, aber auch ein paar Künstler aus Europa. U.a. Kunstwerke von *Andy Warhol, Jackson Pollock, Picasso, Feininger* und *Matisse*.
Modern Art Museum, *3200 Darnell St., ✆ (817) 738-9215, www.themodern.org, Di–So 10–17, Fr bis 20 Uhr, $ 10.*

National Cowgirl Hall of Fame (9)

Hier wird nicht nur den Cowgirls gehuldigt, sondern den über 180 Frauen, die im Westen der USA Besonderes geleistet haben. Dazu gehören u. a. auch Künstlerinnen sowie Country-Sängerinnen.
National Cowgirl Hall of Fame, *1720 Gendy St., ✆ (817) 336-4475, www.cowgirl.net, Di–Sa 10–17, So 12–17 Uhr, $ 10.*

Cattle Raisers Museum (10)

Hier erhalten Sie einen Einblick in die Entwicklung der Ranchen und der Rinderindustrie. Es trifft damit einen wesentlichen wirtschaftlichen Aspekt des Südwestens.
Cattle Raisers Museum, *1600 Gendy St., ✆ (817) 332-8551, www.cattleraisersmuseum.org, Mo–Sa 10–17, So 12–17 Uhr, $ 14.*

Das große **Museum of Science & History (11)** samt IMAX-Kino wendet sich besonders an Kinder und naturwissenschaftlich Interessierte (*1600 Gendy St., www.fwmuseum.org, Mo–Sa 10–17, So 12–17 Uhr, $ 15–21*).

Reisepraktische Informationen Fort Worth, TX

VORWAHL: 817

Informationen

Fort Worth Visitor Center: *508 Main St., Sundance Square, ✆ 698-3300 od. 1-800-433-5747, www.fortworth.com.*

Fort Worth Stockyards Visitors Center: *130 E. Exchange Ave. in den Stockyards, ✆ 624-4793. Veranstaltungen stehen in der Tageszeitung „Fort Worth Star-Telegramm".*

Krankenhaus

Harris Methodist Hospital, *1301 Pennsylvania Ave., ✆ 250-2000.*

Unterkunft

Es gilt: Zimmer in der Innenstadt bzw. an der Peripherie sind am Wochenende billiger, in bzw. nahe der Stockyards unter der Woche.

Hotel Texas $$ (1): *2415 Ellis Ave. (günstig zu den Stockyards), ✆ 624-2224, www.magnusonhotels.com/hotel-texas-fort-worth/. Hotel von 1939. Die Zimmer sind relativ klein. Wer etwas mehr ausgeben mag, der kann den Honeymoon-Raum mit Whirlpool buchen. Neben den nahen Stockyards laden zudem auch andere Lokale um die Ecke zum Essen und Trinken ein.*

Miss Molly's B&B Hotel $$$–$$$$ (2): *109 1/2 W. Exchange Ave., ✆ 626-1522, www.missmollyshotel.com. Mitten in den Stockyards. Einst befand sich ein Bordell in dem Haus von 1910. Schön im Westernstil eingerichtet. 6 der 7 Zimmer teilen sich drei Badezimmer ($$$), ein Zimmer hat eigenes Badezimmer ($$$–$$$$). Bar im Erdgeschoss (am Wochenende kann es laut werden!).*

Stockyards $$$–$$$$ (3): *109 E. Exchange St., ✆ 625-6427, 1-800-423-8471, www.stockyardshotel.com. Historisches Hotel inmitten des Stockyards-Distrikts. Für die obere Mittelklasse der Tipp. Hier ist es an Wochenenden teurer. Das* **H3-Ranch-Steakhouse** *im Haus ist Klasse und der* **Booger Red's Saloon** *ist bekannt für seine leckeren Margaritas.*

Etta's Place $$$–$$$$ (4): *200 W 3rd St., ✆ 255-5760, www.ettas-place.com. Nettes, ruhiges B&B in der Innenstadt. Es gibt auch Suiten mit Kochgelegenheiten.*

Renaissance Worthington Hotel $$$$–$$$$$ (5): *200 Main St., ✆ 870-1000, 1-800-468-3571, http://renaissance-hotels.marriott.com. Das luxuriöse „Vorzeigehotel" der Stadt. Inmitten der Downtown. Günstigere Wochenendraten.*

Restaurants

Joe T. Garcia's (1): *2201 N. Commerce St., nahe Stockyards, ✆ 626-4356. Beste Tex-Mex-Küche und ausgezeichnete Margaritas in riesigem Restaurant. Abends gibt es meist nur zwei Gerichte: Fajitas oder ein Enchilada-Menü.*

Cattlemen's FW Steak House (2): *2458 N. Main St. (Stockyards), ✆ 624-3945, http://cattlemenssteakhouse.com. Ebenfalls eine Institution. Leckere Steaks vom Holzkohle-Grill.*

Edelweiss: *3801-A Southwest Blvd. (Ecke TX 183), ✆ 738-5934, https://edelweissgerman-restaurant.com. Roulade, Rotkohl, Sauerkraut, Sauerbraten, Wurstplatte, Hefeweizen etc. Dazu (an Wochenenden) ein deutsch-amerikanisches Unterhaltungsprogramm. Es wird Deutsch gesprochen.*

Angelo's Barbecue (3): *2533 White Settlement Rd., ✆ 332-0357, www.angelosbbq.com. Seit Jahrzehnten* **die** *Adresse für BBQ-Gerichte. Saftige Ribs, leckeres Chicken und gutes Chop-*

ped Beef! Einfach und günstig. Gut sind die BBQ-Gerichte auch in der Kette **Riscky's BBQ** *(z. B. 300 Main St. (Sundance Square), ✆ 877-3306).*

Bar/Pubs/Livemusik

White Elephant Saloon: *106 E. Exchange, ✆ 624-8273, http://whiteelephantsaloon.com. Historischer Platz und der bekannteste Western-Style-Saloon der Stadt. Laut, nahezu täglich Livemusik. Kam in der TV-Serie „Walker, Texas Ranger" vor. Hier wurden die meisten Barszenen gedreht.*

Billy Bob's Texas: *2520 Rodeo Plaza, ✆ 624-7117, http://billybobstexas.com. Countrymusik-Konzerte, Honky-Tonk-Unterhaltung jeglicher Art. Größte Country-Discos der Welt! Die Arena (heute oft Bullenreit-Turniere) diente früher als Auktionsplatz.*

Einkaufen

Zahlreiche **Western Shops**, *wie z. B.* **Maverick Fine Western Wear** *(Top-Qualität-Western-Bekleidung),* **Fincher's White** *Front (Ranch-Bekleidung) und* **M.L. Leddy's Boot & Saddlery** *(Stiefel, auch handgefertigt) finden Sie im 100-er-Block an der Exchange Avenue (Stockyards).*

Veranstaltungen (Auswahl)

Januar/Februar: **Ft. Worth Stock Show & Rodeo**: *Will Rogers Memorial Center, ✆ 877-2400, www.fwssr.com. Rinderversteigerungen, Rodeos, Volksfest, kulturelles Programm. Seit 1896 jedes Jahr. Jährlich kommen über 1 Million Menschen hierher.*

Oktober: **Red Steagall Cowboy Gathering**: *Stockyards, ✆ 1-888-269-8696, www.redsteagallcowboygathering.com. Westernstimmung, Swing Festival, Cowboy-Spiele, Rodeo, Country-Livemusik u.v.m.*

Öffentliche Verkehrsmittel/Taxi

Amtrak: *Fort Worth Intermodal Transportation Center, 1101 Jones St., Infos: ✆ 1-800-872-7245 od. 332-2931.*

Zugverbindung nach Dallas bzw. DFW Int. Airport: *Trinity Railway Express (TRE), ✆ (214) 979-1111, www.trinityrailwayexpress.org. Gehen ebenfalls vom o. g. Transportation Center ab, ebenso, wie die* **Überlandbusse** *von Greyhound (✆ 429-3089).*

Stadtbusse: *„City Transit Service" (***The T***), ✆ 215-8600, www.the-t.com.*

Taxi: **Yellow Checker Cab**: *✆ 534-5555,* **Cowboy Cab**: *✆ 428-0202*

Von Dallas/Fort Worth nach Houston

Routenempfehlung

Entweder ab Dallas auf dem I-45 direkt nach Houston, oder, für die ***zweite Alternative****, auf dem I-20 nach Osten. Bei Tyler abbiegen nach Süden auf den US 69 und ab Alto TX 21 folgen bis Nacogdoches. Von dort US 59 über Lufkin (hier evtl. Abstecher zu den Seen) bis Livingston. Von dort nach Osten auf dem US 190 und bei Woodville nach Süden (US 69/287). Kurz hinter Village Mills abbiegen nach Osten zum Big Thicket Visitor Center, danach ausgewählte Gebiete des Parks besuchen und schließlich weiter nach Süden bis Beaumont. Von Beaumont dann über den I-10 nach Houston.*

Entfernungen
Dallas – Lufkin: 187 Meilen/301 km
Lufkin – Beaumont: 114 Meilen/183 km
Beaumont – Houston: 69 Meilen/111 km
Dallas – Houston (I-45): 240 Meilen/386 km

Die schnelle Alternative über Huntsville, TX

Sam Houston

Einzig lohnender Halt an der I-45 wäre in **Huntsville**, wo sich der **Sam Houston Memorial Museum Complex** befindet. Zu der stark auf *Houstons* Leben ausgerichteten Ausstellung gehören auch Repliken, die an die Episode der „Republik von Texas" erinnern. **Sam Houston Memorial Museum Complex**, *1402 19th St./Sam Houston Ave., ✆ (936) 294-1832, www.samhoustonmemorialmuseum.com, Di–Sa 9–16.30, So 12–16.30 Uhr, $ 5.*

Sam Houston (1793–1863) wuchs in Tennessee auf und lebte dort in seiner Jugendzeit drei Jahre bei einem Indianerstamm. Beim Ausbruch des Krieges um die texanische Unabhängigkeit von Mexiko spielte er als gewählter Kommandeur der texanischen Rebellen eine wichtige Rolle. Er war der Oberbefehlshaber in der entscheidenden Schlacht 1836 bei San Jacinto und wurde noch im gleichen Jahr zum ersten Präsidenten der Republik Texas gewählt. Nach einer Pause von drei Jahren wurde er 1841 noch einmal Präsident. Nach der Annektierung Texas' durch die Vereinigten Staaten 1845 war *Sam Houston* von 1846 bis 1859 Senator und anschließend vier Jahre Gouverneur des neuen Bundesstaates. Während seiner politischen Karriere setzte er sich wiederholt für die Rechte der Indianer ein.

Redaktionstipps

- **Übernachten** in Lufkin und Beaumont (jeweils Franchisehotel). Übernachten Sie vor allem besser in Beaumont, als abends noch nach Houston weiterzufahren, da in Beaumont die Zimmer billiger sind.
- Sehenswürdigkeit: **Big Thicket National Preserve** (S. 164).

In Huntsville gibt es zudem das **Texas Prison Museum** *(491 TX 75 N, ✆ (936) 295-2155, www.txprisonmuseum.org, Mo–Sa 10–17, So 12–17 Uhr, $ 5)*, wo man das Leben in einem texanischen Gefängnis hautnah miterleben kann. Dazu gehört auch eine Hinrichtungskammer samt elektrischem Stuhl.

Reisepraktische Informationen Huntsville, TX

VORWAHL 936

Information
Huntsville CVB: *7600 Hwy. 75 South, ✆ 291-9726, www.Huntsvilletexas.com.*

Unterkunft
Wenn Sie in Huntsville die im Gegensatz zu Houston günstigeren Hotelpreise wahrnehmen möchten, bieten sich u. a. **Motels rund um den Exit 116 am I-45 an**. *Sehr schön*

am Wasser gelegen ist das familienorientierte **Bethy Creek Resort $$–$$$**, *ca. 14 Meilen nordöstlich von Huntsville (136 Shorewood Dr., Riverside, ✆ 594-2511, www.bethycreek.com). Hier kann man in rustikalen und gut ausgestatteten Hütten, Hotelzimmern oder auf dem Campingplatz nächtigen (auch RVs). Kanu- und Tretbootvermietung. Gut zum Entspannen.*

Campern *und Wohnmobilisten sei zudem der* **Huntsville State Park** *südl. der Stadt empfohlen: I-45, Exit 109, ✆ 295-5644, http://tpwd.texas.gov/state-parks/huntsville.*

Alternativstrecke

Von Dallas aus führt der Interstate 20 durch eine hügelige, aber wenig reizvolle Landschaft. **Tyler**, eine kleine Stadt 100 Meilen östlich von Dallas, ist das Zentrum des Rosenanbaus. Über 50 % aller gezüchteten Rosen in Amerika kommen von hier. Im **Rose Garden & Museum** können Sie 500 verschiedene Züchtungsvariationen bewundern.
Rose Garden & Museum, *420 Rose Park Dr., ✆ (903) 597-3130, www.texasrosefestival.com, Mo–Fr 9–16.30, Sa 10–16.30, So 13.30–16.30 Uhr.*

Nacogdoches

„Gateway to the East“

Der Ort rühmt sich damit, die älteste Stadt von Texas zu sein. Und tatsächlich hat sie alle Perioden menschlicher Besiedlung miterlebt. In die ehemalige Indianersiedlung kamen bereits 1687 die ersten Europäer, und 1716 errichteten die Spanier hier eine Mission, womit sich die Stadt zum „Major Eastern Gateway“ von Texas mauserte. Später kamen dann Franzosen, die aber wiederum von den Engländern vergrault wurden. Schließlich waren es Spanier, Engländer und auch deutsche Siedler, die in Nacogdoches 1820 den Staat „Fredonia“ ausriefen, unzufrieden mit der mexikanischen Verwaltung in San Antonio und bestrebt, sich dem Louisiana Purchase anzuschließen. Das ging schief, setzte aber erste Akzente. Denn bereits 16 Jahre später waren es wiederum Bewohner dieser Stadt, die für die Unabhängigkeit von Texas plädierten, was aber auch missglückte. 1866 war es wieder hier, wo für Texas Bedeutendes passierte: Man fand nur wenige Meilen entfernt das erste Öl. Heute ist von der Geschichte nicht mehr viel übrig geblieben, aber es bieten sich trotzdem zwei kleine Sehenswürdigkeiten an:

Das **Old Stone Fort** ist das wiedererrichtete Wohnhaus von *Gil Y'Barbo*, das 1819 als Hauptsitz der Fredonia-Bewegung fungierte. Später diente es u. a. als Gerichtsgebäude, Gefängnis und Handelsstation. Heute befindet sich ein kleines historisches Museum darin.
Old Stone Fort, *1808 Alumni Dr., ✆ (936) 468-2408, www.sfasu.edu/stonefort, Di–Sa 9–17, So 13–17 Uhr, frei.*

Das **Sterne-Hoya House** wurde 1830 von dem Deutschen *Nicolas Adolphus Sterne* im „East-Texas-Colonial-Style“ erbaut, der sowohl maßgeblich an der Fredonia-Bewegung beteiligt war als auch an der Texas-Revolution 1836. Nach seinem Tode kaufte der preußische Immigrant *Joseph von der Hoya* das Anwesen. Heute befinden sich neben einer Reihe alter Möbel auch ein paar andere Stadtrelikte aus dem 19. Jh. hier, dazu eine historische Bücherei, in der man stöbern kann.
Sterne-Hoya House, *211 S. Lanana St., ✆ (936) 560-5426, Di–Sa 10–16 Uhr, frei.*

Reisepraktische Informationen Nacogdoches, TX

VORWAHL 936

Information

Nacogdoches CVB: *200 E. Main St., ✆ 564-7351 od. 1-888-653-3788, www.visitnacogdoches.org.*

Unterkunft

An der South Street nahe dem Stallings Drive gibt es eine Reihe von Hotels und Motels, so z.B. das **Hampton Inn & Suites** *($$, 3625 South St., ✆ 560-9901, http://hamptoninn3.hilton.com). Schöner aber ist das* **Hardeman House B&B $$–$$$**: *316 N. Church St., ✆ 205-5280, www.hardemanhouse.com. Historisches Haus mit Veranda. Teilweise Antiquitäten. Günstig gelegen zur Innenstadt.*

Lufkin

Lufkin ist eine ziemlich langweilige Stadt, die vornehmlich von der Holzindustrie in den umliegenden Wäldern lebt. Es bietet aber eine ausgezeichnete Basis für Erkundungen der vier großen **National Forests** in der Umgebung, und bei National Forest & Grasslands in Texas (s. S. 163) erhalten Sie Karten und ausreichendes Infomaterial. Wer gerne paddeln bzw. Kanu fahren möchte, sollte speziell nach den Wasserwanderkarten fragen, ansonsten ist man verloren im Gewirr der Creeks und Wälder. Die Wälder sind jeweils um die 650 km² groß, und ohne gute Karte kann man sich auf den Wanderwegen leicht verlaufen. Wer nicht viel Zeit hat sollte zumindest einmal zu dem nächstgelegenen Wald fahren, dem **Angelina National Forest**, östlich von Lufkin, der mit seiner Lage um das Sam Rayburn Reservoir besticht. Und fahren Sie nicht nur auf den großen Highways, sondern biegen Sie auch einmal ab auf die kleineren und weniger benutzten Farmstraßen – es lohnt sich. Camping- und Bootsverleihmöglichkeiten gibt es in verschiedenen kleinen Resorts um den See, Hotels aber nicht.

Kanu-Touren

Die **Alabama-Coushatta Indianer Reservation/Nation** östlich von Livingston ist übrigens einen Besuch wert. Hier werden Tänze und Kunsthandwerke vorgeführt, und am ersten Wochenende im Juni findet ein großes Pow Wow statt.

Reisepraktische Informationen Lufkin, TX

VORWAHL 936

Information

Lufkin Convention & Visitors Bureau, *1615 S. Chestnut Street (in der Chamber of Commerce), ✆ 633-0349, www.visitlufkin.com.*

Übernachten

Mansion on Sawmill Lake B&B *und* **Beaver Creek Lodge $$$–$$$$**: *156 Grimes Flournoy Rd., südl. von Huntington (insg. 21 Meilen von Downtown Lufkin), ✆ 1-877-829-2422, http://texasforestcountryretreat.com. Eine bezaubernd restaurierte Villa eines früheren Holzbarons (tolles Frühstück) sowie ein riesiges Holzhaus (Selbstversorger). Hier kann man so richtig entspannen. Einziger Nachteil: das nächste Restaurant ist 10 Meilen entfernt.*
The Storybook Inn B&B $$–$$$: *3039 Ted Trout Dr., ✆ 875-5580, www.storybookinn.us. Empfehlenswerte Bed&Breakfast-Unterkunft.*
Zudem gibt es viele Hotels/Motels der verschiedenen Franchiseketten am US 59.

Camping

In den nahe Lufkin gelegenen **Davy Crockett** *(westlich) und* **Angelina** *(östlich)* **National Forests** *gibt es sehr schöne Campingmöglichkeiten. Infos:* **National Forest & Grasslands** *in Texas: 2221 N Raguet St., Lufkin, ✆ 639-8501, http://www.fs.usda.gov/texas/.*

Big Thicket National Preserve

15 verschiedene Biotope

Das einmalige Naturareal erstreckt sich von Osten nach Westen zwischen dem Trinity und dem Neches River. Im Norden bildet der US 190 die Grenze und im Süden der US 90. In diesem Gebiet wurden 15 schutzwürdige *Units* (9 Land- und 6 Wasser-Areale) – insgesamt 44.000 ha – abgesteckt, von denen jedes ein eigenes Biotop bildet, das sich von den anderen unterscheidet. Einzigartig ist in diesem dichten Kiefernwaldsumpf die Vielfalt von verschiedenen Biosphären, die hier aufeinandertreffen. Für ihre Entstehung war vor allem das Vordringen der Gletscher verantwortlich, die nicht nur Tiere aus anderen Regionen „hergetrieben" haben, sondern auch Pflanzensamen mitbrachten. Die verschiedensten Pflanzen konnten sich später in dem feuchtwarmen Klima weiter entwickeln, obwohl sie nicht ihre angestammten Bedingungen vorfanden. Wundern Sie sich also nicht, wenn eine Yuccapalme oder ein Kaktus auf einem Sandhügel stehen und gleich daneben eine kanadische Tanne im Sumpf badet.

Für die Menschen galt dieses Dickicht bis zum Ende des 19. Jh. als fast undurchdringlich. Die Indianer trauten sich kaum hinein, und die ersten Siedler machten einen großen Bogen darum. Einige Outlaws nutzten es daher als Unterschlupf. Erst die Forstindustrie und vor allem der Ölboom um die 19./20. Jahrhundertwende änderten dies und raubten immer mehr Naturraum. Daher entschloss sich die Regierung im Jahre 1974, Teile des ehemals 1,4 Mio. ha großen Sumpfgebietes unter Naturschutz zu stellen. Man spricht heute davon, dass sich die folgenden fünf nordamerikanischen Biosphären hier treffen: nordöstliche Wälder, Appalachenwälder, südöstliche Sümpfe, Prärien des mittleren Westens und Halbwüsten des Südwestens. Ein Wissenschaftler brachte es einmal auf den Punkt: „Das bestausgestattete ökologische Labor in Nordamerika". Dies erkannte auch die UNO und setzte das Gebiet auf die Liste der 250 schützenswertesten Biotopsysteme der Erde.

Tipp

- *Besorgen Sie sich unbedingt ein **Mittel gegen Mücken**. Besonders in den feucht-warmen Sommermonaten können diese Biester zur Qual werden.*
- *Ornithologen sollten sich im Visitor Center mit einem Vogelbestimmungsbuch ausstatten, denn die **Vielfalt der Vogelwelt ist hier einzigartig**.*

Um alle Units zu erkunden, würde man zwei Wochen benötigen. Daher besorgt man sich am besten Kartenmaterial und wandert die kürzeren Trails ab. Echten Wanderfreunden bietet sich der **Turkey Creek Trail** für eine mehrtägige Tour an. Er beginnt direkt am Visitor Center. Für einen Tag schlagen wir folgende Trails vor, die hauptsächlich zu den Sümpfen führen:

Kirby Nature Trail: Beginnt gleich am Visitor Center und dauert eine gute Stunde (4 km). Ein kleines Guidebook am Trailhead können Sie mitnehmen. Es informiert über die markierte Flora.

Sundew Trail: Im Hickory Creek Savannah Unit. 40 Minuten (1,6 km). Offeneres Gelände. Besonders im Frühling und Frühsommer blühen hier die Wildblumen, u. a. der Sonnentau.

Turkey Creek Unit: Laufen Sie einfach von der Farmstraße, die 1 Meile nördlich von Village Mills nach Osten abzweigt, ein Stück den Turkey Creek Trail entlang.

Zudem gibt es noch 2 bis 9 Meilen lange **Kanu-Routen** im Village Creek Unit und einen für Boote erlaubten, bis zu 80 Meilen langen Streckenabschnitt auf dem Neches River zwischen Town Bluff bis Beaumont, an dem es mehrere Ausstiegspunkte gibt.

Es gibt nur rudimentäre Campinggelegenheiten, zu denen man nur wandern bzw. mit dem Boot gelangen kann (Permit erforderlich). Ansonsten bieten sich Hotels in Beaumont (s. S. 189) und Woodville an.
Visitor Center: *8 Meilen nordl. von Kountze, Kreuzung US 69/ US 287, ✆ (409) 951-6700, www.nps.gov/bith, tgl. 9–17 Uhr.*
Anbieter/Ausstatter für Kanu-Touren: **Eastex Canoe Trails** *(www.eastexcanoes.com) und* **Big Thicket Outfitters** *(www.bigthicketoutfitters.com).*

Houston

Entfernungen
Houston – Dallas: 245 Meilen/395 km
Houston – San Antonio: 197 Meilen/317 km
Houston – Corpus Christi: 207 Meilen/333 km
Houston – El Paso: 730 Meilen/1.175 km

Überblick und Geschichte

New Yorker Spekulanten

1836, kurz nach der Gründung der Republik Texas, errichteten die Brüder *John* und *August Allen*, Spekulanten aus New York, einen kleinen Handelsposten am Buffalo Bayou. Keiner sagte dem Nest inmitten der von Mücken verseuchten Sümpfe eine große Zukunft voraus. Der erste Kapitän, der den Fluss hinauffuhr, vermerkte in seinem Logbuch: „*The town must be there, where the stakes are marking the streets*". Doch langsam aber sicher wuchs die Stadt, wenn auch im 19. Jh. noch im Schatten von Galveston. Zeitweilig war sie sogar Hauptstadt von Texas. Die Tatsache, dass *Sam Houston* auf den nahen San Jacinto Battlefields die Mexikaner in die Flucht geschlagen hatte, verlieh ihr den Namen. Wesentlicher Wirtschaftsfaktor war damals der Baumwollhandel. Mit dem großen Sturm, der Galveston 1900 nahezu vollständig zerstörte, übernahm Houston die Spitzenposition im Süden von Texas. Durch die Ölfunde um Beaumont ab 1901 und mit dem Ausbau des 50 Meilen lange Ship Channel bis 1914 begann Houston endgültig zu boomen und verlieh der Stadt „*the right kick at the right time*". Andere Industriezweige wurden angezogen, und besonders die Schwerindustrie verdiente gut an den beiden Weltkriegen. 1962 beschloss Präsident *Kennedy*, die Zentrale des Raumfahrtprogramms hier anzusiedeln, womit die Stadt auch internationalen Ruf erlangte. Die Gründe waren eher politischer als wirtschaftlicher Natur, denn *Kennedy* wollte die Texaner bei Laune halten.

Heute verleihen neben Öl auch die Hightech- und die Dienstleistungsindustrien der Stadt den „Drive". Die Öl- und Wirtschaftskrisen in den letzten 50 Jahren scheinen für die Stadt höchstens Verschnaufpausen bedeutet zu haben. Die Diversifizierung der Wirtschaft hat die Stadt vor größeren Übeln bewahrt. Es wurde und wird gebaut und „revitalisiert", und das in einem rasanten „Texas-Tempo" – immer höher und immer teurer. Viele alte Bauten wurden renoviert. Kneipen, Restaurants und Geschäfte haben sich dort, auch unterirdisch in einem riesigen Tunnelsystem, angesiedelt. Die Historical Society im Sam Houston Park hat ein paar alte Häuser, Zeugnisse aus der Gründerzeit, bewahrt – gelegen zwischen Highwaysystem und Hochhausschluchten.

Die Rivalität mit Dallas um die erste Stadt im Staate existiert für Houston gar nicht – ganz im Gegensatz zu Dallas. Mit Stolz behauptet die Stadt von sich, der „Golden Belt-Buckle of the Sun Belt" zu sein. Und das ist sie auch. Dallas hat zwar viele Wolkenkratzer und ist ausreichend mit Dollars gesegnet, aber Houston hat das besondere Großstadtflair. Hier wird nicht nur gehandelt, sondern hier wird in verschiedensten Fabriken auch produziert und weiterverarbeitet: Öl, Computer, Stahl, Raketen, Schiffe etc. Zudem hat Houston einen bedeutenden Hafen, den nach Tonnage zweitgrößten der USA (ca. 215 Mio. t Umschlag/Jahr) und viele bedeutende Museen.

Großstadtflair

Die Industrie lockt nun seit über 100 Jahren Arbeiter aus allen Teilen Amerikas und der Welt an. Houston hat z. B. die größte chinesische Gemeinde von Texas. Gut 7 % der Bevölkerung sind asiatischer Abstammung. Diese Menschen haben, zusammen mit den African-Americans (24 % der Bevölkerung), Latinos (45 %) und Osteuropäern die Stadtkultur maßgeblich beeinflusst und sie zur Stadt der Minderheiten gemacht. Das drückt sich in fast allem aus: Sprache, Musik, Architektur und Toleranz gegenüber anderen Kulturen. „Leben und leben lassen" heißt hier die Devise.

Modern: Downtown Houston

Die Stadt ist nicht schön – aber modern. Kaum ein großes Haus scheint älter als 20 Jahre zu sein, sieht man einmal ab von ein paar renovierten Gebäuden in der Downtown, dem historischen „Height District" (1900–20) und den großen Villen der Reichen in River Oaks ab. Wer nicht ganz so viel Geld hat, aber zum behüteten Mittelstand gehört, der wohnt weit außerhalb – meist im Norden – in einem für Amerika typischen „Family-orientated Suburb". Um dort hinzukommen bzw. morgens zur Arbeit zu fahren, werden Anfahrten von 30 Meilen und mehr in Kauf genommen.

Houston bietet also „Großstadterlebnis" – mit Theatern, Museen, Shoppingmalls und auch Sehenswürdigkeiten, wie z. B. dem Space Center und abendlicher Musik- und Kneipenszene. Was den Südwesten betrifft, sollte man Houston vor allen anderen Großstädten den Vorzug geben und eintauchen in die Kulturen und Subkulturen, die solch ein multikulturelles Häusermeer ausspuckt: das Space Center und Galveston, Blueskneipen, ausgeflippte Geschäfte entlang der Westheimer Street, Super-Villen in River Oaks, witzige Restaurants in der Downtown und an der Kirby Street, schmutzige Hafengebiete, bunte Diskotheken an der Richmond Street, Strandfeten in Galveston, den künstlichen Regenwald in den Moody Gardens, überfüllte Highways und die verglasten Straßenschluchten.

Klimatisch ist die Stadt gewöhnungsbedürftig. Im Sommer ist es subtropisch und unangenehm schwül bei 36–40 °C (Minimumtemperatur im Juli: 24 °C – nachts). Kein Wunder also, dass die Downtown durch einen vollklimatisierten Fußgängertunnel verbunden ist und dass halb Houston am Wochenende an die Küste fährt, wo zumindest der Seewind erfrischende Kühle beschert.

Redaktionstipps

- **Übernachten**: Das mondäne, aber teure **Za-Za Hotel** lockt mit großem Pool und High Society. Günstiger ist das historische **Lancaster Hotel**. In **Sara's Inn** wohnt man ruhig und günstig (S. 178).
- **Essen**: Probieren Sie unbedingt die **Südstaatenküche** (BBQ und Cajun), so z. B. im **Goode Company Texas BBQ** oder im **Zydeco Louisiana Diner**. Houston ist auch bekannt für die **asiatische Küche**, am besten in **Chinatown** (S. 180).
- Die bedeutendsten Sehenswürdigkeiten sind das **Nasa Johnson Space Center** (S. 175), der historische Küstenort **Galveston** (S. 184), die Museen des **Museum District** (S. 170) und ganz allgemein das **Großstadtflair**.
- Lohnend ist der Besuch einer **„Zydeco"-Livemusik**-Veranstaltung, die meist nachmittags stattfindet. Infos im Visitor Center. Ein Tipp: Im **The Big Easy** (S. 181) wird sonntags Zydeco gespielt.
- Das **abendliche Programm** ist ausgesprochen vielseitig: Für die Jüngeren lockt die Szene in der **Richmond Street**. Ansonsten sind die Lokale in der **Innenstadt**, z. B. das **Sambuca** oder der **Prohibition Supperclub**, sowie im Stadtteil **The Heights** empfehlenswert. **Café 4212** und **The Big Easy** sind gute Anlaufadressen für Livemusik (S. 181).
- **Junge Leute** sollten während der Sommermonate auch mal die Strandgegend von Galveston (S. 185) „abgrasen". Dort finden des Öfteren (öffentliche u. private) **Partys** statt, besonders an den Wochenenden.
- **Zeiteinteilung: 2 Tage.** Am ersten Tag Innenstadt und vor allem ein oder zwei Museen im Museums District anschauen. In der Stadt übernachten. Am zweiten Tag zum Space Center und entweder danach nach Galveston oder zum Shoppen in die Galleria.

Sehenswertes

Downtown

Am eindrucksvollsten sind die Gegensätze zwischen Alt und Neu, die sich am dramatischsten im Sam Houston Park zeigen, wo noch ein paar alte Häuser und eine Kirche stehen – denn gleich dahinter schießen die Bürohäuser in den Himmel. Dazwischen locken wiederum schmucke, renovierte Stadtgebäude aus der Zeit nach 1900 mit Restaurants, kleinen Geschäften und Musikklubs. Nicht zu vergessen ist der **Theater District**, der nach dem Broadway in New York als zweitgrößter der USA gilt. Flankiert wird die Innenstadt nach Südosten hin von zwei großen Sportstadien, dem Minute Maid Park (Baseball) und dem Toyota Center (Basketball, Hockey), sowie dem massiven George R. Brown Convention Center.

Spaziergang durch die Innenstadt

Die **City Hall (1)** (*901 Bagby Street)* ist das Rathaus von Houston. Es befindet sich in einem eindrucksvollen Art-Déco-Gebäude von 1939. Durch die Bürohäuser gelangt man in das berühmte **Tunnel System**. 80 Gebäude dieses Banken- und Büroviertels sind an das sieben Meilen lange, z.T. äußerst verwinkelte Geflecht unterirdischer Gehwege angeschlossen – zudem gibt es noch einige überirdische Röhren. Alles klimatisiert, versteht sich! Kein Wunder also, dass die Straßen so menschenleer sind. Hier unten haben sich Geschäfte, Friseure, Praxen und zahlreiche Restaurants etabliert. Für eine unterirdische

Verschnaufpause bietet sich eine Niederlassung des „Treebeard" an, wo es leckere Burger gibt *(1100 Louisiana St.)*. An vielen Ecken hängen Tunnelkarten aus … und das ist auch notwendig bei dem Labyrinth.

Erinnerung an die erste Mondlandung

Anschließend geht es zum **Tranquility Park**, einem kleinen Park zwischen Walker und Rusk Street (nahe der City Hall), der an die erste Mondlandung erinnern soll. Die ersten Worte von *Neil Armstrong* lauteten nämlich: *„Houston, Tranquility Base here. The Eagle has landed."* Eingeschmolzen auf einer Bronzeplatte, wird die Geschichte der amerikanischen Raumfahrt dargestellt – ohne viel Wert auf die Nennung der anderen Raumfahrtnationen zu legen.

Nicht weit von Park und City Hall befindet sich der **Sam Houston Park (2)**, eine kleine Grünfläche zwischen Wolkenkratzern und mehrstöckigen Freeways. Erst bei näherer Betrachtung fallen die Gebäude aus dem 19. Jh. auf. Doch nur ein Haus, das 1847 erbaute **Kellum-Noble House**, stand früher wirklich hier, die anderen sind nur wiederaufgebaut worden. Es bieten sich kontrastreiche Fotoperspektiven, und die Hochhäuser erscheinen noch erdrückender gegen ihre „winzigen" Vorfahren daneben.
Heritage Society at Sam Houston Park, *1100 Bagby St., ✆ (713) 655-1912, www.heritagesociety.org, Di–Sa 10–16 Uhr, frei, Touren $ 15. Der Park selbst ist von Sonnenauf- bis Sonnenuntergang geöffnet.*

Richtung Osten gelangt man zum von dem Stararchitekten *I.M.Pei* entworfenen **JP Morgan Chase Tower (3)**, dem mit 75 Stockwerken höchsten Gebäude der Stadt.

Ein Stück weiter nach Norden zieht sich die wenig eindrucksvolle **Texas Street** durch die Downtown. Ihre Breite von 30 Metern bot früher genügend Platz, um 14 Longhorn-Rinder nebeneinander durch sie hindurchzuführen. Sehenswert ist hier die **Christ Church Cathedral (4)**, die 1839 gegründet wurde und damit zu den ältesten in Texas zählt. 1939 wurde sie nach einem Brand wieder aufgebaut. Der **Historic District (5)**, vornehmlich zwischen Travis und Main Street, beeindruckt nicht nur wegen seiner restaurierten Gebäude aus der Zeit um 1900, sondern auch durch seine Restaurants und Straßen-Cafés. Auch der **Market Square** ist ein Überbleibsel des endenden 19. Jh. Verpassen Sie hier nicht den kurzen Stopp in der kleinen Kneipe „La Carafe" **(6)**, die in einem der ältesten Stadtgebäude untergebracht ist.

Historisches Viertel

Nicht weit von hier, vor allem im Karree Smith-, Capitol-, Milam- und Preston Streets befinden sich die Kulturpaläste des **Theater District**: Im protzig erscheinenden **Wortham Theater Center (7)** *(501-550 Prairie Ave.)* treten die Grand Opera und das Houston Ballet auf. Die Symphoniker dagegen, gemeinsam mit der Society for the Performing Art, haben das weniger auffällige **Center for the Performing Art** für ihre Darbietungen gewählt. Schließlich hat die Theater Company mit dem **Alley Theatre** *(615 Texas Ave.)* auch noch eine eigene Bühne.

Angrenzend an den Theater District liegt am Buffalo Bayou der Sesquicentennial Park, ein beliebter Grünstreifen mit Wander- und Radwegen. Auf der anderen Seite des Flusses liegt das **Downtown Aquarium (8)**, in dem es nicht nur Unterwasserwelten, sondern auch Reptilien und weiße Tiger zu sehen gibt. Außerdem gibt es ein „Unterwasser"-Restaurant.
Downtown Aquarium, *410 Bagby St., www.aquariumrestaurants.com/downtownaquariumhouston, Mo–Do 10–21, Fr/Sa 10–22.30, So 10–21 Uhr, $ 20.*

Disovery Green

Am südöstlichen Ende der Innenstadt beeindruckt der 5 ha große Freizeitpark **Discovery Green (9)** u. a. mit interaktiven Wasserspielen, Restaurants, einer Bühne (Konzerte/Theater), Jogging-Pfaden, Spielplätzen, Boccia-Bahnen, einem See, bunten Blumenbeeten u. v. m. Die Anlage hat dafür gesorgt, dass wieder mehr Menschen in die Innenstadt kommen. Infos unter www.discoverygreen.com.

Westlich der Downtown

Entlang der **Westheimer Street** erinnern die Geschäfte an New Yorks Greenwich Village. Ob Sie an einer Tarot-Sitzung teilnehmen, die griechisch-indonesische Küche ausprobieren oder den neuesten Modekitsch ansehen bzw. kaufen möchten, hier wird alles geboten. An der Kreuzung Kirby Street sollten Sie nach rechts abbiegen und beim Allen Park nach links in eine Seitenstraße fahren. Das Viertel hier nennt sich **River Oaks** und ist das Wohnviertel der Obe-

Villa in River Oaks

ren Zehntausend. Eine Villa übertrifft die andere an Protzigkeit. Die Gärten sind so gepflegt, als wenn täglich jemand mit der Nagelschere die überstehenden Grashalme kappen würde.

Von hier aus können Sie entweder weiter nach Westen fahren und am West Loop einen Bummel durch das vornehme **Galleria Shopping Center (28)** unternehmen (s. Karte S. 174) – oder Sie entgehen dieser Versuchung, indem Sie auf der Westheimer wieder ein Stück zurück nach Osten fahren und dann über die **Montrose Avenue** nach Süden in das Museumsviertel abbiegen. Der Stadtteil **Montrose** (wo sich Montrose Ave. und Westheimer Rd. kreuzen) ist heute auch ein beliebter Shopping District mit Boutiquen, Cafés, Galerien, aber auch Bars und Restaurants für den Abend.

Museumsdistrikt

Menil Collection (10)

Picasso, Warhol und afrikanische Skulpturen

Das Gebäude wurde designt von dem Architekten *Renzo Piano*, der auch am Centre George Pompidou in Paris mitgewirkt hat. Die Ausstellung enthält Werke aus verschiedensten Epochen. Beginnend bei griechischen und byzantinischen, aber auch afrikanischen Skulpturen, über französische Meister (Picasso, Léger und Braque), amerikanische Maler und endet bei Andy Warhol. Die gesamte Sammlung enthält über 10.000 Artefakte, die natürlich nicht alle gleichzeitig gezeigt werden können. Das Museum gilt als **der** Tipp in Houston.

Menil Collection, *1533 Sul Ross St. (Montrose Ave. District), ✆ (713) 525-9400, www.menil.org, Mi–So 11–19 Uhr, frei.*

Nur ein Stück die Straße entlang befindet sich die achteckige **Rothko Chapel (11)**, in der 14 Gemälde des Künstlers *Mark Rothko* ausgestellt sind. Der Obelisk vor der Kapelle symbolisiert das Leben und Schaffen sowie die Ermordung von *Martin Luther King Jr.* Der *Dalai Lama* und *Nelson Mandela* haben diesen Ort bereits besucht. Einen Block östlich, an der 4011 Yupon St., liegt die zur Menil Collection gehörende **Byzantine Fresco Chapel**, wo man bis 2012 bis zu 700 Jahre alte Fresken sehen konnte. Mittlerweile sind diese in ihr Ursprungsland Zypern zurückgebracht worden. Nun sind moderne Installationen zu sehen *(Fr–So 10–18 Uhr)*.

Tipp

*Im **Lawndale Art Center**, untergebracht in einem Art-Déco-Gebäude, haben sich vier Galerien zusammengeschlossen und geben in Wechselausstellungen auch weniger bekannten Künstlern eine Chance, sich zu präsentieren (4912 Main St., Zeiten variieren, www.lawndaleartcenter.org).*

Museum of Fine Arts (12)

Riesige Sammlung an Kunstwerken, die eine Zeitspanne von 4.000 Jahren abdecken. Interessant sind die Abteilungen Afrikanisches Gold, Kunst im asiatisch-pazifischen Raum, Fotos von Annie Leibovitz und die Impressionisten. Viele der Galerieräume wurden von Ludwig Mies van der Rohe konzipiert. Außerhalb, gleich auf der anderen Straßenseite, befindet sich ein **Skulpturengarten (13)** mit Werken von Giacometti, Rodin, Matisse u. a.

Sehenswürdigkeiten

10 Menil Collection
11 Rothko Chapel
12 Museum of Fine Arts
13 Sculpture Gardens
14 Contemporary Arts Museum
15 Museum of Natural Science
16 Holocaust Museum
17 Childrens Museum
18 The Health Museum
19 Rice University
20 NRG Park
21 Urban Harvest Farmers Market

Contemporary Arts Museum

Museum of Fine Arts, *1001 Bissonet St., ✆ (713) 639-7300, www.mfah.org, Di u. Mi 10–17, Do 10–21, Fr u. Sa 10–19, So 12.15–19 Uhr, $ 13.*

Contemporary Arts Museum (14)

Hier wechseln die Ausstellungen ständig, doch bemüht man sich, besonders Künstler des Südwestens und speziell aus Texas zu zeigen.
Contemporary Arts Museum, *5216 Montrose Blvd., Ecke Bissonet Rd., ✆ (713) 284-8250, www.camh.org, Di–Fr 10–19 (Do –21), Sa 10–18, So 12–18 Uhr, frei.*

Der **Hermann Park** südöstlich der Main Street ist das Pendant zum Central Park in New York. Ein alter Baumbestand sorgt für viel Schatten, Blumenfreunde werden den Japanese Garden sowie das Houston Garden Center zu genießen wissen und wer sich körperlich betätigen möchte, miete sich ein Paddelboot für einen kleinen Exkurs auf dem McGovern Lake. Zudem finden Sie hier den Zoo sowie das große **Museum of Natural Science (15)** mit Ausstellungen zur Entwicklung der Erdölförderung in Texas, einer riesigen Mineralien- und einer Muschelsammlung, und im Tropenhaus, einem nachempfundenen Regenwaldhabitat, drehen 1.500 bunte Schmetterlinge ihre Kreise **(Cockrell Butterfly Center)**. Das **Wortham IMAX Theatre** zeigt Filme zu naturwissenschaftlichen Themen. Im angeschlossenen **Burke Baker Planetarium** können Sie den auf die Kuppel projizierten Sternenhimmel von Südtexas erleben.
Museum of Natural Science, *5555 Hermann Park Dr., ✆ (713) 639-4629, www.hmns.org, Mo–So 9–18 Uhr, $ 25.*

Weitere interessante Museen im District sind:
Holocaust Museum (16): *5401 Caroline St., ✆ (713) 942-8000, www.hmh.org, Mo–Fr 9–17, Sa 10–17, So 12–17 Uhr.* Hier wird anhand zahlreicher Displays und Relikte der Opfer des Holocaust gedacht.
Childrens Museum (17): *1500 Binz St., ✆ (713) 522-1138, www.cmhouston.org, Di–Sa 10–18 (Do –20), So 12–18 Uhr, $ 11.* Großes, interaktives Kindermuseum.
The Health Museum (18): *1515 Hermann Drive, ✆ (713) 521-1515, www.thehealthmuseum.org, Di–Sa 9–17 (Do –19), So 12–17 Uhr, $ 9.* Eindrucksvoll wird hier der menschliche Körper veranschaulicht anhand z.T. übergroßer Modelle menschlicher Organe. So betreten Sie das Museum durch den Mund, setzen sich für den Einführungsfilm auf die Zähne, gehen anschließend durch die Zähne usw. Auf die Erläuterung gesundheitlicher Risikofaktoren wird viel Wert gelegt.

Von hier geht es auf der Main Street weiter nach Süden. Man passiert rechterhand die Hauptgebäude der **Rice University (19)**, der berühmtesten Hochschule der Stadt. Studenten, die hier nicht mit einem A-Certificate (entspricht etwa unseren Noten 1 u. 2+)

das Semester abschließen, müssen die Universität wieder verlassen. Ganz hübsch anzuschauen ist das Hauptgebäude.

Etwas weiter südlich fährt man durch das **Texas Medical Center**, eines der besten medizinischen Zentren der Welt *(www.tmc.edu)*. Es besteht aus 47 unabhängigen Instituten und Krankenhausträgern, zu denen 13 Krankenhäuser und 19 akademische Einrichtungen gehören, die z.T. in privater Hand sind. Es ist damit der größte Krankenhauskomplex der Welt (ca. 6.500 Betten). Besonders im Bereich Herzchirurgie und Krebsbekämpfung gehört es zu den fortschrittlichsten Instituten, und Patienten kommen aus aller Welt. Jährlich werden über sechs Millionen Kranke behandelt. Neben 73.000 Angestellten arbeiten hier 12.000 freiwillige Kräfte, zudem werden 34.000 Studenten ausgebildet. Die unzähligen Hotels im Umkreis profitieren von dem amerikanischen Gesundheitswesen: Die Patienten werden sehr früh entlassen und danach ambulant weiterbehandelt. Da viele Patienten von weit her kommen, wohnen sie in den Hotels. *Medizinisches Zentrum*

Südlich des Medical Center beeindruckt das gigantische Event-Center **NRG Park (20)**. Hier stehen u.a. das riesige, überdachte **Astrodome Stadium** (Football, Baseball u.a., 70.000 Plätze), Sportarenen, die Messehallen und einige andere Gebäude.
Touren: *Di u. Do 10.15, 12 und 14 Uhr, unbedingt vorher reservieren, http://reliantpark.com/stadium-tour, ✆ (832) 667-1847, $ 6. Zufahrten: Vom Kirby Dr. od. der Fannin St.*

Etwa 3 Meilen westlich des Museums District lädt jeden Samstag der **Urban Harvest Farmers Market (21)** (*3000 Richmond Ave., Ecke Eastside Dr.*) ein zum Kauf lokaler Farmerprodukte. Gut geeignet zum Auffrischen der Campingküche.

Sehenswertes in der Umgebung

Nördlich der Stadt

National Museum of Funeral History (23)

Es mag etwas morbide erscheinen, ein Beerdigungsmuseum aufzusuchen, aber dieses Museum ist in vieler Hinsicht interessant. Es erlaubt z.B. den Einblick in die Vermarktungspraktiken von Beerdigungen in den USA. Wussten Sie etwa, dass man in Amerika Grabflächen kauft und wiederverkauft (ca. 500 $) wie eine Immobilie und dass es durchaus üblich ist, seine bereits begrabenen Verwandten mitzunehmen in eine andere Stadt, um sie dort neu zu beerdigen? Außerdem: Geschichte der Beerdigungen – vom alten Ägypten bis Kennedy; wie balsamiert man Leichen ein; eine einzigartige Sammlung alter und neuer Leichenwagen – von der Kutsche bis zum Lincoln – „Harold and Maude" lassen grüßen! *Beerdigungsmuseum*

National Museum of Funeral History, *415 Barren Springs Dr., Ecke Ella Blvd., ✆ (281) 876-3063, www.nmfh.org, Mo–Fr 10–16, Sa 10–17, So 12–17 Uhr, $ 10. Anfahrt: I-45, Exit 63, Airtex, dann nach Westen abbiegen und bis zur T-Kreuzung. Dort rechts auf den Ella Blvd., 2 Querstraßen weiter ist rechter Hand die Barren Springs Rd.*

Old Town Spring (24)

Wer Lust auf Shopping hat, der sollte auf dem I-45 weiter nach Norden bis zum Exit 70A (Spring Cypress Rd.) fahren und von dort noch eine Meile nach Osten. Dieser restau-

> **Tipp**
>
> *Im Viertel The Heights gibt es ein tolles Museum, das die Herzen aller Autofans höher schlagen lässt. Im* ***Art Car Museum*** *(22) werden Autos gezeigt, die von Bastlern auf urigste Weise umgebaut wurden. Die Autos sind nicht nur bunt, sondern sehen aus wie ein Damenschuh, eine Hochzeitstorte, sind bestückt mit Rinderhörnern, ein rostiger Weltraumflieger usw.*
>
> ***Art Car Museum****, 140 Heights Blvd., ✆ (713) 861-5526, www.artcarmuseum.com, Mi–So 11–18 Uhr, frei.*

rierte Teil von Spring diente einst als Eisenbahnhalt mit Saloons, Hotels und Gleisarbeiterhäuschen. Viele der hier ehemals Ansässigen stammten aus Deutschland. Mittlerweile gibt es in den niedlich zurechtgemachten Holzhäusern 120 Geschäfte (Kunsthandwerkliches, Nippes, Geschenkartikel) und Cafés (*http://oldtownspring.com*).

Südlich und östlich der Stadt

Port of Houston (25)

Der Hafen von Houston ist nach Tonnage der zweitgrößte der USA. Durch den Bau und die spätere Erweiterung des 50 Meilen langen Ship Channel (12 m tief/120 m breit) können die großen Schiffe anlanden.

Hafenrundfahrten mit der Sam Houston: *90-minütige Touren, zumeist 10 und 14.30 Uhr. 7300 Clinton Dr., Gate 8, I-610 East, Exit 28. Unbedingt vorher reservieren (✆ 670-2416, www.portofhouston.com). Bei Reservierung Abfahrtsort bestätigen lassen, da gelegentlich Änderungen vorgenommen werden. Strenge Sicherheitsmaßnahmen: mind. 24 Stunden vorher registrieren lassen, Ausweis mit Foto, keine Rucksäcke an Bord erlaubt.*

The 1940 Air Terminal Museum (26)

Das Museum befindet sich im ehemaligen Flughafengebäude am heutigen Hobby Airport. In dem prachtvollen Art-Déco-Gebäude wird die Bedeutung der Luftfahrt für Houston erläutert. Der erste Post-Hangar und alte Flugzeuge gibt es zu sehen, die Geschichte von Fliegern und Flugzeugen wird erzählt. Ein Muss für Enthusiasten des Fliegens.

The 1940 Air Terminal Museum: *8325 Travelair St., www.1940airterminal.org, Di–Sa 10–17, So 13–17 Uhr, $ 5.*

American Cowboy Museum (27)

Nein, hier wird nicht John Wayne, Wyatt Earp oder Buffalo Bill gehuldigt. Dieses kleine Museum auf der Taylor Stevenson Ranch widmet sich den Indianern (Native Americans), African-Americans, den Hispanics und den Frauen, die als Cowboy/-girl gearbeitet haben. Und davon gab und gibt es eine Menge. Auf Touren, geleitet von echten Cowboys/-girls, wird auch erklärt, wie eine Working Ranch funktioniert.

American Cowboy Museum: *11822 Almeda Rd., www.americancowboymuseum.org, Besuch zzt. nur nach Anmeldung unter ✆ (713) 478-9677, $ 10. Hinweis: Bei Drucklegung war nicht klar, ob das Museum an dieser Stelle weitergeführt wird.*

Space Center Houston (29)

Das Space Center und der Hauptsitz der NASA gehören mit Sicherheit zu den größten Attraktionen von Texas. 1962 entschloss sich die amerikanische Regierung unter Präsident *Kennedy*, die Kontrollstation, das Trainingscamp und die wesentlichen administrativen Raumfahrteinrichtungen in Houston einzurichten. *Kennedy* hegte damit die Hoffnung, die Texaner, die seiner Politik immer etwas skeptisch gegenüberstanden, auf seine Seite zu locken. Mit der Einrichtung der NASA begannen für die USA Jahrzehnte des technischen Überschwanges: Jeder Start einer Rakete wurde wie ein Volksfest gefeiert, und jedes Misslingen einer Mission bedeutete tiefste Trauer und ein Knacks im Selbstbewusstsein der gesamten Nation. Das Raketenzeitalter symbolisierte für die Amerikaner die Macht ihres Landes und die Überlegenheit gegenüber der UdSSR.

Mit aller Gewalt setzten sich 1962 die Wissenschaftler und Techniker daran, den ersten Menschen auf den Mond zu schicken, und selbst als bereits erwiesen war, dass für die Menschheit dort nicht viel zu holen ist, hielt man an diesen Plänen fest. Es war *Neil Armstrong*, der 1969 die Worte verkünden durfte: *„Houston, tranquility base here. The Eagle has landed."* In den 1970er Jahren folgten weitere Flüge zum Mond, doch danach flaute die Euphorie ab. Der Mars sollte eigentlich das nächste Ziel sein, doch wurden diese Pläne aus Kostengründen fallen gelassen.

„The Eagle has landed"

Den nächsten großen Schritt stellten Anfang der 1980er Jahre die Raumfähren (Space Shuttle) dar, deren Besatzungen nicht nur wissenschaftliche Studien im Weltraum ausführen, sondern auch Satelliten reparieren und das von Präsident *Reagan* groß angekündigte militärische SDI-Programm unterstützen sollten. Aber auch für SDI wurde das

Budget gestrichen, und damit dümpelte die amerikanische Raumfahrt einige Jahre ohne große Ziele vor sich hin. Seit einiger Zeit aber geht es wieder aufwärts. Moderne Raumlabors, das ewige Ziel Mars, ein erneutes militärisches Abschirmprogramm und die Angst vor der Konkurrenz aus Fernost und Europa gaben der amerikanischen Raumfahrt wieder Auftrieb.

Hinweis

Empfohlenes Programm für einen Aufenthalt von 3 Stunden: Film anschauen, das Skylab-Ausbildungslabor und den echten Mondstein, anschließend mit der Tram die Tour zum Space Center (diesen Trip bereits am Eingang buchen).

Das Gelände ist in zwei Hauptattraktionen eingeteilt:
Im **Space Center** werden in verschiedenen Kinoräumen **Filme** gezeigt, die sich vor allem mit dem Leben auf einer Raumstation, dem Training der Astronauten, der Organisation und Geschichte der NASA und ähnlichen Themen beschäftigen. Zudem kann man das Leben an Bord einer Raumstation/eines **Space Shuttles** nachvollziehen (wie isst und duscht man bei Schwerelosigkeit) und sich an Simulatoren als Kommandant einer Raumfähre austoben. In der **Astronauts Gallery** sind alle bereits benutzten Astronautenanzüge und Porträts der Astronauten ausgestellt und man kann einen **echten Mondstein** bewundern. Kinder können sich im **Kids Space Place** austoben, Astronaut spielen und sich über viele Dinge informieren.

Für die Hungrigen gibt es im **Schnell-Restaurant** Astronauten-Burger – in Aluminiumfolie eingepackt und Mikrowellen-weich, wie es die Astronauten auch essen. Wer das nicht mag, geht besser ins teurere Hauptrestaurant.

Apollo-Rakete im Rocket Park

Zum **Johnson Space Center** fährt eine Tram, für die Sie unbedingt gleich beim Betreten des Space Center ein Ticket lösen sollten. Die Tourangebote variieren (i.d.R. gibt es zwei Touren), es wird aber immer am **Rocket Park** angehalten, wo es u.a. die echte Saturn V-Rakete zu sehen gibt.

- **Control Center Tour**: Dauer 45 Minuten. Sie führt entweder zum Flugkontrollzentrum oder zum Raumstations-Kontrollzentrum. Häufig ist hier nichts los, und außer zahlreichen Bildschirmen und Computern gibt es dann nicht viel zu sehen.
- **Johnson Space Center Facilities Tour**: Dauer 75 Minuten. Hierbei geht es zu den echten Trainingseinrichtungen der Astronauten, zum Labor für Simulation von Weltraumbedingungen (z.B. Schwerelosigkeit) und zum Labor für Nachahmungen (z.B. unvorhergesehene Zwischenfälle).

Hier trainieren die Astronauten

Space Center Houston, *I-45 in Richtung Galveston, dann abbiegen an der Abfahrt NASA Rd. 1. Von hier sind es nur wenige Meilen. 1601 NASA Parkway, ✆ (281) 244-2100, www.spacecenter.org, Mo–Fr 10–17, Sa u. So 10–18 Uhr (im Sommer etwas länger), $ 25.*

Kemah Boardwalk (30)

Die Freizeitanlage liegt direkt an der Galveston Bay. Restaurants, Karussells, Geschäfte u.v.m. ziehen besonders Familien mit Kindern an. Die nachempfundene Hafenatmosphäre, wenn auch ziemlich kommerzialisiert, ist gut für einen zweistündigen Stopp und einen Snack am Wasser nach dem Besuch des Space Center bzw. des u.g. Battleground.

Anfahrt: *NASA Rd. 1 vom Space Center weiter nach Osten bis zur T-Kreuzung mit der TX 146. Dort nach rechts abbiegen und über die große Brücke fahren. Linker Hand liegt dann der Kemah Boardwalk, 215 Kipp Ave., www.kemahboardwalk.com. Parkplatz: Texas Ave., Kemah (von dort Fähre über Hafenkanal)*

San Jacinto Battleground Historical Park & Monument (31)

An dieser Stelle besiegte Sam Houston 1836 mit einer Handvoll Texas Ranger die mexikanische Armee von Santa Anna. Er machte sich dabei die günstige Zeit der Siesta zunutze, daher dauerte die Schlacht weniger als eine halbe Stunde. Mit diesem Sieg war die Unabhängigkeit von Texas besiegelt. Mit texanischem Übermut wird heute noch verkündet, diese Schlacht hätte den USA dazu verholfen, die größte und stärkste Nation der Erde zu werden.

Sie können auf den 140 m hohen **Obelisk** hinauffahren. Leider sind aber in der Nähe hauptsächlich Industrieanlagen zu sehen. Ganz interessant ist das **Museum**, in dessen permanenter Ausstellung die Geschichte der südlichen USA von der Zeit vor Kolumbus bis zum Ende des 19. Jh. dargestellt wird. Eine **Multi-Media-Show** zeigt die Hintergründe der texanischen Revolution und vor allem der entscheidenden Schlacht. Gleich nebenan liegt das **Battleship Texas**, ein Schlachtschiff, das beide Weltkriege miterlebt hat. Auch dieses ist zu besichtigen ($ 12).

Texanische Revolution

San Jacinto Battleground Historical Park & Monument, *3523 Independence Parkway South La Porte. 20 Meilen östlich der City. Hwy. 225 nach Osten und anschließend Hwy. 134 nach Norden. Alternativ: vom Kemah Boardwalk der TX 146 nach Norden folgen (ausgeschildert), ✆ (281) 479-2421, http://tpwd.texas.gov/state-parks/san-jacinto-battleground, Kernzeiten: tgl. 10–18 Uhr.*

Reisepraktische Informationen Houston, TX

VORWAHL: 713 (soweit nicht anders angegeben), außerhalb des „Loop" 610, oft auch 281

Informationen

Greater Houston CVB: *1300 Avenida de las Americas, ✆ 437-5557, www.visit-houstontexas.com. Es gibt Kartenmaterial, Veranstaltungshefte und Broschüren, zudem Infos zum Space-Center, Beaumont oder Galveston. Verkauft wird der* **„Houston City Pass"**, *mit dem man vergünstigt Eintritt zu 7 Attraktionen erhält.*

Krankenhaus

Memorial Hermann-Texas Medical Center, *6411 Fannin, ✆ 704-4000.*
Texas Medical Center: *Unterhält mehrere Krankenhäuser südl. des Hermann Parks: 2450 Holcombe Blvd., ✆ 791-8800*
Houston Dental Center: *✆ 784-6114*
24 Std.-Apotheke/Diabetikerdienst: *Park Plaza Medical Center Pharmacy: 1200 Binz, St. 120, ✆ 523-7847.*

Sightseeingtouren

Houston Greeters: *✆ 473-3837, www.houstongreeters.org. Einheimische führen durch ihr Viertel bzw. unternehmen Spaziergänge zu ausgesuchten Zielen. Eine tolle Art, Stadt und Menschen näher kennen zu lernen. Möglichst 2 Wochen vorher anmelden.*
Houston Historical Tours, *✆ 392-0867, www.houstonhistoricaltours.com, unternimmt Spaziergänge unter einem speziellen Thema (Geschichte, Religion, ethnische Viertel, Friedhöfe, etc.).*

Unterkunft

Hotels in Houston sind unter der Woche im Citybereich teuer. Von Mo–Do empfiehlt sich daher evtl. das Übernachten in Galveston, von wo aus Sie auch das Space Center gut erreichen können. Zwischen Fr und Mo unbedingt nach Wochenendtarifen fragen.

Innenstadt

Houston International Hostel $ (5): *5302 Crawford, ✆ 523-1009, www.houston-hostel.com. Jugendherberge. Nur Mehrbettzimmer. Günstig im Museumsdistrikt gelegen, aber nur für Backpacker zu empfehlen.*
Sara's Inn on the Boulevard $$–$$$: *941 Height's Blvd., The Heights, ✆ 868-1130, 1-800-593-1130, www.saras.com. B&B nordwestlich der Innenstadt. Viktorianisches Haus mit familiärer Atmosphäre. Die günstigeren Zimmer teilen sich das Bad.*
Motel 6 Medical Center $$–$$$: *9911 Buffalo Spwy. (nahe I-610), ✆ 668-8082, www.motel6.com, Günstiges Motel nahe dem Museumsdistrikt, und auch die Innenstadt ist relativ gut zu erreichen (Straßenbahn).*
Hilton Garden Inn-Galleria $$$: *3201 Sage Rd., nahe der Galleria-Shopping Mall, ✆ 629-0101, http://hiltongardeninn3.hilton.com. Mittelklassehotel. Günstig gelegen zu den Einkaufsmalls, der Museumsdistrikt ist gut zu erreichen über das Freeway-System, die Innenstadt sogar direkt mit dem Bus.*
Robin's Nest B&B $$$ (3): *4104 Greeley St., Museums District, ✆ 528-5821, www.therobin.com. Drei historische Häuser mit neun Gästezimmern.*
Hotel Icon $$$–$$$$ (2): *220 Main St., Downtown, ✆ 224-4266, www.hotelicon.com. Sehr schönes Hotel in ehemaligem, 12-stöckigem Bankgebäude von 1911. Obwohl es mit seinen*

135 Zimmern eher auf Geschäftsreisende ausgerichtet ist, besticht das historische Ambiente. Gut für eine Nacht, um die Innenstadt von hier zu erkunden.
Lancaster Inn $$$–$$$$ (1): *701 Texas St., ✆ 228-9500, 1-800-231-0336, www.thelancaster.com. Historisches, recht kleines Luxushotel in der Innenstadt. Oft Angebote ($$–$$$).*
Zaza Hotel $$$$–$$$$$ (4): *5701 Main Street, Museum District, ✆ 526-1991, 1-800-822-4200, www.hotelzaza.com. Eines der edelsten Luxushotels von Houston. Historisches Ambiente, aber aufs Modernste getrimmt. Hier steigen die VIPs ab, die sich dann gerne am mondänen Pool aufhalten. Fragen Sie unbedingt nach einem Zimmer nach Süden. Gutes* **Restaurant** *im Haus.*

Tipp

Beachten Sie Sondertarife, Couponhefte im Touristenamt und bedenken Sie, dass bei so einer großen Stadt die weiten Anfahrtswege ein günstiges Motel am Stadtrand meist nicht rechtfertigen. Versuchen Sie z. B., im Bereich Medical Center/Museum District ein günstiges Motel zu finden.

Hotels nahe dem Space Center und dem Kemah Boardwalk

Wollen Sie nicht in Houston selbst übernachten, sondern nur das Space Center (und vielleicht Galveston) besichtigen, bieten sich u. a. folgende Hotels an. Hier liegen die Preise in der Woche niedriger. Die Unterkünfte liegen 20–25 Meilen sowohl von Houston-Downtown als auch Galveston entfernt.
Best Western Webster Hotel NASA $$–$$$: *889 W.Bay Area Blvd., Webster, ✆ (281) 338-6000, www.bestwestern.com. Unspektakuläres, aber sauberes und günstiges Motel. Zwei Meilen zum Space Center.*
South Shore Harbour Resort $$$–$$$$: *2500 South Shore Blvd., League City, ✆ (281) 334-1000, 1-800-442-5005, www.sshr.com. Relativ modernes Resort am Clear Lake. Marina, Golfpakete, geräumige Zimmer. Dinner-Cruises mit dem hauseigenen Boot (teuer, aber gut). Günstig gelegen zum Space Center und Kemah Boardwalk. Wer sehr tief in die Tasche greifen will: es gibt zweigeschossige Suiten.*
The Boardwalk Inn $$$–$$$$: *8 Waterfront, Kemah, ✆ (281) 334-9880, 1-888-939-8680, www.kemahboardwalkinn.com. Schönes Hotel direkt an der Boardwalk-Promenade von Kemah. 52 Zimmer, einige mit Blick auf das Wasser.*

Camping/RV

Houston Central RV Park: *1620 Peachleaf (12 Meilen nördl. der Innenstadt), Houston, ✆ (281) 442-3700, 1-800-562-2132, www.houstoncentralrvpark.com. 12 Meilen zur City. Zelte und RVs.*
South Main RV Park: *10100 South Main St./ Kreuzung mit I-610, ✆ (713) 667-0120, 1-800-626-7275, www.smrvpark.com. Nahe NRG Park und damit der nächste Platz zur Innenstadt. Kein Zelten. Kostenloser Shuttle zu den Krankenhäusern an der Main St. (von dort dann Bus/Straßenbahnanbindung). Auch gute Stadtbusanbindung zum TMC Transit Center.*

Restaurants

Houston ist bekannt für seine Creole-/Cajun-Küche (Empfehlung: Shrimps Gumbo oder Crawfish (Languste), Seafood und für die große Anzahl fernöstlicher Restaurants.
Für **Seafood-Freunde** *lohnt die Suche nach dem nächsten* **Joe's Crab Shack** *(www.joescrabshack.com – 7 Filialen im Großraum Houston/Galveston) oder* **Landry's** *(www.lan*

drysseafood.com). Diese Kette unterhält 3 Lokale im Großraum Houston, sowie zwei unter dem Namen **Willie G's** *(www.williegs.com, 1605 Post Oak Blvd., ✆ 840-7190). Sie alle sind bekannt für die leckeren, bezahlbaren Fisch- und Krabbengerichte.*

Empfehlenswerte Ketten sind auch **Pappadeaux Seafood-Kitchens** *(www.pappadeaux.com),* **Pappa's Seafood House** *(www.pappasseafood.com),* **Pappasito's** *(Tex-Mex, www.pappasitos.com) sowie* **Pappa's BBQ** *(www.pappasbbq.com) in Houston.*

Treebeards (1): *Market Square (Downtown), ✆ 228-2622, http://treebeards.com. Burger, Salate und Südstaaten-Snacks. Beliebt bei Bankern. Es gibt eine Filiale in der Tunnelanlage (1100 Louisiana St.). Beide nur Lunch!*

Prohibition Supperclub & Bar (2): *1008 Prairie St., ✆ (281) 940-4636. Nostalgisch angehaucht, in altem Theatergebäude. Gute Fleischgerichte und Austern. Die meisten Zutaten werden direkt beim Farmer oder Fischer besorgt. Nett ist auch die Bar, wo Snacks und Austern gereicht werden und wo bis Mitternacht immer etwas los ist.*

Zydeco Louisiana Diner (3): *1119 Pease/San Jacinto Sts., Downtown, ✆ 759-2001, www.zydecolouisianadiner.com. Cajun- und Südstaatenküche. Oft Zydeco-Livemusik. Beliebt ist hier der Oyster-Pow-Boy (großes, langes Sandwich, belegt mit Austern und Gemüse). Nur Lunch.*

Pappas Bros. Steakhouse (4): *1200 McKinney St., Downtown, ✆ 658-1995. Obwohl zu einer Kette gehörend, ohne Zweifel eines der besten Steak-Restaurants in Houston. Gut geeignet für ein gepflegtes Lunch.*

Chuy's Comida Deluxe: *2706 Westheimer Rd. (River Oaks), ✆ 524-1700. Tex-Mex in „Elvis-Dekoration".*

Bayou City Seafood n'Pasta: *4730 Richmond Ave. (Richmond District), ✆ 621-6602, www.bayoucityseafood.net. Cajun-Food in lockerer Atmosphäre. Austern, Shrimps und andere Meeresfrüchte. Aber Achtung: Fast alles ist frittiert und mächtig – wie es die Cajuns halt mögen.*

Goode Company Texas BBQ: *5109 Kirby Dr. (2 Blocks südl. US 59), ✆ 522-2530, www.goodecompany.com. Das bekannteste Barbecue-Restaurant der Stadt. Barbecue bedeutet in den Südstaaten geräuchert und/oder gegrilltes Fleisch. Absolut lecker!*

Kim Son: *2001 Jefferson St., ✆ 222-2461. Beste chinesisch-vietnamesische Gerichte. Tipp: Viele* **Vietnamesen** *haben sich im Südosten von Texas niedergelassen. Typische, wenn auch meist sehr einfache Restaurants, findet man z. B. an der Elgin Street, Bereich Main/Travis St.*

Im Stadtteil **Montrose** *finden sich einige Bars und Restaurants, teilweise aber ein bis zwei Blocks voneinander entfernt. Wer etwas abenteuerlustig ist, kann innerhalb einer Meile rund um die Kreuzung Montrose Blvd./ W. Gray St. vom englischen Pub über schicke, kleine Restaurants, Cafés bis hin zu angesagten Bars alles finden. Ein paar* **mediterrane Restaurants** *und auch Tex-Mex-Restaurants liegen in der Montrose Street, gleich nördlich des US 59.*

Pubs/Livemusik

Wer sich über Livemusik und die Szene informieren möchte, sollte in der kostenlosen Wochenzeitschrift **Houston Press** *nachsehen (www.houstonpress.com). Keine andere Stadt im Südwesten bietet so viele Livemusik-Lokale wie Houston.*

Empfehlungen in der Innenstadt: **Sambuca**, *909 Texas Ave., ✆ 224-5299, www.houston.sambucarestaurant.com, mit (nahezu täglich) Livemusik und guten Cocktail-Mixturen sowie der Entertainment Complex* **Bayou Place** *(500 Texas Ave.) mit verschiedenen Kneipen und Lokalen, in denen kleinere Bands auftreten. Ein weiterer Tipp, auch für das kalte Bier oder ein Glas Wein am Mittag/Nachmittag, ist eine von Houstons ältesten Kneipen,* **La Carafe** *am Market Square. Und auch in Houston fehlt ein* **House of Blues** *nicht: 1204 Caroline St., Downtown, ✆ 1-888-402-5837, www.houseofblues.com/houston. Hier treten aber eher Rock- oder moderne Bands auf, seltener Bluesbands.*

An der Amüsiermeile **Richmond Avenue** *westlich des I-610 (bes. zw. Chimney Rock Rd. und Fountainview) gibt es Lokale, Microbreweries und typisch texanisches Abendprogramm. Der* **Concert Pub** *(5636 Richmond Ave., ✆ 278-7272, www.theconcertpub.com) ist bekannt für Rockmusik (live und vom Plattenteller).* **Richmond Arms** *(5920 Richmond Ave.) ist der wohl britischste Pub in Houston, während die Sportsbar* **Diablo Loco** *(6025 Richmond Ave.) mit den besten Margaritas von Houston wirbt. Auch an anderen Attraktionen fürs Abendprogramm mangelt es an der Richmond Avenue nicht, dafür ist es aber laut, hektisch und oft auch sehr kommerziell ausgerichtet.*

Im Stadtteil **The Heights** *hat sich entlang der Washington Avenue (1700-2400er-Block) eine Szene entwickelt mit kleinen Clubs, Kneipen und Weinbars.*

Ein anderes, trendiges Gebiet befindet sich in **Midtown** *(umrahmt von Main St., I-45 und US 59/I-69). Empfehlenswert:* **Howl at the Moon** *(612 Hadley St., www.howlatthemoon.com/houston/, Club, Livemusik, Party, Craft Beer etc.) sowie die* **Proof Rooftop Lounge** *(2600 Travis St./ Ecke McGowen St.), wo man auf dem Dach einen Cocktail genießen kann und in dessen Räumen am Wochenende der Boden bebt! Im* **Continental Club** *(3700 Main St./Ecke Winbern St., http://continentalclub.com/houston/) treten regelmäßig Rock-, Rockabilly, Soul- und auch Countrymusiker auf.*

The Big Easy*: 5731 Kirby Dr., University Village, ✆ 523-9999, www.thebigeasyblues.com. Hier erlebt man echten New Orleans Blues und Zydeco live. Toll ist die Blues-Jam-Session am Mittwoch. In diesem Gebiet und seinen Seitenstraßen ist abends ebenfalls viel los. Beliebt und gleich um die Ecke:* **Hans Bier Haus** *(2523 Quenby Ave.), wo es Dutzende von Craft-Bieren vom Fass gibt.*

Café 4212*: 4212 Almeda Rd., Museum District, ✆ 522-4212, www.cafe4212.com. Lounge mit Livemusik besonders an Wochenenden. Beliebt ist der unregelmäßig samstags stattfindende Zydeco-Brunch.*

Der **Kemah Boardwalk** *ist ein Unterhaltungsviertel mit Restaurants, Bars u.v.m. direkt an der Galveston Bay. Hier sind besonders Familien mit Kindern richtig. Es gibt z. B. Bahnen und Karussells. Fahren Sie dazu vom I-45 ab auf die NASA Rd. 1, folgen Sie dieser bis zum Ende, fahren dann nach rechts über die Brücke, die die Verbindung zwischen Clear Lake und Galveston Bay überspannt und schon sehen Sie das Gebiet linker Hand.*

„Zydeco", der Swamp Rock

info

Houston ist die Metropole des sogenannten „Zydeco", auch Swamp Rock genannt, und zieht damit jedes Wochenende Besucher aus allen Landesteilen an. Zydeco ist nur schwer zu definieren: Es ist der Cajunmusik sehr ähnlich und bildet eine Symbiose aus Jazz, Tanzmusik und Country. Das Ganze wird sehr oft von einem Harmonium untermalt. Zydecomusik bedeutet immer Tanzen, Clubbing und gute Laune, verbunden mit Shrimps- und Crawfish-Snacks. Auffallend ist, dass diese Musik die verschiedensten Gesellschaftsschichten anzieht: Cowboys, Stadtarbeiter, Familien (mit Kindern), Alt und Jung.

Die Musik wird in Parks, Kirchen, Clubs und Restaurants gespielt. Nähere Infos im Visitor Center und vor allem auf der Internetseite: www.zydecoevents.com (Aufführungsorte dann unter „Venues").

Einkaufen

Eine erlesene Shopping Mall ist **The Galleria (28)***, die man auch als touristische Attraktion bezeichnen kann: 5015 Westheimer Rd./I-610, westl. der Innenstadt, www.galleria*

houston.com. 380 Geschäfte, u. a. Warenhäuser, Top-Boutiquen, aber auch Souvenirshops. Nebenan liegt die **Waterwall** *(2800 Post Oak Blvd., The Galleria), eine 20 m hohe, hufeisenförmige Wand, an deren Innen- und Außenwänden stündlich über 6.000 l recyceltes Wasser herunterläuft. Das Ganze ist umgeben von einem Park. Ein beliebter und romantischer Picknickplatz.*

Nicht allzu weit entfernt locken zwei kleine, sehr ausgesuchte Shopping Center: **Uptown Park** *(Uptown Park Blvd./Post Oak Blvd./I-610) und* **Highland Village** *(4048 Westheimer Rd./Ecke Drexel Dr.). In beiden findet man Designer-Bekleidung, kleine und mittlere Boutiquen, Cafés usw.*

19th Street *im trendigen Viertel* **Heights** *(nördl. I-10, zw. Heights Blvd. und Shepherd Dr.) begeistert mit z.T. ausgefallenen Läden aller Art: Antikes neben Boutiquen, Kunst neben Junk, Galerien und auch Cafés. Noch lebendiger ist das* **Rice University Village** *(Kirby Dr., University Blvd., Greenbriar St.). Hier gibt es eher Bars, Kettenrestaurants und „normale" Geschäften bekannter Franchise-Unternehmen. Die* **Innenstadt von Houston ist übrigens großenteils untertunnelt** *und hier gibt es ebenso zahlreiche Geschäfte. Hier beeindruckt aber eher das klimatisierte Tunnelgeflecht als das Angebot.*

Katy Mills Mall: *25 Meilen westlich, I-10, Exit Pin Oak Road. Riesige Shopping Mall mit 200 z.T. Megashops. Das Beste ist, wie bei allen Mill-Malls, der* **Bass Pro Shop**, *der alles für Outdoor-Unternehmungen bietet (Camping, Angeln, Kleidung, Boote etc.).*

Westernkleidung: *Der* **Hat Store** *(5587 Richmond Ave., Ecke Chimney Rock, Onlinebestellung: www.thehatstore.com) verkauft Cowboy-Hüte in allen Preisklassen und fertigt auch selbst an.* **Stelzig's**, *eine Sattlerei, die es seit 1870 gibt, hat nach dem Tod von Henry Leo Stelzig zurzeit nur ein Geschäft im D-Terminal des George Bush Int. Airport, doch sind Neueröffnungen geplant. Westernkleidung, Sattel, Souvenirs u. a.*

Old Town Spring: *Shopping in einer alten Eisenbahnersiedlung. Siehe S. 173.*

Flohmärkte *in den USA sind sehr kommerzialisiert, doch sie bieten trotzdem die Chance, einen guten Cowboyhut oder etwas für die weitere Reise zu ergattern. Größter Flohmarkt an der gesamten Golfküste ist der* **Traders Village-Fleamarket** *(7979 N. Eldridge Rd., nordwestl. der Stadt, www.tradersvillage.com), Sa u. So.*

Veranstaltungen (Auswahl)

Festivals in und um Houston sind aufgeführt unter www.everfest.com/texas/houston-festivals.

Mitte Februar: **Mardi Gras** *in Galveston. Umzüge, Livemusik und vieles mehr. Zentrum des Geschehens sind Strandpromenade/Seawall District (www.mardigrasgalveston.com).*

März: **Houston Livestock Show & Rodeo**: *Reliant Park, www.rodeohouston.com. Die Stadt steht Kopf. Viehauktionen, Rodeos, Shows und andere Festivitäten – natürlich in traditioneller Westernkleidung.*

Juni–August: *Verschiedene* **Musikfestivals** *in der ganzen Stadt. Besonders zu empfehlen:* **Juneteenth-Emancipation-Festival** *(www.juneteenthfest.com) sowie das* **Houston International Jazz Festival** *(http://jazzeducation.org).*

Konzerte/Theater/Oper

Der Theater District von Houston (www.downtownhouston.org/district/theater/) eignet sich für einen Theaterabend oder ein gutes Konzert. U.a. zu finden ist hier das Houston Ballett, die Houston Grand Opera (www.houstongrandopera.org), das Alley Theatre (www.alleytheatre.org) und die Society for the Performing Art (www.spahouston.org).

Tickets für Kultur- und Sportveranstaltungen *gibt es bei* **Ticketmaster**, *www.ticketmaster.com, ✆ 629-3700, die auch mehrere Ticket-Center in der Stadt unterhalten, so-*

wie beim lokalen Anbieter **Ticket Stop**: *5925 Kirby Dr., #D, ✆ 526-8889, www.ticket-stop.com.*

Downtown Houston

Sportveranstaltungen

Etwas Besonderes ist der Besuch einer Veranstaltung einer typisch amerikanischen Sportart. **Wichtig**: *Nicht immer finden die Spiele in den u.g. Stadien statt. Erkundigen Sie sich vorher noch mal.*
Basketball: **„Houston Rockets"**. *Toyota Center, Downtown, ✆ 627-3865, www.nba.com/rockets.*
Baseball: **„Houston Astros"**. *Minute Maid Park, Downtown, ✆ 627-8767, www.astros.mlb.com.*
Football: **„Houston Texans"**, *NRG-Reliant Stadium, ✆ (832) 667-2002, www.Houstontexans.com.*
Greyhound Racing: *Gulf Greyhound Park, 1000 FM 2004, an der I-45 S, Exit 15, La Marque (30 Meilen von der City in Richtung Galveston). Tgl. außer Mo. Eine der größten Greyhoundbahnen der Welt. www.gulfgreyhound.com.*

Verkehrsmittel

Flugzeug

Houston Bush-Intercontinental Airport: *✆ (281) 230-3100, www.fly2houston.com. Überregionale und interkontinentale Flüge.*
Anfahrt von der Innenstadt: **Mit dem Auto**: *North Freeway (I-45) in Richtung Norden. An der Ausfahrt 60 (ca. 13 Meilen nördl. der City) nach Osten abbiegen auf den North Sam Houston Pkwy. (North Beltway 8). Diesem folgen bis zur ausgeschilderten Abfahrt. Ab hier Ausschilderungen folgen. Ein* **Taxi** *in die Innenstadt kostet ab $ 50. Der* **Stadtbus** *Nr. 102 der METRO verkehrt zwischen Bush-Int. Airport (Terminal C) und Airport Direct Passenger Plaza in der Innenstadt (gegenüber Downtown Transit Center, 1900 Main St.), tgl., ca. alle 30 Minuten, aber nur 6–20 Uhr, ✆ (713) 635-4000, www.ridemetro.org. Der* **Shuttle-Bus** *(www.supershuttle.com) in die Innenstadt kostet ab $ 20/Person.*

William P. Hobby Airport: *✆ 640-3000, www.fly2houston.com. Regionale und inneramerikanische Flüge.*
Anfahrt von der Innenstadt aus: **Mit dem Auto**: *Auf dem Gulf Freeway (I-45) in Richtung Südosten (Galveston). Ca. 8 Meilen südlich der City liegt der Flugplatz auf der rechten Seite Die Zufahrten sind gut ausgeschildert. Ein* **Taxi** *in die Innenstadt kostet ab $ 28. Auch vom Hobby Airport verkehrt tgl. ein* **Stadtbus** *der METRO in die Innenstadt.* **Shuttle-Bus** *(www.supershuttle.com) in die Innenstadt ab $ 22/Person.*

Alle größeren **Mietwagenunternehmen** *haben Niederlassungen an beiden Flughäfen*

Öffentliche Verkehrsmittel/ Taxis

Amtrak-Bahnhof: *902 Washington Ave., ✆ 224-1577.*
Überlandbus-Terminal *(Greyhound u.a.): 2121 Main St., Ecke Gray St., ✆ 759-6565, 1-800-231-2222. Von hier fahren Busse auch nach Galveston.*

Stadtbusse/Light Rail: *Die „Metropolitan Transit Authority" (METRO) betreibt den lokalen Bus- und Bahnbetrieb, auch bis zur NASA/Clear Lake Area. Spezielle Transporte für Behinderte (METROLIFT). Infos unter ✆ 635-4000, www.ridemetro.org. Zudem gibt es drei Straßenbahnlinien, von denen die Red Line besonders interessant ist. Sie startet im Norden am Northline Transit Center, fährt durch die Innenstadt, dann durch den Central Business District und weiter nach Midtown, zum Museum District, der Rice University und endet südlich des Reliant Park/NRG-Stadium. In der Innenstadt verkehren noch zwei Buslinien (Greenlink), die Grüne davon Mo–Fr tagsüber, die Orangene Do u. Fr abends und Sa u. So den ganzen Tag und abends.*
Taxis: **Yellow Cab**: *✆ 236-1111*, **Fiesta Cab**: *✆ 225-2666*

Galveston

Galveston liegt 50 Meilen südöstlich von Houston. Die Inselstadt hat einen Tiefwasserhafen und ist ein beliebtes Ausflugs- und Erholungsziel. An warmen Sommertagen läuft Galveston förmlich über, wenn die Massen aus dem schwül-warmen Houston einfallen.

Vom Piratennest zum Badeort

Der spanische Eroberer *Cabeza de Vaca* ist anerkanntermaßen der erste Europäer, der Texas gesehen hat. Sein Schiff strandete 1528 an der Galveston Insel. Von hier startete er eine Expedition durch die Gebiete des heutigen Texas und New Mexico. Die erste permanente, europäische Siedlung fand 1816 unter dem Mexiko-treuen Piraten *Louis-Michel Aury* statt, der von seiner Basis hier die Spanier bekämpfte. Bereits zwei Jahre später musste er dem Piraten *Jean Lafitte* weichen, der dann wiederum 1821 von der US-Navy vertrieben wurde. Nach dem Bürgerkrieg entschloss sich die US-Regierung, hier einen Tiefwasserhafen anzulegen. Damit erlebte die Stadt ihre eigentliche Blütezeit. Um 1900 zählte man 40.000 Einwohner und Galveston galt als die wirtschaftlich aufstrebende Stadt an Texas' Küste – zu einer Zeit, als Houston ein noch relativ unbedeutendes Städtchen war. Ein verheerender Hurrikan im Jahre 1900 aber zerstörte alle Zukunftsperspektiven. Bevor sich die Stadt von diesem Schlag erholen konnte, hatte Houston ihr den Rang abgelaufen.

Heute ist der Hafen ein bedeutender Baumwollumschlagplatz, Fischereihafen sowie der größte Kreuzfahrthafen am Golf von Mexiko. Dennoch wirkt die Stadt mit ihren knapp 50.000 Einwohnern etwas heruntergekommen. Wind und Wetter haben überall ihre Spuren hinterlassen, und der Salzfraß nagt an vielen Gebäuden. Nur ein paar herausgeputzte, historische Viertel erinnern noch an die Glanzzeit. Und immer wieder wird die Stadt von Hurrikans heimgesucht. Der letzte große war „Ike", der Galveston am 13. September 2008 förmlich unter Wasser setzte. Daran konnte auch der eigens für solche Katastrophen erbaute, fünf Meter hohe Seawall nichts ändern.

Sehenswertes

Der **Silk Stocking Historic District (1)** war der Wohnbezirk der Stoffhändler. Es hieß, dass hier die Damen wohnten, die sich teure Seidenstrümpfe (*Silk Stockings*) leisten konnten. Die viktorianischen Häuser sind Zeugen einer wohlhabenderen Epoche. Viele sind leider verfallen. Die 1859 erbaute **Ashton Villa (2)** ist ein hervorragendes Beispiel dafür, wie damals die ganz Reichen gewohnt haben. Heute befindet sich hier die Touristeninformation (*2328 Broadway/ 24th St.*). Ein paar Blocks weiter steht die **Moody Mansion** *(2618 Broadway, tgl. 10–17 Uhr, www.moodymansion.org, $ 12)* Besuchern offen, in der einst der mächtige Moody-Clan residierte.

Nördlich davon liegt der **Strand Historic District (3)**, der sich zwischen 20th und 25th sowie Strand und Postoffice Streets erstreckt. Das Areal bildete im 19. Jh. die Innenstadt, und man hat sich bemüht, die historischen Stadthäuser in ihrem alten Stil zu erhalten. Fast alle sind aus Stein. Die Strand Street galt früher als die „Wallstreet of the Southwest" und wurde der gleichnamigen Straße in London nachempfunden. Hier hatten die reichen Baumwollhändler, Reeder und Schiffsmakler ihre Kontore. Heute findet man hier Restaurants, Galerien und das edle „Tremont Hotel", dessen Gebäude ehemals als Lagerhaus diente. Auch die ehemalige Oper **„The Grand"**, 1894 Opera House **(4)**, heute noch als Veranstaltungsort genutzt, ist hier zu sehen (*www.thegrand.com*).

Redaktionstipps

- **Übernachten** Sie stilvoll im historischen **Tremont Hotel** oder günstiger in einem Zimmer mit Meerblick in **Gaido's Seaside Inn** (S. 188).
- **Restaurants**: Seafood steht hier ganz hoch im Kurs. Am besten schmeckt es im **Gaido's** (S. 188).
- Bedeutendste Sehenswürdigkeiten: Die **historischen Distrikte** inkl. Besuch der Moody Mansion und des Bishop's Palace (S. 185), die künstlich angelegten Biotope in den **Moody Gardens** (S. 186), **Texas Seaport Museum** sowie **Ocean Star Offshore Drilling Rig & Museum** (S. 188), das **Railroad Museum** (S. 186) sowie die langen Strände.
- Tipp: Je weiter westlich, desto sauberer der Strand zum Baden.

Lohnend ist ein Besuch im **Texas Seaport Museum (5)** am Pier 21, dessen Hauptattraktion der 1877 gebaute Eisensegler „Elissa" ist. Das Schiff wurde auf einem Schrottplatz in Griechenland wiederentdeckt und in 16 Jahren komplett für 3,8 Mio. Dollar restauriert. Weitere Ausstellungsgegenstände erinnern an die maritime Vergangenheit von Galveston.
Texas Seaport Museum, *Pier 21, Number 8, ✆ (409) 763-1877, www.galvestonhistory.org, tgl. 10–17 Uhr, $ 12.*

Nebenan bietet das **Ocean Star Offshore Drilling Rig & Museum** Einblick in die aufwändige Ölförderung vor der Küste von Texas (*✆ (407) 766-7827, www.oceanstaroec.com, tgl. 10–17, im Sommer bis 18 Uhr, $ 9*). Gleich neben den Museen steht das **The Great Storm /Pier 21 Theater**, in dem ein 30-minütiger Film über den Hurrikan von 1900 und seine Folgen für Galveston berichtet (*Beginn zur vollen Stunde: So–Do: 11, 12, 13, 14, 15, 17, Fr u. Sa auch 18 Uhr, $ 6*) sowie ein kürzerer über die Zeit des Piraten *Lafitte* (*Beginn zur halben Stunde, $ 6*).

Eisenbahnfans können noch das **Railroad Museum (6)**, Ecke 25th Street und Strand, aufsuchen, wo alte Dampflokomotiven und Pullmanwaggons, Repliken aus der guten alten Eisenbahnzeit sowie verschiedene Modellbahnen ausgestellt sind.
Railroad Museum, *2602 Santa Fe Place, ✆ (407) 765-5700, tgl. 10–17 Uhr, www.galvestonrrmuseum.com, $ 10.*

Viktorianische Wohnhäuser

Die Stadtbesichtigung kann man nun mit einem kleinen Umweg durch den **East End Historic District (7)** (*zw. 11th u. 19th St. bzw. Market u. Broadway*) beenden. Hier stehen auf über 40 Häuserblocks verteilt weitere viktorianische Wohnhäuser, die vielleicht schönsten und am besten erhaltenen der Stadt. Die meisten sind aus Holz, und die Gartenanlagen, häufig mit hohen Palmen bestanden, erinnern an das Erscheinungsbild alter (avantgardistischer) Kleinstädte in Florida. Das auffälligste Gebäude hier, der **Bishop's Palace (8)** (*1402 Broadway, Mo–Sa 10–18, Do –20, So 10–17 Uhr, ✆ (409) 762-3933, www.galvestonhistory.org, $ 12*), wurde 1866 von dem bekannten Architekten *Nicholaus Clayton* entworfen für den Colonel *Walter Gresham*. Der Preis: 250.000 Dollar, damals eine irre Summe. 1923 kaufte es dann die Diözese von Galveston für ihren Bischof. Heute zählt das rote Sandsteingebäude zu den 100 eindrucksvollsten Häusern der USA. U.a. wurde rosa Granit eingebaut und an den Innenräumen hat man nicht mit tropischen Hölzern gespart. Es gibt zudem 14 Kamine und an der einmaligen Spiraltreppe haben 61 Handwerker gearbeitet, die zu ihrer Fertigstellung drei Jahre benötigten.

Sundowner

Entweder fährt man nun in westlicher Richtung entlang dem Seawall Boulevard zu den Moody Gardens oder aber man lässt den Tag bei einem Sundowner am Strand ausklingen. Am Seawall Boulevard gibt es einige einfache, belebte Pubs und Snackbuden.

Moody Gardens (9)

Die Anlage, deren Kern aus drei Pyramiden besteht, ist eine Art Symbiose aus naturwissenschaftlichem Bildungsprogramm, Konferenzzentrum, Strandbad, naturorientiertem Heilprogramm und Vergnügungspark.

The-Rainforest-Pyramide: Unter einer riesigen Glaspyramide werden die drei Regenwaldarten (Südamerika, Afrika und Südostasien) samt Vogelwelt, Aquarien und

Schmetterlingen vorgestellt. Inmitten der Pyramide ist kleine Maya-Ruine eingebaut, über die sich das Moos ausbreitet.

Aquarium Pyramide: Hier wird die Unterwasserwelt von vier Ozeanen veranschaulicht.

Discovery Pyramide: Dieses ist das wissenschaftlich orientierte Museum, in dem u.a. alternative Naturschutzideen vorgestellt werden.

Zwei IMAX-Theater: Die Filme wechseln, behandeln aber in der Regel naturwissenschaftliche Themen wie z.B. die Erhaltung bestimmter Tierarten.

Pinguine in Moody Gardens

Ansonsten können Sie auf einem Spaziergang durch die Anlage einen Wein-, einen Rosen- und einen Gewürzgarten sowie den japanischen Garden of Life bewundern. Auch eine Bücherei mit über 20.000 Bänden von Gartenkultur bis zur internationalen Küche steht bereit. Wer sich sportlich betätigen möchte, kann Volleyball spielen bzw. in den künstlich angelegten Lagunen baden, in den Wellen-Pool springen bzw. sich am weißen Palm Beach sonnen.

Moody Gardens, *Anfahrt: Vom Seawall in die 81st St. einbiegen, dann nach rechts in die Jones Street und schließlich nach links in die Hope Street, ✆ (409) 741-8484, www.moodygardens.com, tgl. 10–18 Uhr, im Sommer und an Wochenenden oft länger, $ 60 mit Zugang zu allen Attraktionen, auch einzelne Tickets (online billiger!)*

Reisepraktische Informationen Galveston, TX

VORWAHL: 409

Information

Galveston Island Visitor Center: *2328 Broadway, ✆ 763-4311, 1-888-425-4753, www.galveston.com. Informieren Sie sich hier auch über spezielle Touren (hist. Tour, Ghost Tour, Hafenrundfahrten, Pferdekutschenfahrten). Der Treasure Island Tour Train unternimmt eine 90-minütige Sightseeingtour rund um Galveston (März–Anfang Dez. tgl. 9.30, 12, 14.30 Uhr, $ 10, ✆ 221-0282).*

Unterkunft

Besonders während der Sommermonate empfiehlt sich eine Reservierung der Unterkünfte. Bitte beachten: Während der warmen Jahreszeit sind die Zimmerpreise in Galveston am Wochenende oft um 50 % höher.

Gaido's Seaside Inn $$ (4): *3700 Seawall Blvd., ✆ 761-5504, www.gaidosseaside.com. „Altmodisches" Motel, einige Zimmer mit Meerblick. Etwas laut an der Straße, aber mit u.g. Fischrestaurant im Hause!*
Harbor House $$–$$$$ (1): *N° 28 Pier 21 (Pier 19-Complex), ✆ 763-3321, 1-800-874-3721, www.harborhousepier21.com. Modern und schick eingerichtetes Hotel mit 39 Zimmern und Suiten. Viele Zimmer mit Blick auf den Hafen. Preise variieren stark, je nach Jahreszeit und Wochentag.*
The Tremont House (Wyndham) $$$–$$$$ (2): *2300 Ship's Mechanic Row, ✆ 763-0300, 1-800-996-3426, www.thetremonthouse.com. Im historischen Distrikt gelegenes Hotel. Auch die Zimmer sind im alten Stil eingerichtet. Sicherlich das schönste Hotel der Stadt.*
Hotel Galvez & Spa (Wyndham) $$$$ (3): *2024 Seawall Blvd., ✆ 765-7721, 1-800-996-3426, www.hotelgalvez.com. Seit Jahrzehnten ein gesellschaftlicher Mittelpunkt der Küstenorte von Texas. Im Volksmund auch „Queen of the Gulf" genannt.*
Entlang dem **Seawall Blvd**. *gibt es noch eine Reihe anderer Hotels und im Visitor Center informiert man Sie gerne über die* **B&B-Unterkünfte** *sowie die* **Condos** *(Selbstversorger-Apartments), von denen es auch viele gibt.*

Camping

Bayou Shores RV Park: *6310 Heards Ln., ✆ 744-2837, 1-888-744-2837, www.bayoushoresrvresort.com. An der Bay und der nächste Platz zum Historic District.*
Galveston Island State Park: *14901 FM 3005, Zelten und RV. Schön gelegen im Naturpark (Wanderwege, Strände, Dünen). Im Sommer oft voll, bes. an Wochenenden und in den Ferien. Vorher reservieren: ✆ 737-1222, www.galveston.com/galvestonislandstatepark.*

Restaurants

Gaido's *(s.o.): Ecke 39th und Seawall, ✆ 762-9625. Seit 1911 in Familienbesitz und weithin bekannt für das Seafood. Große Portionen, dafür aber auch nicht ganz billig. Hier sollten Sie in die Fischplatte investieren.*
Fisherman's Wharf (1): *Pier 22, 2200 Harborside Dr., ✆ 765-5708. Seafood-Restaurant mit Blick auf den Schiffsverkehr. Auch Außenterrasse.*

Veranstaltungen

Februar: **Mardi Gras**. *Bunter Karneval in der Innenstadt und vor allem an der Strandpromenade. Umzüge, Livemusik u.v.m. www.mardigrasgalveston.com.*
Anfang Mai: **Galveston Historical Foundation**. *Touren durch historische Gebäude der Stadt, die sonst nicht zugänglich sind. www.galvestonhistory.org.*
Anfang Juni: **Building Sand Castles (AIA Sandcastle Competition)**. *R.A. Apffel Park, East Galveston Island (East Beach). Über 60 Teams von verschiedenen Architektenbüros wetteifern um den Bau der schönsten Sandburg.*
Erstes Wochenende im Dezember: **Dickens on the Strand Celebration**. *Am Strand. Verwandlung des* **„Strand Nat. Historical Landmark District"** *in die Londoner Zeit von Dickens (19.Jh.). Dekoration, Stände, Musik u. kulturelles Rahmenprogramm.*

Fahrrad-/Surfbrettverleih

Entlang dem **East-Beach** *findet sich eine Reihe von Fahrrad- und auch Surfbrettverleihern.*

Beaumont und Port Arthur

Am 10. Januar 1901 wurde nahe der heutigen Stadt die erste große Ölquelle gefunden. Damit begann der große Run auf das schwarze Gold am Golf von Mexiko, und Reichtum kehrte ein. Zwar waren die ersten Quellen schnell versiegt, doch wird noch heute in der Region nach Öl gebohrt. Heute verdienen die Städte Beaumont, Port Arthur und Orange, auch als „The Golden Triangle" bezeichnet, mehr an den Raffinerien als an der Förderung selber.

Trotzdem ist **Beaumont** in erster Linie Hafenstadt und dient als Umschlagplatz von Fluss- auf Überseeschiffe (Erdöl, Agrarprodukte). Über den Fluss Neches und den Intercoastal Waterway gelangen so Güter aus den Küsten- und Seengebieten von Ost-Texas in alle Welt. Mit der Entstehung der nahen Hafenstadt Port Arthur verlor Beaumont einen Teil seiner Bedeutung. Port Arthur nämlich liegt nicht nur am Neches River, sondern auch am weitaus bedeutenderen Sabine River. Touristisch interessant sind in Beaumont die Museen. Doch noch etwas bieten die drei Städte, das man sonst nirgendwo im Südwesten mehr finden wird: die Atmosphäre der Südstaaten. Viele kleine Holzhäuser (oft etwas verfallen), deren Kennzeichen die überdachten, offenen Holzbalkone (*porch*) sind, auf denen besonders am Wochenende die Familien in ihren Schaukelstühlen sitzen, um das Leben in der Nachbarschaft und auf der Straße zu beobachten.

Südstaaten-Atmosphäre

Den verschiedenen Völkern und Einwanderern ist es zu verdanken, dass einige bekannte Musiker, darunter *Harry Choates*, der „Godfather of Cajun Music", der Bluessänger *Ivory Joe Hunter* und die Rockröhre *Janis Joplin*, aus dem „Golden Triangle" stammen. Sie haben ihre jeweiligen Musikrichtungen mit den bereits bekannten „vermischt".

Die „Old Town" in Beaumont (zwischen Laurel, Harrison und 2nd St.), mit der so viel geworben wird, ist dagegen wenig beeindruckend. Einzig reizvoll ist hier die Auswahl an Restaurants. Und wenn man schon mal in den „Südstaaten" ist, dann sollte man sich die Cajun- bzw. Creole-Küche nicht entgehen lassen. Shrimps zum Beispiel, mit einer ganz eigenen Gewürzmischung zubereitet, gehören hier zum alltäglichen Speiseplan und sind damit auch nicht sehr teuer. Empfehlenswertes Gericht: Shrimp-Gumbo.

Museen in Beaumont

Texas Energy Museum

Das Museum ist großzügig angelegt und veranschaulicht die Geschichte, Wissenschaft und Technik der Energiegewinnung. Besonders interessant ist die Rekonstruktion des ersten Bohrloches von 1901, das die Entwicklung von Beaumont maßgeblich beeinflusste. Auf einer 40 m langen Wand („History Wall") ist die Geschichte der Energie vom beginnenden 18. Jh. bis ins 21. Jh. dargestellt.

Geschichte der Energie

Texas Energy Museum, *600 Main Street, ✆ (409) 833-5100, www.texasenergymuseum.org, Di–Sa 9–17, So 13–17 Uhr, $ 5.*

Art Museum of Southeast Texas

Hier sind vor allem Kunstgemälde aus dem 19. und 20 Jh. ausgestellt, wobei auch Skulpturen, Fotografien und Kunsthandwerkliches zu finden sind. Achten Sie vor allem aber auf Wanderausstellungen, diese mögen von noch größerem Interesse sein.

Art Museum of Southeast Texas, *500 Main Street, ✆ (409) 832-3432, www.amset.org, Mo–Fr 9–17, Sa 10–17, So 12–17 Uhr, frei.*

Edison Museum

Dieses Museum ist eines der besten im Land, was die Darstellung der Arbeit von *Thomas A. Edison* betrifft. Gezielt wird auf seine Errungenschaften im Bereich elektrisches Licht eingegangen. Außerdem gibt es eine Ausstellung über die Problematiken der Elektrizitätserzeugung heute, und es wird auf Zukunftsperspektiven hingewiesen. Daneben finden Sie im Museum auch einen Edison-Phonograph, ein altes Diktiergerät und persönliche Gegenstände von *Edison*.
Edison Museum, *350 Pine St., ✆ (409) 981-3089, www.edisonmuseum.org, Mo–Fr 9–17 Uhr, frei.*

info

Kurzbiografie von Thomas Alva Edison

Geboren in Milan (Ohio) am 11. Februar 1847, gestorben in West Orange (N.J.) am 18. Oktober 1931. *Edison* meldete über 1.000 Patente an, wovon seine Kohlefadenglühlampe, die erste brauchbare Glühlampe, die uns bekannteste Erfindung sein mag. Weitere wichtige Erfindungen waren 1877/78 das Kohlekörnermikrofon, womit das ein Jahr vorher von *A.G. Bell* patentierte Telefon für große Entfernungen zu gebrauchen war, der Phonograph (1878), ein Vorgänger des Grammophons, und die Verbundmaschine, eine Dampfmaschine mit elektrischem Generator.

Aber auch auf anderen Gebieten war Edison zukunftsweisend. So erfand er u. a. auch das Betongießverfahren für die Herstellung von Zementhäusern in Fertigbauweise.

Bohrturm aus Holz in Spindletop

Spindletop/Gladys City Boomtown

Hier hat man die Boomtown von 1901 wiederaufgebaut, die damals fast über Nacht aus dem Boden gestampft wurde, nachdem die Bohrung am „Spindletop“ auf ein großes Ölfeld gestoßen war. Der Druck in diesem Ölfeld war übrigens so groß, dass das Öl 10 Meter über den Turm hinausschoss. Es war damals das größte Ölfeld in Amerika, und in weniger als zwei Jahren wurden über 600 Ölfirmen gegründet. Einige von ihnen sind heute die uns allen bekannten Exxon (Esso), Gulf (jetzt Chevron), Texaco und Mobil.
Spindletop/Gladys City Boomtown, *Ecke University Drive/ US 69/96/287, ✆ (409) 880-1750, www.spindletop.org, Di–Sa 10–17, So 13–17 Uhr, $ 5.*

Wer sich noch ein Bild über den schnellen Reichtum durch das schwarze Gold machen möchte, der sollte das 1906 errichtete **McFaddin-Ward House**

besichtigen. Die schmucke Villa gehörte einem der Teilhaber des ersten Ölbooms und die Einrichtung spricht für sich.
McFaddin-Ward House, *1906 Calder/Ecke 3rd St., ✆ (409) 832-2134, www.mcfaddin-ward.org, Touren durch das Haus Di–Fr 10/11/13.30/14.30, Sa 10/13.30/14.30 Uhr, $ 5.*

Zu diesen Museen gesellen sich noch andere, so z. B. ein Feuerwehr-, ein Windmühlen- und ein regionales History Museum sowie noch weitere zu besichtigende Wohnhäuser aus der Zeit des ersten Ölbooms.

Port Arthur hat Beaumont den Rang als größter Hafen der Region abgelaufen, und der überwiegende Teil der Stadt besteht aus Industrie- und Raffinerie-Anlagen. Trotzdem lohnt ein kurzer Besuch des alten Stadtkerns direkt am Wasser. Ein paar alte Herrenhäuser, vor allem das **Rose Hill Manor** *(100 Woodworth Blvd., östl. Ende des Lakeshore)* und die eigenwillige **Pompeiian Villa** *(1953 Lakeshore Dr.)*, errichtet im Stil einer Villa im Pompeji des Jahres 79 n. Chr., sind recht sehenswert. Eine Besichtigung muss vorher arrangiert werden im u. g. Museum of the Gulf Coast bzw. telefonisch: *✆ (409) 984-6453.*

Einfluss-reiche Musikszene

Priorität sollten Sie aber dem **Museum of the Gulf Coast** geben. Hier erfahren Sie so einiges über die Musikszene des „Golden Triangle", die in vieler Hinsicht Einfluss auf die Jazz-, Blues-, Cajun- und Rockmusik genommen hat. Aber auch regionale Künstler und etwas zur Geschichte der Region werden hier geboten.
Museum of the Gulf Coast, *700 Procter St., ✆ (409) 982-7000, www.museumofthe gulfcoast.org, Mo–Sa 9–17 Uhr, $ 6.*

Sollten Sie nun den Blick einmal nach Osten wenden und sich fragen, warum die **Rainbow-Bridge** über den Neches River eine Durchfahrthöhe von 53 Metern hat, gibt es dazu eine einfache Erklärung: Als sie 1938 gebaut wurde, beabsichtigte die Navy einen Aufklärungssender in Port Arthur zu stationieren, dessen Sendemasten 46 Meter hoch sein sollten, und die Brückenkonstruktion wurde an diesen Plan angeglichen. Als die Brücke dann aber fertig war, hatte die Technik mittlerweile Sendeanlagen entwickelt, die solche Masten nicht mehr erforderten, und das besagte Schiff wurde mit einem nur noch 34 Meter hohen Mast ausgestattet. Falls Sie Zeit haben, fahren Sie ruhig einmal über die Brücke – ein erhebendes Gefühl!

In Port Arthur gibt es übrigens die Gelegenheit, in die Fluten des Atlantiks zu springen.

Von Houston nach San Antonio gibt es überhaupt nichts zu sehen. Einzige Alternative für die Weiterfahrt wäre nur, erst nach Austin zu fahren, bevor man nach San Antonio weiterreist.

Reisepraktische Informationen Beaumont, TX

VORWAHL 409

Information

Beaumont Convention & Visitors Bureau: *505 Willow Street, ✆ 880-3749, 1-800-392-4401, www.beaumontcvb.com.*

Unterkunft

Hampton Inn $$–$$$: *1395 I-10 S, ✆ 840-9922, http://hamptoninn3.hilton.com. Mittelklassemotel mit gutem Preis-Leistungs-Verhältnis, Frühstück inklusive.*

MCM Elegante $$$: *2355 I-10 South Washington Blvd., Exit 849, ✆ 842-3600, www.mcmelegantebeaumont.com. Konferenzhotel. Modernes Hochhaus, Restaurant, Outdoor-Pool, Spa.*

Restaurants/Livemusic-Clubs

The Logon Café & Pub: *3805 Calder Ave., ✆ 833-6950, www.logoncafe.net. Einfache Ausstattung, einfache Gerichte (Dips, Sandwiches, Burger, Chili con Carne, Salat) zu günstigen Preisen, dazu eine gute Bierauswahl und vor allem interessante Livemusik (meist Mi–Sa). Manchmal Rock, manchmal Rockabilly oder Blues, oft aber auch Experimentelles auf neu kreierten Instrumenten. Typisch Beaumont!*

Saltgrass Steak House: *325 IH 10 North, nahe Calder St., ✆ 813-8138. Gut geführtes Steakhouse der texanischen Franchise-Kette. Hier sind die Steaks saftig und bezahlbar. Im Umkreis gibt es weitere Franchise-Restaurants.*

Suga's Deep South Cuisine & Jazz Bar: *461 South Bowie St./Park St., ✆ 813-1808, http://sugasdeepsouth.com. Südstaaten-Küche und oft Jazz-Livemusik.*

Nell's Place Jazz & Blues: *500 Franklin St., ✆ 838-3839. Uriger, down-to-earth- Musicclub. Etwas für echte Bluesfans!*

San Antonio

Entfernungen

San Ant. – Dallas: 270 Meilen/435 km
San Ant. – Austin: 80 Meilen/128 km
San Ant. – Corpus Christi: 145 Meilen/232 km
San Ant. – Houston: 197 Meilen/317 km
San Ant. – El Paso: 571 Meilen/913 km

Überblick und Geschichte

Unter sechs Flaggen

San Antonio stand im Laufe seiner Geschichte unter sechs verschiedenen Flaggen: Frankreich, Spanien, Mexiko, der Republik von Texas, der Konföderierten Staaten und schließlich der USA. Die Missionsstation San Antonio de Valero (The Alamo) wurde im Mai 1718 in der Nähe des San Antonio River gegründet, samt Militärposten. Während der folgenden 13 Jahre wurden vier weitere Missionsstationen errichtet. Die Mission Alamo war das Zentrum der Stadt. Von 1821–36 kamen unter der Kolonisationspolitik von *Stephen F. Austin* die ersten großen Siedlerströme in das Gebiet. Der Widerstand gegen die Mexikaner, die hier zu dieser Zeit das Sagen hatten, wuchs, und im Dezember 1835 übernahm schließlich eine Handvoll texanischer Soldaten unter der Führung von *Ben Milam* die Stadt, die mittlerweile 3.500 anglo-amerikanische Bewohner zählte.

In den 1840er Jahren siedelten viele deutsche Einwanderer in der Region und waren entscheidend beteiligt an dem nun einsetzenden Wohlstand. Auch kulturell haben die deutschen Siedler das Leben bis in die heutige Zeit hinein beeinflusst. In der zweiten Hälfte des 19. Jh. kamen viele Zuwanderer aus dem amerikanischen Osten hinzu, und aus der „Cowboystadt" wurde eine Großstadt. Mit der Einrichtung verschiedener Militärbasen erhielt die Stadt dann überregionale Anerkennung (es gibt alleine fünf Luftwaffen- und Heeresstützpunkte). Wirtschaftsgeografisch ist San Antonio dagegen auf der Strecke geblieben. Zwar gibt es eine Reihe von mittelgroßen Betrieben, aber keine großen Konzerne. Einzig die Farmindustrie ist von Bedeutung. Auch der Handel und das Bankwesen haben eher Provinzstadtcharakter. Daher ist die Stadt auch nicht so in das Umland hineingewachsen und sieht auf den Karten aus wie ein runder Fleck.

Militär vor Industrie und Handel

Heute zählt San Antonio über 2,3 Millionen Einwohner (Großraum). Doch gibt es nur relativ wenige Wolkenkratzer, und das Stadtzentrum wurde bereits früh konserviert, sodass dort ein für Reisende angenehmes Flair erhalten und die Stadt zur beliebtesten Urlaubermetropole von Texas wurde. Touristisch interessant ist besonders der Einfluss der mexikanischen Bevölkerung, der sich nicht nur in einer Unzahl von Taco-Buden und mexikanischen Restaurants widerspiegelt, sondern auch in der gesamten Lebensart der Einwohner. Über die Hälfte der Stadtbevölkerung ist spanisch-mexikanischer Abstammung. Anders als in Houston oder Dallas geht das Leben in San Antonio einen wesentlich geruhsameren Gang.

Für Reisende auf dem Weg in den Südwesten mag dies ein gelungener Einstieg sein in die Kulturwelt, die vor einem liegt. Sehenswertes gibt es genügend in der Stadt, mehr als in Dallas: die **Innenstadt** um die Alamo, der **River Walk**, der alte Gouverneurspalast, die verschiedenen **Museen** und schließlich die **Missionsstationen**, die Zeugnis tragen von der frühen Entwicklungsgeschichte dieses Landstriches. Die Stadt eignet sich also hervorragend dazu, in Ruhe einen Tag herumzuschlendern.

The Alamo: Hier wurde Texas-Geschichte geschrieben

Sehenswertes in der Innenstadt

In San Antonio kann man nahezu alle wesentlichen Punkte zu Fuß bzw. mit einem Trolleybus erreichen und um den Market Square bzw. entlang des River Walk laden zahlreiche Cafés und Restaurants zu einer Erfrischung ein. Die gemächliche Gangart in San Antonio ist mit keiner anderen Großstadt der USA zu vergleichen. *Will Rogers* zählte die Stadt damit zu *„one of the four unique cities of America*" (die anderen: Boston, New Orleans und San Francisco). Natürlich dachte er dabei auch an die architektonischen Höhepunkte. Lassen Sie sich hier also in Ruhe treiben.

Alamo (1)

Redaktionstipps

- **Unterkünfte**: Wenn es etwas teurer sein darf, lohnt sich ein Hotel im Innenstadtbereich (am besten **nahe River Walk/Alamo**), da Sie von hier aus bequem die wichtigsten Sehenswürdigkeiten zu Fuß erreichen und abends am River Walk entlang laufen und speisen können. Die Tipps sind, je nach Preisklasse, die historischen Hotels, so z. B. das **Menger Hotel**, das **Riverwalk Vista** oder das günstige **Bulli's House Inn** (S. 202).
- **Abendessen** am River Walk. Tipp, da Sie hier alles bekommen, was Texas zu bieten hat: **Boudro's**. Billiger und unkomplizierter ist ein Ausflug in die **N.St. Mary's Street**. Und die Burger im **Chris Madrid's** ... lecker! (S. 203).
- **Sehenswürdigkeiten** sind neben dem **River Walk** (S. 195) der **Alamo** (S. 194), der **Governor's Palace** (S. 197), das historisch und naturwissenschaftlich orientierte **Witte Museum** (S. 199), die Western-Kunst im **Briscoe Western Art Museum** (S. 197) und die **Missionsstationen** (S. 199) südlich der Stadt.
- Unternehmen Sie unbedingt eine **Bootsfahrt entlang dem River Walk** (S. 195), nach Möglichkeit am Abend der Atmosphäre wegen.
- Das **Abendprogramm** sollte eigentlich auch bestimmt werden vom River Walk. Guter **Jazz**, Sing-along-Piano, eine Rooftop-Cocktailbar u.v.m. wird geboten. Wer abends noch Nostalgie erleben will, der sollte in der Bar des **Menger Hotels** ein Bierchen nippen. Hier war es, wo Theodore Roosevelt seine „Rough Riders" rekrutierte (S. 202). Für Jüngere lohnt es, die einheimische (Studenten-) Szene in der **N. St.Mary Street** zu erkunden.
- Zeiteinteilung: 1-2 Tage. Am ersten Tag die Innenstadt mit all ihren Sehenswürdigkeiten (River Walk, Alamo, etc.). Auch abends hier bleiben. Am zweiten bzw. dem Abreisetag zum Witte Museum und/oder zu den Missionsstationen.

1718 als Missionsstation erbaut, bildete „The Alamo" den Grundstein für eine neue Stadt, die für die Spanier vor allem als Versorgungspunkt auf halbem Wege zwischen Ost-Texas und Nord-Mexiko auf dem „El Camino Real" diente. Auch die katholische Kirche hatte ihren Anteil am Wachstum der Stadt: Sie lockte Indianer her mit dem Versprechen, ihnen Land zu geben, wenn sie zum katholischen Glauben überträten.

Einen Teil des Landes vergab die Kirche an eine spanische Kavallerie, die ursprünglich ihr Lager im mexikanischen Alamo de Parras hatte und nun ihren neuen Standort mit dem Spitznamen „El Alamo" bezeichnete. Alamo glich zu dieser Zeit bereits eher einem Marktplatz mit Hufschmied, Warenhäusern und Textilgeschäften als einer sakralen Einrichtung. 1836 schließlich fand die berühmte Schlacht auf dem Gelände statt, in der sich 189 wackere Texaner gegen die 5.000 Mannen des mexikanischen Generals Santa Anna schlugen. Eigentlich kämpften sie nicht für die Unabhängigkeit von Texas, sondern für die Einhaltung der 1824 verkündeten Konstitution von Mexiko, die auch Nicht-Hispanics gleiche Rechte zusprach. Die 13-tägige Belagerung endete mit dem Tod aller 189 Verteidiger und von über 1.600 Soldaten der mexikanischen Armee. „One more such 'glorious victory' and we are finished" schrieb daraufhin ein Gefolgsmann Santa Annas in sein Tagebuch. Erst Jahre nach der Schlacht kam wieder Leben in die Klosteranlage, und neben Kaufleuten – sie nutzten u. a. die Kapelle als Warenhaus – errichtete auch die US-Army einen Stützpunkt hier. Heute wird die Anlage von den

„Daughters of the Republic of Texas“ (DRT) gepflegt, und nicht wenige Texaner pilgern alljährlich zu der „heiligsten“ Stätte texanischer Geschichte.

Folgendes lohnt sich zu besichtigen: ein **Museum** in den *Barracks* (Kasernenunterkünfte), die **Kapelle** (hier gibt es eine eindrucksvolle Nachbildung der Schlacht im Maßstab 1:50) und der **Shrine**, eine weitere ehemalige Kapelle mit den gesammelten Memorabilien und Gedenktafeln zur Schlacht. Wer die Geschichte besser verstehen möchte, sollte eine einstündige Tour buchen.
The Alamo, *gegenüber dem Visitor Center, Alamo Plaza, ✆ (210) 225-1391, www.thealamo.org, Memorial bis Labor Day tgl. 9–19, sonst bis 17.30 Uhr, frei. Führungen: Beginn halbstündlich, vorher buchen in der Souvenirkapelle, $ 15.*

Das 1859 an der Alamo Plaza erbaute **Menger Hotel** besticht vor allem durch sein Interieur, allem voran die Mahagoni Bar, eine genaue Nachbildung des Pubs in Londons „House of Lords“. Auch *Teddy Roosevelt*, bekannt für seine Trinkfestigkeit, hat hier des Öfteren eine doppelstöckige Erfrischung zu sich genommen und soll hier seine gefürchteten „Rough Riders“ rekrutiert haben.

Trinkfester Teddy Roosevelt

River Walk

Das wohl eindrucksvollste Erlebnis der Stadt vermittelt der River Walk (span.: Paseo del Río). Hierbei handelt es sich um einen etwa 15 Meilen langen Fuß- und Fahrradweg entlang des San Antonio River. Er führt von der Mission Espada im Süden über die Innenstadt (dort Fußgängerzone) bis zum Brackenridge Park im Norden. Eine Etage tiefer als die Straßen, vermittelt dieser Weg ein mediterranes Gefühl, das die Großstadt drum herum vergessen lässt. Besonders an heißen Tagen laden die zahlreichen Cafés, Bistros, Livemusik-Pubs und Restaurants zu einer Pause ein. Ausreichend Schatten spenden die riesigen Bäume und Efeugewächse. Dazwischen sind ein paar Galerien und Boutiquen geschmackvoll eingepasst und es gibt auch ganz ruhige Abschnitte.

Ausgesprochen schön sind die **Bootsfahrten**, die mit witzigen und geistreichen Erläuterungen ihrer „Süßwasserkapitäne“ untermalt werden. Sie können am Visitor Center oder Rivercenter eine Tour starten, aber auch unterwegs an einer Reihe von kleinen Haltestationen (mit Ticketschaltern) zusteigen. In der Südostkurve des Flusses befindet sich das **Arneson River Theater (2)**, ein kleines Open-Air-Theater. Die Akteure spielen auf einer Bühne, die von den Zuschauerrängen durch den Fluss getrennt ist.

Gemütlich geht es zu am Riverwalk

San Antonio
N
0 500 m
0 0,32 mi
Unterkünfte
1 Emily Morgan
2 Hampton Inn Downtown Riverwalk
3 Menger Hotel
4 Riverwalk Vista
5 Hilton Palacio del Rio
6 Hotel Contessa Suites
7 La Quinta Market Square
8 King William Manor
Restaurants
1 Landry's
2 Boudro's
3 Schilo's Deli
4 Mi Tierra Café, Bakery & Bar/La Margarita
5 Little Rhein Steakhouse
6 Guenther House
Sehenswürdigkeiten
1 The Alamo
2 Arneson River Theatre
3 Briscoe Western Art Museum
4 St. Joseph's Downtown Church
5 Market Square
6 Spanish Governor's Palace
7 San Fernando Cathedral
8 Buckhorn Saloon und Museum
9 La Villita
10 Hemisfair Park
11 Tower of the Americas
12 Institute of Texan Cultures
13 King William Historic District
14 San Antonio Museum of Art
15 Witte Museum
River Walk/Paseo del Río

Gleich gegenüber steht das Gebäude des **Briscoe Western Art Museum (3)**. Wie der Name verrät, wird hier dem (Wilden) Westen gehuldigt. Doch nicht nur Gemälde, sondern auch eindrucksvoll verzierte und bemalte Postkutschen, religiöse Gegenstände, Skulpturen und auch Kunst der Indianer (Teppiche, Körbe etc.) sind zu bewundern. Eines der besten Museen seiner Art in den USA.

Kunst des Westens

Briscoe Western Art Museum, *210 W. Market St., ✆ (210) 299-4499, www.briscoemuseum.org, Di 10–21, Mi–So 10–17 Uhr, $ 10.*

An der Commerce Street, am östlichen Ausläufer des Flusses, steht die kleine **St. Joseph's (Downtown) Church (4)**, deren Inschriften und Ausstattung Spuren deutscher Siedler aufweist. Das **Rivercenter** gleich daneben ist eine Shopping Mall, in deren **IMAX-Theatre** täglich u. a. die Geschichte der Alamo-Schlacht gezeigt wird.

Market Square (5)

Der Platz im westlichen Teil der Innenstadt (zwischen Commerce und San Saba Street) besteht z.T. noch aus Gebäuden, die in den 1840er Jahren errichtet wurden. Hier finden Sie neben ein paar Restaurants und Cafés vor allem Souvenirstände und Boutiquen, u. a. mit Waren aus Mexiko. Hier hat man die Gelegenheit, an kleinen „Fressbuden" **echte** mexikanische Snacks (oder zumindest **M**ex-**T**ex-Food) zu probieren.

Mexikanische Snacks

Zwei Blocks südöstlich des Market Square, in der 228 S. Laredo St., können Sie die **Casa Navarro State Historic Site** besuchen. Die drei Adobe-Gebäude von ca. 1850 gehörten einst dem Anwalt und Schriftsteller José Antonio Navarro, der zwar geborener Texaner, aber dessen Vorfahren Mexikaner waren. Es gibt alte Möbel aus dem 19. Jh. zu sehen und man kann sich ein Bild machen über die Sichtweise eines „Mexikaners" über sein Leben in Texas (*www.thc.texas.gov/historic-sites/casa-navarro-state-historic-site*).

Spanish Governor's Palace (6)

Richtung Fluss gelangt man zum ehemaligen Sitz des spanischen Gouverneurs. Man hat versucht, alte, stilechte Möbel aufzustellen, und ein Rundgang durch das Gebäude vermittelt anschaulich, dass zu damaliger Zeit ein Gouverneur zwar nicht darben musste, aber dass das Leben auch für ihn um einiges karger war, als wir es heute kennen – einmal abgesehen vom Platzangebot. Beeindruckend, welche Kühle die Lehm- und Steinmauern gewähren.

Governor's Palace, *Plaza de Armas, ✆ (210) 224-0601, www.spanishgovernorspalace.org, Di–Sa 9–17, So 10–17 Uhr, $ 6.*

Die sich östlich anschließende **City Hall** liegt im Schatten der **San Fer-**

Lonestar Buckhorn Saloon

nando Cathedral (7), deren Ursprünge aus dem Jahr 1738 stammen und in der die Helden der Schlacht von Alamo begraben liegen.

Wer Hunger verspürt, kann nun einen Abstecher zum **Lonestar Buckhorn Saloon & Museum (8)** *(318 E. Houston St., ✆ (210) 247-4000, www.buckhornmuseum.com, tgl. 10–17 Uhr (im Sommer oft länger), $ 22)* unternehmen. In verschiedenen Ausstellungen werden hier Relikte aus der Geschichte Texas', Bullenhörner, Vögel u.v.m. gezeigt. Dazu gibt es deftige Burger und saftige Steaks im Saloon.

Weitere Sehenswürdigkeiten

La Villita („Die kleine Stadt") **(9)** ist ein alter Stadtteil zwischen River Walk und Hemisfair Park, der zum historischen Distrikt erklärt wurde. Hier hat jetzt eine Reihe von Künstlern ihre Galerien, und einige sündhaft teure Restaurants (mit Blick auf den River Walk) haben sich ebenfalls etabliert. Genau gegenüber liegt der **Hemisfair Park (10)**, wo 1968 die Weltausstellung stattgefunden hat und es ein paar historische Stadthäuser zu bewundern gibt. Außerdem steht hier der 227 m hohe **Tower of the Americas (11)**, von dem man eine gute Aussicht auf die City hat *(✆ (210) 223-3101, www.toweroftheamericas.com, tgl. 11–22, Fr u. Sa –23 Uhr, $ 12)*. Dabei kann man sehen, dass in San Antonio wirklich nur eine begrenzte Fläche bebaut ist. Oben auf dem Turm befinden sich ein Restaurant sowie ein Action-3D-Kino. Am Südostende des Parks steht das **Institute of Texan Cultures (12)** mit einer sehenswerten Ausstellung und einer Multimediashow über die 25 Kulturgruppen, die zur Geschichte von Texas beigetragen haben.
Institute of Texan Cultures, *801 E. Cesar E. Chavez Blvd., ✆ (210) 458-2300, www.texancultures.com, Mo–Sa 9–17, So 12–17 Uhr, $ 10.*

Kaiser-Wilhelm-Stil

Der **King William Historic District (13)** liegt knapp 2 Meilen südlich des River Walk um den gleichnamigen Straßenzug herum. Die ersten Häuser wurden von deutschen Kaufleuten gebaut, und bei einigen ist der „Kaiser-Wilhelm-Stil" noch deutlich zu erkennen – alleine schon an der massiven, z.T. klobig-verschnörkelten Baustruktur. Lange Zeit vernachlässigt, haben sich mittlerweile wohlhabende Familien eingefunden, die die Häuser renoviert haben und teilweise hier auch wohnen. Einige fungieren heute als Bed & Breakfast-Unterkünfte. Zwei Häuser, das **Steve's Homestead** *(509 King William St., www.saconservation.org, tgl. 10–15.30 Uhr)* und das **Guenther House** *(205 E. Guenther St., www.guentherhouse.com/museum, tgl.)*, können besichtigt werden. In letzterem gibt es einen Store sowie ein Restaurant (Frühstück, Mittagessen). Die **King William Association** *(1032 S. Alamo St., ✆ (210) 227-8786, www.kingwilliamassociation.org, Mi–Fr 10–14, Sa 10–13 Uhr)* informiert über Festivals und organisiert zudem Touren durchs Viertel.

Nördlich der Innenstadt

San Antonio Museum of Art (14)

Lateinamerikanische und spanische Kunst überwiegen. Sehenswert vor allem die Skulpturen und Keramiken der mittelamerikanischen Indianerkulturen und die Mexiko-Galerie.
San Antonio Museum of Art, *200 W. Jones St., ✆ (210) 978-8100, www.samuseum.org, Di, Fr 10–21, Mi, Do, Sa, So 10–17 Uhr, $ 10.*

Witte Museum (15)

Ökologie in Texas

Natur- und kulturhistorisches Museum. U.a. mit Dinosaurierabteilung und einer sehenswerten Ausstellung zum Thema Ökologie in Texas. Beachtenswert auch die Chronik des täglichen Lebens der Indianer des Südwestens vor 8.000 Jahren. Highlights stellen zudem die Sonderausstellungen aus, von denen es in dem großen Komplex zumeist zwei bis drei gleichzeitig gibt.
Witte Museum, *Brackenridge Park (3801 Broadway), ✆ (210) 357-1900, www.wittemuseum.org, Mo, Mi–Sa 10–17, Di 10–20, So 12–17 Uhr, $ 10.*

Das Witte Museum liegt am Rand des Brackenridge Parks, in dem es u.a. einen Zoo, einen japanischen Garten und viele Spazierwege gibt. 500 m östlich liegen die **Botanical Gardens** (*555 Funston Pl., www.sabot.org, tgl. 9–17 Uhr, $ 10*).

McNay Art Museum

Zwei Meilen nördlich des Witte Museums. Untergebracht in einer mediterranen Villa (sowie einem modernen Trakt), zeigt dieses Kunstmuseum Werke verschiedenster europäischer Künstler (Epoche: ab Postimpressionismus), so z.B. *Van Gogh, Cezanne, Toulouse-Lautrec, Gaugin* und *Goya*. Zwei Galerien beschäftigen sich mit indianischen Kunstwerken.
McNay Art Museum, *6000 N. New Braunfels Ave., ✆ (210) 824-5368, www.mcnayart.org, Di, Mi u. Fr 10–16, Do 10–21, Sa 10–17, So 12–17 Uhr, $ 20.*

Sehenswertes in der weiteren Umgebung

San Antonio Missions National Historical Park (The Mission Trail)

Information
Visitor Center: *2202 Roosevelt Ave. (Mission San José), ✆ (210) 932-1001, www.nps.gov/saan, tgl. 9–17 Uhr (VC + Missionen), www.missionsofsanantonio.org.*
Tipp: *Man kann den Mission Trail auch erwandern, mit dem Fahrrad abfahren bzw. in einem Kajak erkunden. Bis zur Mission Espada sind es vom Zentrum 10 Meilen.*

Mission als Armeebasis

Zwischen 1718 und 1731 hat die katholische Kirche (Franziskanermönche) fünf Missionsstationen entlang dem San Antonio River etabliert, die seit 2015 als UNESCO-Welterbe gelistet sind. Sie galten als Symbol für die Blütezeit des spanischen Kolonialismus und dienten nicht nur religiösen Zwecken, sondern auch der Armee als Basiscamp. Umringt von Pueblo-Dörfern waren sie u.a. Warenlager und Marktplatz. Die umliegenden Felder waren fruchtbar und günstig am Fluss gelegen. Heute stehen vier der Missionen unter Aufsicht der Nationalpark-Verwaltung, die für ihre Unterhaltung sorgt (die fünfte ist „The Alamo" in der Innenstadt). Immer noch werden Gottesdienste abgehalten. Alle Missionen haben riesige Innenhöfe, die umgeben sind von festen Mauern, sodass sich die Bewohner der umliegenden Dörfer im Falle eines Indianer-Angriffs hier verbergen konnten. Eine etwa neun Meilen lange Straße führt südlich der City zu den Missionen. An dieser Strecke erhält man auch ganz nebenbei einen Eindruck von den „Backyards" des modernen und reichen Amerika, den Wohngebieten der unteren Einkommensgruppen. Die Missionen sind hier von Norden nach Süden aufgelistet.

Mission Concepción

„The Mission as a Religious Center". 1731 erbaut. Hier wurden vor 200 Jahren die meisten Festivitäten abgehalten. Besonders populär bei den Indianern war damals das Schauspiel „Los Pastores", welches die Geburt Jesu nachstellte. Zudem faszinierte die Indianer die ausdrucksvolle Freskenmalerei an den Wänden, die heute aber nur noch schwach zu erkennen ist *(807 Mission Rd.)*.

Mission San José

Größte Missionsstation von Texas

„The Mission as a Social Center and as a Center of Defense". 1720 erbaut, doch erst 1740 an ihrem heutigen Platz etabliert. Diese Mission galt schon im 18. Jh. als die schönste und größte in Texas. Heute wird dies besonders an der Kirche (spanischer Renaissance-Stil) deutlich, deren „Rosa's Window" an der Südseite einmal sehr malerisch gewesen sein muss. Außerdem können Sie an dieser Mission ein altes *Indian Quarter*, die spanische Residenz und eine restaurierte Wassermühle (außerhalb der Nordmauer) besichtigen. Zeugnisse der militärischen Bedeutung finden sich überall, so z. B. einen kleinen Schützenturm, Schießscharten und alte Kanonen. Für so ein Fort fand sich der paradoxe Ausdruck: „Missions Fort". Hier befindet sich das Visitor Center. Tipp: Lassen Sie sich für San José etwas mehr Zeit *(6701 San Jose Dr./Roosevelt Ave.)*.

Mission San Juan

„The Mission as an Economic Center". 1731 errichtet. Von den Strukturen her die kleinste der Missionen, welches noch unterstrichen wird durch den frei stehenden Glockenturm (wie er bei Geldknappheit angelegt wurde) und die einfach gehaltene Kirche. Im Umkreis wurde damals erfolgreich Ackerbau betrieben, weshalb diese Mission zu einem ökonomischen Zentrum aufstieg, ohne aber die Bedeutung von San José zu erreichen *(9101 Graf St.)*.

Auf dem Weg zur letzten Mission passieren Sie vorher die **Espada-Aquädukte**, die zwischen 1719 und 1740 von den Spaniern angelegt wurden, um die Felder zu bewässern.

Mission Concepción

Mission Espada

„*The Mission as a Vocational Education Center*". Ebenfalls 1731 gegründet. Die ersten Gebäude stehen nicht mehr, und die Mission war zeitweilig verlassen. 1756 wurde mit dem Bau einer größeren Kirche begonnen, von der aber nur ein Teil des Kirchenschiffs fertiggestellt wurde und um die erst zu Beginn des 19. Jh. die heute sichtbare Kirche herum gebaut wurde. Mission Espada ist ohne Zweifel die ursprünglichste und am wenigsten veränderte der Missionen (*10040 Espada Rd.*).

Weitere Sehenswürdigkeiten

In der Nähe von San Antonio gibt es zwei Kalkstein-Höhlensysteme, die allerdings nicht mithalten können mit den imposanten Formationen der Carlsbad Caverns in New Mexico. Die imposanteren sind die **Natural Bridge Caverns**. Namensgeber ist ein 20 Meter weiter Bogen, der sich über den Eingang spannt. Den einzelnen Höhlensystemen haben verschiedene Steinformationen ihren Namen verliehen, so z. B. „Chandelier-Room und „Castle of the White Giants". Die Höhlen wurden erst 1960 entdeckt, seitdem aber touristisch stark genutzt. Die Ausleuchtung erscheint oft zu kitschig.

Kalkstein-höhlen

Natural Bridge Caverns, *26495 Natural Bridge Caverns Rd. (westl. des I-35 (Exit 175), halber Weg nach New Braunfels, ✆ (210) 651-6101, www.naturalbridgecaverns.com, tgl. Sommer 9–18/19, Herbst/Winter/Frühling 9–16/17 Uhr, Führungen alle halbe Std., $ 22–34.*

Die **Cascade Caverns** befinden sich nordwestlich von San Antonio und liegen damit günstig auf dem direkten Weg nach Fredericksburg. Highlight ist ein 30 m hoher unterirdischer Wasserfall und der „Crystal Pool".

Cascade Caverns, *I-10, Exit 543, Boerne, ✆ (830) 755-8080, www.cascadecaverns.com, Sommer tgl. 9–17, Labor Day–Memor. Day, Mo–Fr 9–16, Sa u. So 10–17 Uhr. Letzte Tour eine Stunde vor Schließung, $ 18.*

Reisepraktische Informationen San Antonio, TX

VORWAHL: 210

Information

San Antonio Visitor Center: *317 Alamo Plaza, ✆ 207-6700, 354-2788, 1-800-447-3372, www.visitsanantonio.com. Die Tageszeitung ist der „San Antonio Express" dessen Freitagsausgabe über Veranstaltungen informiert.*

Krankenhaus

University Health Care Center Downtown/Community Medicine Associates: *527 N. Leona St., ✆ 358-3400*

Sightseeingtouren

Trolleybusse: *Private Unternehmen bieten erläuterte, ca. einstündige Touren durch die Stadt. Am bekanntesten ist der* **Alamo Trolley** *(✆ (210) 247-0238, www.thealamotrolley.com), der seine Tour am Alamo Plaza beginnt und auch Hop-on-hop-off-Tickets anbietet.*

Downtown Streetcar Service (VIA): *siehe dazu S. 205.*

Walking Tours: *Die „San Antonio Conservation Society" (107 King William St., ✆ 224-6163,* *www.saconservation.org) hat verschiedene Broschüren herausgegeben, die Rundgänge durch die historische Innenstadt beschreiben (auch als Download von der Webseite). Verschiedene Unternehmen bieten spezielle Geister-, Legenden-, Alamo-, Kunst- und andere Touren an. Infos dazu im Visitor Center.*

Riverboat-Fahrten: *Besonders zu empfehlen ist eine abendliche Fahrt mit Dinner. Die Bootstouren führen entlang der Strecke des River Walk. Abfahrten der meisten Boote u.a. am Paseo del Río Boat Dock gegenüber dem Hilton Hotel an der Market Street oder an der Ecke St. Mary's/W.Crockett Sts.*

Unterkunft

La Quinta Market Square $$ (7): *900 Dolorosa St., ✆ 271-0001, 1-800-531-5900, www.laquintasanantoniodolorosa.com. Günstig und zentral gelegen, recht modern.*

Bullis House Inn $$: *621 Pierce St. (2 Meilen nordöstl. des River Walk), ✆ 223-9426, 1-877-477-4100, www.bullishouseinn.com. Große Zimmer in historischem Gebäude mit teilweise antiken Möbeln. Und wirklich nicht teuer.*

Hampton Inn Downtown River Walk $$–$$$ (2): *414 Bowie, ✆ 225-8500, 1-800-426-7866, www.hamptoninn3.hilton.com. Günstigere Alternative nahe dem River Walk.*

**Menger Hotel $$$** (3): *204 Alamo Plaza, ✆ 223-4361, 1-800-345-9285, www.mengerhotel.com. Historisches Hotel mit allen Annehmlichkeiten, viele Zimmer mit Balkon zum Alamo. Wer etwas tiefer in die Tasche greifen will ($$$$), kann hier auch eine schöne Suite buchen. Historische Bar.*

Emily Morgan $$$ (1): *705 E. Houston St. (am Alamo Plaza), ✆ 225-5100, 1-800-824-6674, www.emilymorganhotel.com. Zentral gelegenes Hotel aus den 1920er Jahren. Neugotischer Baustil. Achtung! Größe der Zimmer sehr unterschiedlich.*

Riverwalk Vista $$$ (4): *262 Losoya St., ✆ 223-3200, 1-866-898-4782, www.riverwalkvista.com. Boutique-Hotel in historischem Warenhaus (1883). Loft-Charakter, Holzböden, nahe River Walk. Eigentlich der Tipp! Leider kein eigener Parkplatz.*

King William Manor $$$–$$$$ (8): *1029 S. Alamo St., ✆ 222-0144, www.kingwilliammanor.com. B&B im historischen King William Hist. District. 9 Zimmer im Gästehaus, im Haupthaus (1901) wird gefrühstückt. 1,5 km südlich des River Walk.*

Hilton Palacio del Rio $$$$ (5): *200 S. Alamo St., ✆ 222-1400, www.palaciodelrio.hilton.com. Modernes Luxushotel direkt am „Herzstück" des River Walk. Die Zimmer sind zwar relativ klein, aber geschmackvoll eingerichtet und bieten großenteils Blick auf den River Walk (fragen Sie danach). Spezielle Tarife möglich.*

Hotel Contessa Suites $$$$ (6): *306 W. Market St., ✆ 229-9222, 1-866-435-0900, www.thehotelcontessa.com. Modernes Boutique-Hotel (wenn auch 265 Zimmer) mit geräumigen Suiten. Nahe River Walk. Marmor-Bäder, Spa im Hause. Etwas für Romantiker.*

Camping/RV

Alamo KOA Campground: *602 Gembler Rd., ✆ 224-9296 od. 1-800-562-7783, www.koa.com. 5 Meilen von der City entfernt. Busanschluss. Zelten erlaubt. Es gibt auch kleine Camping-Kabinen. Liegt in einem kleinen Park.*

Travelers World: *2617 Roosevelt Ave., ✆ 532-8310, www.carefreervresorts.com/texasrvparks. Innenstadtnah. Sehr gepflegt, aber nur RV, kein Zelten. Busanschluss.*

Restaurants

Schön – wenn auch meist nicht billig – speisen Sie am River Walk. Es lohnt sich alleine der abendlichen Stimmung wegen. Etwas billigere Restaurants finden Sie im Innenstadtbereich etwa 100 m vom River Walk entfernt an der Commerce Street oder in der N. St.Mary's Street (um die 2500er Blöcke), wo eher die Einheimischen und Studenten hingehen.

Landry's (1): *517 N.Presa St., ✆ 229-1010. Seafoodspezialitäten. Schöne Aussicht über den River Walk. Relativ teuer. Empfehlenswert auch für den Mittagssnack (leckere Gumbo, reichhaltige Salate).*

Boudro's (2): *421 E. Commerce St., am River Walk, ✆ 224-8484, www.boudros.com. Steaks, Seafood und Tex Mex. Der Tipp am Riverwalk.*

Schilo's Deli (3): *424 E. Commerce St. (River Walk), ✆ 223-6692, http://schilos.com. Deutsch-österreichisch angehauchte Speisen. Suppen, Schnitzel, Strudel, Sandwiches, Schwarzbrot (Pumpernickel). Günstig und gut geeignet für einen Mittagsimbiss.*

Mi Tierra Café, Bakery & Bar (4): *218 Produce Row, Market Square, ✆ 225-1262, www.mitierracafe.com. Großes Esslokal mit gutem und typischem Tex-Mex-Food. Ein „Local favorite". 24 Stunden geöffnet.*

La Margarita (4): *120 Produce Row, Market Square, ✆ 227-7140. Gute mexikanische Gerichte sowie eine Austern-Bar.*

Little Rhein Steakhouse (5): *231 S. Alamo St., River Walk, ✆ 225-2111, http://dine.littlerheinsteakhouse.com. Erstklassige Steaks. Historisches und gepflegtes Ambiente. Von der Terrasse Blick auf den Fluss.*

Guenther House (6): *205 E. Guenther St., King William Hist. District, ✆ 227-1061. Gutes Frühstück, Waffeln, süße Leckereien in vornehmen Haus von 1860. Kein Dinner.*

Chris Madrid's: *1900 Blanco Rd., ✆ 735-3552, So geschl., www.chrismadrids.com. Hier dreht sich alles um die weithin beliebten Burger und Nachos! Rund 3 km nördlich der Innenstadt!*

Günstige Fastfood-Restaurants in der Innenstadt finden Sie **am Alamo Plaza und im Bereich Ecke Commerce/Alamo Street**.

Beliebt ist auch das Areal der ehemaligen **Pearl Brewery** *(200 E. Grayson St., Nordwestecke der Kreuzung I-35/US 281, http://atpearl.com). Hier gibt es Restaurants, ein Amphitheater, Bars sowie Cafes und Geschäfte. Sa und So findet ein Farmers Market statt. Man kann das Areal von der Innenstadt aus auch entlang des River Walk (Museum Reach) zu Fuß oder mit dem Fahrrad erreichen (2,8 km).*

Pubs und Livemusik

Dick's Last Resort: *406 Navarro St. (River Walk), ✆ 224-0026. Jazz (meist Dixieland). Kein „Edelschuppen", aber günstige Speisen und Aussicht auf River Walk. Beliebt sind die Krabben zum Selbstpulen.*

Durty Nelly's Irish Pub: *Hilton Palacio del Rio (River Walk). Sing-along Piano und Erdnüsse satt.*

Menger Hotel Bar: *Alamo Plaza. Hist. Pub. „Gepflegt-lockeres" Ambiente.*

Paramount: *102 9th St. Angesagte Rooftop-Bar am San Antonio River, nahe Museum of Art (1,5 km vom Downtown River Walk). Die Whiskey-Auswahl sucht ihresgleichen, aber auch das Gin- und Craft-Beer-Sortiment kann sich sehen lassen.*

In diesem Teil von Texas finden Sie einige Microbreweries

Waxy O'Connor's Irish Pub: *234 River Walk, ✆ 229-9299. Die Bar wurde in Irland gebaut und hierher transportiert.*
Jüngere Leute finden Microbreweries, Pubs, Livemusik u. a. am **„Strip"** *(N. St. Mary's, zwischen den Blocks 2400 bis 3000, nördlich E. Dewey Pl.).*

Einkaufen

Im Stadtteil La Villita *(zwischen S. Alamo, San Antoni River und S. Presa) gibt es eine Reihe von kleinen Galerien und Boutiquen (z. B. indian. Malereien und Kunsthandwerkliches). Vieles hier stammt aus Mittel- und Südamerika.*
Southwest School of Art & Craft: *Ecke Augusta/Navarro St. Ein Zentrum für die Kunsthandwerker selber (denen man z.T. bei der Arbeit zusehen kann). Es gibt aber Einiges an Kunsthandwerklichem zu kaufen. Zudem befinden sich hier Galerien und Workshops.*
Market Square: *514 Commerce St. Auf und um den Platz finden Sie alles: Galerien, Kleidungsgeschäfte, Lebensmittel, mexikanische Souvenirs etc.*
Das größte Shoppingcenter in der Innenstadt ist die **Rivercenter Mall** *(Commerce/Bowie St., Dallas Cowboy Pro Shop, Macy's). Vornehme und viel mehr Geschäfte (z. B. Sak's, zahlreiche Modelabels, Apple usw.) finden Sie in der* **North Star Mall** *nördlich der Innenstadt (Loop 410/San Pedro Ave.)*
Prime Outlets San Marcos *(3939 IH-35 South, Exit Centerpoint Rd.): günstige Markenartikel in sog. Fabrikläden. In San Marcos am Interstate Richtung Austin.*
Paris Hatters: *119 N. Broadway, ✆ 223-3453. Seit 1917. Hüte aller Art – nicht ganz billig, aber häufig Sonderangebote.*

Veranstaltungen (Auswahl)

San Antonio lebt von seinen Festen, und die werden ausgiebig gefeiert. Sollten Sie das Glück haben, zu einer entsprechenden Zeit hier zu sein, planen Sie gleich einen Extratag ein. Nur wird es schwierig sein, dann eine Unterkunft zu finden (also: im Voraus buchen!)
Februar: **San Antonio Stock Show & Rodeo**: *AT&T Center, ✆ 225-5851, www.sarodeo.com. 2 Wochen Rodeo, Viehauktionen und Live-Entertainment.*
10 Tage um den 21. April: **Fiesta San Antonio**: *In der gesamten Innenstadt. Das Stadtfest. Mardi Gras auf Mexikanisch. Musik, Festzelte, kulturelle Programme etc. ✆ 227-5191, www.fiesta-sa.org.*
Mai-August: **Musikveranstaltungen** *an verschiedenen Plätzen der Stadt. Zu empfehlen ist die Fiesta Noche del Rio: lateinamerikanische Musik und Tänze im Arneson River Theatre (Fr, Sa), www.fiestanochesa.com.*
Dezember: **verschiedene mexikanische Festivitäten** *und Stände, z. B. Fiesta de las Luminarias am River Walk, ✆ 227-4262, www.thesanantonioriverwalk.com.*

Theater

Es gibt zahlreiche Möglichkeiten, aber ein Tipp ist ein Musical bzw. ein Konzert der Symphoniker im **Majestic Theatre** *in der 224 E. Houston St. (✆ 226-3333, www.majesticempire.com). Das Theater wurde Ende der 1920er Jahre erbaut mit dem Auftrag, das imposanteste Theater von Texas zu gestalten. Alleine die spanisch-arabische Architektur im Hauptteil und die Holzschnitzereien in den Vorräumen sind den Besuch wert.*

Verkehrsmittel

Flugzeug

San Antonio International Airport: *✆ 207-3450, www.sanantonio.gov/aviation*

Anreise mit dem Auto: *Von der Innenstadt auf dem Highway I-37/35, der dann nördlich in den US 281 übergeht. Dieser führt direkt zum Flughafen, der etwa 8 Meilen nördlich der City (13 Meilen von Downtown/River Walk) liegt. Ein* **Taxi** *in die Innenstadt kostet etwa ab $ 27.*
Shuttleservice: **Super Shuttle** *betreibt einen Dienst. Man sollte einen Tag im Voraus buchen: ✆ 281-9900, www.supershuttle.com. Einige Hotels unterhalten einen kostenlosen Shuttle-Service. Wer mit den* **Stadtbussen** *fahren möchte, der nimmt den VIA-Bus Nr. 5, der in die Innenstadt fährt. Abfahrt: Westseite des Terminal B.*
Alle größeren **Mietwagenunternehmen** *haben Stützpunkte am Flughafen.*

Öffentliche Verkehrsmittel/ Taxis
Amtrak-Bahnhof: *1174 E. Commerce St., Ecke Hoefgen St., ✆ 223-3226, 1-800-872-7245.*
Überlandbus-Terminal: *500 N. St.Marys.* **Greyhound**: *✆ 270-5824.* **Kerrville Bus Company**: *1430 E. Houston St., ✆ (512) 389-0090.*
Stadtbusse: *Das Nahverkehrssystem wird in San Antonio von der* **VIA** *unterhalten. Für Besucher interessant sind die drei* **„Viva"** *genannten Buslinien (culture, missions und centro), die alle Sehenswürdigkeiten miteinander verbinden. Lohnend für die Nutzung der VIA sind die günstigen Tageskarten ($ 2,75) oder Wochenkarten ($ 12). VIA hat ein* **Innenstadt-Infocenter** *in der 211 W. Commerce St., ✆ 362-2020, 1-866-362-2020, www.viainfo.net/viva.*
River Taxi: *Auch mit dem Taxi-Boot kann man entlang des River Walk und auf dem San Antonio River bis zur Pearl Brewery im Norden fahren. Tagestickets kosten zwischen $ 12 und 16. http://riosanantonio.com/rio-taxi/rio-taxi-information.*
Taxis: Yellow/Checker Cab: ✆ 222-2222; **San Antonio Taxi**: ✆ 444-2222

Hill Country: Abstecher ins deutsche Siedlungsgebiet

Entfernungen (kürzeste Strecke)
San Antonio – Fredericksburg: 75 Meilen/121 km
Fredericksburg – Austin: 80 Meilen/129 km (über New Braunfels um ca. 45 Meilen länger)

Überblick und Geschichte

Das Gebiet, das sich zwischen San Antonio und Austin erstreckt, lockte nach 1840 zahlreiche deutsche Familien nach Texas. Es war nicht einfach, eine so große Zahl von Leuten in einer einzigen Region anzusiedeln, besonders weil die konservativen Texaner mit dem fortschrittlichen Gedankengut der Neu-Texaner nicht umzugehen wussten. 1842 wurde bei Mainz der „Mainzer Adelsverein" gegründet, der sich um die Ansiedlung von Hunderten von deutschen Familien kümmerte. Ihr Vorsitzender war *Carl Prinz zu Solms-Braunfels*. Bis zum Bürgerkrieg und auch noch danach hatten es die Siedler schwer, denn sie sympathisier-

Redaktionstipps

▶ **Übernachten** in einem Bed-&-Breakfast-Haus in Fredericksburg, am besten zu buchen über **Gästehaus Schmidt** (S. 209).
▶ **Abendessen**: Hier sollte es wirklich deutsche Küche sein und die Angebote dazu sind im Hill Country groß.
▶ Die **bedeutendsten Sehenswürdigkeiten** sind der **Pioneer Museum Complex** in Fredericksburg (S. 208), **Luckenbach** für Country-Musik-Fans und Biker (S. 210), der **Lyndon B. Johnson National Historic Park** (S. 210), wobei Sie die Vorführungen auf der **Sauer-Beckmann-Farm** zum Thema „Leben auf dem Land zu Beginn des 20. Jh." nicht verpassen sollten, der historische **Gruene Historic District** (S. 213) und **New Braunfels** (S. 212) mit seinen architektonischen Zeugnissen aus der Zeit deutscher Pioniere und dem Hummel Museum.
▶ Ein **besonderes Erlebnis** ist ein mindestens 2-tägiger Aufenthalt auf einer Dude Ranch bei Bandera (S. 207).

ten nicht nur mit den Unionsstaaten des Nordens, sondern lehnten „eingefleischte" Südstaatenprivilegien, wie z. B. die Sklaverei, von Anfang an ab. Anerkannt wurde aber ihr Fleiß, der wesentliche Impulse für die weitere Entwicklung des Staates mit sich brachte. Auch heute liegt der Anteil Deutschstämmiger in Texas höher als in anderen Südstaaten. Man schätzt, dass es sich um etwa 6 % handelt. In den gesamten USA sprechen übrigens noch 1,5 Millionen Menschen zu Hause Deutsch. Deutsch ist damit eine der häufiger gesprochenen Fremdsprachen – allerdings weit abgeschlagen hinter Spanisch und Chinesisch.

Die Hills sind eigentlich nur Hügel. Trotzdem bieten sie eine Abwechslung zu der meist flachen und baumarmen Landschaft von Ost-Texas und dienen an Wochenenden vielen Städtern als Ausflugsziel. Diesem Tourismus ist es wohl auch zu verdanken, dass so viel deutsche Tradition, zumindest äußerlich, erhalten geblieben ist. „Gemütlichkeit" ist für die Amerikaner ein Lockruf. Straßennamen werden zweisprachig angegeben, und besonders die Geschäfte und Restaurants tragen Namen wie „Kuchenladen", „Kleiderschrank", „Auslander Restaurant" (die Tüpfelchen sind der amerikanischen Rechtschreibung zum Opfer gefallen) und „Friedhelm's". Deutsch sprechen können in der Regel nur noch die Älteren, die junge Generation lernt eher Spanisch als zweite Sprache.

Sowohl in Fredericksburg als auch in New Braunfels gibt es interessante Museen und dort ist die deutsche Kultur am besten spürbar. Wenn Sie nur der Landschaft wegen hierher fahren möchten, raten wir eher, die Zeit für die Nationalparks im Westen aufzusparen. Für den Fall, dass Sie nicht vorhaben, Austin zu besuchen, sollten Sie die Reiseroute in entgegengesetzter Richtung abfahren und bereits von Fredericksburg oder Kerrville nach Westen bzw. Süden weiterreisen.

Sehenswertes

Man verlässt San Antonio über den I-10 in westlicher Richtung und fährt bis **Boerne**, einer kleinen Stadt, die nach einem deutschen Schriftsteller des 19. Jh. benannt wurde. Hier können Sie noch einige alte Häuser bewundern, die architektonisch eine Mischung aus viktorianischem Holzhaus und rustikalem deutschen Landhaus darstellen.

Richtung Westen (Hwys. 46 und 16) geht es nach **Bandera**, dessen Entwicklung maßgeblich polnischen Einwanderern zu verdanken ist. Außer ein paar Kirchen und dem populären **Frontier Times Museum** *(510 13th St., www.frontiertimesmuseum.org, Mo–Sa 10–16.30 Uhr, $ 5)* gibt es hier zwar nicht viel zu sehen, doch bezeichnet sich der Ort dank seiner zahlreichen Rodeoveranstaltungen und der großen Ranches im Umkreis als „Cowboy Capital of the World". Findet gerade ein Rodeo statt, sollten Sie sich das nicht

Cowboy Capital

entgehen lassen. Beliebt sind zudem die **Gäste-Ranches** (Dude Ranches) in der Umgebung. Auf den meisten wird zwar kaum noch echter Ranchbetrieb durchgeführt, aber das Leben auf dem Lande kann man dennoch kennen lernen und genießen, denn es wird einiges geboten: Reiten, Lagerfeuer mit Grillen, Wanderungen und Vorführungen von Rancharbeiten. Kinder sind herzlich willkommen und werden ohne Zweifel ihren Spaß haben. Wer sich den „Programmen" entziehen will, findet auch seine Ruhe. Infos zu den einzelnen Ranches beim **Visitor Center** am Ort *(126 Hwy. 16, ✆ (830) 796-3045, 1-800-364-3833, www.banderacowboycapital.com)*. Eine Empfehlung ist die **Dixie Dude Ranch $$$** *(9 Meilen südwestlich des Ortes (FM 1077), ✆ (830) 796-7771, www.dixieduderanch.com, Minimum 2 Nächte)*. Einfacher gehalten und somit bezahlbar, denn im Preis sind alle Mahlzeiten enthalten. Wer abends noch da ist, sollte schauen, ob im Silver Dollar Saloon *(308 Main St.)* etwas los ist.

Dude Ranches

Von Bandera aus geht es auf dem Hwy. 173 nach Norden. In **Kerrville** lohnt ein Besuch des **Museum of Western Art**, in dem es u. a. Gemälde über das Leben der Cowboys, der Indianer, der Siedler und auch der Landschaften zu bewundern gibt. Oft sehr heroisierend, auch kitschig, aber sehenswert.
Museum of Western Art, *1550 Hwy. 173, ✆ (830) 896-2553, www.museumofwesternart.org, Di–Sa 10–16 Uhr, $ 7.*

Von Kerrville geht es weiter auf dem Hwy. 16 bis nach Fredericksburg.

Fredericksburg

Fredericksburg wurde 1846, ein Jahr nach der Gründung von New Braunfels, von *Baron Ottfried von Meusebach* angelegt, der bereits bei seiner Emigration den Namen *John O. Meusebach* angenommen hatte. Er brachte 120 deutsche Familien hierher, obwohl das

Innenstadt von Fredericksburg

Gebiet damals inmitten der Jagdgründe der als kriegerisch bekannten Comanchen lag. Doch *Meusebach* war ein guter Verhandlungspartner und schloss einen Vertrag mit den Indianern ab, der später in die Geschichte einging als einziger nicht gebrochener Vertrag zwischen Siedlern und Indianern in ganz Texas. Die kleine Stadt konnte sich so in Ruhe entwickeln und ist heute der zentrale Punkt der Region. An Wochenenden strömen viele Städter hierher, alleine der ausgesuchten Geschäfte wegen. Schon die Auslagen und die alten Häuser in der Main Street sind einen Bummel wert. Weinliebhaber seien darauf hingewiesen, dass es in der Umgebung 46 Weingüter gibt, von denen einige zu besichtigen sind *(Infos im Visitor Center oder www.texaswinetrail.com)*. Das Umland ist auch bekannt für die Pfirsich-Plantagen, deren Grundstock einst von den ersten deutschen Siedlern angelegt wurde. Heute werden in der Gegend 13 unterschiedliche Sorten angebaut. Übrigens – lesen Sie auf dem Stadtplan einmal die Namen der Straßen, die die Main Street kreuzen. In Richtung Westen lesen sich deren Anfangsbuchstaben „Come back", nach Osten „All welcome".

Pfirsiche und Wein

Erkundung der Stadt

Parkplätze gibt es in der Nähe des Visitor Center. Westlich, nicht weit vom Visitor Center, trifft man auf die achteckige **Vereinskirche**, eine Rekonstruktion des ersten öffentlichen Gebäudes der deutschen Gemeinde. Heute ist hier ein **Museum** (Stadtarchiv, Sammlung historischer Fotos und Dokumente) untergebracht.

Vereinskirche, *Market Square, 100 Block of West Main St., ✆ (830) 997-7832, Di–Sa 10–16.30 Uhr, im Sommer auch So u. Mo, frei (Spende).*

Zwei Blocks westlich davon steht der **Pioneer Museum Complex**, das wohl interessanteste Museum der Stadt mit Gebäuden aus dem 19. Jh. (z.T. original möbliert), darunter ein für Fredericksburg typisches „Sunday House". In solch kleinen Häusern übernachteten die Farmer mit ihren Familien, wenn sie am Wochenende zum Einkaufen und Feiern in die Stadt kamen. Außerdem: eine Schmiede, eine Räucherkammer und an manchen Wochenenden auch Vorführungen alter Handwerkskünste.

Pioneer Museum Complex, *325 W. Main St., ✆ (830) 990-8441, www.pioneermuseum.net, Di–Sa 10–17 Uhr, im Sommer auch So u. Mo, $ 5.*

Am östlichen Ende der Innenstadt befindet sich das **National Museum of the Pa-**

National Museum of the Pacific War

cific War. Es wurde Admiral *Chester W. Nimitz*, dem Oberkommandierende (und „Haudegen") der amerikanischen Pazifikflotte während des 2. Weltkrieges, gewidmet. *Nimitz* wurde 1885 als Sohn einer deutschen Familie in Fredericksburg geboren. Das Gebäude war einst ein Hotel und gehörte seinem Großvater. Das Museum beschäftigt sich vornehmlich mit der Geschichte des Pazifikkrieges, in der die Rolle der Marine größer war als im Europakrieg. Ganz interessant ist der Garden of Peace, der von japanischer Seite gestiftet worden ist und in dem u. a. ein Nachbau des Büros und des Teehauses von *Nimitz'* Gegenspieler, Admiral *Togo*, zu besichtigen ist. Dem Museum wurde eine Plaza of Presidents sowie eine George H.W. Bush Gallery hinzugefügt.
National Museum of the Pacific War, *340 E. Main St., ✆ (830) 997-8600, www.pacificwarmuseum.org, tgl. 9–17 Uhr, $ 14.*

Auf der Main Street kann man seinen Schaufensterbummel fortsetzen. Für einen Snack oder einen Lunch bieten sich hier genügend Restaurants an.

Reisepraktische Informationen Fredericksburg, TX

VORWAHL: 830

Information

Fredericksburg CVB: *302 E. Austin St., ✆ 997-6523, www.visitfredericksburgtx.com.*

Unterkunft

Eigentlich liegt hier nichts näher, als in einem der über 150 Bed & Breakfast-Häuser abzusteigen. Beachten Sie aber, dass viele der Unterkünfte auf dem Land sind. Eine empfehlenswerte Buchungsadresse ist: **Gästehaus Schmidt Reservation Service**: *231 W. Main St., ✆ 997-5612, 1-866-427-8374, www.fbglodging.com. Im Geschäft können Sie anhand von Fotos das für Sie passende Haus aussuchen.*
Windcrest Inn & Suites $$: *908 S. Adams St., ✆ 997-9811, www.windcrestinnandsuites.com. Günstiges 46-Zimmer-Motel. Pool. Gleich nebenan gibt es noch die* **Econo Lodge** *($$, 810 S. Adams St., www.choicehotels.com) sowie das* **Days Inn** *($$–$$$, 808 S. Adams St., www.daysinn.com).*
Hangar Hotel $$–$$$: *155 Airport Rd., ✆ 997-9990, www.hangarhotel.com. Hier ist das Fliegen Thema. Bereits das Gebäude ist einem Flugzeughangar nachempfunden. Etwas außerhalb.*
Sunday House Inn & Suites $$–$$$: *501 E. Main St., ✆ 997-4484, 1-800-274-3762, www.sundayhouseinn.com. Typisches Motel mit bayrischem Outfit. Pool.*

Camping/RV

Fredericksburg RV Park: *305 E. Highway St., ✆ 990-9582, http://fbgrvpark.com/. Praktisch gehalten, aber von hier kann man die Stadt zu Fuß erkunden. Kein Zelten.*
Fredericksburg KOA: *5681 US 290 East, ✆ 997-4796, www.fredericksburgkoatexas.com. Mehrfach prämiert. Zelten möglich. 5 Meilen nach Fredericksburg.*
Schöner für Zelter sind die Plätze in der **Enchanted Rock State Natural Area**, *18 Meilen nördlich an der RR 965 N, ✆ (512) 389-8900 (Reservierung), http://tpwd.texas.gov/state-parks/enchanted-rock. Im Sommer kann es hier heiß werden! Nur Zelten.*

Restaurants

In Fredericksburg sollte man sich „deutsche" Küche nicht entgehen lassen. Dabei gibt es statt „traditioneller" Küche oft einen „Germano-Tex-Mix" mit haufenweise „Weißwurst-Kitsch".

Friedhelm's Bavarian Inn: *905 W. Main St., ✆ 997-6300. Süddeutsche Küche im Bayernlook.*

Biergärten gibt es natürlich auch: **Altdorf Biergarten** *(301 W. Main St.) oder die* **Fredericksburg Brewing Co.** *(245 W. Main St.), in denen deftige, süddeutsche Küche (Wurstplatten u. a.) und gutes Bier angeboten werden.*

Auslander: *323 E. Main St., ✆ 997-7714. Deutscher Bau, Biergarten. Besonders hier trifft „Germano-Tex-Mix" zu.*

Und wer doch lieber reines Tex-Mex speisen möchte, der gehe zu **Mamacita's** *(506 E. Main St., ✆ 997-9546).*

Luckenbach

Der kleine Ort liegt 10 Meilen östlich vom Stadtkern in Fredericksburg *(US 290/ RR 1376, www.luckenbachtexas.com).* Luckenbach wurde 1849 von deutschen Immigranten gegründet, aber erst in den 1970er Jahren berühmt, als der Geschäftsmann *John Russell „Hondo" Crouch* den Ort mit seinen damals drei Einwohnern kaufte und u. a. eine Dance Hall ins Leben rief. In nur wenigen Jahren haben dann texanische Country-Musiker, vor allem *Jerry Jeff Walker* sowie *Willie Nelson* und *Waylon Jennings* mit ihrem Song „Luckenbach, Texas" dafür gesorgt, dass Luckenbach zu einer der Pilgerstätten für Country-Musik wurde. Und auch die Biker kommen seither in Scharen. Montags ist Open Session und frei nach *Hondos* Motto „Everybody's Somebody in Luckenbach" darf sich dann jeder auf der Bühne versuchen. Ein altes „Postamt" samt Laden bietet heute Souvenir-Kitsch und es gibt einen Saloon sowie ein paar Hütten. Richtig brummen tut es dann doch eher an den Wochenenden und auf einem der zahlreichen Musikfestivals.

Musikfestivals

Für die Weiterfahrt von Fredericksburg gibt es zwei Alternativen: Entweder verlässt man dieses Gebiet und setzt die Reise an die Golfküste oder in Richtung Westen fort (siehe S. 234), oder man fährt nach Osten, wie im Folgenden beschrieben.

Verlässt man Fredericksburg entlang der Main Street (US 290), gelangt man nach 16 Meilen zum **Lyndon B. Johnson State Park** samt **LBJ Ranch**. Typisch Texas: Da stammt von hier ein Präsident, und noch zu seinen Lebzeiten sammeln seine Freunde Geld und kaufen damit ein fruchtbares Stück Land gleich neben seiner Farm. Hier richten sie einen State Park ein, der im Nachhinein zum großen Teil aus Steuermitteln finanziert wird. Im Park gibt es eine kleine Ausstellung zum Leben und Wirken von *Lyndon B. Johnson*, und auf einer 90-minütigen Bustour können Sie die wesentlichen Punkte abfahren. *Johnson* und seine Frau *Claudia*, genannt *„Lady Bird"* verbrachten den größten Teil ihrer Ehe auf der LBJ-Ranch. Besonders interessant sind die Naturlehrpfade und allem voran die **Sauer Beckmann Farm**, auf der das Farmleben aus der Zeit vor dem 1. Weltkrieg vorgeführt wird. Dazu gehören: Pflügen mit dem Pferdegespann, das Herstellen von Seife, Melken mit der Hand und Textilarbeiten.

„Lady Bird"

LBJ Ranch, *Stonewall, ✆ (830) 644-2252, www.nps.gov/lyjo, tgl. 8–17 (SP), Nat. Park VC: 9–17 Uhr, Touren zum Wohnhaus halbstündlich, 9–14.30 Uhr, $ 3.*

Lyndon B. Johnson

info

Lyndon Baines Johnson (1908-1973), von allen nur LBJ genannt, war populär und umstritten zugleich. Gleich nach der Ermordung *John F. Kennedys* übernahm er als sein Stellvertreter das höchste Amt im Staate und führte dessen Politik weiter. Besonders auf dem sozialen Sektor leistete er einiges, auch wenn viele das zu seiner Amtszeit nicht wahrhaben wollten. Zudem zeichnete er für die Einrichtung vieler Naturschutzprojekte und -gebiete verantwortlich. Während seiner Amtszeit war die Nation vor allem wegen des amerikanischen Engagements in Vietnam zerstritten. Seine Popularität verdankte LBJ vor allem seiner väterlichen Art (wohl kaum ein Präsident konnte die Rolle des „Vaters der Nation" so gut einnehmen) und seiner lockeren und trotzdem zielgerichteten Amtsführung. Die Johnsons galten als hervorragender Gastgeber, und viele Politiker wurden auf die Ranch eingeladen, die dadurch den Spitznamen „Texas White House" erhielt. Unter den Gästen waren auch deutsche Politiker wie *Adenauer* und *Erhard*. Historiker kritisieren, dass LBJ nicht in der Lage war, den innenpolitischen Disput mit den Friedensbewegungen zu schlichten.

14 Meilen weiter, in **Johnson City**, kann man u.a. das Haus besichtigen, wo LBJ seine Kindheit verbrachte *(100 Ladybird La., ✆ (830) 868-7128, www.nps.gov/lyjo, tgl. 10–16.30 Uhr)*. Hier gibt es zudem ein weiteres Visitor Center in der Ladybird Lane. Übernachtungsmöglichkeiten bieten auch hier einige Bed-&-Breakfast-Häuser.

Weiterfahrt

Für die Weiterfahrt gibt es drei Alternativen:

- *US 281 nach Süden und nur wenige Meilen hinter Johnson City nach Osten abbiegen und auf dem US 290 direkt nach Austin fahren,*
- *dem US 281 in südlicher Richtung folgen, um zurück nach San Antonio zu gelangen, oder*
- *auf dem US 281 nach Süden bis kurz hinter Twin Sisters fahren und von dort weiter wie folgt nach New Braunfels:*

Kurz hinter Twin Sisters nimmt man dazu die FM 306 in östliche Richtung. Die Straße windet sich nördlich des **Canyon Lake** durch die Hügellandschaft. Am Ortsausgang des Fleckchens Canyon Lake biegt man schließlich nach Süden ab auf die FM 2673. Bereits nach einer kurzen Strecke erreicht man Sattler. Hier muss man auf ein Straßennamensschild (!) **„River Road"** achten – einen Weg-

Tubing an der River Road

weiser gibt es nicht. Dieser Straße folgt man Richtung Süden (links abbiegen). Während der Nebensaison bietet sich eine bezaubernde Flusslandschaft, besonders im Herbst, wenn die Blätter bunt leuchten. Hat man genug Zeit, sollte man sich ein Kanu bzw. einen Autoschlauch mieten, um damit den Fluss hinab zu fahren. Anbieter gibt es genügend, und für die Rückfahrt zum Auto wird auch gesorgt. Einziges Manko: Im Sommer, besonders an den Wochenenden, ist diese Flussfahrt das Gaudi der Städter und alles ist überlaufen.

New Braunfels

New Braunfels war die erste deutsche Siedlung, die unter Leitung von Prinz *Carl von Solms-Braunfels* und des Mainzer Adelsvereins 1844/45 gegründet wurde. Bereits in den ersten Jahren gab es immense Probleme. Als nämlich 1846 weitere Siedler in der kleinen Hafenstadt Indianola eintrafen, war bereits der Amerikanisch-Mexikanische Krieg ausgebrochen, und keines der Transportunternehmen, mit denen vorher Verträge ausgehandelt worden waren, hatte mehr Interesse an den finanziell abgebrannten Siedlern. Transporte für die Armee waren um einiges lukrativer. Somit musste sich die Siedlerschar selbst aufmachen, um ihre neue Heimat zu erreichen. Aufgrund heftiger Regenfälle brach die Cholera aus und geschwächt von der Schiffspassage und zumeist zu Fuß, erlagen Hunderte Menschen den Strapazen auf dem Weg in die neue Heimat. New Braunfels zählte nach kaum 20 Jahren zu den bedeutendsten Städten in Südtexas. Die deutsche Tradition wird hier auch heute noch gepflegt, obwohl, wie in Fredericksburg, nur noch wenige wirklich Deutsch sprechen. Jährlicher Höhepunkt ist das **Wurstfest** im November. Bekannt ist die Stadt auch für die gute Bier-Auswahl.

Strapaziöse Reise

Viel Sehenswertes gibt es nicht, aber der mehr oder weniger historische Innenstadtbereich bietet sich an, um die Überreste deutscher Baustrukturen aufzuspüren. Dazu gehören u. a. ein **Pavillon** auf dem zentralen Main Plaza, das Gebäude des **Prince Solms Inn** *(295 E. San Antonio St.)* und ein paar restaurierte alte Gebäude am **Conservation Plaza** *(1300 Church Hill Dr.)*. Ein lohnendes Museum ist das **Sophienburg Museum**, dessen z.T. wechselnde Artefakte sich mit der Geschichte der ersten Siedler (und des Prinzen) beschäftigen. Im angeschlossenen Archiv können Sie zudem nach deutschen Einwanderern stöbern.
Sophienburg Museum, *401 West Coll St., ✆ (830) 629-1572, www.sophienburg.org, Mo–Sa 10–16 Uhr, $ 8.*

Autoenthusiasten seien schließlich noch auf **A&E Classic Cars** aufmerksam gemacht *(I-35 South, Exit 180 od. 182, www.aeclassiccars.com, Mo–Sa 9–18 Uhr)*, die eindrucksvolle, historische Autos verkaufen – nur schauen darf man aber auch.

Reisepraktische Informationen New Braunfels, TX

VORWAHL 830

Information

New Braunfels Visitors Center: *237 IH 25 N, ✆ 1-800-572-2626, http://innewbraunfels.com/visit.*

Unterkunft

Faust Hotel $$: *240 S.Seguin Ave., ✆ 625-7791, www.fausthotel.com. Nicht ganz so alt wie das Solms Inn (1928), aber eine preisgünstigere Alternative. Und noch ein Plus: Im Hause gibt es eine* **Microbrewery** *(inkl. Restaurant)!*

Prince Solms Inn $$$–$$$$: *295 E. San Antonio St., ✆ 625-9169, www.princesolms inn.com. Historisches B&B-Hotel (1898). Für Paare und Familien bieten die Suiten durchaus eine lohnende Alternative für nur wenig mehr Geld.*

Restaurants

New Braunfels Store & Deli: *1090 I-35 North Business Hwy., ✆ 625-2416. Deutsche Küche mit leckeren Räucher- und Wurstspezialitäten. Eher ein Café als Restaurant (nur bis 20 Uhr), aber lohnend.*

River Hofbrau NB LLC: *1515 Kuehler Ave., ✆ 626-2200, www.txhofbrau.com. Auf bayerisch getrimmtes Ausflugsrestaurant (mittwochs: deutscher Abend mit Umtah-Musik). Neben Wurstplatter, Schnitzel, Kassler und Rouladen gibt es aber auch Nachos, Burger und Pulled Pork. Hier findet jeder etwas und die Bierauswahl lässt sich auch sehen.*

Gruene

Etwa fünf Meilen nördlich von New Braunfels befindet sich die alte Siedlung **Gruene**, einst eine Baumwoll-Boomtown, danach zur Ghost Town verkommen und heute für die Touristen wieder liebevoll aufpoliert. Historische Gebäude, Souvenirshops, Restaurants und Weinkellereien locken mittlerweile zahlreiche Besucher an. Am interessantesten ist die **Gruene Hall** *(1281 Gruene Rd., www.gruenehall.com)*, eine alte Tanzhalle, in der heute wieder nahezu täglich Livemusik (oft mit Tanz) gespielt wird.

Von New Braunfels fahren Sie am besten weiter auf dem I-35, entweder nach Austin (46 Meilen) oder San Antonio (30 Meilen).
Zu den **Natural Bridge Caverns** lesen Sie bitte auf S. 201.

Übernachtung

Eine schöne, wenn auch teure Übernachtungsgelegenheit bietet das historische **Gruene Mansion Inn ($$$$,** *1275 Gruene Road, ✆ (830) 629-2641, www.gruenemansion inn.com). Um das viktorianische Haupthaus gruppieren sich geschickt zu Zimmern und Cottages umgebaute Farm- und Wirtschaftsgebäude. Frühstück im Preis inbegriffen.*

Tipp

Östlich und südlich von Austin machen die Orte Taylor, Elgin, Lockhart und Luling mit dem sog. ***Barbecue Trail*** *auf sich aufmerksam. Dabei landen vor allem Rind- und Schweinefleischspezialitäten sowie deftige Würste auf dem Grill. Lohnende Stopps für die geräucherten und gegrillten Leckereien sind z. B. das* ***City Market-BBQ-Restaurant*** *(633 Davis Street, ✆ (830) 875-9019, www.lulingcitymarket.com) in Luling,* ***Meyer's Elgin Smokehouse/Meyer's Elgin Sausage Restaurant*** *(188 US 290, www.cuetopiatexas.com) sowie das* ***Southside Market BBQ*** *in Elgin (1212 US 290, https://southsidemarket.com) und das* ***Taylor Café*** *(101 N. Main St.) in Taylor. Letzteres befindet sich im ältesten Gebäude der Stadt. Infos zum BBQ-Trail: www. texasbbqtrails.com.*

Austin

Entfernungen
Austin – San Antonio: 80 Meilen/128 km
Austin – Houston: 162 Meilen/261 km
Austin – Dallas: 192 Meilen/309 km
Austin – El Paso: 573 Meilen/923 km

Überblick und Geschichte

Die ersten Europäer in der Gegend waren 1730 spanische Missionare aus San Antonio. Sie zogen bereits nach einem Jahr erfolgloser Missionsarbeit bei den Tickanwatic-Indianern wieder ab. 1838 war es dann der Händler *Jake Handell*, der ein kleines Camp am Colorado River gründete, dort, wo sich heute die Downtown von Austin befindet. Er nannte es Waterloo. Noch im selben Jahr kam eine Gruppe von Büffeljägern in die Gegend, unter ihnen *Mirabeau B. Lamar*, zu dieser Zeit noch Vizepräsident von Texas. Als er ein Jahr später selbst Präsident wurde und entscheiden musste, wo die neue Hauptstadt von Texas entstehen sollte, erinnerte er sich an diesen Ort. Wasser, Platz und eine klimatisch angenehme Landschaft waren vorhanden, und zudem bot die geografische Lage auch Vorteile für die zukünftige Besiedlung des noch weitgehend unerforschten Westens.

Kein zweites Waterloo

Waterloo wurde bald zu Austin umbenannt, da *Lamar*, dessen zweiter Vorname *Bonaparte* lautete, ein ungünstiges Vorzeichen in dem alten Namen sah. Der Namensvater *Stephen F. Austin* war einer der „Gründerväter" von Texas gewesen, dessen wesentliche Errungenschaften in Vertragsabschlüssen lagen, die er mit den Mexikanern vor 1836 ausgehandelt hatte. Die Stadt Austin wuchs nur langsam, da außer Regierungsleuten kaum jemand hier siedeln wollte. Sie machte von sich reden, als ihre liberal eingestellten Einwohner 1861 gegen die Abspaltung von den Unionsstaaten stimmten. Dies verschonte die Stadt im folgenden Bürgerkrieg vor schlimmen Angriffen. Die University of Texas, die im Jahre 1883 eröffnet wurde, trug fortan zu der progressiven Einstellung in der Stadt bei, die ganz im Gegensatz zum übrigen, noch heute konservativen Texas steht. In den 1950er Jahren wurden Industrieunternehmen auf die Stadt aufmerksam, und mit dem Zeitalter der Computer entwickelten sich hier über 500 Computerfirmen, unter ihnen bedeutende Konzerne wie z. B. Apple.

Hippies und Beamte

Auch heute noch ist Austin anders als andere Städten in Texas. Die Wolkenkratzer sind nicht so hoch, und das Leben ist von bedeutend weniger Hektik geprägt. Beamte und Studenten bestimmen das Straßenbild, und betrachtet man die Vielzahl freakig angehauchter Shops (selbst in der Innenstadt), die Mischung aus vergangener Hippiekultur und postmoderner Yuppie- und Ökoszene sowie die lockere Art der Menschen, mag man eher glauben, sich in einer Vorstadt von San Francisco oder Seattle zu befinden.

Was bietet Austin? Dazu gibt es nur eine Antwort: eine **Musikszene**, wie man sie höchstens noch in New York, San Francisco oder New Orleans antreffen wird. Etwas übertrieben, aber nicht ganz zu Unrecht, bezeichnet sich Austin als die „Live Music Capital of the World". Kaum eine Stadt hat so viele Pubs und Restaurants – bezogen auf die Einwohnerzahl. Wie es dazu gekommen ist, weiß eigentlich keiner so genau, aber ein Grund mag sicherlich darin liegen, dass sich während der 1940er und 50er Jahre schwarze Blues- und Jazzgrößen im liberalen Austin wohler gefühlt haben als irgendwo anders im Süden und obendrein auch ein aufgeschlossenes Publikum vorfanden. Diese Tatsache wiederum bildete den Keim für die ersten Clubs. Als dann der Rock aufkam, nutzten auch die Rockmusiker, die aus allen Teilen der Südstaaten nach Austin kamen, die vorhandenen Bühnen, und damit wurde letztendlich der Stein ins Rollen gebracht. Die 68er-Szene und die aufmerksam gewordene Plattenindustrie besorgten schließlich den Rest.

Redaktionstipps

- In einem **Innenstadthotel** übernachten, von wo aus die meisten Sehenswürdigkeiten und viele Musikclubs zu Fuß erreichbar sind. Das **Driskill** ist ein (teurer) Klassiker, während das **Strickland Arms B&B** mit Charme und relativ günstigen Preisen aufwarten kann (S. 221).
- **Restaurants**: BBQ-Restaurants wie **Sam's Barbecue** sind gut und günstig. Und wenn Sie zu **Lamberts** oder **Stubb's** gehen, wird abends auch noch Musik dazu geboten. Fine Dining im **Driskill Hotel** hat Stil (S. 222/223).
- Die bedeutendsten Sehenswürdigkeiten sind die Vielzahl **historischer Bauten** im Innenstadtbereich, das pompöse **State Capitol** (S. 216), das **Bob Bullock Texas State History Museum** (S. 219) und vor allem die **abendliche Musikszene** in der E. 6th Street bzw. der Guadalupe Street.
- **Museumsgänger** sollten auch dem „LBJ Library and Museum" (S. 219) einen Besuch abstatten. Besonders die wechselnden politisch-ökologischen Ausstellungen sind hier gut.
- **Zeiteinteilung: 1 Tag:** tagsüber Walking Tour, Museen und Sehenswürdigkeiten in der Innenstadt, abends ein bis zwei Musikclubs.

In einer Stadt, wo jeden Tag (einschließlich montags) Dutzende Liveauftritte stattfinden, bekommt jeder einmal seine Chance. Zweifellos bietet dies beste Voraussetzungen für eine sich immer wieder neu entwickelnde Musikkultur und die Entdeckung förderungswürdiger Musiker und späterer Stars. Da kommt es schon mal vor, dass sich in nur einem Häuserblock ein Jazzpianist, eine Rap-Disco und ein Bluessänger gegenseitig die Gäste streitig machen. Doch die Austianer mögen das. Eine bestimmte Musikrichtung wird hier nicht favorisiert. Gefällt die Musik nicht, unterhält man sich eben um so lauter. Gebuht wird nicht. Kein Wunder, dass ausgerechnet hier im ansonsten so konservativen Texas Größen wie *Janis Joplin* ihre Musik publik und später auch populär machen konnten. Wo in Texas hätte sonst wohl jemand bestehen können, der noble und in diesem Staate so begehrte Automarken wie Mercedes und Porsche mit so viel Ironie besungen hat.

Die Zeiten haben sich natürlich auch in Austin geändert. Legendäre Clubs der 1960er und 70er Jahre haben sich längst zu lukrativeren „Restaurants mit Livemusik" gewandelt. Kritiker behaupten, die 6th-Street-Szene ähnele jetzt eher der (touristischen) Bourbon Street in New Orleans. Doch hat man auch heute noch ohne Zweifel gute Chancen auf exzellente Musikgigs in der Stadt. Ist man kein Kneipengänger oder Musikfan, ist ein Besuch von Austin kein Muss. Alle anderen Sehenswürdigkeiten haben eher lokalen Wert.

Sehenswertes im Stadtbereich

Tipp

Interessant ist die 1½-stündige „Historic Downtown Walking Tour". Dabei erklärt ein Führer alles Wissenswerte. Infos und empfohlene Reservierung im Visitor Center (s. S. 220).

Die im Folgenden beschriebene Route führt zu allen Sehenswürdigkeiten der Innenstadt. Längere Strecken kann man auch mit dem Trolleybus zurücklegen. Das Auto stellt man am besten auf dem „State Visitor Parkinglot" nördlich des Capitol ab *(Congress Ave., 1500er Block)* oder in der „State Visitor Parking Garage" *(1201 San Jacinto Blvd.)*.

Größer als das Capitol in Washington

State Capitol (1): Das texanische State Capitol, wie sollte es auch anders sein, ist das größte der USA und überragt selbst das Capitol in Washington D.C. um sieben Meter. Es wurde 1888 fertiggestellt, nachdem der alte Parlamentssitz abgebrannt war. Den Baustil kann man als neoklassizistisch bezeichnen. Die rosa Granitsteine mussten in 15.000 Waggonladungen herbeigeschafft werden, wozu eigens eine Schmalspurbahn gebaut wurde. Es gibt kein zweites Capitol, für das solch ein finanzieller Aufwand betrieben wurde. Das 8.000 m² große Dach wurde mit Kupfer belegt, und alle 500 Türen und 900 Fenster sind mit Eichen- oder Kirschholz eingerahmt.
State Capitol, *1100 Congress Ave., ✆ (512) 463-0063, www.tspb.state.tx.us, Führungen Mo–Fr 8.30–16.30, Sa 9.30–15.30, So 12–15.30 Uhr.*

Governor's Mansion (2): Einen Block weiter nach Westen entlang der 11th Street liegt dieses Gebäude, im griechischen Renaissancestil gehalten. Es wurde 1856 errichtet und dient dem Gouverneur von Texas als Regierungssitz. 2008 wurde es durch ein Feuer nahezu zerstört, konnte aber Dank eines Spendenfonds 2010 komplett restauriert wer-

State Capitol: das größte der USA

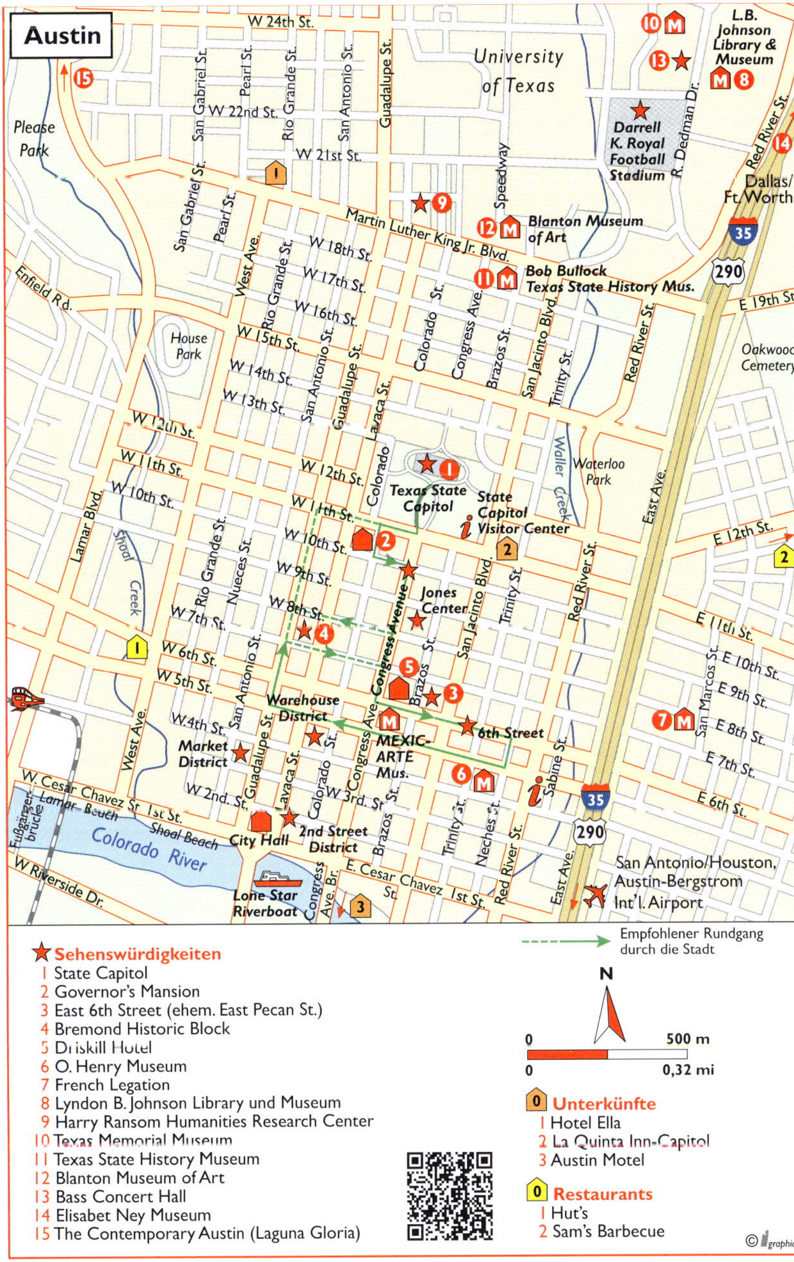

Empfohlener Rundgang durch die Stadt

N

0 500 m
0 0,32 mi

Sehenswürdigkeiten
1 State Capitol
2 Governor's Mansion
3 East 6th Street (ehem. East Pecan St.)
4 Bremond Historic Block
5 Driskill Hotel
6 O. Henry Museum
7 French Legation
8 Lyndon B. Johnson Library und Museum
9 Harry Ransom Humanities Research Center
10 Texas Memorial Museum
11 Texas State History Museum
12 Blanton Museum of Art
13 Bass Concert Hall
14 Elisabet Ney Museum
15 The Contemporary Austin (Laguna Gloria)

Unterkünfte
1 Hotel Ella
2 La Quinta Inn-Capitol
3 Austin Motel

Restaurants
1 Hut's
2 Sam's Barbecue

den. Eine elegante, z.T. aber auch protzig wirkende Art Déco-Möblierung beherrscht das Innenleben.
Governor's Mansion, *1010 Colorado Road, www.tspb.state.tx.us/spb/mansion/mansion.htm, Führungen nach Ankündigung und Anmeldung (mind. eine Woche im Voraus): Mansion. Tours@tspb.texas.gov, ✆ (512) 305-8524.*

Fünf Minuten von hier, im Gebiet Guadalupe St., zwischen 7th und 8th Street, befindet sich der **Bremond History Block (4)**, dessen Häuser aus der Mitte des 19. Jh. stammen. Sie sind zwar nicht zu besichtigen, aber die z.T. feinen Metallschmiedearbeiten sind einen kurzen Abstecher wert.
Weiter geht es zur **6th Street**, der man Richtung Osten folgt (die Congress Avenue hinüber). Ein Block östlich der Congress Avenue befindet sich das legendäre **Driskill Hotel (5)**, in dem schon kurz nach seiner Eröffnung 1886 das Parlament tagte, bis das Capitol fertiggestellt war. Während der 1950er und -60er Jahre diente es *Lyndon B. Johnson* als Hauptquartier seiner Wahlkampfkampagne. Ein paar Erinnerungsstücke aus dieser Zeit sind noch ausgestellt. Gehen Sie ruhig auch mal in die Lobby. Es lohnt sich.
Die **East 6th Street (3)** (vormals East Pecan St.) war eine der ersten Straßen von Austin und früher in ihrer Verlängerung die Ausfallstraße nach Houston. Die Häuser, meist entstanden im ausgehenden 19. Jh., zeugen noch heute von der wechselhaften Geschichte der Stadt und des Staates. Einige sind gut erhalten, allen voran das Driskill Hotel, andere erinnern eher an die heruntergekommenen „Schuppenhäuser" der amerikanischen Vorstädte, an denen seit zig Jahren nichts mehr gemacht wurde. Heute beherbergt diese Straße aber eine der beiden Musikszenen von Austin und ist allabendlich Anziehungspunkt musikhungriger Kneipengänger (s. auch S. 223).

Musikkneipen

O. Henry-Museum (6): Das kleine Museum erinnert an den Schriftsteller *William Sydney Porter*, besser bekannt unter seinem Synonym „O. Henry". Porter lebte zehn Jahre in Austin (1885–95, davon 1893–95 in diesem Cottage) und arbeitete hier hauptsächlich als Bankangestellter. In seiner Freizeit legte er das Magazin „Rolling Stone" auf. Später lebte Porter in New York, wo er Hunderte von Kurzgeschichten veröffentlichte. Im Museum gibt es ein paar Erinnerungsstücke an seine Arbeit.
O. Henry-Museum, *409 E. 5th St., ✆ (512) 472-1903, www.austintexas.gov/department/o-henry-museum, Mi–So 12–17 Uhr, frei.*

French Legation (7): Das Gebäude wurde 1840 für den französischen Botschafter Comte *Alphonse Dubois de Saligny* errichtet und ist das einzige Botschaftsgebäude in den USA außerhalb von Washington D.C. Die Franzosen waren die ersten, die 1839 die Republik Texas anerkannten. Saligny scheute keine Kosten, das Interieur mit den feinsten Möbeln und Teppichen auszustatten Heute kann man das Haus und seine prunkvolle Einrichtung auf Touren besichtigen.
French Legation, *802 San Marcos St./8th St., östlich vom I-35, ✆ (512) 472-8180, www.frenchlegationmuseum.org, Di–So 13–17 Uhr, Tour $ 5.*

Nicht weit von hier kann man schließlich noch das **MEXIC-ARTE Museum** besuchen, wo mexikanische und lateinamerikanische Kunstwerke ausgestellt sind (Wanderausstellungen).
MEXIC-ARTE Museum, *419 Congress Ave. / Ecke 5th St., ✆ (512) 480-9373, http://mexic-artemuseum.org, Mo–Do 10–18, Fr/Sa 10–17, So 12–17 Uhr, $ 5.*

Tipp

*Wer einfach Lust zum Spaziergehen verspürt, geht zum **Zilker Park** auf der Südseite des Colorado River. Hier gibt es schöne Wege und die **Zilker Botanical Gardens** (tgl. 7-18 Uhr, www.zilkergarden.org).*

Weitere interessante Museen

Bob Bullock Texas State History Museum (11)

Das große Museum beschäftigt sich mit der Geschichte von Texas. Im IMAX-Kino werden verschiedene Filme gezeigt. Die Ausstellungen sind nicht immer kritisch und heroisieren oft den „Texas Way of Life".

Bob Bullock Texas State History Museum, *Ecke Martin Luther King Blvd./N. Congress Ave., ✆ (512) 936-4696, www.thestoryoftexas.com, Mo–Sa 9–17, So 12–17 Uhr, $ 12, IMAX-Preise variieren.*

Am M. L. King Jr. Blvd., schräg gegenüber, steht das **Blanton Museum of Art** (12). Es ist das größte Kunstmuseum einer amerikanischen Universität und die ausgestellten Kunstwerke decken die letzten 400 Jahre europäischer Kunst ab. Eine weitere Ausstellung beschäftigt sich mit zeitgenössischer lateinamerikanischer Kunst.

Blanton Museum of Art, *✆ (512) 471-5482, www.blantonmuseum.org, Di–Fr 10–17, Sa 11–17, So 13–17 Uhr, $ 9.*

Harry Ransom Humanities Research Center (9)

Sammlung seltener Bücher (Englisch, Amerikanisch und Französisch) und eine besonders interessante Fotosammlung (über 5 Millionen Bilder), zu der auch eine Ausstellung alter Fotogeräte gehört. Außerdem ist eine der fünf noch existierenden und 1455 gedruckten Gutenbergbibeln ausgestellt.

Harry Ransom Humanities Research Center, *Ecke 21st/ Guadalupe Street (Unicampus), ✆ (512) 471-8944, www.hrc.utexas.edu, Mo Fr 10 17 (Do bis 19), Sa/So 12 17 Uhr, frei.*

Lyndon B. Johnson Library & Museum (8)

Aufgeteilt in die Bücherei, die über 31 Millionen Bücher und Dokumente beherbergt, und das Museum selbst. Im Museum befindet sich eine Reihe von Erinnerungsstücken aus dem Leben und aus der Präsidentschaft von *Johnson*. Dazu kommen eine Nachbildung des Oval Room im Weißen Haus, eine Sammlung von Geschenken, die *Johnson* während seiner Amtszeit von ausländischen

Lyndon B. Johnson Library & Museum

Staatsmännern erhalten hat, und eine eigens von *Lady Bird Johnson* zusammengestellte Darstellung vom „Life in the White House".
Lyndon B. Johnson Library & Museum, *2313 Red River St., 1 Block westl. des I-35 (Unicampus), ✆ (512) 721-0200, www.lbjlibrary.org, tgl. 9–17 Uhr, $ 8.*

Harry Ransom Humanities Research Center (9)

Sammlung seltener Bücher (Englisch, Amerikanisch und Französisch) und eine besonders interessante Fotosammlung (über 5 Millionen Bilder), zu der auch eine Ausstellung alter Fotogeräte gehört. Außerdem ist eine der fünf noch existierenden und 1455 gedruckten Gutenbergbibeln ausgestellt.
Harry Ransom Humanities Research Center, *Ecke 21st/ Guadalupe Street (Unicampus), ✆ (512) 471-8944, www.hrc.utexas.edu, Di–Fr 10–17, Sa/So 12–17 Uhr, frei.*

Texas Memorial Museum/ Natural Science Center (10)

Naturkundliches Museum mit Ausstellungsstücken und Erläuterungen zu Themen wie Geologie, Paläontologie und Anthropologie sowie auch indianischen Kunstwerken. Besuchenswert die Abteilungen zur Flora und Fauna von Texas sowie die mit den Dinosaurier-Modellen.

Dinosaurier-Modelle

Texas Memorial Museum/ Natural Science Center, *2400 Trinity St. (Unicampus), ✆ (512) 471-1604, http://tmm.utexas.edu/, Di–Sa 9–17 Uhr, $ 4.*

Elisabet Ney Museum (14)

Die deutsche Bildhauerin *Elisabet Ney* immigrierte 1870 nach Texas. Hier sind ihr Wohnhaus und ihr Studio zu besichtigen. Natürlich gibt es auch einige Skulpturen zu bewundern.
Elisabet Ney Museum, *304 E. 44th St., North Austin, ✆ (512) 458-2255, www.austintexas.gov/Elisabetney, Mi–So 12–17 Uhr, frei.*

The Contemporary Austin (15)

Das Museum besteht aus zwei Teilen. Das **Jones Center** liegt in der Innenstadt. In **Laguna Gloria** befindet sich die Ausstellung in der ehemaligen prunkvollen Villa von *Stephen F. Austin* am Lake Austin. In beiden Museen werden Wanderausstellungen gezeigt. Vornehmlich handelt es sich um zeitgenössische amerikanische Kunst.
The Contemporary Austin, *zwei Adressen: 700 Congress Ave. (Jones Center) und 3809 W. 35th St. (Laguna Gloria), ✆ (512) 495-9224, www.thecontemporaryaustin.org; Jones Center: Di–So 11–19, So 12–17 Uhr, $ 5, Laguna Gloria: Di–So 10–16 Uhr, $ 5.*

Reisepraktische Informationen Austin, TX

VORWAHL 512

Information

Austin Visitor Center: *602 E. Fourth St., ✆ 474-5171, www.austintexas.org/german. Aktuelle Veranstaltungen werden in dem donnerstags kostenlos erscheinenden* **Austin Chronicle** *(www.austinchronicle.com) bekannt gegeben und über die kostenlose Telefonnummer des Visitor Information Center (s.o.).*
Die Tageszeitung heißt **Austin American-Statesman** *(www.statesman.com, Donnerstag mit Veranstaltungsmagazin).*

Krankenhäuser

Brackenridge Hospital: *601 E. 15th St./Red River St., ✆ 324-7000*
St. David's Hospital: *919 E. 32nd St./Red River St., ✆ 476-7111*

Sightseeingtouren

Lone Star Riverboat: *ein- bis zweistündige Flussschifftouren. Abfahrt ab 101 S. First St., unterhalb des Four Season Hotels. Nur zw. März und November. ✆ 327-1388, www.lonestarriverboat.com.*
Mit einer Pferdekutsche durch die Innenstadt: *Horse Drawn Carriage Co., ✆ 243-0044, www.austincarriage.com.*
Austin Walking Tours: *Infos (Reservierungen) zu erläuterten Spaziergängen durch die Innenstadt (Congress Ave.), den Bremond Block Hist. District und anderen interessanten Gebieten in Austin organisiert das o.g. Visitor Center. Infos unter: www.austintexas.org/visit/plan-your-trip/historic-walking-tours.*

Unterkunft

Hostelling International-Austin $: *2200 S. Lakeshore Blvd., ✆ 444-2294, 1-800-725-2331, www.hiusa.org. Hier gibt es auch Doppelzimmer. Südöstlich der Innenstadt, jenseits des I-35 gelegen.*
Austin Motel $$ (3): *1220 S. Congress Ave., South-Austin, ✆ 441-1157, www.austinmotel.com. Kleines, günstiges Motel. Seit Jahrzehnten in Familienbesitz. Die Motelanlage geht auf das Jahr 1938 zurück (Charakter!). Oft ausgebucht!*
La Quinta Inn-Capitol $$ (-$$$) (2): *300 E. 11th St., Innenstadt, ✆ 476-1166, 1-800-687-6667, www.laquintaaustincapitol.com. Motel. Zentral gelegen, sauber, gutes Preis-Leistungsverhältnis.*
Strickland Arms B&B $$$: *604 E. 4th St., 4 Meilen nördl. der Innenstadt, ✆ 454-4426, www.stricklandarmstexas.com. Fünf Zimmer in einem Haus von 1904 im Patterson-Heights Gebiet. Schöner Garten und „Wrap-around-Porch" (Veranda). Der Tipp in Austin.*

Driskill Hotel

Hotel Ella $$$–$$$$ (1): *1900 Rio Grande St., ✆ 495-1800, 1-800-311-1619, http://hotelella.com. Historisches Hotelgebäude (Landmark) von ca. 1900. Antiquitäten, angenehme Aufenthaltsräume, gutes Restaurant und Bar im Hause. Die Zimmer haben besonders schöne Badezimmer und sind modern und geschmackvoll eingerichtet.*
Driskill Hotel $$$$–$$$$$ *(s. Punkt* **5** *der Sehenswürdigkeiten): 604 Brazos St., Innenstadt, ✆ 439-1234, www.driskillhotel.com. Historisches Hotel (1886), das LBJ als Basis für seine Wahlkampfkampagnen diente. Ein Klassiker und Mitglied bei den „Leading Hotels of the World".*
Weitere Hotels und Motels *verschiedener Franchiseketten finden Sie entlang dem I-35 in nördlicher Richtung.*

Camping/RV

Pecan Grove RV Park: *1518 Barton Springs Rd., in der Nähe des Zilker Parks. ✆ 472-1067. Nicht weit von der City. Zelten begrenzt erlaubt.*
Austin Lone Star Carefree RV Resort: *7009 South IH-35, ✆ 1-800-284-0206, www.carefreecommunities.com/rv-parks/texas/austin-lone-star/. Zelten bedingt erlaubt. Auch Holzhütten zu vermieten.*
Es gibt eine Reihe von **Campingplätzen um den Lake Travis** *(20–30 Meilen von der City) und in weiteren Resorts um die Stadt herum. Diese sind in der Regel schöner gelegen, aber ungünstig für abendliche Streifzüge durch die Musikszene.*

Restaurants

Es gibt zahlreiche Restaurants in der Innenstadt, bes. an der E. 6th St. und in der Guadalupe Rd. Meist sind sie leger und einfach gehalten: **Sam's Barbecue (2)** *(2000 E. 12th Street, ✆ 478-0378) serviert leckere BBQ-Gerichte und dazu noch günstig. Die Adresse für Burger in der Stadt ist* **Hut's (1)** *(807 W. 6th St., ✆ 472-0693). Zurzeit stehen 27 verschiedene Burger (auch vegetarische) auf dem Menü.*
Woanders in der Stadt schmeckt es aber auch:
Jeffrey's: *1204 W. Lynn St., Clarksville Hist. District (nordwestl. des Uni-Gebietes), ✆ 477-5584, www.jeffreysofaustin.com. Gemütliches Bistro-Restaurant. Das Angebot besteht aus einer Mischung Südwester- und mittelamerikanischer Gerichte und ist immer wieder mit Überraschungen gespickt. Eine Spezialität des Hauses ist z. B. die „Habanero Honey Aioli", die als Dipp gereicht wird.*
Salt Lick BBQ: *18300 FM 1826, in Driftwood (30 Min. Fahrzeit nach Südwesten), ✆ 858-4959, http://saltlickbbq.com. Eine BBQ-Institution! Hierher fahren die Leute aus der Stadt nur für ein Pulled-Pork-Sandwich hin! Kein Alkoholausschank, aber Sie dürfen Bier mitbringen. Ein Ableger befindet sich in Round Rock, ca. 15 Meilen nördl. von Austin: 3350 E. Palm Valley Blvd., Round House, ✆ 386-1044 (hier Full Bar im Patio).*
Pappadeux: *6319 North I-35, ✆ 452-9363. Einige mögen die Pappa-Kette (Tex-Mex-Gerichte) bereits aus Houston kennen. Auch hier in Austin schmeckt's. Pappadeux ist spezialisiert auf Seafood.*
Die Restaurants in den besseren Hotels, hier in Austin vor allem im **Driskill Hotel** *(s.o., Grill) sowie in der* **Hotel Ella** *(s.o., Franz., Candlelight-Atmosphäre) sind schon sehr gut, aber eben auch teurer. Eher etwas für einen besonderen Tag.*

Pubs/Livemusik

Austin ist die traditionell Stadt der Livemusik. Ein abendlicher Streifzug durch die Musikszene ist ein Muss. Bleibt man nur eine Nacht, sollte man eine der beiden u.g. Gebiete mit mehreren Musikclubs besuchen.

Infos zu Livemusik: www.austintexas.org/travel-trade/international/live-music, www.unlockaustin.com, www.austinlatinomusic.com.

In der Stadt der Livemusik

East 6th Street (zw. Congress St. u. I-35) sowie 4th und 5th Sts.:
Hier ist das Publikum sehr gemischt. Es treffen sich Banker, Punks und Touristen. Eingefleischte Musikfreunde behaupten, der touristische Einfluss hätte bereits einiges kaputt gemacht, aber immer noch finden Sie in den zahlreichen Lokalen hier guten Blues oder Rock (seltener Jazzmusik). Im **Antone's** *(305 E. 5th St., ✆ 814-0361, www.antonesnightclub.com) wird oft Blues gespielt. Woanders in der Innenstadt: Top Modern-Jazz wird nahezu täglich geboten im* **Elephant Room** *(315 Congress Ave., Warehouse District, ✆ 473-2279).* **Lamberts** *(401 W. 2nd St., ✆ 494-1500) ist nicht nur ein beliebtes BBQ-Restaurant, sondern ebenfalls bekannt für die Livemusik (Jazz/Blues) in der Bar im Obergeschoss. Und auch* **Stubb's** *(810 Red River St., ✆ 480-8341) serviert BBQ-Gerichte. Musik wird draußen auf der Bühne gespielt und beliebt ist der Sunday-Gospel-Brunch.* **Threadgill's HQ** *(301 West Riverside Dr., www.threadgills.com) ist ein Ableger des legendären Clubs am N. Lamar Blvd.*

Guadalupe Street (Blocks 2100 bis 2900, teilw. auch nordwestlich davon in der N. Lamar St.):
Nahe der Universität ist dieses die Szene für die Studenten, und die Musik hier entspricht eher den moderneren Geschmäckern. Provokative Gigs, wie sie einst z. B. Janis Joplin im „Threadgill's" geboten hat, sind heute aber eher die Ausnahme. Trotzdem ist das Gebiet immer noch der Treffpunkt für die toleranteren Musikfreunde. Hier kann man auch abends spazieren gehen und in den bis weit in die Nacht geöffneten Shops nach alten Comics, bunten T-Shirts und anderem Klimbim suchen. Empfehlungen: **The Hole in the Wall** *(2538 Guadalupe St., ✆ 477-4747, www.holeinthewallaustin.com). Hard-Rock-Kneipe mit vorwiegend lokalen Bands. Etwas für Fans und Hartgesottene. Das* **Threadgill's Old NO. 1** *(6416 N.Lamar Blvd., ✆ 451-5440) befindet sich in einer ehemaligen Tankstelle. Einst der alternative Schuppen der Stadt. Heute eher Restaurant mit Livemusik (Country/Folk) an einigen Tagen. Im* **Cactus Café** *(Ecke Guadalupe/24th Sts., im Texas Union Bldg., ✆ 475-6515) treten Musiker (aber auch Poeten) auf.*

Tipp: Austin City Limits Music Festival

Jedes Jahr, Anfang Oktober, findet im Zilker Park in Austin eines der meistbeachteten Rock-Musik-Festivals Amerikas statt. Drei Tage lang rocken über 130 Bands auf acht Bühnen (www.aclfestival.com).

Einkaufen

12th Street und Lamar Street: *Gute Geschäfte in punkto Souvenirs.*
2nd Street District in Downtown und entlang South Congress: hippe und funky Geschäfte. Lohnend ist in Austin der Kauf von **CDs**, *solange es sie noch gibt. Das bekannteste Musikgeschäft ist* **Waterloo Records** *(600-A N. Lamar Blvd., www.waterloorecords.com).*

Verkehrsmittel

Flughafen

Austin-Bergstrom Int. Airport: ✆ *530-2242, www.austintexas.gov/airport.*
Anfahrt: *Der Airport liegt etwa 5 Meilen südöstlich der Innenstadt (US 183, TX 71).*
Taxi/Shuttle: *Am Airport stehen immer Taxis und Shuttlebusse der größeren Hotels bereit.* **Super Shuttle**: ✆ *258-3826, ab $ 15.* **Bus**: *Ca. alle halbe Stunde fährt der MetroAirport-Bus zur Innenstadt (So stündlich),* **Taxis** *in die Innenstadt: Ab $ 30. Alle größeren* **Mietwagenfirmen** *haben einen Stützpunkt am Airport.*

Öffentliche Verkehrsmittel/Taxis

Amtrak-Bahnhof: *250 North Lamar Blvd.,* ✆ *476-5684.*
Überlandbus-Terminal: *916 E. Koenig Lane (nördl. der Innenstadt nahe I-35). Greyhound:* ✆ *458-4463.*
Stadtbusse: *Die Stadtbusse gehören zur „Capitol Metro-Company". Es gibt zudem eine MetroRail, die die Innenstadt mit den nördlichen Stadtteilen verbindet.* ✆ *389-7400, www.capmetro.org.*
Taxis: Checker Cab Co.: ✆ *452-9999,* **Yellow Cab:** ✆ *452-9999*

Abstecher an die Küste und in den Süden von Texas

Entfernungen

San Antonio – Corpus Christi: 143 Meilen/230 km
Corpus Christi – Kingsville – South Padre Island: 172 Meilen/277 m
South Padre Island – Laredo: 216 Meilen/348 km
Laredo – Del Rio: 179 Meilen/288 km

Redaktionstipps

- **Übernachten**: Bleiben Sie mindestens drei Nächte an einem Ort, z. B. in Corpus Christi oder dem gemütlicheren Port Aransas und unternehmen Sie von dort Tagesausflüge.
- **Essen**: Wer Austern und Shrimps mag, sollte sich diese Leckereien nicht entgehen lassen. Viele kleinere, unscheinbarere Restaurants im gesamten Gebiet um Corpus Christi bieten gutes Seafood. In Port Aransas sind in den Pubs Austern „der kleine Snack".
- **Die bedeutendsten Sehenswürdigkeiten** sind der Strand der **Mustang Island** (S. 231) und ganz allgemein die zahlreichen Strände entlang der Küste sowie die King Ranch bei Kingsville (S. 232). Das **Texas State Aquarium** (S. 228) und der Flugzeugträger **USS Lexington** (S. 228) sind für **speziell Interessierte** einen Besuch wert.

Überblick

Die ersten Europäer an diesem Küstenabschnitt waren Spanier, die zumeist unbeabsichtigt mit ihren Schiffen von den Stürmen hier angetrieben wurden. Viele von ihnen starben, z.T. vor Erschöpfung, oft aber auch an Wassermangel. Süßwasser findet sich nur tief unten im Boden. Lange Zeit wurde das Gebiet daher vernachlässigt, und außer ein paar verstreuten Indianern (und riesigen Mustangherden) lebte hier keiner. Die Spanier bzw. Mexikaner konnten zu dieser Zeit nur den fruchtbaren Böden des Rio Grande etwas abgewinnen, nicht aber den weiten Ebenen des Küstenhinterlandes. Das änderte sich erst nach dem Amerikanisch-Mexikanischen Krieg Mitte des 19. Jh., als das Land endgültig Texas zugesprochen wurde und unternehmungslustige Siedler begannen, es zu kultivieren und Fischer kleine Häfen entlang der Küste anlegten. Heute überwiegt entlang der Küste der Tourismus: „*In this sunny land of palm trees, blue waters, golden sands, and happy people, Texas' tropical coast is a jewel of endless beaches and sunnie skies.*" Diese Aussage ist natürlich übertrieben, aber was die Strände angeht, stimmt es. Auf den Laguneninseln vor der Küste ist ein Stück Naturland erhalten geblieben, das nicht nur Pelikane und Fischer anlockt, sondern auch sog. *Winter Texans*, denen Florida zu teurer oder zu arrogant ist, und während des *Spring Break* Zigtausende von Collegeschülern. **The Coastal Bend** weist auch in der „kühleren" Jahreszeit angenehme Temperaturen von durchschnittlich über 20 °C

Die Südspitze von Texas

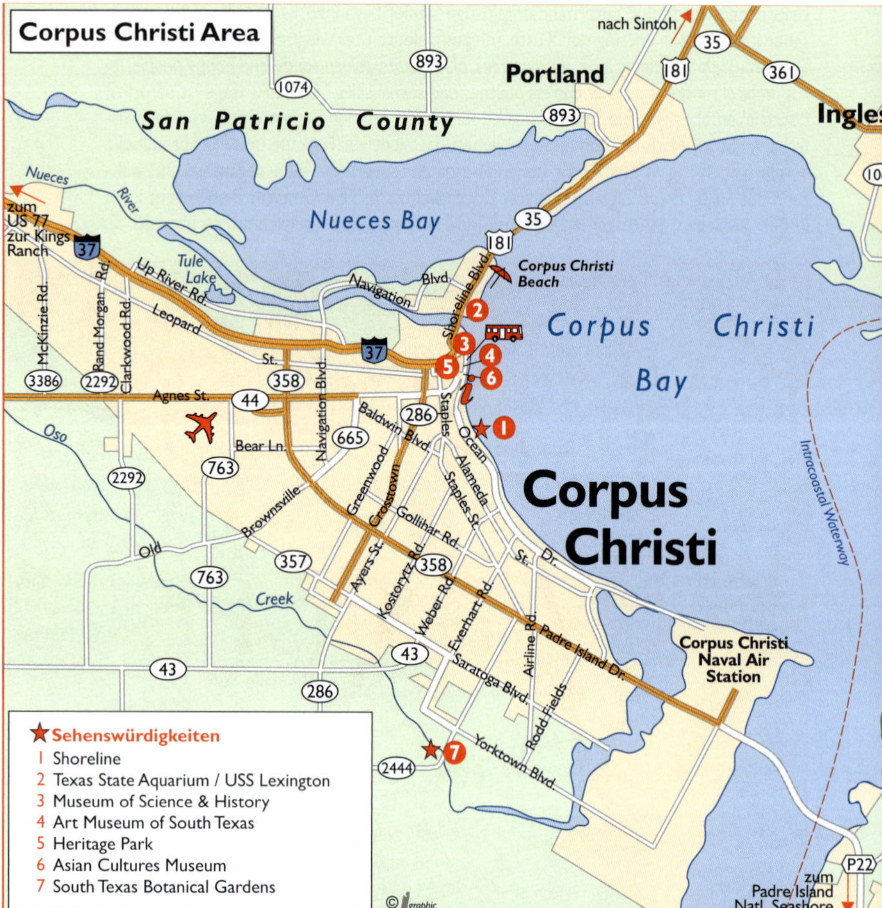

auf. Die Küste hier ist also etwas für wahre Meeresfreunde, die weder Luxus noch perfekte Strandoasen erwarten, sondern einfach Meer, Fischerboote und Natur suchen.

Sehenswertes in der Region

Corpus Christi

An Fronleichnam 1519 wurde die Galeone des spanischen Entdeckers *Alonso Álvarez de Piñeda* von einem Sturm in die Bay von Corpus Christi getrieben. Nach dem Tag seiner Landung benannte er damals den Ort. Erst im Jahre 1839 wurde ein Handelsposten ge-

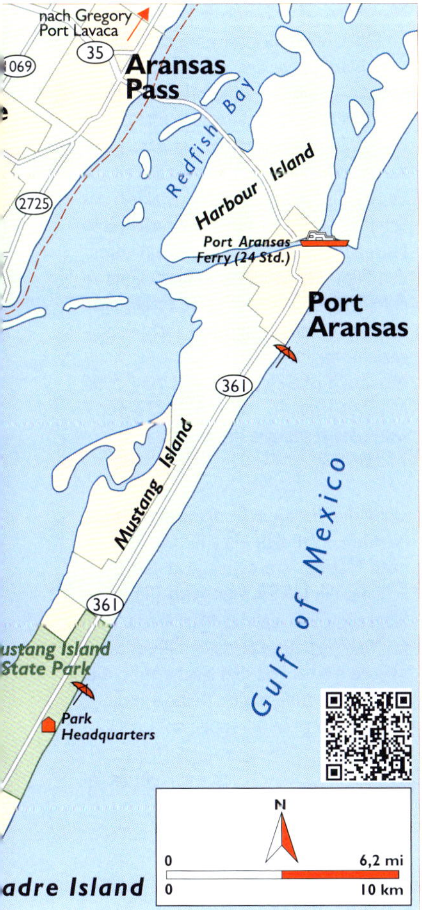

gründet, der eher als Schmuggler- und Piratennest bekannt wurde. Mit dem Einzug der US Army während des Amerikanisch-Mexikanischen Krieges 1846 begann der kleine Ort zu prosperieren. Nach dem Krieg entwickelte er sich zum zentralen Umschlagplatz der umliegenden Farmwirtschaft. 1926 wurde schließlich die Hafenzufahrt ausgebaggert, womit Corpus Christi sich zu einem bedeutenden Hochseehafen entwickeln konnte. Heute ist der Hafen einer der größten der USA. Die Stadt wird aber immer wieder von Hurrikans gebeutelt, die sie zweimal sogar fast zerstört haben (1919 u. 1970). Auch das Auf und Ab der Landwirtschaft gibt wirtschaftliche Probleme auf. Doch mit Hilfe des Tourismus und der Raffinerien, die heute vorwiegend Off-Shore-Öl verarbeiten, kann sich die Stadt mittlerweile gut über Wasser halten, und die Skyline wächst von Jahr zu Jahr.

Von Hurrikans gebeutelt

Einen Besuch in Corpus Christi lohnt vor allem der Bereich zwischen Harbour Bridge und dem L-Head, der südlichen der drei Hafenmolen, die alle wie ein T in die Bay hineinragen. Zum Baden bzw. für einen Bummel durch die Geschäfte eignet sich die Stadt nicht.

Sehenswertes

Uferpromenade

Die **Shoreline (1)** führt, wie der Name bereits verrät, am Wasser entlang. Gehen Sie ruhig auch einmal auf eine der T-Heads, und genießen eine Erfrischung in einem der Restaurants hier. Vom nördlichen People's T-Head gehen regelmäßig Bootsfahrten ab (Sightseeing und auch Angeln). Weiter Richtung Norden erinnern mehrere Pavillons an die Entdeckungsgeschichte dieses Küstenabschnittes. Die Uferpromenade wurde samt ihrer Sitzbänke von dem berühmten Bildhauer *Gutzon Borglum* entworfen, der auch für den Mount Rushmore zeichnet.

Im **Heritage Park (5)** stehen 12, zumeist viktorianische Häusertypen aus dem 19. Jh., die alle in mühsamer Kleinstarbeit, von verschiedenen historischen Organisationen unterstützt, hier wieder aufgebaut wurden. Das Galván House sowie der Rosengarten sind die Höhepunkte.

Heritage Park, *1581 N. Chaparral St., ✆ (361) 826-3417, www.ccparkandrec.com, Di–Do 9–17, Fr 9–14 Uhr (Galván House), frei.*

Columbus Fleet und Harbor Bridge

Museum of Science & History (3)

Im Dock ist ein originalgetreuer Nachbau der „Nina", eines der drei Schiffe, mit denen Kolumbus 1492 das erste Mal Amerika erreichte, zu bewundern (die „Santa Maria" und die „Pinta" mussten aus Kostengründen leider verschrottet werden). Es ist beeindruckend, wie klein das Schiff ist. Im auf Kinder ausgerichteten Museum gibt es zudem einen einführenden Film und eine kleine Ausstellung zu dem Thema. Ansonsten ist es ein typisches auf Naturkunde und Technik ausgerichtetes Museum.

Museum of Science & History, *1900 N. Chaparral St., ✆ (361) 826-4667, www.ccmuseum.com, Di–Sa 10–17, So 12–17 Uhr, $ 9.*

Über die Harbour Bridge geht es nach Norden. Wer sich eher für die modernere Marine interessiert, hat die Möglichkeit, die **USS Lexington (2)**, einen Flugzeugträger der US-Marine aus dem 2. Weltkrieg, zu besichtigen. Dieses Schiff überstand Hunderte von Kriegseinsätzen und wurde einmal von den Japanern bereits als versenkt gemeldet. Auf dem Deck des Trägers steht zudem eine Reihe von Flugzeugen zur Schau. Festes Schuhzeug ist angesagt, da die Gänge und Treppen im Schiff rutschig sind.

USS Lexington, *2914 N. Shoreline Blvd., ✆ (361) 888-4873, www.usslexington.com, tgl. 9–17, im Sommer bis 18 Uhr, $ 15.*

Texas State Aquarium (2)

Dieses Aquarium bietet einen guten Überblick über die Meeresfauna des Golfs von Mexiko. Das größte Aquariumbecken fasst über 500.000 l. Wasser.

Texas State Aquarium, *2710 N. Shoreline Blvd., ✆ (361) 881-1200, www.texasstateaquarium.org, tgl. 9–18 Uhr, $ 24 (online Mo–Fr $ 21).*

Weitere erwähnenswerte Punkte in Corpus Christi sind:

Art Museum of South Texas (4) *(1902 North Shorline, ✆ (361) 825-3500, www.artmuseumofsouthtexas.org, Di–Sa 10–17, So 13–17 Uhr, $ 8)* mit ständig wechselnden Kunstausstellungen;

Asian Cultures Museum (6) *(1809 N. Chaparral St., ✆ (361) 881-8827, www.asianculturesmuseum.org, Di–Sa 10–16/17 Uhr, $ 6)* mit Ausstellungen zu den Ländern Japan, Philippinen, Indien, Korea und China;

South Texas Botanical Garden (7) *(8545 S. Stapels St., südl. der Stadt, ✆ (361) 852-2100, www.stxbot.org, tgl. 9–18 Uhr, $ 8)*, hier sind Küsten- und Küstenhinterland-Pflanzen zu bewundern.

Reisepraktische Informationen Corpus Christi, TX

VORWAHL 361

Information

Visitor Information Center: *1590 N. Shoreline Blvd., ✆ 561-2000, 1-800-766-2322, www.visitcorpuschristitx.org.*

Unterkunft

Es gibt eine Reihe von Hotels an der City-Shoreline, so. z. B.:

Bayfront Inn $$: *601 N. Shoreline Blvd., ✆ 883-7271, 1-800-456-2293. Blick aufs Wasser, aber aus „zweiter Reihe". Daher etwas günstiger.*

Holiday Inn Corpus Christi $$–$$$: *707 N. Shoreline Blvd., ✆ 882-1700, 1-800-181-6068, www.ihg.com/holidayinn. Relativ modernes Hotel mit vielen Zimmern mit Blick aufs Wasser. Indoor-/Outdoor-Pool.*

Omni Corpus Christi Hotel $$$–$$$$: *900 N. Shoreline Blvd., ✆ 887-1600, www omnihotels.com/hotels/corpus-christi. Das wohl beste der modernen Hotels an der Shoreline. Gut ausgestattet: Restaurants, Pool, Fitnesscenter. Gehobene Mittelklasse.*

Entlang dem südlichen Shoreline Blvd. gibt es eine Reihe von **Apartmentwohnungen (Condominiums)**. *Die am günstigsten zum Strand gelegenen befinden sich alle auf der North Padre Island. Condos sind nicht günstiger, aber geräumiger als Hotelzimmer. Mindestaufenthalt in einem Condo sind in der Regel 2 oder 3 Tage. Infos und Buchungsmöglichkeiten beim Visitor Center.*

Camping/RV

Mustang Hollow Campground: *CR 371, nördl. von Mathis, ✆ 547-5201. I-37, Exit 40 in nördl. Richtung od. Exit 47 in südlicher Richtung. Hier kann man auch einfache Hütten mieten. Gut ausgestattet ist der* **Colonia Del Ray RV Park** *(1717 Waldron Rd., Corpus Christi, ✆ 937-2435, www.ccrvresorts.com. Hier kein Zelten möglich.*

Es gibt noch eine Reihe weiterer Plätze in der Region, wobei die wenigsten Zeltgelegenheiten anbieten.

Restaurants

Für Austernfans ist Corpus Christi ein Paradies. In fast jeder kleinen Bar gibt es sie als Imbiss!

Joe's Crab Shack: *444 N. Shoreline, ✆ 904-0227. Gutes Seafood mit Blick aufs Meer. Ein weiteres Restaurant der Kette ist am 5025 S. Padre Island Dr., ✆ 980-0023.*

Water Street Oyster Bar: *309 N. Water St., ✆ 881-9448. Nicht ganz so teuer, aber ebenfalls gutes Seafood.*

Republic of Texas: *707 N. Shoreline, im Omni Corpus Christi, ✆ 886-3515. Erstklassige Steaks. Oberste Etage im Hotel und damit tolle Aussicht auf Stadt und Meer.*

Rockport und Fulton

Weiter geht es entlang dem I-35 in nördlicher Richtung. Als erstes passieren Sie den weniger schönen Ort **Aransas Pass**, der hauptsächlich als Industriestandort dient. „Pass" in dieser Region bedeutet übrigens nicht Bergkamm, sondern Durchfahrt (bzw. Was-

Frische Austern und Krabben

serdurchlauf) zwischen zwei Inseln. 13 Meilen nördlich erreichen Sie schließlich die zusammengewachsenen Fischerorte, heute nur noch als Rockport-Fulton bekannt. Falls gerade ein Fischer einläuft, fragen Sie nach frischen Austern oder Krabben. Meistens überlässt Ihnen der Fischer welche für einen günstigen Preis. Wenn das nicht klappen sollte, haben Sie in den vielen kleinen Hütten und Minirestaurants in Hafennähe („Baites" genannt) Gelegenheit zum Kauf.

Das idyllische und ruhige Leben in und um Rockport hat viele Künstler angelockt, und diese bieten ihre Werke in einigen kleinen, z.T. kaum auffindbaren Galerien an. Zudem gibt es das kleine **Rockport Center for the Arts**, wo wechselnde Ausstellungen dargeboten werden. Das **Texas Maritime Museum**, auch am Hafen, bietet einiges zur maritimen Geschichte von Texas.
Center for the Arts, *902 Navigation Circle, ✆ (361) 729-5519, www.rockportartcenter.com, Di–Sa 10–16, So 13–16 Uhr, frei.*
Maritime Museum, *1202 Navigation Circle, ✆ 1-866-729-2469, www.texasmaritimemuseum.org, Di–Sa 10–16, So 13–16 Uhr, $ 8.*

Als Hauptattraktion gilt in dem Ort die **Fulton Mansion**, eine vornehme Villa mit französischem Touch, die der Rinderbaron *George Fulton* 1872–76 hier errichten ließ. Beeindruckend sind die Möbel sowie das historische Ambiente mit Luxus und dem Blick aufs Meer.
Fulton Mansion, *317 South Fulton Beach Rd., ✆ (361) 729-0386, www.visitfultonmansion.com, Di–Sa 10–16, So 13–16 Uhr, Touren beginnen zur vollen Stunde, $ 6.*

Badefreuden können Sie im **Rockport Beach Park** nachgehen. Eine ausgeschilderte Straße führt gleich nördlich vom Hafen zu der entsprechenden Halbinsel.

Paradies für Vogelkundler

Eine Autostunde nördlich von Rockport befindet sich auf einer Halbinsel das **Aransas National Wildlife Refuge**. Es heißt, dass man nirgendwo die Vogelwelt der Küste besser beobachten kann, und nirgendwo sonst treffen so viele Vogelarten vom Binnenland auf Seevögel der subtropischen Küstenregionen und auf Vögel der Süß- und Brackwassergebiete und Lagunen. Kraniche, braune Pelikane, Präriehühner, verschiedene Adlergattungen und viele mehr gibt es hier zu bewundern. Falls Sie sich entscheiden, hierher zu fahren, sollten Sie einen vollen Tag einplanen und unbedingt an ein Fernglas denken. Die beste Zeit zum Beobachten von Vögeln ist zwischen November und April, wenn die Zugvögel sich hier niederlassen und überwintern.
National Wildlife Refuge, *1 Wildlife Circle, Austwel, ✆ (361) 286-3559, www.fws.gov/refuge/Aransas, VC Mitte Okt.–Mitte April tgl. 9–16, Rest des Jahres Mi–So 6–16 Uhr, Rundfahrt ½ Std. vor Sonnenauf- bis ½ Std. nach -untergang. Bootstouren bieten private Anbieter an (z. B. www.whoopingcranetour.com).*

Von Rockport-Fulton geht es zurück nach Aransas Pass und Richtung Küste (Port Aransas). Bevor man Port Aransas auf Mustang Island erreicht, muss man mit einer Fähre (24-Std.-Dienst) übersetzen, die im Sommer, besonders während des Feierabendverkehrs, längere Wartezeiten erfordern kann.

Reisepraktische Informationen Rockport, TX

VORWAHL 361

Information

Chamber of Commerce: *319 Broadway, ✆ 729-6445, www.rockport-fulton.org.*

Unterkunft

Es gibt verschiedene einfache Hotels, Cottages und Condos an der Strandstraße zwischen beiden Ortsteilen und inmitten des Ortsteils Rockport, so z. B. die **Econo Lodge Inn & Suites $$** *(3902 Hwy. 35 North, ✆ 729-8351, www.rockporteconolodge.com, 72 Zimmer, Pool, Waschautomat), das bessere* **Hampton Inn & Suites $$–$$$** *(3677 Hwy. 35 North, ✆ 727-2228, www.hamptonrockport.com) sowie das* **Key Allegro Condos & Home/Real Estate Co. Rentals $$$–$$$$** *(1798 Bay Shore Dr., ✆ 729-3691, 1-800-348-1627, www.keyallegro.com), das zwischen beiden Ortsteilen an der Uferstraße liegt: von komfortabel eingerichteten Appartements bis hin zu teilweise sehr stilvollen Strandhäusern mit bis zu sechs Zimmern. Oft Mindestaufenthalt!*

Port Aransas

Bis in die 1950er Jahre hinein war es schwierig, das Fischerdorf Port Aransas überhaupt zu erreichen. Keine Brücke verband Mustang Island mit dem Festland. Man musste damals sogar mit einem Zug von Aransas Pass bis an den Fähranleger fahren, da es keine Straße dorthin gab. 1954 änderte sich das, als der Hwy. 361 von Süden gebaut wurde. Der kleine Ort war nun für die Städter relativ gut erreichbar. Trotzdem hat er bis heute seinen ruhigen und verschlafenen Charakter beibehalten. Die Strände von Mustang Island sind mit Sicherheit die schönsten der Region, und wenn Sie vom Ort aus etwas nach Süden gehen, wird es immer leerer. Nicht nur das Baden lohnt sich, sondern auch das Spazierengehen. Falls Sie in die Dünen wandern wollen, sind lange Hosen und feste Schuhe dringend notwendig, da das Gras sehr hoch und hart ist.

Im Ort selber gibt es keine besonderen Sehenswürdigkeiten, sieht man einmal von dem Treiben im Fischereihafen ab. Den Reiz macht hier die (In-)Aktivität seiner Bewohner und Besucher aus. Schlafen und Surfen, Fischen und Faulenzen heißt die Devise, und abends dann noch auf ein Bier und ein paar Krabben in eine Beach- oder Hafenkneipe.

Tipp für Port Aransas und South Padre Island

Vermeiden Sie es, Ende März/Anfang April hierher zu kommen. Dann sind nämlich die „Spring Breaks" in den Colleges und Zigtausende (!) von Jugendlichen bevölkern Strände und Lokale entlang der Küste von Süd-Texas, und das Motto der Jahreszeit heißt dann: „Wer hat das neueste Surf- bzw. Kiteboard und wer feiert die längsten Nächte". Selbst die Einheimischen verlassen dann ihren Ort und machen „Urlaub vom Urlaub".

Wenige Meilen südlich von Port Aransas befindet sich der **Mustang Island State Park** *(http://tpwd.texas.gov/state-parks/mustang-island, tgl. geöffnet)*, der sich gut eignet für Wanderungen durch die Dünen und am Strand entlang sowie auch zur Vogelbeobachtung.

Fürs Beachcamping sind die 2 km südlich der sogenannten *Day-use-Area* freigegeben. Alle 300 m gibt es sanitäre Einrichtungen. Ein Erlebnis ist hier das Strandreiten auf Mustangs, das von privater Hand organisiert wird. Früher, als auf der Insel nur die Karankawa-Indianer gelebt haben, gab es unzählige Mustangherden auf den Laguneninseln. Von ihnen ist heute leider keine Spur mehr.

Über den Hwy. 361 in südlicher Richtung und über die Brücke bzw. über den Hwy. 358 geht es zurück nach Corpus Christi und dann weiter nach Kingsville.

Reisepraktische Informationen Port Aransas, TX

VORWAHL 361

Information

Tourist & Convention Bureau: *403 W. Cotter Ave., ✆ 749-5919, www.portaransas.org.*

Unterkunft

Es gibt zahlreiche kleine Motels, aber auch Condos und Cottages. Letztere können Sie oft nur wochenweise mieten. Das **Tarpon Inn $$–$$$** *(200 E. Cotter Ave., ✆ 749-5555, www.thetarponinn.com) ist ein historisches Hotel (ca. 1900) aus Holz, in dem bereits F.D. Roosevelt nächtigte. Es gibt ein gutes* **Fischrestaurant** *im Hause. Die 27 Häuschen des* **Blue Palm Inn $$** *(603 E. Avenue G, ✆ 749-6360, http://bluepalminn.com) haben alle eine Küche. Einfach, aber voll eingerichtet. Einen Block vom Strand entfernt.*

Schauen Sie einmal in eine Fischbude rein

Restaurants

Lohnend ist es, sich an der **Cotter Avenue** *und deren Nebenstraßen umzuschauen. Besonders am Hafen findet sich alles von der Fischbude bis hin zur Seafoodbar mit Blick auf die Fischerboote und Yachten.*

King Ranch und Kingsville

Stellen Sie sich einmal vor, Sie fliegen mit einem Privatflugzeug um Ihr Anwesen und benötigen dafür zwei Stunden. Und um die über 3.000 km langen Zäune zu kontrollieren, benötigen Sie 17 Stunden. Die King Ranch ist heute die größte private Ranch der Welt und umfasst etwa 340.000 ha eigenes Land und dazu 160.000 ha weiteres Pachtland. Das sind 5.000 km² (ein Gutshof in Norddeutschland umfasst ca. 5 km²).

Gegründet wurde die Ranch 1853 von Captain *Richard King*, einem Flussdampferkapitän auf dem Rio Grande, der während des Amerikanisch-Mexikanischen Krieges ein Vermögen machte und dieses schließlich in Form von Immobilien anlegte. Zusammen mit seinem Schwiegersohn *Robert J. Kleberg* baute er in nur wenigen Jahrzehnten auf dem zu jener Zeit als unwirtlich eingestuften Land eine für damalige Verhältnisse hochmoderne Ranch auf, mit Rinder- und Pferdezüchtungen, die Weltruf erlangten, und allen dazu nötigen Infrastrukturen. Das Farmstraßennetz misst 500 Meilen und 60.000 Rinder werden hier gehalten. Sogar die Sättel wurden selbst hergestellt, und heute kann man in Kingsville im rancheigenen **King Ranch Saddle Shop** *(201 East Kleberg/ Ecke 6th Sts., Mo–Sa 10–18 Uhr)* handgefertigte Sättel erstehen – auch auf Bestellung.

Moderne Ranch

Auf der Farm werden 1,5-stündige Touren angeboten *(ab dem u.g. Visitor Center, Mo–Sa 11 und 13, So 12.30 und 14.30 Uhr, Daily Ranch Tour $ 20 + tax)*. Selbst fahren ist nicht gestattet. Dabei sieht man Pferde- und Rinderstallungen, den Auktionsring, verschiedene Ranchgebäude und viel Land. Interessant ist auch das **King Ranch Museum** *(Kingsville; Ecke 405 North 6th/Lee Sts., ✆ (361) 595-1881, Mo–Sa 10–16, So 13–17 Uhr)*. Hier wird vor allem die Geschichte der Ranch während des 20. Jh. anhand von Fotos und einigen Ausstellungsstücken dokumentiert.
King Ranch Visitor Center, *Santa Gertrudis/Hwy. 141 West, ✆ (361) 592-8055, www.king-ranch.com, Mo–Sa 10–16, So 12–17 Uhr.*

Auf dem Weg nach Laredo gibt es nichts Besonderes zu sehen, sieht man einmal ab von endlosen Weiten und halbverlassenen Ortschaften, die mittlerweile eher Ghost Towns ähneln. Dieser Verfall erklärt sich durch zwei Dinge: Zum einen erfordert die mechanisierte Landwirtschaft nicht mehr so viele Arbeitskräfte, zum anderen versiegen die ohnehin kleinen Erdölfelder zusehends.

Reisepraktische Informationen Kingsville, TX

VORWAHL 361

Information
Kingsville CVB, *1501 North US 77, ✆ 592 8516, www.kingsvilletexas.com.*

Unterkunft
Best Western Kingsville Inn $$: *2402 East King Ave., ✆ 595-5656, http://book.bestwestern.com/bestwestern. Typisches Motel. Im Umfeld gibt es weitere Ketten-Hotels.*

Laredo

Laredo ist eine typische Border Town und lebt vornehmlich vom Grenzverkehr. An keinem Grenzübergang zwischen Mexiko und den USA werden so viele Waren ausgetauscht. Dies macht sich bereits in den Vororten durch die vielen Schrotthändler bemerkbar, die Ersatzteile und alte Autos an Mexikaner verkaufen. Aber auch der Drogenhandel wird zunehmend zum Problem, sodass man auf den Highways der Umgebung mit Kontrollen durch die US-amerikanische Grenzpolizei rechnen muss.

Bordertown

Die Innenstadt ist ein einziger großer Basar. Man muss sich schon durch diese bunten Geschäftsstraßen kämpfen, um überhaupt den (wenig interessanten) **Villa de San Agus-**

tin Historical District zu finden. Ein Tipp: Schauen Sie nach dem hohen, weißen Kirchturm der **San Agustin Church**, die an der zentralen Plaza steht. Hier finden Sie auch das kleine **Republic of the Rio Grande Building & Museum** *(1005 Zaragoza St., ✆ (956) 727-3480, www.webbheritage.org, Di–Sa 9–16 Uhr, $ 2)*, in dem die wechselhafte Geschichte der Stadt dokumentiert wird. Zudem gibt es das **Villa Antigua Border Heritage Museum** *(810 Zaragoza St., Di–Sa 9–16 Uhr, $ 2)*, das in einem restaurierten Haus untergebracht ist und sich mit lokaler Kultur befasst.

Mexikanisch geprägt

Als Scheidepunkt zwischen spanisch-mexikanischen und anglo-amerikanischen Interessen hat Laredo nicht „nur" unter sechs Flaggen gestanden wie der Rest von Texas, sondern sogar unter sieben. Denn als Amerikaner und Mexikaner 1840 noch im Clinch standen, wo denn nun die Grenze verlaufen sollte, setzte sich der Distrikt von Laredo mit zwei anderen ab und gründete einen eigenen Staat. Das hielt nur wenige Jahre, und nach dem Krieg mussten sich die Einwohner entscheiden, zu welchem Staat sie gehören wollten. Die sich für Mexiko entschieden, siedelten auf der anderen Seite des Rio Grande und gründeten dort die Stadt Nuevo Laredo. Das amerikanische Laredo wirkt heute aber auch eher mexikanisch, und der Hispano-Anteil beträgt über 90 %.

Besondere Restaurants kann man eigentlich nicht empfehlen, doch wer echte mexikanische Küche liebt, hat selbst in den einfachsten Fastfood-Buden von Laredo Gelegenheit, einen typischen und guten Taco zu bekommen. Aber Achtung! Die Mexikaner würzen scharf.

Reisepraktische Informationen Laredo, TX

Information

Laredo Chamber of Commerce: *2310 San Bernardo St., ✆ (956) 722-9895, www.laredochamber.com.*

Unterkunft

La Posada $$–$$$$: *1000 Zaragoza St., ✆ (956) 722-1701, 1-800-444-2099, www.laposada.com. Historisches Hotel (1916, Hazienda-Stil) im alten Stadtkern. Mexikanischer Charakter. Die angeschlossene* **Tack Room**-*Bar verspricht saftige Steaks, gekühltes Bier und ausgezeichnete Weine sowie Margarita-Kreationen.*

Von San Antonio nach El Paso

Entfernungen

San Antonio – Del Rio: 158 Meilen/254 km
Del Rio – Big Bend NP (Visitor Center): 253 Meilen/407 km
Big Bend NP – Guadalupe Mts. NP: 265 Meilen/427 km
Guadalupe Mts. NP – Carlsbad Caverns NP: 44 Meilen/71 km
Guadalupe Mts. NP – El Paso: 120 Meilen/193 km

Routenempfehlung

***Schnelle Variante**: Dem I-10 folgen ohne die hier angeführten Sehenswürdigkeiten (insg. 550 Meilen bis El Paso). Es empfiehlt sich in **Sonora** ein Zwischenstopp an dem schönen Höhlensystem der **Caverns of Sonora** (Exit 392 westlich von Sonora, dann 7 Meilen nach Süden auf der RM 1989, ✆ (325) 387-3105, www.cavernsofsonora.com, tgl. 9–17, März-Sept. 8–18 Uhr).*

***5-6 Tage**: Von San Antonio bis Marathon US 90. Zum Big Bend NP nach Süden auf dem US 385. Auf der westlichen Parkseite nach Norden auf dem Hwy. 118, vorbei an Alpine, bei Kent auf den I-10. Entweder diesem nach Westen folgen bis El Paso, oder nach 37 Meilen wieder abzweigen nach Norden auf den Hwy. 54 und dann weiter auf dem US 180, der zum Guadalupe Mts. NP und zum Carlsbad Caverns NP führt. Von hier nach El Paso zurück auf dem US 180. Alternativ: Vom Big Bend NP entlang dem Rio Grande fahren (Hwy. 170) bis Presidio und von dort auf dem US 67 bis Marfa.*

***Alternative**: Unter Auslassung von El Paso von Carlsbad nach Norden fahren (US 285) und dann auf dem US 82 nach Westen bis Alamogordo.*

Überblick

Die beschriebene Strecke führt durchs südlichste Texas. Fast möchte man sagen durch „Texmex", denn der starke mexikanische Einfluss ist hier deutlich zu spüren. Viele Orte haben einen Hispano-Anteil von über 90 %. Das macht sich natürlich im Baustil und vor allem an der (scharfen!) Küche bemerkbar. Wirtschaftlich lebt der Süden von der Rinderhaltung und besonders vom **Grenzhandel** mit Mexiko. Eine ganze Händlerschar (und auch Familien, die ihr Einkommen damit aufbessern) lebt davon, über die Grenze nach Norden zu fahren, um dort ihre Pickups voll zu laden und mit durchhängender Achse wieder gen Süden zu ziehen.

Landschaftlich ist der erste Abschnitt dieser Strecke eher langweilig, und die tristen, baumarmen Weiten werden nur selten unterbrochen, so wie z. B. vom Amistad-Staudamm. Den Rio Grande bekommt man nur zu sehen, wenn man auf Seitenstraßen ausweicht. Erst die Berge und die Flusswelt im **Big Bend National Park** bieten das erste Highlight. Nicht nur Wanderungen, sondern auch Ausritte, Mountainbike-Touren und besonders Schlauchbootfahrten auf dem Rio Grande sind ein Erlebnis und stimmen ein auf die bevorstehenden Naturschönheiten des Südwestens.

Tolle Landschaft am Guadalupe NP

Ein Vorteil des Big Bend NP, und das gilt noch mehr für den Guadalupe NP: Beide sind nicht so überlaufen wie die Parks weiter westlich und bieten vor allem Naturfreunden und Wandersleuten echte Naturerlebnisse. Dabei müssen Sie aber häufig auf bequeme Unterkünfte verzichten (im Guadalupe NP gibt es gar keine). Außerdem sollten Sie die Hitze nicht unterschätzen, die Wanderungen im Sommer sehr anstrengend machen kann.

Der **Carlsbad Caverns National Park** ist ein Naturwunder für sich. Verpassen Sie diese Wunderwelt der Höhlen auf keinen Fall, auch wenn es einen eintägigen Umweg bedeutet. Historisch wird in diesem Reiseabschnitt von Seiten der Touristenbüros einiges hochgespielt. Es sind eher die vielen Legenden als das heute wirklich Sichtbare an Gebäuden, was die Wildwest-Romantik des südlichen Texas am Leben erhält. Die Museen haben meist nur lokalen Charakter, und die „Architektur des Wilden Westens" kann man viel besser in Colorado bewundern.

Sehenswertes

Ehemalige Grenzfestung

Der erste interessante Ort auf der Strecke ist **Bracketville**. Die alte Grenzfestung, das 1852 erbaute **Fort Clark Spring** *(US 90, ✆ (830) 563-2493, www.fortclark.com)*, bietet nicht nur ein kleines Museum *(Sa u. So 13–16 Uhr)* und alte Gebäude zur Ansicht, sondern auch das **Fort Clark Springs Motel** (s. S. 240) mit Golfplatz sowie RV- und Campingeinrichtungen.

Sechs Meilen nördlich am FM 674 steht das **Alamo Village**, das von 1957–59 von nicht weniger als 5.000 Mann erbaut wurde, um als Kulisse für unzählige Western zu dienen. Seit Jahren aber ist das Village geschlossen, und ebenso lange hält sich das Gerücht, dass eines Tages wieder öffnen soll.

Del Río und die Amistad National Recreational Area

Del Río selbst ist eine weitere Grenzstadt ohne besondere touristische Höhepunkte, sieht man einmal ab von der 1883 von italienischen Einwanderern gegründeten **Val Verde Winery** und dem **Whitehead Memorial Museum**, das sich vornehmlich mit der regionalen Geschichte beschäftigt und dessen interessanteste Abteilung die über die Black Seminoles ist (s. Info-Kasten S. 239).
Val Verde Winery, *100 Qualia Dr., ✆ (830) 775-9714, www.valverdewinery.com, Di–Sa 10–18, So 13–17 Uhr.*

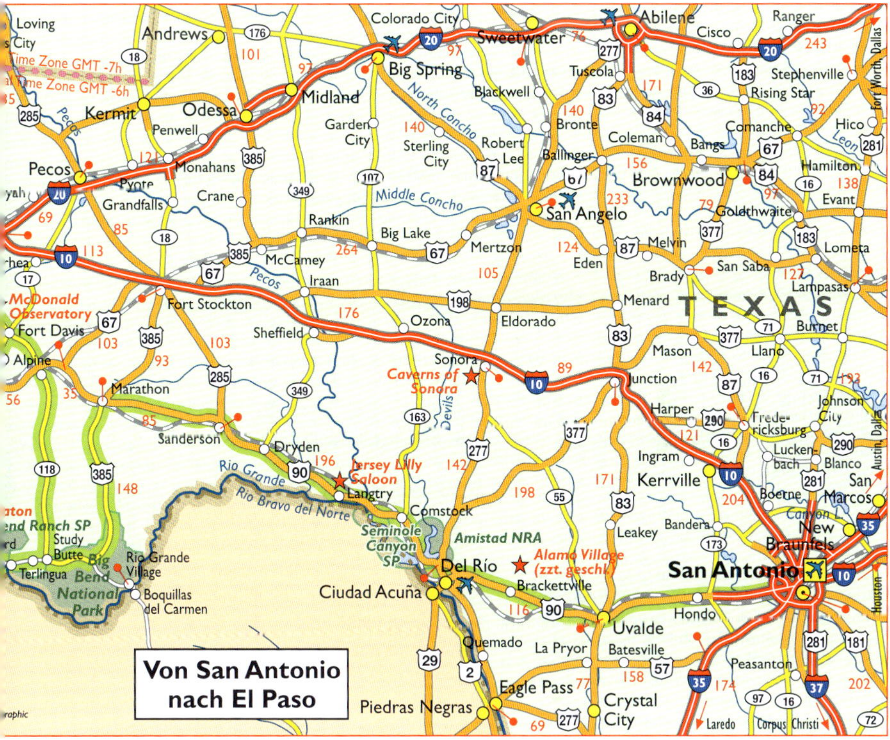

Whitehead Memorial Museum, *1308 S. Main St., ✆ (830) 774-7568, www.whiteheadmuseum.org, Di–Sa 9–18, So 13–17 Uhr, $ 5.*

Wirtschaftlich lebt Del Río ebenfalls vom Grenzverkehr und dem nahe gelegenen Amistad Dam, dessen touristische Einrichtungen wie z. B. Campingplätze, Angelstellen und Bootsverleihe einige Touristen in die Stadt bringen. Der Stausee, den die **Amistad National Recreational Area** umgibt, wurde zur Wassergewinnung und als Überflutungskontrolle angelegt, ferner gibt es am Hauptdamm noch ein kleines Elektrizitätswerk. Ein Drittel der 1.300 km langen Uferlinie liegt auf mexikanischer Seite (*Amistad* bedeutet Freundschaft auf Spanisch). Der Stausee ist umgeben von einer baumlosen und damit recht kargen Landschaft, in der es im Sommer drückend heiß wird.

Wanderung in sengender Hitze

Wer sich näher mit Indianerzeichnungen beschäftigen möchte, von denen es so einige im und um den Park gibt (besonders am Río Pecos und im **Seminole Canyon State Park** gut 40 Meilen westl. von Del Río), der muss in Kauf nehmen, ein paar Stunden in sengender Hitze zu wandern (Kopfbedeckung nicht vergessen). Im Seminole Canyon State Park, dessen Visitor Center nur eine Meile vom US 90 entfernt liegt, werden von Rangern geführte, z.T. sehr anstrengende Touren angeboten. Alleine darf man nicht loslaufen. Im Sommer gibt es 3–4 Touren täglich, während des restlichen Jahres nur zwei.

Was den Canyon betrifft, genügt eigentlich der Blick von oben herab (am Visitor Center).
Infos *über den Beginn der Touren beim Visitor Center (tgl. 8–16.45 Uhr), ✆ (432) 292-4464, http://tpwd.texas.gov/state-parks/seminole-canyon, Reservierungen fürs Campen: ✆ (512) 389-8900, $ 3.*

Langtry, ein heute fast verlassenes Nest, bietet eine Sehenswürdigkeit, die, typisch texanisch, ziemlich hochstilisiert wird: den **„Jersey Lilly Saloon"**, in dem der bekannte Richter *Roy Bean* während des ausgehenden 19. Jh., hemdsärmelig und trotzdem mit menschlichem Gespür, das „Law west of the Pecos" ausgesprochen und durchgesetzt hat. *Bean*, in Jugendjahren eher ein Outlaw und Haudegen, benannte den Saloon nach einer berühmten englischen Schauspielerin, die er bewunderte, aber selbst nie kennen lernen durfte. Seine Richtersprüche endeten oft so, dass eine Lokalrunde für alle Beteiligten dabei heraussprang.

Größtes Aufsehen (und auch Begeisterung) erregte der Richter 1896 mit einem Streich, den er den amerikanischen und mexikanischen Behörden spielte: Er organisierte einen professionellen Boxkampf (zu dieser Zeit in beiden Staaten verboten) auf einer Insel im Río Grande, die Niemandsland war. Dass der Kampf selbst nur zwei Minuten dauerte und auch sein Ausgang war dabei Nebensache. Heute kann man hinter dem Visitor Center der gesamten Judge-Roy-Bean-Museumsanlage *(www.texasoutside.com/roybeanp2.htm, tgl. 8–17 Uhr, frei)* besagten Saloon bewundern, dazu einen alten Ölförderturm und den mit Kakteen besetzten Garten. Nicht weit von hier wurde im Jahre 1955 ein UFO-Crash gemeldet …
In Langtry gibt es kein Hotel.

Weiter auf dem US 90 geht es nun durch eine weite und ziemlich öde Buschlandschaft. Die Farmerei hier wird z.T. nur noch von „Stellvertretern" oder „Pächtern" betrieben. Die eigentlichen Landbesitzer wohnen häufig in der Großstadt. Der Eindruck, im nächsten Moment würden Indianer angreifen, lässt einen nie ganz los, so trist und urtümlich wirkt alles.

Redaktionstipps

- **Übernachten**: Unbedingt das Hotel **vorher reservieren**. Es gibt in manchen Gegenden (z. B. Marathon) nur wenige Hotels und die sind oft ausgebucht. Tipps: die historischen Hotels: **Gage Hotel** (Marathon, S. 240), **Holland Hotel** (Alpine, S. 251) sowie das **Hotel Paisano** (Marfa, S. 251). Im Big Bend NP bietet die **Chisos Mountain Lodge** die beste Ausgangsbasis (S. 249).
- **Essen**: Unbedingt die Gelegenheit wahrnehmen, echte mexikanische Küche auszuprobieren.
- **Museen und bedeutendste Sehenswürdigkeiten**: das **Whitehead Memorial Museum** in Del Río (S. 236), das sich auf anschauliche Weise mit der regionalen Geschichte beschäftigt; **Judge Roy Bean Museum** und **Jersey Lilly Saloon** in Langtry (eine echte Wild-West-Erfahrung (S. 238); das naturwissenschaftlich orientierte **Lajitas Desert Garden Museum/Barton Warnock Center** (S. 251); das **Ft. Davis NHS**, eine Fortanlage aus den Zeiten der Indianerkämpfe (S. 253), und schließlich, für Interessierte, die **Sternwarte des „McDonald Observatory"** (S. 254) nördlich von Ft. Davis. Zu diesen Punkten gesellen sich die **drei Nationalparks** als absolute Highlights.
- Der **Big Bend NP** (S. 241) eignet sich am besten für geruhsame und landschaftlich reizvolle Ausblicke. Der **Carlsbad Caverns NP** (S. 260) wartet mit einer faszinierenden und einzigartigen Höhlenwelt auf. Der Besuch des **Guadalupe Mountains NP** macht nur Sinn, wenn Sie die Natur auch nachts erleben möchten (keine Übernachtungsmöglichkeiten – nur Zelten), gerne wandern und mindestens einen vollen Tag dort einplanen (S. 255).
- **Zeiteinteilung: 5 Tage:** Am ersten Tag bis Marathon fahren. Die folgenden 2 Tage den Big Bend NP erkunden (1 Übernachtung) und noch bis Marfa fahren. Am dritten Tag Ft. Davis, das McDonald Observatory und bis Carlsbad fahren. Am vierten Tag Carlsbad Caverns NP. Am fünften Tag nach El Paso fahren.

info

Die „Black Seminols“

Vier Meilen südlich von Bracketville an der FM 3348 liegt der **Seminole Indian Scout Cemetery**. Die Seminolen haben einen ganz außergewöhnlichen Platz in der amerikanischen Geschichte eingenommen: Zu Beginn des 19. Jh. flohen Sklaven aus Georgia und South Carolina nach Florida, wo sie von den Seminolen-Indianern aufgenommen wurden und sich mit ihnen vermischten. Später kämpften sie verbittert gegen die US-Truppen, die bereits zu dieser Zeit ihren Mut und Kampfeswillen zu spüren bekamen. Nachdem die Black Seminols schließlich unterlagen, wurden sie in Reservate nach Oklahoma gesandt, wo sie es aber nicht lange aushielten und über die Grenze nach Mexiko entwischten. Die Mexikaner machten sich ihre Kampferfahrung zunutze und boten ihnen „Asyl“ an, wenn sie dafür gegen die Comanchen und Apachen angingen, die laufend südlich der Grenze plünderten.

Letzte Ruhestätte eines Black Seminol Scout

Während des Amerikanischen Bürgerkriegs kämpfte eine Einheit der Seminolen, die „Seminole-Negro Indian Scouts“, unter amerikanischer Flagge. Auch hier wurden sie vorwiegend gegen die Indianer eingesetzt, die sie während des Krieges und auch danach in nicht weniger als 26 Kämpfen immer besiegten. Vier der Kämpfer, deren Gräber auf dem Friedhof eingezäunt sind, erhielten sogar Ehrenmedaillen („Medal of Honor“) für ihre Tapferkeit. Selbst im 1. Weltkrieg wurden viele von ihnen eingesetzt, hauptsächlich als Spurenleser.

Reisepraktische Informationen Bracketville, Del Rio und Marathon, TX

VORWAHL 830

Information

Chamber of Commerce: *1915 Veterans Blvd., Del Rio, ✆ 775-3551, 1-800-889-8149, www.drchamber.com.*
Amistad Nat. Recr. Area: *✆ 775-7491, www.nps.gov/amis. Das Visitor Center liegt an der Südseite des Stausees, direkt am US 90.*

Unterkunft (Bracketville und Del Rio)

In der **Amistad NRA** *(✆ 775-7491) selbst gibt es kein Hotel, dafür aber ein paar Campinggelegenheiten.*

Fort Clark Springs Motel $$: *US 90 West, Bracketville, ✆ 563-2493, www.fortclark.com. Die Zimmer sind z.T. in den alten „Baracks" (Kasernen) untergebracht. Restaurant, Pool.*

In **Del Rio** *gibt es mehrere Motels – bes. am Veterans Blvd. (US 90/277/377, nördl. der Innenstadt), so z. B. das*
Ramada Inn $$, *2101 Veterans Blvd., ✆ 775-1511, 1-800-272-6232, www.ramadainndelrio.com.*
La Quinta $$, *2005 Veterans Blvd., ✆ 775-7591, 1-800-531-5900, www.laquintadelrio.com. Spannender, schöner gelegen, wenn auch rustikal, sind dagegen die (Selbstversorger-) Cottages der* **Lodge at Sanders Point $$–$$$** *(875 Sanders Point Rd., Del Rio, ✆ 774-2422, www.thelodgeatsanderspoint.com). Sie liegen 23 Meilen nördlich von Del Rio, nahe des Devils River.*
Nahe dem Lake Amistad gibt es weitere Unterkünfte, so z. B. das **Amistad Lake Resort $$–$$$**: *11207 US 90 W, ✆ 775-8591, www.amistadlakeresort.com. Selbstversorger, aber auch Restaurant im Hause. Zimmer ($$) und Suiten ($$$).*

Marathon
Gage Hotel $$–$$$$, *102 NW 1st St. Highway 90W, ✆ (432) 386-4205, 1-800-884-4243, www.gagehotel.com. Kleines, historisches Hotel mit gutem Restaurant. Angeschlossen ist das nahe* **Captain Shepard's House $$–$$$** *(Ecke Ave. D/2nd St.), eine schöne Unterkunft in historischem Adobe-Gebäude (1890).*

Camping
American Campground & Recr. Resort: *10348 US-90, 5 Meilen nördlich von Del Rio, ✆ 775-6484. Komfortabel ausgestatteter, aber nicht besonders schöner Camping- und Mobilehomeplatz. Hier kann man auch Boote mieten.*

Restaurants
Cripple Creek Saloon & Restaurant: *5667 US 90 West, nördlich der Stadt. ✆ 775-0153, www.cripplecreeksteakhouse.com. Steaks und Seafood.*
Wrights Steak House, *8116 US 90 West, ✆ 775-2621. Etwas gediegeneres Ambiente. Hier gibt es sogar eine Salatbar!*

Marathon, von wo aus der US 385 nach Süden zum Big Bend National Park abzweigt, bietet etwas Wildwest-Romantik. Besonders erwähnenswert ist das Gage Hotel, welches der gleichnamige Rinderbaron 1927 erbauen ließ.

Hinweis

Reservieren Sie für Marathon vorher. Sollten die wenigen Zimmer hier ausgebucht sein, ist eine Alternative weit entfernt.

Von Marathon bis zum nördlichen Eingang des Big Bend Nationalparks sind es noch 40 Meilen entlang einer landschaftlich schönen Strecke, die bereits auf den Nationalpark einstimmt. Am nördlichen kleinen Visitor Center können Sie bereits Infos einholen und erhalten zudem eine Karte.

Tipp

Falls Sie vorhaben, am selben Tag auf der westlichen Seite des Parks wieder hinauszufahren nach Lajitas oder Alpine, denken Sie daran, vorher eine Unterkunft zu reservieren. Außerdem: Ausreichend Zeit einplanen, der Park ist größer, als man denkt.

Big Bend National Park

Beste Jahreszeit: Der 324.224 ha große Park weist sehr unterschiedliche Höhen auf: Von November bis März ist es in den Bergen sehr kalt (oft Schnee), von Ende Mai bis Anfang Oktober sind die Niederungen um den Rio Grande sehr heiß. Die beste Jahreszeit ist der Frühling mit erträglichen Temperaturen überall und dem Vorteil, die Pflanzenblüte miterleben zu können. Im Sommer, besonders während der Schulferien (Juli/August), kommen die meisten Touristen, und gerade dann empfiehlt sich eine rechtzeitige Reservierung der Unterkunft.

Tierwelt: In einem klimatisch so unterschiedlichen Gebiet leben die verschiedensten Tierarten, es kommt nur darauf an, ob man am Fluss, in der Chihuahua-Wüste oder in den Bergen nach ihnen schaut. Aufgrund der kargen Vegetation ist die Populationsstärke der meisten Tierarten nur sehr niedrig. Vögel kann man am besten am Fluss, z. B. beim Rio Grande Village, beobachten. Es gibt bis zu 450 verschiedene Vogelarten hier, von denen aber nur 53 ganzjährig ansässig sind. Neben Kolibris, dem mexikanischen Häher und Raubvögeln (in den Bergen), wie z. B. Geier und Buntfalken, gibt es auch eine Reihe von Europa her bekannter Vögel: Zaunkönige, Drosseln, Finkenarten (andere als bei uns) und sogar vereinzelt Schwalben. Markanteste Säugetiere: Maultierhirsch (seltener der Weißwedelhirsch), Erdhörnchen, Wüstenhasen (mit besonders großen Ohren) und seltener Mountain Lion (Puma) und Schwarzbären. Die meisten dieser Tiere leben in den kühleren Bergregionen, so z. B. am Teich in der Nähe des Chisos Basin Campingground.

Kolibris und Raubvögel

Spektakuläre Aussichten am Santa Elena Canyon

Das Javelina ist ein Verwandter der Pferde

Redaktionstipps

- **Outdoor**: Schlauchboottour auf dem Río Grande; Mountainbiking
- **Übernachtungstipp**: Vorher in Marathon im **Gage Hotel** (S. 240), danach im **Lajitas Golf Resort & Spa** in Lajitas (S. 252, teuer), von wo aus man den westlichen Teil des Parks noch gut an einem weiteren Tag erkunden kann. Alternativ **Holland Hotel** oder **Hotel Paisano in Marfa** (S. 251). Im Park bleibt nur die **Chisos Mountains Lodge**.
- Besuch der **Hot Springs** (heiße Quellen) nahe dem Rio Grande Village (S. 248).
- **Tipp**: Besonders in diesem Park, dessen Fauna und Flora im ersten Moment wenig eindrucksvoll wirken, doch z. T. einzigartig sind, empfiehlt es sich, im Visitor Center spezielle Literatur dazu zu besorgen. Die weite Landschaft der Halbwüste als Ganzes ist als solche schon bemerkenswert, ohne das nötige „Zusatzwissen" aber zweitrangig.
- Zeiteinteilung: Weniger als zwei Tage lohnen sich kaum. Am ersten Tag Anfahrt von Marathon und den Norden sowie den Südosten des Parks (Rio Grande Village) erkunden. In der Chisos Mountain Lodge nächtigen. Am 2. Tag den Südwesten (u. a. Bergwelt/Santa Elena Canyon) erkunden und eine Wanderung unternehmen. Nächtigen in Lajitas oder Marfa (langer Tag!).

Ein besonders für diesen Park typisches Tier ist das Javelina, das aussieht wie ein kleines Wildschwein, aber zur Familie der *Tayassuidea* gehört, die den Tapiren und Pferden (!) näher verwandt sind. Am Río Grande gibt es Biber, die Sie besonders gut bei einer Flussfahrt erleben können. Aber aufgrund des kargen Holzbestandes haben sie ihre Höhlen in den Sand der Uferregionen gebaut und nicht als „Holzhaus" auf das Wasser. Zudem gibt es 65 Amphibien- und Reptilienarten, darunter Skorpione und Schlangen. Eine ganz eigene Spezies der Wüste bildet die Couch'sche Spatenfußkröte, eine Art „Wüstenamphibie".

Pflanzenwelt: Die Pflanzen sind an das trockene Klima der Chihuahua-Wüste angepasst. Da sind zum einen die Sukkulenten, die ihren Wasservorrat speichern können (u. a. Kakteen), und zum anderen gibt es die Pflanzen, die als Samen so lange im Boden verweilen, bis genügend Regen sie „aktiviert". Eine keimhemmende Substanz im Samen ermöglicht dies. Auf den ersten Blick wirkt die Vegetation auf den Wüstenflächen trostlos: niedrige Sträucher, halbverdorrte Kakteen und trockene Grashalme. Doch kaum, dass etwas Regen fällt, erwacht die Wüste, und eine vorher unvorstellbare Blütenpracht sprießt für wenige Tage auf. Häufige Wüstenpflanzen sind Kaktusfeigen, kleine Yuccapalmen und die Mesquitebohnen (aus denen ein mexikanisches Gewürz gewonnen wird). Kein anderer Nationalpark besitzt so viele Kakteenarten (über 70). In den Bergen findet man, wegen des höheren Niederschlages und der milderen Temperaturen, eine Reihe von Baumarten: Goldkiefern, Douglastannen, Zypressen, Zitterpappeln und der Ahorn sind die häufigsten. Im Blue Creek Canyon, und in den Bergen gibt es die seltene Chisos-Eiche, die sich mit ausgesprochen hartem Holz und dicker Rinde an die Hitze angepasst hat. Im Flussgebiet fühlen sich Pappeln und Weiden wohl, dazu eine Reihe von Schilfgräsern und Abarten von Bambus.

Aktivitäten

Hinweis

Für jegliche Aktivität gilt: Sonnenschutz (Creme, Hut), Trinkwasser, festes Schuhwerk (am besten Wanderschuhe) und etwas zu essen einpacken! Für die Schlauchbootfahrten empfiehlt sich die Mitnahme von ausreichend Proviant. Zudem sollten Sie feste Sportschuhe mitnehmen, die für die Ausstiege essentiell sind (steiniger Flussschotter).

Wandern ist natürlich auf jeden Fall zu empfehlen, besonders um Pflanzen- und Tierwelt besser zu erleben. Vergessen Sie aber niemals, egal zu welcher Tageszeit: Trinkwasser (4-5 Liter p.P./Tag), Kopfbedeckung, Sonnenschutz und festes Schuhwerk! Folgende Trails sind die beliebtesten:

- **Santa Elena Canyon Trail**: Start/Ende am Ross Maxwell Scenic Drive. 2,7 km Rundweg, 1-2 Stunden, etwas anstrengend. Zuerst müssen Sie durch einen Fluss waten, doch die Szenerie des Canyons mit den über 400 m hohen Wänden belohnt dafür. Nach Muschelschalen Ausschau halten. Vom Canyon aus gute Fotomotive auf die Chisos Mountains.
- **Window Trail**: Start/Ende am Basin Trailhead. 9 km, 4 Stunden, etwas anstrengend. Ausgezeichnete Ausblicke auf Berge und Ebene. Hier erleben Sie die gesamte Vegetationsbreite von subalpiner Pflanzenwelt bis hin zur Wüstenvegetation.
- **Lost Mine Trail**: Start/Ende am Panther Pass. 8 km, 4 Stunden, relativ schwierig. Höhenunterschied: 400 m. Gut, um die Vegetation der Berge zu erkunden. Ausgezeich-

Beliebt bei Wanderern

nete Ausblicke auf Jupiter und Pine Canyon. Am Pfadanfang kann man ein beschreibendes Heftchen mitnehmen. Hier können Sie auch gut nach einer Meile umkehren.

- **Boquillas Canyon Trail**: Start/Ende am Ende der gleichnamigen Stichstraße. 2 km, 1 Stunde, leicht. Einblick in den Boquillas Canyon und von einer kleinen Anhöhe Überblick über das Rio-Grande-Tal. Die Löcher an der Canyonwand wurden z. T. von den Indianern als Schutzhöhlen angelegt.
- **Basin Trails**: Im Basin gibt es mehrere, kürzere und längere Rundwanderwege mit Ausblicken auf die Ebene und Einblicken in die Pflanzenwelt der Berge. Ausführliche Karten und Infos erhalten Sie im Visitor Center am Hotel.

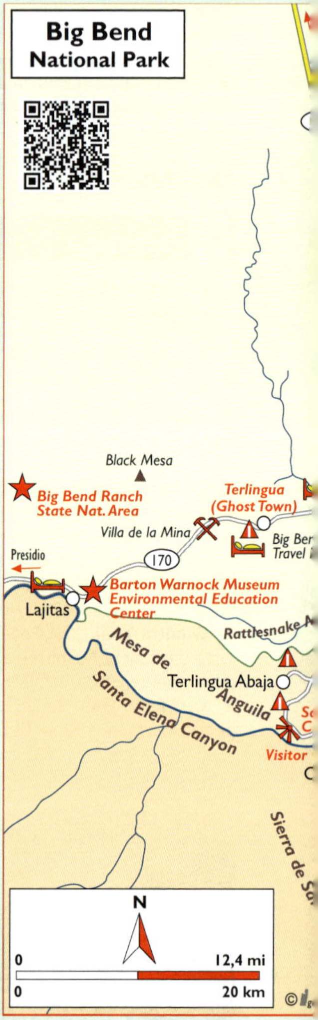

Über weitere Wanderrouten (es gibt 37 im Park) informieren Sie zahlreiche Broschüren und Bücher sowie die gut ausgebildeten Ranger.

Offroad-Touren: Neben den asphaltierten Straßen gibt es eine Reihe von Schotterpisten, von denen die wenigsten für herkömmliche Fahrzeuge geeignet sind. Es ist daher ratsam, eine organisierte Tour zu unternehmen. Anbieter dafür gibt es in Terlingua.

Reiten: Ausritte im und um den Park sind ein besonderes Erlebnis. Sie dauern zwischen 3 Stunden und mehreren Tagen. Infos in der Chisos Mountains Lodge, am Visitor Center oder in Lajitas.

Tolle Flusstouren

Flussfahrten sind **das Erlebnis** im Park. 170 km des Rio Grande begrenzen den südlichen Parkabschnitt, doch werden insgesamt über 300 km von der Parkbehörde verwaltet und gelten als lohnend für **Rafting-Touren**. Ein kostenloses Permit ist erforderlich, das sofort am Visitor Center ausgestellt wird. Es werden neben Schlauchboot- auch **Kanutouren** angeboten (eher für Geübte). Sie können sogar selbst ein Boot mieten, aber dazu sollten Sie Erfahrung mitbringen. Das Beste auch hier: Schließen Sie sich einem erfahrenen Unternehmen an. Es werden Strecken verschiedenster Länge angeboten (von 2 Stunden bis zu 7 Tagen). Wenn Sie sich nur zu einer kürzeren Tour entschließen können, dann sollten Sie an einer Tour durch einen der Canyons teilnehmen. Dafür bietet sich die Strecke Lajitas – Santa Elena Canyon – Auslassstelle östlich des Santa Elena Canyon an (Länge: 20 Meilen, Dauer: 1 Tag, wenn Sie früh starten). Auch für die meisten anderen Touren ist die Einlassstelle Lajitas. Der Ort liegt gleich westlich der Parkgrenze und ist über den Hwy. 170 zu erreichen. Wenn der Wasserstand des Flusses nicht zu hoch ist, ist das Wasser ziemlich ruhig, und dann kann wirklich jeder, egal welchen Alters, diese Touren mitmachen. Eine so gute Gelegenheit haben Sie auf den Flüssen von Utah und Colorado nicht mehr. Dort sind die Wasser wilder, die einmaligen Strecken länger und die Preise höher. In der Hochsaison unbedingt vorher reservieren!

Mountainbiking: Die Strecken sind toll, aber bieten wenig Schatten. Daher empfehlen sich für diese Aktivität eher die Monate Oktober–April. Routenvorschläge geben die Vermieter. Eine schöne, wenn auch lange Strecke (43 km) führt über eine Schotterpiste entlang der Old Ore Road vom Norden des Parks bis zum Rio Grande Village.

Allgemeine Informationen zum Big Bend National Park

Der Name Big Bend (Große Schleife) bezieht sich auf die große Schleife, die der Rio Grande an der südlichen Park- und Staatsgrenze auf über 170 km zieht (und dabei eine 90°-

Kurve vollzieht). Seiner Abgelegenheit verdankt es dieser Park, dass er zu den am wenigsten besuchten der USA zählt (320.000 Besucher/Jahr). Dabei bietet er eine einmalige Berg- und Wüstenlandschaft, deren Kontrastpunkt die grüne Flussoase des Rio Grande darstellt. Doch das wirklich Reizvolle hier sind die Tier- und Pflanzenwelt sowie die Geologie. Wenn man den Park wirklich erleben möchte, sollte man sich ein wenig mit den Naturgegebenheiten auseinander setzen und auch etwas Zeit mitbringen. Eine kurze Durchfahrt würde den Abstecher hierher nicht rechtfertigen.

Grundsätzlich kann man den Park in drei **geografische Hauptzonen** einteilen:
1) Die nördlichen Ausläufer der sich tief nach Mexiko erstreckenden **Chihuahua-Wüste**, die 97 % der Parkfläche einnimmt. Diese Wüste ist auf drei Seiten von Bergen umgeben (die den Regen abhalten) und auf einer Seite von einer trockenen Steppe. Die Chihuahua-Wüste ist jung, vor weniger als 8.000 Jahre entstanden. Sie erhält weniger als 200 mm Niederschlag im Jahr, doch fällt dieser vorwiegend während der Sommermonate, also zu einer Zeit, wo er am dringendsten benötigt wird. Daher ist der Boden mit einer für Wüsten ungewöhnlich dichten Vegetationsdecke überzogen. Eine der typischen Pflanzen ist die „Lechuguilla", die wie eine Handvoll Dolche aus dem Boden sprießt. Ihre starken Fasern eignen sich hervorragend zum Flechten von Matten und Seilen. Ein typisches Tier der Wüste ist der Wüstenhase mit seinen übergroßen Ohren (auch Eselhase genannt). Wer sich noch an den Biologieunterricht in der Schule erinnern kann, der wird wissen, dass eine große Oberfläche eine höhere Verdunstungsfläche und damit mehr Kühlung mit sich bringt.

Sommerregen

Wenn auch heute kaum noch etwas auf eine frühe **menschliche Besiedlung** hinweist, weiß man aufgrund von Funden in der Nähe von Quellen, dass bereits vor 10.000 Jahren Indianer hier gewesen sein müssen. Sie haben ausschließlich von der Jagd sowie dem Sammeln der Kaktusfeigen und Dattelpflaumen gelebt. Ab dem 13. Jh. kamen Pueblo-Indianer her. Doch im 16. Jh. wurden sie von den Spaniern vertrieben bzw. versklavt. Während des 18. Jh. gelangten dann die Apachen, die von den kriegerischen Co-

Der Rio Grande am gleichnamigen Village

manchen nach Süden vertrieben worden sind, in die Wüste. Sie hielten zwar die Spanier auf Distanz, wurden aber 100 Jahre später wieder von den Comanchen verdrängt, die ihrerseits den vordringenden Siedlern weiter nördlich weichen mussten. Da ihnen die Jagd aber keine ausreichende Lebensgrundlage bot, waren sie gezwungen, immer wieder Dörfer auf der anderen Seite des Flusses zu überfallen und zu plündern. Der Niedergang der Comanchen wurde besiegelt, als ganze Siedler- und Goldsucherströme durch das Land zogen und z. T. auch im Bereich Big Bend siedelten. Für sie richtete die US-Armee obendrein mehrere Forts im Südwesten ein, von denen aus dann Strafkompanien immer wieder auf die Indianer losgesandt wurden, bis um 1880 der letzte Widerstand gebrochen war und die Indianerkultur in diesem Teil Amerikas zerfiel.

Niedergang der Comanchen

2) Die zentralen **Chisos Mountains**, die vulkanischen Ursprungs sind und durch ihre Höhenlage (bis zu 2.400 m) eine grüne Oase inmitten der Wüste bilden, beherbergen eine ganz andere Flora und Fauna. Nadelbäume und sogar Laubbäume, wie man sie eher in den nördlichen Rocky Mountains erwarten würde, prägen das äußere Bild über 1.400 m Höhe. Während das Klima in der umliegenden Wüste im Laufe der Jahrtausende immer trockener wurde, „sammeln" die Berge immer noch die Regenwolken und sorgen für jährliche Niederschläge von bis zu 400 mm. Dieses „Insellage" hat es einer Reihe von Tierarten erlaubt, hier über Jahrtausende zu bestehen.

Zu den auffallendsten Tieren hier gehören die kleinen Weißwedelhirsche, die sich fast ausschließlich im Basin aufhalten. Der Großohrenhirsch dagegen verträgt für eine Weile die Hitze der Wüste, zieht sich in der Regel aber auch zurück in die Randgebirge und beginnt, dort den Weißwedelhirsch zu verdrängen. Ein biologischer „Kampf" setzt ein, und in vielleicht 100 Jahren mag der kleine Hirsch ausgestorben sein. Der Mountain-lion (Puma od. Panther genannt) lebt ebenfalls in den Bergen und jagt nach Kleinwild. Er gilt als bedrohte Tierart und ist bereits in vielen Landstrichen der USA ausgestorben. Was die Vogelwelt angeht, wird behauptet, dass sich in den Bergen, über das ganze Jahr verteilt, jede Vogelart der USA einmal hier aufhält. Während im Sommer die Wüstenvögel die Kühle suchen, verbringen sowohl subtropische als auch arktische Zugvögel den Winter hier.

Auch die Pflanzenwelt ist nahezu konstant geblieben während der klimatischen Veränderungen im umliegenden Wüstengebiet, und Pflanzen wie z. B. die Chisos-Agave und die Chisos-Eiche gibt es nur hier. In anderen Gebieten der USA sind beide mittlerweile ausgestorben.

3) Eine weitere Oase bildet der **Flusssaum** des Rio Grande, der mit seiner atemberaubenden Morphologie den landschaftlichen Höhepunkt des Parks bildet. Steile, bis zu 450 m hohe Canyonwände wechseln sich ab mit weiten, kiesreichen Tallandschaften voller grüner Bäume, Bambusgewächsen und Gräsern. Eine faszinierende Natur, deren Schroffheit ihresgleichen sucht. Gedanken an zurückliegende „Indianerschlachten", ungehobelte und unverbesserliche Goldsucher, Grenzkriege und Schmuggler werden wach. Kaum vorstellbar, dass sich hier Ende des 19. Jh., als diese Region noch fast gänzlich von ihrer Umwelt abgeschnitten war, Farmer niedergelassen haben. Siedlungen wie Castolon und Boquillas, mit kaum mehr als einer Handvoll Häusern, wurden zu dieser Zeit gegründet. Ein wesentlicher Nebenerwerb für die Farmer war damals das Schlagen von Holz für die nahe gelegenen Minen. Spätestens, wenn Sie die Wunderwelt dieses Flusses und seiner Canyons sehen, werden Sie der Versuchung einer Schlauchbootfahrt nicht mehr widerstehen können.

Farmen in schroffer Abgeschiedenheit

Auch hier lebt eine artenreiche Vogelwelt vor, die sich am Rio Grande Village in den Wäldchen und in den verschiedenen Überschwemmungsgebieten hervorragend beobachten lässt. Meisen, Ammern und Fliegenschnäpper gehören zu den ständigen „Bewohnern" der Nester. Doch gibt es hier auch „fossile" Tierarten, die über die Jahrtausende das feuchte Flussgebiet als letztes Rückzugsareal gegen die immer weiter vordringende Wüste genutzt haben. Lebende Beispiele dafür sind heute u. a. der Knochenhecht und verschiedene Schildkrötenarten. Ihre Vorfahren schwammen noch mit Krokodilen und Flusspferden um die Wette.

Egal, wie viel Zeit Sie haben und was Sie sich sonst noch im Park ansehen möchten, verpassen Sie es nicht, zumindest einen der Canyons zu erwandern. Der Fußweg zum Boquillas Canyon in der Nähe des Rio Grande Village ist einfach und nicht sehr weit.

Zur **Erkundung des Parks** fährt man zuerst zum Panther Junction Visitor Center. Der Park lässt sich von hier aus folgendermaßen einteilen:

- das östliche Wüstengebiet, durch das eine asphaltierte Straße zum Rio Grande Village führt. Fährt man hierhin, hat man bereits Wüste, Fluss und Canyon „abgehakt". Lohnend ist der Besuch der **Boquillas Hot Springs** 2 Meilen westlich des Rio Grande Village. Die Piste zu dem ehemaligen „Resort" ist nicht für Wohnmobile geeignet, aber man kann auch dorthin wandern. Das Quellwasser ist 41 °C warm

Einziges Restaurant im Park

- zentral gelegen, ca. 10 Straßenmeilen westlich des Visitor Center, befinden sich die Chisos Mountains, deren Mittelpunkt das Basin ist, wo u. a. auch das Hotel und das einzige Restaurant im Park zu finden sind.
- westlich der Chisos Mountains führt eine weitere Asphaltstraße bis an den Rio Grande. Die Strecke führt auch durch die Wüste und ist landschaftlich noch eindrucksvoller als ihr östliches Gegenstück, bietet aber nicht so sehr das „Wüstenerlebnis", da ihr, durch unzählige Hügel bedingt, der Eindruck der öden Weite abhandenkommt. Dafür aber gibt es eine alte Farmruine und bemerkenswerte Aussichtspunkte. Geologisch Interessierte sollten sich auf dem ersten Teilstück einmal die verschiedenen Gesteinsstrukturen der Chisos Mountains (von weitem) ansehen. Steile Felsformationen wechseln mit grün schimmernden „Falten" und schräg versetzten Schichtstufen ab.

Verpassen Sie auf dieser Strecke auch nicht, von Castolon aus weiter nach Westen zu fahren bis zum Santa Elena Canyon Trail, der im Grunde auch zum „Pflichtprogramm" des Parks gehört. Von hier aus fahren die meisten auf gleicher Strecke zurück zur Hauptstraße und verlassen den Park im Westen. Alternativ dazu können Sie von hier über eine Schotterpiste an der Westgrenze des Parks entlang zur Hauptstraße zurückfahren. In der Regel können „normale" Autos diese Route benutzen. Es ist aber ratsam, sich über den aktuellen Zustand der Piste zu informieren.

Hat man mehr als einen Tag Zeit, bietet sich alternativ (oder zusätzlich) zu den Schlauchbootfahrten eine **Jeeptour** an. Auf den kaum befahrenen Schotterstrecken des Parks erlebt man Natur und Geschichte noch wirklichkeitsnäher, und der Gedanke, dass die ersten Siedler auf solchen Pisten über Hunderte von Meilen gereist sind, um in eine „Stadt" zu gelangen, ist schon faszinierend.

Kurze Einführung in die Geologie

Einst von einem Meer bedeckt

Bis vor knapp 100 Millionen Jahren war das gesamte Areal, bis hin nach Oklahoma, von tiefen Seen bedeckt. Als der nordamerikanische Kontinent mit dem afrikanischen und dem südamerikanischen kollidierte, falteten sich viele Bergrücken auf. Einer von ihnen ist heute noch als Rest am nördlichen Parkeingang, dem Persimmon Gap, zu sehen. Die meisten Bergrücken aber sind mit der Zeit erodiert, sodass das Meer auch hier seine kilometerdicken, mit Sand vermischten Kalkschichten ablagern konnte. Bereits vor 120 Millionen Jahren begann sich das Gebiet anzuheben, und das Meer damit zu verschwinden. Unter den Ablagerungsschichten zwängten sich magmatische Ströme nach oben, die schließlich ausbrachen und große Teile der Fläche bedeckten, wo sie zu hartem Gestein erstarrten. Vor 60 Millionen Jahren war das Meer dann vollkommen verdrängt, und die Zeit der Sümpfe und der fliegenden Reptilien und Dinosaurier brach an. Zu dieser Zeit lebte der *Pterodaktylus* hier, das größte fliegende Lebewesen, das die Erde wohl jemals gesehen hat. Seine Flügelspanne betrug 12 m.

Zu gleicher Zeit begann der geomorphologische Erosions-, Hebungs- und Zersetzungsprozess, der die heute sichtbare Landschaft maßgeblich geformt hat: Die Erde hob sich weiter an, brach auf, und an vielen Stellen kamen durch Vulkanausbrüche Tiefengesteine hervor, die wir heute z. B. als die westlichen und nördlichen Chisos Mountains ansehen. Dort, wo keine Vulkane ausbrachen, verformte sich die aufgelagerte Kalkschicht. Mal zu „Wellen", mal zu „Falten". Zu gleicher Zeit begannen der Rio Grande und seine Nebenflüsse, damals noch wasserreicher als heute, ihre Flussbetten zu graben. Keine leichte Aufgabe, da sich der ersten Hebungsphase eine zweite anschloss, die den Wassern harte Gesteinsschichten in den Weg legte. Doch „steter Tropfen höhlt den Stein", und was übrigblieb, sind die heute so beeindruckenden Canyons.

Reisepraktische Informationen Big Bend National Park, TX

VORWAHL 432

Information

Es gibt fünf Visitor Center im Park, die bestausgestatteten sind das **Panther Junction VC** *(29 Meilen südl. Persimmon Gap/22 Meilen ostl. Study Butte, tgl. 9–17 Uhr) und das* **Chisos Basin VC** *(tgl. 8.30–16 Uhr). Für erste Infos/eine Karte empfiehlt sich ein Stopp gleich am Eingang (US 385) am* **Persimmon Gap VC** *(✆ 477-2393, tgl. 9–16 Uhr). Bitte beachten Sie, dass die Visitor Center i.d.R. nur bis 16/17 Uhr und zwei davon, das* **Rio Grande Village VC** *und* **Castolon VC**, *nur von November bis April geöffnet sind. Allg. Infos: ✆ 477-2251, www.nps.gov/bibe.*

Unterkunft

Chisos Mountains Lodge $$–$$$: *Big Bend NP, ✆ 1-877-386-4383 od. 477-2291, http://chisosmountainslodge.com/lodging/. Die eher praktisch gehaltene Lodge liegt im Park, 7 Meilen südlich der Basin Junction. Einziges Restaurant im Park. Zimmer und Steinhütten. Nicht alle Zimmer haben Aircondition! Visitor Center angeschlossen.*

Weitere Unterkünfte *gibt es in Lajitas, Marathon, Marfa und Alpine (S. 240 u. 251) und Study Butte-Terlingua.*

Camping/ RV

Campingplätze, die Sie mit dem Auto erreichen können: **Chisos Basin** *(der schönste fürs Zelten),* **Rio Grande Village** *(der beste für RVs/Campmobile) und am* **Castolon** *(Cottonwood). Die Strecke zum Basin ist für Wohnmobile über 24 ft und Hängergespanne über 20 ft nicht ratsam wegen der Haarnadelkurven. Reservierung aller Plätze: ✆ 477-2291, 1-877-386-4383, www.chisosmountainslodge.com/campground.*

Tanken

Es gibt zwar Tankstellen im **Rio Grande Village** *und im* **Basin**, *doch ist es eher angebracht, bereits in Marathon seinen Tank noch einmal aufzufüllen.*

Outdoor-Unternehmungen

Wandern, Schlauchboot- und Kanu-Touren, Mountainbiking und Ausritte sind am beliebtesten. Outfitter/Touranbieter gibt es vor allem in Lajitas und in Terlingua, so z. B. **Desert Sports** *(Rafting, Mountainbiking, Kanu, Wandern: Terlingua, ✆ 371-2727, www.desertsportstx.com),* **Big Bend River Tours** *(23331 FM 170, Terlingua, ✆ (432) 371-3033, www.bigbendrivertours.com). Für Ausritte zu empfehlen sind die* **Lajitas Stables** *(entlang Rio Grande, 2 Std. bis 5 Tage: Lajitas, ✆ 371-2212, www.lajitasstables.com) und die* **Big Bend Stables** *(durch Wüstengebiet direkt außerhalb des NP, Study Butte, ✆ 371-3064, www.lajitasstables.com/bbstables.html).*

Achtung! Wilde Tiere

Es gibt vereinzelt ***Schwarzbären*** *(besonders in den Bergen). Also keine Essensreste offen herumliegen lassen. Die Bären riechen diese meilenweit. Es gibt für Abfälle eigens bärensichere Mülltonnen, die Sie nach Gebrauch gleich wieder fest schließen müssen. Der* ***Puma*** *ist in der Regel nachtaktiv. Man trifft ihn äußerst selten an, meist läuft er bereits weg, bevor Sie ihn überhaupt zur Kenntnis genommen haben. Falls Sie trotzdem einem gegenüberstehen sollten, laufen Sie NICHT weg! Stören Sie ihn nicht, wenn er frisst, und schauen Sie ihm nicht in die Augen (Drohgebärde). Bleiben Sie ruhig, und laut Parkverwaltung ist es das Beste, Steine nach ihm zu werfen, dann verzieht er sich.*

Weiterfahrt

Man verlässt den Big Bend National Park nun am westlichen Ausgang. Nach nur wenigen Meilen erreicht man den Flecken **Study Butte-Terlingua**. Hier muss man sich entscheiden, ob man auf schnellstem Wege entlang dem Hwy. 118 nach Alpine fährt oder sich für die landschaftlich schönere und nur 1 ½ Autostunde längere Variante über Lajitas, Presidio und Marfa entscheidet.

Variante 1

Cowboy- und Ranch-Museum

Alpine ist Sitz des Brewster County, des größten County von Texas (mit aber der geringsten Einwohnerdichte – 1 E./Quadratmeile). Einen Besuch wert für Cowboy- und Ranchfans ist das kleine **Museum of the Big Bend**, das der für den kleinen Ort übermächtig erscheinenden Universität am Berg angegliedert ist *(Sul Ross State Univ., ✆ (432) 837-8143, www.museumofthebigbend.com, Di–Sa 9–17, So 13–17 Uhr, frei)*. In der Holland Avenue gibt es ein paar nette Geschäfte und Cafés. Im Westen des Ortes lockt dann noch die **Big Bend Brewing Company** *(3401 W. US 90, Tasting: Mi–Fr 16–18, Sa 13–18 Uhr, Touren Sa 13 u. 15 Uhr)* mit schmackhaftem Microbrew.

Von Alpine geht es dann weiter über den Hwy. 118 nach Ft. Davis, wo man auf die Strecke der „Variante 2“ trifft.

Variante 2

Biegen Sie in Study Butte nach Süden ab auf die FM 170, die zuerst an dem (fast) verlassenen Minenörtchen **Terlingua** *(http://ghosttowntexas.com)* vorbeiführt, in dessen Umkreis sich Outfitter für Outdoor-Aktivitäten niedergelassen haben und mittlerweile auch ein paar Souvenirshops, Unterkünfte und Restaurants um die Reisenden buhlen. Hervorzuheben ist das „Starlight Theatre“, ein Restaurant, in dem oft Livemusik gespielt wird und das u. a. Jumbo-Burger und Chili serviert.

Reisepraktische Informationen Alpine und Marfa, TX

Unterkunft

Entlang dem US 90 (Holland Ave.) befinden sich am jeweiligen Ortseingang mehrere Hotels und Motels.

Holland Hotel $$–$$$: *209 W. Holland Ave., Alpine, ✆ (432) 837-2800, 1-800-535-8040, www.thehollandhoteltexas.com. Historisches (von 1928) Hotel mit gemütlichen bis luxuriösen Räumen. Innen viel schöner, als es von außen scheint! Restaurant und Bar im Hause.*

Hotel Paisano $$–$$$: *207 N. Highland St., Marfa, ✆ (432) 729-3669, 1-866-729-3669, www.hotelpaisano.com. Wer es etwas feiner mag, der fährt nach Marfa (35 Meilen westlich) in dieses ebenfalls historische Hotel. Hier haben schon Liz Taylor, Rock Hudson sowie James Dean gewohnt, als sie den Film „Giants" in der Gegend gedreht haben. Restaurant, zudem legendäre Margaritas auf der Cocktailliste.*

Im Holland Hotel gibt es deutsche Küche und gutes Bier

Western-Bar

Die ohne Zweifel bekannteste und am besten mit Bier versorgte Western-Bar im gesamten Big-Bend-Country ist **Railroad Blues** *(West 504 Holland Ave., Alpine, ✆ (432) 837-3103). Hier wird getanzt und gesungen und am Wochenende treten – meist erst nach 22 Uhr – Country Bands auf.*

Lajitas

Lajitas, ursprünglich nur ein Outpost der US-Kavallerie mit kleiner Trading Post, erwachte in den 1980er Jahren zu neuem Leben, als ein Geschäftsmann aus Houston sich seiner annahm. Mit viel Geschick hat er Lajitas zu einem historischen Touristendorf auf- bzw. umgebaut, ohne dabei aber den Charakter des Wilden Westens zu verdrängen. Selbst ein Golfplatz kann daran nicht rütteln. Heute gehört fast der ganze Ort, der nach 2000 bereits zweimal den Besitzer gewechselt hat, zum Lajitas Resort, dessen zentraler Punkt das Badlands Hotel ist, das in einer alten Kleinstadthäuserfront untergebracht ist, ge-

meinsam mit einigen Souvenirläden und einem Touroperator. Zudem wurden die ehemaligen Offiziersgebäude und die Missionsstation zu Hotelunterkünften ausgebaut, und hinter den Gebäuden gibt es einen RV-Platz. Eine Reitanlage und die Lage am Fluss sorgen für Freizeitaktivitäten (Schlauchbooteinsatzstelle/Wild Water Rafting).
Informatives zu natur- sowie kulturhistorischen Fragen zur Big Bend Area erhalten Sie im **Barton Warnock Environmental Education Center** direkt östlich von Lajitas an der FM 170 *(✆ (432) 424-3327, http://tpwd.texas.gov/state-parks/barton-warnock, tgl. 8–16.30 Uhr)*. Der daran angeschlossene **Lajitas Desert Garden**, der Ihnen die Wüstenpflanzen näher bringt, lohnt ebenfalls.

Zu Wanderungen, weiteren Raftingtrips, Mountainbiking, Kanufahrten etc. lädt auch der nahe **Big Bend Ranch State Park** ein. Infos s. u.

Unterkunft

Lajitas Golf Resort & Spa $$$–$$$$: *✆ (432) 424-5000, 1-877-525-4827, www.lajitasgolfresort.com. Einst eine urige Western-Unterkunft, wurde das Hotel komplett umgekrempelt zur wohl luxuriösesten Unterkunft im Umkreis des Big Bend NP. Es gibt nun gute Restaurants, einen Golfplatz, ein Spa u.v.m. im Resort. Die Preise dafür sind angemessen, aber nicht jeder möchte so viel ausgeben.*

Weiter in Richtung Carlsbad Caverns National Park und El Paso

Revoluzzer-Pfad

Folgen Sie nun der FM 170 entlang dem Rio Grande nach Presidio (50 Meilen). Es ist die gleiche Strecke, die die ersten Spanier und vor 150 Jahren die Siedler und Händler von San Antonio nach El Paso benutzt haben und die damit in die Geschichte einging. Anfang des 20. Jh. nutzte auch *Pancho Villa*, der mexikanische Revolutionär, diesen Pfad, um auf Eseln seine Waffen an den mexikanischen Linien vorbei zu befördern. Auf dieser Straße durchquert man den 1988 angelegten **Big Bend Ranch State Park**, der für den kleinen Umweg mit atemberaubenden Fluss- und Berglandschaften belohnt. Für Wohnmobile ist die FM 170 aber nicht empfohlen.

Es gibt eigens angelegte Wander- und Mountainbikerouten, Einsetzstellen fürs River Rafting und im Frühjahr können Sie beim Rindertrieb zuschauen. Der Zugang zum Park befindet sich im Osten in Lajitas oder im Westen am u.g. Fort Leaton (4 Meilen vor Presidio). Der FM 170 windet sich oberhalb des Rio Grande Tales durch Hochebenen, dann aber auch durch fruchtbare Flussoasen. Die westlichen 30 Meilen führen dicht am Fluss entlang (Fotostopps). Achten Sie dabei im Westen auf die verschiedenen Felsstrukturen, die die unterschiedlichen geologischen Formen des Rio-Grande-Tals deutlich machen. Kurz vor Presidio liegt das kleine **Fort Leaton**, das 1848 als Handelsposten gegründet wurde und heute ein kleines Museum beherbergt *(✆ (432) 229-3613, tgl. 8–16.30 Uhr)*.
Big Bend Ranch State Park, *✆ (432) 424-358-4444, www.tpwd.state.tx.us, tgl. 8–18 Uhr, $ 3–5, Karten/Infos erhalten Sie an der Sauceda Ranger Station mitten im Park, am Fort Leaton und am Barton Warnock VC in Lajitas.*

Presidio ist ein uninteressanter Grenzort, der nur dadurch hervorsticht, der heißeste Platz in ganz Texas zu sein. Übernachtungen kann man hier nicht empfehlen. Fahren Sie also am besten gleich weiter nach Marfa auf dem US 67. Die Strecke durchquert riesige Weideflächen, deren Gräser zu fast allen Jahreszeiten ein eindrucksvolles Bild von der Menschenleere und der Weite abgeben.

Marfa wurde erstmals durch seine mystischen Lichter („Marfa Lights") bekannt, die an vielen Abenden am Himmel zwischen hier und Presidio zu sehen sind und über deren Ursache noch heute die Wissenschaftler rätseln. Eine Kupfertafel acht Meilen östlich am US 90 gibt einige Denkanstöße, weist aber auch darauf hin, dass mittlerweile 75 Gerüchte zur Entstehung der Lichter kursieren (inkl. UFO-Stories). 1955 wurde der Ort im wahrsten Sinne des Wortes umgekrempelt, als nämlich der Filmklassiker „Giants" („Giganten") mit *James Dean, Elizabeth Taylor* und *Rock Hudson* in den Hauptrollen hier gedreht wurde. Handsignierte Poster in der Lobby des El Paisano Hotel (S. 251) sind seither zu einem Wallfahrtsort für Dean-Fans geworden. Mittlerweile ist Marfa hip. Die mystischen Geschichten und die abgeschiedene Cowboywelt haben zahlreiche Künstler und Kunsthandwerker angelockt. Liebhaber zeitgenössischer Kunst finden aus allen Teilen der Welt den Weg nach Marfa, denn am südlichen Ortsrand wurde 1979 mit Hilfe der DIA Art Foundation aus New York ein großes Museum eingerichtet, heute bekannt als **Chinati Foundation** (*1 Cavalry Row, ✆ (432) 729-4362, www.chinati.org, Mi–So 9–16 Uhr, einige Teile sind auf self-guided Tours möglich, sonst Touren nach Anmeldung! $ 10, inkl. Tour $ 26*).

James Dean im UFO-Land

In Marfa bietet sich jetzt die Möglichkeit, über den US 90 nach Westen bis El Paso zu fahren oder auch nur bis Van Horn, von wo aus man zum Guadalupe National Park gelangt. Diese Strecke ist zwar schneller, aber landschaftlich nicht so attraktiv wie die folgende durch die Davis Mountains.

Hinweis zur Weiterfahrt zu den Carlsbad Caverns/ Zeitumstellung

*Beachten Sie für die Reiseplanung die **Zeiten und Regeln für die Führungen durch die Carlsbad Caverns**! Man muss die meisten Touren mind. einen Tag im Voraus buchen und sich erkundigen, wann die letzten Einlasszeiten sind (i.d.R. 13 bzw. im Sommer 14 Uhr, Mountain Time, für die großen Touren, „Selfguided Touren" meist Einlass bis 16 Uhr). Richten Sie Ihre Fahrstrecke von Big Bend/ Marfa bzw. Alpine aus darauf ein und bedenken Sie Zusatzzeiten für den Besuch des Fort Davis, des McDonald Observatorium und den Guadalupe Mts. NP.*
***Zeitumstellung**: Noch vor dem Guadalupe NP, der ja eigentlich noch auf texanischer Seite liegt, wird auf Mountain Time umgestellt, die in ganz New Mexico (inkl. Carlsbad Caverns NP) und auch in El Paso gilt. Das bedeutet, Sie gewinnen eine Stunde.*

Weiter geht es auf dem Hwy. 17 nach Fort Davis. 4 Meilen südlich vom Ort Fort Davis am Hwy. 118 können Sie das **Chihuahuan Desert Research Institute** (*✆ (432) 364 2499, www.cdri.org, Mo–Sa 9–17, Apr.–Sept. auch 12.30–17.30 Uhr, $ 6*) mit einem botanischen Garten voller Wüstenpflanzen besuchen. Das Desert Museum in Tucson ist jedoch aussagekräftiger, wenn auch nicht so spezialisiert auf die Chihuahuan-Wüste. In Fort Davis gibt es zahlreiche Unterkunftsmöglichkeiten.

Fort Davis National Historical Site

Das Fort wurde 1854 hier am San Antonio El Paso Trail eingerichtet, um Reisende gegen Angriffe der Apachen und Comanchen zu schützen. Nachdem die Südstaaten-Truppen wegen des Bürgerkrieges das Fort verlassen haben, wurde es von Indianern zerstört. 1867 schließlich aus Stein und Lehm wieder aufgebaut, war es in der Folgezeit Hauptquartier eines von zwei schwarzen Kavallerie-Regimentern. Diese Soldaten wurden von den Indianern „Buffalo Soldiers" genannt, denn Büffel haben dunkles, fast schwarzes Fell. 1891, mehr als zehn Jahre nachdem die Indianer endgültig geschlagen waren, wurde das Fort aufgegeben. 1961 übernahm der National Park Service die Anlage und restaurierte 25 Gebäude, die Hälfte der ursprünglichen Häuser. In einem Museum wird die militärische Geschichte der Region erläutert, und im Sommer führen Ranger in Uniformen der ehemaligen Kavallerie kostenlose Touren durch. Hinter der Anlage führt der 2 km lange „Tall Grass Nature Trail" auf den Berg, von wo aus man eine gute Sicht auf das Fort hat.

„Buffalo Soldiers"

Fort Davis National Historical Site, *101 Lt. Flipper Dr./Hwy. 118, ✆ (432) 426-3224, www.nps.gov/foda, tgl. 8–17 Uhr, $ 7.*

Das Fort Davis war einst Bollwerk gegen Comanchen und Apachen

Unterkunft

Hotel Limpia $$$: *Main St. (101 Memorial Square), ✆ (915) 426-3237, 1-800-662-5517, www.hotellimpia.com. Altes Hotel, einfach, aber urig. Verteilt sich über 5 Gebäude (erbaut zw. 1912 und 1945). Versuchen Sie ein „altes" Zimmer im ältesten Gebäude zu bekommen. Restaurant im Hause (unbedingt reservieren) mit guten Fleisch-, Fisch- und sogar vegetarischen Gerichten. Das* **Fort Davis Drug Store & Old Texan Inn ($$–$$$,** *✆ (915) 426-3939, www.fortdavisdrugstore.net) gleich gegenüber ist ebenfalls urig und historisch angehaucht (1913). Ansonsten gibt es eine Reihe von* **Motels**.

Auf der **Prude Ranch** *(✆ (432) 426-3202, 1-800-458-6232, www.prude-ranch.com), Hwy. 118, 7 Meilen nördlich von Ft. Davis, gibt es Zimmer, einen Campingplatz sowie ein Restaurant, zudem auch ein vielseitiges Freizeitprogramm (Tennis, Reiten, Lasso-Werfen).*

Folgen Sie dem Hwy. 118 nach Norden durch die landschaftlich beeindruckenden Davis Mountains. Große Ranchen, deren Bergweiden mit unzähligen Yuccas bestanden sind, bieten ein bezauberndes Bild, besonders, wenn das Gras im Spätsommer und Herbst goldgelb leuchtet. Dabei passieren Sie das **McDonald Observatory**, eine der größten

Eines der größten der Welt: McDonald Observatory

Sternwarten der Welt. Es wird von der University of Texas geleitet. Die Örtlichkeit wurde ausgewählt, da sie hoch liegt (2.050 m), einen wolkenfreien Himmel garantiert, wenig künstliche Störlichter vorkommen und die Pflanzenwelt der Umgebung für eine saubere Luft sorgt (Blätter sorgen durch Assimilation für die Aufnahme kleinster Staubpartikelchen). Obwohl die Anlage vornehmlich zu wissenschaftlichen Zwecken genutzt wird, haben Sie hier Gelegenheit, die „Fernrohre" auf unterschiedlich thematisierten Touren/Vorführungen zu besichtigen. Die Ausstellungen im Visitor Center/ Public Observatory sind ebenfalls interessant. Es gibt auch Abend- und Nachtprogramme. Reservierung von Programmen dringend empfohlen (nur online).
McDonald Observatory, *17 Meilen von Ft. Davis, ✆ (432) 426-3640, http://mcdonald observatory.org, tgl. 10–17.30 Uhr, geführte Touren 11 u. 14 Uhr ($ 8).*

Guadalupe Mountains National Park

Beste Jahreszeit: Da der Besucherandrang im 35.000 ha großen Park nicht hoch ist, kann man die Zeit von April bis Anfang Oktober generell empfehlen. Bedenken Sie das Wüstenklima in den unteren Lagen mit heißen Tagen (Sonnenschutz!) und z. T. kühlen Nächten. Die höheren Lagen (ca. 7 °C kälter) erhalten mehr Niederschläge, die besonders im Juli und August plötzlich als starke Gewitter auftreten können. Auch die plötzlichen Bergwinde können mit Windstärken bis zu 10 unangenehm werden. Für längere Wanderungen ist zu jeder Jahreszeit dringend anzuraten, sich bei den Rangern über die Wetterlage zu erkundigen sowie Wind- und Regenkleidung mitzunehmen.
Tierwelt: Anders als im Big Bend NP haben sich in der „Wüstenoase" der Guadalupe Mountains kaum Tiere gehalten, die aus einer feuchteren erdgeschichtlichen Zeit stammen. Ein häufig auftretendes Großtier ist der Maultierhirsch. Sehr selten sind Schwarzbären und Berglöwen (Puma/ Panther; Schätzung: 70 Tiere, die i.d.R. nachts aktiv sind). Kleinere Tierarten im Park sind Hasen, Graufüchse, Kojoten und Stachelschweine. Zudem gibt es ca. 250 Vogelarten, von denen Spechte, Roadrunner und Truthahngeier zu den ständigen Bewohnern zählen. Auch Amphibien und Reptilien finden sich zahlreich im Park, darunter Salamander, Frösche, 20 Echsen- und ebenso viele Schlangenarten (darunter fünf Arten der Klapperschlange). Hinweis zu Schlangen: Heben Sie keine Steine mit der Hand hoch, sondern benutzen Sie dazu einen längeren Stock, oder lassen Sie es besser

Redaktionstipps

- **Übernachten** in Whites City (S. 260) oder auf dem Pine-Springs-Campingplatz im Park.
- Mindestens einen vollen Tag einplanen und **ausgiebig wandern**. Mit dem Auto kommen Sie nicht weit im Park! Im Frühjahr kann man hervorragend Beeren pflücken. Fragen Sie die Ranger nach guten Plätzen.
- **Tiere** können Sie gut im McKittrick Canyon beobachten. Fernglas mitnehmen.
- Für alle Unternehmungen ausreichend **Trinkwasser und Nahrungsmittel** einpacken.

gleich sein. Das Tragen von festem und hohem Schuhwerk ist auf allen Wanderungen angebracht.
Pflanzenwelt: Ausschlaggebend für die Vielfalt sind die drei klimageografischen Regionen im Park: Wüste, Bergwelt und Canyons. In der Wüste gedeihen vorwiegend Kakteen, Yuccas, Agaven und Dornensträucher, also Pflanzen, die Wasser speichern bzw. das wenige Wasser optimal nutzen oder sich vor „Feinden“ aus der Tierwelt mit ihren Dornen schützen. In den Hochlagen dominieren Nadelbäume (meist Steinkiefer) und Wacholder. Im Bowl finden sich Espen, doch nur in geringer Zahl. In den Canyons überwiegen Laubbäume, u. a. Ahorn, Wacholder, Espen. Der Herbst bietet daher gerade in diesem Gebiet einmalige Farben. Hier herrscht eine Vegetation vor, wie man sie eher in den Rockies 1.000 Meilen nördlich erwartet.

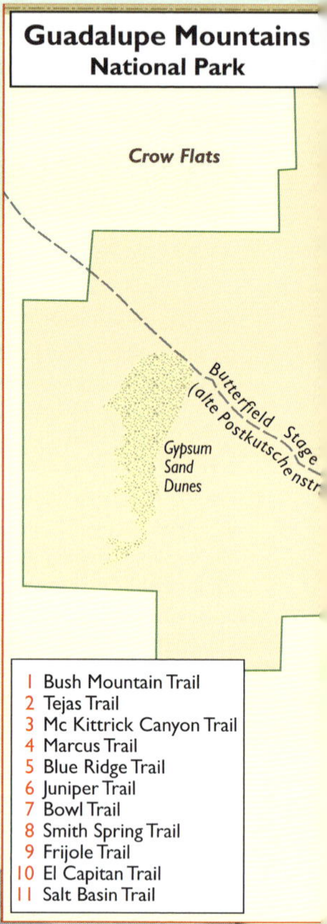

Aktivitäten

Wandern: Da im Park keine Autostraßen existieren (sieht man einmal ab von einer 4x4-Strecke zur Williams Ranch), kann man den Park nur zu Fuß auf einem der Trails erkunden (insgesamt 145 km). Diese „Unzulänglichkeit“ bringt es mit sich, dass der Park weniger als 200.000 Besucher jährlich zählt. Dies verspricht Einsamkeit und Naturerlebnis pur. Das heißt aber auch, falls man nicht mindestens einen halben Tag Zeit hat und wandern möchte, lohnt sich ein Besuch des Parks nicht. Anders sieht es aus, wenn man mind. einen ganzen Tag bleiben möchte, denn dann benötigt man eine Campingausrüstung

Der Guadalupe NP erschließt sich nur zu Fuß

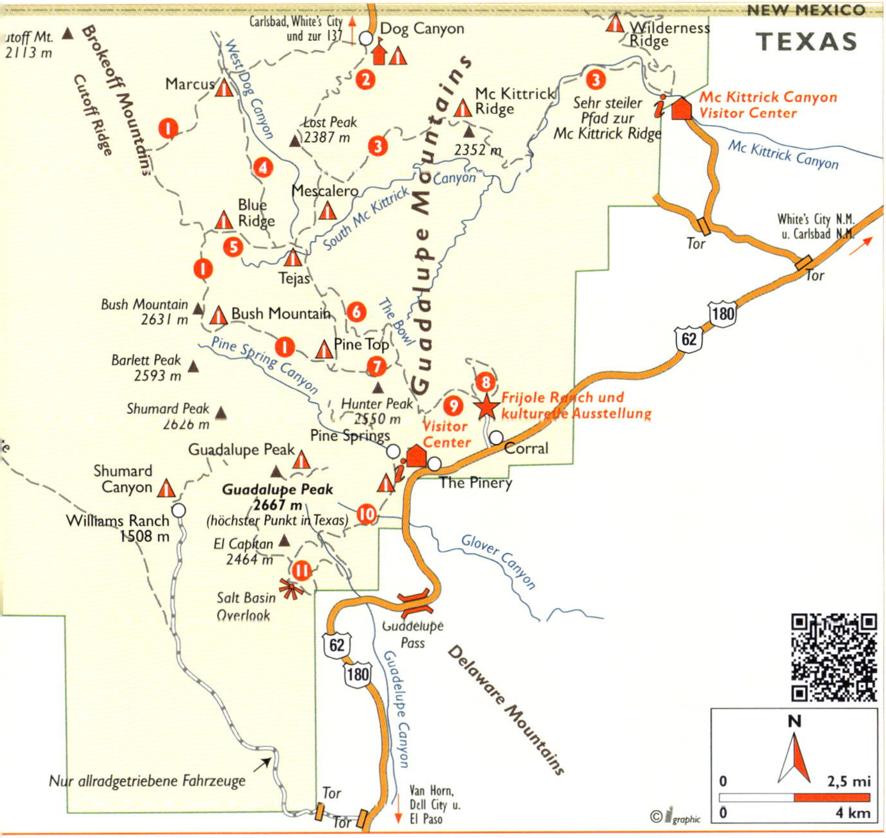

bzw. muss über ein Wohnmobil verfügen. Für alle Wege gilt: **Sonnenschutz** (Hut, Creme, langärmelige Hemden, lange Hosen) und **Trinkwasser** nicht vergessen (4–5 Liter pro Tag/Person). Zusätzlich etwas **Mineralreiches** zum Knabbern einpacken, denn man schwitzt viel Salz aus!

Die beliebtesten Wanderwege sind:

- **Pinery Trail**: 1,3 km, 1 Std., Start/Ziel: Pine Springs VC, einfach. Führt zur Pinery, einem ehemaligen Haltepunkt am Butterfield Trail.
- **Frijole Trail**: 6,5 km, 2–3 Std., Start: Pine Springs VC, Ende: Frijole Ranch, mittelschwer. Führt entlang dem Basement, und Sie erhalten einen Eindruck über die Wüstenvegetation. Die Landschaft aber ist etwas monoton. Zusätzlich bietet sich dabei noch die Möglichkeit, den **Bear Canyon Trail** (evtl. nur zum Teil) zu laufen. Dieser steigt aber ziemlich an. Mehrzeit: 1–3 Stunden.
- **Trails zur Bowl (bewaldete Hochfläche)**: Länge: Variiert zwischen 13 und 16 km, 1 Tag, Start/Ziel: Pine Springs VC; anstrengend, da 1.000 Höhenmeter zu überwinden sind. Der mit Sicherheit eindrucksvollste Trail, da er alle Vegetationsgebiete erfasst. Dafür werden Sie aber mit der verhältnismäßig kühlen und erfrischenden Luft der Kie-

fernwälder und z. T. atemberaubenden Ausblicken auf die Wüstenfläche belohnt. Für den Aufstieg empfiehlt sich der nicht so steile westlichere **Tejas Trail**, und hinunter geht es dann durch den Bear Canyon. Festes Schuhwerk ist unbedingt erforderlich.

▸ **McKittrick Canyon Nature Loop**: 1,3 km, 1 Std., Start/Ziel: McKittrick Canyon VC, mittelschwer. Naturpfad (Überblick über die Wüsten-Flora).

▸ **McKittrick Canyon Trail**: 12–17 km, 4–6 Std., Start/Ziel: McKittrick Canyon VC, einfach. Führt durch geologisch interessante Formationen und bietet den Vegetationsübergang von der Wüste zur Baumlandschaft. Letztere ist besonders schön, wenn im Oktober und November die bunten Blätter der Walnuss- und Ahornbäume in der Sonne leuchten. Umkehrpunkte sind entweder die historische Pratt Lodge oder der Grotto-Picknickplatz, der zur Lunch-Pause einlädt. Das Flusswasser hier ist NICHT trinkbar!

Flusswasser nicht trinkbar!

Es gibt weiterhin die Möglichkeit, vom Dog Canyon im Norden aus eine Tageswanderung zu unternehmen, die erst entlang dem **Teja Trail** und anschließend dem **McKittrick Canyon Trail** führt, um schließlich am McKittrick Canyon VC zu enden (anstrengend, 21 km, 1 Tag). Einer der Mitreisenden müsste dann mit dem Fahrzeug um den Park fahren. Bedenken Sie, bei diesem Trail früh zu starten, da Sie ja anschließend auch noch eine Stunde zurück zum Campingplatz/zum Hotel benötigen. Weitere schöne Trails führen u. a. auf den **Guadalupe Peak** (2.667 m), den höchsten Berg von Texas, zum Shumard Canyon und der Williams Ranch **(El Capitan Trail)** und um die Frijole Ranch herum.

Dünenwelt: Im Westen erstreckt sich ein großes Dünenmeer, die sog. **Salt Basin Dunes/Gypsum Sand Dunes**. Sie sind nur über eine abgelegene Straße zu erreichen. Wer sonst keine Dünenregionen besucht bzw. auf dem Reiseplan hat, sollte über einen Besuch nachdenken. Es gibt am Parkplatz dort jedoch nur einfache Toiletten, kein Wasser und man benötigt einen zusätzlichen halben Tag für den Abstecher. Ein Wanderweg führt von hier in und um die Dünen. Bedenken Sie die Hitze, besonders mittags (Sonnenschutz, Trinkwasser etc.). Anfahrt: vom US 62/180 bei Salt Flats (23 Meilen westlich vom Pine Springs VC) abzweigen nach Norden. Der RR 1576 17 Meilen folgen, dann nach Osten abzweigen auf die Williams Road und dieser bis zum Parkplatz folgen. Nicht befahrbar bei Regen!

Reiten: Die meisten Trails sind für Reitpferde zugelassen, doch muss man die (bergerfahrenen) Pferde selbst mitbringen. Dieses ist schwierig zu organisieren, und daher empfiehlt es sich eher, in Parks auszureiten, wo Pferde direkt zu mieten sind.

Überblick

Bereits von weitem (bei guter Sicht aus 50 Meilen Entfernung) kann man die mächtige Bergkette der Guadalupe Mountains erkennen, die sich mit bis zu 1.500 m über die umliegende Chihuahua-Wüste erheben und deren feste Felsstrukturen in der Geröll-Landschaft der Wüstenebene einmalig sind. Diese Höhen bringen es mit sich, dass die Berge die Regenwolken aufhalten bzw. wegen der veränderten Luftdruckverhältnisse sammeln. Verbunden mit der relativ kühleren Luft dort oben hat sich eine Vegetation erhalten, die wie eine Oase im Sandmeer erscheint. Nadelbäume, wie man sie eigentlich nur aus den Rocky Mountains in Colorado kennt, bilden um und in der sogenannten *Bowl* (der Hochfläche) einen eindrucksvollen grünen Waldteppich.

Der Nationalpark wurde erst 1966 eingerichtet und gehört auch heute noch zu den am wenigsten besuchten Parks der USA, da er über keine Straßen verfügt und die Wunderwelt dieses Parks nur über z. T. sehr anstrengende Wanderwege zu erkunden ist. Das soll auch so bleiben, da die Ökologie dieses Naturareals äußerst empfindlich ist und einen zu starken Besucherandrang nicht verkraften würde. Für einen Besuch empfiehlt es sich daher, unbedingt 1 bis 2 Tage einzuplanen, um besonders die Höhen zu erwandern. Natürlich ist auch die Wüstenvegetation interessant, doch haben Sie zu deren Erkundung auch in anderen Parks Gelegenheit, z. B. im Big Bend NP. Die Wanderwege in den niedrigeren Lagen zählen daher hier nicht zu den Höhepunkten.

Menschliche Besiedlung

Schon früh entdeckten die ersten Indianer die klimatischen Vorteile des Bergmassivs und seiner Canyons. Anhand von Felszeichnungen und archäologischen Funden ließ sich nachweisen, dass bereits vor 12.000 Jahren im McKittrick Canyon eines ihrer bedeutendsten Siedlungsgebiete gewesen sein muss. Im 16. Jh. kamen die Spanier auf der Suche nach Gold in das Gebiet, sie wurden jedoch durch die zu dieser Zeit in den Bergen lebenden Mescalero-Apachen von einer gründlicheren Erforschung abgehalten. Erst der Goldrush in Kalifornien (ab 1849) brachte die ersten weißen Anwohner hierher, da die Butterfield Overland Mail Co. ihre St. Louis-San Francisco-Route über den nahegelegenen Pass führte und eine Pferdewechselstation, die *Pinery*, in der Nähe der Pine Springs einrichtete.

Zu dieser Zeit war es die einzige von Weißen bewohnte Siedlung auf dem über 700 km langen Abschnitt zwischen Fort Chadborne und El Paso. Heute noch kann man die Ruinen des Gebäudes besichtigen. Später, nachdem zu viele Postkutschen überfallen worden waren, wurde die Strecke nach Süden verlegt, wo sie u. a. durch Fort Davis führte. Siedler kamen aber nur spärlich hierher und legten ihre Ranchen zuerst nur in der Ebene an. Einzige Ausnahme war die **Frijole Ranch** in der Nähe der Pinery, die man heute besichtigen kann, samt eines kleinen **Museums** dort.

Postkutschen-Überfälle

Erst zu Beginn des 20. Jh., zwei Jahrzehnte nachdem die letzten Indianer vertrieben waren, wagten sich Siedler weiter in die Berge vor, und einer der ersten von ihnen war *Henry Belcher*, der hier Longhorn-Rinder hielt. Seine Ranch ist heute als **Williams Ranch** bekannt. Auf der Suche nach Bodenschätzen kamen in der 2. Hälfte des 19. Jh. auch Prospektoren in die Berge. Nachweislich fanden sie geringe Mengen an Kupfer und das Guano von Fledermäusen (Calciumphosphat- und Stickstoffdüngung). Eine Anekdote berichtet von dem Schürfer *William Sublette*, der hier Gold gefunden haben will. Doch geht die Geschichtsschreibung in seinem Fall davon aus, dass seine „Goldfunde" auf der Entdeckung einer versteckten Beute eines Postkutschenüberfalles beruhen.

In den 1930er Jahren gründete der Geologe *William Pratt* eine Ranch im McKittrick Canyon, welche er 20 Jahre später stückweise dem Staat überschrieb. Der zusätzliche Aufkauf der J. C. Hunter Ranch ermöglichte schließlich die Einrichtung des Nationalparks.

Geologische Einführung

Vor gut 250 Millionen Jahren (bis vor ca. 100 Mio. Jahren) war das Gebiet von Texas und New Mexico durch einen großen Ozean bedeckt. Im Laufe von Mil-

Devil's Hallway

lionen von Jahren bildete sich ein 650 km langes, hufeisenförmiges Riff aus Algen und anderen Meeresablagerungen. Mit dem Absinken des Meeresspiegels bildete dieses Riff dann schließlich eine Küste, die durch Lagunen und Süßwasserseen vom eigentlichen Meer getrennt wurde. Nachdem das Meer gänzlich verschwunden war, „versank" das Riff unter Sedimenten (Gips- und Salzschichten), die die Flüsse aus der Umgebung auf ihm ablagerten. Erst vor etwa 100–65 Millionen Jahren, als tektonische Verwerfungen die Rocky Mountains entstehen ließen, begannen auch Teile des ehemaligen Riffs sich wieder zu heben, wobei der wesentliche Hebungsprozess erst vor 20 Millionen Jahren einsetzte. Dieser schließlich sorgte dafür, dass der heutige Teil, den wir als Guadalupe Mountains kennen, den höchsten Punkt von Texas darstellt (höchster Berg: Guadalupe Peak, 2.667 m). Verwitterung und Erosion haben seither erreicht, dass große Teile des ehemaligen Riffs wieder offenliegen.

Reisepraktische Informationen Guadalupe Mountains National Park, TX

Information

*Das **Main Visitor Center** (Pine Springs) liegt direkt am Parkeingang am US 62/180 und ist ganzjährig geöffnet, ✆ (915) 828-3251, www.nps.gov/gumo. Ein zweites Visitor Center befindet sich am Ende der Stichstraße zum McKittrick Canyon.*

Unterkunft/Camping

*Die nächstgelegenen Hotels und Restaurants gibt es in **Whites City** (ca. 35 Meilen nordöstl.) und **Carlsbad** (55 Meilen nordöstl., s. S. 264).*
*Es gibt zwei Campingplätze im Park: **Pine Springs** nahe dem Visitor Center und der wesentlich einfachere **Dog Canyon Campground**. Letzterer ist nur von Norden erreichbar über die Abzweigung vom Hwy. 137 in NM. Wohnmobile + Zelten auf beiden Plätzen, doch gibt es jeweils nur sehr wenige Plätze! Sie können auch nicht reservieren, aber telef. anfragen, ob Plätze frei sind. Im Park ist eine Reihe von Backcountry-Campgrounds ausgewiesen, die aber kein fließendes Wasser haben und auch ansonsten nur rudimentär ausgestattet sind. Weitere Campingplätze gibt es sonst in **Whites City** und **Carlsbad**.*

Carlsbad Caverns National Park

Hinweise

***Das Berühren von Tropfsteinen ist nicht gestattet.** Der Salzgehalt, der ihrer Haut anhaftet, wenn auch nur in kleinen Mengen, kann das weitere „Wachstum" der Tropfsteine stark beeinträchtigen, ja z. T. sogar gänzlich stoppen. Es gibt ein paar gekennzeichnete Steine, die man berühren darf. Das Aufsammeln von Steinen ist natürlich nicht erlaubt, und die Ranger kontrollieren beim Ausstieg aus der Höhle häufig die Taschen.*
*Es gibt natürlich einen **Fahrstuhl**, der vom VC in die Haupthöhlen hinabfährt, und die kurze Selfguided Tour ist behindertengerecht ausgelegt.*

Größe: 18.890 ha mit 119 (bekannten) Höhlen.
Beste Jahreszeit: Da sich die Hauptsehenswürdigkeiten unterirdisch befinden und hier immer gleichmäßig 13,5 °C herrschen, erübrigt sich die „klimatische Empfehlung". Bedenken sollten Sie aber, dass der überwiegende Teil der Besucher in den Sommerferien-Monaten anreist und zu dieser Zeit ein ziemliches Gedränge an den Fahrstühlen und

auch um die Teilnahme an den Führungen herrscht.

Pflanzenwelt: Oberirdisch gibt es eine Reihe von Wüstenpflanzen (und in den feuchten Tälern auch Bäume) entlang dem Scenic Drive, die man aber an anderen Punkten der Reise genauso gut oder auch besser sehen kann.

Tierwelt: Erwähnenswert sind die **Fledermäuse** (*Bats*), die man aber kaum in der Höhle selbst sehen wird, sondern abends vor den Höhleneingängen während der u. g. *Bat Show*. Am häufigsten ist die mexikanische Freischwanz-Fledermaus. Man schätzt, dass sich zwischen 250.000 und 800.000 Fledermäuse in den Carlsbad Caverns aufhalten. Die genaue Zahl konnte noch keiner feststellen. Die Parkverwaltung bietet von Mitte Mai bis Anfang Oktober ein spezielles **Bat Flight Program („Bat Show")** an (in der kühleren Jahreszeit überwintern die Fledermäuse in Mexiko). Beginn ist kurz vor Sonnenuntergang am Visitor Center. Nach einer kurzen Einführung durch einen Ranger kann man die Fledermäuse beobachten, wie sie in Massen die Höhle verlassen auf der Suche nach Insekten an den nahegelegenen Flüssen. Nähere Infos und genaue Anfangszeiten der Programme vorher noch mal erfragen. In der Regel gilt first come-first served für die Plätze im Amphitheater.

Redaktionstipps

- Falls Sie an der geführten **Tour** teilnehmen möchten, kommen Sie rechtzeitig. Die letzte Tour beginnt oft schon um 13 Uhr (im Sommer z. T. um 14 Uhr). Noch besser: vorher reservieren (S. 262). Das gilt auch für die speziellen Touren (Slaughter Canyon Cave, Bat Flight Program bzw. Spider Cave Tour). Alternative: Die Selfguided Tour mit einem **Audiogerät**.
- Der **Big Room** beeindruckt durch seine einzigartige Größe, während der **Kings Palace** und das **Queens Chamber** eher durch ihre filigranen und feinen Strukturen faszinieren. Wer aber schon bekannte Höhlen in Europa besucht hat, wird durch diese nicht mehr so gefesselt sein und sollte sich mit der kürzeren Tour begnügen.
- **Festes Schuhwerk und eine Jacke** (nur 13,5 °C in den Höhlen) sollten Sie dabei haben. Für einige Touren sind sogar **Wanderschuhe** vorgeschrieben und eine **Taschenlampe** von Vorteil.

Aktivitäten

Man sollte sich im Park auf die einmaligen Höhlen konzentrieren. Entweder nimmt man an einer der stündlich beginnenden Führungen teil, oder man macht sich allein mit einem tragbaren Audiogerät mit Erläuterungen auf den Weg (Tourenlängen von 250 m bis zu 2 km möglich). Wir empfehlen die zweite Variante, dann müssen Sie nicht im Pulk von zig anderen Besuchern die engen Wege entlang laufen und versuchen, sich freie Sicht zu verschaffen. Der Bereich des Kings Palace und des Queens Chamber darf aber nur unter Leitung eines Rangers besichtigt werden.

Totem Pole

Folgende Touren gibt es in den **Carlsbad Caverns** (Main Caves) und in der **Slaughter Canyon Cave**:

- **Kings Palace Tour**: Länge 2 km, 1 ½ Std. Sie führt zum King's Palace, dem Green Lake Room sowie dem Queens Chamber. Eine filigrane Höhlenwelt belohnt für den etwas mühsamen Abstieg. Ansonsten keine besonderen Schwierigkeiten.
- **Weitere, längere Touren** werden auch geboten, finden aber unregelmäßig statt (vorher anfragen). Ansonsten gibt es zwei **Selfguided Tours** (40–90 Minuten Länge), bei

denen man die o. g. Audiogeräte mitnimmt und außerdem auf dem Weg immer wieder auf Ranger trifft, die Fragen beantworten. Ein weiterer Vorteil ist, dass man zeitlich nicht so begrenzt ist und auch noch nach 16 Uhr in die Höhlen kommt. Die beliebtesten Touren sind die zum **Big Room**, der wegen seiner immensen Größe wohl die Hauptattraktion ist. Ein (fester) Rundweg führt am Rand der Höhle entlang und dauert etwa 1½ Stunden. Sportliche nehmen nicht den Fahrstuhl sondern wandern **durch den Natural Entrance** hinunter zur Höhle. Der etwas anstrengende Abstieg und der folgende Weg zum Fahrstuhl nach oben ist 2 km lang und dauert ca. 1 Stunde. Unten können Sie dann natürlich weiterlaufen z. B. zum o. g. Big Room. Weitere Touren sind z. B. die anstrengenden und jeweils über 3 Stunden dauernden Wege zur **Hall of the White Giant** sowie in die **Lower Cave** (u. a. Leiterabstieg).

▸ **Slaughter Canyon Cave Tour**: Diese Höhle wurde bereits in den 30er Jahren entdeckt, touristisch aber nicht vor Ende der 1990er Jahre „ausgebaut". Für die 2 km lange Tour (2 ½ Std.), die an einem Höhleneingang weiter westlich im Park beginnt (Anfahrt: US 62/180 von Whites City 6 Meilen nach Süden und dann abzweigen auf die FM 418), ist eine Voranmeldung erforderlich (nur im VC oder telefonisch möglich). Festes Schuhwerk, Trinkwasser und vor allem eine Taschenlampe müssen Sie mitbringen! Dazu ist eine gute gesundheitliche Konstitution notwendig. Besondere Sehenswürdigkeit in dieser Höhle ist der 27 m hohe „Monarch", eine der höchsten Höhlensäulen der Welt. Das Erlebnis, eine Höhle „selbst" zu erkunden, ohne Touristenmassen und ausgebaute Wege, spricht für sich und bietet die Gelegenheit, sich vorzustellen, wie es den ersten Höhlenforschern wohl erging, als sie die Haupthöhle zu erforschen begannen. Treffpunkt für die Führung ist am Parkplatz am Ende der FM 418.

Taschenlampe mitbringen

Menschliche Besiedlung

Erste Menschen an den Höhlen waren höchstwahrscheinlich Indianer vor ca. 1.000 Jahren. Sie nutzten die Höhleneingänge als Unterkunft. Andere Quellen behaupten sogar, dass vor 12.000 Jahren Indianer hier gewesen seien, doch konnte diese Theorie bisher nicht wissenschaftlich belegt werden. Untersuchte Felszeichnungen deuten eher auf die erste Behauptung hin. Erst zum Ende des 19. Jh. entdeckten Europäer die Höhlen. Die meisten von ihnen kamen, um das zur Düngung geeignete nitrathaltige Guano der Fledermäuse abzubauen. Doch mangelnde Technik – Batterielampen gab es nicht, und Kerzen waren zu schwach – gab ihnen nur die Möglichkeit, bis in gewisse Tiefen vorzudringen. An vielen Nebeneingängen und Höhlen wurde damals somit unwissentlich „vorbei gearbeitet". Innerhalb von 20 Jahren waren 108.123 t Guano erwirtschaftet worden. 1903 erwarb *Jim White* die alleinige Konzession für den Abbau. Fasziniert von den feinen Strukturen, die sich hier in über 250 m Tiefe gebildet haben, legte er bald sein Hauptaugenmerk auf die Erkundung der Höhlen. 1915 machten er und *Ray V. Davis* die ersten Schwarzweiß-Fotografien, die letztendlich, nach ihrer Ausstellung in Carlsbad, die breite Öffentlichkeit auf die Höhlen aufmerksam gemacht haben.

Die ersten Besucher wurden in Guano-Eimern in die Höhlen hinabgelassen. 1924 wurde dann das National Monument geschaffen und 1930 der Nationalpark. Auch heute ist noch lange nicht alles erforscht und immer wieder finden sich neue Höhlen.

Einführung in die geologische Entstehung

Zur geologischen Entstehung des Riffgebirges, das sich vor 250 Mio. hier befunden hat und dessen Relikte auch heute noch z. T. vorhanden sind, lesen Sie bitte im gleichnamigen Abschnitt unter „Guadalupe Mountains National Park". Als vor 100–65 Mio. Jahren die Deformierung und regionale Verschiebung der Gebirgsstrukturen begann, bildeten sich unzählige Risse im Kalkgestein. Durch diese sickerte leicht saures Regenwasser, welches Kalkpartikel aus dem Stein löste und während des Sickerungsprozesses

Temple of the Sun

mit in die Tiefe beförderte. Dort traf dieses Wasser auf salzhaltigeres Wasser, wodurch sich eine schwache Schwefelsäure bildete, welche wiederum an dem nun einsetzenden Aushöhlungsvorgang der Risse entscheidend mitwirkte.

Vor 17 Millionen Jahren wurde dann das Riffgebirge um bis zu 2.000 m angehoben. Weitere Brüche in der Gesteinsmasse folgten, und dem Auflösungs- und Abschwemmungsprozess in der Gesteinsmasse selbst wurde damit enormer Vorschub geleistet. Erste größere Höhlen wurden ausgespült, doch befanden diese sich meist noch unterhalb des mittleren Grundwasserspiegels. Da dieser sich aber während der folgenden Jahrmillionen immer wieder veränderte, je nach den herrschenden klimatischen Rahmenbedingungen, bildeten sich die Höhlen in verschiedenen Tiefen (die tiefste heute bekannte Höhle liegt 312 m unter der Erdoberfläche). Von da an bildeten sich die feinen Strukturen an Decken und Böden, die diesem Höhlentyp den Namen „Tropfsteinhöhle" geben. Jeder Wassertropfen führt winzige Kalkpartikelchen mit sich, welche sich an der Decke und auf dem Grund absetzen und bizarre Formen bilden (Stalaktite und Stalagmite). Sie verändern sich auch heute noch, wenn auch sehr langsam. Die wesentlichen Formen:

- **Stalaktit**: „Gesteinszapfen", der von der Decke hängt und dessen stets abfallender (kalkhaltiger) Tropfen den **Stalagmit** am Boden bildet. Der Stalagmit ist breiter als sein Gegenstück an der Decke aufgrund der „Splash-Wirkung" beim Auftreffen. Erst vor 500.000 Jahren begann der wesentliche Entstehungsprozess der heute sichtbaren Zapfen in den Carlsbad Caverns. **Übrigens**: Eine Säule, die es schafft, in 1.000 Jahren 1 cm zu wachsen, gilt als schnell!
- **Soda Straws (Strohhalme)** sind ebenfalls Stalaktite. Die an ihnen abfallenden Tropfen sind kleiner und „rutschen" somit langsamer, hängen also länger an dem Zapfen, der damit erheblich dünner ist.
- **Column (Säulen/Stalagnate)**: Hier treffen sich ein Stalagmit und ein Stalaktit in der Mitte und bilden eine Säule, die in der Regel in der Mitte am schmalsten ist.
- **Cave Pearls (Höhlenperlen)**: Immer mehr Kalkschichten überzogen hier in mehreren Stufen ein ehemals kleines Sandkorn und vergrößerten dabei dessen Umfang um ein Zigfaches.
- **Lily Pads (Seerosenkissen)**: Behindert durch natürliche Dämme, setzt sich kalkhaltiges Wasser auf dem Hohlboden ab und bildet sogenannte „Sinter". Der Kalk setzt sich dabei zu einem großen Teil auf der Wasseroberfläche ab und bildet das Seerosenkissen. Mit der Zeit verdunsten die Wasserflächen, und eine mit vielen Wölbungen versehene Fläche bleibt als Stein zurück.
- **Draperies (Behänge)** bilden sich dort, wo Wasser an einer schrägen Decke herabfließt. Entlang der Hauptflussbewegungen setzt sich der Kalk ab.
- **Rimstone Dams (Randsteindämme/Sinterterrassen)**: Größere Kalkablagerungen bilden sich an den Rändern von (mehr oder weniger) stehenden kleinen Gewässern. Nach deren Austrocknung bleiben diese als kleine „Dämme" erhalten und werden sichtbar.
- **Popcorn**: Ähnlich den „Cave Pearls" bildet es sich nach der Verdunstung von übermäßig kalkhaltigen Wassertropfen. Der Kalkrest bleibt erhalten und sammelt immer mehr Kalk an seinen Außenflächen.

- **Helictite**: Sie erinnern an Algenformen und sind sehr selten. Die sich windenden Formen sind durch Kristalle, Fremdkörper und Wasserdruck entstanden. Ähnlich erscheinen **Aragonite**, die aber feiner strukturiert (häufig nadelförmig) sind und aus Mineralien bestehen, die dem Kalzit nur in der Kristallstruktur ähneln, nicht aber in der chemischen Zusammensetzung.

Nach El Paso sind es nun entlang dem US 62/180 ca. 160 Meilen, für die man knappe 3 ½–4 Stunden benötigt.

Reisepraktische Informationen Carlsbad Caverns National Park, NM

VORWAHL 575

Information

Visitor Center: *im Park an den Höhleneingängen (7 Meilen westl. von Whites City), ✆ 785-2232, Touren (Bandansage): ✆ 785-2107,* **Reservierung von Touren**: *1-877-444-6777 (oder online), www.nps.gov/cave.* **Öffnungszeiten**: *Park und Visitor Center: Memorial Day-Labor Day 8–19 Uhr, letzter Einlass für Natural Entrance: 15.30, via Fahrstuhl 17 Uhr. Rest des Jahres: 8–17 Uhr, letzter Einlass für Natural Entrance: 14, via Fahrstuhl 15.30 Uhr. Alle Zeiten variieren oft!*
Weitere Infos: **Carlsbad Chamber of Commerce**: *302 S. Canal St., Carlsbad, NM, ✆ 887-6516, www.carlsbadchamber.com.*

Unterkunft

In Whites City an der Abzweigung vom US 180 und im nahe gelegenen Carlsbad gibt es eine Reihe von Motels:
Super 8 $–$$: *3817 National Parks Hwy., Carlsbad, ✆ 887-8888, 1-800-800-8000, www.super8.com. Günstige Alternative.*
Rodeway Inn $$ *(NM175): 6 Carlsbad Cavern Highway, Whites City, NM, ✆ 785-2296, www.rodewayinn.com. Das dem Nationalpark am nächsten gelegene Motel, 7 Meilen entfernt vom Eingang. Sehr einfach, aber sauber und gut geführt.*
Best Western Stevens Inn $$: *1829 S. Canal St., Carlsbad, ✆ 887-2851, 1-800-730-2851, www.bestwestern.com. Hier sind die Zimmer im Schnitt etwas größer und das angeschlossene* **Restaurant** *ist ebenfalls zu empfehlen. Country-Bar mit häufiger Livemusik.*

Camping

Brantley Lake State Park *in Carlsbad (✆ 457-2384, www.emnrd.state.nm.us) ist der wohl schönste der Region. Zelten erlaubt.*
Carlsbad RV-Park & Campground, *4301 National Parks Hwy., Carlsbad (✆ 885-6333, 1-888-878-7275, www.carlsbadrvpark.com). Im Nationalpark selbst gibt es nur Backcountry-Camping.*

Restaurants

Das originellste (wenn auch nur einfaches Fast Food) ist der **Underground Snackbar/Lunchroom** *in der Höhle selbst (nur bis zur Schließung des Parks geöffnet).*
In Carlsbad: Das mexikanische Restaurant **Lucy's** *(701 S. Canal St., ✆ 887-7714) sowie das* **Red Chimney BBQ** *(817 N. Canal St., ✆ 885-8744). Neben saftigen BBQ-Briskets auch Super-Burger.*

El Paso

Entfernungen

El Paso – Dallas: 617 Meilen/993 km
El Paso – Carlsbad Caverns NP: 140 Meilen/226 km
El Paso – San Antonio: 571 Meilen/913 km
El Paso – Big Bend NP: 328 Meilen/528 km
El Paso – Tucson: 327 Meilen/526 km
El Paso – Albuquerque: 266 Meilen/428 km

Überblick und Geschichte

Die erste bekannte Expedition, die das Gebiet am Rio Grande 1581 entdeckte, war eine kleine Truppe unter *Rodríguez Chamuscado*, die auf der Suche nach Gold in den nördlich gelegenen Bergregionen hier vorbeizog. *Juan de Onate* nannte diesen Platz 1598 El Paso del Norte („Pass des Nordens"). Seit 1659 wurden verschiedene Missionsstationen gegründet, die heute zu den ältesten durchgehend besetzten Missionsstationen der USA zählen. Die ersten Farmen wurden bald darauf in diesem wüstenähnlichen Gebiet gegründet, und um 1827 entstand auf der Farm von *Juan Maria Ponce de Leon* die erste richtige Siedlung. El Paso blieb während der Revolution in Texas mexikanisch. 1846 eroberten US-Truppen die Stadt im Krieg mit Mexiko, und zwei Jahre später wurde das heutige El Paso von Ciudad Juárez getrennt. Die Grenze verlief nun, wie im Abkommen von Guadalupe-Hidalgo besiegelt, mitten durch den Rio Grande. Mit der Übernahme durch die USA entwickelte sich El Paso rasant. Der Militärposten Fort Bliss und eine Handelsstation wurden um 1850 erbaut. Auf dem Wege nach Sacramento, wo der Goldrausch eingesetzt hatte, passierten unzählige Glücksritter das damals noch verschlafene Städtchen, da die Butterfield Stage Line hier hindurchführte. 1861 wurde Fort Bliss von den texanischen Truppen der Konföderierten eingenommen. Von hier aus wollten die Truppen New Mexico erobern. Doch dieser Plan schlug fehl.

Pass des Nordens

Heute ist El Paso mit über 680.000 Einwohnern (Großraum, inkl. dem mexikanischen Ciudad Juárez 2,8 Mio.) eine recht florierende Großstadt, in der sich vor allem mittelständische Industriebetriebe (Medizintechnik, Textil, Maschinenbau, Öl und Gasförderanlagen etc.) angesiedelt haben. Die Militärbasis wird von allen Mitgliedsstaaten der Nato genutzt, besonders von den Luftwaffen,

Blick auf El Paso

Redaktionstipps

▶ **Übernachten**: Der Klassiker ist das **Camino Real El Paso**, wobei das günstigere und sehr nette **Casa de Sueños B&B** den Geldbeutel nicht ganz so strapaziert. S. 272.
▶ **Essen**: Höhepunkt ist ein Steak im **Cattleman's Steakhouse** auf der 35 Meilen außerhalb gelegenen Indian Cliffs Ranch. Die dazugehörige Bar bietet zudem neben guten Cocktails den Ausblick von der Terrasse mit Sonnenuntergang. Ansonsten: mexikanisch essen gehen, z. B. ins **Forti's Mexican Elder**. S. 273.
▶ **Die bedeutendsten Sehenswürdigkeiten** sind der **Mission Trail** (S. 277), eine Fahrt entlang dem **Scenic Drive** (S. 270) sowie die **Indian Cliffs Ranch** (S. 278).
▶ **Einkaufen**: In El Paso werden Levis- und Wrangler-Jeans in vielen Geschäften günstig angeboten. Das Gleiche gilt auch für Westernstiefel!
▶ **Das Abendprogramm**: Ein Besuch einer echten Country-Disco sollte zumindest für die Jüngeren dazugehören.

die ihre Mitarbeiter hier ausbilden lassen. Alleine die amerikanischen Streitkräfte zählen 34.000 Soldaten – eine Zahl, die aber sehr schwankt.

Der mexikanische Charakter ist auch heute noch deutlich zu spüren – besonders in den neueren Bauwerken, die des Öfteren eine Mischung aus mexikanischem Ambiente und amerikanischem Pragmatismus darstellen. Ein Beispiel dafür ist der Civic Center Complex. El Paso ist mit Ciudad Juárez wirtschaftlich und kulturell eng verbunden. Über 80% der Bevölkerung sind spanischsprachiger, meist mexikanischer Herkunft.

Das Panorama und die kühlere Luft machen einen Ausflug in die Berge um El Paso ausgesprochen lohnend. Ansonsten bietet die Stadt nicht allzu viel. Nur Cowboy-Enthusiasten kommen hier auf ihre Kosten: In keiner anderen Stadt findet man so viele Westernstiefelgeschäfte, und auch die bekannten Jeansmarken „Levi's" und „Wrangler" haben hier Factory Shops, Wrangler sogar immer noch als letzte Jeansfirma eine Produktionsstätte (VF Jeansware). Übrigens führt die älteste Straße der USA, der „Camino Real", mitten durch El Paso.

Sehenswertes im Stadtbereich

Direkt im Stadtgebiet von El Paso ist nicht viel zu erleben. Sie können einmal (kurz) durch die verhältnismäßig kleine City schlendern und bei Interesse ein oder zwei der kleinen Museen anschauen. Anschließend sollte man sich den anderen Zielen im weiteren Umkreis der Stadt widmen.

Magoffin House (1)

Das „Homestead" wurde 1875 von *Joseph Magoffin* erbaut, nachdem das ehemalige Haus der Familie 1868 durch eine Überflutung des Rio Grande zerstört worden war. Es ist das letzte ganz aus Lehm (Adobe) gebaute Haus in El Paso Downtown, das dem Bauboom des 20. Jh. nicht zum Opfer gefallen ist, und wirkt wie ein „Liliputaner" vor der Kulisse der Hochhäuser der Innenstadt. Deckenbalken, Böden und Holzwerk sind aus handgeschnitztem Holz, welches damals auf Karren von Mescalero (100 Meilen nördlich) herangebracht wurden. Das Dach ist mit einer 50 cm dicken Schicht aus wasserdichtem Material bedeckt. Die dicken Mauern aus Lehm haben den Vorteil, dass die Feuchtigkeit, die sich darin sammelt, den Zimmern immer erfrischend kühle Luft beschert. Die Möbel und Teppiche gehörten der Magoffin-Familie. Auch die Buntglasfenster an den Eingangstüren sind sehr reizvoll.

Adobe-Haus

Magoffin House, *1120 Magoffin Ave. (VC: 1117 Magoffin Ave.), ✆ (915) 533-5147, www.visitmagoffinhome.com, Di–So 9–17 Uhr, $ 4.*

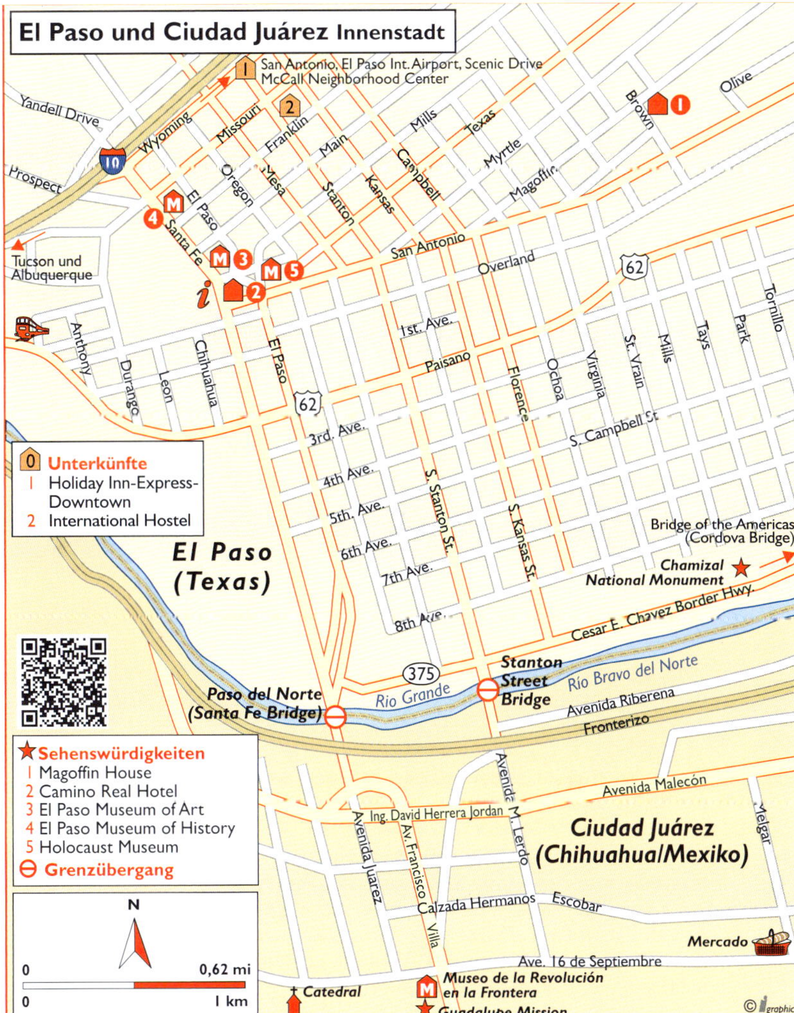

Camino Real Hotel (2)

Obwohl es sich hierbei um ein Hotel handelt (*101 S. El Paso St., ehemals Paso del Norte Hotel*), sind auch Reisende, die nicht hier wohnen, eingeladen, sich die imposante Architektur dieses Gebäudes näher anzusehen. *Zach T. White* zog es Anfang des 20. Jh. hierher, und gemeinsam mit einer lokalen Baugesellschaft studierte er die Baustruktur der vom Erdbeben 1906 verschonten Gebäude in San Francisco. Sein Traum war es, ein großes, unnachahmliches Hotel zu bauen, welches Mittelpunkt des sozialen Lebens dieser Region werden sollte. Eröffnung war 1912. Als Baumaterial wurde neben Steinen und

Tiffany-Glas im Kuppelbau

Stahl vor allem Gips verwandt, welcher aus der Gegend des heutigen White Sands National Monument stammte. Der Vorteil bestand darin, dass diese Materialien feuerresistent waren.

Eindrucks-volle Kuppel

Der eindrucksvollste Teil des Gebäudes ist ohne Frage der Kuppelbau (Dome) mit seinen Marmorwänden und dem Dach aus Tiffanyglas. Das Hotel wurde bekannt als „Showplace of the West", unterhielt seine eigene Bäckerei, Eisherstellung, Schlachterei und Wäscherei. Die Bar war berühmt dafür, dass es hier jede Alkoholmarke gab, die irgendwo in Amerika erhältlich war. Bedenkt man, dass El Paso zu Beginn des 20. Jh. noch relativ wenig Bedeutung hatte, ist die Entwicklung dieser Stadt durch dieses Hotel sicherlich maßgeblich beeinflusst worden. Lange Zeit hatten die führenden Rinderbarone des Westens hier ihre Hauptquartiere, und es heißt, es gibt keinen Platz auf der Welt, wo mehr Rinder gehandelt wurden als in der Hotellobby.

In unmittelbarer Umgebung finden sich einige Museen. El Paso hat insgesamt 17 Museen, wovon aber keines wirklich überregionale Bedeutung hat und ein Besuch nur eingefleischten Museumsgängern zu empfehlen ist.

El Paso Museum of Art (3)

Hier finden sich Werke von verschiedenen amerikanischen Künstlern (Südwesten und Indianer) und auch einige spanische Exponate. Neben Gemälden sind besonders in den häufig wechselnden Ausstellungen Skulpturen, Grafiken und private Sammlungen zu bewundern.

Museum of Art, *1 Arts Festival Plaza., ☏ (915) 212-0300, www.elpasoartmuseum.org, Di–Sa 9–17 (Do –21), So 12–17 Uhr, frei.*

Museum of History (4)

Das für den Reisenden aus Europa mit Sicherheit interessanteste Museum erzählt die Geschichte der Indianer, Eroberer, Cowboys und US-Kavallerie, die alle eine wesentliche Rolle in der Besiedlungsgeschichte des Südwestens gespielt haben.

Museum of History, *510 N. Santa Fe St., ☏ (915) 212-0320, https://history.elpasotexas.gov/, Di–Sa 9–17 (Do –21), So 12–17 Uhr, frei.*

Holocaust Museum (5)

Das Museum befasst sich mit der Judenverfolgung während des Nationalsozialismus, ist aber nicht so interessant wie das Museum in Houston.
Holocaust Museum, *715 N. Oregon, ✆ (915) 351-0048, www.elpasoholocaustmuseum.org, Di–Fr 9–16, Sa u. So 13–17 Uhr, frei.*

Ziele in der Umgebung

Scenic Drive (6)

> **Fototipp**
>
> *Fahren Sie entlang dem* ***Scenic Drive*** *(zweigt oberhalb der Innenstadt von der Mesa St. ab), der sich durch die Franklin Mountains windet. Von hier haben Sie einen hervorragenden Blick über Stadt und Land.*

Man fährt entlang der Stanton Street in nördlicher Richtung, bis man auf die Rim Road trifft. In diese biegt man nach rechts ab. Die Straße windet sich am Berghang entlang, und an mehreren Punkten gibt es Gelegenheit, auf El Paso und Ciudad Juárez zu schauen. Hierbei wird deutlich, dass auf amerikanischer Seite die Hochhäuser und die Industrieanlagen stehen, während das größere Juárez eher aussieht wie ein Dorf, das aus allen Nähten platzt.

Ausblicke

Wieder im Tal, führt von der McKinley Ave. eine kleine Straße bergauf zur **Wyler Aerial Tramway (8)** (*✆ (915) 566-6622, http://tpwd.texas.gov/state-parks/, Fr u. Sa 12–19 Uhr, So 10–17 Uhr (Zeiten variieren), $ 8*), einer kleinen Seilbahn, die auf den Ranger's Peak hinauffährt. Nicht weit davon geht es auch zum **McKelligon Canyon (7)** – ein beliebtes Ausflugsziel.

Weiter geht es nördlich auf dem Patriot Highway bis zur Kreuzung Transmountain Road, dann nach Westen zum **Border Patrol Museum (9)** (*Ausstellungen der Grenzpolizei, ✆ (915) 759-6060, www.borderpatrolmuseum.com, Di–Sa 9–17 Uhr, frei*), kurz dahinter dem **Museum of Archeology (10)** (*Erläuterungen zur Archäologie und den Wüstenpflanzen der Umgebung, 4301 Transmountain Road, ✆ (915) 755-4332, http://archaeology.elpasotexas.gov/, Di–Sa 9–17 Uhr, frei*) sowie zu einem weiteren Ausflugsziel, dem **Franklin Mountain State Park**, dessen Wanderpfade und Mountainbike-Strecken besonders Outdoor-Fans anlocken.

Chamizal National Memorial (11)

Aufgrund des jährlichen Flussbettwechsels des Rio Grande (der als Grenzfluss gilt) war diese Flussgegend den Regierungen der USA und Mexikos schon seit *Lincolns* Zeiten ein Dorn im Auge. Das Gebiet gab Anlass zu mehreren Streitereien, obwohl es klein und wirtschaftlich unbedeutend ist. Nur die Eindämmung des Flusses konnte verhindern, dass die Grenze sich immer wieder verschob. Erst Bemühungen *Kennedys* und 1968 die Unterzeichnung eines Vertrages zwischen *Lyndon B. Johnson* und *Gustavo Diaz Ordas* beendeten die dauernden Unstimmigkeiten. Heute ist das Gelände auf beiden Seiten zu Nationaldenkmälern deklariert. In einem kleinen Museum finden sich Malereien von lokalen

Grenzverschiebungen

Wandmalerei am Chamizal National Monument

Künstlern, und auf amerikanischer Seite wurde ein Institut zur Erforschung der Geschichte der amerikanisch-mexikanischen Grenze gegründet. Ein kleiner Buchladen im Visitor Center führt interessante Literatur zur Geschichte des amerikanischen Westens und Mexikos.

Chamizal National Memorial, *800 South San Marcial Rd., nahe Bridge of the Americas am Rio Grande, ☽ (915) 532-7232, www.nps.gov/cham, tgl. 7–22, VC/Cultural Center 10–17 Uhr.*

Mc Call Neighborhood Center (12)

Widmet sich der Geschichte der African-Americans in und um El Paso. Fotos, Ausstellungen, Archiv.

Mc Call Neighborhood Center, *3231 E. Wyoming Ave., ☽ (915) 566-2407, http://mccallneighborhoodcenter.org/, Mo–Fr 10–15 Uhr.*

Fort Bliss (& Old Ironside) Museum (13)

Informatives Museum zum Thema amerikanische Luftwaffe und Luftabwehr. Hier sind Geschütze, Modelle ausgestellt und es wird einiges Historisches versucht aufzuarbeiten. Im nachgebauten **Old Fort Bliss Replica Cultural Center (14)** (Ecke Pershing/ Pleasonton Rds., West Fort Bliss, Mo–Fr), welches von 1854–1868 in Magoffinville stand, befindet sich heute ein Kulturzentrum. Interessanter ist aber, hier zu sehen, wie damals ein Fort ausgesehen hat.

Fort Bliss Museum, *1735 Marshall Rd., im Militärgelände nordöstl. der Innenstadt, ☽ (915) 568-5412), https://bliss.armymwr.com/us/bliss/programs/old-fort-bliss-replica-cultural-center, Mo–Fr 9–16 Uhr. Reisepass/Personalausweis für das Betreten des militärischen Gebietes nicht vergessen!*

Reisepraktische Informationen El Paso, TX

VORWAHL 915

Informationen

El Paso Tourist Information Center: *1 Civic Center Plaza, ✆ 534-0600, 1-800-351-6024, http://visitelpaso.travel/.*
Union Depot Visitor Information Center: *400 W. San Antonio Ave., ✆ 534-0661*
Weitere Infos betreffs Veranstaltungen können Sie der Tageszeitung „El Paso Times" (www.elpasotimes.com) entnehmen.

Krankenhaus

Sierra Providence Hospital: *2001 N.Oregon Street, ✆ 577-6011;*

Sightseeing-Touren/Straßenbahn

El Paso-Juárez Trolley: *„Border Jumper" genannt. Der Trolley Bus nach Ciudad Juárez wurde leider eingestellt. Ein anderes Projekt nimmt dagegen Gestalt an: Der Ausbau einer* **historischen Straßenbahnlinie** *mit Wagen aus den 1950er Jahren. Ab 2018 ist das erste Teilstück fertig. Es ist ein Downtown Loop sowie eine Verbindung nach Norden entlang Oregon und Mesa Streets bis zum Baltimore Drive geplant. Aktuelle Infos im Visitor Center.*

Unterkunft

Gardner Hotel/International Hostel $–$$ (2): *311 East Franklin Ave., ✆ 532-3661, www.gardnerhotel.com. Hier gibt es alles vom Schlafsaal bis zu Einzel- u. Doppelzimmer. Waschräume und Toiletten sind aber immer auf dem Flur. Die zentrale Lage und der Preisvorteil sprechen für sich.*
Holiday Inn-Express-Downtown $–$$ (1): *409 E. Missouri Ave., ✆ 544-3333, www.ihg.com/holidayinnexpress/. Einfaches Hotel, dafür aber günstig und zentral gelegen.*
Super 8 Airport Inn $$ (4): *7144 Gateway Boulevard East, ✆ 779-7700, www.super8.com. 10 Meilen östlich des Zentrums. Preisgünstig und ansprechend.*
Country Inn & Suites $$ (3): *900 Sunland Park Dr., ✆ 833-2900, www.countryinns.com. Gehobener Standard und Blick vom Hügel auf den Sunland Park. Frühstücksbuffet.*
Casa de Sueños B&B $$–$$$: *405 Mountain Vista Rd., Anthony (näher an La Union), 20 Meilen nordwestl. der Innenstadt, ✆ (575) 874-9166, www.casaofdreams.com. Modernes, im Adobe-Stil erbautes Haus. Wunderschöner Blick auf die umliegende Bergwelt. Patio, bestes Frühstück. Ein Platz, der auch zum Auspannen einlädt.*
Camino Real El Paso $$$–$$$$ *(s. Punkt* **2** *der Sehenswürdigkeiten): 101 S. El Paso St., ✆ 534-3000, 1-800-722-6466, www.caminoreal.com. Großes elegantes Hotel in historischem Gebäude. Der Klassiker in El Paso und billiger als ähnliche Hotels in anderen Großstädten. Günstige Wochenendraten!*

Hinweis

Besonders günstige Motels ($–$$) *finden Sie vor allem in der Montana Ave. (nordöstl. der Stadt) in den Blocks ab der Nummer 6000.*

Camping/RV

Die Plätze bieten nur begrenzt Platz für Zelter, im Zweifel vorher reservieren.

Mission RV Park: *1420 Rv Dr., I-10, am Exit der Americas Avenue, East Side.* ✆ *859-1133, http://missionrvparklp.com. Gepflegte Anlage mit eigenen Sportplätzen und Clubhaus. 12 Meilen von der Innenstadt.*

Der Campingplatz im **Hueco Tanks Hist. Site** *ist sehr schön,* *s. S. 279.*

Restaurants

El Paso gilt als „Mexican Food Capitol of the World" (zumindest was die USA betrifft). Achtung! Das echte mexikanische Essen ist aber ausgesprochen scharf!

Wer gut in der Innenstadt speisen möchte, der sei auf die Lokalitäten im **Camino Real Hotel** *verwiesen (✆ 534-3010). Das* **Dome Restaurant** *steht für Fine Dining. In der* **Dome Bar** *dagegen können Sie, unter der Tiffany-Glaskuppel, einen Cocktail genießen.*

Famous Dave's Bar-B-Que: *1135 Airway Blvd.,* ✆ *843-8400. Laut Aussagen Einheimischer das beste BBQ-Restaurant in El Paso. Auch Burger sowie Steaks.*

Angry Owl Grill: *4799 N. Mesa St.,* ✆ *532-2450. Hier gibt es klassische amerikanische Küche (Burger, Salate, Steaks etc.), ausgesprochen leckere Fajitas-Platten sowie 16 Biere vom Fass. Gut und man wird satt!*

Cattleman's Steakhouse: *3450 S Fabens Carlsbad Rd., Fabens, Indian Cliffs Ranch, 30 Min. östl. der Stadt. (I-10 Exit Fabens und dann nach Norden),* ✆ *544-3200, www.cattlemanssteakhouse.com. Die besten Steaks in Westtexas. Unbedingt vorher reservieren!*

Forti's Mexican Elder: *321 Chelsea Rd.,* ✆ *772-0066, www.fortisrestaurant.com. Der Tipp für mexikanische Küche.*

Wer sich nicht so recht entscheiden kann, der führt in das Gebiet **Kern Place** *(nahe Uni, Bereich N. Stanton St./Cincinnati Ave. und auch N. Mesa St.). Hier gibt es zahlreiche Restaurants der verschiedenen Richtungen. An Wochenenden voll.*

Einkaufen

Wer auf der Suche nach Western-Kleidung, mexikanischem oder Pueblo-Kunsthandwerk ist, der ist in El Paso richtig. Zwei große Malls sind das **Cielo Vista Mall Shopping Center** *(I-10/Gateway, Ecke Hawkins Blvd.) sowie die* **Sunland Park Mall** *nordwestlich der Innenstadt (I-10, Exit Sunland Park Dr.)*

Preiswert sind in El Paso **Lederstiefel (Boots)**. *Mehrere Hersteller haben hier Fabriken und bieten in „Factory Shops" oder auch als „Zweite Wahl" diese günstig an. Empfehlenswerte Geschäfte sind z. B.:* **Cowtown Boots Company** *(11451 Gateway Blvd. West, www.cowtownboots.com),* **Tony Lama Factory Shops** *(www.tonylama.com, 5 Geschäfte in der Stadt, z. B.: 12151 Gateway Blvd. West (Zaragoza, I-10 Exit „Ave. of the America") und 7156 Gateway Blvd. East (neben der Fabrik) sowie* **Justin Boots** *(www.justinboots.com, 7100 Gateway Blvd. East, an der Südostecke des Hawkins Blvd.). In den Geschäften gibt es auch andere* **Western-Kleidung**.

Southwest-Souvenirs *finden Sie bei der* **Saddleblanket Company**: *6935 Commerce Ave., nahe Hawkins Blvd., www.elpasosaddleblanket.com. Teppiche, Wandbehänge, Tonwaren, Felle, Schmuck u. a.*

Veranstaltungen (Auswahl)

Eine Auflistung aller Events unter http://visitelpaso.com/events/festivals.

Mai (Memorial-Day-Wochenende): **El Paso Balloon Festival**: *Heißluftballons steigen von der Bowen Ranch auf, dazu Unterhaltung aller Art (http://kisselpaso.com/balloon-festival/).*

Alles für den Cowboy in El Paso

Mitte Juni – Labor Day: Viva! El Paso. *Farbenprächtiges Musical, aufgeführt im McKelligon Canyon, Fr u. Sa, selten auch So (http://vivaelpaso.org/).*
Verschiedene Daten: Southwestern International PRCA Rodeo. *Profi-Rodeo im El Paso Colliseum (4100 East Paisano Dr.) mit bekannten Country-Western-Sängern (www.elprodeo.com).*

Konzerte/Festivals/Veranstaltungen

McKelligon Canyon: *Mc Kelligon Rd. 4 Meilen nördlich der City. Folgen Sie der Alabama Rd. Ab dann gut ausgeschildert. Hier finden unter freiem Himmel Konzerte und Festivitäten statt (http://elpasolive.com/venues/mckelligon_canyon).*

Verkehrsmittel

Flughafen

El Paso Int. Airport: *✆ 212-0330, www.elpasointernationalairport.com*
Anfahrt **mit dem eigenen Auto:** *Vom nördlichen Stadtzentrum aus auf dem I-10 nach Osten und dort abbiegen am Airways Rd.-Exit. Dieser Straße folgen nach Norden. Nach einer Meile ist bereits alles ausgeschildert.* **Shuttle/Kleinbusse:** *Viele Hotels bieten Shuttleservices an, ebenso wie* **Amigo Shuttle** *(✆ 355-1739, www.amigoshuttle.info).*
Stadtbus: *Die Buslinien 33 und 50 der Sun Metro verkehren zwischen Innenstadt (Downtown Transfer Center, S. Santa Fe St., zw. 3rd u. 4th Ave.) und Airport.* **Taxi:** *Eine Fahrt mit dem Taxi vom Zentrum zum Flughafen kostet ab 18 $ plus Trinkgeld.*
Alle größeren **Mietwagenunternehmen** *haben Stützpunkte am Flughafen.*

Öffentliche Verkehrsmittel/Taxis
Amtrak-Bahnhof: *Union Depot (700 West San Francisco St.), ✆ 545-2247, 1-800-872-7245.*
Überlandbus-Terminal: *200 W. San Antonio Ave., Greyhound: ✆ 533-9812. Texas, New Mexico & Oklahoma Coaches Inc. sowie Transportes Chihuahuenses (Fahrten nach Mexiko) werden ebenfalls über Greyhound gebucht.*
Stadtbusse: *Die städtische Busgesellschaft heißt „Sun Metro". In den Außenbezirken ist das Netz nicht sehr dicht. ✆ 212-3333, www.sunmetro.net. Die Linien 4 und 9 umkreisen die Innenstadt, die Linien 10 und 11 fahren ins Uni-Viertel (Kern Place). Die meisten wichtigen Linien beginnen am Bert Williams Downtown Transfer Center (S. Santa Fe St., zw. 3rd u. 4th Ave.).*
Taxis: Checkers Taxi Cab: *✆ 532-2626,* **Yellow Cab**: *✆ 532-9999*

Sehenswertes in der Umgebung

Ein Abstecher nach Ciudad Juárez

Hinweis

Ciudad Juárez war von 2008-2012 Brennpunkt des in Mexiko tobenden Drogenkriegs mit der höchsten Mordrate der Welt. Die USA gaben Reisewarnungen für Mexiko aus, viele Hotels, Restaurants, Kneipen und Souvenirläden mussten aufgrund der ausbleibenden Gäste aus den USA schließen. Die Lage hat sich mittlerweile etwas beruhigt, doch die Kriminalität ist weiter hoch. Daher sollte man sich vorher bzw. vor Ort über die Sicherheitslage informieren und entsprechende Vorsicht walten lassen (www.auswaertiges-amt.de).

Ciudad Juárez ist die Partnerstadt von El Paso und liegt ihr gegenüber am Rio Grande (die Mexikaner sagen Rio Bravo). Aus einer kleinen Kirche entstanden, hat Juárez heute 1,32 Mio. Einwohner (Großraum: 2,53 Mio. E.) und ist damit die viertgrößte Stadt Mexikos. Juárez wurde am 9. Dezember 1659 vom Franziskanermönch *Garcia de San Francisco y Zuñiga* gegründet. Er gab der Siedlung den Namen „El Paso del Norte". Die Gegend um die Mission, der Jungfrau von Guadalupe gewidmet, wuchs und gedieh im Laufe der Zeit. Wagen- und Maultierkarawanen machten hier Rast auf ihrem Weg von Mexico City nach Santa Fe. Gold- und Silbererz aus den Minen von New Mexico wurde über Juárez befördert. El Paso del Norte wurde zur Provinzhauptstadt von New Mexico während des Indianeraufstandes im Norden und nochmals, als Präsident *Benito Juarez* vor den französischen Truppen *Maximilians* floh. 1888 wechselte die Stadt ihren Namen zu Ehren des „kleinen Präsidenten" und wurde nun zu Ciudad Juárez. Bald danach nahm die amerikanische Siedlung auf der anderen Seite des Flusses den Namen El Paso an.

Heute ist Juárez ein internationales Handelszentrum und Sitz mehrerer Industriebetriebe, die vor allem pharmazeutische Produkte und elektrotechnische Geräte herstellen. Die Liste der weltweit bekannten und hier produzierenden Firmen ist lang (z. B. Electrolux, Bosch, Delphi, Johnson Controls, Lear, Boeing, Siemens). Juárez bietet Glasbläsereien, die Herstellung von Gold- und Silberschmuck, Windhundrennen und natürlich den baulichen

und kulturellen Gegensatz zu den USA, der aber nur bedingt zu erkennen ist. Zu nah ist der Einfluss der amerikanischen Partnerstadt.

Sehenswert ist Stadtbereich ist die **(Old) City Market/ Mercado**, die alte Markthalle. Hier kann man günstig und gut in einem der Straßenrestaurants essen und im Markt gibt es ein paar mexikanische Souvenirs und Gewürze zu erstehen.

400 m weiter westlich befindet sich das **Museo de la Revolución en la Frontera** *(www.muref.org)*, das reichlich unsortiert erscheint, aber für ein paar Infos zur Geschichte der Stadt gut ist. In dem Gebäude wurde die Mexikanische Revolution beendet. Gleich daneben, direkt an der Plaza, liegt die **Guadalupe Mission**, die erste aller Missionskirchen am Rio Grande. 1659 von dem Franziskanermönch *Garcia de San Francisco y Zuñiga* erbaut, hat die Kirche eine wunderschön geschnitzte Decke. Eine Legende besagt, dass die Deckenbalken aus Palmenstämmen hergestellt sind, die von Spanien nach Veracruz verschifft und dann auf dem Rücken von Indianern zum „Pass des Nordens" gebracht worden sind. Außerdem soll der Schatten der Missionskirche zu einer bestimmten Tageszeit direkt zu einem Ort in den Franklin-Bergen zeigen, wo der Eroberer *Juan de Onate* angeblich einen Schatz mit Gold, Silber und Juwelen versteckt haben soll.

200 m weiter westlich gelangt man dann zur **Kathedrale**, die von außen deutlich den spanischen Kolonialstil widerspiegelt. Innen ist sie völlig neu und geschmackvoll gestaltet.

Reisepraktische Informationen Ciudad Juárez, Mexiko

Grenzformalitäten

Nicht-Amerikaner müssen einen Reisepass mit sich führen. Besucher, die ein US-Visum benötigen, müssen den Vermerk „multiple entry" im Pass vorweisen. Es wird ein Aufenthalt von bis zu 72 Stunden genehmigt, und man darf nicht weiter als 18 Meilen ins Landesinnere reisen.

Grenzübergänge:

Paso del Norte Bridge (Santa Fe Bridge), 1000 S El Paso Street.
Stanton Street Bridge (auch Fußgängerübergang), 1001 S Stanton Street
Bridge of the Americas (Cordova Bridge), 3600 E. Paisano
Ysleta Bridge (auch Zaragoza Bridge genannt), 791 Zaragoza Street.

Einkaufstipps/Restaurants

Im Stadtbereich von Juárez können Sie ohne Probleme in Dollar bzw. einer gängigen Kreditkarte bezahlen.
Günstig einkaufen lassen sich vor allem Lederwaren, Tequila und ein paar Western-Artikel (Hüte, Jeans etc.) Aber alleine nur um Einzukaufen lohnt der Besuch der Stadt nicht.
Juárez Mexico City Market (Mercado): *Avenida 16 de Septiembre. Stände aller Art. Hier sind die Preise angemessen, und man kann durchaus handeln. Direkt vor dem Markt, in den* **Straßen-Restaurants**, *können Sie eine Kleinigkeit essen (authentisch, Atmosphäre, vernünftige Preise).*

Zurück auf amerikanischer Seite

Rundfahrt zu den Missionsstationen

Hinweis

Interessant, doch wer bereits die Missionen in San Antonio besichtigt hat, wird hier nicht viel Neues entdecken. Die Rundfahrt und anschließend zur Indian Cliffs Ranch nimmt mindestens fünf Stunden in Anspruch und ist etwa 90 Meilen lang.

Anfahrt

I-10 bis Exit Zaragosa Dr. Ab hier als ***Mission Trail*** *ausgeschildert.* ***Mission Valley VC****: 9065 Alameda Ave., El Paso, ✆ (915) 851-9997, http://visitelpasomissiontrail.com, tgl. geöffnet;* ***Los Portales Museum & IC****: 1521 San Elizario Rd., San Elizario, Di–So. Es werden Touren angeboten, die man unter o. g. Nummer/Internetseite bzw. über das Visitor Bureau von El Paso (mind. 24 Std. vorher) buchen kann.*

Die Missionsstationen liegen an der ältesten Straße der USA, dem **Camino Real**, der heute durch meist bewässertes Kulturland führt. Auf größeren Farmen werden hauptsächlich Baumwolle, Gemüse und Mais angebaut. Der Anfang der Geschichte am „Pass des Nordens" begann mit der Errichtung der Missionskirchen. Ziel war es, die Indianerstämme zu „bekehren". Auf der Flucht vor der Pueblorevolution weiter nördlich siedelten sich die ersten Indianer hier 1680 an, woraufhin die **Ysleta Mission (15)** 1681 als erste (auf amerikanischer Seite) gemeinsam von den Tigua-Indianern und Franziskanermönchen erbaut wurde. Die **Tigua Indianer Reservation**, eine von nur drei Reservationen in Texas, liegt auch heute noch gleich neben der Kirche. An Wochenenden finden hier Tanzvorführungen statt, und im Umkreis gibt es eine Reihe von Souvenirläden sowie das **Tigua Cultural Center**, an dem Sie weitere Infos erhalten und wo an Wochenenden folkloristische Aufführungen zu sehen sind *(305 Yaya Lane, ✆ (915) 859-7700, www.ysletadelsurpueblo.org, Mi–So 10–16 Uhr, Folklore: Sa u. So, Juni/Juli auch Fr 11, 13 u. 15 Uhr).*

Missionsstation für Indianer

1682 wurde die 3 Meilen östlich von Ysleta gelegene **Socorro Mission (16)** von dem mittlerweile ausgestorbenen Stamm der Piro-Indianer gebaut. Zwischenzeitlich von einer Flutkatastrophe nahezu zerstört, wurde die Kirche wieder aufgebaut. Im Kirchen-

Socorro Mission

schiff sind noch die ersten, von den Piros geschnitzten, „Vigas" (Deckenbalken) sowie eine handgeschnitzte Statue von St. Michael in der südlichen Sakristei erhalten geblieben. Die Fassade des Kirchengebäudes ist dem indianischen Symbol für Regenwolken nachgebildet. Der kleine Friedhof ist ungewöhnlich. Besondere Aufmerksamkeit sollten Sie hier den „Decansas" (Ruheplätze) schenken. Diese kleinen „Schuppen" befinden sich in drei Ecken des Friedhofs; die Verstorbenen werden von den Hinterbliebenen – vor dem eigentlichen Begräbnis – zu diesen Schuppen getragen.

6 Meilen östlich von Socorro steht die **San Elizario Mission (17)**. Die Spanier bauten dieses „Presidio" (Fort) als Schutz gegen kriegerische Indianerstämme. Die Kirche spiegelt mehr den spanischen Kolonialstil wider. Gegenüber der Kirche befindet sich der „Gazebo", ein schattenspendender Platz, der für viele Versammlungen genutzt wurde. Fahren Sie über den I-10 zurück nach El Paso, oder folgen Sie der Camino Real weiter bis Fabens, von wo aus Sie, den I-10 überquerend, zur Indian Cliffs Ranch gelangen.

Indian Cliffs Ranch (18)

Die Ranch ist heute eines der beliebtesten Ausflugsziele der Städter. Auf relativ kleinem Raum wurde alles untergebracht, was man sich vorstellen kann: ein Zoo, Festzelte, Liegewiesen, Wanderwege, Spielplätze, ein Restaurant und, und, und ... Reitbegeisterte können hier Pferde ausleihen und durch die erodierte Klifflandschaft der Halbwüste reiten. Auf der Veranda des Restaurants können Sie einen Sundowner einnehmen und das orange-violette Licht der untergehenden Sonne bewundern. Danach sollten Sie sich eines der weltbekannten Texas-Steaks im Restaurant gönnen. Aber Achtung! Selbst ausgewachsene Männer sollten mit der „Ladies Portion" vorlieb nehmen. Das 900-g-Cowboy T-Bone-Steak schafft man nicht! Am Wochenende oft voll, also reservieren fürs Restaurant.

„Ladies Portion" langt!

Indian Cliffs Ranch, *35 Meilen außerhalb von El Paso. Anfahrt: I-10 29 Meilen in östliche Richtung, dann abbiegen am Exit 49 (Fabens) in nördliche Richtung. Nach 6 Meilen liegt die Ranch rechter Hand, ✆ (915) 544-3200, www.cattlemansranch.com, Mo–Fr 17–21, Sa u. So 12.20–21 (22) Uhr.*

Hueco Tanks Historic Site (19)

Für einen „gründlichen" Ausflug zu diesem Naturpark sollte man mindestens vier Stunden einplanen, damit man die Landschaft genießen und zu einigen der Felsmalereien wandern kann. Schon vor 10.000 Jahren lebten an den „Hueco Tanks" (ausgesprochen „weco") Menschen. Durch die natürlichen Basins, die wertvolles Wasser auffingen, bot sich dieses Gebiet geradezu an: Es gab hier Wasser und Tiere zum Jagen. Und auch während der Zeit der Postkutschen war hier ein wichtiger Stopp der „Butterfield Overland Stage Coach Line". Heute bieten sich hier dem Reisenden schöne Wanderwege mit mehr als 2.000 Felszeichnungen, von denen die ältesten auf 1500 v. Chr. zurückdatieren. Diese sind aber nur auf Touren zu besichtigen (s.o.). Neben wilden Mauleseln gibt es andere Halbwüstentiere, wie z. B. Kojoten, Stachelschweine und verschiedenstes Rotwild.

Felszeichnungen

Hueco Tanks Historic Site, *6900 Hueco Tanks Rd., 22 Meilen nordöstl. von El Paso, über die Montana Avenue zu erreichen, ✆ (915) 857-792-1135, http://tpwd.texas.gov/stateparks/hueco-tanks, tgl. 8–18 (Mai–Sept. Fr–So 7–19) Uhr, $ 7. Der Besuch des Parks und die Teilnahme an den Touren müssen unbedingt reserviert werden.*

Tipp

Zum Wandern sollten Sie festes Schuhzeug dabei haben, da gerade das Besteigen der Klippen sehr reizvoll ist. Im Park gibt es einen schönen Campingplatz.

Tour durch die Hueco Tanks Historic Site

5. WEITE, WÜSTEN UND PUEBLOS IN NEW MEXICO UND ARIZONA

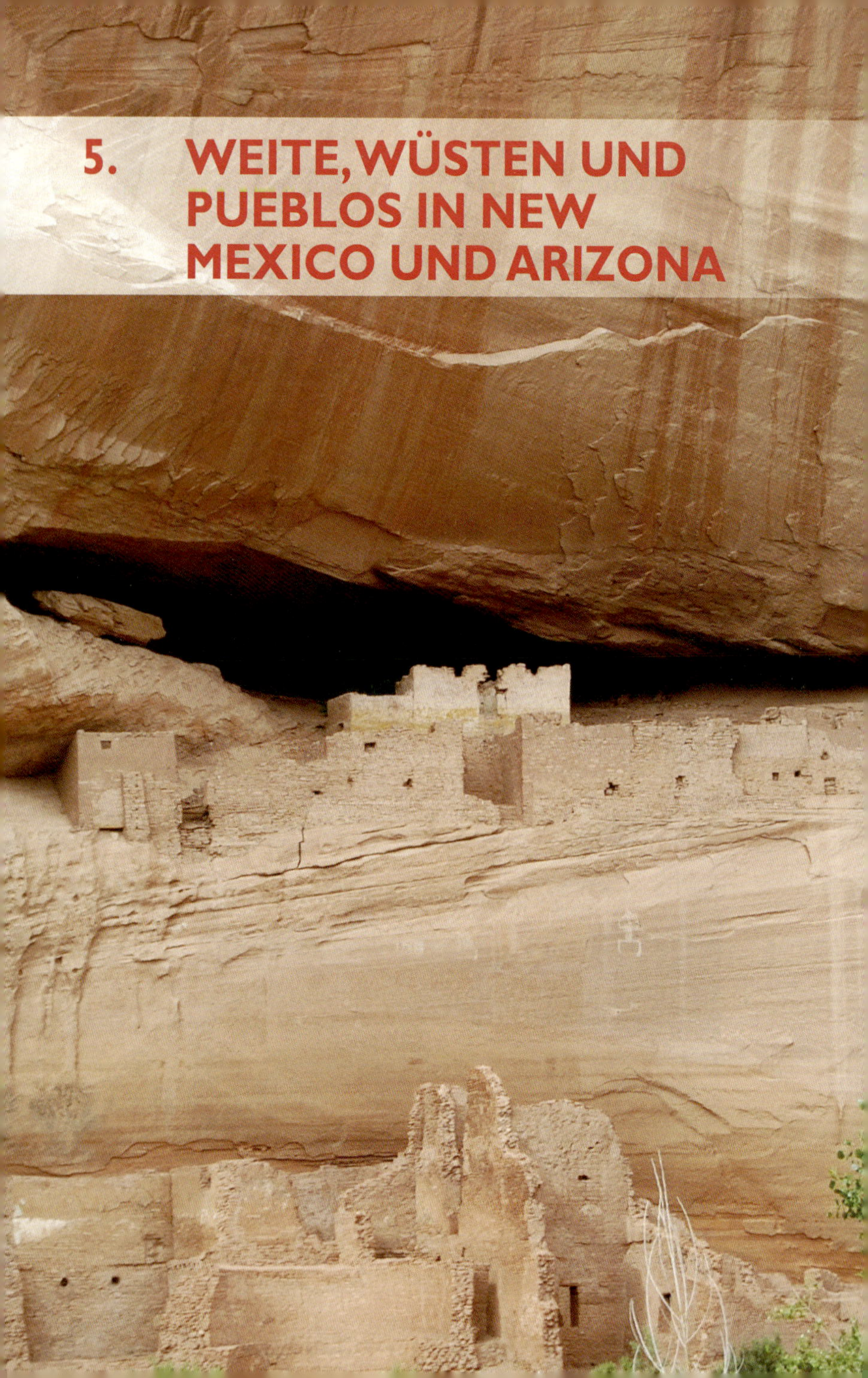

New Mexico erleben

New Mexico bietet vor allem **landschaftliche Reize**, interessante Indianerkulturen und eine Vielzahl an Ghost Towns. Die Städte sind nur von geringem Interesse, sieht man einmal ab von den Museen und der netten Old Town in Albuquerque und dem indianischen „Touch" in Santa Fe und Taos. Wer diesen Staat also wirklich kennen lernen möchte, sollte sich zum einen die schönsten landschaftlichen Höhepunkte ansehen, wie den **Carlsbad Caverns National Park** und das **White Sands National Monument**, und sich zum anderen den **indianischen Kulturen** widmen, die sich in kaum einem anderen Staat der USA so eindrucksvoll präsentieren.

Um ein wenig hinter die Kulissen des Daseins der heutigen Indianer zu schauen, sollte man sich auch die indianischen Wohnsiedlungen der Vorstädte ansehen und sich dann in den Reservationen abseits der großen Touristenrouten umsehen. Hier kommt man leicht in Kontakt mit den Indianern und erfährt sicherlich so einige interessante Dinge, die sonst verborgen bleiben würden. Das heißt natürlich nicht, dass es sich nicht lohnen würde, auch die alten Kulturstätten zu besuchen. Vor allem beim Fotografieren sollte man auf die Menschenwürde achten, besonders wenn man noch bewohnte Pueblos (z. B. Taos, Acoma) anschaut. Immer vorher fragen (meist muss man für das Fotografieren bezahlen). In **Los Alamos** befindet sich das bekannte Atomenergiezentrum, in dem während des 2. Weltkriegs an der Atombombe geforscht worden ist.

Die südlichen Rocky Mountains und das Trans-Pecos-Hochland

info

Im Berührungspunkt von südlichen Rockies und dem **Pecos-Becken**, das sich über den östlichen Teil von New Mexico sowie West-Texas (bis San Antonio hin) erstreckt, hat der Fluss sein eigentliches Tal zum Teil über 300 m tief und bis zu 50 km breit eingeschnitten. Dort, wo der Fluss in den Kalkstein des Edward-Plateaus (zw. San Angelo und Del Rio, TX) eintritt, verengt es sich zu einem Canyon. Die breite Talaue des oberen und mittleren Pecos wird von einer mächtigen Alluvialdecke (Anschwemmungsböden) bedeckt. Interessant ist, dass poröse Bodenschichten artesisches Wasser freigeben, das aus den westlich gelegenen Gebirgen stammt. Besonders im Gebiet um Roswell (nordöstlich von El Paso) lässt es sich leicht erschließen und landwirtschaftlich nutzen.

Südwestlich an die Rocky Mountains angelagert liegt das **Trans-Pecos-Hochland**. Es befindet sich wiederum westlich des Pecos-Beckens und bildet eine Übergangszone zwischen den Bergen sowie dem Rio-Grande-Becken im Westen und den Plains im Osten. Auch dieses Plateau weist Becken und Berge auf, doch nur in sehr begrenztem Umfang, und es hat eher den Charakter der Plains. Eines der Becken ist das Estancia-Tal östlich von Albuquerque, wo Geologen Reste von alten Strandlinien entdeckt haben. Daher vermutet man, dass hier einmal ein

info

großer See gewesen sein muss. Ein weiteres Becken, in dem vormals ein See gewesen sein muss, ist das Tularosa-Becken nördlich von Alamogordo, NM, das heute zu einer sogenannten Salzmarsch zusammengeschrumpft ist. Im Trans-Pecos-Hochland lag ehemals der Kern des Kulturraumes der Pueblo-Indianer.

Im Süden von New Mexico erheben sich einzelne inselbergartige Gebirgszüge, die sich wie Keilschollen an Bruchlinien empor gehoben haben (z. B. Sacramento Mts. u. Guadalupe Mts.). Die Bruchbildung war vielfach auch von vulkanischen Ergüssen begleitet, daher finden sich hier teilweise auch Vulkankegel und Basaltströme. Die Davis Mountains südöstlich von El Paso sind das größte dieser Vulkangebirge.

Bei den **südlichen Rocky Mountains** handelt es sich um ein Bruchfaltengebirge, wie es auch die Anden sind. D. h. durch fortwährende tektonische Verschiebungen der Erdkruste versetzen sich die Gesteinsschichten gegeneinander, ohne dabei aber den Kontakt zueinander zu verlieren. Anstelle von scharfkantigen Abbruchkanten entstehen also Falten. Das muss man sich wie einen verschobenen Teppich vorstellen, der dabei „Hügel" bildet. Daher erstrecken sich die wesentlichen Höhenzüge parallel in Nord-Süd-Richtung.

Die tektonischen Verschiebungen haben aber auch von zwei Seiten Druck auf den Bereich des heutigen Gebirges ausgeübt. Dabei wurde dann überwiegend kristallines Gestein aus der Tiefe an die Erdoberfläche hochgepresst. Am Rande der Rockies, wo dieser Druck nicht so intensiv gewirkt hat, entstanden „foot hills", bei denen immer noch die mesozoischen (das sog. Erdmittelalter vor 225–100 Mio. Jahren) Schichten der Plains aufliegen. Die Faltenbildung hat an einigen Stellen leicht gewölbte Flächen, sogenannte Einebnungsflächen, entstehen lassen. Diese wurden später teilweise durch Flüsse zerschnitten.

An einigen höheren Gebirgszügen, wie z. B. der Colorado Front Range oder der Sangre de Christo Range, kann man noch heute Spuren der eiszeitlichen Vergletscherung erkennen. Hier gibt es die dafür typischen Kare und Trogtäler.

Vor dem Fotografieren um Erlaubnis fragen

New Mexico-Telegramm

***Abkürzung**: NM; **Beiname**: Land of Enchantment (Bezauberndes Land); **Namensherleitung**: 1598 wurde das Gebiet von den Spaniern, die von Mexiko aus operierten, in Besitz genommen und erhielt dabei den heutigen Namen; **Bundesstaat seit**: 6. Jan. 1912 (47. Staat); **Fläche**: 315.115 km²; **Einwohner**: 2,1 Mio. E.; **Einwohnerdichte**: 6,6 E/km²; **Hauptstadt**: Santa Fe: 70.000 E.; **weitere Städte**: Albuquerque (559.000 E., Großraum: 1,16 Mio. E.), Las Cruces (101.000 E.), Rio Rancho (95.000 E.), Farmington (46.000 E.); **wichtigste Wirtschaftszweige**: Bergbau (Erdöl, Gas, ferner Kohle, Gold, Silber), Elektroindustrie, Atomforschung, Militär, Landwirtschaft (Mais, Weizen und vor allem Viehzucht), Tourismus*

Von El Paso nach Albuquerque

Entfernungen

El Paso – White Sands NM (über Hwy. 54): 102 Meilen/164 km
White Sands Monument – Socorro (über Carrizozo): 145 Meilen/233 km
Socorro – Albuquerque: 77 Meilen/124 km
El Paso – White Sands NM – Ruidoso – Socorro – VLA – Albuquerque: ca. 500 Meilen/805 km

Routenempfehlung

Die Eiligen nehmen die I-10 bis Las Cruces und von dort den I-25 bis Albuquerque. Wer es beschaulicher angehen lassen möchte, biegt bei Las Cruces in östliche Richtung ab auf den US 70. Nach 54 Meilen liegt linker Hand das White Sands NM. Von dort sind es 14 Meilen auf dem US 70 bis Alamogordo. Bleibt man auf dem US 70 bis Tularosa, muss man sich dort entscheiden, ob man über die Berge entlang dem Apache Trail fahren möchte (US 70, dann nach links auf den AZ 48, durch Ruidoso, hinter Ruidoso auf den AZ 37, bis dieser auf den US 380 trifft. Diesen immer geradeaus bis San Antonio, NM). Oder man fährt von Tularosa entlang dem US 54 bis Carrizozo und biegt hier nach links ab auf den US 380 bis San Antonio. Von San Antonio bis Socorro auf dem I-25. Zur Kelly Ghost Town und zum VLA geht es auf dem US 60 in Richtung Magdalena (das VLA liegt gut 20 Meilen dahinter), man muss dann aber diesen Hwy. zurück bis Socorro, von wo aus man auf dem I-25 bis Albuquerque fährt. Wer die Salinas-Missionen besichtigen möchte, fährt vom I-25 am Exit 175 (Bernado/Mountainair) ab. Nach 20 Meilen passiert man bereits die Abo-Ruinen, nach weiteren 9 Meilen erreicht man das Visitor Center. Nach Tijeras führen von hier die AZ 55 u. 337. Von dort dann auf dem I-40 nach Albuquerque.

Überblick

Beim ersten Blick auf die Karte mag dieser Streckenabschnitt nicht besonders interessant erscheinen, und mit Ausnahme des White Sands National Monument finden sich hier nur wenige bekannte Sehenswürdigkeiten. Und doch hat diese Strecke ihren Reiz, und wer kann, sollte zwei Tage dafür einplanen. Neben den weißen Dünen des **White Sands**

Alternativ: Urlaub im All oder Abstecher zu einer Ghosttown

*Wer die schnelle Strecke entlang des I-25 wählt, sollte sich 30 Meilen östlich von **Truth or Consequences** den Weltraumbahnhof **Spaceport America** anschauen. Von hier sollen kommerzielle Flüge in den Weltraum starten. Organisator: Richard Branson mit seiner „Spaceline" Virgin Galactic (www.virgingalactic.com). Das kann man sich anschauen, muss sich aber mindestens 24 Stunden vorher dafür anmelden: ✆ 1-844-727-7223, http://spaceportamerica.com/. Der erste Weg führt zum Visitor Center/Spaceport America Experience in Truth or Consequences (301 S. Forch St., tgl. 8.30–16.30 Uhr, Touren Do–Mo 9 und 13.30 Uhr, ab $ 45), von wo aus die vierstündigen Touren starten.*
*Wer lieber die Vergangenheit des Westens erkundet, dem sei die Ghosttown **Winston** nordwestlich von Truth or Consequences empfohlen (erreichbar über die AZ 52, ca. 40 Meilen vom I-25).*

Redaktionstipps

▸ **Übernachten**: Zum Entspannen bietet sich zwischen Mescalero und Ruidoso das **Inn of the Mountain Gods** (S. 290) an. Hier kann man auch wandern und ausreiten. Noch idyllischer ist **The Lodge at Cloudcroft** (S. 289).
▸ **Sehens- und Erlebenswertes**: der Weltraumbahnhof **Spaceport America** (S. 283), die weißen Dünen des **White Sands NM** (S. 287), Raketen im **Museum of Space History** in Alamogordo (S. 288), Natur erleben in den **Sacramento Mts.** (S. 288), die **Kelly Ghost Town** (S. 291), die **Salinas-Pueblo-Missionen** (S. 292). Hierfür muss man inkl. An- und Abfahrt einen halben Tag rechnen.
▸ **Zeiteinteilung: zwei Tage**, wenn man sich auf die wesentlichen Sehenswürdigkeiten entlang der beschriebenen Route beschränkt (übernachten in Alamogordo, in den Sacramento Mts. oder um Ruidoso).

Monument durchquert man eines der wichtigsten Gebiete für die **Erprobung von Raketen**. Daher wurde in Alamogordo ein durchaus interessantes Raumfahrtmuseum errichtet. Hinter Alamogordo bietet sich dann die Gelegenheit, durch die bewaldeten Bergregionen der Mescalero-Apache-Indian Reservation zu fahren. Nahe Truth or Consequences hat Richard Branson seinen Spaceport eingerichtet.

Bei Carrizozo führt die Straße direkt durch das **Valley of Fire**, ein von dunklem Lavagestein bedecktes Tal. In **Socorro** stehen noch eine Reihe von älteren Gebäuden aus der Zeit des Bergbaubooms, und von hier aus lassen sich u. a. Ausflüge unternehmen zur Kelly Ghost Town und zum Radio Teleskop, welches über Radiosignale Bilder von weit entfernten Gestirnen empfängt.

Für Naturfreunde lohnt sich auch ein Ausflug zum Bosque del Apache Wildlife Refuge. Auf dem Weg nach Albuquerque kann man zudem noch einen Abstecher zu den **Salinas-Missionen** machen. Ruinen in diesem Gebiet datieren zurück auf ca. 1100 n. Chr. Wer keine zwei Tage Zeit hat, kann schnell über die Highways I-10 und I-25 entlang dem Rio Grande in gut sechs Stunden nach Albuquerque gelangen.

Sehenswertes

Las Cruces

Sehenswert in Las Cruces ist das historische „Dorf" **Mesilla** (kleiner Berg). Einst eine Indianergemeinde auf einem kleinen Hügel, war es der Kreuzungspunkt der Butterfield Stage Route sowie des Camino Real. Das Restaurant *La Posta* war die Haltestelle der Postkutschen. Mesilla wurde um 1850 gegründet, als sich hier kurz nach der Unterzeichnung des Vertrages von Guadalupe-Hidalgo Indianer und auch amerikanische Siedler niederließen, um die me-

Souvernirshop in Old Mesilla

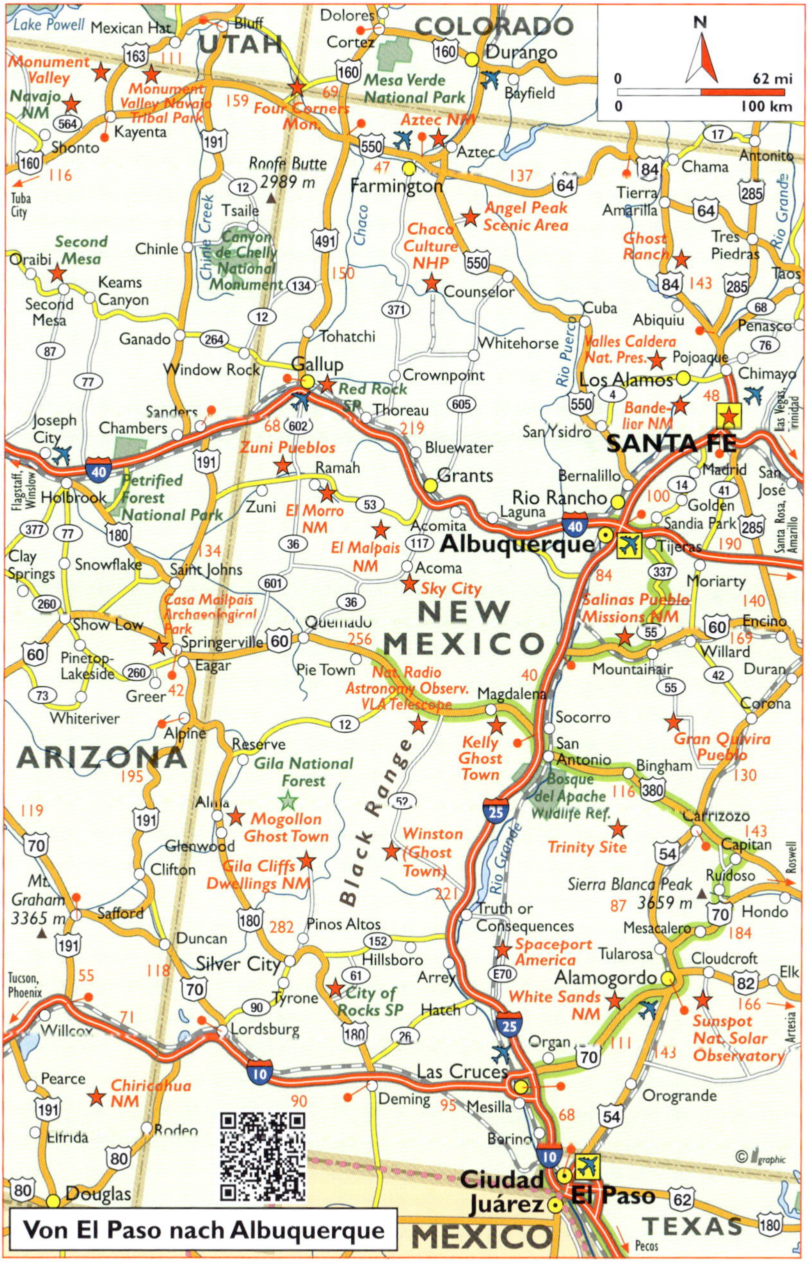

Von El Paso nach Albuquerque

xikanische Staatsangehörigkeit behalten bzw. erlangen zu können. Der Gadsden Purchase, nur drei Jahre später, besiegelte aber die amerikanische Zugehörigkeit. 1880 wurde *William Booney*, alias *Billy the Kid* in Mesilla verurteilt, konnte aber vor der Vollstreckung fliehen. Ein Jahr später stellte ihn aber *Pat Garrett* in der Nähe von Ft. Sumner und tötete ihn. Dieser wurde dann nach seiner Ermordung hier auf dem Masonic Cemetery beerdigt.

Missionsstation

Heute findet sich in Mesilla eine Reihe von Galerien, Souvenirläden, Restaurants u. a. Die **San Albino Church** in Mesilla Village *(Old Mesilla Plaza)* ist eine der ältesten Missionsstationen in New Mexico (1851). Von Interesse sind evtl. noch das **Gadsden Museum**, in dem es einiges zum Thema Besiedlung und indianisch-mexikanischer Kulturgeschichte zu sehen gibt.

Gadsden Museum, *3 Blocks östl. des Old Mesilla Plaza an der 1875 W. Boutz Rd. Besuch nur nach Anmeldung Mi–So: ✆ (575) 526-6293, www.gadsdenmuseummesilla.com.*

Interessant ist das **New Mexico Farm & Ranch Heritage Museum**, das sich mit der 3.000jährigen Geschichte der Farmwirtschaft auf dem Gebiet des heutigen New Mexico beschäftigt.

Heritage Museum, *4100 Dripping Springs Rd. – University Ave. östl. der Stadt, Mo–Sa 9–17, So 12–17 Uhr, www.nmfarmandranchmuseum.org, $ 5.*

Reisepraktische Informationen Las Cruces, NM

VORWAHL 575

Information

Las Cruces Conv. & Visitors Bureau: *211 N. Water St., ✆ 541-2444, www.lascrucescvb.org.*

Unterkunft

Days Inn $$: *755 Avenida de Mesilla (I-10 Exit 140), ✆ 526-8311, www.daysinn.com/hotels/new-mexico. Motel mit sehr gutem Preis-Leistungs-Verhältnis. Pool und Münzwaschmaschinen.*

Ramada La Cruces Hotel $$–$$$: *201 E. University Ave., ✆ 526-4411, 1-800-272-6232, www.ramada.com/hotels/new-mexico. Mittelklassehotel im Hacienda-Stil. Mit vielen Antiquitäten ausgestattet – u. a. ein alter Saloon. Pool und Restaurant.*

Hotel Mesilla $$–$$$: *1891 Avenida de Mesilla, Mesilla (südlich), ✆ 652-4953, http://hotelmesilla.com. Antik möblierte Herberge am Stadtrand. Schöner Ausblick vom Pool auf die Berge. Restaurant. Tipp: Nach Jacuzzi oder Veranda-Zimmern fragen.*

Restaurant

La Posta de Mesilla: *2410 Calle De San Albino, Old Mesilla Plaza (3 Meilen südwestlich am Hwy. 28), Mesilla, ✆ 524-3524, www.laposta-de-mesilla.com. Tex-Mex und amerikanische Küche in alter (1807) Pferdekutschenstation.*

White Sands National Monument

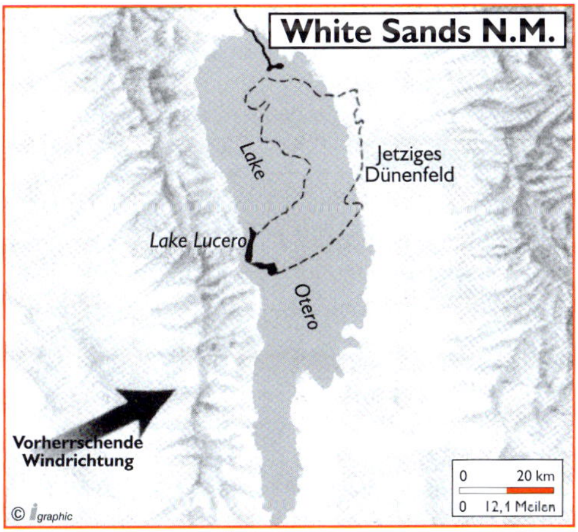

Das White Sands National Monument ist mit Sicherheit einen Abstecher wert. Vor 250 Mio. Jahren befand sich im gesamten Gebiet des Südwestens ein riesiger See. Den größten Wasserzufluss erhielt dieser See von den kalkhaltigen Gesteinen der umliegenden Berge. Als die Temperaturen stiegen und der Regen spärlicher wurde, trocknete dieser See immer weiter aus, und die Gipsablagerungen (mit marinen Sedimenten) verharteten sich zu Gestein. Vor 90–70 Mio. Jahren dann hob sich das Gelände zu einer großen Wölbung (in dieser Zeit entstanden auf gleiche Weise die Rocky Mountains).

Vor 10 Mio. Jahren brach diese Wölbung schließlich ein, und das Tularosa-Becken, von den San Andreas und Sacramento Mountains eingerahmt, erhielt seine heutige Form. Wieder entstand ein See: der Lake Lucero. Er erhielt Zufluss von den umliegenden Gebirgen. Doch auch er verdunstete wieder. Erst während der letzten Eiszeit entstand noch einmal ein See: der Lake Otero. Als er letztendlich auch wieder verdunstete, blieben große, bis zu 1 m lange Kristalle übrig, die dann durch den Wechsel von Frost und Hitze als auch zwischen Feuchtigkeit und Trockenheit immer mehr zersetzt wurden zu kleinen, weißen Sandkörnern. Von da an konnte die Winderosion ansetzen. Ein stetiger Süd-

Gebildet über Millionen von Jahren: White Sands

westwind begann nun die Dünen zu formen. In Three Rivers, 30 Meilen nördlich von Alamogordo, gibt es noch einige übrig gebliebene Kristalle zu bewundern.

Eine Rundtour durch das National Monument mit dem Auto führt durch das zentrale Gebiet der weißen Dünen. Ein kurzer Lehrpfad, markiert durch nummerierte Punkte, erläutert sehr anschaulich die Entstehungsgeschichte dieser Dünen. Begleitend erhalten Sie am Eingang eine kleine Karte und eine Beschreibung des Geländes.
White Sands NM, *U.S. Highway 70 (15 Meilen südwestlich von Alamogordo und 84 km östlich Las Cruces), VC 8–17 (im Frühjahr/Sommer bis 18/19) Uhr, ✆ (575) 479-6124, www.nps.gov/whsa, $ 5.*

Alamogordo

Geschichte der Raumfahrt

Nördlich von Alamogordo am US 54 befindet sich das **Museum of Space History**, in dem die Geschichte der Raumfahrt der USA und der ehemaligen UdSSR dargestellt wird. Vor allem Kinder kommen hier auf ihre Kosten, da viele technische Details in spielerischer Form dargeboten werden. Besondere Attraktionen sind das Planetarium, die Abteilung zur Geschichte der amerikanischen Raumfahrt und die Nachbauten von Satelliten. Im Planetarium wird mit riesigen Projektoren der Sternenhimmel an die runde Deckenwand projiziert. Ein IMAX-Kino begeistert ebenfalls. Von dem Vorplatz des Space Center aus hat man eine ausgezeichnete Sicht über das Tularosa-Tal, und man erkennt die Dünen als weißen Streifen vor den dahinterliegenden San Andreas Mountains.
Museum of Space History, *3981 Hwy. 2001, ✆ (575) 437-2840, www.nmspacemuseum.org, tgl. 9–17 Uhr, $ 7, inkl. IMAX und Planetarium $ 15.*

Besuchenswert nahe Alamogordo ist auch das **Sun Spot Astronomy/Solar Observatory** 16 Meilen südlich von Cloudcroft in den Sacramento Mountains. Hier steht eines der leistungsfähigsten Teleskope der USA. Man darf selbstständig über das Gelände laufen.
Sun Spot Astronomy/Solar Observatory, *am NM 6563 (3010 Coronal Loop Sunspot), ✆ (575) 434-7000, www.nso.edu, VC: tgl. 9–17 Uhr, $ 3.*

Die Geschichte der Raumfahrt im Museum of Space History

Reisepraktische Informationen Alamogordo, NM

VORWAHL 575

Information

Chamber of Commerce: *Am 1301 N. White Sands Blvd., ✆ 437-6120, www.alamogordo.com.*

Unterkunft

Im Park gibt es keine Unterkünfte, dafür aber in Alamogordo:

Quality Inn & Suites $$: *1020 S.White Sands Blvd. (US Hwy. 54/70), ✆ 434-4200, www.choicehotels.com/new-mexico/alamogordo. Gutes Motel mit 92 Zimmern. Whirlpool, Swimmingpool.*

Days Inn $$: *907 White Sands Blvd. (US Hwy. 54/70), ✆ 437-5090 od. 1-800-225-3297, www.daysinn.com. Motel mit 40 Zimmern, Pool u. Restaurant nebenan.*

Magnuson Hotel & Suites $$–$$$: *1021 S. White Sands Blvd. (US Hwy. 51/70), ✆ 437 2110, www.magnusonhotels.com/Magnuson-Hotel-Suites-Alamogordo. Bestes Preis-Leistungs-Verhältnis im Ort. Einige Zimmer mit kleiner Küche, die etwas teureren Suiten sind größer und haben kleine Jacuzzis. Swimmingpool.*

The Lodge at Cloudcroft $$$$: *19 Meilen östl., One Corona Place, Cloudcroft, ✆ 682-2566 od. 1-800-395-6343, www.thelodgeresort.com. Wer bereit ist, deutlich tiefer in die Tasche zu greifen, der sollte in dieser luxuriösen Unterkunft absteigen. Einer der höchstgelegenen Golfplätze des Landes, großer Kamin in der Lobby, Spa, Fahrradverleih, Wanderwege nahebei und ein exzellentes Restaurant,* **Rebecca's**.

Camping

Backcountry Camping *(nur Zelte) gibt es im* **White Sands Nat. Monument** *(s.o.). Für Wohnmobile empfiehlt sich dagegen der* **Alamogordo/White Sands KOA** *(412 24th St., ✆ 437-3003, http://koa.com/campgrounds/alamogordo).*

Mescalero und Ruidoso

Folgt man von Tularosa aus dem US 70, kommt man in die Mescalero-Apache-Indian Reservation. Diese 1.850 km² große Reservation wurde 1852 angelegt, und heute wohnen hier etwa 3.000 Mescalero-Apachen. Neben dem Tourismus leben sie hauptsächlich von der Holzindustrie und teilweise auch noch von der Viehzucht. Dieses Gebiet ist insbesondere wegen seiner faszinierenden Landschaft interessant. 17 Meilen vor Ruidoso am Hwy. passieren Sie das **Mescalero Cultural Center** (*101 Chiricahua Plaza, Mescalero, Mo–Fr*) mit Infos zu diesem Indianervolk. Handwerkliche Produkte gibt es auch zu erstehen, ebenso nebenan im Tribal Store. Die Straße führt durch eine Bergregion mit überwiegend Kiefernbestand. **Ruidoso** am AZ 48 ist der zentrale Ort hier und im Sommer sowie in schneereichen Wintern von Touristen übervölkert. Restaurants, Hotels und Souvenirläden reihen sich an der Hauptstraße, dem Sudderth Drive, aneinander. Ein Vorschlag wäre also, in Alamogordo eine Kleinigkeit zu essen und dann in Ruhe diese Landschaft zu „erfahren" und zu genießen. 12 Meilen hinter Ruidoso haben Sie eine schöne Aussicht auf das nördliche Tularosa Valley.

Holzindustrie

Reisepraktische Informationen Mescalero/Ruidoso, NM

VORWAHL 575

Information

Ruidoso Valley Chamber of Commerce: *720 Sudderth Dr., Ruidoso, ✆ 257-7395, www.ruidosonow.com.*

Unterkunft

Am US 380 E, in **Lincoln**, *wo Billie the Kid ein letztes Mal ausgebrochen ist, gibt es zwei nette historische Bed & Breakfast-Unterkünfte:* **The Wortley $$** *(✆ 653-4300, www.wortleyhotel.com) sowie* **Ellis Store Country Inn** *$$–$$$ (1435 Calle la Placita, ✆ 653-4609, www.ellisstore.com).*

Inn of the Mountain Gods Resort $$$–$$$$: *Zwischen Mescalero u. Ruidoso nach links abbiegen (Caprizo Canyon Rd.), Mescalero, ✆ 464-7777 od. 1-800-545-9011, www.innofthemountaingods.com. Wunderschön gelegene Lodge mit unzähligen Freizeitmöglichkeiten (Wandern, Mountainbiking, Golfplatz, Bootfahren, im Winter Skilaufen – in dieser Region aber keine Schneegarantie!). Groß und mit angeschlossenem Casino.*

Weitere Unterkünfte *aller Preisklassen gibt es in Ruidoso.*

UFO-Absturz

Ein weiterer Abstecher bis nach **Roswell** könnte einigen wegen des **International UFO Museum & Research Center** die Fahrt wert sein. Das Museum basiert auf dem immer noch nicht geklärten Absturz eines unbekannten Flugobjektes im Jahre 1947 nahe Roswell. Ufologen glauben an ein UFO, das Militär dagegen an einen Wetterballon, während andere Quellen glauben, dass es sich um ein geheimes militärisches Objekt bzw. einen Zusammenstoß zweier Militärflugzeuge gehandelt haben muss. Urteilen Sie selbst.

International UFO Museum & Research Center, *Plains Theater, 114 N. Main St., ✆ (575) 625-9495, www.roswellufomuseum.com, tgl. 9–17 Uhr, $ 5.*

Von Roswell kann man nun auch nach Norden mit dem kleinen Schlenker über **Fort Sumner** (Fort Sumner NM, Billy the Kid Museum und Grab von *Billy the Kid*) und dann über den US 60 oder den I-40 bis nach Albuquerque fahren.

Weiter entlang dem US 54 nördlich von Alamogordo: Nachdem man wieder im Tal ist und die Indian Reservation verlassen hat, durchquert man den kleinen Ort Carrizozo. Danach führt der US 380 durch das **Valley of Fire**. Schwarzes Lavagestein gibt diesem Streckenabschnitt eine eigene Note. Südlich des Highways befindet sich übrigens die sog. **Trinity Site**, wo am 16. Juli 1945 die erste amerikanische Atombombe gezündet worden ist. Besichtigen kann man den 400 m breiten Bombenkrater aber nur zweimal im Jahr. Infos: *www.nmts.org/rides/trinitySite.htm. Touren beginnen in San Antonio, NM.*

Socorro County

Direkt von El Paso kommend passiert man 18 Meilen südlich von Socorro das **Bosque del Apache National Wildlife Refuge**. Ursprünglich wurde dieses fruchtbare Gebiet von den Piro-Indianern besiedelt. Im 17. Jh. aber mussten sie es auf der Flucht vor den aufständischen Apachen verlassen. Später führte hier auch die „Camino Real", die

Hauptstraße zwischen Santa Fe und Mexiko, hindurch. Von beidem sind noch einige Spuren zu erkennen aber im **El Camino Real Heritage Center** können Sie mehr erfahren über die 400 Jahre alte, „königliche" Straße. 1939 wurde das Wildlife Refuge zum Schutze der Vogelwelt und besonders von Kranichen eingerichtet. Gab es 1941 nur noch 17 Kraniche, so sind es heute bereits über 17.000. Man kann das Gebiet auf Wanderwegen erkunden. Es gibt aber keinerlei Übernachtungsmöglichkeiten.

El Camino Real Heritage Center, *30 Meilen südl. von Socorro, I-25-Exit 115, ✆ (575) 854-3600, www.nmhistoricsites.org/el-camino-real, Mi–So 8.30–17 Uhr, $ 5.*

Im Bosque del Apache nahe Socorro

Socorro ist ein kleines Städtchen abseits vom großen Touristenrummel. Und so ist noch einiges erhalten geblieben aus der Zeit des Gold- und Silberbergbaus. Ende des 19. Jh. war Socorro die größte Stadt New Mexicos. Zu den sehenswertesten Gebäuden zählen Lehmhäuser, eine alte Brauerei, eine kleine historische Ladenstraße, die Old San Miguel Mission und alte Wohnhäuser. Hier spiegelt sich die gesamte Kulturgeschichte New Mexicos wider. Für geologisch Interessierte gilt es noch das **Mineralogical Museum** zu besuchen. Hier sind über 12.000 verschiedene Gesteine aus allen Teilen der Welt ausgestellt.

Mineralogical Museum, *Campus der Universität, ✆ (575) 835-5140, www.geoinfo.nmt.edu, Mo–Fr 9–17, Sa u. So 10–15 Uhr (geschl. in Semesterferien).*

Verlassene Minenstadt

Die **Kelly Ghost Town** liegt nahe dem kleinen Ort Magdalena, 30 Meilen westlich von Socorro (fahren Sie in Magdalena auf der Kelly Rd. nach Süden, und folgen Sie dieser Straße auf 4 Meilen). 1866 wurden hier Silber und Blei gefunden, und ein kleiner Ort mit bereits 3.000 Einwohnern entstand über Nacht. 1883 wurde ein Postamt errichtet, eine Schule folgte. Täglich fuhr eine Postkutsche nach Magdalena, das ebenfalls vom Bergbauboom profitierte. Um das Erz von hier zu befördern, wurde eigens eine Eisenbahnlinie nach Socorro gebaut, deren Trasse man heute noch entlang dem US 60 erkennen kann. Nach 25 Jahren war der Boom vorbei, doch zu Beginn des 20. Jh. entdeckte man in Kelly ein seltenes Zinkerz, welches die Stadt noch einmal aufleben ließ. In den 1930er Jahren war dann endgültig Schluss. Die Vorkommen waren erschöpft. Kelly wurde zu einer Geisterstadt, die Eisenbahn abmontiert. Kelly Ghost Town kann man jederzeit besuchen, von Mai bis Oktober *(Fr–So)* werden sogar Gebäude, wie z. B. die alte Kirche, geöffnet.

Auch **Magdalena** fristet seitdem eher ein einsames Dasein, was einige Reisende auch als Western-Romantik bezeichnen. Am besten können Sie die Atmosphäre des Ortes im Evet's Café (Ecke 1st/Main Sts.) aufnehmen. Die historischen Fotos an den Wänden machen deutlich, dass der ehemalige Saloon wildere Zeiten erlebt hat.

20 Meilen westlich von Magdalena stehen 27 übergroße Satellitenschüsseln in Form eines Y inmitten der kargen Landschaft. Jede dieser Schüsseln hat einen Durchmesser von 25 Metern und wiegt 100 Tonnen (mit Fuß 240 t). Die Anlage, **Very Large Array Radio Telescope (VLA)** genannt, ist mit Hilfe von drei weiteren Anlagen in Tucson, Charlottesville und Green Bank in der Lage, über Radiowellen und Lichtsignale die Oberfläche weit entfernter Gestirne aufzunehmen. In Green Bank (W-Virginia) und Charlottesville (Virginia) werden diese Signale dann zu Bildern umgewandelt. Auf diese Weise kann die Geschichte des Universums studiert werden. Unglaublich, dass hier Signale von Sternen empfangen werden können, die vor bis zu 10 Milliarden von Jahren „ausgesendet" wurden! Die Sterne existieren vielleicht schon gar nicht mehr. Im Visitor Center können Sie sich genauer informieren, und wer Lust hat, kann die Satellitenschüsseln auch zu Fuß erkunden.

Uralte Signale

VLA, *Visitor Center: tgl. 8.30 Uhr bis Sonnenuntergang, ✆ (575) 835-7000, www.vla.nrao.edu, $ 6. Geführte Touren werden hier angekündigt: https://public.nrao.edu/tours/visitvla.*

Reisepraktische Informationen Socorro, NM

VORWAHL 575

Information

Socorro County Chamber of Commerce: *101 Plaza, ✆ 835-0424, www.socorrochamber.org.*

Unterkunft

Casa Blanca B&B $$: *13 Montoya St., San Antonio, NM, ✆ 835-3027, www.casablancabedandbreakfast.com. Mit viel Liebe geführtes B&B. Haus im viktorianischem Stil, große Veranda, Garten, üppiges Frühstück.*

Days Inn $$: *507 N. California Ave. (US 60), Socorro, ✆ 835-0230, www.daysinn.com. Kleinstadtmotel mit Pool.*

Zahlreiche weitere **Motels und Hotels** *befinden sich in der N. California Ave.*

Camping

Casey's Socorro RV Park: *I-25 Exit 147, dann einen Block westl. auf I-25 und dann 1 Block südlich auf South Frontage Rd., ✆ 835-2234. RV und Zelten.*

Restaurants

Socorro Springs Brewing Co.: *1012 N. California St., ✆ 838-0650. Gute Steaks, Pizzen, Burger und Pastagerichte. Natürlich lockt vor allem das Bier aus der eigenen Microbrewery.*

In San Antonio ringen die **Owl Bar** *und die* **Buckhorn Tavern** *(beide Main St./US 380) ständig um die Ehre, den besten Chili-(Cheese-) Burger im Lande zu bereiten.*

Salinas Pueblo Missions National Monument

Drei alte Pueblos, Abo, Gran Quivira und Quarai, befinden sich hier im Gebiet um Mountainair. Sie stammen aus der Zeit um 1150 und wurden von Tompiro und Tiwa spre-

chenden Indianern bewohnt, die 2.000 Jahre zuvor aus dem Gebiet des Rio Grande ins Salina-Tal geflohen waren. Ursprünglich bewohnten sie kleine Hütten, bevor sie im 12. Jh. die heute noch z.T. sichtbaren „Apartmenthäuser“ aus Lehm (Adobes) errichteten. Da sie aber nicht sehr kriegerisch waren und sich daher kaum wehren konnten, wurden die Indianer von den Spaniern im beginnenden 17. Jh. „annektiert“, und bald darauf wurden mehrere Kirchen und Missionsstationen gebaut. Die Indianeraufstände während der zweiten Hälfte des 17. Jh. vertrieben alle Bewohner von hier und die Kirchen wurden zum größten Teil zerstört. Heute gibt es noch sieben Kirchen, wobei zwei wiederaufgebaut wurden und die restlichen fünf als Ruinen „erhalten“ werden.
Visitor Center: *in Mountainair, einen Block westl. der Kreuzung US 60 und NM 55, tgl. 8–17 (Sommer 18), Missionen tgl. 9–17 Uhr, ✆ (505) 847-2585, www.nps.gov/sapu, frei.*

Abo Pueblo: Vom I-25 kommend, passiert man diese Missionsstation zuerst. Sie wurde 1150 von den Tompiro-Indianern gegründet. 1620 erbauten die Spanier die Missionskirche San Gregorio. 1672 wurde das Pueblo schließlich verlassen, und die Indianer zogen ins Rio-Grande-Tal.

Bereits 1672 verlassen

Gran Quivira Pueblo: 26 Meilen südlich von Mountainair. Las Humanas ist das größte Pueblo, gelegen auf einem Hügel mit Blick auf das Salina-Tal. Seine Bewohner haben sich am längsten gegen die Spanier zur Wehr gesetzt, danach haben sie sich aber am meisten angepasst. Über Jahre war Gran Quivira der wichtigste Handelsplatz im Tal. Auch dieser Ort wurde 1672 verlassen. In den Ruinen des Pueblo gibt es an die 300 Räume zu besichtigen. Im Besucherzentrum findet man einen kleinen Buchladen, und in einem 40-minütigen Film wird die Geschichte des Salina-Tals präsentiert.
Quarai Pueblo: 8 Meilen nördlich von Mountainair. Um 1300 von Tiwa-Indianern erbaut ist dieses das jüngste Pueblo. Die Nuestra Señora de la Purisima Concepción de Curac-Kirche wurde 1630 erbaut.

Ofen aus Lehm, wie er von den Native Americans und ersten Siedlern genutzt wurde

Albuquerque

Entfernungen
Albuquerque – El Paso: 266 Meilen/428 km
Albuquerque – Denver: 447 Meilen/720 km
Albuquerque – Gallup: 138 Meilen/222 km
Albuquerque – Phoenix (über Socorro): 455 Meilen/732 km

Überblick

Albuquerque wurde 1706 von einer Handvoll spanischer Siedler gegründet. Den Namen erhielt es von dem für diesen Landstrich zuständigen spanischen Gouverneur *Don Francisco Cuervo y Valdez* zu Ehren des Herzogs von Alburquerque (nach nur kurzer Zeit wurde ein „r" weggelassen). Die Siedler suchten sich diesen Platz aus, weil der Fluss hier eine Biegung machte, die eine Bewässerung der Felder erleichterte. Vornehmlich wurden damals Getreide und Olivenbäume angepflanzt. Die ersten Gebäude, die Lehmkirche San Felipe de Neri und die umliegenden Adobe-Häuser, wurden so errichtet, dass sie Schutz gegen mögliche Angriffe der Indianer boten.

An der Biegung des Flusses

Albuquerque war während der ersten zwei Jahrhunderte seines Bestehens ein wichtiger Handelspunkt am Old Chihuahua Trail, der von Santa Fe nach Mexiko führte. Als 1880 die Eisenbahnlinie die Stadt erreichte, blühte sie dann richtig auf. Warenhäuser, ein großer Viehmarkt und hochherrschaftliche Häuser wurden errichtet.

Albuquerque ist eine Stadt, in der sich die Kulturgeschichte des Südwestens bestens erkennen lässt. Die Nachkommen von Pueblo- und Prärie-Indianern, Konquistadoren und

Adobe-Häuser in der Church Street

spanischen Siedlern, von Hängengebliebenen auf dem Weg vom Mittleren Westen nach Kalifornien entlang der Route 66, Angloamerikaner, Italiener und in jüngster Zeit auch viele Asiaten sorgen für eine multikulturelle Gesellschaft. So findet man selbst in der „Old Town" eine bunt gemischte Architektur: Westernsaloons neben Lehmhäusern, spanisch-mexikanische Tradition neben modernen Bauten wie dem Albuquerque Museum.

Für den Reisenden zu den Indianer-Reservationen weiter im Westen bietet sich in Albuquerque die Gelegenheit, sich mit den Indianerkulturen vertraut zu machen. Im Albuquerque Museum und im Museum des Indian Pueblo Cultural Center wird ihre Geschichte und ihr Leben auf interessante Weise dargestellt. Die Stadt bietet sich auch an für Ausflüge zu den nahe gelegenen Indianergebieten. Wer also lieber ein paar Nächte im gleichen Hotel bleiben und die gastronomischen Vorzüge einer Stadt genießen möchte, kann von hier aus die Salina-Missionen im Süden, die Acoma-Indian Reservation im Westen, Santa Fe (s. hierzu „Rail Runner Express" S. 308) und die Pueblos nördlich der Stadt auf Tagestouren erkunden. Der Tourismus wird zudem angekurbelt durch die Nostalgiewelle, die sich um die Legenden der Route 66 spinnt.

Redaktionstipps

- **Übernachten** (S. 305): Das **Andaluz** ist der Klassiker in der Stadt, während das **Inn at Rio Rancho** den Geldbeutel nicht so strapaziert. Tipp: das **Chocolate Turtle B&B** wegen der Beschaulichkeit.
- **Abendessen** (S. 306): Mexikanische und Südwest-Restaurants sowie einige Diner, z. B. an der Historic 66 (Central Avenue) der **66 Diner**, bieten gute Kost. Und fürs Frühstück ist das **Church Street Café** ein Muss.
- **Die bedeutendsten Sehenswürdigkeiten** sind die **Old Town** (S. 296), einschließlich des Albuquerque-Museums; das **Indian Pueblo Cultural Center** (S. 299); das **Petroglyph Nat. Monument** (S. 301), die Fahrt auf den **Sandia Peak** (S. 301) sowie die kleinen Highlights in der näheren Umgebung: **Corrales** (S. 300) mit seinen kleinen Geschäften, die **Indianer-Pueblos** (S. 310) westlich der Stadt sowie die historischen Minenorte entlang dem **Turquoise Trail** (S. 302).
- **Zeit:** Ein ganzer Tag für die wesentlichen Sehenswürdigkeiten in der Stadt, 2–3 Tage, wenn Sie Albuquerque als Basis für die Erkundung der Umgebung nutzen möchten.

Auf der langen Strecke zwischen dem in den 1930er Jahren wirtschaftlich verödenden Mittleren Westen in das gelobte Land im Westen, Kalifornien, kamen die Menschen zu Zehntausenden auch durch Albuquerque. An der Central Avenue, die sich auch „Historic 66" nennt, finden Sie viele kleine Lokale, Neonreklamen, kleine Road-Motels, Cafés, Restaurants und z.T. sehr lustige Geschäfte mit Schnickschnack der letzten 60 Jahre.

Die Fernsehserie „Breaking Bad" (2008–2013) hat die Stadt selbst für Kalifornier und Oststaatler zu einer Attraktion gemacht. Mittlerweile gibt es zahlreiche Führungen zu den Filmschauplätzen und Programme zum Thema. Und auch die Nachfolgeserie „Better call Saul" hat bereits viele Anhänger gefunden.

Die Wirtschaft von Albuquerque basiert neben dem Tourismus heute vor allem auf Kleinindustrie und orientiert sich besonders an den Erfordernissen der Farmwirtschaft von New Mexico – mittlerweile gibt es sogar einige Weinfarmen in der Umgebung, vor allem entlang des Rio Grande Boulevard und in Corrales. Im County leben mittlerweile 555.000 (1950: 53.000), in der Metro-Area sogar mehr als 1,15 Mio. Menschen. Und für noch etwas ist Albuquerque heute bekannt, und zwar für die Ballonfahrten. Mehrere Unternehmen bieten Champagner-, Dinner- Frühstücks- und eben auch ganz einfache Fahrten mit dem Heißluftballon über die Stadt an. Anfang Oktober treffen sich über 500 Ballonfahrer aus aller Welt zum großen „International Balloon Festival", dem größten Heißluftballon-Treffen der Welt.

Sehenswertes im Stadtbereich

Old Town

Tipps

Parken Sie auf einem der vielen Parkplätze am Rande der Old Town. Man kann von hier aus in zwei Stunden das Viertel erlaufen.
*Ein deftiges mexikanisches Frühstück bzw. ein Mittagssnack mit erfrischender Margarita im schattigen Garten des **Church Street Café** (in gleichnamiger Straße) hat noch Niemandem geschadet ...*

Die Old Town *(www.albuquerqueoldtown.com)* ist das „Herz" von Albuquerque. Hier siedelten 1706 die ersten spanischen Familien ganz in der Nähe des damals hier direkt vorbeifließenden Rio Grande (heute hat der Fluss einen etwas anderen Verlauf). Das Dorf wurde in traditionell spanischer Weise angelegt mit einer zentralen **Plaza**, die von der **Kirche San Felipe de Neri (1)** und den Regierungsgebäuden umgeben war. Zuerst wurde die Kirche auf der Westseite der Plaza errichtet, aber 1793 dann an der heutigen Nordseite neu gebaut. Ein Musikpavillon inmitten der Plaza lädt zum Verweilen ein.

San Felipe de Neri

Adobe trifft Wild West

Die gesamte Altstadt steht heute unter Denkmalschutz und gilt als die Touristenattraktion der Stadt. Leider ist sie noch immer für den Autoverkehr freigegeben und in fast jedem Gebäude entweder ein Souvenirladen oder ein Restaurant untergebracht. Trotzdem ist vor allem die Vielfalt der Architektur sehenswert. Neben einem Lehmhaus findet sich ein Saloon und daneben wiederum ein alter Kaufmannsladen aus dem beginnenden 20. Jh. Wer sich näher mit der Entstehungsgeschichte der Gebäude in der Old Town beschäftigen möchte, sollte sich am Touristenbüro die kleine Broschüre „A Walking Tour of History and Architecture" besorgen.

Die Adobe-Architektur

info

Dieser Baustil basiert auf Pueblo-spanischen Architektureinflüssen. Das wesentliche Baumaterial ist der **Adobebackstein**, der aus Lehm und Stroh besteht und in der Sonne getrocknet wird. Die Backsteine haben im Regelfall eine Größe von 25 x 45 Zentimetern. Als Stützgerüst werden dicke, abgerundete Holzbalken verwendet, die aus den Seitenwänden teilweise herausschauen. Das typische Adobehaus hat ein Flachdach, ist weich in seiner Struktur, aber massiv. Doch sind nicht alle Adobehäuser gleich gebaut worden, und es gibt eine Reihe von Variationen: Die Pueblos sind z. B. dazu übergegangen, die Außenwände der Häuser mit Mörtel oder Gips zu bestreichen. Schließlich wurden unter europäischem Einfluss sogar Elemente wie Giebelfenster und Mauerüberhänge eingeführt.

Ornamente in Holz, Giebeldächer und große Fenster wurden besonders von den Anglo-Amerikanern verwandt. Typische Merkmale sind das Haupttor **(Portal)** mit Überhang, die **Vigas** (Holzbalken), die das Dach tragen, und die dazwischen gesetzten **Latillas** (Holzplanken). Die **Corbels** dienen als tragende Verbindungsstücke zwischen Holzpfeiler und Dach. Nicht wegzudenken ist vor allem die **Banco**, eine aus Lehmbacksteinen gefertigte Bank, die in die Außenwand eingearbeitet ist. Hier sitzen die Pueblos während der heißen Mittagsstunden im Schatten des überhängenden Daches und halten Siesta mit tief ins Gesicht gezogenem Sombrero.

Museen

Albuquerque Museum (2)

Eine ausgezeichnete Ausstellung über den geschichtlichen Werdegang der Albuquerque-Region während der letzten 400 Jahre. Außerdem ständig wechselnde Kunst- und Fotoausstellungen.

Museum of Art & History, *2000 Mountain Rd. NW, ✆ (505) 243-7255, www.albuquerquemuseum.org, Di–So 9–17 Uhr, $ 4.*

New Mexico Museum of Natural History & Science (3)

Ausstellungen zur Naturgeschichte New Mexicos bis zurück in die Zeit der Dinosaurier! Angeschlossen ist ein Planetarium.

Museum of Natural History & Science, *1801 Mountain Rd., ✆ (505) 841-2800, www.nmnaturalhistory.org, tgl. Mi–So 9–17 Uhr, je $ 8 für Museum und Planetarium, $ 10 für das Theater.*

American International Rattlesnake Museum (4)

In einem kleinen Geschäft untergebracht. Die größte Ausstellung von Klapperschlangen der Welt.

Rattlesnake Museum, *202 San Felipe NW, ✆ (505) 242-6569, www.rattlesnakes.com, Sept.–Mai Mo–Fr 11.30–17.30, Sa 10–18, So 13–17, Sommer Mo–Sa 10–18, So 13–17 Uhr, $ 5.*

Turquoise Museum (5)

Hier dreht sich alles um den bei den Indianern so beliebten Türkis-Stein. In das Museum gelangt man durch einen nachgebauten Minen-Tunnel.

Turquoise Museum, *2107 Central Ave. NW, ✆ (505) 247-8650, www.turquoisemuseum.com, Mo–Fr 9.30–16, Sa bis 15, 90-minütige Touren Mo–Sa 11 und 13 Uhr, Tour $ 12.*

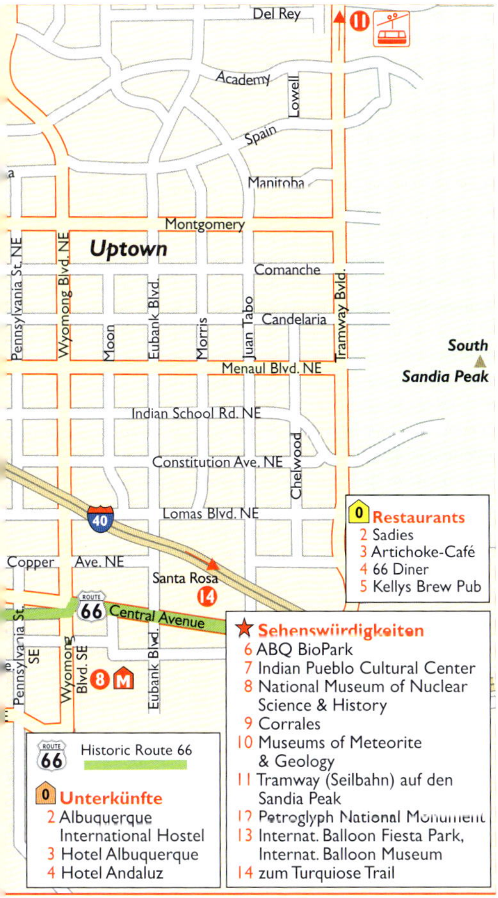

Albuquerque Biological Park (ABQ BioPark) (6)

Besonders auf Kinder ausgerichtet. Hauptattraktion ist das Aquarium, u. a. mit Flussfischen aus der Region. Zudem gibt es einen Zoo sowie zwei botanische Gärten: einer, der sich mit den Pflanzen der Region beschäftigt, der andere eher mit welchen aus aller Welt. **Biological Park**, *2601 Central Ave. NW, www.cabq.gov/culturalservices/biopark, tgl. 9–17, an Sommer-Wochenenden bis 18 Uhr, $ 12 (inkl. Zoo und Aquarium).*

Weitere Museen in und um Albuquerque

Indian Pueblo Cultural Center (7)

Im Gebiet vor allem nördlich von Albuquerque gibt es alleine 19 verschiedene Pueblostämme. Um ihrer Kultur gerecht zu werden und diese der Öffentlichkeit zugänglich zu machen, hat man sich dazu entschlossen, ein gemeinsames, nicht profitorientiertes Kulturzentrum zu errichten, in dem sich jeder Stamm darstellen kann. Sehr beeindruckend ist vor allem das Museum im Keller, in dem die Geschichte der Pueblos und die Feinheiten der einzelnen Kulturen gut herausgestellt worden sind. Besonders interessant ist es, wie der Einfluss der Kirche und ihrer Missionare seit dem 17. Jh. die Kultur der Pueblos verändert hat. Nicht alle Pueblos sind glücklich darüber, denn sie mussten sich seither immer mehr den europäischen Kulturen anpassen und wurden bereits sehr früh zu unterbezahlten Arbeiten auf den großen Farmen herangezogen – und das nicht immer freiwillig. Die Farmbesitzer haben oft ihre Arbeiter über die Kirche „rekrutiert".

Im Erdgeschoss des Cultural Center befinden sich vor allem Souvenirgeschäfte und Kunsthändler aus den verschiedenen Pueblos. Selbst wenn man nichts kaufen möchte, lohnt sich vor allem ein Besuch in den Räumen mit Tonwaren und Schmuck. Die Künstler sind oft selbst anwesend und können eine gute Einführung in die handwerkliche Kunst der Pueblo-Indianer geben. Im Sommer finden an den Wochenenden regelmäßig Tanz-

veranstaltungen statt. **Tipp**: Wer weiter durch das Indianerland fahren will, sollte im angeschlossenen Buchladen nach ausführlicher Literatur über die Indianer schauen.
Indian Pueblo Cultural Center, *2401 12th Street, nördlich des I-40, ✆ (505) 843-7270, www.indianpueblo.org, tgl. 9–17 Uhr, $ 8,40. Es gibt ein Restaurant im Haus.*

National Museum of Nuclear Science & History (8)

Nuklearwissenschaft

Dieses Museum bietet einen guten Überblick über die Geschichte der Nuklearwissenschaften in den USA. Ein Film erzählt die Geschehnisse, die zum Abwurf der Atombombe auf Hiroshima führten. Wer sich näher mit dem Thema beschäftigen möchte, sollte auch nach Los Alamos (westl. von Santa Fe, siehe S. 597) fahren und sich das Museum dort anschauen. Andere Schwerpunkte des Museum liegen in der Darstellung der friedlichen Nutzung von Atomenergie sowie der Nuklearwissenschaften im Allgemeinen (z. B. Röntgen- und Nuklearmedizin).
National Museum of Nuclear Science & History, *601 Eubank Blvd. SE/ Ecke Southern Blvd. SE, www.nuclearmuseum.org, ✆ (505) 245-2137, tgl. 9–17 Uhr, $ 12.*

Corrales (9)

Der Ort nordwestlich von Albuquerque hat sich zu einer „Artsy Community" entwickelt. Wellness-Oasen, kleine Restaurants und Bistros, Boutiquen, Adobe Häuschen und die eine oder andere Boutique säumen die Corrales Road ab etwa Höhe Meadowlark Lane. Hervorzuheben ist der **Mercado Mayo** (*4685 Corrales Rd.*), wo es u. a. kleine Geschäfte mit kunsthandwerklichen Produkten gibt. Zudem locken in Corrales bezaubernde B&B-Unterkünfte, Kunstausstellungen im Park, ein Farmer's Market, eine historische Kirche und feine Restaurants. Somit bietet es sich auch an, hier zu übernachten.

Museums of Meteorite & Geology (10)

Zwei Museen. Mineralien, Gesteine – und am interessantesten: Meteoritengesteine.
Nothrop Hall, 200 SE Yale Blvd. auf dem Universitäts-Campus, http://meteorite.unm.edu/meteorites/meteorite-museum, Mo–Fr, Zeiten variieren sehr.

Indianische Motive am Kimo Theatre

Wer sich nun noch im Stadtgebiet aufhalten möchte, dem sei nochmals die wiederbelebte **Route 66** entlang der Central Avenue („Historic 66") ans Herz gelegt. Besonders der Abschnitt östlich des Girard Boulevard lockt mit Neonlichtern, Kneipen, Dinern und Geschäften. Der Abschnitt in der Downtown dagegen boomt an Wochenenden, wenn Biker und Show-Cars sich hier ein Stelldichein geben und entlang der vielen Kneipen und Cafés „cruisen". Beachtenswert hier ist noch das historische **Kimo Theatre** (indianische Motive an den Außenwänden, Ecke Central Ave. SE und 5th Street NW).

Sehenswertes in der Umgebung

Tramway zum Sandia Peak (11)

Hierbei handelt es sich um die längste Seilbahn der Welt. Die Strecke beläuft sich auf knapp 4,4 km Länge, und dabei werden etwa 1.600 Höhenmeter überwunden. Zwischen dem zweiten Pfeiler und der Bergstation wird eine Distanz von 2,4 km freihängend überwunden. Oben angekommen kann es sehr kalt werden. Jacke nicht vergessen! Sie befinden sich dort auf der Spitze des Sandia Peak in knapp 3.200 m Höhe. Von hier aus hat man einen Rundblick über den gesamten Norden von New Mexico, und das bedeutet bei guter Sicht, dass man auf eine Fläche von über 28.000 km² schaut. Auf der gegenüber liegenden Seite des Berges führt ein Sessellift wieder ein gutes Stück nach unten. Auf der Fahrt gleitet man durch Kiefernwälder, d. h. man erlebt hier vier der sieben biologischen Lebenszonen, gleichgesetzt mit einer Fahrt von Mexiko nach Alaska. Außerdem gibt es verschiedene Wandermöglichkeiten und auch die Gelegenheit, Mountainbikes zu mieten und auf ausgewiesenen Wegen herum zu fahren. **Tipp**: Wer es zeitlich einrichten kann, fährt am späten Nachmittag auf den Berg und bewundert von oben den Sonnenuntergang.

Tramway, Anfahrt zur Talstation: *I-25 nach Norden, dann am Exit 234 nach Osten auf der Tramway Rd. Alternativ I-40 nach Osten bis Exit 167/Tramway Blvd., dann nach Norden auf Tramway Blvd. Bei beiden Routen auf die Ausschilderung achten. ✆ (505) 856-7325, www.sandiapeak.com, Fahrzeiten: Memorial bis Labor Day: tgl. 9–21, Rest des Jahres Mi–Mo 9–20, Di 17–20 Uhr, $ 25. Das oben liegende Restaurant High Finance wurde Ende 2016 geschlossen, soll aber neu eröffnen.*

Petroglyph National Monument (12)

Der Park liegt an einer 17 Meilen langen Abbruchkante aus Lavagestein, das sich vor ca. 150.000 Jahren durch Vulkanausbrüche hier ab-

Die längste Seilbahn der Welt

gesetzt hat. Am westlichen Rand des Parks sind noch Restvulkane übriggeblieben. In dieses dunkle Lavagestein haben bereits vor 3.000 Jahren Bewohner dieser Gegend Felsgravuren eingehauen, wobei die meisten aus der Zeit von 1300 bis 1650 stammen. Aber auch später sind noch welche hinzugekommen. Im gesamten Park gibt es etwa 15.000 solcher Gravuren. Man glaubt, dass diese Gravuren nicht nur künstlerischen Zwecken dienten, sondern hohen symbolischen Wert hatten für die „Indianer der ersten Stunde" und dass religiöse Gründe mit aufgenommen worden sind. Die Darstellungen beinhalten bekannte und unbekannte Tiere, geometrische Symbole, Sterne u.v.m. Am Eingang zu den Felsgravuren erhalten Sie ein kleines Heftchen, das drei Wanderwege (Trails) zu einigen interessanten Plätzen erläutert. Der **Mesa Point Trail**, der etwa 30 Minuten beansprucht und auf die Abbruchkante hinauf führt, ist sicherlich der interessanteste Pfad. Hier finden Sie Tiersymbole, Menschenbilder und gelangen zu einem Platz, wo früher religiöse Zeremonien abgehalten worden sind. Der Cliff Base Trail ist kürzer und führt am unteren Hang der Kante entlang. Hier gibt es vor allem Gravuren von Masken zu sehen, die bereits an die Masken auf Totempfählen erinnern. Der Macaw Trail dauert nur fünf Minuten, und außer ein paar einfachen Gravuren bietet er nicht viel.

15.000 Gravuren

Petroglyph National Monument, *4735 Unser Blvd.* **Anfahrt**: *I-40 nach Westen und nehmen Sie den Exit 154/Unser Blvd. Dem Unser Blvd. folgen. Das National Monument ist ausgeschildert. Besorgen Sie sich eine Karte am Visitor Center. Tgl. 8–17 Uhr, ✆ (505) 899-0205, www.nps.gov/petr, $ 1 (fürs Parken).*

Turquoise Trail (14)

Wer einen zweiten Tag in Albuquerque bleibt, dem sei die Rundfahrt entlang diesem Trail (*www.turquoisetrail.org*) empfohlen. Er führt um die Sandia Mountains herum und bietet Landschaft, alte Minensiedlungen und Indianerkultur, und wer noch nicht auf dem Sandia Peak war, kann von der Rückseite des Berges bis auf seine Spitze fahren. Planen Sie für die gesamte Tour 5–6 Stunden ein. Alternativ können Sie auch der Route folgen und im Norden dann weiterfahren bis Santa Fe.

Zuerst geht es auf dem I-40 in östlicher Richtung, diesen verlässt man am Exit 175/NM 14 in nördlicher Richtung. Nicht weit von hier nimmt man die Sandia Crest Rd. auf die Spitze des Berges. Sie führt durch einen Teil des Cibola National Forest, einen mit Kiefern dicht bestandenen Wald. Hier passiert man auch das kleine **Tinkertown Museum** *(121 Sandia Crest Rd./Rt 536, April–Okt. tgl.)*, in dem eine Miniatur-Wildweststadt ausgestellt ist.

Wild West en Miniature

Zurück im Tal auf dem NM 14 kommen Sie weiter nördlich durch die kleine Ansiedlung **Golden**. Sie war 1825 Schauplatz des ersten Goldrush westlich des Mississippi. Später wurden hier auch Türkise abgebaut.

Als nächstes folgt der Ort **Madrid**. Einst eine florierende Kohlemine, fristete Madrid zwei Jahrzehnte ein Dasein als Geisterstadt. Doch dann entdeckten Künstler den Reiz dieses abgelegenen Fleckchens und begannen hier ihre Studios anzusiedeln. Heute kann man in verschiedenen Geschäften wirklich hochklassige Kunsthandwerke und zum Teil lustige Antiquitäten erwerben, so z. B. im **Real McCoy Shop** (*2828 Hwy. 14*). Ein Stopp lohnt, auch des alten **Madrid Opera House** wegen. Und wer sich für Minengeschichte interessiert, sollte sich einmal das kleine **Old Coal Town Museum** *(tgl. geöffnet)* an-

Old Coal Mine Museum in Madrid

schauen. Tickets für das Museum gibt es nebenan in der **Mine Shaft Tavern**, die zudem gute Burger und Erfrischungen sowie an Wochenenden sogar Livemusik bietet.

Cerillos, der nächste und um einiges beschaulichere Ort, war um 1880 die bedeutendste Minenstadt der Region. Hier wurden Gold, Silber, Zink, Türkise und Blei in den nahen Bergen abgebaut. Zu dieser Zeit gab es hier 21 Saloons und 4 Hotels! Auch heute noch locken entlang der Main Street ein paar wenige historische Lokale zu einem Drink. Im urigen **Casa Grande Trading Post** am Westende des Ortes können Sie Türkise bewundern und auch erwerben (neben vielen nostalgischen Souvenirs) und im ehemaligen Verkaufsraum befindet sich jetzt ein Museum mit allerlei Schnickschnack aus der Geschichte des Ortes (sehenswert!).

Türkise und allerlei Schnickschnack

Ist nicht Santa Fe das Ziel, geht es ein Stück zurück entlang dem NM 14, dann biegt man südlich von Madrid nach Westen ab auf die NM 22 (Indian Service Rd.), die zum **Santo Domingo Indian Pueblo** nordwestlich des I-25 führt. In diesem authentischen Pueblo leben heute 3.500 Menschen. An Sommer-Wochenenden finden Tanzvorführungen statt.

International Balloon Fiesta (13)

Jedes Jahr Anfang Oktober findet auf einem Platz nördlich der Stadt die International Balloon Fiesta statt. Basierend auf einer Ballonfahrt vor über hundert Jahren, den „Professor" *P.A. Van Tassell*, ein Saloon-Kellner, über Albuquerque unternahm, entschloss man sich 1972, die günstigen Winde und den räumlichen Platz um Albuquerque dazu zu nutzen, alljährlich ein internationales Heißluftballontreffen zu veranstalten. Waren es im ersten Jahr nur 16 Ballons, so sind es heutzutage über 500 aus aller Welt. Damit ist dieses Ballonfest mit Abstand das größte der Welt (mittlerweile gibt es auch Ballons in Form

Im Hot Air Balloon über Albuquerque

von Dinosauriern, Kühen und Flaschen). Direkt südlich des Startgebiets der Ballons können Sie einiges lernen zur Geschichte der Ballonfahrten im **Anderson-Abruzzo Albuquerque International Balloon Museum**. Hier gibt es auch historische Ballons zu sehen und der Zeppelin findet auch Erwähnung.
Balloon Museum, *9201 Balloon Museum Dr. NE, ✆ (505) 768-6020, www.balloonmuseum.com, Di–So 9–17 Uhr, $ 4.*

Reisepraktische Informationen Albuquerque, NM

VORWAHL: 505

Information

Albuquerque Convention & Visitors Bureau: *303 Romero St. NW, Plaza Don Luis, Old Town, ✆ 842-9918 od. 1-800-284-2282 (auch Veranstaltungshinweise), tgl. geöffnet, www.visitalbuquerque.org. Ein weiteres Infocenter befindet sich am Airport (Lower Level, Baggage Claim). Indianer/Pueblos: Indian Pueblo Cultural Center: s. S. 299.*
Zeitung: *„Albuquerque Journal" (www.abqjournal.com).*

Krankenhäuser

University Hospital: *2211 Lomas Blvd. NE, ✆ 272-2411,*
Presbyterian Hospital: *1100 Central Ave. SE, ✆ 841-1234*
Zahnärztlicher Dienst: *✆ 260-7333*

Sightseeingtouren/Ballonflüge

Follow the Sun Inc.: *✆ 897-2886, www.ftstours.com. Stadtrundfahrten sowie verschiedene Tourangebote zu den Indianer Reservationen/Pueblos, zum Spaceport America und nach Santa Fe.*

ABQ Trolley: *Tickets und Abfahrt im u.g. Hotel Albuquerque at Old Town, www.abqtrolley.com, ✆ 240-8000. Der Trolley-Bus fährt i.d.R. zweimal täglich alle Sehenswürdigkeiten im Stadtbereich ab. Es gibt auch Sondertouren.*

Ballonflüge *zählen zu den Highlights in Albuquerque. Sie dauern i.d.R. 1 Stunde, manchmal etwas länger und gehen früh morgens (6 Uhr!) und seltener abends los. Geflogen wird mit Heißluftballons mit Körben für 4–10 Personen. Ein bezahlbares Erlebnis. Der Preis ist niedriger als bei uns, dafür aber sieht man „nur" Albuquerque samt Rio Grande sowie von weitem den Sandia Peak und die Wüste. Wer nicht schwindelfrei ist, sollte besser am Boden bleiben. Es gibt zahlreiche Anbieter in Albuquerque, so z. B.:* **World Balloon**, *✆ 293-6800, www.worldballoon.com, und* **Rainbow Ryders**, *✆ 1-800-725-2477, www.rainbowryders.com.*

Unterkunft

Albuquerque International Hostel („Route 66 Hostel") $ (2): *1012 Central SW, ✆ 247-1813, http://route66hostel.com. Jugendherberge. Einzel- und Doppelzimmer (mit und ohne Bad) u. Schlafsaal. Zentral gelegen.*

Howard Johnson Inn at Rio Rancho $$–$$$: *Nordwestlich von Albuquerque, 1465 Rio Rancho Drive, in Rio Rancho, ✆ 892-1700, 1-800-658-9558, www.riorancho-inn.com. Überdurchschnittliches Motel. Schöne Aussicht auf die umliegenden Berge. Unter deutscher Leitung.*

Chocolate Turtle B&B $$$: *1098 West Meadowlark Lane, Corrales, ✆ 898-1800, 1-877-298-1800, www.chocolateturtlebb.com. Dieses 4-Zimmer-B&B liegt in dem schönen Vorort Corrales (Restaurants, nette Geschäfte) und besticht durch seine gemütlichen Aufenthaltsräume, die interessanten Gastgeber und die Ruhe. Das Frühstück ist auch Klasse. 15–20 Minuten mit dem Auto in die Stadt. Unser Tipp!*

Bottger-Mansion of Old Town B&B $$$ (1): *110 San Felipe NW, ✆ 243-3639, www.bottger.com. Haus (von 1912) im viktorianischen Stil. In der Old Town. Fragen Sie nach dem Zimmer mit dem Jacuzzi.*

Hotel Andaluz $$$$ (4): *125 2nd St. NW (Cooper Ave.), ✆ 242-9090, 1-877-987-9090, www.hotelandaluz.com. Als eines der ersten Hotels der späteren Hilton-Kette 1939 gegründet und damit auch als Historic Place eingetragen. Das Ambiente bietet eine gelungene Mischung aus Southwest-Charme und andalusischen Dekorationen. Gut gelegen zur Erkundung der Downtown sowie der Old Town.*

Weitere, günstig zu Old Town und Downtown gelegene Hotels der Oberklasse sind das historisch-elegante **Hotel Albuquerque at Old Town $$$$ (3)** *(800 Rio Grande Blvd. NW, ✆ 843-6300, www.hotelabq.com) sowie das moderne* **Hyatt Regency $$$$** *(330 Tijeras Ave. NW, ✆ 842-1234, 1-800-233-1234, http://albuquerque.regency.hyatt.com. Obere Etagen mit toller Aussicht).* **Günstige Motels** *finden sich an allen Ausfallstraßen sowie im Bereich des Menaul Boulevards östlich des I-25.*

Camping

Albuquerque Central KOA: *12400 Skyline Rd. NE, ✆ 296-2729, 1-800-562-7781, www.koa.com. Am zentralsten gelegen. Es gibt auch einfache Hütten.*

Albuquerque North Bernalillo KOA: *555 S. Hill Rd., Bernalillo, ✆ 867-5227, 1-800-562-3616, www.koa.com. 15 Meilen nördlich der City (I-25, Exit Bernalillo). Viele schattenspendende Bäume und Gras. Gut zum Zelten. Der schönste Platz im Umkreis der Stadt.*

Turquoise Trail Campground & RV Park: *22 Calvary Rd., Cedar Crest, ✆ 281-2005, www.turquoisetrailcampground.com. In den kühleren Sandia Mts. gelegen. Ca. 14 Meilen zur Stadt. Auch Cabins.*

Restaurants

Church Street Café (1): *211 Church St., Old Town, www.churchstreetcafe.com. Café mit Garten/Patio, das sich in einem der ältesten Gebäude der Stadt befindet. Mo–Sa 8–21, So nur bis 16 Uhr.*

Sadie's (2): *6230 Fourth Street NW (3 Meilen nördl. des I-40), ✆ 345-5339. Günstig und bekannt für das mexikanische Frühstück bzw. den Lunchsnack. Authentische, mexikanische Küche, gute und unterschiedlichste Margaritas. Beliebt bei den Einheimischen. Es gibt noch drei weitere Sadie's im Stadtgebiet: www.sadiesofnewmexico.com/our-locations.*

Garduno's of Mexico: *10031 Coors Blvd. (Cottonwood Blvd.), ✆ 890-7000; 2100 Louisiana Blvd. NE (Winrock Mall), ✆ 880-0055, sowie zentral im o.g. Hotel Albuquerque at Old Town, ✆ 843-6300. Klassische mexikanische Gerichte in entsprechendem Dekor. Super sind die Margaritas und die Fajitas.*

Es muss nicht immer „fine dining" sein

Günstige Studentencafés und viele **nette Restaurants** *liegen an der Central Ave., zwischen Broadway, University of New Mexico und Carlisle Blvd. Unsere Tipps:*

Artichoke Café (3): *424 Central Ave. SE, ✆ 243-0200, www.artichokecafe.com. Upscale-Café-Restaurant mit moderner Galerie (Gemälde, Skulpturen). Natürlich stehen Artischocken-Gerichte ganz oben auf der Speisekarte, aber auch andere ausgefallene Leckereien, wie z. B. Kürbis-Ravioli und karibische Cocktails locken.*

66 Diner (4): *1405 NE Central Ave., ✆ 247-1421, www.66diner.com. Ein auf 1950er Jahre getrimmter Diner mit den Klassikern jener Zeit im Angebot. Selbst das Personal läuft noch so herum wie vor über 60 Jahren. Beliebt sind die Shakes und der Hausklassiker Pile Up: Bratkartoffeln, Chili, Cheddar, Bacon und scharfe Sauce. Davon wird jeder satt!*

Kelly's Brew Pub (5): *3222 Central Ave. SE, ✆ 262-2739, www.kellysbrewpub.com. Der Name verrät es. Neben guten Burgern und Salaten zieht hier vor allem das hausgebraute Bier. Besonders lecker: Session IPA und Dunkelweizen!*

Bars/Pubs/Livemusik

The Library: *312 Central Ave. SW, Downtown. Gut geeignet für ein kühles Leichtbier zur Mittagspause. Oft Livemusik (Blues, Rock, Folk). Big-Screen-TV, 30 Biere vom Hahn. Wer es eleganter mag, geht auf einen Martini in die* **QBar-Lounge** *im Hotel Albuquerque at Old Town (s.o., Party mit DJ Do-Sa) oder besucht die* **Ibiza Bar** *auf dem Dach des Hotel Andaluz (s.o.). Hier in der* **Downtown (Central Ave.)** *gibt es vor allem Bars und Clubs. Hier ist besonders an Sommerwochenenden abends viel los.*
Viele Bars und Musikclubs befinden sich zudem nahe der **Universität/ in Nob Hill** *entlang der Central Ave. SE (Blocks 3000-4500), so z. B.* **O'Niells Pub** *(4310 Central Ave. SE.), wo oft irische Livemusik gespielt wird. Hier gibt es typisches Pubfood, unzählige (Craft-) Biere vom Fass und man kann toll draußen auf der Patio sitzen.*

Einkaufen

Wer sich mit ausgewählten kunsthandwerklichen Produkten beschäftigen möchte, der sollte sich „The Collector's Guide to Albuquerque" zulegen, ein Heftchen über die wichtigsten Galerien der Stadt. Liegt in den meisten Galerien aus. Und auch im Visitor Center gibt es dazu ausführliche Infos. Zwei Empfehlungen für indianisches Kunsthandwerk: **Skip Maisel's Indian Jewelry** *(510 Central Ave. SW) und* **Wright's Indian Art** *(2677 Louisiana Blvd. NE). Günstiger als in der City sowie der Old Town findet man indianische Handwerkskunst im* **Bien Mur Indian Market Center** *in der Sandia-Reservation nördlich der Stadt (100 Bien Mur Dr., nahe Tramway Rd. NE). Hier können die Verkäufer auch erläutern, welche Bedeutung die einzelnen Gegenstände für die Indianer haben. Fahren Sie zuerst auf der I-25, und biegen Sie ab in die Tramway Rd. nach Osten. Nach knapp einer Meile liegt der Markt rechter Hand (https://sandiapueblo.nsn.us/bien-mur-indian-market).*
Im **Indian Pueblo Cultural Center** *(2401 12th St., NW) gibt es eine große Auswahl an kunsthandwerklichen Produkten und auch Bücher zur Indianergeschichte. (www.indianpueblo.org). Und jeden Samstag und Sonntag (8–17 Uhr) findet auf dem Gelände der New Mexico Fairgrounds (Ecke Central/Louisiana Blvds.) ein großer* **Flohmarkt** *statt.*
Few Old Things: *8833 4th Street NW, Los Ranchos de Albuquerque. Antikmall, in der man auch Route 66-Relikte aufstöbern kann.*
Westernkleidung und -stiefel *(über 8.000 Paare!) gibt es im* **Boot Barn**: *6210 San Mateo Blvd. NE, www.bootbarn.com. Der größte Buchladen in New Mexico ist* **Page One** *(im Mountain Run Shopping Center, 5850 Eubank Blvd./Ecke Juan Tabo Blvd.). Hier finden Sie alles: Reiseliteratur, Büchern über Indianerkulturen sowie internationale Zeitungen/Magazine.* **Bookworks** *(4022 Rio Grande Blvd. NW, www.bkwrks.com) dagegen verkauft auch gebrauchte Bücher und CDs.*

Veranstaltungen

In und um Albuquerque finden unzählige Veranstaltungen, bes. der verschiedenen Indianervölker statt. Infos über aktuelle Ereignisse im Touristenbüro oder in der Presse.
Konzerte/Theater/Oper: *Tickets für alle Veranstaltungen in und um Albuquerque besorgt man sich am besten bei „Ticketmaster": www.ticketmaster.com bzw. www.ticketsnow.com.*
Wochenende Mitte/Ende April: **Gathering of Nations Pow Wow**: *Indianertänze, Kunsthandwerk und Ausstellungen. Infos: ✆ 836-2810, www.gatheringofnations.com.*
Ende Juni/Anfang Juli: New Mexico Arts and Crafts Fair: *Indianerfeste, Cowboy-Vorführungen und Ausstellung von Kunsthandwerk. Man kann den Künstlern auch bei der Fertigung zusehen. Dazu Festivitäten/Konzerte aller Art. State Fairgrounds (Manuel Lujan Building), www.nmartsandcraftsfair.org.*

September: New Mexico True Fest@Expo: *Hier stellt der Staat vor „was in ihm steckt". Ehemals nur eine landwirtschaftliche Ausstellung mit Viehversteigerungen (sehenswert!), stehen heute Lebensmittel (Food-Trucks, Craft Beer, Weine u.a.) im Mittelpunkt. Dazu alle Arten von Festivitäten und Veranstaltungen (Konzerte, Rodeo, Pferderennen etc.), www.exponm.com.*

In Albuquerque dreht sich alles um Chili

Anfang Oktober: Albuquerque International Balloon Festival: *Riesenspektakel mit Hunderten von Heißluftballons. Startort: Balloon Fiesta Park; 5000 Balloon Fiesta Pkwy. NE (zw. Paseo Del Norte und Alameda Blvd.). Infos: ✆ 821-1000, www.balloonfiesta.com.*

Pferderennen: *The Downs of Albuquerque. New Mexico State Fairgrounds. http://abqdowns.com/live-racing/. Die Pferderennen hier sind einen Besuch wert, schon um einmal an der Wettbegeisterung der Amerikaner teilhaben zu können. Rennzeit: Ende Juni bis Ende September.*

Verkehrsmittel

Flughafen/ Mietwagen

Albuquerque International Sunport Airport: *✆ 244-7700, www.cabq.gov/airport*

Anfahrt mit dem Auto: *I-25 von der City aus in südlicher Richtung, und dann nach Osten abbiegen am Exit 222 auf den Gibson Blvd. Hier sind die einzelnen Terminals bereits gut ausgeschildert.*

Shuttle/Kleinbus: *Die größeren Hotels bieten Airportshuttles. Der lokale Anbieter ist* **Sunport Shuttles**, *✆ 883-4966, www.sunportshuttle.com. Ansonsten empfiehlt es sich, ein Taxi zu nehmen (✆ 883-4888 od. 247-8888). Der* **Stadtbus** *(ABQ Ride) Nr. 50 verkehrt Mo–Sa vom Lower Level/Westend am Airport in die Innenstadt (Busbahnhof an der 1st Street SW).*

Alle größeren **Mietwagenunternehmen** *haben Stützpunkte am Flughafen*

Öffentliche Verkehrsmittel/ Taxis

Amtrak-Bahnhof: *320 First St. SW, Infos: ✆ 1-800-USA-RAIL od. 842-9650*

Überlandbusse (Busbahnhof): *420 1st St. SW. Greyhound, ✆ 1-800-231-2222.*

Stadtbusse: *„ABQ Ride", ✆ 724-3100, www.cabq.gov/transit.*

Rail Runner Express: *Zug, der zwischen Belen, Albuquerque, Bernalillo und Santa Fe verkehrt. ✆ 1-866-795-7245, www.nmrailrunner.com.*

Taxis: **Yellow Cab**: *✆ 247-8888,* **Albuquerque Cab Company**: *✆ 883-4888*

Von Albuquerque über den Canyon de Chelly und den Petrified Forest NP nach Silver City oder Flagstaff

Entfernungen

Albuquerque – Gallup: 138 Meilen/222 km
Albuquerque – Acoma – Chaco Canyon – Gallup: 290 Meilen/466 km
Gallup – Canyon de Chelly (über Hubbell Trad. Post): 110 Meilen/177 km
Canyon de Chelly – Petrified Forest NP: 124 Meilen/200 km
Petrified Forest NP – Silver City: 283 Meilen/465 km
Petrified Forest NP- Flagstaff: 104 Meilen/167 km

Routenempfehlungen

entnehmen Sie bitte den einzelnen Beschreibungen. ***Streckenalternative:*** *Bereits Santa Fe, die Aztek Ruins, den Mesa Verde NP und das Monument Valley besuchen und den Kreis z. B. am Canyon de Chelly wieder schließen* *(s. S. 320)*.

Hinweis

In diesem Teil des Reisegebiets stellen nicht alle Staaten bzw. Indian Reservations auf Sommerzeit um. Erkundigen Sie sich vorher, wo welche Zeit gilt.

Überblick

Gleich hinter der Brücke über den Rio Grande beginnt die Straße stetig auf das westlich von Albuquerque gelegene Colorado-Plateau anzusteigen, wo man den höchsten Punkt an der Wasserscheide („Great Divide") zwischen Grants und Gallup erreicht. Bereits hier erwartet Sie eine schöne Canyon-Landschaft. Abbruchkanten aus rotem und weißem Gestein und weite Flächen wechseln sich laufend ab. Westlich von Albuquerque kommt man zudem in das Gebiet der Indianer, die heute korrekterweise als Native Americans bezeichnet werden. Viele große und kleine Reservationen, Nationen und Pueblos reihen sich entlang den Highways aneinander. Übrigens fahren Sie auf dem I-40 von Albuquerque „auf" bzw. parallel zur legendären Route 66, die quer durch den Kontinent von Chicago bis Los Angeles führte. Noch heute existieren einige alte Straßenabschnitte (ausgeschildert).

Wasserscheide

Für den gesamten Streckenabschnitt bis Silver City sollte man drei, besser vier Tage einplanen. Hier trifft man auf bemerkenswerte Pueblos, wie z. B. Acoma und Zuni, auf Ruinen von ehemals bedeutenden Indianersiedlungen wie die im Canyon de Chelly, und natürlich auf interessante Naturereignisse, von denen der Petrified Forest mit seinen versteinerten Baumstämmen sicherlich am überwältigendsten ist. Auch der letzte Abschnitt zwischen Springerville und Silver City hat seinen besonderen Reiz: Eine bergige und bewaldete Landschaft, die gerade im Indian Summer (Ende September bis Ende Oktober)

Redaktionstipps

▸ **Übernachten**: Das **El Rancho** in Gallup (S. 318) beherbergte schon einige Filmstars, während das **Holiday Inn** in Chinle (S. 323) für die Erkundung des Canyon de Chelly der Tipp ist (wegen des vermeintlich besten Restaurants). Im Umfeld des Petrified Forest National Parks sollte es entweder eine Übernachtung in einem Teepee im **Wigwam Hotel** in Holbrook oder im historischen Railroad-Hotel **La Posada** in Winslow (S. 327) sein. Ein eigenes Holzhaus in den **Bear Creek Cabins** in Pinos Altos bei Silver City (S. 332) bietet einen schönen Kontrast. Grundsätzlich: In diesen dünn besiedelten Gebieten rechtzeitig eine Übernachtung suchen bzw. morgens schon vorbuchen.

▸ **Essen**: Zweimal erwartet Sie ein historisches Essvergnügen: im **Turquoise Room**, dem Dining Room im La Posada in Winslow (S. 327) sowie im historischen **Buckhorn Saloon** in Pinos Altos, der weithin als bestes Restaurant der Region gilt (S. 333).

▸ **Sehenswertes**: **Acoma Sky City** (S. 310) ist eines der wenigen noch bewohnten Indianer-Pueblos. Der Route-66-Stadt **Gallup** (S. 316) sollte man eine Stunde widmen. Eine erläuterte Fahrt durch den **Canyon de Chelly** (S. 320) verspricht Indianergeschichte und bezaubernde Landschaft. Verpassen sollten Sie auf keinen Fall einen kurzen Abstecher zu der **Mogollon Ghost Town** (S. 328), wo jetzt nur noch ein paar Aussteiger leben. Der Abstecher zur **Painted Desert** (S. 327) ist kein Muss. Bereits im **Petrified Forest NP** (S. 323) sieht man die Farbenpracht dieser Wüste.

▸ **Zeiteinteilung: 3 Tage**. Einen Tag bis zum Canyon de Chelly, am zweiten Rundfahrt durch den Canyon de Chelly und nahe dem Petrified Forest NP übernachten. Am dritten Tag dann den Nationalpark anschauen und nach Silver City fahren.

mit prachtvollen Farben aufwartet. Außerdem trifft man hier auf alte Minenorte, die die Geschicke des Südwestens Ende des 19. Jh. maßgeblich beeinflusst haben. Für diejenigen, die am Süden von Arizona nicht so sehr interessiert sind, bietet es sich an, vom Petrified Forest direkt nach Flagstaff und weiter zum Grand Canyon zu fahren.

Sehenswertes

Acoma Indian Reservation/Nation

Anfahrt

Exit 102/Acoma vom I-40. Dann sind es noch 15 gut ausgeschilderte Meilen bis zum Cultural Center, von dort aus werden die Touren zur Sky City organisiert. Der Anstieg entlang dem engen und steilen „Padre's Trail", auf dem die Indianer früher alles Lebenswichtige in die Stadt transportiert haben, ist besonders anstrengend. Besser sind die Alternativen.

Hinweis

Immer fragen, bevor Sie jemanden fotografieren. Zudem wird eine ziemlich hohe Gebühr fürs Fotografieren erhoben. Filmaufnahmen sind grundsätzlich verboten.

Auf einer 130 Meter über der umliegenden Ebene ragenden Anhöhe liegt das alte Pueblo von **Acoma**, auch **Sky City** genannt. Es ist die älteste, durchgehend bewohnte Stadt der USA. Eine Legende behauptet sogar, dass bereits um 100 n. Chr. hier gesiedelt wurde, nachgewiesen ist 1150 n. Chr. Die Spanier unter *Onates* haben den Acoma-Indianern sehr zugesetzt. Als diese einmal z. B. die Steuerzahlungen verweigerten, wurden 800 Bewohner getötet und drakonische Strafen durchgesetzt, wie das Amputieren eines Fußes bei den Männern über 25.

Bis zu Beginn des 20. Jh. lebten die Bewohner von Sky City alle auf dem Berg, während sie ihre Felder in der Ebene hatten. Heute leben nur noch 13 Familien hier, die für die Instandhaltung der Häuser vom Staat eine Unterstützung erhalten. Ihr Einkommen verdienen sie durch den Tourismus. Die meisten Gebäude sind zwei- bis dreistöckig und

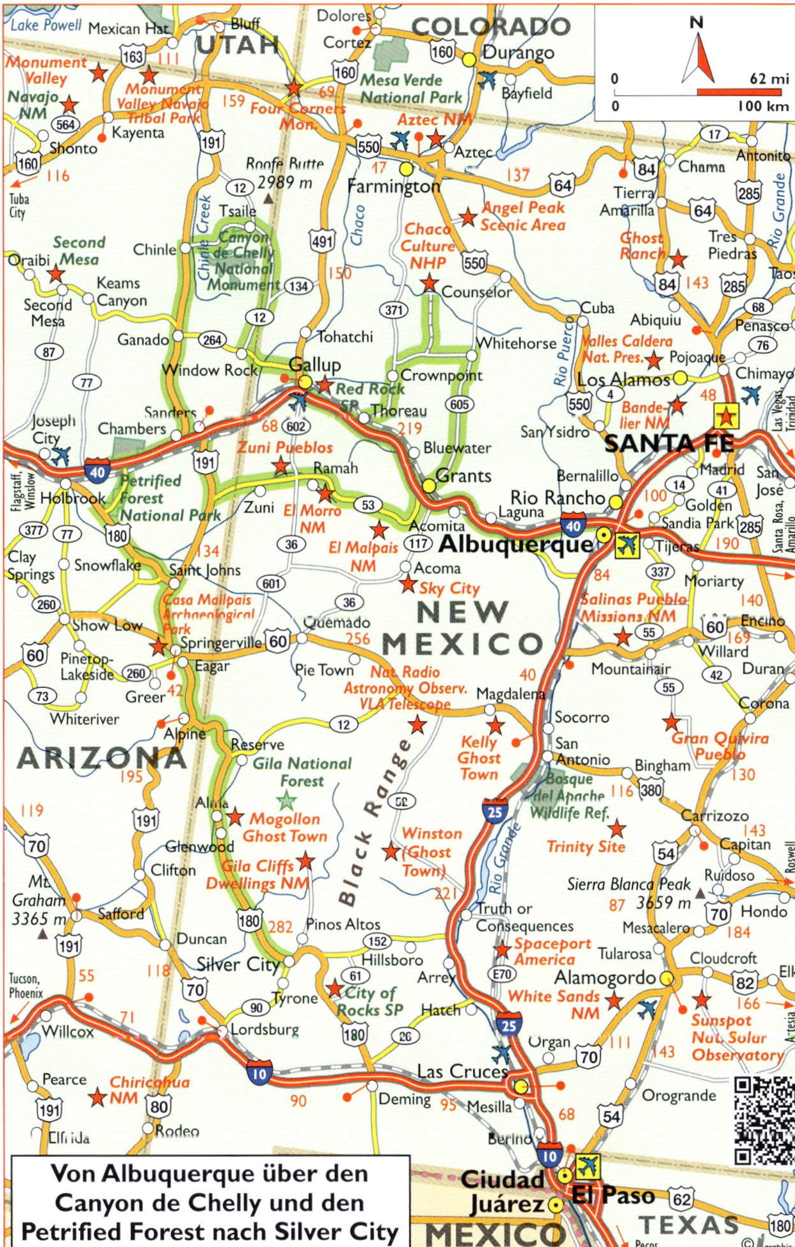

Von Albuquerque über den Canyon de Chelly und den Petrified Forest nach Silver City

Acoma Sky City

können so nur über Leitern erreicht werden. Wasser wird auch heute noch auf traditionelle Weise in „Behältern" aufgefangen, die in die Steine gehauen worden sind.

Der Bau der **Missionskirche San Esteban del Rey** wurde bereits 1629 unter Leitung des Missionars *Fray Ramirez* begonnen, doch nach dem Massaker durch Onates' Leute hatte er Schwierigkeiten die Missionierung durchzusetzen. Teile von der ersten Kirche, die 1680 während der Pueblo-Revolte zerstört wurde, sind noch erhalten. Die bis zu 13 Meter langen und 35 Zentimeter dicken Stämme, die als Gerüst für die Kirche dienten, wurden damals 30 Meilen entfernt geschlagen, und die Indianer mussten sie den Berg hinauf schleppen. Selbst die Erde für die Gräber wurde zu Fuß auf den Berg geschleppt. Die heutige Kirche stammt aus dem 19. Jh.

Tour zur Sky City

Im **Sky City Cultural Center & Haak'u Museum** sind eindrucksvolle Töpferwaren, Schmuck und Kunstwerke der Indianer ausgestellt. Hier können Sie die geführte Tour zum Sky City Pueblo buchen und beginnen. Die Tour dauert ca. 90 Minuten und man sollte festes Schuhwerk anziehen. In den Sommermonaten finden in Sky City einige Festivitäten, Zeremonien und Pow Wows statt. Nicht bei allen kann man die Stadt betreten, besser vorher erkundigen.

Drei Meilen nördlich von Acoma befindet sich die **Enchanted Mesa**, eine weitere Anhöhe, von der die Legende erzählt, dass die Acomas hier zuerst gelebt haben, bis ein fürchterlicher Sturm den Aufstiegspfad zerstört hat. Ein Besuch hier ist nicht gestattet.

Information

Touren und Unterkunft: Acoma Tourist Visitor Center: *I-40, Acoma Sky City-Exit (Exit 102), dann 15 mi der Ausschilderung folgen zum Cultural Center, ✆ 1-800-747-0181, www.acomaskycity.org. Touren zum Sky City Pueblo: tgl. zur halben Stunde 8.30–15.30 Uhr (Ende April–Okt.), $ 23 + Fotoerlaubnis $ 13.*

Übernachten

kann man im weniger ansprechenden **Sky City Casino Hotel** *($$–$$$, direkt am Exit 102 des I-40, ✆ (505) 552-6017, 1-888-759-2489, www.skycity.com), zu dem auch Restaurants und ein RV-Park gehören.*

Grants und die Alternativstrecke Hwy. 53

Der erste Boom für Grants kam im 19. Jh. mit der Eisenbahn, der zweite in den 1940er Jahren durch den Anbau von Karotten, doch der dritte war der wichtigste: als nämlich der Navajo *Paddy Martinez* in den 1950er Jahren in der Nähe einen gelben Stein fand und der sich als hochwertiges Uran erwies, veränderte das das Leben in dem Örtchen sehr. Die Uranfunde waren die größten der USA (fast 50 % der nationalen Fördermenge). Doch seit Mitte der 1980er Jahre flaute der Bedarf an Uran deutlich ab und Grants verfiel wieder in einen tiefen Schlaf. Nun sind es die Touristen, unter ihnen viele Outdoor-Fans, die hier mal kurz vorbeischauen, um dann weiterzuziehen in die nahen Berge. Einen Besuch wert ist das **New Mexico Mining Museum**. Es steht über einem stillgelegten Schacht einer ehemaligen Uranmine. Oben wird der Uranabbau erklärt und anschließend geht es mit einem Fahrstuhl hinunter in den Minenschacht. Aber Achtung! Es ist ziemlich eng in der Mine. Grants bietet sich ansonsten an wegen seiner Route-66-Atmosphäre für eine Mittagspause an.
New Mexico Mining Museum, *100 N. Iron Ave., ✆ (505) 287-4802, Mo–Sa 9–16 Uhr, $ 4.*

Reisepraktische Informationen Grants, NM

VORWAHL 505

Information

Grants Chamber of Commerce: *100 Iron Ave., ✆ 287-4802, www.grants.org. Besser ausgestattet ist aber das u.g.* **Northwest NM Visitor Center** *am I-10, Exit 85, gleich südlich der Stadt. Hier erhält man Karten, viele Tipps und Routenvorschläge.*

Unterkunft/Camping

Das **Sands Motel $–$$** *(112 McArthur St., ✆ 287-2996) ist ein älteres Motel im Ort mit Route 66-Charakter. Kein Luxus, aber dafür auf eine bestimmte Art charmant. Es gibt noch weitere, z.T. sehr einfache Motels in Grants. Camper und Wohnmobilisten finden drei „mittelprächtige"* **RV- und Campingplätze** *nahe der Stadt, von denen uns der* **Blue Spruce RV Park** *(NM 53, nahe I-10-Exit 81, ✆ 287-2560, 3 Plätze für Zelte) noch am ehesten zusagte.*

Alternativroute Hwy. 53

Der NM 53 beginnt südlich von Grants. Ehemals war er die Handelsverbindung zwischen den Zuni- und den Acoma-Pueblos. Wer nun die Route nach Silver City abkürzen möchte, kann weiter im Westen gleich nach Süden abzweigen. Am NM 53 hier gibt es Einiges zu sehen.

El Malpais National Monument

El Malpais bedeutet im Spanischen „Schlechtes Land". Für die Indianer aber hatte diese Landschaft aus Kratern, Wäldern und Sandsteinformationen eine religiöse Bedeutung. Viele Zeremonien und Treffen wurden hier abgehalten. Besonders eindrucksvoll ist „La Ventana", ein Sandsteinbogen (der größte in New Mexico), und für Wanderfreunde empfiehlt sich zudem die Besichtigung von einzigartigen Lavagängen.

El Malpais NM, *✆ (505) 876-2783, www.nps.gov/elma, VC:* **Northwest NM Visitor Center**, *I-40, Exit 85 (E. Santa Fe Ave.), tgl. 8–17 Uhr, Monument ist tgl. 24 Stunden geöffnet. Selbst wer nicht das Monument anschauen möchte, sollte hier Infos zur Region einholen.*

Ice Cave und Bandera Crater

Eiskalt im Lavakanal

Die „Eis-Höhle" befindet sich in einem erloschenen Lavakanal, und in ihr wird es nicht wärmer als 0 °C. Dieses hat zur Folge, dass der Boden immer mit Eis bedeckt ist. Das Eis wurde lange Zeit von den Farmern der Region genutzt. Der nahegelegene Krater ist 240 m tief und entstand bei einem Ausbruch vor ca. 10.000 Jahren.

Ice Cave, *Highway 53, 28 mi südwestlich von Grants, März–Okt. tgl. 9–16 (im Sommer bis 17) Uhr, www.icecaves.com, $ 12.*

El Morro National Monument

Nach etwa 20 Meilen von der Ice Cave (44 Meilen westl. von Grant) erreicht man das El Morro National Monument. An der alten Handelsstrecke der Konquistadoren von Santa Fe nach Zuni befindet sich hier eine markante Felsklippe, die als „Gästebuch von New Mexico" bezeichnet wird. Denn Schatten und ausreichendes Wasser luden zur Rast ein, und während dieser willkommenen Pause haben die Reisenden „Sprüchlein" in den Fels geritzt. Man findet Namen wie *Don Juan de Onate* (1605) und *Don Diego de Vargas* (1692). Auf der 65 Meter hohen Klippe stehen außerdem noch Reste zweier Anasazi-Pueblodörfer, die von 1250 bis 1400 bewohnt waren. Ein Besucherzentrum und ein kleines Museum befinden sich am Eingang. Einen kleinen Campingplatz (keine Anschlüsse für Wohnmobile) und ein Café gibt es hier auch.

El Morro National Monument, *✆ (505) 783-4226, www.nps.gov/elmo, VC tgl. 9–17, Trails bis 16 Uhr.*

Zuni-Pueblos
Dieses Pueblo ist auf den Resten einer der „Seven Cities of Cibola" (Sieben Städte des Goldes) erbaut worden. Der spanische Missionar *Fray Marcos de Niza* sagte zu Beginn des 16. Jh. von der Stadt, sie sei aus Gold gebaut. Dies veranlasste 1540 *Coronado* dazu, eine Expedition hierher zu unternehmen, doch Gold fand er dabei nicht. Gemeint war nämlich, dass bei Sonnenuntergang die Häuser „wie in goldenen Glanz getaucht erschienen". Die Bewohner von Zuni haben schon früh damit begonnen, ihre Lebensweise durchzusetzen. So sind z. B. die Häuser nicht aus Lehm, sondern vornehmlich aus Stein gebaut worden. Heute ist Zuni mit über 8.000 Einwohnern das größte der 19 noch bewohnten Pueblos in New Mexico. Die erste Missionskirche wurde 1680 während der Pueblo-Revolte zerstört, aber 1849 wieder neu errichtet. Die Franziskaner erbauten 1921 eine weitere Mission, sodass es jetzt, nach einer Restaurierung der alten Mission immer noch zwei gibt. Neben Töpferei betreiben die Bewohner heute besonders die kunsthandwerkliche Produktion von Silberschmuck, mit dem sie bereits in frühen Jahren gehandelt haben. Vergleichen Sie aber die Preise, falls Sie hier etwas kaufen möchten. Besuchenswert ist das kleine **A:Shiwi A:Wan Museum** (*02E Ojo Caliente Road, http://ashiwi-museum.org*). Zudem werden auch erläuterte Touren angeboten (*www.zunitourism.com/tours.htm*).

Preise vergleichen!

Zuni-Pueblos, *NM 53, kurz vor der Grenze nach Arizona, ✆ (505) 782-7000, www.zunitourism.com. Besucher sind von Sonnenauf- bis -untergang willkommen. Gebühren für Fotografieren und Filmen.*

Nach Gallup fährt man 10 Meilen zurück auf die NM 53 und dann 29 Meilen nordwärts auf dem NM 602.

Abstecher von Grants zum Chaco Culture National Historical Park

Anfahrtshinweise

Gleich hinter Grants in nördlicher Richtung auf dem NM 605, und dann nach links auf den NM 509 in Richtung Whitehorse. Dort treffen Sie auf eine 3-Wege-Kreuzung und müssen jetzt noch einige Meilen in westlicher Richtung auf dem Hwy. 9 fahren, bevor die Schotterpiste 14 nach Norden zum Park abzweigt. ***Von Gallup:*** *Auf dem I-40 nach Osten bis Exit 53 (Thoreau). Von hier nach Norden auf dem NM 371. Hinter Crownpoint nach rechts auf den Hwy. 9 und dann bald wieder nach links auf die 14. Erkundigen Sie sich, besonders wenn es geregnet oder geschneit hat, über den Zustand der Pisten. Es gibt keine Tankstelle und auch kein Restaurant im bzw. am Park! Die letzte Tankstelle (mit kleinem Shop) befindet sich am Abzweig der Schotterstraße vom Hwy. 9. Vom* ***Norden*** *kommend: Biegen Sie beim Blanco Trading Post auf die 57 nach Süden ab. Von dort ist der Weg ausgeschildert.*

Funde im Chaco Canyon belegen, dass bereits vor 2.000 Jahren Menschen hier gewesen sein müssen. Um 950 n. Chr. siedelten Anasazi hier und gründeten die für die folgenden Jahrhunderte wichtigste Stadt des Südwestens. Archäologen fanden Spuren von Wegen, die zu 70 Dörfern der Region führten, bis hin zum 90 Meilen entfernten Mesa Verde. Im Chaco Canyon gab es 400 Siedlungen, in denen bis zu 5.000 Menschen lebten. Allein im größten Pueblo, Bonito, lebten über 1.200 Menschen in 600 Räumen, verteilt auf 4 Stockwerke, was deutlich macht, dass die Baukunst der der anderen Anasazi-Siedlungen weit voraus war. Steine wurden gemeißelt und passgerecht aufeinander gesetzt, sodass sie glatte Wände bildeten. Vorausschauend wurden die Grundmauern so solide angelegt, dass eine Erweiterung nach oben möglich war.

Der Canyon bietet eine Vielzahl an Mysterien für Hobbyarchäologen. In acht Ruinen kann man „stöbern", und schon bald stellen sich einem die grundlegenden und bis heute nicht geklärten Fragen: Woher kam das Wasser und wie haben sich die Anasazi verteidigt? Doch bereits um 1150 begannen die Anasazi den Canyon wieder zu verlassen. Man vermutet, dass eine Übernutzung der Böden zu einer starken Bodenerosion geführt hat und dass einige Trockenjahre den Anbau von Nahrungsmitteln nicht mehr möglich machten. Und da zu jener Zeit ein Stamm zusammenhielt, sind alle weitergezogen. Ihr Ziel war das Rio-Grande-Tal, wo sie sich in der Gegend der heutigen Salina-Missionen niedergelassen haben. Jahre später kamen noch Navajo-Indianer in den Chaco Canyon, doch sie siedelten nur in verschiedenen kürzeren Perioden hier.

Übernutzung

Man kann den Canyon über mehrere Trails, die von der Straße aus beginnen, erlaufen oder an organisierten Touren teilnehmen. Hilfreich ist das Infomaterial vom Visitor Center (Karte ist essentiell) sowie das Museum und der Film über das Gebiet. Ausreichend Trinkwasser mitnehmen!

Tipp

***Bisti Wilderness Area**, gut 40 Meilen nördlich des Chaco Canyon, bietet tolle Wandermöglichkeiten durch eine von Hoodoos (Gesteinssäulen) geformte Wüstenlandschaft. Anfahrt zum Parkplatz: CR 7297, die 45 Meilen nördlich von Crownpoint vom NM 371 abgeht.*

Information
Visitor Center: *1808 County Road, Nageez, Infos, Museum, Anmeldung für geführte Touren tgl. 8–17, im Sommer bis 18 Uhr, ✆ (505) 786-7014, www.nps.gov/chcu.* **Bisti Wilderness Area:** *www.blm.gov/nm/st/en/prog/recreation.html.*

Unterkunft
Im Park gibt es keine Hotels, nur einen einfachen **Campingplatz** *in der Nähe des Visitor Center (Trinkwasser nur am Visitor Center).* **Hotels** *in Gallup (S. 318), Grants (S. 313), Farmington (S. 598) und Bloomfield.*

Gallup

Gallup bezeichnet sich als „Gateway to the Indian Country", da es am südlichen Rand der Navajo und nördlich der Zuni Reservation liegt. Während und vor der Gründung der Navajo-Nation-Reservation 1868 war es nur ein unbedeutender Stopp auf der Postkutschenroute der Westward Overland Stage Line mit gerade mal einem Saloon. Das änderte sich nach dem Fund von bedeutenden Kohlevorkommen und dem Bau der Eisenbahnlinie, die Gallup 1881 erreichte. Anfang der 1920er Jahre wurden die Minen wegen der geringen Rentabilität wieder geschlossen. 20 alte Gebäude des Städtchens ste-

Motels, Motels, Fast Food, Motels …

hen heute unter Denkmalschutz (u. a. der Bahnhof), sind aber z. T. sehr verkommen. Dafür gefallen die zahlreichen Wandmalereien (Gallup Murals) in der Stadt.

Gallup ist heute vor allem ein Versorgungszentrum für die umliegenden Indian Reservations (Indian Nations) und ein Übernachtungsstopp auf der Ost-West-Route (ehemaligen Route 66). An dieser Straße, der Hauptader der Stadt, reihen sich immer noch an die 40 Motels aneinander, manche neu, manche „old Fashion" und manche eher schlecht. Wer etwas Abenteuer sucht, sollte sich in eines der einfacheren Motels einbuchen. Man fühlt sich um Jahrzehnte zurückversetzt. Der Geldbeutel wird es auch danken, denn die Motels sind ziemlich günstig. In der Stadt gibt es sonst noch ein paar Old-West-Souvenirläden, Geschäfte, in denen Kunsthandwerkliches der Indianer angeboten wird und das **Rex Museum** im gleichnamigen Hotelbau *(300 W. Hist. US 66, ✆ (505) 863-1363, Mo–Fr 8–15.30 Uhr)*. Alles liegt entlang dem Hwy. 66 (*Rte. 66*). Zwischen Memorial Day und Labor Day werden allabendlich (*19–20 Uhr*) indianische Tänze auf dem McKinley Courthouse Square Plaza (200 West Hill St.) aufgeführt. *Zahlreiche Motels*

Sechs Meilen östlich von Gallup liegt der **Red Rock State Park** mit Campingmöglichkeiten. Er bietet nicht nur eine faszinierende Landschaft aus rotem Sandstein, sondern ist auch Schauplatz kultureller Veranstaltungen: Während der Sommermonate finden hier oft indianische Tanzvorführungen statt, und im August wird das **Inter-Tribal Indian Ceremonial** in der Rodeo Arena abgehalten. Es ist eines der größten Indianerfeste der USA, bei dem auch Festumzüge durch die Stadt entlang der Route 66 dazugehören. Während dieses fünf Tage dauernden Spektakels wird man kaum ein Zimmer in Gallup bekommen, wenn man nicht mind. drei Monate im Voraus gebucht hat. Im **Red Rock Museum** *(im Park, Mo–Fr 8–16.30 Uhr)* können Sie noch einiges erfahren über die Anasazi und Zunis. Auf dem Weg zum State Park, direkt am Interstate, gibt es neben einer Tankstelle übrigens einen lohnenden Souvenirladen (erkennbar an den dahinter stehenden bunten Indianerzelten). Dieser ist zwar nicht billig, aber mit etwas Gespür kann man hier qualitativ gute Kunsthandwerke der Indianer erstehen.

Hauptstadt der Navajos

Zum Petrified Forest NP geht es weiter auf dem I-40. Möchte man zum Canyon de Chelly, zweigt man ab auf den US 491/666 nach Norden. Dann weiter auf dem NM 264, bis man **Window Rock**, die Hauptstadt der Navajo-Nation, erreicht. Hier liegt das **Navajo Nation-Museum**, die größte Ausstellung über eine Indianernation in den USA. Beachtenswert sind zudem die Sonderausstellungen, die zumeist künstlerische Themen bieten.
Navajo Nation-Museum, *Highway 264/Ecke Loop Road, ✆ (928) 871-7941, www.navajonationmuseum.org, Mo–Fr 8–17 (Mi –20), Sa 9–17 Uhr.*

Der **Window Rock** ist übrigens ein Rundbogen aus rotem Sandstein. In Window Rock befinden sich heute alle Behörden, und die Indian Nation/Reservationsverwaltung bemüht sich, dieser kleinen Stadt einen „wichtigen Charakter" zu verleihen. Das Regierungsgebäude ist in Form eines „Hogan" erbaut, einer typischen, achteckigen Navajohütte. Doch wirkt alles etwas provisorisch, und man wird das Gefühl nicht los, dass die Indianer mit der Situation nicht sehr glücklich sind, im Grunde aber keine Wahl haben.

Von Window Rocks geht es nach Norden auf den IR 12. Nahe Tsaile biegt man nach Westen ab auf den IR 64 und kann so bereits die Aussichtspunkte am nördlichen Rand des Canyon de Chelly besuchen, bevor man zum Visitor Center kurz vor Chinle gelangt. Hinweis: In Chinle gibt es mehrere Tankstellen und Geschäfte.

Reisepraktische Informationen Gallup, NM

VORWAHL 505

Information

Gallup-McKinley County Chamber: *106 W. Highway 66, ✆ 722-2228, 1- 800-380-4989, www.thegallupchamber.com, www.gallupnm.gov.*

Unterkunft

Achtung! Wer einen leichten Schlaf hat, sollte sich darüber im Klaren sein, dass ein reger Zugverkehr (viel Hupen und Quietschen) herrscht, auch nachts.
El Rancho Hotel $$**: *1000 E. Hwy. 66, ✆ 863-9311, 1-800-543-6351, www.elranchohotel.com. Der „Tipp" in Gallup. 1937 errichtet von dem Bruder eines Hollywooddirektors. Und so nächtigten hier Schauspielern wie Humphrey Bogart, Ronald Reagan, Henry Fonda, Katherine Hepburn u.v.m. während der Dreharbeiten zu Wildwest- und anderen Filmen. Es gibt Suiten ($$$) und Zimmer, alle unterschiedlich, sodass Sie beim Buchen vorher auswählen sollten. Das* **Restaurant *im Hause ist die beste Adresse, um etwas zu essen in Gallup. Besonders das Old-West-Ambiente zieht viele Gäste an. Küche: Amerikanisch/ New Mexico. Eine gut bestückte* **Bar** *rundet das Bild ab.*
Ansonsten gibt es unzählige **Motels** *in Gallup entlang der Hauptstraße (Hwy. 66), von „Mittelklasse" bis „ganz schön heruntergekommen".*

info

Navajo Nation (Navajo Reservation)

Die Navajo Reservation ist mit ca. 71.000 km² die größte der USA, und von den über 300.000 Navajos im gesamten Land leben hier etwa 175.000 (Tendenz fallend). Sie nennen sich nach alter Tradition **Diné** (Leute). Die Bezeichnung *Navajo* findet ihren Ursprung wahrscheinlich in den Pueblos nördlich von Albuquerque, wo die Tewa-Sprache gesprochen wird und *Navahuu* so viel heißt wie Acker/ bestelltes Feld. Im Gegensatz zu den ihnen verwandten und nomadisierenden **Apachen** waren die Diné vornehmlich Ackerbauern. Die Spanier nannten sie deshalb *Apaches de Navahu* („Ackerbau-Apachen"). Eine andere, von den Diné wenig geschätzte Theorie besagt, dass das Wort von dem spanischen *navaja* abstammt, was so viel heißt wie „Taschenmesser" und damit auf ein kriegerisches Verhalten der Indianer hinweisen würde.

Die Navajo Nation erstreckt sich über das nordöstliche Arizonaplateau bis hin nach Utah und im Osten bis New Mexico. Die wichtigsten Orte sind Window Rock, Tuba City, Leupp, Chinle und Kayenta. Die „Hauptstadt" ist Window Rock. Die Navajos haben eine eigene Verwaltung und Regierung. Es gibt einen Präsidenten und im Navajo Nation Council Chambers, dem Parlament sitzen 88 Delegierte, die 110 Navajo-Gemeinden vertreten. 1991 wurde die wechselseitige Kontrolle der drei Gewalten (Legislative, Exekutive, Jurisdiktion) eingeführt. Die Navajo Nation hat z. B. Hoheitsrechte über die Bodenschätze. So wurde der Abbau von Uran auf Navajo-Gebiet untersagt, da zu viele Navajo-Bergarbeiter in den Minen bzw. an Krebs gestorben waren.

Bei den Pow Wows in New Mexico treffen sich verschiedene Indianernationen

Die Navajos bemühen sich auch heute noch, einige **Traditionen** aufrecht zu erhalten: Frauen haben einen hohen Stellenwert in der Gesellschaft, und bei der Heirat hat die Familie der Braut „das letzte Wort". Auch die Naturreligion wird in vielen Familien noch praktiziert, selbst wenn diese eigentlich christianisiert sind.

Kunsthandwerklich sind die Navajos besonders geschickt im Herstellen von *Silberschmuck* und der Verarbeitung von *Türkisen*, obwohl dies eigentlich nicht zu ihren frühen Traditionen zählt, denn mit der Silberverarbeitung im Sinne von Schmuckherstellung begannen sie erst in der Mitte des 19. Jh. und mit der Nutzung von Türkisen sogar erst um 1890. Dabei wurden viele Motive von Indianerstämmen aus den Plains und aus Mexiko übernommen. Türkise hatten aber schon vorher die Bedeutung von Glücksbringern mit heilsamer Wirkung. Eine Navajo-Legende besagt: „Damit du einen angenehmen Tag haben wirst, schaue dir beim Aufstehen zuerst einen Türkis an". Auch die *Dry paintings* (Malereien auf Sandsteinplatten) sind keine typische Navajo-Kunst, fanden aber schnell einen wichtigen Platz in ihrer Kultur. Als Material werden helle Sandkörner, Holzkohle, Samen und Pollen verwendet. Diese „Sandplatten" wurden z. B. von Kranken genutzt, die sich darauf gesetzt haben und damit erhofften,

info

dass der „böse Geist der Krankheit" absorbiert wird. Anschließend musste die Platte gleich zerstört werden. Die Farben der Zeichnungen symbolisieren Himmelsrichtungen: Blau = Süden, Schwarz = Norden, Gelb = Westen, Weiß = Osten. Rot bedeutet Sonnenschein. Mit der *Weberei* begannen die Navajos bereits während des ausgehenden 18. Jh., als Decken ein wichtiges Handelsgut darstellten und bei Reisenden auf den unbequemen und im Winter kühlen Handelswegen dankbare Abnehmer fanden. Wichtigste Farben waren Rot, Schwarz, Weiß und Blau. Die Decke des Häuptlings („Chief's Blanket") war am teuersten, konnte aber von jedermann gekauft werden. Sie war breiter als lang und mit breiten weißen und schwarzen Streifen versehen. Mit dem Erreichen der Eisenbahn ging der Handel mit Decken merklich zurück, besonders weil Decken aus den Fabriken des Ostens geliefert wurden. Die Navajos ihrerseits begannen damit, Muster, Farben und Ornamente anderer, sogar orientalischer Kulturen zu übernehmen. Mit dem Verkauf der Decken konnten sie sich zwar weiterhin leidlich ernähren, aber ein wichtiger Bestandteil ihrer kulturellen Identität ging doch verloren.

Mit dem Vordringen von immer mehr Siedlern wurde den Navajos allmählich das Selbstwertgefühl genommen. Die Siedler brachten schonungslos ihre Kultur ein und vor allem das „Feuerwasser". Und Alkohol vertrugen viele Indianer aus biologischen Gründen schlechter als die Weißen. Selbst die Einrichtung der Reservation, die 1868 noch um einiges kleiner war als heute, konnte diesen kulturellen Niedergang nicht mehr verhindern.

Infos: www.discovernavajo.com

Canyon de Chelly National Monument

Die zwei wesentlichen Canyons sind der nördliche *Canyon del Muerto* (Canyon des Todes) sowie der südliche *Canyon de Chelly*. Der Name „De Chelly" (sprich *düh schaiih*) ist eine spanische Übersetzung des Navajo-Wortes „*Tséyi*", was so viel bedeutet wie Felscanyon. Die steilen Canyonwände messen an ihrer höchsten Stelle über 300 m. Zwei Mio.

Spider Rock mit Blick auf Canyon De Chelly und Monument Canyon

Jahre haben die Flüsse gebraucht, um die Canyon so zu formen. In den Canyons leben an die 90 Navajo-Familien und betreiben hauptsächlich Viehwirtschaft. Bereits vor 4.500 Jahren lebten nomadisierende Familien in den Canyons. Sie lebten in individuellen Grubenhäusern: der untere Teil dieser Hütten bestand aus ausgehobenen Gruben. Die ersten permanenteren Ansiedlungen stammen aus der Zeit der Korbmacher (200–750 n. Chr.), wobei diese zumeist unter den Überhängen gelebt haben. Die Frauen bauten damals Mais und Kürbis an, und die Männer gingen auf die Jagd mit speerartigen Waffen.

Von 750 bis ca. 1300 n.Chr. lebten die Anasazi hier. Vieles änderte sich in der Lebensweise der Indianer. Pfeil und Bogen wurden zur Jagd verwandt, man begann zu töpfern, und Bohnen wurden zu einem wichtigen Anbauprodukt. Aber vor allem die Häuser wurden jetzt zum großen Teil aus Stein gebaut, und kleine Dörfer entwickelten sich. Seither werden die Indianer als Pueblos bezeichnet, was im Spanischen so viel heißt wie „Dorf". Die Felsklippenhäuser wurden schließlich im 12. und 13. Jh. errichtet. Anschließend, nachdem die Anasazi wegen einer lange anhaltenden Dürrezeit die Canyons verlassen hatten, nutzten die Hopis die Canyons. Sie lebten, jagten und bestellten ihre Felder hier aber zumeist nur im Sommer.

Aus Indianern wurden Pueblos

Um 1700 kamen kriegerische Navajos (Dinés) hierher, die den Canyon als Ausgangsbasis für Überfälle auf Pueblos weiter östlich nutzten. Zurück im Canyon befanden sie sich dann in einer Art Festung. Vornehmliches Ziel ihrer Überfälle war es – und das wird häufig in der Geschichtsschreibung falsch dargestellt –, ihre mittlerweile als Sklaven eingesetzten Stammesangehörigen zu befreien. 1805 schickten daraufhin die Spanier eine Strafexpedition in den Canyon de Chelly, bei der nach einem eintägigen Kampf 115 Navajos getötet wurden. Seither heißt der Schauplatz dieses Kampfes „Massacre Cave". Doch erst 1864 schaffte es eine US-Kavallerie unter *Kit Carson*, die Navajos endgültig zu besiegen. Die daraus resultierende Umsiedlung von 9.000 Navajos („The Long Walk" zum Ft. Sumner, NM) misslang aber und kostete an die 5.000 Navajos das Leben. Vier Jahre später, unter friedlichen Voraussetzungen, wurde das Navajo-Reservat gegründet und die Indianer hierher zurückgebracht.

Interessanteste Punkte am bzw. im Canyon:

Spider Rock: South Rim. Ein 240 Meter hoher Felsturm, den man vom gleichnamigen Aussichtspunkt sehen kann.

White House-Overlook/Trail: South Rim. Pueblo-Häuser am Felsenrand, Abstieg ohne Führer möglich (2 Stunden hin und zurück).

Mummy Cave-Overlook: North Rim. Schöner Blick in das landwirtschaftlich genutzte Tal

Massacre Cave Overlook: An dieser Stelle tötete ein spanisches Strafkommando 115 Navajos, die in einer Höhle Schutz gesucht haben. Nach Darstellung der Navajos wurden nur Frauen, Kinder und alte Leute getötet.

Tipp für einen ganztägigen Aufenthalt

Am kühleren Morgen mit der ersten Halbtagestour in den Canyon fahren. Die Erläuterungen zu den Navajos sind sehr gut. Nach dem Lunch kann man dann die Aussichtspunkte am South Rim besuchen.

Blick auf Mummy Cave

Im Canyon beeindrucken vor allem die verschiedenen Felsenhäuser, so z. B. die hellen White House Ruins, das Antelope House (mit farbigen Bildern von Antilopen, welche vor 150 Jahren von Navajos gezeichnet worden sind) und die Mummy Cave Ruins (wo einst zwei Mumien gefunden wurden). Die Landschaft des Canyons sucht ebenfalls ihresgleichen.

Canyon-Besuch mit Führer

Neben dem Kontrast zwischen roten Felswänden, grünen Feldern und Büschen sowie hellem Flusssand sind es vor allem die Erläuterungen des Führers, die einen Einblick in die komplexe Geschichte der Indianer, der Indianerkriege und der Besiedlung des Westens durch die Siedler geben. Viele Familien leben noch hier im Tal. Die Häuser sieht man hinter den Büschen gar nicht.

Weiter geht es auf dem US 191 nach Süden. Tipp: Auf der Anhöhe kurz hinter Chinle können Sie am Horizont in nördlicher Richtung die Formationen des Monument Valley erkennen. Bei Ganado treffen Sie auf den **Hubbell Trading Post**. Hier eröffnete der Händler John Lorenzo Hubbell 1876 den ersten Handelsposten im Navajo-Gebiet, der für den Handel zwischen Indianern, Siedlern und Vorbeireisenden über Jahrzehnte von größter Bedeutung war. Heute können Sie hier Souvenirs (sehr ausgesuchte Webarbeiten) und Lebensmittel kaufen. Der Einrichtungsstil des 19. Jh. wurde bewahrt.

Reisepraktische Informationen Canyon de Chelly National Monument/Chinle, AZ

VORWAHL 928

i Information

Visitor Center: *IR 7, 3 Meilen östl. des US 191 und Chinle, ✆ 674-5500, www.nps.gov/cach, tgl. 8–17 Uhr. Für die Besichtigung des Canyon-Tals sind ein Permit oder/und die Begleitung eines Führers samt Fahrzeug erforderlich. Es ist ratsam, eine Tour über die Thunderbird*

Lodge bzw. im Visitor Center zu buchen. Eine Fahrt mit dem eigenen Fahrzeug in den Canyon ist nicht möglich, entlang der beiden Rim Drives aber schon.

Wandern und Reiten

Der einzige ohne Führung erlaubte Abstieg in den Canyon ist der Weg zu den White House Ruins, abgehend vom South Rim Drive. Die **Wanderung** *hin und zurück dauert ca. 2 Stunden.* **Reiter** *haben die Gelegenheit, mit Pferd und Führer den Canyon zu erkunden. Der Reitstall ist am Canyon-Eingang. Vorbuchung kaum möglich.*

Unterkunft

Thunderbird Lodge $$–$$$: *3 ½ Meilen östlich des US 191, ✆ 674-5842, 1-800-679-2473, www.thunderbirdlodge.com. Von der Lodge gehen Jeep-Rundfahrten durch den Park los. Rechtzeitige Reservierung ist essentiell. Ein Teil der Lodge ist der ehemalige Trading Post. Die Lodge ist im Adobestil erbaut. Angeschlossen ist ein* **Campingplatz**.

Weitere Motels, *das beste von allen ein* **Holiday Inn ($$–$$$** *Indian Rte. 7, ✆ 674-5000, 1-800-234-6835, www.ihg.com/holidayinn, das beste Restaurant in weitem Umkreis), befinden sich in Chinle. Reservierungen in Chinle sollten ebenfalls rechtzeitig erfolgen.*

Camping

Empfehlenswert ist der der Thunderbird Lodge (s.o.) angeschlossene **Campingplatz** *mit schattigen Plätzen. 10 Meilen östlich des Visitor Center am South Rim Drive liegt ein weiterer privater Campingplatz, der* **Spider Rock Campground** *(✆ 781-2016, www.spiderrockcampground.com) mit allerdings eher rustikalen sanitären Anlagen.*

Petrified Forest National Park

Größe: 88.400 ha, davon etwa ein Drittel Wilderness Area
Beste Jahreszeit: April bis Mitte Oktober, wobei es im Sommer für lange Wandertouren grundsätzlich zu heiß ist (keine schattenspendenden Bäume).
Tierwelt: Am beeindruckendsten sind die bis zu 125 km/h schnellen Gabelböcke, eine vom Aussterben bedrohte Abstammung aus der Familie der *Antilocapridae*. Sie kommen lange Zeit ohne Wasser aus und können ihren Trinkwasservorrat auch aus Kakteen schöpfen. Ansonsten eine Reihe anderer an die Wüste angepasster Tiere, wie z. B. Füchse, Echsen sowie Skorpione und Schlangen (also keine Steine unachtsam hoch nehmen).
Pflanzenwelt: Wegen des dürftigen Niederschlages und der schlechten Bodenverhältnisse (Sand, in dem das Wasser schnell versickert) nur wenig auffallende Pflanzen. Das geschulte Auge findet aber eine Reihe von Sukkulenten, u. a. auch „versteinerte" Kakteen (Kugelkakteen).
Aktivitäten: Wandern (siehe Redaktionstipps).

Der Nationalpark empfiehlt sich durch zwei außergewöhnliche Naturereignisse: die „Painted Desert", die in verschiedenen Rottönungen, unterbrochen vom Grün der Pflanzenwelt, einen unvergesslichen Anblick bietet, und eine Ansammlung versteinerter Baumstämme, wie man sie wohl kaum in dieser Fülle sonstwo auf der Welt findet. Dieses Naturereignis hat leider die ersten Souvenirjäger dazu veranlasst, ganze Baumstämme zu entfernen und zu verkaufen. Deshalb haben Anwohner der Gegend 1906 den Kongress angerufen, mit der Bitte um Schutz dieses Gebietes. Zuerst waren es nur ausgesuchte Areale, die geschützt wurden, und erst 1962 wurden diese zum Nationalpark erklärt. Mehrmals, zuletzt 2008, wurde der Park seither vergrößert.

Redaktionstipps

- **Übernachten** in Holbrook im **Wigwam Motel** oder im **La Posada** in Winslow (S. 327).
- Der Park ist zwar sehr beeindruckend, jedoch wegen seiner weiten Flächen und der Hitze **wenig geeignet für ausgiebige Wanderungen**. Dazu eignen sich andere Nationalparks besser. Organisierte Touren unternimmt der Ranger nach Vorankündigung.
- Nehmen Sie ausreichend **Trinkwasser** und ein paar kleine Snacks mit auf den Weg.
- **Zeiteinteilung: Eilige:** Fahren Sie auf der Autostrecke alle für Sie interessanten Punkte ab. Minimum: ein Ausblick auf die Painted Desert – und um das versteinerte Holz zu bewundern, halten Sie am Crystal Forest und an den Long Logs. Dauer: 2 Stunden. **Geruhsamer:** genauer informieren im Visitor Center, alle Punkte abfahren und erlaufen, am Schluss das Museum am Südeingang ansehen. Dauer: 5 Stunden

Warnung: Es ist strengstens verboten, auch nur das kleinste Stück versteinerten Holzes mitzunehmen!

Entstehungsgeschichte des versteinerten Holzes

Vor mehr als 200 Millionen Jahren war das heute trockene Hochplateau ein riesiges, von vielen Flüssen durchzogenes Überschwemmungsgebiet. Das Klima war tropisch, und Saurier gehörten zu den wesentlichen Tierarten. Hohe Bäume, in der Regel Araukien, Farnpalmen und Nadelhölzer, standen meist an den umliegenden Berghängen oder am Rande der Flüsse. Wenn diese umstürzten, was besonders durch reißende Fluten nach starken Regengüssen der Fall war, wurden sie von den Flüssen weggeschwemmt bis in das Gebiet, wo man sie heute sehen kann. Schlamm, Asche und Schlick setzten sich als Deckschicht über die Bäume, schnitten somit die Sauerstoffzufuhr ab, und der Fäulnisprozess verlangsamte sich merklich. Einsickerndes, silikathaltiges Grundwasser durchsetzte nun die Stämme und ersetzte allmählich das ursprüngliche Holzgewebe mit Silikatablagerungen. Die Silikate erhärteten, und die Baumstämme wurden zu versteinertem „Holz“. Nach dieser Periode sank der Landstrich ab, wurde überschwemmt und von Süßwasserseen bedeckt. Als sich das Land später wieder hob, brachen die Stämme aufgrund des geologischen Stresses auseinander. In jüngerer (geologischer) Zeit sorgten Erosionskräfte, wie Wind und Wasser, für die Freilegung der Stämme bzw. ihrer Überreste.

Die Farben der Painted Desert

Dieses Gebiet, im Norden des Parks gelegen, bietet ein unvergessliches Farbenspiel. Von Aussichtspunkten aus sieht man über ein Meer von großen und kleinen Hügeln und Kuppen, deren Farbvariationen von Tiefbraun über Rot und Ocker bis hin zu hellen, fast weißen Tönungen reichen. Auf keinem Foto wird man diese Pracht festhalten können, aber vergessen wird man sie sicherlich niemals. **Tipp** für Fotografen: Weitwinkel und star-

Baumstamm aus Stein

ken UV-Filter benutzen. Ein Polfilter würde die Farben noch kontrastreicher herausheben. Vermeiden Sie die flimmernde Mittagshitze. Suchen Sie sich einen Farbkontrast: z. B. einen grünen Busch im Vordergrund des Bildausschnittes.

Was bedeuten die Farben? Das **Rot** des Bergsockels ist Sedimentgestein, welches von Eisenoxid verfärbt wurde. Eine Entwicklungsstufe weiter ist das dunkle Rot (**Rotbraun**) in den mittleren Schichten: von Eisen durchsetztes Sedimentgestein, wobei das Eisenoxid aus Hämatit besteht (Roteisenstein). Das **Weiß**, die Schicht zwischen den ersten beiden Stufen, ist Sandstein und zeugt von einer Zeit vermehrter Ablagerungen.

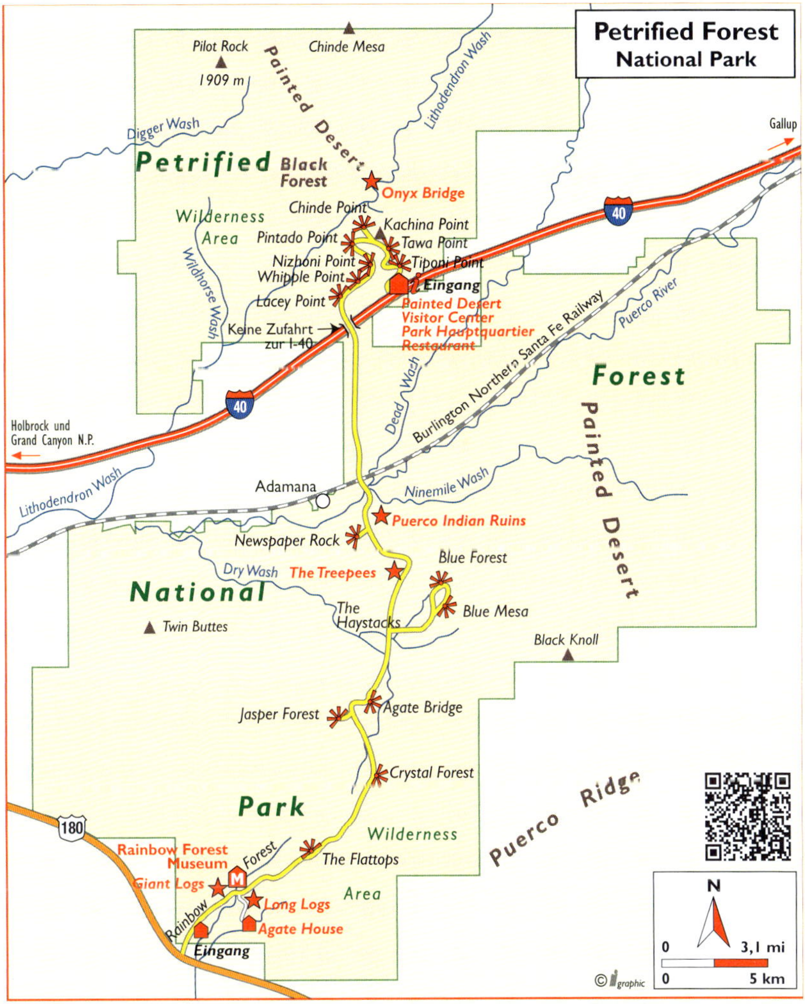

Puerco Indian Ruins

Die Zipfel dieser Hügel werden auch als „Wigwams“ bezeichnetet. Sie bestehen aus dunklem Ton. In dieser Schicht wurden die versteinerten Bäume abgelagert, bevor Erosionskräfte sie in tiefere Lagen beförderten, nämlich dorthin, wo sie heute zu finden sind. Eine hohe Kohlenstoffkonzentration ist ein Beleg dafür und auch der Grund für die relativ dunkle Farbe. Die Körnung der Sandpartikel ist sehr fein (Ton) und ein Beweis dafür, dass es sich hier um Ablagerungen von Flüssen handelt.

Den Park durchquert man auf einer ca. 28 Meilen langen Strecke. Von Norden kommend fährt man zuerst an der Abbruchkante am Rande der Painted Desert entlang, auf die man von mehreren Aussichtspunkten hinuntersehen kann. Etwa auf halber Strecke trifft man auf die **Puerco Indian Ruins**, eine alte Indianersiedlung, die vom 12. bis 13. und danach vom 14. bis 15. Jh. besiedelt wurde. Im Süden des Parks befinden sich die verschiedenen Baumstämme, wobei am Punkt **„Long Logs“** die längsten und am besten erhaltenen zu bewundern sind. Ein Stopp im **Rainbow Museum** am Südeingang sollte noch drin sein.

Reisepraktische Informationen Petrified Forest National Park, AZ

VORWAHL 928

Information

Painted Desert Visitor Center: *am Eingang zum nördlichen Teil des Parks von der I-40 aus, ✆ 524-6228, www.nps.gov/pefo. Hier gibt es ein kleines Restaurant (bis 15 Uhr) und ein Stück weiter, am Kachina Point, dient das historische* **Painted Desert Inn** *als Museum, aber nicht als Gasthaus. Am südlichen Eingang des Parks befindet sich das* **Rainbow Forest Museum**, *das eine interessante Ausstellung und Filmvorführung zur Entstehungsgeschichte der versteinerten Bäume bzw. der Painted Desert bietet. Außerdem gibt es dort einen kleinen Laden (Souvenirs und kleine Snacks). Alles tgl. geöffnet. Gates: Kernzeiten 7–18 (Sommer –19) Uhr.*

Unterkunft

Die nächsten Hotels liegen in Holbrook, Chambers oder Winslow:

Wigwam Motel $: *811 W. Hopi Dr., Holbrook, ✆ 524-3048, www.sleepinawigwam.com. Eine (vor einigen Jahren renovierte) Errungenschaft aus der Hochzeit der Route 66 ist dieses Motel, dessen „Zimmer" sich in Holz- und Beton-Teepees (Indianerzelte) befinden. Nicht sehr komfortabel, dafür aber günstig und einzigartig. Allemal ein Foto wert.*

Best Western Arizonian Inn $$: *2508 E. Navajo Blvd., Holbrook, ✆ 524-2611, http://book.bestwestern.com. Unspektakuläres, aber sauberes 70-Zimmer-Motel.*

La Posada $$$: *303 E. Second St. (Rt 66), Winslow, ✆ 289-4366, www.laposada.org. Renoviertes Railroad-Hotel von 1930. Charmant und nicht zu teuer. Hier haben schon Albert Einstein und Harry Truman gewohnt. Das angeschlossene Restaurant* **The Turquoise Room** *(✆ 289-2888, Southwest-Küche) ist ohne Zweifel das beste in weitem Umkreis.*

Am Navajo Blvd. in Holbrook gibt es unzählige **weitere Motels/Hotels** *verschiedenster Franchiseketten.*

Camping

Im Park gibt es nur rudimentäre Backcountry-Campingplätze. Außerhalb bieten sich der **Holbrook/Petrified Forest KOA** *(102 Hermosa Dr., Holbrook, ✆ 524-6689, http://koa.com/campgrounds/holbrook), der* **OK RV Park** *(1576 Roadrunner Rd., Holbrook, ✆ 524-3226, www.okrvpk-llc.com) sowie einfache RV-Standplätze (ohne Zeltmöglichkeit) 2 Meilen südlich des Parks an, nahe der Kreuzung mit dem US 180 an den Souvenirshops.*

Tipp

Der **Barringer Meteorite Crater** *20 Meilen westlich von Winslow entstand vor 50.000 Jahren. Mit einer Geschwindigkeit von 65.000 km/h schlug damals hier ein Meteorit ein, dessen Durchmesser gerade mal 45 Meter betrug. Das Loch, das er hinterließ, misst heute 2,5 Meilen im Umfang und ist knapp 170 m tief. Das Gelände wurde von Astronauten als Testgebiet genutzt (Führungen zu diesem Thema). Im* **Interactive Discovery Center** *wird u. a. der Einschlag simuliert. Beeindruckend.*

Visitor Center, *Meteor Crater Rd. (I-40 Exit 233), tgl. 8–17, Mem.–Labor Day 7–19 Uhr, RV-Park ganzjährig geöffnet, http://meteorcrater.com, $ 18 (Aussichtspunkte, Tour + Film).*

Vom Petrified Forest NP aus können Sie zwischen vier alternativen Routen wählen:

1. direkt nach Flagstaff und zum Grand Canyon fahren, wobei es Übernachtungsmöglichkeiten in Holbrook, Winslow und Flagstaff gibt. Ein Ausflug zum **Painted Desert Navajo County Park** (14 Meilen nördlich von Winslow) erübrigt sich, da nicht viel anderes zu sehen ist als im Petrified Forest NP. Auf dieser Strecke sind aber der **Barringer Meteorite Crater**, das Walnut Canyon Nat. Monument und Flagstaff (Beschreibung: S. 387) zu sehen und erleben … und weite Landschaft natürlich.
2. bei Holbrook nach Norden auf dem AZ 77 (und später auf den AZ 264). Durch die Hopi-Indian Reservation nach Tuba City und weiter zum Grand Canyon fahren. Diese Strecke bietet vor allem weite Landschaft und die Kultur der Hopis, die Sie bei **Second Mesa** in einem echten Hopi Dorf erleben können. 46 Meilen hinter Second Mesa passiert man einen Aussichtspunkt samt Picknicktischen mit Blick auf den **Coal Mine Canyon** (rote, weiße und schwarze Farben). In Tuba City lohnt der Besuch des **Explore Navajo Interactive Museum** *(✆ (928) 640-0648, www.explorenavajo.com, Mo–Sa 8–18, So 12–18 Uhr, $ 4,50)*, wo man mehr erfahren kann über die Kultur der Navajos, so- *Hopi-Dorf*

wie gleich nebanan der **Tuba City Trading Post** *(beide Ecke Moenave/Main Sts., Indianer-Kunsthandwerk).*
3. vom südlichen Exit zuerst entlang dem US 180 in östlicher Richtung und vor St. Johns entlang dem AZ 61 und dem US 60 über Show Low und Globe nach Phoenix. Schöne Landschaft und die Fort Apache-Indian Reservation.
4. Der Hauptroute des Buches folgen und südlich den Nationalpark verlassen, um über den US 180 nach Springerville und von dort nach Silver City zu fahren.

In Kürze das Sehenswerte entlang der Strecke bis Silver City:
Zwei Meilen nördlich von Springerville liegt der **Casa Malpais Archaeological Park**. Hier siedelten Mogollons, Sinaguas, Anasazi und Hohokams zwischen 1000 u. 1350 n. Chr. Der Besuch ist nur mit Führungen möglich. Diese beginnen im **Casa Malpais Visitor Center & Museum** in Springerville (*418 Main St., www.casamalpais.org, Di–Sa 9–16, Sommer auch Mo, Touren März–Nov., Di–Sa 9, 11.30 und 14 Uhr, $ 10*). Im Gebiet um Springerville haben sich übrigens viele Mormonen angesiedelt.
Ein Abstecher nach **Greer** (westlich von Springerville) und durch die Berge über den AZ 261 und die Three Forks Rd. (Piste, im Winter geschlossen) wieder nach Alpine. Schöne Berglandschaft (1 Stunde Mehrzeit). Aber auch der US 180/191 bietet eine reizvolle Landschaft. **Alpine** ist ein verschlafenes Bergdorf (2.400 m hoch) und beliebt bei Anglern, Jägern und Wanderern.

Ghost Towns

Mogollon: Zwei Meilen hinter Alma (66 Meilen vor Silver City) vom US 180 nach Osten abbiegen. Auf dieser Strecke sind es noch neun Meilen (die Bergstrecke ist nicht geeignet für Wohnmobile und Trailer). Eine alte Minenstadt, heute eher Ghost Town mit nur wenigen Anwohnern. Kaum Tourismus. Sehenswert vor allem das alte Mogollon-Theater: verstaubt, aber echt. Im Museum kann man zudem noch Relikte aus der Zeit des Wilden Westens bestaunen.

Mogollon Ghost Town

Glenwood ist ein uriger Ausflugsort. Einfache Motels, eine Biker Bar, kleine „Restaurants“, ein Campingplatz, aber auch Wanderwege und Ghost Towns in der Umgebung locken vor allem Kurzurlauber aus den großen Städten an. Bekannt ist der **Catwalk**, ein z.T. steiler Wanderweg durch den Whitewater Canyon, der oft über Hängebrücken (ehem. als Aufhängung/Stütze für eine Pipeline benutzt) führt. Der Trail beginnt 5 Meilen nordöstlich des Ortskerns (Cat Walk Rd.).

Reisepraktische Informationen Springerville/Eager/Alpine, AZ, sowie Glenwood, NM

Unterkunft/Essen

Lesertipp: **Reed's Lodge $$:** *514 E. Main St.,* **Springerville,** *✆ 333-4323, www.k5reeds.com. Sauberes, rustikales Motel mit 49 Zimmern, von einer Familie in der 6. Generation geführt. Jacuzzi, Restaurants nahebei.*

Sportsman's Lodge $$: *US 180,* **Alpine,** *✆ (928) 339-4576, 1-877-560-7626, www.sportsman778.com. Rustikales Motel. Sauber, aber einfach. Im Ort gibt es ein paar kleine Sandwich/Burger-Restaurants. Tipp: Das Pulled Pork Sandwich im* **Foxfire**.

White Water Motel $–$$: *US 180,* **Glenwood,** *✆ (575) 539-2581, www.whitewatermotel.com. Angenehmes, rustikales Motel, direkt am White Water Creek und zentral im Ort gelegen.*

Sunrise Best Western $$: *128 N. Main St.,* **Eager,** *✆ (928) 333-2540, http://book.bestwestern.com. Sauberes Kleinstadt-Motel.*

Weitere Lodges finden Sie im **Greer Valley**: *z.B. die schöne Holzlodge* **Greer Lodge & Resort $$–$$$$** *(44 Main St., Greer, ✆ (928) 735-2304, www.greerlodgeaz.com, rustikale Zimmer und tolle Selbstversorger-Cottages). Schön sind auch die z.T. über den Ort verteilten Holzhäuser der* **Molly Butler Lodge $$–$$$** *(109 Main St., Greer, ✆ (928) 735-7617, http://mollybutlerlodge.com). Angeschlossen ist das wohl beste Restaurant des Ortes.*

Am nördlichen Ortseingang von Springerville gibt es **zwei Campingplätze**. *Weitere in Greer und Glenwood.*

Gila National Forest

info

Dieses knapp 14.000 km² große Waldgebiet bietet eine der schönsten Landschaften des Südwestens und hat gegenüber den Wäldern von Colorado den Vorteil, dass es nicht so touristisch ist. Auf der Fahrt zum Gila Cliff Dwellings National Monument erhalten Sie bereits einen Eindruck von der Schönheit der Berge, Flüsse, Canyons und Wälder. Bereits die Apachen liebten dieses Land und wehrten sich vehement gegen die eindringenden Gold- und Silbersucher. Das Terrain bot ihnen während der Endphase ihres Widerstandskampfes immer wieder Schutz, nachdem sie Minenstädte wie Mogollon und Silver City angegriffen hatten. Ihre bekanntesten Führer waren die Häuptlinge *Geronimo* und *Cochise*. Die Tierwelt enthält immer noch Bären, Elche, Biber und Berglöwen.

Für Naturliebhaber bietet sich die Gelegenheit, auf einfachen Pisten in den Park hineinzufahren, dort zu zelten und dann Wanderungen zu unternehmen. Permits sind aber notwendig. Erhältlich bei jeder Rangerstation (US Forest Services) der Gegend, so z. B. in Silver City und Glenwood (www.fs.usda.gov/gila).

Gila Cliff Dwellings National Monument

Hinweis

Die Fahrt zum Felsendorf dauert 1½–2 Autostunden (45 Meilen) von Silver City aus. Einen Aufenthalt von 1 ½–2 Stunden sollten Sie dort einplanen. An der Strecke gibt es keine Tankstelle.

Um das Monument zu erreichen, fährt man bis zum **Visitor Center** (tgl. geöffnet), wo ein kleines **Museum** einen ersten Eindruck vermittelt. Knapp zwei Meilen weiter beginnt ein Trail, der zur Felssiedlung führt (3 km hin und zurück, Zeit: 1 Stunde). Sie liegt inmitten des großen Waldgebietes des Gila National Forest, und die Bewohner konnten es früher nur auf langen Fußmärschen durch diesen dichten Wald erreichen. I.d.R. kann man die Häuser selbst besichtigen. Zudem sind an den Höhlen freiwillige Volonteers positioniert, die bereitwillig Infos geben. Erläuterte Touren beginnen täglich um 11 Uhr am VC. Wichtig: Der letzte „Aufstieg" zu den Dwellings muss um 16 Uhr begonnen und um 17 Uhr beendet sein.

Erste Bohnenpflanzer

Die älteste Ruine (Pit House = Erdhaus) wurden wahrscheinlich in der Zeit von 100–400 n. Chr. bewohnt. Damals waren die Hütten noch rund, hatten einen nur kleinen Eingang zur Ostseite und der Level des Bodens lag unter der Erde, wie auch bei den frühesten Behausungen im Canyon de Chelly. Bewohner waren die Mogollon, welche Getreide anbauten und Wildpflanzen sammelten. Auffallend ist, dass die Mogollon bereits getöpfert und auch Bohnen angebaut haben. Mit beidem begannen die Indianer in anderen Regionen erst Jahrhunderte später. Die eigentliche Felssiedlung, eckige Pueblo-Häuser über fünf offene Höhlen 55 m hoch in der Felswand verteilt, wurde erst ab 1270 bewohnt und nach kaum 40 Jahren wieder verlassen! 10–15 Familien lebten hier in 42 Räumen. Die Bewohner waren richtige Farmer, die ihre Felder entlang dem Fluss und auf der Hochfläche hatten. Manche behaupten, sie hätten bereits mit Baumwolle gewebt.

Anders als in anderen Felsendörfern hat man am Gila Cliff nicht nur Häuser gefunden, sondern auch normale Höhlen, in denen Pueblos gelebt haben. Erinnert sei hier an die Tatsache, dass diese Indianer erst Pueblos genannt wurden, seitdem sie in dorfähnlichen Gemeinschaften gelebt haben. Die hier ansässigen Indianer lebten erwiesenermaßen auch in Dorfgemeinschaften. Hierzu bedurfte es aber übergroßer Höhlen. Diese hat man bis heute nicht gefunden, weiß aber, dass welche existieren müssen, irgendwo versteckt im Wald. Nach übermittelter Legende muss es sich um weitgehend geschlossene Höhlen gehandelt haben, also nicht um die uns bekannten Überhänge.

Information

Es gibt ein **Visitor Center** *direkt am Monument (44 Meilen nördl. Silver City am NM 15), ✆ (575) 536-9461, tgl. 8–16.30 Uhr, www.nps.gov/gicl.*
Unterkünfte *gibt es in Gila Hot Springs, Pinos Altos und Silver City (S. 332). Am Monument befinden sich vier* **Campingplätze**. *Ansonsten gibt es 18 weitere Campinggelegenheiten, sehr verstreut gelegen, im Gila Forest. Alternativ können Sie auf einem Platz in Silver City oder Pinos Altos campen.*

Silver City

Nur das Warren House überstand die Flut

Silver City ist eine kleine Stadt am Fuße der Pinos Altos Mountains, südlich des Gila National Forest. Einst galt das Territorium als gefährliches Apachen-Gebiet. Doch kurz nach Ende des Bürgerkrieges wurden hier Gold- und besonders ergiebige Silbervorkommen gefunden. Der Silber-Boom dauerte bis 1893. 1875 wurde Silver City zentraler Sitz des Grant County. Gestört wurde die Minentätigkeit zu Beginn immer wieder durch die Apachen, die sich ihr Land nicht so einfach nehmen lassen wollten, und somit mussten Frauen und Kinder des Öfteren evakuiert werden. Grundsätzlich änderte dieses aber nichts am wirtschaftlichen Aufstieg. 1895 und 1906 verursachten starke Regenfälle in den Bergen heftige Fluten und verwandelten die ehemalige Main Street in einen 18 Meter tiefen Canyon („The Big Ditch"). Heute noch fließt der Fluss durch diese Schlucht und die westliche Parallelstraße, der Broadway, fungiert nun als „Hauptstraße". Nur ein Haus aus dieser Zeit steht noch an der ehemaligen Main Street und ein paar kleine Brücken queren die Schlucht. Um 1910 dann begann man mit dem Abbau von Kupfer, und das im großen Stil. Noch heute wird Kupfer rund um die Stadt – zumeist im Tagebau – abgebaut. Silver City ist übrigens auch beliebt wegen seines trockenen und warmen Klimas. Bereits im 19 Jh. kamen viele Tuberkulosekranke deswegen hierher, so 1874 auch *Catherine McCarthy* mit ihrem damals 14-jährigen Sohn *Henry* (s.u.).

Wer etwas Zeit übrig hat, sollte das **Silver City Museum** besuchen *(312 W. Broadway, Di–Fr 9–16.30, Sa u. So 10–16 Uhr, $ 3, www.silvercitymuseum.org)*, in dem Relikte aus der Zeit der Gold- und Silberschürfer anzuschauen sind. Ein Rundgang durch die historische Innenstadt von Silver City lohnt ebenfalls. Dazu gibt es eine kleine Broschüre im Visitor Center. In und um den Broadway finden Sie Trödelläden, kleine Galerien, Bars und Restaurants, ein Theater u.v.m. Weiterhin wäre interessant, das „Big Hole" der **Tyron/ Phelps Dodge Mine** zu besichtigen (zwischen Mill St. und Broadway am Südende der Stadt). Wo jetzt das riesige „Loch" zu sehen ist, befand sich, von einem Stararchitekten geplant und für viel Geld erbaut, die Stadt Tyrone. Hier wohnten 6.000 Menschen. Nach Schließung der Kupfermine, „The Million Dollar Ghost Town" genannt, fiel Tyrone Ende der 1960er Jahre dem jetzigen Tagebau zum Opfer. Nur drei Gebäude stehen noch (nicht zu verwechseln mit der neuen Ansiedlung gleichen Namens etwas südlich).

Opfer des Tagebaus

Henry McCarthy, eher bekannt als **Billy the Kid**, geboren in New York, verbrachte einen Teil seiner Jugend in Silver City. Wer seinen Spuren folgen möchte, sollte zuerst zu seinem Elternhaus nördlich der Broadway Bridge *(Ecke Hudson St. u. Broadway)* und danach zum Gefängnis *(304 N. Hudson)* gehen. 1875 nämlich, als 15jähriger, wurde *Billy the*

Downtown Silver City

Kid wegen seines ersten (offiziellen) Deliktes in Silver City verhaftet … und entkam natürlich aus dem Gefängnis.

Um die kleine Ortschaft **Pinos Altos**, sechs Meilen nördlich von Silver City, wurde ebenfalls Gold entdeckt. Der bekannteste Schürfer war *George Hearst*. Er war so erfolgreich, dass er seinem Sohn, *William Randolph Hearst*, ein Vermögen hinterlassen konnte, welches diesem den Aufbau seines Zeitungsimperiums ermöglichte. Das kleine Museum (tgl. geöffnet) gibt einen leidlichen Einblick in die Vergangenheit des Ortes. Aufregender aber ist der Besuch im alten **Buckhorn Saloon** (mit angeschlossenem „Opera House"). Ein Dinner sollten Sie vorher reservieren bzw. sich auf Wartezeit am Tresen einstellen. Oft wird Livemusik gespielt. Ein paar Meilen entfernt von Pinos Altos steht das **Ben Lilly Monument**. *Ben Lilly* war ein angesehener Pantherjäger. Bekannt wurde er aber durch seine Bärenjagd mit *Theodore Roosevelt* 1907 in Texas, die so erfolgreich verlief, dass seither der Begriff „Teddybär" in aller Munde ist.

25 Meilen südlich von Silver City liegt der **City of Rocks State Park**. Dessen 30 Mio. Jahre alte, vulkanische Aschegesteine wurden durch Wind- und Wassererosion zu runden Monolithen geformt. Ihr Antlitz erinnert aus der Distanz an eine mittelalterliche Stadt (daher der Name). Es gibt schöne Wanderwege und der Campingplatz hier ist ebenfalls empfehlenswert (*327 AZ 61, Faywood, Buchung: ✆ 1-877-664-7787, http://newmexicostateparks.reserveamerica.com*).

Reisepraktische Informationen Silver City/ Pinos Altos, NM

VORWAHL 575

Information

Silver City-Grant County Chamber of Commerce: *201 N.Hudson Rd., ✆ 538-3785, 1-800-548-9378, www.silvercity.org bzw. www.pinosaltos.org*

Unterkunft

The Palace Hotel $$: *106 W. Broadway, Silver City, ✆ 388-1811, www.silvercitypalacehotel.com. Historisches Hotel (zuerst Bank, dann ab 1900 Hotel). Einfach, aber mit Charme. Nicht alle Zimmer mit Air-Condition, nicht immer ruhig (Main Street!). Am besten, Sie schauen sich die Zimmer vorher an, denn diese sind qualitativ sehr unterschiedlich.*

Bear Creek Motel & Cabins $$$: *88 Main St., Pinos Altos (7 Meilen nördl. von Silver City), ✆ 388-4501, 1-888-388-4515, www.bearcreekcabins.com. Rustikale, aber absolut kom-*

fortable Hütten inmitten eines Kiefernwaldes. Ideal um sich einmal für zwei Tage zu entspannen, etwas zu wandern und sich abends für einen Sundowner in den gerade ½ Meile entfernten Buckhorn Saloon zu begeben. Einige Hütten mit eigener Küche.

Bear Mountain Lodge $$$–$$$$: *2251 Cottage San Rd., Silver City, ✆ 538-2538, 1-877-620-2327, www.bearmountainlodge.com. 3,5 mi. nordwestl. der Innenstadt, auf ehemaligem Farmgelände. Die gemeinnützige „Nature Conservancy" betreibt die nach vielen ökologischen Gesichtspunkten geführte Lodge. Wunderschön gelegen, bieten sich hier Spaziergänge an. Täglich geführte Wanderungen. Dinner vorher anmelden.*

Camping

Es gibt rund um die Stadt **viele Camping- und Caravanplätze**. *Die schönsten – wenn auch einfach ausgestatteten – liegen natürlich in den State Parks, so z. B. nahe Gila Cliff bzw. City of Rocks, sind dafür aber auch weiter entfernt. Eine Adresse für Silver City:* **Silver City KOA**, *5 Meilen östl., 11824 US 180, ✆ 388-3351, http://koa.com/campgrounds/silver-city/. Pool, Shop.*

Restaurant

Buckhorn Saloon & Opera House: *32 Main Street, Pinos Altos, 6 Meilen nördl. von Silver City, ✆ 538-9911, www.buckhornsaloonandoperahouse.com. Schummrige Wild-West-Atmosphäre, oft Livemusik. Sehenswert ist die alte Theke von 1897. Oft voll, besonders an Wochenenden. Ausgezeichnete amerikanische Küche (Steaks, Burger, aber auch gute Salate und Weine), nicht ganz billig.*

Kleine Einführung „Arizona"

Bereits vor 12.000 Jahren kamen die ersten Menschen nach Arizona. Sie kamen über die Beringstraße ins nördliche Amerika und teilten sich im Gebiet des heutigen Arizona schließlich auf in drei Gruppen: die Hohokam, die die südlichen Wüstenregionen besiedelten, die Mogollon, die in den Bergen ansässig wurden, und die Anasazi, die im nördlichen Plateauland blieben. Die ersten Europäer, die nach Arizona kamen, waren die Spanier. Es war ein Offizier von *Cortéz*, der 1526 die Wüstengebiete erreichte, aber wegen der ungenügenden Lebensbedingungen diesen Landstrich nicht ins spanische Imperium einverleibte. Erste Missionare kamen Ende des 17. Jh. In den folgenden anderthalb Jahrhunderten gab es mehrere kriegerische Konflikte zwischen Spaniern und Indianern.

Erst 1846, nach dem Krieg mit Mexiko, erlangten die von Osten kommenden Amerikaner Einfluss in diesem bis dato uninteressanten Areal. Sie wollten eine Eisenbahnlinie durch die Wüste nach Kalifornien bauen. Als dann auch noch Gold gefunden wurde, beschloss Präsident *Lincoln*, das Territorium unter Schutzherrschaft zu stellen. Danach boomte Arizona. Man fand auch Silber und Kupfer, und Siedler erkannten die gute Bodenqualität in den Flusstälern. Aufgrund des günstigen Klimas konnten bereits damals zwei bis drei Ernten pro Jahr eingefahren werden, soweit eine sinnvolle Bewässerung gewährleistet war. *Staat*
Trotzdem dauerte es noch bis 1912, bevor Arizona als letzter Bundesstaat – abgesehen *Nr. 48*
von den beiden peripheren Staaten Alaska und Hawaii – in den amerikanischen Staatenbund aufgenommen wurde.

Touristisch bietet sich Arizona für einen längeren Aufenthalt an. Um alle National Monuments, die Nationalparks, die verschiedenen Kulturstätten der Indianer und die einzigartige Landschaft richtig zu erkunden, bedarf es mehrerer Monate Zeit. Konzentrieren Sie sich auf das Wesentliche: Der **Grand Canyon** ist mit Sicherheit ein Muss. Auf dem Weg dorthin sollte man sich zudem für die Besichtigung von ein oder zwei historischen Indianerstätten entscheiden. Auch der Petrified Forest, der nicht nur die versteinerten Baumstämme bietet, sondern auch das Farbenspiel der Painted Desert, lohnt einen Besuch. Wer eher Erholung sucht, sollte zum Lake Mead fahren oder ein bis zwei Tage am Lake Powell (bereits Utah) verbringen. Es gibt an den Seen keine Strände, sondern an Aktivitäten eher Wandern und Haus- bzw. Motorboot fahren. Für „Outdoor-Fans" bieten sich **Schlauchbootfahrten** auf dem Colorado an (früh buchen!). Extremes Bergwandern (auch Klettern) bzw. Ausritte sind ebenfalls sehr beliebt, besonders in den waldreichen Gegenden im Osten des Staates und in den San Francisco Mountains. Eindrucksvoll wäre auch ein Wintersporturlaub in den San Francisco Mountains südlich des Grand Canyon. Schnee ist meistens vorhanden, leider aber nicht mit der Gewissheit, wie man sie von den Wintersportgebieten von Colorado her kennt.

Skilaufen im Südwesten

Für die **großen Städte** braucht man keinen längeren Besuch einzuplanen. Phoenix ist sehr weitläufig und besticht im Wesentlichen durch seine luxuriösen Resorts und Golfplätze. Tucson hat da schon eher einen gewissen Charme. Besuchenswert sind noch ein paar **alte Minenstädte**, einige mit Relikten aus der Boomzeit (z. B. Bisbee), andere aufgrund uriger Geschichten (z. B. Tombstone) und wieder andere fristen ein Dasein als verträumte Ghost Town. Bleibt schließlich noch der Hinweis auf den Kult der **Route 66**, der besonders zwischen Flagstaff und Kingman zelebriert wird.

Arizona-Telegramm

***Abkürzung**: AZ; **Beiname**: The „Grand Canyon State" oder „Valentine State", da am Valentinstag Beitritt zum US-Staatenbund; **Namensherleitung**: „arizonac" (Name einer kleinen indianischen Ansiedlung); **Bundesstaat seit**: 14. Febr. 1912 (48. Staat); **Fläche**: 295.024 km²; **Einwohner**: 6,84 Mio. E.; **Einwohnerdichte**: 22 E./km²; **Hauptstadt**: Phoenix, 1,5 Mio. E., inklusive der 19 Städte des Valley of the Sun über 4,58 Mio. E.; **weitere Städte**: Tucson (534.000 E., Großraum 1,05 Mio. E.), Mesa (472.000 E.), Chandler (260.000 E.), Glendale (240.000 E.), Scottsdale (237.000 E.), Tempe (176.000 E.), Flagstaff (70.000 E.); **wichtigste Wirtschaftszweige**: Bergbau (Kupfer, Gold, Silber), Industrie (Elektronik, Rüstung und Nahrungsmittel), Tourismus. Die Landwirtschaft (Rinder, Südfrüchte, Bewässerungskulturen) hat weniger Bedeutung. Größte Arbeitgeber: Regierung und Gesundheitswesen.*

Von Silver City über Tucson nach Phoenix

Entfernungen

Silver City – Tucson (I-10): 203 Meilen/327 km
Silver City – Tucson (über Douglas/Bisbee/Tombstone): 275 Meilen/443 km
Tucson – Phoenix: 117 Meilen/188 km

Routenempfehlung

NM 90 bis Lordsburg, dann den I-10 nach Westen bis zur Abzweigung des AZ 80 nach Süden. Diesem über Douglas, Bisbee und Tombstone folgen bis zum I-10 bei Benson und dann direkt nach Tucson. Von Tucson den I-10 nehmen nach Phoenix und zwischendurch das Casa Grande Nat. Monument ansehen. ***Alternative****: Von Lesern empfohlen wurde der Abstecher ins mexikanische* ***Nogales*** *(65 Meilen südl. von Tucson). Die Stadt sei um einiges sympathischer als Ciudad Juárez bei El Paso. Vogelliebhaber und Camper (auch RVs) seien zudem auf den Patagonia Lake State Park (www.azstateparks.com/Parks/PALA) nördlich von Nogales (AZ 82) hingewiesen.*

Redaktionstipps

- **Übernachten**: Das historische **Copper Queen Hotel** in Bisbee hat Ambiente (S. 339). In Tucson bietet **The Lodge on the Desert** (S. 349) von allem etwas: Historie, Gemütlichkeit und ein gutes Preis-Leistungs-Verhältnis.
- **Essen**: Tucson: Bekannt für die lokale Fleischleckerei Carne Seca sind die Filialen des **El Charro Café**. Kreative mexikanische Gerichte gibt es im **Café Poca Cosa** und das Ambiente des alten Bahnhofs macht **Maynards Market & Kitchen** zu einem Favoriten (S. 351).
- **Die bedeutendsten Sehenswürdigkeiten**: die alten Minenstädte **Tombstone** (S. 336) und **Bisbee** (S. 338); der **Saguaro National Park** (Riesenkakteen (S. 340 u. 348); bei Tucson das **Arizona Desert Museum** (alles über Flora und Fauna der Wüste (S. 347), die **Tanque Verde Guest Ranch** (S. 350), die Film-Wildweststadt **Old Tucson Studios** (S. 347) sowie die **Casa Grande Ruins** (S. 356).
- **Zeiteinteilung: drei Tage**. Am 1. Tag bis Bisbee, Tombstone oder Nogales. Am 2. Tag bis Tucson und dort so früh ankommen, dass Sie noch einige Dinge erleben können. Am dritten Tag noch ein paar Stunden in Tucson bzw. Biosphere 2, dann über die Casa Grande Ruins nach Phoenix.

Überblick

Der Süden von Arizona bietet vor allem die weite Landschaft der Sonora-Wüste mit den einzigartigen Saguaro-Kakteen. Im Süden, zur Grenze nach Mexiko hin, findet sich eine Reihe von alten Minenstädten, von denen die interessantesten ohne Zweifel Bisbee (etwas weniger touristisch) und Tombstone (sehr touristisch) sind. Tucson ist als Basisstation für Ausflüge in die Umgebung geeignet und kann zudem mit den attraktiven „Old Tucson Studios" und dem tollen Desert Museum aufwarten (wo so mancher bekannte Western gedreht worden ist).

Phoenix dagegen ist eher als langweilig zu bezeichnen. Zwar hat es mit den umliegenden Städten im Valley of the Sun weit über vier Millionen Einwohner, aber alles halbwegs Interessante verteilt sich auf eine riesige Fläche, und die Innenstadt wirkt selbst tagsüber fast wie ausgestorben. Hier kann man shoppen, Golf spielen und sich in einem der sündhaft teuren Resorthotels verwöhnen lassen. Zwischen diesen Städten mag der Besuch des „Öko-Projektes" Biosphere 2 den einen oder anderen interessieren, und ein Besuch der Casa Grande Ruins ist aufschlussreich und nicht besonders zeitaufwendig.

Der Süden Arizonas ist Cactus Country

Sehenswertes

Etwas abseits der Hauptstrecken liegt das **Chiricahua National Monument** *(✆ (520) 824-3560, www.nps.gov/chir)*. Es wurde 1924 eingerichtet, um der Natur einen schönen Teil des Coronado Forest mit seinen tollen Felsformationen zu erhalten. Wanderfreunde und Naturliebhaber kommen hier auf ihre Kosten. Es gibt Campingplätze, von denen der nächste der Bonita Campground ½ Meile entfernt vom Visitor Center ist. Morgens um 9 startet ein kostenloser Shuttle-Bus, der Wanderer zum Ausgangspunkt der Touren am Echo Canyon oder Massai Point bringt. Von dort kann man zum Visitor Center zurückwandern. Motels finden Sie in Willcox, Portal oder Douglas.

Tombstone und Bisbee sind zwei Städtchen, die ihre Existenz in dieser unwirtlichen Gegend alleine dem Bergbau zu verdanken haben. Gegründet wurden sie um 1877, wobei Camps in der Umgebung schon früher existiert haben.

Tombstone

Die auf dt. „Grabstein" heißende Stadt machte zuerst das große Geld, und ihre Silberminen sorgten schon bald dafür, dass sie zu einer bedeutenden Stadt heranwuchs, mit Einrichtungen wie Zeitung, Theater und Post, die im Westen damals kaum zu finden waren. Um 1880 war der Ort mit 16.000 Einwohnern größer als das damalige San Francisco. Berühmt wurde Tombstone aber eigentlich mehr durch seine zahlreichen Wildwest-Helden. *Wyatt Earp*, eine Legende unter den Gesetzeshütern des Westens, und sein Freund *Doc Holliday* hatten hier die berühmte **Schießerei am OK Corral** *(Allen Street, ✆ (520) 457-3456, www.ok-corral.com)*, die berühmt wurde, weil ihr Ablauf bis heute ungeklärt ist und zu immer neuen Mutmaßungen Anlass bot. Zumindest zog damals die gefürchtete *Clanton-Gang* den Kürzeren. Heute kann man den Schauplatz besichtigen und dank eines Filmes im benachbarten **Tombstone-Historama-Kino** den möglichen Ablauf der Schießerei und die Geschichte von Tombstone nachvollziehen (*Vorführung zur vollen Stunde 10–16 Uhr*). „Live" kann man die Schießerei als Re-enactment tgl. 12, 14 und 15.30 im O.K. Corral Historic Complex erleben ($ 10, inkl. Film).

Wild Bill Hickok Doc Holliday Wyatt Earp

Rest in Peace

Aber auch die *Daltons*, bei uns bekannt durch die Lucky Luke Comics, statteten Tombstone des Öfteren einen Besuch ab und verließen sie anschließend immer wieder mit einer satten Beute. Lynchjustiz, Meuchelmord und allerlei Schießereien vor und in den Westernsaloons standen auf der Tagesordnung – und dabei ging es nicht nur um Claimansprüche, sondern manchmal entwickelte sich eine Schießerei alleine aus einem simplen Streit um einen nicht bezahlten Whisky. Die Gräber der Hinterbliebenen dieser Zeit kann man am Ortseingang auf dem **Boothill Graveyard** besuchen, dort tauchen so einige bekannte Namen aus Wildwest-Filmen auf.

Der Abbau des Silbers in großem Stil dauerte nur 15 Jahre. Minenüberflutungen und Feuersbrünste stoppten die Entwicklung. Doch trotzdem wurde Tombstone niemals völlig verlassen und ging in die Geschichte ein als „The Town too tough to die". Die meisten der älteren Gebäude aus dem 19. Jh. sind in der **Allen Street** noch erhalten, leider aber auch durchweg „touristisch erschlossen" – kein Gebäude ohne Souvenirshop, Restaurant oder auf alt getrimmten Saloon. Einen Saloon sollte man schon besuchen. Tipp: der „Crystal Palace Saloon" (Ecke 5th/Allen Sts.) oder – touristischer – „Big Nose Kate's Saloon" direkt in der Allen Street.

Weitere interessante und täglich geöffnete Punkte in Tombstone sind das Museum im **Courthouse** *(Ecke S. 3rd/Toughnut Sts., tgl. 9–17 Uhr)*, dem ehemaligen Gerichtsgebäude (inkl. Hinrichtungsstätte), die Druckerei der alten Zeitung, des **„Tombstone Epitaph"** in der Fifth Street, und der kleine Vergnügungspark **Helldorado Town** am Südende der 4th Street.

Bisbee

25 Meilen südlich von Tombstone, erlangte Bisbee erst zu Beginn des 20. Jh. größere Bedeutung. In den größten Minen wurde Kupfer abgebaut. Bereits um 1910 galt Bisbee als eine der reichsten Städte der USA. Anders als 25 Jahre zuvor in Tombstone herrschten hier um 1910 friedlichere Gesetze. Dieses wird schon an dem ganz anderen viktorianisch-bürgerlichen Baustil deutlich, der in der Innenstadt noch erhalten ist. Die Bewohner von Bisbee waren ein ganz anderer „Schlag Mensch". Kupferabbau war niemals Sache des „Kleinen Mannes", sondern bedurfte großen Kapitaleinsatzes. Damit fielen Streitereien um Claims schon einmal aus – obwohl die Besitzurkunden der ersten großen Claims durch verlorene Wetten häufiger den Eigentümer wechselten (größter Verlierer waren die Männer der ersten Stunde, *Jack Dunn* und *George Warren*). Grundsätzlich aber saßen die Drahtzieher der Geschicke in den Wirtschaftsmetropolen des Ostens, und selbst der Richter *DeWitt Bisbee*, einer der Anteilseigner der großen Minen und Namensgeber für den Ort, hat Bisbee niemals selbst gesehen. Während also in den schicken Holzvillen die Vorarbeiter und leitenden Angestellten der Minenfirmen wohnten, begnügten sich die Arbeiter mit den einfachen Holzbaracken und Wohncontainern. Ziel war es für alle, die hohen Löhne in den Minen abzukassieren, zumindest solange es die Gesundheit erlaubte. Kupfer wurde im großen Stil bis in die 1970er Jahre abgebaut. Danach verließen erstaunlicherweise nur wenige Menschen Bisbee. Besonders ältere Leute blieben hier, des angenehmen und milden Höhenklimas wegen.

Kapitalgeber von der Ostküste

Im Visitor Center gibt es eine Infokarte zur Besichtigung der historischen Innenstadt. Von vielen Punkten aus haben Sie eine schöne Aussicht auf Stadt und Minen. In der Innenstadt etablieren sich mittlerweile auch immer mehr kleine Galerien und Kunsthandwerk-Geschäfte.

Ausgesprochen informativ ist das **Mining and Historical Museum** (*5 Copper Queen Plaza, ✆ (520) 432-7071, www.bisbeemuseum.org, tgl. 10–16 Uhr, $ 8*) und der Höhepunkt wäre eine Fahrt in die **Queen Mine**. Diese Mine wurde bereits 1944 geschlossen, war aber mit Tunneln von einer Gesamtlänge von über 240 km eine der größten der USA. Es gibt „Über"- sowie „Untertage-Touren". Letztere sind ohne Zweifel die Empfehlung. Da es unter Tage kalt wird (bis zu 4 °C), nehmen Sie sich unbedingt warme Sachen mit.
Queen Mine, *478 N. Dart Rd., direkt südl. des AZ 80, ✆ (520) 432-2071, www.queenminetour.com, tgl. Touren, Zeiten variieren, Reservierung empfohlen, $ 13.*

Reisepraktische Informationen Tombstone und Bisbee, AZ

VORWAHL 520

Information

Tombstone Visitor Information: *Ecke Fourth/Allen Street, Tombstone, ✆ 457-9317, 1-888-457-3929, www.tombstonechamber.com.*
Bisbee Chamber of Commerce: *2 Copper Queen Plaza, Bisbee, ✆ 432-3554, www.discoverbisbee.com.*

Unterkunft

Marie's Engaging B & B $$: *101 N. Fourth St., Tombstone, ✆ 457-3831, 1-877-457-3831, www.mariesbandb.com. Kleines 4-Zimmer-Bed & Breakfast in viktorianischem Gebäude von 1906. Zwei Zimmer teilen sich das Bad, eines befindet sich im Carriage House. Ansonsten gibt es eine Reihe von (unabhängigen)* **Motels** *in und um Tombstone.*

Copper Queen Hotel $$–$$$: *11 Howell Ave., Bisbee, ✆ 432-2216, www.copperqueen.com. 1902 erbaut in der Innenstadt, ist dieses ein weiterer Klassiker. Antiquitäten, Atmosphäre. Gutes Restaurant im Hause.*

Shady Dell $$$: *1 Douglas Rd., Bisbee, ✆ 432-3567, www.theshadydell.com. Toll restaurierte Vintage-Trailer und Airstream-Wohnanhänger aus der Zeit zwischen 1947 und 1959. Nicht alle haben eine eigene Nasszelle! Hier zu nächtigen macht Spaß, sollte aber rechtzeitig gebucht werden.*

Bisbee Grand Hotel $$–$$$$: *61 Main St., Bisbee, ✆ 432-5900, 1-800-421-1909, https://bisbeegrandhotel.com. Eleganz der viktorianischen Zeit und viele alte Möbel. Ein Western-Klassiker mit alter Bar im Erdgeschoss, deren Tresen aus dem alten Tombstone stammt.*

Camping

Im gesamten Gebiet zwischen Douglas/Bisbee und Benson gibt es verschiedenste Campingplätze. Sehr familiär geführt ist **Twin Buttes RV Park**: *4027 N. Twin Buttes Ct (AZ 80), zwischen Douglas und Bisbee, ✆ 364-7075, www.twinbuttesrvpark.com). In Tombstone liegt der oft volle* **Wells Fargo RV Park** *mitten im Ort: 215 E. Fremont Ave., ✆ 457-3966, www.wellsfargorv.com.*

Restaurants

Bisbee: *Zum einen empfehlen sich das einfachere Restaurant und die Bar im* **Copper Queen Hotel** *(s.o.) sowie das Restaurant* **Santiago's** *(1 Howell Ave., ✆ 432-1910), wo es mexikanische sowie speziell chilenische, argentinische und uruguayische Spezialitäten gibt. Die südamerikanische Antwort auf den Margarita ist übrigens der Waborita, dem ein Schuss Blue Curaçao zugeführt wird. In der* **Old Bisbee Brewing Company** *(200 Review Alley) kann man sich durch die hauseigenen Biere probieren. Zu essen gibt es aber nur Bratwurst und vegetarisches Chili. Alle diese drei Empfehlungen befinden sich in der historischen Altstadt.*

In **Tombstone** *führt wohl kaum ein Weg vorbei am Western-Saloon* **Big Nose Kate's** *(417 E. Allen St., http://bignosekates.info), dem ehemaligen Mittelpunkt der Stadt. Ziemlich touristisch, aber im alten Stil erhalten, tgl. Livemusik. Im* **Longhorn Restaurant** *(501 E. Allen St.), ehemals bekannt als „Bucket of Blood Saloon", da vom Obergeschoss aus Virgil Earp erschossen wurde, gibt es typisch amerikanische und Tex-Mex-Gerichte sowie eine deftige Frühstücksauswahl.*

Tipp: Cabernet-Sauvignons und Pinots Noirs

Für diese Weine sind die Anbaugebiete um die Orte Patagonia und Sonoita bekannt. Schauen Sie doch mal vorbei (www.patagoniaaz.com/category/area-attractions/vineyards/). Und zum ***Shoppen ins mexikanische Nogales*** *ist es von hier auch nicht weit.* *Siehe auch S. 335: Patagonia Lake SP.*

Mexikanische Souvenirs

Im **Kartchner Caverns State Park** *(2980 S. AZ 90, Benson, I-10 Exit 302, ✆ (520) 586-2283, www.azstateparks.com/Parks/KACA/, tgl. geöffnet, Höhlentour $ 23)* können Sie eine der vielen Höhlen der Region besichtigen. Mit 6 Metern Länge gibt es hier z. B. den zweitlängsten Stalaktiten der Welt zu bewundern. Reservierung empfohlen!

Weiter nach Tucson: Am besten auf dem I-10, und falls die Zeit es erlaubt, bietet es sich an, bereits am Exit 279 abzufahren und über den Spanish Trail zum östlichen Teil des Saguaro National Parks zu gelangen. Vorher aber, ganz in der Nähe befindet sich die **Colossal Cave**, eine Sandsteinhöhle, die Geschichte gemacht hat: Irgendwo hier, und noch nicht entdeckt, befindet sich die Beute einer Verbrecherbande aus dem 19. Jh. – Wert 60.000 $, damals eine immense Summe.
Colossal Cave: *I-10-Exit 279, dann entlang der Colossal Cave Rd., http://colossalcave.com, Höhlentour tgl. zu vollen Stunde zw. 9–16 Uhr, $ 16.*

Saguaro National Park East (Rincon Mountain District)

Armleuchter-Kakteen

Der östliche Teil des Nationalparks ist der ältere und auch größere. Da er etwas abseits liegt, ist er noch „unberührter". Die meisten Besucher fahren zum westlichen Parkteil. Beide Parkabschnitte wurden zur Erhaltung der Saguaro-Kakteen (Armleuchterkakteen) eingerichtet, einer riesigen Kaktuspflanze, die fast 40 Jahre benötigt, um nur einen Meter zu wachsen. Frühestens nach 80 Jahren entspringt ein Seitenast, liebevoll „Arm" genannt. Arizona hat die Saguaro später zur Staatspflanze erklärt. Die ältesten dieser Pflanzen werden über 250 Jahre alt, und die Oldtimer unter ihnen erreichen eine Höhe von bis zu 15 Metern. Lange Zeit litten die Kakteen unter der Überweidung der Flächen, da die Rinder bereits die jungen Triebe umstießen und niedertrampelten. Daher wurden die schützenden Parks eingerichtet.

Auf mehreren Trails kann man sich die Pflanzen erwandern. Besonders schön ist die Zeit der Blüte (Anfang Mai). Wenn Sie die Saguaro bewundern wollen, ohne lange im Park herumzufahren, können Sie dieses auch von außerhalb tun. Fahren Sie einfach weiter entlang dem Spanish Trail, ohne in den Park abzubiegen. Für Erläuterungen, besonders zur Pflanzenwelt dieser Wüstenregion, ist es aber lohnend, das Museum am Visitor Center aufzusuchen und sich die Medienvorführung anzusehen. Eine 8 Meilen lange Rundfahrt entlang des **Cactus Forest Scenic Loop** führt an kurzen Wanderrouten vorbei.

Information

Rincon Mountain Visitor Center, *South Old Spanish Trail, Tucson, ✆ (520) 733-5153, www.nps.gov/sagu, tgl. 9–17 Uhr.* **Camping**: *Es stehen einfache, kleine (Backcountry-) Campingplätze zur Verfügung (Permit beim Ranger besorgen). Erreichbar nur zu Fuß und das Wasser zum Trinken muss dort gereinigt werden.*

Tucson

Entfernungen

Tucson – Phoenix: 117 Meilen/188 km
Tucson – El Paso: 327 Meilen/526 km
Tucson – Grand Canyon: 336 Meilen/541 km
Tucson – Gallup: 338 Meilen/544 km

Redaktionstipps

- **Übernachten und Essen**: s. ab S. 349
- Wer **möglichst viel an einem Tag sehen möchte**, macht am besten eine Rundtour: früh los und entweder auf den **Mt. Lemmon** (S. 346) oder in den **Sabino Canyon** (S. 346), danach durch die City zu den **Tucson Studios** (S. 347) und zum **Desert Museum** (S. 347). Anschließend **San Xavier Mission** (S. 348) und entlang dem Zaun des **Pima-Air&Space Museums** zurück zum Hotel.
- Kaum eine Stadt der USA verfügt über so viele **Fahrradwege**. Wer der Sonne standhalten kann und über die nötige Kondition für die langen Wege verfügt, sollte sich am Hotel ein Rad mieten (fast alle größeren Hotels verleihen Räder).

Überblick

Tucson (sprich: Tuu-sonn) wird von den Einheimischen eher „Tucsonarizona" genannt, eine Tatsache, die darauf zurückzuführen ist, dass die Stadt noch vor 70 Jahren so klein war, dass viele sie gar nicht lokalisieren konnten. Von 45.000 Einwohnern um 1950 wuchs die Stadt immer schneller und zählt heute im Großraum über eine Million und im eigentlichen Stadtgebiet 535.000 Einwohner. Gerne bezeichnet sich Tucson als die „kleinste Großstadt der USA", hat dabei aber seinen eher provinziellen Charakter beibehalten. Besonders die spanisch-mexikanische Geschichte hat ihre Spuren hinterlassen, weniger die des amerikanischen Wilden Westens. Früh siedelten bereits Hohokam-Indianer in diesem menschenfeindlichen Wüstental, doch kamen erst mit der Errichtung eines kleinen Militärpostens der spanischen Armee 1775 die ersten Kolonialisten hierher. Mit Ausnahme immer wiederkehrender Angriffe der Apachen tat sich aber nicht viel, und Tucson vegetierte im 19. Jh. vor sich hin. Mit der Unabhängigkeit Mexikos änderte sich auch daran nicht viel, und selbst als die USA sich durch den *Gadsden Purchase* 1854 Tucson und den Süden Arizonas einverleibten, blieb die Region Ziel von nur wenigen Siedlern. Während des Bürgerkriegs und auch danach begann etwas Leben einzukehren. Zuerst in Form einer typischen Wildwest-Stadt mit den Grenz- und Indianerkonflikten, die die kleine Armee-Einheit der USA kaum stoppen konnte. Tucson war von 1867 bis 1877 Hauptstadt des Arizonagebiets. Seit dem Bau der Eisenbahn nach Westen im Jahre 1880 blieben immer mehr „friedliebende" Siedler hier, während zur gleichen Zeit die Haudegen auf der Suche nach Gold und Silber abzogen in die Berge und in Richtung Tombstone. Nach dem Zweiten Weltkrieg begann mit der Ansiedlung moderner Industrien in Tucson der Wohlstand einzukehren. Heute bestimmen das Militär (Air Force Base), Waffenfabriken (Raketen, Luftfahrtindustrie), Hightech-Industrien und die Universität das wirtschaftliche Leben der Stadt.

Bereits früh setzte der Tourismusboom ein, bedingt durch das milde Klima im Winter, aber auch durch den immer noch erträglichen Sommer (Phoenix ist im Schnitt 8 °C wärmer). Er hatte zur Folge, dass die Stadt versuchte, ihren Charakter und ihre Geschichte zu bewahren, noch bevor ungezügelter Bauboom historische Flecken ausradieren konnte. Touristisch besonders reizvoll ist vor allem die Umgebung von Tucson, im Norden die Berge, mit dem 2.750 Meter hohen Mt. Lemmon als höchster Erhebung, im Osten und Westen die Saguarokakteen-Landschaft und weiter südwestlich die Sonora-Halbwüste. Für einen Extratag ist Tucson gegenüber Phoenix mit Sicherheit die bessere Wahl. Tipp: Die **echte** mexikanische Küche ist hier am besten!

Reizvolle Umgebung

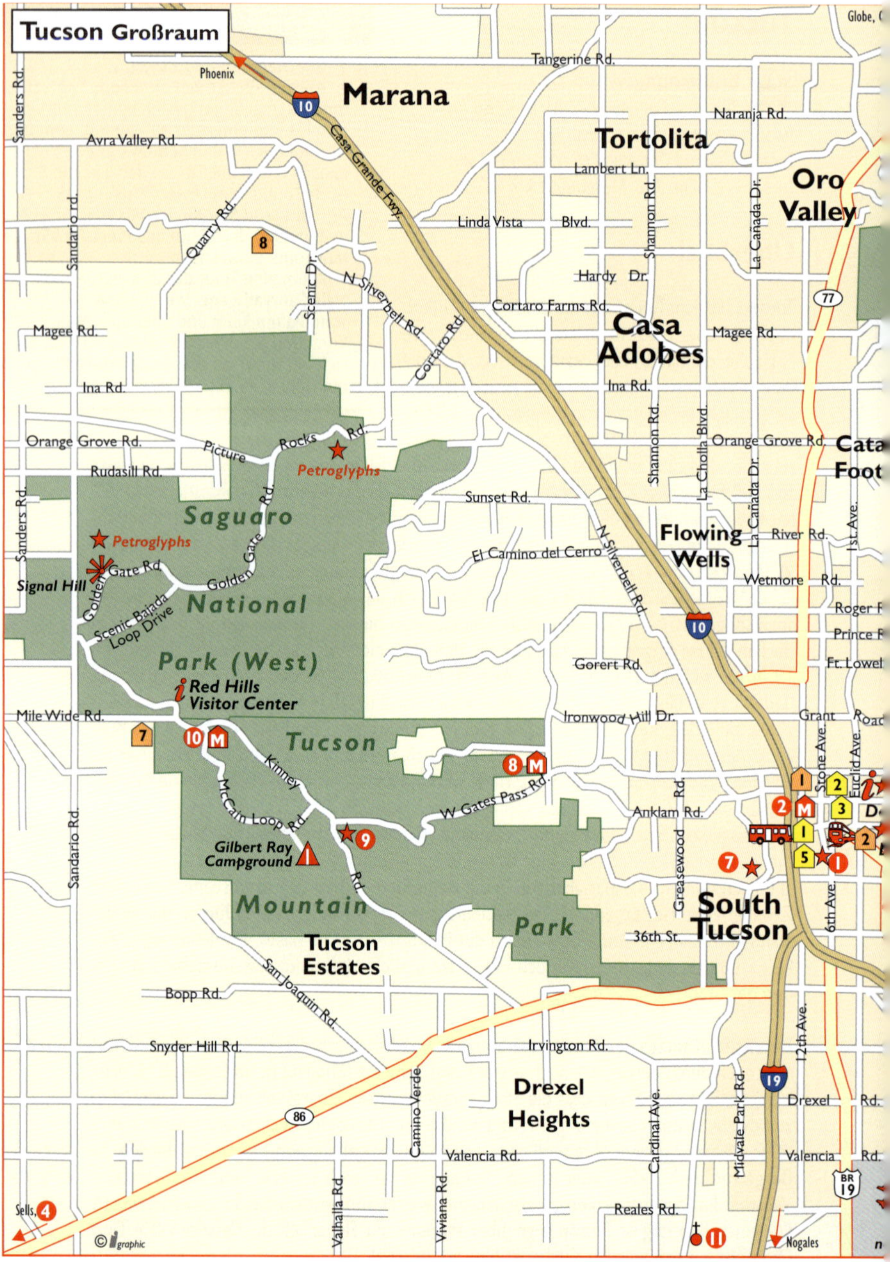
Tucson Großraum
Phoenix
Marana
Tortolita
Oro Valley
Casa Adobes
Flowing Wells
South Tucson
Saguaro National Park (West)
Tucson Mountain Park
Tucson Estates
Drexel Heights
Red Hills Visitor Center
Gilbert Ray Campground
Signal Hill
Petroglyphs
Petroglyphs
Casa Grande Fwy.
Tangerine Rd.
Naranja Rd.
Lambert Ln.
Avra Valley Rd.
Linda Vista Blvd.
Hardy Dr.
Cortaro Farms Rd.
Magee Rd.
Magee Rd.
Ina Rd.
Ina Rd.
Orange Grove Rd.
Orange Grove Rd.
Rudasill Rd.
Sunset Rd.
River Rd.
Wetmore Rd.
El Camino del Cerro
Picture Rocks Rd.
Golden Gate Rd.
Scenic Bajada Loop Drive
Gorert Rd.
Ironwood Hill Dr.
Mile Wide Rd.
Kinney Rd.
McCain Loop Rd.
W Gates Pass Rd.
Anklam Rd.
36th St.
Bopp Rd.
Snyder Hill Rd.
San Joaquin Rd.
Irvington Rd.
Valencia Rd.
Valencia Rd.
Drexel Rd.
Reales Rd.
Sanders Rd.
Sandario Rd.
Quarry Rd.
Scenic Dr.
N Silverbell Rd.
Cortaro Rd.
Shannon Rd.
La Cañada Dr.
La Cholla Blvd.
1st Ave.
Stone Ave.
Euclid Ave.
6th Ave.
12th Ave.
Greasewood Rd.
Cardinal Ave.
Midvale Park Rd.
Camino Verde
Valhalla Rd.
Viviana Rd.
Roger R
Prince R
Ft. Lowel
Grant Road
Globe
Sells
Nogales
© graphic

Sehenswürdigkeiten
1 Downtown Historic District
2 Tucson Museum of Art
3 University of Arizona
4 Kitt Peak Nat. Observatory
5 Sabino Canyon & Visitor Center
6 Mt. Lemmon/Mt. Lemmon Sky Center
7 "A" Mountain (Sentinel Peak)
8 International Wildlife Museum
9 Old Tucson Studios
10 Arizona-Sonora Desert Museum
11 Mission San Xavier del Bac
12 Pima Air & Space Museum
Unterkünfte
1 El Presidio Bed & Breakfast Inn
2 Hotel Congress
3 Arizona Inn
4 Lodge on the Desert
5 Sonesta ES Suites
6 Loews Ventana Canyon Resort
7 Casa Tierra Adobe B&B
8 White Stallion Ranch
9 Tanque Verde Guest Ranch
Restaurants
1 Café Poca Cosa
2 El Charro Café
3 Maynards Market & Kitchen
4 Kingfisher Bar & Grill
5 El Minuto Café
Catalina
Catalina State Park
Coronado National Forest
Summerhaven
Mt. Lemmon
Tucson
Tanque Verde
Saguaro National Park (East)
Rincon Mountain Visitor Center
Box Canyon
Cactus Forest Dr.
Tucson Bot. Gardens
Downtown Arts District
Davis-Monthan Air Force Base
Tucson International Airport
El Paso, Int. Airport
Int. Airport, Colossal Cave
Sunrise Dr.
Snyder Rd.
River Rd.
Cloud Rd.
Ft. Lowell Rd.
Tangue Verde Rd.
Speedway Blvd.
Broadway Blvd.
E 6th Street
22nd. St.
Golf Links Rd.
Escalante Rd.
Irvington Rd.
Drexel Rd.
Los Reales Rd.
Aviation Pkwy.
Campbell Ave.
Tucson Blvd.
Country Club Rd.
Alvernon Way
Swan Rd.
Craycroft Rd.
Wilmot Rd.
Kolb Rd.
Pantano Rd.
Camino Seco
Bear Canyon Rd.
Harrison Rd.
Catalina Hwy.
Soldier Tr.
Wentworth Rd.
Melpomine Wy.
Freeman Rd.
Houghton Rd.
Old Spanish Trail Rd.
Palo Verde Rd.
10
210
N
0 3,1 mi
0 5 km

Pima County Courthouse

Sehenswertes

Downtown Historic District (1)

Wie fast alle amerikanischen Großstädte rühmt sich auch Tucson damit, einen historischen Stadtkern zu besitzen, und historische Stadtrundgänge werden angepriesen. Viele der „historischen" Gebäude stammen aber aus dem 20. Jh. und beherbergen heute Banken und Behörden. Doch verbergen sich hier und dort noch „alte" Schätze. Der ausführlichste Rundgang ist der „Presidio Historic Walking Trail" (Karten im Visitor Center).

Ein kurzer Spaziergang durch die Downtown nördlich des Tucson Convention Center bietet Gebäude aus dem beginnenden 20. Jh. So das **Pima County Court House**, ein 1928 erbautes Gebäude, das verschiedene Architektureinflüsse der Vergangenheit widerspiegeln soll. Gleich dahinter befindet sich der **El Presidio Historic District**, dessen Park Schauplatz vieler Festivitäten ist und einige Skulpturen beherbergt. Gehen Sie östlich am Convention Center vorbei und passieren dabei die **St. Augustine Cathedral** in der Church Street, die 1896 erbaut wurde Deren imposante Fassade ist aber erst in den 20er Jahren hinzugefügt worden. Museumsfreunde können das **Tucson Museum of Art & Historic Block (2)** besuchen, das sich vornehmlich mit spanisch-lateinamerikanischer Kunst beschäftigt.
Tucson Museum of Art, *140 N. Main Ave., ✆ (520) 624-2333, www.tucsonmuseumofart.org, Di–Sa 10–17 (Do –20), So 12–17 Uhr, $ 12.*

Das **Arizona Historical Society Downtown Museum** im Wells Fargo Bankgebäude gewährt einen guten Einblick in die Geschichte von Tucson und ist damit auch ein empfehlenswerter Startpunkt für einen Rundgang durch die historischen Distrikte.
Downtown Museum, *140 N. Stone Ave., ✆ (520) 770-1473, Mo–Fr 10–16 Uhr, www.arizonahistoricalsociety.org, frei.*

Südlich des Convention Center liegt der **Barrio Historic District** mit vielen Adobe-Gebäuden aus dem 19. Jh., von denen das **Sosa-Carillo-Frémont House** *(151 S. Granada Ave., Do–Sa 10–16 Uhr, frei)*, das Haus eines ehemaligen Gouverneurs, zu besichtigen ist (auch alte Möbel). Viele der historischen Häuser in diesem Distrikt werden heute von kleinen Büros und Kanzleien genutzt bzw. dienen als Wohnung. Jüngere Leute werden Gefallen finden an den Geschäften, Boutiquen und Cafékneipen entlang der N. Fourth Ave. (und östl. davon in Richtung Universität).

Museen auf dem Campus der University of Arizona (3)

▶ **Flandrau Science Center and Planetarium**: Als „Hauptstadt der Astronomie" bietet Tucson beste Gelegenheiten für Liebhaber der Sternenkunde. Das Flandrau Museum zeigt verschiedenste Instrumente zur Sternenbeobachtung aus allen Zeiten. Höhepunkt sind das Planetarium und das 40 cm-Teleskop, durch welches man bei klarer Sicht an angekündigten Abenden schauen darf.
Flandrau Science Center & Planetarium, *1601 E. University Blvd., ✆ (520) 621-7827, www.flandrau.org, Zeiten variieren (Kernzeit Mo–Fr 10–17, So 12–17 Uhr), Observatorium nach Ankündigung und Wetter, $ 7.*

Hinweis

*56 Meilen westwärts (AZ 86), am **Kitt Peak** (4), steht auf über 2.000 m Höhe ein noch imposanteres Observatorium, das mit die meisten astronomischen Messinstrumente der Welt beherbergt, einschließlich des weltgrößten Solar-Teleskops, und in dessen Visitor Center man eine atemberaubende Panoramashow miterleben kann. www.noao.edu/kpvc/*

▶ **Arizona State Museum**: Archäologische Ausstellung mit besonderem Bezug auf indianische Geschichte.
State Museum, *1013 E. University Blvd., Mo–Sa 10–17 Uhr, ✆ (520) 621-6302, www.statemuseum.arizona.edu, $ 5.*

Kitt Peak Observatory

▶ **Center for Creative Photography**: Eine der besten Fotosammlungen der USA. Fotos von *Ansel Adams, Edward Weston* und *Andreas Feininger*. Viele andere Top-Fotografen haben einen großen Teil ihrer Werke diesem Museum gestiftet.
Center for Creative Photography, *1030 N. Olive Rd., ✆ (520) 621-7968, www.creativephotography.org, Di–Fr 9–16, Sa 13–16 Uhr, frei.*

▶ **Arizona History Museum**: Das beste Museum in Arizona zum Thema Geschichte. Indianische Kulturen und spanische Kolonialzeit werden besonders gut dargestellt, dazu natürlich auch Interessantes aus der Pionierzeit. Für spezielle Fragen steht die Bücherei zur Verfügung.
Arizona History Museum, *949 E. 2nd St., Mo–Do 9–16, Fr bis 20, Sa/So 11–16 Uhr, www.arizonahistoricalsociety.org, $ 8.*

Sehenswertes außerhalb des Stadtbereichs

Nördlich der Stadt

Man erreicht den **Sabino Canyon (5)** über den gleichnamigen Highway, den man fast bis zum Ende fährt. Die Recreational Area liegt auf der rechten Seite, und auch der Trolleybus („Tram" genannt) fährt hier ab *(stündlich 9–16 Uhr, im Sommer seltener)*. Es gibt zwei Trolleyrouten: a) zum Sabino Canyon mit mehreren Stopps auf der Strecke *(Dauer: 45 Min.)*; b) zum Basispunkt im Bear Canyon, von wo aus Sie auf einem Trail zu den „Seven Falls" laufen können. Der Trail ist etwa 3,8 Meilen lang (hin und zurück). Wasser und Kopfbedeckung nicht vergessen!

Das Halbwüsten-Gebiet der Santa Catalina Mountains wurde bereits vor 15.000 Jahren von Menschen der Clovis-Kultur bewohnt, die hauptsächlich von der Jagd auf Bisons lebten. Das war zu einer Zeit, als im Gebiet der Sonorawüste noch Steppenklima herrschte. Später, mit Nachlassen des Regens, besiedelten Cochise und dann Hohokam das Areal am Fuße der Berge. Letztere waren schon in der Lage, mit Bewässerungssystemen das Land zu nutzen. Als die Europäer die Gegend erreichten, lebten hier Pimas. Von ihnen sind noch einige Felsgravuren erhalten. Grundsätzlich besticht der Canyon durch seine schroffe Landschaft, deren Grün schon zu Zeiten der Spanier einen kleinen „Lichtblick" in der Wüstenzone darstellte.

Grüner Canyon in der Wüste

VC des Sabino Canyon: *5700 N Sabino Canyon Rd., ✆ (520) 749-8700, www.fs.usda.gov/coronado, www.sabinocanyon.com.*

Alternativ dazu kann man eine Tour den **Mt. Lemmon (6)** hinauf machen, mit über 2.700 m die höchste Erhebung in den Santa Catalina Mountains. Die Strecke bis zur Spitze, eine Verlängerung des E. Catalina Hwy., ist 41 Meilen lang, und die Fahrt in eine Richtung dauert gut 75 Minuten. Mehrere Stopps mit Aussichtspunkten können diese Zeit beträchtlich verlängern. Entlang der Strecke gibt es mehrere Campingplätze (*zu buchen über www.recreation.gov bzw. www.fs.usda.gov/coronado*) In höheren Lagen erwartet Sie eine Landschaft, die der Kanadas gleicht: Wälder und dazu ein angenehmes Klima. Hier befindet sich das südlichste Skigebiet der USA. In Summerhaven gibt es ein Restaurant. Benzin gibt es auf der ganzen Strecke nicht! Amateurastronomen können im **Mount Lemmon SkyCenter** einen besonders klaren Blick auf die Sternenwelt erleben. Bei den speziellen, nahezu allabendlichen *SkyNights* wird der Sternenhimmel erklärt und gibt es die Möglichkeit, durch ein 80-Zentimeter-Teleskop den Nachthimmel über Arizona zu er-

Blick in den Sternenhimmel

kunden. Es empfiehlt sich, auch ein eigenes Fernglas mitzubringen. Beachten Sie zudem die anderen Programmangebote, bei denen u. a. Experten der University of Arizona über die Himmelswissenschaften berichten.
Sky Center, *9800 East Ski Run Rd., ✆ (520) 626-8122, www.skycenter.arizona.edu, Öffnungszeiten variieren nach Veranstaltungsangebot. Alle Veranstaltungen sollten weit im Voraus reserviert werden, SkyNights StarGazing: $ 65.*

Westlich der Stadt

Eine **Fahrt durch die Tucson Mountains und zum westlichen Abschnitt des Saguaro National Park** ist mit Sicherheit die interessanteste in dieser Region. Die Old Tucson Studios und das Desert Museum sollte man sich dabei nicht entgehen lassen.

Saguaro-Kakteen im gleichnamigen Nationalpark

Beginnen Sie die Tour auf dem **„A" Mountain (Sentinel Peak) (7)**, den Sie über das Westende der Congress St. erreichen. Von hier haben Sie einen guten Ausblick über die Downtown. Schon die ersten Indianer haben diesen Berg als Ausguck benutzt, um rechtzeitig Feinde zu erspähen. Fahren Sie anschließend auf dem Speedway Blvd. gen Westen. Man passiert das **International Wildlife Museum (8)** *(4800 W Gates Pass Rd., Mo–Fr 9–17, Sa u. So 9–18 Uhr, www.thewildlifemuseum.org, $ 9)*, ein naturkundliches Museum mit einer Vielzahl ausgestopfter Tiere aus aller Welt. Die Straße führt über eine kleine Passhöhe, von der aus man sowohl auf Tucson zurückblicken als auch schon die **Old Tucson Studios (9)** sehen kann. Ausschnitte für Filme wie z. B. *Bonanza*, die *Kleine Farm, Rio Lobo, Tombstone* und *Geronimo* wurden hier seit 1939 gedreht. Die Attrappe einer Wildweststadt ist bereits Schauplatz von über 300 Filmen gewesen und dient zudem als Wild-West-Themenpark. Zugfahrten auf einer Miniaturbahn, Stuntmen bei der Arbeit, nachgestellte Schießduelle und vieles mehr werden besonders die Fans des Westernfilms und natürlich die Kinder faszinieren.
Old Tucson Studios, *201 S. Kinney Rd., ✆ (520) 883-0100, www.oldtucson.com, Öffnungszeiten variieren, Jan. –Apr. meist tgl. 10–17 Uhr, sonst nur Sa u. So, seltener auch Fr, Sept. geschl., $ 19.*

Naturkunde–museum

Drei Meilen weiter kommt man zum **Arizona-Sonora-Desert-Museum (10)**. Für dieses Museum, ausgezeichnet als eines der besten der Welt auf dem Sektor Naturgeschichte, benötigen Sie **mind.** zwei Stunden. An verschiedenen Stationen wird die erdgeschichtliche Entwicklung des Südwestens der USA und auch Mexikos dargestellt. Besonders aufschlussreich ist der Besuch der Tropfsteinhöhle. Hier wird der Werdegang der Region während der letzten eine Milliarde Jahre erläutert. Außerdem ist eine Höhlenwohnung der Hohokam-Indianer nachgestellt. Pflanzenliebhabern werden auf dem gesamten Gelände alle Vegetationsarten auf gut verständliche Weise vorgeführt, und Liebhabern der Tierwelt bietet sich in mehreren Biotopkäfigen die Gelegenheit, größere und

kleinere Wirbeltiere der Sonorawüste zu beobachten. Am Eingang gibt es zudem noch ein Amphibien- und Fischmuseum.
Arizona-Sonora-Desert-Museum, *2021 N. Kinney Rd., ✆ (520) 883-2702, www.desertmuseum.org, tgl. 8.30–17 Uhr (März–Sept. ab 7.30, Juni/Aug. Sa bis 22 Uhr), $ 21. Sonnenschutz mitnehmen!*

Nördlich des Museums gelangt man zum westlichen Teil des **Saguaro National Park (Tucson Mountain Section)** und dessen Visitor Center. Überall beeindrucken die Saguaro-Kakteen. Die Golden Gate Road durchquert den Park. Von ihr gehen zahlreiche Wanderwege ab. Besonders schön ist es, bei Sonnenuntergang vom **Signal Hill Aussichtspunkt** (Gates Pass/ Bajada Loop Dr.) auf Stadt und Umland zu blicken. Der Fußweg von der Straße dauert nur 10–15 Minuten. Zu den Saguaro-Kakteen s. unter Saguaro NP East, S. 340.
Red Hills Visitor Center, *2700 N. Kinney Rd., Tucson, ✆ (520) 733-5158, www.nps.gov/sagu.*

Südlich und östlich der Stadt

Etwa 8 Meilen südlich der Stadt liegt die **Mission San Xavier del Bac (11)**. Erbaut 1795 von den Spaniern, ist die „Weiße Taube der Wüste" heute eines der meistfotografierten Objekte Arizonas. Im Vergleich zu den Missionen bei El Paso ist San Xavier um einiges aufwändiger angelegt, und es stellt sich einem schon die Frage, warum zu dieser Zeit die katholische Kirche gerade in diese verlassene Gegend so viel teuren Prunk hinsetzen musste. Zumindest bot die Kirche ausreichenden Schutz vor angreifenden Indianern. Auf einem nahen Hügel befindet sich eine Replik der Grotte von Lourdes (Frankreich).
Mission San Xavier del Bac, *1950 W. San Xavier Rd., I-19 Exit 92, ✆ (520) 294-2624, www.sanxaviermission.org. Museum tgl. 8–16.30, Kirche 7–17 Uhr, frei.*

Der nächste Punkt auf der Rundtour (nun aber wirklich nicht mehr an einem Tag zu schaffen) bringt Sie in eine ganz andere Welt: Tucson ist der Flugzeugfriedhof der Nation (siehe auch Pinal Air Park S. 356). Auf dem **AMARG Boneyard** auf der Davis Monthan Air Base stehen bis zu 5.000 (!) ausrangierte Militärflugzeuge, die nur noch als Ersatzteillager dienen. Von einigen Punkten – aber immer hinter einem Zaun – können Sie die Flugzeuge sehen. Im nahen **Pima Air & Space Museum (12)** sind 280 Flugzeuge aller Jahrgänge ausgestellt. Besonders eindrucksvoll ist die Präsidentenmaschine von *John F. Kennedy*, das mit über 2.000 Stundenmeilen schnellste je gebaute Flugzeug der Welt, der „Blackbird", sowie die Nachbauten der Flugzeuge

Pima Air & Space Museum

der Gebrüder *Wright.* Das Museum organisiert Mo–Fr einstündige Bustouren zum o.g. Amarg Boneyard (mind. eine Woche vorher reservieren). Restaurant *(9.30–16.30 Uhr).*
Pima Air & Space Museum, *6000 E. Valencia Rd., I-10 Exit 267/268, ✆ (520) 574-0462, www.pimaair.org, tgl. 9–17 Uhr, $ 16.*

Reisepraktische Informationen Tucson, AZ

VORWAHL 520

Information

Visitor Center: *811 N. Euclid Ave./Ecke University Blvd., ✆ 624-1817, 1-800-638-8350, www.visitTucson.org, Mo–Fr 9–17, Sa/So 9–16 Uhr.*

Tageszeitung

Arizona Daily Star: *Freitags und auf der Internetseite (http://tucson.com) ständig stehen im* **Star** *die gesamten Veranstaltungen der kommenden Woche.*

Krankenhaus

Banner-University Medical Center: *1501 N.Campell Ave., ✆ 694-7000*
Polizeiinformationen: *✆ 791-4444*

Sightseeing/Touren

Trail Dust Adventures: *✆ 747 0323, www.traildustadventures.com. Spezialisiert auf Jeep-Touren in das Outback. I.d.R. Halbtagstouren.*

Unterkunft

Preise in den heißen Sommermonaten liegen bei den Hotels deutlich niedriger, als in der Zeit von Oktober bis Mai.
Hotel Congress $$ (2): *311 E. Congress St., ✆ 622-8848, 1-800-722-8848, www.hotelcongress.com. Wer in der Stadt wohnen möchte und dazu sehr günstig, ist hier richtig. Die meisten Betten sind auf Backpacker ausgerichtet (kleine Schlafsäle, siehe auch unten), es gibt aber auch Doppelzimmer. Das 1919 als Bahnhofshotel errichtete Haus ist heute wieder im alten Stil (etwas abgenutzt) eingerichtet. Erwarten Sie keinen Luxus, dafür aber etwas mehr Geld in der Reisekasse. Bar im Haus.*
Sonesta ES Suites $$ (5): *6477 E. Speedway Blvd., ✆ 721-0991, 1-800-766-3782, www.sonesta.com/tucson. Relativ zentral gelegen, geräumige, moderne Unterkünfte. Die meisten Zimmer mit eigener Küche.*
El Presidio Bed & Breakfast Inn $$$ (1): *297 N. Main Ave., ✆ 623-6151, 1-800-349-6151, www.elpresidiobbinn.com. Altes viktorianisches Haus (mit Adobe-Stilelementen) von 1000. Sehr komfortabel und mit vielen Antiquitäten eingerichtet. 4 Zimmer, gutes Frühstück. Man kann zur Innenstadt laufen.*
Casa Tierra Adobe B&B $$$ (7): *11155 W. Calle Pima, ✆ 578-3058, 1-866-254-0006, www.casatierratucson.com. Westlich von Tucson, nahezu in der Wüste. Guter Ausgangspunkt für den Saguaro NP (West), die Old Tucson Studios u. das Desert Museum. Outdoor-Whirlpool, von dem aus man nachts die Sterne beobachten kann.*
Lodge on the Desert $$$–$$$$ (4): *306 N. Alvernon Way, nördl. Broadway Blvd., ✆ 320-2000, 1-877-498-6776, www.lodgeonthedesert.com. Traditionelle Lodge, erbaut 1936 und mitt-*

lerweile mit geräumigen Zimmern erweitert. Schöner aber fanden wir die „alten" Adobe-Häuschen-/Apartments, die sich über den bezaubernden Garten verteilen. Die Lodge verspricht entspannte Atmosphäre, bietet ein vernünftiges Preis-Leistungsverhältnis und ist dabei günstig gelegen. Restaurant im Haus.

Loews Ventana Canyon Resort $$$$ (6): *7000 N. Resort Drive, ✆ 299-2020, 1-800-234-5117, www.loewshotels.com/ventana-canyon. Etwas außerhalb und wunderschön an den Santa Catalina Mountains gelegen.* **Das** *Resort zur Entspannung und für einen Wellness-Aufenthalt. Viele Programme für Kinder. Professionelle Golfanlage. Edle Restaurants im Haus.*

Arizona Inn $$$$ (3): *2200 E. Elm St., ✆ 325-1541, 1-800-933-1093, www.arizonainn.com. Historisches Hotel (1930). Charmant, z.T. sehr große Zimmer. Viele handgefertigte Möbel aus den 1920er und -30er Jahren. Zentral gelegen.*

Weitere **günstige Hotels ($–$$) der Franchise-Unternehmen** *finden Sie z. B. nahe dem Airport (E. Benson Hwy., I-10, Exit 262 bzw. S. Craycroft Rd., I-10, Exit 265).*

Gästeranchen

Kaum eine Stadt hat so viele Gästeranchen in ihrer Umgebung. Die Ranchen sind sehr gut ausgestattet, aber auch sehr teuer. Im Preis sind alle Aktivitäten (Reiten, Tennis, Spa etc.) sowie alle Mahlzeiten inbegriffen. In der heißen Sommerzeit sind viele von ihnen geschlossen, andere dagegen bieten dann günstigere Raten. Oft Mindest-Aufenthalt! Die luxuriöseste Ranch ist die historische, 1880 gegründete und mehrfach umgebaute **Tanque Verde Guest Ranch $$$$–$$$$$ (9)** *(14301 E. Speedway Blvd. (östlichstes Ende), ✆ 296-6275, 1-866-413-3833, www.tanqueverderanch.com). Wer Natur erleben möchte und bereit ist, früh aufzustehen, um vor dem Frühstück einen Ausritt zu machen – und eventuell dabei die Lust verspürt, den Kaffee am Lagerfeuer aus einem Blechnapf zu „genießen" – der ist hier richtig. Auch sollte man einen Sinn für Gemeinschaft und das Kennenlernen von Menschen aus aller Welt haben. Auf den nötigen Komfort und das gute Essen muss dabei nicht verzichtet werden.*

Tanque Verde („grüner Pool") ist eine der ersten großen Ranchen der Gegend gewesen. 1957 entschied man sich, eine Dude-Ranch daraus zu machen. Mit 74 geräumigen Bungalow-Zimmern und Casitas, 240 Pferden, Schwimmbad, Fitnessraum und Spa wird einem alles geboten.

Auf einer „working ranch"

Neben Reiten (Anfänger und Fortgeschrittene) kann man geführte Wanderungen oder eine Tour mit dem Mountainbike unternehmen, auf dem Gelände angeln gehen, Tennis spielen oder sich einfach am Pool ausstrecken. Leseratten finden eine kleine Bibliothek vor. Täglich werden außerdem Programme angeboten, wie z. B. Vogelbeobachtung, Grillen im Freien, Vorträge oder auch mal eine Unterrichtsstunde im Westerndance. Im Preis ist ***alles*** *enthalten, inklusive eines Mittagsbuffets und einem 4-Gänge-Abendessen (nur alkoholische Getränke gehen extra).*

Etwas authentischer ist dagegen die **White Stallion Ranch $$$$** (8) *(9251 W. Twin Peaks Rd., ✆ 297-0252, 1-888-977-2624, www.whitestallion.com). Sie liegt nahe dem Saguaro NP (West), 17 Meilen nordwestlich von Tucson. Rodeos, Reiten, Grillen etc.*

Camping

Einige Camping-, aber kaum einer der RV-Plätze schließen während der heißen Sommerzeit. Wer zeltet, kann das in einem der Parks/Wälder der Umgebung tun (Wohnmobile finden da aber auch i.d.R. Platz). Schöne Plätze gibt es z. B. auf dem **Gilbert Ray Campground** *im* **Tucson Mountain Park** *(8451 W. McCain Loop Rd., westl. der Stadt, nahe Old Tucson Studios/Desert Museum, ✆ 724-5000, http://webcms.pima.gov/cms/, auch RVs), im* **Coronado Nat. Forest** *(nördl. der Stadt, entlang Mt. Lemmon Hwy. ✆ 749-8700, 18–24 Meilen zur City, siehe auch S. 346) sowie im* **Catalina State Park** *(12 Meilen nördl. von Tucson (11570 N. Oracle Rd., ✆ 628-5798, http://azstateparks.com/Parks/CATA/). Sehr komfortabel und mit allen Extras (Restaurant, Bar, Aktivitäten etc.) ausgestattet ist das etwa 12 Meilen südlich der Innenstadt gelegene* **Voyager RV Resort & Hotel***: 8701 S. Kolb Rd., I-10-Exit 270, ✆ 574-5000, www.rvonthego.com/arizona/voyager-rv-resort-hotel/.*

Restaurants

Die mexikanische Spezialität in Tucson ist Carne seca, ein würziges Trockenfleisch (ähnlich dem Jerky). Auch der Sonoran Hot Dog erfreut sich großer Beliebtheit. Beides sollte man sich nicht entgehen lassen. Und: Die einheimische Küche nennt sich Sonoran-Mexican, bloß nicht Tex-Mex sagen!

Café Poca Cosa (1)*: 110 E. Pennington St., nahe Innenstadt, ✆ 622-6400, http://cafepocacosatucson.com. Exzellente mexikanische Küche mit Pfiff. Hier gibt es nicht nur Tacos und Bohnen. Moderate Preise, dafür aber Reservierung zu empfehlen.*

El Charro Café (2)*: 311 N. Court Ave. (El Presidio Hist. District), ✆ 622-1922. Das wohl älteste mexikanische Restaurant in Tucson. Mexikanische Küche – traditionell und bekannt für o.g. Carne seca. In der Woche und So bis 21 Uhr, Fr u. Sa bis 22 Uhr. Angeschlossen ist eine kleine, bunte Bar nebenan. Weitere Filialen finden Sie unter www.elcharrocafe.com/locations.*

Maynards Market & Kitchen (3)*: 400 N. Toole St., Downtown, ✆ 545-0577, https://maynardstucson.com. Hier wurde der ehemalige Bahnhof umgestaltet in ein Paradies für Genießer und Feinschmecker. Im Restaurant gibt es französisch zubereitete Speisen (aber auch Deluxe-Burger). Im Market geht es leger zu (Sandwiches, Wraps, Kleinigkeiten, kein Dinner) und hier werden auch nicht essbare Produkte aus Arizona verkauft. Die Bar ist ein Knüller aus alten Zeiten (Snacks, Super-Cocktails). Auch der Außenbereich (Patio) beeindruckt, hier finden oft Veranstaltungen statt.*

Kingfisher Bar & Grill (4)*: 2564 E. Grant Rd., ✆ 323-7739. Gute Steak- und Pastagerichte. Beliebt bei Nachtschwärmern, da hier die Küche meist bis Mitternacht geöffnet ist. Oft auch Livemusik (Jazz/Blues).*

El Minuto Café (5)*: 354 S. Main Ave., ✆ 882-4145, www.elminutotucson.com. Beliebter In-Treff und bekannt für „Sonoran Dishes". Auch hier gibt es Carne seca. Tipp fürs Lunch.*

Pubs/Livemusik/Bars

Wer selbst suchen möchte, sei auf zwei Nightlife-Gebiete hingewiesen: **University Campus** *(University Blvd., östl. Euclid Ave.) sowie den* **Downtown Arts District**.

Club Congress: *311 E. Congress St.,* ✆ *622-8848. Livemusik, am Wochenende Gruppen, eher für jüngere Leute.*

Cascade Lounge: *7000 N. Resort Drive (im Loews Ventana Resort),* ✆ *299-2020. Romantische Pianobar (oft auch Harfen-Musik und softer Jazz). Für das „gesetzte" Publikum.*

Gentle Ben's Brewing Co.: *865 E. University Blvd.,* ✆ *624-4177. Studenten-Lokal mit angeschlossener Microbrewery. Hier gibt es auch Pubfood (zahlreiche Salate und Suppen, Burger, Pizzen, Tex-Mex).*

¡Toma!: *311 N. Court Ave.,* ✆ *622-1922. An o. g. El Charro Café angeschlossene, mexikanische Bar. Bekannt für seine Margaritas.*

Maverick: *6622 E. Tanque Verde Rd.,* ✆ *298-0430. Line Dancing (auch Unterricht), Country-Livemusik und tolle Stimmung!*

Tap + Bottle: *403 N. 6th St.,* ✆ *344-8999. Hier gibt es mindestens 15 Sorten Craft Beer vom Fass. Am Wochenende oft Livemusik und meist parkt ein Food Truck hier, sodass für die Grundlage gesorgt ist. Einen Block weiter, auf der anderen Seite der Schienen, lädt die* **Borderlands Brewing Company**: *119 E. Toole Ave., http://borderlandsbrewing.com. Mi–So Bierkostprobe. Und auch hier kommen gerne die Food Trucks vorbei!*

Einkaufen

Bahti Indian Arts *(St. Philip's Plaza/4330 N. Campbell Ave.) ist ein traditionelles Geschäft, wo Sie indianischen Schmuck, Töpferarbeiten, Skulpturen, Malereien und andere Kunsthandwerke erstehen können. In der* **St. Philips Plaza** *gibt es weitere Geschäfte und Galerien, die Kunsthandwerkliches anbieten. Die größten und bekanntesten Läden für Westernbekleidung aller Art sind die Filialen von* **Boot Barn** *(3719 N. Oracle Rd., sowie 6701 E. Broadway Blvd. und 3776 S. 16th Ave.) wobei* **Arizona Hatters** *(2790 North Campbell Avenue) ein unschlagbares Angebot an Cowboy-Hüten aufbietet.*

Bookmans *(1930 E. Grant Rd. sowie Filialen am 6230 E. Speedway Blvd. und 3733 W. Ina Rd., www.bookmans.com) verkauft gebrauchte Bücher, Musik, Filme und Musikinstrumente. Wer lieber in* **Shopping Malls** *einkaufen geht, sollte zwischen der größten Mall, der* **Tucson Mall** *(4500 N. Oracle Rd./W. Wetmore Rd., www.tucsonmall.com) nördl. vom Zentrum, oder der* **St. Philips Plaza** *(4280 N. Campbell Ave./River Rd., www.stphilipsplaza.com), einer Mall des gehobenen Standards, wählen. Letztere besticht durch mehr kunsthandwerkliche Geschäfte, nettere Restaurants und den Farmers Market am Sonntag. Die beste Outlet Mall ist ohne Zweifel die schicke* **Foothills Mall** *(7401 N. La Cholla Blvd., www.shopfoothillsmall.com), u. a. mit Geschäften von Nike, Levi's, Old Navy u. a. Kleiner und einfacher dagegen ist die* **VF Commerce Center – Outlet Mall** *(Santa Cruz Plaza, 3754 S 16th Ave. (nahe I-19), ca. 4 Meilen südöstl. der Innenstadt) mit Geschäften von Lee, Wrangler und Vanity Fair. Grundsätzlich gilt aber, dass Outlet Malls in anderen Städten des Südwestens mehr zu bieten haben.*

Veranstaltungen (Auswahl)

Anfang Februar: Tucson Gem and Mineral Show: *Tucson Convention Center und viele andere Punkte in und um Tucson. Infos:* ✆ *1-800-638-8350, www.tgms.org. Größte Mineralienshow der Welt.*

Ende Februar: La Fiesta de los Vaqueros: *Tucson Rodeo Grounds. Infos:* ✆ *741-2233, www.tucsonrodeo.com. Große Rodeoveranstaltung*

März: Wa:k Pow Wow: *San Xavier del Bac Mission. Infos:* ✆ *294-5727, www.waknet.org. Indianermusik, Tänze etc.*

April bis September: *In diesen Monaten finden zahlreiche Musikfestivals in den Parks der Stadt statt. Meist mexikanisch angehaucht, aber auch „Jazz under the Stars" u. a. Infos im Visitor Bureau.*

Verkehrsmittel

Flughafen

Der **Tucson International Airport** *liegt 6 Meilen südlich der City: ✆ 573 8000, www.flytucson.com.*

Anfahrt mit dem Auto: *Kino Pkwy. zum Benson Hwy., danach Schildern folgen entlang dem Tucson Blvd.* **Shuttle/Bus**: *„Arizona Stagecoach" unterhält einen 24-Std.-Shuttleservice. Busse stehen am Flughafen bereit. Wenn Sie aus der Stadt vom Hotel abgeholt werden möchten, rufen Sie mind. 4 Stunden vorher an, ✆ 889-1000, www.azstagecoach.com.* **Stadtbus**: *Der Sun Tran Bus Nr. 25 fährt direkt von der Innenstadt (Ronstadt Transit Center, 215 E. Congress St.) zum Flughafen, Bus Nr. 11 fährt entlang Alvernon Way zum Flughafen (Infos s.u.). Am Flughafen haben alle größeren* **Mietwagenfirmen** *eine Niederlassung.*

Öffentliche Verkehrsmittel/Taxi

Amtrak: *Der Bahnhof befindet sich in der 400 N. Toole Ave. Infos: ✆ 1-800-872-7245, www.amtrak.com.*

Überlandbusse: *Der Greyhound Terminal befindet sich 471 W. Congress St., Infos: ✆ 792-3475, www.greyhound.com.*

Stadtbusse/Straßenbahnen: *Die* **„Sun Tran"**-*Busse und -Bahnen verkehren meistens nur bis zum frühen Abend, und es gibt kaum Verbindungen in die Umgebung. Der zentrale (lokale) Busbahnhof (Ronstadt Transit Center) befindet sich Ecke Congress St./Fifth & Sixth Ave. (Infos: ✆ 792-9222, www.suntran.com). Praktisch ist die Straßenbahnlinie („Sun Link"), die westlich der Innenstadt beginnt, dann durch die Innenstadt zur University of Arizona bis zur Universitätsklinik fährt. Sie kommt den meisten Innenstadtattraktionen nahe.*

Die Wagen der historischen Straßenbahn **Old Pueblo Trolley**, *die bis 2011 durch die Innenstadt fuhr, sowie alte Busse sind derzeit nur im* **Transport Museum** *(414 N. Toole Ave., www.oldpueblotrolley.com) zu bewundern.*

Taxis: Yellow Cab: *✆ 624-6611*

Vier weniger bekannte National Monuments in Arizona

info

(von Süden nach Norden)

1. Ironwood Forest National Monument

Information: kein Info-Center im Park, ✆ (520) 258-7200, www.blm.gov/az, https://ironwoodforest.org.

Lage und Zufahrten: knapp 30 Meilen nordwestl. von Tucson und westlich von Marana. I-10 Exit „Avra Valley Road", über „Marana Road" (dann Trico-Marana und später Silverbell Rd.) sowie „Red Rock Road" (hierbei Durchquerung des Santa Cruz River – für normale PKWs nicht passierbar!).

Übernachten: Im Park gibt es nichts. Sie dürfen aber wild campieren. Nächste Hotels/Motels: Tucson.

Größe: 51.700 ha

Sehenswertes: Bestände an Ironwood- (Eisenholz-)Bäumen sowie viele Saguaro-Kakteen. Daneben faszinieren die Bergketten, zwei archäologische Ausgrabungsstätten (bis zu 5.000 Jahre zurückgehend), die *Mission Santa Ana del Chiquiburitac* und ein paar z. T. noch aktive Goldminen. Die Pisten im Park sind rau, wobei die Hauptstrecken bei vorsichtiger Fahrweise mit einem normalen Pkw passierbar sind. Unternehmen Sie Wanderungen (z. T. mühsam).Trinkwasser und Snacks nicht vergessen.

2. Sonoran Desert National Monument

Information: kein Info-Center im Park, ✆ (623) 580-5500, www.blm.gov/az.
Lage und Zufahrten: Ca. 30 Meilen westlich von Casa Grande und dort nördlich sowie südlich des I-8: Vekol Interchange (Exit 144) und Freeman Interchange (Exit 140). AZ 238 (Maricopa Rd.) zwischen Gila Bend im Westen und Mobile im Osten.
Übernachten: Einfache Campingmöglichkeiten, so z. B. in den South Maricopa Mountains und in der Tabletop Wilderness. Nächsten Hotels/Motels: Casa Grande und in Gila Bend. **Größe**: knapp 200.000 ha.
Sehenswertes: Berg- und Wüstenlandschaften, wobei sich weite Täler zwischen den einzelnen Bergketten auftun. Diese sind großenteils mit Saguaro-Kakteen bestanden. Wenig besuchter Park. Abseits der Hauptstraße robustes Fahrzeug nötig. Es muss nicht zwingend ein Geländewagen sein. Vieles kann nur auf mittleren bis längeren Wanderungen erkundet werden. Der historische *Juan Bautista de Anza National Historic Trail* führt nördlich des AZ 238 von Osten nach Westen durch den Park (Infos: www.nps.gov/juba). Entlang dieses Trails zog 1776 der spanische Captain *Juan Bautista de Anza* von Mexiko kommend mit 300 Mann nach Kalifornien, um dort spanische Ansprüche geltend zu machen. Auf Wanderungen genügend Trinkwasser und Lebensmittel mitnehmen.

3. Agua Fria National Monument:

Information: kein Info-Center im Park, ✆ (623) 580-5500, www.blm.gov/az.
Lage und Zufahrten: ca. 40 Meilen nördlich von Phoenix (direkt nördlich von Black Canyon City) und dort östlich des I-17. Über die I-17-Exits „Badger Springs“ oder „Bloody Basin Road“. Die Bloody Basin Road, eine einfache Straße, durchquert das schöne Verde River Valley und führt im Süden bis Carefree bei Phoenix.

Ein buntes Kakteen-Kaleidoskop

Übernachten: Motels/Hotels gibt es nördlich des Parks am Exit 262 (US 69) sowie südlich in Black Canyon City. Im bzw. östlich des Parks einfache Campingmöglichkeiten.
Größe: 28.400 ha
Sehenswertes: Die Landschaft ist rau, von einigen Canyons durchzogen und wartet nur bei zweiter Betrachtung mit einer artenreichen Pflanzenwelt auf. Anders als in den Parks im Süden führen die Flüsse hier zumeist ganzjährig Wasser. Bekannt ist der Park durch seine mindestens 450 archäologischen Fundstellen, die meisten prähistorisch, sowie vier ehemalige Pueblo-Siedlungen. Alles ist schwer erreichbar, und wenn, dann nur gut ausgerüstet zu Fuß. Wer diesen Park besuchen möchte, dem sei eher das Befahren der Bloody Basin Road empfohlen. Dort kann man das eine oder andere Mal aussteigen und die Natur genießen. Bäume gibt es nur an den Berghängen, ansonsten überwiegt Trockengras-Steppe.

4. Grand Canyon Parashant National Monument:
Information: kein Info-Center im Park, ✆ (435) 688-3200, www.blm.gov/az oder www.nps.gov/para.
Lage und Zufahrten: Im äußersten Nordwesten von Arizona gelegen, grenzt der Park im Westen an die Staatsgrenze zu Utah und im Süden an den Grand Canyon. BLM-Piste 1069 von St. George, UT, aus nach Süden. Von Osten können Sie auch vom US 389 aus anfahren (Fredonia und Colorado City).
Übernachten: Am besten eignen sich die Unterkünfte in St. George, UT. Im Park einfache Campingplätze, einer davon nahe dem Rand des Grand Canyon.
Größe: 412.000 ha
Sehenswertes: Durch seine Größe bietet der Park ein buntes Kaleidoskop vieler in der Region typischer Landschaftsformen: tiefe Canyons, Berge, weite Mesas (oft sehr grün), erloschene Vulkane, z. T. auch (Kiefern-) Wälder und eine interessante Mojave-Kakteen-Vegetation. Wer mehr Zeit mitbringt, kann bis zum Lake Mead vordringen und dort auch baden.
Etwas Zeit sollte man für diesen Park schon mitbringen. Wer ihn in einem Tag von St. George aus erkunden möchte, sollte sehr früh starten. An einem Tag kann man nicht alles sehen. Ein besonderes Highlight ist sicherlich der Blick in den Grand Canyon vom *Toroweap Point*, so wie ihn nur wenige Reisende zu sehen bekommen. Man kann von hier zum Colorado River hinuntersteigen. Dafür müssen einige Vorbereitungen getroffen werden. Die Pisten sind rau, aber mit entsprechender Vorsicht können die Hauptstrecken mit einem PKW bewältigt werden. Nach starken Regenfällen gilt dieses aber nicht! Hier gilt besonders: voll tanken und genugend Wasser und Lebensmittel mitnehmen.

Im Nordwesten von Tucson und weiter in Richtung Phoenix

Wer Zeit hat, kann über die Oracle Rd. (AZ 77) nach Norden aus Tucson herausfahren. Nach etwa einer Stunde, kurz hinter der Oracle Junction, geht es nach rechts in Richtung Globe und zum Projekt **Biosphere 2**. Hier, inmitten einer wüstenähnlichen Landschaft, findet sich eines der wohl umstrittensten naturwissenschaftlichen Projekte überhaupt. Für über 150 Mio. Dollar haben sich fünf Naturkundler in den 90er Jahren einen Traum erfüllt, der viele Kritiker auf den Plan gerufen hat:

Ein riesiges künstliches Biotop unter einer Glasfläche, das größer ist als ein Passagierdampfer. In dieses Mammutbiotop, in das der Besucher von außen hineinschauen kann, wurden 1991 8 Biosphäriker „eingesetzt", die für zwei Jahre dort eingeschlossen wurden und unter möglichst naturnahen Bedingungen überleben sollten. D. h. sie haben ihre eigene Nahrung gezüchtet und geerntet, aber auch, und das war paradoxerweise das „Neue" an diesem Projekt, unter modernen Gesichtspunkten in einem Wohnblock gewohnt und gekocht. Der Leitsatz des modernen Ökologen lautete hier „Zurück zur Natur, ohne auf die Errungenschaften der Menschheit zu verzichten".

Fünf Biotope Es gibt unter der Glaskuppel fünf Biotope (Biome): Ozean, Wüste, einen tropischen Regenwald, eine Meeruferzone, für die ein riesiges Becken erbaut wurde, und eine Dornstrauchsavanne, ähnlich der Klimazone nördlich von Tucson.

Auch in den Folgejahren gab es weitere Aufenthalte in der zweiten Biosphäre (als *Biosphere 1* gilt die Erde selbst). Von den Auswertungen erhofft sich ein Stab von über 200 Wissenschaftlern neue Erkenntnisse für die ökologische Weiterentwicklung der Erde und auch für zukünftige Weltallprojekte. Das Vorhaben war aber bei weitem nicht so erfolgreich, wie geplant und Kritikerstimmen bemängelten u. a. den hohen Energiebedarf des Projektes: alleine für Strom wurden 2 Mio. $ pro Jahr ausgegeben. Mittlerweile kann sich das Projekt nur Dank der Besucher und der Beteiligung von Universitäten halten, die Lehrkörper und Projekte zahlen und deren Studenten hier kostenlos forschen. Eines der wichtigsten Forschungsziele ist zzt. das Messen der Auswirkungen verschiedener CO_2-Konzentrationen auf Pflanzen. Auf einer Rundtour bekommen Sie die einzelnen Biosphären sowie die Labors zu sehen und an manchen Abenden (Termine erfragen) gibt es auch „Star-gazing-programs". Es gibt ein Restaurant.
Biosphere 2, *32540 S. Biosphere Rd., Tucson (AZ 77, Meile 96,5), ✆ (520) 838-6200, http://biosphere2.org, tgl. 9–16 Uhr, $ 20.*

Zurück an der Oracle Junction biegt man in nördliche Richtung nach Florence ab (AZ 79). In Florence noch mal nach links (AZ 287) zu den Casa Grande Ruins, bereits 50 Meilen südöstlich vor Phoenix.

Flugzeug-Parkplatz

Wer entlang dem I-10 nach Phoenix fährt, kann südlich vom Exit 232 den ***Pinal Air Park*** *erspähen. Hier parken überschüssige Zivilflugzeuge, die zumeist darauf warten, wieder genutzt zu werden. Mal sind es ein paar Hundert, mal auch ein paar Tausend, je nach Marktlage. Zu besichtigen ist das Gelände aber nicht.*

Die **Casa Grande Ruins** stammen etwa aus der Zeit um 1350 und wurden von Hohokam-Indianern geschaffen, die schon früh begannen, Südarizona zu besiedeln, und die für ihre architektonischen Meisterleistungen bekannt sind. Hauptattraktion ist das Casa Grande

Casa Grande: Zeugnis der Hohokam-Kultur

(„großes Haus") selbst, welches bereits von Weitem sichtbar ist aufgrund eines großen Daches, welches als Wetterschutz angelegt wurde. Um dieses Haus, welches höchstwahrscheinlich als Zeremonienstätte und vielleicht auch als Observatorium gedient hatte (offene Fenster auf dem Dach), wurde damals das Dorf angelegt. Grundmauern davon stehen heute noch. Die Hohokams haben hier nur 100 Jahre gelebt, in dieser Zeit aber ein Bewässerungssystem von 90 Meilen Länge angelegt, mit dem sie ihre Mais-, Bohnen- und Baumwollfelder bewässert haben. Auch heute noch wird Baumwolle in der Region angebaut, doch ist die bewässerte Fläche erheblich kleiner als vor 600 Jahren. Ein kleines Museum am Eingang gibt Aufschluss über Siedlungsweise und Kultur der Hohokams.

Frühes Bewässerungssystem

Casa Grande Ruins, *AZ 87, 1 Meile nördl. von Coolidge, ✆ (520) 723-3172, www.nps.gov/cagr, tgl. 9–17 Uhr.*

Phoenix und das Valley of the Sun

Entfernungen

Phoenix – El Paso: 401 Meilen/643 km
Phoenix – Grand Canyon NP (South Rim): 219 Meilen/352 km
Phoenix – Tucson: 117 Meilen/188 km
Phoenix – Albuquerque (über Socorro): 455 Meilen/732 km

Überblick

Phoenix und das Valley of the Sun ist mit über 4,5 Millionen Einwohnern (davon Phoenix: 1,5 Mio. E.) das bedeutendste städtische Zentrum des Südwestens und die siebtgrößte Stadt-Agglomeration der USA. Das großflächig angelegte, durch das Zusammenwachsen verschiedener Städte entstandene Stadtgebiet wirkt auf den Neuankömmling unüberschaubar. Tipp: Die Hügel, die zunächst verwirren, bieten letztendlich eine gute Orientierungshilfe.

Das Klima: Während des Sommers gibt es kaum einen Tag mit Temperaturen unter 40 °C – bei unbewegter Luft und häufiger Smogtendenz! Planen Sie den Aufenthalt/Besuch danach. Phoenix gilt als **Kulturmetropole** Arizonas, doch hat diese Stadt nicht den Charme von Tucson und bietet auch keine bunten Abwechslungen wie Las Vegas. Es ist einfach eine Stadt in der Wüste, die nur diejenigen richtig genießen werden, die es sich leisten können, in einem der teuren und immens komfortablen Resorts zu wohnen, dort die Spas und Golfplätze besuchen bzw. Ausflüge in die umliegenden Berge unternehmen. Besucher der Stadt sind eher Menschen von der Küste, die hier in den Wintermonaten die immer noch warmen Temperaturen genießen.

Heißes Klima

Was trieb die Menschen hierher in die Wüste? Das Wasser natürlich! Die Hohokam-Indianer siedelten hier bereits um 300 v. Chr. und legten damals schon ein Bewässerungssystem am Salt River an, das sie und die ihnen nachfolgenden Pima-Indianer immer weiter entwickelten. 1450 verließen die Indianer das Tal wahrscheinlich aus klimatischen Gründen. Ihr Kanalsystem wurde um 1860 von den ersten Pionieren wiederentdeckt und

machte diese auf die Gegend aufmerksam. 1867 entschloss sich der ehemalige Soldat *Jack Swilling* mit 400 $ und einer Handvoll Männern, das Bewässerungssystem zu reaktivieren. Sein Erfolg lockte weitere Siedler an, unter ihnen ein Haudegen namens *Darrel Duppa*, der die historische Weissagung machte, dass aus den Ruinen der Hohokam ein „Phönix aus der Asche" entspringen werde.

1870 wurde die Stadt offiziell gegründet und das Land verteilt. Keine 20 Jahre später war Phoenix das Geschäfts- und Verwaltungszentrum von Arizona und lief Prescott den Rang als Hauptstadt ab. Der Bau des Roosevelt-Staudamms im Nordosten sicherte den Wasserhaushalt für die Entwicklung einer Großstadt. Rüstungsaufträge für die Industrie (bes. Flugzeugbau) und seit den 1980er Jahre die Computerindustrie (Entwicklung der Mikrochips) sorgten im 20. Jh. für kleine Booms. Aber auch die „Rentnerstädte", wie z. B. Sun City, nordwestlich von Phoenix, sorgen für einen nicht geringen Geldumsatz. Aus dem Erlös der Lebensversicherungen haben die Rentner sich hier Häuser oder Wohnungen gekauft und genießen im Winter die warmen Temperaturen.

Sehenswertes im Stadtbereich

Downtown Phoenix

Viel hat der Innenstadtbereich von Phoenix nicht zu bieten. Einzige Ausnahme ist hier das **Arizona Center (1)**, eine ansprechende Shopping Mall zwischen Taylor und Van Buren Street. Nur 200 Meter entfernt von hier gelangen Sie zum **Heritage Square**, dem einzigen alten Teil der City. Die Gebäude stammen alle aus der Zeit um 1900, wobei das 1895 im viktorianischen Baustil errichtete **Rosson House** durch seine Eleganz hervorsticht. Hier wohnte einst der Bürgermeister von Phoenix

Rosson House, ✆ *(602) 262-5070, http://heritagesquarephx.org, Touren Mi–Sa 10–16, So 12–16 Uhr, $ 9.*

Der gesamte Platz steht unter Denkmalschutz und in den Häusern befinden sich heute Restaurants, Bars, kleine Museen etc. Nahe bei befasst sich das **Wells Fargo History Museum** mit der Geschichte der Postkutschen im Wilden Westen. Zudem sind hier Gemälde von Western-Künstler ausgestellt.

History Museum, *145 W. Adams St., www.wellsfargohistory.com, Mo–Fr 9–17 Uhr, frei.*

Schließlich sei noch auf das eindrucksvolle **Arizona Science Center** hingewiesen, das die Naturgegebenheiten von Arizona erläutert und zudem mit Technik, Hands-on-

Stationen sowie einem Planetarium begeistern kann.

Arizona Science Center, *600 E. Washington St., www.azscience.org, tgl. 10–17 Uhr, $ 18.*

Zwei Meilen westlich an der 1700 W. Washington Street versteckt sich das ehemalige **State Capitol (2)**. Viel kleiner als das anderer Staaten, fällt es nur durch seine Kupferkuppel auf. Die Regierung ist hier schon vor Jahren ausgezogen, und nun befindet sich ein kleines Museum in dem Gebäude mit Ausstellungsstücken zur Geschichte von Arizona.

Arizona Capitol Museum, ✆ *(602) 926-3620, www.azlibrary.gov/azcm, Mo–Fr 9–16, Sept.–Mai Sa 10–14 Uhr, frei.*

Als das größte Kunstmuseum des Südwestens bezeichnet sich das **Phoenix Art Museum (3)** mit einem reichhaltigen Kaleidoskop nahezu aller Stile. Moderne und zeitgenössische Künstler, sowie Cowboy-Art, als auch asiatische, spanische, religiöse und andere Kunstrichtungen sind hier zu finden.

Phoenix Art Museum, *1625 N. Central Avenue,* ✆ *(602) 257-1880, www.phxart.org, Mi 10–21, Do–Sa 10–17, So 12–17 Uhr, $ 18.*

Am interessantesten im Stadtbereich von Phoenix gestaltet sich mit Sicherheit ein Besuch im nahen **Heard Museum (3)**. Dieses Museum ist eines der besten zum Thema Indianerkultur in den USA. Anschaulich dargestellt wird die Geschichte der Indianer von der Steinzeit bis heute. Besonders die Textilarbeiten sind sehenswert. Ein Film erzählt vom heutigen Leben in den Reservationen. Ebenfalls erläutert wird, wie heute noch die Natur und die alten Kulturen das einfache Leben in den Reservationen bestimmen. Kalkulieren Sie mind. zwei Stunden für das Museum ein und achten Sie auf Sonderausstellungen und auf die Hinweise zu den beiden ausgelagerten Ausstellungen.

Heard Museum, *2301 N. Central Ave.,* ✆ *(602) 252-8840, www.heard.org, 7 Blocks nördl. des Art Museum, Mo–Sa 9.30–17, So 11–17 Uhr, $ 18.*

Vieles zur Geschichte der Indianer im Heard Museum

Redaktionstipps

▸ **Übernachtungstipps** (S. 370): Der feudale Luxustempel **The Arizona Biltmore** lässt keine Wünsche offen. Günstiger ist eine Unterkunft in einem B & B, z. B. im **Maricopa Manor**. Ansonsten bleiben nur die Franchise-Hotels an den Stadtgrenzen.

▸ **Essen** (S. 371): Lokale Küche des gehobenen Standards bekommt man im **Vincent's on Camelback**. Preisbewusster isst man in einem typischen **BBQ-Restaurant** bzw. einem traditionellen mexikanischen Restaurant, wie z. B. dem **Los Olivos**. Old Town Scottsdale besitzt die größte Dichte an Restaurants.

▸ **Die bedeutendsten Sehenswürdigkeiten**: Das **Heard Museum** (S. 359 zum Thema Indianergeschichte. Der **Desert Botanical Garden** (S. 362) lohnt einen Besuch, falls Sie nicht schon das Desert Museum bei Tucson besucht haben. Architektur vom Feinsten in *Frank L. Wright's* **Taliesin West** (S. 363). Das von *Wright* entworfene Luxus-Resort **The Arizona Biltmore** (S. 371). Ein Drink der Cocktail Bar ist dann auch noch drin. Zu den Sehenswürdigkeiten muss man auch die **Shops in der Old Town Scottsdale** und den umliegenden Malls zählen (S. 363). Schön sind auch die **Berglandschaften** rund um Phoenix. Naturliebhaber und Hobbybotaniker sollten den Umweg zum **Organ Pipe Cactus NM** (S. 368) nicht scheuen. Das Übernachtungsangebot ist dort aber recht spärlich, es sei denn, Sie lieben das Campieren.

▸ **Reiten**: Phoenix verfügt über unzählige Reitställe. Wer Lust hat, sollte sich in seinem Hotel oder im Touristenbüro nach dem nächstgelegenen Reitstall erkundigen.

▸ **Tipp**: Blick von der Terrassenbar des Hotels **The Phoenician** (600 E. Camelback Rd./60th St.) oder vom **Geordie's at the Wrigley Mansion** (S. 372) über die Stadt. Dabei einen Sundowner genießen.

Phoenix Großraum
Sehenswürdigkeiten
1 Arizona Center, Heritage Square, Arizona Science Center
2 State Capitol
3 Heard Museum / Phoenix Art Museum
4 Pueblo Grande Museum
5 Desert Botanical Garden
6 Scottsdale Museum of Contemporary Art
7 Scottsdales Museum of the West
8 Taliesin West
9 Cosanti (Originals)
10 McCormick-Stillman Railroad Park
11 Shemer Art Center & Museum
12 Wrigley Mansion
13 Deer Valley Petroglyph Preserve
14 Mystery Castle
15 Arizona State University
16 Arizona Museum of Natural History
17 Arizona Mormon Temple
18 Arizona Wing Commemorative Air Force Museum
19 Goldfield Ghost Town
20 Rawhide Western Town
21 Pioneer Arizona Living History Museum
Light Rail
Flagstaff
Happy Valley
Pinnacle Peak
Rd.
Phoenix-Deer Valley Mun. Airport
Beardsley Rd.
Union Hills
Bell Rd.
E Greenway Parkway
Agua Fria Frwy.
Black Canyon Frwy.
Thunderbird Rd.
Arizona State University West
North Mtn. Rec. Area
Paradise Valley Ma
Peoria
Peoria Ave.
nach Wickenburg, Kingman
Phoenix
Northern Ave.
Glendale Ave.
Grand Ave.
Glendale
Camelback Rd.
Squaw Peak Pkwy.
Indian
School
McDowell
Desert Sky Mall
Papago Frwy.
Van Buren St.
Los Angeles
Avondale
Tolleson
Buckeye Rd.
Metro Light Rail
Cashion
Santa Maria
Maricopa Frwy.
Broadway Rd.
Salt River
Gila River
Baseline Rd.
Dobbins Rd.
Dobbins Lookout
Univ. of Ph
Arizona
Estrella Mountain Reg. Park
Gila River Indian Community
South Mountain Park
Tucson

Hotels
1 Maricopa Manor B&B
2 Westin Kierland Resort & Spa
3 Arizona Biltmore Resort & Spa
4 Hyatt Place – Old Town Scottsdale
5 Best Western Inn of Tempe
6 Doubletree Hilton – Hotel Phoenix
7 Phoenix Hostel
8 Howard Johnson Mesa Gilbert
9 Travelodge Suites
Restaurants
1 Vincent's on Camelback
2 Cowboy Ciao Wine Bar & Grill
3 Bandera
McDowell Mountain Reg. Park
Fort McDowell Yavapai Nation
Fountain Hills Fountain
Fountain Hills
Scottsdale
Paradise Valley
Fleischer Museum
Peak Rd.
Bell Rd.
Cactus Rd.
Shea Blv.
Tatum Blv.
Scottsdale Rd.
Frank Lloyd Wright Blv.
Salt River Pima-Maricopa Indian Community
Beeline Hwy
Salt River
Bush Hwy
Lake Saguaro
Pima Rd.
Hayden Rd.
Mc Dowell Rd.
Mc Kellips Rd.
Mesa
Dreamland Villa
University Dr.
Main St.
Broadway Rd.
Globe
Harbor Airport
South Priest Drive
Mill Av.
Tempe
Fiesta Mall
Petersen House
Mills Mall
Country Club Dr.
Superstition Frwy.
Baseline Rd.
Guadalupe
Guadalupe Rd.
Elliot Rd.
Gilbert Rd.
Greenfield Rd.
Power Rd.
Apache Jct.
Ellsworth Rd.
Gilbert
Phoenix-Mesa Gateway Airport
56th. St.
Rural Rd.
Mc Clintock Dr.
Price Rd.
Dobson Rd.
Arizona Ave.
Williams Field Rd.
Chandler
N
0 3,7 mi
0 6 km
© graphic

Wer Lust auf einen Ausflug hat, dem sei das **Mystery Castle (14)** empfohlen. Es wurde in den 1930er und 40er Jahren von *Buyce Luther Gulley* für seine Tochter erbaut. Nahezu alles hat er alleine gemacht. 13 Kamine und Feuerstellen gibt es in den 18 urigen Zimmern.

Mystery Castle, *800 E. Mineral Rd., ca. 8 Meilen südl. der Innenstadt, Okt.–Mai Do–So 9–12 Uhr, ✆ (602) 268-1581, www.mymysterycastle.com, $ 10.*

Östlich von Downtown Phoenix

Pueblo Grande Museum & Archaeological Park (4)

Relikte der Ureinwohner

Diese 1860 entdeckten Ruinen einer Hohokam-Siedlung wurden um 1150 errichtet und stellen den Beweis dafür dar, dass das Phoenixgebiet schon damals Menschen einen geeigneten Lebensraum geboten hat. Einige später entdeckte Häuserreste stammen wahrscheinlich sogar von 500 n. Chr. Und es gilt als bewiesen, dass die ersten Hohokams hier bereits 300 v. Chr. gesiedelt haben.

Pueblo Grande Museum, *4619 E. Washington Street, zw. 44th u 48th St., südlich Van Buren Street, ✆ (602) 495-0901, www.pueblogrande.com, Mo–Sa 9–16.45, So 13–16.45 Uhr (Mai–Sept. So u. Mo geschl.), $ 6.*

Desert Botanical Garden (5)

Liebhabern von Wüstenpflanzen, insbesondere von Kakteen, sei dieser botanische Garten ans Herz gelegt. Es werden über 20.000 Pflanzen vorgestellt, u. a. auch aus anderen Wüstengebieten der Erde. Zudem gibt es auch noch einen Wildblumenpfad. Hauptblütezeit sind die Monate März und April.

Desert Botanical Garden, *Papago Park, 1201 N. Galvin Parkway, ✆ (480) 941-1225, www.dbg.org, tgl. 7–20 Uhr, $ 22.*

Im Old Town Art District

Im weiteren Umkreis um die Stadt Phoenix

Nördlich von Phoenix

Scottsdale steht wirtschaftlich im Schatten von Phoenix, hat aber eine unglaubliche Anziehungskraft auf Urlauber, besonders auf reiche Amerikaner. Nicht nur gutsituierte Pensionäre und Rentner aus Kalifornien und Texas setzen sich hier ihre Winterresidenzen hin, auch jüngere Leute finden es erstrebenswert, hier zu wohnen bzw. Urlaub zu machen. Kein Wunder also, dass sich das einst so verschlafene Örtchen heute zu einer Stadt mit fast 240.000 Einwohnern gemausert hat, dessen Shopping Center (z. B. Fashion Square Mall, Waterfront), Holiday Resorts und Restaurantszene (Old Town) ihresgleichen suchen.

Ehemalige Farmen wurden zu Feriendomizilen umgebaut, die jeden erdenklichen Luxus bieten. Kaum ein Resort entlang der Scottsdale Road, der Lebensader dieser Wohnstadt, das nicht mindestens über 2 Golfplätze, 4 Swimmingpools und 5 Tennisplätze verfügt.

Schicke Geschäfte

Und wo Geld ist, da gibt es natürlich entsprechende Boutiquen und ausgewählte Souvenirläden. Zum Schlendern und zum Kauf von Souvenirs lädt besonders der **Old Town Arts District** ein, der sich östlich der Scottsdale Road, entlang der Main Street, befindet. Neben Geschäften, Restaurants, Weinstuben und Indian-Art-Galerien gibt es hier das **Scottsdale Museum of Contemporary Art (6)** sowie das angeschlossene **Center for the Performing Arts**. Moderne Kunst und Skulpturen locken viele Besucher an. Ein kostenloser Trolley-Bus verbindet die wesentlichen Punkte in Scottsdale.
Scottsdale Museum of Contemporary Art, *7374 E. Second St., ✆ (480) 874-4666, www.smoca.org, Di, Mi, So 12–17, Do–Sa 12–21 Uhr, $ 10.*

Anfang 2015 wurde nahebei das **Scottsdale's Museum of the West (7)** eröffnet. In dem architektonisch ansprechenden Neubau sind spannende wechselnde Ausstellungen rund um die Weststaaten der USA zu sehen.
Scottsdale's Museum of the West, *3830 N. Marshall Way (Old Town), http://scottsdalemuseumwest.org, Di–Sa 9.30–17, Do bis 21, So 11–17 Uhr, $ 13.*

Der bekannte amerikanische Architekt *Frank Lloyd Wright* hatte ein Winterhaus im Norden von Scottsdale, das bekannt ist als **Taliesin West (8)** und heute Ausstellungen, eine Architektenschule sowie eine Stiftung beherbergt. Die Anlage kann auf 90-minütigen Touren besichtigt werden. Ausführlichere, dreistündige „Behind the Scene"-Touren *(Mo,*

Das Winterhaus von Frank Lloyd Wright

Do u. Sa 9.15 Uhr, $ 75) lohnen die Mehrzeit und den hohen Extrapreis, sollten aber vorher reserviert werden.
Taliesin West, *12345 N Taliesin Drive (Ecke Frank Lloyd Wright Blvd./Cactus Rd.), ✆ (480) 627-5340, www.franklloydwright.org, Okt.–Mai tgl. 8.30–18, Juni–Aug. Sa–Mo u. Do 8.30–15, Fr 8.30–15, 17.30–19.30, Sept. Sa–Do 8.30–17, Fr 8.30–18 Uhr, 90-min. Tour $ 36.*

Prototyp

Cosanti (Originals) (9) ist *Paolo Soleris* Prototyp der eigentlichen, „ganz anderen Stadt" Arcosanti nördlich von Phoenix (s. S. 376). Hier in Cosanti werden die Glockenspiele gefertigt, die zum finanziellen Rahmen des Gesamtprojektes beisteuern. Wer vor hat, sich Arcosanti anzuschauen, muss nicht auch noch hierher.
Cosanti, *6433 E. Doubletree Ranch Rd., Paradise Valley, ✆ (480) 948-6145, www.cosanti.com, Mo–Sa 9–17, So 11–17 Uhr, frei.*

Eisenbahnfans darf man in Scottsdale nicht den **McCormick-Stillman Railroad Park (10)** verheimlichen. Neben alten Lokomotiven und Waggons gibt es hier auch für Modellbahn-Enthusiasten einiges zu sehen und zu erleben.
Railroad Park, *7301 E. Indian Bend Rd./Scottsdale Rd., ✆ (480) 312–2312, www.therailroadpark.com, Öffnungszeiten variieren, Kernzeiten tgl. 11–16 Uhr, frei.*

Das kleine **Shemer Art Center & Museum (11)** ist bekannt für seine Kunstausstellungen von Künstlern aus Arizona. Achten Sie auf das aktuelle Programm *(5005 E. Camelback Rd., Di–Sa 10–15, Do zudem 18.30–20.30 Uhr, www.shemerartcenter.org, frei).*

Winterresidenz der Kaugummi-Dynastie

Die um 1930 erbaute, sehr elegante **Wrigley Mansion (12)**, die ehemalige Winterresidenz der Kaugummi-Dynastie, liegt direkt auf einem Hügel direkt am Arizona Biltmore. Angeschlossen sind ein Restaurant und eine nette Cocktailbar *(Fr u. Sa, Ausblick).*
Wrigley Mansion, *2501 E. Telawa Trail, ✆ (602) 955-4079, www.wrigleymansion.com, Touren Mi–Sa 10, 13 und 15, So 14 Uhr, $ 15.*

Nordwestlich von Phoenix befindet sich das **Deer Valley Petroglyph Preserve (13)**, wo in einem Info Center die Kunst der indianischen Felsmalerei („Petroglyphs") erläutert wird und Sie entlang einem 400 m langen Pfad Felsmalereien bewundern können.
Petroglyph Preserve, *3711 W. Deer Valley Rd., ✆ (623) 582-8007, https://shesc.asu.edu/dvpp, Okt.–April Di–Sa 9–17 Uhr, $ 7.*

Östlich von Phoenix

Tempe (176.000 E.) ist eines der bedeutendsten „Silicon Valleys" der USA und beherbergt den größten Campus der Arizona State University. Touristisch hat die Stadt wenig zu bieten, sieht man einmal von den **Museen** auf dem Gelände der **Arizona State University (15)** ab, zu denen ein anthropologisches und ein geologisches Museum zählen. In der **Mill Avenue** liegen zahlreiche Restaurants und Clubs und die riesige Shopping Mall **Arizona Mills** im Südwesten der Stadt ist ein Hauptanziehungspunkt.

Mesa, mit 472.000 Einwohnern die drittgrößte Stadt in Arizona, wurde 1877 von 84 Mormonen gegründet, die sich die Kanalanlagen der Hohokam-Indianer zunutze machten. Das **Arizona Museum of Natural History (16)** bietet eine wilde Mischung aus Funden von früheren Indianerkulturen, Dinosauriern und Pionierleistungen. Spaß macht das „Goldpanning", das einen Eindruck vermittelt, wie mühselig die Goldsuche doch gewesen sein muss. Angeschlossen ist der 2 Meilen nordwestlich gelegene **Mesa Grande Cultural Park**, wo eine archäologische Fundstätte (Hohokam-Tempel) erkundet werden kann. Goldsuche

Museum of Natural History, *53 N. Mac Donald St., Ecke 1st St., www.arizonamuseumofnaturalhistory.org, Di–Fr 10–17, Sa 11–17, So 13 17 Uhr, $ 12.*
Mesa Grande Cultural Park, *1000 N. Date, Mitte Okt.–Mitte Mai, Mi–Fr 10–14, Sa/So 10–16 Uhr*

In der 101 South LeSueur (Main St.) befindet sich der 1927 erbaute **Arizona Mormon Temple (17)**, die heilige Stätte der Mormonen. Es gibt Führungen *(Zeiten variieren, ✆ (480) 833-1211, www.lds.org/church/temples).*

Liebhaber von historischen Militär-Flugzeugen seien noch auf das **Arizona Wing Commemorative Air Force Museum (18)** hingewiesen.
Air Force Museum, *2017 N. Greenfield Rd., nahe McKellips Rd., ✆ (480) 924-1940, www.azcaf.org, Okt.–Mai tgl. 10–16, Juni–Sept. Mi–So 9–15 Uhr, $ 15.*

Die **Goldfield Ghost Town (19)** ist eine restaurierte (und z.T. rekonstruierte) Goldgräberstadt aus der Zeit um 1890 mit verschiedenen Attraktionen: Goldgräber-Museum, Tour in eine unterirdische Goldmine, Gunfights, Goldwaschen, Geisterhaus sowie Programme für Kinder. Nett speisen lässt es sich im Saloon. Übrigens: In Goldfield wurde wirklich mal Gold abgebaut.
Goldfield Ghost Town, *4650 N. Mammoth Mine Road, Apache Junction (E. Apache Trail), ✆ (480) 983-0333, www.goldfieldghosttown.com, Ghost Town tgl. 10–17, Saloon tgl. 11–21 Uhr, Zugang frei, Attraktionen jeweils $ 5–10.*

Goldfield ist die erste Station entlang der sog. **Apache Trail Historic Road** (AZ 88), einer 80 Meilen langen Rundstrecke, die von Apache Junction außerhalb von Phoenix über die Superstitious Mountains und Tortilla Flat bis nach Globe und von dort zurück nach Apache Junction reicht. Die Route, teilweise nicht asphaltiert, bietet mehrere Seen, schöne Ausblicke, alte Goldgräberstädte und Minen. *Infos: www.arizona-leisure.com/apache-trail.html.*

Südlich von Phoenix

Rawhide Western Town (20) ist der Nachbau einer Wildweststadt aus dem Jahre 1880. Lustig ist die Fahrt mit der alten Postkutsche, bei der man ein Gefühl bekommt für die Mühsal einer Reise im 19. Jh. Ein kleines Museum zeigt ein paar Sammelstücke aus der Zeit, als der Westen noch wild war. Ansonsten ist die ganze „Stadt" ein Wild-West-Erlebnispark. Schießereien, Goldwaschen, Bullenreiten und vieles mehr wird angeboten. Zudem gibt es eine Bühne, wo Theaterstücke bzw. Countrymusik-Konzerte aufgeführt werden und mehrere Restaurants und Fastfood-Buden sorgen für das leibliche Wohl. Fahrt mit der Postkutsche
Rawhide Western Town, *5700 W. North Loop Rd., Chandler, I-10–Exit 162, ✆ (480) 502-5600, www.rawhide.com, Sept.–Juni Fr 17–22, Sa 12–22, So 12–20 Uhr (Zeiten können variieren), Zugang frei, Attraktionen ab $ 5 bzw. Tagesticket $ 15.*

info

Das Arizona-Hochland

Das Hochland von Arizona, eine bergige Plateaufläche, trennt das nördliche Colorado-Plateau von den Wüstenflächen in Nord-Mexiko. Nur einzelne Gebirgszüge (Ranges) ragen wie Inselberge auf. Auch die Sonora- und die Mohave-Wüste werden dazu gezählt. Der Übergang von Hochland zu Wüstenfläche ist kaum merklich, und der Unterschied besteht nur darin, dass in der Wüste die flachen Flächen (Basins) einen größeren Anteil aufweisen.

Das **Klima**: Durchschnittliche Regenmengen von 80–200 mm mit hohen jährlichen Schwankungen und Tagestemperaturen von bis zu 50 °C machen den Menschen das Leben schwer. Die täglichen Temperaturschwankungen können über 30 °C betragen.
Die **Vegetation** entspricht nicht ganz unseren Vorstellungen einer Pflanzenwelt der Wüste. Der Begriff Desert wurde von Beginn an anders definiert. Als „Great American Desert" galt das gesamte Gebiet zwischen Kalifornien und Mississippi, selbst die Prärien wurden noch als Wüsten eingestuft. Daher treffen wir nun in Arizona auf eine Reihe von Sträuchern, die geografisch in die Trockensavannen gehören. In den trockeneren Regionen der Sonora-Wüste bildet der Creosote-Busch (Covillea tridentata) eine Strauchsteppe. In besonders trockenen Gebieten verkümmert aber auch dieser Busch zu einem Zwergstrauch (desert shrub).

Joshua Tree

In feuchten Gebieten dagegen ist die Strauchsteppe üppig entwickelt und wird von Riesenkakteen (Cereus giganteus) und 5–10 m hohen Baum-Yuccas (Joshua Tree; Yucca brevifolia) durchsetzt. In den Becken des Arizona-Hochlandes tritt das Mesquite-Gras an Stelle der Strauchsteppe. Setzt der Sommerregen ein, bietet sich ein Bild wie in den viel feuchteren Plains. Dazwischen stehen vereinzelt verkrüppelte Mesquite-Bäume (Prosopis juliflora). Die Pinon-Kiefer (Pinus edulis) findet sich noch auf den etwas feuchteren Gebirgszügen, da sie von allen Bäumen die Trockenheit am besten übersteht.

Tipp: Canyoneering in Arizona

Einen Canyon zu erkunden ist aufregend – Canyoneering ist aufregender. Mit dem Tourveranstalter 360 Adventures können Arizona-Reisende z. B. die Roosevelt Lake Area, aber auch andere Regionen, nicht nur erwandern, sondern durch Canyoneering erleben: Das heißt außer Wandern noch Schwimmen, Abseilen und Klettern. Ein professioneller Reiseführer geleitet die Gruppe sicher durch eine der beeindruckendsten geologischen Besonderheiten.

Es werden ganztägige Canyoneering-Trips angeboten, diese sind aber auch nicht ganz billig. Im Preis inbegriffen sind dann aber die gesamte Ausrüstung sowie Snacks und Getränke. Auch andere Abenteuer werden angeboten, so z. B. Rock Climbing, Mountain Biking, Jeep-Touren.

Infos: *✆ (480) 418-8971, www.360-adventures.com.*

Sehenswertes im Umkreis des Valley of the Sun

Tour zum Saguaro Lake

Falls Sie Lust haben, einen halben oder ganzen Tag aus der Stadt herauszukommen und eine schöne Landschaft erleben möchten, eventuell verbunden mit einem kleinen Picknick, dann sollten Sie eine Spritztour zum Saguaro Lake unternehmen: Fahren Sie den Superstition Freeway (US 60) in östliche Richtung, und biegen Sie ab auf den Bush Highway in nördliche Richtung.

Nach einigen Meilen treffen Sie nun auf den Salt River, der Sie bis zum Lake Saguaro begleiten wird. Auf dieser Strecke windet sich der Fluss durch ein kleines, canyonartiges Tal. Eine Reihe netter, kleiner Aussichtspunkte und Flussuferstellen bieten sich für ein Picknick an. Nach etwa 6 Meilen erreichen Sie den idyllisch gelegenen Stausee.

Ein besonderer Spaß: „Tubing“ auf dem Salt River – mit einem Autoreifenschlauch die 6 Meilen zurück auf dem Fluss. Schläuche erhalten Sie bei dem Ausstatter **Salt River Tubing** *(✆ (480) 984-3305, www.saltrivertubing.com)* am Bush Highway, an der Einmündung der Usery Pass Road – also auf halber Strecke. Ein Shuttle Bus bringt Sie zur gewünschten Einsatzstelle und wartet an verschiedenen Plätzen entlang dem Fluss auf Sie zwischen dem Lake und dem Granite Reef Dam. Fahrten sind nur zwischen Mai und Mitte September möglich. Festes Schuhwerk, Sonnenschutzmittel, Kopfbedeckung sowie Getränke und Snacks mitbringen!

Salt River Valley

So stellt man sich die Wüste Arizonas vor: voller Organ-Pipe-Kakteen

Für die Rückfahrt vom Saguaro Lake bietet es sich an, den nördlich gelegenen Beeline Highway (AZ 87) zu nehmen und kurz hinter der Ft. McDowell Indian Reservationen nach rechts auf den Shea Boulevard abzubiegen. Auf einer Anhöhe, 2 Meilen hinter der Abzweigung, haben Sie eine gute Aussicht auf das in der Hitze flimmernde Valley of the Sun.

Organ Pipe Cactus National Monument

Dieser Park liegt etwa 135 Meilen südwestlich von Phoenix an der Grenze zu Mexiko. Ein Besuch lohnt sich daher nur, wenn Sie ein wirkliches Interesse an Wüstenpflanzen und vor allem den übergroßen Kakteen haben. Den *Senita Cactus* und den *Elefantenbaum* gibt es zum Beispiel nur hier. Am prächtigsten wirken diese großen Ungetüme während ihrer Blüte im März und April.

Die Namensgeber des Parks, die bis zu 8 Meter hohen *Orgelpfeifenkakteen (lemaireocereus thurberi)*, die es auch nur noch hier zu sehen gibt, haben ihre Hauptblütezeit im Mai/Anfang Juni. Ältere Exemplare von ihnen entwickeln bis zu 40 (!) Seitenarme. Aber auch andere Wüstenpflanzen, wie die Saguaro-Kakteen, gibt es zu bewundern. Im Park gibt es einen Campingplatz, ferner ein kleines Motel in Lukeville und weitere in Ajo.

Organ Pipe Cactus NM, *Visitor Center: 22 Meilen südl. von Why an der AZ 85, tgl. 8–17 Uhr, der Park ist 24 Stunden geöffnet, ✆ (520) 387 6849, www.nps.gov/orpi.*

Pioneer Arizona Living History Museum (21)

Nördlich von Phoenix (I-17, Exit 225) befindet sich ein Museum, welches auf typisch amerikanische Weise mit Show, verklärter Historie und informativer Wissensvermittlung versucht, Geschichte und Pionierleistungen der ersten Siedler und Wildwesthelden zu vermitteln. Dazu wurde extra eine kleine Stadt mit Schmiede, Schule, Geschäften, Bank etc. errichtet, in der die Arbeiten der ersten Tage der Besiedlung vorgeführt werden. Hollywood stand wohl eher Pate als die Wirklichkeit.

Living History Museum, *3901 W Pioneer Rd., Phoenix, ✆ (623) 465-1052, www.pioneeraz.org, Labor Day–Mai Mi–So 9–16, Juni–einschl. Labor Day Mi–So 7–11 Uhr, Zeiten können variieren, $ 10.*

info

Das Colorado-Plateau

Als Colorado-Plateau bezeichnet man das gesamte Gebiet des Tafellandes, das sich zwischen den Rocky Mountains im Osten und den Basin Ranges im Westen und Süden erstreckt. Die von **steilen Stufen** getrennten Flächen dieser Plateaus steigen von 1.500 bis 3.300 m an. Sie liegen damit in solch beträchtlichen Höhen, dass die Landschaft in ihrer Gesamtheit über ihre Umgebung hinausragt. Nur im Osten und Norden überragen benachbarte Gebirgszüge die Plateaus. Die fast horizontale Lagerung der Schichten des Untergrundes und eine tiefe Zertalung des großen Schichtpaketes, bedingt durch „normale" Erosion, geben der Region ihren einmaligen Charakter. Diese Naturlandschaft hat sich noch in hohem Maße ihren ursprünglichen Zustand erhalten.

Der **Untergrund des Plateaus** besteht hauptsächlich aus mesozoischen Sedimenten (Sand- und Kalkstein), denen z. T. auch jüngere Sedimente aufliegen können. Dieser Untergrund stammt hauptsächlich aus Meeresablagerungen. Denn vor etwa 60 Millionen Jahren wurden große Teile des Südwestens von einem sich von Norden nach Süden durch den gesamten Kontinent erstreckenden Meer bedeckt. Anders als bei den Rocky Mountains hat sich die Landschaft nicht gefaltet, sondern ist nur von Flexuren (leichter Wellung mit Verschiebung) und Brüchen erfasst worden. Daraus kann man schließen, dass der tektonische Druck nicht so stark war wie bei den Rockies. Diese Bruchlinien haben aber nichts mit der Canyonbildung zu tun. **Die Canyons sind erst in jüngster Erdgeschichte** entstanden, vor maximal 5 Mio. Jahren. Vor 17 Millionen Jahren begann sich nämlich das sedimentäre Tafelland zu seiner heutigen Höhe (im Durchschnitt um 2.000 m) zu heben, und die Erosionskraft der Flüsse erschuf schließlich die Canyons („Canyon cycle of erosion"). Die Einschneidung der Flüsse ist maßgeblich von der unterschiedlichen Widerstandsfähigkeit des Gesteins abhängig. Dadurch entstanden die verschiedenen Terrassenformen.

Auch heute ist die **Canyonbildung noch nicht abgeschlossen**, und selbst während der letzten hundert Jahre sind Einschnitte von bis zu 30 m entstanden. Dies hat aber leider auch einen unschönen Grund: Die Abflussmenge der Flüsse hat sich erhöht, weil die Menschen durch Überstockung und durch Abholzungen „Schützenhilfe" geleistet haben. Der Formenvielfalt der Tafellandschaft stehen die **vulkanischen Gebirge** gegenüber: die Henry Mountains, das Navajo-Gebirge, der Mt. Taylor und das San Francisco-Gebirge. Sie alle sind erstarrte Lavaergüsse.

Reisepraktische Informationen Phoenix und Valley of the Sun, AZ

VORWAHL 602 (Phoenix), 480 (Scottsdale, Tempe, Mesa)

Information

Phoenix & Valley of the Sun CVB: *One Arizona Center, 125 N. Second Street, Phoenix, ✆ (602) 254-6500, 1-877-225-5749, www.visitphoenix.com. Info über aktuelle Veranstaltungen: ✆ 252-5588.*
Scottsdale CVB: *Galleria Center, 4343 N. Scottsdale Rd., Ste. 170, Scottsdale, ✆ (480) 421-1004, 1-800-782-1117, www.experiencescottsdale.com.*
Zeitung: *„The Arizona Republic" (Do Wochenplan für Veranstaltungen), www.azcentral.com.*

Krankenhäuser

Phoenix Memorial Hospital: *1201 S. Seventh Avenue, ✆ (602) 238-3286,*
St. Joseph's Hospital and Medical Center: *350 W. Thomas Road, ✆ (602) 406-3000*

Sightseeingtours

Heißluftballonfahrten: *Viele Anbieter, z. B.* **Hot Air Balloon Expeditions**: *✆ (480) 502-6999, www.HotAirExpeditions.com. Ballonfahrten sind in Arizona sehr beliebt, „Sunrise"-, „Champagne-Continental Breakfast"- und „Sunset"-Fahrten werden angeboten.*

Westwind Aviation: **Rundflüge** *(Phoenix/ Grand Canyon/ Monument Valley etc.): 732 W. Deer Valley Rd., ✆ (480) 991-5557, www.westwindairservice.com.*

Unterkunft

Phoenix hat eine riesige Auswahl an Hotels und besonders luxuriösen Resorts. Dazu zählen alleine über 20 4-5-Sterne-Hotels. Und wie das in Amerika so üblich ist, fördert die Konkurrenz den Einfallsreichtum. In dem einen Resort kann man in einer venezianischen Gondel über den hauseigenen See fahren, im nächsten trifft sich die Tenniselite, wieder woanders gibt es, bei entsprechendem Zimmerpreis natürlich, einen seidenen Bademantel als Zugabe. Grundsätzlich gibt es also alles, natürlich auch die preisgünstigen Franchisehotels an den Ausfallstraßen. Die Preise variieren sehr, ja nach Saison: Im Winter können Zimmer bis zum Vierfachen von dem kosten, was sie im Juli und August kosten.

Günstige Hotels sind sehr schwer zu finden im Valley oft the Sun, besonders in Scottsdale und Phoenix. Die meisten Franchise-Motels (und auch „No-Name-Motels") befinden sich in **Mesa** *an der Main Street. Zwei Empfehlungen sind das* **Howard Johnson Mesa Gilbert (8)** *($$, 1625 E Main St., Mesa, ✆ (480) 964-8000, www.book.bestwestern.com) sowie die* **Travelodge Suites (9)** *($$, 4244 East Main Street, Mesa, ✆ (480) 832-5961, www.travelodge.com). Schauen Sie sonst auch mal unter www.visitmesa.com/hotels.*

AZ Trails Travel Services: *✆ (480) 837-4284, 1-888-799-4284, www.aztrailstravel.com („Vacation Search" -> „Arizona only" -> „Arizona Lodging"). Reisebüro, das auch Buchungen von B&B-Unterkünften und ausgesuchten, u. a. günstigeren Hotels vornimmt.*

Hier eine kleine Auswahl:

Phoenix Hostel $ (7): *1026 N. 9th St., Phoenix, ✆ (602) 254-9803, www.phxhostel.org. Bus Nr. 10 bis Ecke Roosevelt/9th St., Dorms und Doppelzimmer.*

Best Western Inn of Tempe $$ (5): *670 N. Scottsdale Rd., Tempe, ✆ (480) 784-2233, 1-800-784-2811, http://book.bestwestern.com. Unspektakuläres Hotel der unteren Mittelklasse, aber sehr günstig zum Airport (Shuttle-Bus) und zu den Lokalen in der Mill Ave. (Tempe) gelegen.*

Architektur vom Feinsten: Lobby im Biltmore

Hyatt Place – Old Town Scottsdale $$–$$$ (4): *7300 E. 3rd Ave., Scottsdale, ✆ (480) 423-9944, 1-888-492-8847, http://scottsdaleoldtown.place.hyatt.com. Suiten-Hotel, d. h. Kühlschrank und Mikrowellengerät im Zimmer. Mitten in der Old Town von Scottsdale.*
Doubletree Hilton – Hotel Phoenix $$$ (6): *2100 S. Priest Dr., Tempe, ✆ (480) 967-1441, 1-800-610-TREE, http://doubletree3.hilton.com. Modernes Hotel, günstig gelegen zum I-10. Von hier aus können Sie am folgenden Morgen gut zur City und dann mittags weiter gen Norden fahren.*
Maricopa Manor B&B $$$–$$$$ (1): *15 W. Pasadena Ave., Phoenix, ✆ (602) 264-9200, 1-800-292-6403, www.maricopamanor.com. Komfortabel eingerichtet. Auf halber Strecke zwischen Phoenix und Scottsdale. In Vororthaus von 1928. Garten, Pool, Hot Tub.*
Westin Kierland Resort & Spa $$$$ (2): *6902 E. Greenway Parkway, Scottsdale, ✆ (480) 624-1000, 1-800-354-5892, www.kierlandresort.com. Etwas günstiger als die u.g. Resorts trotzt auch das Kierland Resort mit Luxus. Erbaut in pompösem Arizona-Stil, dabei bleibt die Atmosphäre aber charmant und ruhig. Auch hier: Golfplätze, Spa, mehrere Restaurants und 4 Pools, einer davon mit Rutsche und einem künstlichem Fluss zum „Tubing".*
The Boulders Resort & Golden Door Spa $$$$–$$$$$: *34631 N. Tom Darlington Dr., Carefree (nördl. v. Scottsdale), ✆ (480) 488-9009, 1-888-579-2631, www.theboulders.com. Komfortable Unterkünfte in frisch renovierten Casitas oder Lodge. Ruhig gelegen in bergiger Landschaft. Sport u. Entertainment aller Art, u. a. bekannter Golfplatz und ein großes Wellness-Center.*
Arizona Biltmore Resort & Spa $$$$$ (3): *2400 E. Missouri Ave., Phoenix, ✆ (602) 955-6600, 1-800-950-0086, www.arizonabiltmore.com. Der Klassiker im Valley of the Sun. Vor allem, da das imposante Hauptgebäude von dem Stararchitekten Frank Lloyd Wright entworfen wurde. Alleine deswegen lohnt ein Besuch, auch wenn Sie hier nicht wohnen. Es gibt 2 Golfplätze, ein Spa, 8 Pools u.v.m.*

Camping

Green Acres RV Park: *2052 W Main Street, Mesa, ✆ (480) 964-5058, http://mesarvpark.com. Sehr sauber.*
Covered Wagon RV Park: *6540 N. Black Canyon Hwy. (I-17 bis Glendale Exit, dann ½ Meile in südlicher Richtung), ✆ (602) 242-2500, www.coveredwagonaz.com. Auch Zelte. Ca. 10 Meilen zur City.*
North Phoenix Campgrounds: *2550 W. Louise Dr., 18 Meilen zur City. I-17 in nördliche Richtung, Exit 215 B, Deer Valley Rd., ✆ (623) 581-3969. RVs und Zelte.*

Restaurants

Vincent's on Camelback (1): *3930 E. Camelback Rd. (40th St.), ✆ (602) 224-0225. Gilt als das beste Restaurant mit „Südwesterküche" in ganz Arizona. Erstklassige Weinkarte. Nicht ganz billig. Toll sind auch die Pizza nebenan im* **Vincent Market Bistro**. *bzw. die Cocktails und Snacks in der angeschlossenen Bar Lounge* **Bleu**.
Bandera (3): *3821 N. Scottsdale Rd., Scottsdale, ✆ (480) 994-3524. Südwester-Küche. Beliebt ist dieses Restaurant aber vor allem wegen seiner aromatisch gegrillten Hühnchengerichte aus dem Steinofen.*
Honey Bear's BBQ: *2824 N. Central Ave. sowie 5012 E. Van Buren St. (Phoenix). Einfache Lokale, deren BBQ-Gerichte einfach unschlagbar sind. Gut fürs Lunch.*
Pizzeria Bianco: *Heritage Square, 623 E. Adam's St., Phoenix Downtown, ✆ (602) 258-8300. Erstklassige, krosse Pizzen.*

Cowboy Ciao Wine Bar & Grill (2): *7133 E. Stetson Dr. (Ecke 6th Ave.), Scottsdale, ✆ (480) 946-3111. Der Name verrät eigentlich alles: Südwester-Küche mit italienischen Spezialitäten angereichert. Dazu gibt es auch noch eine vielseitige Weinkarte. Das Ganze im mittleren Preissegment. Die angeschlossene* **Kazimierz World Wine Bar** *(✆ (480) 946-3004) lädt ab 18 Uhr zu guten Drinks sowie nach 21 Uhr zu Livemusik und Snacks bis weit nach Mitternacht ein.*
Los Olivos: *7328 E. 2nd St., Scottsdale, ✆ (480) 946-2256. Traditionelles mexikanisches Restaurant. Fr u. Sa Latin Dancing.*
5 & Diner: *5220 N. 16th St., Phoenix, ✆ (602) 264-5220. 24-Stunden-Diner in echtem Streamliner-Look.*
Wer sich treiben lassen möchte, schlendert einfach mal die **Mill Avenue in Tempe** *entlang. Hier gibt es Restaurants für fast jeden Geschmack.*

Bars/Pubs/Livemusik/Disco

Das Valley of the Sun bietet über 70 Country-/Western-Nightspots. Getanzt wird hier nach Arizonaart, dem „Arizona-Halftime" (2 Schritte auf halb so viel Platz – im Gegensatz zum „Texas Twostep"). Tipps zu aktuellen Veranstaltungen der Countryszene – aber auch zu anderen Veranstaltungen – finden Sie in der **„New Times"** *(www.phoenixnewtimes.com).*
Handlebar-J: *7116 E. Becker Lane, Scottsdale, ✆ (480) 948-0110, www.handlebarj.com. Weithin bekannte Cowboy-Bar und Danceclub. Mi, Do und So gibt es kostenlose Western-Tanzstunden.*
Wright Bar & Squaw Peak Terrace: *Im Arizona Biltmore Resort (s.o.). Piano Bar und Terrasse, von der aus man den Sonnenuntergang bewundern kann. Eine gute Gelegenheit, das Hotel zu erleben, ohne hier die Zimmerpreise bezahlen zu müssen.*
Blues-Fans sollten zu **Char's Has the Blues** *(4631 N. 7th Ave., Phoenix, ✆ (602) 230-0205, www.charshastheblues.com) oder in* **The Rhythm Room** *(1019 E. Indian School Rd., Phoenix, ✆ (602) 265-4842, www.rhythmroom.com) gehen, während Freunde des Jazz im* **Geordie's at the Wrigley Mansion** *(2501 E. Telawa Trail, nahe Arizona Biltmore Resort, ✆ (602) 955-4079) Fr u. Sa ab 16 Uhr Livemusik in einer Art-Déco-Bar aus den 1930er Jahren erwartet. Dazu Sonnenuntergang vom Feinsten!*
In der **Mill Avenue in Tempe** *finden Sie auch eine Reihe von Bars und Livemusik-Clubs.*

Einkaufen

In einer Region wie dem Valley oft the Sun gibt es natürlich eine Reihe von **Malls**, *von denen sich einige auf hochpreisige Kleidung eingestellt haben, so z. B. der* **Biltmore Fashion Park** *(2502 E. Camelback Rd.), wo Macy's, Saks Fifth Avenue, Laura Ashley und andere vertreten sind. Etwas „bodenständiger" präsentieren sich die Einkaufszentren* **Scottsdale Fashion Square** *(7014-590 E. Camelback Rd./Scottsdale Rd.), die davon benachbarte* **Scottsdale Waterfront** *sowie das* **Arizona Center** *in Phoenix Downtown (Van Buren Street/Third Street).*

Eine günstige **Outlet Mall** *ist* **Arizona Mills** *(5000 Arizona Mills Circle, Tempe), eine andere* **Outlets at Anthem** *(4250 W Anthem Way, Phoenix, I-17 Exit 229 nördl. von Phoenix). Für* **indianische Kunst** *ist* **Bischoff's at the Park** *(3925 N. Brown St., Scottsdale, www.bischoffsgallery.com) die beste Adresse. Keramiken, ausgesuchter indianischer Schmuck, Kleider. Nicht billig, aber gut. Für* **Westernbekleidung** *gibt es zwei Namen:* **Saba's Western Store** *(7254 E. Main St., Scottsdale), ein traditioneller Laden mit einer großen Auswahl qualitativ guter Westernbekleidung sowie die bekannte Western-Outfitter-Kette* **Boot Barn** *mit* *drei Adressen im Sun Valley: 829 N. Dobson Rd. und 1710 South Alma School Rd., beide in Mesa; 8698 East Raintree Dr. in Scottsdale.*

In Scottsdale kann man gut einkaufen gehen, so z. B. in der **Old Town im Zentrum** *oder in der* **Galleria** *(4343 N. Scottsdale Road).*

Veranstaltungen (Auswahl)

Februar/März: Parada del Sol Parade. *Scottsdale. Die größte Pferdewagenparade der Welt. Außerdem Rodeoveranstaltungen. Infos: ✆ (480) 990-3179, www.paradadelsol.org.*

Februar: **Casa Grande Cowboy Days and O'odham Tash Indian Pow Wow**. *Bei Casa Grande. Paraden, Kunstfestival mit Musik und Tänzen der Indianer.*

Ende März und Dezember: **Spring/Fall Festival of the Arts**. *Old Town Tempe entlang der Mill Street. Kunsthandwerke aus allen Teilen des Südwestens. Infos: ✆ (480) 967-4877, www.tempefestivalofthearts.com.*

Oktober: **Arizona State Fair**: *Arizona State Fair Grounds, 1826 W. McDowell Road, Phoenix. Rodeos. Shows und lokale Speisen. Info: ✆ (602) 252-6771, www.azstatefair.com.*

Ende Dezember/Anfang Januar: **Arizona National Livestock Show**: *auf den Arizona State Fair Grounds (s.o.), Phoenix. Verkauf und Vorführung von Rindern aus ganz Arizona – übrigens die größte Viehschau im Südwesten. Sicherlich einmal einen Besuch wert, um einen Eindruck von so etwas zu bekommen. Infos: ✆ (602) 258-8568, www.anls.org.*

Konzerte/Theater/Oper

Karten vorbestellen für Veranstaltungen in und rund ums Valley of the Sun können Sie über **Ticketmaster** *(www.ticketmaster.com) bzw. über www.showup.com Veranstaltungen buchen.*

Die **Phoenix Symphony Hall** *(75 N. 2nd St., http://tickets.phoenixsymphony.org) ist der Veranstaltungsort für klassische Musik, Opern, Musicals und Ballett. Einen Besuch wert ist das*

Wiederbelebungsversuch in Phoenix: Sportstadion in Downtown

elegante, 1929 eingeweihte **Orpheum Theatre** *(203 Adam's Street, www.phoenixconventioncenter.com), das einst als die beste Adresse westlich des Mississippi galt.*

Sportveranstaltungen

Kartenvorbestellungen *für Sportveranstaltungen über* **Ticketmaster** *(www.ticketmaster.com).*

Football: *„Arizona Cardinals": University of Phoenix Stadium in Glendale, ✆ (602) 379-0102, www.azcardinals.com.*

Baseball: *„Arizona Diamondbacks": Chase Field, Phoenix Downtown, ✆ (602) 514-8400, http://arizona.diamondbacks.mlb.com.*

Greyhound-Rennen: *Phoenix Greyhound Park, 3801 E Washington St., Phoenix, ✆ (602) 273-7181. Rennen nahezu jeden Abend. Hier kann man auch im Restaurant sitzen und den Rennen zuschauen. Eine weitere Rennstrecke bietet der Apache Greyhound Park: Phoenix 220 S. Delaware Dr., Apache Junction, ✆ (480) 982-2371. Infos zu beiden: www.phoenixgreyhoundpark.com.*

Basketball: *„Phoenix Suns": Talking Stick Resort Arena, 201 E. Jefferson St., ✆ (602) 379-7867, http://www.nba.com/suns.*

Verkehrsmittel

Flughafen

Sky Harbor International Airport: *✆ (602) 273-3300, https://skyharbor.com.*

Anreise mit dem Auto: *Der Airport liegt 3 Meilen östlich der Innenstadt und ist über die Buckeye Rd. direkt zu erreichen.* **Stadtbusse:** *Die Linien 1 (nach Phoenix Downtown), 32 (entlang N. 32nd St. nach Camelback) und 44 (nach Norden: Camelback, West-Scottsdale) verkehren zur Endstation des kostenlosen* **PHX Skytrain** *(Ecke E. Washington St./S. 44th St.) und die Linie 13 verkehrt entlang der Buckeye Rd. zw. Phoenix Downtown und Terminal 2.* **Valley Metro Light Rail**: *Bahn, die zw. Phoenix, Airport, Tempe und Mesa verkehrt (s.u.).* **Kleinbus/Shuttle**: *Es gibt einen 24-Stunden-Shuttle, der die drei Terminals abfährt bzw. diese miteinander verbindet.* **SuperShuttle Service**: *✆ (602) 244-9000, 1-800-BLUE-VAN, www.supershuttle.com. 24-Stunden-Service zu allen Destinationen im Valley of the Sun. Alle größeren* **Mietwagenunternehmen** *befinden sich im „Sky Harbor Rental Car Center" ca. eine Meile westlich des Flughafens.*

Öffentliche Verkehrsmittel/Taxi

Amtrak: *401 W. Harrison St., Ecke Fourth Avenue, ✆ 1-800-872-7245 od. (602) 253-0121. Es gibt keinen direkten Personenzugverkehr nach Phoenix, aber einen Bahnhof 35 Meilen südlich der Innenstadt von Phoenix: Maricopa (19427 North John Wayne Parkway). Hier hält der „Sunset Limited" (New Orleans – Los Angeles). Alternativ bringt ein Bus die Passagiere vom nächsten Bahnhof (Flagstaff bzw. Tucson) zu einer der drei Haltestellen in der Stadt (Greyhound Station, Sky Harbor Airport od. Metro Center Transit Station: 9617 North Metro Parkway West, North-Phoenix).*

Überlandbusse: **Greyhound**: *2115 E Buckeye Rd., ✆ (602) 389-4200, www.greyhound.com. Überregionale Strecken*

Stadtbusse: *Das City of Phoenix Transit System nennt sich* **Valley Metro**: *Das Busnetz bedient die wesentlichsten Punkte des Valley of the Sun, aber leider nur bis zum frühen Abend (ca. 21 Uhr) und nur begrenzt an Wochenenden. Die Routen sind touristisch wenig interessant. Infos: ✆ (602) 253-5000, www.valleymetro.org. Nützlich sind die kostenlosen* **Shuttle-Busse/Trolleys** *in Phoenix-Downtown („DASH"), Tempe-Downtown/ Universität („FLASH") bzw.*

verschiedene Routen in Scottsdale (u. a. „Scottsdale Trolley", s. http://www.experiencescotts dale.com/plan-your-trip/transportation/the-scottsdale-trolley/). Sie verkehren alle zwischen einigen Attraktionen und Shopping Malls.

Metro Light Rail: *Straßenbahn, die tagsüber im 10-, früh morgens (ab 4.40 Uhr) und abends (18–0.30, Fr/Sa bis 3.30 Uhr) etwa im 20-Minutentakt verkehrt. Die 26 Meilen lange Strecke verläuft auf folgender Route: W. Dunlap Ave./19th Ave. (im Nordwesten von Phoenix) – Camelback – Central Avenue – Downtown Phoenix – Sky Harbor Airport (mit Skytrain/Shuttle-Bus erreichbar) – Tempe – Mesa (Mesa Dr./Main St.). Infos: ✆ (602) 254-7245, www.valley metro.org.*

Taxis: Yellow Cab: *✆ (602) 252-5252 od. (480) 966-8377,* **Scottsdale Cab**: *✆ (480) 994-1616.*

Von Phoenix zum Grand Canyon

Entfernungen

Phoenix – Flagstaff (direkt): 138 Meilen/222 km

Flagstaff – Grand Canyon NP (South Rim): 81 Meilen/130 km

Phoenix – Flagstaff (über Prescott, das Montezuma Castle, Sedona und den Oak Creek): ca. 260 Meilen/419 km

Routenempfehlung

Wer es eilig hat, fährt von Phoenix über die I-17 nach Flagstaff und von dort weiter über den US 180 und AZ 64 zum Grand Canyon NP (South Rim).

1 ½ Tage: die I-17 bis zur Cordes Junction (Exit 262). Dort den Schildern folgen nach Arcosanti. Weiter über den AZ 69 nach Prescott. Von hier nördlich ein kleines Stück auf dem AZ 89 und dann abbiegen auf den AZ 89A. Dieser schlängelt sich durch die Berge vorbei an Jerome und Clarkdale/Cottonwood. Dort achten auf den Abzweig des AZ 260 in Richtung Camp Verde. Die I-17 eine Abfahrt weiter nach Norden nehmen und um Exit 289 zum Montezuma Castle. Zurück auf die I-17 bis zum Exit 298. Nun dem AZ 179 und wieder dem AZ 89A über Sedona und dem Oak Creek folgen bis Flagstaff. Flagstaff in nördlicher Richtung verlassen über den US 180.

Überblick

Allein schon die Fahrt auf dem Highway ist erlebenswert. Nördlich von Phoenix durchquert dieser den atemberaubenden Black Canyon und immer wieder müssen sich die beiden Fahrtrichtungen einige hundert Meter weit voneinander trennen, um geologischen Barrieren auszuweichen. Sehenswert ist auf dieser Strecke das **Montezuma Castle**, ein von Indianern um und nach 1100 erbautes fünfstöckiges Haus an einem Felsüberhang. **Flagstaff** ist ein nettes Universitäts- und Touristenstädtchen, in dem die Nähe der Nationalparks, allen voran natürlich der Grand Canyon, überall zu spüren ist. Ein **Umweg** über das ehemalige Minenstädtchen Jerome und durch den Oak Creek Canyon nördlich von Sedona ist jedem zu empfehlen, der für diesen Streckenabschnitt mehr als einen Tag Zeit hat. Der dadurch bedingte Zickzack-Kurs der Fahrtstrecke zwingt Sie aber

Sehenswertes unterwegs

Bei Flagstaff treffen Sie wieder auf die Route 66

Redaktionstipps

▸ **Übernachten**: Hotels/Motels am Montezuma Castle NM bieten einen guten Stopp auf halbem Wege zum Grand Canyon. Schöner ist sicherlich eine Übernachtung im schnuckeligen **The Mile High Grill & Inn** in Jerome (S. 380), im **Hotel St. Michael** in Prescott (S. 379) oder im historischen, wenn auch einfachen **Hotel Monte Vista in** Flagstaff. Simpel, aber ein Erlebnis, ist eine Übernachtung in **Arcosanti** (S. 378).
▸ **Essen**: Wie wäre es mit Klapperschlangen-Wurst oder Buffalo Pot Roast im **Cowboy Club** in Sedona (S. 386)? Eine breite Palette an Restaurants finden Sie in Flagstaff, von **Microbrewery** bis hin zum gediegenen **Cottage Place** (S. 391).
▸ **Die bedeutendsten Sehenswürdigkeiten**: das Stadtprojekt **Arcosanti** (S. 376); die ehemalige Bergbaustadt **Jerome** (S. 379); Fahrt mit der **Verde Canyon Railroad** (S. 381), der landschaftlich reizvolle **Oak Creek Canyon** (S. 384); das **Montezuma Castle NM** (S. 381), wo einst die Sinagua-Indianer in den Felsen gelebt haben; das **Sunset Crater NM** (S. 389), die **San Francisco Mountains** (S. 389) während des Indian Summer.
▸ Unbedingt die **Unterkunft am Grand Canyon NP vorher reservieren**.
▸ **Zeiteinteilung: 1 ½ Tage**. Siehe dazu „Routenempfehlung“ S. 375.

dazu, spätestens in Flagstaff das Nachtlager aufzuschlagen und erst am folgenden Morgen zum Grand Canyon weiterzufahren.

Sehenswertes

Der Highway führt 30 Meilen nördlich von Phoenix durch den landschaftlich schönen **Black Canyon**. Es lohnt sich, bei guter Sicht, kurz zu dem Aussichtspunkt auf der gegenüberliegenden Highwayseite zu fahren und den Ausblick zu genießen. Ein Stück weiter liegt gen Osten das **Agua Fria National Monument** mit einer rauen Canyonlandschaft und einigen archäologischen Funden (s. S. 354).

Arcosanti

An der Cordes Junction, Exit 262, verlassen Sie den I-17 und fahren die 2 Meilen in östliche Richtung nach **Arcosanti**. Hier hat der italienische Architekt *Paolo Soleri* 1970 begonnen, eine neuzeitliche, ökologisch orientierte Stadt zu errichten. Motto: „Arcology“, ein Wortspiel aus Ecology und Architecture. Der Schutz der Umwelt stellt den wesentlichen Kernpunkt des Projektes dar, was durch den Landschaft-„sparenden“ Bau an Hängen und in die Höhe in die Tat umgesetzt wurde. Autos und Autostraßen werden aus dem Wohnbereich ferngehalten – auch das spart Platz. Zudem wird vornehmlich die Sonne als Energieträger genutzt – besonders in den eigens angelegten Gewächshäusern.

Um den Stein ins Rollen zu bringen, bedurfte es einiger Spenden und der Mithilfe unzähliger Freiwilliger. Arcosanti sollte einmal 5.000 Einwohner haben. Doch seit Jahrzehnten schleppt

Von Phoenix zum Grand Canyon und nach Las Vegas

Arcosanti: ein interessanter Versuch

sich das Projekt nur mühsam voran, und immer noch leben hier weniger als 100 permanente Einwohner. Die Idee fand zwar in den beginnenden 1970er Jahren immensen Zulauf, und auch heute noch kommen besonders Architekturstudenten gerne hierher, doch fließen die Spendengelder nur sehr langsam, und der Idealismus für eine solche Idee fehlt in der heutigen Zeit. Diese Stadt wird wahrscheinlich niemals auch nur annähernd die angestrebte Einwohnerzahl erreichen.

Arcosanti, *13555 S. Cross L Rd., Mayer, AZ 86333, ✆ (928) 632-7135, www.arcosanti.org. Führungen täglich von 10–16 Uhr, ab $ 10. Sie können in Arcosanti auch* **übernachten** *($–$$, Ankunft vor 17 Uhr). Workshops können über ✆ (928) 632-6233 bzw. o.g. Internetseite gebucht werden.*

Prescott

Prescott ist ein nettes, kleines Städtchen mit historischen Hotels, Saloons, kleinen Museen und Geistergeschichten aus der Zeit der Goldfunde. *Abraham Lincoln* ernannte es 1867 zur Hauptstadt des Arizonaterritoriums. Doch bereits 1889 übernahm das schnell erstarkte Phoenix diese Position. Seitdem herrscht in Prescott gemütliche Geschäftigkeit, und wenn es nicht überall Autos und Telefonkabel geben würde, könnte man denken, seit 1889 sei die Zeit stehengeblieben. Falls Sie etwas Zeit haben, schauen Sie beim **Sharlot Hall Museum** in der W. Gurley Street *(Mo–Sa 10–16, So 12–16 Uhr, ✆ (928) 445-3122, www.sharlot.org, $ 9)* vorbei. Mehrere Häuser aus dem 19. Jh. wurden hier erhalten und bieten einen Einblick in die Gründerzeit von Arizona. Prescott ist eine gute Ausgangsposition für Touren ins Verde Valley (für Reisende auf dem Wege nach Norden gilt dieses nicht).

Reisepraktische Informationen Prescott, AZ

VORWAHL 928

Information

Chamber of Commerce: *117 W. Goodwin St., ✆ 445-2000, www.prescott.org.*

Unterkunft

Hotel St. Michael $$: *205 W. Gurley St. ✆ 776-1999, 1-800-678-3757, www.stmichaelhotel.com. Altes Stadthotel. Günstige Alternative für diejenigen, die „historisch wohnen" möchten. Übrigens kursieren auch Geistergeschichten über das Haus und seine Gäste.*

Hassayampa Inn $$$: *122 E. Gurley St., ✆ 778-9434, 1-800-322-1927, www.hassayampainn.com. Historisches Grandhotel (1927) mit gepflegter Plüschatmosphäre. Restaurant und Bar im Hause. Auch hier sind Geistergeschichten im Umlauf.*

Camping

Eine Reihe von **Campingplätzen** *um Prescott hat keine Duschen, teilweise überhaupt kein Wasser. Erkundigen Sie sich vorher. Der* **Willow Lake RV + Camping** *verfügt über beides: 5 Meilen nördlich, 1617 Heritage Park Rd., ✆ 445-6311, http://willowlakervparkaz.com.*

Jerome

Der US 89A führt nun in ein schluchtartiges Tal und über eine Passhöhe. Die Landschaft ist überaus faszinierend. Ein **Tipp für Fotografen**: Nachdem Sie die alten Minen von Jerome passiert haben, macht die Straße eine Kurve um den Berg. Von hier haben Sie den ersten und besten Blick auf **Jerome**, das einstmals eine der größten Kupferminen der USA besaß. Zu dieser Zeit lebten hier 16.000 Menschen. Als zu Beginn der 1950er Jahre die Minen geschlossen wurden, gab keiner mehr etwas auf die Stadt. Doch nachdem die Minenangestellten abgezogen waren, zogen bald darauf ein paar Städter ein, die sich hier ein Wochenenddomizil errichteten. Ihnen folgten später Souvenirhändler und

Jerome, wiedererwacht aus dem Tiefschlaf

Pittoresker Künstlerort

schließlich eine größere Künstlergemeinde. Alle liebten den Charme der Stadt, deren Häuser an den Berghängen „sitzen wie Vögel in den Bäumen". Nehmen Sie sich am besten eine Stunde Zeit für Jerome. Machen sie einen Rundgang durch die Läden und Galerien oder besichtigen das Haus eines ehemaligen, wohlhabenden Minenbesitzers im **Jerome State Hist. Park (Douglas Mansion)** *(100 Douglas Rd., tgl. 8.30–17 Uhr, ✆ (928) 634-5381, http://azstateparks.com/Parks/JERO/)*. Ein Besuch des **Historical Society's Mining Museum** *(200 Main St., tgl. 9–17 Uhr, ✆ (928) 634-1066, http://jeromehistoricalsociety.com/mine-museum, $ 2)* mit seinen Erläuterungen zum Bergbau hier würde das Bild noch abrunden.

Tipp

Besondere Kunsthandwerke finden Sie eher in den Verkaufsräumen der einzelnen Künstler, etwas unterhalb des Zentrums. Kleine Schilder weisen darauf hin.

Reisepraktische Informationen Jerome, AZ

VORWAHL 928

Information

Chamber of Commerce: *✆ 634-2900, www.azjerome.com.*

Unterkunft

The Mile High Grill & Inn $$–$$$: *309 Main St., ✆ 634-5094, www.milehighgrillandinn.com. Charaktervolles Bed & Breakfast Inn mit 8 Zimmern. Alle mit Antiquitäten eingerichtet. In punkto Preis-Leistung der Tipp für den Ort. Restaurant im Hause.*

The Surgeon's Inn $$$: *101 Hill St., ✆ 639-1452, 1-800-639-1452, www.surgeonshouse.com. Mediterran angehauchte Villa eines ehemaligen Chirurgen mit nur 3 Zimmern. Das schönste (und teuerste) ist im „Old Chauffeur's Quarter". Es liegt ruhig, durch den Garten hindurch in einem kleinen Cottage. Viele Antiquitäten schmücken Haus und Gästezimmer.*

Es gibt noch eine Reihe weiterer **historischer Hotels** *in der Stadt, so z. B. das* **Jerome Grand Hotel $$$**, *200 Hill St., ✆ 634-8200, 1-888-817-6788, www.jeromegrandhotel.com, untergebracht im ehemaligen Hospital. Aus vielen der Zimmer haben Sie einen guten Ausblick.*

Und wer so richtig Hunger und Durst verspürt, der sollte zum **Haunted Hamburger** *(410 Clark St., http://thehauntedhamburger.com) gehen. Hier schmecken nicht nur die Burger, sondern auch die lokal gebrauten Biere sowie die Cocktails. Tipp: Margarita und der Haunted Bloody.*

Tipp

Das ***Verde Valley*** *(„Grünes Tal") erstreckt sich von Jerome bis nach Sedona im Norden und im Südosten bis zum Montezuma Castle. Auf dieser über 3.000 km² großen Hochfläche, die mildes Klima beschert, lebten bereits um 600 n. Chr. Hohokam-Indianer. Da die umliegenden Berge die Wolken abfangen, war für ausreichenden Niederschlag gesorgt. Heute ist die Region besonders bei Touristen beliebt, da eine Mischung aus schöner Landschaft, Abenteuer sowie alter und neuer Geschichte geboten wird. Einige* ***Weingüter*** *haben sich ebenfalls angesiedelt.*

Eisenbahnfans seien auf die **Verde Canyon Railroad** hingewiesen. Der Dieselzug fährt von Clarkdale in vier Stunden (hin und zurück) durch eine bezaubernde Landschaft, u. a. durch den Verde River Canyon. Früher verband die Strecke die Minenstadt Jerome mit Prescott. Der direkte Weg war technisch nicht auszubauen, sodass die Bahn damals diesen langen Umweg in Kauf nehmen musste. Neben dem Canyon kann man alte Hangsiedlungen der Sinagua erkennen. Übrigens führt die Strecke großenteils entlang einer autofreien Region. Die Fahrtzeiten sind sehr unregelmäßig, je nach Jahreszeit. Viele Hotels der Umgebung und auch die Eisenbahngesellschaft selbst bieten Tourpackages an (Unterkunft, Bahnfahrt u. a.). Ausreichende Infos erhält man zudem in den Visitor Bureaus. Kenner behaupten, diese Zugfahrt sei landschaftlich viel reizvoller als die Grand Canyon Railroad!

Herrliche Bahnstrecke

Verde Canyon Railroad, *300 N. Broadway, Clarkdale, ✆ 1-800-582-7345, http://verdecanyonrr.com, ab $ 65, Ganztagesfahrt als „zweiter Lokführer" ab $ 700.*

Machen Sie nun auf der Weiterfahrt zum Montezuma Castle einen kleinen Schlenker durch den alten Ortskern von **Clarkdale**. Zwei Meilen östlich davon befindet sich das **Tuzigoot National Monument**. Dieses ehemalige Dorf der Sinagua-Indianer wurde von 1125 bis 1400 bewohnt. Auf einem 500 m langen Trail sind die Ruinen eines zweistöckigen Pueblos mit ehemals 110 Räumen zu sehen. Ein Besuch lohnt sich bei knapper Zeitplanung nur bei Auslassung des interessanteren Montezuma Castle.

Tuzigoot NM, *25 Tuzigoot Rd., Clarkdale, tgl. 8–17 Uhr, ✆ (928) 634-5564, www.nps.gov/tuzi.*

Montezuma Castle National Monument

Hauptattraktion ist das Montezuma Castle selbst, ein ehemals 5-stöckiges Gebäude mit 20 Räumen, in denen einmal 50 Menschen gelebt haben. Dieses Haus aus Lehm, Stein und Holzbalken wurde um 1100 n. Chr. von den Sinagua-Indianern in eine Bergklippe 30 m über der Talebene gebaut und diente nicht nur als einfache Behausung, sondern auch als Schutz für die im Tal angesiedelten Bauern im Falle einer feindlichen Attacke. Man konnte nur auf umständliche Weise über ein Leitersystem in das Gebäude gelangen. Nicht weit entfernt gab es ein zweites, noch größeres Felsenhaus („A"-Castle") in dem sogar über 100 Menschen gelebt haben sollen. Dieses wurde aber durch Feuer und Regenfluten zerstört, sodass im Wesentlichen nur noch die Grundmauern zu besichtigen sind.

Umständliches Leitersystem

Um 1450 verließen die Sinaguas das Verde Valley, wahrscheinlich aufgrund mehrfacher Überfälle der Yavapai-Indianer. Als die ersten Spanier 1538 hierher kamen, glaubten sie, dass solch ein großes in den Felsen gebautes Haus nur von einem „hohen" Kulturvolk errichtet worden sein könnte. Sie glaubten daher, dass Azteken unter Montezuma hier gelebt hätten.

Als 1931 das National Monument eröffnet wurde, konnten die ersten Besucher das Haus noch von innen besichtigen. Aber Unachtsamkeit und mangelnder Respekt haben dazu geführt, dass die Verwaltung 20 Jahre später den Zugang verwehren musste, um den Erhalt zu gewährleisten. Heute können Sie Montezuma Castle nur noch vom Tal aus bewundern. In einem kleinen Museum am Visitor Center ist das ursprüngliche Haus in einem Modell ausgestellt, sodass Sie einen guten Eindruck vom Inneren erhalten. Zum Monument zählt auch die Montezuma Well (s. S. 383).

Im Montezuma Castle lebten einst 50 Menschen

info

Wer waren die Sinaguas?

Den Namen erhielt der Indianerstamm von den Spaniern, die glaubten, dass es sich um Menschen gehandelt haben musste, die „ohne Wasser“ (*sin agua*) in dieser wüstenähnlichen Landschaft hatten leben können. Die Sinaguas waren ein recht unauffälliges Volk und galten als sehr friedlich. Paradox, aber sehr entscheidend für die ackerbauliche Nutzung des Südwestens bis in die heutige Zeit hinein war die Tatsache, dass die Sinaguas um 1100 aus der Gegend um Flagstaff hierher kamen, nachdem die vorher hier ansässigen Hohokams in die Gegend des Sunset Crater (bei Flagstaff) abgewandert waren.

Den Hohokams reichte das Wasser für ihre Bewässerungskulturen nicht mehr aus, und sie fanden im Gebiet des Sunset Crater fruchtbare Vulkanböden vor. Die Sinaguas aber nutzten nun die hinterlassenen Bewässerungskanäle, u. a. um die Montezuma Well (s. S. 383), und entwickelten das Prinzip des „Dry Farming“. Hierbei wurde eine Brachezeit eingehalten, die sich nach Wassermenge und Bodenfruchtbarkeit richtete. So konnten sie 300 Jahre lang im Verde Valley leben. Dieses System des „Dry Farming“ nutzten später auch die ersten Siedler, und es bot vor allem den Mormonen die Grundlage für eine Besiedlung der von ihnen gewählten unvorteilhaften Landstriche.

Die Sinaguas waren hervorragende Architekten und ausgezeichnete Bauern. Doch auch ihre kunsthandwerklichen Fähigkeiten waren überdurchschnittlich. Archäologische Ausgrabungen haben Tonscherben und Schmuck zutage gefördert, deren Qualität und Raffinesse die der meisten anderen Indianerstämme ihrer Zeit übertreffen. Die Tatsache, dass einige Schmuckstücke aus Seemuscheln hergestellt wurden, lässt darauf schließen, dass die Sinaguas auf ein weitreichendes Handelsnetz bis hin zu den Küsten von Atlantik und Pazifik zurückgreifen konnten.

Warum nun die Sinaguas das Verde Valley um 1450 verlassen haben, ist bis heute ungeklärt. Klimatische Gründe, wie bei den meisten anderen Pueblos der Region, die ca. 200 Jahre vorher verlassen worden sind, schließt man aus, da sich während des 15. Jh. das Klima nicht mehr veränderte. Am wahrscheinlichsten ist wohl, dass die einrückenden, eher kriegerisch veranlagten Yavapai-Indianer die Sinaguas vertrieben haben.

info

Reisepraktische Informationen Montezuma Castle National Monument und Camp Verde, AZ

VORWAHL 928

Information

Visitor Center: *Montezuma Castle Rd., Camp Verde, tgl. 8–17 Uhr, ✆ 567-3322, www.nps.gov/moca.*
Camp Verde VC & Historical Museum: *435 S. Main St., ✆ 554-0851, www.visitcampverde.com. Gleich gegenüber befindet sich das* **Verde Valley Archaeology Museum** *(385 S. Main St., tgl. 10–16 Uhr, Juni–Aug. So geschl., www.vvarchcenter.org), das sich u. a. mit der Geschichte der Indianer beschäftigt.*

Unterkunft

The Lodge at Cliff Castle $$: *Am Exit 289 des I-17, 333 W. Middle Verde Rd., Camp Verde, ✆ 567-7900, www.cliffcastlecasinohotel.com. Motel der Mittelklasse. Pool, Whirlpool sowie ein angeschlossenes Casino.*
Copper Canyon Inn $$: *1550 West Hwy. 260, Camp Verde, ✆ 567-2622, www.coppercanyoninn.com. Einfaches Motel mit Pool und kleinem Whirlpool.*

Nicht weit entfernt vom Montezuma Castle, in Camp Verde und nahe dem Visitor Center, befinden sich im **Fort Verde State Historic Park** noch die Überreste eines 1865 errichteten Forts der US-Armee. Es wurde damals als Bollwerk gegen die immer wieder angreifenden Apachen und Tontos errichtet. Die kriegerischen Auseinandersetzungen dauerten bis in die beginnenden 1880er Jahre an. Zu besichtigen sind heute nur noch drei Gebäude. In einer kleinen Ausstellung werden vor allem Karten und Fotos aus jener Zeit gezeigt. Es ist durchaus interessant, anhand der Karten einmal zu verfolgen, wo und wann wer gelebt und gesiedelt hat. *Bollwerk gegen Indianer*
Fort Verde SHP, *125 E. Holloman St., Camp Verde, ✆ (928) 567-3275, http://azstateparks.com/Parks/FOVE/, tgl. 9–17 Uhr.*

Weiter entlang dem I-17 gelangt man am Exit 293 *(Forest Service Rd. 618, Rimrock)* zu einem Parkplatz, von wo aus ein 500 m langer Rundweg zur **Montezuma Well** führt. Um den landschaftlich eindrucksvoll gelegenen See, der einem Kratersee ähnelt, aber durch das Einbrechen einer Kalksteinhöhle entstanden ist, siedelten früher Hohokams und Sinaguas. Täglich fließen 5,3 Mio. Liter Wasser durch den See, der bereits seit dem 8. Jh. von den Hohokam-Indianer für ihr Bewässerungssystem genutzt wurde. Von den Siedlungen ist wenig übrig geblieben, aber der 20 m tiefe und 110 m breite See inmitten der Wüstenlandschaft sowie der Eindruck, den er als ehemaliger Besiedlungspunkt hinterlässt, sind einen Besuch wert.

Sedona

Sedona, 1877 gegründet und nach der Frau des ersten Post Master benannt, ist eine kleine, sympathische, wenn auch vom Tourismus gezeichnete und ein wenig versnobte Stadt, die leider sehr unter Parkplatzmangel leidet. Sie liegt inmitten des sog. „Red Rock Country". Urige rote Felsen, deren Formen z. B. einer Tee- und einer Kaffeekanne, einem U-Boot oder auch Comicfiguren ähneln, umringen die Stadt. Besonders für Naturliebhaber und Outdoorfans bietet Sedona eine Reihe von Möglichkeiten. Es dient als Ausgangsbasis für kurze und lange Wanderungen und Mountainbike-Touren in die umliegenden Berg- und Talregionen, ist bekannt für seine zahlreichen Kunstgalerien, die Villen einiger Hollywood-Stars und eine sehr rege New-Age-Bewegung, die hier kosmische Energiefelder („Vortexes") erkannt haben will. Stargazing-Programme stehen hier ebenfalls hoch im Kurs. Abenteuerlustigen sei eine mehrtägige Wanderung (oder sogar ein Ausritt) durch den unberührten, nordwestlich gelegenen **Sycamore Creek** empfohlen. Ein mit Sicherheit unvergessliches Erlebnis. Hierfür benötigt man eine gute Ausrüstung und Kondition. Infos/Permits bei der Sedona Ranger Station.

Beeindruckender Canyon

Wenig anstrengend und kürzer sind die Wanderwege im **Oak Creek Canyon**, der sich nördlich an Sedona anschließt und durch den sich der AZ 89A nach Flagstaff schlängelt. Hier wurden während der 1950er Jahre einige Wild-West-Filme gedreht, die letztendlich die Region erst bekannt machten. Selbst wer keine Lust oder Zeit zum Wandern mitbringt, wird von der schönen Landschaft fasziniert sein. Im Canyon, auf einer historischen Apfelfarm (zeitweise zu besichtigen) gibt es den kleinen **Slide Rock State Park** *(www.azstateparks.com/Parks/SLRO, tgl. 8–19 im Sommer, ansonsten 18 bzw. 17 Uhr, $ je nach*

Landschaft bei Sedona

Saison 10–30 pro Fahrzeug), der besonders beliebt ist wegen seines flachen Flusses, auf dem es sich gut treiben lässt. An Wochenenden ist der Park aber oft sehr voll.
Keine Campingmöglichkeit!

Tipp

Besorgen Sie sich in Sedona ein paar Knabbereien und etwas zu trinken und machen Sie an einem der Picknickplätze im Canyon Rast.

Reisepraktische Informationen Sedona, AZ

VORWAHL 928

Information

Sedona Visitor Center: *Ecke 331 Forest Rd./ N.Hwy. 89A, ✆ 282-7722, 1-800-288-7336, www.visitsedona.com.*
Red Rock (Sedona) Ranger Station: *8375 AZ 179 (direkt südl. von Oak Creek), ✆ 282-4119 od. 203-2900, www.fs.usda.gov/recarea/coconino/recarea/?recid=54892. Hier erhalten Sie Infos über indian. Ruinen, Camping, Wanderwege, Mountainbike-Strecken u. a. in den umliegenden Wäldern.*

Aktivitäten

Der **Sedona Trolley Bus** *verkehrt auf 2 Routen durch den Ort. Route A: Uptown-Sedona-Chapel of the Holy Cross (10, 12, 14 u. 16 Uhr), Route B: Uptown-Sedona-Boynton Canyon (9, 11, 13, 15 sowie im Sommer auch 17, 18 Uhr), ✆ 282-4211, www.sedonatrolley.com.*
Sedona Vortex Tours: *✆ 282-2733, www.sedonaretreats.com. Erläuterte Touren zu den Punkten, wo die kosmischen Energien freigesetzt werden. Dabei werden auch die Beziehungen von indianischen Heilmethoden und denen der New-Age-Bewegung erläutert.*
Sedona mit seinen Trails ist ein Paradies für Mountainbiker und Wanderer. Mountainbikes verleiht z. B. **Mountain Bike Heaven** *(1695 West Hwy. 89A, www.mountainbikeheaven.com). Infos zu Wanderwegen und ein Buch dazu gibt es im* **Hike House** *(431 AZ 179, www.thehikehouse.com).*
Sedona Stargazing: *www.eveningskytours.com. Sterne gucken durch ein Teleskop, inkl. Erläuterungen. Ein echtes Erlebnis!*

Unterkunft

Sky Ranch Lodge $$–$$$: *1105 Airport Rd., ✆ 282-6400, 1-888-708-6400, www.skyranchlodge.com. Die Zimmer sind weniger spektakulär, dafür aber die Aussicht auf die Red Rocks. Allerdings kostet ein Zimmer mit super Aussicht auch $$$. Tipp: ein $$-Zimmer bewohnen, dann kurz um die Ecke laufen und die Aussicht genießen.*
BW – Inn of Sedona $$$: *1200 W Hwy. 89A, ✆ 282-3072, 1-800-292-6344, www.innofsedona.com. Modernes Motel mit geräumigen Zimmern. Clou sind die großen Terrassen vor vielen Zimmern, von denen aus man auf die roten Felsen schauen kann.*
Adobe Village Graham Inn $$$$: *150 Canyon Circle Dr., 6 ½ Meilen südl. via AZ 179, ✆ 284-1425, 1-800-228-1425, www.adobevillageinn.com. Gepflegt und individuell eingerichtetes B&B. Zimmereinrichtung nach unterschiedlichen Themen. Jacuzzi, Pool.*

Hilton Sedona Resort at Bell Rock, *ab* **$$$$**: *90 Ridge Trail Dr., 7 Meilen südl. in Big Park, ✆ 284-4040, http://hiltonsedonaresort.com. Ein tolles Hotel. Blick auf Bell Rock, drei ausladende Pools, schöne Zimmer, Golf, Super-Spa mit allem drum und dran. Vor der Tür einige gute Restaurants, so das exquisite italienische* **Cucina Rustica** *(✆ 284-3010).*
Enchantment Resort $$$$–$$$$$: *525 Boynton Canyon Rd., 3 Meilen südwestl., ✆ 282-2900, www.enchantmentresort.com. Sehr komfortables Resort am Canyon-Eingang aus roten Felsen, umgeben von Zedernwäldern. Schön sind die – teureren – Adobe Casitas. Tolles Spa im Hause. Golf, Tennis.*

Camping

Der **US Forest Service** *unterhält mehrere* **Campingplätze in der Region**, *die sehr schön gelegen sind, aber in der Regel nur über Basiseinrichtungen verfügen, also z. B. in der Regel keine Duschen haben. Infos: Forest Ranger Station (s.o.).*
2 Meilen südl. der Stadt liegt der kleine **Chavez Crossing Campground**: *Oak Creek Cliffs Dr./ Hwy. 179. Schöner ist dagegen der* **Manzanita Campground** *6 Meilen nördl. der Stadt am Hwy. 89A (im Oak Creek Canyon, keine RVs!). Beide buchbar über ✆ 1-877-444-6777, (928) 204-0028, www.recreation.gov. Unbedingt vorher reservieren!*
Rancho Sedona RV Park: *135 Bear Wallow Ln, ✆ 282-7255, http://ranchosedona.com. Privat geführter, gut organisierter Platz nahe am Ort. Schattige Plätze, aber nur Wohnmobile.*

Restaurants

Cowboy Club: *241 N. Hwy. 89A, ✆ 282-4200, www.cowboyclub.com. Cowboy-Ambiente und echte Küche des Südwestens. Es gibt zudem interessante Spezialitäten, wie z. B. frittierte Kaktus-Streifen, Buffalo Pot Roast und Klapperschlangen-Wurst. In diesem Lokal wurde Mitte der 1960er Jahre die Künstlergruppe „Cowboy Artists of America" gegründet. Angeschlossen ist der etwas vornehmere* **Silver Saddle Room**, *ebenfalls mit Südwester-Küche.*
Coffee Pot Restaurant: *2050 Hwy. 89A, http://coffeepotsedona.com. Hier gibt es über 100 verschiedene Omelettes. Also die Adresse fürs Frühstück. Auch gut fürs Lunch, aber kein Dinner.*
Oak Creek Brewery & Grill: *Tlaquepaque Arts Village, 336 Hwy. 179, 2nd Floor, ✆ 282-3300, www.oakcreekpub.com. Microbrew-Pub mit typisch amerikanischen Gerichten, Pizzen und guten Bieren. Ein weiterer Pub (Livemusik, aber kein Essen) des Unternehmens befindet sich an der Brauerei am 2050 Yavapai Dr., nördl. 89A (Coffee Pot Dr.), ✆ 204-1300.*
Javelina Cantina: *671 HWY. 179, ✆ 282-1313, www.javelinacantinasedona.com. Deftige Tex-Mex-Gerichte. Der Knüller ist hier die tolle Aussicht auf die Coffee Pot Mesa.*

Einkaufen

Einkaufen ist nicht ganz billig in Sedona. Es ist besonders bei Kunstliebhabern hip, denn vor Jahrzehnten hat sich hier eine Reihe damals noch namenloser Künstler niedergelassen. Heute wimmelt es geradezu von Galerien. Indianische Kunst, Südwestkunst, aber auch eine Reihe von Kunstgalerien mit Werken aus aller Welt haben sich mittlerweile etabliert. Im Touristenamt gibt es hierzu eine Broschüre. Versuchen Sie einmal die **Geschäfte und Galerien am AZ 179 um die Oak Creek Bridge** *herum. Dort befindet sich dann auch das* **Tlaquepaque Arts & Craft Village** *mit indianischer Kunst (www.tlaq.com).*

Flagstaff

Flagstaff erhielt seinen Namen 1876, als eine Gruppe von Siedlern aus Boston auf einer der Anhöhen die Äste eines Baumes abschlugen, eine Fahne daran hissten und so das Land für sich beanspruchten. Ein darauf folgender Streit, ob nicht eine andere Siedlergruppe zuerst eine Fahne gehisst hat, ist bis heute nicht geklärt. Heute zumindest ist Flagstaff eine Stadt mit 70.000 Einwohnern, die mehrere Charaktere vertritt. Ewiglange Straßenzüge mit unzähligen Ampelanlagen verkörpern die moderne Zeit eines Highwaystädtchens im Südwesten. Die Universität von North Arizona und die Tatsache, dass viele junge Reisende Flagstaff als (billigeren) Ausgangspunkt für Touren zum Grand Canyon nutzen, haben viele kleine Hotels, Outdoor-Geschäfte, Cafeterias, Microbreweries und günstige Buchläden wie Pilze aus dem Boden schießen lassen.

Populärer Standort

Der z.T. noch gut erhaltene Altstadtkern (Historic Railroad District) ruft die Zeit des Wilden Westens in Erinnerung, besonders dann, wenn ein Zug der Santa Fe Railway am alten Bahnhof hält („Flagstaff is Railroad Town"), zielt aber auch auf die Touristen ab, die hier in vielen Geschäften indianisches Kunsthandwerk erwerben können. Im Winter bietet Flagstaff alle Annehmlichkeiten für die Winterurlauber, die die schneereichen Pisten der San Francisco Mountains bevölkern.

An wirklichen Attraktionen hat Flagstaff nicht viel zu bieten. Wer noch keine Gelegenheit hatte, ein Observatorien zu besichtigen, kann sich das **Lowell Observatory** einmal anschauen (1 Meile nordwestl. der Innenstadt), von wo aus 1930 der Zwergplanet Pluto entdeckt worden ist. Naturkundlich Interessierte sollten dagegen dem **Arboretum at**

Flagstaff ist „Railroad Town"

Flagstaff einen Besuch abstatten. Es handelt sich dabei um Amerikas höchstgelegenes Forschungsgebiet in punkto heimische Pflanzenwelt. Darüber hinaus gibt es hier einen Schmetterlings- sowie einen Kräutergarten.
Arboretum at Flagstaff, *4001 Woody Mountain Rd., www.thearb.org, Mi–Mo 10–16 Uhr, Nov.– Mitte April geschl., Führungen finden i.d.R. um 11 und 13 Uhr statt, $ 8,50.*

Tipp

*Flagstaff ist ein wichtiger Zwischenstopp entlang der legendären **Route 66**. So veranstaltet der hiesige **Route 66 Car Club of Flagstaff** immer wieder mal Oldtimer-Touren. Termine dazu unter: www.route66carclub.com.*

Wer über Nacht in Flagstaff bleibt, der sollte sich unbedingt schauen, was am Abend im **Museum Club** *(3404 E. Route 66, www.themuseumclub.com)* stattfindet. Das große Blockhaus wurde 1931 erbaut, um ausgestopfte Tiere zu lagern, und war dann während der Boomzeiten der Route 66 beliebter Stopp für Durchreisende. Denn hier im Nachtclub „The Zoo" ging es heiß her, besonders dann, wenn bekannte Countrymusiker – auch sie oft nur auf der Durchreise und gar nicht angemeldet – auftraten. Seither ranken sich Legenden um dieses Gebäude.

Im Umkreis von Flagstaff befinden sich drei National Monuments: Nur wenige Meilen östlich liegt das **Walnut Canyon National Monument**, in dem noch 300 Wohnstätten der Sinagua-Indianer zu sehen sind.

Route-66-Romantik: The Museum Club

Walnut Canyon NM Visitor Center, *7 Meilen auf dem I-40 nach Osten, Exit 204, 3 Meilen nach Süden, tgl. 9–17 Uhr (Juni–Okt ab 8 Uhr), ✆ (928) 526-3367, www.nps.gov/waca.*

Am US 89, 11 Meilen nördlich von Flagstaff, lohnt der Abstecher zum **Sunset Crater National Monument**, einem Vulkankegel von insgesamt über 200 im Gebiet der San Francisco Mountains. Er entstand durch eine Reihe von Ausbrüchen, deren letzter vor etwa 700 Jahren stattgefunden hat. Man kann Wanderungen über die Lavaströme unternehmen und im Visitor Center wird die Entstehung von Vulkanen erläutert. Auf den Kraterrand darf man aber nicht hinaufsteigen.

Naturattraktionen in der Umgebung

Sunset Crater (Volcano) NM, *Route 3 (18 Meilen nördl. am US 89), tgl. 9–17 Uhr (Juni–Okt ab 8 Uhr), ✆ (928) 526-0502, www.nps.gov/sucr.*

16 Meilen weiter auf dieser Stichstraße erreichen Sie schließlich das **Wupatki National Monument**. Hier siedelten bereits um 600 n. Chr. Sinaguas in unterirdischen Behausungen. Die letzten Bewohner haben das Gebiet um 1200 verlassen. Interessant ist, dass hier um 1100 mehrere Indianerstämme gemeinsam gesiedelt haben: Anasazi, Sinagua, Mogollon, Hohokam und Cohonino. Zu besichtigen sind vor allem die Ruinen der Steinhäuser.

Wupatki NM, *HC 33 (36 Meilen nördl. am US 89), tgl. 9–17 Uhr, ✆ (928) 679-2365, www.nps.gov/wupa. Das VC: In der Nähe des Lennox Crater, 3 Meilen von der nördlichen Abzweigung am US 89.*

35 Meilen gen Osten liegt der Meteorite Crater nahe Winslow (s. S. 327).

Tipp

*Nirgendwo sonst wird die Kultur der Navajo Indianer so gut dargestellt und erläutert wie im **Navajo Interactive Museum** in Tuba City (80 Meilen nördlich von Flagstaff). Für den Besuch sollten Sie mind. zwei Stunden einplanen (+ Fahrt, Main St. & Moenave Rd., ✆ (928) 283-5441, www.explorenavajo.com, Mo–Sa 8–18, So 12–18 Uhr, $ 4,50). Übernachten können Sie in Tuba City im **The Moenkopi Legacy Inn & Suites $$-$$$**: US 160, nahe Main St., ✆ (928) 283-4500, www.ExperienceHopi.com). Es steht auf einem kleinen Stück Hopi-Gebiet.*

Drei Meilen nördlich von Flagstaff führt der US 180 vorbei am **Museum of Northern Arizona**. In und um einen eindrucksvollen Gebäudekomplex aus Felsstein werden Beispiele der lokalen Vegetation, Geologie und Fauna präsentiert. Außerdem beschäftigt sich eine Abteilung mit der Kulturgeschichte des nördlichen Arizona, beginnend mit der ersten Besiedlung des Plateaus um 15000 v. Chr. Besonders die religiösen Gepflogenheiten werden in kaum einem anderen Museum so gut dokumentiert.

Museum of Northern Arizona, *3101 N Ft. Valley Rd., Mo–Sa 10–17, So 12–17 Uhr, im Sommer Do bis 20 Uhr, ✆ (928) 774-5213, www.musnaz.org, $ 12.*

Die Strecke führt nun weiter vorbei an den **San Francisco Mountains**, deren höchste Erhebung, der Humphrey Peak, 3.860 m misst. Selbst im Frühjahr und im Spätherbst liegt auf dem Gipfel Schnee. Von Oktober bis März fährt ein Sessellift vom Arizona Snow Ball (8 Meilen über die Stichstraße vom US 180) auf einen nahen Gipfel hinauf. Besonders wenn im Frühherbst die roten und gelben Blätter den Indian Summer einläuten, ist dieser Abstecher unbedingt zu empfehlen.

Reisepraktische Informationen Flagstaff, AZ

VORWAHL 928

Information

Flagstaff Visitor Center: *1 E. Route 66, ✆ 213-2951, www.flagstaffarizona.org.*
Peaks/Mormon Lake Ranger Station *5075 N. US 89, ✆ 526-0866, Mo–Fr 8–16 Uhr. Hier gibt es Infomaterial und Karten für die Erkundung der San Francisco Mountains/ Coconino Nat. Forest.*

Unterkunft

Best Western Pony Soldier $$: *3030 Rte 66, ✆ 526-2388, 1-800-356-4143, http://book.bestwestern.com. Motel mit gutem Preis-Leistungsverhältnis, Outdoor-Pool und Hot Tub.*
Comfort Inn I-17 & I-40 $$: *2355 Beulah Blvd., ✆ 774-2225, www.choicehotels.com. Ebenfalls gutes Preis-Leistungsverhältnis, Outdoor-Pool und Hot Tub.*
Hotel Monte Vista $$–$$$: *100 N. San Francisco St., ✆ 779-6971, www.hotelmontevista.com. Hotel seit 1927. Infos s.u.*
Weatherford Hotel $$–$$$: *23 N. Leroux St., ✆ 779-1919, www.weatherfordhotel.com, Gebäude von 1897. Am Wochenende kann etwas lauter werden, denn in* **Charly's Pub** *im Hause wird dann Livemusik gespielt. Wer es günstig, historisch und zentral mag, aber auf einige Annehmlichkeiten sowie besonders renovierte Räume verzichten kann, dem seien dieses und das o.g. Monte Vista Hotel empfohlen. Schauen Sie sich beide Häuser und besonders aber die Zimmer vorher an (nicht alle haben eigenes Bad). Hier steigen auch viele junge Leute ab.*
Little America $$$: *2515 Butler Ave., ✆ 779-7900, 1-800-865-1401, http://flagstaff.littleamerica.com. Komfortabel eingerichtetes Hotel einer kleinen Franchise-Kette, 2 Meilen östlich der City in einem kleinen Kiefernwäldchen gelegen. Pool, Restaurant, Jacuzzi.*

England House Bed and Breakfast $$$–$$$$: *614 W. Santa Fe Ave., ✆ 214-7350, www.englandhousebandb.com. Elegantes B&B in einem Haus von 1902, mit europäischen Antiquitäten eingerichtet. Nahe der Innenstadt. Nur 3 Zimmer und eine 2-Zimmer-Suite, also unbedingt reservieren.*

The Inn at 410 $$$$: *410 N. Leroux St., ✆ 774-0088, 1-800-774-2008, www.inn410.com. B&B nahe dem Zentrum gelegen in einem Haus von 1907. 10 Zimmer, sehr individuell, geschmackvoll und luxuriös eingerichtet. 8 davon haben einen eigenen Kamin. Reichhaltiges Frühstück.*

Camping

Flagstaff KOA: *Santa Fe Ave./US Hwy. 89 (I-40 exit 201), ✆ 526-9926, http://koa.com/campgrounds/flagstaff. 5 Meilen nordöstlich der City.*

Restaurants/Pubs

Josephine's Modern American Bistro: *503 N. Humphrey's St., ✆ 779-3400. Amerikanische Küche mit französischem Pfiff. In altem Gebäude. Im Sommer können Sie auch draußen sitzen. Nicht billig, keine Burger.*

Cottage Place: *126 W. Cottage Ave., ✆ 774-8431. Leckereien wie Ente, Lamm und Chateaubriand. Ansonsten gute amerikanische Küche inkl. einiger vegetarischer Gerichte. In Cottage von 1908. Auch nicht ganz billig.*

Charly's Pub: *23 N. Leroux St., ✆ (928) 779-1919. Günstige Gerichte aller Art: Burger, Salate, Burritos, Spare Rips, Vegetarisches, aber auch Frühstück. Oft Country-/Rock-Livemusik.*

Beaver Street Brewery: *11 S. Beaver St., ✆ 779-0079. Große Microbrewery, in der es nicht nur Burger gibt, sondern auch sehr gute Pizzen, Salate und Fondue. Nur einen Block entfernt wird in der* **Mother Road Brewery** *(7 S. Mikes Pike St., Tap Room tgl. geöffnet, auch Touren) ebenfalls interessantes Bier gebraut.*

Wer am Ende eines Abends noch in lockerer Atmosphäre bei Livemusik ein Bier trinken möchte, der sollte den **Museum Club** *(3404 E. Rte. 66, ✆ 526-9434, www.museumclub.com) aufsuchen. Dieser Saloon ist in einer mit ausgestopften Trophäen gefüllten Holzhütte von 1931 untergebracht. Meist Country-, manchmal auch Rockmusik.*

Hinweis

Flagstaff ist Ausgangspunkt verschiedener ***Outdoor-Agenturen****. U.a. können Sie Ausritte und Wildwasserfahrten sowie Wanderungen unternehmen. Am* ***Flagstaff Nordic Center*** *(16848 US 180, 16 Meilen nördlich am Milepost 232) können Sie im Winter skilanglaufen (oft auch im Herbst und Frühling). Skier können geliehen werden.*

6. CANYONS UND CASINOS: ZWISCHEN GRAND CANYON, LAS VEGAS UND SALT LAKE CITY

Route über Las Vegas

Entfernungen

Flagstaff – Williams: 32 Meilen/51 km
Williams – Grand Canyon NP: 60 Meilen/97 km
Williams – Kingman: 112 Meilen/181 km
Kingman – Las Vegas: 101 Meilen/168 km

Routenempfehlung

Bis Seligman den I-40, dann weiter auf der Route 66 bis Kingman und schließlich auf dem US 93 bis Las Vegas. Alternativ mit Abstecher zum Grand Canyon West/Skywalk.

Zwischen Flagstaff und Las Vegas

Überblick Alternativrouten

Zwischen Flagstaff und Salt Lake City/Denver bieten sich die drei grundlegende Routenalternativen an:

Alternative 1: von Flagstaff nach Las Vegas und auf dem Rückweg zum Grand Canyon. Von dort weiter zum Lake Powell, den Sie anschließend überqueren, um zum Capitol Reef NP und den Bryce Canyon NP zu gelangen. Diese Strecke ist die längste und trifft auf die meisten Sehenswürdigkeiten der Region. Lesen Sie dazu gleich im Anschluss „Alternative 1" ab S. 394 und dann weiter in den folgenden beiden Kapiteln („Der Grand Canyon und die Sehenswürdigkeiten entlang dem Colorado-Tal" sowie „Vom Grand Canyon nach Salt Lake City").

Alternative 2: zuerst zum Grand Canyon und anschließend nach Las Vegas fahren. Von dort direkt zu den Nationalparks Zion und Bryce Canyon. Von letzterem fahren Sie dann nach Salt Lake City. Diese Route ist die schnellste, die aber Sehenswürdigkeiten wie das Monument Valley auslässt. Lesen Sie hierzu dieses gesamte Kapitel und dann weiter im Kapitel „Vom Grand Canyon nach Salt Lake City" (ab S. 479).

Alternative 3: wie Alternative 2, doch vom Bryce Canyon NP zum Capitol Reef NP fahren und weiter, entgegengesetzt der Beschreibung in Kapitel „Der Grand Canyon und die Sehenswürdigkeiten entlang dem Colorado-Tal", auf die östliche Seite des Lake Powell zum Monument Valley und zum Arches NP. Endziele hier können Salt Lake City bzw. Denver darstellen. Lesen Sie zu dieser Strecke dieses gesamte Kapitel und das Kapitel „Der Grand Canyon und die Sehenswürdigkeiten entlang dem Colorado-Tal" (z. T. rückwärts, S. 425).

Redaktionstipps

▸ **Übernachten**: am Grand Canyon: gediegen wohnen im altehrwürdigen **El Tovar**, etwas günstiger und nahe dem Canyon in der **Bright Angel Lodge** (S. 442). Motels gibt es in **Tusayan** (S. 442), für Eisenbahnfans das **Grand Canyon Railway Hotel** in Williams (S. 395). **Kingman**: Route 66-thematisierte Franchise-Motels (S. 398). Am **Grand Canyon West** gibt es zurzeit nur eine touristisch aufgezogene Ranch (S. 399). Daher besser noch am Abend bis **Las Vegas** fahren (S. 411).
▸ **Essen**: Ein Dinner im **El Tovar** am Grand Canyon (unbedingt im Voraus buchen) wäre sicherlich ein Highlight. Doch an der Route 66 sollten Sie einfach einen Burger essen, z. B. in Hackberry oder im **Mr. D'z Route 66 Diner** gegenüber dem Visitor Center in Kingman (S. 398).
▸ **Sehens- und Erlebenswertes**: natürlich der **Grand Canyon** (South Rim, S. 434), **„Route 66-Romantik" in Williams**, **Hackberry** und **Kingman** (S. 394ff), am **Grand Canyon West** die Ausblicke sowie der Spaziergang über die Glasfläche am **Skywalk** (S. 398), der **Hoover Dam** (S. 399) und natürlich **„The Strip" in Las Vegas** (S. 409). Bei mehr Zeit Fahrt zum **Death Valley** (S. 417) bzw. Fahrt mit der **Grand Canyon Railway** (S. 394).
▸ Am Hoover Dam unbedingt versuchen, an einer **Besichtigung der Anlage** teilzunehmen, alleine schon wegen der einmaligen Fahrstuhlfahrt in der Staumauer.
▸ So planen, dass Sie bei einer Fahrt/einem Zwischenstopp am **Grand Canyon (South Rim)** am Abend noch den **Sonnenuntergang** erleben können.
▸ **Zeiteinteilung: 2 Tage:** 1. Tag Route 66, Kingman, Hoover Dam und abends in Las Vegas, 2. Tag für Las Vegas. **Inklusive Grand Canyon (South Rim) vor- bzw. hinterher:** 1 Tag mehr. Und noch einen Tag mehr für Grand Canyon West/Skywalk. Übernachtungen am Grand Canyon (South Rim) und am Grand Canyon West.

Alternative I

Tipp

Wenn Sie sich für diese Alternative entschieden haben, am besten auf dem Hinweg die angegebenen Attraktionen besuchen und von Las Vegas aus schnell zum Grand Canyon fahren, um dort noch den Sonnenuntergang zu erleben.

Auch am Grand Canyon West werden Helikopter-Flüge angeboten

Williams

Williams ist ein auf historisch getrimmter Touristenort, ausgerichtet auf Reisende zum Grand Canyon. Interessant sind die „Route-66"-Memorabilien im Stadtbild sowie die von hier abfahrende **Grand Canyon Railway**, eine historische Eisenbahnverbindung zum Grand Canyon Village. Die Zugfahrt ist ein Erlebnis, wobei hier weniger die Landschaft als vielmehr die alten Züge beeindrucken. Die Bahn wurde ursprünglich 1968 stillgelegt, dann aber 1989 wieder in Betrieb genommen. Die bis zu 60 Jahre alten Diesellloks ziehen nun die alten „plüschigen" Waggons gemächlich zum Canyon. Tipp: Günstigere Übernachtung in Williams wahrnehmen und hin und zurück fahren. Dabei haben Sie aber nur etwa 3 ½ Stunden Zeit am Canyon.

Grand Canyon Railway, ✆ *(928) 635-1418 od. (303) 843-8724, 1-800-843-8724, www.thetrain.com. Der historische Zug verkehrt in der Saison täglich zwischen dem Williams Railroad Depot (233 N. Grand Canyon Blvd.) und dem South Rim des Grand Canyon. Ein schönes, wenn auch nicht ganz billiges Vergnügen für eine Tagestour (ab $ 79). Möglich ist auch, an einem Tag hin, am Canyon übernachten und dann am nächsten Tag zurückzufahren (Angeben bei Ticketkauf).*

Reisepraktische Informationen Williams, AZ

VORWAHL 928

Information

Williams & Forest Service Visitor Center: *200 W. Railroad Ave., ✆ 635-4061, www.experiencewilliams.com.*

Unterkunft

The Red Garter Inn $$: *137 Railroad Ave., ✆ 635-1484, 1-800-328-1484, www.redgarter.com. Historisches Hotel, das sich in einem ehemaligen Saloon- und Bordellgebäude befindet. Frühstück inbegriffen.*
Grand Canyon Hotel $$–$$$: *145 W. Rte. 66, ✆ 635-1419, www.thegrandcanyonhotel.com. Schön restauriertes Stadthotel, bereits seit 1891. Auch Hostelzimmer. Die günstige Alternative, wenn man in Williams historisch nächtigen möchte.*
The Canyon Motel $$–$$$**: *1900 E. Rodeo Rd., ✆ 635-9371, 1-800-482-3955, www.thecanyonmotel.com. Neben Motelzimmern ($$) gibt es „Zimmer" in Pullman-Eisenbahnwaggons (von 1930 bzw. 1950) und in ehemaligen Bremserwaggons (Caboose). Urig, wenn auch schlicht! Ein schöner Camping- und* **RV-Park *ist angeschlossen.*
Grand Canyon Railway Hotel $$$: *233 N. Grand Canyon Blvd., ✆ 635-4010, 1-800-843-8724, www.thetrain.com. Nahe dem Bahnhof liegen das komfortable und im Südwester-Stil eingerichtete Hotel, das auch bekannt ist für seine alte englische Bar.*
Schöne **Campingplätze** *gibt es im nahen Kaibab Nat. Forest. Infos im o.g. Visitor Center.*

Seligman (1.500 Einwohner) ist ein verschlafenes Nest, das höchstens noch als halbverlassener Motelstandort der alten Route 66 gilt. Von hier aus bietet sich unbedingt **Seligman** (1.500 Einwohner) ist ein verschlafenes Nest und halbverlassener Motelstandort. Doch der Mythos der Route 66 wird hier besonders hochgehalten mit urigen Souvenirshops, lustigen Tankstellen, einem verkramten Museum u.v.m.. Von hier aus bietet sich unbedingt der Mehrweg von 20 Meilen entlang einem der besterhaltenen Abschnitte der legendären Route 66 an. Bei Kingman gelangen Sie wieder auf die Hauptstrecke.

Zu den **Grand Canyon Caverns** folgt man etwa 24 Meilen hinter Seligman den Schildern. Ein Pappmaché-Dinosaurier deutet auf den Eingang hin. Zu den Höhlen geht es mit einem Aufzug hinunter. Namen wie „Halls of God" und „Chapel of the Angels" weisen auf die bizarren Formen hin. Der Boden besteht aus Kalkstein, der sich vor 350 Mio. Jahren auf dem Grund eines Ozeans aus Ablagerungen gebildet hat. Als das Land sich später hob, haben Wasserfluten die Höhlen ausgewaschen. Seit nunmehr 5 Mio. Jahren liegen die Höhlen trocken. Ihre Entdeckung ist einem Zufall zu verdanken: Ein Holzfäller stieg 1927 in eine Erdspalte hinab in der Hoffnung, hier Gold zu finden. Es werden auch Reit- und Jeeptouren angeboten. Das angeschlossene Hotel verfügt neben „normalen" Zimmern über eine Übernachtungsstätte 60 m tief in der Höhle, die Underground Cave Suite – voll eingerichtet und absolut trocken, dafür aber sehr, sehr teuer: $$$$$! RV Park und Campingplatz vorhanden.

Mit dem Aufzug in die Höhlen

Grand Canyon Caverns & Inn, *Mile Marker 115, Route 66, ✆ Motel: (928) 422-3223, Caverns: (928) 923-6664, tgl. 10–16, im Sommer 9–17 Uhr (Zeiten variieren), 45-minütige Führungen, www.grandcanyoncaverns.com, $ 21 plus tax.*

info

Route 66

Die meisten erinnern sich sicherlich noch an die vielen Songs aus den 60er Jahren, die die Bedeutung, die Hoffnung und zugleich auch die Tragik der Route 66 auszudrücken versuchten. Die *Rolling Stones*, *Middle of the Road*, der Soulsänger *Nat King Cole* und viele andere landeten einen Hit mit immer dem gleichen Refrain: ***„Get the Kicks on Route 66"***. Selbst in der Literatur taucht dieser Straßenzug immer wieder auf. Bekanntestes Beispiel dafür ist **John Steinbecks** Roman „The Grapes of Wrath", in dem die Geschichte einer Familie erzählt wird, die aus dem von Sandstürmen verwüsteten Mittleren Westen in die Sonne des Westens flieht, um schließlich auch hier kein Paradies vorzufinden. Der aus diesem Buch entnommene Leitsatz „*They traveled from the barren dust bowl to the bitter fruit bowl*" wurde später immer wieder zitiert, doch schreckte dies nur wenige ab.

Die Legende der Route 66 in Hackberry

Die Route 66, 3.600 km lang, zog sich von Chicago über St. Louis, Oklahoma City, Albuquerque, Flagstaff bis nach Los Angeles. Damit war sie eine der Lebensadern Amerikas und Hoffnungsträger vieler Umsiedler aus dem alten Osten bzw. Mittleren Westen. Erst 1926 komplett ausgebaut, zogen bereits Anfang der 30er Jahre die ersten Menschenmassen über die „Sixty Six". Es waren hauptsächlich verarmte Farmer aus Oklahoma und Kansas. Auch nach dem 2. Weltkrieg schleppten sich noch Autolawinen über die damals noch zweispurige und an einigen Stellen erheblich steilere Straße. Zu dieser Zeit lockten die neuen Industrien, allen voran die Flugzeugfabriken im Raume von Los Angeles. Kein Wunder also, dass bei diesen Automassen die 66 zum Symbol der amerikanischen Autokultur erkoren wurde, geschmückt mit dem Beiwerk der für Amerika so typischen Motels und Fastfood-Restaurants, die wie Pilze aus dem Boden schossen. In den 60er und 70er Jahren waren es weniger die Umsiedler, dafür aber die mobile Jugend und die Urlauber, die der Straße ihre fortwährende Bedeutung verliehen. Doch der zunehmende Autoverkehr und besonders die übergroßen Trucks veranlassten die Regierungen der Anrainerstaaten zu dem Entschluss, einen neuen, vierspurigen Highway zu bauen, der viele der kleinen von der 66 lebenden Ortschaften aussparte. Zuerst langsam und dann

info

immer schneller verschwand die alte Straße, und nur noch wenige Etappen blieben erhalten. Mit ihr starb ein wesentliches Symbol der modernen amerikanischen Geschichte. Übriggeblieben sind verwaiste Motels, ausgestorbene Kleinstädte und eine Legende, die wohl niemals sterben wird. Der letzte Streckenabschnitt der I-40 wurde 1984 bei Williams eingeweiht.

Links zur Route 66: www.route66-roadbook.com (deutsch), www.americanindiansandroute66.com, www.national66.org (praktische Tipps, Adressen).

Eine ruppige Stichstraße, die 70 Meilen lange AZ 18, führt von der AZ 66 nach **Hualapai Hilltops**, von wo aus Sie zu einer Indianersiedlung und zum **Havasu Canyon** wandern können. Dort erwartet Sie u.a. auch ein wunderschöner Wasserfall. Anfahrt, Wanderung sowie ein möglicher Ritt in den Grand Canyon sind sehr anstrengend, dauern mind. einen Tag und sollten im Voraus geplant werden.
Infos: *Havasupai Tourist Enterprises: ✆ (928) 448-2121, (928) 448-2141, www.nps.gov/grca/planyourvisit/havasupai.htm. Touren können auch über o.g. Grand Canyon Caverns & Inn gebucht werden.*

An ihrem nördlichsten Ausläufer berührt die Route 66 die **Hualapai-Indian Reservation** mit ihrem Hauptort Peach Springs. Ehemals waren die Hualapai, wie die benachbarten Havasupai, Jäger und Sammler. Als die ersten Siedler aus Osten kamen, störte man sich nur wenig aneinander, da das Land für große Siedlerströme zu unattraktiv erschien. Trotzdem wurden den Hualapai im Zuge der Reservationspolitik wesentliche Stücke der Hochebene aberkannt, sodass heute nur noch wenige der 1.500 Indianer Viehzucht betreiben können. Die meisten haben Regierungsjobs oder sind in der Touristikbranche beschäftigt. Wer Zeit, Muße und ein relativ robustes Fahrzeug hat, sollte einmal einen Abstecher von Peach Springs zum Grand Canyon machen. Landschaft und Ruhe werden die Belohnung sein. Abenteuer in den Indianer-Reservationen verspricht **Hualapai River Runners**: River-Rafting auf dem Colorado, aber auch Ausflüge mit Geländewagen, Helikopterflüge und mehr (s.u.). Startpunkt und Buchungsadresse ist die **Hualapai Lodge** (**$$–$$$**, *900 Rte. 66, Peach Springs, ✆ (928) 769-2230 (Lodge), (928) 769-2636 (Rafting), www.grandcanyonwest.com/route66.html). Touren können auch über o.g. Grand Canyon Caverns & Inn gebucht werden.*

Landschaft und Ruhe

Tipp

*Ein Floß durch die **reißenden Stromschnellen** des Colorado River navigieren, zu geheimnisvollen Wasserfällen wandern und im Hubschrauber auf den oberen Rand des Grand Canyon West fliegen – dies sind die Bestandteile des **Hualapai-River-Runners-Pakets**, der einzigen eintägigen Wildwasser-Raftingtour im Grand Canyon.*
Ausgangspunkt der Tour ist die Hualapai Lodge in Peach Springs (s.o.). Das Wildwasser-Floß wurde speziell für die rasanten Gewässer des Colorado River entworfen. Am Ende der Tour bringt ein Hubschrauber die Gäste 1.200 Meter in die Höhe zurück auf den oberen Rand des Canyons. Während des Flugs eröffnen sich beeindruckende Aussichten über den Canyon. Infos: www.grandcanyonwest.com/white-water-rafting.html. Die Raftingtouren müssen vorab reserviert werden, Preise ab ca. $ 440 p.P. Aufgrund der frühen Abfahrtszeit empfiehlt es sich, zusätzlich wenigstens eine Übernachtung in der Hualapai Lodge vor der Tour zu buchen.

Route-66-Fans treffen sich bei Mr. D'z

In dem kleinen Ort Hackberry, 17 Meilen vor Kingman, müssen Sie unbedingt einen Stopp machen am **Hackberry Grocery Store**. Kaum woanders finden Sie so viele Route 66-Andenken (und auch Fotomotive). Hier können Sie auch einen Snack einnehmen.

Kingman

Die größte Stadt der Region existiert vor allem wegen ihrer unzähligen Motels und Restaurants, die Reisenden entlang dem I-40 eine Rast ermöglichen. Übernachtungsmöglichkeiten bieten Route 66-thematisierte Franchisehotels (Tipp: **Ramada Kingman** *$$–$$$: 3100 E. Andy Devine Ave., ✆ (928) 753-6262, www.ramadakingman.com, gutes Burger-und Pizza-Restaurant samt Bar. Frühstück inkl.*). Einen Blick lohnt das **Railroad Museum** direkt am Bahnhof (*402 E. Andy Devine Ave., Mo–So 10–16 Uhr*) und das **Route 66 Museum** (*120 W. Andy Devine Ave., tgl. 9–17 Uhr, $ 4, hier auch* **VC**, *www.gokingman.com*). Gleich gegenüber lockt **Mr. D'z Route 66 Diner** mit herzhaften Burger. Hier treffen sich die Biker und Route-66-Fans. Das kleine **Mohave Museum of History & Art** hat regionalen Charakter (*400 W. Beale St., www.mohavemuseum.org, Mo–Fr 9–16.30, Sa 13–16.30 Uhr*).

Zum Streckenabschnitt der Route 66 von Kingman über **Oatman** nach Laughlin lesen Sie bitte auf S. 401.

Grand Canyon West und „The Skywalk"

Lage und Anfahrt

Knapp 200 km (125 Meilen) östlich von Las Vegas bzw. 120 km (75 Meilen) nördlich von Kingman. Vom US 93 (ca. halbe Strecke zwischen Kingman und Willow Beach) abbiegen in Richtung Nordosten nach Meadview (Pierce Ferry Road), später abbiegen auf die Diamond Bar Road, die zum Eingang von Grand Canyon West führt. Alternativ führt die Stockton Hill Rd. direkt von Kingman in Richtung Meadview und trifft nach ca. 37 Meilen auf die o. g. Pierce Ferry Rd. Von Las Vegas werden auch ganztägige Ausflüge mit Busunternehmen angeboten.

Grand Canyon West liegt in der Hualapai Indian Reservation und hat sich in den letzten Jahren zu einem wirklichen Touristenziel entwickelt. Zu erleben gibt es hier vor allem Rundflüge, Helikopterflüge zum Canyongrund (was woanders nicht erlaubt ist), Ausritte und eine Busrundtour: Vom Touristenzentrum am Ende der Straße – hier müssen Sie parken – gehen diese zu den zwei Hauptattraktionen im Hop-on-hop-off-Prinzip los: Der **Guano Point**, wo eine alte Abbauanlage für Guano zu sehen ist, ist insbesondere wegen der schönen Aussicht in den Canyon beliebt (Picknick-Möglichkeit). Hauptattraktion aber ist der gläserne **Skywalk** wenige Kilometer entfernt. Die spektakuläre hufeisenförmige Konstruktion über dem Grand Canyon, die insgesamt über 480 Tonnen wiegt, befindet sich 1.200 m über dem Canyongrund und am äußersten Punkt gut 21 Me-

> **Hinweis**
>
> *Fotografieren ist auf dem Skywalk übrigens nicht erlaubt. Am Eingang müssen Taschen, Kameras etc. abgegeben werden.*

ter vom Rand des Canyons entfernt. Durch 7 cm dickes Spezialglas können Schwindelfreie einen in dieser Form einzigartigen Blick in die Tiefe eines Seitencanyons des Grand Canyon genießen. Bis zu 120 Menschen können den Skywalk gleichzeitig beschreiten. Zudem gibt es ein Besucherzentrum mit Indianerdorf, Museum, Kino, Restaurants etc. **Reservierungen** für die Tour bzw. die Flüge sind in der Hochsaison zu empfehlen. Der Eintrittspreis ist relativ hoch, denn er beinhaltet ein obligatorisches „Grand Canyon West Entrance Package". Wer also nicht **in** den Canyon fliegen oder die „Mutprobe" Skywalk erleben möchte, der sollte sich den Umweg ernsthaft überlegen. **Übernachten** können Sie in einfachen Hütten ($$–$$$) an einem nachgebauten Wild-West-Städtchen (Schießereien, Lagerfeuer und entsprechend einfaches Essen inklusive).

1.200 m über dem Boden des Grand Canyon: der Skywalk

Skywalk, ✆ *(928) 769-2636, 1-888-868-9378, www.grandcanyonwest.com, tgl. Okt.–März 8–17, April–Sept. 7–19 Uhr, ca. $ 75 (Grand Canyon West inkl. Skywalk) + Parkplatzgebühren + ca. $ 190 für Helikopterflug. Weitere und auch bessere Unterkünfte gibt es nur einige Kilometer außerhalb des Gebietes in der seit 1870 hier bestehenden* **Grand Canyon Western Ranch** *($$$, 3750 E. Diamond Bar Rd., Meadview, www.grandcanyonwesternranch.com, ✆ (928) 788-0283, 1-800-798-0569). Auch von hier werden Flüge in den Canyon sowie viele Ranchaktivitäten (Branding, Viehtreiben, Übernachten im Cowboy-Zelt, Pferdewagen-Touren etc. – alles nur für Touristen) angeboten.*

Hoover Dam

Nach guten 60 Meilen auf dem US 93 von Kingman durch ein ödes und weites Wüstental kündigen höhere Berge und unzählige Schilder eine dramatische Veränderung an. Die Straße steigt unaufhaltsam an. Dann muss man den US 93 verlassen und der Kingman Wash Access Rd. folgen (von Las Vegas kommend nimmt man die Hoover Dam Access Rd.). Oben dann offenbart sich eine atemberaubende Aussicht auf zerklüftete Berge und Täler. Am ersten Aussichtspunkt lässt sich der tief unten verlaufende Colorado River erahnen. Man kann nur raten, wo das stolze Bauwerk denn nun ist. Plötzlich ist es dann so weit. Ein Aussichtspunkt lädt zum Anhalten ein, und unter Ihnen wird das Ausmaß dieses „Stolzes aller Amerikaner" sichtbar. Ein enges Tal wird nicht nur von Damm und Wasser erfüllt, sondern besonders die unzähligen Strommasten und der Verkehr, der sich langsam über die auch als Brücke fungierende Staumauer dahinzieht. Die neue Trasse des

Gigantischer Staudamm

Autoschlangen auf dem Hoover Dam

US 93 führt dagegen über eine andere Brücke **(„Hoover Dam Bypass")** hoch über das Colorado-Tal, doch der Umweg über die Staumauer sollte drin sein.

P **Parken**

Versuchen Sie auf Arizonaseite am unteren Parkplatz zu parken. Auf Nevadaseite gibt es am Visitor Center/Ausstellungsgebäude ein riesiges Parkhaus, das aber nicht ganz billig ist.

Lohnend ist der Aufstieg zur neuen Brücke ab dem Parkplatz, etwas oberhalb des Damms: Toller Blick auf Damm und Stausee. Oben gibt es keine Parkmöglichkeiten!

Besichtigung: Zuerst zu Fuß auf der Staumauer entlanglaufen, um ein Gefühl für Höhe und Größe zu erlangen. Danach auf der Nevadaseite die kleine Ausstellung zu Bau und Geschichte des Hoover Dammes ansehen. Als Krönung: mit dem Fahrstuhl ins Mauerinnere, sowie zur Elektrizitätsanlage und dem Mauerfuß. Die Tour wird dorthin wird geführt und das Wichtigste erklärt. Dauer: ½ Stunde (+ ½ Stunde Schlange stehen). *Vor-*

Daten:	Höhe der Staumauer: 221,28 m, Länge der Krone: 379,2 m, Breite oben: 13,7 m, Breite am Sockel: 201,2 m
Stromzuteilung in % der Gesamtleistung des Dammes, festgelegt in einem im Jahre 2017 auslaufenden Vertrag (Auswahl):	Nevada: 15,1 %, Arizona: 18,9 %, Großstädtischer Bereich Südkalifornien: 29 %, Rest Südkalifornien: 26 %
Leistung:	2.080 MW, Stromerzeugung ausreichend für 500.000 Haushalte, wobei Las Vegas aus alten, vertraglichen Gründen nur 3 % seines Stroms von hier bezieht.
Fläche des mit dem Wasser des Lake Mead bewässerten Landes:	4.000 km² in den USA und 2.000 km² in Mexiko, womit das Wasserbedürfnis von fast 20 Mio. Menschen gedeckt wird.
Der **Stausee** (Lake Mead)	ist 639 km² groß, max. 152 m tief und hat eine Küstenlänge von 885 km

zeitige Reservierung der Tickets: ✆ (702) 494-2517, 1-866-730-9097, www.usbr.gov/lc/hooverdam/service/, tgl. 9–16 Uhr, $ 15 (VC + Tour in den Damm). Die alternative Hoover Dam Tour dauert 1 Std. ($ 30).

Geschichte: Schon die ersten Menschen versuchten, den Colorado für sich zu nutzen. Doch immer wieder schluckten im Frühjahr die Wassermassen das Land (bedingt durch die Schneeschmelze auf den Bergen), während im Sommer und Herbst nur ein müdes Rinnsal floss. Der Colorado ist einer der größten „Fremdlingsflüsse" der Welt. D. h. er führt im unteren Flusslauf erheblich weniger Wasser als im oberen – z.T. in Dürrejahren gar keines.

Als zu Beginn des 20. Jh. immer mehr Menschen in den Westen kamen und das Wasser knapp wurde, beschloss die US-Regierung 1922, unter Leitung des damaligen Handelsministers *Herbert Hoover*, ein Abkommen („Colorado River Compact") zu vereinbaren, das die Wassernutzungsrechte der sieben Anliegerstaaten regelte. 1928 wurde entschieden, im 16 km südlich gelegenen Boulder Canyon einen Damm zu bauen, doch in letzter Minute entschied man sich für diese Stelle am Black Canyon. 1931 begannen die Arbeiten, die bereits 1935, zwei Jahre früher als geplant, abgeschlossen waren. Neben der Stromerzeugung war vor allem die Wasserversorgung das wesentliche Ziel dieses Mammutprojektes. Kanäle und Rohre bis nach Kalifornien, Tucson und Phoenix wurden dazu angelegt.

Strom und Wasser

Vom Hoover Dam sind es noch etwa 34 Meilen bis Las Vegas. Im **Alan Bible Visitor Center**, 4 Meilen oberhalb des Staudammes (US 93/Abzweig NV 166), erhalten Sie ausreichend Informationen für einen Besuch der westlichen Uferzone des Lake Mead (*✆ (702) 293-8990, www.nps.gov/lake, tgl. 8.30–16.30 Uhr*).

Rückfahrt von Las Vegas zum Grand Canyon National Park

Für die Rückfahrt bietet sich als eine Alternative zum AZ 93 die folgende Strecke bis Kingman an: Biegen Sie sieben Meilen hinter Henderson nach Süden ab auf den US 95, und folgen Sie den Schildern bis **Laughlin** (20 Meilen hinter Searchlight nach links abbiegen). Der letzte Abschnitt, vom Abzweig des NV 163 bis nach Laughlin, ist den Umweg wert. Sich windend führt die gut ausgebaute Straße in das vor einem liegende zerklüftete Colorado-Tal hinab.

Laughlin

Erste Casinos

Laughlin, einst ein Versorgungsort für die umliegenden Minen, wurde seit den 1960er Jahren immer mehr zu einer Spielerstadt ausgebaut. Mehrere große Hotels und Spielhallen reihen sich in diesem schönen Stück Land aneinander. Für den Reisenden bietet sich hier die Gelegenheit, zu äußerst günstigen Preisen zu übernachten, besonders unter der Woche. Die Büfettpreise liegen deutlich niedriger als in Las Vegas. Dafür müssen Sie aber in Kauf nehmen, dass die Hotels **nur** auf Spielbetrieb aus sind und dass die „Stadt" **nur** aus Hotels besteht. Auf dem Colorado können Sie von den einzelnen Hotels aus Bootstouren, z. B. mit einem Schaufelraddampfer unternehmen. Auch andere Aktivitäten (Kayaking, Jet-Skiing) werden angeboten und für Naturliebhaber sei der Ausflug zum westlich gelegenen **Grapevine Canyon** (Indianerzeichnungen, Bighorn-Schafe) empfohlen.

Laughlin gegenüber liegt die Stadt **Bullhead City**. Während des Baues des nahen Davis Dam als Arbeitersiedlung errichtet, ist sie heute ein Ferienort, der gerne von Rentnern frequentiert wird sowie auch von Sportfischern. Wer in Laughlin übernachtet, hat am nächsten Tag noch Zeit, einen kurzen Umweg entlang der ehemaligen Route 66 nach **Oatman** in den Black Mountains zu fahren, einer kleinen „Ghost Town", in der bis 1942 nach Gold gesucht wurde. Man hat versucht, vieles im alten Stil zu erhalten, wobei der Ortskern heute von kleinen Restaurants, Souvenirshops und Galerien wimmelt. In einem kleinen Museum wird die Geschichte des Örtchens erzählt und auf der Hauptstraße geben sich schießende Cowboys und Esel ein Stelldichein. Östlich von Oatman geht es durch enge Haarnadelkurven und Serpentinen hinunter nach Kingman.

Über Kingman geht es nun zurück auf dem I-40 bis Williams. Dort biegen Sie ab nach Norden auf den AZ 64, der sich später mit dem US 180 vereinigt. In dem vollkommen flachen Gelände, das an vielen Stellen an eine Steppe erinnert, mag man gar nicht glauben, dass irgendwo vor einem eine der tiefsten Schluchten der Welt klafft. In **Tusayan**, sechs Meilen vor dem Grand Canyon Village, gibt es eine große Konzentration von Hotels, Motels, Campingplätzen und Restaurants. Leider hat hier bereits alles extra hohe Preise. Somit wäre es eine Überlegung wert, bereits in Williams das Nachtlager aufzuschlagen. Anschließend, kurz vor dem südlichen Parkeingang, lockt das **Grand Canyon Theatre** mit dem IMAX-Film „Grand Canyon – The hidden Secrets". Dauer: ½ Stunde. Auf einer überdimensionalen Leinwand werden die Geologie der Schlucht, die Geschichte ihrer Erforschung und vieles mehr geboten.

Kurz vor dem Grand Canyon

Reisepraktische Informationen Laughlin, NV

VORWAHL 702

Information

Laughlin Visitor Bureau: *1555 South Casino Drive, ✆ 298-3321, 1-800-4-LAUGHLIN, www.visitlaughlin.com.*

Unterkunft

Edgewater Hotel & Casino $$: *2020 S.Casino Drive, ✆ 298-2453, 1-866-352-3553, www.edgewater-casino.com. 1.500 Zimmer, direkt am Colorado River.*

Aquarius Casino Resort $$–$$$: *1900 S.Casino Dr., ✆ 298-5111, 1-800-662-5825, www.aquariuscasinoresort.com. Luxuriösestes Hotel am Platz mit 2.000 Zimmern.*

Tipp

Versuchen Sie in den großen Hotels ein Zimmer in den oberen Etagen mit Blick auf den Colorado zu bekommen.

Camping

Don Laughlin's Riverside Resort – RV Park: *1650 S Casino Dr., ✆ 298-2535, 1-800-227-3849, www.riversideresort.com. Mit 750 Plätzen nicht nur riesig, sondern auch gut organisiert (auch Hotel und Casino).*

Las Vegas

Entfernungen

Las Vegas – Flagstaff: 249 Meilen/400 km
Las Vegas – Phoenix (über Wickenburg): 287 Meilen/462 km
Las Vegas – Salt Lake City (über I-15): 417 Meilen/671 km

Neonlicht und Wüstensand

Die Amerikaner schwärmen von Las Vegas, und viele fahren mindestens einmal im Jahr zum Spielen („Gambling") hierher. Unter ihnen sind Rentner, Familien und konservative Zeitgenossen des Mittelstandes. Kein Wunder also, dass sich diese ehemals kleine Mormonenstadt zu einer der glitzerndsten Oasen der Welt gemausert hat. Nur Macao in China setzt mittlerweile mehr Casino-Dollar um. Dabei begann alles ganz friedlich: 1829 zog eine kleine Karawane von New Mexico nach Los Angeles, entlang dem Spanish Trail, und campierte etwa 100 Meilen nördlich der heutigen Stadt. Da das Wasser knapp wurde, entschloss sich der Leiter dieses 60 Mann starken Grüppchens dazu, einen Wassersuchtrupp loszuschicken. Dieser fand nach tagelangem Ritt durch Zufall die heute als Las Vegas Springs bekannten artesischen Wasser, die aus der Tiefe des Bodens emporkommen und auf eine Urzeit zurückdeuten, als das Gebiet ein großer Sumpf gewesen sein muss.

15 Jahre später campierte an den Quellen eine Überlandexpedition unter Leitung von *John C. Fremont*. Doch erst um 1855 siedelten die ersten Mormonen hier. Sie kamen aus dem Salt Lake-Tal um die Postroute zwischen Los Angeles und Salt Lake City zu sichern. Sie errichteten ein kleines Fort, Häuser aus Lehm und begannen das Land zu kultivieren. Für den Bau der Eisenbahnlinie 1904 wurden in Las Vegas eine große Zeltstadt und ein zentrales Ersatzteillager errichtet. 1905 wurde damit die Stadt offiziell ins Register eingetragen, und von nun an war es die Eisenbahn, die das weitere Schicksal bestimmte: Ein Casinohotel wurde im Bahnhofsgebäude eingerichtet,

Redaktionstipps

- Viel Infomaterial enthält **Rabattzettelchen** für Show, Restaurants und Anderes.
- **Übernachten**: **Am bzw. nahe dem Strip**. Etwas teurer sind die „bekannten" Themenhotels, günstiger die wenigen, recht einfachen Motels am Rande des Strip, oder z. B. das **The Orleans** eine Meile davon entfernt (S. 412). Günstiger ist es zw. Sonntag und Donnerstag. Zum **Wochenende** Zimmer vorbuchen.
- Was das **Essen** angeht (S. 413), empfehlen sich die etwas günstigeren, durchaus leckeren **Büfetts in den Casino**-Hotels. Gut, wenn auch etwas teurer, ist das **Rio Carnival World Buffet**. Etwas Anderes zu den Gerichten „on the Road" bieten das **Hofbräuhaus** sowie die südamerikanisch-asiatischen Restaurants, wie z. B. das **Sushisamba**.
- **Abendprogramm**: Beginnen Sie mit einem Cocktail mit Aussicht, z. B. **107 Sky Lounge, Skyfall Lounge** oder **VooDoo Rooftop Lounge**, gehen Sie dann essen bzw. flanieren entlang des Strip. Besondere **Shows** sollte man bereits von Europa aus gebucht haben.
- **Sehenswürdigkeiten**: **„The Strip", „The Strip", „The Strip"** (S. 409) ... besonders bei Nacht. Schön ist ein **Hubschrauberflug** über die „Lichter der Nacht" (S. 411) und die **Neon Show** abends in der Fremont Street (S. 408). Sehenswert: die Ausstellung im **Mob Museum** (S. 408), das **Neon Museum** (S. 407) sowie die stadtarchitektonischen Meisterwerke des **CityCenter** (S. 409). Gut, jedoch eher als Lückenfüller geeignet, sind das **Springs Preserve** (S. 406), **The Auto Collection** (S. 409), das Riesenrad „High Roller" (S. 410), die **Bellagio Gallery of Fine Art** (S. 409) und die **Thrill Rides** z. B. am Stratosphere Tower (S. 410). Ausflüge zum **Death Valley** (S. 417) oder ein **Flug über den Grand Canyon und den Hoover Dam** (S. 411) können Sie gut am Tag unternehmen. Und ... **„Shop till you drop"** in einer der Malls (S. 415).
- **Zeiteinteilung**: **2 Übernachtungen**: So ankommen, dass man am Abend noch etwas unternehmen kann. Am folgenden Tag ein zwei Attraktionen/Museen besuchen sowie shoppen. Abends eine Cocktail Bar aufsuchen, ausgewählt essen gehen und dann ausgiebigst den „Strip" erkunden. Am Abreisetag ein Ziel wählen, das nicht zu weit entfernt ist – dann können Sie ausschlafen. Bei **3 Übernachtungen** empfiehlt sich zudem ein Ausflug zum Death Valley (langer Tag) oder ein Flug über den Grand Canyon und abends dann die Erkundung der Downtown.

Karriere einer Spielerstadt

sodass viele Reisende hier einen Aufenthalt einplanten, bevor sie mit dem nächsten Zug weiterfuhren – meist um viel Geld erleichtert. Die Spielerei nahm solche Auswüchse an, dass der Staat Nevada 1910 ein Anti Gambling Law verabschiedete. Dieses erzielte aber kaum Wirkung, sondern förderte das illegale Spielen. 1931 wurde das Gesetz wieder aufgehoben, und der Bau des nahen Hoover Dam und die Einrichtung eines großen Militärlagers sorgten für ausreichend Spiellustige.

Der große **Boom** setzte schließlich 1941 ein, als eine Reihe von Casinohotels am Las Vegas Boulevard gegründet wurden. Hinter diesen steckte meist die Mafia, die in den großen Städten wie New York, Chicago und Los Angeles immer mehr mit „Repressalien" durch die Polizei zu kämpfen hatte. Las Vegas wurde zur „Last Frontier" für diese „Pioniere" Amerikas. Die Liste der Besitzurkunden der Hotels der 1950er Jahre liest sich wie eine Verbrecherkartei. Hier und dort tauchten auch Namen von zu Reichtum gelangten Sportlern auf. Einer von ihnen war *Joe Louis*, der ehemalige Weltmeister im Schwergewichtsboxen, der es in den 30er Jahren zweimal mit *Max Schmeling* zu tun hatte. Zwar währte sein finanzielles Glück in Las Vegas nicht lange – die Mafia benutzte ihn nur als Aushängeschild und „komplementierte" ihn bald wieder hinaus –, doch sorgte er dafür, dass von nun an große Boxkämpfe in Las Vegas ausgefochten wurden. Leider war Las Vegas auch in anderer Hinsicht sein Verderben: *Joe Louis* war leidenschaftlicher Spieler und verspielte sein gesamtes Vermögen in den Casinos.

Die ersten Zocker

Während der 1960er Jahre wurden die Slot Machines eingeführt und damit die „kleinen Spielsüchtigen" angelockt, die weder pokern noch Black Jack spielen wollten. Damit setzte ein weiterer Boom ein, und die Jackpots erreichten damals bereits Summen von bis zu 9 Millionen Dollar. Doch die wenigsten gewinnen, statistisch errechnet nur 4 %. Ein Gambler lässt an einem Tag schon mal mehrere tausend Dollar im Automaten. Die wenigsten stört das aber wirklich. Ein Wochenendverlust von 3.000 Dollar ist eingeplant, und die Spieler kehren immer wieder aufs Neue zurück nach Las Vegas. Durchschnittlich bleibt ein Tourist 3,5 Tage in Las Vegas und verspielt dabei 570 US-Dollar (Nicht-Spieler und Kinder eingerechnet!).

Ab 1976 drohte ein enormer Einbruch. Atlantic City an der Ostküste legalisierte das Gambling, und auch Städte wie z. B. Reno und Lake Tahoe an der Westgrenze von Nevada erstarkten. Las Vegas musste sich etwas einfallen lassen. Die Hotels konnten sich nicht mehr auf Casinobetrieb und Unterkünfte beschränken, und so beschlossen die großen unter ihnen, Resorts, Theme Parks und anderes Entertainment zu bieten. Die Shows wurden aufgemöbelt und mit noch bekannteren Stars besetzt. Zudem versuchte nun jedes Hotel etwas Exklusives zu bieten und sich damit einzigartig zu machen. Immer neue Mammutpaläste schossen und schießen aus dem Boden. Der **Strip** ist auf einer Länge von mittlerweile über fünf Meilen zugebaut. In Las Vegas gibt es riesige Hotels, davon über 20 mit mehr als 1.000 Zimmern. Rekordhalter sind zurzeit das Venetian/The Palazzo (7.128 Zimmer), das MGM (5.007 Zimmer), das Mandalay Bay (4.752 Zimmer), das Wynn

Hotels der Superlative

(4.750 Zimmer) und das Luxor (4.400 Zimmer). Kleinere, wie das legendäre „Sands“ (1996 gesprengt) oder das mittlerweile als historisch einzustufende „Fremont“, gerieten ins Hintertreffen. Die alten Casinos in der Downtown, die zwischenzeitlich nur noch zwielichtige Gestalten anzogen, wurden ab 1995 einer massiven „Aufmöbelung“ unterzogen. Trotz Überdachung und stündlicher Lichtershow kann aber auch heute die Downtown sowie die Fremont Street („**Freemont Street Experience**“) nicht mit dem Strip mithalten.

Mittlerweile Geschichte: die alten Casinos in Downtown

Die Kosten für die großen Hotelbauten am Strip können sich nur noch große Konzerne leisten, die den Bau zum Teil als Werbeobjekt von der Steuer absetzen (wie z. B. Metro Goldwyn Meyer das MGM Grand mit seinen Themen- und Wasserparks). Kostenpunkt für das Grand mit seinen 5.007 Zimmern: 1,1 Mrd. Dollar, Spielcasinofläche: 1.720 qm. Dagegen nehmen sich die Baukosten für das Excalibur und das Luxor von jeweils 300 Millionen Dollar fast bescheiden aus. Neuere Hotels wie das Bellagio (1,6 Mrd. $), das The Venetian (1,3 Mrd. $), das Mandalay Bay (1,5 Mrd. $), das Wynn (2,7 Mrd. $), das Cosmopolitan (4 Mrd. $) u. a. liegen aber ebenfalls in der Kategorie – teilweise weit – jenseits der Milliardengrenze. Das 2009 eingeweihte Las Vegas CityCenter mit seinen architektonisch einzigartigen Suitenhotels setzte mit Baukosten von 8,5 Mrd. $ noch einmal einen drauf. Die Leitung des Hotels „Las Vegas World“ z. B. hat noch während des Baues des **Stratosphere Tower** beschlossen, diesen um ein weiteres Stockwerk als geplant zu erhöhen, damit er selbst den Eiffelturm in Paris übertrifft. Mehrkosten: ca. 17 Mio. Dollar. Umbauten gehen auch ins Geld. So wurde das verstaubte „Sahara“ für 420 Mio. $ zum luxuriösen „SLS Las Vegas Hotel Resort“ umgestaltet. Viele Hotels haben sich wegen der Kosten mittlerweile zusammengetan. Doch nicht alle werden den finanziell nötigen Atem haben, um diesen Wettlauf nach immer mehr und immer Neuerem zu überstehen. Mittlerweile rechnen selbst die ganz großen, dass ein neu errichteter Superpalast in weniger als acht Jahren seine Kosten wieder eingespielt haben muss, weil die Anlage dann nämlich als „veraltet“ gelten wird. Heute zählt man übrigens über 150.000 Hotelzimmer und 50 Golfplätze in Las Vegas!

Milliardenschwere Investitionen

Dem Touristen aber bietet sich auf diese Weise ein unglaubliches Schauspiel aus einfallsreichen Neonreklamen, Automatengeratter, billigen und sündhaft teuren Büfetts und hervorragenden Shows. Es ist mit Sicherheit nicht jedermanns Sache, und selbst die Hartgesottensten werden nach spätestens drei Tagen froh sein, wieder in die weite und beschauliche Wüstenlandschaft zu entschwinden. Nun hat der ganze Rummel nicht nur schlechte Seiten: 45 % der Staatseinnahmen von Nevada entstammen den Spielsteuern und mehr als ein Drittel des Staatshaushaltes geht in den Erziehungsbereich. Daher kann Nevada mit Recht auf eines der besten öffentlichen Erziehungswesen der USA verweisen.

Die Gewinne aus Spieleinnahmen für die Stadt (inkl. County) belaufen sich auf über 10 Mrd. Dollar. Die über 40 Mio. jährlichen Besucher geben hier insgesamt über 40 Mrd. Dollar aus.

Übrigens steht Las Vegas in noch einem Punkt ganz oben auf der Beliebtheitsskala: dem Heiraten. Kein Bundesstaat hat so lockere Gesetze, und für den sofortigen Trauschein reichen der Führerschein und ein paar Dollar! Mittlerweile werden hier jedes Jahr mehr als 100.000 Ehen geschlossen in einer der vielen kleinen „Kirchen" sowie in den Hotel-Kapellen.

Die Stadt Las Vegas zählt heute 620.000, der Großraum über 2 Mio. Einwohner.

Attraktionen abseits des Strip

s. Karte in der hinteren Umschlagklappe

Sehenswertes außerhalb des Strips gibt es nur bedingt, hier nur das Wichtigste:

Erste Quelle

Das **Springs Preserve** wurde an der Stelle errichtet, wo die erste Quelle (s.o.) der Stadt entdeckt wurde. Es ist sehr auf Ökologie ausgerichtet und soll Jung und Alt in verschiedenen Ausstellungen und Gärten die Natur- sowie die Kulturgeschichte der Region näherbringen. Auf dem Gelände befindet sich zudem das Nevada State Museum sowie Restaurants.
Springs Preserve, *333 S. Valley View Blvd., ✆ (702) 822-7700, www.springspreserve.org, tgl. 10–18, $ 10; Nevada State Museum, http://nvdtca.org/nevadastatemuseumlasvegas, Di–So 9–17 Uhr, $ 20 (Preserve u. Museum).*

Liberace Museum: Der Glamour Star der amerikanischen Pianoszene feierte in Las Vegas seine größten Erfolge. Seine Familie und eine reiche Fangemeinde stiftete aus Trauer um den bereits in mittleren Jahren Verstorbenen die Grundlage für ein Museum, dessen „Kitsch" seinesgleichen suchte. Kernpunkte der Ausstellung bildeten die Garderobe von Liberace und eine Sammlung seiner plüschverzierten Autoflotte und natürlich Pianos. Doch der Ruhm verstrich und immer weniger Besucher kamen. Somit musste das Museum *(1775 E. Tropicana Ave., www.liberace.org)* vorerst oder wohl auch für immer seine Türen schließen

Das **National Atomic Testing Museum** befindet sich auf dem ehemaligen Testgelände für Nuklearwaffen und erzählt im Wesentlichen dessen Geschichte.
National Atomic Testing Museum, *755 E. Flamingo Rd., zw. Swenson St. und Paradise Rd., ✆ (702) 794-5151, http://nationalatomictestingmuseum.org, Mo–Sa 10–17, So 12–17 Uhr, $ 22.*

Downtown

Das „historische" Las Vegas findet man im nördlich des Strip gelegenen Downtown. Neben dem **Cashman Field** mit Multifunktionshalle, Baseball-Stadion und einem Park liegt das **Old Las Vegas Mormon Fort** (1). Hier ließen sich 1855 Mormonen als erste weiße Siedler der Gegend nieder. Heute kann man mit dem Ranch House von 1865 das älteste Gebäude Nevadas besichtigen sowie Bilder, Möbel und Kleider aus der alten Zeit.

Old Las Vegas Mormon Fort State Historic Park, *500 E. Washington Ave., ✆ (702) 486-3511, http://parks.nv.gov/parks/old-las-vegas-mormon-fort; Di–Sa 8–16.30 Uhr, $ 1.*

Das nebenan gelegene **Las Vegas Natural History Museum (2)** bietet u.a. eine Sammlung von lebensgroßen Tierfiguren *(900 Las Vegas Blvd., ✆ (702) 384-3466, www.lvnhm.org; tgl. 9–16 Uhr, $ 10).*

Sehenswert ist das **Neon Museum (3)**, das auf einem Freigelände am oberen Ende des Las Vegas Boulevard sowie entlang einiger Straßenzüge und an Hauswänden tolle Neonleuchten und -reklamen aus früheren Tagen zeigt. *Neon Museum*
Neon Museum: *770 N. Las Vegas Blvd., ✆ (702) 387-6366, www.neonmuseum.org, nur Touren, tgl. 9–21 Uhr (variiert, Reservierung empfohlen) $ 18 tagsüber, $ 25 bei Dunkelheit.*

Südlich der Autobahn findet sich die **City Hall (4)** von 1973 sowie der regionale **Transit Terminal (5)** für Busse.

Zu neuem Leben erwachte die Downtown von Las Vegas vor allem durch die Renovierung der Fremont Street. Die Straße, in 1980er Jahren zunehmend heruntergekommen, wurde komplett renoviert. Sie ist das ursprüngliche Herzstück der Spielerstadt, nun komplett überdacht. Abends wird im Rahmen der „**Fremont Street Experience**" stündlich eine imposante Lichter- und Videoshow geboten, bei der 12,5 Mio. LEDs unterschiedliche Bilder am Dach erscheinen lassen und ein 540.000 Watt-Soundsystem für die akustische Untermalung sorgt. Hotelcasinos sind hier ebenfalls zu finden, wenn auch nicht in dem Ausmaß wie am Strip sowie meist etwas älteren Datums.

Lichtershow

Am nördlichen Abschnitt der Main St. liegt die **Main Street Station (6)**, mit 450 Zimmern ein vergleichsweise kleiner Betrieb mit Casino und Brauerei, sowie das **California (7)** mit „Aloha Spirit". Das **Plaza (8)** markiert den Beginn der Fremont Street, an der sich weitere Casinos aufreihen, wie das **Golden Gate (9)**, das älteste Hotel der Stadt von 1906, in dem man alte Fotos von Las Vegas bewundern kann, und das **Golden Nugget (10)**, mit knapp 2.000 Zimmern eines der größten Hotels in Downtown, eröffnet 1946. Aus dem Jahr 1956 stammt das **Fremont (11)**, eine der bekanntesten Landmarken aus der „alten Zeit". Das östliche Ende der Fremont Street wird von dem 34-Etagen-Hotelcasino **The D Las Vegas (13)** (ehemals Fitzpatrick's) markiert, das mit 2012 komplett renovierten 629 Zimmern aufwartet. **Neonopolis (14)** ist ein riesiges Shopping, Dinner- und Entertainment-Center, das sich über einem Parkhaus erhebt.

Ältere Casinos

Das ausgefallene **Mob Museum (15)** beschäftigt sich mit der Geschichte der organisierten Kriminalität in den USA. Die großen Gangster haben bekanntlich erst für die Gründung des Las Vegas gesorgt, wie wir es heute kennen. Das Museum ist somit eigentlich ein Muss.
Mob Museum, *300 Stewart Ave., ✆ (702) 229-2734, http://themobmuseum.org, tgl. 9–21 Uhr, $ 24 ($ 20 online).*

Tipps

· ***Rabatte/Coupons**: Am günstigsten speisen Sie im Hotel (am **Büfett**). Bereits beim Einchecken gibt es Rabatt-Coupons dafür. Rundflüge, Touren etc. bieten Coupons in Hülle und Fülle in Prospekten und Veranstaltungsmagazinen an.*
· ***Shows**: Die Preise variieren, bei besonderen Stars geht es hinauf bis zu 200 $ und mehr. Bei Dinner-Shows und kleineren Veranstaltungen gibt es oft keine Platzreservierungen, aber man sollte zumindest die Tickets vorbestellen. Die Platzverteilung erfolgt nach verschiedenen Mustern: Wer zuerst reserviert, erhält manchmal die besseren Plätze. Oft aber erfolgt die Platzierung erst durch einen Platzanweiser, der einen zum Tisch begleitet, diesen jedoch nach Höhe des geleisteten **Trinkgeldes** aussucht. Sparsame Zeitgenossen finden sich des Öfteren mit dem Rücken zum Geschehen wieder. Einige Shows bieten Inklusivpreise an (Getränke und Tax, was aber das Trinkgeld nicht mit einschließt!), manche sogar ein (mittelmäßiges) Dinner.*
· ***Fortbewegung** auf dem Strip: am besten zu Fuß. Für längere Strecken gibt es den **Trolleybus** (zw. „Mandalay Bay" und „Stratosphere Tower", 9.30–1.30 Uhr) oder den 24-Stunden-Doppeldeckerbus **„The Deuce"** (zw. Freemont St./Downtown und „Mandalay Bay") bzw. die **Monorail** (zwischen „MGM" und „SLS Las Vegas Resort"). Stadtbusse sind in der Regel während der Abendstunden brechend voll.*

Las Vegas entlang dem Strip

Den Trolley- (Shuttle-) bus bis nach Süden zum Hotel Excalibur nehmen. Dieses ist per Hochbahn mit dem thematisch in Ägypten beheimateten **Luxor** samt Pyramide, Sphinx und Obelisk sowie dem am südlichen Ende des Strip gelegenen **Mandalay Bay Hotel** verbunden, das aus zwei goldfarbenen Türmen besteht (dazu gehört u.a. das Delano Hotel). Auf der anderen Straßenseite lädt das **Tropicana** zu einem Ausflug in die Südsee nebst Park mit exotischen Tieren ein.

Die Welt wird hier kopiert

Hauptsächlich zu Fuß geht es dann in folgender Reihenfolge weiter: Excalibur – New York, New York (nördl. davon **The Park** mit Skulpturen, Wasserfällen und Lokalen besuchen) – Monte Carlo (Park MGM) – **MGM Grand** – **CityCenter (Arias)** (tolle Architektur). Dieser kleine, nahezu neun Milliarden Dollar teure Stadtteil zwischen Flamingo Rd. und Tropicana Ave. besteht aus eindrucksvollen Stadtbauten, bei denen Architekten wie *Helmut Jahn* und *Daniel Libeskind* mitgewirkt haben. Der Komplex aus mehreren Gebäuden wurde nach neuesten ökologischen Gesichtspunkten errichtet. Imposante Glaspaläste, die Show „Cirque du Soleil", Spas, Hotels, eine Art Collection, Grünflächen, Skulpturen Toprestaurants, eine exklusive Shopping Mall und das Aria Luxus-Casino & Hotel u.v.m. sollen nun die ganz Reichen hierher locken (*www.citycenter.com*)

Im schicken Bellagio mit seinen fast 4.000 Zimmern kann man die Ausstellung **Gallery of Fine Art**, den **Botanischen Garten** und die 300 m lange Wasserorgel **Bellagio Fountain** vor dem Hotel bewundern. Weiter zum **Caesar's Palace** – inklusive der vornehmen „Forum"-Einkaufspassage. Wer Hunger verspürt, läuft über die Autobahnbrücke zum Rio wegen des **Rio Carnival World Buffet** (S. 413). Am Strip geht es sonst weiter vorbei am **Mirage**, wo der **Vulkan** täglich um 20 und 21 (Fr/Sa auch 22) Uhr ausbricht. Treasure Island wartet mit **Piratenszenerie** und alten Segelschiffen auf. Überqueren Sie die Straße, und machen noch einen Schlenker zurück zur **Auto**

Von Top-Architekten entworfen: das City Center

Collection im „The LINQ" (weit hinten und im 5th Floor, tgl. 10–18 Uhr), wo 250 historische und seltene Autos zum Anschauen und Kaufen ausgestellt sind. Gleich dahinter liegt der **High Roller**, mit 168 m bis vor kurzem noch das höchste Riesenrad der Welt ein echter Höhepunkt ($ 18–32). Einen Block südlich lädt im Bally's die Ausstellung **Real Bodies** (weit hinten im Hotel, www.realbodiesatballys.com, $ 25) ein, den menschlichen Körper einmal anders zu sehen – und zwar in allen Details. Über eine Passage verbunden ist das Hotel mit dem **Paris** samt Eiffelturm.

Am Strip

Dann weiter, wieder gen Norden, geht es zum The Venetian, wo **Gondeln** auf dem Haussee herumfahren und vor dem **Madame Tussaud's** (*tgl. 10–20 Uhr*) mit Wachsfiguren aus der Welt des Showbusiness und Sport begeistert. Weiter nördlich erreicht man das luxuriöse **Wynn Las Vegas**. Bereits die auf den zentralen Bereich zulaufenden, ausgesprochen schicken Malls mit den sündhaft teuren Geschäften lassen erahnen: Hier wohnen die Reichen unter sich und so sieht auch deren Fuhrpark vor der Tür aus. Das Hotel selbst kutschiert seine Gäste in Rolls-Royce-Fahrzeugen umher. Abschließend mit dem Monorail bis zum SLS Las Vegas Resort, dann zu Fuß vorbei am alteingesesenen Circus Circus weiter zum **Stratosphere**, wo man auf den 350 m hohen Turm hinauffahren kann (Observation Deck und ein atemberaubender „Thrill Ride" auf der Spitze des Turms).

Beim Besuch der Hotels fällt eines auf: Es ist immer dunkel, und nur künstliche Beleuchtung erhellt die Räume. So soll den Spielern das Zeitempfinden geraubt werden, damit sie länger spielen. Zudem versuchen die Hotelcasinos, die Ausgänge „zu verstecken", damit erst gar nicht der Wunsch aufkommt, das Casino zu verlassen und woanders sein Glück zu versuchen. Ein Gast, der im Hotel nur wohnt, ist ein Verlust. Daher sind die Zimmer oft nur mit dem Nötigsten ausgestattet.

Nicht weit vom Strip erläutert das **Erotic Heritage Museum** *(3275 Sammy Davis Jr Dr., Mo–Mi 11–19, Fr–So bis 22 Uhr, www.eroticmuseumvegas.com, $ 30, online $ 18)* die Geschichte der Erotik.

Der **Arts District**, westlich des Strip und zwischen W. Bonneville Ave. im Norden und W. Charleston Blvd. im Süden angesiedelt, lässt mit seiner Entwicklung noch etwas auf sich warten. Wer einmal schauen möchte: Im Navi die Adresse eingeben: 1025 S. 1st Street.

13 Meilen südlich vom Mandalay Bay lädt **SPEEDVEGAS** auf der hauseigenen Rennstrecke Motorsportenthusiasten ein, schnelle Rennwagen zu fahren. Ob mit einem Ferrari, Lamborghini, Porsche oder einer Corvette; der Fahrer kann sich sein Gefährt aussuchen und damit die kurvige 2,5 Kilometer Strecke unsicher machen.
SPEEDVEGAS, *14200 S Las Vegas Blvd., ✆ 874-8888, https://speedvegas.com, ab $ 60/ Runde*

15 Meilen nordwestlich von Las Vegas liegt der **Red Rock Canyon**, eine 910 m tiefe Schlucht, in der es sich nett wandern lässt und eine 13 Meilen lange Panoramastraße an Picknickplätzen und Aussichtspunkten entlang führt. Doch wer später die auf S. 421 beschriebene Rund-/Weiterfahrt inkl. des **Valley of Fire** unternehmen will und außerdem den Grand Canyon auf seinem Programm hat, der kann diesen Canyon auch gut auslassen.

Reisepraktische Informationen Las Vegas, NV

VORWAHL 702

Information

Las Vegas Visitor Center: *3150 S. Paradise Rd., ✆ 892-7575, 1-877-847-4858, nur Mo–Fr geöffnet, www.lasvegas.com.*
Nevada Welcome Center, *Boulder City am US 93 (100 Nevada Way), ✆ 294-1252.*
Über Veranstaltungen informiert das regelmäßig erscheinende Magazin **Las Vegas Weekly** *(www.lasvegasweekly.com), das überall herumliegt. Zudem enthält die o.g. Internetseite des Visitor Center einen Veranstaltungskalender. Die Tageszeitung ist das* **Las Vegas Review-Journal** *(www.reviewjournal.com), dem freitags ein Veranstaltungsblatt beiliegt.*

Krankenhaus

University Medical Center: *1800 W. Charleston Blvd., ✆ 383-2000*

Sightseeingtours/Adventure

Las Vegas bietet sich als gute Basis an für Touren durch den Südwesten. Es gibt unzählige Tourunternehmer, die die Reisenden zu den verschiedensten Destinationen bringen. Dabei wird nicht nur auf herkömmliche Busse zurückgegriffen, sondern auch auf kleine Flugzeuge, Heißluftballons, Geländefahrzeuge u.v.m. Infos liegen in den großen Hotels aus.

Aus dem nahezu unüberschaubaren Angebot seien hier nur genannt:
Sightseeing Tours Unltd.: *✆ 1-800 377 2003, www.sightseeingtourslv.com. Touren aller Art, vornehmlich aber mit Bussen, zum Grand Canyon, Grand Canyon West, Laughlin, zu den Indian Reservations, aber auch günstige Angebote für Helikopterflüge.*
Helikopter- und Kleinflugzeugflüge zum Grand Canyon, über den Hoover Dam, aber auch Las Vegas, bietet u.a. **Papillon Helicopters** *(Abflüge vom McCarran Intl. Airport, ✆ 736-7243, www.papillon.com) an. Auf Exkursionen mit Hochdecker-Flugzeugen (der Aussicht wegen), z.B. zum Grand Canyon, aber auch zu weiteren Zielen (Bryce Canyon, Monument Valley, inkl. Übernachtungen u.a. Arrangements etc.) hat sich* **Scenic Airlines** *(3900 Paradise Rd. Suite #233, ✆ 638-3300, 1-800-634-6801, www.scenic.com) spezialisiert. Und wer zum Sonnenauf- oder -untergang mit einem Ballon über Las Vegas fliegen möchte, kann dieses mit* **Adventure Balloons Las Vegas** *tun: 5433 Longridge Ave., ✆ 807-1063, www.adventureballoonslasvegas.com.*
Etwas ganz anderes: Beim **The Big Dig** *bedient man selbst einen Bagger. D.h., es wird nicht nur Sand geschaufelt, sondern auch Basketbälle aufgesammelt, Picknickkörbe verschleppt etc.. Spaß für alle ab 14! (3012 S. Rancho Dr., 1-888-344-8447, www.digthisvegas.com/what-you-do).*

Unterkunft

Las Vegas ist Ziel unzähliger Amerikaner, die hier einmal im Jahr ihr Glück suchen. Besonders an den Wochenenden fliegen Zigtausende Gäste ein. Kein Wunder also, dass es über 300 Hotels und Motels mit zusammen über 150.000 Zimmern gibt. Las Vegas verfügt über viele der größten Hotels der Welt. Grundsätzlich kann man sagen, dass die riesigen Hotels am Strip teurer sind als die in der Innenstadt, dafür liegen sie aber auch günstiger zu den Highlights. Im nahezu dauernd überlasteten Straßensystem kann man für die Strecke Innenstadt bis MGM Hotel nicht selten 1–2 Stunden benötigen.

Die Hotels am und um den Strip unterliegen i.d.R. einem Thema und entsprechend imposant ist die Kulisse. So ist das New York, New York von Attrappen bekannter New Yorker Gebäude eingerahmt, das MGM widmet sich ganz dem Thema Film, das Luxor ist in Pyramidenform gebaut etc. Im Grunde aber handelt es sich immer um eine Schale und im Inneren erinnern nur die Restaurants sowie einige wenige Strukturen in den allgemeinen Räumen an das jeweilige Thema. In jüngerer Zeit kamen noch Luxushotels hinzu, die sich von dem Rummel absetzen wollen, z. B. das Wynn und das SLS Las Vegas Resort.
Preise: Je nach Wochentag (Wochenenden am teuersten) und Saison differieren die Preise immens. Vergleichen oder bereits von Europa aus über einen Reiseveranstalter vorbuchen lohnt.
Eine kleine Auswahl der Hotels in Las Vegas (Las Vegas Blvd. = The Strip):

Hotels am „Strip"
Günstige Motels ($$) *sind z. B. die* **Travelodge Las Vegas Center Strip** *(3735 S. Las Vegas Blvd., ✆ 736-3443, 1-800-578-7878, www.travelodgevegasstrip.com) und das* **Diamond Inn Motel** *(4605 S. Las Vegas Blvd., ✆ 736-2565, www.diamondinnvegas.com).*
Stratosphere Tower $$–$$$: *2000 S. Las Vegas Blvd., ✆ 380-7777, 1-800-998-6937, www.stratospherehotel.com. Das Hotel selbst ist wenig ereignisreich, dafür lohnt die Fahrt auf den 345 m hohen Turm, in dem oben drei Hochzeitskapellen und ein Restaurant untergebracht sind.*
The Orleans Hotel & Casino $$$: *4500 W. Tropicana Ave., ✆ 365-7111, 1-800522-4700. Zwar etwas abseits gelegen vom Strip (kostenloser Shuttle dorthin) und auch mit weniger Schnick-Schnack, dafür aber günstiger. Ausgestattet mit Spa, zahlreichen Restaurants (u. a. Großes Buffet, Austern-Bar), Bars, Bowlingbahn, großer Poolanlage etc.*
MGM Grand Hotel $$–$$$$: *Ecke Las Vegas Blvd./Tropicana Ave., ✆ 891-1111, 1-877-880-0880, www.mgmgrand.com. Smaragdgrüner Riesenpalast. Im „Hinterhof" ein Vergnügungspark, gemünzt auf Filme und Hollywoodvergnügen. Riesige Rooftop-Poolanlage!*
Excalibur $$–$$$$: *Ecke Las Vegas Blvd./Tropicana Ave., ✆ 597-7777, 1-800-937-7777, www.excalibur.com. Über 4.000 Zimmer, Casino mit 2.850 Slot-Maschinen, 890-Sitzplatz-Theater mit 2-3 Shows täglich, Hochzeitskapelle. Im Stil einer Ritterburg eingerichtet.*

Mittelalterliche Burg: Excalibur

Mirage $$–$$$$: *3400 S. Las Vegas Blvd., ✆ 791-7111, 1-800-374-9000, www.mirage.com. Regenwald, Haifisch-Aquarium an der Rezeption, weiße Tiger, Delphinarium – alles im Südseelook. Vor dem Gebäude spuckt allabendlich ein Vulkan seine „Lava" aus (20, 21, im Sommer 22 Uhr).*
Bellagio $$$–$$$$$: *3600 S. Las Vegas Blvd., ✆ 693-7111, 1-888-987-6667, www.bellagio.com. Eines der vornehmsten Hotels am „Strip". Thema: Italien. Im Hause gibt es eine die Bellagio Gallery of Fine Art mit jährlich wechselnden Top-Ausstellungen.*
Caesar's Palace $$$$$: *3570 S. Las Vegas Blvd., ✆ 731-7110, 1-866-227-5938, www.caesars.com. Weltberühmtes Luxushotel im Glanz des alten Rom, selbst die Sicherheitsbeamten haben Rüstungen an. Schauplatz großer Sportveranstaltungen.*
Es gibt am Strip auch Hotels, in denen es kein Casino gibt. Sie sind aber teuer und exklusiv ($$$$–$$$$$), so z. B. das **Vdara Hotel & Spa** *im Las Vegas CityCenter (2600 W Harmon Ave., ✆ 590-2111, 1-866-745-7767, www.vdara.com) mit sehr geräumigen Suiten und das etwas günstigere* **Planet Hollywood Resort** *(80 East Harmon Ave., ✆ 669-6700, 1-866-9197472, www.ceasars.com).*

Hotels in der Innenstadt

City Center Motel $$: *700 E. Fremont St., ✆ 382-4766, http://citycenterlv.com. Billig und einfach, aber sauber. Es gibt auch Familienzimmer mit drei Doppelbetten. Nur wenige Blocks entfernt vom Bahnhof.*
Golden Gate Hotel $$–$$$: *1 Fremont St., ✆ 385-1906, 1-800-426-1906, www.goldengatecasino.com. Mit nur etwas über 100 Zimmern ein Juwel, denn es handelt sich hierbei um das älteste Hotel der Stadt (Zimmer renoviert). Thema ist das alte San Francisco. Im Casino-Raum hängen auch historische Fotos von Las Vegas und San Francisco aus.*
Golden Nugget $$$: *129 E. Fremont Street, ✆ 385-7111, 1-800-634-3454, www.goldennugget.com. Berühmtes Hotel der „alten Garde" in der Downtown. Mittelklasse.*

Camping

RV Park at Circus Circus: *500 Circus Circus Dr., ✆ 733-9707, 1-800-444-2472. So dicht am Strip, dass man vermuten mag, dass hier einmal was Größeres gebaut werden soll. Auch einfache Hütten und Airstream-Wohnwagen zu mieten.*
Riviera RV Park: *2200 Palm Street, 3 Meilen südöstl. entlang dem US Hwy. 93. An der E Sahara Avenue in östliche Richtung, ✆ 457-8700, www.rivierarvpark.com. Nur RVs!*
American Campgrounds: *3440 N Las Vegas Blvd., ✆ 643-1222. Einfacher Camping- und RV-Platz, relative nahe an der Innenstadt.*
Koa at Sam's Town: *5225 Boulder Hwy. (7 Meilen zum Strip), ✆ 454-8055, http://koa.com/campgrounds/las-vegas/. Sehr schön und es gibt einen kostenlosen Shuttle zum Strip. Auch Camping.*

Restaurants

Nutzen Sie die Gelegenheit und bedienen Sie sich an den **Buffets der Spielcasinos**. *Relativ günstig gibt es hier die ausgesuchtesten Leckereien. Meiden Sie die begehrtesten Zeiten (18.30–21 Uhr), dann ist es sehr voll und auch teurer. Empfehlenswerte Buffets:* **Rio Carnival World & Scafood Buffet** *(Leckereien aus aller Welt, ✆ 777-7757, im Rio All Suites Hotel, 3700 W Flamingo Rd.). Das etwas günstigere* **Buffet at TI** *(Treasure Island, ✆ 1-800-944-7444, 7–22 Uhr) setzt auf internationale Vielfalt und bietet Fr–So abends auch ein Seafood-Buffet an.*

Es dreht sich im „Top of the World"-Restaurant des Stratosphere Hotels

Natürlich hat Las Vegas auch tolle Restaurants zu bieten, so z. B. recht exquisite im **Venetian**, *im* **Las Vegas CityCenter** *(Tipp:* **Javier's** *im Aria Hotel mit erstklassiger mexikanischer Küche, ✆ 1-866-590-3637), im* **Wynn Las Vegas** *oder im* **Palazzo** *(Tipp: Steaks im* **CUT by Wolfgang Puck**, *✆ 607-6300). Diese sind aber auch entsprechend teuer.*

Top of the World: *Stratosphere, ✆ 380-7711. Hier gibt es gute Küche mit sagenhaftem Ausblick. Das Turmrestaurant dreht sich langsam, sodass Sie während eines Dinners mindestens einmal rum kommen. Wem das Essen zu teuer ist, der kann auch in die Bar im 107. Stock gehen. Unbedingt vorher reservieren.*

Hofbräuhaus: *4510 Paradise Rd./gegenüber Hard Rock Café, ✆ 835-2337. Manch einem mag es zu kitschig wirken, aber die bayerische Küche (leckere Weißwurst, Wurstsalat u.v.m.) und auch die anderen deutschen Gerichte sind wirklich gut. Grundsätzlich gibt es ein „Entertainment-Programm", das im Hintergrund läuft, oft auch spezielle Shows.*

Texas de Brasil: *6533 Las Vegas Blvd. South/Town Square, ✆ 614-0080, www.texasdebrazil.com Die südamerikanische Küche hat in den letzten Jahren immer mehr an Einfluss gewonnen. Hier kann man für einen Festpreis brasilianische Appetizer, Steaks, Gourmet-Käse u. a. verspeisen – Texas-Size-Buffet!*

Sushisamba: *3327 S. Las Vegas Blvd., Palazzo, Retail-Level, ✆ 607-0700. Eher leichtere Kost, das Restaurant verbindet japanische, peruanische und brasilianische Einflüsse. Hier werden auch Sushi-Kurse angeboten.*

Burger Bar: *Mandalay Bay, ✆ 632-9364. Leckere und zum Teil recht ausgefallene Hamburger.*

Ein weiterer Tipp, wenn man es mal ruhiger mag: **Candlelight-Dinner auf das Zimmer**.

Bars und Pubs

107 Sky Lounge *im 107 Stock des Stratosphere Tower,* **Whiskey Down** *(u. a. 50 verschiedene Whiskeys) oder* **Centrigue** *(bekannt für die Cocktails) im MGM Grand, der* **VooDoo Rooftop Nightclub** *hoch oben im Rio Hotel (ab 20/21 Uhr, ✆ 777-6875), von wo aus man einen tollen Blick auf den Strip hat. Angeschlossen ist das* **VooDoo-Steakhouse** *(✆ 777-7923). Von der* **Skyfall Lounge** *im Delano Hotel (3940 S. Las Vegas Blvd.) ist der Ausblick ebenfalls atemberaubend – und ab 21 Uhr dreht hier der DJ auf. In der ganz in weiß gehaltenen* **Rhumbar** *im Mirage gibt es leckere Cocktails und dürfen Zigarren geraucht werden. Unkompliziert geht es zu im* **Downtown Cocktail Room** *(leichte Musik, 111 S. Las Vegas Blvd./Ecke E. Fremont St.). Auf dem Tresen tanzen die Barkeeperinnen im* **Hogs & Heifers** *(Downtown, 201 N 3rd St./Odgen Ave., http://hogsandheifers.com) sowie im* **Coyote Ugly** *(New York-New York-Hotel).*

Im **Triple 7 Restaurant & Brewery** *(Downtown, 200 N. Main St., Main Street Station) werden verschiedene Craft-Biere aus aller Welt ausgeschenkt.*

Hier gehen die Einheimischen hin (alle 24 Std. geöffnet): *Im* **Crown & Anchor Pub** *(1350 E. Tropicana Ave.) gibt es 30 internationale Biere vom Zapfhahn, englische Pub-Kost und dauernd Spiele (Trivia etc.). Das* **Champagne's** *(3557 S. Maryland Pkwy.), im New Orleans Style gehalten, hat sich seit der Eröffnung 1966 wenig nicht verändert. Besonders auffällig ist die* **Golden Tiki Bar** *in Chinatown (3939 Spring Mountain Rd., www.thegoldentiki.com). Man sollte sich nicht vom äußeren Eindruck der modernen Stripmall mit kleinen asiatischen Restaurants und Fastfoodläden irritieren lassen. Es ist „Tiki-Atmosphäre" in Vollkommenheit samt leckerster Südsee-Cocktails!*

Einkaufen

Früher waren es die Outlet Malls, die viele Reisende nach Las Vegas zogen, mittlerweile nimmt aber die Zahl der exklusiven, zum Teil sündhaft teuren Malls immer mehr zu.

The Forum Shops: *3500 Las Vegas Blvd. S. (Caesar's Palace Hotel). 100 Geschäfte. Sehr vornehm, u. a. Geschäfte wie Gucci, Ann Taylor oder Boogies Diner.*

Fashion Show Mall: *Ecke Strip/Spring Mountain Rd. Über 140 Boutiquen und andere Geschäfte, wie z. B. Neiman Marcus Warehouse und Saks Fifth Avenue. Viele nette Cafés. Auffällige Architektur.*

Boulevard Mall: *3528 Maryland Pkwy. Über 140 Geschäfte, u. a. Macy's und Sears. Nicht so beeindruckend wie die erstgenannten. Eher „down-to-earth".*

The Grand Canal Shops *und* **The Shops at the Palazzo**: *Ecke Las Vegas Blvd./Sands Ave. (Venetian Hotel). Die zurzeit wohl exklusivsten Malls. Viele Designer, exquisite Restaurants.*

Weitere, ausgesuchte Malls gibt es im **Las Vegas City Center**, *die auf jüngere Leute ausgerichteten* **Miracle Mile Shops** *(3663 S. Las Vegas Blvd., hinter dem Planet Hollywood) sowie die ebenfalls ausgesuchten Shops (Tiffany, Prada, Armani etc.) in der* **Via Bellagio** *im gleichnamigen Hotel.*

Bass Pro Shops: *8200 Dean Martin Dr./ Blue Diamond Rd., I-15 Exit 33, südlich der Stadt. Outdoorbekleidung und alles für Outdooraktivitäten (Schuhe, Angeln, Boote etc.). Viele Markenwaren. Günstige Angebote.*

Las Vegas South Premium Outlets/ Outlet Center Annex: *Las Vegas Blvd. S./Warm Springs Rd., 155 Outlet-Shops, so z. B. Levis, Calvin Klein, Adidas, Hilfiger, Nike u. a. Die wohl beste Outlet-Adresse der Stadt.*

Fashion Outlets of Las Vegas: *32100 S. Las Vegas Blvd., in Primm (30 Autominuten). Feinere Mode-Geschäfte: Versace Burberry, Kenneth Cole u. a.*

Las Vegas North Premium Outlets: *875 S. Grand Central Pkwy., I-15-Exit 41b. 150, zumeist auf Bekleidung spezialisierte Outletgeschäfte. U.a. Tommy Hilfiger, Lacoste, Polo Ralph Lauren.*

Konzerte/Theater/Opern/Sportveranstaltungen

In Las Vegas erübrigt sich eine Nennung der Veranstaltungsorte, da sie in der Regel identisch sind mit den Adressen der größten Hotels. Wer also ein gutes Konzert, eine interessante Sportveranstaltung o.ä. erleben möchte, sollte im regelmäßig erscheinenden Magazin **Las Vegas Weekly** *(www.lasvegasweekly.com), unter www.lasvegas.com/shows-and-events/ bzw. bei Ticketmaster (www.ticketmaster.com) nachsehen. Es gibt wohl kaum einen Platz auf der Welt, wo sich Showstars, berühmte Musiker oder Weltmeister im Boxen solch ein Stelldichein geben wie Las Vegas. Natürlich gibt es auch weniger bekannte Musicals und andere Shows. Die Karten für die großen Veranstaltungen sind häufig früh ausverkauft und dazu auch nicht ganz billig. Es gibt zudem eine Reihe „Dauer-Shows", so z. B. die von* **Cirque du Soleil,** *die in ver-*

schiedenen Hotels Shows unter einem bestimmten Motto zeigen (www.cirquedusoleil.com). Auch die **Blue Man Group** *führt regelmäßig im Luxor Hotel auf: 3900 S. Las Vegas Blvd., ✆ 262-4400, www.blueman.com.*

Verkehrsmittel

Flughafen

McCarran Int. Airport: *5757 Wayne Newton Blvd., ✆ 261-5211, Internet: www.mccarran.com*

Anfahrt mit dem Auto: *Fahren Sie einfach den Strip (Las Vegas Blvd. South) in südliche Richtung. An der Kreuzung beim Excalibur Hotel nach links in die Tropicana Avenue. Schließlich nach 1 ½ Meilen nach rechts in die Paradise Rd.* **Shuttle-/Kleinbus**: *Stehen am Airport bereit, nahe der Gepäckausgabe, Ausgänge 7-13 (Terminal 1), Level Zero (Terminal 3). Die Fahrten zum Strip kosten etwa $ 14, die in die Innenstadt ca. $ 18-20 pro Person, ein Unternehmen ist* **Bell Trans** *(✆ 739-7990, www.airportshuttlelasvegas.com).* **Stadtbusse:** *Die Linie 108 fährt zum Strip nahe dem Convention Center und weiter zur Downtown, die Linie 109 fährt direkt zur Downtown und der WAX Express kreuzt den Strip entlang der Tropicana Ave. auf dem Weg zur Downtown. Alle großen* **Mietwagenfirmen** *haben Stationen am Airport. In den großen Hotels sind zumeist eine oder zwei Mietwagenfirmen mit einem Schalter vertreten. Die Stationen sind bestens ausgeschildert an den Interstates 15 und 215.*

Öffentliche Verkehrsmittel/Taxi

Amtrak: *Bietet nur in Verbindung mit Greyhound (s.u.) Busrouten zu den nächsten Bahnhöfen an (u. a. Kingman, AZ und Salt Lake City, UT).*

Überlandbusse: *Greyhound: 200 S. Main LV, ✆ 384-9561, 1-800-454-2487.*

Stadtbusse: *Busse der „Regional Transportation Commission" (RTC) fahren 24 Stunden entlang dem Strip. Haltestellen werden nach Hotels ausgerufen. ✆ 228-7433, 1-800-228-3911, www.rtcsnv.com. Der* **Deuce-Bus** *fährt rund um die Uhr entlang des Las Vegas Boulevard zwischen Downtown und dem Four Seasons, der SDX Strip & Downtown Express fährt hier ebenso (9 Uhr bis Mitternacht), hält aber nicht ganz so oft. Zentraler Abfahrtspunkt ist der Busbahnhof Ecke Fremont St./Las Vegas Blvd.*

Trolley: *Der „Las Vegas The Strip Trolley", eine Replik einer alten Straßenbahn (jetzt Bus), verkehrt entlang dem Strip zwischen Downtown und Mandalay Resort (9 Uhr bis Mitternacht), ✆ 382-1404. Tickets gibt es nur an den Automaten an den Haltestellen, nicht beim Fahrer!*

Trams/Monorail: *Die Bahnen werden von den Hotels betrieben. Es gibt zzt. vier davon:*

- *zwischen den Hotels Excalibur, Luxor und Mandalay Bay, frei.*
- *zwischen den Hotels MGM und der East Sahara Ave., Einzelfahrt $ 5, 24-Stunden-Ticket $ 12.*
- *zwischen den Hotels Bellagio, Crystals Shopping Center und Aria/Monte Carlo, frei.*
- *zwischen den Hotels Mirage und Treasure Island, frei.*

Taxi: *Eine Fahrt entlang des Strip kann ewig dauern wegen des Verkehrs. Die Taxifahrer kennen aber die schnellen Schleichwege.* **Yellow Checker Star Cab**: *✆ 873-2000 bzw.* **Western Cab**: *✆ 736-8000*

Abstecher zum Death Valley National Park

Anfahrt

*Die **Anfahrt** von Las Vegas zum Death Valley National Park dauert 2–3 Stunden. Die kürzeste Strecke zum Furnace Creek Visitor Center führt entlang des NV 160 (ca. 125 Meilen/200 km, 2 ½ Stunden), die schnellste über den Interstate 95 (140 Meilen/ 224 km, 2 Stunden) und die schönste über NV 160, dann nach etwa 45 Meilen nach Süden über den Old Spanish Trail bis Tecopa, weiter nach Shoshone und schließlich über den CA 178 zum Furnace Creek Visitor Center (170 Meilen/ 272 km, ca. 3 ½ Stunden).*

Immer noch kommen die meisten der jährlich etwa 1,1 Mio. Besucher zwischen Spätherbst und Frühling in den Nationalpark, aber die Zahl derjenigen, die sich von der extremen Hitze im Sommer nicht abschrecken lassen, stieg in den letzten Jahren konstant. Außer mit dem eigenen (Miet-)Wagen ist das Death Valley praktisch nur auf organisierten Touren zu erreichen. Der nächste größere Flughafen ist der von Las Vegas.

Eigentlich bildet das „Tal des Todes" nur den nordöstlichen Teil der Mojave Wüste und gehört zweifellos zu den herausragenden natürlichen Sehenswürdigkeiten des amerikanischen Westens. Das war auch der Grund, warum 1933 Präsident *Roosevelt* es zum National Monument erklärte; 1994 schließlich erhob man das Death Valley zum Nationalpark und weitete das geschützte Gebiet auf insgesamt 1,36 Mio ha aus – und damit zum größten Nationalpark außerhalb Alaskas! Das Tal selbst macht dabei nur einen kleinen Teil aus, der größere besteht aus hohen Gebirgszügen, tiefen Canyons und Hochebenen mit Joshua-Tree-Wäldern. Während die Gipfel Höhen von mehr als 3.000 m ü.d.M. erreichen, ist das eigentliche Death Valley eine Senke, die bei Badwater 86 m unter Meeresspiegelniveau liegt. Damit bildet das Tal mit seinen Sand-, Stein- und Salzwüsten die tiefste Stelle des nordamerikanischen Festlandes. Bei einer durchschnittlichen jährlichen Niederschlagsmenge von nur 33 mm gibt es keinerlei Wasserreservoirs. Im

Im Backofen des Death Valley

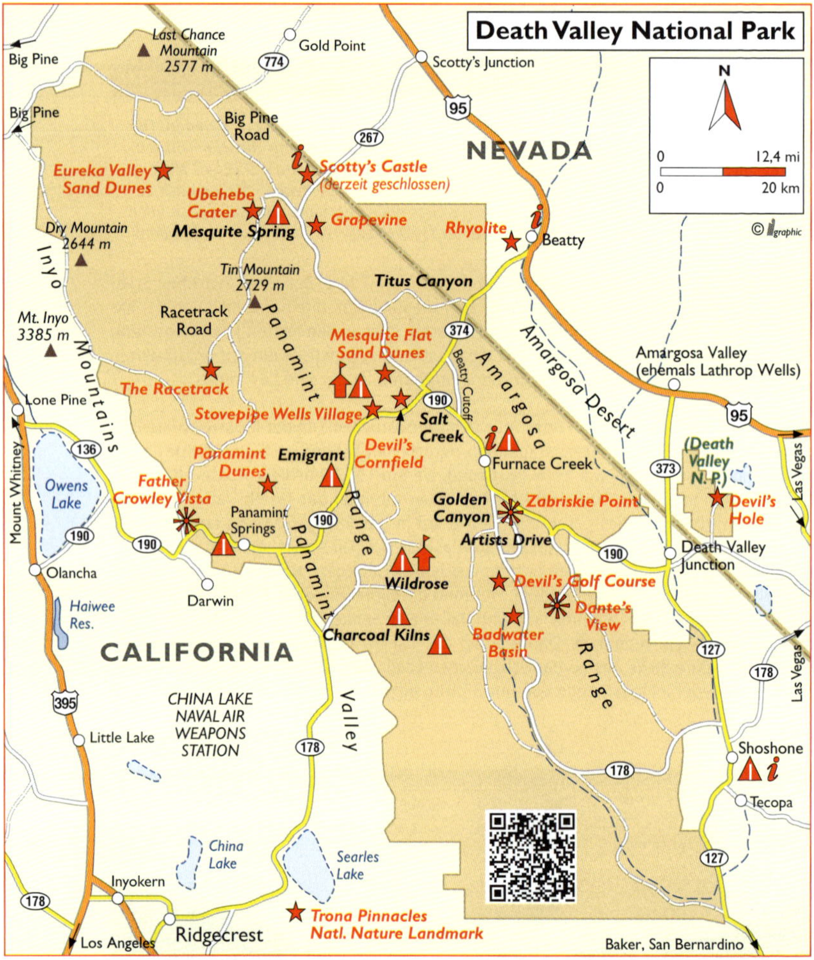

Talboden breiten sich deshalb nur ausgetrocknete Salzseen, Geröllfelder und hohe Sanddünen aus. Im Gegensatz zu dieser extremen Wüste finden sich entlang der Hänge verschiedene Vegetationsstufen mit Halbwüstencharakter, und auf den höchsten Gipfeln der Gebirgsstränge liegt selbst im Sommer Schnee. Oberhalb der Talsohle, die nur nach Einbruch der Dunkelheit von nachtaktiven Tieren besucht wird, können u. a. Kojoten, Dickhornschafe *(Bighorn Sheep)*, Wildesel *(burro)* und mehrere Greifvögel existieren.

Durch das Death Valley führen asphaltierte Straßen, wobei die Hauptverbindung durch den CA 190 gebildet wird, der sich von Death Valley Junction im Osten zum Owens Lake im Westen windet. Entlang dem Highway befinden sich das Visitor Center und die Unterkünfte von Furnace Creek, das Stovepipe Wells Village, Panamint Springs, ein Lebensmittelgeschäft, Tankstellen und Campingplätze. Mit Ausnahme der Höhenunter-

Extreme dieser Region	
Höchste gemessene Temperatur:	56,7 °C (10. Juli 1913)
Tiefste gemessene Temperatur:	-9,4 °C (8. Januar 1913)
Jahr mit dem geringsten Niederschlag:	1929, 1953 (0,0 mm)
Jahr mit dem meisten Niederschlag:	1941 (116 mm)
Tiefster Punkt:	-86 m (westlich von Badwater)
Höchster Punkt:	3.368 m (Telescope Peak)
Ältestes Gestein:	1,8 Milliarden Jahre alt
Jüngstes Gestein:	Salzkristalle, die sich permanent bilden

schiede und der Hitze (Kühlwasser!) sind bei dieser Straße keine Schwierigkeiten zu erwarten. Auch die asphaltierten Wege 267 (nördlicher Parkabschnitt) und 374 (nach Beatty) sind uneingeschränkt verkehrstauglich, während die Straße zwischen Emigrant, Wildrose und dem CA 178 (Emigrant/Wildrose Canyon Pass für Fahrzeuge mit einer Länge über 25 ft. verboten ist.

Zeiteinteilung

Für eine Erkundung des Death Valley sollte man etwa zwei Tage einkalkulieren. Folgender Vorschlag geht von einer Abfahrt in Las Vegas am Morgen aus, sodass man das Tal des Todes am späten Vormittag erreicht (Fahrtzeit etwa 2½–3 Stunden).

1. Tag: Anfahrt über Death Valley Junction und die CA 190. Nach etwa 30 km (hinter der Informationstafel) kann man bei ausreichender Zeit einen Abstecher zum 1.677 m hoch gelegenen Aussichtpunkt **Dantes View** unternehmen. Die Stichstraße ist über 21 km in einer Richtung lang und lohnt sich bei tiefstehender Abendsonne nicht mehr. Zu anderen Tageszeiten hat man aber einen herrlichen Überblick über das Tal des Todes und auf die gegenüber liegende Bergkette der Panamint Mountains mit dem 3.368 m hohen **Telescope Peak**. Die nächste Station ist an der CA 190 das Visitor Center in **Furnace Creek**. Hier erhält man Informationen, Bücher und Kartenmaterial, und hier sollte man sich spätestens um ein Nachtquartier kümmern. Anschließend Fahrt auf der CA 178 in südlicher Richtung bis **Badwater**, wo es die tiefste Stelle der USA zu „besichtigen" gibt. Nahebei liegt der wohl ungewöhnlichste „Golfplatz" der Vereinigten Staaten, der **Devil's Golf Course**, in dem überdimensionierte steinerne Golfbälle herumliegen. Auf der Rückfahrt nach Furnace Creek sollte man nach rechts zur Autorundfahrt **Artists Drive** einbiegen. Die im Nachmittagslicht wunderschön liegende „Palette" eines gigantischen Künstlers leuchtet in grünen, rostroten, braunen, violetten, gelben und orangenen Farbtönen. Verantwortlich für dieses Schauspiel sind neben der farbigen vulkanischen Asche die unterschiedlichen und z. T. oxydierten Materialien des Gesteins (besonders rotes und gelbes Eisenoxyd).

Aussichtspunkt

2. Tag: Den Morgen sollte man mit einer kurzen Fahrt zurück auf dem CA 190 beginnen. Nach knapp 10 km lohnt sich hier der Aussichtspunkt **Zabriskie Point**, der mit den frühen Sonnenstrahlen ein herrliches Panorama auf die verschiedenen und leuchtenden Gesteins- und Sandformationen des Tales bietet. Auf dem Weg zurück ist für Wanderer kurz vor der Kreuzung zur Furnace Creek Ranch ein Halt am **Golden Canyon** empfehlenswert, einer in wunderbaren Farben leuchtenden Schlucht. Sie führt geradewegs zum Zabriskie Point. Die Rundwanderung, deren Höhepunkt die Gesteinsformationen Manly Beacon und Red Cathedral sind, ist gut 3 km lang, wer ganz bis zum Zabriskie Point wandern möchte, legt 4 km in einer Richtung zurück, bei 290 m Höhenunterschied.

Leuchtende Farben

Anschließend fährt man wieder zurück nach **Furnace Creek**, wo man sich das **Death Valley Museum** (Erläuterungen zur Geschichte und Naturgeschichte des Tales) anschauen und ein zweites Frühstück einnehmen kann. Weiter geht es dann in nördlicher Richtung nach **Stovepipe Wells** (19 Meilen), wo mit den ausladenden Sanddünen am ehesten dem gängigen Wüstenklischee entsprochen wird. Im nahen **Stovepipe Wells Village** gibt es eine bescheidene Infrastruktur mit Campingplatz, Tankstelle und dem *Toll Road Restaurant*.
Bei knapp bemessener Zeit sollte man nun über den CA 374 und über den Daylight Pass (1.316 m) nach Beatty und zurück nach Las Vegas fahren. Schöner ist es, wenn man auf einer ca. 53 km langen Strecke die Fahrt bis **Grapevine** fortsetzt. Hier darf man den gut 8 km langen Abstecher zum **Ubehebe-Krater** nicht versäumen. Vom Parkplatz aus sieht man nur den Kegel des Vulkanstumpfes, wer aber nach rechts bis zum Kraterrand aufsteigt, hat nicht nur den Blick in den ca. 200 m tiefen Schlund, sondern entdeckt noch mehrere erloschene Nebenkrater.

Schloss im spanischen Stil

Nach diesem Abstecher geht's zurück nach Grapevine, dann zum merkwürdigen **Scotty's Castle**. Dort hat der Millionär *Albert Johnstone* 1926–31 ein Schloss im spanischen Stil errichten lassen und dabei weder Mühen noch Kosten gescheut. Das Material kam z. T. aus Europa; bis zu 2.000 Arbeiter sollen auf der Baustelle beschäftigt gewesen sein. Wirtschaftlich war *Johnstone* jedoch nicht sonderlich erfolgreich, und seine Spekulationen fanden durch den Schwarzen Freitag im Jahre 1929 ihr abruptes Ende. Das Schloss, das sein Besitzer nur als *Death Valley Ranch* bezeichnete, hat seinen Namen nach einem gewissen *Walter Scott*, der den Millionär zu gewagten Investitionen bei der Goldsuche überredete und ins Death Valley lockte. Auch *Walter Scott*, kurz *Scotty* genannt, lebte hier bis zu seinem Tod im Jahre 1954. Hinter dem Schloss liegt sein Grab.
Scotty's Castle Visitor Center & Museum, *✆ (760) 786-2392, beide tgl. geöffnet, tgl. Führungen durch die 25 Räume des Schlosses angeboten (hoher Eintrittspreis). Da es in der Hochsaison regelmäßig zu Wartezeiten vor Scotty's Castle kommt, sollte man bei Interesse zunächst hierhin fahren und eine Führung buchen. Bei Wartezeiten kann man dann den Abstecher zum Ubehebe Crater unternehmen oder an Ort und Stelle einen Snack einnehmen.*

Hinweis: *Aufgrund von starken Beschädigungen während der Jahrhundertflut 2015 ist Scotty's Castle mindestens bis 2019 geschlossen! Aktuelle Infos unter www.nps.gov/deva, zum Straßenzustand unter www.facebook.com/DeathValley RoadConditions, ✆ 760-786-3280.*

Reisepraktische Informationen Death Valley National Park, CA

VORWAHL 760

Information

Furnace Creek Visitor Center & Museum, *Furnace Creek Resort am Ca 190, tgl. 8–17 Uhr, ✆ 786-3200, www.nps.gov/deva/*

Unterkunft

Stovepipe Wells Village Motel $$: *Im Park am CA 190, ✆ 786-2387, www.deathvalleyhotels.com. Einfacheres, aber gutes und komfortables Haus mit 83 Zimmern, Restaurant, Swimmingpool und einigen Campmobil-Stellplätzen.*

Furnace Creek Resort: The Inn at Furnace Creek $$–$$$: *am CA 190, Death Valley, ✆ 1-800-236-7916, www.furnacecreekresort.com. Historisches Gebäude von 1927 im Schlossstil. Heute ein erstklassiges, stilvolles Hotel mit 68 Zimmern und einem feinen Restaurant. Unter gleicher Leitung und nahebei ist die* **Furnace Creek Ranch $$**: *Motel mit 225 zweckmäßig eingerichtete Cabins und Standardzimmer sowie komfortable Deluxe-Zimmer. Beide teilen sich Swimmingpool, Tennis- und Golfplatz, sowie die 2 ansprechendsten Restaurants im Park (Steakhous u. Family-Restaurant u. Saloon). Angeschlossen an das Resort ist ein Campingplatz sowie RV-Stellplätze.*
Außerhalb des Parks gibt es meist einfache und billige **($–$$)** *Unterkünfte in Beatty (z. B.* **El Portal, Atomic Inn, Exchange Club Motel***), Shoshone (***Shoshone Inn***). Unser Tipp ist aber das in den 1920er Jahren im Adobe-Stil erbaute* **Amargosa Opera House & Hotel $$** *in Death Valley Junction (✆ 852-4441, www.amargosa-opera-house.com). Einfache Zimmer, aber lustiges Drumherum (Opernhaus und Histörchen).*

Camping
Im Nationalpark befinden sich neun Campingplätze, von denen ganzjährig geöffnet sind: **Furnace Creek, Mesquite Spring, Emigrant** *und* **Wildrose**. *Zudem gibt es Camping- und RV-Plätze im Furnace Creek Resort (s.o.)*

Hinweis
Wegen der begrenzten Kapazität sollten Sie Unterkünfte im Death Valley vorbuchen!

Von Las Vegas entlang dem Lake Mead nach St. George

Alternative 2

(Alternative 1 siehe S. 394)

Diese Tour bietet sich auch als Tagesausflug von Las Vegas an. Zu empfehlen ist ein Abstecher entlang der nordwestlichen Uferzone des Lake Mead. Die schöne Wüstengebirgslandschaft mit „bunten" Steinformationen und das tiefdunkle Blau des Lake Mead bieten einen sehenswerten Anblick. Dieser Umweg ist ca. 100 Meilen länger und dauert etwa drei Stunden extra, wenn Sie alle Abstecher zum See und zum Valley of Fire mitnehmen. *Fahrt in die Wüste*

Den südlichen Abschnitt zwischen Visitor Center und Las Vegas Bay kann man auch auslassen, dort gibt es nichts, was man nicht auch am nördlicheren Abschnitt zu sehen bekommt. Für die Fahrt mit dem Auto nehmen Sie den I-15 bis North Las Vegas, biegen dort nach Osten ab auf den Lake Mead Boulevard (NV 147). Auf der folgenden Passstrecke hat man rückwärtig einen wunderschönen Panoramablick über Las Vegas. An der folgenden T-Kreuzung biegen Sie nun nach links ab auf den NV 167 (North Shore Road).

Auf diesem Streckenabschnitt lassen sich die unterschiedlichsten, farbenreichen Steinformationen gut erkennen. Im Laufe der Jahrmillionen haben hier Hebungen und Senkungen die Gesteine durcheinander gemischt. Verschiebungen und Verwerfungen haben

Unglaubliches Farbenspiel

für die Falten und schroffen Kanten gesorgt, die besonders an den höheren Bergen zu erkennen sind. Letztendlich war es dann das Klima, das für die Erosionskräfte (Kälte/Wärme, Niederschläge, Windausblasungen) gesorgt hat. Auffällig sind vor allem drei Farben:

- **Rot**: Ehemalige Sanddünen, die vor über 140 Millionen Jahren entstanden sind, durch Eisenoxidation ihre Farbe erhalten und sich schließlich verhärtet haben. Hierbei handelt es sich um die gleiche erdgeschichtliche Formation, wie sie im Zion National Park, an der Rainbow Bridge oder in der Painted Desert zu sehen ist. Das macht deutlich, wie groß die Sandwüste einmal gewesen sein muss.
- **Grün(-grau)**: Moenkopi- und Chinle-Formation der Sandsteinablagerungen, wie im Petrified Forest, wobei dort die grüne Farbe nicht so hervorgetreten ist. Auch hier finden sich Überreste von versteinertem Holz.
- **Schwarz**: Selten anzutreffen, aber deutlich als Lavagestein auszumachen. Diese Lavagesteine sind nicht zu verwechseln mit den dunklen Kalkgesteinen auf den Höhen, welche dieselben sind wie an der Kante des Grand Canyon.

Callville Bay, vier Meilen entfernt von der Hauptstrecke, war einst ein bedeutender Flusshafen für die Mormonen aus Utah, die hier von Süden Waren angeliefert bekamen. Unvorstellbar, wie damals die kleinen Dampfschiffe die Stromschnellen des Colorado gemeistert haben müssen. 1869, mit dem Bau der transkontinentalen Eisenbahnstrecke, verlor Callville Bay seine Bedeutung und wurde verlassen. Die Ruinen der kleinen Stadt liegen jetzt unter der Wasseroberfläche des Lake Mead. Der heutige Ort ist als Marina (*www.callvillebay.com*) angelegt. Wer möchte, kann hier ein Hausboot oder stundenweise ein Motorboot mieten. Neben einer Snack Bar gibt es einen RV- und Campingplatz, aber nur beschränkt Unterkünfte. **Echo Bay**, 21 Meilen nördlich gelegen entlang der Hauptstrecke, bietet weitere Camping- und RV-Stellplätze, das Hotel wurde geschlossen. Einfache Hotels und Restaurants gibt es 25 Meilen weiter nördlich in Overton, Moapa Valley und Amber.

Der Wasserstand des Lake Mead ist in den vergangenen Jahren dramatisch gesunken

Die Berge, die man links zwischen Callville Bay und Overton sieht, sind die **Muddy Mountains**. Sie wurden durch enormen Druck gepresst, gefaltet und z.T. umgekippt. Der Druck war so stark, dass sie 14 Meilen in östliche Richtung über den bereits vorhandenen Untergrund gedrückt wurden. Ein Resultat der Umwerfungen sind tiefe Lavaschächte, aus denen z.B. die beiden warmen Quellen **Roger Springs** und **Blue Point Springs** mit 30 °C warmem Wasser gespeist werden (hier gibt es kein Trinkwasser!).

Der nächste Abstecher sollte unbedingt zum **Valley of Fire State Park** gehen. Biegen Sie hierzu kurz hinter dem Abzweig zum **Overton Beach** (kleiner Hafen) nach links ab (Achtung: Nach starken Regenfällen kann die Straße unpassierbar sein). Diese Ansammlung von roten Gesteinen (erdgeschichtlich aus Dünen entstanden) hat bereits 1935 die Regierung von Nevada dazu veranlasst, das Gebiet als erstes im Staat unter Schutz zu stellen. Besonders in der Morgen- und der Abendsonne „entflammt" das Gestein und bietet Gelegenheiten für schöne Fotoaufnahmen. Besonders interessante Punkte sind der „Rainbow-Vista"-Aussichtspunkt, das versteinerte Holz („petrified logs") und die Bergformationen der „Seven Sisters". Den kurzen Scenic Loop sollten Sie auch mitnehmen. Gesteinsbögen und Slot Canyons gibt es auch. Anthropologisch interessant ist ein Spaziergang durch den „Petroglyph Canyon", wo es Felsgravuren (Petroglyphe) der Basketmaker und der Anasazi zu sehen gibt (*http://parks.nv.gov/parks/valley-of-fire, tgl. Sonnenauf- bis -untergang, $ 10. Campingmöglichkeit*).

Das Gestein „entflammt"

Um die Kulturgeschichte dieses ganzen Areals noch besser verstehen zu können, lohnt es sich, wieder zurück auf die Hauptstrecke zu fahren und kurz vor Overton das **Lost City Museum** zu besichtigen. Die Ausstellung in diesem kleinen Museum ist mit viel Liebe zusammengestellt. Vor dem Gebäude können Sie sich nachgebaute Hütten der Anasazi ansehen, und im Museum sind neben Gebrauchsgegenständen dieser Kultur auch Forschungsergebnisse anthropologischer Institute verschiedener Universitäten ausgestellt. Besonders interessant ist die Theorie, dass aus diesem Gebiet, welches wahrscheinlich schon vor 10.000 Jahren von Wüstenvölkern besiedelt war, die Menschen in die östlich gelegenen Siedlungsräume ausgeströmt sind. War die Lost City der zentrale Ausgangspunkt für die spätere Besiedlung des heutigen Arizona bzw. New Mexico? Die ersten sesshaften Menschen in Lost City waren erst die Basketmaker.

Spuren der Ureinwohner

Lost City Museum, *721 S. Moapa Valley Blvd., ✆ (702) 397-2193, http://museums.nevadaculture.org/lcm, tgl. 8.30–16.30 Uhr, $ 5.*

Von Overton bis zur Auffahrt zur I-15 geht es nun durch das auffallend fruchtbare Tal des Muddy River. Schon früh haben hier und im benachbarten Tal des Virgin River die Anasazi Ackerbau betrieben. Heute sind es die Mormonen, die sich wie überall in Utah und Nevada die ehemals abgelegenen und für das Gros der Siedler wenig attraktiven Gegenden zum Siedeln ausgesucht haben.

Zurück auf dem Highway fährt man am besten durch bis St. George. **Mesquite**, ein staubiger Ort an der Grenze zwischen Nevada und Arizona, ist kaum besuchenswert und dient höchstens einigen Spielern aus Utah als zweitrangiges Vergnügungsplätzchen. Einzig interessant ist das kleine **Virgin Valley Heritage Museum** *(35 West Mesquite Blvd., Di–Sa 10–16 Uhr, frei)*, das die Geschichte der ersten Siedler illustriert.

St. George selbst ist auch eine wenig eindrucksvolle Stadt. Sehenswert ist aber der Mormonentempel (St. George Temple), welcher 1877 von den hier angesiedelten Mormonen errichtet wurde Diese kamen bereits 1861 in die Gegend, einem Aufruf folgend, sich von Salt Lake City aus über den südlichen Landesteil zu verstreuen. Die ersten Jahre in dieser unwirtlichen Gegend waren sehr hart, und somit dauerte es fast 15 Jahre, bevor das Land ausreichend kultiviert war und man sich entschloss, den Tempel zu bauen.

St. George Temple VC, *490 South 300 East, ✆ (435) 673-5181), www.lds.org, tgl. 9–21 Uhr. Die Kirche kann man selber nicht besichtigen, aber im Visitor Center nebenan werden Touren angeboten.*

Südlich von St. George liegt das **Grand Canyon-Parashant National Monument**, eine attraktive, nahezu unberührte Landschaft mit Canyons, Auswaschungen, Felszeichnungen der Paiute, verlassenen Ranchen, einer ehemaligen Mine sowie Aussichtspunkten auf das Colorado-Tal/den Grand Canyon. Hier gibt es nur Pisten, keine Hotels und die Campinggelegenheiten sind mehr als einfach. Eine Region für Abenteurer. Während der sommerlichen Regenzeit sind die Pisten oft unpassierbar. Eine gründliche Vorbereitung sowie das Einholen von aktuellen Wetterbedingungen ist für den Besuch dieses Parks unabdingbar!

Information

Infos gibt es in St. George beim **Interagency Information Center** *des Bureau of Land Management (BLM) (345 E. Riverside Dr., ✆ (435) 688-3200, www.nps.gov/para, Mo–Sa) oder am Pipe Spring NM (S. 481; ✆ (928) 643-7105).*

Von St. George aus zum **Zion National Park** folgen Sie erst noch dem I-15 und biegen nach ca. neun Meilen nach Osten ab und folgen der Ausschilderung. Wenn Sie sich für diese Route entscheiden und nicht der in den folgenden beiden Kapiteln beschriebenen zwei alternativen Hauptrouten dieses Buches folgen, dann könnte die Reiseroute von Las Vegas/St. George aus z. B. folgendermaßen aussehen:

Vorschlag 1: 1. Tag: Las Vegas – Zion National Park, 2.–3. Tag: Zion NP und Bryce Canyon NP, 4. Tag: Bryce Canyon NP – Capitol Reef NP, 5. Tag: Capitol Reef NP – Blanding/Monticello/Moab, 6. Tag: Canyonlands NP oder Arches NP – Moab, 7. Tag: Moab – Salt Lake City oder Denver

Vorschlag 2: 1. Tag: Las Vegas – Zion NP, 2. Tag: Zion NP – Bryce Canyon NP, 3. Tag: Bryce Canyon NP – Pipe Spring NM – Grand Canyon NP (North Rim), 4. Tag: Grand Canyon NP (Wandern/Besichtigungen), 5. Tag: Grand Canyon NP – Marble Canyon – Page (Bootsfahrt zur Rainbow Bridge), 6. Tag: Page – Navajo NM – Monument Valley, 7. Tag: Monument Valley – Canyonlands NP (Südteil) – Moab, 8. Tag: Moab – Canyonlands

NP (Nordteil) – Moab, 9. Tag: Moab – Arches NP – Moab, 10. Tag: Moab – Denver oder Salt Lake City
Vorschlag 3: 1. Tag: Las Vegas – Zion NP, 2. Tag: Zion NP – Bryce Canyon NP, 3. Tag: Bryce Canyon NP – Capitol Reef NP, 4. Tag: Capitol Reef NP (Wanderungen), 5. Tag: Capitol Reef NP – Salina – Salt Lake City

Der Grand Canyon und die Sehenswürdigkeiten entlang dem Colorado-Tal

Entfernungen

Diese Angaben beziehen sich nur auf die direktesten Strecken. Umwege und Rundfahrten, z. B. in den Parks, kommen immer hinzu!
Grand Canyon South Rim – Grand Canyon North Rim: 215 Meilen/344 km
Grand Canyon South Rim – Monument Valley: 190 Meilen/306 km
Monument Valley – Moab: 150 Meilen/242 km
Monument Valley – Hanksville – Torrey: 213 Meilen/343 km

Routenempfehlung

Bei einer Anhäufung von so vielen Naturschönheiten, die alle relativ dicht aufeinanderfolgen, aber auch über das gesamte nördliche Arizona und südliche Utah verstreut liegen, ist ein Routenvorschlag schwer. Wer möglichst viel sehen möchte, dabei aber auf das eine oder andere verzichten kann, dem sei ***folgende Route empfohlen*** *(Alternativroute entnehmen Sie bitte dem folgenden Kapitel):*
South Rim des Grand Canyon NP nach Cameron (AZ 64). Dann US 89 nach Norden bis zum Abzweig US 160 (od. Abstecher nach Page). Vorbei an Tuba City und dem Navajo NM bis Kayenta. Nach Norden auf dem US 163 und zum Monument Valley. Nach der Überquerung des San Juan River nach links auf den UT 261 (ACHTUNG: Nicht für größere Wohnmobile geeignet!), vorbei am Valley of the Gods. Nach 33 Meilen nach links auf den UT 95, vorbei am Natural Bridges NM und bis Hanksville. Dann UT 24 nach Westen und durch den nördlichen Zipfel des Capitol Reef NP. Kurz nach Verlassen des Parks nach Süden auf den „Scenic Byway UT 12" zum Bryce Canyon NP. Wenig später dann auf dem US 89 in nördlicher Richtung nach Salt Lake City.
Für die Eiligeren*: Grand Canyon (South Rim) nach Cameron. Dann US 89 (bzw. US 89A - Marble Canyon) bis zum Abzweig des UT 9 zum Zion NP. Vom dort zurück auf den US 89. Nach Norden abbiegen und nach 68 Meilen nach Osten auf den UT 12 zum Bryce Canyon NP. Von dort zurück auf den US 89 und in Richtung Norden nach Salt Lake City. Streckenlänge: 620 Meilen (1.000 km). Zeit: mindestens 5 Tage, inkl. 2 Tagen am Grand Canyon (die Beschreibung dieser Strecke finden Sie im nächsten Kapitel).*

Überblick

Die wohl atemberaubendste Landschaft der Reise liegt jetzt vor Ihnen. Gleich zu Beginn der Grand Canyon, die größte Schlucht der Welt. Hier sollten Sie mindestens einen Tag verbringen, um in Ruhe zu allen Tageszeiten und bei verschiedenen Lichtverhältnissen unvergessliche Anblicke auszukosten. Einige behaupten, der Besuch der North Rim sei viel schöner. In jedem Fall ist es dort weniger touristisch. Den 5 Mio. Touristen an der South

Zwischen Grand Canyon und Salt Lake City

Rim stehen nur 400.000 Besucher an der verkehrstechnisch ungünstiger gelegenen North Rim gegenüber.

An der darauf folgenden Strecke gibt es unzählige Naturhöhepunkte, die man als Überblick gar nicht alle nennen kann. Tipps: Lassen Sie sich etwas treiben, aber halten Sie grob an der geplanten Route fest – das Gebiet ist groß, die Strecken sind lang und es fährt sich nicht überall schnell. Man kann nicht alles „abhaken". Lieber mal an einer schönen Stelle stehenbleiben, picknicken und die Landschaft genießen. Und fahren Sie nicht in die Dunkelheit hinein.

Grand Canyon National Park

Der Grand Canyon ist eines der größten Naturwunder unserer Erde, das verhältnismäßig spät entdeckt, dann aber schnell berühmt wurde. Im Jahre 1893 (24 Jahre, nachdem *Major Powell* den Colorado River zum ersten Mal bezwungen hatte) erklärte der damalige US Präsident *Harrison* die tiefe Schlucht zum Naturschutzgebiet.

Präsident *Theodore Roosevelt* war Anfang des 20. Jh. so begeistert, dass er das Gelände 1906 zum Wildreservat erklärte. Schon drei Jahre vorher hatte er folgende „goldenen Worte" gesagt, die auch heute noch beherzigt werden sollten: „Arizona besitzt im Grand Canyon ein Naturwunder, das in der ganzen Welt nicht seinesgleichen hat. Was den Canyon angeht, möchte ich um eines bitten: Lassen Sie dieses große Wunder der Natur so, wie es jetzt ist. Ich hoffe, dass Sie nicht ein einziges Gebäude geplant haben, kein Sommerhaus, kein Hotel, nichts, was die Schönheit des Canyons beeinträchtigen könnte. Lassen Sie alles so ursprünglich, wie es ist. Hier gibt es einfach nichts zu verbessern. Die Zeiten haben diesen Canyon geformt, der Mensch kann ihn nur verformen. Es steht in Ihrer Macht, den Canyon für Ihre Kinder und Kindeskinder zu bewahren, für alle, die nach Ihnen kommen, als die unumstritten größte Sehenswürdigkeit, die jeder Amerikaner einmal gesehen haben sollte."

Redaktionstipps

- **Übernachten**: Grand Canyon S. 442. Am Monument Valley die **Goulding's Monument Valley Lodge**, da ruhiger – im **The View Hotel** ist die Aussicht aber besser (S. 451). Die **Red Cliffs Lodge** bei Moab überzeugt durch die Lage im Canyon und Angebote (S. 464).
- Die **wichtigsten Sehenswürdigkeiten** neben den Nationalparks sind: die **Rainbow Bridge**, ein 88 m hoher Steinbogen (S. 446); die Kulisse des **Monument Valley** (S. 450), besonders in der Abendsonne; die Steinbrücken des **Natural Bridges NM** (S. 453) und der **Lake Powell** (S. 455), der als großer See in den wüstenhaften Gebieten einen angenehmen Kontrapunkt setzt.
- Planen Sie in diesem Reisegebiet **(nur) bei Zeitmangel eine lange Etappe** von über 600 km vom Grand Canyon nach Torrey (beim Capitol Reef NP) ein, da es auf der direkten Strecke nur relativ wenige Hotels gibt.
- Die schönsten **Outdoor-Aktivitäten**: **Schlauchboot-/Kajakfahrten** auf dem Colorado: ab Page bzw. Lees Ferry (S. 445) oder im Umkreis von Moab (Green River/Canyonlands NP (S. 464)); **Wanderungen** in den Nationalparks Capitol Reef (S. 456), Arches (S. 470) bzw. am Grand Canyon entlang der Rim (S. 437) sowie zur Rainbow Bridge (S. 446); **Ausritte** um Moab oder am Monument Valley (S. 450); **Mountain Biking** um Moab (S. 463).
- Haben Sie immer **genug zu trinken** dabei. Fürs Essen empfiehlt sich ein gut sortierter Picknickkorb.
- Lassen Sie sich Zeit! **Nationalparks erwandern**, um die Landschaft richtig genießen zu können. Nicht die Sehenswürdigkeiten abhaken, also: Mut zur Lücke und eventuell einen Nationalpark auslassen.
- **Zeiteinteilung: mind. 5 Tage**: 1. Tag Anreise zum Grand Canyon South Rim, dort übernachten. 2. Tag: vormittags Grand Canyon, Spaziergang an der Rim. Mittags weiter zum Monument Valley. Dort Sonnenuntergang und übernachten. 3. Tag: Natural Bridges NM und abends bis Moab, dort 2 Nächte. 4. + 5. Tag: einen ganzen Tag Zeit lassen für den NP Ihrer Wahl, Arches NP oder Canyonlands NP. Am 5. Tag 3 Stunden für den zweiten NP und dann weiterfahren in Richtung Denver od. Salt Lake City.

Alternative: Strecke Grand Canyon – Monument Valley – Natural Bridges – Capitol Reef NP in 4 Tagen, dabei Wanderungen unternehmen in den einzelnen Parks. 5. Tag Wandern im Capitol Reef NP, dann entlang UT 12 zum Bryce Canyon.

Es war allerdings Präsident *Wilson* vorbehalten, das Gesetz zu unterzeichnen, das den Grand Canyon zum Nationalpark erklärte. Das war 1919, und im gleichen Jahr besuchten 44.000 Menschen den Park. 25 Jahre später hatte sich die Zahl verzehnfacht. Heute ist man Roosevelts Empfehlung, jeder Amerikaner sollte einmal hier gewesen sein, ein ganzes Stück näher gekommen: Inzwischen sind es 5,5 Millionen Personen, die jedes Jahr zum Grand Canyon pilgern. Ein Dilemma wird da schnell sichtbar, denn wo viele Menschen beisammen sind, wird die Natur zwangsläufig in Mitleidenschaft gezogen.

Hinweis

Rafting im Grand Canyon*: Ein paar Tage auf dem Colorado River im Schlauchboot zu fahren ist ein grandioses Erlebnis. Dies ist durch die Parkverwaltung aber strengstens limitiert und nur ausgesuchten Rafting-Unternehmen gestattet, und die sind zumeist lange im Voraus ausgebucht.* *Infos S. 441.*

Geologische Entstehung

Viele Besucher fragen sich, wie die Natur dieses Kunstwerk schaffen konnte. Darauf eine Antwort zu geben fällt schwer, denn die **geologische Geschichte** des Naturparks ist kompliziert und geht enorm weit zurück. Allgemein muss man sagen, dass dort, wo sich heute die Menschen am Canyon-Rand drängen, einmal Meere und Süßwasserseen gewesen sind, aber auch Vulkane und Berge, höher als der Himalaya. Zu Beginn der Schöpfung, vor etwa zwei Milliarden Jahren, befand sich die Erde in einem chaotischen Umwandlungsprozess. Über dem flachen Grund eines salzigen Meeres lagerten sich mächtige, kilometerdicke Schichten ab, durchsetzt von der Lava immer wieder ausbrechender Vulkane. Vor etwa 1,7 Milliarden Jahren wurden diese Schichten durch tektonische Vorgänge im Innern des Planeten hoch gehoben und zu etwa 9.000 m hohen Bergen aufgetürmt. Durch das immense Gewicht schmolzen Teile des Gesteins und wurden zu Schiefer. Die unterste Schicht am Grand Canyon, der dunkelgraue Vischnu-

*Eines **der** Naturwunder dieser Erde*

Schiefer, entstammt dieser Periode des Erdaltertums. In den folgenden Jahrmillionen wurde das hohe Gebirge fast vollständig wieder abgetragen; erneut bedeckte ein See den Grund, und erneut lagerten sich Sedimente ab. Bis zu 3.650 m waren die Schichten dick, aber auch sie wurden durch die nachfolgende Erosion wieder abgetragen. Ihre geringen Überreste können diejenigen entdecken, die in den Grand Canyon absteigen und die farbigen Bänder des unteren Drittels betrachten. Sie sind das Produkt eines 500 Millionen Jahre währenden Prozesses. Die darüber liegenden Schichten sind im Wesentlichen Ablagerungen der Ozeane, die in 300 Millionen Jahren des Erdmittelalters kamen und gingen. Bis zu siebenmal bedeckten Muscheln, Algen, Korallen den Boden, dann Material eines Sumpfgebietes und einer trockenen Landoberfläche, dann wieder Meeresablagerungen und wieder Dünensand. Man kann in den Schichten Überreste von Pflanzen entdecken, Überreste von Landtieren, Insektenflügel, Fußspuren von Dinosauriern und Muscheln, Korallen und Schwämme. Erst vor etwa 65 Millionen Jahren, in der Neuzeit der Erde, begann die Arbeit an dem, was wir heute als Grand Canyon sehen und bestaunen. Wieder einmal hatten tektonische Bewegungen eine Erdplatte nach oben gedrückt, das sogenannte Colorado-Plateau, das aus all den oben aufgezählten Schichten und Ablagerungen besteht. Durch dieses Plateau fraß sich nun der Colorado River, alle Hindernisse beiseite räumend, die sich ihm in den Weg stellten. Auch die Vulkanausbrüche (zuletzt der Sunset Crater im Jahre 1064 n. Chr.), die in den letzten zwei Millionen Jahren Lavadämme und Aschenregen im Canyon absetzten, konnten die Urgewalten des Colorado nicht stoppen. So hat er einen in der Welt einmaligen Querschnitt durch etwa zwei Milliarden Jahre Erdgeschichte gegraben, den jeder Besucher an den farbigen Äderungen genau verfolgen kann – von den Aussichtspunkten aus, aus Flugzeugen oder am besten auf einer Wanderung hinab in die innere Schlucht.

Redaktionstipps

- Unterkünfte besonders im Park **rechtzeitig reservieren**. Wochenenden meiden.
- **Übernachten** Sie im historischen **El Tovar Hotel**, das ganz aus Holz erbaut ist, bzw. günstiger in einer Hütte der **Bright Angel Lodge & Cabins**. Günstigere Alternative wäre ein **Hotel in Williams**, da die Hotels in Tusayan überteuert sind. Für Tusayan die Empfehlung: das **Grand Hotel**, S. 443.
- **Dinner** im Restaurant des „El Tovar". Atmosphäre, Ambiente und Küche stimmen, und mit etwas Glück bekommen Sie auch einen Fensterplatz
- Wer in Tusayan übernachtet, sollte mit dem Shuttlebus zur South Rim fahren.
- Die **besten Zeiten für den Blick** vom South Rim sind der frühe Morgen und die 2 Stunden vor dem Sonnenuntergang. Dann ist die Luft klar, und die Felsen leuchten in sattem Rot.
- Ein **Rundflug** (S. 442) ist ein unvergleichliches Erlebnis, das die Schlucht in ihrem gesamten Ausmaß ermessen lässt.
- Zum **Abstieg in den Canyon** sollten Sie nicht nur festes Schuhzeug, sondern auch Kleidung für jede Temperatur mitnehmen und genügend TRINKWASSER und NAHRUNG. Zudem: lange im Voraus buchen.
- Wenn Sie es **ruhiger** möchten, fahren Sie besser zum North Rim (S. 439, von ca. Mitte Mai bis Oktober geöffnet) und schauen sich nur kurz den South Rim (S. 434) an.

Die Gesteinsschichten rühren also aus dem Paläozoikum (vor etwa 225 bis 570 Millionen Jahren), dem Proterozoikum (vor 570 Millionen bis 1 Milliarde) und dem Archaikum (vor über 1 ½ Milliarden Jahren) her. Auch dem Laien, dem solche Begriffe nicht viel sagen mögen, fällt die Schichtung allein durch die **Farbigkeit** ins Auge. Zuoberst ist der Felsen **grau-weiß** (Kaibab-Kalkstein [1]), darunter **leuchtend rot** (Toroweap-Kalkstein [2]), dann **lederfarben** (Coconino-Sandstein [3]), darunter **rot** (Hermit-Schiefer [4]), dann ebenfalls **rot** (Supai-Formation [5]), darunter **blau-grau** (Redwall-Kalkstein [6]), dann **purpur** (Temple-Butte-Kalkstein [7]), dann **grau** (Muav-Kalkstein [8]), dann **grün-grau** (Bright-Angel-Tonschiefer [9]), schließlich **braun** (Tapeats-Sandstein [10]) und zuunterst **dunkelgrau** (Vischnu-Schiefer [11]).

Wer noch andere Nationalparks der Region besucht, sollte wissen, dass sich auf der Ebene oberhalb des Canyon-Randes weitere Ablagerungsschichten gebildet haben und eben-

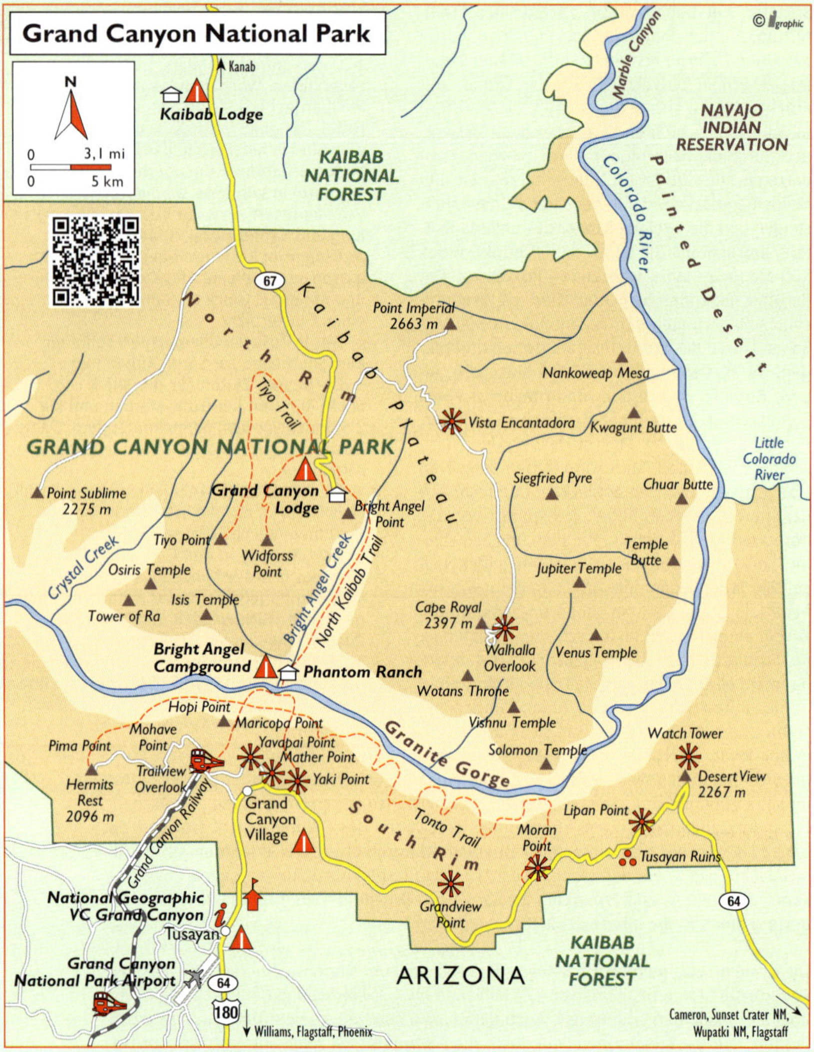

falls emporgehoben wurden. So liegen über dem Kaibab-Kalkstein jene sieben Schichten (die White Cliffs und die Vermillion Cliffs), die man auch im Zion National Park sieht, und darüber wiederum die fünf Schichten der Grey Cliffs und Pink Cliffs, aus denen die Erosion den Bryce Canyon herausgesägt hat. In den drei genannten Nationalparks ist das sichtbare Gestein des Grand Canyon also am ältesten und das des Bryce Canyon am jüngsten. Dort wie hier dauert der geologische Prozess an; die Arbeit des Flusses ist selbstverständlich nicht abgeschlossen, wenn auch klimabedingt „erdgeschichtlich für kurze Zeit“ verlangsamt. Man hat ausgerechnet, dass er tagtäglich etwa

800.000 Tonnen an Tonteilchen, Sand und Geröll fort transportiert. Immer noch hobelt, modelliert und nagt der Colorado also am Gestein. Er wird den Grand Canyon noch in Millionen von Jahren weiter verändern, wenn die Staudämme der Menschen längst verrottet sind.

Geologie des Grand Canyon

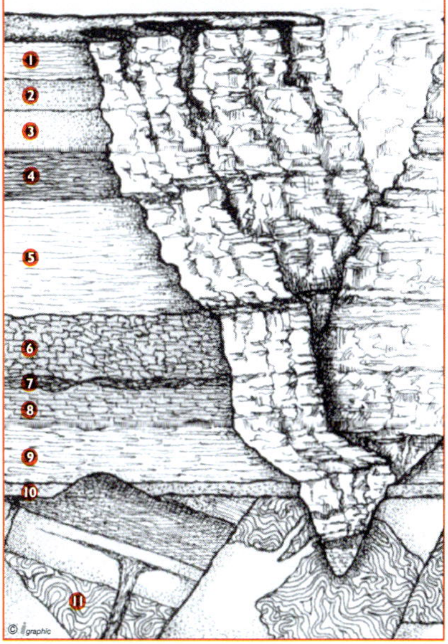

Erforschung

Gegenüber den Jahrmillionen der Erdgeschichte nimmt sich die Chronik der **menschlichen Besiedlung** wie ein Wimpernschlag aus. Andererseits reicht diese weiter zurück, als viele annehmen. Denn wenn die Datierung merkwürdiger, kleiner, aus Weidenzweigen geflochtener Figuren stimmt, lebten schon vor 4.000 Jahren Menschen im Grand Canyon, hauptsächlich von der Jagd auf Großhornschafe. Ab etwa 500 n. Chr. brachten die Anasazi-Indianer ihre hochstehende Kultur hierhin. Das beweisen neben den Ruinen von Tusayan auch vorzügliche Beispiele der indianischen Felsbildkunst und Tausende von anderen Relikten. Nachdem der Volksstamm der „Alten" um 1250, wahrscheinlich wegen einer Dürreperiode, die Region verlassen hatte, folgten deren Nachfahren, die Hopi, die heute noch östlich des Nationalparks leben. Schließlich stießen auch die Europäer in diese Gegend vor. Wie im gesamten Südwesten waren es zunächst die Spanier, die auf der Suche nach Gold die Region auskundschafteten. Von Hopi-Indianern bis zum südlichen Rand des Grand Canyon geleitet, bedeutete die tiefe Schlucht für die Expedition eines *Francisco de Coronado* oder seiner Zeitgenossen ein unüberwindliches Hindernis. Die Spanier schafften es noch nicht einmal, die Felswände hinabzusteigen und ihre Wasservorräte aufzufüllen. Aus der Distanz schätzten sie die Breite des Flusses übrigens auf nur 2 Meter! Den Konquistadoren folgten Missionare, die den Pueblo-Indianern die Segnungen des Christentums bringen wollten. Ein Franziskanermönch, *Francisco Tomás Garcés*, war wahrscheinlich derjenige, der den Strom als erster „Roter Fluss" (Rio Colorado) nannte.

Entdeckung und Besiedlung

Nachdem der Südwesten Teil der USA geworden war, bemühte sich die Regierung um eine Erforschung und Vermessung des Landes. Der letzte weiße Fleck, auf Landkarten mit der Aufschrift „unexplored" versehen, war der mittlere Lauf des Colorado, also der Grand Canyon. Versuche, über die Flussmündung und Yuma mit einem Dampfschiff in den Grand Canyon einzudringen, mussten nach 563 km aufgegeben werden. Die endgültige Erforschung des Colorado gelang erst 1869 mit der legendären Bootsfahrt des *Majors J.W. Powell* (s. nächste Seite).

Später, in den letzten Jahren des 19. Jh., kamen Trapper, Goldsucher und Abenteurer auf der Suche nach Kupfer-, Blei- und Asbestvorkommen in den Canyon. Darunter waren so abenteuerliche Gestalten wie der Einsiedler *„Hermit" (Louis Boucher)*. Gleichzeitig besuchten von *Powells* Buch und den sagenhaften Geschichten angelockt, die ersten Touristen mit der Postkutsche von Flagstaff aus den südlichen Canyon-Rand. Der Bau der Grand Canyon Railway im Jahre 1901 (eine Seitenstrecke der Santa Fe Railway) brach-

info

Informationen zur Colorado-Expedition des Majors Powell

Kein anderer hat durch seine Pioniertat, seine Reisebeschreibung und seine wissenschaftliche Arbeit so viel für die Erforschung des Grand Canyon getan wie *John Wesley Powell*. Wie einige seiner Gefährten war *Powell* ein alter Haudegen und hatte seinen Mut im amerikanischen Bürgerkrieg bewiesen. Damals hatte der Major seinen rechten Unterarm verloren, was ihn nicht hinderte, sich tatkräftig an die **Erforschung** des Grand River (so hieß damals der Colorado) zu begeben, die von der amerikanischen Regierung dringend gewünscht wurde. *Powell* erkannte, dass der reißende Fluss, wenn überhaupt, nur mit kleinen Booten zu bezwingen war.

Mitte Mai des Jahres 1869 traf sich dann eine kleine Gemeinschaft illustrer Gestalten in Green River (Utah). Außer *Major Powell* war auch sein Bruder *Walter*, ein Ex-Leutnant, mit von der Partie, weiter die Brüder *Howland* (ein Verleger und ein ehemaliger Soldat), außerdem zwei Trapper, ein Pelzhändler, ein Ex-Sergeant, der 18-jährige Schotte *Andy Hall* und *Frank Googman*, ein englischer Abenteurer (der sich zufällig in Green River aufhielt und sich der Gruppe anschloss). Für die beschwerliche Reise fertigte man aus Eichenplanken vier stabile, schwere Ruderboote an, ca. 6 ½ m lang und mit doppelt verstärktem Bug und Heck. Am 24. Mai war es dann soweit: Von den winkenden Einwohnern des Dorfes verabschiedet, trugen die vier Ruderboote die zehn Männer und reichlich Vorräte und Instrumente schnell den Fluss hinab. *Powell* notierte dazu in seinem Tagebuch: *„Wir sind auf dem Wege ins große Unbekannte. Wir haben eine undefinierte Strecke zurückzulegen, haben fremde Flüsse auszukundschaften. Wir wissen nicht, ob gefährliche Wasserfälle auf uns warten, ob Felsen die Fahrrinne versperren und wie hoch sich die Steilwände über uns erheben werden. Ah - well - mag kommen, was da komme. Die Männer sind guten Mutes und zuversichtlich.“*

Die Expedition wurde gefährlicher, als *Powell* gedacht hatte. In mehr als 160 Stromschnellen mussten sich Besatzung und Boote bewähren. Mehrere Dutzend Male mussten die Männer das Gepäck zu Fuß weiter transportieren, schwimmend über Bord gegangene Gegenstände retten oder auf der Suche nach Nahrung mehrere 100 m steile Wände hinaufklettern. Doch ohne Verluste konnte die Expedition am 17. Juli vom Green in den Colorado River einbiegen

Darstellung einer Expedition des Colorado

und schließlich in die tiefe Schlucht des Grand Canyon einfahren. Zu diesem Zeitpunkt freilich waren fast alle Männer bereits verletzt, zerschunden und ausgelaugt. Ein Boot war inzwischen zerschellt und die Kleidung so zerfetzt, dass die Männer nackt weiterreisen mussten. Trotz alldem hatte *Powell* noch Zeit und Energie, Untersuchungen zu den Gesteinsschichten anzustellen und alle Anzeichen menschlichen Lebens gewissenhaft zu notieren: *„Einige der Männer haben Ruinen und Töpferscherben entdeckt, desgleichen Zeichnungen und Hieroglyphen am Fels."*

Am 15. August 1869 campierte die Expedition dort, wo heute die Phantom Ranch Wanderer und Touristen beherbergt. Nachdem man flussaufwärts die Mündung des schlammigen Colorado Chiquito (Little Colorado) passiert hatte, sahen drei Expeditionsmitglieder – die Brüder *Howland* und der Trapper *Bill Dunn* – aufgrund der misslichen Lage keine Chance mehr, über den Fluss zur Zivilisation zurückzukehren. Am 28. August kletterten sie deshalb die Steilwände hinauf und versuchten, sich zu Fuß durchzuschlagen. Halb verhungert gelangten sie zu einem Lager der Shivit-Indianer, wurden von diesen versorgt und konnten bald weiterziehen. Da erfuhren die Indianer, dass eine ihrer Frauen von Weißen vergewaltigt und ermordet worden war, sie hielten die drei für die Täter, ritten ihnen nach und brachten sie um.

Währenddessen hatte die Expedition bereits die Grand Wash Cliffs hinter sich gelassen und damit den Grand Canyon bezwungen. Kurze Zeit später waren *Powell* und der Rest der Mannschaft wieder in Sicherheit. Ihre Reise hatte 98 Tage gedauert, und in der Presse waren die Männer bereits für tot erklärt worden. 1871 fuhr der Major ein zweites Mal den Colorado hinab und passierte dabei erneut den Grand Canyon. Anschließend schrieb er seinen klassisch gewordenen Reisebericht „Canyons of the Colorado", der 1879 publiziert wurde.

Nicht nur als Soldat, Forscher, Kartograph und Schriftsteller gelangte *John Wesley Powell* zu Ruhm. Der Autodidakt, der es bis zur Professur in Geologie brachte, wurde später zum Direktor des geologischen Bundesamtes der USA ernannt. Außerdem war *Powell* immer bemüht, auch die Kultur der Ureinwohner zu verstehen, und brachte sich deshalb mehrere Indianersprachen bei. Damit war er schließlich auch zum Direktor des Bundesamtes für Völkerkunde prädestiniert. Viele Straßen, Plätze und Berge, das **John Wesley Powell River History Museum** in Green River, UT *(1765 E. Main St., ✆ (435) 564-3427, http://johnwesleypowell.com, im Sommer tgl. 9-19 (So 12-17 Uhr), Rest des Jahres Di-Sa 9-17, $ 6)* sowie das **John Wesley Powell** Museum in Page, AZ *(6 N. Lake Powell Blvd., ✆ (928) 645-9496, www.powellmuseum.org, Mo-Fr (April-Okt. auch Sa/So) 9-17 Uhr, $ 3)* und nicht zuletzt der große Stausee erinnern heute an den Pionier und seine bedeutendste Leistung, die Colorado-Expedition.

Buchtipp

Powell, Major John Wesley: The Exploration of the Colorado River and its Canyons, 1895 (reprint, New York). Aufschlussreicher, spannender und mit vielen künstlerisch hochwertigen Stichen illustrierter Reisebericht des ersten Colorado-Bezwingers.

te spürbare Reiseerleichterung und führte zu einem ersten Aufschwung des Dorfes „Grand Canyon Village". Mit der Eisenbahn wurde der Startschuss für die ungeheure Entwicklung des Fremdenverkehrs gegeben. In der Folge besuchte Präsident *Roosevelt* die Stätte (s.o.), und das große Hotel „El Tovar" wurde errichtet. Damit wurden alle Pläne der Elektrizitätsgesellschaften hinfällig, den Grand Canyon unter einem Stausee verschwinden zu lassen.

Die Eisenbahn operierte übrigens bis 1968, wurde dann stillgelegt und Ende 1989 als touristische Attraktion wieder eröffnet.

Einige Zahlen zum Grand Canyon:

- *6 ½ – 29 km breit (durchschnittlich 19 km), 446 km lang und durchschnittlich 1.600 m tief*
- *Der **Colorado River** ist auf diesem Abschnitt 350 km lang und 90 m breit, er hat ein Gefälle von 670 m und 160 Stromschnellen (davon sind 70 als 'schwierig' eingestuft)*
- *Jährlich besuchen etwa 5,5 Millionen Touristen den Grand Canyon*
- *Mehr als 250.000 Menschen steigen jedes Jahr zum Colorado River hinab*
- *Ebenfalls mehr als 250.000 Menschen nehmen an einem Flug über den Canyon teil*
- *Etwa 20.000 Menschen bezwingen jährlich den Colorado River mit Booten*
- *Der Nationalpark ist 493.070 ha groß*

Allgemeines

Das Gebiet des Colorado River ist auf einer Länge von ca. 400 km zum Grand Canyon Nationalpark erklärt worden. Grundsätzlich hat dieses Schutzgebiet zwei Zugänge: Einmal den **North Rim** (= Rand), erreichbar über den US 89A und dann dem AZ 67. Dieser höher gelegene Teil des Nationalparks ist nur zwischen Mitte Mai und Ende Oktober (manchmal länger, je nach Wetterkonditionen) geöffnet; zum anderen den **South Rim**, zu dem der US 89 bzw. US 180 zum AZ 64 führt. Dieser Highway durchquert einen Teil des südlichen Parkgeländes und führt von der South Entrance Station zur East Entrance Station. Dieser Teil des Parks ist ganzjährig geöffnet.

North und South Rim

Auf beiden Seiten gibt es jeweils ein Besucherzentrum, Läden, Unterkünfte aller Art, ausgeschilderte Wanderwege und andere Aktivitäten. Die Frage, welchem Canyon-Rand man den Vorzug geben sollte, stellt sich in den Wintermonaten nicht, da der North Rim geschlossen ist. Ansonsten aber spricht für den North Rim die um knapp 500 m höhere Lage (2.500–2.690 m), das waldreichere Gelände, der weitaus geringere Besucherandrang und die niedrigeren Preise. Auch im Hochsommer kann man am North Rim immer noch ein ruhiges Plätzchen finden. Für den South Rim spricht dagegen die bessere Erreichbarkeit (näher zum Freeway-System), im Frühjahr und Herbst das wärmere Klima, der Blick auch in den nordöstlichen Teil des Canyons vom Desert View Point, über den Tag gesehen das bessere Fotolicht und für Wanderer die geringere Distanz zum Colorado River.

Wer mit dem Wagen vom South zum North Rim (oder umgekehrt) fahren möchte, um evtl. wandernde Freunde oder Familienmitglieder dort abzuholen, sollte bedenken, dass die Wegstrecke zwischen den beiden Visitor Centers etwa 340 km beträgt!

South Rim

s. Karte S. 436

Den südlichen Canyon-Rand erreichen die meisten Besucher über die **South Entrance Station**. Drei Meilen dahinter hat man nach einer langen Linkskurve zum ersten Mal Gelegenheit, am **Mather Point** einen Blick in die Wunderwelt des Canyons zu werfen. Kurze Zeit später führt eine Stichstraße zum **Yavapai Point**, der halsbrecherisch am Steilabhang des Rim platziert ist. Hier kann man sich umfassend über die Geomorphologie der Felsschichten und die Geologie des Canyons informieren. Durch das Fenster von der Terrasse bietet sich ein fantastischer Blick.

Von hier aus führt die Straße zum **Visitor Center/Market Plaza** (Information) mit Yavapai Lodge, geologischem Museum, Postamt, Bank, Supermarkt und Campingplatz. Knapp eine Meile westlich ist die zweite „städtische" Konzentration des **Grand Canyon Village**. Hier befinden sich verschiedene Hotels und Lodges, das Backcountry Office, Souvenirläden, der Bahnhof und der Startpunkt des „Bright Angel Trail" (s.u.). Im Pferch warten Maultiere auf Kundschaft für den (anstrengenden!) Ritt in die Tiefe. Am Visitor Center bzw. dem Grand Canyon Village starten regelmäßig die **Shuttlebusse** (s. S. 441) zu den Aussichtspunkten. Am Visitor Center startet/endet zudem die Shuttlebuslinie nach Tusayan.

Panoramastraße

Am westlichen Ende des Village beginnt der **West Rim Drive**, eine rund acht Meilen lange Asphaltstraße bis zum äußersten Ende bei **Hermit's Rest**. Von März bis November ist diese Straße für Privatautos gesperrt (s.o.). Parallel zur Autostraße führt ein Fußweg nah am Canyon-Rand entlang und bietet die wohl einfachste Alternative zum anstrengenden Fußmarsch in die an dieser Stelle 1.400 m tiefe Schlucht. Vorbei am Denkmal für *Major Powell* gelangt man zum **Hopi Point**, der mit die schönste Aussicht in den Canyon bietet, besonders bei untergehender Sonne. Weil die Luft über dem Colorado River so außerordentlich klar ist, kann man hier mittags über 150 km weit ins Land sehen, zu 1 % der Zeit spannt sich der Horizont sogar 390 km weit! Vom Hopi Point lässt es sich gut entlang der Abbruchkante zum **Mohave Point** wandern. Insgesamt sind am West Rim Drive acht größere Aussichtspunkte ausgebaut; am westlichen Endpunkt Hermit's Rest gibt es einen Souvenirladen, Erfrischungen und sanitäre Einrichtungen. Hermit's Rest (Hermit = Einsiedelei/Einsiedler) ist ein Steinhaus, das *Boucher* hier zu Beginn des 20. Jh. erbaut hat.

In die andere Richtung führt vom Visitor Center der **East Rim/Desert View Drive** in 20 Meilen bis zum östlichen Parkausgang. Am nächsten zum Village/Market Plaza liegt der **Yaki Point**, Startpunkt zum berühmten „Kaibab Trail" (s.u.), weitere Aussichtspunkte sind Grandview Point, Moran Point u. a. Wenige Meilen vor dem östlichen Ende, 19 Meilen östlich des Grand Canyon Visitor Center, liegen rechts der Straße die Ruinen und das **Museum von Tusayan** *(tgl. 8-17 Uhr)*. Regelmäßig finden hier von Rangern geleitete Führungen statt, die einem die prähistorischen ersten Bewohner nahe bringen. Die Ruinen selbst bestehen nur aus recht kleinen Mauerresten, die sich etwa 50 cm über den Erdboden erheben, die gute Rekonstruktionszeichnung im Museum macht das ursprüngliche Aussehen aber deutlich. Etwa 30 Anasazi haben hier im 12. Jh. gelebt. Kurz vor dem Parkausgang hat man vom 2.267 m hoch gelegenen **Desert View Point** die letzte Möglichkeit zu einem großartigen Überblick. Der archaisch anmutende **Watch Tower** steht dabei im seltsamen Kontrast zur grandiosen Natur (1932 im Pueblo-Stil errichtet; das Erdgeschoss ist einer Kiwa nachgebildet, der 1. Stock wurde vom Hopi-Künstler *Fred Kabotie* ausgemalt). An touristischen Einrichtungen finden sich hier ein kleines Visitor Center, eine Self-Ser-

Viel besucht: die Aussichtspunkte am South Rim

vice-Cafeteria, ein Souvenirladen, sanitäre Einrichtungen und ein Campingplatz (nicht geeignet für RVs).

Das Wetter: unzuverlässig und niemals langweilig

Beste Reisezeit: Das ganze Jahr über ist der Grand Canyon ein lohnendes Ziel. In den Sommerferien aber bekommt man nicht nur Platzangst, sondern wird bei Wanderungen durch Temperaturen von bis zu 50 °C gequält (am Canyon-Grund). Andererseits können im Sommer auch Regen und Gewitter Sicht und Wohlbefinden empfindlich stören. Die beste Besuchszeit ist der späte Frühling (Mai, Juni), wenn es heißt, das Wetter sei hier wie ein Puma: unzuverlässig, aber niemals langweilig. Nachtfröste und erster Schnee können schon im Oktober auftreten, kommen in der Regel aber nicht vor November. Dies sollte keinen von einer Wanderung zum Colorado abhalten, im Inner Gorge ist es immer durchschnittlich 6,7 °C wärmer. Im November stört manchmal anhaltender Nebel das Panorama, die feine Schneeschicht auf dem roten Felsen ist in der Vorweihnachtszeit allerdings ein überaus reizvolles Bild.

Nicht Jedermanns Sache: „Canyon-Rand-Krabbeln"

Wandern: **„ACHTUNG**: *Unternehmen Sie keine Wanderung vom Schluchtrand hinunter bis zum Colorado und wieder hinauf innerhalb eines Tages! Viele Wanderer, die eine solche Tour versucht haben, erlitten schwere gesundheitliche Folgen bzw. den Tod!"* Mit diesen Worten warnt die offizielle Touristenzeitung vor Selbstüberschätzung. Tatsächlich ist es in der Vergangenheit mehrfach zu tragischen Unfällen mit tödlichem Ausgang gekommen, auch bei jüngeren und trainierten Wanderern. Trotzdem bewältigen jährlich Tausende den South Kaibab Trail an einem Tag.

Jeder, der sich in den Canyon begibt, sollte folgende **Vorsorge** treffen: Ausreichende Trinkwasser-Vorräte sind unbedingt erforderlich, bei vielen Trails haben Sie keine Gelegenheit, Wasserflaschen unterwegs aufzufüllen. Die Mitnahme von 4-5 Litern pro Person und Tag ist das absolute Minimum (unten im Canyon können Sie aber auffüllen)! Hilfreich ist auch Elektrolyt-Salz zum Ausgleich des Mineralverlustes, das man im Drugstore erhält. Schließlich gehören zum Reisegepäck ein Sonnenschutz (Hut, Halsband, Sonnenbrille, Creme) und eine Taschenlampe. Vernünftiges Schuhwerk ist selbstverständlich. Entlang dem Rim sind einstündige bis eintägige Wanderungen ohne Schwierigkeitsgrad möglich. Wer in den Canyon absteigen möchte, kann dies in Teilen oder bis zum Ufer des Colorado tun. Zu den Startpunkten an der Rim gibt es im Sommer einen kostenlosen Zubringerbus.

Die beliebtesten Wanderwege

Die bekanntesten Trails sind *(Infos unter www.nps.gov/grca/planyourvisit/dayhiking.htm)*:

- **Bright Angel Trail**: 1891 konstruiert, um Goldsuchern den Zugang zu ermöglichen. Der Pfad beginnt an der Bright Angel Lodge und endet 14,3 km später am Bright Angel Campground. Wer nicht bis zum Colorado gehen möchte, kann bei den Indian Gardens (5,1 km) wieder umkehren oder von hier auf einer kurzen Abzweigung bis zum Aussichtspunkt Plateau Point wandern (2,2 km Weg; dramatischer Überblick über die Schlucht). Für den Abstieg benötigt man gut 4 Stunden, für den Aufstieg etwa 7-8. Auf den ersten steilen 2,2 km gibt es zwei Rastplätze, im Sommer auch Wasser. Dieser Trail ist oft total überlaufen.
- **South Kaibab Trail**: ein steiler, 11 km langer Zickzackweg, der 1928 vom National Park Service angelegt wurde. Das erste Teilstück geht am Yaki Point ab und führt nach 2,4 km bzw. 445 Höhenmetern zum Cedar Ridge (Ooh Aah Point, herrliche Aussicht); ab hier kann man wieder umkehren. Dauer des Ausfluges etwa 3-4 Stunden. Weiter führt der Kaibab Trail durch die Redwall Formation in die innere Schlucht. Eine weitere Umkehrmöglichkeit gibt es am Skeleton Point, unterhalb dem man den Colorado River und das Seitental mit der Phantom Ranch sehen kann. Unten am Colorado hat man über die Kaibab Suspension Bridge Anschluss an den Bright Angel Trail oder den nördlichen Kaibab Trail. Von offizieller Seite wird dringend abgeraten, die Wanderung an ei-

nem Tag schaffen zu wollen; viele tun's trotzdem. Unterwegs keine Wasseraufnahme möglich!

▶ **Hermit's Trail**: unbefestigter Weg für geübte Berg- und Wüstenwanderer. Startpunkt ist ca. 180 m südlich von Hermit's Rest. Der Weg nach Santa Maria Springs ist 8 km (hin und zurück, 360 Höhenmeter) lang und kann in 5 Std. geschafft werden, für den zu den Dripping Springs (9 ½ km hin und zurück; 412 m) benötigt man ca. 6–7 Std. Beide Pfade sind äußerst anstrengend, bieten aber wunderschöne Ausblicke.

▶ **Grandview Trail**: Der Startpunkt dieses knapp 10 km langen Wanderweges (hin und zurück) ist am Grandview Point/East Rim Drive, 12 Meilen östl. vom Village. Sein Ziel ist die Horseshoe Mesa, ein merkwürdig geformter Berg. Auf der sehr anstrengenden Strecke überwindet man 792 Höhenmeter, man braucht dafür mindestens 7 Stunden.

Andere Aktivitäten: Von besonderem Reiz sind **Flüge** mit dem Helikopter (teuer; Abflug gegenüber dem IMAX-Theater in Tusayan und am Grand Canyon Airport) oder Flugzeug (Abflug am Grand Canyon Airport). Es ist nicht mehr erlaubt, **durch** den Canyon zu fliegen, aber auch der Überflug ist ein Erlebnis. Besonders spannend ist der Moment, in dem man nach der bewaldeten Ebene über die Kante sozusagen in das 1.400-Meter-Loch „fällt". Ansonsten kann man an den üblichen Nationalpark-Programmen teilnehmen oder **Busausflüge** zum Sonnenuntergang oder zu den Aussichtspunkten „Hermit's Rest" und „Desert View" buchen. Weitere Exkursionen werden u. a. ins Monument Valley angeboten (1 Tag) – eine Möglichkeit, wenn Sie die Route weiter westlich wählen sollten). Die Schlauchboottouren sind, wie bereits oben erwähnt, z. T. auf Jahre ausgebucht. Von der Bright Angel Lodge starten **Maultierritte** zu verschiedenen Zielen, u. a. zum Plateau Point (1 Tag) und zur Phantom Ranch (2 Tage) – man täusche sich jedoch nicht: Das Sitzen im ungewohnten Ledersattel kann genauso anstrengend sein wie eine längere Wanderung. Trotzdem erfreuen sich die Mule Trips großer Beliebtheit und sind oft auf Monate im Voraus ausgebucht.

Diese Nager werden Ihnen oft über den Weg laufen

Tier- und Pflanzenwelt: Auf der Nord- und auf der Südseite des Grand Canyon herrschen sehr unterschiedliche klimatische Gegebenheiten. Im Süden ist es wärmer und mit 380 mm jährlichem Niederschlag sehr viel trockener. In den niedrigen Wäldern des Südens kommen Kojoten, vereinzelt auch Luchse und Pumas vor. Maultierhirsche sind recht häufig anzutreffen, besonders nach Einbruch der Dunkelheit auf den Campingplätzen. Häufig sieht man auch Burros: verwilderte Esel, die durch die Erzsucher in den Canyon kamen. Sie verdrängen immer mehr die ehemals typischen Dickhornschafe. Ansonsten wimmelt es von verschiedenen Squirrels (Erd- und Eichhörnchen), von denen das Aberthörnchen (weißer Bauch und grauer Rücken) besonders interessant ist. Diese Tierart kommt nur südlich des Grand Canyon vor, während ihr nächster Verwandter, das Kaibab-Hörnchen, nur nördlich des Canyon lebt. Es gibt mehrere Fledermausarten und Vögel u. a. Kolibris, Spechte, Häher, Raben, Buntfalken und Rotschwanzbussarde.

Entsprechend dem geringen Niederschlag herrscht am Südrand eine südliche, an Mexiko erinnernde Vegetation vor. Charakteristisch sind die niedrigen Pinyos (Zwergpinien) und der Utah-Wacholder. Im viel wärmeren Innern der Schlucht sind Flora und Fauna wüstenhaft (abseits von Oasen und dem Flussufer). Hier leben Kängururatten, Echsen und die Grand Canyon Klapperschlangen; die Pflanzenwelt wird hauptsächlich durch Yuccas, Schwarzdorn, Agaven und Kakteen repräsentiert.

North Rim

Beginnend auf einer Höhe von 2.407 m bei Jacob Lake (auf dem Kaibab Plateau) steigt der 44 km lange AZ 67 kaum merklich an, bis er am North Rim Entrance eine Höhe von 2.690 m erreicht. Dabei durchquert er riesige Mischwälder, die durchsetzt sind von weiten Wiesen, und passiert die Kaibab Lodge (Tankstelle, Motel, Campingplatz).

Je nach Zeit kann man, gut 10 Meilen nach dem Park-Eingang, nach links auf die **Cape Royal Road** einbiegen, die sich zu den schönsten Aussichtspunkten des North Rim windet (Sackgasse: Hin- und zurück zum AZ 67 = 40 Meilen). Auf dem weit in den Canyon vorspringenden Walhalla Plateau zweigt zunächst eine Stichstraße zum **Point Imperial** ab, der den Blick weit in den nördlichen Teil des Parks bis zum Marble Canyon öffnet. Als nächstes die **Vista Encantadora**: Weit und tief sieht man hier in den Grand Canyon hinein, auf der gegenüberliegenden Seite erkennt man das 1.873 m hohe Cape Solitude und die Schlucht des Little Colorado, der sich dort mit seinem größeren Bruder vereinigt. Endpunkt der schmalen Straße ist der **Walhalla Overlook** am **Cape Royal**, der Spitze des harten Plateaus, um das sich der Colorado in einer großen Schleife legen musste.

Der Colorado in einer großen Schleife

Es war wohl die übernatürliche Schönheit der Szenerie, die die modernen Namensgeber veranlasste, Felsnadeln, Klippen und abgeschliffene Berge nach den Göttern der Alten Welt zu benennen. So sieht man den „Thron Wotans" und die „Burg des Ra", auch die „Tempel" von Salomon und für Vishnu, für Isis und Osiris, für Jupiter, Venus und Diana. Dabei wäre es doch angebrachter gewesen, auf die göttlichen Wesen der Ureinwohner zurückzugreifen. Immerhin beweisen die Ruinen der **Walhalla Glades**, dass sich die Anasazi-Kultur zwischen dem 8. und 12. Jh. auch an diesem Ort entfaltete – in Sichtverbindung mit dem Pueblo von Tusayan auf der Südseite.

Zurück auf dem AZ 67 sind es anschließend nur wenige Fahrminuten bis zur **Grand Canyon Lodge** nahe dem **Bright Angel Point**. Dieses aus Felsen und Holz erbaute Haus stellt das touristische Zentrum des nördlichen Parks dar. Motels, Cabins, Tankstelle, Läden, das Backcountry Office und ein Campinglatz befinden sich in unmittelbarer Nähe. An der Rezeption nimmt man Wünsche für Ausflüge entgegen, berät über Maultierritte und erläutert mögliche Wanderwege. Am beeindruckendsten ist die wie ein Adlernest hoch auf dem Felsen platzierte Lodge. Die großen Fenster der Aussichtshalle bieten ein atemberaubendes Panorama, das man auch genießen kann, wenn draußen ein schneidend kalter Wind herrscht.

Lodge hoch auf dem Felsen

Beste Besuchszeit: Der erste Monat nach der Öffnung des Parkteils Mitte Mai kann noch sehr kalt sein, aber die Luft ist klar, die Blumenblüte beginnt, und die Touristenschwärme sind noch nicht eingetroffen. Im Juli und August ist es am wärmsten, während der Herbst deutlich früher als am South Rim einsetzt: Gegen Ende September beginnt die Herbstfärbung der Laubwälder. Zu einem tollen Bild sind dann der blaue Himmel, der rote, graue und bläuliche Stein, die dunkelgrünen Tannen sowie die weißen Espenstämme mit ihrem goldenen Dach komponiert – vielleicht der beste Augenblick des ganzen Jahres!

Wandern: Für die Pfade des North Rim gelten die gleichen Hinweise wie für die des South Rim (s.o.). Zu einigen Trailheads gibt es einen Shuttlebus. Die bekanntesten Trails sind:

- **North Kaibab Trail**: Ursprünglich von Indianern und Goldsuchern frequentiert, ist heute der Kaibab Trail ein populärer Pfad für Maultierausflüge und ausdauernde Wanderer. Er beginnt etwa 2 Meilen nördlich der Grand Canyon Lodge und folgt dann dem Lauf des Bright Angel Creek bis zum Colorado. Insgesamt ist die Strecke 23 km lang und überwindet 1.800 m Höhenunterschied; sie endet an der Phantom Ranch. Über die Suspension Bridge hat man dort Anschluss an den südlichen Kaibab Trail sowie den Bright Angel Trail zum South Rim. Für die anstrengende Wanderung muss man mindestens 2 Tage einplanen. Alternativ können Sie aber auch nur zum Supai-Tunnel und zurück (insg. 6,5 km) bzw. zu den Roaring Springs (7–8 Std. hin und zurück) wandern.
- **Ken Patrick Trail**: Der nicht allzu anstrengende, 16 km lange Pfad (6 Std.) führt durch dichte Wälder und entlang dem Canyon-Rand mit prächtiger Aussicht. Der Ausgangspunkt ist der gleiche wie beim North Kaibab Trail, das Ziel ist Point Imperial im Norden des Walhalla Plateau. Dort müssen Sie abgeholt werden.
- In die westliche Richtung führt der **Widforss Trail** durch Wald und am Canyonrand entlang. Insgesamt ist eine Strecke 16 km lang, doch bietet sich dieser Trail für eine verkürzte Hin- und Rücktour an.

Andere Aktivitäten: Wandern, Reiten, die Teilnahme an Rangerprogrammen (Kurse, Vorträge, Ausflüge zu Fuß und mit dem Bus) sowie der Genuss der Aussicht und Natur stehen im nördlichen Parkteil an. Helikopter-Flüge starten nur vom Tusayan Airport im Süden. Wer seine Kondition bei einem Maultierritt testen möchte, hat am North Rim sogar bessere Chancen auf einen freien Platz als am überfüllten Süd-Rand.

Tier- und Pflanzenwelt: Der Nordrand ist mit durchschnittlich 660 mm Niederschlag im Jahr fast doppelt so regenreich wie der Süden, außerdem ist er höher und kühler. Mit ausgedehnten Wiesen, Fichten, Ponderosa-Kiefern, Douglas- und Weißtannen, Stechfichten und Espen („Golden Aspen") erinnert die Region an Kanada. Außer Bisons, Hasen, Bibern, Füchsen und Hirschen leben auch einige Waschbären (raccoons) auf dieser Seite. Äußerst selten ist das Kaibabhörnchen (grau mit weißem Schwanz), dessen „Vetter" das südlich lebende Aberthörnchen ist. Nachdem der Puma hier ausgerottet wurde, haben sich die Maultierhirsche so sprunghaft vermehrt, dass das ökologische Gleichgewicht aus den Fugen geriet und zig-Tausende Tiere in harten Wintern umkamen. Heute liegt ihre Zahl bei ca. 10.000 Exemplaren und wird auf diesem vernünftigen Level durch wieder eingewanderte Pumas gehalten.

Reisepraktische Informationen Grand Canyon NP und Tusayan, AZ

VORWAHL 928

Information

Es gibt zwei wesentliche Visitor Center: Das **Grand Canyon Visitor Center** *(Canyon View Information Plaza) nahe Mather Point an der South Rim sowie das kleinere* **North Rim Visitor Center** *am North Rim (Mitte Mai bis Mitte Oktober tgl. geöffnet, Rest des Jahres geschlossen). Infos gibt es zudem im Verkamp's VC (nördl. des Bahnhofs, Grand Canyon Village) und im* **Desert View VC** *(South Rim, 27 Meilen östl. des Grand Canyon Village). Wanderer können sich zudem im* **Backcountry Information Center** *(Grand Canoyn Village, östl. Maswik Lodge, ✆ 638-7875) beraten lassen.*

Allgemeiner Kontakt/Infos: ✆ 638-7888 sowie 1-800-638-7888, www.nps.gov/grca. **Grand Canyon Chamber of Commerce**: 469 AZ 64, Tusayan, ✆ 1-844-638-2901, http://grandcanyoncvb.org. Infos zum Grand Canyon und Tusayan.
Wetterinfos: ✆ 638-2245 oder im Radio: KSGC, 92,1 FM. Bei **Notfällen**: ✆ 911. Klinik an der South Rim: **Grand Canyon Clinic**, ✆ 638-2551.

Hinweise

*Die **Zufahrt zur North Rim** ist nur von Mitte Mai bis Mitte/Ende Oktober erlaubt. Alle Einrichtungen an der North Rim sind also in der kalten Jahreszeit geschlossen.*
*Von März bis Ende November ist die Hermit Rd. sowie ganzjährig die Straße zum Yaki Point für private PKWs gesperrt. Dafür verkehren kostenlose **Shuttlebusse** zu den einzelnen Aussichtspunkten entlang der South Rim (Hop on – hop off) sowie in der warmen Jahreszeit nach Tusayan. Am besten parkt man nahe dem Visitor Center.*
*Wer zur **North Rim für eine Übernachtung** möchte, der kann von Mitte Mai bis Oktober von der South Rim um 8 bzw. 13.30 Uhr mit dem **Trans Canyon Shuttle-Bus** (✆ 638-2820, www.trans-canyonshuttle.com, $ 90 pro Strecke) fahren. Der Bus fährt am nächsten Tag um 7 bzw. 14 Uhr wieder an der North Rim ab. Die Fahrzeit beträgt etwa 5 Stunden! Vorher reservieren, auch die Unterkunft an der North Rim!*
***Taxi-Service**: Z.B. von Tusayan oder dem Airport zur Grand Canyon Village, ✆ 638-2822.*

Unternehmungen im und um den Grand Canyon NP

Wer einen Platz in einem Schlauchboot fürs **River Rafting auf dem Colorado River** ergattern möchte, der muss mindestens ein Jahr im Voraus buchen. Im Internet bieten viele Unternehmen ihre Dienste an, eines davon ist: **Arizona River Runners**: ✆ (602) 867-4866, 1-800-477-7238, www.raftarizona.com. Die Touren durch den Grand Canyon beginnen meist an Lees Ferry (Nahe Marble Canyon/Page) und dauern 3–18 Tage. Eine Liste weiterer Anbieter finden Sie unter www.nps.gov/grca/planyourvisit/river-concessioners.htm.

Ausritt mit dem Muli in den Canyon

Weitere Aktivitäten im Grand Canyon NP *sind Jeeptouren, geführte Wanderungen, Ausritte und Rundflüge. Hierfür melden Sie sich am besten an den Buchungsschaltern in den großen Nationalpark-Lodgen an. Wer vorher buchen möchte (Auswahl): Reiten:* **Apache Stables** *(✆ 638-2891, www.apachestables.com); Rundflüge:* **Grand Canyon Airlines** *(✆ 638-2463, 1-866-235-9422, www.grandcanyonairlines.com); Historische Eisenbahn:* **Grand Canyon Railway***: ✆ (303) 843-8724, 1-800-843-8724, www.thetrain.com;* **Maultier-Touren***: South Rim: Xanterra, ✆ (303) 297-2757, www.grandcanyonlodges.com/things-to-do/mule-trips/; North Rim: ✆ 435-679-8665, www.canyonrides.com/grand-canyon-mule-ride/.*

Unterkunft

Es ist essenziell, Unterkünfte weit im Voraus zu buchen! Für die South Rim bzw. die Phantom Ranch über **Xanterra Parks & Resorts***: ✆ (303) 297-2757, 1-888-297-2757 sowie (928) 638-2631 für „Same Day Reservations", www.grandcanyonlodges.com. Für die Grand Canyon Lodge (North Rim):* **Forever Resorts***: www.grandcanyonforever.com; ✆ (928) 638-2611, 1-877-386-4383.*

South Rim

Phantom Ranch $–$$*: Die Ranch (von 1922) befindet sich im Canyon-Tal und ist nur zu Fuß, auf einem Maulesel oder mit einer lange im Voraus gebuchten Schlauchbootfahrt zu erreichen. Die Unterkünfte bestehen aus Schlafsälen (bis zu 10 Betten) und einfachen Hütten (Air-Con!) für Gruppen. Toller Ranch-Charakter! Mahlzeiten müssen vorbestellt werden! Buchen Sie am besten in Kombination mit einem Maultierritt (Erfordernisse: fließend Englisch, nicht über 91 kg Körpergewicht, Mindestgröße ca. 1,60 m) in den Canyon. Das ist sehr teuer, aber ein Erlebnis! Für alles gilt: 13 Monate im Voraus buchen (das ist das Maximum). Tipp: Ein Leser schrieb: „Obwohl zumeist lange im Voraus ausgebucht, erfuhr ich vor Ort dann, dass es noch freie Plätze über den Infoschalter an der Bright Angel Lodge für denselben und die Folgetage gab".*

Bright Angel Lodge & Cabins $–$$$$ (1)*: rustikale Unterkunft nahe Canyonrand. Einfache Zimmer ($–$$, z.T. Bad teilen) und historische cabins ($$) aus dem Jahre 1935, z.T. mit Canyonblick ($$–$$$). Die geräumigen Luxus-Cabins kosten aber $$$$. Auch hier gilt für die günstigen Cabins: Am besten ein Jahr im Voraus buchen.*

Maswik Lodge $$–$$$ (4)*: rustikale Hütten mit Charakter ($$) und moderne Zimmer ($$$). Die Hütten genügen voll und ganz, sind aber leider auch schnell ausgebucht.* **Sports Lounge** *im Hause.*

Yavapai Lodges $$–$$$ (5)*: einige Minuten vom Canyonrand (1 Meile östl. des Bahnhofs) entfernt in einem schönen Fichtenwald. Mit 360 Zimmern das größte Hotel im Park. Diese Lodge wird über Delaware North reserviert: ✆ 1-877-404-4611 od. (801) 449-4139, www.visitgrandcanyon.com.*

Thunderbird & Kachina Lodges $$$ (2)*: zweistöckige, schöne und moderne Unterkünfte, nebeneinander direkt am Canyonrand gelegen. Für ein Zimmer mit Canyonblick bezahlen Sie etwas mehr.*

El Tovar Hotel $$$–$$$$ (3)*: eines der großen, klassischen Hotels des Westens, 1905 erbaut und mehrfach renoviert. Rustikal eingerichtet, Blockhausstil. Kamine, Trophäen. Im Restaurant kann man ein hervorragendes und stilvolles Dinner erleben – Reservierung dringend empfohlen.*

Tusayan (südlich der South Rim)

Tusayan, ein Straßen-Ort, besteht im Grunde nur aus Hotels und Motels der verschiedensten Franchise-Ketten (somit lohnen Adressenangaben hier nicht) sowie einfachen Restaurants. Wer glaubt, hier sei es wesentlich billiger als im Park, der täuscht sich aber.

**Canyon Plaza Resort $$$**: *406 Canyon Plaza Ln, ✆ 638-2673, www.grandcanyonplaza.com. Wer mit Kindern reist, wird die etwas größeren Zimmer zu schätzen wissen. Die Suiten ($$$–$$$$) haben auch eine kleine Küche (man bedenke die Restaurantpreise!).*
Grand Hotel $$–$$$$: *AZ 64, ✆ 638-3333, 1-888-634-7263, www.grandcanyongrandhotel.com Lodge mit Suiten und recht geräumigen, 2016 renovierten Zimmern. Bar und Restaurant im Haus. Abends oft Entertainment. Die beste Wahl außerhalb des Parks.*

Tipp

Falls am Canyon alles ausgebucht ist bzw. wenn Sie günstiger nächtigen möchten, empfehlen sich für die South Rim die Orte Flagstaff und Williams sowie für die North Rim Page, Fredonia oder Kanab, UT als Alternative.

North Rim
**Grand Canyon Lodge $$–$$$**: *Direkt am Canyonrand gelegene historische Lodge. Rustikale Hütten bis hin zu relativ modernen Zimmern. Einige Hütten am Canyonrand ($$$). Die Lodge gilt als einer der Klassiker in amerikanischen Nationalparks. Geöffnet von Mai bis Oktober. Restaurant und Bar am Hause.*
Kaibab Lodge $$–$$$: *Gut 5 Meilen nördlich des Parkeingangs zur North Rim, ✆ 638-2389, www.kaibablodge.com. Ebenfalls eine „historische" Lodge (1926). Rustikal. Unterbringung in Holz-Cabins. Abends wird selbst im Sommer der Kamin in der Lobby des Hauptgebäudes angefacht. Restaurant im Hause. Mitte Mai bis Ende Oktober geöffnet.*

Nebenbei bemerkt ...

***Fred Harvey** (1835-1901), der die ersten Lodges im Park erbauen ließ, war es, der in der zweiten Hälfte des 19. Jh. als erster dem Aufruf der Eisenbahngesellschaften, Politiker, Siedler und Abenteurer folgte und gepflegte Hotels, Restaurants und Bars im Westen eröffnete. Die ersten etablierte er entlang der Santa-Fe-Eisenbahnlinien. Um dem gewünschten Standard gerecht zu werden, ließ er Kostüme von New Yorker Modegeschäften für die Angestellten entwerfen, und die Mädchen wurden in einer eigenen Schule ausgebildet, nicht nur auf gastronomischer Ebene, sondern auch was das Auftreten in der Gesellschaft anbelangte. Das immer freundliche Gesicht der **„Harvey Girls"** war bald im ganzen Westen bekannt, und die Männer stürmten die Restaurants und Bars. Bald aber war Harvey's größtes Problem, dass 80 % seiner Mädchen bereits nach weniger als einem Jahr mit einem Cowboy oder Goldschürfer über alle Berge waren und er immer wieder neue ausbilden musste. Bis 1968 verwaltete die Fred Harvey Company noch die Hotels im Grand Canyon NP.*

Camping

Auch hier empfiehlt sich im Sommer eine Vorbuchung. Dieses ist für die Plätze im Park nur möglich über **National Recreation Reservation Service** *und nur der Mather Campground sowie der North Rim Campground können vorgebucht werden (max. 6 Monate im Voraus): ✆ (301) 722-1257, 1-877-444-6777, www.recreation.gov. Bei allen anderen Plätzen gilt „First come – first serve" und sie sind oft schon früh belegt. Es gibt im Park folgende Plätze:*
South Rim: **Mather Campground** *und 25 Meilen östlich des Village den nur im Sommer geöffneten* **Desert View Campground** *(einfach, keine Duschen, keine Reservierungen). Das* **Trailer Village** *zielt auf die Wohnmobilisten und kann ebenfalls vorgebucht werden: ✆ 638-2631, 1-888-297-2757, www.visitgrandcanyon.com/trailer-village-rv-park.*

Außerhalb des Parks in Tusayan gibt es das **Grand Canyon Camper Village***: (549 Camper Village Ln, ✆ 638-2887, www.grandcanyoncampervillage.com) sowie den günstigen (nur für Zelte, geöffnet Mai–September)* **Ten-X-Campground***, der der Forstverwaltung untersteht: ✆ 638-2443, www.recreation.gov.*
North Rim: North Rim Campground *sowie zwei Plätze in Jacob Lake (ca. 30 Meilen nördl. des Parkeingangs.*
Die einfachen **Campingplätze im Canyon (Bright Angel, Indian Garden, Cottonwood)** *sind nur auf Wanderungen erreichbar. Über diese erkundigt man sich im Backcountry Info Center.*

Restaurants
Grundsätzlich sollte man sich in dieser touristischen Region auf die vielen **Selbstversorger-Cafés und -Restaurants** *der Lodges und in Tusayan beschränken. Es ist überall überteuert. Nur wer nun wirklich einmal Fine Dining in rustikaler Atmosphäre erleben möchte, dafür rechtzeitig bucht und bereit ist, tief in die Tasche zu greifen, dem sei der* **El Tovar Dining Room** *(✆ 638-2631) im gleichnamigen Hotel an der South Rim nahe gelegt. Die einzelnen Restaurants in den Lodgen liegen preislich in der oberen Mittelklasse, qualitativ eher in der unteren.*

Weiter auf der Buchstrecke vom Grand Canyon (South Rim) aus

Verlässt man den Park im Osten entlang des AZ 64, führt die Straße parallel zum **Little Colorado**, der seinen eigenen Canyon geschaffen hat. Von den Aussichtspunkten aus kann man gut erkennen, wie der Canyon in ehemals flaches Land gefressen wurde. Dieses flache Land wurde vor dem Eintreffen der weißen Siedler von den Navajos als Jagdgebiet genutzt. Heute boomt der Tourismus. Die Verkaufsstände an der Straße machen mit bunten Fahnen auf sich aufmerksam.
In Tuba City am US 160 sollten Sie unbedingt das **Navajo Interactive Museum** sowie gleich nebenan den historischen **Tuba City Trading Post** (Indianer-Kunsthandwerke) besuchen. Im Museum lernen Sie viel über das Leben, die Geschichte, die Kunst und die Kultur der Navajos.
Navajo Interactive Museum, *Main St. & Moenave Rd., ✆ (928) 640-0648, www.explorenavajo.com, Mo–Sa 10–18, So 12–18 Uhr, $ 4,50.*

Alternativstrecke über Vermilion Cliffs, Page und Marble Canyon

17 Meilen nördlich von Cameron können Sie sich zu einem Abstecher zum **Marble Canyon** und nach **Page** entscheiden. Der Marble Canyon besteht natürlich nicht aus Marmor, aber die ersten Ankömmlinge ließen sich durch den Schein der Sonne täuschen, der diese aus Granit und glitzerndem Gneis bestehende Schlucht „wie Marmor" erscheinen lässt. Über die Schlucht spannt sich in fast 150 m Höhe die **Navajo Bridge**

(US 89A). Nicht weit von hier, an der **Lees Ferry**, starten Schlauchboottouren (auch die, die durch den Grand Canyon führen). Empfehlenswert ist der Abstecher entlang der Lees Ferry Road nach Norden (Westseite des Colorado River, hin- und zurück 12 Meilen). Hier liegen einige Spazier- und Wanderwege, ein Campingplatz und am Ende der Straße eine Bootsrampe für Freizeitboote. Auch in der Region um Lees Ferry beeindrucken die roten Sandsteinformationen und geschliffenen Steine. Bei normalem Wasserstand können Sie an einigen Stellen sogar eine Sandinsel im Colorado River erreichen.

Paria Canyon-Vermilion Cliffs Wilderness Area/Nat. Monument

Lage und Zufahrt

***Lage**: ganz im Norden von Arizona bzw. dem Süden von Utah in dem Abschnitt, der vom US 89A im Süden und dem US 89 im Norden umschlossen ist.*
***Zufahrten**: 1) Am besten über die o. g. Paria Contact Station (US 89), 2) alternativ über die House Rock Road (US 89A, 17 Meilen westl. vom Marble Canyon) im Südwesten. Im Westen und Süden führt der ALT US 89 parallel zur Grenzlinie des Parks.*

Benannt nach den viel fotografierten, schön abgerundeten Felsklippen, hat der 118.000 ha große Park auch andere Höhepunkte zu bieten. So z. B. den zum Teil sehr engen Paria Canyon, die Rock Gardens der Coyote Buttes und eine kürzere Wanderung durch den Wireless Canyon. Felsmalereien der Indianer sind ebenfalls zu bewundern. Grundsätzlich ist dieser Park etwas für Naturliebhaber, Fotografen und Reisende, die Zeit haben, den Park zu Fuß zu erkunden (5-tägige Wanderung durch den Paria Canyon, 1-tägige zu den Coyote Buttes, s.u.). Dafür benötigt man ein Permit und muss bei den mehrtägigen Touren selbst für den Rücktransport sorgen. Dies erledigen auch kommerzielle Unternehmen. Es gibt kaum Auto-Pisten im Park. An der House Rock Ranch Road befindet sich eine Wilderness Area mit Bison-Herden.
Tages-Wanderung zu den North Coyote Buttes (The Wave) im Paria Canyon: *Das Permit sollte man unbedingt frühzeitig übers Internet beim BLM Field Office buchen. Weitere Infos erhält man an der* **Paria Contact Station** *(s.u.). Mit etwas Glück gibt es hier am Wandertag selbst vor 9 Uhr die kleine Chance, dass es Stornierungen gegeben hat. Die Wanderung zu den South Coyote Buttes kann auch gebucht werden, ist aber nicht ganz so nachgefragt.*

Reisepraktische Informationen Paria Canyon-Vermilion Cliffs Wilderness Area

Information

Paria Contact Station *am US 89 (nicht ALT US 89!), knapp 20 Meilen nordwestl. von Page, AZ bzw. 44 Meilen östlich von Kanab, UT. Headoffice: BLM Arizona Field Office, 345 E. Riverside Dr., St. George, UT 84790, ✆ (435) 688-3200 bzw. 644-4600, www.blm.gov/az/st/en/arolrsmain/paria.html. Permits: www.blm.gov/arizona.*

Unterkunft/Camping

Zwei Campingplätze: **Lees Ferry** *am US 89A und eine Meile westlich von der* **Paria Contact Station** *auf der* **Paria Adventure Ranch** *(www.pariacampground.com, ✆ (928) 660-2674, auch einfache Cabins und ein Hostel) sowie Hotels/Motels in Page, Big Water, Kanab, Marble Canyon/Lees Ferry und Jacob Lake.*

Page

Einst gegründet als Wohnort für die Dammarbeiter, ist Page heute ganz auf Touristen eingestellt. An Souvenirgeschäften und Unterkünften mangelt es nicht. Interessant ist der Ort durch seine schöne Hanglage am Ausgang des Lake Powell und am **Glen Canyon Dam**, der diesen aufstaut. Dieser Damm kann sich von den Ausmaßen her mit dem Hoover-Damm messen, ihm fehlt aber das historische Flair. Es werden kostenlose Führungen angeboten. Start am Visitor Center an der Staumauer (*Dauer 45 Min., Mitte Mai–Mitte Sept. alle 30 Min. von 8.30–10.30 und 12.30–16 Uhr, Rest des Jahres stdl., Nov.–Feb. alle 2 Std., www.glencanyonnha.org/glen-canyon-dam-tours*). Zudem bietet sich Page an als Basis für Schlauchboot-Touren auf dem Colorado, Kajak- und Boostouren auf dem Lake Powell und an Lees Ferry sowie für die Erkundung zahlreicher Naturschönheiten in der Umgebung (z. B. Antelope Canyon, Rainbow Bridge, Vermilion Cliffs Nat. Monument etc.). Das kleine **John Wesley Powell Museum** gibt Einblick in die Geschichte von Powells Colorado-Expedition (s. S. 432), zeigt aber auch Artefakte aus der Geschichte der Navajos.
John Wesley Powell Museum, *6 N. Lake Powell Blvd., ✆ (928) 645-9496, www.powellmuseum.org, ✆ (928) 645-9496, Mo–Fr (April–Okt. auch Sa/So) 9–17 Uhr, $ 3). Das Museum fungiert auch als Visitor Information Center.*

Größte natürliche Felsbrücke

Wer gerne zur **Rainbow Bridge** gelangen möchte und nicht bereit ist, eine lange Schotterstraße zu fahren und dann einen anstrengenden Fußmarsch zu unternehmen, der nur besonders Wanderfreudigen zu empfehlen ist, sollte sich in Page (*Wahweap Marina*) in ein bequemes Boot setzen und auf einer rund sechsstündigen Tour dorthin fahren (aufgrund des derzeit niedrigen Wasserstandes des Sees ist am Ende ggf. ein 1,25 mi langer Fußweg nötig, Infos und Buchung unter www.lakepowell.com/things-to-do/boat-tours/rainbow-bridge-tour/). Die Rainbow Bridge ist die größte natürliche Felsbrücke der Welt. Unter ihrem 88 m hohen Bogen, der sich 83 m spannt, würde das Washingtoner Capitol leicht Platz finden. **Tipp**: Wer sich unter die Wanderer begeben möchte, sollte sich vorher Informationen im Park Office besorgen: **Glen Canyon NRA**, *691 Scenic View Dr., Page, ✆ (928) 608-6200, www.nps.gov/rabr.*

Ein anderer, recht lohnender Ausflug führt von Page zum **Antelope Canyon**, einem sog. Slope Canyon. Der ausgesprochen schmale und bis zu 44 m tiefe Canyon kann erlaufen werden, doch ist es wegen der Enge an einigen Stellen etwas mühsam. Fotografen lieben den Canyon, da das Spiel von Schatten und Licht auf dem roten Sandstein (nur wenig Licht dringt durch den schmalen Canyonrand ein) für sie eine Herausforderung bietet. Beste Fotozeit ist mittags. Der Canyon befindet sich auf Navajo-Land und separate, hohe Eintrittsgebühren müssen arrangiert und bezahlt werden für den Upper sowie den Lower Canyon. Das Erlaufen des weiteren Upper Canyon dauert 1 ½ Std., das des engen, aber faszinierenderen Lower Canyon bis zu 4 Std. Der Antelope Canyon erlangte durch eine tragische Flashflood 1997 Berühmtheit. Überrascht von dem plötzlichen Wasser, starben 11 Menschen.
Antelope Canyon, *Anfahrt über AZ 98 (südöstl. von Page), dann Abzweig zum Antelope Point. April–Okt. 8–17 Uhr. Geführte Touren (zu empfehlen):* **Antelope Canyon Tours***: 22 South Lake Powell Blvd., Page, ✆ (928) 645-9102, www.antelopecanyon.com, ab $ 40.*

Fahren Sie von Page nun auf dem AZ 98, später dem US 160 und dann dem AZ 564 zum Navajo National Monument.

Reisepraktische Informationen Page und Marble Canyon, AZ

VORWAHL 928

Übernachten/Camping/Boote mieten

Lake Powell Resorts & Marinas: *100 Lakeshore Drive, Wahweap, 6 Meilen nordwestl. von Page nahe US 89, ✆ 645-2433, 1-888-896-3829, www.lakepowell.com. Das Hotel liegt direkt an der Marina und bietet gut ausgestattete Zimmer* **($$$–$$$$)**, *zumeist Ausblick auf den Lake Powell. Restaurants, Bar und Pool im bzw. am Hause. Angeschlossen ist ein großer, sehr gut ausgestatteter* **Camping- und RV-Platz** *(Blick auf den Lake Powell). In der Marina können Sie vom kleinen Motorboot (keine Lizenz nötig), über Power-Boote, Jet Skis bis hin zu* **Hausbooten** *aller Art alles ausleihen. Die Hausboote sind toll, aber es gibt Mindest-Mietzeiten und sie sind nicht ganz billig. Sie sollte man auch bereits frühzeitig buchen und die Tour in die Reiseroute gut einbauen.*

Best Western View of Lake Powell $$: *716 Rimview Dr., Page, ✆ 645-8868, 1-800-780-7234, http://book.bestwestern.com. Viele Zimmer (etwas teurer) mit Blick auf die Mesa und den Damm. Selbst vom Pool aus haben Sie eine schöne Aussicht. In Page gibt es eine Reihe weiterer Franchise-Motels und -Hotels.*

Marble Canyon Lodge $$ (Deluxe-Zimmer: $$$$): *US 89A (Navajo Bridge), Marble Canyon, ✆ 355-2225, 1-800-726-1789, www.marblecanyoncompany.com. Eine nette Unterkunft einsam am Highway gelegen, dabei tolle Location inmitten der roten Sandsteinformationen. Restaurant, Bar, Pool.*

Lees Ferry Lodge $$–$$$: *3,5 Meilen westlich der Navajo Bridge (am US 89A), ✆ 355-2231, www.vermilioncliffs.com. Nicht weit entfernt von der Marble Canyon Lodge, und eine hervorragende Alternative. Restaurant und tolle Ausblicke.*

Einkaufen

Blair's Dinnebito Trading Post: *626 N. Navajo Dr., www.blairstradingposts.com. Einer der ausgesuchtesten „Trading Posts" im Südwesten. Hier gibt es Jeans und Cowboyhüte, Indianer-Kunsthandwerkliches, Teppiche u.v.m.*

Wie wär's mit einer Bootstour?

Navajo National Monument

Anasazi-Kultur

Hier erwarten Sie drei alte Felsensiedlungen, wobei keine alleine zu besichtigen ist (nur mit Permits und einem Ranger). Die Häuser wurden bis etwa 1300 n. Chr. von (Kayenta-)Anasazi bewohnt. Um mehr über die Geschichte dieses Stammes der Anasazi zu erfahren, sollten Sie zuerst das Visitor Center besuchen, wo eine kurze Fotoshow (bzw. Film) gezeigt wird und auch ein kleines Museum auf Sie wartet. Um die Ruinen von einem Aussichtspunkt aus sehen zu können, folgen Sie dem etwa 1 Meile langen **Sandal Trail** (Fernglas und Teleobjektiv nicht vergessen). Der von ihm abzweigende **Betatakin Canyon Overlook Trail** bietet keine Aussichtsmöglichkeit auf die Ruinen!

Wer die Ruinen selbst besichtigen möchte, muss sich einer der Touren anschließen, die zweimal am Tag zu den Betatakin-Ruinen und einmal täglich zu den Keet Seel-Ruinen gehen (nur während der Sommermonate). Für die erstere benötigen Sie 5–6 Stunden, zu den 8 Meilen entfernten Keet Seel-Ruinen müssen Sie mit einem ganzen Tag rechnen.

Die **Betatakin Ruins** ist eine Siedlung mit 135 Räumen, die aber nur von 1260 bis 1300 bewohnt war. Danach verließen die Bewohner aus ungeklärten Gründen diesen Platz. Hier her können Sie in einem Tag wandern (mühsam, da heiß). Die **Keet Seel-Siedlung** war aber die erste und mit 160 Räumen und 6 Kivas die größte. Bereits um 950 n. Chr. wohnten hier Anasazis. Die geführte Wanderung hierher dauert mehr als einen Tag! Das **Inscription House**, eine schlecht erhaltene Ruinensiedlung weiter im Westen, ist für das Publikum nicht geöffnet.

Navajo National Monument, *Hwy. 564, Shonto, AZ, ✆ (928) 672-2700, www.nps.gov/nava. Für die Besichtigung dieser Ruinen muss man unbedingt früh erscheinen, da nur 25 Teilnehmer pro Tour mit dürfen. Zu den Btatakin Ruins geht es nach „first come – first serve"-Prinzip (Länge: 3-5 Meilen). Für die 17 Meilen lange Route zu den Keet-Seel-Ruinen und zurück kann man sich bis zu 2 Monate im Voraus anmelden. Touren: Mai–Sept.: tgl., Rest des Jah-*

Auch heute noch betreiben die Navajos Schafzucht

res nur an Wochenenden. Zu einigen Ruinen kann man auch reiten (vorher reservieren). Besuchszeiten variieren, Kernzeiten sind: tgl. 9–17 Uhr. Es gibt kein Motel am Monument, das nächste erst wieder in Kayenta. Dafür darf man kostenlos und ohne Reservierung auf einem der beiden Campingplätze übernachten.

Die Fahrt geht jetzt weiter nach Kayenta, einem langweiligen Indianerstädtchen (Hotel/Motels). Biegen Sie hier ab auf den US 163.

Kleine Einführung „Utah"

Als 1776 zwei Franziskanermönche das Gebiet des heutigen Utah auf dem Wege nach Kalifornien durchquerten, lebten hier nur die Utes, ein nomadisierender Shoshonen-Stamm. Während des beginnenden 19. Jh. kamen die ersten weißen Siedler in kleinen Gruppen von Osten und Norden hierher. Utah war damals bereits ein **Handelsplatz** für die Pelzjäger aus dem kanadischen Raum, aber ansonsten kaum erschlossen. *Brigham Young*, der erste Führer der Mormonen, sagte einmal: „*Wenn es einen Platz auf dieser Erde gibt, den keiner will, das ist der Platz, den ich suche*". Als die Mormonen dann auf ihrer Odyssee von Osten kommend das Gebiet um den Great Salt Lake erreichten, sagte er: „*This is the place*", und die Urbarmachung des Landes begann. Im Laufe der nächsten Jahrzehnte kamen dann immer mehr Mormonen. Aber auch Goldsucher, Jäger und Siedler folgten ihnen, und so erlebte Utah Ende des 19. Jh. einen richtigen Boom. Bis heute gilt die Errichtung dieses Staates als vorbildlich. Welche Qualen muss es mit sich gebracht haben, aus diesem Boden das zu erschaffen, was wir heute als natürlich hinnehmen.

Erbe der Mormonen

Für den Reisenden bieten sich in Utah besonders attraktive landschaftliche Höhepunkte: die bewaldeten Berge des Nordens und die Canyon-Landschaften des Südens. Kaum eine **Landschaft** in den USA ist so faszinierend wie die der Canyons, die die Flüsse hier geschaffen haben. Für Abenteuerlustige bieten sich Wildwasserfahrten, Wanderungen, mehrtägige Ausritte und vieles mehr. Wer sich entspannen möchte, sollte dieses am Lake Powell (z. B. auf einem Hausboot) oder in einem der Nationalparks tun. In Salt Lake City dürfen Sie es sich nicht entgehen lassen, die **Tempelanlage der Mormonen** zu besichtigen und sich auch ein wenig mit deren Kultur zu beschäftigen. Übrigens: Es gibt auch

Utah-Telegramm

***Abkürzung**: UT; **Beiname**: The „Beehive State" (Der Bienenkorb-Staat). Anspielung auf den Bienenfleiß der Mormonen; **Namensherleitung**: Indianerstamm der „Utes" (Unterstamm der Shoshonen), die hier vor der Ankunft der Siedler lebten; **Staat seit**: 4. Jan. 1896 (45. Staat); **Fläche**: 219.900 km²; **Einwohner**: 3 Mio., davon leben 2,3 Mio. an der „Wasatch Front" zwischen Brigham City und Nephi. Knapp 63 % der Bewohner Utahs sind Mormonen; **Einwohnerdichte**: 13,3 E./km²; **Hauptstadt**: Salt Lake City (194.000 E. - Großraum „Wasatch Front" s.o.); **weitere Städte**: West Valley City (138.000 E.), Provo (118.000 E.), Sandy City (90.000 E.), Orem (95.000 E.), Ogden (86.000 E.); **wichtige Wirtschaftszweige**: Bergbau (Kupfer, Kohle, Gas, Gold, Silber, Salz und eine Reihe verschiedenster Metalle), Industrie (bes. Luftfahrt und Hightech). Die Landwirtschaft lebt vom Bewässerungslandbau oder vom „Dryfarming" (Getreide, Obst) und von Rinderfarmen.*

in Utah Liquor Stores und fast alle Restaurants dürfen Alkohol ausschenken, oft jedoch nur in Verbindung mit der Einnahme einer Mahlzeit. Es gibt aber auch ganz „normale" Pubs.

info

Dry Farming

Dry Farming erlaubt noch bei 200–300 mm Niederschlag im Jahr den Anbau von Nutzpflanzen. Dabei wechselt ein Anbaujahr mit einem Jahr der Brache ab. Während der Trockenbrache (kurz vor der Regenperiode) wird das von Unkraut freigehaltene Land tiefgründig durchgepflügt, damit Niederschlag in den Boden eindringen kann. Nach dem Regen wird dann geeggt, damit durch die Unterbrechung des Kapillarsystems die Verdunstung vermindert wird. Wasser in den tieferen Böden kann so nicht nach oben steigen. Die so angesammelte Feuchtigkeit ermöglicht im folgenden Jahr den Getreideanbau. Die Methode ist umstritten, da sie durch das Ausbrechen der Grasfluren der Abtragung durch den Wind Vorschub leistet.

Monument Valley

20 Meilen nördlich von Kayenta erreicht man am US 163 den Abzweig zum **Monument Valley**. Ein 4-Meilen-Straßenabschnitt (Parkgebühr) führt in östlicher Richtung direkt an die Abbruchkante, von der aus man die bekanntesten Felsformationen bereits sehen kann. Es steht außer Frage, dass sich ein Besuch hier lohnt, und wenn Sie genügend Zeit haben, sollten Sie unbedingt die holprige Schotterpiste durch die Felsenlandschaft „durchstehen" – oder sich alternativ einer Tour anschließen (s.u.). Man wird einige der Felsen bestimmt wiedererkennen, denn in so manchem Film taucht die Kulisse auf, u.a. 1956 in „The Searchers", 1969 in „Easy Rider", 1991 in „Thelma und Louise", 1994 in „Forrest Gump", 2000 in „Mission: Impossible II", 2014 im „The Lego Movie" und vielen Anderen. Am besten lässt sich diese eindrucksvolle Landschaft genießen, wenn abends die Sonne untergeht. Dann hüllen sich die Felsen in ein tiefrotes, feuriges Licht. Reitbegeisterten empfiehlt sich, das Gebiet auf dem Rücken eines Pferdes zu erkunden, Infos beim Visitor Center am The View Hotel. Die Piste ist nicht für Camper und Wohnmobile zugelassen!

Bekannte Filmkulisse

Als Wanderweg empfiehlt sich im Tal der **Wildcat Trail**, der um die *West Mitten Butte* herum führt. Der Rundweg ist etwas über 5 km lang (Trinkwasser mitnehmen!). Verpassen Sie auch nicht, das kleine **Museum** im historischen **Goulding Trading Post** mit Relikten aus der Pionierzeit sowie mit Erinnerungsstücken von Filmen, die hier gedreht worden sind, zu besuchen. Beides, samt Goulding's Lodge, liegt westlich des US 163. Die Lodge organisiert auch Rundflüge.

Der nächste kleine Ort heißt **Mexican Hat**, benannt nach einer als „Mexikanerhut" zu erkennenden Felsformation. Kurz hinter Mexican Hat geht es nach links ab auf den UT 261. Die gleich darauf abgehende Strecke zum **Gooseneck State Park** lohnt sich, falls Sie etwa 45 Minuten Zeit erübrigen können. Von einem Aussichtspunkt aus kann man den „Gooseneck", einen Teil des San Juan River, bewundern. Gooseneck bedeutet: ein mäandernder Fluss mit so vielen typischen Halbinseln, dass er auf einer Länge von 6 km nur 1 ½ km Luftlinie zurücklegt.

Blick auf den San Juan River

Beliebte Filmkulisse: das Monument Valley

Reisepraktische Informationen Monument Valley, AZ

VORWAHL 435

Information

Visitor Center: *am The View Hotel (östl. des US 163) sowie eine kleine Infostation am Goulding's Trading Post (westl. des US 163), ✆ 727-5870 bzw. 727-5874, www.navajonationparks.org.*

Scenic Drive im Monument Valley: April–Sept. 6–19, Rest des Jahres 8–16.30 Uhr, $ 20 pro Auto (bis 4 Personen).

Touren

Am Eingang zum Tal warten zahlreiche Touranbieter. Tipp: Im Hotel bzw. im Visitor Center vorher erkundigen und hier auch Tour buchen. Denn die Touren lohnen nicht nur wegen der Erläuterungen, sondern auch, weil einige von ihnen zu abseits der für den normalen Autofahrer erlaubten Regionen im Tal führen.

Unterkunft

San Juan Inn & Trading $$: *US 163, Mexican Hat, 25 Meilen vom Monument entfernt, ✆ 638-2220, 1-800-447-2022, www.sanjuaninn.net. Einfaches, aber originell am Canyon-Rand (in den Cliffs) des San Juan River gelegenes Motel. Touren werden von hier organisiert. Für alle Fälle gibt es noch 3 weitere, z.T. sehr einfache Motels und einen (sehr schlichten) RV-Park in Mexican Hat.*

Goulding's Trading Post & Lodge $$–$$$: *1000 Main Street, Oljato-Monument Valley, westl. des US 163, ✆ 727-3231, www.gouldings.com. Am Hang, einige Kilometer westlich der bekannten Felsformationen. Doch hat man einen schönen Blick darauf von den meisten Zimmern. Angeschlossen ist ein kleines Museum, ein Trading Post, ein Restaurant sowie ein* **RV- und Campingplatz** *mit Indoor-Pool und einfachen* **Hütten** *zum mieten.*

The View Hotel $$$: *Östl. des US 163, direkt am Monument Valley, ✆ 727-5802 bzw. 727-5555, www.monumentvalleyview.com. Das oft lange im Voraus ausgebuchte Hotel liegt direkt am Valley und die Aussicht von den Zimmern, besonders den etwas abseits gelegenen Premium Cabins, ist grandios. Da hier aber der Beginn der Strecke ins Tal ist, dazu das große VC und ein großer Trading Post, ist es hier auch unruhiger. Nahebei, ebenfalls am Rand des Tals, gibt es eine einfache Möglichkeit zu* **zelten** *(kein Wasser) bzw. sein Wohnmobil für die Nacht zu platzieren. Alternativ gibt es ein paar Motels in Kayenta, so z. B. das* **Hampton Inn Kayenta $$–$$$** *(US 160, ✆ (928) 697-3170, http://hamptoninn3.hilton.com).*

Das **Valley of the Gods**, zu dem eine weitere Piste (FR 242) von der UT 261 abgeht, beeindruckt durch Buttes, Felsnadeln sowie Mesas, und man findet auf Wanderungen so einiges aus der Anasazi-Zeit. Nicht ohne Grund wird es das „kleine Monument Valley" genannt. Die holprige Schotterstrecke ist jedoch nur denjenigen zu empfehlen, die absolute Ruhe suchen – und man benötigt einiges an Zeit. Bereits nach sechs Meilen wird klar, dass Sie die vor Ihnen liegende Klippe auf einer Schotterstraße meistern müssen, die sich steil nach oben windet (drei Meilen lang). Kein Genuss mit einem Wohnmobil

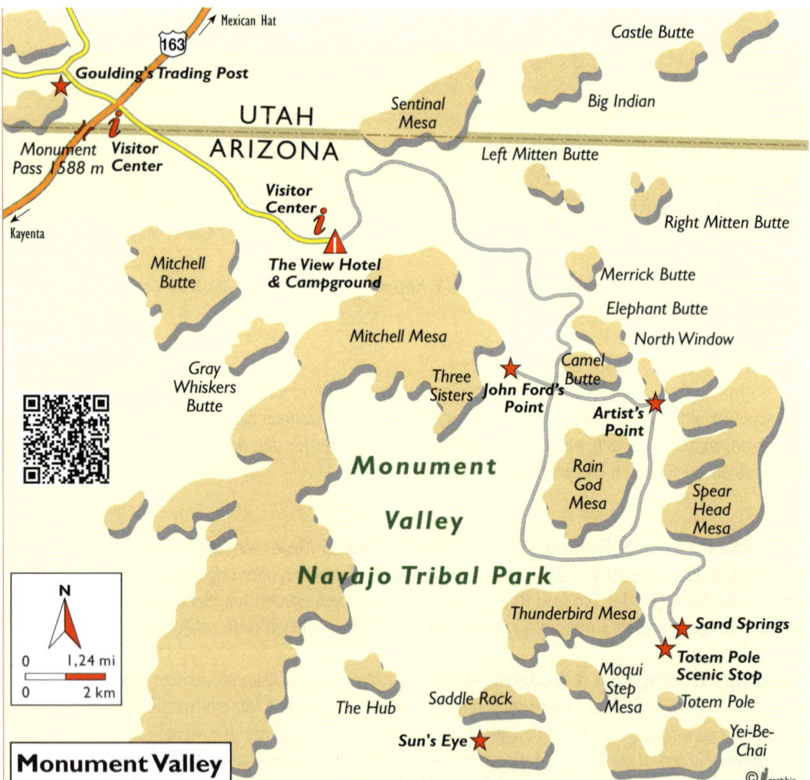

und auch nicht für diejenigen, die nicht schwindelfrei sind! Trotzdem, die atemberaubenden Ausblicke lohnen die Mühe, und man kann von hier aus sogar noch das Monument Valley sehen. Oben angekommen, wandelt sich das Landschaftsbild und ein paar Kiefernbestände lassen einen fürs erste die wüstenhafte Landschaft der Talebene vergessen. Die 17 Meilen lange Piste führt im Osten auf den US 163 – Sie können die Strecke also auch andersherum fahren.

Holprige Schotterstrecke, schöne Aussichten

Moki Dugway, zu dem es neun Meilen nördlich von Mexican Hat abgeht vom UT 261 (steile, kurvenreiche Piste, keine Wohnmobile), bietet von einer Klippe einen tollen Blick auf das 20 Meilen entfernte Monument Valley. Und fünf Meilen weiter auf dem UT 261 führt der UT 263 zum **Muley Point Overlook**. Von hier aus sehen Sie ebenfalls das Monument Valley sowie noch besser als vom Aussichtspunkt im Gooseneck SP die Mäander vom San Juan River.

Weiter geht es auf dem UT 261 bis zur Kreuzung mit dem UT 95, wo Sie sich zwischen zwei alternativen Hauptrouten entscheiden müssen.

1. Alternativrouten zum Capitol Reef National Park

Alternativroute 2: s. S. 460

Auf dem UT 95 nach Westen bis zur Abzweigung zum **Natural Bridges National Monument** (UT 275). Im Visitor Center kann man sich über die geologische Geschichte der drei natürlichen Steinbrücken informieren, die dem Park seinen Namen gegeben haben und auf einem 9–Meilen-„Loop“ von Aussichtspunkten aus bewundert werden können. Zu den Brücken selbst muss man aber laufen. Kleine Flüsse haben sich hier durch den 230 Millionen Jahre alten Sandstein gefressen, um ihren Lauf zu verkürzen. Immer noch nagt das Wasser unter Mithilfe der klimatischen Erosionskräfte weiter an den Bögen. Somit werden sie irgendwann einstürzen, doch bis dahin haben die Wasser wahrscheinlich wieder neue Brücken geschaffen. Während der erdgeschichtlichen Trockenperiode, die in diesem Gebiet zurzeit herrscht, bedarf es jedoch geraumer Zeit, bevor etwas Gravierendes passieren wird.

Die älteste und am einfachsten zu erlaufende Brücke ist die „Owachomo Bridge“, die 35 m hoch ist und deren Restdicke von 3 m bereits andeutet, dass sie die erste sein wird, die in – vielleicht 100.000 Jahren – einstürzen wird. Weitaus stabiler sind die jüngste, die „Kachina Bridge“ (69 m hoch, 68 m Spannbreite und eine Dicke von 30 m) sowie die zweitgrößte Naturbrücke der Erde, die „Sipapu Bridge“ (72 m hoch, 88 m Spannbreite und eine Dicke von 17 m). Der Weg zu diesen beiden Brücken ist sehr anstrengend! Im Park gibt es obendrein eine Reihe von Anasazi-Ruinen, sowie Zeichnungen, die auf eine ausgesprochen frühe Besiedlung hinweisen. Wahrscheinlich wurden die Steinbrücken zu religiösen Zeremonien genutzt. Erster Nichtindianer in dieser Gegend war der Goldsucher *Cass Hite*, der die Brücken 1883 entdeckte. 1908 wurden sie von Präsident *Roosevelt* als „National Monument“ ausgewiesen.

Natürliche Steinbrücken

Natural Bridges NM, *Visitor Center, tgl. 8–16.30 (Sommer bis 18) Uhr, ✆ (435) 692-1234, www.nps.gov/nabr.* **Camping**: *Im Park gibt es einen Campingplatz mit 13 Plätzen (nicht zu* *reservieren). Motorhomes über 26 ft. müssen einen der nahe dem Monument gelegenen Parkplätze nutzen. Restaurants, Motels und Geschäfte gibt es weit und breit nicht. Die Solar Panels, einst die größten der Welt, versorgen die Anlagen heute noch mit Strom.*

Zurück auf dem UT 95 geht es nun in Richtung Lake Powell. Nach nur wenigen Meilen können Sie entscheiden, ob Sie die einfachere Strecke über die Brücke nehmen wollen oder die Alternativroute UT 276 bevorzugen. Dies bedeutet, mit einer Fähre über den See zu setzen. Auf der Südseite, **Halls Crossing**, gibt es Campinggelegenheiten, am nördlichen Hafen, **Bullfrog**, neben einem weiteren Camping- und RV-Park auch eine Lodge, **Defiance House $$$** *(✆ (435) 684-3000, 1-888-896-3829, www.lakepowell.com, tolle Aussicht)*, und das **Anasazi Restaurant** *(oft nur abends geöffnet)*, in dem Sie u.a. auch frisch gefangenen Fisch aus dem See bekommen.

Hinweis

Die vom Staat Utah betriebene Halls-Crossing-Fähre über den Lake Powell verkehrt Mitte Mai bis Ende September etwa viermal am Tag, und im Oktober und November viermal täglich von freitags bis sonntags ($ 25 pro Auto). ***Fährzeiten*** *unbedingt vorher noch einmal nachfragen, die Fähre hat immer mal wieder technische Probleme: ✆ (435) 893-4747, www.lakepowellmarinas.com, ferry@utah.gov, www.udot.utah.gov (-> Public -> Lake Powell Ferry Crossing Information).*

Ausgefallenes Fotomotiv

Der UT 95 selbst führt direkt auf die Brücke über den Colorado zu. Vor und besonders nach deren Überquerung bieten sich unzählige Stopps zum Fotografieren an. Achten Sie besonders auf eine (nicht weiter markierte) Stelle, die Sie erreichen, nachdem Sie zwischen zwei Felsen hindurchgefahren sind. Der Blick zurück durch die Felsen beschert ein ausgefallenes Motiv mit der Brücke über den Colorado.

Alternativroute hinter Bullfrog: Nördlich von Bullfrog zweigt eine Piste ab nach Boulder am „Utah Scenic Byway 12" oder weiter zum Capitol Reef National Park. Diese Schotterpiste ist rau, aber bei trockenem Wetter auch mit einem normalen PKW (Durchschnittsgeschwindigkeit: 30 km/h) zu befahren. Trotzdem sollten Sie sich unbedingt vor Befahren der Strecke in Bullfrog nach dem Zustand erkundigen. Bei Regen ist sie mit einem PKW nicht passierbar.
Etwas weiter schlängelt sich die Straße nun durch einen engen Canyon. **Hanksville**, 48 Meilen nördlich der Colorado Bridge, ist ein verschlafenes Nest, das seine Existenz anscheinend nur der Straßenkreuzung verdankt. Entsprechend einfach sind hier die Motels, und wer Zeit genug hat, sollte doch eher eine Unterkunft in Torrey aufsuchen.

Kürzere Strecke

Alternativstrecke ab Hanksville: Weniger attraktiv, aber zeitlich kürzer wäre es, nun von Hanksville den UT 24 nach Norden zu fahren. Die Aussichtspunkte des bezaubernden **Goblin Valley State Park** (witzige, natürlich geformte Sandsteinformationen, die wie Pilze bzw. Kobolde – daher der Name – aussehen) sowie am I-70 (7 Meilen westlich der UT 24-Einmündung) den Black Dragon Canyon View Point sollte man dann aber mitnehmen. Dann entweder über Green River und Price nach Salt Lake City oder über den I-70 direkt nach Osten (evtl. Abstecher zum Arches NP) bis Denver fahren.

Schöner ist es dagegen, dem UT 24 in westlicher Richtung zu folgen. Nach 34 Meilen gelangen Sie zum Eingang des Capitol Reef National Park.

Lake Powell und die Glen Canyon National Recreational Area

Als zwischen 1956 und 1964 der Glen Canyon Dam errichtet wurde, schuf der Mensch den zweitgrößten künstlichen See der USA, indem er dabei gleichzeitig den zweitgrößten Canyon der Welt unter Wasser setzte. Bereits damals, als Ökologie noch klein geschrieben wurde, gab es in der ganzen Welt **Proteste** gegen das Vorhaben. Heute ist dies alles vergessen und nur noch in Geschichten und Bildern dokumentiert. Umso interessanter mag es sein, Reisebeschreibungen der ersten Pioniere dieses Gebietes zu verfolgen. Für den Reisenden hat der Bau des Staudammes aber auch Positives mit sich gebracht: Erst wegen des Sees wurden Stra-

Lake Powell mit der Brücke am Highway 95

ßen gebaut, die es vorher nicht gab, und per Boot kann man Areale erreichen, die bis dahin nur ausdauernde Wanderer erreichen konnten. Die damaligen Proteste gegen das Projekt haben die Regierung der USA aber veranlasst, von früheren Plänen abzurücken, den Lake Powell touristisch „auszubeuten". Daher kann man auch heute nur wenige Punkte mit dem Auto erreichen, und nur an den äußeren Punkten des Sees gibt es die Marinas, Sportboothäfen, deren Nutzung strengen Naturschutzgesetzen unterliegen. Damit ist der Lake Powell heute ein von Menschenhand geschaffenes Naturparadies, dessen nähere Betrachtung lohnt.

Die Uferlinie des Sees beträgt 1960 Meilen, und der Wasserstand sinkt um maximal 10 Meter im Jahr. Durch die Tiefe des Canyons ist somit immer für ausreichend Reserve gesorgt, um das E-Werk am Glen-Canyon-Staudamm in Betrieb zu halten. Die Glen Canyon National Recreational Area sowie das Grand Staircase-Escalante National Monument umgeben den gesamten nördlichen Teil des Sees, und mittlerweile hat sich dort eine eigene Uferflora entwickelt. Auch der südliche Teil, zum Teil zur Navajo-Nation gehörend, unterliegt heute der Kontrolle der Naturschutzbehörden.

Wer Zeit und Muße hat und bereit ist, etwas tiefer in die Tasche zu greifen, der sollte auf dem See eine **mehrtägige Hausboottour** unternehmen. Boote gibt es an der Wahweap Marina bei Page und an der Bullfrog Marina zu mieten (beide www.lakepowell.com). Buchen Sie rechtzeitig schon von Europa aus! Man kann auch Motorboote u. a. mieten.

Capitol Reef National Park

Größe: 98.000 ha.
Beste Jahreszeiten: Mitte Mai bis Ende Juni und im Oktober (besonders schön im Indian Summer) ist es weniger heiß.
Tierwelt: Vögel an Flüssen, ansonsten Biber, Hasen und seltener Maultierhirsche.
Pflanzenwelt: an den Flüssen Pappeln und Eschen, dazu Obstbaumkulturen. Das übrige Gebiet ist geprägt von Wüstenpflanzen (Kakteen, Yuccas) und Hartlaub- und Dornbuschsträuchern.
Aktivitäten: beste **Wandermöglichkeiten**. Leichte und mittelschwere Wege gehen vom Scenic Drive bzw. dem UT 24 ab. Die interessantesten:

- **Cassidy Arch Trail**: 6 km lang, beginnt beim Campingplatz und führt zu einem Steinbogen; etwas anstrengend
- **Hickman Bridge Trail**: vom UT 24. 1,6 km lang, führt zu einer natürlichen Steinbrücke; einfach
- **Chimney Rock**: vom UT 24; anstrengende Partien, Rundweg von 5 ½ km in den gleichnamigen Canyon und zum Chimney Rock
- **Golden Thrown**: vom Ende des Scenic Drive steil aufsteigend durch eine Schlucht; 3 km; schwierig
- **Fremont River Trail**: vom Campingplatz aus durch die ehemaligen Gartenanlagen der Mormonen; besonders im Herbst sehr schön; einfach.

Längere Touren sollte man gut vorbereiten und mit dem Ranger besprechen, da große Teile des Parks weitab von jedweder „Zivilisation" liegen. Also auch an Sonnenschutz und Verpflegung (Trinkwasser!) denken.

Dieser Nationalpark fällt bereits auf der Karte durch seine lang gestreckte Form auf, die bedingt ist durch den Verlauf der 160 km langen Bergkette, des „Reef". Pioniere gaben dem Gebirge den Namen,

Winterstimmung im Capitol Reef National Park

Redaktionstipps

- Im Park gibt es keine Hotels, aber das **Muley Twist Inn B&B** in Teasdale lockt mit einer schönen Aussicht und das **Capitol Reef Resort** mit Tipis und Planwagen (S. 460).
- Besichtigen Sie die **„Überreste" der ehemaligen Mormonensiedlung** (S. 458).
- **Wanderfreunde** sollten besonders diesem Park ihre Aufmerksamkeit schenken, da er touristisch nicht so überlaufen ist. Die geologischen Formationen entlang den Wanderwegen sind es, die die Höhepunkte dieses Parks ausmachen.
- **Zeiteinteilung**: **1 Tag:** eine Wanderung unternehmen (S. 456) sowie mit dem Auto durch den Park von Fruita zur UT 12 nahe Boulder fahren (nur 4x4, alternativ nur Scenic Drive). **2 Tage:** einen Tag den Park mit dem Auto erkunden (teilweise nur 4x4!), den anderen auf einer oder zwei Wanderungen.

denn Bergketten, die sich ihnen in den Weg stellten, bezeichneten sie gerne als Riff. Eine Tatsache, die sich aus der Seefahrt herleiten lässt. Geologisch richtig wäre eigentlich „Fold“ (Falte). Die Siedler waren beeindruckt von den großen Felskuppeln der höchsten Bergspitzen und verglichen sie mit dem Dach des Capitols. Die ersten Menschen, die sich den fruchtbaren Boden der Flusstäler zunutze machten, waren Indianer der „Fremont-Kultur“, die bereits um 700 n. Chr. im Süden von Utah ansässig waren. Einige Fels-

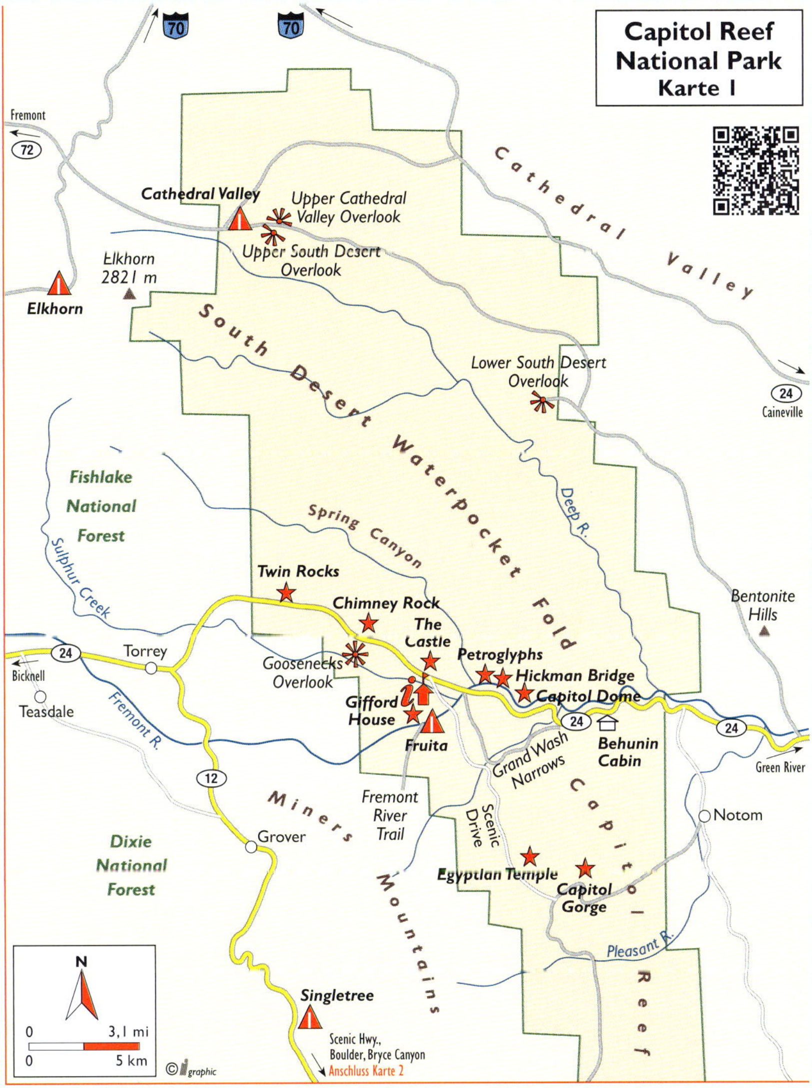

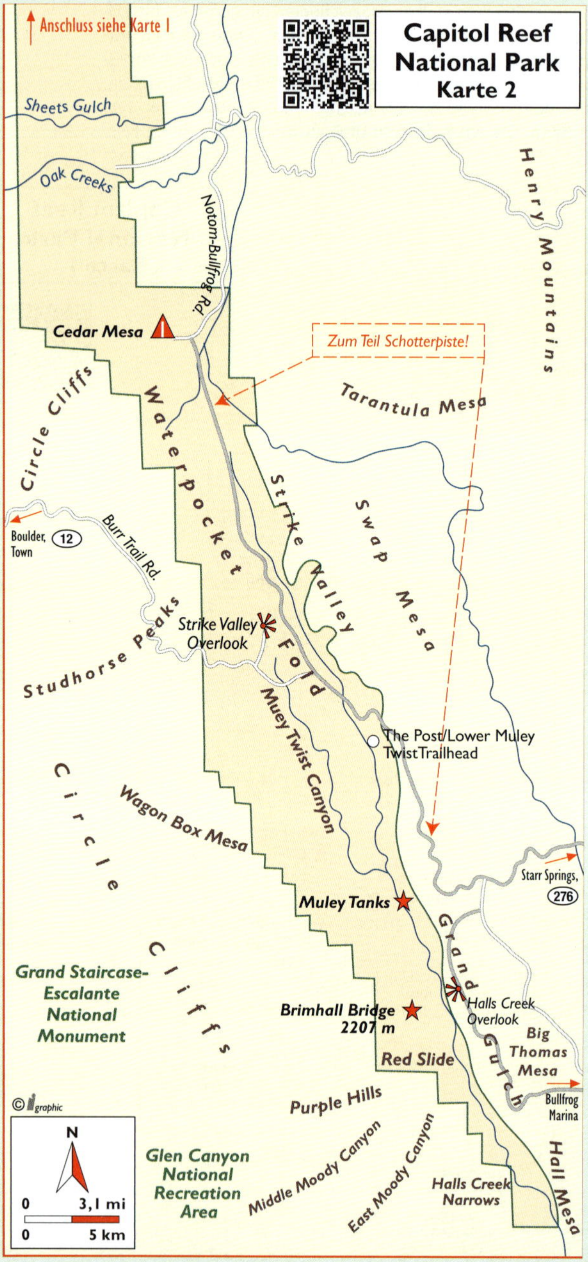

malereien und Steingravuren stammen aus dieser Zeit. Um 1250 verließen sie das Gebiet fluchtartig. Jahrhunderte später nomadisierten Indianer des Ute-Stammes am Fremont River, bis sie durch vordringende Forscher und Pioniere vertrieben wurden. Erst gegen Ende des 19. Jh. wurden Mormonen der zweiten Generation hier sesshaft. Sie gründeten den Ort **Fruita**, dessen altes Schulgebäude neben einigen neueren Stallungen noch heute zu sehen ist. Das Schulgebäude war nebenbei Versammlungshaus und wurde für Festivitäten genutzt. Der Name des Ortes macht deutlich, dass hier hauptsächlich Obst angebaut wurde. Nachdem das Gebiet 1937 zum National Monument erklärt worden war, zogen die Mormonen allmählich ab, doch die Obstplantagen werden von der Parkverwaltung weiter gepflegt, und jeder Reisende kann sich von dem Obst etwas abpflücken (nur an markierten Stellen!). Besonders lecker sind die Kirschen, die im Sommer reifen.

Entstehung des Gebirges

Die **Waterpocket Fold**, wie das Gebirge geologisch genannt wird, besteht aus verschiedenen Schichten von Sedimentgesteinen. Diese ursprünglich horizontal

Farmhaus in der Nähe des Campingplatzes

gelagerten Sedimente haben sich über Millionen von Jahren geformt und entstammen u. a. Ablagerungen eines großen Meeres, aber auch aus Zeiten, als das Gebiet von einer Wüste bedeckt war. Als sich vor 17 Millionen Jahren schließlich die riesige Landmasse des Colorado-Plateaus um 2.000 m zu heben begann, wurden die Gesteinsschichten zu einer großen Falte „umgebogen". Dieses Gemisch aus verschiedensten Steinen musste sich nunmehr den Erosionskräften stellen, wobei nicht alle Steine in gleichem Maße weggewaschen wurden. Daraus erklären sich das heutige Farbengemisch und die Dominanz einer Farbe in einem bestimmten Gebiet. Trotzdem sind fast alle oberen Schichten mittlerweile abgetragen. Man kann nur ahnen, wie hoch das Gebirge einmal gewesen sein muss. Wind und Wasser schufen abgerundete Felsen und Rundbögen. Die **Fremont Petroglyphs** (Felszeichnungen) finden Sie am UT 24, 300 m östlich des Visitor Center.

Bei knapper Zeit sollten Sie zumindest den neun Meilen langen **Scenic Drive** abfahren. Dabei passieren Sie alle Besonderheiten dieses Parks. In der Verlängerung führt der Scenic Drive über eine sehr schlechte Piste (nur 4x4) bis an die UT 12 (nördlich von Boulder). Die Notom-Bullfrog Road an der Ostseite des Parks führt im Süden zum **Halls Creek Overlook und nach Bullfrog bzw. von ihr zweigt** die **Burr Trail Road nach Boulder** ab. Diese rauen Strecken sollten Sie aber nur mit einem „stabilen" Fahrzeug, zu bestimmten Jahreszeiten bzw. bei Schlechtwetter sogar nur mit Geländewagen befahren. Hingewiesen sei auch auf die schwierigen und steilen Serpentinen (Schotterstraße, erst weiter westlich asphaltiert).

Vom Parkausgang im Westen fahren Sie noch ein paar Meilen und biegen dann nach Süden auf den „Scenic Byway UT 12" ab (Buchroute). Alternativ fahren Sie auf dem UT 24, bis er auf den I-70 trifft. Von hier kann man nach Denver oder Salt Lake City fahren.

Beschreibungen zu den Orten am UT 12, dem Bryce Canyon National Park und den Routen nach Salt Lake City: S. 480 bis 501.

Reisepraktische Informationen Capitol Reef National Park und Torrey, UT

VORWAHL 435

Information

Visitor Center: *UT 24, etwa 11 Meilen östlich von Torrey, tgl. 8–16.30, im Sommer bis 18 Uhr, ✆ 425-3791, www.nps.gov/care.*
Torrey: VC *an Ecke UT 12 und UT 24, www.scenicbyway12.com.* **Ausritte und Touren** *werden von einem Veranstalter vor Ort organisiert.*

Unterkünfte/Camping

Im Park

Gut ausgebaut und schön gelegen ist der **Fruita Campground**. *Zudem finden sich noch zwei einfachere Plätze im Norden und im Süden des Parks.*

Außerhalb

Etwa 9 Meilen in Richtung Westen, noch vor Torrey, gibt es zwei Motels:
Capitol Reef Resort $$–$$$$: *2600 E. UT 24, ✆ 425-3761, http://capitolreefresort.com. Toll gelegen und modern eingerichtet. Hier kann man in Zimmern, Cabins oder in gemütlich eingerichteten Tipis und Planwagen nächtigen. Kleines Restaurant und schöner Outdoor-Pool.*
Rim Rock Inn $$: *2523 E. UT 24, ✆ 425-3398, 1-888-447-4676, www.therimrock.net. 19 Zimmer und 2 Restaurant, direkt gegenüber dem Capitol Reef Resort. Besonders das* **Rim Rock Restaurant** *besticht mit ausgesprochenen leckeren Steaks!*
Weitere Motels und B&Bs *gibt es in Torrey, Teasdale und Loa. Empfehlenswert:*
Lodge at Red River $$$$: *2900 W. UT 24, Teasdale, ✆ 425-3322, 1-800-205-6343, www.redriverranch.com. Rustikal im Western-Ambiente eingerichtet.*
Muley Twist Inn B&B $$–$$$: *125 S. 250 West, Teasdale, ✆ 425-3640, 1-800-530-1038, www.muleytwistinn.com. Tolle Ausblicke auf die umliegende Landschaft.*
Cougar Ridge Lodge $$$–$$$$: *Cougar Ridge Ln, Torrey, ✆ 425-2091 od. 979-7824, https://cougarridgelodge.com. Wer es luxuriös mag, der bucht hier eine voll ausgestattete Casita (Bungalow).*
In Torrey und den umliegenden State Forests gibt es auch Campingmöglichkeiten, z. B. den **Sand Creek RV Park** *in Torrey (✆ 425-3577, www.sandcreekrv.com, Camping, RV u. Hütten).*

2. Alternativroute zum Canyonlands National Park, zum Arches National Park und weiter nach Salt Lake City oder Denver

Alternativroute 1: s. S. 453

Man nimmt den UT 95 in östlicher Richtung. Nach etwa 3 Meilen (nahe Meilenstein 102) führt die Texas Flat Rd. zum Startpunkt eines schönen Wanderweges in den **Mule Canyon**, in dem es einige Anasazi Ruinen zu entdecken gibt. Am US 191, dem man dann nach Norden folgt, erreicht man das 4.000 Einwohner zählende Örtchen **Blanding**. Der Ort ist wenig attraktiv und wirkt eher wie ein zusammengewürfelter Haufen aus Blechhäusern und den üblichen Highway-Einrichtungen: Motels und ein paar Fast-Food-Läden. Interessant dagegen ist der am Ortsrand gelegene **The Edge of the Cedars State Park** mit einem beeindruckenden Museum *(660 W. 400 N., Mo–Sa 9–17, Apr.–Okt auch So 12–16 Uhr, Nov.–Feb. erst ab 12 Uhr, ☎ (435) 678-2238, http://stateparks.utah.gov/parks/edge-of-the-cedars, $ 5)* über die regionalen Indianerkulturen. Das Museum bietet einen guten Überblick über die Felsgravuren und auch die Bedeutung der verschiedenen Töpferarbeiten. Hier wird auch dargestellt, wie nicht nur die Stämme als einzelnes sich entwickelt haben, sondern auch, was die „moderneren" Ute und Navajo von den Anasazi übernommen haben. Über einen kurzen Trail erreichen Sie außerdem eine Ansammlung von sechs Anasazi-Pueblos (Ruinen, bewohnt von ca. 825–1125 n. Chr.), von denen ein Komplex wiederhergestellt wurde, den Sie über eine Leiter nach unten betreten können. Ein kleiner Aussichtsturm lädt schließlich zu einem Überblick über die Gegend ein, einschließlich der Berge in vier Bundesstaaten. Hier und in den Seitencanyons entlang des bereits befahrenen UT 95 gibt es zahlreiche, wenn auch kaum zugängliche, ehemalige Indianersiedlungen, warum der UT 95 auch *„Trail of the Ancient"* genannt wird. Zum **Canyon of the Ancients** und dem **Hovenweep NM** 50 Meilen südöstlich des Ortes lesen Sie auf S. 581.

Felsgravuren und Töpferarbeiten

In Blanding gibt es noch das privat und mit viel Enthusiasmus geführte **Dinosaur Museum** u. a. mit lebensgroßen Dino-Modellen *(754 S. 200 West St., Mitte Apr. –Mitte Okt. Mo–Sa 9–17 Uhr, ☎ (435) 678-3454, www.dinosaur-museum.org, $ 3,50)*.

Monticello, 21 Meilen nördlich von Blanding, ist ein weiteres kleines Dorf, das von seiner angenehmen Höhenluft (2.120 m ü. NN), seinen Wintersportmöglichkeiten und der im Sommer zum Wandern einladenden Landschaft touristisch profitiert. Freiluftfanatikern, ob zu Fuß, hoch zu Ross oder auch per Mountainbike, sei empfohlen, sich in den **Manti La Sal National Forest** zu begeben (hier gibt es auch Zeltplätze). Der höchste Berg hier, der 3.305 m hohe **Abajo Peak**, der aus Vulkangestein besteht, lädt geradezu ein, ihn zu besteigen. Auf dem Weg nach oben hat man sogar die Chance, einige Indianerruinen zu entdecken. Infos zum National Forest erteilt das Ranger District Office *(496 E. Center St., ☎ (435) 587-2041, www.fs.usda.gov/mantilasa)*. Der Wald ist Teil des Ende 2016 von Barack Obama in seinen letzten Amtstagen geschaffenen **Bears Ears National Monument** *(http://bearsearscoalition.org/)*. Das kleine **Frontier Museum** in der Main Street *(zw. 2nd und 3rd St. South)* gibt einen kleinen Einblick in das Leben hier im 19. Jh.

Reisepraktische Informationen Monticello, UT

Information und Unterkunft

Southeast Utah Welcome Center: *216 S. Main Street, ☎ (435) 587-3401, www.utahscanyoncountry.com, http://visitmonticello.org.*

Motels gibt es hier einige, so z. B. das einfache **Wayside Inn $$** *(197 E. Central, ☎ (435) 587-2261). Ein sehr nettes B&B ist das* **Grist Mill Inn $$–$$$**, *64 South 300 East Sts., ☎ (435) 587-2597, www.oldgristmillinn.com), das in der ehemaligen Getreidemühle untergebracht ist und in dem ein reichhaltiges Frühstück serviert wird.*

Monticello bietet sich auch für die Erkundung des **südlichen Teils des Canyonlands National Park,** den sog. **Needles District,** an. Hierzu wurde der „Scenic Byway" UT 211 ausgebaut. Fahren Sie von Monticello auf dem US 191 weiter nach Norden, und biegen Sie dann nach links auf die 211 ab. (Alternative: Von Monticello über den Pass am Mt. Abajo direkt zum 211, CR 101 u. 136). Etwa 15 Meilen westlich des US 191 erreichen Sie die Stelle, von der aus es noch 50 m zum **Newspaper Rock** sind. Dieser glatte Sandstein ist ein Zeugnis von 800 Jahren menschlicher Besiedlung des Südwestens. Etwa 350 Schriftzeichen und Figuren sind auf den Felsen gemalt: die ersten von den Anasazi, später haben sich auch die Navajos, die Hopis und sogar die ersten Siedler dazugesellt. Und auch der moderne Tourist hat bereits seine Spuren hinterlassen. Es gibt (äußerst vage) Vermutungen, nach denen die ersten Zeichnungen mehr als 2.000 Jahre alt sein sollen.

800 Jahre alte Zeugnisse

Newspaper Rock

Weiter auf der 211 gelangt man zum Eingang des Nationalparks. Hier finden Sie auch einen Souvenirladen (Karten und Tourbuchungen). Kurz vor Erreichen des Parkeingangs geht es nach rechts zum **Needles Outpost** mit Geschäft, einfachem Campingplatz und Tankstelle (nicht immer Benzin vorrätig!).

Eine weitere Möglichkeit, die „Needles" (s. S. 469) im Südteil des Canyonlands National Park zu bewundern, bietet sich auf einer nach Westen führenden Seitenstraße, die vom US 191 nur wenige Meilen nördlich der UT 211 abgeht: Nach 15 Meilen teilt sich diese Strecke. Die linke, asphaltierte Straße führt an ihrem Ende zum **Needles Overlook**, die rechte zum **Anticline Overlook**. Die Aussicht vom Needles Overlook auf das Canyongebiet, auf den Zusammenfluss von Colorado und Green River und auch die Sicht nach Süden lohnen sich, besonders, wenn man keine weitere Gelegenheit hat, in den Nationalpark zu fahren. Für die 45 Meilen (hin und zurück) zum bequemer zu erreichenden Needles Overlook müssen Sie aber mit mindestens 1 ½ Stunden rechnen. Zum Anticline Overlook kommen hin und zurück weitere 34 Meilen hinzu.

Moab

Moab bietet zweifellos alle touristisch wichtigen Einrichtungen und ist das entsprechende Zentrum im Osten Utahs. Von hier aus können Sie sowohl den Arches National Park als auch den Canyonlands National Park auf einer Tagestour erreichen und Outdoor-Aktivitäten jeglicher Art starten. Zudem ist das gut ausgestattete Visitor Center eine gute Informationsquelle zum Thema Naturschutz und Ökologie.

Wildwasserfahrten

Sehr beliebt ist Moab als Ausgangspunkt für **Wildwasserfahrten** auf dem Colorado und für Ausritte in die umliegenden Gegenden. Aber auch Mountainbiking, Jeeptouren, Wanderungen, geführt und solo – eigentlich kann man hier alles machen, und genügend Freizeitanbieter stellen auch vor Ort etwas Passendes zusammen (bereits die Hotels können so etwas organisieren). Bevor Sie sich aber gleich vom Erstbesten überrumpeln lassen, fragen Sie im Visitor Center nach. Übrigens: **Rundflüge** über die Nationalparks und das Colorado-Tal bis hin zum Grand Canyon sind ein ganz besonderes Erlebnis.

Wer weniger für Outdoor-Programme zu haben ist, der sollte sich in der Umgebung von Moab auf die Suche nach Relikten und Drehorten bekannter Filme machen. Szenen für „Rio Grande" (1950), „Indiana Jones" (1988), „Thelma & Louise" (1991), „Star Trek" (2008), „The Lone Ranger" (2013), „Transformers" (2014) und viele andere Filme wurden im „historischen Stadtkern" (keine alten Häuser in Hülle und Fülle erwarten) und besonders im Umland gedreht (siehe *www.discovermoab.com/movie.htm*). In der *Red Cliffs Lodge* (s. S. 464) gibt es das dazugehörige **Filmmuseum** *(tgl.)*.

Das **Museum of Moab** beschäftigt sich dagegen im Speziellen mit der Region. Dabei geht es um Indianer, Ranching, Uranabbau, Erdölfunde, Archäologie, Geologie und Tourismus. Im 13 Meilen entfernten **Dinosaurier Museum** mit 130 Dino-Modellen in Originalgröße und 3D-Kino werden dagegen die Kinder ihren Spaß haben.
Museum of Moab, *118 E. Center St., ✆ (435) 259-7985, www.moabmuseum.org, Mitte April–Mitte Okt. Mo–Sa 10–18, sonst 12–17 Uhr, $ 5.*
Dinosaur Museum – Moab Giants: *112 West UT SR-313/US 191, ✆ 355-0288, www.moabgiants.com, tgl. 10–18 Uhr, Nov./Feb nur Wochenende, Jan. geschl., $ 16–22.*

Tipp für einen Scenic Drive

*Eine Meile nördlich von Moab geht es nach links ab auf den **River Scenic Byway Rt 279 (Potash Rd.)** in Richtung Potash. An der Strecke, die am Colorado entlang führt, gibt es nahe der Straße einige Felszeichnungen/-gravuren und Dinosaurierspuren zu bewundern. Der Wanderweg zum Corona Arch (gut 2 Std hin und zurück) lohnt ebenfalls. Schön ist die Landschaft im Abendlicht. Den gleichen Weg muss man von Potash wieder zurückfahren (im Touristenbüro gibt es eine Karte mit näheren Erläuterungen), denn die Weiterfahrt ab Potash zum Canyonlands NP ist nur etwas für Geländewagen.*

Die nördliche Zufahrt zum Canyonlands NP erfolgt über die acht Meilen nördlich der Coloradobrücke bei Moab nach Südwesten abzweigende UT 313. Nach 23 Meilen soll man zunächst nach links abbiegen zum **Dead Horse Point State Park**. Dieser Park war der erste in der Region, und vom weltberühmten Dead Horse Point Overlook erhält man einen guten Eindruck vom Canyonland. Rechts unterhalb der Klippe kann man die Stelle erblicken, an der sich *Thelma und Louise* am Ende des Filmes hinuntergestürzt haben – samt Auto. Im Park gibt es ein Visitor Center (*tgl. 9–17 Uhr*) und einen Campingplatz sowie Jurten (s.u., S. 469, *https://stateparks.utah.gov/parks/dead-horse/*).

Reisepraktische Informationen Moab, UT

VORWAHL 435

Information

Moab Information Center: *Ecke Main/Center St., ✆ 259-8825, März–Nov. tgl. 9–17 Uhr, www.discovermoab.com od. www.canyonlands-utah.com. Es gibt Broschüren und Bücher, die alle Fragen zur Region abdecken, Buchungen von Unterkünften und Outdoor-Aktivitäten werden arrangiert. Hier sind auch das* **Bureau of Land Management** *und die* **Forstverwaltung**.

Outdoor-Adventure

Es gibt viele Unternehmen. Am einfachsten ist es, über einen generellen Touranbieter zu buchen, der alles anbietet und koordinieren kann (siehe auch unter: www.discovermoab.com/tour.htm). Einer davon ist das **Adventure Center** *(225 S Main, ✆ 259-7019, 1-866-904-1163, www.moabadventurecenter.com), ein anderer* **Destination Moab** *(✆ 259-4772, www.destinationmoab.com). Beide Unternehmen arrangieren auch Rundflüge bzw. verleihen Campingequipment. Wildwasser-Fahrten (1–5 Tage) unternimmt* **Sheri Griffith Expeditions** *(2231 South US 191, ✆ 1-800-332-2439, www.griffithexp.com). Mountain Bike-Verleih:* **Poison Spider Bike Shop** *(497 N. Main St., www.poisonspiderbicycles.com) sowie* **Chile Pepper Bike Shop** *(702 S. Main St., www.chilebikes.com)*

Unterkunft

Moab ist das touristische Zentrum der Region und es gibt hier unzählige Unterkunftsmöglichkeiten. Hier nur einige Beispiele:

Lazy Lizard Hostel $: *1213 S US 191, ✆ 259-6057, www.lazylizardhostel.com. Eine Art Jugendherberge. Schlafsaal, private Zimmer und kleine Holzhütten ($–$$).*

**Kokopelli Lodgings $$**: *72 South 100 East, ✆ 259-7615, 1-800-505-5343, www.kokopellilodge.com. Verschiedene Unterkünfte in und um Moab: Motel, Selbstversorger-Condos und moderne Hütten. Außerhalb des Ortes, am Fuße des La Sal Mountain, wird auch ein einzeln stehendes, wunderschönes Haus vermietet ($$$$, mind. 2 Nächte).*

**Hotel Moab $$$**: *182 S Main St., ✆ 259-7141, www.hotelmoabdowntown.com. Gutes Motel mitten im Ort. Einige Zimmer mit Balkon, auch Suiten ($$$$). Outdoor-Pool.*

**Dream Keeper Inn & Retreat $$$**: *191 S. 200 East, ✆ 259-5998, 1-888-230-3247, www.dreamkeeperinn.com. B&B mit geräumigen Zimmern und einem angeschlossenen Cottage ($$$$), in dem ein Zimmer gut geeignet ist für Familien. Ruhig gelegen. Schöner Garten.*

Red Cliffs Lodge $$$–$$$$: *UT 128, am Colorado River. Mile Post 14, also ca. 15 Meilen nach Moab, ✆ 259-2002, 1-866-812–2002, www.redcliffslodge.com. Toll und einsam am Fluss gelegene Lodge. Angeschlossen ist ein kleines Weingut (Weinproben). Von hier können Sie auch Ausritte unternehmen und Outdoor-Aktivitäten buchen (z. B. gleich von der Lodge weg mit dem Schlauchboot). Im Hause gibt es noch ein kleines Filmmuseum (s.o).*

Sunflower Hill Bed & Breakfast $$$–$$$$: *185 North 300 East, ✆ 259-2974, 1-800-*

Red Cliffs Lodge

662-2786, www.sunflowerhill.com. Farmhaus von ca. 1900 mit Veranda und schönem Garten. Zentral im Ort. Whirlpool. Reichhaltiges Frühstück.

Camping

Campingmöglichkeiten gibt es genügend in und um Moab. Direkt im Ort empfiehlt sich der **Up the Creek Campground** *(210 E. 300 South, ✆ 260-1888, www.moabupthe creek.com). Sehr schön sind die einfachen, aber bezaubernd* **am Colorado River gelegenen Campingplätze (UT 128)**, *die vom Bureau of Land Management (Field Office, E. Dogwood Ave., ✆ 259-2100, www.discovermoab.com/campgrounds_blm.htm, Infos auch im o.g. VC, keine Reservierung möglich) verwaltet werden. Ansonsten sind die Campingplätze im* **Canyonlands NP** *bzw.* **Dead Horse Point SP** *(s. S. 469) gut.*

Restaurants

Desert Bistro: *36 South 100 West, ✆ 259-0756. In einer ehemaligen Tanzhalle (1892). Gepflegte Atmosphäre. Gute Südwest-Gerichte, zudem einige vegetarische Leckereien.*
Zax: *96 S. Main St., ✆ 259-6555, www.zaxmoab.com. Gute Pizzen, Burger, Steaks und andere amerikanische Gerichte. Bar im hinteren Raum.*
Milt's Stop & Eat: *356 E Mill Creek Dr., ✆ 259-7424, www.miltsstopandeat.com. Diner aus den 1950er Jahren. Burger, Sandwiches, Tacos, aber auch Salate. Bekannt für seine Shakes. Ein Klassiker!*
Sunset Grill: *900 North US 191, ✆ 259-7146, http://moabsunsetgrill.com. Nicht des amerikanischen Essens wegen – kaum Vegetarisches, keine Burger, dafür Fisch und Steaks aller Art –, sondern der phänomenalen Aussicht über das Tal und Moab wegen ein Highlight. Gute Bierauswahl. Nur Dinner.*
Moab Brewery: *686 S. Main St., ✆ 259-6333, www.themoabbrewery.com. Microbrewery mit Steaks und Burgern, zudem einer guten Auswahl an vegetarischen Gerichten. Sehr beliebt, daher oft recht voll. Sport-TVs.*

Canyonlands National Park

Größe: 136.600 ha.
Beste Jahreszeit: März-Mai und August-Oktober. Juni/Juli sind heiß, und die Flüsse führen relativ wenig Wasser.
Tierwelt: u. a. Maultierhirsche, Dickhornschafe, Luchse. Dazu unzählige Vogelarten, einschließlich einer Reihe von Greifvogelarten. Doch ziehen sich die Tiere gerne zurück, und im Sommer sind die meisten abend-/nachtaktiv. Bei einem eintägigen Besuch werden Sie daher wohl selten anderes sehen als Echsen und Erdhörnchen. Wer sich aber auf Wanderschaft begibt, mag mehr Glück haben.
Pflanzenwelt: An den Flüssen finden sich Bäume, vorwiegend Baumwollpappeln und Weiden (Galeriewälder). Yuccas und Kakteen gedeihen abgelegen von direkten Wasserläufen. Auf den Hochlagen herrscht eher Wüstenvegetation vor mit Sträuchern und z. T. auch Dornenbüschen.

Redaktionstipps

▶ **Übernachten** in Moab oder Camping. Für den südlichen Parkabschnitt empfiehlt sich noch Monticello als Übernachtungsort an.
▶ **Wer das „kalkulierbare Abenteuer" sucht**, der sollte sich ein paar Tage Zeit nehmen für den Canyonlands National Park und dort wandern oder eine organisierte Schlauchboottour in Moab buchen.
▶ **Tipp**: Wandertouren gut vorbereiten (Wasser, Nahrungsmittel, gute Kleidung u. festes Schuhwerk und vernünftiges Kartenmaterial), vorher beim Ranger informieren. Noch besser wäre eine Kombination mit einem Outdoorunternehmen: Z.B. mit dem Schlauchboot ein Stück (½ Tag) hinein, dann wandern u. zelten, am nächsten Tag mit dem Jeep abgeholt werden. Variationen gibt es genügend.
▶ Eine Empfehlung für fitte Leute ist das **Mountainbiking**. Die **Jeeptouren** sind nicht Jedermanns Sache, da sie z. T. sehr lange dauern. Alternative: selbst einen **Jeep mieten**. Anbieter finden sich in Moab. **Reiten** wird auch organisiert, erfordert aber Erfahrung, einen Tag Vorbereitung, einen Führer, das nötige Kleingeld und auch Ausdauer. Ist man nämlich erst einmal unterwegs, ist der Stall meist weit entfernt.
▶ **Zeiteinteilung: Für die Eiligen:** nur in den Nordteil fahren, Visitor Center und Green River Overlook u. Grand View Point aufsuchen. Dauer 3 Stunden. **½ Tag:** für den Nord- oder Südteil entscheiden. Norden: wie oben, dazu den Mesa Arch und den Upheaval Dome ansehen. Süden: einen bis zwei der folgenden kurzen Wanderwege erlaufen: Roadside Ruin, Pothole Point, Slickrock Trail oder Cave Spring. Dazu Big Spring Canyon Overlook. **2-3 Tage:** Tag 1: siehe ½-Tages-Programm (ausführlicher gestalten). Tag 2: Bootstour auf dem Colorado mit anschließender Wanderung. Wer mag: einen Tag campieren. Tag 3: Rundflug.

Aktivitäten: **Wandern**: Abgesehen von den sehr kurzen Trails, die von der Straße abgehen, sind es besonders die langen Wanderwege, die den Reiz des Parks ausmachen.

▶ **Empfehlungen für kürzere Wanderwege:**
- **Upheaval Dome Trail**: 1,6 km, ½ Stunde, leicht. Start: Upheaval Dome Parkplatz. Rundweg, der einen guten Einblick in den Krater bietet.
- **Mesa Arch**: 800 m, 30 Min., Felsbogen. Beliebt zum Sonnenaufgang.
- **Grand View Point**: 3,2 km, 1 ¼ Std., leicht. Startpunkt: Grand View Point. Gute Aussicht auf Canyon (besonders früh morgens und bei Sonnenuntergang), wobei die vom Green River Overlook fast noch schöner ist.

▶ **Empfehlung für Wanderwege mittlerer Länge (½-1 Tag)**: Im Park hat man die Chance, stundenlang kaum eine Menschenseele anzutreffen – wenn man früh startet und mind. 2 Stunden unterwegs ist. Die schönsten Trails befinden sich

„Mesa Arch" im Canyonlands NP

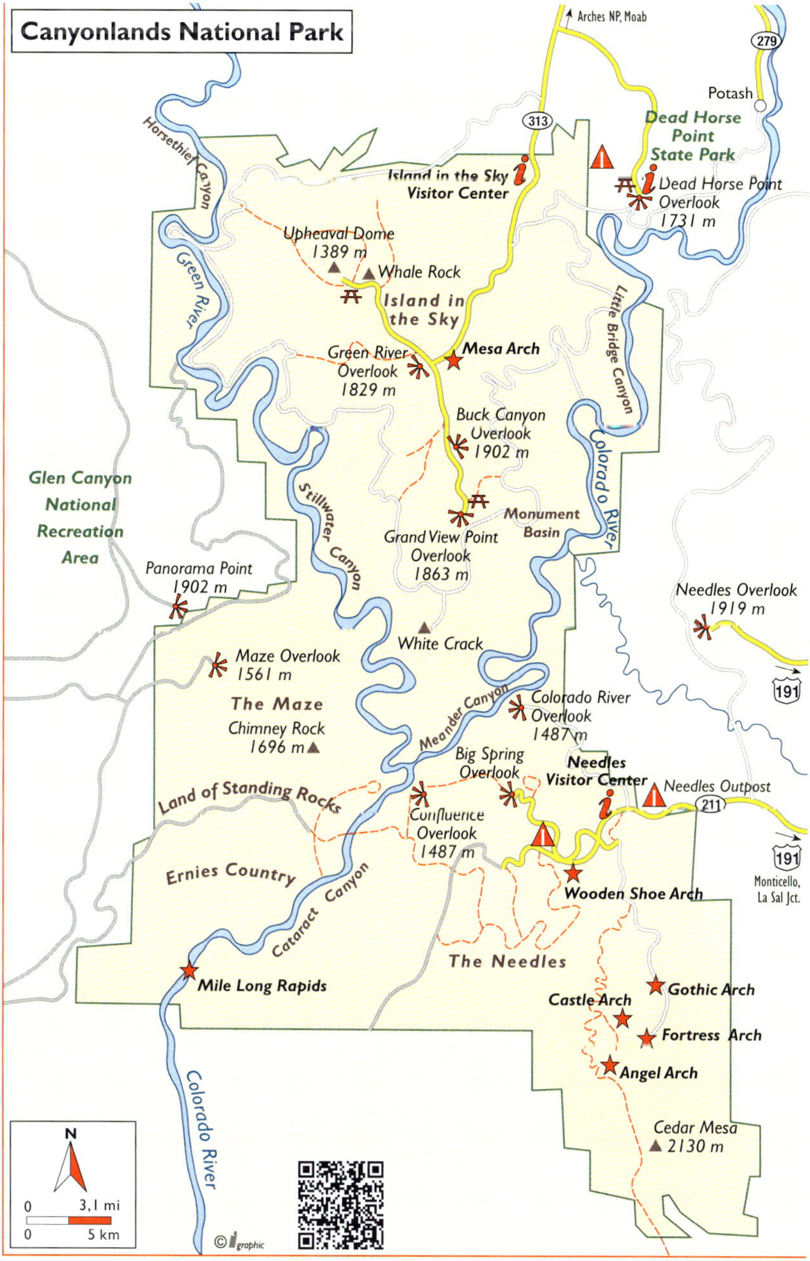
Canyonlands National Park
Arches NP, Moab
279
Potash
313
Dead Horse Point State Park
Island in the Sky Visitor Center
Dead Horse Point Overlook 1731 m
Horsethief Canyon
Upheaval Dome 1389 m
Whale Rock
Green River
Island in the Sky
Little Bridge Canyon
Green River Overlook 1829 m
Mesa Arch
Buck Canyon Overlook 1902 m
Colorado River
Glen Canyon National Recreation Area
Stillwater Canyon
Monument Basin
Grand View Point Overlook 1863 m
Panorama Point 1902 m
Needles Overlook 1919 m
White Crack
Maze Overlook 1561 m
191
The Maze
Meander Canyon
Colorado River Overlook 1487 m
Chimney Rock 1696 m
Big Spring Overlook
Needles Visitor Center
Needles Outpost
211
Land of Standing Rocks
Confluence Overlook 1487 m
191
Monticello, La Sal Jct.
Ernies Country
Cataract Canyon
Wooden Shoe Arch
The Needles
Mile Long Rapids
Gothic Arch
Castle Arch
Fortress Arch
Angel Arch
Cedar Mesa 2130 m
Colorado River
N
0 3,1 mi
0 5 km
© graphic

im „Needles District" (Tipp: **Slickrock Trail**, moderat, 4 km, 2 Std.), und wer mehrtägige Touren unternehmen möchte, sollte auch den „Maze District" ins Auge fassen.

▶ **Zwei Empfehlungen für längere Wanderungen:**

- **Chesler Park/Joint Trail**: 18 km, 6–7 Std., mittelschwer. Start: Elephant Hill oder Squaw Flat Campground. Sandsteinzinnen, der Druid Arch, Chesler Canyon und das Labyrinth aus Felsspalten (Joint Trail).
- **Confluence Overlook Trail**: 17-km-Rundweg, 6–7 Std., teilweise anstrengend. Start: Big Spring Canyon Overlook. Aussicht auf Zusammenfluss der beiden großen Flüsse und auch Einsicht in den Cataract Canyon. Sehr beliebt, daher früh starten.

Die Landschaft erkunden

Trotz des Schwerpunkts auf Aktivitäten soll dies nicht heißen, dass die Landschaft keinen Reiz hat. Im Gegenteil. Die Canyons der großen Flüsse Colorado und Green River, allen vorweg der berüchtigte Cataract Canyon, der schon der Powell-Expedition das Fürchten gelehrt hat, die bis zu 100 Meter aufragenden Steinsäulen („Needles"), Plateauberge, Steinbögen und die Unberührtheit der Natur überhaupt bieten genügend Gründe, diesen Park zu besuchen. Doch lohnt ein Besuch nur dann richtig wenn man versucht den Park dort zu erkunden, wo keine Straßen entlang führen. D. h., erlaufen Sie die schönen Plätze, machen Sie eine Bootstour oder, wenn die Zeit wirklich knapp ist, unternehmen Sie einen 1-stündigen Rundflug, bei dem man erst das richtige Ausmaß der Canyon-Landschaft ermessen kann. Auch von der Straße aus haben Sie unvergessliche Aussichten auf die Canyon-Landschaft, doch gerade diese Aussichten machen „Appetit" auf das kleine Abenteuer, denn sie lassen erahnen, was einen unten in den Flussläufen erwartet. Daher der Tipp: Zeit nehmen und wandern. Wer nicht viel Zeit hat, fährt nur zum oben beschriebenen **Needles Overlook** (zwischen Monticello und Moab) oder zum **Dead Horse Point Overlook**.

Der Park teilt sich in vier Hauptgebiete auf, von denen drei voneinander getrennt werden von dem vierten, den Flussläufen des Colorado und des Green River:

1) **Island in the Sky**: Dieses nördliche Gebiet ist das meistbesuchte im Park. Auf einer 1.820 Meter hohen Mesa (Hochfläche) führen die Straßen zu den verschiedensten Aus-

Blick vom Dead Horse Point State Park

sichtspunkten. Kurze Wanderwege bieten einen Eindruck von der Vegetation auf solch einer Hochfläche. Spektakulär sind die Aussichtspunkte und der Krater (Upheaval Dome).

2) **The Needles**: Weniger besucht als der nördliche Parkteil, bieten sich hier aber die meisten „Sehenswürdigkeiten", allen voran der „Chesler Park" mit den bizarr in den Himmel aufragenden Zinnen sowie der Ausblick auf den Zusammenfluss von Colorado und Green River („Confluence Overlook", nur zu Fuß oder 4x4). Außerdem gibt es hier Ruinen einer alten Anasazi-Siedlung („Tower Ruins"). Für den Abstecher zum Needles District sollten Sie sich eine Wanderung vornehmen (Trinkwasser, Essen mitnehmen und die heißen Mittagsstunden meiden). Wer nicht so gut zu Fuß ist, sollte über das Anmieten eines Geländewagens (in Moab) nachdenken, denn viele der Strecken hier sind nur für so ein Fahrzeug zugelassen.

Zusammenfluss von Colorado und Green River

3) **The Maze**: Der „Irrgarten" der aufrechten Steine und der zerklüfteten Canyons ist das abgelegenste Gebiet und nur mit einem geländegängigen Fahrzeug über den Flint Trail von Hans Flat (UT 24) bzw. Green River aus zu erreichen. Daher ist das Gebiet fast menschenleer und bietet die Chance für einsame und erlebnisreiche Wanderungen.

4) **Die Flüsse**: Colorado und Green River haben diese Canyon-Landschaft entstehen lassen. Besonders beeindruckend ist das 22 Kilometer lange Teilstück des Cataract-Canyons, dessen „weiße" Wasser nur mit Schlauchbooten zu bewältigen sind.

Geologische Entstehung

Vor 320 Millionen Jahren existierte hier ein Salzsee, der austrocknete und Salzschichten zurückließ. Darüber setzte sich in der Folgezeit in verschiedenen Ablagerungsprozessen eine 1.400 m dicke Sandsteinschicht ab. Das Salz aber bot zu keiner Zeit eine feste Unterlage. An einigen Stellen quoll es auf und hob die oberen Sandsteinschichten an (Upheaval Dome). An anderen Stellen wiederum löste es sich durch einsickerndes Regenwasser auf und verschwand, sodass ganze Landpartien absackten. Die Canyons selber, die heute das Landschaftsbild am meisten prägen, entstanden erst viel später. Das Colorado-Plateau hat erst vor 17 Millionen Jahren begonnen, sich anzuheben. Die Flüsse mussten also ihre Bahnen durch die Sandsteinschichten fressen. Andere Erosionsfaktoren, wie Regen, Temperaturgefälle und Wind, haben für die „kleinen" Veränderungen gesorgt.

Reisepraktische Informationen Canyonlands National Park und Dead Horse Point State Park, UT

VORWAHL 435

Information

Needles VC: *am Südeingang (UT 211), März–Ende Nov. tgl., www.nps.gov/cany, Infos: ✆ 719-2313*

Island in the Sky VC: *nahe dem Nordeingang (UT 313), März–Mitte Dez. tgl.*

Hans Flat Ranger Station (The Maze): *ganzjährig 8–16.30 Uhr*

Dead Horse Point SP: *✆ 259-2614, www.stateparks.utah.gov, tgl.*

Kartenmaterial und spezielle Bücher *gibt es bei der Canyonlands Natural History Association (im Visitor Center, Ecke Main/ Center St., Moab).*

Unterkunft/Camping

Hotels/Motels in Moab *(S. 464) und* **Monticello** *(S. 461). Es gibt eine Reihe von Campingplätzen im Park, von denen aber nur der* **Squaw Flat Campground** *(Needles District, der schönste Platz) und der* **Needles Outpost Campground** *(privat, UT 211,*

✆ 896-3968, www.needlesoutpost.com) Wasser haben. Im Norden liegt der **Willow Flat Campground** *(nicht geeignet für Wohnmobile, kein Wasser!). Die restlichen, nur zu Fuß zu erreichenden Plätze, verfügen nur über Basiseinrichtungen. Unbedingt vorher im VC erkundigen. Es gilt: First come, first serve! Gruppen buchen über www.recreation.gov od. ✆ 1-877-444-6777 od. (518) 885-3639. Ein Tipp wäre sonst im* **Dead Horse Point SP** *der schön auf der Mesa gelegene* **Kayenta Campground** *sowie im gleichen Park die* **Jurten ($$–$$$**, *große, runde Zelte), Reservierungen: 1-800-322-3770 bzw. www.reserveamerica.com). Weitere Campingplätze in und um Moab.*

Arches National Park

Größe: 31.000 ha.
Beste Jahreszeit: April–Juni und Ende September und Oktober. Der Sommer kann mit Temperaturen von bis zu 43 °C sehr heiß werden.
Tierwelt: Seltener trifft man auf Großtiere, wie z. B. den Maultierhirsch. Kleinere Säugetiere: Kojoten, Füchse, Wüstenhasen und Echsen. Die Tiere sind während der Sommermonate eher nachtaktiv. Die Fauna ist vom Halbwüstenklima geprägt. Vorsicht vor Schlangen und Skorpionen, die gerne unter Steinen schlummern!
Pflanzenwelt: Im Park gibt es kaum größere Pflanzen oder Bäume. Nur an den wenigen Wasserstellen finden sich vereinzelte Pappeln. Gelegentlich trifft man auf Wüstenpflanzen wie Kakteen und Yuccas.

Aktivitäten: **Wandern**: Es gibt eine Reihe von Trails, die alle nicht sehr lang sind. Broschüren/ Karten dazu gibt es im Visitor Center. Genaue Beschreibungen der Trails ermöglichen z. B., dass einer von Ihnen das Fahrzeug an den nächsten Punkt fährt, während der oder die andere(n) die Strecke entlang einiger sehenswerter Bögen wandert (z. B. „Park Avenue"). Besonders zu empfehlen sind die folgenden Trails:

Landscape Arch im Arches NP

▶ **Die Trails in der Window Section** (Window Arches (Spectacles = Brille), Double Arch und Turret Arch): Zusammen ca. 1,6 km, ¾ Stunde, leicht, Start- und Endpunkt am gleichnamigen Parkplatz.

▶ **Delicate Arch Trail**: 5 km, 1½ Stunden, mittelschwer, da Aufstieg am Grundfelsen des Bogens mühsam. Start und Ziel: Wolf Ranch Turnout. Der Delicate Arch ist der bekannteste Bogen des Parks. Alternativ gibt es den 30–45 min. langen, leichten Trail zum **Delicate Arch Viewpoint**.

▶ **Devil's Garden Trail**: 8–9 km, gut 3 Stunden, mittelschwer, Wasser mitnehmen! Start: Devil's Garden Campground. Führt zu sieben Bögen, darunter der Landscape Arch, dem Bogen mit der längsten Spanne der Welt. Aussicht auf weitere Bögen. Wanderung

Redaktionstipps

▶ Machen Sie sich die Mühe, den **Delicate Arch** (S. 471) **zu erwandern** – bis ganz zum Bogen hin!
▶ Für längere und mehrtägige Wanderungen ist der Park wenig geeignet, da die Temperaturen im offenen Gelände sehr heiß werden können.
▶ Ein besonderes Erlebnis ist ein **Ausritt** durch den Park.
▶ **Weitere lohnende Aktivitäten**: Bergsteigen, Mountainbiking, Jeeping.
▶ **ACHTUNG**: Im Westen des Parks gibt es eine Reihe von Treibsandfeldern! Außerdem ist das Klettern auf den rutschigen und abgerundeten Sandsteinflächen gefährlich, besonders wenn Sie nicht so trittfest sein sollten. Festes Schuhwerk ist essentiell!
▶ **Zeiteinteilung: Für Eilige:** Visitor Center, danach zur Windows Section und eine halbe Stunde dort herumlaufen. Weiter zum Delicate Arch Viewpoint (30-Minuten-Wanderung), den Rest des Parks per Auto abfahren. Dauer: 3 Stunden. **½ Tag:** Visitor Center, Courthouse Towers, Windows Section (30-Minuten-Wanderung), Delicate Arch Viewpoint (30-Minuten-Wanderung), Devil's Garden inkl. 3-Stunden-Wanderung, u. a. zum Landscape Arch.
1–2 Tage: Wie oben, doch auch am Courthouse Tower wandern und Wanderung zum Delicate Arch (Alternative für weniger Fitte: durch das Labyrinth des Fiery-Furnace-Gebietes wandern). Am 2. Tag eventuell Ausritt oder Rundflug.

nur zum Landscape Arch und zurück dauert etwa eine Stunde. Beste Fotozeit: morgens, also am besten erst hierher fahren und danach den Park besichtigen.
Der Park bietet sich auch für andere Aktivitäten an, wie z. B. **Canyoneering, Mountainbiking, Reiten** etc. Vorab in Moab organisieren.

Der Arches National Park zählt zu den eindrucksvollsten Parks der USA. Obwohl relativ klein, weist er besondere Felsformationen in Hülle und Fülle auf. Im Licht des Morgens bzw. vor Sonnenuntergang bieten sich dem Fotografen (auch schwarz-weiß!) erstaunliche Motive. Nirgendwo auf der Welt trifft man auf eine solche Anhäufung von natürlichen Steinbögen und „Windows". Die genaue Zahl ist bis heute nicht bekannt. Schätzungen variieren von 80 bis 300 und zählt man Öffnungen ab 90 cm Durchmesser hinzu, sind es 2.300. Doch nicht nur die Bögen haben ihren Reiz, auch balancierende Steine, z. T. auf 50 Meter hohen Säulen, Felslabyrinthe, versteinerte Dünen und massive, dunkelrote Felswände sind zu bewundern. Um den Park zu erkunden, folgen Sie dem knapp 30 km langen Scenic Drive und zweigen zu den entsprechenden Sehenswürdigkeiten ab. Wenn Sie einen ganzen Tag Zeit haben, können Sie in Ruhe alle Höhepunkte betrachten. Nehmen Sie einen Picknickkorb und Getränke mit, da es im Park keine Versorgungsmöglichkeiten gibt. Die Straße steigt vom Visitor Center zu dem gut 300 Meter höher gelegenen Plateau an. Von oben haben Sie eine schöne Aussicht auf Moab und einen Teil des Colorado-Tals. Ein Stück weiter passieren Sie den Parkplatz der sog. **Park Avenue**, die man erlaufen kann (1,6 km abwärts, 35 Minuten, Fahrer kann dann am anderen Ende warten). Danach geht es entlang den **Courthouse Towers**, Felssäulen, die ein-

Spazieren entlang der „Park Avenue"

Turrett Arch und „Windows"

zeln in der Landschaft stehen. Gegenüber die **Three Gossips** *(„Drei Tratschtanten")*: Mit etwas Fantasie erkennt man auf ihrer Spitze drei Köpfe, die sich gegenseitig anschauen.

Nächster Höhepunkt ist der weithin sichtbare, 40 m hohe **Balancing Rock** (Sockel 23 m, Felsen oben drauf 17 m hoch). Anschließend zweigt eine Stichstraße ab zur **Windows-Section**, u.a mit dem **Double-Arch**, zwei Bögen, die so nebeneinander liegen, dass sie auch als „Spectacles" (Brille) bezeichnet werden sowie der **Cove of Caves**, die sicherlich irgendwann auch als Bogen dastehen wird. Für diesen Abschnitt sollten Sie etwas Zeit (1–2 Stunden) mitbringen, um das Gebiet erlaufen zu können.

Als nächstes folgt der Abzweig zum Wahrzeichen des Staates Utah, dem **Delicate Arch**. Folgen Sie zuerst der Stichstraße bis zum Ende, und laufen dann die etwa 15-minütige Strecke bis zum Viewpoint. Von hier kann man diesen viel fotografierten Bogen gut sehen (Sonnenuntergang ist eine gute Fotozeit!). Wenn Sie mehr Zeit haben, laufen Sie auf dem Pfad vom **Wolf Ranch**-Parkplatz direkt zum Bogen.

Fiery Furnace: In diesem Irrgarten aus Felswänden sollten Sie nicht ohne Ranger wandern, da Sie die besten Chancen hätten, sich zu verlaufen. Für diese Region ist ein Permit nötig. Von März bis Oktober werden zweimal täglich von Rangern geführte Touren angeboten (ein paar Tage vorher reservieren; Kostenbeitrag).

Am **Devil's Garden** lohnt der lange Trail, der zu 60 unterschiedlichen Steinbrücken führt. Höhepunkt ist der weit gespannte **Landscape Arch** (Spannweite 89 m!). Nur ihn zu erlaufen dauert eine Stunde. Leider ist dieser Trail etwas überlaufen.

Entstehung der Bögen

Zwei Faktoren waren für die Herausbildung der Bögen entscheidend: Die etwa 100 m dicke Sandsteinformation („Entrada") besteht aus drei Schichten in unterschiedlicher Konsistenz und Härte. Die mittlere Schicht ist am weichsten und verwittert daher am schnellsten. Das Bindemittel, das die Sandkörner zusammenhält, wird durch die leicht sauren Niederschläge aufgelöst. Dadurch werden die Bestandteile gelockert und fallen schließlich heraus. Dies geschieht zuerst in der zweiten, weicheren Schicht.

Beim Hebungsprozess der Erde entstanden zunächst in den Sandsteinschichten tiefe Risse. Durch Regen und Frost werden die Spalten aufgesprengt. In den weicheren Schichten bilden sich die ersten Nischen und Löcher. Nun setzt die Erosion ein. Regen und Wind vergrößern die Löcher und geben ihnen den runden Schliff. Nachdem Wind und Wasser unablässig an den Löchern genagt haben, stürzen die Bögen ein. Die seitlichen „Pfeiler" aber bleiben stehen. Auf diesen balancieren in selteneren Fällen dann die als „Balancing Rocks" bezeichneten Felsbrocken aus härterem Gestein.

Information

Das **Visitor Center** *befindet sich gleich an der Einfahrt am US 191, 3 Meilen nördlich von Moab, tgl. 9–16 Uhr, im Sommer länger, ✆ (435) 719-2299, www.nps.gov/arch.*
Übernachten *in oder um Moab (siehe S. 464). Im Park, am nördlichen Ende, gibt es einen Campingplatz (Devil's Garden), Buchung erforderlich über ✆ 1-877-444-6777 od. (518) 885-3639, www.recreation.gov.*

Weiterfahrt Alternative 1: nach Salt Lake City

Von Moab aus weiter über Green River, Price und Heber City nach Salt Lake City (s. auch S. 499ff). Hierzu ein paar Erläuterungen:

Geschichte der Flusserkundungen

Green River, ein Highway-Städtchen mit morbidem Charme, hat vergeblich versucht, Moab als Ausgangsbasis für die Erkundung dieses Teils von Utah Konkurrenz zu machen. Außer Wildwasserfahrten, Ausritten (in eine weniger interessante Umgebung) und einigen Motels aus einer anderen Zeit wird nicht viel geboten. Lohnend ist jedoch das **John Wesley Powell River History Museum**, das Major Powell und seiner Colorado-Expedition gewidmet ist (s. S. 432). Besonders eindrucksvoll sind die Nachbauten der ersten Colorado-Boote in Originalgröße. Es wird auch anderer Männer und Frauen gedacht, die die Flüsse Utahs im Boot erkundet haben.
John Wesley Powell River History Museum, *1765 E. Main Street, ✆ (435) 564-3427, 1765 E. Main St., ✆ (435) 564-3427, http://johnwesleypowell.com, im Sommer Mo–Sa 9–19, So 12–17, Rest des Jahres Di–Sa 9–17 Uhr, $ 6.*

Reisepraktische Informationen Green River, UT

VORWAHL 435

Information

Information Center: *im J.W.Powell River Hist. Museum (s.o.), www.destinationgreenriver.com u. www.go-utah.com/Green-River-Utah.*

Unterkunft/Camping/Restaurant

River Terrace Hotel $$–$$$: *1740 E. Main St., ✆ 564-3401, 1-877-564-3401, www.river-terrace.com. Eine Oase unter den ansonsten sehr einfachen Motels. Pool, warmes Früh-*

stück und ein Garten zum Fluss hin locken viele Durchreisende für eine Nacht an. Fragen Sie hier nach einem Zimmer mit Flussblick. Restaurant nebenan.
Der beliebteste Campingplatz liegt südlich des Ortes im **Green River State Park**: *450 S. Green River Rd., ✆ 564-3633, https://stateparks.utah.gov/parks/green-river/, Reservierungen: ✆ 1-800-322-3770 od. www.reserveamerica.com. Direkt am Fluss, Schatten. Auch der* **KOA Campground** *gegenüber dem Museum ist okay: 235 South 1780 East, ✆ 564-8195, http://koa.com/campgrounds/green-river/.*
Ray's Tavern *(25 S. Broadway, ✆ 564-3511) ist nahezu eine Legende in der Region. Beste Burger und kaltes Bier. Hier können Sie auch Geschichten von den Wildwasser-Fahrern aufgreifen.*

Price ist eine Minenstadt im sog. *Dinosaur Country*, die lange von Kohleabbau und Erdölförderung gelebt hat. Diese Zeiten sind aber vorbei, nur noch Kohle wird, in geringerem Umfang, gefördert. Viele Menschen mussten, genauso wie in Helper (s.u.), die Gegend verlassen. Das **Utah State University Eastern (USU) Prehistoric Museum** jedoch lockt mit Dinosaurierskeletten, einer Ausstellung paläontologischer und prähistorischer Funde sowie den Mesozoic Gardens mit nachempfundenen Ökosystemen aus der Zeit des Mesozoikums (vor 75 Mio. Jahren) noch viele Dino-Fans hierher. Zudem gibt es eine geologische Ausstellung.
Prehistoric Museum, *155 E. Main Street, ✆ (435) 613-5060, http://144.39.2.208/museum/, Mo–Sa 9–17 Uhr, $ 6.*

Östlich von Price, im abgelegenen **Nine Mile Canyon**, kann man Felszeichnungen und Relikte aus der frühen Zeit der Indianerkulturen (Freemont-Indianer etc.) erkunden. Karten bzw. eine Broschüre zur Erkundung erhält man u.a. an der Tankstelle in Wellington (Abzweig US 191/6). Von hier geht es entlang der Soldier Creek Rd./Nine Mile Canyon Rd. zum Canyon. Kontrovers debattiert wird der Abbau von Gasvorkommen in der Region. Die Piste von Wellington bis Myton ist ca. 76 Meilen lang und eine Alternative zu u.g. Streckenführung.

Wer an Dinosauriern Interesse hat, kann 37 Meilen südöstlich von Price nach Cleveland (erst 22 Meilen UT 10, dann 15 Meilen auf ausgeschilderter Strecke) zur **Cleveland Lloyd Dinosaur Quarry** fahren, wo über 12.000 Knochen von 73 verschiedenen Dinosauriern ausgegraben wurden. Im dortigen Visitor Center erfahren Sie mehr dazu. *Dinosaurier*
Dinosaur Quarry, *✆ (405) 636-3600, Memorial Day–Labor Day Mo–Sa 10–17, So 12–17, Frühling/Herbst Do–Sa 10–17 Uhr, $ 5.*

Helper ist ein weiteres urges Minenstädtchen, das ebenfalls unter dem Rückgang des Kohleabbaus zu leiden hat. Der Stadtkern um die South Main Street versprüht daher einen historischen Charme und könnte auch als Filmkulisse dienen. Im **Western Mining & Railroad Museum** *(296 South Main St., http://wmrrm.com, Di–Sa 11–16, Sommer Mo–Sa 10–17 Uhr)* werden die beiden bedeutendsten Wirtschaftszweige der Region erläutert: Eisenbahn und Bergbau. Ab Helper führt die Straße durch den Price Canyon. Die steilen Felswände und deren zackige Kronen gaben dem Landstrich seinen Namen: *Castleland*. Parallel zur Straße führt die imponierende Eisenbahnlinie. Toll, was die Trassenbauer sich haben einfallen lassen, um die Strecke für die schweren Kohlezüge passierbar zu machen. Viele sind es nicht mehr, doch es sieht schon imposant aus, wenn 8 Loks mit 50 Waggons den Pass hochschleichen.

Westlich der Wasatch-Range-Passhöhe öffnet sich der Blick: rechts und links ab Oktober bereits schneebedeckte 3.000er, während im Tal die Sonne noch wohlige Wärme beschert. Weiter geht es entlang dem I-15 oder über Provo (US 6/89) nach Salt Lake City.

Weiterfahrt Alternative 2: nach Denver

Von Moab aus entlang dem „Scenic Byway" (UT 128) sind rote Felswände, Schlauchboote auf dem Fluss und eine Reihe von Punkten, an denen Filmszenen gedreht wurden, Wegbegleiter bis zum I-70, der wiederum bis Denver führt. Bei Grand Junction hat man die Möglichkeit, nach Montrose bzw. zum CO 141 abzuzweigen. Alternativ bei Glenwood Springs abbiegen und nach Aspen fahren (ab S. 567). 4x4-Enthusiasten seien noch auf die **Dolores Triangle Safari Road** hingewiesen, die durchs Backcountry von Moab, erst entlang des UT 128 und dann durch und über die Berge (Gateway) bis nach Grand Junction führt (insg. 117 Meilen), Infos u. a.: https://ridewithgps.com/routes/7722690.

Fruita

Im **Dinosaur Journey Museum** können sich Jung und Alt bestens über die Geschichte der Dinosaurier informieren. Repliken, eine nachgebaute Ausgrabungsstätte, ein Film und mehr bieten einen guten Einblick. Später kann man dann eigenständig weitere Erkundungen 2 km südlich von Fruita am CO 340 auf dem **Dinosaur Hill Trail** durchführen.
Dinosaur Journey Museum, *550 Jurassic Ct., nahe I-70, Fruita, ✆ (970) 858-7282, www.museumofwesternco.com, Mo–Sa 10–16, So 12–16, Mai–Sept. tgl. 9–17 Uhr, $ 9.*

3 Meilen südlich von Fruita befindet sich das **Colorado National Monument**. Der 8.290 ha große Park bietet noch einmal eine eindrucksvolle Erosionslandschaft, die aus ehemaligen Meeresablagerungen entstanden ist. Canyons, deren Inneres mit hohen und *Monolithen* steilen Monolithen bestanden ist, sind die Hauptattraktion. Da ihre Form an Koksöfen erinnert, werden sie *Coke Oven* genannt. Der etwa 23 Meilen lange *Rim Rock Drive* führt am Plateaurand entlang. Wanderwege und Picknickplätze laden zum Aussteigen ein. Von dort oben schaut man auf die Riesensteine herab, als hätten sie sich in einem Amphitheater aufgestellt. Mit einem Geländewagen bzw. auf einer sieben Meilen langen Wanderung können Sie westlich des Parks zum *Rattlesnake Canyon* fahren, wo es neun Steinbögen zu sehen gibt (vorher anmelden).
Colorado NM, *Visitor Center in der Nähe des nordwestlichen Eingangs (Fruita), ✆ (970) 858-3617, www.nps.gov/colm, tgl. 9–16/17 (im Sommer 8–18) Uhr.*

Grand Junction

Wie Moab ist Grand Junction (61.000 E.) ein Basisort für Touren in die Umgebung. Das gesamte Areal um die Stadt bietet angenehmes, warmes Höhenklima. Kein Wunder also, dass die Farmwirtschaft besonders auf Obstanbau (Äpfel, Birnen, Pfirsiche) gesetzt hat. Weiter östlich, in und um **Palisade**, gibt es zudem zahlreiche Weinfarmen (Infos für Besichtigungen im Visitor Center von Grand Junction). Doch Haupteinnahmequelle der Region bleiben die Bodenschätze (Gas und Erdöl), gefolgt vom Gesundheitswesen. Am Zusammenfluss von Colorado und Gunnison River gelegen, bietet die Stadt gute Voraussetzungen für Schlauchboottouren.
Die Geschichte des westlichen Colorado können Sie im **Museum of the West** verfolgen. Neben heimatkundlichen Ausstellungsstücken gibt es auch einiges in Bezug auf die Geschichte der Ute-Indianer und zum Thema Natur zu sehen. Ebenfalls zum Museum

Barbecue: auch mal lecker zwischendurch

gehören eine historische Obstfarm, eine Uran-Mine sowie das Dinosaur Journey Museum.
Museum of the West, *462 Ute Ave., ✆ (970) 242-0971, www.museumofwesternco.com, Mo–Sa 10–16, Sommer Mo-Sa 9–17, So 12–16 Uhr, $ 7.*

Östlich von Grand Junction *(I-70, dann CO 65, CO 330)* erstreckt sich auf 3.000 m Höhe eines der größten Hochplateaus der Welt, die **Grand Mesa**. Die Einheimischen bezeichnen sie auch als *„Island in the Sky"*. Über 300 Seen und riesige Kiefernbestände machen dieses Gebiet zu einem beliebten Ausflugsziel für Wanderer, Fischer und Camper. Eine schöne Strecke ist der 64 Meilen lange **Grand Mesa Scenic Byway** (CO 65 zw. Palisade und Cedaredge). Falls Sie von Grand Junction nach Montrose entlang dem US 50 fahren, bekommen Sie ebenfalls einen wunderschönen Eindruck von dem Gebiet. Das kleine Städtchen **Delta** hat sich etwas herausgeputzt (hist. Stadtkern, Motels, Camping- und RV-Platz) und **Cedaredge** am CO 65 gilt als „Gateway to the Grand Mesa".

„Island in the Sky"

Infos zum Grand Mesa Nat. Forest: *2250 US 50, Delta, ✆ (970) 874-6600, www.fs.usda.gov.*

Reisepraktische Informationen Grand Junction und Grand Mesa, CO

VORWAHL 970

Information
Grand Junction VCB: *740 Horizon Dr., ✆ 244-1480, www.visitgrandjunction.com.*

Unterkunft
Historic Melrose Hotel $–$$: *337 Colorado Ave., Grand Junction, ✆ 242-9636, www.historicmelrosehotel.com. Kleines und einfaches, nahezu als putzig zu bezeichnendes Ho-*

tel in der Innenstadt. EZ, DZ und auch Hostel. Restaurants und Bars in Laufentfernung. Etwas für Sparfüchse.

Grand Mesa Lodge $$–$$$: *25861 CO 65, 17 Meilen nördl. von Cedaredge, ✆ 856-3250, www.grandmesalodge.com. 17 gut und voll ausgestattete, rustikale Holzhäuser für Selbstversorger sowie 2 Hotel-Zimmer ($$). Schön im Wald gelegen. Ein Tipp zum Runterkommen.*

Doubletree Inn $$$: *743 Horizon Dr., Grand Junction, ✆ 241-8888, 1-800-225-3297, www.doubletreegrandjunction.com. Sauberes, modernes Hotel mit vernünftigem Preis-Leistungs-Verhältnis. Pool, Bistro-Restaurant. Im Umfeld von Horizon Dr./Crossroad Blvd. (I-70, Exit 31) finden sich noch viele andere Franchise-Hotels.*

Camping

Saddlehorn Campground *nahe dem Visitor Center des Colorado National Monument (keine Duschen, kein Strom, Reservierung: www.recreation.gov, ✆ 1-877-444-6777). Alternativ und mit allen Annehmlichkeiten:* **Junction West RV Park**:*793- 22nd Rd., Grand Junction, ✆ 245-8531, www.junctionwestrvpark.com. Auch 8 Zeltplätze.*

Restaurants

Rockslide Restaurant & Brewery: *401 Main St., Grand Junction, ✆ 245-2111, www.rockslidebrewpub.com. Der Name verrät schon alles: Bier, amerikanische Küche, aber es gibt auch lokalen Wein hier.*

The Winery: *642 Main Street, ✆ 242-4100, www.winery-restaurant.com. Gebäude von 1890. Steaks, Seafood und Salatbar. Fine Dining Grand Junction-Style. Teurer, kein Lunch. Patio und Bar.*

Alternativstrecke: Wer eher gen Südwesten fahren möchte, der sollte südlich von Grand Junction vom US 50 abbiegen auf die schöne Strecke entlang des CO 141 *(Unaweep/ Tabeguache Scenic Byway)*. Die Strecke führt u.a. durch den Unaweep Canyon und nach etwa 45 Meilen vom Abzweig passieren Sie dabei den kleinen Ort **Gateway**, wo Autonarren unbedingt das **Gateway Auto Museum** *(tgl. 10–17 Uhr (Zeiten können variieren), ✆ (970) 931-2895, http://gatewayautomuseum.com, $ 15)* besuchen müssen. Hier wurden mehr als 100 Jahre Autogeschichte zusammengetragen! Als Unterkunft in Gateway bietet sich ohne Zweifel das großenteils im Adobe-Stil erbaute, wunderschön ins Tal gebettete **Gateway Canyons Resort & Spa $$$–$$$$** *(✆ (970) 931-2458 od. 1-866-671-4733, www.gatewaycanyons.com)* an. Von hier aus können Sie auch schöne Wanderungen, Mountain-Biking- sowie Kajak- und River-Rafting-Touren unternehmen. Ausritte können ebenfalls arrangiert werden.

Weiter, am Mile Post 81,5 vor Uravan können Sie unterhalb der Straße die *„Hanging Flumes"*, hölzerne Wasserleitungen an den Wänden des Flusscanyons bewundern. Sie stammen aus dem 19. Jh. und wurden für die nahen Minen angelegt.

Chrom und Lack vom Feinsten im Gateway Auto Museum

Vom Grand Canyon nach Salt Lake City

Entfernungen

Grand Canyon NP (South Rim) – Zion NP (über US 89A): 245 Meilen/394 km
Zion NP – Bryce Canyon NP: 103 Meilen/166 km
Bryce Canyon NP – Salt Lake City: a) US 89, ohne UT 12: 276 Meilen/444 km, b) über Heber City: ca. 310 Meilen/500 km, c) über UT 12, US 89, Heber City: ca. 350 Meilen/564 km

Routenempfehlung

S. vorheriges Kapitel bis zum Marble Canyon. Dem US 89A folgen bis Kanab und weiter bis Mt. Carmal Jct. Abbiegen auf die UT 9 und durch den Zion NP. I-15 bis Cedar City, dann in östlicher Richtung auf der UT 14 und nach Norden abbiegen auf die UT 148. Nach 6 Meilen nach rechts auf die UT 143. In Panguitch 8 Meilen die US 89 nach Süden, dann UT 12 nach Osten. Nach etwa 12 Meilen geht es ab zum Bryce Canyon NP. Danach weiter auf der UT 12 bis Torrey. Von hier aus erst zum Capitol Reef NP und dann entlang der UT 24 in nordwestl. Richtung bis Sigurd. Dort treffen Sie auf den US 89, dem Sie in nördlicher Richtung bis Provo folgen und der von dort weiterführt als US 189 bis Heber City. Schließlich US 40, Park City bis zum I-80, der dann nach Salt Lake City führt. ***Achtung!*** *Die Tunnel am östlichen Ausgang des Zion NP sind nur für Fahrzeuge bis 40 ft Länge und 13 ft 1 inch Höhe zugelassen. Kleinere RVs müssen eine Gebühr entrichten für die Tunnelnutzung.*

Überblick

Nachdem Sie den South Rim vom Grand Canyon verlassen haben, führt die Straße bereits an einem weiteren eindrucksvollen Canyon vorbei, dem des **Little Colorado**. Achtung: An den verschiedenen Aussichtspunkten können Sie viel Zeit „verlieren". Bis zum Zion NP sind der Marble Canyon, die Grand Canyon North Rim bzw. – falls Sie die nördliche Route wählen – der Glen Canyon Dam mit Lake Powell die herausragenden Highlights. Insgesamt ist die Strecke landschaftlich sehr beeindruckend.

Atemberaubende Eindrücke

Der **Zion NP** fasziniert durch die mächtigen, roten Felsformationen. Ein Abstecher über Cedar City empfiehlt sich wegen der atemberaubenden Strecke hinauf zum Cedar Breaks NM und weiter bis zum **Bryce Canyon NP**: Eine tolle Schlucht und dann weiter oben eine Landschaft von alpinem Charakter belohnen für den Umweg. Der Bryce Canyon NP ist ein Muss. Man steht bewundernd auf den Anhöhen und fragt sich, wie die Natur das vor einem ausgebreitete Schauspiel von zerklüfteten „Minicanyons" geschaffen haben kann. Weiter geht es dann auf der UT 12, einer Strecke, die nicht nur Touristen durch ihre Vielfalt an Farben und Landschaftstypen beeindruckt hat, sondern auch Werbefilmer. Im **Grand Staircase Escalante NM** sind die bunten Felsen am schönsten zu erleben, dafür aber über Schotterpisten etwas schwer zu erreichen.

Wenn Sie auf der in diesem Kapitel beschriebenen Route bleiben, verpassen Sie nicht den **Capitol Reef NP**, wo eine 160 km lange Bergkette aus weißen Sandsteinkegeln und -kuppeln bereits den ersten Pionieren den Weg versperrt hat (Beschreibung S. 456). Falls die Zeit nicht drängt, fahren Sie durch das „Hinterland" nach Salt Lake City. Besonders

Redaktionstipps

▸ **Übernachten**: Wenn auch oft lange im Voraus ausgebucht, ist die rustikale **Zion Lodge** im Zion NP (S. 487) der Tipp. In Springdale ist die Atmosphäre aber familiärer; Bryce Canyon NP: die **Bryce Canyon Lodge** (Cabins) ist und bleibt ein Klassiker (S. 494); in Heber City/ Midway: Das **Homestead Resort** bietet nicht nur eine schöne Unterkunft, sondern vor allem auch Erholungswert (S. 501). Der kleine, wenn auch unspektakuläre Ort **Kanab** (S. 481) im Südwesten von Utah empfiehlt sich als gute und günstige Ausgangsbasis für die Erkundung der Sehenswürdigkeiten der Region. Übernachtungen unbedingt vorher **reservieren**, da oft nur wenige Alternativen im Umkreis zu finden sind.

▸ **Sehenswertes**: der Tunnel im **Zion NP** (S. 482) und die darauf folgende westliche Ausfahrt in das imposante Tal des Nationalparks; die einzigartigen „geologischen Feinarbeiten" des **Bryce Canyon** (S. 489); der **Scenic Byway UT 12** (S. 495) zwischen Escalante und Torrey im Frühherbst: **Grand Staircase Escalante NM** (S. 495) mit den bunten Sandsteinformationen, Indianersommer und dazu der Blick über die tiefer gelegene Halbwüstenlandschaft mit ihren bizarren Steinformationen.

▸ **Zeiteinteilung: (mind.) 3 Tage:** Am ersten Tag zur North Rim des Grand Canyon oder an den Lake Powell. Am zweiten Tag Zion NP, evtl. Cedar Breaks NM und zum Bryce Canyon, sodass Sie dort noch den Sonnenuntergang/das Abendlicht erleben. Tag 3: Bryce Canyon und auf schnellstem Wege (I-15) nach Salt Lake City. **2-3 Zusatztage:** Mehr Zeit in den Nationalparks verbringen und über den UT 12, den Capitol Reef NP sowie Heber City/ Midway nach Salt Lake City fahren.

Freuen Sie sich auf den Bryce Canyon

der Region Heber City/Midway sollten Sie Aufmerksamkeit schenken. Sie ist im Winter ein beliebtes Skigebiet und zieht im Sommer Urlauber an, die gerne Wandern. Park City, das ehemalige Olympiastädtchen, ist touristisch gut erschlossen, verlangt aber immer noch erhöhte Preise.

Hinweis

Zum ersten Teil dieser Strecke s. vorheriges Kapitel. Karte s. S. 426.

Sehenswertes

Empfehlenswert ist die Fahrt entlang dem US 89A wegen des Ausblicks von der **Navajo Bridge** auf den **Marble Canyon** und der 54 Meilen westlich davon in **Jacob Lake** abzweigenden Strecke zum **North Rim des Grand Canyon**.

Alternativ dazu können Sie über **Page** (s. S. 446) und den US 89 fahren, bei der Sie die Möglichkeit haben, den **Antelope Canyon**, den **Glen Canyon Dam** und den **Lake Powell** zu sehen oder per Bootstour die **Rainbow Bridge** zu erkunden. Landschaftlich ist aber die erstgenannte Strecke etwas eindrucksvoller. Denn man kommt auf der über 2.400 m gelegenen Hochfläche um Jacobs Lake in den Genuss des grünen **Kaibab National Forest**.

Bei Fredonia bietet sich historisch Interessierten die Möglichkeit, zum 14 Meilen westlich gelegenen **Pipe Spring National Monument** zu fahren. Nach zähen Kämpfen und Verhandlungen mit den Navajos haben hier Mormonen im 19. Jh. eine Ranch geführt. Ein Visitor Center/Museum gibt nähere Infos *(tgl. 8.30–16.30, Mai-Aug. 8–17 Uhr, ✆ (928) 643-7105, www.nps.gov/pisp)* und hier beginnen geführte Touren. Die nächsten Motels finden Sie in Fredonia.

Kanab

Weiter auf dem US 89A gelangt man nach **Kanab**, einem 3.500-Seelen-Nest, das das wirtschaftliche „Zentrum" dieser Region darstellt. Gegründet von Mormonenfarmern, deren einstiger Reichtum noch am **Kanab Heritage House** *(13 S 100 E, www.kanabheritage.com)* zu erkennen ist, bildet heute der Tourismus die Haupteinnahmequelle. Kanab eignet sich hervorragend als Basis für die Erkundung der Sehenswürdigkeiten im Südwesten von Utah. Neben den bekannten „Highlights" verstecken sich in der näheren Umgebung auch schöne Landschaften, kleine Canyons, historische Indianersiedlungen und zudem das verfallene **Johnson Canyon (Gunsmoke) Western Movie Set** (Johnson Canyon Rd., geht ab vom US 89). Auch heute noch kommen Filmteams nach Kanab, und kleine Tourunternehmer am Ort bieten Tagesausflüge in die Umgebung an. Das kleine **Little Hollywood Land/Frontier Movie Town** *(297 W Center St., www.littlehollywoodmuseum.org)* gibt einen kleinen, wenn auch ungenauen Einblick in die Geschichte der Wild-West-Filme, die in der Region gedreht wurden.

Yeehaa!

Dünenliebhaber sollten auf der Weiterfahrt sieben Meilen nördlich von Kanab nach Westen abbiegen auf die Hancock Rd. zum **Coral Pink Sand Dunes State Park** (weitere zwölf Meilen). Bei bestimmten Lichtverhältnissen – am besten bei tiefstehender Sonne oder bei bewölktem Himmel – schimmern die Dünen in rosaroten Farbtönen. *Infos: ✆ (435) 648-2800, http://stateparks.utah.gov/parks/coral-pink.*

An der **Mount Carmel Junction** (Tankstelle/Motels) geht es nun nach links zum Zion National Park. Bereits diese Anfahrt durch zwei Tunnel von Osten in den Park ist ein Erlebnis. Nach dem zweiten Tunnel eröffnet sich das Haupttal des Nationalparks in beeindruckender Mächtigkeit. Achtung: Halten Sie nur an einem der vielen Parkplätze.

Reisepraktische Informationen Kanab, UT

VORWAHL 435

Information

Kane County Office of Tourism: *78 S. 100 East St., ✆ 644-5033, 1-800-733-5263, www.visitsouthernutah.com*

Touren

Dreamland Safari: *4350 E. Mountain View Dr., ✆ 644-5506, www.dreamlandtours.net. Geführte, u. a. mehrtägige Touren und Camping-Safaris, zu den Highlights der Region, auch den Nationalparks sowie zum Grand-Staircase-Escalante NM. Auch Off-Road-Touren in die Umgebung zu versteckten Canyons und zu Filmschauplätzen. Lassen Sie sich Landschaften zeigen, die Sie mit dem Mietwagen niemals erreichen können.*

Unterkunft

Parry Lodge $$: *89 E. Center St., ✆ 644-2601, 1-877-386-4383, www.parrylodge.com. Motel mit 90 Zimmern. Pool, Münzwaschautomat. Zentral gelegen. Lobby noch von 1929 und in diesem Motel haben bereits Filmstars (siehe Fotos an den Wänden), u. a. Ronald Reagan, während der Dreharbeiten gewohnt.*

**Best Western Red Hills $$**: *125 W. Center St., ✆ 644-2675, 1-800-780-7234, www.bestwesternredhills.com. Sauberes Motel mit Pool. Auch Suiten ($$–$$$). Münzwaschautomaten. Zentral gelegen.*

Canyons Boutique Hotel $$–$$$: *190 N. 300 W., ✆ 644-8660, www.canyonshotel.com. Letztendlich zwar auch nur ein Motel (Zimmer und Suiten), dafür aber deutlich solider und netter ausgestattet. Warmes Frühstücksbuffet, Outdoor-Pool. Das Hotel gehört zur sog.* **Canyon Collection-Gruppe** *(www.thecanyonscollection.com), die auch Häuser, Motels, Apartments und ein B&B im Ort führt.*

Camping

Campen können Sie im 18 Meilen entfernten **Coral Pink Sand Dunes State Park** *(http://utahstateparks.reserveamerica.com/) sowie in einem der drei Campingplätze in Kanab (z. B.* **Hitch-N-Post RV Campgrounds & Cabins**, *196 E. 300 S. St., ✆ 644-2142, www.hitchnpostrvpark.com, Zelte, RVs, einfache Hütten).*

Restaurant

An der **Hauptstraße** *im Ortskern gibt es einige kleine Restaurants. Besonders empfehlenswert: das mexikanische Restaurant* **Escobars** *(373 East 300 South, ✆ 644-3739). Alkohollizenz.*

Zion National Park

Größe: 59.328 ha

Beste Jahreszeit: Anfang Juni bis Ende September. Juli und August können aber heiß werden. Im Herbst herrschen angenehme Temperaturen, aber es ist häufig bewölkt, und dadurch ist das Licht zum Fotografieren schlecht; dafür ist dieses die beste Zeit zum Wandern (wie auch der Mai), und die roten und gelben Blätter bieten ein unvergessliches Farbenspiel.

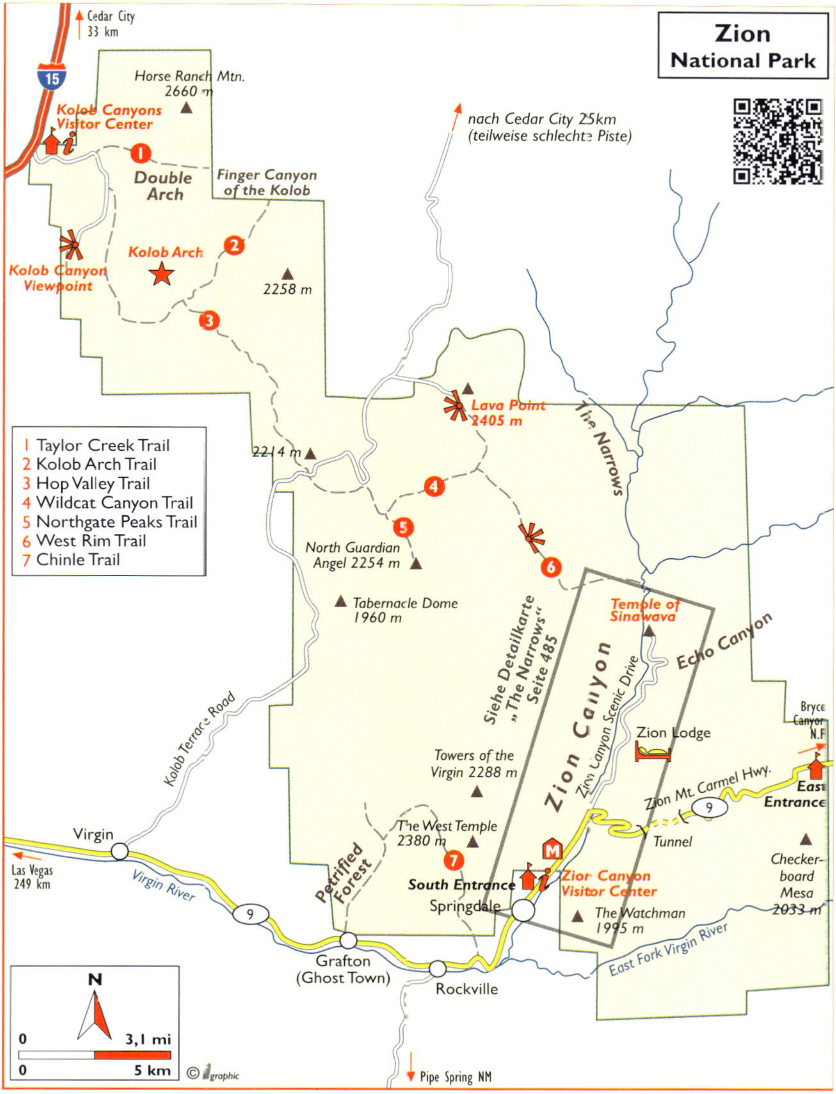

Tierwelt: Maultierhirsche, Dickhornschafe, Rotluchse, Füchse, Kojoten, Stinktiere und vereinzelt der Ringtail (eine Waschbärart). Die meisten Tiere fliehen aber vor den Menschenmassen im Haupttal.
Pflanzenwelt: im Flusstal Laubbäume, u. a. Eschen, Birken und Pappeln. Dazu teilweise üppiges Gras. Auf den Höhen und den weniger beregneten Flächen überwiegt eine Halb-

Redaktionstipps

▶ **Übernachtung**: in **Springdale** (günstige B&Bs am südlichen Ortsausgang) oder in der parkeigenen **Zion Lodge** (S. 487).
▶ Oft ist der Parkplatz am Visitor Center voll. Nehmen Sie dann besser **von Springdale aus den Shuttle-Bus**.
▶ Die **Wanderung zu den „Narrows"** (S. 486) ist mit Sicherheit am eindrucksvollsten.
▶ Auf den Bergen ist **festes Schuhwerk** wichtig. Zudem ist das Tal ein Wetterloch, sodass **Regenbekleidung** mitgenommen werden sollte.
▶ **Zeiteinteilung: Für Eilige:** Auch wer vom Süden anreist, sollte einmal die Landschaft östlich des Tunnels gesehen haben. Zusätzlich den Scenic Drive entlangfahren (besser Shuttle-Bus) und den Weeping Rock Trail erlaufen. Dauer: 2 Stunden. **Halber Tag:** Im Museum des Visitor Center umschauen. Ansonsten wie oben und zusätzlich den nördlichen Teil des Parks (Kolob Canyon) erkunden. **1-2 Tage:** wie oben, doch mit dem Ranger ein bis zwei Wanderungen absprechen. **Tipp:** der schöne, aber anstrengende Kolob Arch Trail.

wüstenvegetation. Neben Kakteen und Yuccas trifft man auch auf Dornbüsche und andere Sträucher.

Aktivitäten:

▶ **Wandern**: Zum Wandern laden mehrere Wege ein. Am schönsten sind folgende:
- **Riverside Walk**: 3,5 km (nur bis zum Fluss), 1 ½ Std., einfach. Start: Temple of Sinawava-Parkplatz. Folgt dem Virgin River zu dem engeren Teil des Zion Canyon. Der Canyon wird so eng, dass nur noch der Fluss selbst hindurchpasst. Ziehen Sie hier Ihre Schuhe aus, und waten Sie ein Stück weiter. Das Folgende wird Sie dafür belohnen. Außerdem „Hängende Gärten" an der Strecke. Die Strecke durch den Fluss macht den Fußmarsch aber deutlich länger als die o. g. 3,5 km!
- **West Rim Trail**: 42 km, 2-3 Tage, schwierig. Start: Grotto Picnic Area. Führt durch die gesamte Formenvielfalt des Parks. Wasser und Verpflegung mitnehmen.
- **Weeping Rock Trail**: 800 m, ½ Std., leicht. Start: vom Scenic Drive aus. Führt zum Great White Throne und zu den „Hanging Gardens".
- **Watchman Viewpoint Trail**: 4,3 km, 2 Std., mittelschwer. Start: Zion VC. Von diesem Weg aus hat man eine gute Aussicht auf das West Temple Massive und den Arch am Bridge Mountain.
- **Kolob Arch Trail (via La Verkin Creek Trail)**: 23 km, 8-12 Std. (früher Start oder Übernachtung empfehlenswert), anstrengend. Start: vom Lee Pass im nördlichen Parkabschnitt (Kolob Canyon). Entlang zweier Creeks mit Ziel Kolob Arch, dem größtem Steinbogen der Welt. Trinkwasser und Lebensmittel mitnehmen.
- Ansonsten können versierte Kletterer sich nach Voranmeldung an den steilen Wänden austoben.

▶ **Reiten**: Anmeldung in der Zion Lodge. Kurze und längere Ausritte möglich. Im Winter **Skilanglauf**.

Sehenswertes

Der Zion National Park gehört zu den ältesten Nationalparks der USA. Bereits 1909 wurde das Gelände zum *Mukuntuweap National Monument* erklärt, 10 Jahre später zum Zion National Park. Der südliche Abschnitt des Zion Canyon wurde schon um 750 n. Chr. von den Anasazi bewohnt, die aber um 1200 n. Chr. die Gegend verlassen mussten. Zum Bau ihrer Hütten und zur Feuerholzbeschaffung haben sie so viel Bäume abgeschlagen, dass ihnen nicht nur die diesbezügliche Lebensgrundlage entzogen war, sondern nun auch der Fluss freien Lauf hatte und ihre Felder regelmäßig wegspülte. Lange Zeit wohnte in diesem Gebiet danach niemand, und selbst die Indianer der Fremont-Kultur kamen nur zum Jagen in den Canyon.

1776 befand sich eine spanische Missionarsgruppe in der Gegend, und 50 Jahre später stellte der Trapper *Jedediah* mit seinen Gefolgsleuten seine Fallen auf. Erst im 19. Jh. siedelten die Paiutes-Indianer wieder hier. Beeindruckt von der Mächtigkeit der roten Felswände, gaben sie allen Bergen einen religiösen Bezug. Auf dem West Temple z. B.

Oft nur ohne Schuhe zu erkunden: The Narrows

hätte *Kai-ne-sava*, der Gott der Flammen, ein großes Feuer entzündet, und *Wai-no-pits*, der Teufel, würde jenseits des Oak Creek sein Unwesen treiben. Sie hatten so viel Ehrfurcht vor den Mysterien der Berge, dass sie niemals wagten, sie zu besteigen oder auch nur das Tal in nördlicher Richtung zu erkunden. Als dann die ersten Siedler, Mormonen aus Salt Lake City, kamen, waren ihnen die Paiutes kaum eine Hilfe bei der weiteren Erforschung des Gebietes. Auch die Mormonen waren beeindruckt von den Felswänden, die im Abendlicht erst richtig ihre rote Färbung zur Geltung bringen. Sie nannten den Canyon deshalb Zion – „die himmlische Stadt Gottes“. Die Neuankömmlinge waren auch vom östlichen Teil des Parks beeindruckt, wo versteinerte Sanddünen von der Winderosion zu den bizarrsten Formen geschliffen wurden. Im **Zion Human History Museum** (1/2 nördl. des südl. Parkeingangs, tgl. 10-17 Uhr, im Sommer länger) wird die Geschichte der menschlichen Besiedlung erläutert.

Während der Regenzeit, wenn der Virgin River anschwillt und den schmalen Teil des Canyons („Narrows") mit reißenden Fluten beglückt, liegt etwas Unheimliches über dem ganzen Canyon. Die Wassermassen tosen mit solcher Wucht durch diese schmale Felsöffnung, dass man glaubt, der Fels müsste jeden Augenblick zerbersten. Zu dieser Zeit, wenn auch das Wasser von den umliegenden Bergen den Weg nach unten sucht, stürzen unzählige große und kleine Wasserfälle an den steilen Bergwänden herunter. Wenn sie danach wieder langsam versiegen, hinterlassen sie noch über Tage feuchte Spuren an den Wänden, die im Sonnenlicht glitzern. Eigentlich ist diese Zeit des Regens die eindrucksvollste im Park, macht sie doch die imposanten und zugleich bezaubernden Kräfte der Natur besonders deutlich.

Gewaltig: der „Upper Arch" des „Double Arch"

Da nur ein sehr kleiner Teil des Parks mit dem Auto zu befahren ist, hält sich der größte Teil der Besucher auf dem neun Meilen langen Scenic Drive oder entlang der östlichen Tunnelroute auf. Im Sommer und selbst im Frühjahr und Herbst wird es hier sehr voll, und es kommt sogar zu Parkplatzproblemen und Staus. Die Parkverwaltung bemüht sich daher, Reisende von Mitte März bis Ende Oktober vom Visitor Center mit dem Shuttlebus entlang dem Canyon zu befördern. Der Bus verkehrt tagsüber regelmäßig und hält an allen eindrucksvollen Punkten. Wer sich dem großen Ansturm entziehen und einen noch besseren Eindruck von der Landschaft erhalten möchte, sollte aber besser gleich seine festen Schuhe auspacken und sich auf Wanderschaft begeben.

Geologischer Überblick

Bereits vor 225 Mio. Jahren setzte sich die erste von sieben Ablagerungsschichten auf dem Grund des Gebietes fest. Im Wechsel mit Meeresbedeckungen kamen immer neue, anders geartete Schichten hinzu. Am auffälligsten ist die Navajo-Schicht, die für die rot-violette Färbung des Gesteins sorgt. Sie entstand zu einer Zeit, als der Boden mit Wasser und Sumpf bedeckt war. In dieser Periode kam es zu einem übermäßigen Sauerstoffentzug im Boden, der bei hohen Mangananteilen über mehrere chemische Vorgänge zu der violetten Färbung führt. Der eine oder andere hat vielleicht einmal in einem Auengebiet oder einem ausgehobenen Marschboden in Europa in ca. 1-2 Metern Tiefe die gleiche violette Färbung entdeckt. Im Gestein des Zion tritt das Violett natürlich mittlerweile etwas in den Hintergrund, zu sehr haben andere chemische Prozesse ihren Einfluss geltend gemacht.

Den oberen Abschluss der Bergmassive bildet eine Kalksandsteinschicht. Sie wurde im Laufe der letzten Jahrmillionen von Wind, Wasser und Temperaturdifferenzen in aberwitzige Formen und Strukturen verwandelt. Die markantesten sind östlich des großen Tunnels oder weiter nördlich auf den höheren Lagen zu finden. Vor etwa 70 Mio. Jahren hob sich das gesamte Gebiet erst auf Meeresspiegelniveau und während der folgenden 55 Millionen Jahre dann schließlich auf bis zu 3.000 m. Dann setzte die wesentliche Phase der Erosion ein, deren Spuren wir heute vorfinden. Einmalig z. B. die wie mit einem Kamm von Wind und Wasser bearbeiteten versteinerten Sanddünen.

Wenn der Regen in den Bergen fällt, dann schwemmt alleine der Virgin River im Jahr drei Millionen Tonnen Material ab. Dazu wären täglich 180 Lkw-Ladungen nötig!

Reisepraktische Informationen Zion National Park und Springdale, UT

VORWAHL 435

Information

Es gibt zwei **Visitor Centers** *im Park, eines 1 Meile nördlich von Springdale, das andere, kleinere, am Kolob Canyon, 18 Meilen südlich von Cedar City, ✆ 772-3256, www.nps.gov/zion. Geöffnet das ganze Jahr.*

Unterkunft

Ein Shuttle-Bus zum und durch den Nationalpark fährt regelmäßig die Hotels in Springdale ab. Empfehlenswerte Unterkünfte in Springdale (südl. des Parks, www.zionpark.com):
Red Rock Inn $$–$$$: *998 Zion Park Blvd., ✆ 772-3139, www.redrockinn.com. Bietet u. a. Cottages auf B&B-Basis. Hot Tubs/Whirlpool. Schmankerl: Das Frühstück wird auf die Zimmerterrasse gebracht.*
Flanigan's Inn & Spa $$–$$$: *428 Zion Park Blvd. (an der UT 9, 1 Meile südl. des Parkeingangs), ✆ 772-3244, 1-800-765-7787, www.flanigans.com. Rustikale Lodge, schöner Pool und Garten. Restaurant.*
Desert Pearl Inn $$$–$$$$: *707 Zion Park Blvd., ✆ 772-8888, 1-888-828-0898, www.desertpearl.com. Teuer, aber sein Geld wert. Große Zimmer, große Balkone, schöne Pool-Area und gutes Restaurant.*
In **Springdale** *gibt es noch eine Reihe weiterer Motels/Hotels.*
Im Park empfiehlt sich die rustikale **Zion Lodge $$$$**: *✆ 772-7700, 1-888-297-2757, www.zionlodge.com. Hütten und neuere Motel-Zimmer. Oft frühzeitig ausgebucht.*

Camping

Im Park selbst gibt es 3 Plätze, davon 2 besser ausgestattete nahe dem Südeingang, die aber wenig Schatten bieten. Nur für den **Watchman Campground** *im Süden kann man reservieren: www.recreation.gov od. ✆ 877-444-6777. In und um Springdale gibt es eine Reihe privater Campingplätze, so z. B. den schönen* **Zion River Resort RV Park & Campground**: *551 E. UT 9 (12 Meilen westl. von Springdale), ✆ 635-8594, 1-888-955-8594, www.zionriverresort.com. Hier gibt es auch einfache Cabins.*

Restaurants

Sehr zu empfehlen ist das **Spotted Dog Café at Flanigan's Inn** *(s.o., amerik. Küche sowie ein Pub mit Microbrews aus Utah), und wer es etwas legerer mag, der sollte in den* **Bit & Spur Restaurant and Saloon** *(1212 Zion Park Blvd., ✆ 772-3498, am Wochenende beim Tanzen zu Livemusik; nur Dinner; Reservierung empfohlen!) am südlichen Ortseingang von Springdale gehen. Das Essen ist mexikanisch orientiert. Die o.g.* **Zion Lodge** *im Park hat auch ein Restaurant. Im Voraus buchen!*

Abstecher nach Cedar City und Cedar Breaks National Monument

Anstatt zurück auf den US 89 zu fahren, folgender Vorschlag: Machen Sie einen Schlenker über **Cedar City**. Hier gibt es das **Frontier Homestead State Park Museum** *(635 N. Main St., Mo–Sa, Juni–Aug. tgl. 9–17 Uhr, https://stateparks.utah.gov/parks/frontier-homestead/)*, das sich mit den ersten Eisenfunden westlich des Mississippi befasst. Im Sommer lockt zudem noch das **Shakespeare Festival** *(www.bard.org)* viele Besucher an. Doch der Umweg lohnt in erster Linie wegen der Weiterfahrt von hier: zuerst entlang dem UT 14 nach Osten durch eine beeindruckende Schlucht und anschließend nach Norden auf der UT 148. Die Straße steigt steil an bis auf 3.000 m ü. NN, und bald findet man sich in skandinavischen Vegetationsverhältnissen wieder. Ein lohnender Stopp ist das **Cedar Breaks National Monument**, das viele Leser als schöne Alternative zum überlaufenen Bryce Canyon NP sehen. Hauptattraktion ist hier ein Taleinschnitt in

Amphitheater

Form eines riesigen Amphitheaters, dessen Durchmesser drei Meilen beträgt und dessen Seitenwände 600 m steil abfallen. In einem kleinen Visitor Center (Mitte Okt.–Mai geschlossen) können Sie sich informieren und dann den fünf Meilen langen Scenic Drive abfahren. Wer nicht viel Zeit hat, kann auch von der Hauptstraße aus, ca. eine Meile hinter dem Visitor Center, einen Blick auf das Amphitheater werfen. Wanderwege gibt es in dem Park auch, doch sollten Sie daran denken, dass in 3.000 m Höhe die Luft dünn ist.

Reisepraktische Informationen Cedar City und Cedar Breaks NM, UT

VORWAHL 435

Information

Cedar City-Brian Head Visitor Center *581 N. Main St., ✆ 586-5124, 1-800-354-4849, www.visitcedarcity.com.*

Cedar Breaks Nat. Monument: *✆ 586-9451, www.nps.gov/cebr, Visitor Center Ende Mai–Mitte Okt. tgl. 9–18 Uhr.*

Beliebte Gegend bei Anglern

Unterkunft

Bard's Inn B&B $$: *150 S. 100 W. St., ✆ 586-6612, http://thebardsinn.com. Schönes B&B in einem Haus aus der Zeit um 1900. Gutes und reichhaltiges Frühstück.*
Best Western Town & Country Inn $$–$$$: *189 N. Main St., ✆ 586-990, 1-800-493-0062, www.bwtowncountry.com. Modernes Motel mit geräumigen Zimmern. Zentral gelegen. Kein Restaurant.*
Die nächsten Hotels vom Cedar Breaks NM gibt es im 9 Meilen nördlich gelegenen Brian Head, so das Mountain Resort **Cedar Breaks Lodge & Spa $$–$$$$**: *223 Hunter Ridge Rd., ✆ (435) 677-3000, 1-800-438-2929, www.cedarbreakslodge.com. Hier kann man sich so richtig entspannen. Gleich nebenan steht die neuere* **Grand Lodge at Brian Head $$$–$$$$** *Ersterer in nichts nach. Sie ist größtenteils aus massivem Holz gebaut und verfügt ebenfalls über ein Spa: 314 Hunter Ridge Dr., Brian Head, ✆ (435) 677-9000, www.grandlodgeatbrianhead.com.*

Camping

Eine Reihe von Campingplätzen stehen in und um Cedar City zur Verfügung, so z. B. **Cedar City KOA Campground**: *1121 N Main St., ✆ 586-9872, http://koa.com/campgrounds/cedar-city. Von Mitte Juni bis Mitte Sept. ist der schöne* **Point Supreme Campground** *(auch RVs) im Cedar Breaks NM geöffnet, Reservierung: www.recreation.gov od. ✆ 877-444-6777.*

Restaurant

Milt's Stage Stop: *3560 UT 14 (Cedar Canyon Rd.), 5 Meilen östlich von Cedar City, ✆ 586-9344. Steaks und andere typische Südwest-Gerichte. Salatbar. Schöne Aussicht auf die umliegenden Berge. Nur Dinner!*

Nehmen Sie die Abzweigung nach Panguitch (UT 143). Diese Straße führt durch eine von Wiesen und Bächen unterbrochene Waldlandschaft, die besonders im Herbst ein buntes Farbenspiel bietet und bei Anglern beliebt ist. Danach geht es vorbei am **Lake Panguitch**, einem wunderbaren Erholungsgebiet abseits der Touristenströme (einige Blockhaus-Motels). Von Panguitch aus geht es dann auf dem US 89 und dem UT 12 zum Bryce Canyon National Park. Das letzte Teilstück führt durch den **Red Canyon**, der Sie bereits auf die Farbenpracht des nun folgenden Nationalparks einstimmen wird. Im Red Canyon gibt es einen netten, wenn auch nahe an der Straße gelegenen Campingplatz (Schatten!).

Beliebt bei Anglern

Bryce Canyon National Park

Größe: 14.573 ha
Beste Jahreszeit: Eigentlich das ganze Jahr. Im Sommer ist es z. T. in den offenen Talgebieten sehr heiß, und der große Besucherandrang kann zu dieser Zeit auch störend werden. Attraktiv sind Frühjahr und Herbst und selbst der Winter, wenn Schnee liegt.
Tierwelt: Maultierhirsche, Stachelschweine, und sogar Berglöwen, Schwarzbären und Elche sollen im südlichen Abschnitt gesichtet worden sein.
Pflanzenwelt: Auf dem Plateau (Tannen, Fichten, Utah-Wacholder und Espen) und unterhalb des Canyons (Utah-Wacholder, Berberitzen und Steinkiefern) Nadelwälder. Zudem Grasfluren in den südlicheren Tälern. Interessant auch, wie sich einige einzelne Bäume durch die engen Kliffschluchten hindurch den Weg zum Licht gesucht haben. Hier-

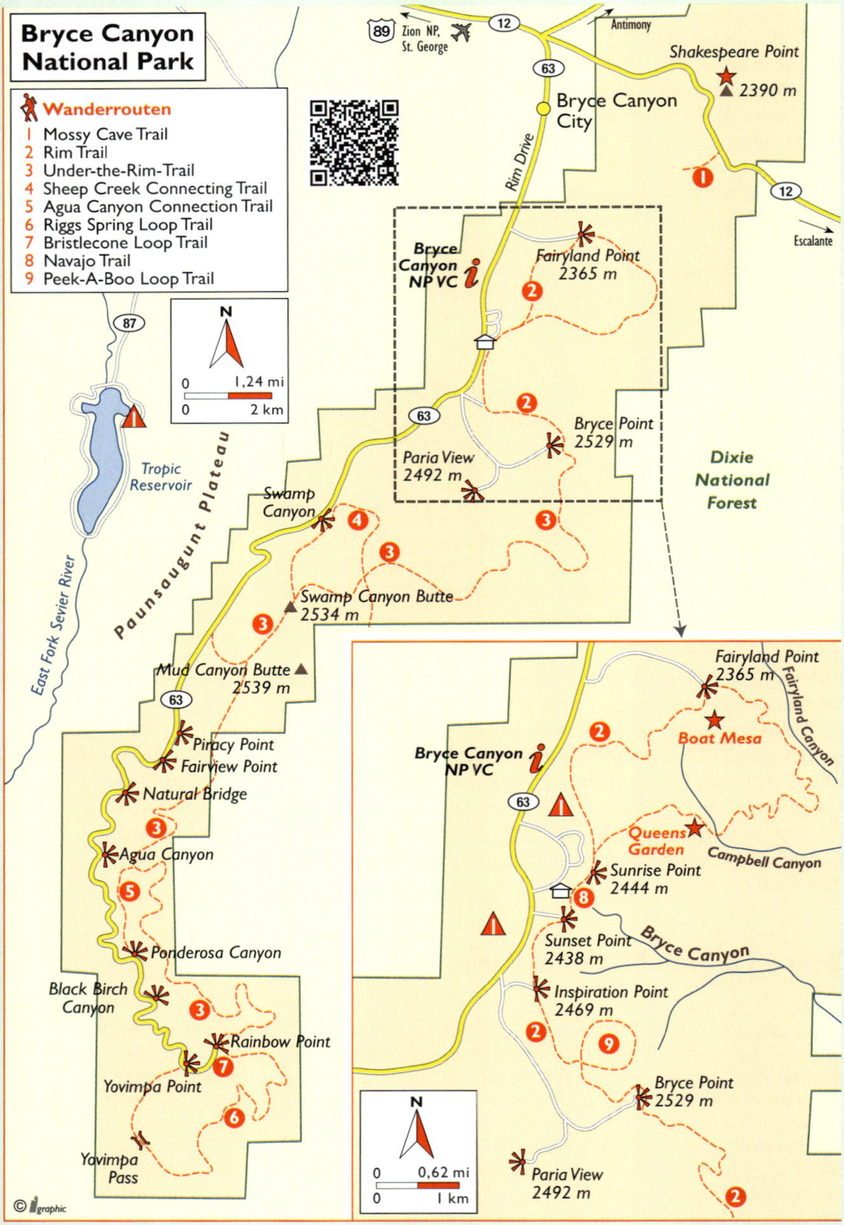

Bryce Canyon National Park
Wanderrouten
1 Mossy Cave Trail
2 Rim Trail
3 Under-the-Rim-Trail
4 Sheep Creek Connecting Trail
5 Agua Canyon Connection Trail
6 Riggs Spring Loop Trail
7 Bristlecone Loop Trail
8 Navajo Trail
9 Peek-A-Boo Loop Trail
0 1,24 mi
0 2 km
89
Zion NP, St. George
12
Antimony
Shakespeare Point
2390 m
63
Bryce Canyon City
Rim Drive
12
Escalante
Bryce Canyon NP VC
Fairyland Point 2365 m
87
Bryce Point 2529 m
Paria View 2492 m
Tropic Reservoir
Paunsaugunt Plateau
Dixie National Forest
Swamp Canyon
Swamp Canyon Butte 2534 m
East Fork Sevier River
Mud Canyon Butte 2539 m
Piracy Point
Fairview Point
Natural Bridge
Agua Canyon
Ponderosa Canyon
Black Birch Canyon
Rainbow Point
Yovimpa Point
Yovimpa Pass
Fairyland Point 2365 m
Fairyland Canyon
Boat Mesa
Bryce Canyon NP VC
Queens Garden
Campbell Canyon
Sunrise Point 2444 m
Sunset Point 2438 m
Bryce Canyon
Inspiration Point 2469 m
Bryce Point 2529 m
Paria View 2492 m
0 0,62 mi
0 1 km
© graphic

bei handelt es sich meist um Grannenkiefern, die bis zu 5.000 Jahre alt werden können. Das älteste hier gefundene Exemplar wird auf 1.700 Jahre geschätzt.

Aktivitäten

▶ **Wandern**: Schöne Trails sind:

- **Navajo Trail**: 2,2 km, 1 ½ Std., etwas anstrengend. Start: Sunset Point. Gut, um einen Eindruck von der zerklüfteten Landschaft zu erhalten. Führt durch schöne „Min schluchten" bis zum Canyon-Grund.
- **Queen's Garden Trail**: 2,9 km, 1 ½ Std., relativ leicht. Start: Sunrise Point. Toll sind die farbenprächtigen Felsformationen und die Vielfalt der Klippen. Diesen Trail können Sie kombiniert mit dem Navajo Trail erlaufen. Zusammen inkl. Abschnitt auf der Rim: 4,4 km, 2 ½ Std.
- **Rim Trail**: bis zu 17 km hin und zurück, Zeit nach Belieben, leicht. Führt entlang der Abbruchkante und bietet immer wieder ein beeindruckendes Panorama.
- **Fairyland Loop Trail**: 13 km, 5 Std., anstrengend. Start: Sunrise Point, oder beginnen Sie, um 4 km zu sparen, am Fairyland View. Hier erreichen Sie die meisten Höhepunkte des Canyon: Chinese Wall, Tower Bridge, Oastler's Castle und Boat Mesa. Es gibt zudem noch 6 weitere ausgewiesene Wanderwege.

Redaktionstipps

▶ In der Sommersaison werden tagsüber im Bryce Canyon NP **Shuttlebusse** eingesetzt. Nördlichster Stopp ist der Parkplatz 3 Meilen außerhalb des Parks.

▶ **Übernachtung**: Die „Cabins" der **Bryce Canyon Lodge** bieten Ruhe, Platz und Gemütlichkeit. Frühzeitig buchen (S. 494)!

▶ Machen Sie unbedingt eine **Wanderung in den Canyon**. Denken Sie dabei an festes Schuhwerk, Proviant und ausreichend Trinkwasser. Früh starten, dann ist es kühler und es sind noch keine Bustouristen dort.

▶ Der **Ritt entlang dem Rim** ist wenig anstrengend und lohnt nicht nur wegen der Aussicht.

▶ **Wandertipp** eines Lesers: Bryce Point – westliche Hälfte des Peekabo Loop – hinüber zum Navajo Loop – Aufstieg zum Sunset Point (Rückkehr zum Auto am Bryce Point mit Shuttlebus).

▶ **Zeiteinteilung: 1 Tag:** Zuerst zum Visitor Center. An einem halben Tag wichtigsten Aussichtspunkte anfahren. Mit dem Shuttle geht's noch einfacher und es gibt Erläuterungen! Am Nachmittag Wanderung in den Canyon. **Tipp:** Navajo Trail kombiniert mit Queen's Garden Trail. **An einem zweiten Tag** können Sie noch den Süden des Parks anfahren und dort wandern. Alternativ: Flug mit einem Helikopter oder Rim Trail erlaufen.

Ohne Zweifel: Im Labyrinth des Bryce Canyon kann man eine Kuh verlieren

▸ **Reiten**: Gute Reiter können in den Canyon absteigen; wer nicht so sattelfest ist, sollte die Touren entlang dem Rim Trail vorziehen. Ausritte beginnen an der Bryce Canyon Lodge (2–3 mal täglich von Mai bis Anfang Oktober). Infos im Visitor Center bzw. in der Lodge.
▸ **Weiteres**: Skilanglauf im Winter, Rundflüge, die in Ruby (Hubschrauber) oder auf dem Flugplatz drei Meilen vom Parkeingang starten (Flugzeug).

Wundersame Märchenlandschaft

Die wundersame „Märchenlandschaft" des Bryce Canyon lässt sich eigentlich kaum mit Worten beschreiben, und im Grunde handelt es sich nur im entferntesten Sinne um einen Canyon. Es ist ein Tal, geformt wie das Amphitheater von Cedar Breaks, nur dass im Bryce Canyon zusätzlich noch Tausende von großen und kleinen Steinsäulen und -wänden stehen. Diese leuchten durch ihren Eisen- und Manganoxyd-Anteil in den verschiedensten Farben. Mal rot, dann violett und häufig auch rosa. Man erfährt ein ähnliches Erlebnis wie beim Grand Canyon. Bis zur Abbruchkante wähnt man sich in Nadelwäldern und kann nur erahnen, was einen erwartet. Erlebt man dann den Ausblick, stellt sich gleich wieder die Frage: Wie hat die Natur dieses Meisterwerk wohl vollbracht? An jedem Aussichtspunkt erfährt man ein anderes Farbenspektrum, je nachdem, in welchem Winkel die Sonne auf die Steine einfällt und welche chemische Zusammensetzung die jeweiligen Steine aufweisen. Lassen Sie sich also Zeit, erst bei längerer Betrachtung erlebt man das wahre Schauspiel.

Das Reliefmodell im Visitor Center veranschaulicht das gesamte Gebiet vom Grand Canyon im Süden bis hin zu den Parks im Zentrum von Utah. Hier wird noch einmal klar, dass das gesamte dargestellte Gebiet einmal eine Ebene gewesen ist, die erst durch Hebungen verschoben und verkantet wurde und in die dann das Wasser der Flüsse und die klimatischen Gewalten (Regen, Temperaturschwankungen, „chemische" Niederschläge, Wind) eingegriffen haben.

Vom Visitor Center aus fahren Sie nun entlang dem 18 Meilen langen **Scenic Drive** (oder nehmen in der Hochsaison den Shuttlebus – „Hop-on – Hop-off"). Wenn Sie genügend Zeit haben, fahren Sie zuerst bis zum Ende zum **Rainbow Point**. Dabei steigt die Straße unmerklich um 300 Höhenmeter an und die Vegetation verändert sich. Während im niedrigeren Norden die Utah-Wacholder und die Bergkiefern überwiegen, kommen Sie danach durch ein Gebiet mit Ponderosa-Kiefern, und kurz vor dem Rainbow Point besteht die Baumvegetation ausschließlich aus Rottannen, Espen und Fichten. Von nun 2.775 m Höhe haben Sie bei guter Sicht einen Ausblick bis nach Arizona und manchmal sogar bis New Mexico. Auf dem Rückweg passieren Sie die **Ponderosa** und **Agua Canyons**, die weniger durch ihre Größe als vielmehr wegen ihrer Farbenpracht begeistern. Die bald folgende **Natural Bridge** wurde durch Frost- und Regenkräfte geformt (nicht wie im Natural Bridges NM durch Flüsse). Vom **Fairview Point** haben Sie noch einmal eine weite Sicht bis hin zum Kaibab Plateau am North Rim des Grand Canyon. An klaren Tagen kann man übrigens vom Bryce Canyon aus über 100 Meilen weit sehen. **Paria View** bietet einen Blick auf die südlich gelegenen White Cliffs, die ihre Farbe dem weißen Navajo-Sandstein zu verdanken haben.

Durch Frost und Regen geformt

Absolute Höhepunkte bilden nun die weiteren Aussichtspunkte um das **Bryce Amphitheater** (gleich zu Beginn der sagenhafte **Bryce Point)**. Hier sollte man sein festes Schuhwerk anzuziehen und hinunterzusteigen in die sagenhafte Landschaft der **Hoodoos**, wie die verschieden geformten Zinnen genannt werden. Nicht so begeistert über die zerklüftete Gegend war dagegen der erste weiße Siedler der Region, der Mormone *Ebeneezer Bryce*, der sagte: „*A hell of a place to lose a cow*". Aus diesem Grunde hielt es *Bryce* nur wenige Jahre hier am Canyon. Weniger pragmatisch dagegen die Paiute-

Indianer: „*Rote Felsen, die wie Männer in einer schalenförmigen Schlucht stehen*". Für sie hatte der Canyon eine religiöse Bedeutung und eine ihrer Legende lautet folgendermaßen:

„Einst war der Bryce Canyon vom Gott Coyote als Wohnstatt für sein Volk errichtet worden. Dieses Volk – Eidechsen, menschenähnliche Wesen, Vögel und andere Kreaturen – war aber nicht mit seiner Stadt zufrieden, sondern versuchte, sie immer weiter zu verschönern. Das erzürnte den Gott Coyote. Eines Tages nahm er all deren Farbtöpfe, schüttete sie über sein Volk aus und verwandelte alle Lebewesen in Stein. Und so stehen sie noch heute da."

Blick in den Agua Canyon

Dank dieses Mythos' haben die Paiutes den Canyon nur zu religiösen Zeremonien betreten, und trauten sich niemals alleine hinein aus Angst, selbst versteinert zu werden. Erst 1916 machte ein Zeitungsartikel auf die wundersame Landschaft aufmerksam. Schon sieben Jahre später wurde das Gebiet zum National Monument erklärt und 1928 schließlich zum Nationalpark.

Geologischer Überblick

Bis vor 65 Millionen Jahren hat ein großer See Teile des heutigen Utah bedeckt – ein See, der den gesamten nordamerikanischen Kontinent von Norden nach Süden trennte. Auf seinem Grund lagerten sich während der folgenden 20 Millionen Jahre Kies, Sand und anderes Material ab, welches mit der Zeit zu einer festen Masse wurde. Dieses Konglomerat nennt man heute „Wasatch Formation". Mangan, das sich unter dem Sauerstoffentzug während der Wasserbedeckung chemisch wandelte, ist heute für die lila Färbung verantwortlich, Eisen für die rotgelbe Färbung. Durch die tektonischen Hebungen, die bis vor etwa 15 Millionen Jahren stattgefunden haben (der See war längst ausgetrocknet), drehten und verschoben sich ganze Landblöcke und brachen teilweise auseinander. Bis zu 3.000 m Höhe erreichten deren Spitzen (siehe auch Zion NP).

Das **Paunsaugunt-Plateau** aber hob sich nur relativ wenig und kippte leicht nach Westen, wodurch im Osten eine Randstufe entstand (Pink Cliffs). Dann setzten Erosionskräfte ein, vornehmlich durch (lange versiegte) Flussläufe. Diese konnten im nördlicheren Teil des heutigen Parks stärker wirken, sodass hier ehemals tiefer gelegene Sandsteinschichten zum Vorschein kamen. In diesem Plateaugefälle liegt die unterschiedliche Färbung der Felsen begründet, die wir in den Regionen in und um den Park vorfinden. Die Pink Cliffs z. B. liegen höher und bestehen aus einem festeren Grundmaterial. So konnten die Erosionskräfte nicht so stark eingreifen wie bei den tieferen und aus weicherem Gestein bestehenden Gray Cliffs. Die Gray Cliffs sind übrigens gut sichtbar an der UT 12 auf dem Wege nach Escalante. Sie sind **flächenmäßig** stärker erodiert. Die White und Vermillion Cliffs erleben Sie am besten im Grand Staircase-Escalante NM.

Hier im Bryce Canyon sind es aber hauptsächlich die Pink Cliffs, die für die Farbenvielfalt verantwortlich sind. Sie waren zunehmend der **physikalischen** Erosion ausgesetzt, besonders der Abflusskraft des Regenwassers, das logischerweise den tieferen Lagen entgegen fließt. An der Randstufe der Cliffs konnte es nun „tätig" werden. Immer wieder schuf das Wasser Rinnen, die sich weiter und weiter auswuschen, bis dann senkrechte Felswände von der Abbruchkante abstanden. Doch auch diese erodierten langsam aus, bis schließlich nur noch Felsspitzen, die „Hoodoos", als einzelne Zeugen des ehemaligen Hochplateaus im Tal übrigblieben. Während auch diese noch weiter der Erosion ausgesetzt sind, frisst das Wasser unaufhaltsam, mit einer Geschwindigkeit von fast 1 cm pro Jahr, an der Randstufe. Da sich das Wasser im Tal besser ausbreiten kann, verliert es gleichzeitig an „Abreibekraft". Daher werden die Hoodoos langsamer zerstört als der Klippenrand und somit dehnt sich der Zauber der Felsen im Laufe der Erdgeschichte immer weiter aus.

Reisepraktische Informationen Bryce Canyon National Park, UT

VORWAHL 435

Information

Visitor Center: *nahe Parkeingang, Mai–Sept. 8–20, Nov.–März 8–16.30, Rest des Jahres 8–18 Uhr, ✆ 834-4747, www.nps.gov/brca.*
Bryce Canyon Country: *55 S. Main St., Panguitch, ✆ 676-8585, 1-800-444-6689, www.brycecanyoncountry.com. Infos zur Region um den Nationalpark.*
Bryce Canyon Airlines & Helicopters, *Infos am Ruby's Inn-Flight Desk, ✆ 834-8060, 1-866-6616, www.rubysinn.com/scenic-flights. Rundflüge.*

Unterkunft/Camping

Bryce View Lodge $$: *105 E. Center St., gegenüber u.g. Ruby's Inn, ✆ 834-5180, 1-888-279-2304, www.bryceviewlodge.com. Einfacheres Motel, aber für eine Nacht okay.*
Bryce Canyon Lodge $$–$$$: *26 S. Main St. (Parkstraße, UT 63), 3 Meilen südl. des UT 12), ✆ 834-8700, 1-877-386-4383, www.brycecanyonforever.com. Rustikale Lodge von 1924. Nahe dem Canyon. Ein wenig teurer, aber von besonderem Reiz sind die „Cabins", Holzhütten mit eigenem Kamin. Restaurant im Haus (unbedingt Tisch reservieren, ✆ 834-8760)*
Ruby's Inn $$–$$$: *UT 63, kurz vor dem Parkeingang, ✆ 834-5341, 1-866-866-6616, www.rubysinn.com. Großes Motel mit riesigem Souvenirladen, Buchungsbüro für Canyon-Touren aller Art und einem sehr guten Buffet-Restaurant samt Steakhaus. Zudem empfehlenswerter* **Camping- und RV-Platz**, *der auch Hütten und Tipis (!) anbietet (www.brycecanyon campgrounds.com). Der Bryce Canyon Shuttlebus startet am Ruby's Inn.*
Weitere **günstige Unterkünfte** *gibt es in Tropic, östlich am UT 12 (ca. 11 Meilen vom Parkeingang) bzw. in Panguitch westl. am US 89.* **Weitere Campingplätze** *in Tropic und den tollen* **Red Canyon Campground** *(4 Meilen östl. des US 58 am UT 12, ✆ 676-2676, www.fs.usda.gov, keine Reservierungen).*

Camping im Park

Es gibt zwei ansprechende **Campingplätze** *im Park (Mai–Sept., ein kleiner Abschnitt auch ganzjährig), buchbar über ✆ 1-877-444-6777 od. www.recreation.gov (schnell ausgebucht!).*

Grand Staircase-Escalante National Monument

Falls die Zeit drängt, fahren Sie auf dem US 89 weiter nach Norden. Unsere Empfehlung ist dagegen der **Scenic Byway UT 12** über Escalante nach Torrey und ab da der UT 24 über Loa nach Sigurd. Diese Strecke bietet viele landschaftliche Reize. Zeit für Fotostopps einplanen! Und noch etwas: Rechtzeitig ein Zimmer reservieren in dieser abgelegenen Ecke.

Zuerst geht es noch am Rand des Bryce Canyon vorbei und dann durch eine Landschaft mit den unterschiedlichsten Stein- und Erosionsformationen. Hierbei durchqueren Sie den Nordteil des erst in den 1990er Jahren aus politischen Gründen eingerichteten **Grand Staircase-Escalante National Monument**. Präsident *Clinton* entschloss sich damals zur Einrichtung dieses Naturschutzgebietes, als der Staat Utah den Abbau von Bodenschätzen in dieser Region durchsetzen wollte. In dem riesigen Areal verbergen sich unschätzbare Naturschönheiten: Ausgewaschene Felsen, Sandsteinformationen in den verschiedensten Farben: z. B. die Pink, White und Vermillion Cliffs.

Schutz vor Bergbau

Die Erkundung des National Monuments erweist sich als sehr mühsam, denn abgesehen vom UT 12 führen nur Schotterstraßen – zumeist als Sackgassen – in den Park. Sie sind nur bei trockenem Wetter befahrbar. Wegen der Pistenzustände und bei den Entfernungen kann z. B. der Ausflug von Escalante auf der rauen Schotterpiste zum 58 Meilen entfernten **Hole-in-the Rock** einen ganzen Tag dauern. Besonders die letzten 11 Meilen sind sehr mühsam und erfordern auf dem letzten Abschnitt meist einen 4x4. Doch tolle Wanderungen zum **Devils Garden** und zum **Metate Arch** belohnen für die Mühen. Unbedingt vorher Infos einholen – auch zum Straßenzustand – und Karten und Broschüren besorgen.

Der Ort **Escalante** bietet eine touristische Infrastruktur mit einigen Bed & Breakfast-Unterkünften. Beachten Sie auch die schönen Strecken, die nördlich des UT 12 abgehen, so z. B. die Rundtour zum **Hell's Backbone** (Start: CO 153 östl. von Boulder). Und immer daran denken bei Touren auf abgelegenen Strecken: vorher tanken sowie Verpflegung und Trinkwasser mitnehmen. Sonnenschutz und festes Schuhwerk verstehen sich von selbst.

Reisepraktische Informationen Grand Staircase-Escalante National Monument, UT

VORWAHL 435

Information

Escalante Interagency Office/BLM, *755 W. Main St., Escalante, ✆ 826-5499. Wichtig: Infos zum Zustand der Straßen und Wanderwegen einholen (bes. bei Regen!).*
Cannonville VC: *10 Center St., Cannonville, ✆ 826-5640*
Kanab Field Office/HQ: *669 S. US 89A, Kanab, ✆ 644-1200, alle drei www.blm.gov/utah.*
Infos zur Region und Boulder: *http://utah.com/grand-staircase-escalante, www.boulderutah.com)*

Unterkunft

Boulder Mountain Lodge $$$–$$$$: *20 N UT 12 - Ecke UT 12/Burr Trail, Boulder, ☽ 335-7460, 1-800-556-3446, www.boulder-utah.com. Rustikale Lodge. Von mehreren Lesern empfohlen. Das engagierte Naturschützer-Paar kann gute Tipps für die Erkundung des Nat. Monuments geben und organisiert auch Ausritte, Trekking- und Allradtouren. Der Erholungswert hier ist groß. Sehr gutes Grill-Restaurant.*

Als weiteres seien noch zwei Bed&Breakfast-Unterkünfte genannt: **Escalante-Grand Staircase B&B $$–$$$** *(280 W. Main St., Escalante, ☽ 826-4890, www.escalantebnb.com) sowie das* **Bryce Trails B&B $$–$$$** *(1001 W. Bryce Way, Tropic, ☽ 679-8700 od. 231-4436, www.brycetrails.com).*

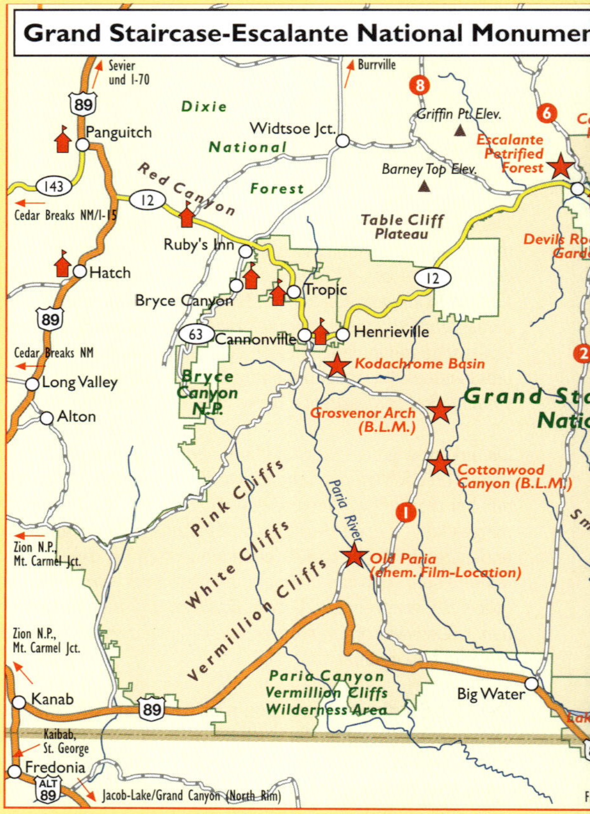

s. auch: **Bryce Canyon NP** *(S. 494)*, **Kanab** *(S. 482) und* **Capitol Reef NP** *(S. 460)*

Über Torrey nach Provo

Auf der Kliffkante

Nachdem man Escalante auf dem UT 12 passiert hat, wird es noch einmal richtig schön. Erst durch einen engen, kleinen Canyon (am Calf Creek gibt es einen sehr schönen Zeltplatz), dann auf einer Kliffkante entlang (nichts für nervenschwache Fahrer), bis man schließlich das Nest **Boulder** erreicht. Wie auch in Escalante haben es sich die Mormonen nicht nehmen lassen, in dieser abgelegenen Ecke zu siedeln. Der Boden ist zwar fruchtbar, doch mit dem Niederschlag hapert es. Bevor Boulder in den 1930er Jahren ans Straßennetz angeschlossen wurde, mussten die Bewohner alle Waren mit Lasteseln und auf Ochsenkarren über Stock und Stein und kleine Pfade hierher transportieren. Im Ort selbst gibt es das **Anasazi State Park Museum** zu besichtigen. Das ehemalige Indianerdorf, dessen Ruinenreste noch gut erhalten sind, wurde erst 1958 entdeckt. Hier

Scenic Backways

Fast alle Abschnitte der "Scenic Backways" sind nicht asphaltiert. Je nach vorheriger Wetterlage erfordern sie daher oft Fahrzeuge mit hoher Bodenfreiheit. Erkundigen Sie sich also vorher nach dem Straßenzustand, und vor allem auch nach dem Wetterbericht.
Der Burr-Trail ist zumeist mit herkömmlichen PKW befahrbar.

1 Cottonwood Canyon Rd. (49 Mi/79 km)
2 Smokey Mountain Rd. (nur 4x4, 78 Mi/125 km)
3 Hole-in-the-Rock-Rd. (nur 4x4 für letzte 5 Meilen, Sackgasse, 56 Mi/90 km, einfache Strecke)
4 Burr Trail (bei Nässe unpassierbar, 66 Mi/106 km)
5 Notom Rd. (bei Nässe unpassierbar, 29 Mi/46 km bis Burr Trail)
6 Posey Lake Rd. (Escalante - Bicknell: 40 Mi/64 km)
7 Bull Mountain Rd. (nur 4x4)
8 Griffin Top Rd. (gut befahrbar, 32 Mi/51 km)

Achtung! Diese Karte gilt nur als grobe Orientierung.

können Sie Einiges über die Lebensweise der Anasazi erfahren. In Boulder beginnt übrigens der **Burr Trail** als alternative Zufahrt zum Capitol Reef NP (im Park weiter östlich Schotterstraße mit engen Serpentinen, also keine Wohnmobile, vorher Aussichtspunkt von der Waterpocket Fold hinunter auf die Mesa genießen).
Anasazi State Park Museum, *460 UT 12, Boulder, ✆ (435) 335-7308, https://stateparks.utah.gov/parks/anasazi/, März–Okt. tgl. 8–18, Nov.–Febr. tgl. 8–16 Uhr.*

Schön im Herbst

Die weitere Strecke des UT 12 führt über Bergrücken und durch Mischwälder (Kiefern/Espen) bis zu ihrem nördlichen Endpunkt, dem Ort Torrey. Unzählige Punkte laden dazu ein, Fotos von der tiefer gelegenen Felsenlandschaft zu machen. Besonders während des Indian Summer (Anfang Oktober) ist es hier unbegreiflich schön.

Torrey ist ein weiterer Flecken in der Landschaft, dessen Leben deutlich vom nahegelegenen Capitol Reef National Park bestimmt wird (kleine Hotels, Motels, B&Bs). Den Abstecher in diesen Park sollten Sie sich auf keinen Fall nehmen lassen (Adressen zu Torrey und Infos zum Park s. S. 460).

Die Route verläuft jetzt auf dem UT 24 nach Nordwesten und führt über Bicknell (weitere Hotels), Loa bis nach Sigurd und Salina, einem kleinen, unattraktiven Ort (kleine Motels), das von den umliegenden Farmen lebt. Auf dem US 89 geht es dann entlang der **Wasatch Range** nach Provo. Die Landschaft ist schön, doch bietet sich nichts für einen längeren Stopp an. Eine Alternative bieten die **„Scenic Byways" UT 31 bzw. UT 264** von Fairview über die Wasatch Range nach Osten und dann weiter auf dem UT 96 und dem US 6. Der Umweg dauert eine gute Stunde länger. Ein Leser empfiehlt noch, den Utah Lake, unter Auslassung von Provo, westlich zu umfahren (US 6, dann UT 68).

Größte Universität der Mormonen

Provo, die zweitgrößte Stadt Utahs, hat einen alten Stadtkern sowie eine Reihe von kleineren Museen, die fast alle der **Brigham Youth University** (BYU) angeschlossen sind und von denen das **Museum of Art** mit vornehmlich amerikanischer Kunst und ein paar europäischen Kunstwerken von Bedeutung ist. Die Stadt ist geprägt von der Universität, die mit 30.000 Studenten die größte Universität der Mormonen und eine der größten konfessionellen Universitäten der Welt ist. 95 % der Studenten sind Mormonen, wobei diese nicht nur aus den USA kommen, sondern aus über 90 Ländern der Erde.
Museum of Art, *N. Campus Dr., ✆ (801) 422-8287, http://moa.byu.edu, Mo–Di u. Sa 10–18, Mi–Fr 10–21 Uhr, frei.*

Zum **Museum of Ancient Life** in Lehi mit seiner großen Dinosauriersammlung lesen Sie bitte auf S. 512.

Reisepraktische Informationen Provo, UT

VORWAHL 801

Information

Utah Valley CVB: *220 West Center St., Suite 100, ✆ 851-2100, 1-800-222-8824, www.utahvalley.com.*

Unterkunft

Provo Marriott $$$: *101 West 100th North, ✆ 377-4700, 1-801-377-4700, www.marriott.com. Sehr komfortables Hotel im Zentrum der Stadt.*
Hines Mansion B&B $$$–$$$$: *383 West 100 South, ✆ 374-8400, www.hinesmansion.com. 9 sehr individuell und komfortabel eingerichtete Zimmer in einer viktorianischen Mansion von 1895. Zentral gelegen in der Historic Downtown.*
Sundance Resort $$$$$: *8841 N. Alpine Loop Road (UT 92), Sundance, ✆ 1-800-892-1600, www.sundanceresort.com. 14 Meilen nordöstlich (US 189) im North Fork Provo Canyon. Cottages inmitten von Pinienwäldern. Spa, Sauna, Restaurant und Bar. Gut für Outdoor-Aktivitäten: Wandern, Reiten, Mountain-Biking, Fly-Fishing, Skilaufen etc.*
Zudem gibt es **unzählige Motels**, *die z.T. auch von Studenten bewohnt werden und daher manchmal etwas laut sind.*

Camping

Am nächsten zur Stadt liegt der gut ausgestattete **Springville/Provo Koa Campground**: *1550 North 1750 West, Springville, ✆ 491-0700, http://koa.com/campgrounds/springville-provo/. Auch Cabins. Direkt am See liegt westlich der Stadt der Campingplatz im* **Utah Lake SP**: *4400 W. Center St., Provo, ✆ 375-0731, http://stateparks.utah.gov.*

Weiter nach Salt Lake City

Alternative 1: Dem US 189 nach Nordosten folgen, dann **im** Canyon nach Norden abbiegen auf die UT 92. Hier passiert man das von *Robert Redford* gegründete **Sundance Resort**, das bekannt ist für sein Filmfestival und Redfords Idee, einen Ort *„committed to the balance of art, nature and community"* zu schaffen. Weiter auf der Strecke gelangt man zum **Timpanogos Cave National Monument**, das vor allem Höhlenliebhabern zu empfehlen ist. Die anstrengende Erkundung dauert drei Stunden. Hinter dem Visitor Center muss man zuerst einen mühsamen Anstieg in Kauf nehmen, bevor man mit dem Führer die Höhlen besichtigen kann. Ist man aber erst einmal oben, wird man mit dem Anblick einer Kalksteinhöhle belohnt, deren Tropfsteine in den buntesten Farben leuchten, je nachdem, welche chemische Lösung sich in dem an ihnen herunterfließenden Wasser befindet (Infos zu Tropfsteinhöhlen s. S. 262f). Nach Salt Lake City fährt man von hier am besten über den I-15.

Für Höhlenliebhaber

Timpanogos Cave NM, *✆ (801) 756-5238, www.nps.gov/tica, nur von Anf. Mai bis Anf. Sept. geöffnet, tgl. 8–18, letzte Tour beginnt meist gegen 15.30 Uhr. Es ist ratsam, Tickets zu reservieren über www.recreation.gov, ✆ (877) 444-6777.*

Alternative 2: Auf dem US 189 (Provo Canyon) nach Nordosten fahren und der Strecke bis Heber City folgen. Im Canyon bietet es sich an, am „Chalet" etwa auf halbem Wege einen Teil Ihrer Reisepartner mit der nostalgischen **Heber Valley Railroad** bis Heber City fahren zu lassen.

Heber Valley Railroad, *✆ (435) 654-5601, http://hebervalleyrr.org, Mo–Sa, Abfahrtzeiten variieren.*

Heber Valley und Park City

Das kommerzielle Zentrum des fruchtbaren Heber Valleys ist **Heber City**. Der Ort kann als praktische Basis für die Erkundung des schönen Umlandes angesehen werden. Netter ist das sich westlich anschließende **Midway**, ein kleiner, noch relativ ländlicher Urlaubsort, der sich in einigen Punkten den „Alpen-Traditionen" gewidmet hat. „Willkommen" geheißen wird man bereits am Ortseingang, dann nochmals an der Town Hall. Vom **Memorial Hill** (River Rd.) hat man einen schönen Rundumblick über das Heber Valley. Midway bietet sich an für Wanderungen, Ausritte und Entspannung. Wer tiefer in die Tasche greifen will, der sollte sich im „The Homestead Resort" einquartieren, von wo aus viele Aktivitäten organisiert werden. Von Midway aus führt der mittlerweile asphaltierte Pine Canyon Drive hinauf zum **Guardsman Pass** (nur Mitte April bis Okt.) und von dort entlang dem UT 190 durch den Cottonwood Canyon hinunter nach Salt Lake City. Tolle Landschaft! Aber nichts für Wohnmobile. Siehe auch S. 500.

Basis für Erkundungen

Park City erreicht man ebenfalls entlang des o.g. Pine Canyon Drive, dann der UT 224 folgend (nicht im Winter bzw. nach Regenfällen zu befahren. Alternative: US 189/40). Er bietet als mondäner Skiort Abwechslung jeglicher Art. Selbst das nationale Skiteam der USA hat hier sein Trainingscamp eingerichtet. Nachdem die Olympischen Winterspiele 2002 in Salt Lake City abgehalten wurden, wofür die meisten Austragungsstätten in und um Park City lagen, begann der Tourismus zu boomen. Das umgebende Skigebiet (zusammen mit dem Canyons Resort) ist mit 300 Pisten, 41 Liften und knapp 30 km^2 Flä-

Pferde im Heber Valley

che das größte der USA (*www.parkcitymountain.com*). Sehenswert ist der Altstadtkern um die Main Street. Viele alte Häuser sind erhalten, und die neueren wurden dem alten Stil angepasst. Hier kann man gut (eher teuer) shoppen. Im **Park City Museum** gibt es einiges zur Geschichte von Park City zu sehen, die 1868 mit bedeutenden Silberfunden begann. Das Museum organisiert zudem Touren zu historischen Plätzen im Ort.
Park City Museum, *528 Main St., ✆ (435) 649-7457, www.parkcityhistory.org, Mo–Sa 10–19, So 12–18 Uhr, $ 10.*

Wintersportprogramm

Im **Utah Olympic Park**, nördlich des Ortes am UT 224, trainieren die amerikanischen Wintersportler. Interessanter ist zwar das Winterprogramm, aber auch im Sommer können Besucher zuschauen bzw. teilnehmen z. B. am Skispringen in einen Pool oder als Co-Pilot im Bob. *Infos: ✆ (435) 658-4200, http://utaholympiclegacy.org/park.* Es gibt obendrein ein Skimuseum *(tgl. 10–18 Uhr, www.engenmuseum.org, frei).*

Um Park City herum hat sich heute eine Reihe von Resorthotels, Feriensiedlungen – und auch Feriendomizile reicher Städter – angesiedelt. Wer im Winter kommt, dem könnte die kleine Stadt zu hektisch erscheinen, doch im Sommer herrscht hier unter der Woche die richtige Mischung aus Kleinstadtatmosphäre und buntem Leben.

Bis Salt Lake City kann man schnell über den I-80 gelangen, oder aber wählt den oben bereits angedeuteten Scenic Drive über die Berge (UT 224, dann UT 190). Er führt zuerst durch die Wälder, dann über den Guardsman Pass (nur Mitte April bis Okt.) und schließlich durch den **Big Cottonwood Canyon** (Wanderwege, Anglerparadies, Mountainbiking) bis an die südlichen Ausläufer von Salt Lake City. Brighton und Solitude, im 19 Jh. zwei raue Minenorte (zumeist Zeltsiedlungen), warten heute mit einer recht attraktiven Touristik-Infrastruktur auf.

Reisepraktische Informationen Heber Valley und Park City, UT

VORWAHL 435

Information

Heber Valley Visitor Center: *475 N. Main St., Heber City, ✆ 654-3666, www.gohebervalley.com.*
Park City Kimball Junction VC: *1794 Olympic Pkwy., Park City, ✆ 658-9616, www.visitparkcity.com.*
Park City Hist. Main Street VC: *528 Main St. (im Museum), ✆ 649-7457.*

Unterkunft

Besonders in Park City ist die Auswahl an Unterkünften grenzenlos, aber meist auch hochpreisig. Am günstigsten kommen Sie hier weg, wenn Sie die Wochenenden meiden.
Swiss Alps Inn $$: *167 S. Main St., Heber City, ✆ 654-0722, www.swissalpsinn.com. Sauberes Motel im Alpen-Schick. Pool, Hot Tub.*
Old Town Guesthouse $$–$$$: *1011 Empire Ave., Park City, ✆ 649-2642, 1-800-290-6423, www.oldtownguesthouse.com. Gemütliche, historische Lodge. Gutes Preis-Leistungsverhältnis. Sehr persönlich geführt, nur 4 Zimmer. Hot Tubs.*
**Doubletree The Yarrow $$$–$$$$$**: *1800 Park Ave., Park City, ✆ 649-7000, 1-855-610-8733, www.yarrowhotelparkcity.com. Luxuriöses und modernes Lifestyle-Hotel (Pool, Whirlpool, Restaurant, Bar etc.) mit teureren Suiten ($$$$$).*
Homestead Resort $$$$$: *700 N. Homestead Dr., Midway, ✆ 657-3806, 1-800-327-7220, www.homesteadresort.com. 5 Meilen westlich am US 40. Alte Farmanlage von 1896. Luxuriöse, dabei zurückhaltend elegante Aufmachung (Zimmer, Suiten, Condos). Erholung, Reiten, Golf, Fahrradverleih und Wanderungen. Restaurant.*

Camping

River's Edge at Deer Park: *Zwischen Heber City und Park City: US 40, dann abbiegen auf UT 32 nach Osten und nach ¼ Meile nach Norden auf Old Hwy. 40, ✆ 654-4049, 1-888-754-4049, www.riversedgeatdeerpark.com. Ansprechende, rustikale Hütten und Zimmer, Jurten (Indianer-Zelte), Zelt- und RV-Plätze. Am Provo River. Beliebt bei Anglern (Fly Fishing).* *Toll sind die* **Natur-Campingplätze in den National Forests**: *(Ranger Station: 2460 S US 40, Heber City, ✆ 654-0470 u. (435) 548-2321). Camping und RV-Plätze gibt es zudem im* **Jordanelle State Park** *(UT 319 #515, östl. von Park City, ✆ 1-800-322-3770, http://stateparks.utah.gov).*

Restaurants und Bars

Bandits Grill & Bar: *440 Main Street, Park City, ✆ 649-7337. BBQ-Steaks und Grillgerichte. Western-Dekor. Preiswert.*
No Name Saloon: *447 Main St., ✆ 649-6667, gegenüber dem Bandits. Günstige Burger.*
Adolph's: *1500 Kearns Blvd., Park City, ✆ 649-7177, http://adolphsrestaurantparkcity.com. Exquisite, europäische und amerikanische Küche. Der Schweizer Einfluss wird deutlich (Raclette, Käse- u. Fleischfondue, Chateaubriand etc.). Teuer, aber gut. Unbedingt reservieren.*
The Blue Boar Inn: *1235 Warm Springs Rd., Midway, ✆ 654-1400. Gute Küche der oberen Mittelklasse. Beliebt ist auch das Menu. Leckere Wild- und Geflügelgerichte.*
Don Pedro: *1050 S. Main St., Heber City, ✆ 657-0600. Günstige und schmackhafte mexikanische Gerichte. Gute und reichhaltige Fajitas.*

Salt Lake City

Entfernungen

Salt Lake City – Las Vegas: 417 Meilen/671 km
Salt Lake City – Denver (US 40): 493 Meilen/794 km
Salt Lake City – Arches NP: 234 Meilen/376 km

Überblick

Als 1847 der Mormonenführer *Brigham Young* mit seinen erschöpften Getreuen – 143 Männern, drei Frauen und zwei Kindern mit Planwagen am Rande der Salzwüste ankam, soll er die berühmten Worte *„This is the Place"* gesagt haben. Mit Bienenfleiß begannen die **Mormonen** nun dieses unwirtliche Land – zu dieser Zeit gehörte es noch zu Mexiko – zu kultivieren und bereits 1848 wurden Salt Lake City sowie der *State of the Deseret* (Bienenstaat) gegründet. Wenig später wurde das Gebiet als *Utah Territory* den USA angegliedert, doch erst 1896, nachdem die bis dahin herrschende Polygamie aufgehoben war, zum Bundesstaat erklärt. Heute ist Salt Lake City eine Stadt, in deren Großraum, der sog. Wasatch Front, 2,3 Millionen Menschen leben. Es ist ein florierender Industriestandort mit Hightech-Firmen sowie Sitz zahlreicher Dienstleistungsfirmen. Die Zuwanderung von Nicht-Mormonen nimmt ebenfalls immer mehr zu. Die **Olympischen Winterspiele** 2002 machten die Stadt letztendlich weltbekannt. Als „Crossroads of the West" ist SLC auch eine beliebte Tagungs-, Kongress- und Messestadt.

Florierender Industriestandort

„SLC", wie es die Amerikaner gerne abkürzen, bzw. „The City of the Saints", wie es die Mormonen bezeichnen, ist kein obligatorisches Reiseziel. Es ist weder eine mondäne Großstadt, noch eine verträumte Oase am Rande der Wüste. Wäre hier nicht der Sitz der Mormonen, könnte man die Stadt links liegen lassen und sich auf die schöne Bergwelt der Rockies konzentrieren, die gleich östlich beginnt und sich als markante Sil-

Salt Lake City: die Skyline

houette von den Häusern der Innenstadt absetzt. Wer hierher fährt, der sollte sich vornehmlich mit der Glaubensgemeinschaft der Mormonen auseinandersetzen. Der Einfluss der Mormonenkirche wird überall deutlich, nicht nur im Umfeld des Tempelbezirks, sondern auch in wirtschaftlichen und kulturellen Bereichen.

Angenehm am Stadtbild ist, dass eine Reihe von Stadthäusern aus der Zeit der 18./19. Jahrhundertwende erhalten geblieben sind. Diese werden heute z. B. als Restaurants oder Bürohäuser genutzt. Zudem ist Salt Lake City eine der saubersten und sichersten Städte der USA. Die gesamte City ist im **Schachbrettmuster um den Temple Square** angelegt, sodass eine Orientierung leicht fällt. Am Tempel beginnt auch das Zählsystem der Straßen, sowohl in Nord-Süd- als auch in Ost-West-Richtung.

Redaktionstipps

- **Übernachten** Sie in Laufdistanz zum Temple Square. Tipp: die historischen **Inn on the Hill** bzw. **The Peery Hotel**, oder, etwas luxuriöser, das Boutiquehotel **Kimpton Monaco** (S. 513/514).
- Essen: Gepflegt im **Market Street Grill** oder bestes, deftiges „Pulled Pork" in der **Sugar House Barbecue Company** (S. 514).
- **Sehenswürdigkeiten**: **Temple Square** (S. 503) und das umliegende Gebiet (**Church Office Bldg., Family Search Center** sowie ein Auftritt des **Mormon Tabernacle Choir**, S. 506); außerdem: der **Great Salt Lake**, inkl. „Salzwasserbad" auf **Antelope Island** (S. 512) die **Bingham Canyon Copper Mine** (S. 511), die größte offene Mine der Welt, und das **Natural History Museum of Utah** (S. 503).
- **Zeiteinteilung: 1–2 Tage:** Einen Tag benötigt man für den Besuch des Temple Square (Führung mitmachen) und einer Shopping Mall. Ca. 2 Stunden im Family Search Center rechnen.

Neben der Tempelanlage gibt es eine Reihe anderer Sehenswürdigkeiten. Da wäre z. B. das **State-Capitol-Gebäude**, das als das schönste der USA gilt. Zudem gibt es eine Reihe von Museen und sehr gute Einkaufsmöglichkeiten in verschiedenen, gemütlich gestalteten Malls. Hervorzuheben ist das moderne **Natural History Museum of Utah**, in dem die ausgesprochen interessante Biologie, Anthropologie und Geologie Utahs toll dargestellt und erläutert werden. Ein Besuch der **Copper Mine** (S. 51) bzw. ein Ausflug zum **Great Salt Lake** (S. 512) könnten den Besuch noch abrunden.

Sehenswertes

Die wesentlichen Sehenswürdigkeiten von Salt Lake City befinden sich im Innenstadtbereich und sind alle gut zu Fuß zu erreichen.

Innenstadt um den Temple Square

Am **Visitor Information Center (1)** am **Salt Palace Convention Center**, dem hochmodernen „Veranstaltungspalast" für Musikkonzerte, gibt es zahlreiches Informationsmaterial. An der Nordseite des Gebäudes ist das **Salt Lake Art Center/Utah Museum of Contemporary Art** (*www.utahmoca.org, Di–Sa*) zu finden, in dem regionale und zeitgenössische Kunst ausgestellt wird.

Verwaltung der Mormonen

Der hier beschriebene Rundgang startet auf dem **Tempelgelände (Temple Square) (2)**. Das Areal wird überragt von einem weißen Hochhaus, dem **Church Office Building**, Sitz der Verwaltung der Mormonenkirche. Bereits am Eingang werden Sie begrüßt von „Schwestern", die, überaus freundlich, den Weg weisen. Am **North Visitor Cen-**

info

Informationen zu Brigham Young und den Heiligen der letzten Tage

Der „Spitzname" der „Heiligen der letzten Tage" wird hier nur wegen der Kürze benutzt. Selbst nennt sich die Kirche „The Church of Jesus Christ of Latter-day-Saints", auch abgekürzt „LDS". Gründer der Mormonen war der Farmerssohn **Joseph Smith** (1805-1844). Ihm wurde in einer Vision mitgeteilt, *Jehova* habe bereits in alter Zeit in Amerika gewirkt und die Ankunft des *Messias* verkündet. Einer der Stämme Israels soll dabei um 600 v. Chr. nach Amerika ausgewandert und zu einer Glaubensgemeinschaft mit den Indianern verschmolzen sein. Später angeblich in den Wäldern des Osten gefundene Goldtafeln sollen dieses bewiesen haben (wissenschaftlich stark angezweifelt). 1830 gründete *Smith* daraufhin in Fayette (Bundesstaat New York) seine Kirche, deren Grundlage neben der **Bibel** das **Buch Mormon** ist.

Nach Auffassung der Mormonen ist Jesus Christus genauso am Leben wie die Propheten, die ihn jeweils repräsentieren. Auch *Smith* verstand sich als Prophet, dem es durch die Gründung seiner Kirche außerdem darum ging, die Idee der Urkirche wieder zu beleben und die „Ämter" (Handauflegung, Ausgießung des Heiligen Geistes) zu erneuern.

Die neugegründete Kirche erfuhr sehr bald einen ungeheuren Zulauf, vor allem durch europäische Emigranten, die vom moralischen Verfall und den misslichen Lebensbedingungen in der Neuen Welt enttäuscht waren. Einen Großteil der Gläubigen stellten dabei skandinavische Landsleute. Die Konfrontation mit der herrschenden religiösen Auffassung war kurze Zeit später jedoch nicht die Lehre als solche, sondern die **Vielweiberei**. *Smith* hatte durch göttliche Eingebung erfahren, dass Gott die Vielehe wünsche, wie ja schon *Abraham, David* und *Salomon* laut Bibel mehrere Frauen hatten. Dabei wurde die Polygamie von den Mormonen nicht als weltlicher Genuss, sondern als Mittel der „Arterhaltung" verstanden. Es war also die Polygamie, die den Gläubigen an der Ostküste soziale und wirtschaftliche Benachteiligungen einbrachte und sie religiöser und politischer Verfolgung aussetzte. Der Kirchengründer *Joseph Smith* wurde zusammen mit seinem Bruder *Hyrum* aus diesem Grund 1844 in einer Gefängniszelle in Carthage (Illinois) gelyncht und damit zum ersten Märtyrer seiner Kirche.

Sein Nachfolger **Brigham Young** (1801-1877) kann als der eigentliche Organisator und größte Lehrer der Mormonen bezeichnet werden. Er war es, der seine Glaubensgenossen aus der feindlichen Umwelt des Ostens führte und ihnen das neue Gelobte Land, den Garten Eden, zeigen wollte. Im April des Jahres 1847, drei Jahre nach der Ermordung von *Joseph Smith*, leitete er einen Treck von 8.000 Menschen (für die damalige Zeit eine ungeheure Zahl!) durch ein menschenleeres Land, durch weite Steppen und Wüsten, über Berge und durch feindliches Indianergebiet. Halbtot vor Erschöpfung erreichten *Young* und seine Kirchenmitglieder nach viermonatiger Wanderung - z. T. nur mit Handkarren ausgerüstet - im Hochsommer 1847 endlich den Rand des Salt Lake Valley. Hier markierte er mit einem Stab den Ort der neuen Heimat und sprach den berühmten Satz **„This is the Place!"** Kaum vorstellbar, dass die Glaubensgenossen diese Auffassung mit ihrem Kirchenoberhaupt teilten, denn am Rande des Großen Salzsees befand sich keineswegs ein Garten Eden, sondern eine trostlose, tote Wüste.

Historiker behaupten heute, *Young* stand unter dem Druck seiner Gefolgsleute, endlich das Gelobte Land zu finden und befürchtete, nur noch schlechtere geografische Verhältnisse vorzufinden. Ein Zurück aber war undenkbar und hätte die Siedler in ihrem Glauben verunsichert. Mit der Ankunft der Mormonen begann also die Besiedlung von Utah, und in einer beispiellosen Energieleistung schafften es die Gläubigen, das Land fruchtbar zu machen. Hilfreich war dabei sicherlich der Glaube, dass durch Fleiß erreichter Wohlstand als göttliche Belohnung für Rechtschaffenheit anzusehen sei. Kein Wunder, dass der Bienenkorb („Beehive") das Symbol von Utah ist und das offizielle Motto **„Fleiß"** heißt. Im Grunde genommen kann der gesamte Staat Utah als Produkt des mormonischen Arbeitseinsatzes gesehen werden und darin wiederum als eine der ganz großen Pioniertaten der amerikanischen Siedlungsgeschichte. Die vielen biblischen Namen (Orte, Berge, Seen etc.) des Bundesstaates sind ein sichtbares Zeichen für die zivilisatorische Tätigkeit der Siedler. Es ist merkwürdig dass die Hauptstadt selbst recht profan nach dem benachbarten See und der Staat nach dem Indianerstamm der Ute benannt wurde.

Hinsichtlich der Polygamie gab das Kirchenoberhaupt *Young* ein deutliches Beispiel: 27 Frauen soll er geheiratet haben, wobei mindestens 56 Kinder diesen Verbindungen entstammten. Nach Auffassung der Kirche bestimmt übrigens die Anzahl der gezeugten Kinder die Stellung des Mannes im Himmel. Immer noch ist dies ein Reibungspunkt zwischen fundamentalistischen Mormonen (die sich z. T. von der offiziellen Kirche in Utah abgespalten haben) und der amerikanischen Gesellschaft.

Das 1882 von der Regierung in Washington erlassene Verbot der Vielweibere wurde zwar von den Mormonen akzeptiert, aber immer noch leben rund 20.000–30.000 Strenggläubige in Vielehe. So ist z. B. das 3.000-Seelen-Dorf Colorado City (an der Grenze zu Arizona) als größte Polygamisten-Kolonie weithin bekannt. Andererseits verweisen die Mormonen auf ihr harmonisches Familienleben und auf die Tatsache, dass Utah die geringste Scheidungsrate des Landes hat!

Der sprichwörtliche mormonische Fleiß hat aus der Kirche inzwischen ein **Wirtschaftsimperium** gemacht. Die **„LDS Church, Inc."** besitzt riesige Vermögenswerte. Die breit gestreuten Investitionen des Kirchenkonzerns umfassen u. a. Telefongesellschaften, Hotelketten und Ölraffinerien – und auch an den großen Hotelcasinos von Las Vegas sind Mormonen maßgeblich beteiligt. In Utah ist die Kirche der mit Abstand größte Arbeitgeber. Und da wirtschaftliche Macht gleichzeitig **politischen Einfluss** bedeutet, darf es keinen wundern, dass über 70 % der Abgeordneten im Capitol der „Kirche Jesu Christi der Heiligen der letzten Tage" angehören (gleiches gilt beispielsweise auch für Richter oder Polizisten).

Das alltägliche Leben zeichnet sich in Utah teilweise noch durch einen **moralischen Rigorismus** aus. Genüsse wie etwa Tabak, Tee, Kaffee und Alkohol sind für die Mitglieder der

„The Temple": Zentrum der „Church of Jesus Christ of the Latter Day Saints"

info

Kirche verboten. Andererseits verbietet die Gesetzgebung nicht den Ausschank von Kaffee, Tee oder Alkohol in den Restaurants und Hotels des Landes. Weiter ist auffallend, dass Salt Lake City und andere Orte einen friedlichen und sauberen Eindruck machen und dass es kaum zu Gewalttätigkeiten kommt.

Auf religiösem Sektor ist die **Missionstätigkeit** der Mormonen bekannt. Etwa 11.000 Missionare arbeiten zzt. in fast 160 Ländern. In Deutschland sind die Mormonen seit 1951 präsent (Mittelpunkt ist Frankfurt a.M.). Große europäische Mormonentempel gibt es in Bern und London. 16,5 Mio. Anhänger, davon 6,6 Millionen in den USA, zählt die Kirche.

ter (*50 W. N. Temple St.,* ✆ *531-1000, www.templesquare.com*) können Sie sich für die fremdsprachlichen Führungen anmelden und hier wird ein knapp einstündiger Film gezeigt. Eine Glaubensschwester führt durch das Tempelgelände. Die Führung dient nicht dazu, Sie zu bekehren. Man sollte aber angemessene Kleidung tragen und negative Äußerungen in Gegenwart der „Schwester" unterlassen. Auch am **South Visitor Center** (*Ecke S. Temple/ Main Sts.*) beginnen Touren.

Öffnungs-/Vorführungszeiten: *Führungen beginnen zur vollen Stunde (9–20 Uhr) am Fahnenmast westlich des Salt Lake Temple (Reservierung empfohlen: www.templesquare.com/tour). Deutsche Führungen auf Anfrage. Das Tempelgelände ist tgl. 9–21 Uhr geöffnet. Man kann auch selbst herumlaufen. Aktuelle Zeiten von Orgelvorführungen, der nationalen Radioübertragung und allgemeinen Auftritte des Chors im Tabernacle (od. dem Conference Center) sowie anderer Events unter www.templesquare.com/explore/mormon-tabernacle-choir, www.mormontabernaclechoir.org bzw. www.templesquare.com/events. Chorprobe des* **Mormon Tabernacle Choir** *im Tabernacle (im Sommer/Weihnachten im Conf. Center): fast jeden Donnerstag 20–21.30 Uhr.*

Parken/Anreise

In dem Parkhaus einer Shopping Mall parken (City Creek Center zum Beispiel), dann wird bei jedem noch so kleinen Kauf ein Teil des Parkgeldes erstattet. Parkhaus des Temple Square: Joseph Smith Memorial Building Parking (South Temple, von State St. kommend Rampe hinunterfahren). Am besten aber den in der Innenstadt kostenlosen „Light Trax" (Straßenbahn) bzw. Stadtbus nutzen. Nächste Station ist an der S. Main Street bzw. an der Südwestecke des Tempelgeländes (S. Temple, zw. W. Temple und 200 West).

Besonders interessante Punkte bei dem Rundgang sind:

(Salt Lake) Temple (1): Basierend auf einer Idee, die *Brigham Young* bereits in Illinois hatte, wurde 1853 mit dem Bau dieses monströsen und etwas eigenwilligen Gebäudes begonnen. Da der größte Teil der insgesamt fast 7.500 Tonnen Granitsteine mit Ochsenkarren (erst das letzte Stück mit der Eisenbahn) aus dem 20 Meilen entfernten Cottonwood Canyon herbeigeschafft werden musste, dauerte der Bau 40 Jahre. Die Wände sind am Grund fast drei Meter dick, und die höchste der sechs Turmspitzen erreicht 63 Meter. Die solide Architektur war *Young* besonders wichtig, sollte sie doch auch später die Festigkeit der Religion und die Beständigkeit der hier geschlossenen Ehen „untermauern". Nur kurze Zeit blieb der Tempel dem allgemeinen Publikum zugänglich, dann schlossen sich die Türen, und nur zu besonderen Anlässen dürfen „Auserwählte" ihn betreten. Obwohl somit auch nur wenige der gläubigen Mormonen Zutritt haben, glauben

Bau des Tempels dauerte 40 Jahre

sie noch heute, dass in ihm geschlossene Ehen ewig halten. Auf der höchsten Turmspitze „thront“ der kupferne Engel *Moroni*, mit Blattgold überzogen und einer Trompete in der Hand.

Assembly Hall (F): Beim Bau des Tempels blieben Granitsteine übrig, die zwischen 1877 und 1882 zum Bau dieser Versammlungshalle genutzt wurden. Der neugotische Stil dieses Gebäudes passt gar nicht zu den übrigen Gebäuden, doch ist eine einheitliche Architektur aller Gebäude des Temple Square ohnehin nicht zu erkennen. In der Assembly Hall finden die meisten Versammlungen und des Öfteren Konzerte statt.

Sea Gull Monument (G): Seemöwen waren es, die die ersten Siedler von einer Heuschreckenplage befreiten (indem sie sie auffraßen). Und da dieses Hunderte Kilometer von der Küste entfernt passierte, dort wo es eigentlich keine Seemöwen geben dürfte, war man sich schnell einig: Gott musste seine Hand im Spiel gehabt haben!

Tabernacle (E): Errichtet zwischen 1863 und 1867, bietet diese riesige ovale „Flunder“ ein Klangerlebnis erster Güte. Beim Besuch erlebt man die Klangfülle durch eine kleine Vorführung: Ein Kugelschreiber wird am Pult fallengelassen: Rumms machts! Wenn nun aber auch noch die Orgel mit den fast 12.000 Pfeifen zu spielen beginnt, weiß man, dass die Musikanlage zu Hause doch ihre Grenzen hat. Die Orgel zählt zu den größten der Welt. Lassen Sie sich nicht die Orgelprobe entgehen (aktuelle Zeiten erfragen). Die Führungen enden i.d.R. nach dem Tabernacle. Oft wird dann aber noch ein Film gezeigt. *Wer hier auf eigene Faust schauen möchte: tgl. 9–21 Uhr.*

Außer-ordentliche Klangfülle

Im Norden des Temple Square Areals steht das riesige **Conference Center** mit einem Auditorium für 21.000 Menschen sowie einem Theater und einem reizvollen Dachgarten.

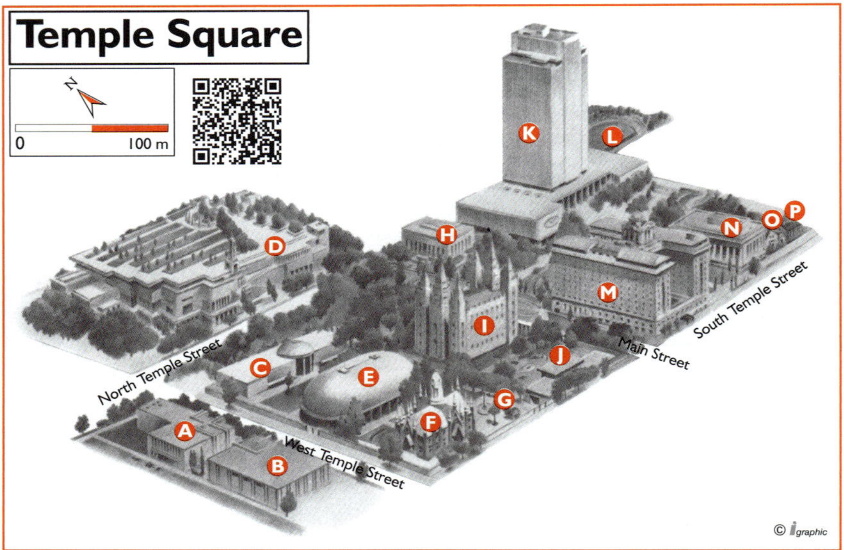

A Museum of Church History and Art
B Family History Library
C North Visitor's Center
D Conference Center
E Mormon Tabernacle
F Assembly Hall
G Sea Gull Monument/ South Visitor's Center
H Relief Society Building
I Salt Lake Temple
J Church Office Building
K LDS Office Building
L Brigham Young Historic Park
M Joseph Smith Memorial Building/ Utah Hotel (mit Family Search® Center und Kino)
N Church Administration Building
O Lion House
P Beehive House

Westlich lohnt dagegen der Besuch des **Museum of Church History and Art (A)** mit Ausstellung zur Geschichte der Mormonenkirche. Hauptsächlich Gemälde und Skulpturen. Zudem wechselnde Wanderausstellungen.
Museum of Church History, *45 N. West Temple Square,* ✆ *(801) 240-3310, www.templesquare.com/explore/church-history-museum/, Mo–Fr 9–21, Sa 9–17 Uhr, frei.*

Gleich daneben befindet sich die **Family History Library (B)** *(35th N.West Temple)*. Hier können Sie sich als Genealoge versuchen, denn die weltgrößte genealogische Sammlung sowie das Archiv reichen zurück ins 16. Jh. *(tgl. außer So, https://familysearch.org/locations/saltlakecity-library, kostenlos)*.

Terrakotta und Kronleuchter

Das östlich gelegene **Joseph Smith Memorial Building (M)** (das ehemalige „Utah Hotel", 15 E. South Temple) ist im Stil der italienischen Renaissance erbaut. Bereits die Eingangshalle imponiert. Terrakotta, wohin man schaut, dazwischen riesige Kronleuchter, die zu jeder Tageszeit Licht spenden. Im Erdgeschoss befindet sich nämlich das **Family Search Center**. Hier können Sie mit Hilfe von Computern Ahnenforschung betreiben. Jeder, welcher Konfession auch immer, darf sich einen Platz aussuchen und wird freundlich in die Bedienung eingewiesen. Mit Sicherheit hat fast jeder Europäer Ahnen, die einst nach Amerika ausgewandert sind. Die Dokumente enthalten nach Angaben der Forscher 4 Mrd. Namen.

Familiy Search Center, *15 East South Temple, ✆ (801) 240-4035, https://familysearch.org/discoverycenter, Mo–Fr 9–21, Sa bis 17 Uhr, frei. Im Haus gibt es drei Restaurants. Empfehlung:* **The Garden Restaurant** *(Lunch u. Dinner, ✆ 539-3170) und das exquisite* **The Roof Restaurant** *(nur Dinner, ✆ 539-1911), beide mit toller Aussicht vom 10th Floor.*

Für eine grandiose Aussicht sorgt das benachbarte 28-stöckige **Church/LDS Office Building (K)** *(50 E. North Temple, 26th Floor Observation Deck, Mo–Fr 9–10.45 u. 13-15.30 Uhr).*

Östlich des Joseph Smith Memorial Building treffen Sie auf das bescheiden wirkende, 1856 erbaute **Lion House (O)**, das *Brigham Young* als Unterkunftsstätte für seine übergroße Familie nutzte. Der Löwe über dem Portikus erinnert daran, dass *Young* auch der „Löwe des Herrn" („The Lion of the Lord") genannt wurde. Heute befindet sich ein kleines Restaurant (mormonische Landküche) im Gebäude *(Mo–Sa 11–20 Uhr, ✆ (801) 539-3257).* Das benachbarte **Beehive-Haus (P)**, reich verziert mit Ornamenten, war die Residenz und der Wohnsitz von *Young*. Es wurde bereits 1854 errichtet. Hier lebte *Young*, aber immer nur mit einer Frau zugleich, bis zu seinem Tode 1877. Wer hätte geahnt, dass ein Kirchenoberhaupt bereits zur Zeit der Pioniere so fürstlich lebte *(tgl. 9–20.30 Uhr, ✆ (801) 240-2681).*

Prunkvoller Wohnsitz

Das nach der 1,8 t schweren Adlerskulptur benannte **Eagle Gate** (State/S. Temple) markiert den Zugang zum *Brigham-Young*-Familiensitz am City Creek Canyon Hier steht auch das **Brigham Young Monument**.

Weitere Sehenswürdigkeiten im zentralen Stadtgebiet

Das **Utah State Capitol (3)** liegt auf einer Anhöhe etwa 15 Gehminuten nördlich vom Tempelgelände. Nachdem der Bau bereits Ende des 19. Jh. beschlossen worden war, musste man doch noch bis 1913 warten, bevor ausreichende finanzielle Mittel vorhanden waren. Dann aber legte man sich ins Zeug und errichtete das wohl schönste Regierungsgebäude aller Bundesstaaten in nur zwei Jahren (Baustil: „korinthisch"). Das Gebäude ist Sitz des Repräsentantenhauses und des Obersten Gerichtshofes. Im und um das Gebäude zu sehen: Statuen berühmter Utaher, Porträts früherer Gouverneure, Ausstellungen zur Geschichte der Mormonen, sowie östlich des Capitols der **City Creek Canyon**, der auf 1,5 Meilen als eine mit Blumen, Wasserspielen, Bänken u.v.m. zu erwandernde Parklandschaft angelegt ist. Vom Fuße des Capitols hat man einen grandiosen Ausblick auf die Stadt und die Wasatch Mountains.

Regierungsgebäude im korinthischen Stil

Utah State Capitol, *✆ (801) 538-1800, www.utahstatecapitol.utah.gov, Mo–Fr 7–20, Sa u. So 8–18 Uhr. Führungen Mo–Fr 8.30–16 (letzte Tour) Uhr, jeweils zur vollen Stunde.*

Nordwestlich des Capitols befindet sich der **Marmalade Historic District (5)**, in dem alte Häuser erhalten sind. Seinen Namen erhielt dieser Stadtteil durch die Obstgärten, dessen Früchte zur Herstellung von Marmelade genutzt wurden.

Im **Pioneer Memorial Museum (4)**, einen Block westlich des Regierungssitzes, verteilen sich auf vier Stockwerken Relikte, Dokumente, Fotos und anderes aus der Zeit der Mormonenpioniere und zur Geschichte von Utah. Durch einen Tunnel gelangt man ins benachbarte **Carriage House**, in dem alles untergebracht ist, was in der damaligen Zeit

mit Fortbewegung zu tun hatte, u.a. auch der Karren, mit dem *Brigham Young* das Salt Lake Valley erreicht haben soll.
Pioneer Memorial Museum, *300 N. Main St., ✆ (801) 532-6479, www.dupinternational.org, Mo–Sa 9–17, Mi bis 20 Uhr, frei.*

Parks und Plazas – Orte zum Entspannen

*Auf dem **Gallivan Plaza (Center)**, 36 E. South St. (zw. State u. Main Sts.), finden oft, und auch tagsüber, Konzerte statt. Zudem Märkte, Flohmärkte und im Winter eine Eislaufbahn.*

*Der **Liberty Park** (11), 600 E. 900 South Street (East Side), ist der größte Park in der Stadt: See, Paddelboote, **Folk Art Museum** sowie der Vogelpark **Tracy Aviary** (tgl. 9-17 Uhr, www.tracyaviary.org, $ 10).*

Wenn noch Zeit sein sollte, machen Sie einen kleinen Schlenker zum 1910 erbauten und sehr imposanten **Rio Grande Depot (6)** (*300 S. Rio Grande St.*). Der alte Bahnhof beherbergt heute das **Utah History Research Center** mit Ausstellungen zur Geschichte der Stadt und der Eisenbahn, ein Café und eine Galerie mit Kunstwerken von Künstlern aus Utah (Rio Gallery). Einen Block nördlich davon umgibt die **Gateway Mall** (Shops, Restaurants, Kinos sowie das IMAX-Kino im Clark Planetarium, wo Weltall- und Raumfahrtfilme gezeigt werden) den ehemals zweiten großen Bahnhof der Stadt, das **Union Pacific Depot**. In der ihm gegenüberliegenden, 20.000 Zuschauer fassenden **Arena** spielt das Profi-Basketballteam *Utah Jazz*.
Research Center, *✆ (801) 245-7227, https://heritage.utah.gov/history/research-center, Mo–Fr 9–16 Uhr.*

Weitere Sehenswürdigkeiten in Salt Lake City und Umgebung

Der Campus der **University of Utah** liegt östlich der Innenstadt, am Ende der 200–500 South Sts./UT 186. Hier wurde das **Rio Tinto Center** zum neuen Zuhause für das **Utah Museum of Natural History (7)**. Das Gebäude beeindruckt mit seiner atemberaubenden Aussicht auf die Stadt und den Great Salt Lake. Die Architektur des Museums orientiert sich an der Landschaft und der Kultur Utahs. Das ausschließlich mit natürlichen Materialien errichtete Gebäude erhielt eine rund 4.000 m² große Fassade aus Kupfer, die an Utahs geologische und mineralogische Geschichte erinnern soll. Herzstück ist die 20 m hohe Empfangshalle, die in ihrer Form einem Canyon nachempfunden ist. Die Sammlungen in den Bereichen Biologie, Anthropologie und Geowissenschaften zählen mit insgesamt rund 1,2 Millionen Exponaten zu den größten und umfassendsten der Vereinigten Staaten und bieten einen einzigartigen Einblick in die Welt der Naturwunder, der Ureinwohner und der Dinosaurier in Utah. Neben Knochen und Skeletten der Riesenechsen werden auch seltene Insekten, prähistorische Keramik und Werkzeuge ausgestellt, die von längst vergangenen Epochen erzählen.

Fassade aus Kupfer

Zudem befindet sich in der Nähe das **Utah Museum of Fine Arts (8)** mit Kunstwerken aller Art und aus allen Erdteilen.
Utah Museum of Natural History, *University of Utah, 301 Wakara Way, ✆ (801) 581-6927, https://nhmu.utah.edu, tgl. 10–17, Mi bis 21 Uhr, $ 15.*

Utah Museum of Fine Arts, *410 Campus Center Dr., ✆ (801) 581-7332, http://umfa.utah.edu, Di–Fr 10–17, Sa u. So 11–17 Uhr, $ 10.*

Pioneer Trail State Park, This is the Place Heritage Park, Heritage Village (9)

An dieser Stelle erreichte der Mormonentreck das Salt Lake Valley, und ein Monument erinnert daran, wo *Brigham Young* die bedeutenden Worte „This is the Place" ausgesprochen hat. Im Visitor Center wird noch einmal der lange Treck von Illinois erläutert.

Gleich nebenan befindet sich das **Heritage Village**, eine Rekonstruktion eines alten Pionierdorfes. Auch das **Forest-Farmhaus** von *Young* steht hier. Im Sommer Vorführungen verschiedener Handwerkskünste des 19. Jh. und zahlreiche Vergnügungen für Kinder.

This is the Place/Heritage Village, *2601 East Sunnyside Avenue, nahe dem Ausgang des Emigration Canyon, www.thisistheplace.org. Village und Visitor Center: tgl. 10–17 Uhr, Ende März–Okt Mo–Sa, $ 13.*

Bingham Canyon/Rio Tinto Kennecott Utah Copper Mine (10): 24 Meilen südwestlich von Salt Lake City. Das größte von Menschenhand geschaffene Loch der Erde misst 4 km im Durchmesser und ist bis zu 1.200 m tief. Der Abbau begann bereits 1863, wobei damals Gold und Silber im Vordergrund standen. 1906 wurde auf Kupfer umgestellt, und damit fing man an, in größeren Dimensionen zu graben. Das Loch wuchs und wuchs, bis es schließlich 1950 sogar die angesiedelte Minenstadt verschluckte. Auch heute noch, 21 Millionen Tonnen Kupfer später, buddeln überdimensionale Bagger an den terrassierten Hängen. Erdrutsche, z. B. in den Jahren 2013 und 2016, haben beträchtliche Schäden angerichtet, die zur vorübergehenden Aussetzung der Besuchertouren geführt haben (vorher erkundigen!). Von einer Plattform aus kann man das Loch bestaunen.

Copper Mine, *April–Okt 8–20 Uhr, ✆ (801) 204-2025, www.kennecott.com. Anfahrt: über den I-15 bis zum Exit 301 (Midvale), dann entlang dem UT 48 und noch durch Copperton.*

Das **Museum of Ancient Life** am Thanksgiving Point, rund 50 km südlich von Salt Lake City, verfügt mit 60 kompletten Skeletten über die größte Dinosaurier-Ausstellung weltweit. Hinzu kommen interaktive Displays, die es ermöglichen, echte Fossilien, Dinosaurierknochen und Dinosaurier-Eier anzufassen. Im Lab sowie der **Open-Air-Ausstellung** *(April–Okt.)* kann man den Forschern bei der Arbeit zusehen. Zeitweise werden Ausgrabungen nach prähistorischen Fossilien im nahen Steinbruch angeboten.
Museum of Ancient Life: *3003 N. Thanksgiving Way (über I-15 Exit 282), Lehi, Mo–Sa 10–20 Uhr, ✆ (801) 766-5030, www.thanksgivingpoint.org/visit/museumofancientlife, ab $ 15.*

Great Salt Lake

Hoher Salzgehalt

Der Great Salt Lake gehört zu den bekanntesten geografischen Besonderheiten des Westens. Sein hoher Salzgehalt (nur das Tote Meer hat einen höheren Salzanteil), die Entstehungsgeschichte sowie die Tatsachen, dass er größer und kleiner wird und dass er für Autorennen genutzt wird, macht einen Besuch überlegenswert. Dafür muss man einige Stunden einplanen. Der Salzsee ist eine heute etwa 4.400 km² große Wasserfläche, seine Größe schwankt, mit den Rekorden von 2.460 (im Jahre 1963) und 8.500 km² (im Jahre 1988). Diese Schwankungen verursachen immer wieder Schäden an der umliegenden Infrastruktur und beeinflussen die Bewässerungsfelder.

Insgesamt ist der See das Produkt der Eiszeit, deren Gletscher ein 300 m tiefes Tal ausgehobelt und anschließend mit Schmelzwasser gefüllt haben. Zwischen der Great Salt Lake Desert im Westen und den Wasatch Mountains im Osten erstreckte sich ein riesiges Wasserreservoir, in das mehrere Flüsse mündeten, das aber keinen Abfluss hatte. Wegen der enormen Sonneneinstrahlung wurde der See durch die Verdunstung immer kleiner und ist heute nur noch 117 km lang. Er ist der größte See westlich des Mississippi, wenn auch nur maximal 10 m tief. Der Salzgehalt des stickigen und biologisch toten Gewässers variiert, ist aber durchschnittlich sieben- bis achtmal höher als der der Ozeane (bis zu 27 %).

Erkundung in westlicher Richtung: Eine gute Gelegenheit, den Great Salt Lake zu erleben, bietet ein Ausflug zum 22 Meilen entfernten (über I-80) **Great Saltair**, einem Nachbau eines großen historischen Hauses, welches bereits um 1900 Ausflugsziel gewesen ist und in dessen auffälligem Gebäude heute Shows, Musicals und andere Vorführungen geboten werden (*www.thesaltair.com*). Ein Stück weiter westlich, im **Great Salt Lake State Park** gibt es kleines Visitor Center mit einigen Infos. Wer will, kann hier auch baden. Weiter westlich, etwa 10 Meilen vor der Staatsgrenze zu Nevada und 115 Meilen westlich der Innenstadt von Salt Lake City, erstreckt sich auf der Nordseite des I-80 der legendäre **Bonneville Speedway**, wo einst wagemutige Autonarren versucht haben, in zigarrenförmigen Rennmaschinen Geschwindigkeitsrekorde zu brechen.

Geschwindigkeitsrekorde

Erkundung in nördlicher Richtung: Zu empfehlen ist ein Abstecher zur **Antelope Island** (ca. 1 Stunde von SLC), der mit 116 qkm größten Insel des Sees, auf dessen Nordteil der **Antelope Island State Park** eingerichtet wurde. Die Insel wurde schon von den Indianern (archäologische Funde) besucht und später von den Mormonen, die hier ihre Viehherden zum Grasen hinschickten. Ein Farmgebäude kann besichtigt werden. Zudem gibt es Wanderwege, Strände, Picknickplätze, zwei Campingplätze, einen kleinen Grillimbiss und eine Reihe von Aussichtspunkten mit Blick auf den Great Salt Lake und

die Wasatch Range. Auf den Grasflächen und an den Berghängen weiden heute Bisons, Dickhornschafe sowie einige Gabelantilopen.
Antelope Island State Park, *I-15, Exit 332 od. 335 und der Syracuse Rd. folgen, dann über den 12 km langen Damm fahren, ✆ (801) 725-9263, tgl. 6–22 Uhr, http://stateparks.utah.gov/parks/antelope-island.*

Weiter auf dem I-15 nach Norden, zweigt nördlich von Brigham City eine Straße nach Westen ab zum 28 Meilen entfernten **Golden Spike National Historic Site**. An dieser Stelle trafen sich die Eisenbahnlinien der Central Pacific und der Union Pacific Railroads im Mai 1869. Der Kontinent war damit von Ost nach West durchgehend verbunden. Visitor Center und eine alte Lokomotive erinnern an den historischen Augenblick. Von Mai bis in den Juli (Mi–So) hinein fahren die alten Loks sogar!
Golden Spike National Historic Site, *6200 North 22300th Street West, Brigham City, ✆ (435) 471-2209, www.nps.gov/gosp, tgl. 9–17 Uhr.*

Reisepraktische Informationen Salt Lake City, UT

VORWAHL: 801

Information

Salt Lake Conv. & Visitors Bureau: *90 S. West Temple, ✆ 534-4900, 1-800-541-4955, www.visitsaltlake.com. Hier fährt auch ein* **Hop-on-hop-off-Bus** *zu den bekanntesten Sehenswürdigkeiten ab (www.usbusutah.com). Ein weiteres* **Info Center** *gibt es am Capitol in der ihm gegenüberliegenden ehem. Council Hall (Ecke 300 N. St./N. State St.).*
City Weekly *(www.cityweekly.net) erscheint wöchentlich und enthält neben nützlichen Adressen den Veranstaltungskalender.*
Der **Visit Salt Lake Connect Pass** *(1, 2, u. 3 Tage) ermöglicht Rabatte und schließt den Besuch von 13 Attraktionen ein. Erhältlich im Visitors Bureau, www.visitsaltlake.com/things-to-do/connect-pass/.*

Krankenhaus

Salt Lake Regional, *1050 East South Temple, ✆ 350-4232 bzw. 350-4631.*

Unterkunft

Viele Hotels und Motels aller Preisklassen befinden sich nahe der Innenstadt, südlich der 200 South. Von hier können Sie bequem in 10–20 Minuten zum Temple Square laufen.
Little America Inn $$–$$$ (6): *500 South Main St., ✆ 596-5700, 1-800-281-7899, www.saltlake.littleamerica.com. 850-Zimmer-Hotel, an Straßenbahnlinie, Innenstadt. Große Zimmer, bes. die Suiten im Tower ($$$). Riesiger Indoor-/Outdoor-Pool.*
Holiday Inn Express $$–$$$ (3): *206 S. West Temple St., ✆ 521-9500, 0800-181-6068, www.ihg.com. Relativ modernes Mittelklassehotel im Zentrum der Stadt und günstig gelegen zu vielen netten Restaurants und den Innenstadtattraktionen.*
The Peery Hotel $$$ (4): *110 W. Broadway/ 300 South St., ✆ 521-4300, 1-800-331-0073, www.peeryhotel.com. Eindrucksvoll restauriertes, historisches Hotel (1910), zentral gelegen. Im Hause gibt es zudem 2 Restaurants. Toll!*
Salt Lake Marriott Downtown $$$ (2): *75 South West Temple St., ✆ 531-0800, www.marriott.com. Modernes Hotel der oberen Mittelklasse mit postmoderner, lichtdurchfluteter Lobby. Einen Block vom Temple Square entfernt.*

Haxton Manor Bed & Breakfast $$$–$$$$: *943 East South Temple, ☏ 363-4646, www.haxtonmanor.com. Viktorianisches Ambiente. Gebäude von 1906. Im ruhigen Avenues District. 7 Zimmer. Große Badewannen, netter Garten, Veranda und angenehme Aufenthaltsräume.*
Kimpton Hotel Monaco $$$$ (5): *15 W. 200 South, ☏ 595-0000, 1-800-805-1801, www.monaco-saltlakecity.com. Zentral gelegenes Boutique-Hotel. Hippe Plüschromantik. Restaurant und Bar.*
Inn on the Hill $$$$ (1): *225 North State St., ☏ 328-1466, www.inn-on-the-hill.com. Elegante Mansion von ca. 1900 auf dem Capitol Hill, nahe Temple Square. 12 Zimmer.*

Camping

Mountain Shadows RV Park: *13275 South Minuteman Drive, Draper, ☏ 571-4024, www.mountain-shadows.com. 15 Meilen südlich der Stadt, Jacuzzi, ruhig, schön gelegen.*
SLC KOA: *1400 West North Temple, ☏ 328-0224, http://koa.com/campgrounds/salt-lake-city. Alle Annehmlichkeiten. Zwischen Airport und City. RV und Zelte. Kostenloser Temple-Square-Shuttle.*
Weitere schöne, aber einfach eingerichtete Campingplätze finden Sie im National Forest entlang den **Big und Little Cottonwood Canyons**.

Restaurants/Bars

Besonders im Gebiet südlich des Tempels (Main St. u. um die 200 St.), finden sich zahlreiche Restaurants und Clubs, die zum Teil in alten Gebäuden untergebracht sind.
Market Street Grill & Oyster Bar: *48-54 W. Market Street, ☏ 322-4668 (Grill) sowie 531-6044 (Oyster Bar). Hervorragende Fischgerichte in restauriertem Hotelgebäude von 1906. Im rechts gelegenen Grill gibt es auch erlesene Weine. Auch das Frühstück hier ist gut.*
New Yorker: *W. 60 Market St., ☏ 363-0166. Gemischte Küche, mehrfach ausgezeichnet (Tipp: die Steaks), in sehr gepflegtem Ambiente. Teuer.*
Red Rock Brewing Company: *254 South/200 West, ☏ 521-7446. Unkomplizierte Atmosphäre in Microbrewery. Gute Salate und Pastagerichte, zudem dünne Pizzen.*
Squatters Pub & Brewery: *147 West Broadway, ☏ 363-2739. Stimmungsvoller Microbrew-Pub, über drei Etagen in einem Brauereigebäude (ehem. Hotel). Selbst gebrautes Bier. Gute Auswahl an Pubgerichten und Pizzen sowie vegetarische und vegane Speisen.*
Garcie's: *326 S. W. Temple, ☏ 819-7565. Gastropub mit Außenfläche, der vor allem wegen der täglichen Livemusik (Jazz, Blues, Oldtime-Rock) heraussticht.*
Log Haven: *6451 E. Millcreek Canyon Rd. (4 Meilen entlang Millcreek Canyon), ☏ 272-8255. Schön zwischen Kiefernbäumen gelegenes Holzhaus mit Patio (Blick auf Wasserfall). Gute Steak- (Tipp: Bison Steak) und Wildgerichte, beste Gewürze. Erstklassige Weinkarte.*
Sugar House Barbecue Company: *880 East 2100 South, ☏ 463-4800. Für Freunde von Barbecue-Gerichten ein Muss. Die geräucherten Spare Ribs sind Klasse!*
Wer in der Innenstadt noch auf einen Drink los möchte: **Lumpys Downtown** *(145 West Pierpont Ave., Sportsbar),* **Red Door** *(57 W. 200 South St., trendy Bar) oder* **Twist** *(32 Exchange Pl.), Cocktailbar/Bistro. Zudem gute Bier- und Weinauswahl.*

Shopping Centers

City Creek Center: *S. Main St./Ecke South Temple, www.shopcitycreekcenter.com. Große, zum Teil verglaste Mall mit vornehmlich teureren Geschäften. Einige Grünflächen, Cafés. Gegenüber dem Tempel.*

Gardner Historic Village: *1100 West 7800 South, West Jordan (15 km südlich der Innenstadt), www.gardnervillage.com. Einkaufsgebiet in historischem Village. Vorwiegend kleine, individuelle Geschäfte.*
Trolley Square: *700 East St. (500-600 South St.), www.trolleysquare.com. Geschäfte, Lokale und Kinos in renoviertem Straßenbahndepot. Vorwiegend Einrichtungs-, Dekorations- und Haushaltswaren-Geschäfte.*
Gateway Mall: *400 West, zw. 200 South und South Temple, www.shopthegateway.com. Großteils offene Mall mit vielen Bekleidungs-, Ausstattungs- und Juweliergeschäften sowie einigen Restaurants. Nett gemacht.*
Tanger Factory Stores/Outlet Mall Park City: *I-80 Exit 145 (21 Meilen östl. von SLC), www.tangeroutlet.com/parkcity. Über 60 günstige Fabrikläden, u. a. Nike, Polo Ralph Lauren, Banana Republic, Adidas. Dazu Kino, Restaurants u. a.*

Veranstaltung

Juli: **Days of '47 E Center in West Valley City**. *Rodeofestival mit Konzerten, Tanzveranstaltungen, Paraden etc. im Gedenken an das Ankommen des großen Trecks. www.daysof47.com.*

Sportveranstaltungen

Basketball: The „Utah Jazz". *Spiele in der Vivint Smart Home Arena, 301 West South Temple, ✆ 325-2000, www.nba.com/jazz.*

Verkehrsmittel

Flughafen

Salt Lake City International Airport: *✆ 575-2400, 1-800-595-2442, www.slcairport.com.*
Anfahrt mit dem Auto: *Der Airport liegt etwa 7 Meilen von der Innenstadt entfernt. Fahren Sie über den I-80 in westliche Richtung, ab Exit 115 ausgeschildert.*
Straßenbahn: *Die TRAX/Light Rail* **Green Line** *(www.rideuta.com) verkehrt alle 15–20 Minuten zwischen Flughafen und Innenstadt (tgl. ca. 6–23/ So 22.30 Uhr), wo man dann umsteigen kann in andere Linien. Der TRAX Stop ist am Südende von Terminal One.*
Shuttle/Kleinbus: *Viele größere Hotels bieten einen eigenen, kostenlosen Shuttle-Service an. Zudem gibt es auch hier das Unternehmen* **Super Shuttle** *(www.supershuttle.com) sowie einen Shuttle nach Park City. Alle größeren* **Mietwagenunternehmen** *haben Stützpunkte am Flughafen.*

Öffentliche Verkehrsmittel/ Taxis

Amtrak-Bahnhof: *Ecke 340 South & 600 West Streets, ✆ 322-3510, 1-800-872-7245.*
Überlandbusse: *Die* **Greyhound-Busstation** *befindet sich 300 South/ 600 West Sts., ✆ 355-9579, 1-800-231-2222.*
Stadtbusse/-bahnen: *Die „Utah Transit Authority" unterhält den Bus- und Bahnbetrieb in Salt Lake City. Im Innenstadtbereich (zw. State Capitol, 500 S, 400 W und 200 E) sind alle Fahrten frei. Die Straßenbahn „TRAX" verkehrt auf 5 Strecken, von denen 3 die Stadt selbst bedienen (Red-, Green-, Blue Line), während die S-Line ein Gebiet im Südosten anfährt und der Front Runner zwischen Provo im Süden und Pleasant View, nördlich von Ogden, verkehrt. Auch das Bussystem ist gut ausgebaut, ✆ 743-3882, 1-888-743-3882, www.rideuta.com.*
Taxis: **Yellow Cab**: *✆ 521-2100,* **City Cab**: *✆ 363-8400*

7. DIE ROCKIES: VON SALT LAKE CITY ÜBER DENVER NACH SANTA FE

Kleine Einführung „Colorado“

Schon in vorgeschichtlicher Zeit gab es Felsenpueblos in dem Gebiet um Mesa Verde. Obwohl Spanier das heutige Gebiet von Colorado im 16. Jh. erkundeten, nahmen es die Franzosen 1682 in Besitz. 1763 mussten sie es an die Spanier abgeben (Pariser Frieden). 1800 kauften sie es von Spanien zurück und verkauften es drei Jahre später an die USA (Teile wurden aber erst 1848 von Mexiko übernommen). Danach war es Umschlagplatz für die Händler vom Norden und Westen, die Gold und Pelze an Händler aus dem Osten weiterverkauften. 1876 wurde es in den Staatenbund der USA aufgenommen.

Colorado ist geprägt von den Rocky Mountains und mit einer Durchschnittshöhe von 2.073 m der höchstgelegene Staat der USA. Der höchste Berg ist der Mt. Elbert (4.397 m). Unbedeutend für den Tourismus ist das Gebiet der Plains im Osten, interessant hingegen die **vielseitigen Bergregionen** (z. B. Rocky Mountain NP) sowie der Mesa Verde National Park mit den im 12. und 13. Jh. erbauten **Felsenwohnungen der Anasazi-Indianer**. Weitere Höhepunkte: alte Minenorte, der Black Canyon of the Gunnison, die Dünen des Great Sand Dunes National Parks, historische Eisenbahnen und die „High-Mile-City“ Denver.

Für **Outdoor**-Fanatiker bietet Colorado alle erdenklichen Möglichkeiten – und das für jede Altersgruppe: Wandern, Wildwasserfahrten auf dem Colorado, Reiten (z. B. mehrtägige Ausritte durch die unerschlossenen Bergwelten), Wintersport (schneesicher) usw.

Colorado-Telegramm

***Abkürzung**: CO; **Beiname**: The „Centennial State“ (Der hundertjährige Staat), auch „Silver State“; **Namensherleitung**: vom gleichnamigen Fluss; **Bundesstaat seit**: 1. Aug. 1876 (38. Staat); **Nationalgericht**: „Cheeseburger“ (wurde 1944 in Denver von Louis Ballast erfunden; **Fläche**: 270.000 km²; **Einwohner**: 5,5 Mio.; **Einwohnerdichte**: 20 E/km²; **Hauptstadt**: Denver (684.000 E., Großraum: 2,82 Mio. E.); **weitere Städte** (außerhalb des Großraums Denver): Colorado Springs (460.000 E., Metr. Area 700.000); Fort Collins (162.000 E.); Pueblo (109.000 E.); **wichtigste Wirtschaftszweige**: Bodenschätze (Erdgas, Erdöl/-schiefer, Kohlenwasserstoff, ferner Gold, Silber, Molybdän, andere Metalle), Hightech-Industrien, Forschung, Landwirtschaft (Rinderzucht, Bewässerungslandbau, Obst), Militär sowie Tourismus.*

Von Salt Lake City nach Denver

Entfernungen

Salt Lake City – Dinosaur NM: 186 Meilen/300 km
Dinosaur NM – Steamboat Springs: 158 Meilen/256 km
Steamboat Springs – Rocky Mountains NP (Kewuneeche): 97 Meilen/156 km
Estes Park – Denver: 65 Meilen/104 km

Routenempfehlung

Von Salt Lake City über den I-80 in östlicher Richtung. Ab Exit 148 weiter auf dem US 40 bis Vernal. Evtl. US 191, um zur Flaming Gorge NRA zu gelangen (Alternative dazu: von Norden über den I-80, Exit 89 und dann WY 530). Von Vernal weiter auf dem US 40 kommt man in Jensen zur Abzweigung zum Dinosaur NM. Nach dessen Besuch weiter auf dem US 40, bis Granby, dort nach Norden abbiegen zum Rocky Mountain NP (US 34). Die Strecke führt durch den Park. Ab Estes Park folgt man entweder in südöstlicher Richtung dem US 36 über Boulder nach Denver (schneller) oder dem schöneren „Scenic Byway" (CO 7, 72 u. 119) in südlicher Richtung über Nederland nach Boulder bzw. über Central City und Golden nach Denver.

Überblick

Der erste Teil der Strecke bis Heber City entspricht der Anfahrt nach Salt Lake City (S. 499ff). Von Heber City aus steigt die Straße auf ein fast unbewohntes, baumloses Hochplateau an. Bis Vernal ändert sich daran kaum etwas, abgesehen von ein paar kleinen Nestern, die etwas von der Landwirtschaft und dem Erdölboom profitieren. Das kleine Städtchen Vernal, inmitten des „Dinosaurierlandes" gelegen, bietet touristisch etwas mehr. Hotels und kleine Restaurants und überall die Dinosaurier (aus Pappe, Beton ...). Das Dinosaurier National Monument ist ein Muss. Wo sonst in der Welt hat man die Möglichkeit, echte (!) Dinosaurierknochen von vor 150.000.000 Jahren anfassen zu dürfen. Besonders Kinder werden begeistert sein! Bis Craig folgt dann nichts als Landschaft. Wer am ersten Tag noch die Muße und Energie hat, kann bis Steamboat Springs fahren. Dieser Ort liegt in einem der bekanntesten Skigebiete der USA. Im Sommer herrscht angenehmes Klima, und viele Lifte sind auch zu dieser Zeit in Betrieb, sodass man von den Berghöhen wieder herunter wandern kann.

Dino-Country

Von hier geht es in die Rockies. Höhepunkt ist natürlich der gleichnamige Nationalpark mit seinen über 100 Dreitausendern. Hier kann man wandern, Flora und Fauna beobachten, Fotografieren oder einfach nur

Dinosaurier zum Anfassen

die mächtige Ausstrahlung der Berge genießen. Östlich davon hören die Berge abrupt auf, und eine weite Talebene öffnet sich. Hier, an den Randbergen der Rockies, hat man Ende des 19. Jh. viel Gold und Silber gefunden. Touristisch aufgemöbelte und völlig verlassene Orte erinnern an diese Zeit.

Redaktionstipps

▶ **Übernachtung**: Die **Red Canyon Lodge** (S. 520) in der Flaming Gorge NRA besticht durch die schöne Natur im Umfeld. In Steamboat Springs ist das **Hotel Bristol** (S. 524) nett und charmant. Wer den Rocky Mountain NP besucht, sollte unkompliziert in einer rustikalen Lodge in Grand Lake (S. 531) oder mondän im historischen **Stanley Hotel** (S. 532) in Estes Park nächtigen. Auch Boulder bietet sich als Übernachtungsort an, da es sich hervorragend eignet als Basis für die Erkundung der östlichen Rockies und von Denver (Anfahrtszeit: ca. 40 Min.). Denver ist teurer.

▶ **Besondere Sehenswürdigkeiten**: die atemberaubende Canyonlandschaft der **Flaming Gorge** (S. 519); die echten Dinosaurierknochen im **Dinosaur NM** (S. 522); der Wintersportort **Steamboat Springs** hat auch ein attraktives Sommerprogramm (S. 523) und als Highlight die Bergwelt des **Rocky Mountain NP** (S. 526).

▶ **Zeiteinteilung: 2 Tage:** Früh aufbrechen und gleich durchfahren bis zum Dinosaur NM. Anschließend noch weiterfahren bis Craig, besser bis Steamboat Springs (langer Tag!). Am zweiten Tag die meiste Zeit für den Rocky Mountain NP verwenden. Übernachten in Estes Park, Boulder oder sogar Denver. **3-4 Tage:** In 2 Tagen bis Steamboat Springs fahren und dann in 1-2 Tagen bis Denver. Wer alle Höhepunkte an der Strecke erleben möchte, benötigt **mind. 4 Tage**.

Sehenswertes

Flaming Gorge National Recreational Area

Der Park liegt beiderseits des Flaming Gorge-Stausees. Hier wird der Green River gestaut. Hauptattraktion ist der See. Auf einer Länge von über 90 Meilen schlängelt er sich durch ein Tal, das seinen Höhepunkt im südlichen Red Canyon findet. Schön ist der Ausblick vom **Red Canyon Overlook**. Weiterhin gibt es eine Reihe geologisch interessanter Erscheinungen zu besichtigen, allen voran der südwestlich von Manila gelegene **Sheep Creek Canyon**. Hier führt eine kleine, z.T. sehr kurvenreiche Straße hinein (FR 218). Enorme geologische Kräfte haben in diesem Areal die Berge entlang der Uintah-Crest-Falte „umgewälzt“. Versteinerte Korallen und andere Relikte aus der Zeit des großen Meeres finden sich und auch „Neueres“, wie z. B. fossiles Holz und Spuren von Krokodil-ähnlichen Reptilien. Wer sich näher darüber informieren möchte, sollte sich vorher im Visitor Center die entsprechende Broschüre dazu besorgen. Ansonsten wird der Park zu Erholungszwecken genutzt. Besonders Angelfreunde werden auf ihre Kosten kommen. Und wer noch keine Flussbootfahrt (Schlauchboot, Kanu) gemacht haben sollte, kann dieses auf dem Green River (unterhalb des Damms) machen.

Reisepraktische Informationen Flaming Gorge National Recreational Area, UT/WY

VORWAHL 435

Information

Es gibt zwei Visitor Center auf Utah-Seite: Das ganzjährig geöffnete **Flaming Gorge Dam VC** *(US 191, 2 Meilen nördl. von Greendale Jct., ✆ 885-3135, Erklärungen zum Stausee und -damm) sowie das für touristische Fragen empfehlenswertere* **Red Canyon VC** *(UT 095, Abzweig von UT 44, ✆ 889-3713 od. 784-3445), nur von Memorial Day bis Labor Day geöffnet (https://utah.com/flaming-gorge).*

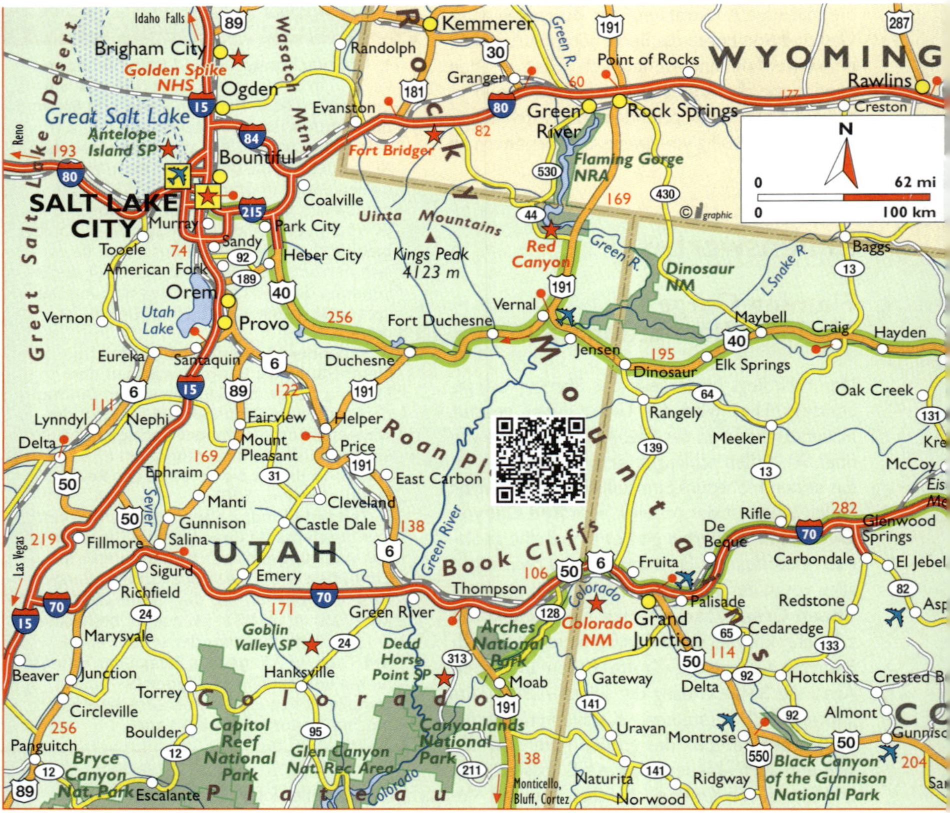

Unterkunft

Red Canyon Lodge $$$–$$$$: *2450 W. Red Canyon Lodge, Dutch John, Südende der Flaming Gorge, ✆ 889-3759, www.redcanyonlodge.com. Anfahrt wie zum o.g. Visitor Center. Die Lodge ist nahe dem Canyonrand an einem kleinen See gelegen. Organisation von Ausritten und Mountainbike-Trips. Komfortable Cabins, zwei Größen. Alle mit Porch, kl. Küche und Bad. Ein idealer Platz zum Entspannen! Man sollte aber rechtzeitig reservieren. Wanderwege gibt es natürlich auch, und das* **Restaurant** *serviert erstklassiges Essen, u.a. frische Forelle.*

Flaming Gorge Resort $$–$$$: *7 Meilen südwestlich von Dutch John, am US 191, ✆ 889-3773, www.flaminggorgeresort.com. Nett, aber bei weitem nicht so schön wie o.g. Lodge, dafür günstiger. Verleih von Booten und Organisation von Outdoor-Touren aller Art. Angeschlossen sind ein RV Park sowie ein Restaurant.*

Im Park gibt es auch eine Reihe von **Campingplätzen**, *u.a. nahe der Red Canyon Lodge.*

Vernal

Vernal, für kurze Zeit reich gewesen durch den nahen Erdölboom, ist ansonsten bekannt als das touristische Zentrum des „Dinolandes". Kaum ein Etablissement ohne Dinosaurier-Attrappe oder Dino-Namen. Zentral gelegen zwischen dem Flaming Gorge NRA und dem Dinosaur NM bietet Vernal eine gute Basis zu deren Erkundung. Eines müssen Dinofans hier tun: den **Utah Field House of Natural History State Park** besuchen. Im Garten stehen mehr als ein Dutzend lebensgroße Dinosaurier-Repliken, und im Museum gibt es ausgegrabene Dinoknochen. Besonders interessant ist das geologische Reliefmodell von Nord-Utah. Man erhält hier einen bildlichen Eindruck davon, wieso gerade in diesem Gebiet so viele Funde aus der Urzeit gemacht werden.

Utah Field House of Natural History State Park, *496 E. Main St., ✆ (435) 789-3799, https://stateparks.utah.gov/parks/utah-field-house/, im Sommer tgl. 9–19, sonst bis 17 Uhr, $ 7.*

Das **Uintah County Heritage Museum** zeigt Memorabilien aus der Zeit des *Old* West. Man kann nahe Vernal auch eintägige **River-Rafting Touren** unternehmen.

Heritage Museum, *155 E. Main St., ✆ (435) 789-7399, www.uintahmuseum.org, Mo–Do 9–17 (Sommer bis 19.30), Fr bis 18, Sa 10–14 (Sommer bis 16) Uhr, frei.*

Reisepraktische Informationen Vernal, UT

VORWAHL 435

Information

Uintah County Travel and Tourism: *152 E. 100 N., ✆ 1-800-477-5558, www.dinoland.com, Mo–Fr 8–17 Uhr.*

Unterkunft

Es gibt eine Reihe von Motels und kleinen Hotels im Ort, so z. B.

Landmark Inn B&B $$, *301 E. 100 South St., ✆ 781-1800, 1-888-738-1800, www.landmark-inn.com. Inkl. Frühstück.*

Best Western Dinosaur Inn $$: *251 East Main St.,* ✆ *789-2660, 1-800-780-7234, http://book.bestwestern.com. Inkl. Frühstück.*
Best Western Antler $$: *423 W Main St.,* ✆ *789-1202, 1-800-780-7234, http://book.bestwestern.com. Inkl. Frühstück.*

Dinosaur National Monument

Informationen

Quarry Visitor Center *(Utah): 7 Meilen nördl. von Jensen, UT, tgl. 9–17, im Sommer bis 18 Uhr,* ✆ *(435) 781-7700, www.nps.gov/dino. Von hier gelangt man (Shuttle-Bus im Sommer, sonst Auto-Konvoi) zur Quarry Exhibit Hall.*
Canyon Visitor Center *(Colorado):* ✆ *(970) 374-3000. Im Sommer tgl., April/Mai nur Sa/So 9–17 Uhr (auf Colorado-Seite sind keine Fossilien zu sehen).*

River Rafting

Eine tolle Erfahrung, die Geologie der Region zu erkunden sowie die Landschaft zu erleben, sind ein- bis mehrtägige River-Rafting-Touren. Anbieter dafür: **Adrift Adventures** *(9500 E. 6000 S., Jensen,* ✆ *(435) 789-3600, 1-800-824-0150, https://adrift.com) sowie* **Don Hatch River Expeditions** *(221 N. 400 E., Vernal, UT,* ✆ *(435) 789-4316, www.donhatchrivertrips.com).*

Bereits bei der Anfahrt zum Park fallen die hochgekippten und verdrehten Platten unterhalb der Bergkette auf. Diese Formationen machen verständlich, wieso gerade hier die Dinosaurierknochen an die Erdoberfläche gekommen sind.

Westlicher Parkabschnitt: In Jensen nach Norden abzweigen (UT 149). Die Hauptattraktion ist die **Quarry Exhibit Hall** (überdachter Steinbruch). 1909 fand der Paläontologe Earl Douglass in einer schräg stehenden, 2,4 bis 3,6 Meter dicken Sandsteinschicht unzählige Dinosaurierknochen, von denen viele Einzelknochen komplett erhalten sind. Nach deren Erforschung wurden sie den Besuchern zugänglich gemacht. Natürlich wird auch heute weiter geforscht.

150 Mio. Jahre alt: Dinosaurierknochen

Wie kommt es, dass die Knochen noch so gut erhalten sind?
Die Knochen stammen von Dinosauriern, die hier vor 150 Millionen Jahren lebten. Damals war das Areal ein Feuchtgebiet, durchzogen von kleinen Flüssen. Die sterblichen Überreste der Dinos wurden von den Anhöhen, wo sie ihre Nahrung suchten, in das Flussbett hinuntergespült, bis sie auf einer Sandbank liegenblieben. Über die Jahrmillionen bedeckte eine 200 m dicke Sediment- und Kiesschicht die Knochen und konservierte sie. Vor 100 Millionen Jahren begann sich die Erde in dieser Region zu wölben und zu falten. Die Rocky Mountains entstanden. Erst die darauf folgende Erosionstätigkeit legte die Schichten frei. Man fand auch Muscheln, Schildkröten und sogar Holzstücke. An der Club Creek Rd., die vom Visitor Center aus geradeaus weiter führt, gibt 1.000 Jahre alte **Steingravuren (Petroglyphs)** der Fremont-Kultur.

Mittlerer Parkabschnitt: Eine Meile östlich von Dinosaur (US 40) zweigt am **Canyon Area Visitor Center** eine Stichstraße nach Norden ab. Sehenswert ist der Ausblick am Ende (**Echo Park Overlook** und **Harper's Point**) auf den Canyon bzw. auf den Zusammenfluss von Green und Yampa River. Für die 100 km (62 Meilen) hin und zurück benötigt man etwa zwei Stunden. Der Abstecher zum Echo Park ist für herkömmliche Pkw nur bedingt möglich.

Der östliche Parkabschnitt: Die Zufahrt erfolgt vom US 40 ab Elk Springs über eine Piste entlang der Blue Mountain bzw. etwas weiter östlich über eine Asphaltstraße zum **Deerlodge Park**. Auf beiden Strecken ist es alleine die Landschaft, für die die Abstecher lohnen.

Östlich der halb verlassenen Ortschaft **Dinosaur** führt der US 40 durch ein fast menschenleeres, baumloses Gebiet, in dem nur die entfernten Bergketten Abwechslung bieten. Das Bild ändert sich erst 15 Meilen vor **Craig**, einem weiteren Highwaynest, beliebt bei Anglern sowie Jagdtouristen, die im Herbst in rauen Scharen eintreffen zur Hirschjagd. Eisenbahnfans können sich den **Marcia Railway Car** *(360 Victoria Way, beim Craig City Park, Juni–Aug. Mo–Fr 8–17 Uhr)* anschauen, der einst dem Eisenbahn-Tycoon *David Moffat* gehörte und vor Komfort nur so strotzt. In Craig gibt es zahlreiche Hotels/Motels sowie kleine Restaurants.

Angeln und Jagen

Canyon Area Visitor Center: *40 Meilen östl. von Vernal, ✆ (970) 374-3000, www.nps.gov/dino.*

Unterkunft
Die nächsten Hotels finden sich in **Vernal** *(S. 521),* **Dinosaur, CO** *(kaum zu empfehlen), sowie etwas abseits in* **Rangely, CO** *(www.dinoland.com, www.rangely.com). Im Park gibt es fünf einfache* **Campingplätze**, *zwei davon nahe dem Dinosaur Quarry VC, einen am Echo Park (Zufahrt Harper's Corner, Mittelabschnitt des Parks), einen im Norden (Gates of Lodore, Anfahrt über CO 318 sowie CR 34) und einen ganz im Osten (Deerlodge Park).*

Steamboat Springs

Von Craig aus geht es entlang dem Yampa River nach Steamboat Springs. Der Mt. Werner mit seinen für die Skiloipen ausgeschlagenen Wäldern ist bereits aus einiger Entfernung zu erkennen. Bereits die Ute-Indianer liebten diesen Platz, besonders weil es hier im Sommer leidlich kühl war und im Tal warme Quellen lockten. Als einer der ersten

Pioniere hierher kam, hörte er die Quellen sprudeln und fühlte sich an das Geräusch der Schaufelraddampfer (Steamboats) auf dem Mississippi erinnert: Der Name war geboren. 1885 begann man mit dem Aufbau der Stadt, und neben Farmern kamen auch Minenarbeiter aus der Umgebung hierher, um ihr schwer erschürftes Gold in den Saloons umzusetzen. 1908 wurde die kleine Stadt an die Eisenbahnlinie angeschlossen. Doch Geschichte machte Steamboat Springs erst, als 1913 der Norweger *Carl Howelsen* die Stadt besuchte und ihr Wintersport-Potenzial erkannte. Er errichtete hier u. a. die erste Skisprungschanze der USA. Heute sind alle auf den Pisten, sobald der erste Schnee fällt. Kaum ein Ort der USA hat bisher so viele Teilnehmer an Olympischen Winterspielen gestellt wie dieser. Heute ist Steamboat Springs eines der bedeutendsten Ski-Resorts der USA. Es besitzt eine geschmackvolle Innenstadt, die ihren Wild-West-Charme noch nicht ganz abgelegt hat und an deren leider viel befahrenen Hauptstraße sich gemütliche Restaurants und ausgesuchte Geschäfte aneinanderreihen. Zwei Meilen weiter im Südosten befindet sich das eigentliche Skidorf, von wo aus die Lifte zu den 102 Abfahrtsstrecken abgehen. Versuchen Sie den Zeitplan so zu gestalten, dass Sie einmal mit der **Seilbahn auf den Mt. Werner** hinauffahren. Für die Aussicht lohnt es sich. Und wer noch Lust hat kann im **Old Town Hot Springs** *(136 Lincoln Ave., tgl., www.oldtownhotsprings.org)* im warmen Mineralwasser entspannen bzw. in den Pool springen.

Winter-sport-Resort

Die schöne Umgebung des Ortes verspricht zudem gute Wandermöglichkeiten und das Mountainbiking ist hier auch recht populär.

Reisepraktische Informationen Steamboat Springs, CO

VORWAHL 970

Information

Visitor Center: *125 Anglers Dr., ✆ 879-0880, www.steamboatchamber.com, Mo–Fr 8–17, Sa 10–15 Uhr.*

Unterkunft

Alpine Rose B&B $$–$$$: *724 Grand St., ✆ 879-1528, 1-888-879-1525, www.alpinerosesteamboat.com. Ruhig gelegenes 5-Zimmer-B&B. Das Haus ist unscheinbar, doch der Blick von der Terrasse sowie das üppige Frühstück sprechen für sich.*

Hotel Bristol $$–$$$: *917 Lincoln Ave., ✆ 879-3083, 1-800-851-0872, www.steamboathotelbristol.com. Gutes Preis-Leistungs-Verhältnis. Das Innenstadt-Hotel, nahe vieler Restaurants, befindet sich in einem Gebäude von 1848 und entgeht damit dem sterilen Charme vieler moderner Bauten dieser Preisklasse.*

Sheraton Steamboat Resort $$$–$$$$: *2200 Village Inn Court, ✆ 879-2220, 1-866-716-8134, www.sheratonsteamboatresort.com. Modernes Luxushotel mit Golfanlage, mehreren Restaurants. Zimmer, Condos, Studios.*

Camping

Steamboat KOA: *3603 Lincoln Ave., ✆ 879-0273, http://koa.com/campgrounds/steamboat-springs. Zelten, RVs, Cabins und Cottages. Gut ausgestattet.* **Steamboat Lake State Recreation Area**: *28 Meilen nördlich am CO 129, ✆ 879-3922, http://cpw.state.co.us/placestogo/Parks/SteamboatLake. Weitere Campingmöglichkeiten finden sich im* **Routt Nat. Forest** *(http://www.fs.usda.gov/mbr). Zumeist sind diese aber weiter entfernt. Am nächsten lie-*

gen die schönen, jedoch einfach ausgestatteten **Dry Lake Campground** *(8 Meilen nördl., CR 36 dann 38) und der* **Meadows Campground** *(15 Meilen südl. am US 40/FR 297).*

Restaurants

Three Peaks Grill: *2165 Pine Grove Rd., ✆ 879-3399, www.threepeaksgrill.com. Super Steaks! Doch der Knüller ist die Raw Bar (Austern und andere Schalentiere), die sich auch gut für einen Snack samt Sundowner am frühen Abend anbietet.*
Ore House at the Pine Grove: *1465 Pine Grove Rd., ✆ 879-1190, www.orehouse.com. Ranch-Dekor. Steaks, Meeresfrüchte und Salatbar. Down to Earth und familienfreundlich.*

Alternative Routenvorschläge für die Weiterfahrt

▶ Kurz hinter Steamboat Springs dem CO 131 nach Süden folgen (oder CO 9, bei Kremmling) und damit als nächstes Etappenziel – unter Auslassung von Denver und dem Rocky Mountain NP – Vail oder Aspen ansteuern.

▶ Oder dem US 40 folgen bis zum Anschluss an die I-70 und dort entscheiden, ob man entweder nach Süden oder in den Raum Denver fahren möchte. Attraktiv sind die Wanderwege um das Ski-Resort **Winter Park**, das mit seinen neuen Zweckbauten jedoch in den letzten Jahren deutlich an Charme verloren hat. Vor allem aber die Fahrt über den fast 3.400 m hohen **Berthoud-Pass** lohnt sich. Von oben haben Sie einen einmaligen Blick zurück auf die bewaldeten Hänge des Fraser River Valley, und nach vorne sieht man bereits die Berge bei Vail und Copper Mountain.

Weiter auf der **Hauptstrecke** in Richtung Rocky Mountains National Park passiert man **Hot Sulphur Springs**, das seinen Cowboy Town-Charakter behalten hat und in dessen gleichnamigen Resort ebenfalls heiße Quellen auf die Wasserratten warten *(www.hotsulphursprings.com)*. Schön ist dann die Anfahrt von **Granby** entlang des US 34 zum Nationalpark, führt sie doch entlang zweier Seen, die sich im Vordergrund der hohen Bergketten des Parks als gutes Fotomotiv erweisen. Entlang der gesamten Strecke von Granby bis **Grand Lake** bietet sich alles: Motels, Cabins, Ausritte, Bootsverleihe, Ausrüster, Angeltouren, um nur einige zu nennen. Man hat also die freie Auswahl.

Heiße Quellen

Blick auf Grand Lake

Rocky Mountain National Park

Hinweis

*Die **Trail Ridge Road (US 34)** ist von ca. Mitte Oktober bis Ende Mai geschlossen (Daten wechseln, je nach Schneefall – unbedingt vorher erkundigen!). Das bedeutet, dass man zu dieser Zeit einmal um den gesamten Park herumfahren muss, um zum Ostteil zu gelangen (Dauer: 3 ½ Stunden). Die unbefestigte **(Old) Fall River Road** ist nur in Ost-West-Richtung und nur von Juli bis September zu befahren (Einbahnstraße). Camper verboten!*

Größe: 107.552 ha.

Beste Jahreszeit: Die Meinungen gehen auseinander. Zum Campen und Wandern mögen die Sommermonate in den hohen Lagen angenehmer sein, doch ist der Park zu dieser Zeit z. T. oft überlaufen. Wir empfehlen daher Ende Mai/Juni oder Sept./Mitte Oktober – aber Achtung: Vorher nach der Öffnung der Passstraße und über das Wetter (Schnee?) erkundigen!

Tierwelt: Große Tiere, wie der Wapiti-Hirsch (Amerikanischer Elch) und Rehwild kommen häufiger vor, zeigen sich aber erst in den Abendstunden. Gute Beobachtungsstellen sind die Täler im Osten (Horseshoe und Moraine). Auch Biber sind nicht selten. Typisch sind zudem die Bighorn-Schafe (eine Art Steinbock), die gerne mittags am Sheep Lake (Horseshoe Valley) grasen. Bären sind selten, aber Vorsicht mit den Essensresten. Lassen Sie nichts herumliegen. Murmeltiere sieht man häufig in den Hochlagen.

Vegetation: In den unteren Lagen (bis 2.800 m): Riesige Misch- bzw. Kiefernwälder, in Flussniederungen eher Pappeln und Espen. Zwischen 2.800 und 3.400 m: Nadelbäume aller Art, die den Berghängen zu jeder Jahreszeit ihren satten grünen „Schal" umlegen. In den höchsten Lagen: Tundra-Vegetation (ähnlich der Alpenvegetation) mit kurzer Vegetationszeit (z. T. nur 10 Wochen).

Redaktionstipps

- **Übernachten** in einem Hotel in **Grand Lake** (S. 531) oder in Estes Park, z. B. im schönen **Stanley Hotel** (S. 532). Unbedingt reservieren.
- Autofahrer sollten sich mind. 4 Stunden Zeit lassen für die **Parkdurchquerung** und wer von Südwesten einreist, sollte den Ostteil des Parks besser am zweiten Tag von Estes Park aus besuchen.
- Die **(Old) Fall River Road** ist zwar beeindruckend, doch wer von Westen anreist, sollte nicht eine Extrarundtour dafür einlegen – besser wäre es, die Zeit für eine kleine Wanderung zu nutzen.
- Für die Erkundung des östlichen Parkabschnitts empfiehlt sich die Nutzung der kostenlosen Shuttle-Busse.
- Eine **Wanderung um den Bear Lake** (S. 526) sollten Sie nicht auslassen. Setzen Sie sich abends zur **Tierbeobachtung an die Sheep Lakes** (3 km westl Fall River Entrance).
- **Zeiteinteilung: 1 Tag:** Zeit lassen bei der Durchfahrt entlang der Trail Ridge Road. Moraine Park Discovery Center und die Ausstellungen in den 3 Visitor Centers anschauen. 2 kurze Wanderungen einplanen. **2 Tage:** Am ersten Tag alle Sehenswürdigkeiten auf der Westseite anschauen, dann Alpine Visitor Center und Wanderungen unternehmen. Übernachten in Estes Park und von dort aus am 2. Tag die Sehenswürdigkeiten auf der Ostseite des Parks anschauen.

Aktivitäten

Wandern: Im Park gibt es ca. 575 km Wanderwege. Festes Schuhwerk ist ein Muss, und wer etwas weniger überfüllte Wege sucht, sollte sich vorher bei den Parkrangern erkundigen und detaillierte Karten/Erläuterungsbroschüren mitgeben lassen. Nicht vergessen: Getränke und etwas Proviant einpacken. Auch wenn die Temperaturen in diesen Höhen angenehmer erscheinen als im restlichen Reisegebiet, benötigt man auch hier bei einer eintägigen Wanderung mind. 3 Liter Trinkwasser pro Person. Nicht unterschätzen sollte man die dünne Luft in der Höhenlage.

- Interessante Wanderwege sind:
  - **Bear Lake Nature Trail**: 0,8 km, ½ Stunde, leicht. Lehrpfad um einen Gletschersee.

- **Never Summer Ranch/Holzwarth Hist. Site**: 1,6 km, ¾ Std., leicht. Wie der Name bereits sagt, zeigt sich hier, wie das Leben auf einer Ranch vor 70 Jahren in den Rockies ausgesehen haben muss.
- **Longs Peak Trail**: 26 km, 1 Tag (12 Stunden – früh starten, da nachmittags Sommerstürme auftreten können), schwer. Hauptwanderweg, der bis auf die Spitze des höchsten Berges im Park führt (4.345 m).
- **Moraine Park Nature Trail**: 0,4 km, 20 min., leicht. Lehrpfad zu Flora und Fauna der Niederungen.
- **Tundrawelt**: Zwischen Rock Cut und Forest Canyon befinden sich mehrere kürzere Lehrpfade. Achtung! Höhenlage um 3.600 m.

Empfehlenswerte, mittelschwere Trails beginnen an der Bear Lake Road. Sie führen z. T. in ehemalige Gletschergebiete. Für weitere Wege, besonders die weniger benutzten, setzen Sie sich am besten mit den Rangern in Verbindung.

▸ **Weitere Aktivitäten**: Reiten (s. S. 531), Skilanglauf, Angeln, Bergsteigen und Mountainbiking – nur an zugelassenen Wänden bzw. auf gezeichneten Wegen. Erlaubnis einholen.

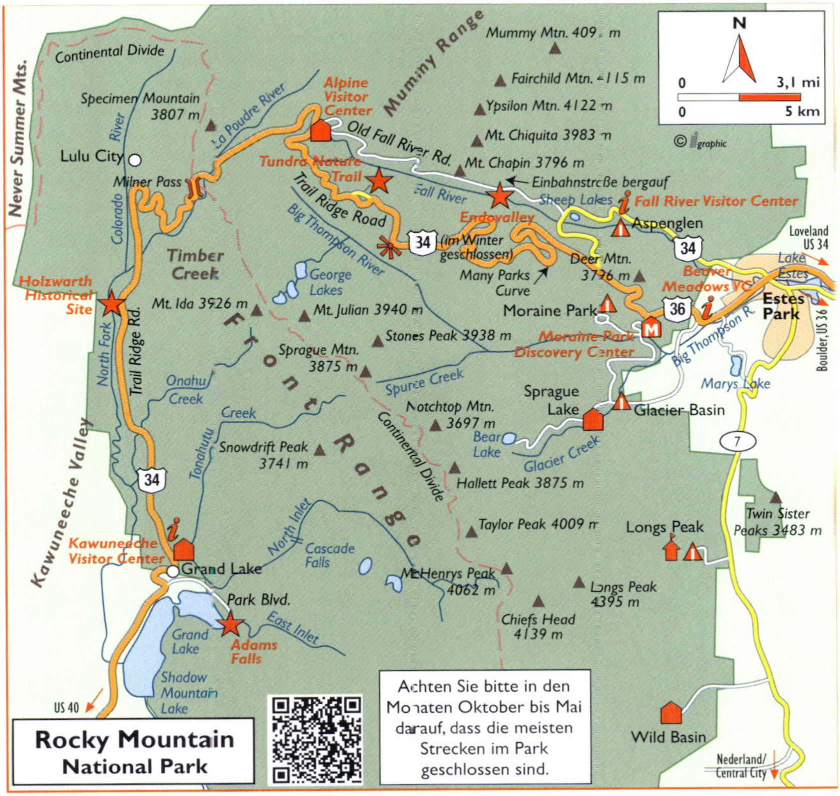

info

Mountain Pine Beetle

Besonders im Westen kann man Millionen von absterbenden, bereits rostbraunen Kiefern sehen. Sie sind vom Mountain Pine Beetle (*Dendroctonus ponderosae),* einer Unterart der *Borkenkäfer (Scolytinae)* befallen. Die wärmere Klimasituation der letzten Jahrzehnte, besonders die wärmeren Winter sind Schuld: denn je wärmer es ist, desto schneller entwickeln sich die Larven, desto mehr Eier produzieren die Weibchen und so gerät „der Ball ins Rollen". Es beginnt i.d.R. mit den Pionier-Weibchen, die Lockstoffe an den Bäumen hinterlassen, die dann massenhaft weitere Käfer, vor allem Männchen, anziehen. Die Käfer bohren sich dann durch die Borke bis in die nähstoffreiche Phloem-Schicht, ernähren sich von ihr und legen hier die Eier ab. Obwohl der Baum sich mit vermehrter Harzproduktion zu wehren versucht, reißt bereits nach wenigen Wochen der Wasser- und Nährstofftransport ab und der Baum stirbt.

Im Park gibt es alleine 116 – um korrekt zu sein: 116 benannte Gipfel mit Höhen über 3.000 m. Der farbliche Gegensatz vom (ganzjährigen) Weiß der Spitzen, dem hellen Grün der Tundra-Vegetation und dem satten Grün der darunterliegenden Nadelwälder ist beeindruckend. Obwohl die Gipfel und Felsen ausgesprochen glatt, man mag fast sagen abgerundet, erscheinen, imponiert ihre Mächtigkeit – sie beherrschen die Landschaft unter ihnen. Bereits vor 7.000 Jahren, als das Klima noch milder war, lebten in den Talebenen jagende und sammelnde **Naturvölker**. Sie verschwanden um etwa 5500 v. Chr. aus nicht ganz geklärten Gründen. Als die ersten weißen Trapper zu Beginn des 18. Jh. das Gebiet betraten, fanden sie Spuren von Ute-Indianern, die im Estes Park-Tal gejagt und Teile der noch heute existierenden Straße als Trail zu ihren Siedlungsgebieten entlang dem Yampa River genutzt hatten. Die ersten Siedler kamen erst um 1870 hierher. Doch es hielt sie nur 50 Jahre: Zu unwirtlich war das Land und zu kurz der Sommer.

Der Naturforscher und Fotograf *Enos Mills*, Hotelbesitzer in Estes Park, entdeckte die Naturschönheiten und setzte sich um 1900 für die Schaffung eines Schutzgebietes ein.

Sehr beliebt ist das Reiten im Rocky Mountain NP

In den Höhenlagen Tundra-Vegetation

Die Reaktion der Regierung war erst zurückhaltend, denn man vermutete hier Bodenschätze. Doch der neunjährige „Kampf“ von *Mills* hatte 1915 Erfolg, und der Nationalpark wurde eingerichtet. Seither ist er einer meistbesuchten Parks der USA und zieht besonders während der Sommerwochenenden Zigtausende von Erholungssuchenden aus den Städten unterhalb der Rockies an. Mittlerweile sind es 3,5 Millionen Besucher jedes Jahr. Somit gibt es nun während der Sommermonate im Ostteil des Parks einen kostenlosen **Shuttle-Bus** („Hop-on-Hop-off“) und auch vom Visitor Center in Estes Park gibt es einen Shuttle-Bus zum Park. Zu Spitzenzeiten können einige Gebiete nur mit dem Shuttle-Bus erreicht werden. Das **Moraine Park Discovery Center** informiert über die Geschichte, die Geologie sowie Fauna und Flora im Park *(Bear Lake Rd./US 36, Mai–Okt. tgl. 9–16.30 Uhr)*. Die **Holzwarth Trout Lodge** auf der Westseite des Parks ist heute ein Historic Site. Sie wurde von *John Holzwarth*, einem Saloonbesitzer aus Denver, während der Prohibition zuerst als Ranch betrieben. Doch bald schon bemerkte *Holzwarth*, dass die Gebäude sich viel besser als Lodge nutzen ließen. Man erreicht die ehemalige Lodge zu Fuß entlang eines 800 m langen Wanderweges von der Trail Ridge Rd. aus.

Neben der Gestalt der Bergzüge selbst ist die einzigartige **Tundra-Vegetation** auf den Höhenlagen besonders sehenswert. Insgesamt gibt es im Park 750 Pflanzengattungen. Reizvoll ist dies gerade im Juni, wenn die meisten Pflanzen blühen und ein bunter Teppich die Talauen und die Wiesen entlang der Trail Road bedeckt.

Geologie der südlichen Rocky Mountains

Die Rocky Mountains erlebten drei **Entstehungsperioden**. Bis vor 1,8 Milliarden Jahren lagerten sich auf einer Ebene Sedimente ab, die z. T. mit festem Gestein (Granit und Gneis) vermengt waren. In den folgenden 1,2 Milliarden Jahren verschob sich die Erde so, dass der Druck von den Seiten kleinere Gebirge entstehen ließ, die aber jeweils wieder durch Verwitterung und anschließende Erosion abgetragen wurden. Es folgte vor

Elk im Rocky Mountain National Park

etwa 60 Millionen Jahren eine Phase der Überflutung, die den gesamten amerikanischen Kontinent von Norden nach Süden erfasste und deren Spuren noch heute als Muschelreste und andere maritime Ablagerungen zu finden sind. Bereits zu dieser Zeit wirkte eine plattentektonische Kraft auf das Gebiet und fand nach einer „Tätigkeit" von 70 Millionen Jahren vor nun 50 Millionen Jahren ihr Ende. Dabei wurden die Rockies im wahrsten Sinne des Wortes aus der Erde herausgedrückt, begleitet und unterstützt von unterirdischen vulkanischen „Ausbrüchen", die aber nur in den seltensten Fällen an die Erdoberfläche gelangten. Die Lavamassen, die dabei ihren Weg nach oben suchten, hatten letztendlich zur Folge, dass sich magmatisches Tiefengestein unter der heute sichtbaren Oberfläche verfestigte. Die gesamte Erdkruste verdickte sich um 7 km, an manchen Stellen sogar um mehr als 10 km. Die Hitze dieses unterirdischen **Vulkanismus** wirkte sich auch auf die oberen Gesteinsschichten aus, die dabei einer chemischen Umwandlung ausgesetzt waren. Daher findet man an einigen Stellen Magma-Gestein (nicht zu verwechseln mit den wenigen echten Vulkankegeln und Gesteinsformationen). Während der jüngeren geologischen Geschichte, seit etwa zwei Millionen Jahren, sind Gletscher für die Oberflächengestaltung der höheren Lagen verantwortlich. Ihre Eismassen, die sich langsam in die Täler drückten, haben markante Talformationen geschaffen. Einige Täler sind steil und zum Talgrund hin spitz zulaufend (Kartäler), andere wiederum enden in einem Becken, in dem sich ein See gebildet hat - das ehemalige Ende des Gletschers (Trog). Heute gibt es noch fünf kleine Gletscher im Park. Mitten durch den Park verläuft die kontinentale Wasserscheide, und in den Bergen entspringt der Colorado River.

Reisepraktische Informationen Rocky Mountain National Park, CO

VORWAHL 970

Information

Es gibt fünf **Visitor Center**: *alle tgl. geöffnet, einige im Winter geschl., ✆ 586-1206, www.nps.gov/romo*

Moraine Park Disc. Center: *Bear Lake Rd. im Osten des Parks, im Winter geschl.,*

Alpine VC: *mitten im Park an der Hauptstraße, Mem. Day–Mitte Okt.,*

Fall River VC: *3450 Fall River Road, im Winter geschl.,*

Beaver Meadows VC: *1000 US 36, ganzjährig, Einfahrt bei Estes Park, Reliefkarte des Gebiets, Film,*

Kawuneeche VC: *16018 US Highway 34, ganzjährig, südlich am Grand Lake.*

Unterkunft/Camping

Im Park gibt es nur **Campingplätze: Timber Creek** *im Westen,* **Aspenglen, Moraine Park, Glacier Basin** *und* **Longs Peak** *im Osten. Reservierungen für Moraine Park, Glacier Basin und Aspenglen über www.recreation.gov, ✆ 1-877-444-6777, die beiden anderen können nicht reserviert werden. Außerdem gibt es über 100* **Backcountry Campingplätze** *(✆ 970-586-1242, Büros: Beaver Meadows und Kawuneeche VC). Hotels gibt es in* **Estes Park** *(siehe S. 532) und in* **Grand Lake** *(www.grandlakechamber.com).*

Black Bear Lodge $$–$$$, *12255 US 34, ✆ 627-3654, www.blackbeargrandlake.com. Relativ günstiges, rustikales Motel 3 Meilen südlich von Grand Lake mit Pool, Whirlpool.*

Gateway Inn $$–$$$, *200 West Portal Road, in Grand Lake, ✆ 627-2400 od. 1-877-627-1352, www.gatewayinn.com. Bezahlbare Unterkunft. Blockhaus-Motel mit Lounge (Bar/einfache Küche), Hot Tub und Sauna.*

Grand Lake Lodge $$$–$$$$, *15500 US 34, ✆ 627-3967, 1-855-585-0004, www.grandlakelodge.com. Oberhalb von Grand Lake. 1921 erbaute Lodge. Man wohnt in rustikalen Holzhäusern, kann aber auch ein großes Haus mieten (ab $ 600). Im Winter geschl. Toll ist das Haupthaus mit seiner Veranda und einem guten Restaurant (Aussicht!).*

Essen und Benzin

Tankstellen gibt es im Park nicht. Snacks gibt es am Alpine sowie dem Fall River VC.

Aktivitäten

Reiten *ist ein besonderes Erlebnis im Park, und geübte Reiter sollten sich das nicht entgehen lassen. Für weniger Sattelfeste gibt es einfache Trails in den Talniederungen. Einziger Konzessionär im Park ist* **Hi Country Stables** *mit Ställen im Moraine Park (Straße gegenüber dem Moraine Park Discovery Center hineinfahren) und am Glacier Creek (beim Sprague Lake), ✆ 586-2327, 586-4577, www.sombrero.com. Weitere Anbieter und Ställe findet man in Estes Park.*

Estes Park

Der Ort ist das Tor zum Rocky Mountain National Park und widmet sich ganz dem Tourismus. Von den Hotels sei das 1905 erbaute **Stanley Hotel** hervorgehoben, denn es kann als Sehenswürdigkeit eingestuft werden. Außerdem gibt es im Umfeld von Estes Park zahlreiche Resorts, eines besser (und auch teurer) als das andere. Die ansprechenderen und bezahlbaren Motels und Cabins liegen entlang der **nördlichen** Parkzufahrt *(US 34/Fall River Rd.)*.

Touristisch sehenswert sind das kleine **Estes Park Area Historical Museum** und die historische **MacGregor Ranch**. Eine Fahrt mit der **Aerial** auf den Prospect Mountain bietet einen attraktiven Ausblick auf die östlichen Gebirgszüge des Nationalparks. Zu erwähnen wäre schließlich noch der schöne **Big Thompson Canyon**, der östlich des Ortes vom US 34 durchquert wird.

Estes Park Area Historical Museum, *200 4th Street, Mai–Okt. Mo–Sa 10–17, So 13–17, Rest des Jahres Fr u. Sa 10–17, So 13–17 Uhr, frei.*

MacGregor Ranch, *MacGregor Ave., www.macgregorranch.org, Juni–Aug Di–Sa 10–16 Uhr, ✆ 586-3749 bzw. nach Voranmeldung, $ 5.*

Aerial Tramway, *420 Riverside Drive, www.estestram.com, Ende Mai–Anfang Sept. tgl. 9–18 Uhr, $ 12.*

Reisepraktische Informationen Estes Park, CO

VORWAHL 970

Information

Estes Park Visitor Center: *500 Big Thompson Ave., ✆ 577-9900, 1-800-443-7837, www.visitestespark.com.*

Unterkunft

Alpine Trail Ridge Inn $$–$$$: *927 Moraine Ave., ✆ 586-4585, 1-800-233-5023, www.alpinetrailridgeinn.com. Gut geführtes Motel der Mittelklasse. Schön gelegen und vom (guten und günstigen) Restaurant hat man einen tollen Ausblick.*

**McGregor Mountain Lodge $$$**: *2815 Fall River Rd. (3 ½ Meilen westl. am US 34), ✆ 586-3457, 1-800-835-8439, www.mcgregormountainlodge.com. Ansprechende Lodge mit 4 Zimmern ($$–$$$) sowie Suiten und Log-Cabins für Selbstversorger ($$$–$$$$). Nahe Nationalpark.*

**Baldpate Inn $$$**: *4900 S. CO 7, 7 Meilen südl. Estes Park, ✆ 586-6151 bzw. 586-5397, www.baldpateinn.com. Historisches B&B, 1917 erbaut und aufgrund eines Krimiromans, der hier spielte, berühmt-berüchtigt. Tolle Veranda mit Blick auf die Berge. Hier gibt es im Sommer ein tolles Buffet (Lunch und Dinner). 12 schmucke Zimmer und vier Cabins ($$$$, mind. 2 Nächte). Frühstück inbegriffen.*

Allenspark Lodge B&B: *184 State Hwy. 7 Bus Rt/Main St. (ca. 15 Meilen südl. von Estes Park) in Allenspark, ✆ (303) 747-2552, http://allensparklodgebnb.com. Sehr empfehlenswertes B&B, großes Blockhaus aus Kiefern. Fast alle der 23 Zimmer mit Blick auf die Berge. Einige Zimmer teilen das Bad. Zudem eine Suite und ein Apartment. Jacuzzi im Haus.*

Stanley Hotel $$$$–$$$$$: *Oberhalb der Wonderview Ave., ✆ 577-4000, 1-800-976-1377, www.stanleyhotel.com. Ein Klassiker, der auf der Liste der historischen Hotels steht. Oberhalb des Ortes gelegen, besitzt es in seiner Größe fast Burgcharakter. Die Deluxe-Zimmer nach vorne hin erlauben einen tollen Blick auf die Rockies. Die Restaurants im Haus setzen eigene Maßstäbe (Reservierung: 577-4001), ganz zu schweigen von der Whiskey Bar, deren Menü sich liest, wie das A–Z der Whiskey-Welt – es umfasst über 900 Whiskies!*

Stanley Hotel im Estes Park

Restaurants

Ed's Cantina & Grill: *390 East Elkhorn Ave., Estes Park, ✆ 586-2919, www.eds-cantina.com. Erstklassige mexikanische und auch Tex-Mex-Gerichte zu vernünftigen Preisen, gute Margaritas und eine große Auswahl an Tequilas.*
Estes Park Brewery: *470 Prospect Village Dr., ✆ 586-5421. Burger, Steaks, BBQ-Gerichte, Pizza und dazu gutes Bier aus der hauseigenen Microbrewery.*
Fawn Brook Inn: *16 Meilen südlich am CO Hwy. 7 (Business Loop), Allenspark, ✆ (303) 747-2556. Gehobenes Ambiente. Steaks, Seafood, manchmal auch Wildgerichte aber vom Feinsten! Mehrgängige Gourmet-Dinner (u. a. Chateaubriand). Relativ teuer.*
Balpate Inn: *Adresse s.o., ✆ 586-5397. Im Sommer gibt es ein leckeres und günstiges Soup & Salad-Buffet. Salatbar auch zugänglich, wenn man etwas anderes bestellt (Tipp: Buffalo Stew). Abends nur bis 20 Uhr geöffnet. Reservierung empfehlenswert!*

Weiterfahrt nach Denver

Von Estes Park aus gibt es zwei Möglichkeiten, nach Denver zu fahren:

Alternative 1: „Auf den Spuren der ersten Goldsucher"

Die Strecke führt entlang dem landschaftlich einmaligen – aber auch z.T. sehr befahrenen – „Scenic Byway" (CO 7, 72 und 119) in südlicher Richtung. Zuerst verläuft er durch eine bewaldete Hochebene, und im Süden, bei Central City, führt er in eine atemberaubende Schlucht, die gerade genug Platz für den Fluss und die Straße lässt. Orte wie **Ward**, **Nederland** und **Central City** waren einst bedeutende Bergbaustädte. Heute widmen sie sich ganz dem Tourismus und Nederland, wo sich die meisten Hotels und Campingplätze befinden, lädt zu Wanderungen ein.

Teure Resorts

Central City und seine Partnerstadt Black Hawk warten mit schön restaurierten Gebäuden aus der Blütezeit des Bergbaus auf. Interessant zu sehen, doch leider locken am Wochenende die hier ansässigen Spielcasinos so viele Besucher an, dass man geneigt ist, sich dem Stress des Parkplatzsuchens zu entziehen. Selbst der große Parkplatz vor den Toren des Städtchens, von dem aus ein Shuttlebus verkehrt, ist dann gerammelt voll. Zwischen den beiden Orten gibt es ebenfalls einen Shuttlebus.

Natur, Bergbau und Casinos

Als „Unternehmungen" in Central City empfehlen sich der Besuch der **Hidee Mine** *(3 Meilen südl. am Central City Pkwy., Reservierung erforderlich: ✆ (303) 989-2861, www.hideegoldmine.com)*, die Besichtigung des **Opera House** *(120 Eureka Street, ✆ (303) 292-6700, www.centralcityopera.org)*, ehemals **das** Luxushotel des Westens, heute Veranstaltungsort, und der Besuch des **Gilpin County Historical Museum** *(228 E. High St., ✆ (303) 582-5283, www.gilpinhistory.org, nur im Sommer, tgl. 10–16 Uhr, Rest des Jahres auf Anmeldung)*, wo u.a. die Geschichte der ersten Goldfunde von Colorado dokumentiert wird. Anschließend bietet sich ein kurzer Bummel durch die alten Straßenfassaden an. Auch die Friedhöfe können Geschichte erzählen.

Etwa zwei Meilen südlich von Black Hawk, beim Coyote Inn, können Sie übrigens selbst „Goldpanning" ausprobieren. Gold ist garantiert, und man darf es auch mitnehmen! Über Golden geht es dann nach Denver.

Reisepraktische Informationen Central City/Black Hawk, CO

VORWAHL 303

Information

Visitor Center: *103 Eureka St., ✆ 582-3345, www.colorado.gov/centralcity, www.centralcitycolorado.com.*

Unterkunft

Central City: *Hier dominieren die Casino-Hotels* **($$–$$$)**, *so z. B. das moderne* **Century Hotel ($$$**, *102 Main St., ✆ 582-5050, http://central-city.cnty.com/home) oder das* **Reserve Casino & Hotel ($$$**, *321 Gregory St., ✆ 582-0800, 1-800-924-6646, http://reservecasinohotel.com).*

Schöner aber wohnt man in einem B&B in einem historischen Haus: z. B. dem **Chase Creek B&B $$–$$$$** *(250 Chase St., Black Hawk, ✆ 582-3550, www.chasecreekinn.com, nur 3 Zimmer) oder dem* **Nikki Lee Mansion B&B $$–$$$** *(201 W 1st High St., Central City, ✆ (618) 792-8701, www.nickileemansion.com). Zudem gibt es eine Reihe günstigerer Motels und Hotels sowie südlich der Stadt nahe dem Central City Pkwy. den* **Central City KOA** *Camping- und RV-Platz (http://koa.com/campgrounds/denver-west/).*

Restaurants

Zum Dinner ins „deutsche“ **Black Forest Inn** *(✆ 582-9971) in Nederland (24 Big Springs Dr.), wo es gute und vor allem deftige deutsche Küche gibt (Knödel, Spaetzle, Schnitzel, Bratwurst etc.). Die Alternative in Black Hawk:* **White Buffalo Grille**: *Lodge Casino, 240 Main St., Black Hawk, ✆ 582-6375. Gepflegte Atmosphäre. Fisch- und Fleischgerichte.*

info

Die Geschichte von Central City

Central City war im 19. Jh. das, was man heute als eine richtige **Wildwest-Stadt** bezeichnen würde. Am 6. Mai 1859 war es *John H. Gregory*, der hier das erste Gold fand. Lange Jahre vom Pech verfolgt, wurde *Gregory* durch sein unsagbares Glück so überwältigt, dass er den Verstand verlor. Listige Spekulanten nutzten dies sofort aus: Sie füllten *Gregory* mit Alkohol ab und kauften ihm seine Mine für 21.000 $ ab – fast nichts im Vergleich zu den 60 Millionen Dollar, die aus der Mine in den Folgejahren herausgeholt wurden. Doch damit nicht genug: Weil es sich anfangs noch nicht genügend herumgesprochen hatte mit den Goldfunden, nutzten windige Geschäftsleute den Besuch des Herausgebers des „New York Tribune“, *Horace Greeley*, aus, indem sie eine Mine „vergoldeten“. Sie schossen Goldstaub hinein und leuchteten das Ganze geschickt aus. Nachdem dieser die „Goldader“ gesichtet hatte, veröffentlichte er sofort einen Artikel, der Tausende von Glücksrittern nach Central City lockte. Viele der Neuankömmlinge waren gerade erst aus Europa übergesiedelt und sprachen kein Wort Englisch. Sprachliche Missverständnisse führten so oft zu Schießereien vor den Saloons. Während der ersten Sheriff-Wahlen 1861 wurden 217 Schlägereien, 97 Schießereien, 11 Messerstechereien und ein Hundekampf offiziell registriert!

In der Folgezeit boomte die Stadt und zählte um 1870 bereits 42.000 Einwohner. Weitere folgten, als 1872 die Eisenbahnlinie Black Hawk erreichte. Zwei Jahre später wurde die Stadt von einer Feuersbrunst gänzlich zerstört. Doch bereits nach neun Tagen war das erste Haus wieder hergestellt, und keine zwölf Monate später stand die ganze Stadt wieder, diesmal aber aus Stein errichtet. Central City stand am Höhepunkt: Das 1876 fertiggestellte Opernhaus zog

Es gibt viele verlassene Minen zwischen Estes Park und Denver

Showgrößen aus allen Himmelsrichtungen an, u. a. *Lillian Russell* und *Edwin Booth*. 1890 war fast alles Gold gefördert, und auch die Silberfunde brachten keine Gewinne mehr ein. Beinahe über Nacht waren 90 % der Goldsucher verschwunden, viele von ihnen in Richtung Alaska, wo sie auf neues Glück hofften. Bis dato aber hatten sie der Erde um Central City, der „richest squaremile on earth", Gold und Silber im Werte von 530 Millionen $ entlockt. Eine zu dieser Zeit unvorstellbare Summe.

1925 zählte Central City noch 400 Einwohner, und keiner gab auch nur einen Pfifferling auf die ehemals so florierende Stadt. Doch wie Tombstone in Arizona gaben auch in Central City die Bewohner nicht auf. Mit Hilfe der Central City Opera Association, die unterstützt wurde von Geschäftsleuten aus Denver, wurde 1932 das Opera House renoviert und wiedereröffnet. Bis in die 1960er Jahre hinein vegetierte die Stadt aber weiter am Rande des Geschehens dahin und war nur Ziel von wenigen abenteuersuchenden und trinkfreudigen Touristen. Erst mit der Zunahme des Autotourismus setzte der zweite große Boom Ende der 1960er Jahre ein. Die alten Häuser wurden restauriert, Souvenirshops kamen dazu, und Fast-Food-Restaurants schossen aus dem Boden. 1990 wurde schließlich durch ein Referendum erreicht, dass in Central City „Gambling" erlaubt wurde. Obwohl der erlaubte Höchsteinsatz sehr gering ist, sorgte dies für eine Flut von Wochenendbesuchern. Es wurden Parkplätze entlang dem ganzen Tal und in jüngerer Zeit der vierspurige Central Park City Parkway vom I-70 aus angelegt, und eines ist wieder eingekehrt: der (moderne) Wilde Westen.

Tipp

Der an zwei Punkten ausgeschilderte ***Golden Gate Canyon State Park*** *bietet zwar eine schöne und waldreiche Tallandschaft mit etlichen Wanderwegen, doch erwarten Sie keine ausgefallenen Naturhöhepunkte. Übernachten kann man im Park in Cabins, Yurts und auf einem Campingplatz (http://cpw.state.co.us/placestogo/Parks/golden gatecanyon).*

Alternative zu dieser Strecke: Fahren Sie bei Nederland nach Osten über den CO 119 nach Boulder. Er führt durch den markanten **Boulder Canyon**, von dem aus Sie kurz vor Boulder noch einmal abzweigen können, um auf einer Rundtour entlang dem **Four MileCanyon Drive** (CO 118), anschließend der Gold Run Road und dann ab Gold Hill dem Sunshine Canyon Drive folgend in die Stadt zu fahren. Die Rundtour ist 18 Meilen lang.

Alternative 2: über Boulder

Uni, Kultur und Outdoor-Aktivitäten

Die direkte Strecke von Estes Park nach Boulder (US 36) hat nicht viel zu bieten, ist aber um einiges schneller. **Boulder** ist im Gegensatz zu Denver ein überschaubares Städtchen mit einer alles bestimmenden Universität, einer Reihe von technischen Instituten und Labors sowie ein paar „üblichen" Museen, die meist an die Universität angeschlossen sind. Boulder hat Charme, sorgt für Sportsgeist und bietet sich hervorragend an für Ausflüge in die östlichen Rocky Mountains. Im Touristenbüro *(2440 Pearl St.)* erhalten Sie ausgezeichnete Faltblättchen mit Routenvorschlägen – nicht nur fürs Auto, auch für Fahrrad- bzw. Wandertouren. Bereits die nahe Umgebung bietet neben bezaubernder Landschaft historische Minen und Ghosttowns. Beliebt ist z. B. eine Wanderung oder Fahrradtour entlang des **Boulder Creek Path**, wobei dieser an Wochenenden stark frequentiert wird. Die Stadt selbst hebt sich durch ein reges, kulturelles Leben hervor (Shakespeare Festival, Symphoniekonzerte, Theater etc.). Kein Wunder, denn von den 108.000 Einwohnern sind 38.000 Studenten und weitere 11.000 Menschen arbeiten an der Uni.

In der City lädt die sehr ansprechende **Pearl Street Pedestrian Mall** zum Flanieren ein. Besonders am Abend, wenn die Restaurants, Straßencafés, Pubs und „Minibreweries" Hochkonjunktur haben, ist hier etwas los. **Outdoor-Fans**, vom Bergsteiger bis zum Mountainbiker, finden alle Möglichkeiten vor: Fast an jeder Ecke bietet sich ein Geschäft (oder zumindest dessen Werbung) für Unternehmungen aller Art an. Eine außergewöhnliche Sehenswürdigkeit ist sicherlich Amerikas größter Kräuter-Tee-Produzent, **Celestial Seasoning** nordöstlich der Stadt. Aus mehr als 100 verschiedenen Kräutern und Gewürzen werden hier über 100 Tees produziert.
Celestial Seasoning, *4600 Sleepytime Dr., abgehend von der Spine Rd. am CO 119, Longmont-Diagonal, ✆ (303) 581-1266, www.celestialseasonings.com, 45-minütige Führungen Mo–Sa 10–16, So 11–15 Uhr, frei.*

Beliebt vor allem bei Familien mit Kindern ist das **CU Museum of Natural History**, in dem es u. a. um vorgeschichtliche Entwicklungen (Dinosaurierknochen, Fossilien), die frühen Indianerkulturen, aber auch um naturwissenschaftliche Aspekte in Bezug auf die Rockies und den Staat Colorado geht. Nicht das beste Museum dieser Art, aber an einem verregneten Tag z. B. 2-3 Stunden wert.
CU Museum of Nat. History: *Henderson Building, 15th St./Broadway, ✆ (303) 492-6892, www.colorado.edu/cumuseum, Mo–Fr 9–17, Sa 9–16, So 10–16 Uhr, $ 3.*

Boulder ist beliebt wegen seiner Outdoor-Möglichkeiten und der guten Luft. Sie hebt sich aber vor allem als **Forschungsstandort** von anderen Städten der Region ab. Wer Laborluft schnuppern möchte, schaut den Profis in folgenden Einrichtungen über die Schulter:

▸ National Center for Atmospheric Research (NCAR)
Hier werden der weltweite Klimawandel sowie die Entstehung gefährlicher Wetterphänomene erforscht. Herzstück des Instituts ist das *Mesa Laboratory*, das in den 1960er Jahren von dem berühmten Architekten *I.M. Pei* entworfen wurde. Heute zählt es mit seinen abstrakten, geometrischen Formen zu den architektonischen Highlights der Stadt. Hier können Sie mehr über die Auswirkungen des Klimawandels und die Wetterexperimente der Wissenschaftler lernen.

Klimaforschung

NCAR, *1850 Table Mesa Dr., ✆ (303) 497-1174, http://scied.ucar.edu/visit, Mo–Fr 8–17, Sa u. So 9–16 Uhr, Instituts-Führungen: Mo, Mi, Fr 12 Uhr bzw. auf Anfrage, frei.*

▸ National Oceanic and Atmospheric Administration/Earth System Research Labaratory (NOAA)
Wer schon immer einmal wissen wollte, wie Wettervorhersagen erstellt werden, der ist hier richtig. Hier lernen Sie Hoch- und Tiefdruckgebiete richtig zu deuten und erleben, welchen Einfluss das Wetter auf das tägliche Leben hat. Im *Earth System Research Laboratory* des NOAA verfolgen Wissenschaftler Schwankungen in der Atmosphäre und suchen nach Möglichkeiten und Methoden, die Luftqualität langfristig zu verbessern.
NOAA, *325 Broadway, ✆ (303) 497-3333 bzw. 497-4000, www.noaa.gov, Zeiten für Führungen erfragen.*

Nach Denver benötigt man über den Highway nur noch 40 Minuten, wobei ein Schlenker über Golden (S. 554) bei genügend Zeit Sinn machen würde.

Reisepraktische Informationen Boulder, CO

VORWAHL 303

Information

Convention & Visitors Bureau: *2440 Pearl St., ✆ 442-2911, 1-800-444-0447, www.bouldercoloradousa.com.*

Unterkunft

Days Inn Hotel Boulder $$–$$$: *5397 S. Boulder Rd., ✆ 499-4422, www.wyndhamhotels.com/days-inn/. Gut geführtes Mittelklasse-Hotel, einige Zimmer mit Aussicht auf die Berge.*
Foot of the Mountain Inn $$$: *200 W. Arapahoe Ave., ✆ 442-5688, www.footofthemountainmotel.com. Diese nahezu historischen, aber nett renovierten Holzhäuser sind ein Knüller. Hier lebt man Geschichte aus. Eine Meile westlich der Innenstadt.*
Briar Rose Bed & Breakfast $$$$: *2151 Arapahoe Ave., Boulder, ✆ 442-3007, 1-888-786-8440, www.briarrosebb.com. Schnuckelige, persönlich gehaltene Unterkunft – manch einem vielleicht zu kitschig.*
The Boulderado $$$$–$$$$$: *2115 13th St., ✆ 442-4344, www.boulderado.com. Großes Hotel von 1909. Vollkommen renoviert, aber im alten viktorianischen Stil belassen. Ein kleiner Genuss und ohne Zweifel ein Klassiker.*
The Bradley Boulder Inn / Bed and Breakfast $$$$–$$$$$: *2040 16th Street, ✆ 545-5200, 1-800-858-5311, www.thebradleyboulder.com. Schöne Pension, elegant und persönlich. Nahe Pearl Street. Einige Zimmer mit Jacuzzi. Jedoch recht teuer.*
Ein guter Tipp für Boulder sind **Bed-&-Breakfast-Häuser**, *von denen das Touristenbüro eine lange Liste hat.*

Restaurants

In punkto gutes Essen sollten Sie sich einfach treiben lassen – **entlang und nahe der Pearl Mall**. *Hier bieten unterschiedliche ethnische Restaurants ihre Mahlzeiten an, so z. B. das hippe und nicht ganz preiswerte* **The Kitchen** *(1039 Pearl St., ✆ 544-5973), ein Bistro mit einer coolen Lounge im Obergeschoss. Zum geselligen Beisammensein bietet sich nach dem Dinner noch ein Gang zur* **Walnut Brewerie** *in der parallel verlaufenden Walnut Street (Nr. 1123, ✆ 447-1345) an. Jazz-, Soul- und auch mal Rockmusikgruppen treten hier des Öfteren auf, und das frisch gezapfte Bier schmeckt auch sehr gut. Natürlich gibt es hier auch Pub-Gerichte (Burger, Pizza, aber auch Buffalo Fajitas und viele Salate).*

Wer nun bereit ist, ganz tief in die Tasche zu greifen, sollte sich auf den Flagstaff Mountain hinaufbegeben und im legendären, weithin bekannten **Flagstaff House Restaurant** *(1138 Flagstaff Rd., ✆ 442-4640, www.flagstaffhouse.com) speisen. Der Weinkeller zählt zu den besten Colorados und das Buffalo Steak ist auch nicht zu verachten. Dazu gibt es bei rechtzeitiger Reservierung auch noch eine schöne Aussicht auf Boulder und die Plains.*

Denver

Entfernungen

Denver – Salt Lake City (Hwy. 40): 493 Meilen/793 km
Denver – Kansas City (I-70): 615 Meilen/990 km
Denver – Aspen: 159 Meilen/256 km
Denver – Santa Fe (I-25): 386 Meilen/621 km

Überblick und Geschichte

Denver ist die pulsierendste Großstadt in den Weiten des Westens und der Berge. Somit zuerst einmal: Geldbeutel anschnallen – und nicht zu locker! Das **Warenangebot** ist besonders exklusiv und verlockend. Man erkennt, dass in Denver das Geld regiert. Doch nicht nur beim Shopping kann man schnell ein Vermögen loswerden, auch in den z. T. gar nicht so teuer erscheinenden Restaurants. Doch wenn man schon mal hier ist, sollte man auch die Wildgerichte des Südwestens ausprobieren. Und da in einer Großstadt wie Denver auch nach dem Dinner nicht die Bürgersteige hochgeklappt werden, wird noch der eine oder andere Dollar in einem Jazzclub oder einer gemütlichen Microbrewery verschwinden.

Downtown Denver

Natürlich lockt Denver nicht nur mit den süßen Seiten des Lebens, eine ganze Reihe von Sehenswürdigkeiten gibt es auch, darunter auffallend viele Museen und seit einigen Jahren erblüht die Kunst- und Kulturszene zu überregionaler Bedeutung. Sie hat sich vorwiegend um Santa Fe und Colfax Avenue sowie im Golden Triangle um das Denver Art Museum angesiedelt.

Wie überall in Amerika ist die City durch Hochhausbauten bestimmt, die aber in Denver keine besondere Augenweide darstellen (außer als Skyline vor den Bergen). Architektonisch reizvoll dagegen sind die Häuser der Randcity, so z. B. in den östlichen Parallelstraßen des Broadway (Logan u. Lincoln Street), wo sich ein „Puppenhaus" an das andere reiht – und das 30 Blocks weit. Die Häuser sind aus der Zeit der 1920er Jahre. Wenn man hier entlang fährt, fällt auf, wie die Häuser nach Norden, zur City hin immer größer und feudaler werden.

Skyline mit Bergen

Denver und seine Umgebung bieten viele **Museen**, und zwar auch eine Reihe ausgefallene: neben Kunst- und Geschichtsmuseen gibt es ein Puppen- und Spielzeugmuseum, ein Eisenbahnmuseum, eine Münzpresse, ein tolles Aquarium, ein Kindermuseum, ein den schwarzen Cowboys gewidmetes Museum, das Buffalo Bill-Museum, Museen in historischen Häusern, Brauereimuseen etc. Insgesamt sind es weit über 40. Zudem kann man hier **Großstadtatmosphäre** mit dem neuzeitlichen Flair des Geldadels erleben – man mag es oder nicht. Schauen Sie sich die exklusiven Boutiquen an oder die Geschäfte in der restaurierten „Historic Lower Downtown" (LoDo). Wer mit den Füßen lieber auf dem Boden bleiben möchte, dem empfehlen wir einen ausgedehnten Besuch des „Tattered Cover Bookstore".

Redaktionstipps

- Komfortabel **übernachten** im klassischen **Brown Palace** oder einem der (relativ) günstigen **Motels am Innenstadtrand**. Für eine Nacht lohnen die weiten Anfahrten aus der Peripherie nicht. Empfehlenswertes B&B: das **Queen Anne B&B** (S. 550f).
- Ein **Wildgericht** (z. B. Elchfleisch) zum Abendessen im historischen **Buckhorn Exchange** wird durch nichts übertroffen. Ansonsten mexikanisch im **El Chapultepec** bzw. Burger in einem **Microbrew-Pub** (S. 550f).
- Einen **Jazzauftritt** im **El Chapultepec** sollte man nicht verpassen. Das Lokal wirkt heruntergekommen, doch der Wirt liebt erstklassige Musik. Eine echte Jazzkneipe!
- **Die bedeutendsten Sehenswürdigkeiten**: Das **Colorado History Museum** (S. 543); das **Museum of Nature & Science** (S. 545); das **Denver Aquarium**, eine der größten Brauereianlagen der Welt **Coors Brewery**, sowie das **Buffalo Bill Museum** in Golden (S. 554ff); zahlreiche weitere gute Museen.
- **Shoppen**: **16th Street Mall** und **Larimer Square** in der Innenstadt. **Cherry Creek Shopping Center** bzw. für Outdoorfans **REI**. Bücherfreunde sollten dem **Tattered Cover Book Store** einen Besuch abstatten (S. 546).
- **Zeiteinteilung: 1-2 Tage:** Am ersten Tag die Innenstadt erkunden: 16th Street Mall, LoDo und den Larimer Square und Besuch von ein oder zwei Museen bzw. dem Capitol. Am zweiten Tag evtl. noch ein Museum in der Innenstadt. Anschließend Shoppen (Cherry Creek Shopping Center, REI) oder alternativ mind. für einen halben Tag nach Golden.

Entwicklung der Stadt

Bis Mitte des 19. Jh. tat sich überhaupt nichts in der Region, und nur ein paar Trapper und Pelzhändlern streunten in den nahen Bergwäldern herum. Um 1858 fand dann ein einsamer Schürfer Gold am South Platte River. Obwohl es sich nur um kleine Mengen handelte, kamen daraufhin weitere Glücksucher und errichteten eine kleine Stadt aus einfachen Hütten.

Doch der Goldrausch dauerte nur wenige Monate. Die Siedlung wurde von allen verlassen – bis auf eine kleine Gruppe, die erneut ihr Glück ein paar Meilen weiter südlich versuchte, am Zusammenfluss von South Platte River und Cherry Creek. Ihre Funde waren weitaus erfolgversprechender, und man begann damit, zwei richtige Städte zu bauen: Auraria (jetzt der Universitätscampus) und St. Charles City. Ermutigt durch die Funde, kamen viele aus den östlichen Staaten und *General William Larimer* aus Kansas ließ als dritte Stadt Denver City errichten, benannt nach einem ehemaligen Gouverneur von Kansas (zu dieser Zeit gehörte Colorado noch zu Kansas). 1861 wurden die Städte vereinigt.

Obwohl das **Goldfieber** um Denver noch 20 Jahre anhielt, blieben die geförderten Mengen insgesamt eher bescheiden. Es waren die Saloons, Hotels, Geschäfte und Banken, die der Stadt zu einem leidlichen Wohlstand verhalfen. Das meiste Geld kam aus den Minenstädten in den Bergen, wo tatsächlich reiche Goldadern lagen, während man in der Ebene nur den Goldstaub fand, den die Flüsse hinab getragen hatten. Viele hochherrschaftliche Häuser im alten Denver wurden damals von erfolgreichen Schürfern gebaut. Ab 1880 kam weiteres Geld aus den neu entdeckten Silberminen, die die Goldförderung bald in den Schatten stellten. Eine schillernde Persönlichkeit für Denver war damals der Silberbaron *Horace A. Tabor* (s. S. 564), der u. a. ein großes Opernhaus bauen ließ. Das Großbürgertum hielt nun Einzug. Als in den 1890er Jahren der Silberpreis rapide fiel, war es mit den Weltstadt-Träumen vorbei. Denver vegetierte über Jahrzehnte dahin. Geld war zwar immer noch vorhanden, doch lag die Stadt geografisch im Randbereich und konnte somit nicht mit der Entwicklung der Städte am Pazifik oder entlang der Ostküste mithalten. Dies änderte sich ein wenig, als die Eisenbahnlinie nach Westen fertiggestellt wurde (1928), doch blieb Denver in den Augen der Küstenstädter eine Wildwest-Stadt.

Spendabler Silberbaron

Erst zu Beginn der 1980er Jahre wendete sich das Blatt erneut: wieder aufgrund von reichen Bodenschätzen – diesmal **Öl** und Kohle. Rings um die Stadt förderten die Ölpumpen – ob auf Getreidefeldern oder mitten in den Ortschaften. Dieser zweite Boom bescherte Denver Geld und eine weitere Blütezeit. Innerhalb von nur zehn Jahren verdoppelte sich damals die Einwohnerzahl. Die Folgen dieser Geldschwemme sind nicht zu übersehen: ein ungezügelter Bauboom, der keine Rücksicht auf historische Bauten der Jahrhundertwende nahm, sowie der Bau des flächenmäßig größten Flughafens der USA, kurz „DIA" (Denver International Airport) genannt. Heute ist das Ölgeld nicht mehr so entscheidend und Dienstleistungsunternehmen haben eine wichtigere Stellung eingenommen.

Sehenswertes in und um die Downtown

Orientierung: Die Sehenswürdigkeiten in der Stadt verteilen sich im Wesentlichen auf vier geografische Gebiete, die sich insgesamt über eine Distanz von 6 km erstecken:

- **Golden Triangel und State Capitol**: südwestlich der Innenstadt. Das kulturelle Herz der Stadt mit Civic Center Park, Denver Art Museum, State Capitol u. a.
- **Innenstadt**: zwischen Platte River und State Capitol: Shopping, Historic Lower Downtown, Veranstaltungsorte.
- **Um den Platte River**: nordwestlich der Innenstadt: Aquarium, Amusement Park, Parkanlanlagen und River Trail.
- **Östlich bzw. südlich des State Capitol**: Museum of Nature & Science, Zoo, Cherry Creek Shopping Center und nahe der Uni South Pearl.

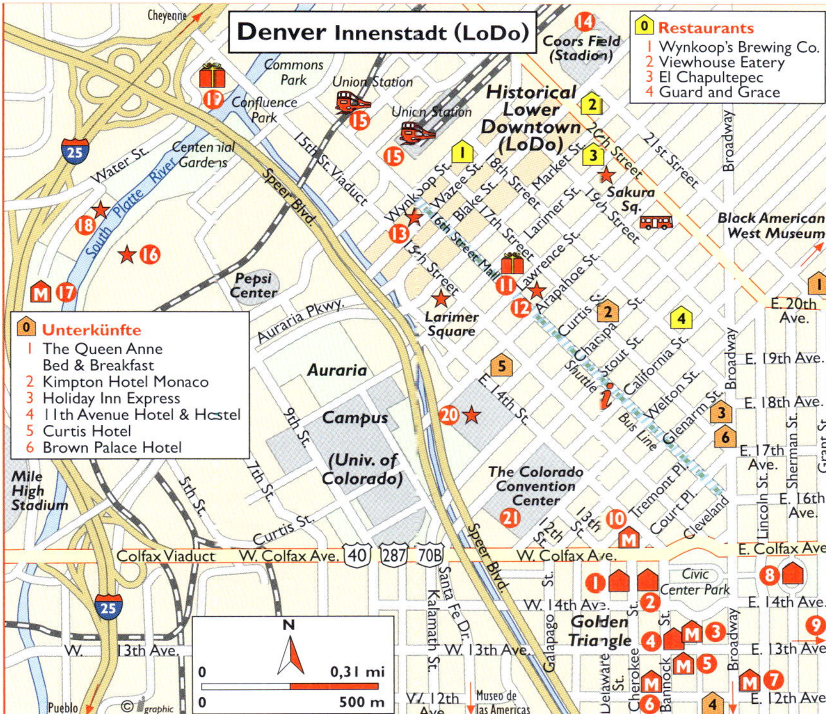

Sehenswürdigkeiten

1 US Mint
2 City Hall
3 Denver Art Museum
4 Byers-Evans House
5 Clyfford Still Museum
6 Kirkland Museum
7 History Colorado Center
8 Colorado State Capitol
9 Molly Brown House
10 Firefighters Museum
11 Tabor Center
12 D&F Tower
13 Tattered Cover Book Store
14 Coors Field
15 Union Station
16 Elitch Gardens
17 Children's Museum of Denver
18 Downtown Aquarium
19 REI-Shop
20 Denver Performing Arts Complex
21 Convention Center

Golden Triangel und State Capitol

US Mint (1)

Die erste „Münze" wurde 1863 in Denver eingerichtet. Zuerst wurden die Münzen von der privaten Firma *Clark, Gruber & Co* geprägt. Der Staat erteilte nur die Genehmigung, denn ihm war es zu dieser Zeit zu gefährlich, da die Goldmünzentransporte laufend überfallen wurden. Das Gold stammte zum größten Teil von Goldschürfern aus den Bergen. 1895 wurde schließlich von Seiten der Regierung beschlossen, eine staatliche Prägeanstalt in Denver einzurichten, doch es sollte noch 11 Jahre dauern, bis der Bau in der Colfax Avenue fertiggestellt war. Die „Denver Mint" ist eine von nur 4 Prägeanstalten in den USA, und jährlich werden hier 15 Milliarden Münzen produziert.

US Mint, *320 W. Colfax Ave., Ecke Cherokee St., ✆ (303) 405-4761, www.usmint.gov; Touren nur nach Voranmeldung Mo–Fr 8–15.30 Uhr (frühzeitig buchen!); Shop, in dem man Sondermünzen kaufen kann.*

Einen Block von der US Mint entfernt liegt für alle Feuerwehr-Fans das **Firefighters Museum (10)**, das in der ersten Feuerwehrstation der Stadt von 1909 untergebracht ist. Geschichte, Einsätze und die Arbeit eines Feuerwehrmanns werden anschaulich dargestellt.
Firefighters Museum, *1326 Tremont Place, ✆ 892-1436, www.denverfirefightersmuseum.org, Mo–Sa 10–16 Uhr, $ 7.*

Die **City Hall (2)**, Sitz der County Verwaltung, ist ein imposantes, aber in seiner Architektur etwas unpassendes Gebäude. Der Vorplatz erinnert an den Petersplatz in Rom.

Denver Art Museum (3)

Der Hauptbau des Museums ist in einem sechsstöckigen Gebäude untergebracht, welches 1971 von dem Mailänder Architekten Geo Ponti entworfen wurde und im Volksmund als „Haus auf dem Mond" (Moon House) bezeichnet wird. In ihm sind Werke (Malereien, Skulpturen, Drucke) amerikanischer, vor allem aber europäischer Künstler, u. a. von Picasso, Matisse, Monet u. a. ausgestellt. 2007 wurde das benachbarte **Frederic C. Hamilton Building** eröffnet, das von *Daniel Libeskind* entworfen wurde. Das Gebäude aus Glas und Titan findet aber nicht bei allen Kritikern Gefallen. Hier sind moderne, amerikanische Kunstwerke zu sehen, u. a. Installationen, Skulpturen, eine Abteilung mit Western-Art und auch eine Fotoausstellung. Das Bild runden dann tolle präkolumbianische und indianische Sammlungen ab. Das Denver Art Museum ist übrigens das größte Kunstmuseum zwischen Mississippi und West Coast.

Daniel Libeskind

Denver Art Museum, *100 W. 14th Ave., Pkwy., ✆ (720) 865-5000, www.denverartmuseum.org, Di–So 10–17, Fr bis 20, $ 13 (Sonderausstellungen extra).*

Denver Art Museum: Gebäude aus Glas und Titan

Das **Byers-Evans House (4)**, gleich hinter dem Art Museum, ist ein Zeugnis wohlhabender Pionierfamilien in Denver. Es ist weniger das Innere des Hauses, das „nur" aus alten Möbeln besteht, als vielmehr die Ausstellungen und Fotos, zusammengestellt von der *Colorado Historical Society*, die einen Besuch wert sind (ebenso wie das angeschlossene **History Museum**). Sie bieten hervorragende Einblicke in die Geschichte von Denver. Das Haus wurde 1883 erbaut und der erste Besitzer war *William Evans*, Herausgeber der *Rocky Mountain News*.

Historische Fotos

Byers-Evans House, *1310 Bannock Street, ✆ (303) 620-4933, www.historycolorado.org, Haus-Touren: Mo–Sa 10.30 11.30, 12.30, 13.30, 14.30 und 15.30, So 13.30, 14.30 und 15.30 Uhr, $ 6.*

Direkt südlich hiervon werden im modernen **Clyfford Still Museum (5)** *(1250 Bannock St., https://clyffordstillmuseum.org, Di–So 10–17, Fr bis 20 Uhr, $ 10)* die abstrakt-expressionistischen Kunstwerke, zumeist Bilder, des gleichnamigen Künstlers (1904–1980) gezeigt.

Nahezu benachbart ist das **Vance Kirkland Museum (6)**. Hier wird dekorative Kunst von Jugendstil über Bauhaus bis zur Moderne gezeigt. *Vance Kirkland* (1904–81) hat diese imposante Sammlung begonnen und gilt als einer der führenden modernen Künstler des Westens.

Vance Kirkland Museum, *Ecke 12th Ave./Bannock St., ✆ (303) 832-8576, www.kirklandmuseum.org, derzeit noch im Bau, Eröffnung im Frühjahr 2018 geplant.*

History Colorado Center (7)

Blick in die Geschichte

Das Museum bietet Gelegenheit, sich mit der Geschichte von Colorado auseinanderzusetzen. Ob als Skispringer auf dem Schanzentisch, als Handelsreisender in Bent's Old Fort oder auf Silbersuche in einer Mine – hier wird der Besucher Teil der Geschichte. Das über 18.000 qm große Museum lässt Interessierte dank zahlreicher interaktiver Elemente, Videos, Fotos und Soundeffekte an den markantesten historischen Ereignissen des US-Bundesstaats teilnehmen. Ein Highlight ist die überdimensionale, in den Boden eingelassene topografische Karte des Künstlers Steven Weitzman. Mittels einer „Zeitmaschine" können Besucher darauf die geschichtsträchtigen Orte Colorados abreisen.

History Colorado Center, *1200 Broadway/ 12th St., ✆ (303) 447-8679, www.historycoloradocenter.org, tgl. 10–17 Uhr, $ 12.*

Colorado State Capitol (8)

Das Kapitol wurde 1908, nach 22-jähriger Bauzeit, fertiggestellt. Einzig Rohmaterial aus Colorado wurde dazu verwendet, was zur Folge hatte, dass der graue Granit aus der Region um Gunnison dem Gebäude ein weniger positives Antlitz vermittelt, eher das einer „grauen Maus". Dafür aber hat man die Kuppel mit Blattgold überzogen. Der Gegensatz ist ziemlich krass macht das Gebäude aber wiederum einzigartig unter allen Capitol-Bauten der USA. Eine 30-minütige Rundtour durch einen Teil der 160 Räume macht den Reichtum des Staates deutlich. Der Kandelaber im Supreme Court Chamber wiegt eine ganze Tonne! Ansonsten viel Marmor, Prunk und Protz. Die Rundtour endet auf den Stufen des Baus vor dem **Civic Center Park**, von wo aus man einen guten Blick auf die Downtown und die Berge hat. Der große Park gilt als grüne Lunge, auf dem Veranstaltungen, Konzerte aber auch Demonstrationen abgehalten werden.

Colorado State Capitol

Colorado State Capitol, *200 E. Colfax Ave., ✆ (303) 866-2604, http://leg.colorado.gov/lcs, Mo–Fr 7.30–17, Touren 9–14.30 Uhr.*

Östlich bzw. südlich des State Capitol

Molly Brown House (9)
Rund sechs Blocks östlich des State Capitols liegt das im viktorianischen Stil errichtete Haus. *Molly Brown* war eine der ausgefallensten Frauen Amerikas zu Beginn des 20. Jh. Sie gelangte zu Berühmtheit, als sie den Untergang der „Titanic" nicht nur überlebte und bei der Rettung vieler Passagiere beteiligt war, sondern dass sie sich auch nach diesem Unglück aufopferungswürdig um die verbliebenen Immigranten gekümmert hat. Dieses brachte ihr den Spitznamen „Unsinkable Molly" ein. Doch schon vorher führte sie ein abenteuerreiches Leben. Aus Missouri stammend, wohnte sie zuerst in verschiedenen Minenstädten Colorados. Dort lernte sie sich durchzusetzen, was 1909 sogar dazu führte, dass sie sich von ihrem Ehemann trennte – zu jener Zeit undenkbar! –, um sich ganz ihrer Leidenschaft, dem Reisen, hinzugeben. Von den Reisen hat sie einen Großteil der Möbel im Haus mitgebracht.
Molly Brown House, *1340 Pennsylvania St., ✆ (303) 832-4092, www.mollybrown.org, Di–Sa. 10–15.30, So 12–15.30 Uhr, im Sommer auch Mo, $ 8.*

Hippe Szene

Schlendern Sie weiter entlang der **Colfax Avenue** (stadtein- oder -auswärts). Die Straße ist das genaue Gegenstück zur Downtown. Hippe Leute und Szenegeschäfte mit Comic-Heften, gebrauchten Schallplatten, ausgefallener Second-Hand-Mode, Antiquariate, günstige Restaurants … Bei dem auffälligen Kirchenbau in Richtung Innenstadt handelt es sich übrigens um die **Cathedral of the Immaculate Conception**, die größte Kirche von Denver.

Botanic Gardens (**(1)** auf der Metro-Karte): Zu sehen gibt es Pflanzen aus aller Welt (sehr schönes Tropenhaus), doch sind für Sie bestimmt die Abteilungen mit den Pflanzen aus den Rockies am interessantesten. Im Sommer Konzerte.
Botanic Gardens, *1005 York St., ✆ (720) 865-3500, www.botanicgardens.org, tgl. 9–17/18 Uhr, Mitte Mai–Sept. 20 Uhr, $ 12,50.*

In einem kleinen Wohnhaus untergebracht ist das **Denver Museum of Miniatures, Dolls & Toys** (**(3)** auf der Metro-Karte). Ausgestellt sind neben Puppen auch Spielzeug und Miniaturen. Besonders eindrucksvoll sind die Puppenhäuser.
Denver Museum of Miniatures, *1880 Gaylord St. (westl. City Park), ✆ (303) 322-1053, www.dmmdt.org, Mi–Sa 10–16, So 13–16 Uhr, $ 6.*

Denver Museum of Nature & Science ((2) auf der Metro-Karte): Für das große Museum sollte man mind. zwei Stunden Zeit haben, denn es bietet unzählige sehenswerte Ausstellungsstücke. Da wären z. B. eine der größten Mineralien- und Fossiliensammlungen der Welt, lebensgroße, vollständige Dinosaurierskelette, Skelette von anderen prähistorischen Tieren sowie Dioramen von Pflanzen und Tieren aus vier Kontinenten. Die Entwicklung des Menschen wird erläutert mit Hilfe einer Kopie des 3,2 Mio. Jahre alten Skeletts von „Lucy" aus Afrika. Auf der vier Etagen hohen Leinwand des **IMAX-Theater** werden Filme zu naturhistorischen Themen gezeigt. Im **Charles C. Gates Planetarium** gibt es Lasershows und Einführungsprogramme zur Astronomie. Der Sternenhimmel wird an einer riesigen Decke dargestellt.

Fossilien und prähistorische Skelette

Für alle drei Abteilungen wird getrennt Eintritt verlangt. Zu beachten gilt auch, ob es eine interessante Sonderausstellung gibt. Das Museum liegt übrigens im schönen **City Park**, in dem sich u. a. auch der **Denver Zoo** befindet. Der Park eignet sich gut für Spaziergänge und ein Picknick.

Denver Museum of Nature & Science, *2001 Colorado Blvd., ✆ (303) 370-6000, www.dmns.org, tgl. 9–17 Uhr, $ 15 nur Museum, $ 27 für Museum, IMAX und Planetarium.*

Black American West Museum & Heritage Center
((4) auf der Metro-Karte)

Weil so wenig über die Pionierleistungen der schwarzen und „coloured" Bevölkerung bekannt ist, sollte man diesem Museum einen Besuch abstatten. Wussten Sie z. B., dass jeder dritte Cowboy ein Farbiger war, dass ein schwarzer Goldsucher zu den ersten Fündigen in Idaho Springs gehörte und dass eine farbige Frau, *Dr. Justina Ford* („The Lady Doctor"), 1902 alle Barrieren, die ihr in den Weg gelegt wurden, überwand und eine Praxis für die Armen und Mittellosen in Denver eröffnete? Es gibt noch einiges andere in diesem Museum zu entdecken, was die Geschichtsschreibung bisher unter den Tisch gekehrt hat.

Black American West Museum, *3091 California Street, nordöstl. der Innenstadt (Five Points), ✆ (720) 242-7428, www.blackamericanwestmuseum.org, Fr u. Sa 10–14 Uhr (im Sommer öfter, bitte nachfragen), $ 10.*

Einen Einblick in Kunst und Kultur der konstant wachsenden lateinamerikanischen Bevölkerung der Stadt gibt das **Museo de Las Americas** ((6) auf der Metro-Karte), *861 Santa Fe Dr., südl. der Innenstadt, ✆ (303) 571-4401, www.museo.org, Di–Sa 12–17 Uhr, $ 5.*

Innenstadt

Die **16th Mall** ist die Fußgängerzone und wichtigste Einkaufsstraße von Denver. Die wirklich ausgesuchten Boutiquen und Galerien liegen aber in der **Larimer Street** in der **Historic Lower Downtown (LoDo)**, dem ältesten Stadtteil von Denver *(zwischen Larimer Street und Union Station)*, und im Einkaufszentrum **TaborCenter** (1), welches am nördli-

Straßenmalerei auf der Larimer Street

Mit dem Elektrobus entlang der Mall

chen Ende der Mall liegt. Einzig erlaubtes Verkehrsmittel auf der Mall ist ein Elektrobus, der kostenlos auf und ab fährt und an jeder Straßenkreuzung hält. Für Erfrischung und Stärkung sorgen viele kleine Restaurants und Kneipen. Den auffälligen **D&F Tower (12)** ließ 1910 ein Kaufhausmagnat als Nachbau des Turmes am Markus-Platz in Venedig errichten. Damals war er das dritthöchste Gebäude Amerikas, heute geht er eher unter zwischen den ganzen Wolkenkratzern.

Wer hier unterwegs ist, sollte sich die Zeit nehmen für den Besuch des riesigen **Tattered Cover Book Store (13)** *(Ecke 16th Street Mall/Wynkoop St.)*. Eine schöne Filiale befindet sich in der 2526 East Colfax Avenue. Sie wurde in einem alten Theater eingerichtet. Zwischen Larimer u. Lawrence Sts. sowie 19th u. 20th Sts. liegt **Sakura Square**, Denvers japanisches Zentrum. Am Nordrand von LoDo prunkt das 50.000 Zuschauer fassende **Coors Field (14)** (Führungen s. S. 553), Heimat des Baseballclubs *Colorado Rockies*, sowie die historische, mit viel Aufwand renovierte **Union Station (15)**, deren Hauptattraktion die Bahnhofshalle ist. Hier und im modern angelegten Umfeld gibt es weitere Restaurants, Shops und den zentralen S- und Busbahnhof, von dem aus eine Schnellbahn zum Airport fährt.

Platte River Valley („Play-Do“)

Elitch Gardens (16)

Der riesige Freizeitpark liegt für einen solchen Park sehr nahe an der Innenstadt. Darauf ist Denver besonders stolz. Über 40 unterschiedliche Fahrten und Attraktionen werden angeboten, zudem gibt es einen Water Park. Besonders schön ist es, vom Riesenrad oder dem 80 m hohen Observation Tower aus auf die Stadt und die Berge zu schauen. Abends Entertainment-Programme.

Elitch Gardens, *2000 Elitch Circle, I-25 Exit 212A, ✆ (303) 595-4386, www.elitchgardens.com, Mem. Day–Labor Day Kernzeiten tgl. 10–18 Uhr, Apr., Mai, Sept. u. Okt. nur an Wochenenden, Zeiten variieren, $ 50, online $ 36.*

Auf der anderen Seite des Platte River liegt das **Children's Museum of Denver (17)**, das als eines der besten in den USA gilt. Kinder können sich hier nicht nur austoben –

Freizeitpark Six Flags Elitch Gardens

was ja schon für ein Museum nicht üblich ist –, sondern auch an Kursen teilnehmen, die wichtige Punkte wie z. B. „Recycling“ ansprechen. Zudem dürfen sie ausgestellte Geräte anfassen, ja sogar runterschmeißen! Höhepunkte aber sind, neben dem Live-Theater, die laufend stattfindenden Kochkurse.

Children's Museum of Denver, *2121 Children's Museum Dr. (I-25, Exit 211), Westufer des Platte River, ✆ (303) 433-7444, www.mychildsmuseum.org, Mo–Fr 9–16 (Mi–19.30), Sa u. So 10–17 Uhr, $ 13.*

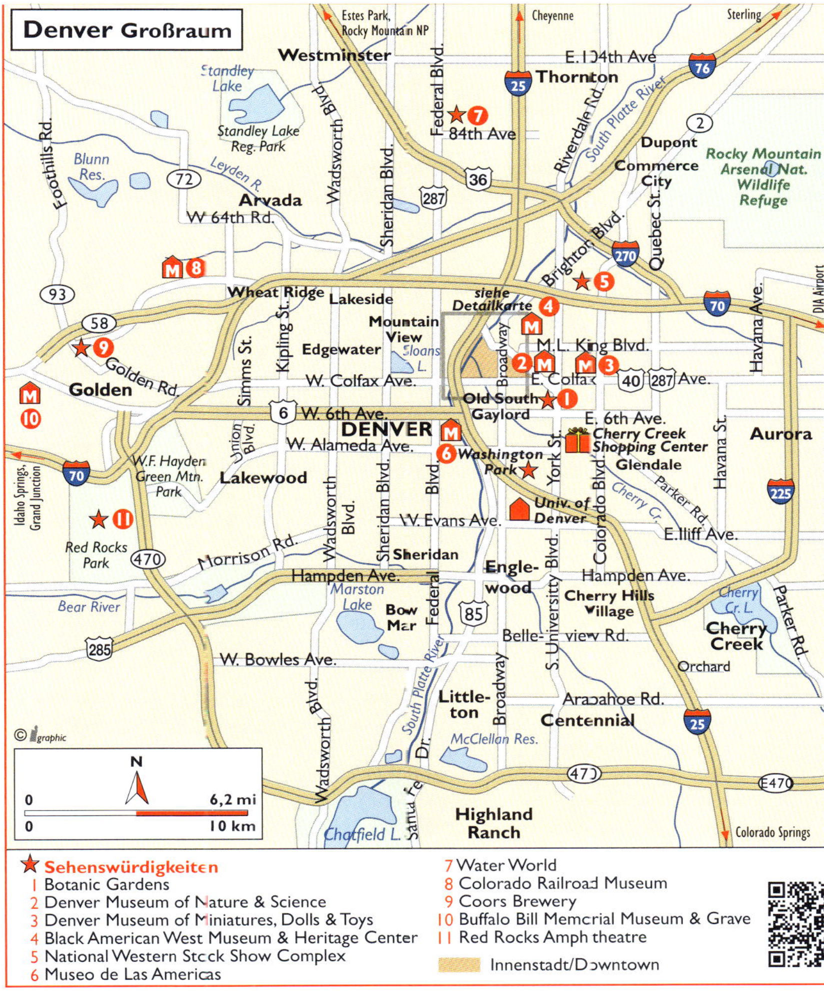

★ **Sehenswürdigkeiten**

1 Botanic Gardens
2 Denver Museum of Nature & Science
3 Denver Museum of Miniatures, Dolls & Toys
4 Black American West Museum & Heritage Center
5 National Western Stock Show Complex
6 Museo de Las Americas
7 Water World
8 Colorado Railroad Museum
9 Coors Brewery
10 Buffalo Bill Memorial Museum & Grave
11 Red Rocks Amphitheatre

Innenstadt/Downtown

500 m nördlich des Museums lädt das **Downtown Aquarium (18)**, das größte Aquarium zwischen Chicago und Westküste, zu einem Besuch ein. Hier kann man zum einen den Weg des Colorado River zum Pazifik nachverfolgen, zum anderen durch einen indonesischen Regenwald zum Pazifik spazieren. Zudem gibt es ein Unterwasser-Restaurant sowie ein 4-D-Kino. Noch ein Stück nördlich kann man sich im riesigen **REI-Shop (19)** (s. S. 552) für die nächste Outdoor-Expedition ausrüsten.
Downtown Aquarium, *700 Water St./Children Museum's Dr., ✆ (303) 561-4450, www.aquariumrestaurants.com, So–Do 10–21, Fr u. Sa 10–21.30 Uhr, $ 20, inkl. 4-D-Kino $ 25.*

Südlich dieser Sehenswürdigkeiten ragt das **Sports Authority Field at Mile High Stadium** hervor, wo das Football-Team, die *Denver Broncos*, vor 80.000 Zuschauern zwischen September und Dezember spielen. Entlang des Platte River verläuft ein langer Rad- und Fußweg (zw. LoDo und South Platte River), zudem der **Platte River Greenway Trail**, der sehr beliebt ist bei Kajakern und Fahrradfahrern.

Reisepraktische Informationen Denver, CO

VORWAHL 303 (Vororte 720)

Information

Tourist Information Center: *1575 California St., nahe Ecke 16th Street Mall, ✆ 892-1505, 1-800-233-6837, www.denver.org*
Aktuelle Infos und Veranstaltungen in der Tageszeitung „Denver Post" (www.denverpost.com) und im Internet „Rocky Mountain News" (http://rockymountainnews.com).

Krankenhaus/Ärzte

Ärzte/Zahnärzte Infonummer: *1-800-DOCTORS*
St. Joseph's Hospital: *1835 Franklin St., ✆ 812-2000*
Apotheken: *Einige Walgreens haben 24 Stunden geöffnet, so z. B. 1111 S. Colorado Blvd., ✆ 758-8083.*

Sightseeingtours

Gray Line of Denver: *✆ 1-800-472-9546, www.grayline.com/things-to-do/united-states/denver/. Stadtrundfahrten (3–5 Std.), Touren in die Umgebung und einige andere Ziele in Colorado. Auch zum Rocky Mountain NP.*
Aspire Tours: *✆ (720) 583-0654, www.aspire-tours.com. Themen-Touren in Denver (Brauerei-Tour, History-Tour etc.) sowie mehrtägige Touren durch die Rockies (Bus/Fahrrad/Wandern). Auch in Kombination (Denver u. Rocky Mountain NP) u. a.*
Denver Free Walking Tours: *Startpunkt: 1449 Lincoln St., ✆ 372-3849, www.denverfreewalkingtours.com. Verschiedene geführte Touren durch den hist. Innenstadtbezirk. Die ca. zweistündigen Touren sind zwar kostenlos, ein Trinkgeld wird aber schon erwartet.*
In den Sommermonaten (Do–Mo 11–16.30 Uhr) verkehrt der **Denver Trolley**, *eine historische Straßenbahn, entlang der Westseite des South Platte River (Start: hinter dem REI-Shop, s.o., Endpunkt: nahe Colfax Ave.). Auf der 30-minütigen Tour erfährt man einiges über die Stadt und ihre Geschichte, www.denvertrolley.org.*
Fahrräder für Touren in und um Denver verleiht: **Evo**, *860 Broadway/9th Ave., Golden Triangle, ✆ 831-7228, www.evo.com.*

Denver ist bekannt für viele Straßencafés

Denver Microbrew Tour: *✆ 578-9548, www.denvermicrobrewtour.com. 2-stündige Innenstadt-Tour zu verschiedenen kleinen Brauereien und deren Kneipen.*

Unterkunft

11th Avenue Hotel & Hostel $ (4): *11th Ave./1112 Broadway, ✆ 894-0529, www.11thavenuehotelandhostel.com. Relativ zentral zur Innenstadt gelegen. Schlafsäle, Privatzimmer.*

> **Tipp**
>
> ***Günstigere und doch akzeptable Unterkünfte*** *finden sich entlang der Colfax Avenue zwischen Denver und Golden – häufig im Stil der 1950er-Jahre-Motels. So z. B. die Lakewood Lodge (5601 W Colfax Ave., ✆ (303) 238-2522).*

Ramada Denver Downtown $$: *1150 E. Colfax Ave., ✆ 831-7700, www.wyndhamhotels.com/ramada. Hotel der bekannten Kette. Gutes Preis-Leistungsverhältnis, etwa 1 km östlich des Colorado State Capitol.*

Days Inn Denver Downtown $$: *930 E. Colfax Ave., ✆ 813-8000, www.wyndhamhotels.com/days-inn. Ebenfalls eine günstige Alternative für die Innenstadt.*

Holiday Inn Express – Downtown $$$ (3): *1715 Tremont Pl., ✆ 296-0400, www.ihg.com/holidayinnexpress. Modernes, praktisches Hotel inmitten der City. Relativ preisgünstig.*

Curtis Hotel $$$–$$$$ (5): *1405 Curtis St., ✆ 571-0300, www.thecurtis.com. 330-Zimmer-„Pop-Culture"-Boutique-Hotel in der Innenstadt. Jede der 13 Etagen hat ein eigenes Thema: Dance Floor, Mad about Music Floor, Big Hair Floor usw. Alles ausgesprochen bunt, Cartoons, Comics und Pop Art überall. Auch die Zimmer machen da mit! Wer da nicht „happy" wird …*

The Queen Anne Bed & Breakfast $$–$$$$ (1): *2147 Tremont Place (½ Meile nordöstlich der City), ✆ 296-6666, www.queenannebnb.com. Mehrfach ausgezeichnet. Zwei Gebäude aus dem 19. Jh. und entsprechend eingerichtet. Persönlich geführt. Wer $$$$ ausgeben möchte, kann eine der Suiten (Dachbalkon mit Spa) bzw. Spa im Badezimmer buchen. 700 m zur 16th Mall (South).*

Kimpton Hotel Monaco $$$–$$$$ (2): *1717 Champa St., ✆ 296-1717, 1-800-990-1303, www.monaco-denver.com. 190 Zimmer, aber trotzdem mit dem Charme eines Boutique-Hotels. Untergebracht in zwei Gebäuden, einem Art-Deco-Building (1937) und einem ehem. Eisenbahn-Gebäude.*

Brown Palace Hotel & Spa $$$$–$$$$$ (6): *321 17th St., ✆ 297-3111, 1-800-321-2599, www.brownpalace.com. Sehr elegantes Hotel in historischem Gebäude von 1892. Wegen der Architektonik alleine einen Besuch wert. Der „Klassiker" in Denver. Ein Spa gibt es auch!*

Camping

Wer schönere Plätze sucht und abends nicht lange in der Stadt verweilen möchte, sollte einen der im Westen (bereits in den Bergen) liegenden Campingplätze wählen, so z. B. den Central City/Denver West KOA *(siehe S. 534)**. Stadtnäher wäre:*

Cherry Creek State Park: *4201 South Parker Rd., Aurora (ca. 14 Meilen zur Innenstadt), ✆ (303) 693-3957, http://cpw.state.co.us/placestogo/parks/CherryCreek. Beliebter Park. An Sommerwochenenden oft voll. Camping und RV.*

Restaurants/Bars/Pubs

Denver verfügt über eine gute Auswahl an Restaurants, die aber z.T. nicht ganz billig sind. Die Spezialität sind Wildgerichte (Elch, Büffel oder Fasan). Am besten schmeckt das Büffelfleisch – ist aber auch am teuersten.

Buckhorn Exchange (Saloon): *1000 Osage St., Ecke 10th Ave., Lincoln Park/ westl. Innenstadt, ✆ 534-9505, www.buckhorn.com. Steaks und Wildgerichte (u. a. Büffel-Wurst) in al-*

Guten Appetit!

tem Saloon von 1893. Einrichtung gleicht einem Museum. In der Bar häufig (ruhige) Livemusik. Hier haben bereits Hemingway und Teddy Roosevelt gespeist und Buffalo Bill getrunken. Reservierung dringend empfohlen. Nicht billig!

Wynkoop Brewing Co. (1): *1634 18th Street (Wynkoop St.), LoDo, ✆ 297-2700, www.wynkoop.com. Microbrewery mit ausgefallenen Essensvariationen (neben Burgern gibt es z. B. Elch-Filet). Besichtigung der Brauerei möglich. Unkomplizierte Atmosphäre.*

Viewhouse Eatery, Bar & Rooftop (2): *2015 Market St., LoDo, ✆ (720) 878-2015, www.viewhouse.com. Der Name verrät eigentlich alles: Sportsbar, direkt neben dem Coors Field, offene Dachterrasse und deftige Küche (Burger, Südstaatengerichte). Reichhaltige Bierauswahl.*

El Chapultepec (3): *Ecke 20th/ 1962 Market Street, ✆ 295-9126, www.thepeclodo.com. Legendäre mexikanische Cantina, Jazz- und Bluesclub.*

Guard & Grace (4): *1801 California St., Downtown, ✆ 293-8500, http://guardandgrace.com. Mehrfach zum besten Steakhaus der Stadt gekürt. Modernes Ambiente, beste Weine. Zudem gute Cocktails an der Bar und eine Raw Bar (Austern, Hummer, Sushi). Entsprechend teuer!*

Brother's BBQ: *568 N. Washington St., Central Denver (südwestl. der Downtown), ✆ (720) 570-4227. Leckere BBQ-Gerichte (geräuchertes Fleisch) in einfachem Ambiente. Besonders zu empfehlen: Pulled Pork, die essighaltige Soße mit dicken Bohnen und Cole Slaw. Weitere Filialen finden Sie unter: www.brothers-bbq.com.*

New Saigon: *630 S. Federal Blvd. (ca. 5 Meilen südwestl. der Innenstadt), Denver West, ✆ 936-4954, http://newsaigon.com. Bestes Vietnam-Restaurant in Denver. Mittlerweile eine Institution, die authentische Küche wurde mehrfach prämiert. Günstig, einfach eingerichtet und nur mit dem Fahrzeug zu erreichen.*

Wer nicht ganz so tief in die Tasche greifen möchte, sollte einmal die **Colfax Avenue** *rauf- und runterfahren oder den* **South Federal Boulevard** *(südl. 6th Ave.). Dort gibt es eine Reihe kleinerer Restaurants. Fürs Lunch bieten sich ansonsten Restaurants an der* **Larimer Street** *an (die mittags oft günstiger servieren als abends). Und nicht zu vergessen: Denver ist bekannt für seine zahlreichen* **Microbreweries**. *In der* **Rock Bottom Brewery** *(1001 16th St., www.rockbottom.com) werden deftige Pub-Gerichte angeboten. Fragen Sie am besten im Hotel nach der nächstgelegenen.*

Livemusik

El Chapultepec: *Ecke 20th/Market Sts, ✆ 295-9126. Wer guten Jazz hören möchte, sollte erst gar nichts anderes ausprobieren. Hier finden sich des Öfteren Jazzgrößen ein (der Besitzer zeigt gerne Fotos). Livemusik jeden Abend, mexikan. Küche. Wer doch noch etwas anderes ausprobieren möchte, schaut mal im* **Dazzle Restaurant & Lounge** *(930 Lincoln St., ✆ 839-5100, https://dazzlejazz.com) rein. Jazz jede Nacht, zudem Sonntags-Brunch mit Livemusik. Essen gibt es auch (Burgers, Pizza, gute Salate, Hühnchengerichte u. a.).* **Herman's Hideaway** *(1578 South Broadway, ✆ 777-5840, 29 Blocks südlich des State Capitol, www.hermanshideaway.com) dagegen ist ein großes Veranstaltungslokal. Meist Rockmusik (Di–So). Laut, aber mit der passenden Atmosphäre für Rockmusik-Fans.*

Einkaufen

Die **Haupteinkaufsstraße von Denver ist die 16th Street Mall**, *wo es eigentlich alles gibt. Am nordwestlichen Ende der Mall (Ecke Lawrence St.) steht das* **Tabor Center** *mit recht vornehmen Geschäften. Eine Einkaufsmall (auch Restaurants) in der Innenstadt sind die modernen* **Denver Pavilions** *(500 16th St.). Nicht zu vergessen die Geschäfte in der* **Union Station** *– alleine der Architektur wegen.*

16th Street Mall, Haupteinkaufsstraße in Denver

Ein weiteres exklusives Einkaufsgebiet ist der **Larimer Square** *(Larimer Street), wo auch das historische Stadtzentrum (zwischen Larimer Street und Union Station) ist. Viele Boutiquen und Spezialgeschäften.*
Einkaufsmalls: *Eine große Shopping Mall außerhalb des Stadtzentrums ist das* **Cherry Creek Shopping Center** *südöstlich der Stadt. Anfahrt: I-25, Exit 208 und nach Osten fahren auf der Alameda Ave. Die Mall liegt zwischen University St. und Colorado Blvd., sowie Alameda Ave. und Speer Blvd.*
Weitere Stadtteile, *wo Sie schön shoppen, aber auch in Cafés und Restaurants einkehren können, sind:* **Highlands Neighborhood** *(nordwestlich der Innenstadt, um 32nd/Lowell Sts.),* **Old South Gaylord** *(südlich der Innenstadt, 1100er Block S. Gaylord St.) sowie* **South Pearl** *(südöstlich der Innenstadt, nahe der Universität). Im Sommer findet hier an Sonntagen in der* **Old South Pearl Street** *ein Farmer's Market statt.*
Colorado Mills: *14500 W. Colfax, Lakewood, westl. Denver. 200 Shops, teilweise Fabrikläden bekannter Marken und Outdoor-Bekleidungs-Läden.*
Die nächste **Outletmall** *(günstige Restposten) befindet sich in Castle Rock (20 Meilen südl., I-25 Exit 184):* **Outlets at Castle Rock**.
Vintage/Second Hand/Antiquitäten: *Denver ist bekannt für seine Antiquitätengeschäfte und Galerien. Erkundigen Sie sich im Visitor Center nach genauen Adressen. Vorweg nur ein Tipp zum Bummeln: Entlang des South Broadway südlich der 1st Ave. findet man eine Reihe „bunter" Geschäfte (Vintage, Secondhand-Mode und Buchläden, Tattoo-Shops etc.).*
Bücher: **Tattered Cover**, *2526 East Colfax Avenue at Elizabeth Street (im histor. Lowenstein Theater). Sehr ausgesuchter Buchladen (über 250.000 Titel vorrätig), in dem man schlicht alles findet, was mit Colorado zu tun hat, und natürlich auch andere Literatur. Eine Filiale gibt es auch in der Innenstadt: 1628 16th Street, nahe Wynkoop St.*
REI (19): *1416 Platte St., Jefferson Park, Westseite des Platte River, www.rei.com. DER Laden für alle möglichen Outdoorausrüstungen. Ob Sie nun wandern bzw. bergsteigen wollen oder einfach nur eine Regenjacke suchen. Hier finden Sie auf nahezu 10.000 m² alles!*
Rockmount Ranch Wear: *1626 Wazee/16th Sts., www.rockmount.com. Legendärer, alteingesessener Westernladen. Hüte, Jacken, Hemden, Bücher, Andenken, Boots.*

Veranstaltungen (Auswahl)

Januar: **National Western Stock Show and Rodeo**. *Rodeos, Westernshows, Pferdeshow, Viehhandel etc. Behauptet von sich, die größte diesbezügliche Show Nordamerikas zu sein, ✆ 296-6977, www.nationalwestern.com.*
Juni/Juli (Wochenenden): **Colorado Renaissance Festival**: *650 W. Perry Park Ave., Larkspur (halbe Strecke nach Colorado Springs). Volksfest mit Musik, Tanz, Ritterspielen, Verkleiden und kunsthandwerklichen Ständen. Thema: England im 16. Jh., nur samstags und sonntags, ✆ 688-6010, www.coloradorenaissance.com.*

Ende Sept./Anfang Okt.: **Great American Beer Festival** *im Colorado Conv. Center, ✆ 447-0816, www.greatamericanbeerfestival.com. 3 Tage lang präsentieren sich hier über 400 Brauereien und Sie können die Biere testen. Tickets sollte man rechtzeitig buchen!*

Sportveranstaltungen

Tickets für alle Veranstaltungen in der Stadt auch über: **Ticket Master**, *✆ 830-TIXS, www.ticketmaster.com.*
Baseball: **„Colorado Rockies"**, *2001 Blake St., Coors Field Stadium, ✆ 292-0200, http://colorado.rockies.mlb.com. Erläuterte* **Coors-Stadium-Touren**: *Mo–Sa während der Saison (10, 12, 14 Uhr), Mo, Mi, Fr u. Sa Rest des Jahres (12 und 14 Uhr). Ab Gate D.*
Basketball: **„Denver Nuggets"**, *Pepsi Center (1000 Chopper Circle, Speer Blvd./Auraria Pkwy.), westlich der City, ✆ 405-8556, www.nba.com/nuggets. Auch hier gibt es Touren: www.pepsicenter.com/fan-guide/guest-info/tours/.*
Football: **„Denver Broncos"**, *1701 Bryant St., Sports Authority Field at Mile High Stadium, ✆ (720) 258-3333, www.denverbroncos.com.*
Eishockey: **„Colorado Avalanche"**, *Pepsi Center (s.o.), http://avalanche.nhl.com/.*

Verkehrsmittel

Flughafen

Denver International Airport (DIA): *✆ 342-2000, 1-800-247-2336, www.flydenver.com. Der Flughafen fungiert als Luftkreuz des Mittelwestens. 5 Start- u. Landebahnen. Fläche: 137 km² (Frankfurt: 14 km², Dallas: 72 km²).*

Anfahrt mit dem Auto: *I-70 folgen in östlicher Richtung. Etwa 16 Meilen von der Innenstadt zweigt der Pena Blvd. nach Norden ab zum Flughafen (gut ausgeschildert). City zum Airport: 23 Meilen, mind. 35 Minuten.*
Kleinbus/Shuttle: **SuperShuttle**, *✆ 374-4165, www.supershuttle.com. Vom/zum Flughafen in die Innenstadt, zu Hotels und nach Boulder. Abholung vom Hotel bei rechtzeitiger Anmeldung.*
S-Bahn: *Die RTD unterhält die Denver Airport Rail (A-Line). Die S-Bahn pendelt zwischen Union Station (Innenstadt) und Airport. Die Union Station fungiert als Transportation Center, von dem aus man zu allen weiteren Destinationen in und um Denver gelangt. In der Innenstadt kostenlos. ✆ 299-6000, www.rtd-denver.com.*
Grundsätzlich: *Am* **Ground Transportation Information Counter** *(✆ 342-4059) auf Level 5 im Jeppesen Terminal erhalten Sie alle Infos für die Fahrt zum gewünschten Ziel. Hier auch Infos zur aktuellen* **Flatrate für eine Taxi-Fahrt** *in die Innenstadt.*
Alle größeren **Mietwagenunternehmen** *haben Stützpunkte am Flughafen.*

Öffentliche Verkehrsmittel/ Taxis

Amtrak-Bahnhof: *Union Station am nordwestl. Ende der 17th Ave. (Wynkoop Street). 1-800-872-7245, ✆ 534-2812.*
Überlandbusse: *Busbahnhof an der 1055 19th, Ecke Arapahoe St. Auskünfte zu Greyhound-Routen: 1-800-231-2222 ✆ 293-6555.*
Stadtbusse/Light Rail: *„Regional Transportation District" (RTD). Busse, Straßenbahn und S-Bahn. Das Netz ist gut ausgebaut. Zentraler Hub ist an der Union Station (✆ 299-6000, www.rtd-denver.com). Der „Mall Ride" ist eine Buslinie, die kostenlos die 16th Street Mall abfährt (tgl. 6–1 Uhr). Es gibt auch Nachtbusse sowie die o.g. Bahn zum Airport.*
Taxis: Yellow Cab: *✆ 777-7777,* **Metro Taxi**: *✆ 333-3333*

Ausflug nach Golden

s. Karte S. 547

Empfehlenswert ist die Anfahrt über den US 40 (Colfax Avenue) – alternativ geht es über den Interstate natürlich schneller. Die vielen rosa oder hellgrün bemalten Highway-Motels aus den 1950 und -60er Jahren entlang der Straße lassen erkennen, dass dies einmal die Hauptzufahrtsstrecke nach Denver gewesen ist. Wer in Denver nicht so tief in den Geldbeutel greifen möchte, der kann sich hier günstig einbuchen.

Golden (20.000 E.) konkurrierte im 19. Jh. mit Denver um die Vormachtstellung in Colorado, dessen Hauptstadt es von 1862–67 gewesen ist. Bedingt durch Goldfunde, die Errichtung der *School of Mines* und letztendlich der *Coors-Brauerei*, entwickelte sich Golden in der Folgezeit zu mehr als einer Saloon- und Cowboystadt. Doch es blieb immer die Nummer 2 hinter Denver – eine Stichwahl entschied 1867 mit einer Stimme Mehrheit, den Regierungssitz in die größere Nachbarstadt zu verlegen. Heute bietet Golden eine restaurierte Innenstadt und einige Attraktionen.

Nur Nummer 2

Coors Brewery (9)

Die Gründung dieser Brauerei symbolisiert wieder einmal die amerikanische Geschichte vom „Erfolg des Tüchtigen". Der deutschstämmige *Adolph Coors* immigrierte 1868 ohne finanzielle Mittel in die USA, erfüllte sich aber bereits fünf Jahre später, gerade 26 Jahre alt, in Golden den Traum einer eigenen Brauerei, zusammen mit *Jacob Schueler*, einem Geschäftsmann aus Golden. Die Brauerei wuchs stetig, da es immer mehr durstige Gesellen in den Westen zog, meist auf der Suche nach der überwältigenden Goldader. Der Frust wurde dann in *Coors* ertränkt. So kam es auch, dass *Coors* das Symbolgetränk für die Erschließung des Nordwestens wurde – „The Cowboys mostwanted Draft" war eine der ersten Werbeparolen. 1880 stieg *Schueler* wieder aus dem Betrieb aus. Die Prohibition (1916–33) bescherte natürlich wirtschaftliche Probleme, doch stellte die Brauerei schnell um auf „Near Beer" und „Malt Milk", zudem wurden Malzbonbons produziert. Nach 1933 waren aber schnell wieder die Bierbrauer am Werk. 2005 schloss sich *Coors* mit der Brauerei *Molson* zusammen, 2007 wurde eine Kooperation mit *SAB-Miller* (mittlerweile ein Tochterunternehmen von *Anheuser-Busch/InBev)*, den amerikanischen Markt betreffend (*Mil-*

Eine Tradition seit 1873

lerCoors), vereinbart. Die Brauereianlage in Golden ist eine der größten Bier-Produktionsstätten der Welt. 900 Menschen produzieren hier jährlich 21 Mio. Hektoliter Bier. Weitere 600 Angestellte verwalten von hier aus alle Produkte und die Braustätten im ganzen Land. Übrigens: Coors recycelt bereits seit 1973 seine Aluminiumdosen.
Die 30- bis 45-minütige Besichtigungstour beginnt auf einem gut ausgeschilderten Parkplatz. Wer eine nostalgisch angehauchte Fabrik mit dem Flair der Gründerzeit und dem Touch der alten Bierbrauer erwartet, wird hier enttäuscht. Die Anlage ist hochmodern und wird von Computern gesteuert. Wer lieber den einfachen Prozess des Bierbrauens miterleben möchte, schaut sich besser eine der vielen Microbreweries in Colorado an.
Coors Brewery, *13th/Ford Sts, ✆ (303) 277-2337, www.coors.com/brewery, Touren Do–Sa u. Mo 10–16, So 12–16 Uhr, frei.*

Weitere Sehenswürdigkeiten

Die **Colorado School of Mines** bietet ein geologisches Museum mit Schwerpunkt auf dem Bergbau in Colorado. Zudem Meteoritgesteine und Fossilien. Nach Voranmeldung kann man sich zu begrenzten Zeiten das **National Earthquake Information Center** ansehen, wo die Daten von allen Beben der Welt gespeichert und verarbeitet werden.
Colorado School of Mines Museum, *1310 Maple St., ✆ (303) 273-3815, www.mines.edu. Mo–Sa 9–16, So 13–16 Uhr. Earthquake Center Voranmeldung: 1711 Illinois St., ✆ (303) 273-8500.*

Im **Golden History Center** erfährt man mehr zur Geschichte der Stadt und der der Bierbrauereien in Colorado (zzt. über 230). Zum Museum gehört ein historischer Distrikt sowie der Clear Creek History Park. Im **Astor House** (*822 12th St.*), einer ehemaligen Herberge für Arbeiter, soll das **Colorado Beer Museum** eingerichtet werden (Infos: www.coloradobeermuseum.org).
Golden History Center, *923 10th St., ✆ (303) 278-3557, www.goldenhistory.org, Mi–Mo 10–16.30 Uhr (variiert leicht im Winterhalbjahr), $ 5.*

Das **Buffalo Bill Memorial Museum & Grave** **(10)** liegt auf einer Anhöhe östlich von Golden. Hier fand der berühmte *Buffalo Bill Cody* (1846–1917) seine letzte Ruhe. Er war eine der schillerndsten Figuren des Wilden Westens. Army Scout, Pony-Express-Reiter (inkl. Rekordritte), Schausteller in Sachen Reiten und Schießen – nichts, was *Buffalo Bill* nicht gemacht hat. Er hat selbst in Europa Auftritte gehabt. Sicher ist es zum Teil *Buffalo Bill* zu verdanken, dass der Mythos des Wilden Westens und die Abenteuerromantik aufrechterhalten wurden, und zugleich den Leuten in den „zivilisierten" Großstädten vor Augen geführt wurde, dass gerade der Westen entscheidend zur Entwicklung der USA beigetragen hat. *Buffalo Bill* war damals einer der angesehensten Männer, und besonders auch die Kinder freuten sich, wenn er und seine Schaustellertruppe in ihre Stadt kamen. Bei all dem Rummel und den Versuchungen, die ihm in den Großstädten geboten wurden, blieb er aber ein Mensch des Westens. Einmal sagte er: *„An einem Tag, irgendwo in den Plains, fragte mich General Sheridan, ob ich jemals im Osten gewesen sei. Ich sagte ihm daraufhin stolz: Ja, ich war eine gute Woche in Omaha (damals eine Kleinstadt des mittleren Westens). Woraufhin er mir antwortete, ich solle doch mal nach New York fahren. Ich entgegnete aber: Wenn es nur annähernd so ist wie Omaha, habe ich genug gesehen."*

Wild-West-Guru

Im Museum gibt es Briefe, Fotos, Kleidungsstücke, seinen Sattel und eine Reihe anderer

„The Galloping Goose"

Erinnerungsstücke zu sehen. Beachten Sie auch den Ausblick von der Terrasse.
Buffalo Bill Memorial Museum & Grave, *987 1/2 Lookout Mountain Rd., I-70, Exit 256, ✆ (303) 526-0744, www.buffalobill.org, Di–So 9–17, Mai–Okt. tgl. 9–17 Uhr, $ 5.*

Eisenbahnfans sollten sich das **Colorado Railroad Museum (8)** nicht entgehen lassen, in dem es neben echten Dampflokomotiven auch Waggons, eine Modelleisenbahn, einen Lokschuppen (Roundhouse) und Vieles mehr zu sehen gibt. Zu angekündigten Zeiten werden auch Bahnfahrten und andere Programme angeboten. Man bedenke: Die Eisenbahn bildete eine wichtige Stütze in der Entwicklung des Westens. Das große Museum liegt nordöstlich von Golden.
Colorado Railroad Museum, *17155 W. 44th Ave., I-70 Exit 265, ✆ (303) 279-4591, http://coloradorailroadmuseum.org, tgl. 9–17 Uhr, $ 10.*

Reisepraktische Informationen Golden, CO

VORWAHL 303

Information
Golden Visitor Center: *1010 Washington Ave., ✆ 279-2282, http://visitgolden.com.*

Unterkunft
Hotels der mittleren Preisklasse finden Sie meist um den US 6.
Dove Inn Bed & Breakfast $$$ ($$$$): *711 14th St., Golden, ✆ 278-2209, www.doveinn.com. Bed & Breakfast in einem Gebäude von 1878. Gemütlich eingerichtete Zimmer und geräumigere Suiten zu relativ günstigen Preisen. Hier sind Sie richtig, wenn Sie nicht unbedingt in der Großstadt Denver (und zu entsprechenden Preisen) nächtigen möchten.*
The Golden Hotel $$$, *800 11th St., ✆ 279-0100, 1-800-233-7214, www.thegoldenhotel.com. Das beste Hotel der Stadt, in dem es auch ein nettes* **Grill-Restaurant** *gibt. In der Bar wird, zumeist donnerstags, ruhige Livemusik (Jazz etc.) geboten. Mitten im Zentrum.*

Restaurant
Summit House Grill & Tap: *14285 W. Colfax Ave. (Denver West Shopping Village), Lakewood (nahe I 70/US 40, 4 Meilen von Golden-Innenstadt), ✆ 278-1771, www.summithousegrill.com. Diese Lokalität beeindruckt mit saftig-deftiger Küche (Burger, Steaks usw.), aber vor allem einer langen Liste an „üblichen" und Craft-Bieren vom Fass.*
In der Innenstadt von Golden lädt, nur mit einem kleinen Essensangebot, dafür aber mindestens 20 Craft-Bieren vom Fass, der **Barrels & Bottles Brewpub** *ein: 600 2th St., ✆ (720) 328-3643. Wer es etwas feiner mag und eine gute Weinauswahl bevorzugt, schaut in der* **Indulge Bistro & Wine Bar** *vorbei (1299 Washington Ave., ✆ 277-9991).*

Die Rocky Mountains zwischen Denver und Santa Fe

Entfernungen

Denver – Vail: 100 Meilen/161 km
Vail – Aspen: 94 Meilen/151 km
Aspen – Montrose (über US 24/50/Gunnison): 292 Meilen/470 km
Aspen – Montrose (über Redstone/ Hotchkiss und CO 92): 210 Meilen/336 km
Montrose – Durango: 108 Meilen/174 km
Durango – Santa Fe: 212 Meilen/341 km
Vail – Alamosa: 185 Meilen/298 km
Alamosa – Taos: 84 Meilen/135 km
Taos – Santa Fe: 60 Meilen/96 km

Routenempfehlung

Der Übersichtlichkeit wegen hier nur die wesentlichen Orte und Sehenswürdigkeiten entlang der empfohlenen Hauptroute: Georgetown, Vail, Aspen (alternativ über den Cottonwood Pass nach Crested Butte), Black Canyon of the Gunnison NP, Montrose, Telluride, Ouray, Silverton, 1 Million Dollar Highway, Durango, Mesa Verde NP, Aztek NM, Farmington und Santa Fe.

Überblick

Zweifellos sind die Rocky Mountains der zweite große Höhepunkt im Südwesten. Die Dramatik der Rockies sucht ihresgleichen, was selbst eingefleischte Alpenfreunde zugeben müssen. Die vorgeschlagene Hauptroute führt zu allen wesentlichen Höhepunkten, wobei bei der Streckenführung besonderer Wert darauf gelegt wurde, dass man die Naturschönheiten erleben kann.

Doch die Rockies haben auch noch mehr zu bieten. Da wäre vor allem die Geschichte der Bergbaupioniere des 19. Jh., die für die Gründung vieler kleiner Städtchen ausschlaggebend war. Schauen Sie sich das eine oder andere örtliche Museum an, und planen mind. zwei Stunden für das Mining Museum (Hall of Fame) in Leadville ein, um den geschichtlichen Werdegang dieses Reisegebietes nachvollziehen zu können. Auch Abzweigungen von der Hauptroute sollte man machen, z. B. nach Crested Butte. *Lohnende Abstecher* Beeindruckender Höhepunkt der Indianerkulturen ist der Mesa Verde NP, für den man mind. einen halben, eher aber einen Tag erübrigen sollte. Im Süden dann eröffnet sich wieder die Halbwüstenlandschaft von New Mexico, deren herausragende Stadt Santa Fe ist mit ihren faszinierenden Adobehäusern.

Ski-Enthusiasten werden in den Rockies auch auf ihre Kosten kommen. Die „spezielle" Atmosphäre ist selbst im Sommer in mondänen Orten wie Aspen, Vail und Telluride vorhanden. Einmal dort gewesen zu sein ist schon ein Highlight. Die Hotelpreise liegen in Colorado etwas höher als im restlichen Südwesten, vor allem in den Skiresorts. In der Regel wird dafür zwar mehr geboten, aber die entsprechenden Zusätze, wie z. B. Preis-

Achtung! Die zahlreichen Pässe können viel Zeit in Anspruch nehmen

nachlässe in nahen Shops, Whirlpools, ein Continental Breakfast oder der zweite Fernseher auf dem Zimmer, gehören wahrscheinlich nicht zu den favorisierten Extras. Buchen Sie z. B. eine Nacht ein günstiges Motel, um die nächste Nacht dann über die Stränge schlagen zu können. Achten Sie vor allem auf Sonderpreise und „Gutscheine" in Broschüren.

Outdooraktivitäten in den Rockies

***Wildwasserfahrten**: Ein unvergessliches Erlebnis ist mit Sicherheit eine Wildwasserfahrt in einem Schlauchboot auf dem Colorado und den anderen Flüssen in den Rockies. Es gibt unzählige Anbieter. Orte, die sich darauf spezialisiert haben, sind z. B. Buena Vista 36 sowie Salida, 61 Meilen südlich von Leadville. Auch der Clear Creek zwischen Georgetown und Idaho Springs ist beliebt.*

***Skilaufen:** Das hier angesprochene Reisegebiet ist ohne Zweifel das herausragende Skiareal der USA – mit fast hundertprozentiger Schneegarantie. Da dieses Buch keinen Skiführer darstellen kann, ist es ratsam, sich bereits in Europa im Reisebüro über Skiorte zu informieren. Auf der Internetseite www.coloradoski.com kann man sich schon mal ein Bild machen.*

***Angeln:** Colorados Flüsse sind ein Eldorado für Angelfreunde. Lachs und Forellen gehören zu den beliebtesten Fängen. Eine Reihe privater Teichbesitzer bieten die Gelegenheit zum Angeln. Ausrüstungen kann man in fast jedem Ort leihen/kaufen. Für das Angeln in privaten Gründen bedarf es keiner weiteren Genehmigung (außer der vom Besitzer natürlich). Für öffentliche Gewässer benötigt man ein Permit der zuständigen Forstverwaltung bzw. Gemeindeverwaltung. Die Touristenbüros geben die erforderlichen Infos.*

***Reiten:** Kaum eine Landschaft eignet sich besser für Ausritte als die Rocky Mountains. Dies haben auch unzählige Ranchen, Hotels und Operators erkannt und bieten in fast jedem entlegenen Winkel Ausritte an. Ein Tipp: Wenn Sie wirklich gerne reiten, nehmen Sie sich mindestens einen ganzen Tag Zeit dafür (es gibt auch Ausritte über mehrere Tage). Das ermöglicht Ausritte in abgelegene und landschaftlich noch reizvollere Gebiete. Landschaftlicher Tipp: die Rockies zwischen Silverton und Durango. Dort gibt es entlang dem Highway genügend Anbieter, u. a. das „Iron Horse Inn" 4 Meilen nördlich von Durango (S. 588), das jegliche Art von Ausritten organisieren kann.*

Sehenswertes

Von Denver aus geht es auf dem I-70 in westliche Richtung. 30 Meilen hinter Denver steigt die Straße an und führt durch eine eindrucksvolle Schlucht bis hinauf zum Loveland Pass (3.600 m) Vorher aber passiert man zwei interessante kleine Bergbaustädtchen.

Idaho Springs und Georgetown

Idaho Springs ist etwas „städtischer". Von hier wurde 1910 der **6,6 km lange Argo-Tunnel** nach Central City gebohrt, durch den Erze nach Idaho Springs befördert wurden. Der Tunnel und die **Argo Mill**, wo das Erz weiterverarbeitet wurde, sind auf Touren zu besichtigen (festes Schuhwerk!). Das dunkelrote Holzgebäude am nördlichen Bergrand ist nicht zu übersehen *(Mai–Sept., tgl. 9.30–17 (letzte Tour 16) Uhr, ✆ (303) 567-2421, www.argomilltour.com, $ 22)*.

Auch die alten Häuser im Ortskern von Idaho Springs (vom beginnenden 20. Jh.) sind sehenswert. Eine andere Minentour führt in die historische – aber noch arbeitende – **Phoenix Gold Mine** *(800 Trail Creek Rd., tgl. 10–18 Uhr, ✆ (303) 567-0422, www.phoenixgoldmine.com, $ 10, auch Gold Panning)*. Südlich von Idaho Springs führt der knapp 30 Meilen lange **Mt. Evans Scenic and Historic Byway** auf die Spitze des Mt. Ewans (4.348 m). Es ist die höchste Asphaltstraße in den USA. Wunderschön, gute Chancen auf Tiere, aber hin und zurück benötigen Sie knapp 3 Stunden reine Fahrzeit.

Georgetown wirkt viel lieblicher, war aber eigentlich der bedeutendere Minenort. Nachdem in den 1850er Jahren zuerst Gold gefunden wurde, ist es schließlich Silber gewesen, welches Georgetown Reichtum bescherte, solange, bis 1893 der Preis für Silber stark absackte. Die Ortsmitte erinnert eher an die Häuser auf einer Modelleisenbahn. Sie sind hier übrigens in der Mehrzahl aus Holz, was für Minenstädte selten ist. Fotogen sind die viktorianischen Wohnhäuser, die

Redaktionstipps

▶ **Übernachten**: die historischen Hotels: **Hotel Jerome** (S. 569, Aspen); **Strater Hotel, General Palmer Hotel** sowie das **Leland House & Rochester Hotel** (S. 589, Durango); **New Sheridan Hotel** (S. 579, Telluride) sowie das **La Fonda** (S. 606, Santa Fe).
▶ **Essen**: in Aspen: **The Monarch** (S. 570). In Durango: vornehm im **Mahogany Grille** (S. 589), deftig dagegen in den **Microbreweries** entlang der Strecke. In Santa Fe: mexik. Leckereien im **Tomasita's** bzw. BBQ-Gerichte im **Cowgirls** (S. 606).
▶ Wenn Sie Zeit haben, fahren Sie die erste hier im Kapitel vorgestellte Route in südlicher Richtung und anschließend die zweite wieder nach Norden und dann nach Osten bis Colorado Springs. Viele Bergstrecken: Tagesetappen nicht zu lang planen.
▶ Die **schönsten Wintersportorte** (aber auch sehr schön im Sommer): Aspen (S. 567) und Telluride (S. 577).
▶ **Reizvolle Orte**, die sich als Basis für Touren in die Rockies anbieten: **Breckenridge** (S. 562), das ruhigere **Crested Butte** (S. 571), das hist. Minenstädtchen **Leadville** (S. 564), **Ouray** (alte Minenstadt mit heißen Quellen (S. 581)) sowie **Durango** (S. 587), das eine erstklassige Basis für Ausflüge in alle Himmelsrichtungen darstellt.
▶ **Eindrucksvolle Routen durch die Rockies**: Schlucht zwischen Denver und Breckenridge (S. 559ff); Independence Pass (S. 566); Dreieck „Telluride-Ridgway-Ouray" (S. 577ff) und der „Million Dollar Highway" (S. 583).
▶ **Andere bedeutende Sehenswürdigkeiten**: **Mining Hall of Fame** in **Leadville** (S. 565); **Black Canyon of the Gunnison NP** (tiefer, schmaler Canyon (S. 573); **Mesa Verde NP** (Indianerruinen an den Canyonwänden (S. 590)); riesige Sanddünen im **Great Sand Dunes NP** (S. 609); die herausgeputzte Pueblostadt **Santa Fe** (S. 599) und die ursprünglichere Pueblostadt **Taos** (S. 613). Die **schönsten historischen Eisenbahnen**: *Georgetown Loop Railroad* (S. 561), *Durango-Silverton Railroad* (S. 585) sowie *Cumbres & Toltec Railroad* (S. 611).
▶ **Zeiteinteilung: 4–7 Tage:** 2–3 Tage, um bis Telluride zu fahren (Übernachtungsstopps in Aspen, Crested Butte, nahe Black Canyon of the Gunnison NP, Leadville, je nach Route). Anschließend 1–2 Tage für Weiterfahrt nach Durango (inkl. Umwegen bzw. Fahrt mit der Eisenbahn von Silverton und Besuch im Mesa Verde NP. Fahrt von Durango bis Santa Fe: 1–3 Tage. Falls es zeitlich passt: Über Pagosa Springs, Chama und Taos fahren.

Von Denver durch die Rocky Mountains nach Santa Fe

um das Zentrum angesiedelt sind. In der 409 6th Street sollten Sie sich das ehemalige **Hotel de Paris** ansehen. Es wurde von *Louis du Puy* 1875 als Hotel mit exquisiter Küche eingerichtet, was ihm einen guten Ruf in ganz Amerika einbrachte. Der Franzose war selbst ein Gourmet, und wer sein Essen nicht entsprechend würdigte, wurde sogleich vor die Tür gesetzt.

Hotel de Paris, *Juni–Sept Mo–Sa 10–17, So 12–17 Uhr, Okt.–Dez. nur nach Voranmeldung, ✆ (303) 569-2311, www.hoteldeparismuseum.org, $ 7.*

Benötigt für den 3½-Meilen-Anstieg eine Stunde

Hauptattraktion aber ist die **Georgetown Loop Railroad**: Die Strecke bis zu den Minen im benachbarten **Silver Plume** ist zwar nur drei Meilen lang, aber durch den starken Anstieg und verschiedene enge Kurven dauert eine Fahrt über eine Stunde – ein Stopp an der Lebanon Mine eingeschlossen. Der Einstieg in diese Mine dauert zusätzliche 1 ½ Stunden. Festes Schuhwerk und warme Kleidung sollten Sie dafür mitnehmen. Die Fahrt lohnt sich. Das Warten in Silver Plume kann man sich durch einen Besuch des **George-Rowe-Museums** verkürzen, welches einiges zur Bergbaugeschichte der Region zu bieten hat (*Mai bis September 10–16 Uhr*).

Georgetown Loop Railroad, *507 Taos St., Kernzeiten: Mai–Okt. tgl. 10–12.15, im Sommer 15.40 Uhr, Nov./Dez. nach Ankündigung (Zeiten variieren, auch im Sommer), ✆ 1-888-456-6777, www.georgetownlooprr.com. Round trip ab $ 26, mit Minenbesichtigung ab $ 40.*

Reisepraktische Informationen Idaho Springs und Georgetown, CO

VORWAHL 303

Information

Idaho Springs VC: *2060 Miner St., ✆ (303) 567-4382, www.visitidahospringscolorado.com.*

Georgetown/Gateway VC: *I-70 Exit 228 (1491 Argentine St.), ✆ 569-2405, www.georgetowntrust.org, www.georgetown-colorado.org*

Unterkunft

Beide Orte verfügen über eine **Reihe von Motels, B&Bs und Campingplätzen**. *Tipps sind das familiär geführte* **Horstmann House B&B $$** *(400 9th St., Georgetown, ✆ 569-3038, www.horstmannhousebb.com, Kamin, Hot Tub) sowie das deutlich teurere und mit hölzernem Alpenlook aufwartende* **Hotel Chateau Chamonix $$$$** *(1414 Argentine St., ✆ 569-1109, www.hotelchateauchamonix.com).*

Information

Vail Valley Partnership: *101 Fawcett Rd. #240, Avon, US 70, Exit 168, ✆ 476-1000, www.visitvailvalley.com, www.vailvalleypartnership.com.*

Off the beaten Track

Unterkunft

Comfort Inn Near Vail Beaver Creek $$–$$$: *161 W. Beaver Creek Blvd., Avon, ✆ 949-5511, www.choicehotels.com. Zwar 10 Meilen westlich von Vail, aber erheblich günstigere Preise als die Hotels in Vail selbst.*

Marriott's StreamSide Douglas at Vail $$$–$$$$: *2284 South Frontage Rd., Douglas, Vail, ✆ 476-6000, www.marriott.com. Gut ausgestattete Apartments und Villas. Küche. Geräumig und geeignet für Familien (teilweise bis zu 8 Personen). Dafür günstig. Südwestlich des Ortes (Vail).*

Gasthof Gramshammer $$$–$$$$: *231 E. Gore Creek Drive, ✆ 476-5626, 1-800-610-7374, www.pepis.com. Kleine, aber nett eingerichtete Zimmer und sehr ansprechend wegen der „Alpen-Atmosphäre". Eines der „In"-Hotels am Platze. Mitten in Vail. Bar und Restaurant.*

Camping

Sylvan Lake State Park: *10200 Brush Creek Rd., Eagle, I-70, Exit 147 (ca. 18 Meilen vom Highway). Zwei schön gelegene Plätze. Auch Cabins und Yurts (Zelte). Reservierungen über ✆ 328-2021, http://cpw.state.co.us/placestogo/Parks/sylvanlake.*

Restaurants

Gramshammer: *Das Restaurant im gleichnamigen Hotel (s.o.) bietet eine gute Küche; u. a. mit Wildspezialitäten und Fonduegerichten.*

Weitaus günstiger sind **Bart & Yeti's** *(553 E. Lionshead Circle, Vail, ✆ 476-2754, Sandwiches, Chili, Burger, Salate etc.) sowie* **Pazzo's Pizzeria** *(122 E Meadow Dr. #9, ✆ 476-9026).*

Leadville

Der Silberbaron von Leadville: Horace A. Tabor

Leadville ist die höchstgelegene Stadt der USA (3.050 m) und befindet sich damit fast an der Baumgrenze. Gegründet wurde sie 1860, als hier die ersten Goldadern entdeckt wurden. Bereits kurz darauf setzte der Silberboom die Maßstäbe. Innerhalb von kürzester Zeit entwickelte sich Leadville zu einem der reichsten, aber auch rauesten Pflastern des Westens. Kleine Schürfer wurden über Nacht zu Millionären und verspielten ihr Glück bereits am nächsten Tag wieder im Saloon. Liest man die Geschichte von Leadville, entdeckt man viele Eigenarten des amerikanischen Lebens, denen man heute überall begegnet: „The Best Hotel in Town" hieß 1865 die verlockende Reklame an einem eilig aufgestellten Zelt, und aufgrund von Transportschwierigkeiten gab es Zeiten, in denen ein 100-l-Fass mit Whiskey stolze 1.500 $ kostete.

Trotz allem gaben sich alle „Persönlichkeiten" der Pionierzeit mindestens einmal ein Stelldichein in Leadville. Einer der bekanntesten war *Horace A. Tabor*, der mit seinem hier verdienten Geld u. a. hier und in Denver Opern errichten ließ. Mit seiner berühmten Matchless Mine wurde er über Nacht zu einem der wohlhabendsten Bürger des Westens. Seine ergiebige Mine lockte Anfang der 1880er Jahre auf einen Schlag 30.000 Schürfer samt Anhang an. *Tabor* wurde wäh-

Silberbaron und Dirne

rend dieser Zeit in die höchsten politischen Ämter gewählt, obwohl sein privates Leben einige Kritiker fand: Er ließ sich nämlich in Leadville von seiner Frau *Augusta* scheiden und heiratete die Saloon-Dirne *Elizabeth McCourt Doe*, besser bekannt als *„Baby Doe“*. 1893 fielen die Silberpreise drastisch. Als *Tabor* – mittlerweile bettelarm – 1899 starb, waren seine letzten Worte an *Baby Doe*: „Hang on to the Matchless“. Sie befolgte seine Worte und hoffte, die Silberpreise würden wieder steigen. So verbrachte *Baby Doe* den Rest ihres Lebens ein asketisches Leben in einer heruntergekommenen Holzhütte, gleich neben der Mine, in der sie 1935 starb – erfroren.
Auch andere machten viel Geld in Leadville, legten es aber besser an als *Tabor*. Unter ihnen *Molly Brown* (siehe Denver) und *Meyer Guggenheim*. Während der ersten Hälfte des 20. Jh. vegetierte Leadville immer mehr dahin, obwohl mittlerweile auch Blei, Zink, Mangan und Molybden abgebaut wurden. Ein Investitionsschub in den 1950er Jahren ließ den Bergbau aber wieder aufleben. Heute wird neben Blei und Zink auch Kohle gefördert.

Nicht verpassen sollten Sie in Leadville das **National Mining Hall of Fame and Museum**, in dem auf hervorragende Weise die Geschichte des Bergbaus in den USA erläutert wird. Sehr beeindruckend ist die in mehreren Schaukästen dargestellte Geschichte der Goldförderung in Colorado und die nachgebaute Mine. Dieses Museum ist ein Muss, um den Werdegang Colorados besser verstehen zu können.
National Mining Hall of Fame and Museum, *120 W. 9th St., ✆ (719) 486-1229, www.mininghalloffame.org, tgl. 9–17, Nov.–Apr. Di–So 11–18 Uhr, $ 12.*

Nicht weit entfernt runden das **Heritage Museum** sowie das **Healy House and Dexter Cabin** das Bild in Puncto Geschichte noch ab. Schauen Sie sich auch noch das **Tabor Home** und das **Tabor Opera House**, eine der ersten Opern im Westen, an. In letzterem, einst „The best West of the Mississippi“, finden gelegentlich noch Aufführungen statt.
Heritage Museum, *120 E. 9th St., Ende Mai–Sept. tgl. 10–17 Uhr, ✆ (719) 486-1878.*
Healy House and Dexter Cabin, *912 Harrison St., Mem. Day–Anfang Okt. tgl. 10–16.30 Uhr, $ 6.*
Tabor Home, *116 E. 5th St., Mem Day–Labor Day.*
Tabor Opera House, *308 Harrison St., Fr–Mo 12–18 Uhr (im Sommer öfter), ✆ (719) 486-8409, www.taboroperahouse.net, $ 8.*

Bei der **Matchless Mine and Baby Doe Cabin** kann man die Mine und die Hütte besichtigen, in der *Baby Doe* 40 Jahre gelebt hat. Die alten Möbel stehen immer noch an ihrem Platz, so wie man sie 1935 vorfand, als man *Baby Does* erstarrten Leichnam entdeckte.
Matchless Mine and Baby Doe Cabin, *7th St., 2 Meilen östlich der Stadt, Ende Mai–Sept. tgl. 12–16.45 Uhr, ✆ (719) 486-1229.*

Tabor Opera House

Leadville, Colorado and Southern Railroad Company bieten Halbtagestouren mit der Schmalspurbahn zur Quelle des Arkansas River und nach French Gulch (Minendistrikt). Schön, aber die Zugfahrten von Georgetown, Chama bzw. Silverton sind um einiges interessanter.
Abfahrt am Old Depot, 326 E. 7th St., ✆ (719) 486-3936, www.leadville-train.com, Mem. Day–Anf. Okt. (Tage variieren), $ 37.

Alternative zur Hauptroute
Von Leadville aus in südlicher Richtung weiterfahren über Buena Vista, Salida, dem Great Sand Dunes NP bis nach Taos und Santa Fe. Darüber hinaus gibt es auch eine schöne Strecke von Buena Vista über den Cottonwood Pass und Almont nach Crested Butte. Infos im Abschnitt über Aspen.

Die Hauptroute zweigt 14 Meilen südlich von Leadville nach Westen ab (CO 82). Vorbei an den Twin Lakes und über den **Independence Pass** (3.630 m), von dem aus man herrliche Fotos von den höchsten Bergen der Colorado-Rockies (der höchste ist der *Mt. Elbert* mit 4.399 m) machen kann, geht es nun nach Aspen. Auf der westlichen Passseite müssen besonders Wohnmobilfahrer vorsichtig sein, da die Straße teilweise sehr eng ist.

Reisepraktische Informationen Leadville, CO

VORWAHL 719

Information
Lake County VC: *809 Harrison St., ✆ 486-3900, www.leadvilleusa.com.*

Unterkunft
Delaware Hotel $$–$$$: *700 Harrison Rd., ✆ 486-1418, 1-800-748-2004, www.delawarehotel.com. Historisches Hotel (1886) mit viktorianischem Ambiente. Schauen Sie sich die Lobby an. Im Hause gibt es das* **Callaway's Restaurant** *mit amerikanischer Hausmannskost, u. a. einem leckeren Buffalo Chili.*

Camping
Es gibt zwei Camping/RV-Parks, den stadtnahen **Leadville RV Corral** *(135 West 2nd Street, Südende d. Stadt, ✆ 486-3111, www.mountainrvpark.com, RV u. Zelte) sowie den schöneren* **Sugar Loafin' RV/Campground & Cabins** *4 Meilen westlich (2665 County Road 4, ✆ 486-1031, www.sugarloafin.com).*

Restaurants
The Grill Bar & Café: *715 Elm St., ✆ 486-9930. Mexikanische und amerikanische Küche. Gute Margaritas.*
Ansonsten bieten einige „Old-West-Saloons" gutes Microbrew mit Steak- und Burgergerichten, so z. B. **Wild Bill's Hamburger & Ice Cream** *(200 Harrison Ave.). Im historischen* **Silver Dollar Saloon** *(315 Harrison Ave.) gibt es dagegen nur Getränke, dafür aber Atmosphäre.*

Aspen

Aspen wurde Ende der 1870er Jahre gegründet, begann aber erst 10 Jahre später zu boomen. 1887 zählte man offiziell 15.000 Einwohner, schätzte die Zahl aber eher doppelt so hoch ein. Das **Hotel Jerome** *(330 E. Main St.)* und das **Wheeler Opera House** *(320 E. Hyman St.)* wurden eröffnet. Aspen erlebte ein paar überaus reiche Jahre und erlangte zudem den Ruf, die wildesten Frauen zu haben. Wenige Jahre später war dann Spuk vorbei. Wie bereits erwähnt, fiel der Silberpreis. Aspen wurde zu einer Ghosttown mit knapp 700 Seelen (1932 sogar nur noch 249). Doch 1936 begannen der Bobfahrer *Billy Fiske*, sein Partner *Ted Ryan* und der Schweizer Bergsteiger *André Roche* die erste Lodge aufzubauen und Skipisten zu roden.

Von der Ghosttown zum Skiresort

Bereits 1941 wurde Aspen Stützpunkt der amerikanischen Skinationalmannschaft. Nach dem Krieg erlangte es durch die Austragung verschiedener internationaler Rennen schließlich Weltruf. Zu dieser Zeit war der Skisport noch nicht so populär und medienpräsent. Das genügte den Betuchten, um unter ihresgleichen zu bleiben. Erst mit der Eröffnung von drei weiteren, familienfreundlichen Resorts um Aspen (**Highlands**, **Snowmass** und **Buttermilk Mountain**) zog es auch die Mittelschicht hierher.

Hochpreisig

Zum Kauf eines Hauses in der Gegend benötigt man ein sattes Bankkonto. Selbst Wohnungen werden nur im Millionenbereich gehandelt. Auch die Preiskategorien in den feinen **Boutiquen** und in den zahlreichen **Kunstgalerien** suchen ihresgleichen. Doch das ist es wohl, was die High Society, besonders aus Film und Fernsehen, sucht (die Politiker zieht es übrigens eher nach Vail). Trotz allem ist Aspen ein attraktiver Bergort geblieben, der sich einen gemütlichen und historischen Charakter erhalten hat, der jeden anspricht und den man nur in wenigen der großen Skiorte wiederfinden wird. In der „In-

Exklusive Läden sorgen für den Erhalt der historischen Innenstadt

nenstadt" sind, soweit es möglich war, die alten Fassaden erhalten worden, und drum herum reihen sich zahllose Holzhäuser im viktorianischen Stil aneinander. Die Stadtverwaltung ist auch heute noch bemüht, diesem Stil gerecht zu werden, und häufig finden Bürgeranhörungen statt, die weitere Ausbaupläne beraten und darüber abstimmen. Lebendig ist auch die Kulturszene. Das Downtown Aspen Art Festival, das Aspen Music Festival, das Aspen Filmfest sowie die Food & Wine Classics (s. S. 570) sind nur die absoluten Highlights und erfreuen sich mittlerweile internationaler Anerkennung. Nahezu jedes Wochenende gibt es etwas Anderes zu erleben. Übrigens finden im o.g. Wheeler Opera House erstklassige Aufführungen und Konzerte statt *(✆ (970) 920-5770, www.wheeleroperahouse.com)*.

Festivals

Outdoor-Aktivitäten wie Mountain Biking, Jeeping und Wildwasserfahrten werden von etlichen Unternehmen angeboten. Zudem laden unzählige Wanderwege zum Erkunden der Berglandschaft ein. Und wer gerne reitet, braucht auch nicht lange nach Angeboten zu suchen.

Die **Aspen Historical Society** *(620 W. Bleeker St., ✆ (970) 925-3721, http://aspenhistory.org/)* verwaltet die historischen Museen und organisiert geführte Touren, u.a einen *Historic Pub Crawl* sowie die *History Coach Tour* mit einem Elektromobil zu den wesentlichen Sehenswürdigkeiten der Stadt:

Das **Wheeler-Stallard House Museum** bietet einen Eindruck vom alten Aspen, vornehmlich sieht man sich aber mit alten Möbeln konfrontiert. Interessanter ist das **Holden-Marolt Mining and Ranching Museum**, wo erläutert wird, wie die Stadt sich von einer Minenstadt zu einem Farmort verändert hat. Ghosttownfans sollten sich aufmachen zu dem 11 Meilen südlich an der Castle Creek Road gelegenen und etwas restaurierten **Ashcroft**.
Wheeler-Stallard House Museum, *620 W. Bleeker St., Di–Sa 13–17 (im Sommer 10.30–16.30) Uhr, $ 10 (inkl. u.g. Mining and Ranching Museum).*
Holden-Marolt Mining and Ranching Museum, *40180 Highway 82, nach Absprache mit Hist. Society, $ 10.*

Die berühmteste Mine Aspens ist die **Smuggler Mine** im Smuggler Mountain, in der 1894 ein 1.000 Kilogramm schweres Silbernugget (Silberanteil: 93 %) gefunden wurde. Heute können sich Besucher bei geführten Touren in das Herz des Berges wagen und die historische Mine zu Fuß erkunden.
Smuggler Mine, *110 Smuggler Mountain Rd., Touren das ganze Jahr, ✆ (970) 925-2049.*

Hinein in den Berg

Das **Aspen Art Museum** zeigt wechselnde Ausstellungen. Achten Sie auf Aushänge. Weitere Kunstwerke kann man in den verschiedenen **Gallery-Shops** in der Stadt bewundern.
Aspen Art Museum, *637 E. Hyman Ave., Di–Sa 10–18, ✆ (970) 925-8050, www.aspenartmuseum.org, frei.*

Wer die majestätischen und viel fotografierten **Maroon-Belles**-Berge („Twin Peaks", 4.318 m) bewundern möchte, nimmt am besten einen Shuttle-Bus *(✆ (970) 925-8484, www.rfta.com)* vom Rubey Park Transportation Center, denn die Straße dorthin darf von Juni bis Anfang Oktober nur ein Stück mit einem privaten Auto befahren werden.

Interessant ist noch, dass sich um Aspen einige Institute niedergelassen haben, die modernen und ökologischen Baustil probieren und propagieren. Doch warum hier? Die Antwort kommt prompt: „Diesen Baustil können sich nur die Reichen leisten. Erst wenn die ihn 'ausprobiert' haben, wird er vielleicht in die billigere Massenproduktion gehen." Eines dieser Institute ist das **Rocky Mountain Institute** in Basalt *(22830 2 Rivers Rd., ✆ (970) 927-3851, www.rmi.org)*, welches ein- bis zweimal im Monat Touren anbietet. Hier bemüht man sich um die Entwicklung von Energie und Wasser sparenden Geräten.

Reisepraktische Informationen Aspen, CO

VORWAHL 970

Information

Aspen Chamber Resort Assn.: *425 Rio Grande Pl., ✆ 925-1940, 1-800-670-0792, www.aspenchamber.org. Nur Mo–Fr. Nördlich davon befindet sich das* **John Denver Sanctuary**, *ein Park mit Sommertheater, Skaterbahn und wunderschönem Blumen- und Felsgarten.*

Unterkunft

**St. Moritz Lodge & Condominiums $$–$$$$**: *334 West Hyman Ave., ✆ 925-3220, 1-800-817-2069, www.stmoritzlodge.com. Pool, Whirlpool, Sauna, Waschautomat. Condos, Zimmer mit kleiner Küche, „normale" Zimmer und Hostel-Unterkünfte ($–$$).*
Tyrolean Lodge $$$–$$$$: *200 W. Main St., ✆ 925-4595, 1-888-220-3809, www.tyroleanlodge.com. Günstige Lodge, zentral im Ort gelegen. Zumeist sehr große Zimmer mit kleiner Küche. Ein Schnäppchen für diesen Ort.*
Independence Square $$$–$$$$: *404 S. Galena St., ✆ 920-2313 od. 920-2000, 1-800-542-7736 www.indysquare.com. Selbstversorger-Apartements in Hotel. 4-6-Personen-Suiten. Somit gutes Preis-Leistungsverhältnis für Familien. Zentral. Hot Tub auf dem Dach (Sonnendeck).*
The Innsbruck $$$$: *233 W. Main St., ✆ 925-2980, http://theinnsbruckaspen.com. Im österreichischen Stil erbaut. Oberklasse, zumeist Suiten mit 2 Zimmern (SZ u. WZ). Outdoor-Pool (ganzjährig benutzbar!). Hot Tub.*
Hotel Jerome $$$$$: *330 E. Main St., ✆ 920-1000, 1-855-331-7213, https://hoteljerome.aubergeresorts.com. Historisches Luxushotel im Zentrum des Ortes. Viktorianischer Baustil. Nach der Fertigstellung 1889 war es das erste Hotel Colorados mit Elektrizität. Große Badewannen, Marmorbäder, ein Restaurant der Spitzenklasse u.v.m. sorgen für einen sehr hohen Preis, der ihn aber wert ist. Beliebt auch die legendäre* **J-Bar**.

Camping

Schöne Plätze, z.B. den **Maroon Lake Campground** *bzw. den* **Difficult Campground,** *betreibt die White-River-Forstverwaltung (Aspen-Sopris Ranger District,*

806 W Hallam St., ✆ 925-3445, www.fs.fed.us, Buchungen: ✆ 1-877-444-6777 od. (518) 885-3639, www.recreation.gov.

Restaurants

Keine Frage, dass ein Ort wie Aspen über Restaurants aller Geschmacksrichtungen verfügt und diese sich an Exklusivität gegenseitig übertreffen. Fragen Sie im Visitor Center nach einem besonderen Food-Happening in einem Restaurant nach.

The Monarch: *411 S. Monarch St., ✆ 925-2838, www.monarchaspen.com. Gourmet-Restaurant. Vorzügliche Fleischgerichte, schicke Bar, und als Starter kann man sogar sibirischen Kaviar ordern. Spitzen-Weinkarte, doch … die Preise: Starter beginnen bei $ 20, Burger bei $ 30 und Steaks bei $ 45. Die Qualität spricht dafür, aber das sollte auch der Anlass des Besuchs!*

Aspen Brewing Company: *304 E. Hopkins Ave., ✆ 920-2739. Gutes Craft-Bier und gute Stimmung, Pubfood.*

Günstig speist und trinkt man dort, wo die Einheimischen hingehen: **Woody Creek Tavern** *(westl. des Ortes, Woody Creek Canyon, 2858 Upper River Road Woody Creek, ✆ 923-4585), deftig-gute Gerichte (Steaks, Burger, Ribs etc.)*

Festivals

Im Juni lädt Aspen zum **Food & Wine Classic** *(www.foodandwine.com/events) ein, wo Spitzenweine getestet werden können sowie die besten Köche ihr Können vorführen. Mitte/Ende Juli findet das* **Aspen Arts Festival** *(www.artfestival.com), meist in Verbindung mit dem* **Aspen Music Festival** *(www.aspenmusicfestival.com), statt. Beides sind hochrangige Veranstaltungen!*

Redstone und Crested Butte

Nun verlässt man Aspen in westlicher Richtung, ab Carbondale geht es nach Süden auf dem CO 133 (nach Norden käme man nach **Glenwood Springs**, das wegen seiner größten Thermalquellen der Welt erwähnenswert ist). Bereits nach 17 landschaftlich schönen Meilen durch das teilweise schluchtartige Flusstal des Crystal River liegt linker Hand der kleine Ort **Redstone**.

Industrielle Mustergemeinde

Obwohl auf vielen Karten nicht einmal eingezeichnet, war Redstone einst ein bekannter „Industriestandort". *John Cleveland Osgood*, ehemals einer der Stahlbarone des Ostens, errichtete hier eine industrielle Mustergemeinde mit heute noch sichtbaren Koksöfen. Für die Arbeiterfamilien baute er kleine Häuser und für die Junggesellen richtete er ein Heim – heute das **Redstone Inn** – ein. Das Gebäude steht unter Denkmalschutz und bietet **die** Gelegenheit, abseits vom großen Rummel, inmitten der Rocky Mountains, ein paar gepflegte Ruhetage einzulegen, gespickt mit Wanderungen entlang dem Crystal Creek bzw. in die Berge oder einem Ausflug ins nahe **Marble** (hist. Gebäude, ehem. Marmor-Steinbruch). Mittlerweile haben sich auch ein paar Künstler mit ihren Galerien im Ort niedergelassen. Sich selbst ließ *Osgood* einen burgähnlichen Palast errichten, das **Redstone Castle**, wo er dann Gäste wie *John D. Rockefeller* und *Teddy Roosevelt* empfing. Das Castle kann besichtigt werden, soll aber in naher Zukunft zu einem Resorthotel umgestaltet werden.

Redstone Castle: *58 Redstone Blvd., Carbondale, ✆ (970) 963-9656, www.redstonecastle.us, Touren: Mem. Day–Labor Day tgl. 13.30, Rest des Jahres Sa–Mo 13.30 Uhr, $ 15.*

Kebler Pass: atemberaubende Blicke auf die Rockies und Grand Mesa

Streckenalternative

*Kurz hinter dem **Paonia Dam** zweigt nach links eine Straße (CO 135/12) nach Crested Butte und Gunnison ab. Die überwiegend nicht asphaltierte Straße über den Kebler Pass ist in gutem Zustand und mit einem herkömmlichen Auto zu bewältigen (nicht zu empfehlen für Wohnmobile). Crested Butte kann auch einfacher vom Osten über den Cottonwood Pass und entlang einer bezaubernden Landschaft (Camping- und Picknickplätze westl. des Passes) bzw. von Süden von Gunnison aus erreicht werden.*
***Achtung:** Winterfahrverbote auf allen drei Anfahrten!*

Crested Butte ist ein weiteres Skiresort, das aus einer historischen Minenstadt (Gold und Silber) entstanden und in eine wunderschöne Naturlandschaft eingebettet ist. Der alte Baustil des Ortskerns ist zum größten Teil erhalten worden und steht jetzt unter Denkmalschutz. Daher würde sich hier eine Übernachtung durchaus anbieten, bevor Sie über das weniger attraktive Gunnison zum Black Canyon weiterfahren. Es gibt zahlreiche Hotels und nette Bed & Breakfast-Unterkünfte. Wer sich mit der Minengeschichte auseinander setzen möchte, der sollte einen Blick in das **Crested Butte Mountain Heritage Museum** werfen.

Schöne Übernachtungsalternative

Mountain Heritage Museum, *331 Elk Ave., Juni–Sept. tgl. 10–18, Dez.–März tgl. 12–18 Uhr, ✆ (970) 349-1880, www.crestedbuttemuseum.com, $ 5.*

Im **Nordic Center** *(620 2nd St., ✆ (970) 349-1707, www.cbnordic.org, nur Winter-Saison!)* wird ein großes Winterprogramm angeboten, so z. B. Skitouren oder Eislaufen. Das eigentliche Skiresort des Ortes, **Mt. Crested Butte**, liegt drei Meilen entfernt. Bekannt ist Crested Butte auch für Outdooraktivitäten: Mountainbiking, Wandern und Angeln werden ganz groß geschrieben, es werden aber auch Ausritte, Kajak- sowie Wildwassertouren von hier organisiert.

Reisepraktische Informationen Redstone und Crested Butte, CO

VORWAHL 970

Information

Crested Butte Chamber of Commerce: *601 Elk Ave., Crested Butte, ✆ 349-6438, 1-800-545-4505, www.cbchamber.com.*

Unterkunft/Restaurants

Elk Mountain Lodge $$–$$$$: *129 Gothic Ave., Crested Butte, ✆ 349-7533, 1-800-374-6521, www.elkmountainlodge.com. 1919 errichtet als Pension für die Minenarbeiter, beweist die Lodge heute einen historischen Charme. Alte Bar im Hause, Hot Tub, zentral gelegen.*
Inn at Crested Butte & Spa $$–$$$: *510 Whiterock Ave., Crested Butte, ✆ 349-2111, 1-877-343-2111, www.innatcrestedbutte.net. Relativ moderne, sehr gemütlich und komfortabel eingerichtete Lodge. Frühstück im Preis inbegriffen. Großes Jacuzzi.*
Redstone Inn $$–$$$$: *82 Redstone Blvd., Redstone, ✆ 963-2526, http://redstoneinn.thegilmorecollection.com. Romantisches Haus, das Geschichte erzählen kann. Gutes Restaurant.*
Restaurants und Bars *finden Sie in Crested Butte besonders entlang der Elk Avenue.*

Klein, aber fein: Crested Butte

Entlang der Hauptstrecke geht es auf dem CO 133 weiter hinein in das fruchtbare Tal von Gunnison und North Fork River. Obstbaumplantagen (Äpfel, Kirschen, Aprikosen) und riesige Rinderherden wechseln einander ab. In dem Flecken **Hotchkiss** geht es nun nach Süden auf dem CO 92. Die Strecke ist um 25 Meilen länger und auch kurvenreicher, aber um einiges schöner. Unterwegs haben Sie die Möglichkeit, zum **Nordrand des Black Canyon** zu fahren (im Winter geschlossen). Doch gibt es dort kein Visitor Center, und die Lichtverhältnisse sind vom Süden her besser. Achten Sie auch auf die tief gelegenen Seen rechterhand, wenn Sie parallel zum Canyonrand fahren. Sie erinnern an

Kraterseen, aber in Wirklichkeit handelt es sich um Reste ehemaliger Flussarme, die durch Erosion teilweise zugeschüttet und abgeschnitten wurden und sich jetzt immer wieder mit Regenwasser füllen.

Der CO 92 verlässt für eine Weile das Gunnison Valley, führt über einen Pass, um dann am westlichen Canyon-Austritt wieder parallel zum Fluss zu verlaufen, bis er am Blue-Mesa-Staudamm auf den US 50 trifft, dem Sie in westlicher Richtung folgen. 8 Meilen vor Montrose führt eine Straße zum Südrand des Black Canyon of the Gunnison National Park.

Alternative Strecke

*Kurz vor Delta geht eine Stichstraße nach Norden zum **Grand Mesa National Forest**. Die auf 3.000 m gelegene Grand Mesa gilt als eines der größten Hochplateaus (Basalt) der Erde. Über 300 Seen gibt es hier, zudem Wanderwege, Skiresorts und am „Lands End" im Westen des Plateaus einen Aussichtspunkt mit Blick über West-Colorado. Infos über die Region erteilt der Forest Supervisor in Delta (2250 US 50).*

Black Canyon of the Gunnison National Park

Ein Dichter, der einen Teil seines Lebens in der Region verbrachte, schrieb einmal: „*Einige Canyons im Westen übertreffen den Black Canyon an Größe; einige sind länger; einige sind tiefer; und ein paar wenige haben ebenso steile Wände. Aber kein Canyon in Nord-Amerika verbindet Tiefe, Enge, Steilheit und düsteres Aussehen miteinander wie der Black Canyon of the Gunnison.*" Wer das erste Mal über den Rand des Abgrundes schaut, dem wird mit Sicherheit eine Gänsehaut über den Rücken laufen, so tief geht es hier runter: Die *Painted Wall*, die höchste Wand, ist über 700 m hoch – der Canyon ist an dieser Stelle aber nur knapp 400 m breit (Oberkante). Durch die Enge des Canyons ist die Wirkung umso eindrucksvoller. Fast glaubt man, den Fluss gar nicht mehr erkennen zu können. Nur am späten Vormittag fällt Licht in die unwirtliche Landschaft dort unten. Bald danach neigt sich die Sonne, und die Felswände liegen wieder im Schatten.

Enge, düstere Schlucht

Der Lichtmangel und das dunkle Gestein haben dem Canyon seinen Namen gegeben. Eine Durchquerung dieser 16 überaus dramatischen Schluchtkilometer (der gesamte Canyon ist übrigens 85 km lang) ist fast unmöglich. Die ersten Bewohner der Region, die Ute-Indianer, waren wohl niemals ganz im Innern gewesen, und der erste Expeditionstrupp, eine Handvoll Vermessungstechniker der Eisenbahngesellschaften, erklärten ihn für „unzugänglich". Erst 1901 schafften es zwei Abenteurer. Sie benötigten neun Tage für 53 km.

Vom Canyonrand wurden sie an verschiedenen Punkten mit Lebensmitteln versorgt. Aufgrund ihrer Aufzeichnungen entschied man sich bereits wenige Jahre später dazu, den 9,3 km langen Gunnison-Diversion-Wassertunnel vom östlichen Canyon-Austritt aus zu einer südlich gelegenen Farmgemeinde zu bauen

Redaktionstipps

- Wegen des **besseren Lichts** ab dem späten Vormittag ist der Südteil des Parks eher zu empfehlen.
- Schönste **Aussichtspunkte**: Chasm View, Cedar Point und Dragon Point.
- **Zeiteinteilung**: Wenn Sie nur die wesentlichen Aussichtspunkte anfahren und sich die Ausstellung im Visitor Center anschauen möchten, dann genügen drei Stunden. Wer noch wandern möchte, der kann auch einen Tag einplanen.

Heute kann man zu dem dort angelegten Damm mit dem Auto hinunterfahren. Die Straße dorthin zweigt gleich hinter dem südlichen Parkeingang nach rechts ab. Ansonsten fahren Sie einfach entlang dem Scenic Drive bis zum High Point und zurück. Nur dafür, ohne Damm und Nordrand, benötigen Sie etwa zwei Stunden (inkl. Visitor Center).

Geologische Entstehung: Zuerst musste sich der Fluss durch ein weiches, vulkanisches Abdeckungsmaterial „fressen“. Erst dann gelangte er auf die harten, kristallinen Gesteinsschichten, die heute zu sehen sind. Um durch sie hindurchzudringen und den heutigen Canyon zu schaffen, brauchte der Gunnison über zwei Millionen Jahre.

White Water Rafting: Wer einmal einen Tag in einem Schlauchboot in der Gunnison Gorge verbringen möchte, kann sich an einige Unternehmen in Montrose wenden (Reservierung empfehlenswert).

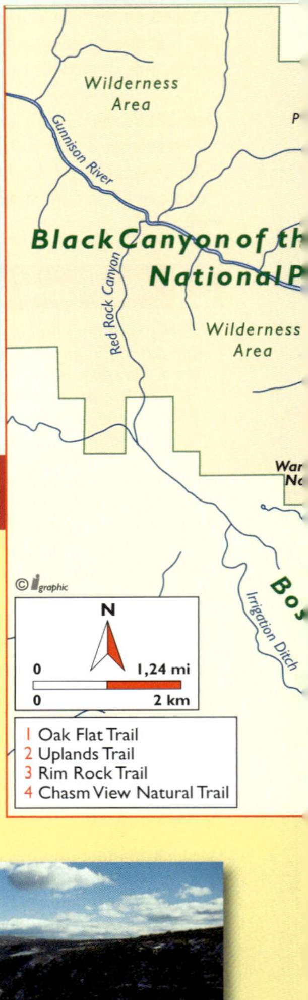

Reisepraktische Informationen Black Canyon of the Gunnison NP und Montrose, CO

VORWAHL 970

Information

Gunnison Point (South Rim) VC: *Südteil des NP, 7 Meilen nördl. von US 50 an CO 347, www.nps.gov/blca. tgl. ganzjährig mind. 9–16 Uhr, im Sommer bis 18 Uhr.* **Ranger Station** *an North Rim nur im Sommer erreichbar über CO 92 und Black Canyon Rd.*
Montrose Visitor Center: *107 S. Cascade Ave., ✆ 497-8558, www.visitmontrose.com.*

Der Name verrät's: Es ist dunkel im Black Canyon

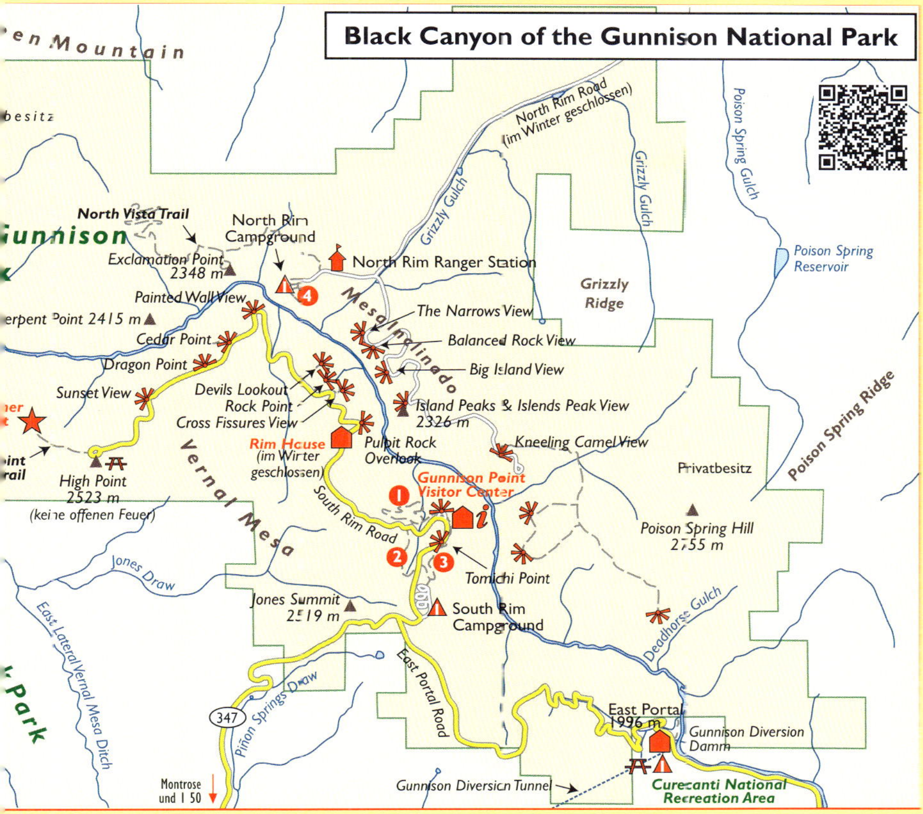

Unterkunft

Holiday Inn Express $$–$$$: *1391 S. Townsend Ave., Montrose, ✆ 240-1800, 1-888-465-4329, www.ihg.com/holidayinnexpress. Sauber, modern und funktionell.*

Red Arrow Inn & Suites $$–$$$: *1702 E. Main (US 50), Montrose, ✆ 249-9641, https://redarrowinn.com. Ein Beweis dafür, dass ein von außen trostlos erscheinendes Motel doch auch ein angenehmes „Innenleben" bieten kann. Schöne, große Zimmer, Pool.*

Canyon Creek B&B $$$: *820 Main St., ✆ 249-2886, www.canyoncreekbedandbreakfast.com. Charmant und persönlich. Gutes Frühstück und Jacuzzi im Garten*

Camping

3 Plätze im Park: Der **South Rim Campground** *ist am besten ausgestattet (RV, Zelte, Strom, buchbar, keine Duschen), einfach sind die am* **North Rim** *(auch RV) und am* **East Portal**. *Im Winter sind die Plätze in der Regel geschlossen. In Montrose gibt es den* **Cedar Creek RV Park**: *126 Rose Ln, ✆ 249-3884, www.cedarcreekrv.com. Auch Cabins und Zeltmöglichkeit.*

Restaurants

Fiesta Guadalajara: *1571 Ogden Rd., ✆ 249-2460. Zwar wenig spektakulär und einer Kette angehörend, sind die Fajitas bei diesem Mexikaner gut und günstig.*

2 Rascals Brewing Company: *147 N. 1st St., ✆ 249-8689, www.tworascalsbrewing.com. Zwar gibt es hier nur Burger (auch ½-Pfünder), Hühnchen und Kleinigkeiten, dafür aber besticht die Auswahl an hier gebrauten Bieren.*

Montrose

Landmaschinentechniker und Indianer

Montrose ist ein ziemlich verschlafenes „Country-Nest". Gäbe es nicht den Black Canyon östlich der Stadt und die im Winter z.T. überlaufenen Skigebiete im Süden, würde man hier wohl nur Cowboyhüte und Landmaschinentechniker antreffen. So gibt es aber einige Motels und Fast-Food-Restaurants. Definitiv einen Besuch wert ist das **Ute Indian Museum**, knapp drei Meilen südlich am US 550, in dem neben interessanten Erläuterungen und Artefakten zur Kultur der Ute-Indianer auch die Darstellung einer spanischen Expedition (1776) in diese Gegend geboten wird.

Ute Indian Museum, *17253 Chipeta Rd., Juli–Okt. Mo–Sa 9–16.30, So 11–16.30, Rest des Jahres Di–Sa 9–16 Uhr, ✆ 249-3098, www.coloradohistory.org, $ 4,50.*

Ansonsten kann die Reise auf dem US 550 in südlicher Richtung weiter gehen (zur Alternative CO 141 über Gateway s. S. 478). Die Strecke führt zuerst durch das offene Tal des Uncompahgre River. Am Horizont sind schon die nächsten Bergketten zu erkennen. Auch in dieser Region wurden einige Filme gedreht, und besonders im Herbst, wenn die tiefgelben Blätter der Espen sich von den bereits mit Schnee bedeckten Bergen abheben, lockt sicherlich nicht nur ein Fotostopp. In **Ridgway**, einem kleinen Ort mit einem schnuckeligen **Eisenbahnmuseum**, muss man sich entscheiden, wie die Fahrtroute für die nächsten ein bis zwei Tage aussehen soll.

Alternative 1 führt Sie über Telluride, Ophir und Cortez zum Mesa Verde National Park, die landschaftlich etwas schönere (aber auch längere) **Alternative 2** über Ouray

Off the beaten track

*Wer ein geländegängiges Fahrzeug hat (es muss nicht Allrad sein - aber bitte keine Wohnmobile), der sollte nördlich von Silverton aus über eine Schotterstraße (CO 679/630) nach Ophir fahren (insgesamt 45 Meilen). Die Berglandschaft entlang dieser historischen Verbindungsroute ist einmalig. Von Ophir sind es dann noch 13 Meilen in nördlicher Richtung bis Telluride. **Achtung!** Es handelt sich um eine Einbahnstraße, die nur von Ost nach West befahren werden darf! Die tiefen Abbruchkanten verlangen einen schwindelfreien Fahrer.*

Übrigens gilt das gesamte Gebiet um Telluride, Ouray und Silverton als das beste fürs Jeeping in den Rockies. Etliche Firmen verleihen Fahrzeuge oder führen Touren durch. Manch einer mag diesem Querfeldeinfahren verhalten gegenüberstehen, doch es muss dazu gesagt werden: Die Wege sind extra dafür ausgelegt und die Unternehmen unterliegen strengen Richtlinien. Es gibt spezielle Jeeping-Landkarten.

Man kann die Landschaft auch vom Rücken der Pferde aus erkunden, selbst als wenig erfahrener Reiter. Für die Sattelfesteren gibt es aber auch mehrtägige Ausritte in die Berge. Unternehmen dafür gibt es vor allem in Durango.

und Silverton nach Durango, von wo aus Sie dann den Nationalpark besuchen können. Diese Route empfehlen wir grundsätzlich, denn Sie bietet die Möglichkeit, in Durango eine passende Unterkunft zu nutzen, von der aus Sie einen Tagesausflug zum Mesa Verde Park unternehmen können. Telluride kann auf einem Abstecher besucht werden.

Alternative 1: über Telluride, Ophir und Cortez

Ab Ridgway sind es 37 Meilen bis Telluride. Einige Meilen hinter Ridgway am CO 62 liegt linkerhand übrigens die riesige Double RL-Ranch von *Ralph Lauren*.

Cowboy der R L Ranch

Telluride wurde 1875 gegründet und diente vornehmlich als Basislager für die Minen hoch in den Bergen. Zuerst hieß es übrigens Columbia. Der jetzige Name entstammt dem Metall Tellur, welches man häufig in Gold findet, obwohl eigentlich das Silber für den Wohlstand des Ortes sorgte. Die Legende, der Name komme von *„To Hell You Ride"*, ist nicht „wissenschaftlich" belegt, aber doch in aller Munde. *„To Hell You Ride"*

Nach dem Silber-Crash 1893 drohte die Stadt verlassen zu werden, doch fanden sich einige Investoren, die die Minen in Gang hielten – auf Kosten der Arbeiter, die bei stets niedrigen Löhnen noch länger schuften sollten. 1904 kam es daher zu Aufständen, die nur durch militärische Einheiten gestoppt werden konnten. Mitte der 1930er Jahre aber war es mit den Minen endgültig vorbei. Telluride zählte nur noch 478 Einwohner. Doch bereits 1938 erkannte man das Skipotenzial des in sich abgeschlossenen Tals. Es bietet ausgezeichnete Abfahrtsstrecken in drei Himmelsrichtungen. Es kam aber nicht zum großen Run auf Telluride, zu weit waren die Wege von Denver, und zu unattraktiv war das damalige Angebot an Hotels. Bis zur Mitte der 1980er Jahre ging es auf und ab. Mitte der 1970er bekam man noch ein Zimmer im *New Sheridan* für 100 $ pro Monat. Mit dem

Redaktionstipps

- Neben Aspen und Crested Butte ist Telluride sicherlich der **schönste Skiort**, und im Sommer gibt es erstklassige Wanderrouten, so z. B. zu den alten Minenorten in der Umgebung.
- Sollten Sie vorhaben, **nach Osten über die Pässe** zu fahren, erkundigen Sie sich vorher über den Straßenzustand Einige Strecken sind One-Way und nur von Osten kommend(!) zu befahren.
- Es ergeben sich hier gute **Fotoperspektiven** (historischer Minenort mit Bergen im Hintergrund).

Bau des Flughafens aber änderte sich alles schlagartig. Telluride war damit schneller erreichbar, und zwar besonders für diejenigen, die mit ihrem eigenen Jet einfliegen konnten. Des zunehmenden Wintersporttourismus' in Vail und Aspen überdrüssig, kamen Filmstars, Industrie-Magnaten und selbst Ölscheichs. Häuser wechselten den Besitzer, und um die Jahrtausendwende verdoppelten sich ihre Preise jedes Jahr. Daraufhin wurden Skiresorts aus dem Boden gestampft und Wälder für neue Pisten abgeholzt.

Doch hat Telluride einen Teil seines beschaulichen Charakters erhalten. Der historische Stadtkern ist kaum verändert (abgesehen von Boutiquen und Souvenirshops), und die modernen Skianlagen und -resorts liegen vor dem Ort. Die Gemeinde hat zudem ihren alteingesessenen Bürgern versprochen, aus den Fehlern anderer Skiresorts zu lernen und bemüht sich, Wohnraum und Bodenpreise im erträglichen Rahmen zu halten. Man kann nur hoffen, dass Telluride so viel wie möglich von seinem alten Charme behält. Der Veranstaltungskalender zumindest ist voll: Jazz-, Bluegrass-, Film-, Ballon-, Hanggliding- und andere Festivals. Neben Skilaufen, Jeeping, Golfen erfreuen sich Mountainbiking und Wandern großer Beliebtheit.

Die Attraktionen der Stadt sind schnell aufgelistet, denn das schönste ist die Altstadt sowie vor allem die Lage. Im **Telluride Historical Museum** geht es um die Geschichte der Stadt und seiner Minen. Wer sich näher mit der Geschichte befassen möchte, nimmt an einem historischen Stadtrundgang teil (Infos im VC, Museum oder übers Handy: https://telluride.oncell.com), auf dem u. a. mit Stolz darauf hingewiesen wird, dass *Butch*

Blick entlang der Colorado Avenue in Telluride

Nicht verpassen: die Seilbahn zum Resort

Cassidy hier 1889 seinen ersten Bankraub verübte und dass im **New Sheridan Hotel & Opera House** 1896 ein Präsidentschaftskandidat gesprochen hat.
Telluride Historical Museum, *201 W. Gregory Ave., ✆ (970) 728-3344, www.telluridemuseum.org, Winter: Di–Sa 11–17, Sommer: Mo–Sa 11–17, So 13–17, Do immer bis 19 Uhr, $ 8.*

In jedem Fall sollte man mit der kostenlosen **Gondola**, der Seilbahn, zum Resort fahren. Die tolle Aussicht belohnt dafür, bei Tag und bei Nacht!

Reisepraktische Informationen Telluride, CO

VORWAHL 970

Information

Telluride Visitor Center: *236 W. Colorado Ave., ✆ 728-3041, 1-888-605-2578, www.visittelluride.com. Es gibt hier einen Buchungscounter für Unterkünfte.*

Unterkunft

Mountainside Inn $$–$$$: *333 S. Davis St., ✆ 728-5452, 1-888-728-1950, www.telluridehotels.com/mountainside-inn. 79 Zimmer, zum Teil sehr günstig. Von Doppelzimmer bis 3-Zimmer-Condo mit kleiner Küche. Die wohl beste Adresse im Ort für Preisbewusste.*
**Victorian Inn $$–$$$**: *401 W. Pacific Ave., ✆ 728-6601, 1-800-611-9893, www.victorianinntelluride.com. Nette Lodge, zentral gelegen mit einer Vielzahl von Übernachtungsmöglichkeiten: Zimmer mit und ohne Kitchenette, 2 große Betten, Suite, Cottage ($$$–$$$$).*
New Sheridan Hotel $$–$$$$: *231 W. Colorado Ave., ✆ 728-4351, 1-800-200-1891, www.newsheridan.com. Historisches Hotel im historischen Stadtkern. Der Klassiker. Gutes Restaurant im Hause und die dazugehörige Bar nebenan erinnert an alte Zeiten.*

Peaks Resort at Telluride $$$$–$$$$$: *136 Country Club Dr., Mountain Village (also nicht im Ort unten!), ✆ 728-6800, 1-888-696-6734, www.thepeaksresort.com. Luxus-Resort mit allem Schnickschnack. Im Sommer „Bargains". Golfanlage, Spa, Beauty-Salons etc. Gut geeignet für einen (wenn auch teuren) Wellness-Aufenthalt.*

Camping

Im weiteren Umfeld von Telluride gibt es bezaubernde, **naturbelassene Campingplätze**, *die von der Forstverwaltung unterhalten werden.* **Büro:** 2740 CO 145, ✆ *728-4211, http://www.fs.fed.us/. Sehr schön ist der* **Sunshine Campground** *südlich der Stadt am CO 145 ca. 8 Meilen von Telluride entfernt. RVs bis 34 ft. (www.visittelluride.com/camping).*

Restaurants

Das **Chop House** *im o.g. New Sheridan Hotel bietet exquisite Küche und, wie der Name bereits verrät, hat sich auf Steaks spezialisiert, ✆ 728-9100.*
Oak The New Fat Alley BBQ: *250 W. San Juan Ave., ✆ 728-3985, www.oakstelluride.com. 1A-BBQ-Gerichte. Sehr gutes „Pulled Pork". Einfach gehalten, aber den Besuch wert. Und damit es besser rutscht, lockt hinterher eine lange Liste an verschiedenen Whiskeys.*
Smugglers Brew Pub & Grille: *225 S. Pine Street, ✆ 728-5620, http://smugglersbrewpub.com. Deckt alles ab, was man im Westen sucht: Selbstgebrautes Bier, Snacks, Burger, Pasta, Südwester-Küche und Steaks. Dazu günstig.*
Ansonsten gibt es in Telluride alles: vom Gourmet-Italiener über Microbrews bis hin zu vielen kleinen Pinten und Bars.

Festivals

Es gibt zahlreiche Festivals, doch drei ragen heraus: **Bluegrass Festival** *Mitte Juni (www.bluegrass.com/telluride), auf dem auch Folk-Rock-Musik geboten wird, das* **Filmfestival** *Anfang September (www.telluridefilmfestival.org) sowie das* **Blues & Brews Festival** *Mitte September (www.tellurideblues.com).*

Der nächste Ort an dieser Strecke (CO 145-South) ist das kleine **Ophir**. Die Straße führt von hier über den **Lizard Head Pass**, der seinen Namen wegen des über 100 m hohen Monolithen nordwestlich des Highways trägt. Seitdem aber ein Teil abgebrochen ist, sieht er dem Kopf einer Echse nicht mehr so ähnlich.

Off the beaten track

Für hochachsige Fahrzeuge besteht die Möglichkeit, sechs Meilen nördlich von Rico nach rechts abzubiegen auf eine Piste der Forstverwaltung (CO 38). Sie folgt großenteils dem West Dolores Creek, der durch eine beeindruckende Waldlandschaft fließt. 24 Meilen südwestlich von Rico, kurz hinter Stoner, trifft sie wieder auf den CO 145.

Bei **Dolores** befindet sich das **Anasazi Heritage Center**, wo Studien über die alten Indianerkulturen unternommen werden. Zudem gibt es ein Museum mit einem nachgebauten „Cliff Dwelling" und einen Giftshop.
Anasazi Heritage Center, *27501 CO 184, ✆ (970) 882-5600, www.blm.gov/co/st/en/fo/ahc.html, März–Okt. tgl. 9–17, Nov.–Febr. 10–16 Uhr, $ 3.*

Westlich von Dolores bzw. Cortez verbirgt sich im noch schwer zugänglichen (raue Pisten, wenig Wanderwege) **Canyon of the Ancients Nat. Monument** *(tgl., www.blm.gov/co/st/en/nm/canm.html)* ein wahrer Schatz an historischen Pueblos, Felsmalereien und anderen Relikten aus der Zeit von 450–1300 n. Chr. (man zählt bereits 6.000 archäologische Fundorte). Das o. g. Heritage Center verwaltet das National Monument und hier sollten Sie sich unbedingt Infos und Karten für einen Besuch holen. Direkt auf Utah-Seite schließt sich das **Hovenweep National Monument** an, wo 6 ehemalige Dörfer der Hovenweep-Indianer von der Besiedlung hier um 1200 bis 1300 zeugen (UT 413, *VC, www.nps.gov/hove*).

Schwer erreichbar

Cortez bietet Unterkünfte und Campingplätze für Besucher des Mesa Verde National Park (siehe S. 590). Wer mag, kann im **Cortez Cultural Center** Ausstellungen über die Indianer-Pueblos, die Ute-Indianer sowie indianische Tänze anschauen. Herkunft und Besonderheiten der Tänze werden erläutert. In der Umgebung von Cortez hat man eine Reihe von alten Indianerdörfern und Felsmalereien entdeckt, die aber nur auf geführten Wanderungen oder überhaupt nicht zu erreichen sind. Am besten ist, Sie schauen sich die Ruinen im Mesa Verde National Park an, dessen Eingang nur 11 Meilen östlich (US 160) liegt.

Cortez Cultural Center, *25. N. Market St., ✆ (970) 565-1151, www.cortezculturalcenter.org, Juni–Aug. Mo–Sa 10–20.30 Uhr.*

Von Cortez entlang dem US 160 in südwestlicher Richtung gelangt man nach ca. 40 Meilen zum **Four Corners Monument**. An dieser Stelle grenzen vier Bundesstaaten aneinander (Utah, Colorado, Arizona, New Mexico). Sie können sich auf den Boden legen und jeweils ein Körperteil in einem anderen Staat „ablegen". Typisch amerikanisch, wird dieses ziemlich hochstilisiert. Übrigens haben Geodaten nachgewiesen, dass der eigentliche Schnittpunkt 2–4 Meilen entfernt liegt *(tgl. geöffnet, www.navajonationparks.org, $ 5).*

Alternative 2: über Ouray, Silverton und Durango

Die Strecke zwischen Ridgway und Durango zählt zu den schönsten Straßen des Kontinents. Hohe Pässe, weite Waldlandschaften, verlassene Minen und dazwischen die alten Minenstädte Ouray und Silverton. In Ridgway bleibt man auf dem US 550 und erreicht nach 11 Meilen Ouray.

Ouray

Der Ort liegt in einem natürlichen Becken, umgeben von mehreren Viertausendern. Seine Lage erinnerte bereits die ersten Gold- und Silberprospektoren an die Alpen. Daher gaben sie dem Ort den Spitznamen „Little Switzerland", während er offiziell nach dem hier ansässigen Häuptling der Süd-Ute benannt ist. Der Einsatz dieses Ute-Häuptlings hatte geschafft, was in kaum einer anderen Minenstadt möglich war: Hier vertrugen sich Pioniere und Indianer. *Chief Ouray* hatte schnell erkannt, dass er und sein Volk dem weißen Mann nichts entgegenzusetzen hatten. Um nun weiterhin das Vieh an die warmen Quellen des Tals führen zu können, schloss er gleich zu Beginn einen Frieden, und in der Folgezeit konnten viele seiner Stammesangehörigen in den Minen arbeiten – und das für normale Löhne.

Friede zwischen Pionieren und Indianern

Von Bergen umgeben

Als der Silberpreis 1893 abrutschte, drohte auch Ouray wieder auszusterben, doch 1896 fand der Zimmermann *Thomas F. Walsh* lohnende Goldadern in der Camp Birds Silver Mine. Er kaufte sie für 20.000 $ und holte bis 1910 Gold im Werte von 26 Millionen Dollar aus den Schächten. Auch heute noch wird in einigen Minen gearbeitet, doch ist mittlerweile der Tourismus die Haupteinnahmequelle der knapp 700 Einwohner. Wer sich für Minen interessiert, sollte einen Besuch der **Bachelor-Syracuse-Mine** nicht verpassen. Sie liegt knapp zwei Meilen nordöstlich. Ihren Namen erhielt sie durch ihre Besitzer: drei Junggesellen („Bachelors") und eine Investorengruppe aus Syracuse. Die Mine erwirtschaftete Bodenschätze im Wert von weit über 100 Millionen Dollar, hauptsächlich Gold und Silber. Auch heute noch ist sie in Betrieb und kann von Mai bis September besichtigt werden. Nach dem sehr interessanten Minenbesuch – für den Sie übrigens einen Pullover (Temperaturen unter 10 °C) und festes Schuhwerk mitnehmen sollten – können Sie sich noch im „Goldpanning" versuchen. Die Ausbeute darf man behalten.

Drei Junggesellen wurden fündig

Bachelor-Syracuse-Mine, *erst US 550, dann County Rd. 14 – ausgeschildert, ✆ (970) 325-0220, www.bachelorsyracusemine.com, Ende Mai–Mitte Sept. tgl. 9–16 (Hochsommer bis 17) Uhr, Führungen je zur vollen Stunde, $ 15.*

Das kleine **Ouray County Historical Museum** in der 420 6th Avenue *(✆ (970) 325-4576, www.ouraycountyhistoricalsociety.org)* bzw. ein Bad in den **Ouray Hot Springs** *(US 550 am Nordende des Ortes, Sommer tgl. 10–22, Okt.–Mai 12–20.45 Uhr, http://ourayhotsprings.com, $ 15)* würden schließlich einen Besuch in Ouray abrunden. Ouray bietet sich übrigens auch gut an für ein paar gemütliche Tage in den Bergen. Hier gibt es einiges zu sehen und zu erwandern.

Der US 550 beginnt gleich südlich von Ouray anzusteigen. Bereits hinter der ersten Haarnadelkurve erwartet Sie ein unvergesslicher Ausblick auf den zurückliegenden Ort. Der nun folgende Streckenabschnitt wird als **One Million Dollar Highway** bezeichnet. Die Gemüter streiten sich noch heute, woher der Name wohl stammt. Folgende drei Varianten werden am häufigsten genannt:

- Die Straße wurde mit **goldhaltigem Teer** asphaltiert, dessen Wert man erst im Nachhinein erkannte.
- Die Straße war so steil, dass ein Reisender geschworen haben soll „*You couldn't pay me a million dollars to go back over that pass*".
- Es kostete in den 1920er Jahren eine Million Dollar, um sie zu asphaltieren.

Die nun folgende Landschaft spricht für sich: Nadelwälder, Bergseen, Berge mit einer ganzjährigen Schneekappe und mit etwas Glück, vor allem am späteren Nachmittag, die Chance auf Wild. Selbst Elche soll es hier noch geben.

Reisepraktische Informationen Ouray, CO

VORWAHL 970

Information

Ouray Visitor Center: *1230 Main St., ✆ 325-4746, 1-800-228-1876, www.ouraycolorado.com.*

Unterkunft

St. Elmo $$$: *426 Main Street, ✆ 325-4951, 1-866-243-1502, www.stelmohotel.com. Ehemalige Pension (heute nur B&B) von 1898 mit viktorianischen Möbeln. Komfortabel und gutes Preis-Leistungsverhältnis. Frühstück inbegriffen.*

**Box Canyon Lodge & Hot Springs $$–$$$**: *45 3rd Ave., ✆ 325-4981, 1-800-327-5080, www.boxcanyonouray.com. Kamine in den Suiten ($$$), warme Quellen, die an die Whirlpools angeschlossen sind. Gute Möglichkeiten für kleine Wanderungen im nahe gelegenen Canyon.*

Beaumont Hotel & Spa $$$–$$$$: *505 Main St., ✆ 325-7000, 1-888-447-3255, www.beaumonthotel.com. Mit Liebe restauriertes Hotel aus der Zeit des Goldrausches. Netter Courtyard, wo man Kleinigkeiten speisen kann.*

Camping

Ouray KOA Campground, *225 CR 23, Ouray, ✆ 325-4736, 1-800-562-8026, http://koa.com/campgrounds/ouray. 4 Meilen nördl. von Ouray vom US 550 nach Westen abbiegen. Großer, bestens ausgestatteter Platz. Auch Hütten, Café, Hot Tub. Nur Mai–Sept.*

Ridgway State Park, *28555 US 550, Ridgway, ✆ 626-5822, 1-800-678-2267, http://cpw.state.co.us/placestogo/Parks/ridgway. Am Ridgway Reservoir (15 Meilen nördl. von Ouray), wird als einer der schönsten Campingplätze Colorados bezeichnet.*

Restaurants

The Outlaw Restaurant: *610 Main St., ✆ 325-4366. Ausgefallene Fisch- und Steakgerichte sowie einfachere Gerichte wie Steaks, Pasta, Salate etc.. Gleich gegenüber lockt die* **Ouray Brewery** *mit Craft-Bieren, Burgern und BBQ-Gerichten.*

Bon Ton: *Pasta und Steaks im o.g., historischen St. Elmo Hotel. Gute Weinkarte. Sonntags Brunch.*

Silverton

Silverton liegt in einem Tal, in dessen Umkreis sich reiche Gold- und besonders Silberminen befunden haben. Das Leben war rau damals. Nicht wegen des Klimas alleine, sondern besonders wegen der „bleihaltigen Luft". Schießereien waren an der Tagesordnung, sodass letztendlich sogar Revolverhelden aus dem Osten angeheuert werden mussten, um zumindest für einige Zeit Ruhe zu schaffen. Zwei Straßen im Ort waren im gesamten Westen beliebt und berüchtigt: Die Greene Street war das „Shopping Center" der Prospektoren, die Blair Street das Vergnügungszentrum: Pubs und Spielhallen hatten 24 Stunden geöffnet, und schnell war das hart „erbuddelte" Geld verloren und versoffen. Die letzte Mine wurde erst 1991 geschlossen. Der hohe Silberanteil der Erze im Gebiet hat Silverton sogar nach dem Abrutschen der Preise 1893 weiterhin Wohlstand beschert. „*The miningtown that never quit*" wurde zu einem geflügelten Wort.

Bleihaltige Luft

Downtown Silverton: einst Schauplatz zahlreicher Schießereien

Heute sind es die Passagiere der historischen Eisenbahn (s.u.), die Leben in die Straßen der Stadt bringen, zumindest im Sommer zwischen 11 und 16 Uhr. Falls man diesem Trubel aus dem Weg gehen möchte, kann man sich in der Umgebung im Goldpanning probieren. Ausrüstung und Tipps gibt es in vielen Geschäften. Das Land gehört auch heute noch Minengesellschaften oder ehemaligen Privatschürfern. Eine Genehmigung ist also erforderlich. Erkundigen Sie sich vorher beim Touristenbüro. Auch eine alte Goldmine, die **Old Hundred Gold Mine** kann auf einer einstündigen Tour unter Tage besichtigt werden (Pullover/festes Schuhwerk mitnehmen). Hinterher Goldpanning! Sie liegt 5 Meilen östlich von Silverton.

Unter Tage ist es kalt

Old Hundred Gold Mine, *721 CR 4A, 4 Meilen westl. von Silverton Mitte Mai–Ende Sept. tgl. 10–16 Uhr, ✆ (970) 387-5444, www.minetour.com, $ 19.*

Hinweis

*Ausführliche **Informationen über Minentouren** sowie die über 20.000 Minen Colorados gibt es auf der offiziellen Homepage der Colorado Division of Reclamation, Mining & Safety www.mining.state.co.us unter „Tourist Mines".*

Nachmittags kann man dann in Ruhe durch die Straßen von Silverton laufen und in der Geschichte der Stadt „wühlen". Eine Historical Walking Map gibt es ebenfalls im Touristenbüro und an Bars, Restaurants und Cafés mangelt es auch nicht. Aber Vorsicht! Noch immer gibt es Schießereien … organisiert von der Silverton Gunfighter Association, stecken heute natürlich brave Bürger hinter den bärbeißigen Gesichtern der Revolverhelden.

Das kleine **Historical Society Museum** *(1557 Greene St., www.sanjuancountyhistoricalsociety.org, Mem. Day–Mitte Okt. tgl. 9–17 Uhr, $ 8)* ist im alten County-Gefängnis untergebracht. Außer den „üblichen" Dingen gibt es eine Reihe von Eisenbahnartefakten, die Küche des Sheriffs und die Frauenzelle zu sehen. Diese soll fast immer voll gewesen sein.

Höhepunkt aber ist die historische Eisenbahn, die **Durango & Silverton Railroad („The Silverton")**. Die Züge verlassen Durango von Mai bis Oktober morgens/vormittags und treffen gut drei Stunden später in Silverton ein, um dann nach etwa 2-stündigem Aufenthalt wieder zurückzufahren. Sie können aber auch in Silverton einsteigen, doch fährt der Zug erst am folgenden Tag wieder zurück. Ohne Zweifel eine der beeindruckendsten historischen Züge in den Rocky Mountains. Während die Straße sich durch die Berge schlängelt, verläuft die Schienentrasse parallel zum An mas River, überquert ihn einige Male, passiert Canyons und Schluchten und hält sich wacker an den z.T. sehr steilen Felswänden. Nicht selten schaut man vom Aussichtswagen über die Balustrade und entdeckt, dass es gleich neben der Strecke in die Tiefe geht. Man muss kein Eisenbahnfan sein, um dieses Erlebnis zu genießen. In Silverton kann man sich näher mit der Eisenbahn im alten **Depot-Museum** (*Ecke 10th u. Cement Sts., 11 Uhr bis letzte Zugabfahrt*) informieren. Es ist ratsam, eine Zugfahrt im Voraus zu buchen. Infos siehe Reisepraktische Informationen Durango, S. 588.

Tolle Aussichten

Los geht's! Durango und Silverton Railroad

Zur Geschichte: Durango wurde von der *Denver & Rio Grande Railway* 1879 gegründet. 1882 war der Ausbau der Strecke von Osten (Antonito) über Durango bis nach Silverton vollendet. Während der folgenden 85 Jahre wurden Gold und Silber im Wert von über 300 Millionen Dollar mit der Bahn transportiert. Ende der 1960er Jahre aber wurde die Verbindung nach Antonito (z.T.) demontiert, und Durango war damit vom amerikanischen Eisenbahnnetz abgeschnitten. Nur die 45 Meilen bis Silverton blieben erhalten. Die Dampflokomotiven, die jetzt die alten Waggons ziehen, stammen aus den 1920er Jahren. Auch heute noch hält der Zug an zwei Punkten entlang der Strecke, um Passagiere aufzunehmen, vornehmlich Wanderer, aber auch Gepäck. Selbst die Forstverwaltung nutzt die Eisenbahn für den Abtransport von Nutzhölzern.

Nicht nur Passagiere

Der US 550 führt nun weiter nach Süden. Wie schon erwähnt, bietet sich nach wenigen Meilen eine schöne Aussicht zurück auf Silverton. Die nun folgende Landschaft aber ist ein weiteres Mal atemberaubend – sie zwingt regelrecht zu Fotostopps und lässt auch das Herz der Wanderer höher schlagen. Falls Sie sich spontan in die Szenerie verlieben, bietet das **Purgatory Winterresort** am Fuße des Molas-Divide-Passes Unterkunftsmöglichkeiten in verschiedenen Hotels. In dem Resort kann man auch Pferde ausleihen und andere Outdoor-Aktivitäten buchen (*www.purgatoryresort.com*). Wer lieber in Durango wohnen, trotzdem aber Ausritte in die Berge unternehmen möchte, dem bieten sich weitere Unternehmen dafür an. Infos im Visitor Bureau in Durango.

Reisepraktische Informationen Silverton, CO

VORWAHL 970

Information

Silverton Chamber of Commerce: *414 Greene St., ✆ 387-5654, 1-800-752-4494, www.silvertoncolorado.com.*

Unterkunft

Inn of the Rockies at the Historic Alma House $$–$$$: *220 E. 10th St., ✆ 387-5336, www.silvertonsinnoftherockies.com. Viktorianisch eingerichtetes B&B in einem Haus von 1898. Gutes Frühstück.*

Teller House Hotel $$–$$$: *1250 Greene St., ✆ 387-5423, 1-800-342-4338, www.tellerhouse.com. Historisches Hotel inmitten des Ortes. Restaurant im Haus.*

Wyman Hotel & Inn $$$–$$$$: *1371 Greene St., ✆ 387-5372, 1-800-609-7845, www.thewyman.com. Sehr schönes, historisches Hotel (1902). Die Zimmer sind alle sehr unterschiedlich und es empfiehlt sich daher, bei der Reservierung seine Vorstellungen zu nennen bzw. die Zimmer vorher anzuschauen. Alternative können Sie auch in einem „Caboose" (Eisenbahnwaggon) nächtigen. Super-Frühstück!*

Hinweis

Beachten Sie, dass die meisten Unterkünfte und Restaurants von November bis April geschlossen sind.

Camping

Silver Summit RV Park: *640 Mineral Street, ✆ 387-0240, 1-800-352-1637, www.silversummitrvpark.com, Vermietung von Jeeps.*

Red Mountain Motel and RV Park: *664 Greene St., ✆ 387-5512, www.redmtmotelrvpk.com. Hier kann man auch Hütten mieten, das Campmobil parken und ein Zelt aufschlagen. Ebenfalls Jeep-Vermietung*

Restaurants

Bent Elbow Bar & Restaurant: *1114 Blair St., ✆ 387-5775. „Gute-Laune-Bar" (inkl. Sing-along-Piano). Einfache Gerichte, aber sehr gut und mit historischem Ambiente.*
Handlebars Food & Saloon: *117 13th St., ✆ 387-5395. Genauso unkompliziert, aber mit vielen Relikten aus der alten Minenzeit ausstaffiert. Handlebars ist bekannt für die Country- und Rock Bands, die am Wochenende auftreten, sowie für seine BBQ-Ribs.*

Durango

Kommt man von Norden in die Stadt, ist das Bild zuerst etwas düster und langweilig. Nur Motels und Fast-Food-Restaurants. Im Zentrum sieht das aber schon ganz anders aus. Alte, z.T. recht solide und vornehme Kleinstadthäuser säumen die **Main Street** und den **3rd Avenue National Historic District** zwei Blocks weiter. Doch auch die große Auswahl an Geschäften, Restaurants und Hotels lassen nichts zu wünschen übrig.

Bereits bei seiner Gründung 1879 durch die Denver & Rio Grande Railroad hieß es: „*It's out of the way and glad of it*". Durango lebte schon immer von dem, was in einem Radius von 200 km herum passierte und verdient wurde. Ob es die Minenarbeiter aus Silverton und Ouray waren, das gelangweilte Zugpersonal, das aus Denver kommend hier zwei Tage Aufenthalt hatte, oder ob es die Indianer waren, die aus den Reservaten im Westen und Süden her anreisten, um hier ihre Waren loszuschlagen: Durango bildete den Mittelpunkt. Nicht immer lief der Handel friedlich ab. Wo Geld ist, sind auch die Banditen nicht fern. So verwickelte die berüchtigte *Stockton-Eskridge-Bande* die Bevölkerung in eine mehr als eine Stunde dauernde Schießerei. Und auch die Einwohner selbst hatten es faustdick hinter den Ohren: Entsandten sie doch einen Trupp mit Tabak, Whisky, Brot und Gummistiefeln, um die Indianer im Süden endgültig zu beruhigen … und es klappte. Zur frühen Geschichte von Durango erfährt man mehr im kleinen **Animas Museum** (*3065 W. 2nd Ave., Mai–Okt. Mo–Sa 10–17, sonst Di–Sa 10–16 Uhr, www.animasmuseum.org, $ 4*).

Redaktionstipps

- Wählen Sie Durango als Basis für den Besuch des **Mesa Verde NP** (S. 590).
- Das Angebot an Outdoor-Aktivitäten ist groß: Mountain-Biking, Kayaking, Jeep-Touren, zahlreiche Wanderwege und warme Quellen (**Trimble Hot Springs** nördlich der Stadt).
- Durango eignet sich hervorragend für **Ausritte** in die Rockies. Es gibt eine Menge Unternehmen hier, die das organisieren.

Auch heute noch lebt Durango von seiner geografischen Lage. Doch sind es jetzt die Touristen, die die Stadt als Basis wählen für Ausflüge in die nördlichen Berge, zu den Indianerruinen von Mesa Verde oder Aztek oder auch für einen Ausflug zu den **heißen Quellen von Pagosa Springs** (*60 Meilen östlich, www.pagosahotsprings.com*). Entsprechend wird auch fürs Entertainment gesorgt. Ob Country, Jazz oder Rock'n Roll, Festivals, irgendetwas findet immer irgendwo in der Stadt statt. Das **Fort Lewis College** (*1000 Rim Dr., www.fortlewis.edu*) sorgt mit seinen Studenten und der Ausstellungen in der **Art Hall** (zumeist Southwest-Kunst) für kulturelle Akzente.

Topattraktion – bereits bei Silverton vorgestellt – ist die **Durango & Silverton Narrow Gauge Railroad**, die im Sommer mehrmals nach Silverton und zurück fährt. Auch hier sei nochmal darauf hingewiesen, dass eine rechtzeitige Reservierung sehr zu empfehlen ist. Und selbst wenn Sie nicht mit der Bahn fahren möchten, sollten Sie dem Bahnhof (1882) und dem **Eisenbahnmuseum** einen Besuch abstatten bzw. an einer geführten Bahnhofstour (Yard Tour) teilnehmen (*479 Main St., ✆ (970) 247-2733, Mai–Okt. tgl.*).

Falls Sie mehr als eine Nacht bleiben oder sowieso direkt nach Süden fahren, schauen Sie mal ins **Southern Ute Indian Cultural Center & Museum** hinein. Es befindet sich in Ignacio, etwa 25 Meilen südöstlich von Durango (via US 160/CO 172) und bietet interessante Eindrücke der Ute-Kultur.
Cultural Center & Museum, *77 CR 517, Ecke CO 172, tgl. 10–17, Do bis 19 Uhr, ✆ (970) 563-9583, www.southernute-nsn.gov/southern-ute-museum-and-cultural-center/, frei.*

Reisepraktische Informationen Durango, CO

VORWAHL 970

Information

Durango Tourism Office: *802 Main Ave., ✆ 247-3500, 1-800-463-8726, www.durango.org.*

Historische Eisenbahn

The Silverton (Durango & Silverton Narrow Gauge Railroad): *Depot, 479 Main Ave., ✆ 247-2733, 1-888-872-4607, www.durangotrain.com. Fahrzeit: knapp 3 ½ Std. je Strecke. Die Rückfahrt kann auch mit einem dafür bereitgestellten Bus angetreten werden (bei Ticketkauf angeben!). Einen regelmäßigen Fahrplan gibt es von Mai bis Oktober (3 Fahrten im Sommer, 1–2 in der Nebensaison). Abfahrt ist morgens (ca. 8–10 Uhr) in Durango. Rest des Jahres: ein paar wenige „Special Tours“. Ab $ 90.*

Unterkunft

Durangos Hotelpreise schwanken sehr, je nach Saison. Am teuersten ist es von Mai bis Oktober sowie zu Weihnachten.
Iron Horse Inn $$–$$$: *5800 N. Main Ave., 4 Meilen nördl. der Stadt, ✆ 259-1010, 1-800-748-2990, www.ironhorseinndurango.com. Von außen wenig auffällig und ansprechend,*

aber mit geräumigen, schönen 1 ½-Zimmer-Wohnungen (mit Kamin) und allen wesentlichen Annehmlichkeiten. In- und Outdoorpool. Liegt an der Durango-Trolley-Route.

General Palmer Hotel $$$, *567 Main Ave., ✆ 247-4747, 1-800-523-3358, www.generalpalmerhotel.com. Historisches Hotel, zentral gelegen, gut und ruhig.*

Leland House & Rochester Hotel $$$: *726 E. Second Ave., ✆ 385-1920, www.rochesterhotel.com. Eleganz und Historie machen dieses Hotel zum Klassiker. Ein echtes Hotel des Westens. Gebäude von 1892. Ambiente und Ausstattung stimmen (Möbel aus dem 19.Jh., alte Fotos, leckeres, im Preis inbegriffenes Frühstück).*

Strater Hotel $$–$$$$: *699 Main Ave., ✆ 247-4431, 1-800-247-4431, www.strater.com. Historisches Hotel mitten im Ort und der „Klassiker". Hier wohnten schon Butch Cassidy, John F. Kennedy und Marilyn Monroe. 1887 erbaut und liebevoll erhalten/restauriert – bis ins Detail! Lebhafte Bar („The Diamond Belle Saloon und Theater", hier häufig Live-Musik), sodass Sie versuchen sollten, nicht gerade ein Zimmer über der Bar zu bekommen.*

An der **nördlichen Ortsausfahrt (Main Avenue)** *reihen sich zudem noch zahlreiche Hotels/Motels aneinander. Dort finden Sie auch gute „Bargains".*

Übernachten wie schon Butch Cassidy und JFK

Camping

Es gibt neben den hier genannten noch eine Reihe anderer Plätze nördlich der Stadt entlang dem US 550.

Alpen Rose RV Park: *87247 US 550, 3 Meilen nördlich, ✆ 247-5540, 1-877-259-5791, www.alpenroservpark.com*

Durango KOA Holiday: *30090 US 160, 7 Meilen östlich, ✆ 247-0783, 1-800-562-0793, www.durangokoa.com. Top ausgestattet. RV, Zelte, Hütten, Café.*

Restaurants

Es gibt entlang der südlichen Main Street Restaurants und Pubs jeglicher Schattierung und Preisklassen.

Der **Mahogany Grille** *im Strater Hotel (699 Main Ave., ✆ 247-4433) besticht durch die gediegene Atmosphäre – selbst was die Kleidung der Kellner angeht. Gute Weinkarte und bekannt für die exquisiten Steaks und Fischgerichte. Hinterher nicht den Drink im legendären* **Diamond Belle Saloon** *vergessen (ebenfalls im Hotel Strater). Hier gibt es übrigens Pizzas, Burger und anderes „Pub-Food".*

Wer es bodenständiger mag, der gehe zur **Carver Brewing Company**, *1022 Main Ave., ✆ 259-2545, http://carverbrewing.com. Hier gibt's von Pubfood (Burger, Sandwiches) bis hin zu einfallsreich zubereiteten Southwest-Gerichten alles. Und natürlich selbst gebrautes Bier. Morgens besticht die große Auswahl an Frühstücksgerichten.*

Mesa Verde National Park

Hinweis

Die Cliff Dwellings (Balcony House, Cliff Palace) dürfen i.d.R. nur in Begleitung eines Rangers betreten werden. Führungen, für die Sie sich anmelden müssen finden regelmäßig statt. Vorher über die Zeiten erkundigen.

Größe: 21.000 ha
Beste Jahreszeit: Im Sommer (Juni–August) kann es nicht nur voll, sondern am Tag auch sehr heiß werden. Empfehlenswert sind Mai und September. Dann herrscht gutes Licht, und die Tagestemperaturen sind recht milde. Der Winter auf der Hochebene ist eher kalt.
Tierwelt: Als Großtier vor allem der Maultierhirsch. Viele Tierarten, wie z. B. Bären und Berglöwen, sind abgewandert bzw. ausgerottet. Ansonsten Luchse und andere Wildkatzen sowie die kleinen Erdhörnchen. Zur Beobachtung der größeren Tiere empfiehlt sich die Rückfahrt während der späten Nachmittagsstunden, wenn diese z. T. direkt an der Straße grasen.
Pflanzenwelt: Die Vegetation des Parks ist durch geringen Niederschlag, kühle Winde in den Herbst- und Wintermonaten und die Höhenlage (über 2.000 m) geprägt. Daher sind auf den Hochlagen Sträucher und Büsche bestimmend (z. B. Koniferenarten wie Wacholder und Steinkiefer). In den heißeren Canyons dominieren Dornensträucher.

Redaktionstipps

- **Übernachten** in der **Fairview Lodge** im Park, in **Cortez** oder noch besser in **Durango** (des abendlichen Programms wegen), von wo aus man den Park gut an einem Tag besuchen kann.
- **Verpassen Sie nicht** das archäologische Museum, in dem die alten Indianerkulturen sehr gut erläutert werden.
- Im Sommer werden Reservierungen für den **Besuch der Ruinen** vorgenommen. Also: entweder bis zu 2 Tage vorher übers Internet oder zuerst zum Reservierungsschalter im Visitor Center am Parkeingang. Das Hauptaugenmerk auf die Besichtigung legen, die Natur kann man auch woanders erleben. Die eindrucksvollsten Ruinen sind Balcony House und Cliff Palace.
- **An den Wanderrouten gibt es kein Trinkwasser**, auch das Wasser in den Flüssen/Bächen ist nicht trinkbar. Genügend Trinkwasser mitnehmen.
- **Beste Fotozeit**: ab 14 Uhr, wenn die Sonne für die meisten Ruinen günstiger steht.
- **Zeiteinteilung: mind. 3 Stunden** Zeit mitbringen (gerechnet vom Parkeingang!), sonst lohnt der Besuch nicht. Die Fahrt vom Eingang bis zu den Ruinen und zurück (ohne Besichtigungszeit) nimmt bereits 2 Stunden in Anspruch. Inkl. einer Besichtigung eines Cliff Dwelling benötigt man einen ganzen Tag. Und wer sich mehrere Dinge anschauen möchte, der sollte fast zwei Tage einplanen.

Aktivitäten

Wie fast in allen Parks, bieten sich auch hier einige Möglichkeiten zum Wandern und zur Tierbeobachtung, aber der Mesa Verde NP besticht durch seine Indianerruinen (*Cliff Dwellings*). Nutzen Sie zum Wandern besser die Wege in den Bergen nördlich von Durango und Cortez. Als „Wanderrouten" zur Erkundung der Anasazi-Ruinen nur folgende Kurzvorstellungen (Auswahl):

- Die meisten Ruinen an der Ruins Road sind in wenigen Minuten vom Parkplatz aus zu erreichen. Der Besuch muss in der Hochsaison aber reserviert werden.
- **Soda Canyon Overlook Trail**: Start und Ziel an der Cliff Palace Loop Rd., 1 Meile nördlich des Balcony House Parkplatzes. 1,9 km hin und zurück, 1 Std., der südliche Aussichtspunkt ermöglicht eine gute Sicht auf das „Balcony House".
- **Spruce Tree Trail**: vom Spruce Tree House zur Spruce Tree Picknick Area, 3,3 km, 2 Std., Abstieg erfordert festes Schuhwerk. Führt hinab in den Canyon. Registrierung beim Ranger erforderlich (Rangerführung). Das Spruce Tree House ist wegen Steinschlaggefahr bis auf Weiteres für Besichtigungen gesperrt.

Blick von der Mesa hinunter auf das 500 m tiefer liegende Umland

- **Petroglyph Point Trail**: Spruce-Tree House bis zurück zum Parkplatz. 3,6 km, 2 Std. Rundweg. Am unteren Canyonrand entlang. Aussichten in den Canyon. Registrierung beim Ranger erforderlich.
- Die Trails vom **Morefield Village** aus bieten vor allem gute Aussichten auf die Ebene. Vom **Knife Edge Trail** (2 Meilen hin und zurück) aus erleben Sie einen herrlichen Sonnenuntergang.

Die Mesa Verde („grüne Tafel") bildet eine über 2.000 m hohe Fläche, die das umliegende Gebiet um bis zu 500 m überragt. Nach Süden hin neigt sie sich ein wenig. Hier oben wohnte ab 500 n. Chr. für 800 Jahre ein großer Stamm der Anasazi, u. a. auch Vorfahren der Navajos. Sie fanden hier nicht nur ein milderes Klima als in der Ebene vor, sondern auch gute Böden für die Ackerwirtschaft. Zudem bot die von mehreren Canyons zerschnittene Landschaft Schutz vor möglichen Angreifern. Bis etwa 1300 siedelten die Anasazi hier und bauten fast 200 *Cliff Dwellings* (Felswohnungen) und Häuser. Dann verließen sie das Gebiet höchstwahrscheinlich aufgrund mehrerer Trockenperioden. Denn einen Nachteil hatte die Hochfläche: Aus geologischen Gründen konnte die Erde nur relativ wenig Wasser speichern, sodass wahrscheinlich das Trinkwasser knapp wurde. Wissenschaftlich belegt ist die Abwanderung aber bis heute nicht. Im 12. Jh. lebten hier zwischen 5.000 und 6.000 Menschen, die eines der belebtesten Handelszentren ihrer Zeit unterhielten. Auf den Märkten trafen sich Händler aus allen Teilen des Südwestens. Es entwickelte sich ein reger kultureller Austausch, der dazu führte, dass die Häuser nach damals modernsten Richtlinien erbaut wurden. Denn Ideen und neueste Erkenntnisse aus allen Landesteilen wurden beim Handel ausgetauscht. So wurde z. B. 100 Jahre früher als in den meisten anderen Gebieten damit begonnen, mehrstöckige Häuser aus Stein zu errichten.

Gute Böden

Geologische Entstehung der Mesa

Die Mesa ist Teil des Colorado-Plateaus, das sich vor gut 17 Millionen Jahren gehoben hat. Die Auflageschichten bestehen aus ehemaligen Meeres- und Sumpfablagerungen. Die hiesige Hochebene kippte im letzten Stadium etwas nach Süden. Nachdem der Hebungsprozess beendet war, setzte die Erosion ein, und Flüsse gruben die Canyons. Die

info

Die Anasazi in Mesa Verde

Schon vor 2.000 Jahren lebten Indianer in den fruchtbaren Ebenen nahe des Rio Grande. Doch um ca. 500 n. Chr. war dieses Gebiet hoffnungslos überbevölkert und viele Gruppen wanderten ab. Die meisten blieben aber im Einzugsgebiet des großen Flusses. Doch spaltete sich eine Gruppe vollkommen ab und zog in das heutige „Four-Corner-Gebiet", wo sie ihre größten Siedlungen, Mesa Verde und Chaco Canyon, errichteten. Sie galten als ausgesprochen friedlich und widmeten sich voll und ganz dem Ackerbau und dem Handel. Dabei entwickelten sie bereits früher als die anderen Gruppen Bewässerungssysteme und erlernten, wie oben bereits erwähnt, wie man mehrstöckige Häuser baut (ab 1100 n. Chr.) und auch das Töpfern. Es ist zwar heute noch gängige Meinung, dass die Felshäuser als Schutzbauten vor möglichen Feinden fungierten, aber andere wissenschaftliche Studien behaupten, dass die Anasazi die Felsüberhänge wählten, weil sie kühler waren.

Felsnischen wiederum haben sich auf folgende Weise gebildet: Leicht saures Regenwasser sickerte in die Sandsteinschichten ein und bildete in ihnen kleine Höhlen und Löcher. Dort wo das Wasser am Canyonrand waagerecht nach außen treten konnte, öffnete es mit der Zeit den Sandstein und bildete Hohlräume. Jetzt war es nur eine Frage der Zeit, bis diese zu Nischen erweitert wurden.

Eine Rundfahrt im Park

Im Visitor Center hinter dem Parkeingang kann man sich für Besichtigungen anmelden und mit Infos eindecken. Dorthin steigt die Straße auf die 500 m höher gelegene Hochebene an. Oben angelangt führt sie entlang der nördlichen Abbruchkante. Heben Sie sich die Fotostopps für den späten Nachmittag auf, dann ist das Licht besser. Nach 15 Meilen, auf denen die Straße die einzelnen Täler „abreitet", erreicht man die Far View Lodge. Von hier aus können Sie die Hochebene überblicken, in die die Flüsse unzählige Canyons geschnitten haben. Falls Sie dort bleiben möchten, reservieren Sie am besten zuerst. Weiter geht es über die Hochebene zum Museum. An der Strecke gibt es zwei lohnende Stopps: Als ersten die **Far View Ruins**, wo weniger die Gebäude se-

Nur einen Vorgeschmack bieten die Far View Ruins

henswert sind als vielmehr das umliegende Gebiet. Hier haben die Anasazi ehemals Felder angelegt, die noch heute zu erahnen sind. Der **Cedar Tree Tower** ist eine kleine Turmruine. Diesen Turm nutzten die Anasazis höchstwahrscheinlich als Ausguck.

Das **Chapin Mesa Museum** ist mit Sicherheit eines der besten Museen in Bezug auf die frühe Indianerkultur und ermöglicht einen genauen Überblick über die Besiedlungsgeschichte und auch die Lebensweisen der Anasazis. Hinter dem Museum führt ein kleiner Pfad zum **Spruce Tree House** (ein *Dwelling*). Die Besichtigung ist wegen Steinschlaggefahr nicht möglich, vom Aussichtspunkt hat man aber einen schönen Blick.

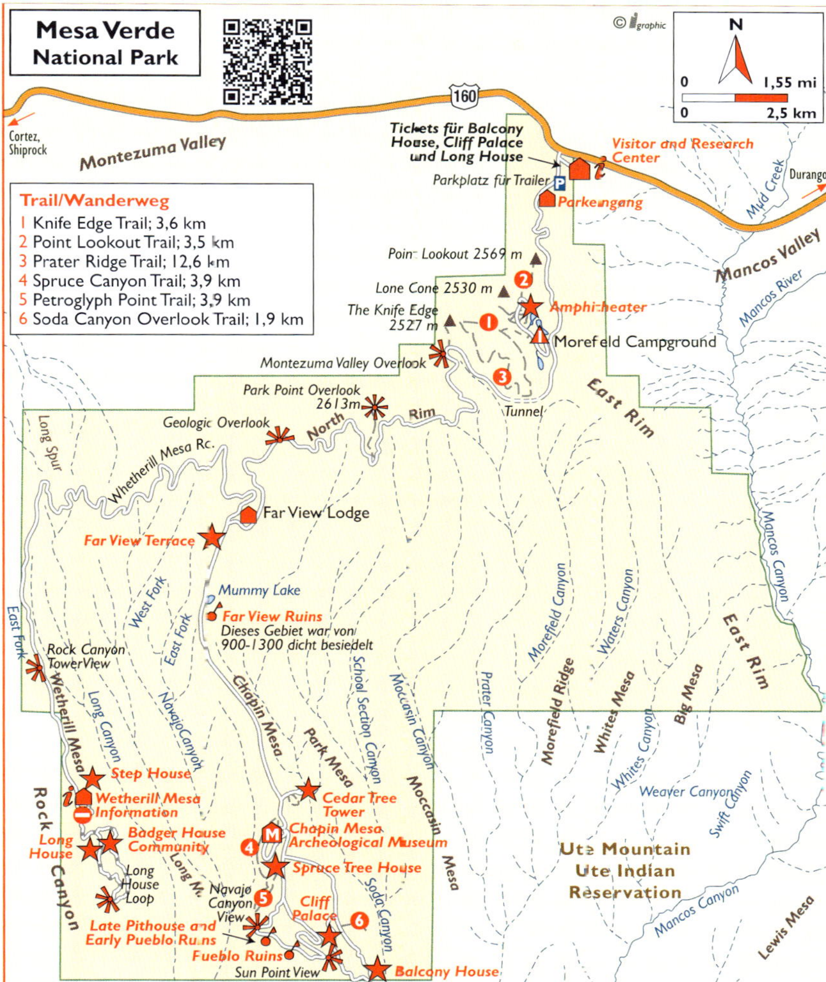

Cliff Palace: die schönste der Ruinen und mit 217 Räumen auch die größte

Die folgende Strecke führt auf der **Chapin Mesa** entlang der **Mesa Top Loop Road**, die sich südlich des Museums teilt. Der westliche Streckenabschnitt führt an mehreren kleineren Ruinen vorbei. Vom östlichen View Point kann man den unten beschriebenen Cliff Palace auf der gegenüberliegenden Canyonseite gut sehen. Ein Höhepunkt an dieser Strecke ist der **Sun Temple**: Ein unüberdachtes Gebäude, das wohl für religiöse Zeremonien genutzt wurde.

Der östliche Abschnitt tangiert die absoluten Höhepunkte:

Palast mit 217 Räumen

Cliff Palace: Hierbei handelt es sich um die größte und wohl schönste Ruine. Sie hat 217 Räume und 23 Kivas. Die Gebäude sind bis zu vier Stockwerke hoch und wurden zwischen 1209 und 1273 n. Chr. erbaut. Die Ruine darf nicht betreten werden, worauf ein hier stationierter Ranger genauestens achtet.

Balcony House: Dieses 40-Räume-Dwelling liegt an der Kante des Soda Canyon und konnte von den Anasazi nur mit Stricken und Leitern erreicht werden. Heute führt ein Ranger zu den Ruinen. Dabei gilt es, eine Leiter und den ehemaligen „Tunnel" der Anasazi zu bewältigen. Wer nicht schwindelfrei ist, unternimmt diese Tour besser nicht – ansonsten durchaus lohnend.

Hinweis

Unter www.mesaverde.org/downloadable-site-guides kann man sich Infos zu den verschiedenen Ruinen herunterladen (auch dt.).

Im Westen des Parks (Straße zweigt ab am Far View VC), an der **Wetherhill Mesa**, hat man weitere Ruinen entdeckt, die 1959 und in den folgenden Jahren gründlich untersucht worden sind. Dabei waren neben Archäologen und Geologen sogar Zahnmediziner, Orthopäden und Meteorologen beteiligt. Durch diese wissenschaftliche „Kraftanstrengung" hat man mehr über das Leben der Anasazi erfahren als jemals zuvor und auch danach. Das **Step House** dürfen Sie selbst erkunden, für das **Long House**, das zweitgrößte Gebäude des Parks, gibt es Führungen mit einem Ranger. Beide Touren dauern ca. eine Stunde. Der Weg ab dem Wetherill Mesa Information Desk ist nur für Wanderer und Fahrradfahrer frei.

Hinweis
Zu Cortez und dem Four Corners Monument *s. S. 581.*

Reisepraktische Informationen Mesa Verde National Park und Cortez, CO

VORWAHL 970

Information

Mesa Verde Visitor Center: *Am Parkeingang, ganzjährig geöffnet. Hier erhält man auch die Permits (ebenso an der Morefield Ranger Station und am Welcome Center in Cortez) und bucht die Rangerführungen (früh erscheinen!),* ✆ *529-4465, www.nps.gov/meve.*
Chapin Mesa Arch. Museum, *20 Meilen vom Eingang, ganzjährig geöffnet*
Cortez: Colorado Welcome Center: *928 E. Main St.,* ✆ *565-4048 bzw. 565-8227, www.mesaverdecountry.com, www.colorado.com*

Touren

Da es sich bei diesem Park um ein archäologisch sehr interessantes Gebiet handelt und man davon noch mehr profitiert, wenn man die Geschichten und Hintergründe dazu genau kennen lernen kann, wäre eine Tour mit Führer eine gute Idee. Diese vermittelt/unternimmt: **Aramark – Mesa Verde Co.** *(*✆ *564-4300, www.visitmesaverde.com).*

Unterkunft/Camping im Park

Neben zahlreichen Hotels und Campingplätzen in den umliegenden Orten wie Cortez, Mancos und Durango (siehe S. 588) gibt es im Park selbst eine Lodge und einen Campingplatz (beide nur Mitte Apr.–Mitte Okt.). Diese sind zu buchen über **Aramark-Mesa Verde Co.**: ✆ *564-4300, 1-800-449-2288, www.visitmesaverde.com.*
Far View Lodge $$$: *15 Meilen südl. des Parkeingangs. Von der Lodge aus haben Sie einen ausgezeichneten Blick über den Canyon. Hier gibt es auch ein Restaurant.*
Morefield Campground: *4 Meilen südlich des Parkeingangs und sehr ansprechend.*

Unterkunft/Camping in Cortez

American Holiday-Mesa Verde Inn $$: *640 S. Broadway,* ✆ *565-3773, www.mesaverdeinncolorado.com. Motel mit relativ geräumigen Zimmern, Pool und Hot Tub.*
Best Western Turquoise Inn $$–$$$: *535 E. Main St.,* ✆ *565-3778, 1-800-547-3376, http://book.bestwestern.com. Sauberes, familienorientiertes Motel. Pool.*
Weitere Motels der bekannten Franchise-Unternehmen liegen v. a. an der E. Main Street sowie am S. Broadway. Im o. g. Welcome Center werden auch Unterkünfte auf Ranchen vermittelt. Ein netter Campingplatz ist der **Cortez Mesa Verde KOA**: *27432 E. US 160,* ✆ *565-9301, http://koa.com/campgrounds/cortez. Hier gibt es auch kleine Hütten.*

Restaurants

Das beste, aber auch teuerste Restaurant im Park ist der **Metate Room** *in der Fair View Lodge mit southwestern und mexikanischen Gerichten. Super ist die Aussicht. Reservierungen werden nicht angenommen. Günstiger und einfacher sind die* **Fair View Terraces** *ebenfalls an der Lodge. Am Campingplatz und am Spruce Tree/Chapin Mesa Museum gibt es jeweils ein Café.*

Main Street Brewery: *21 East Main Street, Cortez, ✆ 564-9112. Diese Microbrewery wurde von einem Deutschen gegründet. Die Speisekarte umfasst nicht nur typische Microbrew-Gerichte (Burger, Fish'n Chips, Tex-Mex-Gerichte etc.), sondern auch einen Bratwurst-Burrito, eine Brewers Plate (Bratwurst etc.), Pizzen, Pasta u. a. Gutes Preis-Leistungs-Verhältnis und natürlich leckeres Bier.*
Blondies Trophy Room: *45 W. Main St., ✆ 565-4015. Eine echte Biker-Bar, wo es neben Burgern und Pasta oft auch Biker-Programm (Livemusik, Poker, Bike-Auctions etc.) gibt.*

Streckenalternative zwischen Durango und Chama/Santa Fe

*Entlang US 160 und US 84. Dabei passieren Sie nach ca. 40 Meilen den Abzweig zum **Chimney Rock National Monument**. Hier können Sie auf zwei unterschiedlichen, geführten, 2 std. Touren eine Anasazi-Ruine besichtigen.*
***Chimney Rock National Monument**, 3179 CO 151, Mitte Mai–Ende Sept., tgl. 9–16.30 Uhr, ✆ (970) 883-5359, 1-877-444-6777 (Reservierung), www.chimneyrockco.org, $ 12.*
*Es folgt **Pagosa Springs** (www.pagosahotsprings.com, tgl. 7–22/23 Uhr) mit seinen heißen Quellen. Die Unterkünfte sind schön, aber nicht ganz billig. Man kann auch nur in dem heißen Quellwasser baden, das schon den Ute-Indianern Freude bereitet hat.*

Von Durango geht es Richtung Süden auf dem US 550. Sie lassen nun die hohen und schroffen Berge der Rockies hinter sich und die Landschaft nimmt Halbwüstencharakter an. Nach einer Stunde erreichen Sie den wenig attraktiven Ort Aztec. Einzig interessant hier ist das **Aztec Ruins National Monument**. Fälschlicherweise von den ersten Spaniern als Siedlungsort mexikanischer Indianer angesehen, war diese große Ruine eine weitere Wohnstätte der nach Westen gewanderten Anasazi-Gruppe. Die Anlage enthält über 400 Räume, die einmal bis zu vier Stockwerke hoch waren. Die meisten Stätten wurden (teilweise) renoviert, wobei man das zentrale Kiva komplett wieder hergerichtet hat, sodass Sie hier einmal einen Überblick über ein solches Gebäude erhalten. Man darf hinein. Mit Hilfe eines Grundrisses kann man somit das Dorfleben der Anasazi „nachspielen".

Wiederhergerichtet

Aztec Ruins National Monument, *CO 516, tgl. 8–17 (Sommer bis 18) Uhr, ✆ (505) 334-6174 Ext. 0, www.nps.gov/azru.*

Farmington

Touristisch gesehen bietet die Stadt fast gar nichts außer Hotels, wenig interessante Museen, einem wenig eindrucksvollen historischen Innenstadtdistrikt und das **San Juan County Archaeological Research Center & Library** für archäologisch Interessierte. Es befindet sich an den (wenig aussagekräftigen) **Salmon Ruins** (150-Räume-Anasazi-Komplex) 12 Meilen östlich von Bloomfield. In diesem Museum und der Bücherei können Sie Ihr Fachwissen weiter aufbessern.
Salmon Ruins, *6131 US 64, ✆ (505) 632-2013, www.salmonruins.com, Mo–Fr 8–17, So 9–17, Nov–Apr. So 12–17 Uhr, $ 3.*

Farmington ist die größte Stadt der Region und rührt kräftig die touristische Werbetrommel mit Zielen im weiteren Umkreis. Kurz erwähnt seien das **Bolack Museum of Fish & Wildlife** und das **Electromechanical Museum** (beide: *B-Square Ranch, 3901 Bloomfield Hwy., www.bolackmuseum.com*) sowie das **Sherman Dugan Museum of Geology** *(4601 College Blvd.)*. Doch selbst im Stadtzentrum wird man das Gefühl nicht los, sich in einem zu schnell gewachsenen Highway-Nest zu befinden – so funktionell wirkt alles. Die wirtschaftliche Grundlage bilden drei Dinge: die zentrale Lage für die Farmen im fruchtbaren San Juan Valley, die Funktion als Energiezentrum (großes Kohlekraftwerk) der 4-Corner-Region und das Navajo-Irrigation-Project, welches nach Vollendung im Süden 50.000 ha Ackerland bewässern soll. Fertig sind ca. 27.000 ha.

Energiezentrum

An Farmington vorbei in Richtung Santa Fe über den US 550 kommen Sie zu dem Nest **Cuba**. Wer ein robusteres Fahrzeug hat, kann hier auf die NM 126 abbiegen, die über La Cueva (ab hier NM 4) vorbei am schönen **Valle Caldera Nature Reserve** nach Los Alamos führt. Ein Teil ist noch nicht asphaltiert. Alternativ kann man auf dem US 550 weiterfahren bis San Ysidro und dort auf die NM 4 abbiegen oder, falls man Los Alamos und das Bandelier National Monument auslassen möchte, auf dem schnellsten Wege über den I-25 nach Santa Fe bzw. Albuquerque fahren.

Eine interessante **Streckenalternative zwischen Farmington und Santa Fe** bietet die Route in Richtung Osten (US 64) nach **Chama** und dann weiter nach Süden auf dem US 84. Chama liegt schön zwischen bewaldeten Wilderness Areas (gute Wandermöglichkeiten) und kann auch mit einer historischen Dampf-Eisenbahnfahrt aufwarten, der **Cumbres & Toltec Scenic Railroad**. Unterkünfte und Restaurants gibt es in Chama (s. S. 611f).

Los Alamos wurde 1942 gegründet als Sitz für die Wissenschaftler, die an der Entwicklung der Atombombe gearbeitet haben. Zwei Jahre lang wusste, mit Ausnahme eines kleinen Kreises, niemand von der Existenz des Atom-Labors. Als Anfahrtsweg fungierte ein kleiner Schotterweg, der als Farmpiste getarnt war. Hier war es dann auch, wo *Robert Oppenheimer* und Hunderte von Wissenschaftlern die Atombombe bis zu ihrem endgültigen Einsatz über Japan zu Ende entwickelten. Beim letzten Test, 60 Meilen nordwestlich von Alamogordo, war *Oppenheimer* so entsetzt und fasziniert zugleich, dass er die berühmten Worte sprach: *„I am become Death, destroyer of worlds."* Seine Erfindung sollte von nun an die Geschichte der Welt bestimmen. Im **Bradbury Science Museum of the Los Alamos National Laboratory (LANL)**, wo heute noch 13.000 Menschen arbeiten und im **Los Alamos Historical Museum** können Sie sich näher informieren über die Entwicklung der Atombombe und auch über neuere wissenschaftliche Projekte. Letztgenanntes Museum bietet auch Einblick in andere historische Ereignisse der Gegend.

LANL, *Ecke 15th St./Central Ave., ✆ (505) 667-4444, www.lanl.gov/museum, Di–Sa 10–17, So u. Mo 13–17 Uhr, frei.*

Los Alamos Historical Museum, *1050 Bathtub Row, ✆ (505) 662-6272, www.losalamoshistory.org, Mo–Fr 10–16, Sa u. So 11–16, im Sommer etwas länger, frei.*

Eingang zum Cave Room im Bandelier National Monument

Ganz in der Nähe befindet sich das **Bandelier National Monument**. Auch hier haben die Anasazi ihre Felssiedlungen erbaut und lebten dort sogar bis ca. 1550. Auf einem 2 ½ km langen Trail kann man durch den Frijole Canyon wandern, wo es einige Ruinen zu sehen gibt, die man zum Teil sogar betreten darf. Ein weiterer Höhepunkt ist die „Ceremonial Cave" an einer Felsklippe, die über eine Leiter erreicht werden kann. Oben angekommen, werden Sie durch den Einstieg in eine Kiva belohnt. Der Park bietet mit über 110 km Trails beste Wandermöglichkeiten und wird von den Städtern als Erholungsgebiet genutzt. Es steht ein Campingplatz zur Verfügung, der aber an schönen Wochenenden häufig überfüllt ist (RV u. Zelte, kein Strom und keine Reservierung).

Beste Wandermöglichkeiten

Bandelier National Monument, *15 Entrance Rd., Los Alamos, ✆ (505) 672-3861 ext. 517, www.nps.gov/band, tgl. Kernzeit 9–16.30, Mitte Mai–Mitte Okt. 9–18 Uhr.*

Fahren Sie von hier den Hwy. 4 weiter und anschließend den Hwy. 502 bis Pojoaque. Ab hier sind es dann noch 24 Meilen auf dem Freeway bis Santa Fe.

Reisepraktische Informationen Farmington und Aztec, NM

VORWAHL 505

Information

Farmington CVB: *3041 E. Main St., ✆ 326-7602, https://farmingtonnm.org. Hier erhalten Sie weitere Infos über die „Four Corner Region". Eine kleine, z.T. wechselnde, Museumskollektion im Hause zeigt Historisches und Kunst.*

Unterkunft

Zahlreiche Hotels/Motels finden Sie in Farmington an Scott Avenue und E. Broadway.

Step Back Inn $$: *123 W. Aztec Blvd., Aztec, ✆ 334-1200, 1-800-334-1255, www.stepbackinn.com. Sehr persönliches Hotel. Man hat sich mit Repliken darum bemüht, ein historischeres Ambiente zu schaffen. Die Zimmer sind etwas geräumiger als in den typischen Motels.*

Casa Blanca B&B $$$: *505 E. La Plate St., Farmington, ✆ 327-6503, 1-800-550-6503, www.casablancanm.com. Gemütlich eingerichtetes B&B. Gebäude von 1940. Südwest-/indianische Dekorationen, reichhaltiges Frühstück. Schattenspendender Garten. 9 Zimmer bzw. Suiten.*

Camping

Mom & Pops RV Park: *901 Illinois St., in der Nähe des US 64, Farmington, ✆ 327-3200. Zelten möglich. Schöner zum Zelten sind die Campsites im* **Navajo Lake State Park** *30 Meilen östl. von Farmington (448 NM 511 #1, Navajo Dam, ✆ 632-2278, www.emnrd.state.nm.us/SPD/navajolakestatepark.html).*

Restaurants

Clancy's Irish Cantina *(2703 E. 20th St., ✆ 325-8176, www.clancys.net) und das* **Three Rivers Brewery Block** *(101 E. Main St., ✆ 324-2187, www.threeriversbrewery.com) bieten die nötige Abwechslung in dieser „staubtrockenen" Stadt. Erstere besticht wegen der Vielseitigkeit (Stew, Salate, Burger, New Mexican und … Sushi!), letzteres durch ein historisches Gebäude, selbstgebrautes Bier und eine etwas gediegenere Speisekarte. Denn hier heißt es Gourmet-Burger, Cajun Boil Night (Fr), „house smoked" und „Brick Oven Pie". Alles sehr lecker.*

Santa Fe

Überblick und Geschichte

Die Geschichte der Stadt bietet einen guten Eindruck vom historischen Werdegang des gesamten Südwestens: La Villa Real de la **Santa Fe** de San Francisco de Asis wurde 1610 von *Don Pedro de Peralta* gegründet. Er ließ auch die Plaza und den Palace of the Govenors erbauen – heute das älteste öffentliche Gebäude der USA. Damals war die kleine Siedlung eine von mehreren „Stützpunkten", die *de Peralta* anlegen ließ um die Indianer zum Katholizismus zu bekehren. Bereits um 1650 waren 15.000 Indianer der Region christianisiert. Die Spanier gingen dabei nicht zimperlich vor: Dörfer, die sich gegen die Missionare wehrten, wurden oft niedergebrannt – und die Frauen wurden entführt, z.T. sogar getötet.

Christianisierung

Santa Fe wurde gleich zu Beginn als Hauptstadt des neuen Staates New Mexico (damals spanisch) erkoren und ist damit die älteste Hauptstadt der USA. Als 1680 die Pueblo-Revolte ausbrach – die Indianer wollten sich nicht weiter den Christianisierungsbestrebungen aussetzen –, mussten die Spanier Santa Fe verlassen. Erst 1691 gelang es ihnen unter Führung des Generals *Don Diego de Vargas*, Santa Fe zurückzuerobern. Er ließ dabei 70 Indianer exekutieren und nahm 400 als Sklaven. Bis zum Beginn des 19. Jh. regierten die Spanier unangefochten und waren gegenüber den langsam vordringenden Siedlern und Händlern aus dem Osten wenig aufgeschlossen. Dieses änderte sich erst mit der Unabhängigkeit Mexikos von Spanien 1821. Der Handel blühte auf, besonders dank des berühmten „Santa Fe Trail".

Auch am Governor's Palace wird Kunsthandwerkliches verkauft

Im 19. Jh. kamen immer mehr Siedler durch die Region, zumeist auf dem Weg nach Westen. General *Stephen Kearny* besetzte die Stadt am 18. August 1846 und erklärte sie zu amerikanischem Staatsgebiet. Fünf Jahre später wurde das gesamte New Mexico einverleibt. Ab dann ging alles schnell: Der Santa Fe Trail wurde jährlich von Zehntausenden von Siedlern genutzt, 1879 erreichte die Eisenbahnlinie die Stadt, und die wirtschaftlichen Geschicke wurden immer mehr von Anglo-Amerikanern bestimmt. Ein Boom setzte mit der Ernennung New Mexicos zum regulären Bundesstaat ein. Es kamen nicht nur Investoren nach Santa Fe, sondern es bildete sich auch eine angesehene Künstlerkolonie – allen voran *„Los Cinco Pintores"* (die fünf Maler), eine Gruppe von impressionistischen Malern.

Heute ist Santa Fe eine der wenigen Städte, die indianisches, spanisches und angloamerikanisches Kulturgut verbinden. Strikte Bauvorschriften sorgen dafür, dass der tra-

Auch im Adobe-Stil erbaut: Institute of American Indian Arts Museum

ditionelle **Adobebaustil** im Stadtbereich eingehalten wird. Hochhäuser oder Industrieanlagen findet man kaum. Das hat natürlich auch zur Folge, dass kaum ein Unternehmen in Santa Fe investiert, mit einer einzigen Ausnahme: der Tourismusbranche. Zwei Dinge werden bei den strengen Bauvorschriften anscheinend nicht angetastet: der Autoverkehr und die Entwicklung des Tourismusgeschäftes. Und so bedarf es schon einer gewissen Vorsicht, um sich durch die Straßen zu zwängen, ohne von einem Auto erfasst zu werden oder über einen Souvenirstand zu stolpern.

Redaktionstipps

- **Übernachten** Sie im stilgerechten „La Posada de Santa Fe" oder günstiger in einem historischen Bed-&-Breakfast-Haus (S. 605f).
- **New Mexican Dinner** und dazu die besten Margaritas weit und breit gibt es im **Maria's** oder im **Tomasita's** (S. 606).
- Der **New Mexico Culture Pass** bietet Eintritt zu 15 Museen im Staat, darunter auch einige der Museen in Santa Fe (S. 605).
- **Die bedeutendsten Sehenswürdigkeiten**: die Adobehäuser der Innenstadt im Allgemeinen (S. 600ff), im Besonderen aber der Palace of the Governor; St. Francis Cathedral und Loretto Chapel; die ausgewählten Kunstwerke im Museum of Fine Art (S. 602); Interessantes zur Pueblokultur im Museum of Indian Arts and Culture (S. 603f).

Sehenswertes im Bereich der Innenstadt

Die meisten Sehenswürdigkeiten können Sie gut zu Fuß erreichen. Am besten beginnt man den Rundgang an der kleinen **Loretto Chapel (1)**, die der Erzbischof Lamy 1878 für die 6 Loretto-Schwestern errichten ließ. Kurz vor Abschluss der Bauarbeiten wurde der Architekt von Lamys Neffen umgebracht – man munkelt, es ging um dessen Frau –, und keiner wusste, wie man nun die Treppe zum Chor bauen sollte. Der Zufall wollte es aber, dass ein Zimmermann nach Santa Fe kam, der binnen 6 Monaten die Treppe fertiggestellt hatte, ohne auch nur einen Nagel zu benötigen. Er verschwand gleich darauf spurlos, ohne Geld zu verlangen. Seither wird diese Treppe „Miraculous Stairs" genannt.

Loretto Chapel, *207 Old Santa Fe Trail, zw. Alameda und Water St., ☎ (505) 982-0092, www.lorettochapel.com, Mo–Sa 9–16.30, So 10.30–16.30 Uhr.*

An der Kreuzung Palace und Cathedral Rd. steht der größte Kirchenbau der Stadt, die **Cathedral of St. Francis of Assisi (2)**. Die Kathedrale, entworfen von französischen Architekten im Auftrage des bereits erwähnten Erzbischofs Lamy, passt eigentlich gar nicht in das Stadtbild, beherrscht es aber. Sie wurde zwischen 1869 und 1886 an der Stel-

Sehenswürdigkeiten
1 Loretto Chapel
2 Cathedral of St. Francis of Assisi
3 Palace of the Governors/ NM History Museum
4 Museum of Art
5 Georgia O'Keeffe Museum
6 Plaza
7 MoCNA
8 Mission San Miguel
9 State Capitol
10 Guadalupe Historic District
11 Center for Contemporary Arts
12 Museum of Indian Arts and Culture
13 Museum of International Folk Art
14 Wheelwright Museum of the American Indian
15 Museum of Spanish Colonial Art

Unterkünfte
1 The Madeleine B&B
2 La Posada de Santa Fe
3 La Fonda
4 Pueblo Bonito B&B
5 Garrett's Desert Inn
6 Santa Fe Sage Inn
7 Santa Fe's International Hostel
8 Holiday Inn Express

Restaurants
1 Maria's New Mexican Kitchen
2 Shed
3 Café Pasqual's
4 Coyote Café & Cantina
5 Cowgirls
6 Tomasita's
7 Horseman's Haven
8 Blue Corn Café & Brewery

le errichtet, wo bereits 1610 die erste Missionskirche, „Our Lady of Assumption", stand. Diese erste Kirche fiel der Pueblo-Revolte von 1680 zum Opfer.
Cathedral of St. Francis of Assisi, *tgl. 6–18 Uhr, ✆ (505) 982-5619, www.cbsfa.org. Gottesdienste: Mo–Sa 7 und 15.15, So 8 (Spanisch), 10 und 12 Uhr.*

Der **Palace of the Governors (3)** wurde 1610 an der Plaza erbaut und gilt als das älteste öffentliche Gebäude der USA. Über 300 Jahre war es der Regierungssitz von New Mexico, und während der Pueblo-Revolte hausten auch deren Führer hier. Lew Wallace, Gouverneur von 1878 bis 1881, schrieb hier seinen weltberühmten Roman „Ben Hur". Die Anlage wurde um einen großen Innenhof angelegt, so wie es die Spanier bei den meisten großen Gebäuden machten. Nebenan bietet das **NM History Museum** vieles zur Geschichte Santa Fes und auch zu den Pueblo-Kulturen der Gegend.
Palace of the Governors und **NM History Museum**, *105 bzw. 107 W. Palace Ave., ✆ (505) 476-5100, www.nmhistorymuseum.org/campus.php, Di–So 10–17 (im Sommer auch Mo), $ 12.*

Vielseitig

Einen Block westlich davon liegt das **Museum of (Fine) Art (4)**, das mit seinen über 10.000 Kunstobjekten, vornehmlich Werken aus New Mexico, zu den eindrucksvollsten Zielen in Santa Fe gehört. Gemälde, Skulpturen, Möbel im spanischen Stil und auch eine sehr gute Fotosammlung bilden die permanente Ausstellung. Zudem gibt es eine Sammlung indianischer Tonwaren – große Teile davon wurden während der Coronado-Expedition zusammengestellt – sowie Karten von Amerika aus dem 17. Jh. zu sehen (eine Karte zeigt Kalifornien noch als Insel).
Museum of (Fine) Art, *107 W. Palace Ave., ✆ (505) 476-5072, www.nmartmuseum.org, Mai–Okt. tgl., sonst Di–So 10–17, Fr –20 Uhr, $ 12.*

Zwei Blocks westlich befindet sich das **Georgia O'Keeffe Museum (5)**, in dem zahlreiche Bilder der Malerin ausgestellt sind. O'Keeffe lebte immer wieder für längere Abschnitte zwischen 1917 und den 1940er Jahren in New Mexico und wurde hier bekannt für ihre Wüstenlandschafts-Bilder. Auf speziellen Touren können ihr Haus und das Atelier in Abiquiu (US 84, 47 Meilen nördl. von Santa Fe) besichtigt werden. Dafür muss man sich anmelden, die Tour beginnt in Abiquiu.
Georgia O'Keeffe Museum, *217 Johnson St., ✆ (505) 946-1000, www.okeeffemuseum.org, tgl. 10–17 Uhr, Fr –20 Uhr, $ 13. Touren (Zeiten variieren): ✆ (505) 946-1098, https://connect.okeeffemuseum.org/abiquiu-tours.*

Echtes Kunsthandwerk

Die **Plaza (6)** ist das Zentrum der Stadt und wurde, wie der Gouverneurspalast, 1610 angelegt. Heute befinden sich hier neben dem Palast vor allem Restaurants und Souvenirshops. Auf den Bürgersteigen bieten Indianer einfache Kunsthandwerke auf selbst geknüpften Teppichen an. Sie unterliegen einer strengen Kontrolle und dürfen nur echte Ware verkaufen, also nichts aus Taiwan oder Hongkong. Dafür sind die Preise aber fest, und Handeln ist meistens zwecklos. Mitten auf der Plaza steht ein Soldatenehrenmal, das heute Treffpunkt und sozialer Mittelpunkt der Stadtjugend zu sein scheint. In der südöstlichen Ecke des Platzes steht ein „Marker", der den Endpunkt des Santa Fe Trail kennzeichnet, und an der Nordseite ein weiterer, der an die Kearny-Proklamation erinnert.

Die Geschichte des **La-Fonda-Hotels** erinnert an alte Tage, als es **das** Hotel der Stadt war und die Parole hieß „sehen und gesehen werden". Jeder kam hierher: Händler, Reisende, Sauf- und Raufbolde, Diebe und auch Bettler. Das heutige Gebäude stammt von 1920 und beherbergt eines der vornehmsten Hotels der Stadt. Östlich der Plaza lohnt der Besuch des **Institute of American Indian Arts Museum of Contemporary Native Arts (MoCNA) (7)**, dem wohl größten Museum, in dem zeitgenössische und traditionelle Kunst der Indianer gezeigt wird (hierzu zählen auch die Inuit). Es gibt eine permanente Ausstellung und hochrangige Wanderausstellungen.

Zeitgenössische Kunst der Indianer

MoCNA, *108 Cathedral Place, ✆ 1-888-922-4242, https://iaia.edu/iaia-museum-of-contemporary-native-arts/, Mo, Mi–Sa 10–17, So 12–17 Uhr, $ 10.*

Weitere Sehenswürdigkeiten

Drei Blocks südlich der Plaza befindet sich die älteste Missionsstation der USA, die **Mission of San Miguel (8)**. Sie wurde gleich zu Beginn der Stadtgründung errichtet, aber während der Indianerrevolte fast völlig zerstört. Heute finden sich hier ein paar Kunstwerke der verschiedensten Zeitepochen, so z. B. die Kirchenglocke im Vorraum, die bereits 1312 in Spanien gegossen wurde, und der älteste Holzaltar von Santa Fe (1798).
Mission of San Miguel, *401 Old Santa Fe Trail, ✆ (505) 983-3974, http://sanmiguelchapel.org, Mo–Sa 9–17, So 9–16 Uhr.*

Das **State Capitol („Roundhouse") (9)** ist ganz anders als das der anderen Staaten. Es wurde 1966 erbaut und einem indianischen Kiva nachempfunden. In der Rundhalle finden rotierende Ausstellungen statt.
State Capitol, *Anmeldung für Führungen: ✆ (505) 986-4589 bzw. www.nmlegis.gov/Visitors, Self guided tours: Mo–Fr 7–18, Sa 9–17 Uhr.*

Wer weitere historische Gebäude sehen möchte, kann noch zum **Guadalupe Historic District (10)** südwestlich der Innenstadt gehen. Ganz in der Nähe, zwischen Montezuma Street, S. Guadalupe Street und Paseo de Peralta, befindet sich der ehemalige Railroad District, heute bekannt als **The Railyard Arts District** (*www.santaferailyardartsdistrict.com*) mit restaurierten Lagerhäusern, Kunstgalerien und Ausstellungshallen, wie z. B. **SITE Santa Fe** (*www.sitesantafe.org*), Farmers Market (*Sa, Di, Mi*), Lokalen und Geschäften (u. a. ein R.E.I.). Oft finden Livemusikveranstaltungen sowie Festivals statt. Wo früher täglich zig Personen- und Güterzüge hielten und Waren umgeschlagen wurden, verlaufen heute nur noch wenige Gleise, die am **Depot**, dem Bahnhof von Santa Fe, enden. Von hier aus verkehrt heute nur noch der RailRunner Express, der Pendler zwischen Albuquerque und Santa Fe bedient. Die Santa Fe Southern Railway, ein Ausflugszug, wurde bis auf weiteres stillgelegt.

Restaurierter Bahnhof

Vorzugsweise mit dem Auto zu erreichen sind die folgenden Museen:
Das **Center for Contemporary Arts (CCA) (11)** liegt südlich der Innenstadt. Hier werden Wanderausstellungen mit zeitgenössischer Kunst gezeigt sowie im Cinematheque Filme vorgeführt. Achten Sie auf Ankündigungen.
CCA, *1050 Old Pecos Trail, Do–So 12–17 Uhr, ✆ (505) 982-1338, www.ccasantafe.org.*

Direkt nebeneinander am Camino Lejo, gegenüber dem Botanischen Garten, liegen folgende Museen rund 2 Meilen vom Zentrum entfernt:
Museum of Indian Arts and Culture (12): Das Kulturzentrum beschäftigt sich mit der Geschichte der Indianer und bietet dazu in mehreren Räumen permanente und

Santa Fe ist bekannt für seine Szene zeitgenössischer Kunst

wechselnde Ausstellungen sowie ausgezeichnete Literatur und Informationen zu Veranstaltungen und Pow Wows im gesamten Südwesten. Besonders interessant sind die Darstellung der Indianerwanderungen im Rio-Grande-Tal, welche für New Mexico von entscheidender Bedeutung waren, und alte Fotografien von Pueblos dieser Region. In der Cafeteria gibt es frische, mexikanisch angehauchte Küche.

Museum of Indian Arts and Culture, *710 Camino Lejo, ✆ (505) 476-1269, www.indianartsandculture.org, Di–So 10–17 (Sommer auch Mo) Uhr, $ 12.*

Gleich nebenan liegt das **Museum of International Folk Art (13)**: Nicht unbedingt ein Museum, das man in Santa Fe erwarten würde. Es stellt nämlich volkstümliche Kunsthandwerke und Kleidung aus über 100 Ländern aller Kontinente aus und soll das größte seiner Art auf der Welt sein.

Museum of International Folk Art, *706 Camino Lejo, ✆ (505) 476-1200, www.moifa.org, Di–So 10–17 (im Sommer tgl.) Uhr, $ 12.*

Das **Wheelwright Museum of the American Indian (14)**, ebenfalls hier an der Camino Lejo, zeigt auf lebendige Weise Kunst der unterschiedlichen indianischen Stammesgruppen im Südwesten. Zudem locken interessante Wanderausstellungen. Beliebt ist auch der angeschlossene „Trading Post“, der einem alten Handelsposten nachempfunden wurde, aber natürlich auch Souvenirs verkauft.

Wheelwright Museum, *704 Camino Lejo, ✆ (505) 982-4636, https://wheelwright.org, tgl. 10–17 Uhr, $ 8.*

Kunstmuseen

Um die Beschreibung dieses Museumsareals zu vervollständigen, sei noch auf das **Museum of Spanish Colonial Art (15)** hingewiesen, in dem das ausgestellt ist, was der Name bereits verrät: Bilder, Möbel, Textilien, religiöse Skulpturen aus der Zeit als die Spanier Mexiko (und eben auch New Mexico) zu ihren Kolonien zählte.

Museum of Spanish Colonial Art, *750 Camino Lejo, ✆ (505) 982-2226, www.spanishcolonial.org, Di–So 10–17 (im Sommer tgl.) Uhr, $ 8.*

Zum Abschluss einer Besichtigungstour von Santa Fe bietet sich entweder ein **Spaziergang/Wanderung** bzw. **Fahrradtour** entlang der Eisenbahnlinie vom Railyard Art District aus oder ein Spaziergang/Spazierfahrt durch die **Canyon Road** an. Letztere ist die berühmteste Straße der Stadt diente schon vor Jahrhunderten den Indianern als Verbindung zu einer ihrer Siedlungen. Um 1920 siedelten sich hier vornehmlich Künstler an, deren „Crème de la Crème" aber mittlerweile ganz woanders wohnt. Heute finden sich hier und in den Seitenstraßen neben den üblichen Souvenirläden hervorragende Galerien, in denen Sie z.T. einen besseren Eindruck von modernen Kunstrichtungen der Region bekommen als in den Museen.

In der Umgebung von Santa Fe befindet sich heute noch eine Reihe **alter Indianer-Pueblos** (zumeist kleine Ruinen). Das Touristenbüro informiert über die genaue Lage.

Reisepraktische Informationen Santa Fe, NM

VORWAHL 505

Information

Tourism Santa Fe: *201 W. Marcy St., ✆ 955-6200, 1-800-777-2489, www.santafe.org.*

Sightseeingtouren/Mountainbiking

New Mexico Culture Pass: *Eintritt zu 15 Museen im Staat. In Santa Fe sind das: Museum of Indian Arts & Culture, Museum of Int. Folk Art, NM Museum of Art, NM History Museum. Zu erwerben über www.newmexicoculture.org/visit/culturepass oder an den jeweiligen Museen.*

Walking Santa Fe: *Ortskundige Führer erläutern auf Spaziergängen die Stadt und ihre Geschichte. Infos im VC. Tipp:* **Historic Walks**: *www.historicwalksofsantafe.com, ✆ 986-8388.*

Loretto Line: *Abfahrt ab Loretto Chapel, 207 Old Santa Fe Trail (bzw. ab Hotel Fonda, Plaza), ✆ 982-0092, www.toursofsantafe.com. Erläuterte Trolleytouren, tgl. 10, 12 und 14 Uhr, April–Okt., Dauer: 90 Minuten.*

Die Umgebung von Santa Fe ist bekannt für ihre anspruchsvollen (Höhenluft, bzw. heiße Wüste) Mountainbike-Strecken. Wer es mal wagen möchte, schließt sich einer Tour von **Santa Fe Walkabaouts** *(www.santafewalkabouts.com/new-mexico-mountain-bike-tours) an.*

Unterkunft

Santa Fe's International Hostel $ (7): *1412 Cerrillos Rd., ✆ 988-1153, www.hostelsantafe.com. Schlafsäle und private Zimmer. 2 km zur Plaza.*

Holiday Inn Express $$–$$$ (8): *3450 Cerrillos Rd., ✆ 474-7570, www.ihg.com. Günstige Alternative zu den Innenstadthotels (inkl. Frühtsück). Im Bereich ab dem 3000-Block der Cerrillos Rd. liegen noch weitere Motels.*

Santa Fe Sage Inn $$ (6): *725 Cerrillos Rd., ✆ 982-5952, 1-866-433-0335, www.santafesageinn.com. Im Adobe-Stil gehaltenes Motel 15 Fußminuten zur Plaza. Fragen Sie unbedingt nach einem Zimmer zum Hinterhof (vorne Straßenlärm!).*

Garrett's Desert Inn $$–$$$ (5): *311 Old Santa Fe Trail, ✆ 982-1851, 1-800-888-2145, www.garrettsdesertinn.com. Nur drei Blocks von der Plaza. Im Stile der 1950er Jahre gehalten. Der Preis-Leistungs-Tipp für Santa Fe.*

The Madeleine B&B $$$–$$$$ (1), *106 Faithway St., ✆ 982-3465, 1-888-877-7622, www.madeleineinn.com. Es liegt ruhig, 500 m entfernt von der Plaza und die Zimmer im Cottage sind besonders schön. Und gleich nebenan lockt das asiatische Spa* **Absolute Nirvana**.

Pueblo Bonito B&B $$$–$$$$ (4), *138 West Manhattan, ✆ 984-8001, 1-800-461-4599, www.pueblobonitoinn.com. 18 Casitas, meist sogar mit Küchen. 800 m zur Plaza. Ansonsten listet die* **New Mexico B&B Ass.** *verschiedene Unterkünfte: www.nmbba.org/index.php.*

La Posada de Santa Fe $$$$–$$$$$ (2): *330 E. Palace Ave., ✆ 986-0000, 1-855-210-7210, www.laposadadesantafe.com. Adobehäuser um ein viktorianisches Haupthaus von 1882. In hübscher Gartenanlage gelegen und nicht weit von der Plaza, bietet dieses Hotel alle Annehmlichkeiten, was Platz, Komfort und Ambiente betrifft. Pool, Bar, Spa, Restaurants und eine gemütliche Bar.*

La Fonda $$$$–$$$$$ (3): *100 E. San Francisco Street, ✆ 982-5511, 1-800-523-5002, www.lafondasantafe.com. Hotel von 1864 (1920 komplett erneuert), dessen Räume alle individuell eingerichtet sind und in denen z.T. echte Gemälde indianischer Künstler hängen. Direkt an der Plaza.*

Camping

Los Suenos de Santa Fe RV Resort & Campground: *3574 Cerrillos Rd., ✆ 473-1949, http://lossuenosrv.com. Mit 5 Meilen (südlich) der nächste zur Plaza, noch im städtischen Umfeld. Kleine Cabins.*

Hyde Memorial State Park: *740 Hyde Park Rd., Reservierung: ✆ 1-877-664-7787, http://newmexicostateparks.reserveamerica.com, Infos: www.emnrd.state.nm.us/SPD/hydememorialstatepark.html. Wenige RV-Plätze, dafür aber ausreichend Zeltmöglichkeiten. Relativ ruhig. Bäume. 8 Meilen zur Stadt.*

Empfehlenswert auch die einfachen, aber meist schön gelegenen Plätze im nahen **Santa Fe National Forest**: *www.forestcamping.com/dow/southwst/safeinfo.htm.*

Restaurants und Bars

Santa Fe bietet ausreichend Restaurants, doch oft sehr teuer, denn man kocht hier „Creative Southwestern", „Eclectic" bzw. „Modern with Latino Flair".

Maria's New Mexican Kitchen (1): *555 W Cordova Rd., ✆ 983-7929, http://mariassantafe.com. Hier besticht nicht nur die lokale Küche, sondern vor allem die Auswahl an 200 verschiedenen Margaritas. Letztere sind „Pflichtprogramm"!*

Shed (2): *113 E. Palace Ave., ✆ 982-9030, https://sfshed.com. New-Mex- und Südstaatengerichte. New Mexico Style-Diner, gut und echt. Seit 1953 in Familienbesitz. Tipp: Green Chile Stew, denn das Shed gilt als* **das** *Chili-Restaurant in der Stadt. Auch viel Vegetarisches.*

Café Pasqual's (3): *121 Don Gaspar Ave. (einen Block von der Plaza), ✆ 983-9340. Mexikanische Pfannkuchengerichte und die besten Burros der Stadt.*

Coyote Café & Cantina (4): *132 W Water St., ✆ 983-1615, www.coyotecafe.com. Angesagte Rooftop Bar (samt Restaurant) mitten in der Stadt. Hier kann man gut den Abend beginnen.*

Cowgirls (BBQ & Western Grill) (5): *319 S. Guadalupe St., ✆ 982-2565. Bar-Restaurant mit häufiger Livemusik. Gute Burger, Steaks, BBQ- und auch einige Cajun-Gerichte.*

Tomasita's (6): *500 S. Guadalupe St., ✆ 983-5721, http://tomasitas.com. Typische, bei Einheimischen sehr beliebte New Mexican-Küche.*

Horseman's Haven (7): *4353 Cerrillos Rd., ✆ 471-5420. „Old School-Indoor-Diner" mit dem wohl „Hottest Chili in Town"! Auch zum Mitnehmen fürs Picknick.*

Blue Corn Café & Brewery (8): *4056 Cerrillos Rd., ✆ 438-1800. Unkompliziertes Restaurant mit einer guten Mischung aus New-Mexican-Gerichten (auch Fajitas), Burgern und Ausgefallenem (z. B. Shrimp Fondue, BBQ Shanks). Bier aus der hauseigenen Microbrewery.*

An der Canyon Road

Einkaufen

Santa Fe bietet sich an für diejenigen, die ausgesuchte **indianische Kunsthandwerke** *(Teppiche, Umhänge, Schmuck, Türkise) oder* **moderne Kunst amerikanischer Künstler** *erwerben möchten. Zu den besten Einkaufsstraßen zählen die* **San Francisco Street** *und besonders die* **Canyon Road** *mit ihren vielen Shops und Galerien. Einkaufen in Santa Fe ist aber teuer. Vieles erhält man in abgelegeneren Orten billiger. Über aktuelle Angebote/Ausstellungen informiert „The Collector's Guide", www.collectorsguide.com.*

Todos Santos: *125 E. Palace Ave. Leckere Schokoladen und Süßwaren. Hier kommen Süßmäuler auf ihre Kosten.*

Santa Fe Farmers Market: *Santa Fe Railyard (nahe Paseo de Peralta), https://santafe farmersmarket.com/, Apr.–Nov. Sa u. Di 7–13, Mai–Okt. auch Mi 15–20 Uhr. Frische Marktprodukte und leckere Kleinigkeiten (Burritos, Gourmet-Café, Kuchen).*

Veranstaltungen (Auswahl)

Im Museum **El Rancho de las Golondrinas** *finden zahlreiche Festivals der spanischen und mexikanischen Gemeinde statt, Infos: ✆ 471-2261, https://golondrinas.org/festivals/.*

Ende Juni/ Anfang Juli: **Annual Rodeo of Santa Fe**: *3237 Rodeo Road. Rodeo, Stierkämpfe und Volksfest. ✆ 988-1234 (Tickets), www.rodeodesantafe.org.*

Mai–August/Dezember: **Festival Santa Fe**: *musikalische Festivitäten, wie z. B. „The Santa Fe Opera" (www.santafeopera.org), „Santa Fe Chamber Music Festival" (www.santafecham bermusic.com) sowie im Dezember das „Santa Fe Film Festival" (www.santafefilmfestival.com).*

Sommer: *verschiedene kunsthandwerkliche Shows und Kunstausstellungen mit Schwerpunkten auf Western Art und Kunst der Pueblo-Indianer. www.southwestart.com/events.*

Juli: **Annual Spanish Market**: *auf der Plaza (Palace of the Governors). Kunsthandwerker der spanischen Gemeinde stellen aus. Hier findet sich alles: von Teppichen über Textilien bis hin zu Tonwaren, dazu Rahmenprogramm. http://spanishcolonial.org/spanish-summer-market-santa-fe/.*

August: **Annual Indian Market**: *auf der Plaza und in der De Vargas Mall. Größter Kunsthandwerksmarkt der amerikanischen Indianer. Mehr als 800 Künstler stellen aus. Rahmenprogramm mit Shows und Musik. www.swaia.org.*

2. Wochenende im September: **Fiestas de Santa Fe**: *im ganzen Innenstadtbereich. Großes Volksfest mit Tanzvorführungen, Kunsthandwerkermärkten und religiösen Festivitäten. Historischer Hintergrund. www.santafefiesta.org.*

Alternativroute I: von Leadville über Taos nach Santa Fe

Landschaftlich ist diese Strecke nicht so schön wie die über Montrose und Silverton, dafür aber um mindestens zwei Tage kürzer. Außerdem bietet sie die Gelegenheit, bei Alamosa (oder sogar schon bei Salida) die Rocky Mountains Richtung Osten zu verlassen und dann den Routen des letzten Kapitels zu folgen.

Whitewater Capital

Auf dem US 24 geht es in südlicher Richtung. Erster auffälliger Ort an dieser Strecke ist **Buena Vista**. Ehemals ein rauer Platz mit z.T. sehr bleihaltiger Luft und einem Ruf als „Rowdy Dance Hall of the West", bietet es heute vor allem den Outdoorfans eine Reihe von Möglichkeiten. Diese Tatsache hat ihm nun den eher friedlichen Beinamen „Whitewater Capital of Colorado" eingebracht. Hinter Buena Vista nehmen Sie den US 285, der kurz hinter Poncha Springs den Poncha-Pass hinaufführt. Oben angekommen, bleiben Sie fast auf dieser Höhe, und das weite **San Louis Valley** öffnet sich vor Ihnen. Das wüstenartige Hochtal des San-Louis-Flusses liegt auf etwa 2.300 m Höhe und ist so groß wie Zypern. Bei Mineral Hot Spring fahren Sie weiter auf dem CO 17. Kurz vor Mosca geht nach Osten eine kleine Straße zum **Great Sand Dunes NP**. Die großen und in dieser Landschaft unnatürlich wirkenden Dünen am Fuße der über 4.000 m hohen Sangre de Christo Range fallen schon von weitem auf.

Great Sand Dunes National Park

Die Dünen hier gehören mit über 200 m Höhe zu den größten der Welt. Wie kamen sie hierher? Es gibt hier alle drei Voraussetzungen für die Formung von Sanddünen: Sand, Wind und eine natürliche Falle. Von schmelzendem Schnee genährt, haben die Flüsse seit Jahrtausenden Sand, Schlamm und Kies in das San-Louis-Becken getragen. Die meisten der Flüsse versiegen hier, da keine Abflussmöglichkeit gegeben ist. Der spärliche Pflanzenbewuchs des Tals kann den Sandboden nicht festhalten. Südwestliche Winde tragen nun Staub- und Sandkörner in Richtung Sangre de Christo Range. Aber nur der feine Staub kann die Berge „passieren". Der Sand bleibt in der Krümmung unterhalb der Bergkette hängen und häuft sich zu Dünen an. Vergleiche von Fotografien von 1927 und heute belegen mittlerweile, dass die Dünen sich nur noch wenig verändern. Durch die künstlich geschaffenen Grasflächen für die Rinderfarmen wird weniger Sand als früher freigesetzt und eingeblasen.

Östlich des Parks fließt der Medano-Creek in die Dünen und versickert in ihnen, mal weiter vorne, mal weiter in den Dünen selbst. **Vegetation** gibt es auf

Redaktionstipps

- **Unterkünfte**: in einem Motel in **Alamosa** nahe dem Great Sand Dunes NP (S. 611), in der rustikalen **The Lodge at Chama** (S. 612) und im **Historic Taos Inn** (S. 616).
- **Früh losfahren**, um am selben Tag noch bis Taos zu kommen (Leadville-White Sand Dunes-Taos: 245 Meilen). Sollten Sie eine Fahrt mit dem historischen Zug einplanen, benötigen Sie zwei Tage.
- Nehmen Sie sich **die meiste Zeit für den Great Sand Dunes NP** (S. 608), und unternehmen Sie dort auch eine Wanderung auf die Dünen. Die **Jeeptouren durch den Great Sand Dunes NP** werden hervorragend erläutert, die Zeit dafür lohnt sich.
- Eine Fahrt mit der historischen **Cumbres & Toltec Scenic Railroad** (S. 611) ist ein weiteres Highlight.
- **Taos** (S. 613) ist beschaulicher als Santa Fe (S. 599ff), doch auch hier macht sich der Tourismus deutlich bemerkbar.

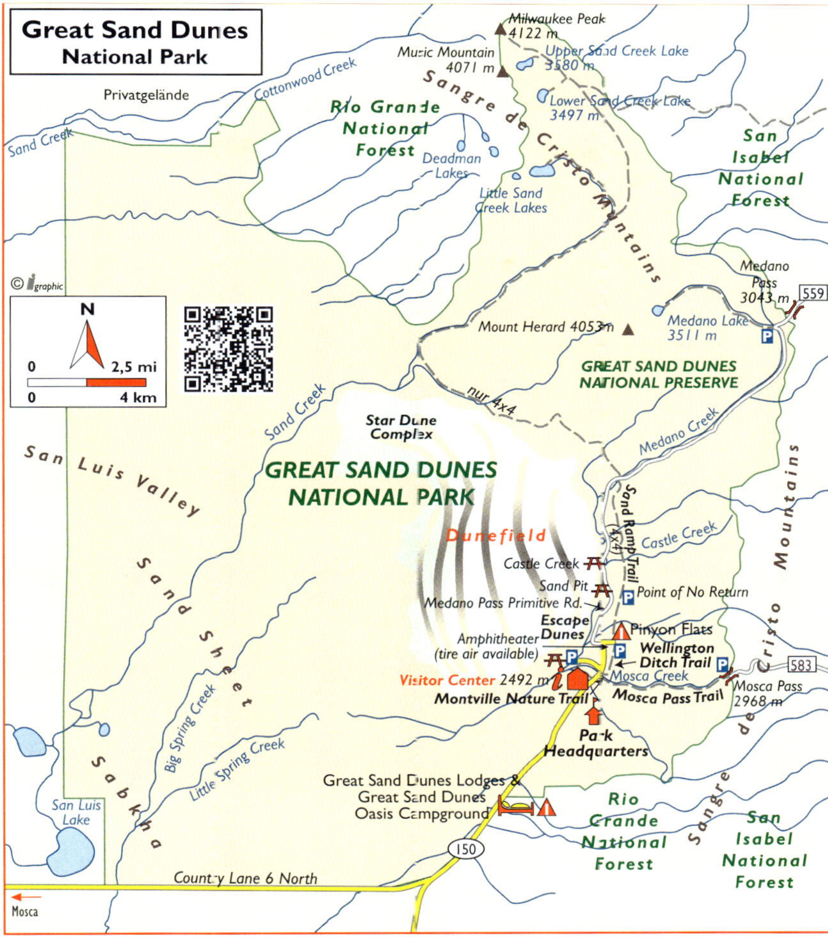

den Dünen wenig, da Wassermangel und die sich immer wieder verändernde Oberfläche den Pflanzen keine Chance geben, „Fuß zu fassen“. Ausnahmen bilden geschützte Vertiefungen, wo sich schon mal Grasfluren bilden können (eine Art von Wicken).

Man fährt am besten zuerst zum Visitor Center, wo es u. a. eine Ausstellung zur Naturgeschichte des gesamten San-Louis-Tals gibt. Etwa eine Meile vom Visitor Center entfernt gibt es ein Picknickgebiet, dessen Parkplatz sich als Startpunkt für Wanderungen anbietet (wegen der Hitze am besten vormittags bzw. spät nachmittags). Wege gibt es nur wenige. Laufen Sie einfach mal los, weit kommt man ohnehin nicht. Das Sandlaufen strengt ungemein an. Für den Rückweg daran denken! Die beliebteste Wanderung führt zur **High Dune** (210 m hoch, Dauer 1 ½–2 Std.), von wo Sie aus auf die anderen Dünen schauen können. Schön ist auch die halbtägige Wanderung entlang des auf langen Strecken beschatteten **Mosca Pass Trail**, den bereits die Indianer genutzt haben.

Hinweis

- *Bei **Gewitter** wegen Blitzgefahr sofort die Dünen verlassen!*
- *Der **Sand wird im Sommer so heiß**, dass man nicht barfuß laufen sollte – und immer **Trinkwasser** mitnehmen!*

Bis zu 210 m hohe Sanddünen gibt es im Great Sand Dunes NP

Weiter geht es durch das Farmnest **Alamosa** und dann entlang dem US 285 in südlicher Richtung. Bei Romeo bietet sich dem Boxfan die Gelegenheit, 3 Meilen nach Osten nach **Manassa** zu fahren, dem Geburtsort des legendären Champs Jack Dempsey. Ein kleines Museum *(412 Main St., Mem.–Labor Day, Di–Sa 10–17 Uhr, Rest des Jahres vorher anrufen, www.museumtrail.org/jack-dempsey-museum.html, ✆ (719) 843-5207)* erinnert an den „Manassa Mauler", wie er besonders in seiner frühen Zeit genannt wurde. Die **Rio Grande Scenic Railroad**, eine historische, von einer Diesellok gezogene Bahn mit Aussichtswaggons (Panorama-Deck), verkehrt zwischen Memorial und Labor Day sowie an einigen anderen Wochenenden zwischen Alamosa und La Veta (Abfahrt ca. 9–10, Rückkehr ca. 17 Uhr). Sie passiert dabei die Great Sand Dunes und führt über den La Veta Pass (✆ *1-877-726-7245, www.coloradotrain.com*).

Jack Dempsey

Reisepraktische Informationen Great Sand Dunes National Park und Alamosa, CO

VORWAHL 719

Information

Visitor Center, *11500 CO 150, 4 Meilen in den Park hinein, tgl. geöffnet, ✆ 378-6399, www.nps.gov/grsa. Es gibt keine Hotels im Park.*

Unterkunft

Best Western Alamosa Inn $$: *2005 Main St., Alamosa, ✆ 589-2567, http://book.bestwestern.com. Sauberes, ansprechendes Motel. Indoor-Pool, Hot Tub.*
Great Sand Dunes Lodge $$–$$$: *nahe dem Parkeingang, 7900 CO 150 (Mile Marker 16), Mosca, ✆ 378-2900, www.gsdlodge.com. Eher ein Motel. Eine Alternative bietet nahebei das* **Grand Sand Dunes Oasis $$–$$$:** *7800 CO 150, ✆ 378-2222, www.greatdunes.com. Restaurant (Mai–Sept.).*
Zapata Ranch $$$$–$$$$$: *5303 CO 150 (wenige Meilen südlich des Parks), ✆ 378-2356, www.zranch.org. Dieses schöne Resort wurde von der „Nature Conservancy" übernommen, die hier jetzt Bisons und Rinder züchtet und Hirsche schützt. Man kann hier nur im Rahmen eines Ranch- und Naturprogramms übernachten (Mind. 3 Nächte, dafür ca. $ 1.600 p.P., alles inkl.). Die Programme dauern 3–7 Tage und mit dabei sind z. B. Rindertriebe (Sie reiten selbst!). Viele Wanderwege umgeben das Resort. Die Zimmer sind rustikal eingerichtet. Das alte Farmhaus stammt von 1889. November bis Memorial Day (im Mai) geschlossen. Weitere Hotels unter www.alamosa.org.*

Campinggelegenheit

Pinon Flats *im Park. Einfach, kein Strom, keine Duschen, Reservierung nur für einige Plätze möglich: www.recreation.gov, ✆ (518) 885-3639, 1-877-444-6777. Ansonsten kann man an o. g.* **Grand Sand Dunes Oasis campieren** (auch RVs).

Antonito, ein paar Meilen südlich am Highway, ist heute ein ziemlich heruntergekommenes Städtchen, dessen Häuser aber auf eine wohlhabendere, oder besser: belebtere, Zeit hinweisen, nämlich als die Eisenbahn hier noch einen wichtigen Versorgungsstützpunkt unterhielt. Heute erinnert daran die **Cumbres & Toltec Scenic Railroad**, eine weitere historische Bahnlinie für Touristen und – neben dem „The Silverton" von Durango aus – die schönste. Die Strecke, die früher bis Durango führte, ist großenteils demontiert. Wenn Sie aber Spaß an Eisenbahnen haben und einen halben bzw. ganzen Tag erübrigen möchten, können Sie von Antonito aus die 64 Meilen auf der alten und wunderschönen Bahnroute bis **Chama**, NM, mitfahren. Unterwegs geht es an der Toltec Gorge vorbei und über den gut 3.000 m hohen Cumbres Pass. Zurück werden Sie dann mit einem Kleinbus befördert. Natürlich können Sie auch in Chama starten (was eigentlich besser wäre).

Eine der schönsten Eisenbahnstrecken

Für die Halbtagesstrecke steigen Sie bei Osier aus und werden von dort zurückgebracht. Der Bahnhof ist in Antonito nicht zu übersehen. Übrigens ist auch die Straße nach Chama (CO 17) schön!

Reisepraktische Informationen Chama, NM

VORWAHL 575

Information

Visitor Info Center/Chamber of Commerce: *2372 NM 17, ✆ 756-2306, www.chamavalley.com.*

Historische Eisenbahn

Cumbres & Toltec Scenic Railroad: *✆ 756-2151, 1-888-286-2737, www.cumbrestoltec.com. 64 Meilen (One-Way) lange, historische Bahnfahrt über Amerikas höchsten Eisenbahnpass nach Antonito, CO. Die Bahn verkehrt von Memorial Day bis Mitte Oktober. Abfahrt tgl. 10 Uhr. Von Antonito geht es zurück mit einem Bus (die Tour gibt es auch andersherum). Es gibt auch die Möglichkeit, zwischendurch in Osier auszusteigen bzw. dort hin- und zurückzufahren. Rechnen Sie bei der Antonito-Tour mit einem vollen Tag.*

In Osier treffen sich die Züge – Mittagspause

Unterkunft

Luxuriös und für $$$$ übernachten Sie u.a. auf den rustikalen „Ranch-Lodgen" (auf denen Großwild gejagt wird) wie z.B.: **The Lodge at Chama** *(16253 US 84, ✆ 756-2133, www.lodgeatchama.com).*

Die **Elkhorn Lodge $$** *(Rt. 1, 2 Meilen südl. vom Ortskern, ✆ 756-2105, www.elkhorn-lodge.net) ist ein recht günstiges Motel, auch mit Holzhäuschen. Dazu Hot Tub. Es gibt weitere, einfache Motels südlich und im Ort sowie ein paar kleine Restaurants.*

Für Camper und Wohnmobilisten eignet sich der **Rio Chama RV-Campground** *am besten, denn er liegt nicht zu weit entfernt vom Bahnhof: 2,5 Mi nördl. der Kreuzung US 84/64, 182 NM 17, ✆ 756-2303, www.riochamarv.com.*

Alternativroute 2: Hwy./US 50, „Crossroad of the Rockies“

Biegen Sie bei Poncha Springs nach Osten auf der US 50 ein. Die erste kleine Stadt ist **Salida** mit ein paar netten Häusern aus der Zeit um 1900 im Zentrum sowie einem beeindruckenden Angebot an Whitewater-Rafting-Abenteuern. Ghost Towns (und solche, die es gerne sein wollen) finden sich in der Umgebung.

Der Highway selbst führt nun durch das z.T. schluchtartige Tal des Arkansas River. Bei Parkdale trennt sich die Straße vom Fluss, und wenige Meilen weiter beginnen Sie bereits zu ahnen, was auf Sie zukommt. Dutzende von Schildern, bunt, groß und die unmöglichsten Dinge anbietend, begleiten Sie bis zum Abbieger zur **Royal Gorge Bridge**. Diese Brücke ist die höchste der Welt und überspannt die über 350 m tiefe Schlucht, die der Arkansas River hier in den Felsen geschnitten hat und wurde niemals für den Autoverkehr freigegeben. Ein imposanter Anblick, besonders wenn sich tief unten im Canyon die **Royal Gorge Route Railroad** (s.u.) wie eine kleine Raupe am Fluss entlang windet. Einmalig ist auch das Gefühl der Tiefe, wenn man die Holzplanken dieses architektonischen Meisterwerks überquert. Von einer Aussichtsplattform hinter dem Souvenirshop und vom Visitor Center an der North Rim aus lassen sich die besten Fotos von dem Gesamtwerk machen. Es gibt hier unzählige Souvenirshops, Anbieter von Wildwasserfahrten und Hubschrauberflügen, Imbisse, Campingplätze usw.

350 m hohe Brücke

Entlang der 3 ½ Meilen von der Hauptstraße zur Brücke selbst nimmt das auch kein Ende: Wildwestdörfer, Wasserrutschen und, und, und ... Die Brücke zu betreten kostet Eintritt. Mit der **Seilbahn** über die Schlucht zu fahren lohnt sich wirklich. Ein „Thrill“ ist die **Zip-Line**, eine Sesselliftfahrt über die gesamte Schlucht oder die **Schwungschaukel**

Die Royal Gorge Bridge überspannt den Arkansas River

(Skycoaster). Das kostet natürlich alles extra. Schauen Sie sich auch den Film über den Bau der Brücke und die Geschichte der Region an.

Steile Bahn

Man kann auch mit einer **Zahnradbahn** in die Schlucht fahren. Es ist die steilste Zahnradbahn der Welt (Winkel: 45°!). Das Tierfutter, um die „wild" herumlaufenden Rehe und Hirsche zu füttern, muss man kaufen. Hierzu noch der Tipp: Auf der gesamten Zufahrtsstraße vorsichtig fahren, die Tiere stehen an der Straße.
Royal Gorge Bridge & Park, *✆ (719) 275-7507, www.royalgorgebridge.com, ab $ 23, Öffnungszeiten variieren, in der Hauptsaison (bis Mitte August) Mo–Fr 10–19, Sa/So 9.30–19.30 Uhr, Rest des Jahres Kernzeit 10–18/19 Uhr. Brücke ist ganzjährig offen bis Sonnenuntergang.*

Nachdem Sie das Umfeld der Brücke verlassen haben, kommen Sie als nächstes nach Cañon City.

Cañon City

Die Gegend am unteren Ausgang des Arkansas Canyon wurde bereits von den frühen Ute-Indianern als Jagd- und Weidegebiet genutzt. Mit den Gold- und Silberfunden in den umliegenden Bergen kamen während der zweiten Hälfte des 19. Jh. dann die Prospektoren und verspielten beim Poker in den zahllosen Saloons ihr Geld. Auch Schießereien waren an der Tagesordnung. Kein Wunder also, dass hier bereits damals eines der größten Gefängnisse des Westens gebaut wurde. Einen Aufschwung erlebte die kleine Stadt dann mit dem Bau der Eisenbahnlinie, die hier durch den Canyon in den Westen führt.

Gefängnis-Museum

Heute ist die Stadt selbst eigentlich weniger attraktiv, sieht man einmal von den historischen Gebäuden entlang der Main Street sowie den Dinosaurierfunden in der Umgebung ab (Infos im Visitor Center). Interessant mag für den einen oder anderen Mutigen vielleicht das **Museum of Colorado Prisons** sein. Das moderne Gefängnis fällt bereits vom Highway aus auf. Hier wird die Geschichte des Strafvollzugs z.T. sehr plastisch und „realitätsnah" präsentiert: Eine Revolte wird z. B. mit einer aufgebrochenen Tür und Blutflecken am Boden nachgestellt, und manches echte Foto von Gehängten ist nicht jedermanns Sache. Hier im Gefängnis wurden zahlreiche Exekutionen durchgeführt.
Museum of Colorado Prisons, *201 1st St., ✆ (719) 269-3015, www.prisonmuseum.org, Mitte Mai–Ende Sept., tgl. 10–18, Okt.–Mitte Mai Mi–So 10–17 Uhr, $ 7.*

Eisenbahnfans haben in Cañon City die Gelegenheit, mit der **Royal Gorge Route Railroad** (Santa Fe Depot) auf einer 24 Meilen langen Fahrt (2 Stunden) durch den Canyon zu fahren.
Royal Gorge Route Railroad, *Abfahrten und Themen der Tour variieren. Grundsätzlich gibt es Fahrten von Mitte März bis Dezember, wobei diese im Sommer natürlich häufiger stattfinden, ✆ (719) 276-4000 bzw. 1-888-724-5748, www.royalgorgeroute.com, ab $ 44 (einf. Sitz), ab $ 69 (Aussichtswagen).*

Eine weitere Möglichkeit, den Canyon zu erleben, sind **Wildwasserfahrten (Rafting)**, die von Cañon City aus organisiert werden.

Ansonsten lebt Cañon City heute von den Sehenswürdigkeiten der Umgebung. Besonders empfehlenswert sind die Berge nördlich der Stadt. Es bietet sich z. B. die Möglichkeit, über eine Piste entlang dem Fourmile Creek (CR 9/CO 67, 29 Meilen) oder etwas östlich entlang der Phantom Canyon Road (CO 67, 29 Meilen) nach **Cripple Creek** und **Victor** zu fahren. Am besten vorher im Visitor Center über den Zustand der Strecken erkundigen, diese sind eigentlich nur für etwas geländegängigere Fahrzeuge ausgelegt.

Nach Pueblo führt nun von Cañon City ein vierspuriger Highway. Wer nach Colorado Springs möchte, biegt bereits bei Florence auf den CO 115 ab.

Reisepraktische Informationen Cañon City, CO

VORWAHL 719

Information

Chamber of Commerce: *403 Royal Gorge Blvd., ✆ 275-2331, 1-800-876-7922, www.canoncity.com.*

Unterkunft

Florence Rose B&B $$$**: *1305 West 3rd St., Florence, CO 81226, ✆ 784-4734, www.florencerose.com. 5 Zimmer und 2 Suiten ($$$$) in einem angenehmen Haus von 1886. Zudem gibt es noch eine Reihe von* **Franchise-Motels *entlang dem US 50.*

Camping

Royal View Campground: *43590 US 50 W (8 Meilen westl. von Cañon City, nahe Royal Gorge), ✆ 275-1900, www.royalviewcampground.com. Neben einer Reihe anderer Campingplätze in der Gegend erschien uns dieser am schönsten. RV und zelten.*

Die schnelle Alternative: von Denver über Colorado Springs nach Santa Fe

Entfernungen

Denver – Colorado Springs: 70 Meilen/113 km
Colorado Springs – Pueblo: 40 Meilen/64 km
Pueblo – Trinidad: 89 Meilen/143 km
Trinidad – Santa Fe: 190 Meilen/305 km

Überblick und Sehenswertes

Diese Strecke sei nur denjenigen als Alternative angeboten, die wenig Zeit haben bzw. die sich Colorado Springs und seine Sehenswürdigkeiten ansehen möchten. Die Streckenführung verläuft immer entlang dem I-25, unterhalb der Rocky Mountains. Größere Städte sind Colorado Springs und Pueblo.

Routenempfehlung

Immer entlang dem I-25

Redaktionstipps

- Absoluter **Übernachtungsknüller** ist das „Broadmoor Hotel", das aber wirklich seinen Preis hat (S. 623/624)!
- Konzentrieren Sie Ihre Zeit auf dieser Route auf **Colorado Springs** und seine landschaftlich bezaubernde Umgebung mit: **Manitou Springs** (S. 623), **Tour auf den Pikes Peak** (mit Auto oder Zahnradbahn (S. 624), Steinformationen im **Garden of the Gods** (S. 622), **hist. Minenstädte** (S. 622f) u.v.m.
- Die National-Monumente weiter südlich sind zwar sehenswert, bieten aber nichts Besonderes und sollten höchstens als „Lückenbüßer" auf dem Weg nach Santa Fe dienen.
- **Zeiteinteilung: 2 Tage**, davon die meiste Zeit für Colorado Springs.

Colorado Springs bietet einige touristisch interessante Punkte und eine weitere Chance einen kurzen Abstecher in die Berge zu machen, wenn Sie zwei Tage für diesen Streckenabschnitt einplanen. Pueblo ist eine Industriestadt, deren Reiz nur in der Architektur des frühen 20. Jh. besteht, Wirtschafts- und Industriegebäude eingeschlossen. Las Vegas (New Mexico) ist wegen seines historischen Stadtkerns ebenfalls einen kurzen Stopp wert.

Colorado Springs

Colorado Springs wurde 1871 als Erholungsort für Eisenbahner und Soldaten gegründet. Gründungsvater war General William J. Palmer. Heute ist „Colo Spg", wie es auf vielen Straßenschildern lautet, eine blühende Industriestadt mit Hightech-Firmen wie z. B. Hewlett Packard, Sitz des **US Olympic Committee**, des **US Olympic Training Center** und auch verschiedener militärischer Einrichtungen, vornehmlich der **US Airforce (1)**, die im Norden der Stadt eine Akademie besitzt, die man täglich besichtigen kann (Exit 156B vom I-25, www.usafa.af.mi, Pass mitbringen). Das Militär ist mit 45.000 Angestellten der größte Arbeitgeber. Der Großraum der Stadt selbst zählt heute über 460.000 Einwohner (Metro Area: 700.000 E.). Die Stadt Colorado Springs ist wenig ansehnlich, dafür aber umso mehr ihr Umfeld mit den Gardens of the Gods, der herausragenden Hotelanlage des The Broadmoor und vor allem Manitou Springs, einem überschaubaren Urlaubsort im Tal oberhalb von Colorado Springs, von dem aus auch die Zahnradbahn hinauf zum Pikes Peak fährt. Auch die weitere Umgebung ist besuchenswert, sodass sich selbst ein zweitägiger Aufenthalt für die Erkundung hier anbieten würde.

Für Kinder

Als Tor zu den Rocky Mountains spricht die Stadt viele Familien aus dem Osten an, die im Vorort Manitou Springs absteigen. Besonders für Familien mit Kindern gibt es zudem nette, kleine Museen in Colorado Springs, wie z. B.:

Pro Rodeo Hall of Fame mit dem Cowboy Museum (9), *101 Pro Rodeo Drive/am Rockrimmon Blvd., I-25-Exit 148, ✆ (719) 528-4764, www.prorodeohalloffame.com, tgl. 9–17 Uhr (Sept.–April nur Mi–So), $ 8.*

World Figure Skating Museum & Hall of Fame (8), *20 1st St. (beim Broadmoor Hotel), ✆ (719) 635-5200, www.worldskatingmuseum.org, Di–Fr 10–16 Uhr, $ 5, zum Thema Eiskunstlauf.*

Peterson Air & Space Museum (6), *Peterson Air Force Base, 150 East Ent Avenue, nahe dem US 24, Di–Sa 9–16 Uhr, www.petemuseum.org, den Besuch muss man vorher anmelden, ✆ (719) 556-4915, frei.*

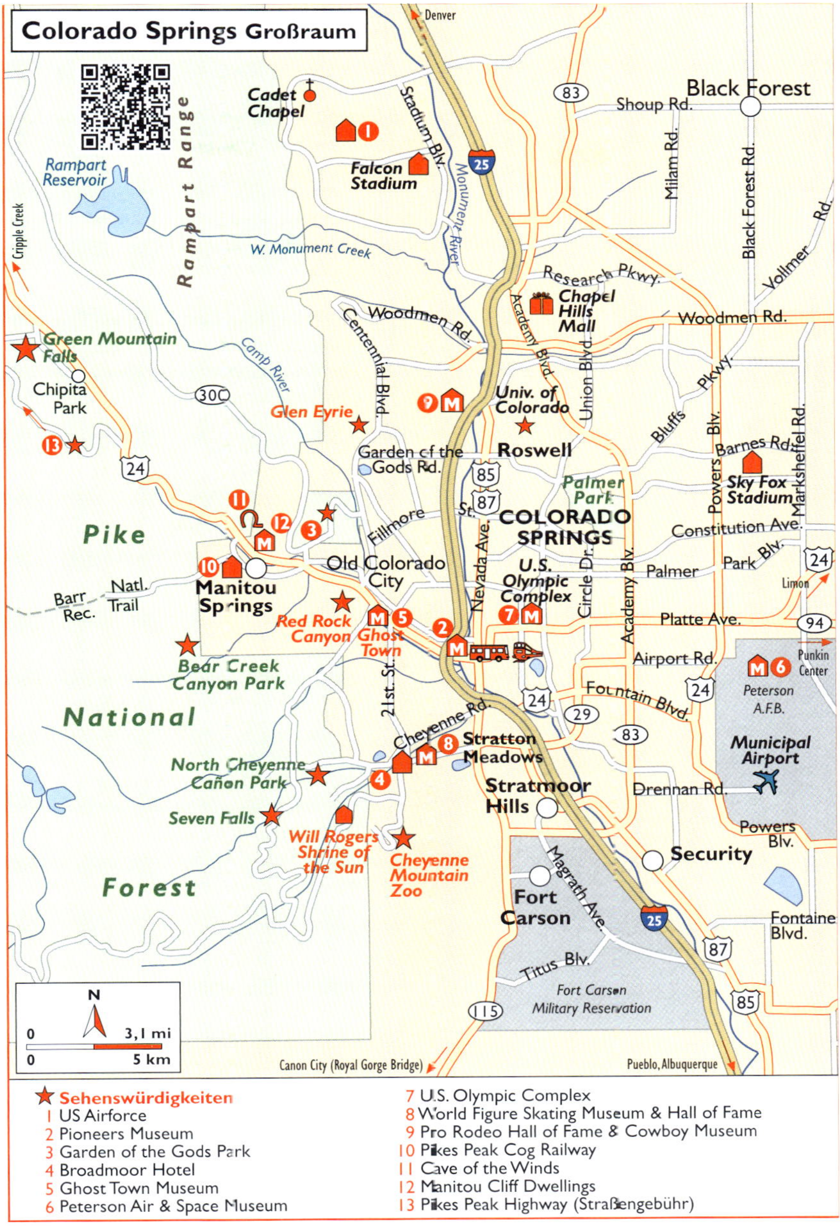

★ **Sehenswürdigkeiten**

1 US Airforce
2 Pioneers Museum
3 Garden of the Gods Park
4 Broadmoor Hotel
5 Ghost Town Museum
6 Peterson Air & Space Museum
7 U.S. Olympic Complex
8 World Figure Skating Museum & Hall of Fame
9 Pro Rodeo Hall of Fame & Cowboy Museum
10 Pikes Peak Cog Railway
11 Cave of the Winds
12 Manitou Cliff Dwellings
13 Pikes Peak Highway (Straßengebühr)

Ghost Town (5), *400 S. 21st St., ✆ (719) 634-0696, www.ghosttownmuseum.com, Juni–Aug. Mo–Sa 9–18, So 10–18 (sonst tgl. 10–17) Uhr, $ 8.* Das Museum befasst sich mit dem Leben im „Wilden Westen".

Der **US Olympic Complex (7)**, wo die Olympia-Hoffnungen der USA trainieren, kann ebenfalls besucht werden *(1 Olympic Plaza, verschiedene Tourangebote: Mo–Sa 9–16/16.30 Uhr, ✆ (719) 866-4618, www.teamusa.org, ab $ 12).*

Das **Western Museum of Mining & Industry** ist ein durchaus lohnendes Minenmuseum mit vielen Vorführungen *(225 North Gate Blvd., I-25 Exit 125 A, gegenüber der US Airforce* **(1)**, *Mo–Sa 9–16 Uhr, ✆ (719) 488-0880, www.wmmi.org, $ 9).*

Geologisch einzigartig an dieser Stelle: Garden of the Gods

Die **Downtown** von Colorado Springs ist wenig einladend, sieht man einmal ab von den Restaurants und Abendkneipen entlang der Tejon Street und dem **Pioneers Museum (2)**, das sich im ehemaligen Gerichtsgebäude der Stadt befindet. Es zeigt eine interessante Ausstellung zur Geschichte der Region.
Pioneers Museum, *215 S. Tejon St., ✆ (719) 385-5990, www.cspm.org, Di–Sa 10–17 Uhr, frei.*

Ein Höhepunkt, der zwar nicht ganz mithalten kann mit den Farben und Formen der Canyonlands in Utah, ist der **Garden of the Gods Park (3)**. Verschiedene bunte, bis zu 300 Mio. Jahre alte Felsformationen, die durch Erosion anders geformt sind als ihr Umfeld und die sich im Licht von den dunklen bzw. grünen Bergen im Hintergrund abheben, beeindrucken Urlauber und Geologen zugleich. Entstehung und Erhalt der Felsen, den Kräften von Wind und Wasser zum Trotz, sind eine erdgeschichtliche Einmaligkeit. Im VC gibt es eine Multimedia-Präsentation zur geologischen Entstehung. Man kann hier wandern, Klettern, Mountainbiken, Fahrradfahren (kein Verleih vor Ort), Picknicken oder sich mit einem historischen Bus bzw. einem Jeep (Abfahrt jeweils stdl.) herumfahren lassen. Für Fotografen bieten sich besonders abends eindrucksvolle Motive und Farben.
Garden of the Gods Park, *1805 N. 30th St., ✆ (719) 634-6666, www.gardenofgods.com, tgl. 9–17, im Sommer 8–19 Uhr, frei.*

Die **Historic Old Colorado City** *(Colorado Avenue zw. 23rd und 30th St.)* lädt zu einem kurzen Schlendern ein. Es gibt ein paar nette Geschäfte sowie Restaurants und Lokale für junge Leute. Vieles davon in historischen Gebäuden. Hier finden Sie auch das kleine **Simpich Showcase & Museum** *(2413 W. Colorado St., ✆ (719) 465-2492, www.simpich.com, Mo–Sa 11–16, Fr bis 20 Uhr, frei)*. Ehemals eine Puppen-Manufaktur, wurde das Gebäude von dem Sohn des Puppenmachers nun umfunktioniert zu einer Galerie, in der u. a. auch Puppen sowie Marionetten aus der alten Zeit zu sehen sind und Marionetten-Spiele aufgeführt werden.

Puppen- und Marionetten-Spiele

Broadmoor Hotel (4)

Das Broadmoor am Lake Circle (an der Lake Avenue) ist eine Institution für sich und mit Sicherheit **das** Hotel im Südwesten. Natürlich bieten Hotels und Resorts in Phoenix, Dallas oder Houston den gleichen Standard, aber nirgendwo sonst hat man die Ruhe und werden so viele Freizeitmöglichkeiten geboten wie hier … und dazu stimmt auch noch das Ambiente. Das Hotel bietet neben einer Eiskunsthalle internationalen Standards 16 Tennisplätzen, drei 18-Loch-Golfplätze, ein tolles Spa und einen hauseigenen See, auf dem man Tretboot fahren oder gemütlich herum spazieren kann. Für Ausritte in die Berge stehen erfahrene Reitlehrer zur Verfügung. Abends laden 18 verschiedene Restaurants ein.

Nicht weit vom Broadmoor Hotel führt übrigens die Cheyenne Canyon Road hinauf zu den **Seven Falls**. Der Name verrät schon alles und die Landschaft des kleinen Canyons ist ebenfalls bezaubernd! Zur Oberkante der Fälle muss man noch 224 Stufen hinaufsteigen … oder den Fahrstuhl nehmen.

Manitou Springs

Die kleine Stadt hat neben Motels und Restaurants auch einen historischen Ortskern. Er passt sich malerisch in das Tal am Fuße des Pikes Peak ein. Schlendern Sie ein wenig durch die Straßen. Von der Ruxton Road geht die **Zahnradbahn („Cog Train“/ „Pikes Peak Cog Railway“)** **(10)** ab auf die 4.300 m hohe Spitze des Pikes Peak. Damit ist sie die höchste Bahn der Welt und ähnelt sehr den Bahnen in der Schweiz, z. B. der Jungfrau-Bahn. Bezaubernd der Ausblick von oben, aber bereits die Fahrt bietet eine reizende Landschaft, und nicht selten sieht man Tiere. Oben angekommen locken die legendären Donuts zu einem Snack. Der Pikes Peak war es auch, der die bekannte Schriftstellerin Katherine Lee Bates zu ihrem Loblied „America the Beautiful“ veranlasste.

„America the Beautiful“

Pikes Peak Cog Railway, *515 Ruxton Ave., Manitou Springs, ✆ (719) 685-5401, www.cograilway.com. Die Rundfahrt dauert etwa 3 Stunden. 5–8mal tgl. von Mitte März bis Oktober, Nov./Dez. 2–4mal tgl. und von Januar bis Mitte März je nach Wetterlage und nur bis zum Inspiration Point auf 3.500 m. Abfahrtszeiten variieren. Reservierung empfohlen, ab $ 38.*

Und während Sie an der Talstation auf die Abfahrt warten (bzw. nach der Rückkehr), sollten Sie noch einen Blick werfen in das nahe **Miramont Castle**, einer viktorianischen Prunkvilla von 1895 mit architektonischen Reizen und einer Teestube (nur im Sommer).
Miramont Castle, *9 Capitol Hill, ✆ (719) 685-1011, www.miramontcastle.org, Mem. bis Labor Day tgl. 9–17, sonst Di–So 10–16 Uhr, $ 9.*

Neben den bereits oben angeschnittenen kleinen Museen gibt es noch die **Cave of the Winds (11)**. Hier kann man eine 1 Meile tiefe Höhle besichtigen. Leider ist alles sehr

touristisch, und die gebotenen Sound- und Licht-Effekte erinnern eher an eine Hollywood-Produktion. Aber mit etwas Fantasie werden Sie die Schönheit der Höhle doch genießen und auch etwas über Höhlen und die Gesteinsformationen erfahren.
Cave of the Winds, *Cave of the Winds Rd./US 24, ✆ (719) 685-5444, www.caveofthewinds.com, Juni–Aug. tgl. 9–21, Rest des Jahres tgl. 10–17 Uhr, ab $ 20.*

Eine letzte erwähnenswerte Sehenswürdigkeit in Manitou Springs wären die **Manitou Cliff Dwellings (12)**, eine kleine, 900 Jahre alte Pueblo-Felswohnung, die hier in das Museum gebracht wurde. Man munkelt, die Dwellings stammen aus dem Mesa Verde Park. Ob das stimmt, ist schwer zu beurteilen.
Manitou Cliff Dwellings, *US 24, ✆ (719) 685-5242, www.cliffdwellingsmuseum.com, tgl. 9–17/18 (Randsaison/Sommer), 10–16 Uhr (Dez.–Febr.), $ 10*

Schwindelfrei sollte man sein

Colorado Springs bietet sich weiterhin an als Ausflugsziel in die Berge. Sehr zu empfehlen wäre hierzu die Straße, die auf den **Pikes Peak** hinauf führt **(13)**. Die kostenpflichtige Straße beginnt in Cascade, wenige Meilen nordwestlich von Manitou Springs. Auf 20 Meilen werden über 2.000 Höhenmeter überwunden, und das auf einer z.T. sehr steilen und kurvenreichen Strecke. Das ist nur etwas für Schwindelfreie, doch die Landschaft entlang der Straße ist faszinierend. Nach 13 Meilen gibt es im Glen Cove Inn die Möglichkeit zu einem Snack, und auf der Spitze steht das Summit House für eine heiße Schokolade und Donuts zur Verfügung. Die braucht man sicherlich, denn selbst im Sommer ist es auf 4.300 m sehr kalt.

Reisepraktische Informationen Colorado Springs, CO

VORWAHL 719

Information
Visitor Information Center: *515 S.Cascade Ave., Colorado Springs, ✆ 635-7506, 1-800-888-4748, Mo–Fr, im Sommer auch Sa u. So, www.visitcos.com.*

Krankenhaus
Memorial Hospital: *1400 E. Boulder St., ✆ 365-5000*

Hotels und B&Bs
Tipp: *Auf www.pikespeakareabnbs.com findet man ansprechende B&Bs in und um Manitou Springs.*
El Colorado Lodge $$–$$$: *23 Manitou Ave., Manitou Springs, ✆ 685-5485, 1-800-782-2246, www.el-colorado-lodge.com. Rustikales Motel im Southwest Style. Saubere Zimmer (verteilt auf 26 „cabins") und günstige Preisen. In Manitou Springs gibt es zudem entlang der Manitou Avenue (Bus US 24) und seiner Seitenstraßen noch viele andere Hotels und Motels.*
Holden House 1902 B&B $$$: *1102 W. Pikes Peak Ave., Colorado Springs, ✆ 471-3980, 1-888-565-3980, www.holdenhouse.com. 6 verschiedenste Zimmer (teilweise Suiten mit eigenem Kamin). 2 Zimmer im Haupthaus sowie 2 im ehemaligen Kutschenhaus und im Nachbargebäude. Super-Frühstück. Ruhig gelegen.*
The Broadmoor Hotel $$$$$: *Lake Ave. am Lake Circle, I-25 exit 138, ✆ 623-5112 bzw. 1-855-634-7711 (Reservierung) od. 634-7711 (allg.), www.broadmoor.com. Eines der luxu-*

Ein Klassiker: The Broadmoor Hotel

riösesten Hotels westlich des Mississippi. Ein „Klassiker". Auch Unterkünfte in naher Ranch sowie „Wilderness Camps" (siehe dazu Internetseite sowie s. S. 623).

Camping

Garden of the Gods RV Resort: *3704 W. Colorado Ave., Colorado Springs, ✆ 475-9450, http://rvcoutdoors.com/garden-of-the-gods/. Alles vorhanden: Schatten, Pool, Waschautomaten, Whirlpool, Spielplatz etc.. Auch kleine Hütten und Cottages. Zelten erlaubt.*

Restaurants/ Pubs

Die Preisliste führen sicherlich das **Summit** *(Französische Spitzenküche) sowie der* **Penrose Room** *(Fine Dining der Spitzenklasse mit Aussicht) im Broadmoor Hotel (✆ 577-5733) an. In dem Hotel gibt es zudem noch zahlreiche andere Restaurants/Lokale, so z. B. das* **Golden Bee**, *ein englischer Pub mit entsprechenden Gerichten und abends Sing-along-Pianomusik.*

Airplane Restaurant: *1665 Newport Rd., Colorado Springs, ✆ 570-7656, www.theairplanerestaurant.com. Richtig, neben Plätzen im Restaurant gibt es hier auch welche in einem Boeing-Tankflugzeug von 1953! Natürlich ist auch das normale Restaurant mit Flugzeug Memorabilien ausgestattet. Das Essen – Burger, Sandwiches, Pasta, Salate – ist dabei nebensächlich.*

The Warehouse: *25 W. Cimarron St., ✆ 475-8880. Wild- und Fischgerichte aus der Region. Etwas teurer, aber wer nicht so tief in die Tasche greifen möchte, kann auch einen Elk- bzw. einen Bison-Burger bestellen.*

Edelweiss: *34 E. Ramona Ave., ✆ 633-2220. Bayerische Atmosphäre mit ebensolchen Gerichten (Schnitzel, Weißwurst etc.). Oft bayerische Volksmusik.*

Phantom Canyon Brewing Company: *2 E. Pikes Peak Ave. (Downtown), ✆ 635-2800. Brewpub im historischen Gebäude einer Eisenbahngesellschaft. Stimmung und typische amerikanische Gerichte (Burger, Pizzas, Salate, Steaks). Zu empfehlen ist auch, etwas südlich des I-25, die* **Bristol Brewing Company** *(1604 S. Cascade Ave.), die bestes Bier braut und dazu ebenfalls herzhafte Snacks und Burger anbietet.*
Weitere Restaurants gibt es entlang der **Tejon Street** *(Downtown), im* **Old Colorado City Hist. District** *(entlang der Colorado Ave.) sowie entlang der* **Manitou Avenue** *in Manitou Springs.*

Verkehrsmittel

Greyhound Busterminal: *120 S. Weber St., ✆ 635-1505*
Stadtbusse: *Metro Rides: ✆ 385-7433, https://coloradosprings.gov/mountain-metro/*
Taxis: *Yellow Cab: ✆ 634-5000*

Cripple Creek

Cripple Creek besaß um 1900 die reichsten Goldvorkommen der Welt, und selbst bis in die 1960er Jahre hinein, als die letzte Mine geschlossen wurde, gab es keinen geologischen Standort auf der Welt, der so viel Gold hervorbrachte wie diese Region. Heute ist besonders Cripple Creek dem Tourismus im wahrsten Sinne des Wortes zum Opfer gefallen. Im Sommer stürmen Tausende von Menschen die Stadt ... der Spielcasinos wegen.

Etwas ruhiger ist dagegen das nahe **Victor**, wo heute nur noch knapp 300 Menschen leben, von dem aber behauptet wird, dass seine Straßen mit Gold gepflastert sind. Hier befindet sich zudem Colorados ergiebigste und noch tätige Goldmine.

Minen-Tour

Nett ist eine Fahrt mit der **Cripple Creek & Victor Narrow Gauge Railway**. Die historische Bahn fährt auf einer 4-Meilen-Strecke vorbei an mehreren Minen und über restaurierte Holzbrücken.
Narrow Gauge Railway, *520 E. Carr St./Bennet Ave., ✆ (719) 689-2640, www.cripplecreekrailroad.com, Memorial Day bis Anfang Oktober, tgl. 10–17 Uhr (Abfahrten alle 40 Minuten), $ 15.*

Hauptattraktion am Ort ist die sehr gut erläuterte Tour durch die **Mollie Kathleen Mine**. Unter den Pionieren des 19. Jh. gab es nämlich auch Frauen, die es zu Geld, Ruhm und Ansehen brachten. Eine davon war Mollie Kathleen Gortner, die 1891 ihren Claim in der Nähe von Cripple Creek entdeckte und als erste Frau auf ihren Namen eintragen ließ. Die Goldmine hat die bis 1961 gefördert und auf der Tour fahren Sie u. a. in den 300 m tiefen Schacht.
Mollie Kathleen Mine, *9388 CO 67, ✆ (719) 689-2466, www.goldminetours.com, Ende Apr.–Okt. tgl. 10–16, im Sommer 9–17 Uhr, $ 20.*

Im **Cripple Creek Heritage & Information Center** *(9283 S. CO 67, www.visitcripplecreek.com)* erhalten Sie Infos und Karten für eine (selbstgeführte) historische Rundfahrt. Sie ist ca. 18 Meilen lang, dauert eine gute Stunde und begleitet Sie zu den wesentlichen Punkten, u. a. auch zum District Museum. Bleibt man über Nacht, sollte man eine Vorstellung im historischen und toll restaurierten **Butte Theater** nicht verpassen: gelungene Aufführungen überregional bekannter Schauspiel- und Musikgruppen *(139 E. Bennett Ave., ✆ (719) 689-3247, www.buttetheater.com. Kernsaison Ende Mai–Oktober).*

17 Meilen nördlich von Cripple Creek liegt das **Florissant Fossil Beds National Monument**. Vor fast 40 Mio. Jahren hat hier vulkanische Asche einen Regenwald bedeckt und damit konserviert. Wanderwege führen zu versteinerten Hölzern und zu Fossilien-Fundstellen.
Florissant Fossil Beds NM, *15807 CR 1, Florissant, Teller County Rd., ✆ (719) 748-3253, www.nps.gov/flfo, tgl. 9–17/18 Uhr.*

Alternativ zur direkten Rückfahrt nach Colorado Springs bieten sich zwei Schotterpisten an nach Süden zum US 50 (unbedingt vorher erkundigen, ob Strecken passierbar sind!). Landschaftlich sind sie besonders eindrucksvoll, für Wohnmobile nicht zu empfehlen. Am US 50 angekommen (Dauer: knapp 2 Std.), können Sie direkt nach Pueblo und weiter nach Süden fahren oder über den CO 115 zurück nach Colorado Springs. Für **Cañon City** und der **Royal Gorge Bridge** s. S. 617ff.

Auf Schotter gen Süden

Reisepraktische Informationen Cripple Creek, CO

Information

Cripple Creek Heritage Center: *9283 S. CO 67, Cripple Creek, ✆ (719) 689-3289, 1-877-858-4653, www.visitcripplecreek.com.*

Unterkunft

Imperial Hotel $$–$$$$: *123 N. 3rd St., ✆ (719) 689-2561, www.imperialhotel restaurant.com. Historisches Hotel (1896) mit viktorianischem Dekor, welches alleine schon eine Attraktion darstellt. Leider auch ein kleines Casino im Haus.*
Zudem gibt es auch eine Reihe von Bed & Breakfast-Unterkünften, so z. B. das historische **Carr Manor Historic Inn $$–$$$$** *(350 E. Carr Ave., ✆ (719) 689-3709, www.carrmanor.com), dessen Gebäude Ende des 19. Jh. als High School diente. Es gibt normale Zimmer bis hin zu Suiten.*

Pueblo

Pueblo ist eine nur bedingt ansprechende Industriestadt mit wenigen Touristen-Fazilitäten, denn die Stadt war bis in die 1960er Jahre das Stahl- und Eisenzentrum des Westens. Mit dem einsetzenden Hüttensterben begann auch Pueblos Stern zu sinken, wobei hier immer noch Stahl produziert wird – großteils aus recycelten Metallen, zudem Rohre und Schienen. Mittlerweile hat die Wirtschaft umgeschwenkt auf erneuerbare Energie: Vestas, der dänische Hersteller von Windkrafträdern, hat hier ein großes Werk und eine riesige Solarfarm beliefert die Stadt mit Energie.

Produktionszentrum

An den endlosen Vorort-Straßen stehen noch einige reizende viktorianische Häuser, in dem historischen Distrikt rund um die **Union Avenue** lässt es sich am **East Riverwalk** nett spazieren. Hier locken Lokale sowie gelegentliche Liveveranstaltungen Besucher an. Südlich davon, in Richtung Arkansas River und dem Stadtteil **Mesa Junction**, erinnert die Architektur der alten Warenhäuser und Kontore in vieler Hinsicht an die Städte im Nordosten.

Folgende Museen bieten sich an:
Pueblo-Weisbrod Aircraft Museum: Flugzeuge inkl. flughistorischer Erläuterungen und gleich gegenüber ein „Gedenkmuseum" für die Besatzungen der B-24-Bomber aus dem 2. Weltkrieg *(31001 Magnuson Ave./Airport, ✆ (719) 948-9219, www.pwam.org, Mo–Sa 10–16, So 13–16 Uhr, $ 9).*
El Pueblo History Museum: das lokale Geschichtsmuseum *(301 N Union Ave., ✆ (719) 583-0453, www.historycolorado.org, Mo–Sa 10–16 Do bis 20, So 12–16 Uhr, $ 5).*
Rosemount Museum: ehemaliges Wohnhaus des reichen Kaufmanns John A. Thatcher
Prunk und seiner Frau Margaret. Prunk von Marmor bis Gold *(419 W. 14th St. ✆ (719) 545-5290, www.rosemount.org, Di–Sa 10–15.30 Uhr, $ 6).*
Steelworks Museum of Industry and Culture: eindrucksvolles Museum, das sich nicht nur mit der Geschichte des Stahlerzeugung beschäftigt, sondern auch andere Wirtschaftszweige der Stadt vorstellt. Auf Gelände des ehemaligen Stahlwerks *(215 Canal St., ✆ (719) 564-9086, http://steelworkscenter.com, Mo–Sa 10–16 Uhr, $ 6).*

Ein Abstecher lohnt zum gut 70 Meilen östlich am US 50 gelegenen Bent's Old Fort. Von dort gäbe es dann auch die Möglichkeit weiter auf dem US 50 und dann nach Süden auf dem US 287 bis nach Amarillo zu fahren.

Reisepraktische Informationen Pueblo, CO

VORWAHL 719

Information
Pueblo Visitors Information Center: *302 N. Santa Fe Ave., ✆ 542-1704, 1-800-233-3446, www.pueblochamber.org.*

Unterkunft
Courtyard Pueblo Downtown $$$: *110 W. 1st St., ✆ 542-3200, www.marriott.com. Großes, modernes Innenstadt-Hotel nahe Riverwalk und Union Avenue, Indoor-Pool, Hot Tub.*
Edgar Olin House B&B $$–$$$: *727 W. 13th St., ✆ 544-5727, www.olin-house.com. Klassisches B&B, reichhaltiges Frühstück. Viktorianischer Charme. Die zwei unwesentlich teureren Suiten haben einen Whirlpool.*
Franchise-Hotels *befinden sich vor allem am North Freeway (nördl. US 50).*

Camping
Es gibt mehrere Campingplätze im Umkreis, u. a.:
Lake Pueblo State Park: *640 Pueblo Reservoir. I-25 Exit 101, dann 6 Meilen westlich auf US 50, am McCullogh Blvd. bereits Schilder in Richtung Süden, http://cpw.state.co.us/placestogo/Parks/lakepueblo, Reservierung: ✆ (719) 561-9320, http://coloradostateparks.reserveamerica.com. Gelegenheiten zum Reiten, Wandern und zu Wassersport.*

Restaurants

Shamrock Brewing Co.: *108 W. 3rd St., ✆ 542-9974, https://shamrockbrewing.com. Vornehmlich irische Pubgerichte und natürlich selbstgebrautes Bier. Das gibt es auch am Riverwalk in* **Brues Alehouse** *(120 Riverwalk Pl., ✆ 924-9670, amerik. Pubgerichte).*
Rosario's: *101 S. Main St., ✆ 404-4283. Italienisches Restaurant direkt am Riverwalk. Spezialisiert auf Antipasti und Pasta-Gerichte. Keine Pizza.*

Bent's Old Fort Nat. Historical Site

Streitschlichter William

Das Fort wurde 1833 aus Lehm erbaut, und zwar von drei Privatleuten: den Gebrüdern Charles und William Bent und dem eingewanderten Franzosen Ceran St. Vrain. Es war zu dieser Zeit der wichtigste Stützpunkt entlang dem Santa Fe Trail zwischen Dodge City und Santa Fe. Da die Bents sehr indianerfreundlich eingestellt waren – William heiratete sogar eine Cheyenne-Frau – verhielten die Indianer sich lange Zeit friedlich. William schlichtete 1837 in einem Streit zwischen zwei Stämmen. Neben diesem Hauptfort wurden kurze Zeit später noch zwei „Satelliten-Forts" nördlich und südlich errichtet. Das südliche Fort lag am Cimarron-Cutoff, der um einiges kürzer war, da er bereits bei Dodge City direkt nach Südwesten führte. Er galt aber wegen häufiger Indianer- bzw. Banditenüberfälle und nur weniger Wasserstellen als sehr riskant.

Der Handel im Fort lief blendend, und zu Spitzenzeiten arbeiteten über 100 Leute hier. Außer dem Geschäft und verschiedenen Store-Rooms gab es einen kleinen Saloon mit Billardtisch, Handwerksbetriebe und ein Restaurant. Interne Indianerunruhen, das Verschwinden von St. Vrain, der Tod von Charles Bent, erste Indianeraufstände und eine Cholera-Epidemie unter den Indianerstämmen, die diese dezimierte, veranlassten William Bent 1849, das Fort wieder zu verlassen. Man hat das Fort wieder im alten Zustand aufgebaut.
Bent's Old Fort Nat. Historical Site, *35110 CO 194 E. (7 Meilen nordöstl. von La Junta, damit insg. 72 Meilen östl. von Pueblo), ✆ (719) 383-5010, www.nps.gov/beol, Juni–Aug. tgl. 8–17.30, Rest des Jahres tgl. 9–16 Uhr.*

Lohnender Umweg

Weiter auf der Hauptroute von Pueblo nach Süden geht es auf dem I-25 bis **Walsenburg**. Hier bietet sich westlich des Ortes der **„Highway of Legends"-Scenic Byway** (*erst US 160, dann CO 12*) an durch die Berge, der bei Trinidad wieder auf den I-25 stößt. Die Strecke führt über den 3.000 m hohen Cucharas-Pass (schöne Ausblicke). Rechnen Sie für den lohnenden Umweg mit einer Mehrzeit von etwa 1 ½ Stunden.

Trinidad

Trinidad ist ein nettes kleines Städtchen, das in früheren Zeiten als Versorgungspunkt am Santa Fe Trail diente. Heute ist es eine Mischung aus Industriestandort, Verkehrsknotenpunkt und Farmercommunity. Besuchenswert ist der **historische Stadtkern** mit dem **Trinidad History Museum**, welches sich über einen Block verteilt (Museum, Gebäude, Gärten etc.) und mit der Geschichte des Santa Fe Trail und Trinidads selbst beschäftigt.

Nicht weit davon entfernt gibt es das **A.R. Mitchell Museum of Western Art**. Weniger die Gemälde von Mitchell und anderer Maler beeindrucken hier, als die Sammlung historischer Memorabilien und Fotos aus allen Epochen.

History Museum, *312 E. Main St., ✆ (719) 846-7217, www.historycolorado.org, Di–Sa 10–16 Uhr, NS kann variieren, $ 9.*

Museum of Western Art, *150 E. Main Street, ✆ (719) 846-4224, www.armitchell.us, Mi–So 11–17 Uhr, $ 5.*

Ausbruch vor 10.000 Jahren

Bei Raton zweigt am Exit 451 der US 64/87 ab nach Osten zum 30 Meilen entfernten **Capulin Volcano National Monument**. Der hier vor etwa 10.000 Jahren ausgebrochene Vulkan erhebt sich 300 m über das flache Grasland. Im Visitor Center gibt es einen 10-minütigen Film über die Vulkantätigkeiten zu sehen, und anschließend können Sie entlang einer Straße bis fast zur Oberkante des Kraters fahren, von wo aus einige Wanderwege abgehen.

Capulin Volcano NM, *46 Volcano Rd., Capulin, ✆ (575) 278-2201, www.nps.gov/cavo, tgl. 8–16.30 Uhr, im Sommer etwas länger.*

Alternativstrecke

*Am Exit 446 südlich von Raton können Sie entlang dem US 64 über Cimarron und **Taos** nach Santa Fe fahren (ehem. „Cimarron Shortcut"). Die Strecke ist um einiges schöner und bietet die Gelegenheit, Taos zu besichtigen. Zu Taos s. S. 613.*

Reisepraktische Informationen Trinidad, CO

VORWAHL 719

Information

Colorado Welcome Center: *309 Nevada Ave., ✆ 846-9512, http://historictrinidad.com. Von hier fährt regelmäßig während der Sommermonate stündlich der Trinidad Trolley ab, ein kleiner Sightseeing-Bus.*

Unterkunft

Ein angenehmes B&B-Unterkünfte in historischem Gebäude aus der Zeit um 1900 ist **Tarabino Inn $$$** *(310 E. 2nd St., ✆ 846-2115, www.tarabinoinn.com).*

Restaurants

The Legendary Black Jack's Saloon: *225 W. Main St., ✆ 846-9501, www.legendaryblackjacks.com. Ehemals nicht nur Saloon, sondern auch ein Bordell. Nicht unbedingt wegen der Qualität der beiden Restaurants (Tex-Mex sowie Steaks/Burger), sondern wegen des historischen Ambientes (Haus von 1892) einer „Bygone-Era" sollte man hier einmal reinschauen.*

Lee's Bar-B-Q: *825 San Pedro Dr., ✆ 846-7621, nur bis 20 Uhr. Eine Institution in Trinidad. Simpel, aber der beste Diner weit und breit! Besonders lecker: das Pulled Pork, der Green Chili-Burger und die altmodischen Süßspeisen.*

Camping

Trinidad Lake State Recr. Park: *3 Meilen westl. am CO 12. Sehr schönes Areal mit Bootsverleih, Wandermöglichkeiten etc., http://cpw.state.co.us/placestogo/parks/TrinidadLake. Reservierung: ✆ (719) 846-6951, http://coloradostateparks.reserveamerica.com.*

Entlang dem I-25 zweigt am Exit 366 eine kleine Straße ab zum **Ft. Union National Monument**. Es ist ein Relikt aus der Zeit der Indianerüberfälle, wurde 1851 erbaut und diente Reisenden entlang dem Santa Fe Trail als Schutz. Es gab ihnen zudem die Gelegenheit, in Friedenszeiten ihre Waren an die Indianer, Soldaten und Trapper zu verkaufen. Bei einem Rundgang können Sie sich so richtig in die Western einfühlen und erwarten jeden Augenblick den Angriff der Rothäute. Ein Visitor Center bietet Artefakte und „Histörchen" aus der wilden Zeit.
Ft. Union NM, *✆ (505) 425-8025, www.nps.gov/foun, tgl. 8–16, im Sommer bis 17 Uhr.*

Gut 20 Meilen weiter auf dem I-25 erreicht man **Las Vegas, NM**, ein Ort, der sich gerne als „Juwel von New Mexico" bezeichnet. Das mag etwas übertrieben sein, aber einen kleinen Schlenker könnte man bei genügend Zeit ruhig machen. Malerisch, wie sich hier z.T. der spanische und der viktorianische Baustil ineinanderfügen. Beim Chamber of Commerce (*500 Railroad Ave., ✆ (505) 425-8631, www.lasvegasnewmexico.com*) gibt es Karten für die **Historical Walking Tour**. Eisenbahnfans sollten hier kurz durch den **Railroad District** laufen bzw. fahren, denn es gibt so einige Relikte und Gebäude aus allen Epochen der Eisenbahn zu sehen, leider in vielen Fällen heruntergekommen und verlassen.

Nicht weit von hier gelangt man zum **Las Vegas City Museum & Rough Riders Memorial Collection**, wo es einiges zur Geschichte der Stadt zu lernen gibt *(727 Grand*

Schutz vor Indianerangriffen bot das Ft. Union

Ave., ✆ (505) 426-3205, www.lasvegasmuseum.org, Di–Sa 10–16 Uhr, $ 2). Die „Rough Riders" waren übrigens eine berühmt-berüchtigte Kavallerie, die 1898 im Spanisch-Amerikanischen Krieg zu Ehren kam. Die meisten Soldaten stammten dabei aus New Mexico.

Eine Meile weiter, entlang der National Avenue und anschließend der Bridge Street, die ehemals eine der Hauptgeschäftsstraßen gewesen ist, erreicht man die **Plaza**. Höhepunkt bildet hier das 1882 erbaute **Plaza Hotel** *(**$$–$$$**, 230 Plaza Park, ✆ (505) 425-3591, http://plazahotellvnm.com)*.

Von Las Vegas sind es nun noch 62 Meilen auf dem I-25 bis Santa Fe. Ein kurzer Stopp am **Pecos National Historical Park**, 25 Meilen vor Santa Fe, lohnt nur für diejenigen, die noch keine Pueblo-Ruinen gesehen haben. Ansonsten bieten andere Ruinen im Südwesten mehr.

Pecos National Historical Park, *✆ (505) 757-7241, www.nps.gov/peco, tgl. 8–16.30, im Sommer bis 18 Uhr.*

Alternativstrecke über Amarillo nach Dallas (US 87 und US 287)

Landschaftlich eine großenteils langweilige Strecke, wobei der Besuch der Cowboy-Route 66-Stadt **Amarillo** schon seinen Reiz hat. Hier gibt es das **American Quarter Horse Hall of Fame & Museum** *(2601 I-40 East, Mo–Sa 9–17, ✆ (806) 376-5181, https://aqha.com/museum, $ 7)*, die größten Steaks von Texas, den lebendigen **Route 66 Historic District** *(2700 bis 4000er Blocks an der SW. 6th Ave.)*, ein **RV Museum** *(4341 Canyon Dr., www.rvmuseum.net, Mo–Fr 9–17, Sa bis 16 Uhr)*, die berühmte **Cadillac Ranch** (jeder hat sie bestimmt schon mal gesehen, die alten, bunten Cadillacs mit ihrer Schnauze im Sand) *(Old Route 66, westl. der Stadt, im Freien)*, deftige Cowboy-Frühstücke und 20 Meilen südöstlich der Stadt den schönen **Palo Duro Canyon** *(http://tpwd.texas.gov/state-parks/palo-duro-canyon)*, in dem von Anfang Juni bis Ende August das **Musical „Texas"** aufgeführt wird. Ein eher melodramatisches Stück über die Besiedlung des Panhandle-Gebietes *(✆ (806) 655-2181, www.texas-show.com)*.

Die größten Steaks

Reisepraktische Informationen Amarillo, TX

VORWAHL 806

Information

Texas Travel Info Center: *9700 E. I-40, Amarillo, ✆ 335-1441, 1-800-692-1338. www.visitamarillo.com.*

Unterkunft

Hotels und Motels der bekannten Franchise-Unternehmen findet man entlang des I-40. Ein Tipp für die Texas-Fans: **Big Texan Motel $$**: *7701 I-40 Access Rd., ✆ 391-7280, 372-6000, www.bigtexan.com. Alles Texas-Size! Lassen Sie sich überraschen. Gleich neben u.g. Big Texan Steak Ranch. Auch RV Park.*

Courtyard Amarillo Downtown $$$: *724 S. Polk St., ✆ 553-4500, www.marriott.com. Hotel in der Stadt. Klassisch modern eingerichtet, ein paar Restaurants in der Nähe, aber gut 2 Meilen zum Route 66 Hist. District.*
Bar H Dude Ranch $$$–$$$$: *12064 Bar H Ranch Rd., TX FM 3257, off US 287, ca. Meilen nordwestl. von Clarendon (ca. 1 Std. von Amarillo), ✆ 874-2634, www.barhdude ranch.com. Hier wird echtes Cowboyleben vorgeführt. Gute Zimmer mit Aircondition.*

Camping

Ein netter **KOA Campground** *(auch RVs und kleine Hütten) ist an der 1100 Folsom Road, ✆ 335-1792, 1-800-562-3431, http://koa.com/campgrounds/amarillo/, und im* **Palo Duro Canyon State Park** *können Sie auch campen, ✆ 488-2227, http://tpwd.texas.gov/state-parks/palo-duro-canyon.*

Restaurants

Egal wie viele Steaks Sie bereits gegessen haben sollten, in Amarillo gehört ein saftiges T-Bone-Steak zum Pflichtprogramm. Kaum woanders werden Sie es auch so billig bekommen. Für diesen Vorteil müssen Sie aber eher ein 'einheimisches' Restaurant aufsuchen statt des 'Big Texan'.
Big Texan Steak Ranch: *7701 I-40E, ✆ 372-6000, http://bigtexan.com. Berühmt für seine Steaks. Wer hier sein 2-kg-Steak (72 oz.) – inkl. Beilagen! – innerhalb einer Stunde aufessen kann, erhält es kostenlos. Kaum zu schaffen für einen Mitteleuropäer. Hunderttausende (!) haben es bereits versucht, und nur ein Fünftel hat es vollbracht, die restlichen 80 % durften zahlen (es gibt hier natürlich auch kleinere Steaks).*

Einkaufen

Cavender's Boot City: *7920 I-40 Frontage Rd. Riesige Auswahl an Western-Boots (über 12.000 Paare).*

8. ANHANG

Kulinarische Sprachhilfe

Teigwaren:

biscuit	weiche Brötchen (süßlich)
bread	Brot
white bread	Weißbrot
rye bread	Roggenbrot
rolls	Brötchen (weich)
sandwich	belegtes Brot (meist recht dick belegt)
cornbread	Maisbrot
cookies	Kekse
Danish Pastry	Blätterteigstückchen
muffins	kleine Teekuchen
hush puppies	kleine Bällchen aus Maismehl
pancake	Pfannkuchen
shortcake	Mürbeteigkuchen, oft mit Früchten und manchmal Sahne
waffles	Waffeln (werden meist mit salziger Butter und/oder Sirup gegessen)
cornflakes	unterschiedliche Maisflocken

Belag/Beilagen:

Bologna sausage	der Fleischwurst ähnelnde Wurst
butter	Butter (entweder in der „*sweet*“ oder „*salty*“ Variante)
cottage cheese	Hüttenkäse
jam Marmelade	
jellyGelee	
maple syrup	Ahornsirup
peanut butter	Erdnussbutter
hash browns	geschnetzelte und gebratene Kartoffeln

Eierzubereitungen:

bacon/ham/ sausage and eggs	Schinkenspeck/gekochter Schinken/ Würstchen mit Eiern
boiled eggs	gekochte Eier (das „weich gekochte“ bereitet den meisten Küchen aber Probleme)
scrambled eggs	Rührei
fried eggs	Spiegeleier, dabei gibt es folgende Varianten:

over – auf beiden Seiten fest gebraten, das Eigelb ist hart,
over easy – auf beiden Seiten leicht gebraten, das Eigelb ist leicht angebraten,
sunny side up – nur auf einer Seite gebraten, das Eigelb ist weich.

omelette	Omelett (in verschiedenen Variationen, je nach Zutaten)

Vorspeisen (starters/appetizers):

soup	Suppe (verschiedene Arten)
crab bisque	Krabbencremesuppe
shrimp cocktail	Shrimpcocktail, meist mit Tomatensauce
chicken wings	Hähnchenflügel (in verschiedenen Schärfegraden)
chicken fingers	panierte Hähnchenbruststreifen (mit Dip nach Wahl)

Leslie M. Silko: *Ceremony. Gestohlenes Land wird ihre Herzen fressen.* „Ceremony" ist die Geschichte eines Laguna-Halbbluts, dem es durch die Hinwendung zu traditionellen indianischen Kulten gelingt, mit seinen eigenen traumatischen Erfahrungen und dem Verlust seines Halbbruders im Zweiten Weltkrieg fertig zu werden.

Auf Englisch erhältliche Literatur

Edward Abbey: *Desert Solitaire.* Eine Sammlung von Erzählungen, in deren Mittelpunkt die Aktivitäten des Autors als Park Ranger im Arches National Monument (jetzt NP) stehen. Faszinierende Beschreibungen von Natur und Landschaft, und Geschichten (z.T. fiktionalisierte) um Mormonen, Rettungsaktionen und Touristen.

Mary Austin: *The Land of Little Rain.* Dieser Roman gilt vielen Kritikern als die klassische Beschreibung des 'border desert land', des amerikanisch-mexikanischen Grenzgebietes. Neben faszinierenden Naturbeschreibungen bietet er einen Einblick in das Leben der Indianer.

Edna Ferber: *Giant.* Dieser Roman dürfte dem deutschen Publikum besonders durch den gleichnamigen Film mit Elizabeth Taylor und James Dean bekannt sein. Er gilt als ein gelungenes Sittengemälde des ländlichen Texas, des Texas der Rancher und Ölbarone.

Elmer Kelton: *The Day of the Cowboy Quit, The Good Old Boys* und *The Time it Never Rained.* Elmer Kelton, selbst Sohn eines texanischen Cowboys, veröffentlichte eine Vielzahl von Romanen, in denen er die Bedeutung der Cowboy-Kultur für den amerikanischen Westen würdigt und gleichzeitig ihr Verschwinden betrauert.

Charles F. Lummis: *Pueblo Indian Folk Stories.* Lummis war gegen Ende des 19. Jh. einer der bedeutendsten Journalisten des amerikanischen Südwestens. In seinem Hauptwerk „The Land of Poco Tiempe" beschrieb er das entbehrungsreiche Leben der Pueblo-Indianer in New Mexico.

Conrad Richter: *The Sea of Grass.* Gilt als einer der literarischen Klassiker dieser Region. Beschrieben wird der Konflikt zwischen Ranchern und Farmern Ende des 19. Jh. Im Gebiet um West Texas und New Mexico.

Richard Vásquez: *Chicano.* Dieser Roman ist ein Bestseller der Chicano-Literatur. Vázquez schildert über vier Generationen die Geschichte der mexikanischen Familie Sandoval, die zu Beginn des 20. Jh. nach Kalifornien einwandert.

Frank Waters: *The Man Who Killed the Deer.* Der 1942 erschienene Roman erzählt die Geschichte eines jungen Pueblo-Indianers, der unter Zwang auf eine amerikanische Schule geschickt wird, um aus ihm einen „richtigen" Amerikaner zu machen. Als er in sein Pueblo zurückkehrt, ist er der Kultur seines Volkes entfremdet.

Kartenmaterial

Rand McNally; In Europa herausgegeben vom Hallwag-Verlag, Bern. Das Standardkartenwerk für die USA. Karten nach Bundesstaaten gegliedert. Kurzer touristischer Einleitungstext. In den USA an allen Tankstellen und Buchläden erhältlich und dort auch billiger. Es gibt verschiedene Versionen, achten Sie auf die mit den touristischen Ausführungen.

Stichwortverzeichnis

Abbildungsverzeichnis

Alle Abbildungen Marita Bromberg/Dirk Kruse-Etzbach, außer:
Arizona Tourism: S. 399; **Austin Convention and Visitors Bureau**: S.223; **Colorado Tourism Board**: S. 577; **Flickr.com**: S. 36 (Alkula's), 53 (Tanya Hart), 62 (Leoncillo Sabino), 256 (dground), 456 (Esther Lee); **Fotolia.com**: S. 28 (Vacclav), 55 (mtrommer), 61 (Katrina Brown), 135 (Brandon Seidel), 166 (FotoLuminate), 190 (cbphoto), 241 (RbbrDckyBK), 254 (ZackFrank), 382 (Melastmohican), 417 (Katrina Brown), 422 (alain36100), 462 (pedrosala), 617 (eunikas); **Fredericksburg Convention and Visitors Bureau**: S. 203, 208; **Hist. Abbildungen**: S. 21, 24, 27, 32, 33, 39, 40, 41, 42, 160, 404, 564; **Istockphoto.com**: S.304 (Sandra Layne), 366 (laurent_lg); **Iwanowski, Andreas**: S. 384, 428; **Kenny Braun/ TexasTourism**: S. 193, 207, 221, 228, 243; **National Park Service**: S. 594, 610; **New MexicoTourism**: S.123, 284, 287, 291, 293, 312, 319, 328; **Salt Lake City Convention and Visitors Bureau**: S.502, 505; **TexasTourism**: 126, 142, 155, 172, 187, 195, 197, 200, 205, 251, 255, 265, 268, 274; **Tucson Convention and Visitors Bureau**: S.345; Visit El Paso: S. 279.